Professor Dr. med. Reinhard Busse, MPH FFPH
Professor für Management im Gesundheitswesen, Dekan der Fakultät Wirtschaft und Management der Technischen Universität Berlin, Forschungsdirektor des European Observatory on Health Systems and Policies, Fakultätsmitglied der Charité – Universitätsmedizin Berlin.
Medizinstudium in Marburg mit Aufenthalten an der Harvard Medical School und der University of London. Master in Public Health, mehrere Jahre klinische und wissenschaftliche Tätigkeit an der Medizinischen Hochschule Hannover und Forschungsaufenthalt an der London School of Economics. 1999 Habilitation für Epidemiologie, Sozialmedizin und Gesundheitssystemforschung an der Medizinischen Hochschule Hannover. 1999 bis 2002 Leiter des Madrider Zentrums des European Observatory.

Dr. rer. oec. Jonas Schreyögg
Wissenschaftlicher Assistent am Fachgebiet Management im Gesundheitswesen an der TU Berlin und wissenschaftlicher Mitarbeiter des European Observatory on Health Systems and Policies (Forschungsinstitution der Weltgesundheitsorganisation, der Weltbank, mehrerer europäischer Regierungen, der London School of Economics u.a.), 2006/2007 akademisches Jahr als Harkness Fellow an der Stanford University. Studium der Betriebswirtschaftslehre. Bis 2003 wissenschaftlicher Mitarbeiter und Promotion am Fachgebiet Finanzwissenschaft und Gesundheitsökonomie der TU Berlin. Promotionsstipendium der Studienstiftung des deutschen Volkes, Wolfgang-Ritter-Preis für wirtschaftswissenschaftliche Forschung und Wissenschaftspreis der Gesellschaft für Recht und Politik im Gesundheitswesen. Lehr- und Forschungsaufenthalte in Norwegen, Taiwan und Singapur.

Professor Dr. med. Christian Gericke, MPH MSc FAFPHM
Professor für Public Health Policy an der University of Adelaide, Australien.
Medizinstudium und Promotion an der Freien Universität Berlin, DAAD-Stipendiat an den Universitäten Harvard und Tufts, Studienaufenthalte in London und Montpellier. Master of Science in Health Policy, Planning and Financing, London School of Economics/ London School of Hygiene & Tropical Medicine und Master of Public Health, University of Cambridge. Facharzt für Neurologie nach klinischer und wissenschaftlicher Tätigkeit an der Charité und den Universitätskliniken Strassburg und Genf. Unternehmensberater für McKinsey & Company und leitende Tätigkeiten in Public Health und Neurologie im englischen National Health Service. Von 2003 bis 2006 Habilitation am Lehrstuhl für Management im Gesundheitswesen der TU Berlin.

Reinhard Busse

Jonas Schreyögg

Christian Gericke (Hrsg.)

Management im Gesundheitswesen

Reinhard Busse

Jonas Schreyögg

Christian Gericke (Hrsg.)

Management im Gesundheitswesen

Mit 113 Abbildungen und 58 Tabellen

 Springer

Prof. Dr. Reinhard Busse
Technische Universität Berlin, Fachgebiet Management im Gesundheitswesen,
Fakultät Wirtschaft und Management
Straße des 17. Juni 145, EB 2
10623 Berlin

Dr. Jonas Schreyögg
Technische Universität Berlin, Fachgebiet Management im Gesundheitswesen,
Fakultät Wirtschaft und Management
Straße des 17. Juni 145, EB 2
10623 Berlin

Prof. Dr. Christian Gericke
University of Adelaide, Chair in Public Health Policy
School of Population Health and Clinical Practice
Adelaide SA 5005, Australia

ISBN-10   3-540-29463-5   Springer Medizin Verlag Heidelberg
ISBN-13   978-3-540-29463-4   Springer Medizin Verlag Heidelberg

Bibliografische Information der Deutschen Bibliothek
Die Deutsche Bibliothek verzeichnet diese Publikation in der Deutschen Nationalbibliografie;
detaillierte bibliografische Daten sind im Internet über http://dnb.ddb.de abrufbar.

Springer Medizin Verlag

springer.de

© Springer Medizin Verlag Heidelberg 2006

Printed in Germany

Planung: Ulrike Hartmann, Heidelberg
Projektmanagement: Dr. Ulrike Niesel, Heidelberg
Copy-Editing: Bettina Arndt, Weinheim
Titelbild und Design: deblik Berlin
SPIN 11012177
Satz: medionet AG, Berlin
Druck und Bindung: Stürtz GmbH, Würzburg
Gedruckt auf säurefreiem Papier   22/2122 – 5 4 3 2 1 0

Vorwort

Während „Management im Gesundheitswesen" in den angelsächsischen Ländern als etabliertes Lehr- und Forschungsgebiet gilt, hat es hierzulande erst in den letzten Jahren an Bedeutung gewonnen. Zunehmend widmen sich mehr Studiengänge und Weiterbildungsangebote dieser Thematik. Ein umfangreiches deutschsprachiges Lehrbuch zu diesem Gebiet fehlte jedoch bislang. Es existieren zwar diverse Lehrbücher zur Gesundheitsökonomik aus volkswirtschaftlicher Perspektive und zu ausgewählten Problemen des Managements in leistungserbringenden Einrichtungen des Gesundheitswesens. Keines dieser Lehrbücher deckt jedoch die wichtigsten Aspekte des Managements aller wesentlichen Sektoren im Gesundheitswesen umfassend ab, d.h. der Zahler, der Leistungserbringer und der Industrie. Das vorliegende Buch soll diese Lücke schließen und soll mit seinem systematischen Aufbau als Grundlagenwerk für die Lehre an Universitäten, Fachhochschulen und anderen Bildungseinrichtungen sowie zur betriebsinternen Weiterbildung in allen Sektoren des Gesundheitswesens dienen. Es richtet sich primär an Studierende der Wirtschaftswissenschaften, der Medizin und an Teilnehmer von postgradualen Studiengängen sowie an weiterbildungsinteressierte Führungskräfte, die sich mit dem Themengebiet näher befassen wollen.

Die Idee für das Buch hatte Herr Dr. med. Thomas Hopfe, ehemaliger Leiter Fachbuch Medizin und Gesundheit des Springer Verlages. Für die Unterstützung bei der Umsetzung sind die Herausgeber Frau Ulrike Hartmann, Programmplanerin im Bereich Fachbuch Medizin und Gesundheit des Springer-Verlages, zu Dank verpflichtet. Sehr dankbar sind die Herausgeber außerdem den zahlreichen hochkarätigen Autoren aus Wissenschaft und Praxis, die trotz der restriktiven Vorgaben der Herausgeber, Beiträge verfasst und so dieses Werk erst ermöglicht haben. Unser besonderer Dank gilt unseren Kollegen Dipl.-Kff. Armgard Hesse, Dipl.-Vw. Tom Stargardt, Dr. med. Susanne Weinbrenner MPH, Dipl.-Kfm. Oliver Tiemann und Markus Wörz M.A., die die erste Fassung des Manuskriptes gründlich und kritisch gelesen haben. Für die sorgfältige Manuskripterstellung und technische Bearbeitung sei Alexander Lindenbach, Thorsten Herold, Miriam Blümel, Cornelia Henschke, Karin Seidenschnur, Ahmed Cöllü, Patricia Meirelles, Monika Knaden und Bettina Arndt gedankt.

Wir wünschen dem Werk eine weite Verbreitung und freuen uns über Anregungen und Kritik.

Berlin, im Juni 2006

Reinhard Busse
Jonas Schreyögg
Christian Gericke

Inhaltsverzeichnis

Autorenverzeichnis

Afting, Matthias, Dr.
McKinsey & Company
Prinzregentenstraße 22
80538 München

Andersen, Hanfried H., Dr.
Technische Universität Berlin
Institut für Volkswirtschaftslehre und Wirtschaftsrecht
Straße des 17. Juni 135
10623 Berlin

Appel, Dirk, Dipl.-Pflegemanager
BPG Unternehmensberatungsgesellschaft mbH
Nevinghoff 30
48147 Münster

Behrens, Andreas, Dr.
Techniker Krankenkasse
Personalgrundsätze & Projekte
Bramfelder Str. 140
22305 Hamburg

Brüggemann, Frank
Novitas Vereinigte BKK
Postfach 21 05 53
47027 Duisburg

Busse, Reinhard, Prof. Dr.
Technische Universität Berlin
Fachgebiet Management im Gesundheitswesen
Fakultät Wirtschaft und Management
Straße des 17. Juni 145, EB 2
10623 Berlin

Engelke, Dirk-R.
DRK Kliniken Berlin
Einrichtungen der DRK-Schwesternschaft Berlin
Brabanter Straße 18–20
10713 Berlin

Festel, Gunter, Dr.
Festel Capital
Schürmattstr. 1
CH–6331 Hünenberg

Fleßa, Steffen, Prof. Dr.
Ernst-Moritz-Arndt-Universität Greifswald
Lehrstuhl für Allgemeine Betriebswirtschaftslehre und Gesundheitsmanagement
Friedrich-Loefflerstraße 70
17487 Greifswald

Gericke, Christian, Prof. Dr.
University of Adelaide
Chair in Public Health Policy
School of Population Health and Clinical Practice
Adelaide SA 5005
Australia

Gibis, Bernhard, Dr. MPH
Kassenärztliche Bundesvereinigung
Dezernat 2
Versorgungsqualität und Sicherstellung
Herbert-Lewin-Platz 2
10623 Berlin

Graf, Alexander, Dipl.-Volksw.
Universität Freiburg Schweiz
Lehrstuhl für Nonprofit-Management & Marketing
Verbandsmanagement Institut (VMI)
Bd de Pérolles 90
CH–1700 Freiburg

Greiner, Wolfgang, Prof. Dr.
Universität Bielefeld
Fakultät für Gesundheitswissenschaften
Gesundheitsökonomie und Gesundheitsmanagement (AG5)
Universitätstraße 25
33615 Bielefeld

Greß, Stefan, Dr.
Universität Duisburg-Essen
Lehrstuhl für Medizin-Management
FB 5 Wirtschaftswissenschaften
Campus Essen
45117 Essen

Güntert, Bernhard, Prof. Dr.
Private Universität für Gesundheitswissenschaften,
Medizinische Informatik und Technik (UMIT)
Institut für Management und Ökonomie im Gesundheitswesen
Eduard-Wallnöfer-Zentrum 1/G3
A–6060 Hall in Tirol

Helmig, Bernd, Prof. Dr.
Universität Freiburg
Lehrstuhl für Nonprofit – Management & Marketing
Bd de Pérolles 90
CH–1700 Freiburg

HR-Team Sanofi Aventis, Frankfurt
Sanofi-Aventis Pharma GmbH
Königsteiner Str. 10
65812 Bad Soden

Jürgens, Josef
Paracelsus-Kurfürstenklinik Bremen
In der Vahr 65
28329 Bremen

Kloss, Michael, Dr.
McKinsey & Company
Kurfürstendamm 185
10707 Berlin

König, Birgit, Dr.
McKinsey & Company
Kurfürstendamm 185
10707 Berlin

König, Mechthild, Dr.
Beratungs- und Prüfungsgesellschaft BPG mbH
Wirtschaftsprüfungsgesellschaft
Nevinghoff 30
48147 Münster

Kopetsch, Thomas, Dr.
Kassenärztliche Bundesvereinigung
Herbert-Lewin-Platz 2
10623 Berlin

Kötter, Paul M.
Kienbaum Management Consultants
Grolmanstraße 36
10623 Berlin

Kreid, Ewald
The Boston Consulting Group
Zollikerstrasse 226
CH–8008 Zürich

Krukemeyer, Manfred G., Dr.
Paracelsus Kliniken Deutschland GmbH
Sedanstr. 109
49076 Osnabrück

Mayer, Lars Alexander
Trommsdorff, Drüner and Friends
Technische Universität Berlin
Institut für BWL
Lehrstuhl Marketing
Wilmersdorfer Str. 148, WIL-B-3–1
10585 Berlin

Minuth, Thorsten, Dr.
Personal- & Ressortcontrolling
Schering AG
Corporate Controlling
13342 Berlin

Mühlbacher, Axel C., Prof. Dr.
Hochschule Neubrandenburg
FG Volkswirtschaftslehre, Gesundheitsökonomie und
Ökonometrie
Brodaer Straße 2
17033 Neubrandenburg

Neubauer, Günter, Prof. Dr.
Universität der Bundeswehr München
Institut für Gesundheitsökonomik (IfG)
Nixenweg 2b
81739 München

Plate, Andreas, Dr.
Techniker Krankenkasse
Unternehmensentwicklung
Hauptverwaltung
Bramfelder Str. 140
22305 Hamburg

Poensgen, Andreas, Dr.
The Boston Consulting Group
Zollikerstrasse 226
CH–8008 Zürich

Potratz, Anja, Dipl.-Betriebsw.
Universität Hamburg
Fakultät Wirtschafts- und Sozialwissenschaften
Department Wirtschaft und Politik
Von-Melle-Park 9
20146 Hamburg

Reinermann, Frank
BKK Bundesverband
Kronprinzenstraße 6
45128 Essen

Richard, Sabine, Dr.
AOK Berlin – Die Gesundheitskasse
Arzneimittel
10957 Berlin

Schmidt, Detlef, Dr.
MedicalContact AG
Kronprinzenstraße 5–7
45128 Essen

Schmidt-Rettig, Barbara, Prof. Dr.
Fachhochschule Osnabrück
Fakultät Wirtschafts- und Sozialwissenschaften
Caprivistraße 30A
49076 Osnabrück

Schöffski, Oliver, Prof. Dr.
Universität Erlangen-Nürnberg
Lehrstuhl für Gesundheitsmanagement
Lange Gasse 20
90403 Nürnberg

Schreyögg, Jonas, Dr.
Technische Universität Berlin
Fachgebiet Management im Gesundheitswesen
Fakultät Wirtschaft und Management
Straße des 17. Juni 145, EB 2
10623 Berlin

Schubert, Hans-Joachim, Prof. Dr.
Universität Witten/Herdecke
Fakultät für Medizin
Alfred-Herrhausen-Str. 50
58448 Witten

Siener, Frank
Techniker Krankenkasse
Unternehmensentwicklung
Hauptverwaltung
Bramfelder Str. 140
22305 Hamburg

Sohn, Stefan, Dipl.-Inf.
Universität Erlangen-Nürnberg
Lehrstuhl für Gesundheitsmanagement
Lange Gasse 20
90403 Nürnberg

Stargardt, Tom, Dipl.-Volksw.
Technische Universität Berlin
Fachgebiet Management im Gesundheitswesen
Straße des 17. Juni 145, EB 2
10623 Berlin

Tophoven, Christina, Dr.
Bundespsychotherapeutenkammer
Klosterstraße 64
10179 Berlin

Trommsdorff, Volker, Prof. Dr.
Technische Universität Berlin
Trommsdorff, Drüner and Friends
Institut für BWL
Lehrstuhl Marketing
Wilmersdorfer Str. 148, WIL-B-3–1
10585 Berlin

Ujlaky, Raphael, Dipl.-Volksw.
Universität der Bundeswehr München
Institut für Gesundheitsökonomik (IfG)
Nixenweg 2b
81739 München

Voss, Hanswerner, Dipl.- Ing.
GCN HealthNet GbR
Englbergweg 63a
84036 Landshut

Wallenstein, Judith
The Boston Consulting Group
Ludwigstraße 21
80539 München

Wasem, Jürgen, Prof. Dr.
Universität Duisburg-Essen
Alfried Krupp von Bohlen und Halbach Lehrstuhl für
Medizin-Management
FB 5 Wirtschaftswissenschaften
Campus Essen
45117 Essen

Weinbrenner, Susanne, Dr.
Technische Universität Berlin
Fakultät Wirtschaft und Management
Fachgebiet Management im Gesundheitswesen
Straße des 17. Juni 145, EB 2
10623 Berlin

Weber, Wolfgang, Dipl.-Kfm.
Klinikum der Johann Wolfgang Goethe-Universität Frankfurt
am Main
Theodor-Stern-Kai 7
60590 Frankfurt am Main

Wewel, Utz, Dr.
Paracelsus Kliniken Deutschland GmbH
Sedanstr. 109
49076 Osnabrück

Wörz, Markus, M.A.
Technische Universität Berlin
Fachgebiet Management im Gesundheitswesen
Straße des 17. Juni 145, EB 2
10623 Berlin

Zerres, Michael, Prof. Dr.
Universität Hamburg
Fakultät Wirtschafts- und Sozialwissenschaften
Department Wirtschaft und Politik
Von-Melle-Park 9
20146 Hamburg

Ziegler, Bernd, Dr.
The Boston Consulting Group
Ludwigstraße 21
80539 München

Management im Gesundheitswesen – eine Einführung in Gebiet und Buch

Reinhard Busse und Jonas Schreyögg

Das Lehr- und Forschungsgebiet »Management im Gesundheitswesen« hat in den letzten Jahren deutlich an Bedeutung gewonnen. Es besteht in vielen Bereichen des Gesundheitswesens ein großer Bedarf nach Fach- und Führungskräften für das Management im Gesundheitswesen, die über eine interdisziplinäre Ausrichtung verfügen und mit den speziellen institutionellen Gegebenheiten des Gesundheitswesens vertraut sind. Bevor wir uns den einzelnen Komponenten des Fachgebietes »Management im Gesundheitswesen« sowie seiner Relevanz für Wissenschaft, Wirtschaft und Arbeitsmarkt zuwenden, sollen zunächst seine beiden Hauptbestandteile – »Gesundheitswesen« und »Management« – definiert werden.

Was ist das Gesundheitswesen?

Eine gängige Definition für Gesundheitswesen bzw. Gesundheitssystem – die praktisch synonym verstanden werden – als **»Gesamtheit des organisierten Handelns als Antwort auf das Auftreten von Krankheit und Behinderung** und zur Abwehr gesundheitlicher Gefahren« ist breit und konsensorientiert, aber wenig operationalisiert (vgl. Schwartz und Busse 2003). Diesem eher weiten Begriff steht in der Literatur häufig ein enges Verständnis von Gesundheitswesen als **»Gesundheitsversorgung«** (Health Care) im Sinne von *»systems of individual arrangements and social institutions through which health services of a personal nature are provided, organized, financed and controlled«* gegenüber (vgl. Myers 1986). Diese Definition ist beeinflusst von einer traditionellen Auffassung von einem Gesundheitswesen, in dem die persönliche Versorgung durch Heilberufe im Vordergrund stand.

Auf dieser Betrachtung von Gesundheitsversorgung beruht auch die zumeist gebrauchte **institutionelle Gliederung** des Gesundheitswesens. Dazu kommen – insbesondere beim deutschen Gesundheitssystem – der Einfluss von historischen Entwicklungen und sozialrechtliche Abgrenzungskriterien. Im Mittelpunkt dieser Gliederung stehen die Teile des Gesundheitssystems, in denen die ärztlichen Dienstleistungen dominieren und an denen sich auch wesentliche Kapitel in diesem Buch orientieren:

- **Stationäre Versorgung** in Krankenhäusern (einschließlich Vorsorge- und Rehabilitationseinrichtungen),
- **Ambulante ärztliche Versorgung**, welche in Deutschland fast ausschließlich durch niedergelassene Ärzte, international häufig aber auch durch Polikliniken in Krankenhäusern erfolgt,
- **»Integrierte Versorgung«**, die sich über diese beiden Sektoren hinweg erstreckt.

Im Bereich der ambulanten Versorgung gibt es darüber hinaus eine Vielzahl anderer, nicht-ärztlicher

1

Erbringer persönlicher Gesundheitsdienstleistungen. Dazu zählen Krankengymnasten, Logopäden, Arbeits- und Beschäftigungstherapeuten etc. Deren Leistungen werden in Deutschland ärztlicherseits – in der Sprache des Sozialgesetzbuches – als »Heilmittel« verordnet. Als Krankenpflege im engeren Sinne wird die Pflege in (noch) ärztlich dominierten Behandlungs- und Überwachungsbereichen bezeichnet. Sie wird ergänzt durch die nicht-ärztlich supervidierte Pflege wie häusliche Krankenpflege oder sonstige Pflegeformen in offenen oder geschlossenen Einrichtungen (Sozialstationen, freie Pflegedienste, Heimpflege). Angesichts etablierter Werke zum Pflegemanagement (vgl. etwa Eisenreich und BALK 2002; Kerres und Seeberger 2005) wird in diesem Buch auf den Pflegebereich weitgehend verzichtet.

Zu den wesentlichen Gesundheitsbereichen, bei denen Waren im Mittelpunkt stehen – wobei ihre Abgabe und ihr angemessener Einsatz auch immer mit professionellen Dienstleistungen verbunden sind –, zählen die Arzneimittelversorgung und die Hilfsmittelversorgung. Wir konzentrieren uns in diesem Buch auf die **Arzneimittelindustrie**, wodurch die Relevanz der **Medizintechnikindustrie** keineswegs unterschätzt werden sollte.

Weitere, nicht immer klar abgrenzbare dienstleistende oder industrielle Bereiche sind z. B. rein sozialversicherungsrechtlich tätige Gutachterdiens-

te, präventive Dienste, Hersteller medizinisch-technischer Produkte, das Laiensystem, Wohlfahrtsverbände, Rettungsdienste etc. Diese werden im vorliegenden Buch nur am Rande behandelt.

Ebenfalls vor allem historisch gewachsenen Strukturen folgt die Finanzierung von Gesundheitsleistungen. Neben der **Gesetzlichen Krankenversicherung** (GKV) mit ihren noch rund 250 Einzelkassen zählen die **Private Krankenversicherung**, die gesetzliche Rentenversicherung, die gesetzliche Unfallversicherung, die gesetzliche Pflegeversicherung, die Arbeitgeber, die öffentlichen Haushalte und die privaten Haushalte zu den Ausgabenträgern im Gesundheitswesen. Diese Vielzahl der Ausgabenträger und die finanziellen Beziehungen zwischen diesen erschweren oft eine funktionale und simultane Betrachtung von Leistung und Finanzierung. Dies ist in anderen Gesundheitssystemen mit anderen Grundstrukturen wie staatlichen Gesundheitssystemen (z. B. Großbritannien, Schweden, Spanien) oder auch sog. marktorientierten Systemen (z. B. USA) jedoch nicht einfacher.

In der international vergleichenden Gesundheitssystemforschung hat sich für die vergleichende Darstellung und Analyse von Gesundheitssystemen das **Dreieck** etabliert (◘ **Abb. 1-1**), um das herum die wesentlichen Akteure angeordnet sind: die Bevölkerung in ihren Rollen als Versicherte bzw. Patienten, die Leistungserbringer (in Form

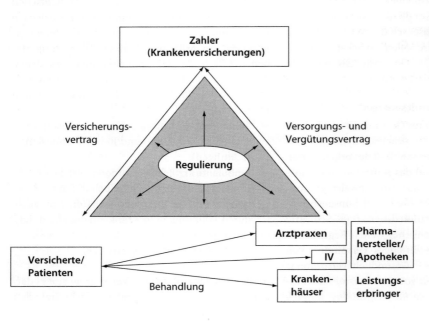

◘ **Abb. 1-1.** Vereinfachte Darstellung von Akteuren und ihren Beziehungen im Gesundheitswesen

von Arztpraxen, Krankenhäusern, Netzwerken der Integrierten Versorgung [IV], Apotheken etc.) und – als dritte Partei – die Zahler bzw. Finanzintermediäre, in unserem System zumeist in Form von gesetzlichen Krankenkassen und privaten Krankenversicherungsunternehmen. Zwischen diesen Akteuren bestehen unterschiedliche, aber klar definierte Beziehungen: die **Behandlung** zwischen Patient und Leistungserbringer, der **Versicherungsvertrag** zwischen Versichertem und Krankenversicherer und der **Versorgungs- und Vergütungsvertrag** zwischen dem Krankenversicherer und dem Leistungserbringer.

Alle Akteure und die Beziehungen zwischen ihnen unterliegen der Regulierung durch Gesetze, Verordnungen, Richtlinien, Rahmenverträgen etc. Die Regulierung ist im Gesundheitswesen notwendigerweise ausgeprägter als in anderen Sektoren, da hier **wirtschaftspolitische Ziele** wie die Förderung unternehmerischen Handelns mit **Zielen der Sozialpolitik und der Bevölkerungsgesundheit** (z. B. Zugang zur Versorgung, effektive und qualitativ hochwertige Versorgung) zu berücksichtigen sind, die sich oftmals widersprechen (Saltman und Busse 2002).

Was bedeutet Management?

»Im Mittelpunkt des Managements steht der Mensch. Die Aufgabe des Managements besteht darin, Menschen in die Lage zu versetzen, gemeinsam Leistungen zu erbringen. … Genau darum geht es in jeder Organisation, und es ist der Grund dafür, dass das Management ein so entscheidender Faktor ist. Heute arbeitet praktisch jeder von uns für eine gemanagte Einrichtung, die einem wirtschaftlichen Zwecke dienen kann oder nicht. … [U]nsere Fähigkeit, zum Wohlergehen der Gesellschaft beizutragen, hängt nicht nur von unseren persönlichen Fähigkeiten ab, sondern auch vom Management der Organisationen, für die wir tätig sind.« (Drucker 2002, S. 27)

Trotz der großen Bandbreite an Managementdefinitionen ist vielen Managementlehrbüchern gemein, dass in der Regel zunächst eine Trennung von zwei unterschiedlichen Managementbegriffen vorgenommen wird (Macharzina 2005; Steinmann und Schreyögg 2005; Staehle 1999): Management im **institutionellen Sinne** ist eine Beschreibung einer Gruppe von Personen innerhalb einer Organisation, die mit Anweisungsbefugnissen betraut ist. Demgegenüber befasst sich Management im **funktionalen Sinne**, unabhängig von bestimmten Personen, mit Handlungen die zur Steuerung von Prozessen in Unternehmen dienen (Steinmann und Schreyögg 2000, S. 6).

Die klassischen Funktionen von Management nach Koontz und O'Donnell umfassen dabei Planung, Organisation, Personaleinsatz, Führung sowie Kontrolle eines Unternehmens (vgl. Koontz und O'Donnell 1955). Sie sind als **Querschnittsfunktionen** zu sehen, die zu den Sachfunktionen eines Unternehmens – insbesondere die Produktion, aber auch Einkauf, Finanzierung oder Vertrieb – in einem komplementären Verhältnis stehen. Managementfunktionen fallen somit zwischen den Sachfunktionen und innerhalb einzelner Sachfunktionen an. Die erfolgreiche Wahrnehmung der Managementfunktionen erfordert bestimmte Fähigkeiten bzw. Schlüsselkompetenzen von den »Managern«. Im Rahmen von empirischen Studien haben sich drei Schlüsselkompetenzen herauskristallisiert. Dazu zählt erstens eine **technische Kompetenz**, die die Fähigkeit beschreibt, Wissen, Techniken und Methoden auf den konkreten Kontext anzuwenden. Zweitens ist eine **soziale Kompetenz** erforderlich, die insbesondere Kooperationsbereitschaft und interkulturelles Verstehen umfasst. Als dritte Schlüsselkompetenz wird eine **konzeptionelle Kompetenz** genannt, die es ermöglicht, komplexe Sachverhalte schnell zu strukturieren und in konkrete Handlungsanleitungen zu transformieren (Steinmann und Schreyögg 2005, S. 23ff.).

Wie kann Management im Gesundheitswesen wissenschaftlich eingeordnet werden?

Während es in der klassischen Managementlehre eher um die Vermittlung von sozialer und konzeptioneller Kompetenz geht, will das Fach »Management im Gesundheitswesen« die Fundamente für eine technische Kompetenz zur Lösung von Problemen in Unternehmen oder Organisationen des Gesundheitswesens legen. Im Unterschied zu den klassisch betriebswirtschaftlichen Fächern, die die technische Kompetenz für die einzelnen Sachfunktionen in Betrieben vermitteln, ist das Fach Management im Gesundheitswesen institutio-

1

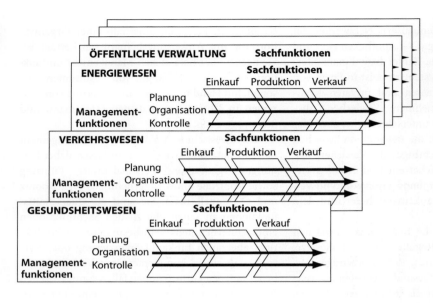

Abb. 1-2. Institutionelle Ausrichtung von Management im Gesundheitswesen (Quelle: eigene Darstellung in Anlehnung an Steinmann und Schreyögg 2005, S. 7)

nell ausgerichtet. Es bezieht sich auf alle **Sach- und Managementfunktionen**, die in – und zwischen – Organisationen des Gesundheitswesens zu erfüllen sind. In **Abb. 1-2** ist diese institutionelle Ausrichtung des Faches dargestellt.

Um den Gegenstand von Management im Gesundheitswesen noch klarer herauszuarbeiten, erscheint es sinnvoll, das Verhältnis zwischen »Management im Gesundheitswesen« und Gesundheitsökonomie als wirtschaftwissenschaftlicher Teildisziplin zu beleuchten. In **Abb. 1-3** sind die Teilgebiete der Gesundheitsökonomie und die sie beeinflussenden Wissenschaftsdisziplinen vorgestellt (vgl. Busse 2006).

In der Gesundheitsökonomie als Teilgebiet der Volkswirtschaftslehre geht es zunächst um den **Gesundheitsmarkt,** der in der Regel synonym zu Gesundheitssystem und Gesundheitswesen verwendet wird, das Gleichgewicht dieses Marktes und die **Beziehungen der Akteure untereinander** (vgl. Breyer et al. 2005; Folland et al. 2001). Das Dreieck (CDE) in **Abb. 1-3** entspricht dabei dem Dreieck in **Abb. 1-1** und veranschaulicht die Hauptakteure dieses Marktes und deren Beziehungen. Der Bedarf und die Präferenzen der Individuen (B) artikulieren sich in der Nachfrage (C) nach Gesundheitsleistungen und induzieren somit das Angebot an persönlichen Dienstleistungen durch Ärzte etc. und Produkten der Arzneimittel- und Medizintechnikindustrie (D). Das Angebot bedarf

wiederum einer Finanzierung und Vergütung, d. h. einer Dienstleistung, die von Individuen nachgefragt (C) und von Krankenversicherungen angeboten wird (E). Ein weiteres Gebiet der Gesundheitsökonomie beschäftigt sich mit der **Planung, Steuerung und Kontrolle (Regulierung)** des Gesundheitsmarktes (G) (vgl. z. B. Oberender 1992; Henke 1997; Rice 2004).

Neben dem Gesundheitsmarkt und seiner Regulierung ist auch die Frage nach der (ökonomischen) **Bewertung von Krankheit und Gesundheit** zum Gegenstand der Gesundheitsökonomie geworden (vgl. Guggenmoos-Holzmann et al. 1995; Bullinger und Kirchberger 1998) (B). Dabei ist die Gesundheitsökonomie auf Vor- und Zuarbeiten sowie eine enge Kooperation mit anderen wissenschaftlichen Disziplinen angewiesen; genannt seien hier die Epidemiologie, die Psychologie (aus der heraus z. B. die meisten Instrumente zur Messung von Lebensqualität entwickelt wurden) und die Soziologie. In enger Anlehnung an dieses Feld sind die mikroökonomische Evaluation der medizinischen Versorgung (F) und die (makroökonomische) Evaluation des Gesundheitssystems (H) als stark wachsende Forschungsfelder zu nennen.

Die **mikroökonomische Evaluation der medizinischen Versorgung**, häufig als gesundheitsökonomische Evaluation bezeichnet, ist international wesentlich von der Arzneimittelindustrie mit entwickelt und geprägt worden, da sich staatliche Auf-

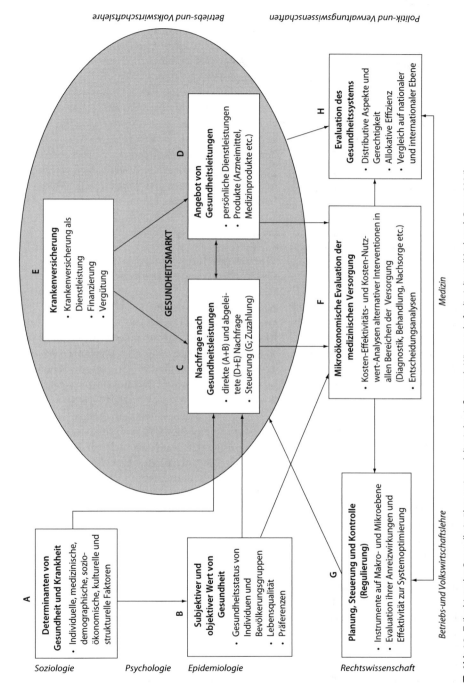

■ **Abb. 1-3.** Teilgebiete der Gesundheitsökonomie und die sie beeinflussende Wissenschaftsdisziplinen (Mod. nach Busse 2006)

lagen, solche Evaluationen durchzuführen, initial auf Arzneimittel konzentrierten. Im Kontext von Health Technology Assessment (vgl. Leidl et al. 1999) ist aber schnell klar geworden, dass die gleiche Notwendigkeit auch bei präventiven Maßnahmen, diagnostischen Verfahren (z. B. in der Bildgebung), therapeutischen Prozeduren, organisatorischen Einheiten und ganzen Programmen und Subsystemen besteht. Angesichts zunehmender Komplexität der zu bewertenden Leistungen ist die Multidisziplinarität in diesem Forschungsbereich besonders ausgeprägt. Neben Betriebs- und Volkswirten, Medizinern und Psychologen werden zunehmend auch Medizininformatiker und Medizinethiker in Forschungsteams zur gesundheitsökonomischen Evaluation integriert (zur gesundheitsökonomischen Evaluation vgl. Schöffski und Schulenburg 2002; Drummond et al. 2005).

Die **Evaluation des Gesundheitssystems** widmet sich der Frage nach gerechter und effizienter Verteilung von Lasten und Nutzen des gesamten Gesundheitssystems (H). Dieses relativ junge Gebiet, das auch Gesundheitssystemforschung genannt wird, integriert insbesondere Ansätze aus der Finanzwissenschaft als Gebiet der Volkswirtschaftslehre, der Epidemiologie sowie den Politik- und Verwaltungswissenschaften. Der internationale Vergleich von Gesundheitssystemen bildet einen Schwerpunkt dieser Forschungsrichtung (Schwartz und Busse 2003).

Im **Unterschied zur Gesundheitsökonomie** beschäftigt sich Management im Gesundheitswesen **im engeren Sinne** mit den Sach- und Managementfunktionen solcher Organisationen, die Produkte und Dienstleistungen bereitstellen, um die Nachfrage nach Gesundheitsleistungen zu befriedigen (D+E). Dies umfasst gesetzliche und private Krankenversicherungen, Krankenhäuser, Pflegeheime, Arztpraxen, Ärztenetze, Netzwerke der Integrierten Versorgung, Unternehmen der Arzneimittel- und Medizintechnikindustrie u. v. m. In einer breiter angelegten anglo-amerikanisch geprägten Definition umfasst der Gegenstand von Management im Gesundheitswesen nicht nur die Sach- und Managementfunktionen innerhalb der Organisationen des Gesundheitswesens, sondern auch die staatliche Planung, Steuerung und Kontrolle dieser Organisationen, d. h. die **Managementfunktionen von Verbänden der Selbstverwaltung oder**

des Staates und deren Implikationen für das Handeln von Organisationen (vgl. Palfrey et al. 2004). Hier besteht eine Schnittmenge mit dem volkswirtschaftlichen Gebiet der Ordnungspolitik (vgl. Oberender 1992).

In diesem Buch soll die Definition von Management im Gesundheitswesen im engeren Sinne zugrunde gelegt werden. Dennoch ist für Manager des Gesundheitswesens wichtig, sich auch mit den Managementfunktionen des Staates auseinanderzusetzen, nicht zuletzt, deshalb, weil einige der heutigen Funktionen des Staates, z. B. Krankenhausplanung, morgen unter Umständen von den Krankenhäusern – d. h. den Krankenhausmanagern – selbst erledigt werden müssen.

Warum ist Management im Gesundheitswesen praktisch relevant?

Um die Relevanz eines Sektors beurteilen zu können, sollte man zunächst Beschäftigtenzahlen und Umsatz betrachten. Allerdings sollte das Gesundheitswesen nicht nur an seiner wirtschaftlichen Relevanz, sondern mindestens ebenso an seinem Beitrag zur Bevölkerungsgesundheit gemessen werden (vgl. Schwartz und Busse 2003; vgl. auch ▶ **Kap. 2.1**).

In verschiedenen Studien wurde, je nach Abgrenzung, eine **Beschäftigung** von ca. 4,1–4,5 Mio. für gesundheitsrelevante Bereiche in Deutschland berechnet (Sachverständigenrat für die Konzertierte Aktion im Gesundheitswesen 1996; Hofmann et al. 1998; Breyer et al. 2001). Demnach wäre mehr als **jeder neunte Erwerbstätige in Deutschland** in gesundheitsrelevanten Bereichen tätig. Allein zwischen 1994 und 2002 konnte ein Zuwachs von mehr als 250.000 sozialversicherungspflichtig Beschäftigten in den Gesundheitsberufen verzeichnet werden (Institut für Arbeitsmarkt- und Berufsforschung 2005). Eurostat berechnete im Jahr 2003 im Rahmen der Labour Force Survey, dass in der EU-15 ein Anteil von 8,8% (9,3% in der EU-25) an allen Beschäftigten im Gesundheitswesen tätig ist. Demnach wäre **in der EU ca. jeder elfte** Erwerbstätige in gesundheitsrelevanten Bereichen tätig (Buchegger und Stoeger 2003). In den **USA** war im Jahre 2004 **ca. jeder zehnte** Erwerbstätige in gesundheitsrelevanten Bereichen tätig. Das Gesundheitswesen ist mittlerweile der größte Wirtschaftszweig in den USA. Es wird bis 2014 erwartet, dass ein Fünftel aller neu geschaffenen Arbeitsplätze in den USA in gesundheitsrelevanten Bereichen entstehen. Das Gesundheitswesen wäre damit der Wirtschaftszweig mit den größten Beschäftigungszuwächsen in den USA (US Department of Labor 2005).

Aufgrund der zunehmenden Wettbewerbsorientierung vieler Bereiche des Gesundheitswesens in Deutschland wird in den nächsten Jahren gerade in den Managementbereichen ein Beschäftigungswachstum erwartet. Die Beschäftigten sind sowohl in den Dienstleistungsbereichen, insbesondere in Krankenhäusern, Pflegeheimen, Krankenkassen und privaten Krankenversicherungen, als auch in der Industrie, insbesondere bei Herstellern von Arzneimitteln und Medizintechnik angestellt. Zukünftig wird ein Beschäftigungswachstum in den klassischen Dienstleistungsbereichen, z. B. in Pflegeheimen infolge der demografischen Entwicklung, aber auch durch neue Formen der Versorgung, z. B. Integrierte Versorgung und Ärztenetze, sowie durch neu geschaffene Industrien, z. B. der Gen- oder Biotechnologieindustrie, erwartet.

Nun zum **Umsatz des Gesundheitswesens**, der oftmals nur als konsumtive Ausgabenbelastung für Arbeitgeber, Arbeitnehmer, Staat und Patienten betrachtet wird – obwohl seit 10 Jahren auch zunehmend Stimmen zu hören sind, die diese Sichtweise korrigieren wollen (vgl. Sachverständigenrat für die Konzertierte Aktion 1996; Henke et al. 2002): Nach der Abgrenzung des Statistischen Bundesamtes betragen die Gesundheitsausgaben in Deutschland pro Jahr rund **€ 240 Mrd.**, d. h. knapp € 3000,00 pro Kopf oder rund 11% des Bruttoinlandsproduktes.

Beide Faktoren – Beschäftigungsrelevanz und Umsatz – machen das Gesundheitswesen zum wirtschaftlich wichtigsten Sektor, der zunehmend spezifisch qualifizierte Manager benötigt. Dazu möchte das vorliegende Buch einen Beitrag leisten.

Wie ist dieses Buch aufgebaut?

Nach dieser Einführung orientieren sich die folgenden Kapitel dieses Buches an den wesentlichen Sachfunktionen der Organisationen des Gesundheitswesens, seien sie profitorientiert, gemeinnützig oder öffentlich. Vor den Bereichen »**Kundenmanagement**«, »**Finanzmanagement**« und »**Personalmanagement**« bildet das »**Leistungsmanagement**« einen Schwerpunkt dieses Buches; dieser Teil bündelt die klassisch betriebswirtschaftlichen Sachfunktionen Forschung, Entwicklung, Leistungserstellung (Fertigung bzw. Produktion) und Vertrieb. Er nimmt deshalb einen größeren Umfang als die anderen ein. Ergänzt werden diese Teile durch das im Gesundheitswesen immer wichtiger werdende Querschnittsthema »**Informationsmanagement und Controlling**«. Der abschließende Bereich ist dem »**Change Management**« (Veränderungsmanagement) gewidmet, d. h. dem Reagieren auf äußere Entwicklungen und Reformanreize, aber auch dem Entwickeln interner organisatorischer Innovationen.

Alle Bereiche folgen einer einheitlichen Struktur, wobei zunächst eine Einführung in sektorübergreifende gesetzliche, strukturelle und methodische Grundlagen gegeben wird. Es folgen dann jeweils fünf Kapitel zu den speziellen Anforderungen und ihrer praktischen Umsetzung für Akteure in ausgesuchten Sektoren. Als wesentliche Akteure wurden **Krankenversicherungen**, **Krankenhäuser**, **Arztpraxen und Ärztenetze** und die **Arzneimittelindustrie** ausgewählt. Um innovative Entwicklungen auf der Leistungserbringerseite zu berücksichtigen, wurden außerdem Netzwerke zur **Integrierten Versorgung** als sektorübergreifender Bereich aufgenommen. Alle Teile schließen mit ein oder zwei Fallstudien, die zu der jeweiligen Sachfunktion des Kapitels und einem ausgewählten Akteur Bezug nimmt. Die Fallstudien sollen ausgewählte Aspekte vertiefen, die den Rahmen der sektorspezifischen Unterkapitel sprengen würden, und als Material für Unterricht bzw. Selbststudium dienen.

In ◘ Tab. 1-1 wird der matrixorientierte Aufbau der Buchteile 2–7 verdeutlicht. Es bleibt dem Leser überlassen, ob er eine horizontale, d. h. nach Sachfunktionen orientierte, oder eine vertikale, d. h. nach Akteuren bzw. Sektoren orientierte, Vorgehensweise wählen möchte.

1

◻ Tab. 1-1. Aufbau des Buches nach Sachfunktionen und Akteuren/Sektoren mit Angabe der Kapitelnummern

Sachfunktionen	Einfüh-rung	Akteure/Sektoren					Fall-studie
		Kranken-versiche-rungen	Kranken-häuser	Arzt-praxen und Ärz-tenetze	Inte-grierte Versor-gung	Arznei-mittelin-dustrie	
2. Leistungs-management	2.1	2.2	2.3	2.4	2.5	2.6	2.7
3. Kunden-management	3.1	3.2	3.3	3.4	3.5	3.6	3.7
4. Finanz-management	4.1	4.2	4.3	4.4	4.5	4.6	4.7
5. Personal-management	5.1	5.2	5.3	5.4	5.5	5.6	5.7
6. Informations-management und Controlling	6.1	6.2	6.3	6.4	6.5	6.6	6.7
7. Change Management	7.1	7.2	7.3	7.4	7.5	7.6	7.7

Literatur

Breyer F, Grabka M, Jacobs K, Meinhart V, Ryll A, Schulz E, Spieß KC, Wagner GG (2001) Wirtschaftliche Aspekte der Märkte für Gesundheitsleistungen. Gutachten im Auftrag des Bundesministeriums für Wirtschaft und Technologie, Berlin

Breyer F, Zweifel P, Kifmann M (2005) Gesundheitsökonomik. Springer, Berlin

Buchegger R, Stoeger K (2003) Health as a growth factor, a comparative analysis. Institute for Health Systems Research at the University of Linz, Linz

Bullinger M, Kirchberger I (1998) SF-36 Fragebogen zum Gesundheitszustand. Hogrefe, Göttingen

Busse R (2006) Gesundheitsökonomie – Ziele, Methodik und Relevanz. Bundesgesundheitsblatt – Gesundheitsforschung – Gesundheitsschutz 49(1): 3–10

Drucker PF (2002) Was ist Management? Das Beste aus 50 Jahren. Econ, München

Drummond MF, Sculpher MJ, Torrance GW, O'Brien BJ, Stoddart GL (2005) Methods for the Economic Evaluation of Health Care Programmes. Oxford University Press, Oxford

Eisenreich T, BALK (Bundesarbeitsgemeinschaft Leitender Krankenpflegepersonen) (2002). Handbuch Pflegemanagement. Erfolgreich führen und wirtschaften in der Pflege. 2. Aufl. Luchterhand, Neuwied

Folland S, Goodman AC, Stano M (2001) The Economics of Health and Health Care, 3rd edition. Prentice Hall, Upper Saddle River

Henke K-D (1997) Die Zukunft der Gesundheitssicherung. Jahrbücher für Nationalökonomie und Statistik 216(4–5): 478–497

Guggenmoos-Holzmann I, Bloomfield K, Brenner H, Flick U (1995) Quality of Life and Health. Blackwell, Berlin

Henke K-D, Mackenthun B, Schreyögg J (2002) Gesundheitsmarkt Berlin. Perspektiven für Wachstum und Beschäftigung. Nomos, Baden-Baden

Hofmann U, Mill D, Schneider M (1998) Beschäftigte im Gesundheitswesen 1996. Untersuchung für das Bundesministerium für Gesundheit. BASYS, Augsburg

Institut für Arbeitsmarkt- und Berufsforschung (2005), http://www.iab.de/ (download 03.02.2006)

Kerres A, Seeberger B (2005) Gesamtlehrbuch Pflegemanagement. Springer, Berlin

Koontz H, O'Donnell C (1955) Principles of management: an analysis of managerial functions. McGraw Hill, New York

Leidl R, Graf v.d. Schulenburg J-M, Wasem J (Hrsg) (1999) Ansätze und Methoden der ökonomischen Evaluation – eine internationale Perspektive. Schriftenreihe "Health Technology Assessment", Band 9. Nomos, Baden-Baden

Macharzina K, Wolf J (2005) Unternehmensführung. 5. Aufl. Gabler, Wiesbaden

Myers BA (1986) Social Policy and the Organization of Health Care. In: Last JM (ed.). Maxcy-Roseau Public Health and Preventive Medicine. Appleton-Century-Crofts, Norwalk, pp 1639–1667

Oberender P (1992) Ordnungspolitik und Steuerung im Gesundheitswesen. In: Andersen HH, Henke K-D, Graf v.d. Schulenburg J-M (Hrsg) Basiswissen Gesundheitsökonomie. Band 1: Einführende Texte. Edition sigma, Berlin, S 153–172

Palfrey C, Thomas P, Phillips C (2004) Effective Health Care Management. Blackwell, Oxford

Rice T (2004) Stichwort: Gesundheitsökonomie – Eine kritische Auseinandersetzung. KomPart Verlagsgesellschaft, Bonn

Sachverständigenrat für die Konzertierte Aktion im Gesundheitswesen (1996) Gesundheitswesen in Deutschland – Kostenfaktor und Zukunftsbranche, Bd. I – Demographie, Morbidität, Wirtschaftlichkeitsreserven und Beschäftigung, Sondergutachten. Nomos, Baden-Baden

Saltman RB, Busse R (2002) Balancing regulation and entrepreneurialism in Europe's health sector: theory and practice. In: Saltman RB, Busse R, Mossialos E (eds) Regulating Entrepreneurial Behaviour in European Health Care Systems. Buckingham, Open University Press, pp 3–52

Schöffski und Graf v.d. Schulenburg J-M (Hrsg) (2002) Gesundheitsökonomische Evaluationen. Springer, Berlin

Staehle WH (1999) Management, 8. Aufl. Vahlen, München

Schwartz FW, Busse R (2003) Denken in Zusammenhängen – Gesundheitssystemforschung. In: Schwartz FW, Badura B, Busse R, Leidl R, Raspe H, Siegrist J, Walter U (Hrsg) Das Public Health Buch, 2. Aufl. Urban & Vogel, München, S 518–545

Steinmann H, Schreyögg G (2005) Management, 6. Aufl. Gabler, Wiesbaden

U.S. Department of Labor (2005) The 2004–05 Career Guide to Industries: Health. http://www.bls.gov/oco/cg/cgs035.htm (download 03.02.2006)

Leistungsmanagement

2

2

2.1 Leistungsmanagement im Gesundheitswesen – Einführung und methodische Grundlagen

Reinhard Busse

Der ungewöhnliche Begriff »**Leistungsmanagement**« ist erklärungsbedürftig. Das Konzept stellt die klassisch betriebswirtschaftliche Sachfunktion »Produktion« in den Mittelpunkt, beinhaltet in Teilen aber Forschung, Entwicklung und Vertrieb (vgl. ► **Kap. 1**). Im Gesundheitswesen soll primär Gesundheit produziert werden, d. h. die Güte des Leistungsmanagements muss sich daran messen, wie groß der Beitrag der erstellten Leistungen für die Wiederherstellung oder Aufrechterhaltung der Gesundheit ist – und nicht primär nach Leistungszahlen im Sinne von produzierten Einheiten wie Patientenkontakte, Röntgenuntersuchungen, Operationen, Pflegetage, Behandlungsfälle etc.

Auf eine in anderen Büchern vorgenommene Unterteilung – etwa in Behandlungsmanagement und Qualitätsmanagement – wurde daher bewusst verzichtet. Eine solche Unterscheidung ist übrigens bei der Betrachtung anderer Branchen, z. B. der Autoindustrie, auch nicht üblich.

Es sei bereits an dieser Stelle angemerkt, dass die »Leistungen« der einzelnen Akteure bzw. Sektoren unterschiedlich ausfallen. Während auf die Arzneimittelindustrie (► **Kap. 2.6**) am ehesten »normale« betriebswirtschaftliche Erkenntnisse übertragen werden können – dies gilt beispielsweise für das Technologieportfolio nach Pfeiffer –, gilt für die direkt am Patienten tätigen Leistungserbringer (Krankenhäuser, Arztpraxen, integrierte Versorgung; ► **Kap. 2.3–2.5**) das oben Gesagte, dass nämlich die **Produktion von Gesundheit im Mittelpunkt** steht. Dabei ist das Zusammenspiel von leistungserbringender Person (oft der Arzt), leistungserbringender Institution und bestimmter Technologie entscheidend. Der Technologiebegriff sollte dabei breit verstanden werden, d. h. er schließt einfache und komplexe professionelle Dienstleistungen ebenso ein wie Produkte (z. B. Arzneimittel). Krankenversicherungen, insbesondere die gesetzlichen Krankenkassen, hingegen erbringen Gesundheitsleistungen nicht direkt an ihren Versicherten, sondern haben die Aufgabe, über ihr Ver-

sorgungs- und Vergütungsmanagement die Leistungserbringer so zu steuern, dass diese Leistungen am Patienten möglichst qualitativ hochwertig zu einem akzeptablen Preis erbringen. Neben diesem im Gesundheitssystemdreieck (vgl. ◘ **Abb. 1-1**) rechts angeordneten Handlungsfeld bedeutet Leistungsmanagement von Krankenversicherern allerdings auch Tarifmanagement gegenüber ihren derzeitigen und ggf. zukünftigen Versicherten. Das Tarifmanagement sollte mit dem Versorgungs- und Vergütungsmanagement möglichst eng koordiniert sein (► **Kap. 2.2**).

Die Kapitel in diesem Teil fallen besonders lang aus – nicht nur, weil dem Leistungsmanagement die zentrale Stellung für Management im Gesundheitswesen zukommt, sondern auch, weil es die jeweils ersten in ihrem vertikalen Strang sind. Dadurch sind in den ► **Kap. 2.2–2.6** Beschreibungen des jeweiligen Sektors hinsichtlich regulatorischer Rahmenbedingungen und Akteure enthalten, die auch für die folgenden Teile 3 bis 7 von Bedeutung sind.

Modell zur Beurteilung der Produktion von Gesundheit

Um die Produktion von Gesundheit im Gesundheitswesen analysieren zu können, ist das statische Dreieck (vgl. ◘ **Abb. 1-1**) nicht geeignet. Es bedarf vielmehr eines Modells, dass verdeutlicht, wie aus Humanressourcen, Technologien und finanziellen Ressourcen in Form von organisatorischen Strukturen (wie Krankenhäuser oder Arztpraxen) mittels Leistungen für Patienten gesundheitsrelevante Ergebnisse erreicht werden, d. h. wie die Gesundheit der Bevölkerung erhalten bzw. verbessert wird.

Das in ◘ **Abb. 2.1-1** dargestellte Modell greift dabei die **Donabedian'sche Trias** von Struktur, Prozess und Ergebnis (»outcome«) zur Beurteilung von Qualität im Gesundheitswesen auf:

»**Structure** describes the physical, organizational, and other characteristics of the system that provides care and of its environment. **Process** is what is done in caring for patients. **Outcome** is what is achieved, an improvement usually in health but also in attitudes, knowledge, and behaviour conductive to future health.« (Donabedian 1966)

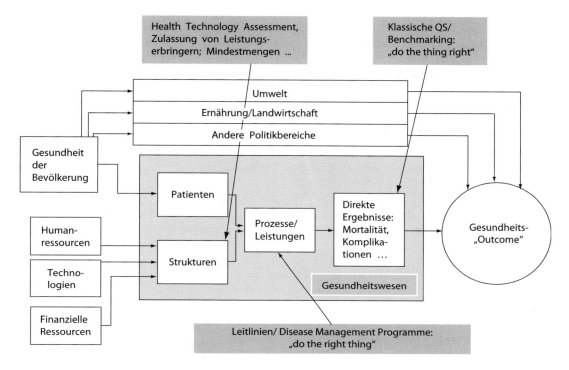

Abb. 2.1-1. Input-Struktur-Prozess-Ergebnis-Modell der Produktion von Gesundheitsleistungen mit Ansatzpunkten wesentlicher qualitätssichernder Ziele und Maßnahmen

Auf der linken Seite finden sich die Inputs, d. h. einerseits die Gesundheit der Bevölkerung bzw. eines Einzelnen vor dem Kontakt mit dem Leistungserbringer und andererseits die genannten drei Arten von Ressourcen. Im Zentrum des Modells stehen die Prozesse, d. h. die am Patienten erbrachten Leistungen. Die Output-Seite zerfällt in zwei nacheinander geschaltete Elemente, die Ergebnisse direkt am Ende eines Prozesses (intermediäre Outcomes) und das mittel- bis langfristig zuschreibbare gesundheitliche Resultat (Outcome). Erst das letztere liefert für die Beurteilung, ob die Produktion »erfolgreich« war, die entscheidenden Bewertungskriterien. (Das Modell berücksichtigt zusätzlich, dass neben dem Gesundheitswesen auch andere gesellschaftliche Bereiche wie die Umwelt einen Einfluss auf die Schaffung von Gesundheit haben.)

Entlang des Modells von links nach rechts lassen sich wesentliche Maßnahmen anordnen, die das Leistungsmanagement auf der Ebene von Strukturen, Prozessen und Ergebnissen maßgeblich beeinflussen (**Tab. 2.1-1**).

Strukturqualität als Voraussetzung der Leistungserbringung

Wie erwähnt, können Leistungen im Gesundheitswesen als Zusammenspiel von Arzt, Institution und Technologie verstanden werden. Für alle drei gibt es mehrere Hürden, an denen ihre Eignung für die Leistungserbringung festgemacht und/oder überprüft wird, d. h. an denen sie potentiell vom Gesundheitswesen ferngehalten werden können – weswegen wir von strukturbezogener Qualitätssicherung sprechen:

- Erlaubnis, im Gesundheitssystem tätig zu werden/eingesetzt zu werden (Marktzutritt)
- Aufnahme in das System der Gesetzlichen Krankenversicherung (oder äquivalentes System im Ausland)
- Auflagen an die Abrechenbarkeit von Leistungen zu Lasten der GKV

Leider ist die genutzte Terminologie bezüglich dieser verschiedenen Hürden alles andere als einheitlich; so kann eine »Zulassung« sich auf die ers-

2

◼ **Tab. 2.1-1.** Wesentliche Ansätze des Leistungsmanagements unter Gesichtspunkten der Struktur-, Prozess- und Ergebnisqualität

	Leistungserbringende Person (z. B. Arzt)	Leistungserbringende Institution (z. B. Krankenhaus)	Technologie (vgl. auch ◼ Tab. 2.1-2)
	Struktur		
Erlaubnis, tätig zu werden/eingesetzt zu werden (Marktzutritt)	Approbation	Konzession (bei privaten Krankenhäusern)	Zertifizierung (Medizinprodukte), Zulassung bzw. Registrierung (Arzneimittel)
Aufnahme in GKV-System (Kriterien/ Verfahren)	Zulassung als Vertragsarzt *(Abgeschlossene Weiterbildung und Niederlassungsmöglichkeit laut Bedarfsplanung)*	Zulassung *(Aufnahme in Krankenhausplan oder Abschluss eines Versorgungsvertrags mit Krankenkassen)*	Aufnahme in/Ausschluss aus Leistungskatalog *(Health Technology Assessment)*
Auflagen an GKV-Abrechenbarkeit	— Notwendigkeit der Beteiligung an externer Qualitätssicherung — Notwendigkeit eines internen Qualitätsmanagements — Offenlegung von Struktur-, Prozess- und Ergebnisdaten — Notwendigkeit der regelmäßigen Fortbildung		Beschränkung auf spezifische Indikation/Patienten/Leistungserbringer
	Mindestmengenregelung für Technologieanwendung pro Leistungserbringer und Jahr		
	▼ **Prozess**		
Indikationsstellung (Wird das Angemessene/Notwendige/ Richtige gemacht?)	Ex-ante: — Leitlinien — Disease Management-Programme — Clinical Pathways/Behandlungspfade Ex-post: — Utilization Review/Überprüfung der Indikationsstellung		
Prozessqualität (Wird es richtig/gut gemacht?)	— Überprüfung der Leitlinienbefolgung z. B. hinsichtlich Dokumentation, Einhalten von Zwischenschritten		
	▼ **Ergebnis**		
Kurzfristig	— Parameter: Intraoperative/stationäre Letalität/Mortalität, Komplikationsraten — Methodik: Benchmarking, league tables ...		*(Forschungsergebnisse, die bei zukünftigen Entscheidungen zum Leistungskatalog berücksichtigt werden können)*
Langfristig (Was nutzt es dem Patienten?)	— Parameter: Überleben, Lebensqualität, Ereignisfreiheit ... — Methodik: Benchmarking, league tables ...		

te oder auch die zweite Hürde beziehen. Dies gilt auch für die Begriffe »Zertifizierung« und »Akkreditierung«, die keine sektorübergreifende einheitliche Bedeutung haben und je nach Kontext unterschiedlich benutzt werden.

Auf der **ersten Stufe** geht es darum, die grundsätzliche Eignung der Person, der Institution oder der Technologie für die Gesundheitsversorgung festzustellen. Dabei werden je nach Sektor gewisse Anforderungen gestellt, die es zu erfüllen gilt (vgl. ▶ Kap. 2.3, 2.4 und 2.6 für Arzneimittel). Dabei werden in der Regel keine Vergleiche mit bereits vorhandenen Leistungserbringern oder Produkten gefordert, d. h. Arzneimittel müssen ihre Wirksamkeit nur gegenüber Plazebo (also einer Scheinbehandlung) unter Beweis stellen.

Auf der **zweiten** Stufe – also dem Zugang zur GKV – wird bei den Leistungserbringern neben zusätzlich zu erfüllenden Anforderungen (wie etwa einer abgeschlossenen Facharztweiterbildung) auch geprüft, ob die entstehenden potentiellen Kapazitäten zur Leistungserbringung für die Versorgung der Versicherten bzw. der Bevölkerung auch notwendig sind. Hierfür hat sich der Begriff »Bedarfsplanung« eingebürgert; dafür werden im ambulanten Sektor die Regeln in Form von Richtlinien vom Gemeinsamen Bundesausschuss (G-BA) vorgegeben und auf Landesebene umgesetzt (vgl. ▶ Kap. 2.4 und 6.4). Für den Krankenhaussektor fällt diese Rolle den Bundesländern zu, die sie in Form der Krankenhauspläne ausfüllen (vgl. ▶ Kap. 2.3). Analog sollte man den Zugang von Technologien zum Leistungskatalog werten, d. h. in die Gesamtheit der zu Lasten der GKV abrechenbaren Leistungen bzw. Produkte. In vielen Industrieländern werden Arzneimittel auf dieser Stufe vergleichend evaluiert – und oft wird nur das effektivste oder das kosteneffektivste in den Leistungskatalog aufgenommen (Zentner et al. 2005).

Was bezüglich Arzneimittel oft als »Nutzenbewertung« firmiert, wird technologieübergreifend international als »**Health Technology Assessment**« (HTA) bezeichnet. Im Kontext von HTA werden medizinische Technologien sehr breit definiert als Arzneimittel, Medizinprodukte, Prozeduren, Organisations- und Supportsysteme (z. B. Telematik) zur Erbringung medizinischer Leistungen. Der Technologiebegriff setzt dabei die systematische Anwendung wissenschaftlichen und anderen orga-

nisierten Wissens auf praktische Problemstellungen voraus.

In sog. HTA-Berichten werden **Sicherheit, Wirksamkeit, Kosten und Kosten-Wirksamkeit** der Technologie unter Berücksichtigung **sozialer und ethischer Effekte** sowie **organisatorischer Implikationen** dem Nutzen gegenüber gestellt. Daraus werden Handlungsempfehlungen erarbeitet (Details zu HTA allgemein s. Perleth 2003; zur Methodik s. Busse et al. 2002).

Health Technology Assessment (HTA) in Deutschland

Das Ergebnis eines HTA-Berichts sollte eine fundierte Basis für eine **Entscheidungsfindung** über die Nutzung der Technologie sein. In Deutschland wird HTA vor allem für Beschlüsse zur Kostenübernahme von neuen Technologien in den **Leistungskatalog** der GKV eingesetzt.

Die Entwicklung von HTA in Deutschland begann 1995, als das Bundesministerium für Gesundheit (BMG) den Auftrag erteilte, eine »Bestandsaufnahme, Bewertung und Vorbereitung der Implementation einer Datensammlung ›Evaluation medizinischer Verfahren und Technologien‹ in der Bundesrepublik« vorzunehmen. Den ersten politischen Niederschlag fand die daraus resultierende Arbeit bereits 1997 im GKV-Neuordnungsgesetz, als dem damaligen Bundesausschuss der Ärzte und Krankenkassen der Auftrag erteilt wurde, nicht nur neue, sondern auch bereits existierende Technologien zu evaluieren. Vor 1997 war außerdem das Zustandekommen seiner Entscheidungen über Technologien verdeckt geblieben. Nur die Entscheidungen selbst wurden veröffentlicht. Die Arbeit des Bundesausschusses war immer stärker als willkürlich und interessengeleitet angeprangert worden. Im Mittelpunkt der 1998 in Kraft getretenen **Richtlinien zur Beurteilung von Untersuchungs- und Behandlungsmethoden** stand dabei die gesetzliche Forderung, dass der diagnostische oder therapeutische Nutzen einer Methode, sowie deren medizinische Notwendigkeit und Wirtschaftlichkeit, auch im Vergleich zu bereits zulasten der Krankenkassen erbrachten Methoden, nach dem Stand der wissenschaftlichen Erkenntnisse zu überprüfen ist (Details zu diesen Richtlinien: Busse und Riesberg 2005, S. 180ff.).

2

◨ **Gemeinsamer Bundesausschuss mit zentraler Rolle für GKV-Leistungsmanagement (Mod. nach Busse und Riesberg 2005, S. 54ff)**

Mit Inkrafttreten des GKV-Modernisierungsgesetzes 2004 sind die früheren Bundesausschüsse der Ärzte bzw. Zahnärzte und Krankenkassen, der Krankenhausausschuss und der Koordinierungsausschuss zum Gemeinsamen Bundesausschuss (G-BA) zusammengefasst. Das Plenum des G-BA besteht aus 9 Mitgliedern der Spitzenverbände der Krankenkassen (3 der Allgemeinen Ortskrankenkassen, 2 der Ersatzkassen, 1 der Betriebskrankenkassen, 1 der Innungskrankenkassen, 1 der Landwirtschaftlichen Krankenkassen, 1 der Bundesknappschaft) und 9 Vertretern der Leistungserbringer (4 der Kassenärztlichen Bundesvereinigung, 1 der Kassenzahnärztlichen Bundesvereinigung und 4 der Deutschen Krankenhausgesellschaft) sowie aus 2 neutralen Mitgliedern (jeweils vorgeschlagen von einer Seite) und schließlich einem unparteiischen Vorsitzenden, der von beiden Seiten akzeptiert worden sein muss und dessen Stimme ausschlaggebend ist, wenn keine Einigung erzielt werden kann. Außerdem erhielten 9 Vertreter maßgeblicher Organisationen, die zur Vertretung der Belange von chronisch Kranken und Patienten formal akkreditiert sind, das Recht, an den Beratungen des G-BA teilzunehmen und Themen zur Beratung vorzuschlagen. Sie sind jedoch nicht stimmberechtigt.

Der G-BA erlässt nach Maßgabe des Sozialgesetzbuches V (SGB V) Richtlinien für nahezu alle Versorgungsbereiche der GKV. Einige Richtlinien werden vom Plenum erlassen, beispielsweise die Geschäftsordnung oder die Verfahrensrichtlinie zur Bewertung von Technologien zum Ein- oder Ausschluss aus dem GKV-Leistungskatalog. Andere werden von einem der vier Ausschüsse des G-BA erlassen, jeweils für den Sektor ihrer Zuständigkeit. Diesen Ausschüssen wiederum sind mehrere Unterausschüsse zugeteilt, die Empfehlungen, Beschlüsse und Richtlinien vorschlagen, teilweise unterstützt von speziellen Arbeitsgruppen. Die Richtlinien des G-BA sind für die Akteure der GKV auf Bundes- und Landesebene ebenso wie für einzelne Leistungserbringer und GKV-Versicherte gesetzlich bindend; gegen sie kann allerdings Widerspruch bei Sozialgerichten eingelegt werden. Die Richtlinien befassen sich damit, den Leistungskatalog zu definieren oder zu gewährleisten, dass GKV-.

Leistungen angemessen, zweckmäßig und wirtschaftlich erbracht werden

Die vier Ausschüsse haben im Einzelnen die folgenden Aufgaben:

1. Das Entscheidungsgremium mit dem breitesten Verantwortungsspektrum ist der **Ausschuss Vertragsärztliche Versorgung**. Er besteht aus Unterausschüssen für Ärztliche Behandlung, Arbeitsunfähigkeit, Arzneimittel, Bedarfsplanung, Familienplanung, Häusliche Krankenpflege, Heil- und Hilfsmittel, Krankenhausbehandlung/Krankentransport, Prävention, Psychotherapie, Qualitätsbeurteilung und -sicherung, Rehabilitation und Soziotherapie.

2. Der **Ausschuss Vertragszahnärztliche Versorgung** verabschiedet Richtlinien zu den Bereichen zahnärztliche und kieferorthopädische Behandlung, Früherkennung, Individualprophylaxe, Zahnersatz, Festzuschuss, Bedarfsplanung sowie zur Einführung neuer Untersuchungs- und Behandlungsmethoden und die Überprüfung erbrachter vertragszahnärztlicher Leistungen.

3. Der **Ausschuss Krankenhausbehandlung** besteht aus dem Unterausschuss für externe stationäre Qualitätssicherung, dem Unterausschuss für sonstige stationäre Qualitätssicherung sowie dem Unterausschuss für Methodenbewertung, der Untersuchungs- und Behandlungsmethoden im Krankenhaus auf ihren Ausschluss hin bewertet.

4. Der **Ausschuss Ärztliche Angelegenheiten** beschäftigt sich mit sektorübergreifenden Themen und besteht aus dem Unterausschuss für Disease Management-Programme, dem Unterausschuss für ambulante Behandlung in Krankenhäusern, der beispielsweise eine Liste seltener Erkrankungen und hochspezialisierter Leistungen erstellt, die von Krankenhäusern ambulant behandelt werden dürfen, sowie dem Unterausschuss für Qualitätssicherung, der über Qualitätssicherungsprogramme informieren, diese auswerten und Empfehlungen für einheitliche, professionen- und sektorenübergreifende Qualitätsstandards entwickeln soll.

Mit der GKV-Reform 2000 wurde das **HTA-Mandat auf den stationären Sektor ausgeweitet** und dem Deutschen Institut für Medizinische Dokumentation und Information (DIMDI) der Auftrag erteilt, ein HTA-Informationssystem einzurichten und zu betreiben. Allerdings wurde der Krankenhaussektor vom Gesetzgeber anders behandelt: Alle Leistungen können erbracht werden, solange sie nicht als nicht erforderlich aus dem Leistungskatalog ausgeschlossen sind (»**Verbotsvorbehalt**«). Im ambulanten Sektor – einschließlich ambulanter Leistungen im Krankenhaus – gilt hingegen der »**Erlaubnisvorbehalt**«, d. h. nur solche Leistungen dürfen zu Lasten der GKV erbracht werden, die in den Leistungskatalog aufgenommen worden sind (◘ Tab. 2.1-2).

Über diese fehlende Gleichbehandlung von ambulantem und stationärem Sektor bei der Einführung von Technologien in den Leistungskatalog der gesetzlichen Krankenkassen wurde lange diskutiert. Seit Oktober 2005 gilt eine neue Verfahrensordnung des nunmehr Gemeinsamen Bundesausschusses, die unter Beibehaltung der Vorbehalte den Evaluationsprozess vereinheitlicht.

Die nunmehr **sektorenübergreifende Verfahrensordnung** regelt die allgemeinen Entscheidungsverfahren, die Bewertung von Methoden und Leistungen, die Verfahren für Richtlinienbeschlüsse und Empfehlungen sowie die Zusammenarbeit mit dem Institut für Qualität und Wirtschaftlichkeit im Gesundheitswesen (IQWiG). Folgende Gesichtspunkte verleihen ihr besondere Bedeutung:

- Erstmalig sektorübergreifende, einheitliche Beurteilung des Nutzens und der medizinischen Notwendigkeit
- Sektorübergreifende, einheitliche Grundsätze und Verfahren der Beurteilung wissenschaftlicher Unterlagen
- Im Mittelpunkt steht der patientenbezogene Nutzen (nicht z. B. Investitionsentscheidungen des Krankenhauses oder Umsatzerwartungen von Vertragsärzten)
- Das Verfahren beinhaltet immer eine umfassende wissenschaftliche Recherche und Auswertung
- Die Kriterien zur Bewertung werden sektorübergreifend angewendet und detailliert beschrieben

- Durch die zusammenfassende Darstellung aller Beratungsunterlagen und Beratungsprozesse im Abschlussbericht besteht Transparenz für die Öffentlichkeit
- Durch die klare Offenlegung von Mängeln im Nutzenbeleg überprüfter medizinischer Methoden werden notwendige klinische Studien gefördert

Qualitätsmanagement, Qualitätsberichte und weitere Auflagen zur Strukturqualitätssicherung

In Deutschland sind spätestens seit Beginn der 2000er Jahre die Zeiten vorbei, dass eine abgeschlossene Facharztweiterbildung ausreichte, ungeprüft das weitere berufliche bzw. ärztliche Leben über tätig zu sein. Vorbei auch die Zeiten, dass Krankenhäuser lediglich zugelassen und in den Krankenhausplan aufgenommen zu sein brauchten, um die ihnen notwendig und sinnvoll erscheinenden Maßnahmen durchführen zu dürfen. Schritt für Schritt hat der Gesetzgeber die Anforderungen an die Qualitätssicherung erhöht. Die meisten dieser Verpflichtungen, die in den ▶ Kap. 2.3 und 2.4 im Detail für die jeweiligen Sektoren dargestellt werden, sind – zumindest derzeit noch – eindeutig strukturbezogen. So verpflichtet § 135a SGB V Vertragsärzte, medizinische Versorgungszentren, zugelassene Krankenhäuser, Erbringer von Vorsorgeleistungen oder Rehabilitationsmaßnahmen »sich an **einrichtungsübergreifenden Maßnahmen der Qualitätssicherung** zu beteiligen, die insbesondere zum Ziel haben, die Ergebnisqualität zu verbessern«. Der Fokus bei diesen externen Qualitätssicherungsmaßnahmen liegt in der standardisierten Erhebung und Auswertung von patientenbezogenen Daten, die Rückschlüsse auf die ablaufenden Prozesse und ggf. Ergebnisse liefern Dazu zählen für den stationären Bereich insbesondere die Analysen der Bundesgeschäftsstelle Qualitätssicherung (BQS; vgl. weiter unten).

§ 135a verpflichtet die oben genannten Leistungserbringer zusätzlich, »**einrichtungsintern ein Qualitätsmanagement** einzuführen und weiterzuentwickeln«. Das hier genannte Qualitätsmanagement fokussiert in aller Regel auf Strukturen und Abläufe innerhalb der Organisation und weniger (bzw. gar nicht) auf die am Patienten erbrachten Leistungen und die dabei erzielten Ergebnisse.

2

◗ **Tab. 2.1-2.** Die Regulierung medizinischer Leistungen und Produkte („Technologien") in Deutschland in Abhängigkeit vom Leistungssektor (unter Einbezug der im Buch nicht näher behandelten Medizinprodukte bzw. Hilfsmittel, zahnmedizinischen Versorgung sowie Heilmittel)

	Arzneimittel (Details vgl. ▶ Kap. 2.6)	Medizinprodukte direkt von Patienten genutzt („Hilfsmittel")	Medizinprodukte für Verfahren der medizinischen Versorgung	Ambulante medizinische/chirurgische Prozeduren (Details vgl. ▶ Kap. 2.4)	Ambulante zahnmedizinische Behandlung	Stationäre Akutversorgung (Details vgl. ▶ Kap. 2.3)	Ambulante nicht-ärztliche Versorgung („Heilmittel")
Zulassung/ Marktzutritt	Arzneimittelzulassung/-registrierung durch BfArM nach Arzneimittelgesetz (AMG)	Zertifizierung von Medizinprodukten lt. Medizinproduktegesetz (MPG) durch staatlich ausgewählte und kontrollierte Prüfstellen („Ermächtigte Institutionen")					
Aufnahme in den Leistungskatalog der GKV	„Automatisch" mit gesetzlich festgelegten Ausnahmen	Durch Spitzenverbände der Krankenkassen; Katalog = Hilfsmittelverzeichnis	Abhängig vom Sektor →	Durch G-BA entsprechend Verfahrensordnung in Richtlinie Methoden vertragsärztliche Versorgung	Durch G-BA entsprechend Verfahrensordnung	Ggf. Ausschluss durch G-BA entsprechend Verfahrensordnung in Richtlinie Methoden Krankenhausbehandlung	Durch G-BA in Heilmittel-Richtlinien
Implementation der Ergebnisse/ Steuerung der Nutzung	Arzneimittel-Richtlinien des G-BA, Richtgrößen, Festbeträge	Hilfsmittel-Richtlinien des G-BA, Festbeträge	Abhängig vom Sektor →	Bewertungsausschuss, KV-Bedarfsplanung, Verträge	Bewertungsausschuss, KZV-Bedarfsplanung, Verträge	Krankenhausplanung Länder; Vergütung durch DRGs	Heilmittel-Richtlinien mit Heilmittel-Katalog des G-BA

In Deutschland besteht für die Leistungserbringer bezüglich des genutzten Qualitätsmanagementsystems Wahlfreiheit und dementsprechende Vielfalt. Oftmals wird für den Prozess der (Selbst-)Evaluation, d. h. ob eine Einrichtung die Anforderungen des gewählten Qualitätsmanagementsystems erfüllt, der Begriff »**Akkreditierung**« verwendet – was allerdings nichts über die tatsächlichen Behandlungsergebnisse aussagt. Für ähnliche Sachverhalte wird in Bezug auf Ärzte oft der Begriff »**(Re-)Zertifizierung**« genutzt.

Aussagen über die Ergebnisse zu ermöglichen, ist der Sinn weitergehender Anforderungen an die Leistungserbringer, nämlich ihre Ergebnisdaten offenzulegen, wie dies beispielsweise in Großbritannien der Fall ist. Dagegen beschränken sich die Anforderungen in Deutschland im Rahmen der sog. **Qualitätsberichte** auf eine Offenlegung von Struktur- und Prozessdaten, d. h. Anfragen nach der Ausstattung und der Anzahl behandelter Patienten oder durchgeführter Interventionen (vgl. ▶ Kap. 2.3).

Prozesssteuerung als zentrale Komponente des Leistungsmanagements

Als Prozesse im Gesundheitswesen können die medizinischen Leistungen i.e.S. verstanden werden – sie zu managen steht im Mittelpunkt der Kapitel dieses Buchteils. Wenn es um Prozesse geht, müssen zwei deutlich voneinander abzugrenzende Aspekte betrachtet werden:

1. Erhält der Patient die für ihn angemessene bzw. notwendige Behandlung, d. h. wie ist die Qualität der Indikationsstellung? Oder verkürzt: Wird das Richtige getan?
2. Wie ist die Qualität der Leistungserbringung? Oder verkürzt: Wird es richtig gemacht?

In der oftmals kürzeren, aber auch eingängigeren englischen Sprache lauten die Anforderungen »do the right thing« und »do the thing right« (vgl. ▢ Abb. 2.1-1).

Es sind verschiedene, sich teilweise überlappende Konzepte zu einer Verbesserung der Leistungsprozesse entwickelt worden. Einige sind auf eine Ex-ante-Beeinflussung angelegt, d. h. sie sollen steuern, welcher Patient mit welcher Indikation zu welchem Zeitpunkt welche Leistung erhält (vgl. ▢ Tab. 2.1-1): Dazu gehören **Disease Management-**Programme (▶ **Kap. 2.2** und **2.5**), **Clinical Pathways/Behandlungspfade** (s. erste Fallstudie in ▶ **Kap. 2.7**) und Leitlinien, auf die im Folgenden exemplarisch näher eingegangen werden soll.

Durch Leitlinien soll externe wissenschaftliche Evidenz – d. h. zumeist aus veröffentlichten Studien – durch einen Konsensprozess unter Experten und Betroffenen als lokale Standards auf der Ebene von indikationsbezogenen Patientengruppen (möglichst unter Berücksichtigung weiterer Charakteristika wie Alter, Geschlecht, Komorbidität, Setting) vermittelt werden. Leitlinien entstanden im Kontext der sog. **Evidenz-basierten Medizin (EbM)**, die in den 1980er Jahren in Nordamerika aus der klinischen Epidemiologie heraus quasi als Hilfswissenschaft zur Interpretation und Anwendung von Erkenntnissen aus wissenschaftlichen Studien für klinisch tätige Ärzte entwickelt wurde (vgl. etwa Perleth und Antes 2002).

Leitlinien sind systematisch entwickelte Aussagen, die den gegenwärtigen Erkenntnisstand wiedergeben und den behandelnden Ärzten und ihren Patienten die Entscheidungsfindung für eine angemessene Behandlung spezifischer Krankheitssituationen erleichtern. Während sie oftmals in ihrer schriftlichen Version recht lang sein können (und damit praktisch unhandhabbar werden können), muss man sich ihren Kern als ein **Flussdiagramm** mit »wenn – dann – Empfehlungen« vorstellen; ein Beispiel aus der Nationalen Versorgungsleitlinie zur Diagnostik der Chronisch-obstruktiven Lungenerkrankung soll dies verdeutlichen (▢ Abb. 2.1-2). Neben der »Langfassung« der Leitlinie mit den Empfehlungen an sich sowie der Evidenz für diese Empfehlungen (zumeist abgeleitet aus klinischen Studien) umfasst das »Paket« oftmals auch eine Kurzversion, Praxishilfen, »Kitteltaschenversionen«, Fortbildungsmaterial und eine Patientenversion.

Leitlinien stellen eine Quelle von aufbereitetem aktuellem externem Wissen dar, die den einzelnen Arzt, die Krankenhausabteilung oder ein Netzwerk von Leistungserbringern bei der Behandlung eines Patienten »leiten« soll. Aber auch für Krankenversicherer können sie bezüglich ihres Vertrags- und Vergütungsmanagements sehr nützlich sein, helfen sie doch, effektive und notwendige Leistungen von unnötigen oder gar schädlichen zu trennen.

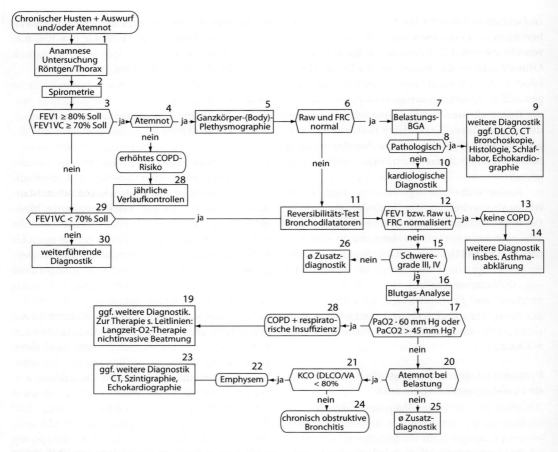

◻ Abb. 2.1-2. Flussdiagramm zur Diagnostik der Chronisch-obstruktiven Lungenerkrankung aus der Nationalen Versorgungsleitlinie COPD (Ärztliches Zentrum für Qualität in der Medizin 2006)

Vereinfacht gesagt durchlaufen Leitlinien auf ihrem Weg vom Entwurf bis zu ihrer Modifikation oder ihrer Rücknahme fünf Phasen:

1. **Entwurf**: Auswahl der Behandlungssituation, systematisches Review des externen Wissens (Literatur) und der Erfahrungen, Konsensherstellung, Methodenreport
2. **Kritische Bewertung und Entscheidung über Einführung**: Beurteilung der Stärke der Evidenz (interne Validität) und der Erfahrungen, der Machbarkeit und der Anwendbarkeit auf die Zielpatienten, Schätzung der Kosteneffektivität, Festlegen der Verbindlichkeit, der Verantwortung und der Finanzierung
3. **Dissemination/Verbreitung**: Konzertierte Aktion der Medien, Integration in die Aus-, Weiter- und Fortbildungsprogramme

4. **Implementierung**: Anpassen der Leitlinie, Einführungsplanung, Monitoring des Einsatzes der Leitlinie in der Routine mit Qualitätsindikatoren, Evaluierung der Effektivität (externe Validität) und der Effizienz
5. **Fortschreibung**: Überwachung der Notwendigkeit der Überarbeitung oder der Rücknahme

Erst nach der Implementierung in den Alltag der Arztpraxis, des Krankenhauses oder des Netzwerkes zur Integrierten Versorgung kann der Nutzen einer Leitlinie zum Tragen kommen. Das bedeutet, dass die Implementierung ganz wesentlich über den Nutzen einer Leitlinie entscheidet. Daher kann es sein, dass eine sehr gut implementierte, aber in der Qualität mäßige Leitlinie zu einem höheren Nutzen für Patient, Arzt oder System führt als eine qualitativ exzellente, die nur mit mäßigem Erfolg implementiert wurde. Da klar geworden ist, dass das Erstellen von hochwertigen Leitlinien allein die Versorgung nicht deutlich verändert, hat sich der **Managementfokus** in den letzten Jahren von Fragen der Erstellung von Leitlinien zu deren Implementation verändert.

Während die Erstellung und die kritische Bewertung einer Leitlinie in den Händen von Fachgesellschaften, den Trägern der Selbstverwaltung oder anderen Organisationen liegen, liegt die Verantwortung für die Verwendung der Leitlinie normalerweise beim behandelnden Arzt, beim Krankenhaus oder bei der Krankenkasse, die auf ihr einen Versorgungsvertrag aufbauen will. Das folgende Prozedere kann die **Implementierung und Verwendung der Leitlinie** erleichtern:

- Feststellung des Bedarfs an einer Leitlinie in der Praxis, Klinik etc.
- Adaptierung einer überregionalen Leitlinie an die vorhandenen strukturellen und personellen Möglichkeiten
- Einführungsplanung (Barrierenanalyse, Anreize, Fortbildung, interner Qualitätszirkel, Zeit- und Aktivitätenplan)
- Bereitstellung der Leitlinie (Erstellung von verschiedenen Leitlinien-Versionen, Behandlungspfade, Stationsbücher, Guideline Server)
- Integration der Leitlinie in die medizinische Dokumentation und das lokale Informationssystem
- Überwachung der Einhaltung und der Wirksamkeit der Leitlinie (Monitoring von Indikatoren der Prozess- und Ergebnisqualität)
- Unterstützung bei der Verwendung der Leitlinie (Erinnerung, wiederholte Fortbildung)
- Regelmäßige Fortschreibung der Leitlinie

Grol und Grimshaw haben 2003 ein systematisches Review über 17 Maßnahmen zur Optimierung der Implementierung erstellt, das letztendlich drei Klassen von Strategien hervorbrachte:

- **Generell ineffektive Strategien**
  - Passive Verbreitung von Informationen
  - Veranstaltungen mit Frontalvorträgen
- **Ab und zu effektive Strategien**
  - Audit und Rückmeldung mit Vergleichen
  - Lokale Konsensusgruppe, Einbindung lokaler Meinungsbildner
  - Patientenbeteiligung

- **Generell effektive Strategien**
  - Erinnerungshilfen z. B. durch Informationstechnologien
  - Interaktive Fortbildung und Betreuung (Qualitätszirkel)
  - Besuche vor Ort
  - Kombinierte Strategie (Einbau ins Qualitätsmanagement)

Zu den prozessbezogenen Ansätzen, die auf die Indikationsstellung abzielen – d. h. auf die Frage »Wird das Richtige getan?« –, gehören neben Maßnahmen, die ex-ante leiten sollen, auch die Maßnahmen, die ex-post die Angemessenheit der Leistungserbringung überprüfen – hier ist insbesondere das **Utilization Review** zu nennen (▶ Kap. 2.2; vgl. ◻ Tab. 2.1-1). Während dieser Begriff häufig auf die Überprüfung der Leistungserbringung bei einzelnen Patienten oder einzelnen Leistungserbringern bezieht, unterscheiden sich gewisse Aktivitäten der **externen Qualitätssicherung** hiervon systematisch nicht. So evaluiert die Bundesgeschäftsstelle Qualitätssicherung (BQS) über alle deutschen Krankenhäuser für bestimmte Leistungen, wie z. B. Eingriffe am Ovar oder Koronarangiographien, die Qualität bzw. Notwendigkeit der Indikationsstellung, d. h. der Entscheidung zur Durchführung der Maßnahme (vgl. ▶ Kap. 2.3). Für die Eingriffe am Ovar lag die Rate der unnötigen Eingriffe 2004 z. B. bundesweit bei 25%, schwankte aber zwischen den Krankenhäusern von 0% bis 75% (Mohr 2006). Diese Daten bestätigen Ergebnisse der internationalen Angemessenheitsforschung (vgl. etwa Schwartz und Busse 2003).

Einen Schritt weiter geht die Evaluation, ob die Maßnahme auch richtig durchgeführt wurde. Als Beispiel sei auch hier auf BQS-Aktivitäten verwiesen, die z. B. überprüft, ob Krankenhäuser bei Patientinnen mit Brustkrebs den sog. Rezeptorstatus ermitteln, der wichtig ist für die Empfindlichkeit des Gewebes für bestimmte Medikamente. Im Jahr 2004 schwankte der Prozentsatz so untersuchter Patientinnen von 14,5–100%, wobei ein Drittel der Krankenhäuser unterhalb des geforderten Wertes von 95% lagen (Mohr 2006).

2

Ergebnisqualität als eigentliche Herausforderung für das Leistungsmanagement

Im Input-Output-Modell (◻ **Abb. 2.1-1**) werden unmittelbar bzw. **kurzfristig anfallende Ergebnisse** von längerfristigen, dem Leistungserbringer zuschreibbaren gesundheitsbezogenen Resultaten abgegrenzt, für den sich der Begriff Outcome durchgesetzt hat. Dass diese Unterscheidung nicht trivial ist, liegt auf der Hand: Das komplikationsfreie Überleben einer schwerwiegenden Krebsoperation ist nicht identisch mit der 5-Jahres-Überlebenswahrscheinlichkeit. Aber auch bei einer Leistenbruchoperation sind das kurz- und das mittelfristige Ergebnis nicht deckungsgleich.

Während aus Public Health-Sicht die längerfristigen Ergebnisse größere Bedeutung haben, fokussiert die Managementbetrachtung zunächst auf die kurzfristigeren Ergebnisse. Diese haben zumeist den Vorteil, dass sie direkter mit den durchgeführten Leistungen in Verbindung gebracht werden können, womit sie eine größere Handlungsrelevanz haben, z. B. um Veränderungsprozesse einzuleiten. Versterben z. B. im eigenen Krankenhaus mehr Patienten während einer Operation als in anderen Krankenhäusern bei gleichen Operationen, kommen Fehler bzw. mangelnde Kenntnisse oder Erfahrungen der Chirurgen, hygienische Mängel, Organisationsmängel etc. in Frage. Wie ► **Kap. 2.3** erläutert, liegt bei solchen Vergleichen der Teufel im Detail: Ein sehr großer Teil der Mortalität wird bekanntlich nicht durch die Behandlungsqualität des Krankenhauses erklärt, sondern durch patien-

tenspezifische Faktoren. So versterben ältere Patienten im Schnitt häufiger als jüngere, schwerer erkrankte eher als leicht erkrankte und solche mit vielen weiteren Erkrankungen eher als solche ohne. Es ist also eine sog. »Risikoadjustierung« nötig. Wie relevant diese sein kann, verdeutlicht ◻ **Tab. 2.1-3**, die einen Vergleich zwischen zwei Krankenhäusern darstellt: Beide behandeln Krebspatienten – das kleinere weniger, die Universitätsklinik mehr. Es stellt sich heraus, dass Krankenhaus A scheinbar erfolgreicher ist, da es eine Remissionsrate (also einen zumindest kurzfristigen »Behandlungserfolg«) von 63% erzielt, während in der Universitätsklinik diese bei lediglich 44% liegt. Erst durch eine Einteilung der Patienten in drei Krebsstadien und die Bestimmung der Remissionsraten pro Stratum zeigt sich, dass beide genauso erfolgreich sind. Solche möglichen Fehlschlüsse bezüglich der Ergebnisqualität sind in der Gesundheitsversorgung häufig, weswegen die für das Leistungsmanagement notwendigen Qualifikationen eine interdisziplinäre Mischung unter Einbezug von Medizin und Epidemiologie darstellen.

Literatur

Ärztliches Zentrum für Qualität in der Medizin (Redaktion) im Auftrag von BÄK, AWMF, KBV (2006) Nationale Versorgungs-Leitlinie COPD Langfassung. ÄZQ, Berlin (http://www.copd.versorgungsleitlinien.de/)

Bero LA, Grilli R, Grimshaw JM, Harvey E, Oxman AD, Thomson MA (1998) Getting research findings into practice: Closing the gap between research and practice: an overview of

◻ **Tab. 2.1-3.** Remissionsraten bei Krebskranken in zwei Krankenhäusern – mit und ohne Risikoadjustierung (fiktives Beispiel)

	Krankenhaus A (z. B. Kreiskrankenhaus)	Krankenhaus B (z. B. Universitätsklinik)	Insgesamt
Anzahl Patienten	198	502	700
Davon in Remission („erfolgreich behandelt")	124 (= 63%)	222 (= 44%)	346 (= 49%)
Remissionsraten nach Risikostrata (Risikoadjustierung)			
Krebsstadium I	80/98 (= 82%)	40/49 (= 82%)	120/147 (= 82%)
Krebsstadium II	28/48 (= 58%)	88/151 (= 58%)	116/199 (= 58%)
Krebsstadium III	16/52 (= 31%)	94/302 (= 31%)	110/354 (= 31%)
Insgesamt	124/198 (= 63%)	222/502 (= 44%)	346/700 (= 49%)

systematic reviews of interventions to promote the implementation of research findings. BMJ 317: 465–468

Busse R, Orvain J, Velasco M, Perleth M, Drummond M, Gürtner F, Jørgensen T, Jovell A, Malone J, Rüther A, Wild C (2002) Best practice in undertaking and reporting HTA. Int J Technol Assess Health Care 18(2): 361–422

Busse R, Riesberg A (2005) Gesundheitssysteme im Wandel – Deutschland. Medizinisch Wissenschaftliche Verlagsgesellschaft, Berlin

Donabedian A (1966) Evaluating the quality of medical care. Milbank Memorial Fund Quarterly 44(3, Part 2): 166–206

Grol R, Grimshaw J (2003) From best evidence to best practice: effective implementation of change in patients' care. Lancet 362: 1225–1230

Mohr V (2006) Beitrag der BQS zur Versorgungsforschung. In: Hey M, Maschwsky-Schneider U, Busse R, Häussler B, Pfaff H, Rosenbrock R, Schrappe M (Hrsg) Kursbuch Versorgungsforschung. Berlin: Medizinisch Wissenschaftliche Verlagsgesellschaft

Perleth M (2003) Health Technology Assessment. In: Schwartz FW, Badura B, Busse R, Leidl R, Raspe H, Siegrist J, Walter U (Hrsg) Das Public Health Buch, 2. Aufl. Urban & Vogel, München, S 745–754

Perleth M, Antes G (Hrsg) (2002) Evidenz-basierte Medizin. Wissenschaft im Praxisalltag, 3. Auflage. Urban & Vogel, München

Schwartz FW, Busse R (2003) Denken in Zusammenhängen: Gesundheitssystemforschung. In: Schwartz FW, Badura B, Busse R, Leidl R, Raspe H, Siegrist J, Walter U (Hrsg) Das Public Health Buch, 2. Aufl. Urban & Vogel, München, S 518–545

Zentner A, Velasco Garrido M, Busse R (2005) Methoden zur vergleichenden Bewertung pharmazeutischer Produkte – eine internationale Bestandsaufnahme zur Arzneimittelevaluation. HTA-Bericht 13. Köln-Berlin: DIMDI und TU Berlin

2.2 Leistungsmanagement von Krankenversicherungen

Jonas Schreyögg und Reinhard Busse

2.2.1 Gesetzliche und strukturelle Rahmenbedingungen

Rechtliche Verankerung der Gesetzlichen Krankenversicherung (GKV)

Der Grundstein für die Finanzierung und Gewährleistung von Gesundheitsleistungen in der Bundesrepublik Deutschland wurde durch das Sozialstaatsprinzip gelegt, das in Art. 20 des Grundgesetzes festgeschrieben ist. Seit mehr als 100 Jahren wird die deutsche Sozialgesetzgebung durch viele Einzelgesetze ständig an die Dynamik gesellschaft-

licher Prozesse angepasst. Die Einzelgesetze werden vom Gesetzgeber zunehmend im **Sozialgesetzbuch (SGB)** zusammengefasst. Buch I definiert generell die Rechte und Pflichten der Versicherten, während die Bücher IV und X Verantwortung und Verwaltungsabläufe definieren, die allen Sozialversicherungen gemein sind.

Die Funktionen und Pflichten der Gesetzlichen Krankenversicherung (GKV) sind im Sozialgesetzbuch in **Buch V (SGB V)** geregelt. Kapitel 1 des SGB V legt die Grundsätze der GKV fest. Kernkapitel der Verbands- oder Selbstverwaltungsstruktur der GKV ist Kapitel 4. Es schreibt fest, welche Tatbestände durch gemeinsame Ausschüsse der Krankenkassen und der Leistungsanbieter geregelt werden können und müssen (beispielsweise Details des Leistungskataloges oder der relativen Punktwerte von Leistungen) oder durch die Krankenkassen selbst bzw. ihre Verbände verhandelt werden (beispielsweise die Gesamtvergütung für ambulante oder zahnärztliche Leistungen). Es determiniert somit in entscheidendem Maße, welche Managemententscheidungen auf **kollektiver Ebene,** d. h. im Rahmen von Verhandlungen der Krankenkassen als Gesamtheit, oder durch direkte Verhandlungen einzelner Krankenkassen auf **individueller Ebene** getroffen werden können. Kollektive Managemententscheidungen der Krankenkassen können sowohl auf der Landesebene durch die Landesverbände der Krankenkassen als auch auf der Bundesebene durch die Spitzenverbände der Krankenkassen und im Gemeinsamen Bundesausschuss (G-BA) getroffen werden. Das Bundesministerium für Gesundheit hat allerdings die Aufsicht darüber, ob sich die Kassenärztliche Bundesvereinigung, die Spitzenverbände der Krankenkassen sowie die gemeinsamen Ausschüsse entsprechend den festgeschriebenen Gesetzen verhalten.

Rechtliche Verankerung der Privaten Krankenversicherung

Während die rechtlichen Grundlagen der GKV im SGB gebündelt wurden, sind die Grundlagen der Privaten Krankenversicherung (PKV) in vielen Einzelgesetzen verankert. Die wichtigsten Grundlagen der PKV sind im **Versicherungsvertragsgesetz (VVG)** und im Gesetz über die Beaufsichtigung der Versicherungsunternehmen (**Versicherungsaufsichtsgesetz – VAG**) kodifiziert.

Das Versicherungsvertragsgesetz beschreibt in allgemeiner Form das Versicherungsprodukt mit Risiko- und Dienstleistungsgeschäft (Farny 2000, S. 135f.). Seit dem Jahre 1994 enthält dieses Gesetz jedoch auch einen speziellen Abschnitt zur Privaten Krankenversicherung. Die Paragraphen 178a–o beschreiben alle Bereiche, die das Zustandekommen und die Erfüllung eines PKV-Vertrages betreffen, d. h. Umfang des Versicherungsschutzes, Wartezeiten, Tarifwechsel, Prämiengestaltung und Kündigungsrecht.

Im Versicherungsaufsichtsgesetz sind in den Paragraphen 12–12f die Beitragskalkulation und insbesondere die verpflichtenden **Altersrückstellungen** geregelt. Diese sind in der **Überschussverordnung** sowie in der **Kalkulationsverordnung** jeweils noch näher spezifiziert.

Da ein substantieller Anteil der privat krankenversicherten Personen angestellt mit einem Einkommen jenseits der Versicherungspflichtgrenze ist und damit die Wahl zwischen GKV und PKV hat (s. unten), ist auch **§ 257 SGB V** eine wesentliche Rechtsgrundlage der PKV. Dieser regelt, welche Bedingungen Krankenversicherungsunternehmen erfüllen müssen, damit die Arbeitgeber von Privatversicherten diesen einen Zuschuss zur Prämie gewähren dürfen. Insbesondere muss ein **Standardtarif** angeboten werden (s. unten), müssen Beamte sich zur Beihilfe ergänzend versichern können, muss das Krankenversicherungsunternehmen auf das ordentliche Kündigungsrecht verzichten und das Krankenversicherungsgeschäft getrennt von anderen Versicherungssparten betreiben.

Auf diesen gesetzlichen Grundlagen bauen die bei allen Verträgen zugrunde gelegten **Musterbedingungen** für die Krankheitskosten- und Krankenhaustagegeldversicherungen (MB/KK) des Verbandes der Privaten Krankenversicherung auf, die von den einzelnen privaten Krankenversicherungsunternehmen in ihren Allgemeinen Versicherungsbedingungen (AVB) weiter verfeinert, jedoch nicht eingeschränkt werden können.

Anbieterstruktur

Die Anbieterstruktur der GKV ist historisch gewachsen. Ursprünglich wurden Krankenkassen für verschiedene Berufsgruppen geschaffen. Alle Krankenkassen sind als Körperschaften des öffentlichen Rechts mit Selbstverwaltung, d. h. als rechtlich selbständige gemeinnützige Organisationen tätig, die keinen Gewinn erwirtschaften dürfen (s. für einen ausführlichen Überblick zur historischer Entwicklung der GKV: Busse und Riesberg 2005, S. 14ff.).

Die einzelnen Krankenkassen werden zu verschiedenen **Krankenkassenarten** zusammengefasst (§§ 143–171 SGB V). Jede Krankenkassenart hat einen Bundesverband, der die Interessen aller Krankenkassen bündelt und nach außen vertritt. Die 17 Allgemeinen Ortskrankenkassen sind im AOK-Bundesverband, die 7 Angestelltenersatzkassen (EKAng) im VDAK, die 4 Arbeiterersatzkassen (EKArb) im AEV, die 206 Betriebskrankenkassen im BKK-Bundesverband, die 18 Innungskrankenkassen im IKK-Bundesverband und die 8 landwirtschaftlichen Krankenkassen im LKK-Bundesverband organisiert. Weiterhin existieren die Bundesknappschaft und die See-Krankenkassen jeweils als Einzelkassen.

Es existieren sowohl **bundesunmittelbare** Krankenkassen, die länderübergreifend in mehr als drei Bundesländern aktiv sind, z. B. die Mehrheit der Ersatzkassen sowie der geöffneten Betriebskrankenkassen, als auch **landesunmittelbare** Krankenkassen, die in ihrer Geschäftätigkeit auf einzelne Bundesländer beschränkt sind. Zwar existieren auch landesunmittelbare Krankenkassen, z. B. AOKen, in verschiedenen Bundesländern, diese sind jedoch rechtlich selbstständig. Die **Aufsicht** über die bundesunmittelbaren Krankenkassen wird durch das **Bundesversicherungsamt** sichergestellt, während den **jeweiligen Bundesländern** die Kontrolle der landesunmittelbaren Krankenkassen obliegt.

Unter den landes- und bundesunmittelbaren Kassen sind nicht alle für einen unbeschränkten Personenkreis zugänglich. Während die Ortskrankenkassen des jeweiligen Bundeslandes und die Ersatzkassen – mit geringfügigen regionalen Ausnahmen – für alle in der GKV Versicherten **offen** sind, sind die landwirtschaftlichen Krankenkassen, die Bundesknappschaft (für Bergbau) und die See-Krankenkasse (für Seeleute) bestimmten Berufsgruppen vorbehalten und werden somit als **geschlossene Kassen** bezeichnet. Die Betriebs- und Innungskrankenkassen können den versicherungsberechtigten Personenkreis in ihrer Satzung selbst bestimmen (§§ 173ff. SGB V). Sie müssen

sich jedoch entscheiden, ob sie geschlossen blei-
ben, d. h. nur für Mitglieder des Betriebes bzw. der
Innung zugänglich sind oder ob sie sich für alle
Versicherten öffnen.

Seit Einführung des **freien Krankenkassenwahl-
rechts** für Versicherte im Jahr 1996 hat die Gesamtzahl der Krankenkassen stetig abgenommen. Insbesondere bei den AOKen, den IKKen und den
BKKen kam es in den 1990er Jahren zu vielen
Fusionen. Bei den BKKen hält diese Fusionswelle
immer noch an.

In ❑ Abb. 2.2-1 ist die Marktstruktur der **262
Krankenkassen** nach Anzahl, Marktanteilen, Aufsicht und geographischer Öffnung als Übersicht
dargestellt (Stand: Ende 2005).

Als **Körperschaften des öffentlichen Rechts mit
Selbstverwaltung** ist auch die Leitung innerhalb
der Kassen determiniert (§ 4 Abs. 1 SGB V). Es gibt
allerdings verschiedene Modelle der Selbstverwaltung, die in § 44 SGB IV geregelt sind. In den meisten Kassen besteht die Selbstverwaltung aus einem
hauptamtlichen Vorstand mit zwei bis drei Personen, der für den Geschäftsbetrieb der Kasse verantwortlich ist, und einem **Verwaltungsrat**, der die
Satzung der Kasse verabschiedet, den Haushaltsplan und die Beitragssätze festlegt sowie den Vorstand benennt. Üblicherweise besteht der Verwaltungsrat aus gewählten Vertretern der Versicherten

und der Arbeitgeber, wobei die Verwaltungsräte der
Ersatzkassen ausschließlich mit Vertretern der Versicherten besetzt sind. Vertreter der Versicherten
und der Arbeitgeber werden alle 6 Jahre demokra-
tisch gewählt. Viele Vertreter haben Verbindungen
zu Gewerkschaften oder Arbeitgeberverbänden.

Im Gegensatz zur GKV sind die Unternehmen der Privaten Krankenversicherung privat-
rechtlich organisiert. Von den insgesamt 49 Unternehmen sind zurzeit 19 **Versicherungsvereine auf
Gegenseitigkeit (VVaG)**. Sie vereinen 45,1% (2004)
der Beitragssatzeinnahmen des gesamten Marktes
der Privaten Krankenversicherung auf sich. Diese
Rechtsform existiert speziell für Versicherungsunternehmen. Sie weist Elemente des Wirtschaftsver-
eins (Vereinigung von Personen oder von Kapital
zu wirtschaftlichen Zwecken) oder der Genossenschaft auf. Gemäß § 15 VAG ist eine VVaG ein »Ver-
ein, der die Versicherung seiner Mitglieder nach
dem Grundsatz der Gegenseitigkeit betreiben will«.
Der VVaG wird als Wirtschaftsverein von der Summe seiner Mitglieder getragen (Farny 2000, S. 187f.).
Jeder Versicherungsnehmer ist somit zugleich Mitglied des Vereins. Ähnlich zur Aktiengesellschaft ist
die Leitung eines VVaG von drei Organen geprägt;
dem Obersten Organ (das auch Oberste Vertretung
genannt wird und analog zur Aktiengesellschaft die
Funktionen einer Hauptversammlung erfüllt), dem

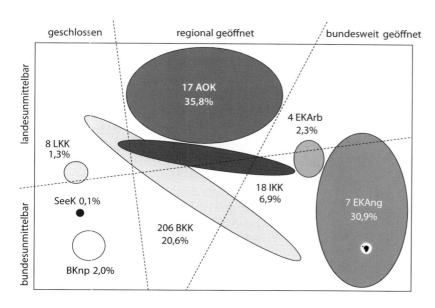

❑ **Abb. 2.2-1.** Geogra-
fische Markterschlie-
ßung, Aufsicht, Anzahl und
Marktanteile deutscher
Krankenkassen (Quel-
le: Eigene Darstellung auf
Grundlage von Daten des
BMG 2006 [Stand: 12/05]))

Aufsichtsrat und dem Vorstand. Ein wesentlicher Unterschied zur **Aktiengesellschaft**, die von derzeit 30 privaten Krankenversicherungsunternehmen als Rechtsform gewählt wird, ist damit die **Personengebundenheit**. Der Anteil der 30 als Aktiengesellschaften organisierten Unternehmen an den gesamten Beitragseinnahmen im Markt für Private Krankenversicherung beträgt 54,9% (2004).

Die Interessen der privaten Krankenversicherungsunternehmen werden vom **Verband der Privaten Krankenversicherung** mit Sitz in Köln vertreten. Er hat die Funktion, die Position seiner Mitgliedsunternehmen durch Stellungnahmen im nationalen und europäischen Gesetzgebungsverfahren einzubringen und zugleich seine Mitglieder z. B. bei der Tarifgestaltung zu beraten. Die meisten Unternehmen des Marktes für Private Krankenversicherung sind bundesländerübergreifend im gesamten Bundesgebiet aktiv. Insgesamt 16 Unternehmen hatten im Jahre 2004 mehr als € 500 Mio., 17 Unternehmen hatten zwischen € 50 und € 500 Mio. und 16 Unternehmen weniger als € 50 Mio. an Beitragseinnahmen (Verband der Privaten Krankenversicherung 2005, S. 7f.).

Versichertenstruktur

Arbeiter und Angestellte in der Bundesrepublik Deutschland sind zur Mitgliedschaft in der GKV verpflichtet (**Versicherungspflicht**), wenn ihr Bruttojahreseinkommen die sog. **Versicherungspflichtgrenze** (€ 47.250 im Jahre 2006) nicht übersteigt. Beamte und einige besondere Berufsgruppen bilden eine Ausnahme von dieser Regelung (§ 6 Abs. 1 SGB V). Sie können bzw. müssen sich in der Regel auch bei einem Bruttojahreseinkommen unter dieser Grenze in der Privaten Krankenversicherung versichern. Arbeiter und Angestellte mit einem höheren Bruttoeinkommen als die Versicherungspflichtgrenze und Selbstständige mit entsprechender Vorversicherungszeit haben entweder die Möglichkeit, sich freiwillig als Mitglied der GKV oder in der Privaten Krankenversicherung zu versichern (§§ 6, 8, 9 SGB V). Sie werden daher auch **Versicherungsberechtigte** genannt. Als maximales Einkommen zur Berechnung von Beiträgen in der GKV wird bei allen Versicherten die **Beitragsbemessungsgrenze** bzw. **Jahresentgeltgrenze** herangezogen (€ 42.750 im Jahre 2006), d. h. auch wenn das Bruttoeinkommen der Versicherten höher ist,

zahlen sie bei einem Beitragssatz von beispielsweise 13,4% nur 6,7% von € 42.750. Die anderen 6,7% von € 42.750 werden vom Arbeitgeber im Rahmen des gesetzlich festgelegten **Arbeitgeberanteils** aufgebracht. Zusätzlich zahlen Arbeitnehmer (ohne Arbeitgeberanteil) seit 01.07.2005 einen Sonderbeitrag von 0,9% ihres Bruttoeinkommens bis zur Beitragsmessungsgrenze.

Derzeit sind knapp 71 Mio. Personen – ca. 87% der Bevölkerung – durch die GKV krankenversichert; unter diesen sind ca. 77% als **Pflichtmitglieder** oder deren mitversicherten Angehörigen und ca. 10% als **freiwillige Mitglieder** oder deren mitversicherten Angehörigen versichert. Als mitversicherte Angehörige gelten nicht selbst versicherungspflichtige Ehegatten bzw. Lebenspartner und Kinder bis zum vollendeten 18. Lebensjahr bzw. in Ausbildung bis zum vollendeten 25. Lebensjahr (§ 10 SGB V). Darüber hinaus ist ein Anteil von 10% der Bevölkerung privat krankenversichert, 2% sind durch freie Heilfürsorge abgesichert (z. B. Polizisten, Soldaten und Zivildienstleistende) und bis zu 0,3% sind nicht krankenversichert.

Krankenkassen sind durch den gesetzlichen **Kontrahierungszwang** grundsätzlich verpflichtet, jedem Versicherungspflichtigen und Versicherungsberechtigten Aufnahme zu gewähren (§ 175 Abs. 1 SGB V). Auch wenn – wie bereits erwähnt – seit dem Jahre 1996 **freies Kassenwahlrecht** gilt, sind jedoch nicht alle Krankenkassen für jede Berufsgruppe und jede Region geöffnet. Eine weitere Einschränkung des Kassenwahlrechts stellt die Krankenkassenbindung von 18 Monaten dar, die den Versicherungspflichtigen und Versicherungsberechtigten erst nach Ablauf dieser Frist ein erneutes Wahlrecht gewährt (§ 175 Abs. 4 SGB V). Im Falle einer Beitragserhöhung haben die Versicherten jedoch ein außerordentliches Kündigungsrecht.

Nach Beitritt zu einer Krankenkasse entrichten die beschäftigten Versicherten und ihre Arbeitgeber jeweils hälftig einen bestimmten Beitrag bzw. die Selbständigen den gesamten Beitrag, der sich einerseits nach dem von der jeweiligen Krankenkasse festgelegten Beitragssatz richtet und andererseits durch die **beitragspflichtigen Einnahmen** des Versicherten determiniert wird (§§ 3 und 220 SBG V). Die einzelnen Krankenkassen sind gesetzlich angehalten, den Beitragssatz selbständig so festzulegen, dass er die Leistungsausgaben für die versicherten Leistungen abzudecken vermag.

Sofern ein Bürger die Voraussetzungen zum Beitritt einer **Privaten Krankenversicherung** erfüllt, hat er jedoch nicht gleichzeitig einen Rechtsanspruch auf einen Vertragsabschluss mit dieser. In diesem Fall erfolgt zunächst eine sog. **Risikoprüfung**, die das Ziel verfolgt, aus Sicht des jeweiligen Unternehmens das finanzielle Risiko möglicher Krankheitsfälle des potentiellen Kunden abzuschätzen. Diese erfolgt in der Regel im Rahmen eines Fragebogens. Falls Vorerkrankungen oder besondere Risiken vorliegen, kann das jeweilige private Versicherungsunternehmen die Aufnahme ablehnen oder **Risikozuschläge** erheben, die in die Berechnung der individuellen Prämie des jeweiligen Versicherten einfließen. Die privaten Versicherungsunternehmen sind in ihrer Tarif- bzw. Prämiengestaltung weitgehend frei, müssen sich jedoch an die **Musterbedingungen** für die Krankheitskosten- und Krankenhaustagegeldversicherungen des PKV-Verbandes halten. Neben der privaten Krankenvollversicherung als Substitution der GKV verfügen manche GKV-Versicherte über eine Krankenzusatzversicherung, bei der Tarif- und Prämiengestaltung ebenfalls die bereits eingangs genannten Gesetze zur Anwendung kommen.

Rechtliche Anforderungen an das Leistungsmanagement von Krankenkassen

Der zu gewährende Leistungsumfang der GKV ist gesetzlich in § 11 SGB V für alle Krankenkassen vorgegeben.

> ☒ **Der Leistungsumfang der Gesetzlichen Krankenversicherung**
> 1. Leistungen zur Verhütung von Krankheiten (primäre Prävention) (§§ 20–24b SGB V)
> 2. Leistungen zur Früherkennung von Krankheiten (sekundäre Prävention) (§§ 25–26 SGB V)
>
> ▼

> 3. Leistungen zur Behandlung von Krankheiten (diagnostische und therapeutische Leistungen sowie tertiäre Prävention) (§§ 27–43b SGB V), u. a. ambulante ärztliche und zahnärztliche Behandlung, Medikamente und Hilfsmittel, nicht-ärztliche medizinische Behandlung (sog. »Heilmittel«), Krankenhausbehandlung, häusliche Pflege und einige Bereiche der rehabilitativen Versorgung
> 4. Krankengeld (§§ 44–51 SGB V)

Gemäß der Systematik des Sozialgesetzbuchs sollen zunächst einmal im Rahmen von **primärer Prävention** Leistungen aufgewendet werden, die den Eintritt eines Krankheitsfalls möglicherweise verhindern bzw. verzögern können. Es werden insbesondere die folgenden Leistungen genannt: Primärprävention für prioritäre Handlungsfelder (§ 20 Abs. 1 SGB V), betriebliche Gesundheitsförderung (§ 20 Abs. 2 SGB V), gruppen- und individualprophylaktische Maßnahmen zur Verhütung von Zahnerkrankungen (§§ 21–22 SGB V) und medizinische Vorsorgeleistungen (§§ 23–24 SGB V).

Falls bestimmte Krankheiten durch Leistungen der primären Prävention nicht verhindert werden konnten, so sollen sie zumindest durch Früherkennung von Krankheiten im Rahmen von **sekundären Präventionsleistungen** identifiziert werden. Die Leistungen, auf die die Versicherten Anspruch haben, sind insbesondere Untersuchungen zur Früherkennung von Herz-Kreislauf- und Nierenerkrankungen, Diabetes (§ 25 Abs. 1 SGB V) sowie Krebserkrankungen (§ 25 Abs. 2 SGB V). Außerdem haben Kinder bis zur Vollendung des 6. und nach Vollendung des 10. Lebensjahres einen Anspruch auf Untersuchung zur Früherkennung von Krankheiten, die ihre körperliche oder geistige Entwicklung in nicht geringfügigem Maße gefährden (§ 26 SGB V).

Darüber hinaus überlässt der Gesetzgeber weitere Regelungen hinsichtlich primär- und sekundärpräventiver Leistungen dem **Gemeinsamen Bundesausschuss (G-BA)**, der Richtlinien zur ausreichenden zweckmäßigen und wirtschaftlichen Versorgung der Versicherten beschließt (§ 92 SGB V). Der G-BA hat auch einen großen Spielraum hinsichtlich der Festlegung des Leistungskataloges für **therapeutische und diagnostische Leistungen** sowie **tertiäre Präventionsleistungen** (Vermeidung von Verschlimmerung und bleibenden Funktionsverlusten).

Die Regelungen des SGB V selbst für Leistungen in der **ambulanten ärztlichen Versorgung** einschließlich Psychotherapie als ärztliche und psychotherapeutische Behandlung (§ 28 Abs. 1 SGB V) sind eher allgemein gehalten. Der Leistungskatalog wird durch den **Einheitlichen Bewertungsmaßstab (EBM)**, der zugleich die Vergütung nach Punkten enthält, spezifiziert (§ 87 SGB V). Der Umfang reicht von der allgemeinen körperlichen Untersuchung in der Arztpraxis über Hausbesuche, Geburtsvorbereitung, Sterbebegleitung, chirurgische Eingriffe und Laborleistungen bis zu bildgebenden Verfahren inklusive der Kernspintomographie.

Hinsichtlich **zahnärztlicher und kieferorthopädischer Leistungen** beinhalten in § 28 Abs. 2 und § 29 SGB V dagegen vergleichsweise detaillierte Bestimmungen.

Der zu gewährende Leistungsumfang der GKV an **Arznei-, Verband-, Heil- und Hilfsmitteln** ist in §§ 31ff. SGB V festgelegt. Es werden grundsätzlich alle Arzneimittel erstattet, die zugelassen werden, es sei denn, sie sind nach § 34 SGB V von der Erstattung ausgeschlossen (vgl. ▶ **Kap. 2.6**). Heilmittel werden erstattet, sofern sie in den Heilmittel-Richtlinien des G-BA nach § 92 SGB V enthalten sind. Hilfsmittel werden nur dann erstattet, wenn sie im Hilfsmittelverzeichnis gelistet sind, das die Spitzenverbände der Krankenkassen regelmäßig aktualisieren (§ 128 SGB V).

Die **Krankenhausbehandlung** muss in einem zugelassenen Krankenhaus (vgl. ▶ **Kap. 2.3**) stattfinden und umfasst alle Leistungen, die im Einzelfall nach Art und Schwere der Krankheit für die medizinische Versorgung der Versicherten im Krankenhaus notwendig sind; darunter ärztliche Behandlung, Krankenpflege, Versorgung mit Arznei-, Heil- und Hilfsmitteln, Unterkunft und Verpflegung (§ 39 SGB V). Versicherte haben dann Anspruch auf eine **vollstationäre Behandlung**, wenn das Behandlungsziel nicht durch **teil-, vor-, nachstationäre** oder ambulante Behandlung bzw. häusliche Krankenpflege erreicht werden kann. Wenn nicht ein zwingender Grund vorliegt, d. h. ein Notfall,

benötigen GKV-Versicherte eine ärztliche Einweisung in ein Krankenhaus.

Die Krankenkasse trägt pro Krankheitsfall bis zu 4 Wochen die Leistungen für **ambulante (häusliche) Krankenpflege**, wenn eine Krankenhausbehandlung notwendig, aber nicht ausführbar ist, oder wenn sie durch die häusliche Krankenpflege vermieden bzw. verkürzt wird (§ 37 SGB V). Abgesehen von einigen Ausnahmen werden darüber hinausgehende ambulante Leistungen und stationäre Aufenthalte in Pflegeheimen nur von der **Sozialen Pflegeversicherung** erstattet, die jedoch getrennt geregelt ist (§ 4 SGB XI). Die Voraussetzungen für einen Anspruch auf Leistungen der Sozialen Pflegeversicherung sind in §§ 14ff. SGB XI geregelt.

Die Versicherten erhalten die bisher aufgeführten Leistungen ausschließlich als **Sachleistungen,** d. h. die Leistungen werden auf direktem Wege zwischen Krankenkassen und Leistungserbringern abgerechnet, ohne dass die Versicherten in Vorleistung treten müssen. Freiwillig Versicherte können jedoch freiwillig statt dem sog. **Sachleistungsprinzip** das **Kostenerstattungsprinzip** wählen (§§ 2 und 13 SGB V).

Zusätzlich zu diesen Sachleistungen zahlen die Krankenkassen aufgrund von Krankheit arbeitsunfähigen Mitgliedern ab der siebten Woche **Krankengeld**, das im Gegensatz zur Sachleistung als **Geldleistung** bezeichnet wird. Für die ersten 6 Wochen der Arbeitsunfähigkeit besteht ein Anspruch auf **Lohnfortzahlung** durch den Arbeitgeber. Die Lohnfortzahlung durch den Arbeitgeber beträgt 100% des regelmäßigen Bruttoeinkommens. Das Krankengeld der Krankenkassen beträgt 70% des Bruttoeinkommens bis zur Beitragsbemessungsgrenze und es darf 90% des Nettoeinkommens nicht übersteigen (§ 47b SGB V). Es werden bis zu 78 Wochen pro Krankheitsperiode innerhalb von 3 Jahren gezahlt (§ 48 SGB V).

Hinsichtlich des **Tarifmanagements** sieht das Sozialgesetzbuch vor, dass Krankenkassen freiwilligen Mitgliedern, die für das Kostenerstattungsprinzip optiert haben (§ 13 SGB V), einen **Selbstbehalt** gewähren können. Die Wahl des Kostenerstattungsprinzips impliziert jedoch, dass Leistungserbringer einen höheren Betrag berechnen dürfen, während die Krankenkasse jedoch nur höchstens den Betrag erstatten darf, den sie bei Erbringung der Sachleistung tragen würde. Es entsteht somit ein Differenzbetrag, den der Versicherte zu tragen hat. Bei Inanspruchnahme eines Selbstbehalttarifes verpflichtet sich der Versicherte, die ersten anfallenden Gesundheitsausgaben pro Jahr bis zu einem definierten Betrag selbst zu tragen. Die Krankenkasse gewährt als Gegenleistung eine Beitragsermäßigung, die direkt zwischen Krankenkasse und Versicherten abzurechnen ist (§ 53 SGB V). Alternativ können die Krankenkassen freiwilligen Mitgliedern, die im Kalenderjahr länger als 3 Monate versichert waren, auch ein Tarifmodell mit **Beitragsrückerstattung** anbieten (§ 54 SGB V). Die Versicherten erhalten in diesem Modell eine Beitragsrückzahlung, wenn sie und ihre versicherten Angehörigen in dem abgelaufenen Kalenderjahr keine Leistungen zu Lasten der Krankenkasse in Anspruch genommen haben. Der Rückzahlungsbetrag darf jedoch ein Zwölftel der jeweils im Kalenderjahr gezahlten Beträge nicht überschreiten.

Sowohl für pflichtversicherte als auch für freiwillige Mitglieder können Krankenkassen einen **Bonus** gewähren, wenn diese regelmäßig Leistungen zur Früherkennung von Krankheiten oder qualitätsgesicherte Leistungen einer Krankenkasse zur primären Prävention in Anspruch nehmen (§ 65a Abs. 1 SGB V). Darüber hinaus können Versicherte von den Zuzahlungen befreit werden oder eine Beitragsermäßigung erhalten, wenn sie sich verpflichten, an einem Programm der **hausarztzentrierten Versorgung** (§ 73b SGB V), an einem **Disease Management-Programm** (strukturierten Behandlungsprogramm bei chronischen Krankheiten) (§§ 137f-g SGB V) oder an einer Integrierten Versorgung (§§ 140a-d SGB V) teilzunehmen (§ 65a Abs. 2 SGB V). Sowohl die Bonusregelungen nach § 65a Abs. 1 SGB V als auch die Zuzahlungs- und Beitragsermäßigungen nach § 65a Abs. 2 SGB V werden jeweils nach drei Jahren von der zuständigen Aufsichtsbehörde hinsichtlich der bewirkten Einsparungen und Effizienzsteigerungen geprüft (§ 65a Abs. 4 SGB V). Die Drei-Jahres-Prüfung bezieht sich jedoch nicht auf Boni, die von den Krankenkassen für Arbeitgeber oder die teilnehmenden Versicherten bei betrieblichen Maßnahmen zur Gesundheitsförderung gewährt werden können (§ 65a Abs. 3 SGB V).

Zum **Vertragsmanagement**: In der Regel schließen die Krankenkassen jeweils als Kollektiv – vertreten durch ihre Verbände – auf regionaler Ebene Verträge mit den ambulanten bzw. stationären Leistungserbringern. Wichtigster Interessenverband der Leistungserbringer in der ambulanten Versorgung ist die regionale **Kassenärztliche Vereinigung** (KV). Die KVen tragen die Verantwortung für die Behandlung der Versicherten ihres Bezirkes im Rahmen des sog. **Sicherstellungsauftrags** (§ 72 SGB V). Im stationären Bereich werden Krankenhäuser entweder durch den von der jeweiligen Landesregierung festgelegten **Krankenhausplan** oder durch Verhandlungen der Krankenkassenverbände mit einzelnen Krankenhäusern (Versorgungsvertrag) Vertragspartner der Krankenkassen (§§ 69ff. bzw. 82ff. SGB V; vgl. ▸ **Kap. 2.3**). Somit ergeben sich in beiden Fällen keine direkten Vertragsbeziehungen zwischen einzelnen Leistungserbringern und einzelnen Krankenkassen. Das Vertragsmanagement findet somit – gesetzlich vorgegeben – zumindest in den ambulanten und stationären Leistungsbereichen primär auf der kollektiven Ebene statt. Andere Leistungsbereiche, wie Pflege, Hilfsmittel, Kuren etc. ermöglichen den Krankenkassen mehr Spielraum für Einzelverträge (s. unten).

Seit der Einführung des Gesetzes zur Integrierten Versorgung (§§ 140a–d SGB V) ist jedoch – unter bestimmten Bedingungen – eine von den §§ 69ff. SGB V abweichende direkte Vertragsbeziehung zwischen Krankenkassen und einzelnen Leistungserbringern, d. h. Netzwerken von ambulanten und stationären Leistungserbringern, möglich (§ 140a Abs. 1 SGB V). Damit sind Krankenkassen, die an einer Integrierten Versorgung teilnehmen, u. a. nicht an die Verträge zwischen Krankenkassen und KVen i. S. § 82 Abs. 2 SGB V gebunden.

Rechtliche Anforderungen an das Leistungsmanagement von privaten Krankenversicherungen

Das Leistungsmanagement von privaten Krankenversicherungen ist weniger staatlich reguliert. So kann der konkrete Leistungsumfang zwischen dem Versicherungsnehmer und dem Versicherungsunternehmen individuell festgelegt werden, wenn auch für diverse Leistungsbereiche der mindestens zu gewährende Leistungsumfang und die entsprechenden Konditionen im VVG bzw. den Musterbedingungen vorgegeben sind. § 4 MB/KK legt u. a. fest, dass eine **freie Arztwahl** zwischen allen niedergelassenen Ärzten (auch solchen, die keinen

2

Vertrag mit der jeweiligen KV haben) und Krankenhäusern (auch solchen, die nicht im Krankenhausplan enthalten sind bzw. keinen Versorgungsvertrag mit den Krankenkassen haben) gewährt werden muss. Darüber hinaus wird spezifiziert, dass alle Untersuchungs- oder Behandlungsmethoden und Arzneimittel, die schulmedizinisch anerkannt sind, erstattet werden müssen. Für die Versicherten der Privaten Krankenversicherung besteht also eine größere Wahl an Leistungserbringern, und der Leistungsumfang wird nicht durch Richtlinien des Gemeinsamen Bundesausschusses reglementiert (vgl. ► **Kap. 2.4**). Es werden jedoch auch in der Privaten Krankenversicherung gemäß § 5 MB/KK einige **Leistungsausschlüsse** definiert. Beispielsweise wird nicht der volle Betrag für eine Heilbehandlung erstattet, wenn er das medizinisch notwendige Maß übersteigt.

Nicht jeder Krankenversicherungsvertrag beinhaltet notwendigerweise eine **Krankheitskostenvollversicherung.** Viele Krankenversicherungsverträge umfassen nur Zusatzleistungen. Diese **Zusatzversicherungen** werden in der Regel von gesetzlich Krankenversicherten abgeschlossen, die über die gesetzlich gewährten Leistungen hinaus bestimmte zusätzliche Leistungen, z. B. Krankenhaustagegeld, in Anspruch nehmen möchten.

Im Unterschied zur GKV werden den Versicherungsnehmern sowohl die Leistungen der Krankheitskostenvollversicherung als auch der Zusatzversicherung von dem jeweiligen privaten Krankenversicherungsunternehmen als **Geldleistungen** erstattet (§ 178b Abs. 1 VVG), sofern die geforderten Nachweise erbracht werden (§ 6 MB/KK). Die Geldleistung reicht der Versicherungsnehmer entweder – im Falle einer medizinischen Heilbehandlung – im Sinne des sog. **indirekten Kostenerstattungsprinzips** an den Leistungserbringer weiter oder er behält diese im Falle der sog. **Summenversicherung,** die als Tagessatz gezahlt wird, selbst. Als Summenversicherung gelten neben anderen Formen insbesondere die Krankenhaustagegeld- und die Krankentagegeldversicherung. Eine **Krankenhaustagegeldversicherung** gewährt während einer medizinisch notwendigen stationären Behandlung einen bestimmten vertraglich vereinbarten Betrag pro Tag des stationären Aufenthaltes (§ 178b Abs. 2 VVG). Eine **Krankentagegeldversicherung** ersetzt dem Versicherungsnehmer den als

Folge von Krankheit oder Unfall durch Arbeitsunfähigkeit verursachten Verdienstausfall. Der Versicherte erhält auch hier pro Tag einen vertraglich vereinbarten Betrag (§ 178b Abs. 3 VVG). Beide Leistungen können sowohl Bestandteil einer Krankheitskostenvollversicherung als auch einer Zusatzversicherung sein.

Den größten Anteil der Beitragseinnahmen erwirtschaften die privaten Krankenversicherungen mit **Vollversicherten,** d. h. Versicherten, die eine Krankheitskostenvollversicherung abgeschlossen haben. Ihr Anteil an den Gesamtbeitragseinnahmen der Privaten Krankenversicherung betrug 71,58% im Jahre 2004. Es existieren jedoch auch größere private Krankenversicherungen (6 Unternehmen im Jahre 2004), die keine Krankheitskostenvollversicherung anbieten.

Versicherte mit Krankheitskostenvollversicherung verfügen entweder über ein Bruttoeinkommen, das oberhalb der Versicherungspflichtgrenze liegt, oder gehören zu einer der unter § 6 Abs. 1 SGB V genannten Berufsgruppen bzw. sind verbeamtet und können sich somit unabhängig von ihrem Einkommen privat versichern. Beamte stellen einen Sonderfall dar, da sie in der Regel einen **Beihilfeanspruch** haben. Die Höhe dieses Beihilfeanspruchs variiert in Abhängigkeit von ihrem Beihilfeträger, dem Familienstand und der Anzahl der Kinder zwischen 50% und 80%. Die Beihilfestelle des jeweiligen Beamten erstattet den entsprechenden Anteil der Krankheitskosten. Da der Beihilfeanspruch nicht ausreicht, die gesamten Krankheitskosten zu decken, schließen fast alle Beamten eine sog. **Restkostenversicherung** bei einem privaten Krankenversicherungsunternehmen ab. Die Prämie für eine Restkostenversicherung ist in der Regel geringer als die einer vollständigen Krankheitskostenvollversicherung, da sie zwar dasselbe Leistungsspektrum umfasst, jedoch nur einen bestimmten Anteil der Krankheitskosten trägt. Beispielsweise wird der Versicherungsnehmer bei einem Beihilfeanspruch von 50% der Krankheitskosten eine Restkostenversicherung über die fehlenden 50% abschließen.

Der im Rahmen der Krankheitskostenvollversicherung vereinbarte Leistungsumfang variiert deutlich zwischen den Krankenversicherungsverträgen. Alle Krankenversicherungsunternehmen sind jedoch gemäß § 257 Abs. 2a SGB V gesetzlich verpflichtet, Personen die bereits 10 Jahre privat vollversichert sind, auf Wunsch einen **Standardtarif** zu gewähren, wenn diese

- das 65. Lebensjahr vollendet haben oder
- das 55. Lebensjahr vollendet haben und über ein Einkommen unterhalb der Versicherungspflichtgrenze verfügen oder
- wegen Erwerbsunfähigkeit vorzeitig eine Rente aus der Gesetzlichen Rentenversicherung oder ein Ruhegehalt nach beamtenrechtlichen Vorschriften beziehen und über ein Einkommen unterhalb der Jahresarbeitsentgeltgrenze verfügen.

Außerdem können bisher gesetzlich krankenversicherte Beamte innerhalb von 6 Monaten nach ihrer Verbeamtung in den Standardtarif wechseln, wenn sie aufgrund von **Vorerkrankungen** in anderen Tarifen nicht oder nur zu ungünstigen Konditionen, d. h. mit einem Risikozuschlag, versichert würden. Dementsprechend bietet jede Versicherung jeweils einen Standardtarif für Beihilfeberechtigte und Nichtbeihilfeberechtigte an.

Charakteristisch für den Standardtarif ist insbesondere **die geringe Prämie**, die gesetzlich durch den durchschnittlich im Vorjahr gezahlten **Höchstbeitrag** in der GKV begrenzt ist. Die Leistungen dieses Tarifs sind vereinheitlicht und orientieren sich am Leistungsniveau der GKV.

Alle Personen, die eine Krankheitskostenvollversicherung bei einem privaten Krankenversicherungsunternehmen abschließen, sind gleichzeitig verpflichtet, bei diesem oder einem anderen Unternehmen auch eine **private Pflegeversicherung** abzuschließen (§ 23 SGB XI, § 178b VVG). Freiwillig gesetzlich Krankenversicherte, die sich von der sozialen Pflegeversicherung befreien lassen, sind ebenfalls verpflichtet, eine private Pflegeversicherung abzuschließen (§ 22 SGB XI). Es gilt dabei ein **Kontrahierungszwang** für alle privaten Versicherungsunternehmen. Die Prämie darf den allgemeinen Höchstbetrag der sozialen Pflegeversicherung nicht überschreiten (€ 59,92 in 2005). Diese Begrenzung gilt jedoch erst nach einer **Vorversicherungszeit** von 5 Jahren in der privaten Kranken- oder Pflegeversicherung (§ 110 SGB XI). Die Leistungen der privaten Pflegeversicherung müssen außerdem den in der sozialen Pflegeversicherung gewährten mindestens gleichwertig sein (§ 23 SGB

XI). Kinder sind, wie in der sozialen Pflegeversicherung, kostenlos mitversichert. Bei Verheirateten darf der Beitrag für beide Ehepartner nicht mehr als 150% des Höchstbeitrags zur sozialen Pflegeversicherung betragen, wenn der Ehepartner unter einer bestimmten Einkommensgrenze liegt (§ 110 SGB XI) (ausführlich zur Prämienberechnung und –anpassung: ▶ **Kap. 4.2**).

Zunehmend wichtig für die privaten Krankenversicherungen werden die sog. **Zusatzversicherungen**. Am 31.12.2004 verfügten in Deutschland 16,1 Mio. gesetzlich oder privat Krankenversicherte über eine Zusatzversicherung bei einer Privaten Krankenversicherung (ohne Beihilfeablöse-, Lohnfortzahlungs-, Restschuld- und Auslandskrankenversicherung). Beamte mit Beihilfeanspruch schließen teilweise ebenfalls Zusatzversicherungen für bestimmte Leistungen ab, die von der Beihilfe nicht gedeckt werden, z. B. für Zahnersatz. Diese Zusatzversicherungen für Beamte werden **Beihilfeergänzungstarife** genannt. Folgende Zusatzversicherungen werden derzeit in Deutschland angeboten:

- **Wahlleistungen im Krankenhaus** (z. B. Chefarztbehandlung)
- **Ambulante Zusatzversicherungen** (z. B. Zahnersatz)
- **Pflegezusatzversicherung** (z. B. Tagegeld pro Pflegetag)
- **Krankentagegeldversicherung** (Tagegeld pro Tag Arbeitsunfähigkeit)
- **Krankenhaustagegeldversicherung** (Tagegeld pro Tag stationären Aufenthaltes)
- **Restschuldversicherung** (Zahlung von Kreditratenzahlungen bei Einkommensausfall im Krankheitsfall)
- **Auslandsreisekrankenversicherung** (Krankheitskostenvollversicherung im Ausland)

Hinzu kommen die **Beihilfeablöseversicherung** und die **Lohnfortzahlungsversicherung** für Arbeitgeber. Die Beihilfeablöseversicherung versichert beihilfeverpflichtete Arbeitgeber dagegen, im Krankheitsfall des Arbeitnehmers Beihilfe zahlen zu müssen. Die Lohnfortzahlungsversicherung hingegen sichert den Arbeitgeber gegen das Risiko ab, im Krankheitsfall des Arbeitnehmers bis zur 7. Krankheitswoche das Gehalt weiterzahlen zu müs-

2

sen (Verband der Privaten Krankenversicherung 2005).

2.2.2 Praktische Umsetzung

Nachdem in den vorangegangenen Abschnitten der gesetzliche Rahmen für das **Leistungsmanagement** in der Gesetzlichen und Privaten Krankenversicherung beschrieben wurde, soll nun die praktische Umsetzung des Leistungsmanagements thematisiert werden. Dabei wird zwischen **Tarif-, Vertrags- und Vorsorgungsmanagement bzw. Leistungskontrolle** differenziert.

Das Leistungsmanagement ist neben einer Senkung der Verwaltungskosten der wichtigste Parameter zur Senkung des Beitragssatzes einer Krankenkasse bzw. der Prämie einer privaten Krankenversicherung, um im **Preiswettbewerb** bestehen zu können. Bedingt durch den Risikostrukturausgleich in der GKV verbessert eine Krankenkasse insbesondere dann ihr Ergebnis, wenn ihre Leistungsausgaben geringer sind als die durchschnittlichen Leistungsausgaben in der GKV (zum Risikostrukturausgleich: ► Kap. 4.2). Der Risikostrukturausgleich induziert somit einen permanenten Wettbewerb zur Senkung der Leistungsausgaben. Andererseits bietet das Leistungsmanagement für Krankenkassen und private Krankenversicherungen die Chance, sich durch besondere Angebote oder Angebote von besonderer Qualität zu anderen Wettbewerber in einer Form des **Qualitätswettbewerbs** zu differenzieren (vgl. Schlösser und Schreyögg 2005).

Grundsätzlich kann das Leistungsmanagement sowohl in der Privaten als auch in der Gesetzlichen Krankenversicherung kollektiv oder individuell erfolgen. Unter der **kollektiven Managementebene** soll im Folgenden ein gemeinsames Handeln von Krankenkassen mit anderen Akteuren z. B. im G-BA oder nur mit anderen Kassen z. B. als Landesverband auf regionaler Basis verstanden werden. Das selbständige Handeln einer Krankenkasse oder eine gezielte Kooperation mit anderen Krankenkassen soll als **individuelle Managementebene** bezeichnet werden.

Tarifmanagement

Das Tarifmanagement besitzt in gewisser Hinsicht eine Zwitterstellung. Es kann sowohl dem **Leistungsmanagement** als auch dem **Kundenmanagement** (► Kap. 3) zugerechnet werden. Trotz seiner Signalfunktion oder auch Bekanntmachungsfunktion, die zweifellos von ihm ausgeht, soll es jedoch an dieser Stelle erörtert werden, da ein Tarif immer auch in entscheidendem Maße die Konditionen und den Unfang der zu gewährenden Leistungen determiniert. Tarifmanagement soll definiert werden als die **Bestimmung der Leistungs- und Prämien- bzw. Beitragskonditionen**, die für den Versicherungsnehmer eines Versicherungsunternehmens bzw. einer Krankenkasse gelten.

Formen des Tarifmanagements

Das Tarifmanagement kann in verschiedenen Formen und ihren Ausprägungen erfolgen, die jedoch nicht in Gänze überschneidungsfrei klassifizierbar sind.

> **▣ Formen des Tarifmanagements**
> **▬ Personengruppe**
> – Neukunden
> – Bestandskunden
> – Neu- und Bestandskunden
> **▬ Autonomiegrad**
> – Aktives Tarifmanagement
> – Adaptives Tarifmanagement
> **▬ Differenzierungsgrad**
> – Individualtarif
> – Gruppentarif
> – Pauschaltarif
> **▬ Tarifniveau**
> – Über dem Branchendurchschnitt
> – Branchendurchschnitt
> – Unter dem Branchendurchschnitt

Tarifmanagement in Krankenkassen als auch in privaten Krankenversicherungen erfolgt in der Regel kundenportefeuillebezogen, d. h. als allgemeines **Tarifprogramm**. Das heißt im Gegensatz zu anderen Versicherungssparten, z. B. im Industrieversicherungsgeschäft, werden in der Regel keine maßgeschneiderten individuellen Tarife erstellt, sondern Pauschaltarife eingesetzt, die dann eventuell nach bestimmten Merkmalen, z. B. in der Privaten Krankenversicherung durch einen Risikozuschlag, ergänzt werden (zum Tarifmanagement im Versicherungsgeschäft allgemein s. Farny 2000, S. 658ff. bzw. Karten 2000, S. 143ff.).

Das Tarifprogramm kann sich sowohl an **Neu-** als auch an **Bestandskunden** ausrichten. Da in der Privaten Krankenversicherung aufgrund der bislang fehlenden Portabilität von Altersrückstellungen (vgl. ► **Kap. 4.2**) kaum mit dem Verlust von Bestandskunden gerechnet werden muss, orientieren sich ihre Tarife primär am Neukundengeschäft. Es geht deshalb für private Krankenversicherungsunternehmen in erster Linie darum, einen für Neukunden attraktiven Tarif zu kalkulieren, der auch aus Sicht der Versicherung langfristig rentabel ist. Ein späteres Schließen eines Tarifs aufgrund fehlender Rentabilität für das Versicherungsunternehmen sollte möglichst vermieden werden, da dies eine deutliche Prämienerhöhung für das bestehende Versichertenkollektiv – und somit zumindest einen Imageschaden – zur Folge haben kann (Karten 2000, S. 165). Für das Tarifmanagement von Krankenkassen sind hingegen sowohl das Neu- als auch das Bestandskundengeschäft von Bedeutung. Wie bereits beschrieben, genießen die Bestandskunden einer Krankenkasse im Falle einer Beitragserhöhung ein außerordentliches Kündigungsrecht, das nicht durch den Verlust von Altersrückstellungen, die in der GKV nicht gebildet werden, eingeschränkt wird. Der Beitragsstabilität als Element des Tarifprogramms kommt deshalb bei Krankenkassen eine besondere Relevanz zu. Einige Krankenkassen konzipieren auch besondere Tarifmodelle für freiwillig versicherte Bestandskunden als besonders zahlungsfähige Zielgruppe, um eine Abwanderung dieser zu privaten Krankenversicherungen zu verhindern (s. Selbstbehaltmodell der Techniker Krankenkasse). Aber auch das Neukundengeschäft ist für das Tarifmanagement der Krankenkassen interessant, da Versicherte mit Bereitschaft zum Wechsel der Krankenkasse tendenziell jünger sind, über ein überdurchschnittliches Einkommen verfügen und diese Faktoren wiederum – zumindest für eine bestimmte Zeitdauer – mit einem guten Gesundheitszustand korreliert sind (Schwarze und Andersen 2002, S. 581ff.; Lauterbach und Wille 2000).

Der **Autonomiegrad** des Tarifmanagements ist ein wichtiger Indikator für die Gesamtstrategie des Tarifprogramms einer Krankenversicherung. Zwar wird den privaten Krankenversicherungsunternehmen per Gesetz deutlich mehr Autonomie bzgl. der Gestaltung des Tarifprogramms zugebilligt als den gesetzlichen Krankenkassen. Wie unter ► **Abschn. 2.2.1.** dargestellt, eröffnen sich aber auch für Krankenkassen zunehmend mehr gesetzliche Spielräume, ein **aktives Tarifmanagement** zu verfolgen. Als aktives Tarifmanagement ist insbesondere die Bereitschaft zum Einsatz des gesamten zur Verfügung stehenden tarifpolitischen Instrumentariums zu verstehen, um sich im Wettbewerb von anderen Anbietern zu differenzieren. Ein **adaptives Tarifmanagement** richtet sich hingegen primär nach den anderen Anbietern oder modifiziert Tarife nur nach gesetzlichen Änderungen.

Wie bereits beschrieben, müssen Krankenkassen, bis auf die dargestellten Ausnahmen bei freiwillig Versicherten, Pauschalverträge zu identischen Konditionen mit allen Versicherten abschließen. Auch bei privaten Krankenversicherungen existiert diese Form des Pauschalvertrages in Form des Standardtarifes. Darüber hinaus haben sie jedoch die Möglichkeit, von dem **Pauschaltarif** abzuweichen und eine **Tarifdifferenzierung** vorzunehmen. Der höchste Differenzierungsgrad findet bei den sog. **individuellen Tarifen** statt. Bei diesen Tarifen werden häufig über einen sog. Basistarif hinaus Zuschläge für zusätzliche Leistungen und Risikozuschläge für bestimmte Versichertenmerkmale erhoben. Folgende Merkmale fließen in die individuelle Prämienberechnung ein: Neben dem Alter bei Eintritt in die Versicherung wird der Gesundheitszustand vor dem Versicherungseintritt und das Geschlecht berücksichtigt. Eine etwas geringere Differenzierung wird bei den sog. **Gruppentarifen** vorgenommen. Diese Tarife werden pauschal, d. h. nur differenziert nach Alter und Geschlecht, für eine gesamte Gruppe von Versicherten festgelegt, die sich in vielen Fällen keiner Risikoprüfung unterziehen müssen. Gruppentarife sind für private Krankenversicherungen insbesondere dann attraktiv, wenn bei der zu versichernden Gruppe mit überdurchschnittlich guten Risikomerkmalen zu rechnen ist. Als Beispiel ist die Gruppenversicherung einiger Stiftungen für ihre studentischen Stipendiaten zu nennen, die tendenziell jung und gesund sind. Gruppenversicherungen werden auch eingesetzt, um einen positiven Kundenbindungseffekt zu erzeugen, d. h. eine bestimmte Zielgruppe früh an das Versicherungsunternehmen zu binden.

Instrumente des Tarifmanagements

Es stehen insbesondere die folgenden **Instrumente des Tarifmanagements** zur Verfügung, die direkte oder indirekte Implikationen für den gewährten Leistungsumfang und das Inanspruchnahmeverhalten der Versicherten haben:

- Variation des Leistungskatalogs
- Indemnitäts- oder Summentarif
- Selbstbehalt (Abzugsfranchise)
- Beitrags- bzw. Prämienrückerstattung (Erfahrungstarifierung)
- Bonus-/Malus-System (Erfahrungstarifierung)
- Proportionale Selbstbeteiligung (Quotenvertrag)
- Fixe Selbstbeteiligung (Gebühr)

Eine **Variation des Leistungskatalogs** dient in erster Linie einer Erhöhung der Bedarfsentsprechung der Versicherten. Bei privaten Krankenversicherungen haben Versicherte in der Regel die Auswahl zwischen diversen Tarifen mit verschiedenem Leistungsumfang, z. B. Ein- oder Zweibettzimmer bei stationären Aufenthalten. Krankenkassen haben weniger Gestaltungsspielraum für eine Variation. Sie haben jedoch die Möglichkeit, über die bereits beschriebenen – gesetzlich festgelegten – Pflichtleistungen hinaus sog. **Satzungsleistungen** anzubieten, z. B. Verfahren der Naturheilkunde, um sich so im Wettbewerb zu differenzieren. Des Weiteren vermitteln mittlerweile die meisten geöffneten Krankenkassen **Zusatzversicherungen**, die von privaten Krankenversicherungen zu vergünstigten Konditionen angeboten werden. Im Fall der Krankenkassen hat der Leistungsumfang somit eine Signalfunktion und kann in manchen Fällen in hohem Maße das Image prägen.

Während eine Variation des Leistungskatalogs primär den zu gewährenden Leistungsumfang determiniert, haben andere tarifliche Instrumente auch Implikationen auf das Inanspruchnahmeverhalten der Versicherten. Das Wirkungsprinzip dieser tariflichen Instrumente geht auf das theoretische Konstrukt des »**moral hazard**« zurück. Moral hazard beschreibt das moralische Fehlverhalten der Versicherten und ihrer behandelnden Ärzte bzw. Therapeuten, das zu einer höheren Inanspruchnahme als eigentlich notwendig führt und somit die Leistungsausgaben der Versicherungen künstlich in die Höhe treibt. Bei Einsatz dieser tariflichen Instrumente ist jedoch zu beachten, dass sie nur dann eine Wirkung auf das Inanspruchnahmeverhalten der Versicherten entfalten, wenn sie sich auf Leistungsbereiche beziehen, die tendenziell preiselastisch sind. Für eine preiselastische Nachfrage sind folgende Merkmale charakteristisch (Birkner et al. 1999, S. 152):

- Die Höhe der Preisänderung muss spürbar sein.
- Für das betreffende Gut sind Substitute (andere Güter mit vergleichbarem Verwendungszweck) vorhanden.
- Das Gut ist für den Versicherten verzichtbar oder auch in reduzierter Form nutzenstiftend.
- Der Versicherte ist in der Lage, autonom über den Konsum zu entscheiden oder den Leistungserbringer in relevanter Weise zu beeinflussen.

Ein **Indemnitätstarif** (auch Höchstsatztarif genannt) begrenzt den maximal auszuzahlenden Betrag pro Gesundheitsleistung im Falle von Krankheit oder Unfällen, während ein **Summentarif** die maximal zu erstattende Summe in einer definierten Periode festlegt. Sofern der tatsächlich an den Leistungserbringer zu zahlende Betrag über dem von der Versicherung erstatteten liegt, hat der Patient bzw. Versicherte diesen selbst zu tragen. Beide Instrumente werden in der Privaten Krankenversicherung eingesetzt. Häufig werden auch Variationen des einfachen Summentarifs eingesetzt. Das **Prozentual-Maximalsystem** stellt eine Variation dar, bei der das Versicherungsunternehmen einen bestimmten Prozentsatz der Kosten bis zu einem Höchstbetrag trägt. Im Rahmen des **Maximal-Prozentualsystems** trägt das Versicherungsunternehmen die vollen Kosten bis zu einem bestimmten Höchstbetrag und anschließend nur noch einen definierten Prozentsatz. In der GKV sind **Indemnitätstarife** für bestimmte Leistungen gesetzlich vorgegeben, z. B. befundbezogene Festzuschüsse bei Zahnersatz (nach § 55 SGB V bzw. den Festzuschuss-Richtlinien des G-BA) oder Festbeträge für Arzneimittel (§ 35 bzw. § 35a SGB V) bzw. Hilfsmittel (§ 36 SGB V). Durch dieses Instrument wird ein verstärkter Preisvergleich des Versicherten gefördert, da er Interesse an geringen Preisen und somit geringen Zusatzzahlungen hat. Es hat sich insbesondere im Bereich der sog. Luxusmedizin als geeignet erwiesen (ausführlich zum Indemnitätstarif: Knappe et al. 1988).

Bei einem **Selbstbehalt** bzw. einer **Abzugsfranchise** trägt das Versicherungsunternehmen alle anfallenden Kosten, die pro Periode einen definierten Geldbetrag übersteigen. Wählbare Selbstbehalttarife gehören in der Privaten Krankenversicherung zum Standardtarifportfolio. Neben den bereits skizzierten Wirkungen auf die Inanspruchnahme von Leistungen, können Selbstbehalte auch zu reduzierten Verwaltungskosten führen, da die Versicherten die Leistungen bis zu dem definierten Selbstbehalt nicht über die Versicherung abrechnen. Sie werden allerdings häufig für ein unbestimmtes Leistungsspektrum und nicht – wie eigentlich sinnvoll – für einen ausgewählten Leistungsbereich mit eher preiselastischen Leistungen, z. B. ambulante Leistungen, eingesetzt. In einigen anderen Ländern kombinieren private Krankenversicherungen Selbstbehalttarife auch mit Gesundheitssparkonten, zur Finanzierung von Selbstbehalten. Diese Tarifvariante wird in Deutschland jedoch bislang nicht angeboten (Schreyögg, J. 2003). Auch einige Krankenkassen setzen den Selbstbehalttarif für freiwillig Versicherte ein, die für Kostenerstattung statt Sachleistung optieren. Die Techniker Krankenkasse bietet jedoch im Rahmen eines Modellvorhabens einen Selbstbehalttarif an, der einen Wechsel der Versicherten zum Kostenerstattungsprinzip entbehrlich macht.

> ### Das Selbstbehaltmodell der Techniker Krankenkasse

Seit Anfang 2003 bietet die Techniker Krankenkasse (TK) im Rahmen eines fünfjährigen Modellprojektes einen Selbstbehalttarif für freiwillig Versicherte an, die bereits 12 Monate bei der TK versichert waren. Jeder Versicherte, der diesen Tarif wählt, erhält ex-ante einen Beitragnachlass von € 240 und verpflichtet sich, einen Selbstbehalt von € 300 auf alle Leistungen zu übernehmen. Ausgenommen sind alle Vorsorgeuntersuchungen und Präventionsleistungen, zwei jährliche Kontrolluntersuchungen beim Zahnarzt, alle Leistungen für mitversicherte Kinder unter 18 Jahren, die ärztliche Beratung über Empfängnisverhütung und das Abholen einer Überweisung. Die Kosten für die Arzt- bzw. Zahnarztbehandlung (€ 20 bzw. € 40) werden den Versicherten pauschal berechnet, die weiteren Kosten (z. B. für Arzneimittel), die der TK entstehen, werden mit ihrer tatsächlichen Höhe angesetzt. Wenn ein Versicherter beispielsweise nur zwei Arztbesuche pro Jahr mit Arzneimittelkosten von insgesamt € 110 (ohne Zuzahlung) hatte, dann werden € 150 (€ 110 + € 20 + € 20) zwischen dem Versicherten und der TK verrechnet. Das Motiv einer Einführung dieses Tarifes bestand insbesondere darin, junge freiwillige Versicherte, die tendenziell eine geringere Prämie bei privaten Krankenversicherungen erhalten würden, als Kunden zu erhalten. Im Rahmen einer Evaluation ein Jahr nach der Einführung des Modellvorhabens konnte für die Teilnehmer des Modellvorhabens gezeigt werden, dass die Hausarztbesuche um 23,5% und die Facharztbesuche um 42% zurückgingen. Die Leistungsausgaben wurden insgesamt um € 2,355 Mio. reduziert. Es wird angenommen, dass 2.300 der insgesamt 10.000 Teilnehmer des Modellprojektes aufgrund des Tarifmodells von einem Wechsel zu einer Privaten Krankenversicherung abgehalten werden konnten. Durch die gehaltenen Versicherten verbleiben € 4,5 Mio. an Einnahmen im Risikostrukturausgleich und € 0,5 Mio. bei der TK (Holldorf und Pütz 2004, S. 205ff.).

Eine **Beitrags- bzw. Prämienrückerstattung** (auch Erfahrungstarifierung genannt) ist verbunden mit der Zusage des Versicherungsunternehmens, unter der Prämisse eines schadensfreien Verlaufs in einer definierten Periode (in der Regel ein Jahr) eine bestimmte Anzahl an Monatsbeiträgen bzw. -prämien zurückzuerstatten. Dieses Instrument hat somit, aus Sicht der Versicherten, eine ähnliche Wirkung wie ein Selbstbehalt, da sie die Versicherung erst nach Überschreiten des maximal zu erwartenden Rückerstattungsbetrages in Anspruch nehmen werden. Ähnlich wie der Selbstbehalt gehört dieses Instrument zu den am häufigsten eingesetzten Tarifinstrumenten in der privaten Krankenversicherung, während es bei Krankenkassen bisher eher selten zum Einsatz kommt. Seine

2

Wirkung ist jedoch umstritten (s. z. B. Malin et al. 1994) – und die Möglichkeit, es in der GKV zu nutzen, hat sich in der Vergangenheit auch mehrfach geändert.

Neben die Prämien- bzw. Beitragsrückerstattung tritt als weitere Form der Erfahrungstarifierung das **Bonus-Malus-System**, im Rahmen dessen die Prämien oder Beiträge vorwirkend für künftige Perioden angepasst werden. Als abgewandelte Form des Bonus-Malus-Systems bieten mittlerweile die meisten Krankenkassen Bonusprogramme an. Die Versicherten erhalten dann beispielsweise für die Teilnahme an akkreditierten Sport- bzw. Fitnesskursen eine bestimmte Anzahl von Punkten, für die Sachprämien oder eine Befreiung von Praxisgebühr bzw. Zuzahlungen gewährt werden kann. Die Bonusprogramme stoßen bislang jedoch auf mäßiges Interesse bei der Versicherten. In einer Umfrage des WIdO gaben nur ein Viertel der Versicherten an, an den Programmen grundsätzlich interessiert zu sein (Wissenschaftliches Institut der Ortskankenkassen 2005).

Sowohl **absolute** als auch **proportionale Selbstbeteiligungen** sind in vielen Leistungsbereichen der GKV gesetzlich vorgegeben (vgl. Übersicht bei Busse und Riesberg 2005, S. 89ff.). Absolute Selbstbeteilungen werden auch als Gebühr bezeichnet und kommen in der GKV beispielsweise als Praxisgebühr pro Quartal zum Einsatz. Proportionale Selbstbeteiligungen werden in der GKV beispielsweise für Heil- und Arzneimittel erhoben. Auf der individuellen Ebene einzelner Krankenkassen besteht kaum Spielraum zum eigenständigen Einsatz dieses Instruments – wenn man von der Ausnahme absieht, dass Krankenkassen Versicherten, die an einer Integrierten Versorgung teilnehmen, die Praxisgebühr von € 10 erlassen können. Der Einsatz dieser Instrumente erfolgt zwar in der Regel in preiselastischen Bereichen der Nachfrage. Es ist jedoch in vielen Fällen fraglich, ob die Preisänderung für die Selbstbeteiligung tatsächlich spürbar ist und somit eine Wirkung entfaltet (vertiefend zur Wirkung von Selbstbeteiligungsformen: Schulenburg 1987; Schulenburg und Greiner 2000, S. 77ff.; Werblow und Felder 2003; zur Wirkung der Praxisgebühr: Grabka et al. 2006).

Vertragsmanagement

Ein weiterer Gestaltungsparameter des Leistungsmanagements für die Gesetzliche und Private Krankenversicherung stellt das Vertragsmanagement dar. Gegenstand des Vertragsmanagements ist sowohl der Leistungsumfang als auch die Leistungsvergütung. Das Vertragsmanagement determiniert ex-ante die Leistungs- bzw. **Austauschbeziehung** zwischen Krankenversicherungen und ihren Leistungserbringern. Die Leistungserbringer stellen eine vertraglich **vereinbarte Leistung** bereit, die von den Versicherten in Anspruch genommen wird, und erhalten im Gegenzug die vertraglich **vereinbarte Vergütung**. Das Vertragsmanagement wird deshalb häufig auch als Einkaufsmanagement bezeichnet.

Vertragsprozess und Kooperationsformen

Ein aktives Vertragsmanagement impliziert eine gestaltende Einflussnahme auf die Vertragsbeziehung zwischen Krankenversicherung und Leistungserbringer auf jeder Stufe des Vertragsprozesses (◻ Abb. 2.2-2). Zunächst erfolgt eine grundlegende **Ermittlung des Versorgungsbedarfs der Mitglieder einer Krankenversicherung**. Anschließend erfolgt die **Selektion der Vertragspartner** hinsichtlich Preis, Qualität und Leistungsumfang (**selektives Kontrahieren**), die allerdings unter Umständen, beispielsweise im Falle der stationären Planung durch den

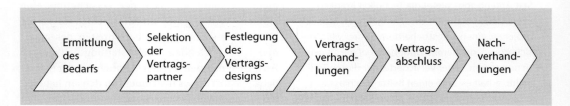

◻ **Abb. 2.2-2.** Der Vertragsprozess zwischen Krankenversicherung und Leistungserbringer

Krankenhausplan, weitgehend durch das Land vorgegeben ist (**Kontrahierungszwang**). Die Selektion im Rahmen des Krankenhausplanes begründet jedoch nur die Notwendigkeit eines Versorgungsvertrages allgemein, während die Details der Vergütung – im Rahmen der gesetzlichen Vorgaben und entsprechender Entscheidungen der Selbstverwaltung (s. unten; vgl. auch ► **Kap. 2.3** und **4.3**) – dem weiteren Vertragsprozess vorbehalten sind. Auch bei der **Festlegung des Vertragsdesigns** im ambulanten ärztlichen bzw. zahnärztlichen Sektor sind die auf Bundesebene formulierten Bundesmantelverträge bzw. Rahmenempfehlungen der Spitzenverbände (z. B. § 87 SGB V) zu berücksichtigen.

Anschließend treten die Vertragspartner je nach gesetzlichen Vorgaben individuell oder kollektiv – z. B. als VdAK des Landes Berlin – in die **Vertragsverhandlungen** mit den Leistungserbringern ein. Nach dem Abschluss des Vertrages finden gegebenenfalls noch **Nachverhandlungen** statt, falls eine Vertragspartei nachträglich Veränderungswünsche bekundet.

In der Vergangenheit wurde dem **Vertragsmanagement** in Krankenkassen und privaten Krankenversicherungen relativ wenig Aufmerksamkeit geschenkt. Erst kürzlich hat in der GKV – v. a. durch Einführung des Wettbewerbs – ein Umdenken stattgefunden und dem Vertragsmanagement wird zunehmend mehr Bedeutung beigemessen. Krankenkassen und private Krankenversicherungen realisieren, dass sich in diesem Bereich potentiell substanzielle Effizienzreserven realisieren lassen und zudem die Chance besteht, sich durch ein individuelles Vertragsmanagement im Wettbewerb zu differenzieren. Grundsätzlich existieren folgende Optionen, eine Optimierung des Vertragsmanagements von Krankenkassen und privaten Krankenversicherungen zu befördern:

> ◘ **Optionen zur Optimierung des Vertragsmanagements**
> – Nutzung der Möglichkeiten direkter vertraglicher Beziehungen
> – Schließen überregionaler Verträge
> – Nationale oder europaweite Ausschreibungen
> – Vereinbarung ergebnisorientierter Vergütungen
> – Integration von Zielvereinbarungen in die Verträge
> – Kooperationen mit anderen Kassen bzw. privaten Krankenversicherungen

Wie bereits in ► **Abschn. 2.2.1.** erwähnt, ergeben sich allerdings aufgrund gesetzlicher Vorschriften insbesondere in großen Leistungsbereichen der ambulanten, zahnärztlichen und stationären Versorgung nur wenige Möglichkeiten zu **direkten Vertragsbeziehungen** zwischen Leistungserbringern und einzelnen Krankenkassen. Vertragsverhandlungen von Krankenkassen hinsichtlich dieser Leistungsbereiche finden primär auf der kollektiven Ebene statt. Die meisten der oben genannten Optionen zur Professionalisierung des Vertragsmanagements sind daher nur bedingt realisierbar. Dennoch bestehen für Krankenkassen auch bei Verhandlungen auf der **kollektiven Ebene** durchaus Möglichkeiten, ihre individuellen Interessen gegenüber den Leistungserbringern durchzusetzen. Verschiedene Formen der Kooperation haben sich als besonders wirksames Mittel zur Erhöhung der Verhandlungsmacht erwiesen (◘ **Abb. 2.2-3**).

Die Einführung des Wettbewerbs in der GKV führte zu einer großen Zahl an **Akquisitionen und Fusionen** zwischen Krankenkassen. In der GKV

Fusion	Joint Venture	Vertrags- und Verhandlungsbezogene Kooperation	Kooptation

hoch	Autonomieverlust	gering

◘ **Abb. 2.2-3.** Formen der Kooperation für Krankenkassen (in Anlehnung an Schreyögg G 2003, S. 367)

2

◘ Tab. 2.2-1. Konzentrationsprozesse in der GKV: Anzahl der Krankenkassen je Kassenart und insgesamt (Busse und Riesberg 2005, S. 43. Nach Daten des Bundesministeriums für Gesundheit und Soziale Sicherung 2004)

	1993	1994	1995	1996	1997	1998
AOK	269	235	92	20	18	18
BKK	744	719	690	532	457	386
Ersatzkassen	15	15	15	15	14	13
IKK	169	160	140	53	43	43
LKK	22	21	21	20	20	20
Seekrankenkasse	1	1	1	1	1	1
Bundesknappschaft	1	1	1	1	1	1
GKV gesamt	1 221	1 152	960	642	554	482
	1999	2000	2001	2002	2003	2004
AOK	17	17	17	17	17	17
BKK	361	337	318	282	255	229
Ersatzkassen	13	12	12	12	12	10
IKK	42	32	28	25	24	20
LKK	20	20	19	17	15	14
Seekrankenkasse	1	1	1	1	1	1
Bundesknappschaft	1	1	1	1	1	1
GKV gesamt	455	420	396	355	325	292

reduzierte sich die Zahl der Krankenkassen seit 1993 von 1221 auf 292 im Jahr 2004 (◘ Tab. 2.2-1) und weiter auf 262 Ende 2005 (vgl. ◘ Abb. 2.2-1). Sie finden jedoch bisher nur innerhalb einzelner Kassenarten statt. Der Gesetzgeber schließt kassenartenübergreifende Fusion bislang aus, da befürchtet wird, dies führe zu einer marktbeherrschenden Stellung einzelner Kassen. Auf dem Wege der Auflösung einzelner Krankenkassen kann jedoch eine quasi kassenartenübergreifende Fusion erwirkt werden, indem die sich auflösende Kasse ihren Mitgliedern empfiehlt, zu einer bestimmten anderen Kasse zu wechseln.

Die Kooperationsform des **Joint Venture** stellt im Gegensatz zur Fusion bzw. zur Akquisition lediglich eine sehr enge Zusammenarbeit beteiligter Krankenkassen dar, die aber keine recht-

liche Einheit bilden. Sie war bislang eher unüblich bei Krankenkassen, bietet aber den Vorteil, dass ein vollständiger Autonomieverlust vermieden wird und die Ressourcen trotzdem gebündelt werden, z. B. durch eine freie Auswahl der Versicherten zwischen Angeboten der beteiligten Kassen. Die BKKen haben beispielsweise diesen Weg der Kooperation für das Segment chronisch kranker Versicherter eingeschlagen. Die BKKen bieten chronisch kranken Versicherten krankenkassenübergreifend eine Betreuung durch den gemeinsamen Dienst »Medical Contact AG« im Rahmen von Disease Management-Programmen an. Diese Kooperation ermöglicht es den BKKen, spezielle Versorgungsstrukturen für chronisch Kranke zu schaffen, die für einzelne BKKen aufgrund der (zu) geringen Zahl der Versicherten eine erhebliche Kostenbelastung darstellen würden.

Eine Kooperationslösung von geringerer Intensität stellt die **vertrags- bzw. verhandlungsbezogene Kooperation** dar, die auch als strategische Allianz bezeichnet werden kann. Diese Form der Kooperation rechtlich selbständiger Krankenkassen erstreckt sich nur auf die Vertragsverhandlungen bzw. die Verträge zwischen den Krankenkassen und ihren Leistungserbringern. Im Rahmen dieser zunehmend häufiger auftretenden Kooperation werden beispielsweise gemeinsame Verträge für Disease Management-Programme ausgehandelt. Es wird somit die gebündelte Verhandlungsmacht zweier oder mehrerer Krankenkassen genutzt.

Als Kooperationsform mit der geringsten Bindungsintensität stellt die **Kooptation** eine weitere Alternative der Kooperation dar. Diese Form der Kooperation beschränkt sich darauf, eine personelle Verbindung zwischen der eigenen wirtschaftlichen Einheit und anderen herzustellen. Dies kann einerseits auf horizontaler Ebene geschehen, indem eine Krankenkasse beispielsweise nahe stehende Personen einer anderen Krankenkasse für den eigenen Verwaltungsrat vorschlägt.

Ähnlich wie bei den anderen genannten Formen der Kooperation ist auch hier aus theoretischer Sicht eine vertikale Kooperation, z. B. personelle Integration einzelner Personen der Leistungserbringerseite, denkbar. So könnten sich beispielsweise einige Krankenkassen mit Krankenhäusern auf eine lose Kooptation einigen, bei der Mitarbeiter von Krankenkassen an wöchentlichen Tumorkonferenzen in Krankenhäusern teilnehmen. Stärker formalisierte vertikale Kooperationen, z. B. wenn der Vorstand einer Krankenkasse im Aufsichtsrat einer Krankenhauskette sitzt, scheitern bei Krankenkassen jedoch häufig aus rechtlichen Gründen, während sie bei privaten Krankenversicherungen durchaus üblich sind.

Vertragsmanagement nach Leistungsbereichen

Zur Strukturierung der konkreten Optionen eines aktiven Vertragsmanagements erscheint es sinnvoll, zwischen verschiedenen Leistungsbereichen zu differenzieren. Das Vertragsmanagement innerhalb der verschiedenen Bereiche ist grundsätzlich in Versorgungs- und Vergütungsverträge zu diffe-

renzieren. Während ein **Versorgungsvertrag** Art, Inhalt und Umfang der zu erbringenden Leistungen spezifiziert, wird im Rahmen des **Vergütungsvertrages** der zu erstattende Preis für definierte Leistungen festgelegt. Da den entsprechenden Aspekten bezüglich der stationären Versorgung, der ambulanten Versorgung und Arzneimitteln in diesem Buch eigene Kapitel gewidmet werden (► **Kap. 2.3–2.6** und ► **Kap. 4.3–4.6**), wird auf sie hier nur vergleichsweise kurz eingegangen, während Heil- und Hilfsmittel, bei denen die Krankenkassen auch mehr Vertragsoptionen haben, ausführlicher behandelt werden. In den ❏ **Tab. 2.2-2** und **2.2-3** werden wesentliche Punkte zum Vertragsmanagement für die GKV bzw. PKV zusammengefasst. In ❏ **Abb. 2.2-4** werden für die GKV notwendige und mögliche Vertragsbeziehungen graphisch dargestellt; dabei wird insbesondere deutlich, ob jeweils die Spitzenverbände, die Landesverbände oder die Einzelkassen Vertragspartner sind. Zusätzlich kann in Verträgen zu besonderen Versorgungsformen weitgehend von den gesetzlichen Vorschriften in den einzelnen Leistungsbereichen abgewichen werden. Dies bezieht sich u.a. auf Netzwerken zur Integrierten Versorgung nach § 140 a-d SGB V und auf **Hausarztsysteme** gemäß § 73a SGB V (vgl. ► **Kap. 2.5**).

Stationäre Versorgung

Möchte eine Kasse das Angebot an **stationärer Versorgung** nachhaltig beeinflussen, muss sie mit den anderen Kassen im Land – und zwar innerhalb und außerhalb ihres eigenen Verbandes – kooperieren. Nur so kann sie hoffen, den Landeskrankenhausplan bzw. die Hochschulplanung zu beeinflussen. Auch der Abschluss von **Versorgungsverträgen** mit (zusätzlichen) Vertragskrankenhäusern kann nur gemeinsam erfolgen (§ 109 SGB V). Nur auf diesem Wege kann auch auf die **Verträge über die Leistungen** – d. h. insbesondere, welche DRGs bzw. Zusatzentgelte erbracht werden können – **und die Vergütung** – unter Beachtung der durch den Umstieg auf die Vergütung durch DRGs vorgegebenen Rahmenbedingungen – Einfluss genommen werden, da die Verträge zwischen den Krankenkassen auf Landesebene einheitlich mit den einzelnen Krankenhäusern ausgehandelt werden. Vertragsmöglichkeiten für einzelne Kassen ergeben sich prak-

▫ Tab. 2.2-2. Möglichkeiten des Vertragsmanagements für Krankenkassen (KK)

Leistungsbereich			Arzneimittel (nur ambulant)		Sonstige Leistungsbereiche (Heil- und Hilfsmittel, häusliche Krankenpflege, Krankentransporte)
Vertragsinhalt	**Stationär**	**Ambulante Ärzte und Psychotherapeuten/Zahnärzte**	**Apotheken**	**Industrie**	
Versorgungsverträge	Automatisch bei Aufnahme in Krankenhausplan bzw. Hochschulverzeichnis/Landesverbände der KK können zusätzlich gemeinsam Versorgungsverträge mit einzelnen Krankenhäusern schließen (§ 109 SGB V)	Wird festgelegt durch Verhandlungen zwischen Kassen(zahn)ärztlichen Vereinigungen und Landesverbänden der KK (§§ 72, 73 und 83 SGB V)	Wird festgelegt durch Verhandlungen zwischen: Spitzenverbände d. KK und Spitzenverb. der Apotheken (§ 129 Abs. 5 SGB V)/Landesverb. der KK/VDAK und Landesverband der Apotheken verhandeln konkrete Versorgung		Spitzenverbände d. KK geben gemeinsam Rahmenempfehlungen ab für: Heil- und Hilfsmittel und häusliche Krankenpflege (§§ 125 Abs. 1, 127 Abs. 2, 132a Abs. 1 SGB V)/Landesverbände schließen einzeln Versorgungsverträge für Heil- und Hilfsmittel (§§ 125 Abs. 2, 127 Abs. 1, 132a Abs. 2 SGB V)/Bei häuslicher Krankenpflege und Krankentransporten können Kassen einzeln Verträge schließen (§§ 132a Abs. 2, 133 Abs. 1 SGB V)
Vergütungsverträge	Unter Beachtung von gesetzlichen Rahmenvorgaben (KHEntgG) und Fallpauschalenvereinbarung verhandeln Landesverbände der KK gemeinsam Vergütungsvereinbarungen mit einzelnen Krankenhäusern (Arzneimittel für stat. Behandlung sind in Vergütung enthalten)	Landesverbände der KK verhandeln jeweils einzeln mit KVen bzw. KZVen über Gesamtvergütung bzw. zahnärztlicher Leistungen (§ 85 SGB V)	Arzneimittelpreisverordnung (AMPreisV)/Festbeträge werden von den Spitzenverb. d. KK festgelegt/Landesverb. der KK verhandeln mit Apotheken Preise für best. Warengruppen (z. B. Röntgenkontrastmittel) (§ 129 Abs. 5 SGB V)/allg. Rabatt für rezeptpflichtige Arzneimittel von € 2 pro Packung für KK (§ 130 SGB V)	Rabatt von 6% für festbetragsfreie Arzneimittel festgeschrieben/Einzelrabatte können individuell mit Herstellern verhandelt werden (§ 130a SGB V)	Landesverbände schließen Vergütungsverträge für Heilmittel (§ 125 Abs. 2 SGB V)/Bei Hilfsmitteln (unter Beachtung von Festbeträgen § 36 SGB V), häuslicher Krankenpflege und Krankentransporten (falls nicht landesrechtliche oder kommunale Bestimmungen festgelegt sind) können Kassen einzeln Verträge schließen (§§ 125 Abs. 2, 132a Abs. 2, 133 Abs. 1 SGB V)

◘ Tab. 2.2-3. Möglichkeiten des Vertragsmanagements für private Krankenversicherungen

Leistungs-bereich	Stationär	Ambulante Ärzte und Psychotherapeuten/ Zahnärzte	Arzneimittel (nur ambulant)		Sonstige Leistungsbereiche (Heil- und Hilfsmittel, häusliche Krankenpflege, Krankentransporte)
Vertragsinhalt			**Apotheken**	**Industrie**	
Versorgungs-verträge	Gewährleisten die Wahl zwischen allen Krankenhäusern (auch solchen, die keinen Versorgungsvertrag mit der GKV haben), sofern sie sich nach den Musterbedingungen richten (§ 4 Abs. 4 MB/KK)/Abweichende Regelungen z. B. Einzelverträge sind aber möglich	Gewährleisten die Wahl zwischen allen approbierten Ärzten und Zahnärzten (auch solchen, die keinen Versorgungsvertrag mit der KV haben), sofern sie sich nach den Musterbedingungen richten (§ 4 Abs. 3 MB/KK)/Abweichende Regelungen z. B. Einzelverträge sind aber möglich	Gewährleisten die Wahl zwischen allen Apotheken, sofern sie sich nach den Musterbedingungen richten (§ 4 Abs. 2 MB/KK), die eine Erstattung aller, in der Schulmedizin überwiegend anerkannten Arzneimittel vorsehen, d. h. auch solche, die z. B. auf einer Negativliste stehen und von der GKV nicht erstattet werden/Abweichende Regelungen sind möglich		Einzelverträge möglich
Vergütungs-verträge	Müssen sich den Vergütungsverträgen der GKV anschließen (§ 17 Abs. 1 KHG; § 8 Abs. 1 KHEntgG)/Krankenhäuser ohne Versorgungsvertrag mit der GKV setzen Vergütung nach „billigem Ermessen" selbst fest	Vergütung richtet sich nach Gebührenordnung der Ärzte (GOÄ) bzw. Gebührenordnung der Zahnärzte (GOZ), die vom BMG mit Zustimmung des Bundesrates erlassen bzw. modifiziert werden können	Vergütung richtet sich nach Arzneimittelpreisverordnung (AMPreisV)/ theoretisch dürfen aber Rabatte verhandelt werden	Bislang gelten Rabatte der GKV nicht für die PKV/theoretisch Rabatte möglich	Einzelverträge möglich

2

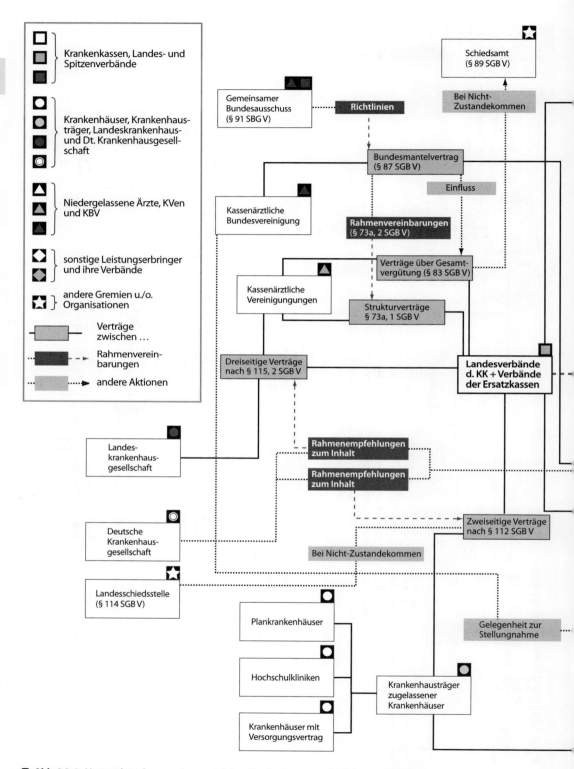

Krankenkassen, Landes- und Spitzenverbände

Krankenhäuser, Krankenhausträger, Landeskrankenhaus- und Dt. Krankenhausgesellschaft

Niedergelassene Ärzte, KVen und KBV

sonstige Leistungserbringer und ihre Verbände

andere Gremien u./o. Organisationen

Verträge zwischen …

Rahmenvereinbarungen

andere Aktionen

Schiedsamt (§ 89 SGB V)

Gemeinsamer Bundesausschuss (§ 91 SBG V)

Richtlinien

Bei Nicht-Zustandekommen

Bundesmantelvertrag (§ 87 SGB V)

Einfluss

Kassenärztliche Bundesvereinigung

Rahmenvereinbarungen (§ 73a, 2 SGB V)

Verträge über Gesamtvergütung (§ 83 SGB V)

Kassenärztliche Vereinigungen

Strukturverträge § 73a, 1 SGB V

Dreiseitige Verträge nach § 115, 2 SGB V

Landesverbände d. KK + Verbände der Ersatzkassen

Landeskrankenhausgesellschaft

Rahmenempfehlungen zum Inhalt

Rahmenempfehlungen zum Inhalt

Deutsche Krankenhausgesellschaft

Zweiseitige Verträge nach § 112 SGB V

Bei Nicht-Zustandekommen

Landesschiedsstelle (§ 114 SGB V)

Plankrankenhäuser

Gelegenheit zur Stellungnahme

Hochschulkliniken

Krankenhausträger zugelassener Krankenhäuser

Krankenhäuser mit Versorgungsvertrag

☐ **Abb. 2.2-4.** Vertragsbeziehungen der gesetzlichen Krankenkassen zu den Leistungserbringern

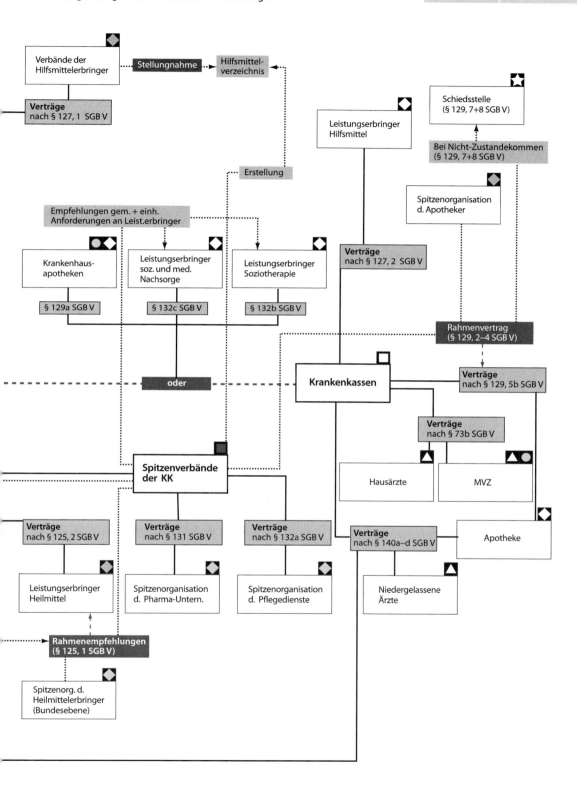

tisch nur im Rahmen der Integrierten Versorgung nach §§ 140a-d SGB V (vgl. ► Kap. 2.5).

Die privaten Krankenversicherungen sind hingegen gezwungen, sich auf **indirekte Möglichkeiten der Beeinflussung** zu beschränken, da sie bislang weder an Versorgungs- noch an den Vergütungsvereinbarungen teilnehmen, und sich de facto trotzdem den ausgehandelten Verträgen anschließen müssen (§ 17 Abs. 1 KHG; § 8 Abs. 1 KHEntgG). Die Private Krankenversicherung hat zwar die Möglichkeit, dem Einigungsergebnis zu widersprechen, ein Widerspruch bedingt jedoch eine Mehrheit aus PKV und GKV-Landesverbänden. Darüber hinaus haben Privatversicherte gemäß § 4 MB/KK sogar die Wahl zwischen allen Krankenhäusern, auch solchen, die keinen Versorgungsvertrag mit der GKV haben. Krankenhäuser, die nur Privatpatienten behandeln, legen ihre Preise »nach billigem Ermessen« selbst fest.

Ambulante ärztliche und zahnärztliche Versorgung

Im Bereich der **ambulanten bzw. ambulant-zahnärztlichen** Versorgung verhandeln die Krankenkassen als Kollektiv, vertreten durch ihre Verbände auf regionaler Ebene, mit der jeweiligen **Kassen(zahn)ärztlichen Vereinigung** einen Versorgungsvertrag aus (§ 83 SGB V). Ähnlich wie im stationären Bereich sind der Selektion der Vertragspartner jedoch enge Grenzen gesetzt, da die KV bzw. die von ihr zugelassenen Ärzte automatisch Vertragspartner der Krankenkassen werden. Im Gegensatz zum stationären Sektor differiert jedoch die Vergütung, d. h. die Höhe der **Kopfpauschale**, die pro Mitglied und pro Quartal an die jeweilige KV gezahlt wird, zwischen den Krankenkassen. Es besteht somit für einzelne Krankenkassen die Möglichkeit, auf die Höhe der individuellen Kopfpauschale Einfluss zu nehmen, um sich im Wettbewerb zu differenzieren. In der Regel werden zwar die Verträge bzgl. einer Erhöhung der Kopfpauschalen und anderer Vergütungsbestandteile – z. B. Richtgrößenvereinbarungen bzgl. Arzneimittel oder Vergütung für Dialyse – zwischen einzelnen Landesverbänden der Krankenkassen bzw. dem VDAK/AEV und den KVen geschlossen. Da z. B. die AOKen zugleich »Landesverband« sind, verhandeln sie de facto einzeln.

Aber auch einzelne verbandsangehörige Kassen erheben zunehmend den Anspruch, getrennt über ihre Kopfpauschalen zu verhandeln. De facto ist das System der Kopfpauschalen allerdings eine gewachsene Struktur, die relativ veränderungsresistent ist. So gelingt es Krankenkassen nur selten, auf individuelle Kopfpauschalen Einfluss zu nehmen. Dies liegt nicht zuletzt darin begründet, dass Krankenkassen im Gegensatz zu KVen in der Vergangenheit über **keine Daten** bzgl. der Inanspruchnahme von Leistungen ihrer Mitglieder verfügten und somit eine schlechtere Verhandlungsposition hatten als die KVen. Im Rahmen der in § 295 Abs. 2 SGB V festgeschriebenen Erfordernisse der Datenübermittlung erhalten Krankenkassen jedoch zunehmend mehr Informationen, z. B. die pro Versicherten abgerechneten Punktwerte. Da im ambulanten Bereich jede Kasse über eine individuelle Kopfpauschale verfügt, sind **Fusionen** zwischen Krankenkassen vielversprechender als andere Formen der Kooperationen. Eine Fusion bricht häufig die über Jahre gewachsenen Strukturen der Kopfpauschalen auf, da in der Regel eine völlig **neue Kopfpauschale** für die fusionierte Kasse verhandelt wird. Weitergehende Möglichkeiten zur **Leistungsdifferenzierung** ergeben sich für einzelne Kassen insbesondere in der hausarztzentrierten Versorgung und der Integrierten Versorgung (§§ 73b bzw. 140a-d SGB V).

Auch die **privaten Krankenversicherungen** schließen im ambulanten bzw. ambulant-zahnärztlichen Leistungsbereich **keine direkten Verträge** mit den Leistungserbringern, sondern müssen nach § 4 MB/KK eine freie Wahl zwischen allen approbierten Ärzten und Zahnärzten gewähren. Die Vergütung richtet sich nach der Gebührenordnung für Ärzte (GOÄ) bzw. der Gebührenordnung für Zahnärzte (GOZ). Beide Gebührenordnungen können nur durch **Rechtsverordnungen des BMG** mit Zustimmung des Bundesrates angepasst werden (§ 11 Bundesärzteordnung bzw. § 15 Gesetz über die Ausübung der Zahnheilkunde). Die Bundes(zahn)ärztekammer erarbeitet jedoch gemeinsam mit dem Verband der Privaten Krankenversicherung Vorschläge zur Weiterentwicklung dieser Gebührenordnungen.

Arzneimittel

Im Leistungsbereich **Arzneimittel** wird die Versorgung durch **Rahmenverträge** nach § 129 Abs. 2-4

SGB V zwischen den **Spitzenverbänden der Krankenkassen** und den **Spitzenorganisationen der Apotheker** (§ 129 Abs. 2-4 SGB V) bzw. den **Spitzenorganisationen der pharmazeutischen Unternehmen** (§ 131 SGB V) grob geregelt. Erstere können nach § 129 Abs. 5 durch Verträge zwischen den **Landesverbänden der Krankenkassen** und den maßgeblichen Organisationen **der Apotheker** auf regionaler Ebene ergänzt werden. Es besteht jedoch für Krankenkassen (oder ihre Verbände) auch die Möglichkeit, mit Krankenhausapotheken Einzelverträge für die ambulante Versorgung abzuschließen (§ 129a SGB V). Auch die Einbindung von Apotheken in besondere Vertragsformen wie z. B. die Integrierte Versorgung ist möglich (§ 129 Abs. 5b SGB V).

Die Vergütung der Apotheken ist im Rahmen der **Arzneimittelpreisverordnung** gesetzlich vorgegeben. Zwar haben die Krankenkassen die Möglichkeit (bei weiter Auslegung des Gesetzes), Einzelverträge zu schließen, Einzelverträge und Kooperationen haben jedoch bislang nur eine geringe Bedeutung, da sich Vertragsverhandlungen mit den Apothekerverbänden aus Sicht der Krankenkassen sehr schwierig gestalten. Einige Krankenkassen oder ihre Verbände vereinbaren allerdings mit **pharmazeutischen Unternehmen** zusätzliche, über die gesetzlich vorgeschriebenen Rabatte hinausgehende **Sonderkonditionen** (§ 130a Abs. 8 SGB V). Es können sowohl jährliche **Mindestumsatzvolumina** als auch **Mengenrabatte** vereinbart werden. Die privaten Krankenversicherungen sind auch in diesem Leistungsbereich verpflichtet, eine freie Wahl zwischen Apotheken zu gewährleisten (§ 4 Abs. 2 MB/KK). Zugleich richtet sich die Vergütung ebenfalls nach der Arzneimittelpreisverordnung.

Hilfsmittel

Mit § 128 SGB V wurde durch das Gesundheitsreformgesetz 1989 das **Hilfsmittelverzeichnis** (HMV) eingeführt, das die Vielfalt der Hilfsmittel auf ein überschaubares Maß reduzieren sollte. Der Sachverständigenrat bezeichnet das HMV in seinem Gutachten aus dem Jahr 2005 als das »wichtigste Instrument zur Strukturierung des Marktes und zur Erhöhung der Transparenz des Hilfsmittelangebots«. Nach seiner Ansicht sollten »die Krankenkassen, ihre Verbände und die Leistungsanbieter einschließlich des Handels und der Apotheken (...) das HMV grundsätzlich zur Marktbeobachtung, in

Vertragsverhandlungen, zur Abrechnung von Leistungen und für statistische Zwecke verwenden« (SVR 2005: Ziff. 751).

Die Hilfsmittel werden überwiegend von **freien Handwerksberufen** erbracht: Augenoptiker, Hörgeräteakustiker, Berufe der Orthopädietechnik wie Bandagisten oder Orthopädiemechaniker sowie Orthopädieschuhmacher. Neben ihrer berufsrechtlichen Zulassung – bei den Handwerkern durch die Prüfung vor der zuständigen Handwerkskammer sowie die Eintragung in die Handwerksrolle – müssen sie zudem von den Landesverbänden der Krankenkassen für die Versorgung mit Hilfsmitteln zugelassen sein (§ 126 SGB V).

Während die Handwerkskammern (mit Pflichtmitgliedschaft) alle Handwerker eines Bezirks gesetzlich vertreten sowie hoheitliche Selbstverwaltungsaufgaben zu erfüllen haben, sind die Innungen die fachlichen Organisationen der einzelnen Handwerksberufe. Die **Innungen** (z. B. der Bundesinnungsverband für Orthopädietechnik) sind – solange nicht Einzelverträge mit einzelnen Leistungserbringern geschlossen werden – die Vertragspartner der Krankenkassen bzw. ihrer Verbände.

Die Preise für Hilfsmittel werden alternativ über auf Bundesebene festgelegte **Festbeträge oder über verhandelte Preise** entweder zwischen den jeweiligen Verbänden auf Landesebene oder zwischen den Kassen und den Leistungserbringern direkt gebildet. Seit dem 01.01.2005 gelten erstmals bundesweite und einheitliche Festbeträge für Seh- und Hörhilfen, Einlagen, Kompressionsstrümpfe, Stomaartikel und Inkontinenzhilfen, die durch die Spitzenverbände der Krankenkassen festgelegt werden (§ 36 SGB V). Da die Leistungserbringer zu einer Stellungnahme aufgefordert sind, die zudem von den Spitzenverbänden in der Festlegung berücksichtigt werden sollen, gibt es »harte« Verhandlungen nicht nur um die Höhe der Festbeträge, sondern ebenso über die **Zugehörigkeit eines Produktes zu einer Festbetragsgruppe**. Gemäß § 36 Abs. 1 Satz 2 SGB V »sollen in ihrer Funktion gleichartige und gleichwertige Mittel in Gruppen zusammengefasst werden«. So gibt es aktuell für Kompressionstherapie 39, für Einlagen 18, für Hörhilfen 20, für Inkontinenzhilfen 10, für Sehhilfen 162 und für Stomaartikel 31 verschiedene Festbeträge.

2

Die Krankenkassen sind aufgefordert, für jene Hilfsmittel, für die keine Festbeträge festgelegt sind, mit den Leistungserbringern Verträge zu schließen, zunächst zwischen den Landesverbänden der Krankenkassen und den Verbänden der Leistungserbringer (§ 127 Abs. 1 SGB V). Erst in einem weiteren Schritt (Abs. 2) ist vorgesehen, dass Einzelkassen Leistungserbringer kontrahieren können. Hierdurch sollen »bei gleicher Qualität« günstigere Preise als auf Verbandsebene erzielt werden, wobei die Preisfindung in der Regel durch eine öffentliche Ausschreibung zu organisieren ist. Da im internationalen Vergleich deutliche Preisunterschiede existieren, sollte dies Effizienzreserven mobilisieren, funktioniert jedoch bislang jedoch nicht richtig. Dafür sind zwei Gründe maßgeblich: erstens wird mit dem günstigsten Angebot wieder ein Festbetrags-ähnlicher Betrag ermittelt und zweitens können andere Leistungserbringer ihren Preis ebenfalls auf dieses Niveau absenken, d. h. die Kasse kann de facto einem Ausschreibungsgewinner keine größeren Marktanteile zusichern.

Heilmittel

»Heilmittel« sind **nicht-ärztliche Dienstleistungen**, insbesondere der physikalischen Therapie, der Sprachtherapie und der Ergotherapie. Die genauen Leistungsansprüche der GKV-Versicherten definiert der G-BA in seinen Heilmittel-Richtlinien. Diese unterteilen die Therapiearten weiter (z. B. die physikalische Therapie in 7 Therapieformen), denen dann jeweils die abrechenbaren Prozeduren zugeordnet sind. In einem zweiten Teil, dem sog. Heilmittelkatalog, sind die Indikationen aufgeführt, für die Heilmittel zu Lasten der Krankenkassen verordnet werden dürfen. Zur einheitlichen Versorgung schließen die Spitzenverbände der Krankenkassen mit den entsprechenden Spitzenorganisationen der Leistungserbringer Rahmenempfehlungen (§ 125 Abs. 1 SGB V). Die Landesverbände der Krankenkassen übernehmen zwei Beziehungsformen zu den Leistungserbringern: Einheitlich erteilen sie die Zulassung der entsprechenden Leistungserbringer (§ 124 SGB V); je Verband schließen sie mit den Leistungserbringern Verträge über die Einzelheiten der Versorgung mit Heilmitteln und über die Preise (§ 125 Abs. 2 SGB V).

Sonstige Leistungsbereiche

Neben den bereits genannten Leistungsbereichen existieren weitere Bereiche, die unter dem Begriff »**sonstige Leistungsausgaben**« subsumiert werden können. Sie umfassen häusliche Krankenpflege, Kuren, Fahrleistungen, Soziotherapie etc. Die Krankenkassen haben zwar **Spielraum für individuelle Vertragsverhandlungen** mit den Leistungserbringern, haben aber diesem Bereich bislang wenig Aufmerksamkeit geschenkt. Es erscheint sinnvoll, einige dieser Leistungen **überregional auszuschreiben** bzw. durch **überregionale Kooperationen** mit anderen Krankenkassen Vertragsverhandlungen zu führen (Grobecker et al. 2001). So können **Krankentransporte** ausgeschrieben werden, falls landesrechtliche oder kommunale Bestimmungen einer individuellen Vergütungsvereinbarung nicht entgegenstehen. Für die **häusliche Krankenpflege** werden bereits seit längerem Einzelverträge – häufig sogar für einzelne Versicherte – mit den Leistungserbringern geschlossen. Die privaten Krankenversicherungen haben grundsätzlich auch die Möglichkeit, Einzelverträge mit den Leistungserbringern für sonstige Leistungsausgaben zu schließen, machen bisher jedoch selten davon Gebrauch.

Versorgungsmanagement und Leistungskontrolle

Vorsorgungsmanagement bzw. **Leistungskontrolle** einerseits und Vertragsmanagement andererseits sind – insbesondere in Krankenkassen – häufig organisatorisch voneinander getrennt. Während das Versorgungsmanagement und die Leistungskontrolle oft von der sog. Leistungsabteilung durchgeführt werden, ist die sog. Vertragsabteilung für das Vertragsmanagement zuständig. Beide Gestaltungsparameter sind jedoch eng miteinander verbunden, so dass eine derart starre Trennung nicht unproblematisch ist. Beispielsweise fällt im Rahmen eines Programms zur Integrierten Versorgung der Versorgungs- und Vergütungsvertrag in die Zuständigkeit der Vertragsabteilung, während die konzeptionelle Erarbeitung des Programms und das eigentliche Versorgungsmanagement der Leistungsabteilung zugeschrieben werden. Unter **Versorgungsmanagement** soll im Folgenden eine aktive Gestaltung des Versorgungsprozesses der Versicherten verstanden werden, die vor und während der Leistungserbringung stattfindet. **Leistungskontrolle** beschreibt hingegen eine Kontrolle der Vorsorgungsprozesse, die in der Regel nach bzw. teilweise während der Leistungserbringung stattfindet und eher einen passiven Charakter besitzt.

Versorgungsmanagement

Im Rahmen des **Versorgungsmanagements** geht es darum, Patientengruppen mit ähnlichen Krankheitsbildern zu identifizieren, die durch ausgewählte Formen des Versorgungsmanagements eine qualitative Verbesserung ihrer Versorgung erfahren und zugleich möglichst wenig Leistungsausgaben verursachen, d. h. eine höhere Kosten-Effektivität realisieren. Aus **medizinischer Perspektive** steht eine **evidenzbasierte Behandlung** zum Zwecke einer Erhöhung der Vorsorgungsqualität im Vordergrund. **Ökonomische Ziele** sind insbesondere eine **Verringerung von Transaktionskosten**, aber auch der Leistungsaufwendungen durch eine Steuerung des Leistungsgeschehens. So sollen beispielsweise sektorale Grenzen zwischen dem ambulanten und stationären Leistungsbereich abgebaut werden und somit Doppeluntersuchungen vermieden werden. Zugleich stellt das Versorgungsmanagement aus ökonomischer Sicht ein wichtiges **Differenzierungsmerkmal** für Krankenversicherungen dar, das sich beispielsweise in Wahlmöglichkeiten oder Service niederschlägt. Grundsätzlich sind folgende **Formen des Versorgungsmanagements** denkbar (vgl. auch ► Kap. 2.5):

> **▫ Formen des Versorgungsmanagements**
> — Hausarztzentrierte Versorgung (Gatekeeper Modell)
> — Einrichtung von medizinischen Versorgungszentren
> — Disease Management
> — Integrierte Versorgung
> — Fallsteuerung (Case Management)

Viele dieser Formen werden in US-amerikanischen **Managed Care Organisationen** bereits seit langem – teilweise mit großem Erfolg – eingesetzt (Amelung und Schumacher 2004). Viele Versorgungsformen und deren Implementierungskonzepte lassen sich jedoch, primär aufgrund des differenten Ordnungsrahmens, nicht ohne weiteres von den USA auf Deutschland transferieren (Lutterloh 2004, S. 176). Ein Versorgungsmanagement unter Einsatz einiger der genannten Versorgungsformen findet in Deutschland erst seit kurzem statt. Dies ist zum einen darauf zurückzuführen, dass die Krankenkassen in Deutschland erst seit Mitte der 1990er Jahre miteinander im **Wettbewerb** stehen und somit keinen Anreiz hatten, sich im Wettbewerb zu differenzieren. Zum anderen boten die gesetzlichen Regelungen in Deutschland bislang nur wenig **strukturellen und finanziellen Spielraum** für die Einführung dieser Formen des Versorgungsmanagements. Mit Wirkung des Gesetzes zur Reform des Risikostrukturausgleichs sowie des GKV- Modernisierungsgesetzes hat sich diese Situation allerdings grundlegend verbessert.

Neben anderen Versorgungsprogrammen, insbesondere zur Integrierten Versorgung (vgl. ► **Kap. 2.5**), stellen Disease Management-Programme aus Sicht von Krankenkassen ein besonders interessantes Handlungsfeld dar. Das Ziel von **Disease Management-Programmen (DMPs)** in der GKV ist es, die **Behandlungs- und Betreuungsprozesse** von Patienten über den gesamten Verlauf einer chronischen Krankheit und über die Grenzen der einzelnen Leistungserbringer hinweg zu koordinieren und auf der Grundlage medizinischer Evidenz zu optimieren. **Chronisch kranke Patienten** sollen auf diesem Wege **mehr Lebensqualität** erlangen und vor **Spätfolgen** ihrer Erkrankung weitgehend bewahrt werden. Krankenkassen haben nach § 137g SGB V die Möglichkeit, die Zulassung für bestimmte, gemäß Verordnung definierte Indikationen, Disease Management-Programme beim Bundesversicherungsamt zu beantragen. Versicherte können sich freiwillig in diese Programme einschreiben. Als Anreiz für die teilweise sehr aufwändige Einrichtung von Disease Management-Programmen bilden die in den jeweiligen Programmen eingeschriebenen Versicherten eine eigene Kategorie im Risikostrukturausgleich. Für die jeweilige Kategorie werden eigene Standardausgaben ermittelt und eine zusätzliche Pauschale für erhöhte Verwaltungskosten veranschlagt (Busse 2004, S. 61ff.). Die Initiierung eines DMP muss jedoch nicht per se für jede Kasse lohnend sein, da die Einführung auch mit Investitions- bzw. Personalausgaben einhergeht. Die Einführung von Disease Management-Programmen hat somit einen gewissen **Investitionskostencharakter**, der, trotz der partiellen Kompensation über den Risikostrukturausgleich, mit einem hohen Maß an Unsicherheit für die einzelne Krankenkasse verbunden ist. Deshalb ist es sinnvoll, vor Initiierung eines DMP im Rahmen einer **Kapitalwertberechnung** ex ante den Kapitalwert eines DMP zu bestimmen. Im Folgenden wird deshalb ein Modell zur Berechnung des Kapitalwertes von DMP dargestellt (basierend auf Schlösser et al. 2006).

Grundprinzip zur Bestimmung des Kapitalwertes von Disease Management-Programmen (DMP)

Die Initiierung von DMP stellt aus Sicht der Krankenkassen die Möglichkeit der Initiierung neuer zusätzlicher Geschäftsprozesse dar, die über die herkömmlichen gesetzlich definierten und verpflichtenden Kassenleistungen hinausgehen. Unter betriebswirtschaftlichen Gesichtspunkten sind DMP dann aufzulegen, wenn der Saldo der aus dem Geschäftsprozess »DMP« resultierenden **diskontierten Einzahlungen und Auszahlungen**, d. h. der Kapitalwert, positiv ist. Statt der in der Betriebswirtschaftslehre üblichen Begriffe Ein- und Auszahlungen zur Ermittlung des Kapitalwertes sollen hier die Begriffe Einnahmen und Ausgaben verwendet werden, da sie in der Terminologie der Krankenkassen gebräuchlicher sind. Der Kapitalwert im Entscheidungszeitpunkt t = 0 kann mit Gleichung (1) erfasst werden, die im Weiteren disaggregiert wird.

Symbole:

A_t = aus dem DMP resultierende (Gesamt-)Ausgaben in Periode t [€/Jahr]

E_t = aus dem DMP resultierende (Gesamt-)Einnahmen in Periode t [€/Jahr]

i_t = Diskontierungssatz in Periode t [€/(€·Jahr)]

C_0 = Kapitalwert des DMP im Entscheidungszeitpunkt t = 0 [€]

t = Laufindex für die Geschäftsjahre t = 0, ..., T (T = Ende des Planungshorizonts)

$$(1) \quad C_0 = \sum_{t=1}^{T} \left(E_t - A_t \right) \cdot \left(1 + i_t \right)^{-t}$$

$$= \sum E_t \cdot \left(1 + i_t \right)^{-t} - \sum A_t \cdot \left(1 + i_t \right)^{-t}$$

Dem Postulat der betrieblichen Entscheidungsrelevanz folgend, dürfen dem DMP nur diejenigen Einnahmen und Ausgaben zugeordnet werden, die mit der Entscheidung über die Initiierung eines DMP einhergehen oder mit anderen Worten aus der möglichen Durchführungsentscheidung des DMP resultieren können (vgl. Riebel 1994, S. 32f.; Schweitzer und Küpper 1995, S. 494). Für die Bestimmung der Einnahmen E_t und Ausgaben A_t eines Geschäftsjahres t in Gleichung (1) bedeutet dies auf der einen Seite, dass nur diejenigen Einnahmen und Ausgaben erfasst werden dürfen, die der Krankenkasse bei Initiierung eines DMP **zusätzlich entstehen**. Ferner sind auf der anderen Seite diejenigen Einnahmen und Ausgaben als negative Beträge bzw. Mindereinnahmen und Minderausgaben zu erfassen, die durch die Initiierung eines DMP in anderen Geschäftsbereichen der Krankenkasse **entfallen**.

Ermittlung der Einnahmen und Minderausgaben

Eine Komponente der mit einem DMP einhergehenden Einnahmen stellen die **standardisierten** (durchschnittlichen) **Leistungsausgaben** LDt,a,g,b dar, die den Kassen durch den RSA bei Durchführung des DMP gewährt werden. Die standardisierten Leistungsausgaben für die in einem DMP eingeschriebenen Versicherten werden differenziert nach Alter a, Geschlecht g und Berufsunfähigkeitsstatus b für jedes Versicherungsjahr t einheitlich für alle Kassen durch das Bundesversicherungsamt bestimmt. Da die standardisierten Leistungsausgaben für die künftigen Versicherungsjahre t = 0 bis T des Planungshorizontes im jeweiligen Entscheidungszeitpunkt t = 0 noch nicht zur Verfügung stehen, sind sie zu schätzen.

Aus der Multiplikation der standardisierten Leistungsausgaben LDt,a,g,b mit der **Anzahl der am DMP teilnehmenden Versicherten** Xt,a,g,b,i resultiert das Gesamtvolumen der Einnahmen aus dem RSA in einem Versicherungsjahr t. Die eingeschriebenen Versicherten sind – neben den Klassifikationsmerkmalen Alter, Geschlecht und Berufsunfähigkeitsstatus – in Versicherte, die bereits vor dem Entscheidungszeitpunkt t = 0 bei der betreffenden Kasse versichert waren (Index i = 1) und in potentielle Versicherte, die durch Kommunizierung des DMP neu gewonnen werden können (Index i = 2), zu unterscheiden. Beide Gruppen lösen unterschiedliche kapitalwertrelevante Ausgaben aus.

Werden die absoluten Zahlen der Versicherten mit der **Prävalenz**, d. h. der Quote der von der Krankheit Betroffenen multipliziert, ergibt sich das Versichertenpotential der betreffenden Kasse für das zur Disposition stehende DMP nach den abrechnungsrelevanten Merkmalen Alter, Geschlecht und Berufsunfähigkeitsstaus entsprechend den Differenzierungen des RSA.

Da nicht davon auszugehen ist, dass bereits im ersten Jahr der Initiierung des DMP ein hoher Anteil der potentiell für das DMP geeigneten Versicherten einer Krankenkasse für das Programm gewonnen werden kann, sind für die Folgejahre Teilnehmerquoten der eingeschriebenen Versicherten zu definieren, die sich aus den geschätzten Quoten der Eingeschriebenen ergeben. Die Schätzungen realistischer **Einschreibequoten** für DMP bewegen sich zwischen 5 und 20 Prozent für die ersten Jahre nach der Initiierung. Zugleich existieren Anhaltspunkte dafür, dass diese Quoten mit zunehmender Dauer des Programms ansteigen (Weber et al. 2004, S. 2583f.; Crippen 2002, S. 10ff.). Auf Basis dieser Einschreibequoten lassen sich die potentiellen Teilnehmer $Xt,a,g,b,1$ eines DMP für den Planungszeitraum $t = 0$ bis T bestimmen.

Bei für die Versicherten attraktiven DMP und hinreichender Kommunikation der DMP ist davon auszugehen, dass auch Versicherte anderer Kassen als **Neukunden** $Xt,a,g,b,2$ gewonnen werden können (Lauterbach 2002, S. 280f.). Da die Einnahmen für diese Versicherten Entscheidungsrelevanz besitzen, sind sie entsprechend zu modellieren.

Um die **Zeitpräferenz des Geldes unter Risikoaspekten** zu berücksichtigen, werden die künftigen Einnahmen und Ausgaben auf den Entscheidungszeitpunkt $t = 0$ diskontiert. Der Term (2) verdeutlicht die bisher verbal beschriebenen und aus dem RSA resultierenden Einnahmen bei Initiierung eines DMP noch einmal zusammenfassend.

Zusätzliche Symbole:

$LD_{t,a,g,b}$ = Einnahmen aufgrund von standardisierten Leistungsausgaben für einen in ein DMP eingeschriebenen Versicherten mit den abrechnungsrelevanten Merkmalen Alter, Geschlecht und Berufsunfähigkeitsstatus [€/(VN·Jahr)]

$X_{t,a,g,b,i}$ = Anzahl der Versicherten in Periode t der Altersgruppe a, vom Geschlecht g, mit dem Berufsunfähigkeitsstatus b, die aufgrund der Programmkommunikation i am DMP teilnehmen [VN/Jahr]

$$(2) \quad \sum_{t,a,g,b,i} X_{t,a,g,b,i} \cdot LD_{t,a,g,b} \cdot \left(1+i_t\right)^{-t}$$

Aus dem RSA erhalten die Kassen für jeden in ein DMP eingeschriebenen Versicherten pro Jahr eine **Verwaltungskostenpauschale** (z. Zt. € 150,-/(VN*Jahr)). Die Verwaltungskostenpauschale V_t stellt aus Sicht der Krankenkasse insofern eine weitere zu erfassende dritte Einnahmenkategorie dar. Sie wird durch den folgenden Term (3) im Kapitalwertkalkül abgebildet. Da die Verwaltungskosten V_t nicht in derselben Periode, sondern erst im Folgejahr zur Verfügung gestellt werden, ist eine entsprechende Diskontierung um eine weitere Periode vorzunehmen (vgl. Exponent t + 1).

Zusätzliches Symbol:

V_t = Einnahmen aufgrund der Verwaltungskostenpauschale [€/(VN·Jahr)]

$$(3) \quad \sum_{t,a,g,b,i} X_{t,a,g,b,i} \cdot V_t \cdot \left(1+i_t\right)^{-(t+1)}$$

Für alle bereits zum Entscheidungszeitpunkt t = 0 in einer Krankenkasse versicherten Personen $Xt,a,g,b,1$, die in ein DMP wechseln, entfallen in den Folgejahren die »gewöhnlichen« Leistungsausgaben Kt,a,g,b an die Leistungserbringer in den gesetzlich definierten Hauptleistungsbereichen. Diese Reduktion der Leistungsausgaben ist in die Kapitalwertberechnung als Minderausgaben aufgrund der Initiierung des DMP einzubeziehen. Der Term (4) stellt die Erfassung der Minderausgaben für alle in ein DMP wechselnden Versicherten einer Kasse dar.

Zusätzliches Symbol:

$K_{t,a,g,b}$ = Leistungsausgaben bzw. -ausgaben einer Kasse in t für einen nicht in einem DMP eingeschriebenen Versicherten [€/(VN·Jahr)]

$$(4) \quad \sum_{t,a,g,b,1} X_{t,a,g,b,i} \cdot K_{t,a,g,b} \cdot \left(1+i_t\right)^{-t}$$

2

Bestimmung der Ausgaben und Mindereinnahmen

Auf der Ausgabenseite sind neben den tatsächlich durch die Initiierung des DMP ausgelösten Ausgaben aber auch die resultierenden **Mindereinnahmen** zu berücksichtigen. So sind als Mindereinnahmen die standardisierten Leistungsausgaben $L_{t,a,g,b}$ anzusetzen, die die Krankenkasse aus dem RSA erhalten würde, wenn kein DMP initiiert würde. Denn mit dem Wechsel der Versicherten in ein DMP entfallen diese standardisierten Leistungsausgaben $L_{t,a,g,b}$. Zu beachten ist, dass der beschriebene Wegfall der standardisierten Leistungsausgaben nur für diejenigen Versicherten $X_{t,a,g,b,1}$ (Index i = 1) erfasst werden darf, die bereits vor der Durchführung des DMP Kassenglieder waren, da nur für diese standardisierte Leistungsausgaben $L_{t,a,g,b}$ entfallen. Für Neukunden $X_{t,a,g,b,2}$, die sich auf Grund der DMP in das betreffende DMP einschreiben und somit zu Versicherten werden, können mithin auch keine standardisierten Leistungsausgaben entfallen.

Im Gegenzug zu diesen Mindereinnahmen erhält die Kasse jedoch **erhöhte standardisierte Leistungsausgaben** $LD_{t,a,g,b}$ bei der Durchführung eines DMP, wie sie auf der Einnahmenseite bereits berücksichtigt wurden (vgl. Term (2)). Der folgende Term (5) erfasst das auf den Entscheidungszeitpunkt t = o bezogene Gesamtvolumen der Mindereinnahmen, die durch den Wechsel der Versicherten einer Kasse in das betreffende DMP ausgelöst werden.

Zusätzliches Symbol:

$L_{t,a,g,b}$ = Einnahmen aufgrund von standardisierten Leistungsausgaben in Periode t für einen nicht in einem DMP eingeschriebenen Versicherten [€/(VN·Jahr)]

$$(5) \quad \sum_{t,a,g,b,1} X_{t,a,g,b,i} \cdot L_{t,a,g,b} \cdot \left(1+i_t\right)^{-t}$$

Eine Kasse ist dann als betriebswirtschaftlich besonders erfolgreich einzustufen, wenn es ihr gelingt, die **tatsächlichen Leistungsausgaben** $KD_{t,a,g,b}$ für das aufgelegte DMP unter den standardisierten Leistungsausgaben $LD_{t,a,g,b}$ zu halten, die durch den RSA für dieses DMP gewährt werden.

Die **Effizienz eines DMP** einer Krankenkasse soll im Folgenden durch den Quotienten M ausgedrückt werden, der das Verhältnis zwischen den geplanten künftigen Leistungsausgaben $KD_{t,a,g,b}$ einer Kasse für das DMP und den standardisierten durch den RSA gewährten Leistungsausgaben $LD_{t,a,g,b}$ für das DMP abbildet. Da die standardisierten Leistungsausgaben $LD_{t,a,g,b}$ den Durchschnittswert der Leistungsausgaben aller Kassen für das betreffende DMP darstellen, erfolgt die Effizienzbeurteilung des DMP somit im Ergebnis auf der Basis der durchschnittlichen DMP-Effizienz aller Kassen. Der folgende Term (6) verdeutlicht noch einmal die Bestimmung des Quotienten M.

Zusätzliches Symbol:

$KD_{t,a,g,b}$ = geplante Leistungsausgaben einer Kasse in Periode t für einen in einem DMP eingeschriebenen Versicherten [€/(VN·Jahr)]
M = Effizienz bzw. Managementqualität des DMP gemessen auf der Basis der standardisierten Leistungsausgaben $LD_{t,a,g,b}$ [%]

$$(6) \quad M = \frac{\sum\limits_{t,a,g,b,i} X_{t,a,g,b,i} \cdot KD_{t,a,g,b}}{\sum\limits_{t,a,g,b,i} X_{t,a,g,b,i} \cdot LD_{t,a,g,b}}$$

Sofern für ein DMP keine standardisierten Leistungsausgaben $LD_{t,a,g,b}$ verfügbar bzw. bekannt sind, da das zu entscheidende DMP bisher noch von keiner Kasse durchgeführt wurde und folglich keine Statistiken mit verlässlichen Daten zur Verfügung stehen, ist der Wert von M auf 1,0 zu setzen. Ursächlich hierfür ist die Berechnungsmethode zur amtlichen Feststellung der standardisierten Leistungsausgaben $LD_{t,a,g,b}$ eines DMP, nachdem die standardisierten Leistungsausgaben grundsätzlich durch den Durchschnittswert der Leistungsausgaben aller Kassen gebildet werden, die unter den hier gesetzten Bedingungen den Leistungsausgaben $KD_{t,a,g,b}$ dieser einen Kasse entsprechen. Mit Term (7) können die durch die Kasse geplanten Kosten bzw. Leistungsausgaben für das DMP erfasst werden.

$$(7) \quad \sum_{t,a,g,b,i} X_{t,a,g,b,i} \cdot LD_{t,a,g,b} \cdot M \cdot \left(1+i_t\right)^{-}$$

Die Durchführung eines DMP kann mit wiederkehrenden jährlichen Ausgaben und variablen Ausgaben für die Verwaltung des DMP verbunden sein. Unter Umständen ist es möglich, dass die Ausgaben für die **Verwaltung** des DMP zu vernachlässigen sind, wenn für die Kasse keine zusätzlichen Ausgaben durch das DMP entstehen, da beispielsweise Personalressourcen zur Betreuung des DMP und die technische und kaufmännische Betriebseinrichtung ohnehin vorhanden sind und auch bei Nichtinitiierung des DMP bestehen bleiben würden, z. B. aufgrund des Kündigungsschutzes. Es ist ausdrücklich in § 4 Abs. 4 Satz 3 SGB V vorgesehen, dass Krankenkassen für die Entwicklung, Zulassung, Durchführung und Evaluation von DMP von der ansonsten gesetzlich stark eingeschränkten Veränderungsrate der Verwaltungskosten abweichen dürfen. Der Term (8) stellt die Möglichkeit der Erfassung von fixen und variablen Ausgabenbestandteilen eines DMP dar.

Zusätzliches Symbol:

F_t = jährliche (fixe) Ausgaben bei Initiierung des DMP in Periode t in [€/Jahr]

P = variable Ausgaben für Verwaltung und Pflege des DMP [€/(€·Jahr)]

$$(8) \quad \left(\sum_t F_t + P \cdot \sum_{t,a,g,b,i} X_{t,a,g,b,i} \cdot LD_{t,a,g,b} \right) \cdot \left(1+i_t\right)^{-t}$$

Über die Variable F_t können jährlich wiederkehrende Ausgabenbestandteile erfasst werden. Mit dem zweiten Term des Klammerausdrucks werden die **variablen Verwaltungsausgaben** modelliert. In der GKV ist es üblich, die Verwaltungskosten bzw. -ausgaben als Quote der Beitragseinnahmen zu bestimmen und diese Quote als Kennzahl zur Beurteilung der Effizienz der Verwaltung der Krankenkassen heranzuziehen. Im Term (8) werden die Beitragseinnahmen einer Kasse durch das vom RSA in einem Versicherungsjahr der betreffenden Kasse gewährte Gesamtvolumen der standardisierten Leistungsausgaben approximiert.

Weiterhin können mit dem DMP **initiale ausgabenwirksame Kosten** I_0 für den Start des DMP verbunden sein. Ihre Erfassung im Kapitalwertkalkül kann durch Subtraktion vom Saldo der vorausgegangenen Terme sichergestellt werden. Eine Diskontierung auf den Bewertungszeitpunkt t = 0 ist

auf Grund ihres Anfalles zeitnah zum Entscheidungszeitpunkt t = 0 entbehrlich.

Die Gleichungen (9) und (10) stellen das Modell zur Berechung des Kapitalwertes eines DMP zusammenfassend dar, wobei Gleichung (10) als disaggregierte Gleichung (9) zu verstehen ist.

$$(9) \quad C_0 = \sum_{t=1}^{T} \left(E_t - A_t\right) \cdot \left(1+i_t\right)^{-t}$$

$$= \sum_{t=1}^{T} E_t \cdot \left(1+i_t\right)^{-t} - \sum_{t=1}^{T} A_t \cdot \left(1+i_t\right)^{-t}$$

(10)

$$C_0 = \sum_{t,a,g,b,i} X_{t,a,g,b,i} \cdot LD_{t,a,g,b} \cdot \left(1+i_t\right)^{-t}$$

$$+ \sum_{t,a,g,b,i} X_{t,a,g,b,i} \cdot V_t \cdot \left(1+i_t\right)^{-(t+1)}$$

$$+ \sum_{t,a,g,b,l} X_{t,a,g,b,i} \cdot K_{t,a,g,b} \cdot \left(1+i_t\right)^{-t}$$

(Einnahmen/Minderausgaben i.V.m. dem DMP)

$$- \left(\begin{array}{l} \displaystyle\sum_{t,a,g,b,l} X_{t,a,g,b,i} \cdot L_{t,a,g,b} \cdot \left(1+i_t\right)^{-t} \\[2ex] + \displaystyle\sum_{t,a,g,b,i} X_{t,a,g,b,i} \cdot LD_{t,a,g,b} \cdot M \cdot \left(1+i_t\right)^{-t} \\[2ex] + \left(\displaystyle\sum_t F_t + P \cdot \sum_{t,a,g,b,i} X_{t,a,g,b,i} \cdot \right. \\[2ex] \left. \cdot LD_{t,a,g,b} \right) \cdot \left(1+i_t\right)^{-t} \\[2ex] + I_0 \end{array} \right)$$

(Ausgaben/Mindereinnahmen i.V.m. dem DMP)

Da einige Modelleingangsgrößen – z. B. die Einschreibequote und das Wachstum der Leistungsausgaben – unsichere Größen darstellen, ist es sinnvoll diese zu **stochastisieren**, d. h. eine Wahrscheinlichkeitsverteilung ihrer Ausprägungen auf Grundlage bestimmter Erfahrungswerte zu schätzen. Das Ergebnis kann dann mit der **Monte-Carlo-Simulation** oder anderen geeigneten **Simulationsverfahren** berechnet werden (zur Anwendung von

Simulationsverfahren im Gesundheitswesen vgl. Ozcan 2005, S. 373ff.)

Leistungskontrolle

Die **Leistungskontrolle** enthält wiederum eine medizinische und ökonomische Dimension. Sie kann sich einerseits auf die von Leistungserbringern oder Patienten induzierte **Inanspruchnahme von Leistungen** beziehen, die nach **medizinischen Kriterien** hinterfragt wird. Andererseits kann die induzierte Inanspruchnahme auch nach **ökonomischen Kriterien** einer kritischen Betrachtung unterzogen werden. Beispielsweise kann der Frage nachgegangen werden, ob die Behandlungsabläufe optimal abgestimmt sind. Des Weiteren beinhaltet die Leistungskontrolle auch eine **Überprüfung der Abrechnung**, bei der die in Anspruch genommenen Leistungen als gegeben betrachtet werden. Folgende Formen der Leistungskontrolle sind denkbar:

Formen der Leistungskontrolle
- Utilization Review
- Utilization Management
- Peer Review
- Gebührenrechtliche Rechnungsprüfung
- Formale Rechnungsprüfung

Im Rahmen des **Utilization Review** wird auf Grundlage individueller Fallbetrachtungen eine Überprüfung der Angemessenheit der induzierten Leistungen durchgeführt. In der Regel bezieht sich diese Form der Leistungskontrolle auf die **Leistungserbringer**, sie kann jedoch auch bei **Patienten**, z. B. im Falle von auffälliger Kontakthäufigkeit im ambulanten Bereich, durchgeführt werden. Leistungserbringer werden im Falle eines Utilization Review angehalten, externen Gutachtern die Motive einer induzierten Leistungsinanspruchnahme darzustellen und sie somit nachvollziehbar zu machen. In Deutschland führen die Krankenkassen diese Form der Kontrolle nicht selbst durch, sondern beauftragen den **Medizinischen Dienst der Krankenversicherung** (§ 282 SGB V). Im Jahre 2000 haben die Krankenkassen den Medizinischen Dienst der Krankenversicherung in über 1,3 Mio. Fällen für eine Einzelfallbetrachtung konsultiert. In einigen Fällen wird ein Utilization Review in Deutschland

sogar **automatisch** ausgelöst. Dies ist beispielsweise in der ambulanten Versorgung in Bezug auf die Verschreibung von Arzneimitteln der Fall. Sobald ein Arzt, das ihm zugebilligte »Budget« (eigentlich: individuelle Richtgröße) an verschriebenen Arzneimitteln um mehr als 25% überschreitet, wird automatisch eine **Richtgrößenprüfung** ausgelöst (vgl. ▶ **Kap. 2.6**). Der betreffende Arzt wird gebeten, Gründe darzulegen, z. B. eine besondere Häufung von chronischen Krankheiten unter seinen Patienten, die eine **Richtgrößenüberschreitung** rechtfertigen. Sofern er dazu nicht in der Lage ist, wird ein Regress gegen ihn eingeleitet, der die Rückzahlung der ungerechtfertigten Überschreitung veranlasst. Auch eine Private Krankenversicherung hat die Möglichkeit, einen Utilization Review zu initiieren.

Das **Utilization Management** geht einen Schritt weiter als das Utilization Review, da es sich nicht auf den einzelnen Fall, sondern auf einen einzelnen Arzt oder eine gesamte Organisation bezieht. Im Sinne eines **Benchmarking** werden Krankenhäuser und andere Organisationen hinsichtlich der Inanspruchnahme von Ressourcen für definierte Krankheitsbilder verglichen. Teilweise werden auch **Rangfolgen** erstellt, die die Leistungsfähigkeit von Organisationen nach bestimmten Kategorien abbildet. Sofern Defizite bei einer Organisation aufgedeckt werden, können diese von den Krankenversicherungen im Rahmen von **Versorgungs- und Vergütungsverhandlungen** sanktioniert werden. Wie bereits dargestellt, ist die einzelne Krankenkasse bzw. das einzelne private Krankenversicherungsunternehmen in Deutschland jedoch nur bedingt in der Lage, mögliche **Sanktionen** zu vollziehen.

Die Methodik des **Peer Review** ist primär nicht als institutionalisierter Kontrollmechanismus von Krankenversicherungen zu sehen. Er dient vielmehr einem fachlichen Austausch unter Kollegen, der einen **kontinuierlichen Verbesserungsprozess** befördern soll. Er wird beispielsweise in einigen Krankenhäusern praktiziert, indem die behandelnden Ärzte bei abteilungsübergreifenden Treffen bestimmte Fälle präsentieren und ihre Kollegen nach ihrer Meinung befragen. Eine andere Form des Peer Review kann in einem regelmäßigen Treffen von Fachkollegen unterschiedlicher Einrichtungen bestehen. Krankenkassen haben in Deutschland die Möglichkeit, insbesondere im Rahmen der

Integrierten Versorgung solche Netzwerke zu fördern, die einen regelmäßige Peer Review institutionalisiert haben, und können somit Anreize zur Installierung dieser weichen Form der Leistungskontrolle schaffen.

Während die bisher dargestellten Formen der Leistungskontrolle sowohl einer Sicherung der Qualität als auch einer Senkung der Leistungsausgaben dienen können, sind die im Folgenden dargestellten Formen der Leistungskontrolle spezifisch auf eine Reduktion von Leistungsausgaben ausgerichtet. Bei beiden wird die tatsächliche Inanspruchnahme als gerechtfertigt vorausgesetzt.

Eine **gebührenrechtliche Rechnungsprüfung** kontrolliert, ob die von den Leistungserbringern induzierten Leistungen auch tatsächlich mit der vereinbarten oder rechtlich festgelegten Vergütung abgerechnet werden und nicht z. B. bei privaten Krankenversicherungen ein deutlich höherer Satz berechnet wurde, als in der GOÄ festgeschrieben. Diese Prüfung und Beanstandung gebührenrechtlicher Fehler erfolgt sowohl bei Krankenkassen als auch bei privaten Krankenversicherungen bisher in geringem Maße, obwohl sie relativ einfach zu realisieren ist. Die Einsparpotentiale werden bei privaten Krankenversicherungen allein im stationären Bereich auf ca. 1–3% geschätzt (Kilian und Messemer 2001, S. 187). Mittlerweile werden bei einigen privaten Krankenversicherungen bereits Systeme zur automatischen Prüfung von Rechnungen eingesetzt (**Automated claims processing**). Sofern diese vorhanden sind, können automatisch Abrechnungs- und Brieferstellungsvorschläge für Sachbearbeiter mit kontextintensiven Hinweisen erstellt werden, die eine Beanstandung der Rechnung erleichtern (Steingröver et al. 2004, S. 74).

Eine **formale Rechnungsprüfung** ist deutlich schwerer sicherzustellen, da es hier um die korrekte Zuordnung von erbrachten Leistungen zu einer bestimmten **Abrechnungskategorie**, z. B. Diagnosegruppe im stationären Bereich, geht. Im Unterschied zum Utilization Review wird jedoch die induzierte medizinische Leistung nicht infrage gestellt. Trotzdem wird die formale Rechnungsprüfung in vielen Fällen im Rahmen eines Utilization Review gleichzeitig durchgeführt. Eine Prüfung ist jedoch deutlich aufwändiger als eine gebührenrechtliche Prüfung, da eine Zuordnung von erbrachten Leistungen häufig Auslegungssache ist.

Literatur

Amelung VE, Schumacher H (2004) Managed Care. Gabler, Wiesbaden

Birkner B, Buchner F, Wasem J (1999) Wirtschaftswissenschaftliche Zugänge zu den Gesundheitswissenschaften. In: Hurrelmann K (Hrsg) Gesundheitswissenschaften. Springer, Berlin, S 125–177

Bundesministerium für Gesundheit (2006) Gesetzliche Krankenversicherung – Mitglieder, mitversicherte Angehörige, Beitragssätze und Krankenstand Monatswerte Juli und Dezember 2005. Bonn

Busse R, Riesberg A (2005) Gesundheitssysteme im Wandel – Deutschland. Medizinisch Wissenschaftliche Verlagsgesellschaft, Berlin

Busse R (2004) Disease Management-Programs in Germany's Statutory Health Insurance System. Health Affairs 23(3): 56–67

Crippen DL (2002) Disease Management in Medicare: Data Analysis and Benefit Design Issues. Congressional Budget Office, Washington

Farny D (2000) Versicherungsbetriebslehre. Verlag Versicherungswissenschaft, Karlsruhe

Grabka M, Schreyögg J, Busse R (2006) Verhaltensänderung durch Einführung der Praxisgebühr und Ursachenforschung – eine empirische Analyse. Medizinische Klinik 101 (6): 476–483

Greß S, Hessel F, Schulze S, Wasem J (2004) Prospects of gatekeeping in German social health insurance. Journal of Public Health 12: 32–42

Grobecker R, Hahn T, Meier U, Oppel K (2001) Management von »sonstigen Leistungskosten« in der gesetzlichen Krankenversicherung, In: Salfeld R, Wettke J (Hrsg) Die Zukunft des deutschen Gesundheitswesens – Perspektiven und Konzepte. Springer, Berlin, S 157–164

Holldorf I, Pütz C (2004) Selbstbehalttarife in der gesetzlichen Krankenversicherung, Modellvorhaben der TK liefert erste Ergebnisse. Gesundheitsökonomie und Qualitätsmanagement 9: 205–208

Lutterloh, KM (2004) Managed Health Care. In: Jähn K, Nagel E (Hrsg) e-health. Springer, Berlin, S 175–181

Karten W (2000) Versicherungsbetriebslehre – Kernfragen aus entscheidungstheoretischer Sicht. Verlag Versicherungswissenschaft, Karlsruhe

Kilian PH, Messemer J (2001) Herausforderungen im Leistungs- und Gesundheitsmanagement privater Krankenversicherungen. In: Salfeld R, Wettke J (Hrsg) Die Zukunft des deutschen Gesundheitswesens – Perspektiven und Konzepte. Springer, Berlin, S 185–195

Knappe E, Leu RE, Schulenburg J-M Graf von der (1988) Der Indemnitätstarif. Wege zur Sozialverträglichkeit und Wirtschaftlichkeit beim Zahnersatz. Springer, Berlin

Lauterbach KW (2002) Disease Management in Deutschland – Voraussetzungen, Rahmenbedingungen, Faktoren zur Entwicklung, Implementierung und Evaluation – Gutachten im Auftrag des Verbandes der Angestellten-Krankenkassen e.V. (VDAK) und des Arbeiter-Ersatzkassen-Verbandes e.V. (AEV), Köln

Lauterbach KW, Wille E (2000) Modell eines fairen Wettbewerbs durch den Risikostrukturausgleich – Sofortprogramm »Wechslerkomponente und solidarische Rückversicherung« unter Berücksichtigung der Morbidität. Gutachten im Auftrag des VdAK, des AEV, des AOK-BV und des IKK-BV

Malin EM, Richard S, Paquet R, König W (1994) Zwischenbilanz zur Beitragsrückzahlung in der GKV. Sozialer Forschritt 43: 141–147

Mühlbacher A (2002) Integrierte Versorgung. Huber, Bern

Mullahy CM (1996) Case Management and Managed Care. In: Kongstvedt PR (Hrsg) The Managed Health Care Handbook. Aspen Publishers, New York, S 274–300

Mullahy CM, Jensen D (2004) The Case Manager's Handbook. 3. Aufl. Jones & Bartlett Publishers, Boston

Ozcan YA (2005) Quantitative methods in health care management. Jossey-Bass: San Francisco

Popp E (2003) Vom Einprodukt- zum Mehrproduktanbieter – die neuen Möglichkeiten der Gesetzlichen Krankenkassen. Gesundheit- und Sozialpolitik 57: 10–17

Pütz C (2003) Selbstbehalte für die gesetzliche Krankenversicherung. Nomos Verlag, Baden-Baden

Riebel P (1994) Einzelkosten- und Deckungsbeitragsrechnung: Grundfragen einer markt- und entscheidungsorientierten Unternehmensrechnung. 7. Aufl. Gabler, Wiesbaden

Schlösser R, Schreyögg J (2005) Die Balanced Scorecard als Kennzahlensystem für Krankenkassen. Zeitschrift für die Gesamte Versicherungswissenschaft 94(2): 323–345

Schlösser R, Schreyögg J und Busse R (2006) Modellierung des Kapitalwertes von Disease Management-Programmen unter Anwendung der Monte-Carlo Simulation. Zeitschrift für öffentliche und gemeinwirtschaftliche Unternehmen 29 (3). In Druck

Schreyögg G (2003) Organisation. 4. Aufl., Gabler, Wiesbaden

Schreyögg J (2003) Medical Savings Accounts – eine internationale Bestandsaufnahme des Konzeptes der Gesundheitssparkonten und seine Implikationen für Deutschland. Zeitschrift für die Gesamte Versicherungswissenschaft 92: 507–532

Schulenburg JM Graf v.d. (1987) Selbstbeteiligung. Springer, Berlin

Schulenburg JM Graf v.d., Greiner W (2000) Gesundheitsökonomik. Mohr-Siebeck, Tübingen

Schwarze J, Andersen HH (2001) Kassenwechsel in der Gesetzlichen Krankenversicherung: Welche Rolle spielt der Beitragssatz? Schmollers Jahrbuch, Zeitschrift für Wirtschaft und Sozialwissenschaft 121: 581–602

Schweitzer M, Küpper HU (1995) Systeme der Kosten- und Leistungsrechnung. 6. Aufl. Vahlen, München

Steingröver D, Böcking W, Kirch W (2004) Auswirkungen des Managements der Leistungsausgaben auf das strategische Zielsystem privater Krankenversicherer in Deutschland. Journal of Public Health 12: 72–77

Verband der privaten Krankenversicherung (2003) Zahlenbericht 2002/2003. Köln

Weber A, Götschi AS, Kühne R, Meier D (2004) Patientenrekrutierung für Disease Management. Schweizerische Ärztezeitung 85(48): 2581–2584

Werblow A, Felder S (2003) Der Einfluss von freiwilligen Selbstbehalten in der gesetzlichen Krankenversicherung: Evidenz aus der Schweiz. Schmollers Jahrbuch, Zeitschrift für Wirtschaft und Sozialwissenschaft 123: 235–264

Wissenschaftliches Institut der Ortskrankenkassen (WIdO) (2005) Widomonitor, Ausgabe 01/2005. Bonn

2.3   Leistungsmanagement in Krankenhäusern

Christian Gericke, Markus Wörz und Reinhard Busse

Was ist ein Krankenhaus? Wozu benötigt man Krankenhäuser? Welche Leistungen erbringt ein Krankenhaus? Solche Fragen scheinen leicht beantwortbar zu sein, da ja allen Menschen Krankenhäuser aus der Alltagserfahrung ummittelbar bekannt sind. Dies allein schon deshalb, weil in Deutschland fast alle Menschen in einem Krankenhaus geboren werden und viele dort auch versterben. Tatsächlich hat aber das Krankenhaus im Verlauf der Jahrhunderte sehr unterschiedliche Rollen und Funktionen wahrgenommen (vgl. hierzu z. B. Healy und McKee 2002).

Im Gesundheitswesen Deutschlands nehmen Krankenhäuser insbesondere die folgenden Funktionen wahr:

□ **Krankenhäuser und ihre Funktionen**
- Voll- und teilstationäre Versorgung ergänzt durch vor- und nachstationäre Versorgung
- Notfallversorgung in organisatorischer Abstimmung mit der rettungsdienstlichen Versorgung
- Rehabilitation in Abstimmung mit dem Leistungsangebot von Rehabilitationseinrichtungen bzw. die Überleitung in solche Einrichtungen
- Überleitung in stationäre oder ambulante pflegerische Versorgung
- Hospizversorgung, zur Kompensation eines ungenügenden Angebots für terminal Kranke außerhalb von Krankenhäusern
- Teilbereiche der ambulanten ärztlichen Versorgung in Abstimmung mit der von den Kassenärztlichen Vereinigungen organisierten ambulanten Versorgung
- Aus-, Weiter-, und Fortbildung vor allem der Ärzte und des Pflegepersonals

▼

> — Klinische Forschung und die Verbreitung neuer medizinischer Erkenntnisse (Sachverständigenrat für die Konzertierte Aktion im Gesundheitswesen 2003, S. 652f.)

Auch in Zukunft sieht sich das Krankenhaus mit vielfältigen Herausforderungen konfrontiert, die mit den Stichworten demographischer Wandel, medizinisch-technologischer Fortschritt, Wandel des Krankheitsspektrums und Wertewandel umrissen werden können und die einen starken Veränderungsdruck auf Krankenhäuser und deren Leistungsspektrum erzeugen (vgl. hierzu z. B. Edwards et al. 2004; McKee et al. 2002). Es ist Aufgabe des Krankenhausmanagements, solche Veränderungsprozesse aktiv mitzugestalten.

In diesem Kapitel werden zunächst die gesetzlichen und strukturellen Rahmenbedingungen des Krankenhauswesens dargestellt. Diese Darstellung ist bewusst ausführlich gehalten, auch um das Verständnis der anderen krankenhausrelevanten Beiträge dieses Bandes zu erleichtern.

2.3.1 Gesetzliche und strukturelle Rahmenbedingungen

Wichtige Rechtsgrundlagen

Die folgenden Gesetze stellen die wichtigsten Rechtsgrundlagen zur Regulierung der Rahmenbedingungen des Krankenhauswesens dar:

- Das Gesetz zur wirtschaftlichen Sicherung der Krankenhäuser und zur Regelung der Krankenhauspflegesätze (**Krankenhausfinanzierungsgesetz – KHG**), welches wesentliche Regelungen zur **Krankenhausplanung** und **Krankenhausfinanzierung** enthält (vgl. zu einer ausführlichen Erläuterung der Begriffe Finanzierung und Vergütung ► **Kap. 4.3**).

- Das **Sozialgesetzbuch V – Gesetzliche Krankenversicherung (SGB V)**, das generell die Gesetzliche Krankenversicherung regelt (vgl. ► **Kap. 2.2**), in diesem Zusammenhang aber auch festlegt, unter welchen Voraussetzungen die Krankenkassen für Krankenhausleistungen bezahlen.

- Das Gesetz über die Entgelte für voll- und teilstationäre Krankenhausleistungen (**Krankenhausentgeltgesetz – KHEntgG**), das die Art der **Vergütung** von allgemeinen **Krankenhausleistungen** durch die gesetzliche, aber auch weitgehend durch die Private Krankenversicherung regelt.

Definition der Krankenhäuser im Krankenhausrecht

Die grundlegende gesetzliche Definition eines Krankenhauses findet sich im **KHG**. Im Sinne dieses Gesetzes sind Krankenhäuser

»Einrichtungen, in denen durch ärztliche und pflegerische Hilfeleistungen Krankheiten, Leiden oder Körperschäden festgelegt, geheilt oder gelindert werden sollen oder Geburtshilfe geleistet wird und in denen die zu versorgenden Personen untergebracht und verpflegt werden können.« (§ 2 KHG Nr. 1)

Dagegen wird im **SGB V** zwischen Krankenhäusern und Vorsorge- oder Rehabilitationseinrichtungen unterschieden. Im Sinne des **SGB V** sind **Krankenhäuser**

»Einrichtungen, die 1. der Krankenhausbehandlung oder Geburtshilfe dienen, 2. fachlich-medizinisch unter ständiger ärztlicher Leitung stehen, über ausreichende, ihrem Versorgungsauftrag entsprechende diagnostische und therapeutische Möglichkeiten verfügen und nach wissenschaftlich anerkannten Methoden arbeiten, 3. mit Hilfe von jederzeit verfügbarem ärztlichem, Pflege-, Funktions- und medizinisch-technischem Personal darauf eingerichtet sind, vorwiegend durch ärztliche und pflegerische Hilfeleistung Krankheiten der Patienten zu erkennen, zu heilen, ihre Verschlimmerung zu verhüten, Krankheitsbeschwerden zu lindern oder Geburtshilfe zu leisten, und in denen 4. die Patienten untergebracht und verpflegt werden können.« (§ 107 Abs. 1 SGB V)

Im Gegensatz dazu definiert das SGB V **Vorsorge- oder Rehabilitationseinrichtungen** als

»Einrichtungen, die 1. der stationären Behandlung der Patienten dienen, um a) eine Schwächung der Gesundheit, die in absehbarer Zeit voraussichtlich zu einer Krankheit führen würde, zu beseitigen oder einer Gefährdung der gesundheitlichen Entwicklung eines Kindes entgegenzuwirken (Vorsorge) oder b) eine Krankheit zu heilen, ihre Verschlimmerung zu verhüten oder Krankheitsbeschwerden zu lindern oder im Anschluss an Krankenhausbehandlung den dabei erzielten Behandlungserfolg zu sichern oder zu festigen, auch mit dem Ziel, eine drohende Behinderung oder Pflegebedürftigkeit abzuwenden, zu beseitigen, zu mindern, auszugleichen, ihre Verschlimmerung zu verhüten oder ihre Folgen zu mildern (Rehabilitation), wobei Leistungen der aktivierenden Pflege nicht von den Krankenkassen übernommen werden dürfen, 2. fachlich-medizinisch unter ständiger ärztlicher Verantwortung und unter Mitwirkung von besonders geschultem Personal darauf eingerichtet sind, den Gesundheitszustand der Patienten nach einem ärztlichen Behandlungsplan vorwiegend durch Anwendung von Heilmitteln einschließlich Krankengymnastik, Bewegungstherapie, Sprachtherapie oder Arbeits- und Beschäftigungstherapie, ferner durch andere geeignete Hilfen, auch durch geistige und seelische Einwirkungen, zu verbessern und den Patienten bei der Entwicklung eigener Abwehr- und Heilungskräfte zu helfen, und in denen 3. die Patienten untergebracht und verpflegt werden können.« (§ 107 Abs. 2 SGB V)

Diese definitorische Unterscheidung zwischen Krankenhäusern und Vorsorge- oder Rehabilitationseinrichtungen ist notwendig, da beide Arten von Einrichtungen sich in Bezug auf Zulassung der Versicherten zur stationären Versorgung, aber auch hinsichtlich Finanzierung und Vergütung unterscheiden (Deutsche Krankenhausgesellschaft 2005a, S. 10). Im Rahmen dieses Kapitels werden ausschließlich Krankenhäuser betrachtet, auf Vorsorge- oder Rehabilitationseinrichtungen wird im Weiteren nicht mehr eingegangen.

Weitere wichtige Unterscheidungsdimensionen von Krankenhäusern

An dieser Stelle werden wichtige Differenzierungskriterien von Krankenhäusern erläutert. Es wird unterschieden zwischen Krankenhäusern nach der Art der Zulassung, nach der Trägerschaft und nach der Rechtsform. Eine weitere wichtige Unterscheidungsdimension von Krankenhäusern betrifft die Versorgungsstufe, welche sich auf das vom Krankenhaus angebotene Leistungsspektrum bezieht. Darauf wird im folgenden Unterkapitel eingegangen.

Krankenhäuser nach der Art der Zulassung

Da fast 90% der deutschen Bevölkerung in der GKV versichert sind, ist es für die Existenz eines Krankenhauses von zentraler Bedeutung, Leistungen auf Rechnung der gesetzlichen Krankenkassen erbringen zu können. Die gesetzlichen Krankenkassen dürfen die Krankenhausbehandlung aber nur durch die folgenden Krankenhäuser (sog. **zugelassene Krankenhäuser**) erbringen lassen (vgl. § 108 SGB V):

1. Hochschulkliniken im Sinne des **Hochschulbauförderungsgesetzes (HBFG)**,
2. Krankenhäuser, die in den **Krankenhausplan** eines Landes aufgenommen sind (Plankrankenhäuser), oder
3. Krankenhäuser, die einen **Versorgungsvertrag** mit den Landesverbänden der Krankenkassen und den Verbänden der Ersatzkassen abgeschlossen haben.

Während es für Krankenhäuser, die nicht im Krankenhausplan eines Landes sind, keinen Anspruch auf Abschluss eines Versorgungsvertrages gibt, müssen die gesetzlichen Krankenkassen mit Krankenhäusern, die im Krankenhausplan eines Landes aufgenommen sind, und mit Hochschulkliniken im Sinne des HBFG Versorgungsverträge abschließen – bzw. es gilt dieser durch die Aufnahme in den Krankenhausplan bereits als abgeschlossen (sog. **Kontrahierungszwang**). Daraus folgt, dass die Krankenkassen praktisch keine Möglichkeit haben, dass Angebot an Krankenhäusern zu verringern.

Krankenhäuser nach der Art der Trägerschaft

Nach der Definition des Statistischen Bundesamts (2005) werden folgende **Arten von Krankenhausträgern** unterschieden (es gibt keine gesetzliche Definition der verschiedenen Krankenhausträger):

- **Öffentliche Einrichtungen**, die von Gebietskörperschaften (Bund, Land, Bezirk, Kreis, Gemeinde) oder von Zusammenschlüssen solcher Körperschaften wie Arbeitsgemeinschaften oder Zweckverbänden oder von Sozialversicherungsträgern wie Landesversicherungsanstalten und Berufsgenossenschaften betrieben oder unterhalten werden. Träger in rechtlich selbständiger Form (z. B. als GmbH – vgl. zu den Rechtsformen von Krankenhäusern weiter unten) gehören zu den öffentlichen Trägern, wenn Gebietskörperschaften oder Zusammenschlüsse solcher Körperschaften unmittelbar oder mittelbar mit mehr als 50 vom Hundert des Nennkapitals oder des Stimmrechts beteiligt sind.

- **Freigemeinnützige Einrichtungen**, die von Trägern der kirchlichen und freien Wohlfahrtspflege, Kirchengemeinden, Stiftungen oder Vereinen unterhalten werden.
- **Private Einrichtungen**, die als gewerbliche Unternehmen einer Konzession nach § 30 Gewerbeordnung bedürfen.

Nach dem KHG gilt der Grundsatz der **Vielfalt der Krankenhausträger**, d. h. die mit der Ausführung des KHG bzw. entsprechender Landesgesetze betrauten Behörden sind gehalten, auch die wirtschaftliche Sicherung freigemeinnütziger und privater Krankenhäuser zu beachten (§ 1 Abs. 2 KHG). Beide Gruppen dürfen gegenüber den öffentlichen Krankenhäusern nicht benachteiligt werden.

Krankenhäuser nach der Rechtsform

Von der **Trägerschaft** eines Krankenhauses ist die **Rechtsform** zu unterscheiden. Grundsätzlich und mit nur wenigen Einschränkungen besteht Formenfreiheit bei der Wahl der Rechtsform für ein Krankenhaus, z. B. kann ein öffentliches Krankenhaus sowohl in einer öffentlich-rechtlichen als auch in einer privatrechtlichen Rechtsform geführt werden. In ◘ Tab. 2.3-1 werden die unterschiedlichen Rechtsformen von Krankenhäusern aufgezeigt (vgl. zu ausführlichen Erläuterungen zu den Rechtsformen der einzelnen Krankenhäuser: Greiling 2000, S. 94–101).

Krankenhausplanung

Durch die Verabschiedung des KHG im Jahr 1972 wurde festgelegt, dass der sog. **Sicherstellungsauftrag** der Krankenhausversorgung beim Staat liegt. Dieser wird von den Ländern bzw. von den Landkreisen und kreisfreien Städten ausgeübt (Bruckenberger 2003, S. 96). Nach dem KHG ist jedes Bundesland dazu verpflichtet, einen **Krankenhausplan** aufzustellen (§ 6 Abs. 1 KHG; vgl. auch ► Kap. 4.3). Zudem verabschiedeten alle Bundesländer Krankenhausgesetze, die Details der Planung und Finanzierung im jeweiligen Bundes-

land regeln. Wenn ein Krankenhausplan nicht nur die Versorgung der eigenen Bevölkerung, sondern auch angrenzender Länder betrifft, haben Absprachen zwischen den beteiligten Ländern zu erfolgen. Solche Absprachen existieren z. B. zwischen Hamburg und Schleswig-Holstein (Deutsche Krankenhausgesellschaft 2006). Gegenstand der Krankenhausplanung sind die notwendigen baulich apparativen Vorhaltungen, nicht aber die im Krankenhaus erbrachten Leistungen. Grundlage der Krankenhausplanung ist das Bett, als Voraussetzung für die Anerkennung einer vollstationären Leistung, die eine Übernachtung einschließt (Bruckenberger 2003, S. 98).

Der Krankenhausplan eines Bundeslandes an sich besitzt keine verbindliche Rechtswirkung. Diese wird erst durch den **Feststellungsbescheid** erzielt, welcher dem Krankenhaus von den zuständigen Behörden zugesandt wird. Der Feststellungsbescheid hat gegenüber den Krankenkassen die Wirkung eines Versorgungsvertrags nach § 109 Abs. 1 SGB V (Deutsche Krankenhausgesellschaft 2006, S. 2). Der Feststellungsbescheid enthält den Versorgungsauftrag des Krankenhauses für Fachgebiete, die zu betreibende Bettenzahl, die Großgeräteausstattung und den Auftrag zur Teilnahme an der Not- und Unfallversorgung (Vetter 2005, S. 39). Krankenhäuser dürfen nur solche Leistungen mit den Krankenkassen abrechnen, die sie innerhalb ihres Versorgungsauftrags erbracht haben. Dies gilt nicht für die Behandlung von Notfallpatienten (§ 8 Abs. 1 KHEntgG).

Im Rahmen der Krankenhausplanung ordnen die meisten Bundesländer die Krankenhäuser verschiedenen **Versorgungs- bzw. Leistungsstufen** zu (die meisten Länder unterscheiden Grund- und Regelversorgung, Schwerpunktversorgung und Maximalversorgung). Diese verschiedenen Stufen orientieren sich im Wesentlichen an der Anzahl der Betten und der im jeweiligen Krankenhaus vertretenen Fachabteilungen, d. h. je höher die Versorgungs-/Leistungsstufe eines Krankenhauses, desto breiter und differenzierter ist dessen Leistungsangebot. In ◘ Tab. 2.3-2 ist anhand von vier Bundesländern beispielhaft die dortige Einteilung in Versorgungs- bzw. Leistungsstufen illustriert.

Die Krankenhausplanung hat in vielen Bundesländern besonders in den 1980er und bis in die 1990er Jahre das Leistungsgeschehen eines Kran-

2

Tab. 2.3-1. Verschiedene Rechtsformen von Krankenhäusern (In Anlehnung an Greiling 2000, S. 95ff.)

Ausgewählte Rechtsformen von Krankenhäusern

Rechtsform	Beschreibung	Rechtsstellung	Entscheidungsebenen oberhalb der Geschäftsführung	Geschäftsführung (Management)	Haftung	Kategorie und Anteil der öffentlichen Krankenhäuser 2004
Reiner Regiebetrieb	Bestandteil der allgemeinen Verwaltung des kommunalen Trägers; Bruttobetrieb	Rechtlich, wirtschaftlich und organisatorisch unselbständig	■ Rat/Kreistag ■ Krankenhausausschuss ■ Oberstes Verwaltungsorgan ■ Krankenhausdezernat	Krankenhausleitung im Rahmen delegierter Entscheidungsbefugnisse	Kommunaler Träger unbegrenzt	Öffentlich-rechtlich, unselbständig (48% aller öffentlichen Krankenhäuser)
Eigenbetrieb	Durch Eigenbetriebsrecht geschaffene Betriebsform, ausschließlich bei kommunalen Trägern	Rechtlich unselbständig, wirtschaftlich und organisatorisch selbständig;	■ Rat/Kreistag ■ Werkausschuss ■ Oberstes Verwaltungsorgan	Werkleitung im Rahmen delegierter Entscheidungsbefugnisse	Kommunaler Träger unbegrenzt	
Landeshaushaltsordnungsbetrieb (LHO-Betrieb)	Durch Landeshaushaltordnung geschaffene Betriebsform mit Land als Träger	Rechtlich unselbständig, wirtschaftlich und organisatorisch selbständig; mit/ohne Sondervermögen	■ Ministerium ■ Abteilung/Referat	Krankenhausleitung im Rahmen delegierter Entscheidungsbefugnisse	Land unbegrenzt	

Zunehmende Handlungsautonomie des Managements →

◘ **Tab. 2.3-1.** (Fortsetzung)

Ausgewählte Rechtsformen von Krankenhäusern

Zunehmende Handlungsautonomie des Managements →

Rechtsform	Beschreibung	Rechtsstellung	Entscheidungsebenen oberhalb der Geschäftsführung	Geschäftsführung (Management)	Haftung	Kategorie und Anteil der öffentlichen Krankenhäuser 2004
Vollrechtsfähige Anstalt des öffentlichen Rechts	Zusammenfassung sachlicher wie persönlicher Mittel zur Erfüllung eines besonderen Zweckes	Rechtlich, wirtschaftlich und organisatorisch selbständig	Verwaltungsrat	Vorstand	Anstaltsvermögen	Öffentlich-rechtlich, selbständig (16% aller öffentlichen Krankenhäuser)
Körperschaften des öffentlichen Rechts	Durch staatlichen Hoheitsakt errichteter Verband zur Erfüllung öffentlicher Aufgaben		Mitglieder-/Vertreterversammlung (MV/VV)	Grundsatzentscheidungen: MV/VV, laufende Geschäfte: Verwaltungsorgan	Körperschaftsvermögen	
Stiftung des öffentlichen Rechts	Durch Stiftungsakt zur Erfüllung eines bestimmten Stiftungszwecks geschaffen		Kuratorium	Vorstand	Stiftungsvermögen	
Stiftung des privaten Rechts	Zur Erfüllung eines bestimmten Zwecks verselbständigte Vermögensmasse	Eigene Rechtspersönlichkeit; rechtlich, wirtschaftlich und organisatorisch selbständig	Kuratorium	Vorstand	Stiftungsvermögen	Privatrechtlich (37% aller öffentlichen Krankenhäuser)
GmbH/gGmbH	Kapitalgesellschaft, mind. ein Gründer, Grundkapital mind. € 25.000		Gesellschafterversammlung; fakultativ: Aufsichtsrat	Geschäftsführer	Gesellschaftsvermögen	
Aktiengesellschaft	Kapitalgesellschaft, mind. fünf Gründer, Grundkapital mind. € 50.000		– Hauptversammlung – Aufsichtsrat	Vorstand	Gesellschaftsvermögen	

kenhauses durch eine enge Festlegung von Fachgebieten und ihren Subspezialitäten und die Zuordnung von Betten im Versorgungsauftrag stark beeinflusst. Erst in den letzten Jahren zeichnete sich eine Tendenz ab, dass sich der von den zuständigen Behörden erteilte Versorgungsauftrag allein auf das gesamte Fachgebiet (z. B. Chirurgie oder Innere Medizin) bezieht und mithin die Möglichkeit eröffnete, innerhalb dieser breiten Fachgebiete Spezialangebote zu entwickeln und diese Angebote in die Verhandlungen mit den Sozialleistungsträgern einbringen zu können (Vetter 2005, S. 38).

Sowohl die an Kapazitäten orientierte Krankenhausplanung insgesamt als auch die Einteilung der Krankenhäuser in Versorgungsstufen wird insbesondere durch die Einführung eines neuen Vergütungssystems auf der Basis von Fallpauschalen kritisch hinterfragt (Details zum neuen Vergütungssystem weiter unten, vgl. auch ▶ **Kap. 4.3**). Eine Expertenbefragung von für die Krankenhausplanung verantwortlichen Mitarbeitern von Krankenhaus- und Kostenträgern, Landesministerien und Ärztekammern ergab, dass mehrheitlich die Ansicht vertreten wurde, dass spätestens nach der abgeschlossenen Einführung des neuen Vergütungssystems die derzeitige Krankenhausplanung

grundlegend verändert werden muss. Allerdings unterscheiden sich die Vorschläge der Experten zur Reform recht stark und reichen von einer standortunabhängigen Rahmenplanung bis hin zu einer krankenhausbezogenen Leistungsplanung (Müller und Offermanns 2004).

Es ist schwierig vorherzusehen, inwiefern krankenhausplanerische Aspekte bei der Ausgestaltung von Versorgungsangeboten künftig überhaupt noch eine Rolle spielen werden. Einzelne Bundesländer haben schon Reformen der Krankenhausplanung verabschiedet. Als erstes Bundesland verzichtet das Saarland künftig auf eine Festlegung von Bettenzahlen und Fachabteilungen bei der Krankenhausplanung. An welchen Krankenhäusern mit wie vielen Betten welche Leistungen erbracht werden, wird künftig im Saarland durch eine Kommission aus Krankenkassen und Klinikträgern entschieden. Die Krankenhausplanung beschränkt sich auf eine Festlegung der landesweit zu erbringenden medizinischen Leistungen (Roeder et al. 2004, S. 703). Neben dem Saarland haben Hessen und Thüringen die Einteilung der Krankenhäuser in Versorgungsstufen mittlerweile abgeschafft (Deutsche Krankenhausgesellschaft 2006).

◻ **Tab. 2.3-2.** Versorgungsstufen ausgewählter Bundesländer (Deutsche Krankenhausgesellschaft 2006, S. 55f.[*])

Bundesland	Kriterien	Versorgungs-/Leistungsstufen
Baden-Württemberg	— Art und Anzahl der Fachabteilungen — Art und Anzahl der vorhandenen medizinisch-technischen Großgeräte Die Angabe der für die Versorgungsstufen typischen Bettenzahl bleibt unverbindlich	— Grundversorgung (ca. 80–250 Betten) — Regelversorgung (ca. 300–350 Betten) — Schwerpunktversorgung (ca. 600–800 Betten) — Maximalversorgung (ca. 1500–1700 Betten)
Bremen	Anzahl der Betten (Definition gilt ausschließlich für die Pauschalförderung)	— Versorgungsstufe (bis 350 Betten) — Versorgungsstufe (350–650 Betten) — Versorgungsstufe (über 650 Betten)
Niedersachsen	Anzahl der Betten (Definition gilt ausschließlich für die Pauschalförderung)	— Anforderungsstufe 1 (bis 230 Betten) — Anforderungsstufe 2 (231–330 Betten) — Anforderungsstufe 3 (331–630 Betten) — Anforderungsstufe 4 (über 630 Betten)
Saarland	Keine Unterscheidung in verschiedene Versorgungsstufen	

[*] Dort findet sich eine Übersicht über alle Bundesländer.

Die Einführung eines neuen Vergütungssystems auf der Basis von Fallpauschalen

Mit der Verabschiedung des KHG im Jahr 1972 wurde in Deutschland die **duale Krankenhausfinanzierung** eingeführt. Duale Krankenhausfinanzierung bedeutet, dass die Investitionskosten von den Bundesländern und die Betriebskosten von den Krankenkassen getragen werden (vgl. ausführlicher dazu ► **Kap. 4.3**). Mit dem GKV-Gesundheitsreformgesetz 2000 wurde vom Gesetzgeber eine neue Form der Vergütung durch die Krankenkassen eingeführt: Wurden die Betriebskosten vor der Reform durch ein von den Krankenkassen und dem jeweiligen Krankenhaus gemeinsam verhandeltes Budget vergütet, welches sich im Wesentlichen aus tagesgleichen Pflegesätzen, Fallpauschalen und Sonderentgelten zusammensetzte (vgl. für eine Darstellung dieses Vergütungssystems und Überblicke über die Reformentwicklung bezüglich der Vergütung im Krankenhauswesen: Busse und Riesberg 2005; Tuschen und Trefz 2004), so besteht das jetzt gültige Vergütungssystem aus einem Fallpauschalensystem auf der Basis von **Diagnosis Related Groups – DRGs**. Die Einführung des neuen Vergütungssystems erfolgt dabei in einem abgestuften Prozess, der mindestens bis zum Jahr 2009 dauern wird (vgl. dazu ► **Kap. 4.3**).

Grundzüge von DRG-Systemen und des deutschen G-DRG-Systems

DRGs stellen ein System zur Klassifizierung von stationären Behandlungsfällen dar (sog. Patientenklassifikationssystem), das Krankenhausfälle trennscharf in klinisch definierten Fallgruppen (DRGs) zusammenfasst, die sich durch einen ähnlich hohen Behandlungskostenaufwand auszeichnen. Die Zuordnung ist dabei stets eindeutig, d. h. dass identisch dokumentierte bzw. kodierte Behandlungsfälle immer nur einer bestimmten Fallgruppe zugewiesen werden (Günster 2000; vgl. für ausführlichere Darstellungen z. B. Lauterbach und Lüngen 2000 und Tuschen und Trefz 2004, S. 125–142). Auf internationaler Ebene befinden sich unterschiedliche DRG-Klassifikationssysteme in Anwendung.

Die Fallzuordnung im deutschen Klassifikationssystem **G-DRG** (für German-Diagnosis Related Groups) basiert auf einem Gruppierungsalgorithmus, nach welchem jeder Behandlungsfall anhand verschiedener Kriterien des Entlassungsdatensatzes wie der Diagnose, der durchgeführten Intervention(en) im Sinne der Prozeduren, patientenbezogenen Merkmalen (Geschlecht, Alter, Aufnahmegewicht bei Neugeborenen), dem Entlassungsgrund, dem klinischen Schwergrad, der Verweildauer sowie eventuellen Begleiterkrankungen einer der DRG-Fallgruppen zugeordnet wird (Tuschen und Trefz 2004, S. 127). Im Rahmen des Gruppierungsprozess von stationären Behandlungsfällen werden diese Daten zunächst in eine spezielle Software (den sog. Grouper) eingegeben, wobei den **Diagnosen** und **Prozeduren** im Verlauf der Gruppierung eine besondere Bedeutung zukommt. Sie werden mittels zweier Klassifikationssysteme berücksichtigt: Diagnosen per ICD-10 (Internationale Klassifikation der Krankheiten – 10. Revision) und Prozeduren per OPS (Operationen- und Prozedurenschlüssel). In ◘ **Abb. 2.3-1** ist der Gruppierungsprozesses zusammenfassend illustriert. Der genaue Gruppierungsalgorithmus jeder einzelnen DRG ist im jeweils aktuell gültigen DRG-Definitionshandbuch festgelegt.

Die Gruppierung erfolgt dergestalt, dass zunächst geprüft wird, ob der Entlassungsdatensatz Unplausibilitäten oder Widersprüchlichkeiten enthält. Wenn das der Fall ist, wird eine Fehler-DRG zugewiesen. Zudem fallen besonders kostenaufwändige Fälle (Transplantationen und Langzeitbeatmungen) in die Prä-MDC. Im Anschluss erfolgt eine Kategorisierung nach Hauptdiagnose in eine der 23 **Hauptdiagnosekategorien** (**Major Diagnostic Categories – MDC**). Die MDCs werden anhand der durchgeführten Prozeduren in sog. Partitionen – operative, »andere« und medizinische – unterteilt (◘ **Abb. 2.3-1**). Die Zugehörigkeit zu einer bestimmten Partition hängt im Wesentlichen von der Existenz oder dem Fehlen von bestimmten Prozeduren ab (Tuschen und Trefz 2004, S. 129). Die Partitionen setzen sich aus einzelnen Basis-DRGs (diese werden auch als Adjacent-DRGs bezeichnet) zusammen. Die Basis-DRGs wiederum können in verschiedene Schweregrade differenziert werden. Die Schweregrade dienen dazu, die relative Bedeutung von DRGs innerhalb einer Basis-DRG bezogen auf den Ressourcenverbrauch anzugeben (welcher nicht notwendigerweise mit dem klinischen Schweregrad korreliert). In der gegenwärtigen

2

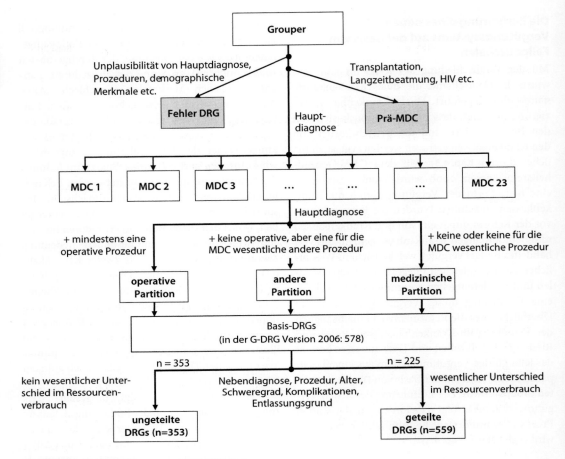

☐ **Abb. 2.3-1.** Der Gruppierungsprozess im DRG-System

DRG-Version (G-DRG Version 2006) erfolgt eine Differenzierung in bis zu acht Schweregrade.

Formal ausgedrückt besteht eine DRG aus vier alphanumerischen Zeichen (z. B. »H07A«). Daraus gehen die in ☐ Tab. 2.3-3 dargestellten Informationen hervor (vgl. Institut für das Entgeltsystem im Krankenhaus 2005, S. 3f.):

Das erwähnte Beispiel einer DRG (**H07A**) steht somit für die Hauptdiagnosekategorie H (hier: Krankheiten und Störungen des hepatobiliären Systems – d. h. Leber und Galle – und Pankreas), im Rahmen einer operativen Partition mit dem höchsten Ressourcenverbrauch.

Das G-DRG-System beruht auf dem australischen System AR-DRGs (für Australian Refined-Diagnosis Related Groups), da dieses als Vorlage für ein deutsches System als am geeignetsten

eingestuft wurde. Die AR-DRG Version 4.1 basierte auf 409 Basis-DRGs. DRG-Klassifikationssysteme bedürfen der kontinuierlichen Anpassung an medizinische und ökonomische Entwicklungen. Die Weiterentwicklung und Pflege des G-DRG-Systems obliegt den Partnern der Gemeinsamen Selbstverwaltung (hier: den Verbänden der Krankenkassen und der Deutschen Krankenhausgesellschaft). Diese gründeten zu diesem Zweck im Jahr 2001 das **Institut für das Entgeltsystem im Krankenhaus – InEK.**

Aufgabe des Instituts ist es, die Partner der Gemeinsamen Selbstverwaltung bei der Einführung und Weiterentwicklung des G-DRG-Systems zu unterstützen. Dazu betätigt es sich insbesondere auf den folgenden Arbeitsfeldern:

◻ Tab. 2.3-3. Kennzeichnung einer DRG

	Bedeutung	Beispiel
Erstes Zeichen	Kennzeichnung der Hauptgruppe (im Normalfall die **Hauptdiagnosekategorie**) durch die Buchstaben A bis Z	H
Zweites und drittes Zeichen	**Kennzeichnung der Partition:** 01–39 **Operative Partition (O):** mindestens eine operative Prozedur 40–59 **Andere Partition (A):** keine operative, aber eine für die MDC wesentliche Prozedur 60–99 **Medizinische Partition (M):** keine oder keine für die MDC wesentliche Prozedur	07
Viertes Zeichen	**Schweregradeinteilung der Basis DRGs:** A Höchster Ressourcenverbrauch B Zweithöchster Ressourcenverbrauch C Dritthöchster Ressourcenverbrauch usw. Z Keine Unterteilung (ohne Schweregradeinteilung)	A

◻ Das Institut für das Entgeltsystem im Krankenhaus – InEK

Medizin

- Fallgruppenpflege: Definition der DRG-Fallgruppen; Pflege der Basisfallgruppen; Pflege des Schweregradsystems
- Kodierung: Anpassung der Kodierrichtlinien; Vorschläge für ICD-/OPS-Anpassungen
- Zusammenarbeit mit Institutionen, Gremien, Organisationen

Ökonomie

- Kalkulation: Relativgewichte; Zu- und Abschläge

Quelle: http://www.g-drg.de/organisation/drg_institut.php

Die wohl wichtigste Aufgabe des InEK besteht in der Erarbeitung eines **Fallpauschalenkatalogs**, welcher die abrechenbaren DRGs auflistet. Dabei greift das InEK auf die Kostendaten einer Stichprobe von Krankenhäusern zurück (die sog. Kalkulationskrankenhäuser, mit Stand Februar 2006 waren dies 286 Krankenhäuser). Die Unterteilungen in Basis-DRGs und Schweregradgruppen basieren mithin auf den Daten dieser Kalkulationskrankenhäuser. Der Fallpauschalenkatalog muss von den Selbstverwaltungspartnern verabschiedet werden. Die Selbstverwaltungspartner handeln eine **Fallpauschalenvereinbarung** aus, die den Fallpauschalenkatalog mit den abrechenbaren DRGs, einen Katalog mit abrechenbaren Zusatzentgelten (s. weiter unten) und Details zu den Abrechnungsbestimmungen enthält. Kommt keine Einigung zwischen den Partnern zustande, muss das Bundesministerium für Gesundheit auf dem Verordnungsweg einen Fallpauschalenkatalog verabschieden (sog. **Ersatzvornahme**; dies war in den Jahren 2003 und 2004 der Fall). Die Verwendung von DRGs ist seit dem Jahr 2004 für alle Krankenhäuser verpflichtend, während es ihnen 2003 offenstand, DRGs heranzuziehen. **◻ Tab. 2.3-4** zeigt einen Überblick über die Anzahl der DRGs in den Fallpauschalenkatalogen in den Jahren 2003 bis 2006.

Es zeigt sich, dass die Anzahl der DRGs deutlich zugenommen hat, was für ein zunehmendes Differenzierungsvermögen aber auch für eine erhöhte Komplexität des Vergütungssystems spricht. Auffallend ist, dass von 2004 auf 2005 die Anzahl der ungesplitteten Basis-DRGs (also der DRGs mit keinem differenzierten Ressourcenverbrauch und dem Schweregrad »Z«) stark zugenommen hat. Diese Zunahme ging jedoch mit einer deutlichen Abnahme der Übersichtlichkeit des Systems einher, so dass im Fallpauschalenkatalog 2006 die Anzahl

Tab. 2.3-4. Anzahl der DRGs 2003 bis 2006 (Schlottmann et al. 2005, daneben auch eigene Berechnungen)

	2003	2004	2005	2006
DRGs insgesamt	664	824	878	954
DRGs für Hauptabteilung (bewertet)	642	806	845	912a
DRGs für Hauptabteilung (unbewertet)	22	18	33	40
Basis DRGs	411	471	614	578
Davon: ungeteilte Basis-DRGs	–	236	454	353
Davon: geteilte Basis DRGs	–	235	160	225

a Plus zwei bewertete DRGs für teilstationäre Leistungen

der ungeteilten Basis-DRGs wieder zurückgeführt wurde (Schlottmann et al. 2005, S. 848).

Das InEK widmet sich auch Fragen der Kodierung. Der jeweils gültige Fallpauschalenkatalog, Richtlinien zur Kodierung der Fallpauschalen und viele weitere wichtige Informationen sind auf den Webseiten des InEK (http://www.g-drg.de/) erhältlich.

Die Vergütung von Krankenhausleistungen im Rahmen des G-DRG-Systems

Grundsätzlich ergibt sich der Preis für einen Krankenhausfall aus der Multiplikation von zwei Komponenten: dem **Relativgewicht** und dem **Basisfallwert**. Jeder DRG wird ein **Relativgewicht** (auch Bewertungsrelation, Kostengewicht oder cost weight) zugeordnet, welches im jeweils gültigen Fallpauschalenkatalog ausgewiesen ist. Das Relativgewicht ist auf einen Referenzfall mit dem Wert 1,0 bezogen und gibt das Verhältnis zum Referenzfall an. Ein Relativgewicht von 2,0 bedeutet z. B., dass diese Leistung doppelt so aufwändig ist wie der Referenzfall. Relativgewichte sind in ihrer Funktion mit der **Punktzahl** bei der Bewertung von vertragsärztlichen Leistungen im ambulanten Sektor vergleichbar (vgl. ▶ Kap. 4.4). Die auf Bundesebene ausgehandelte Fallpauschalenvereinbarung stellt gleichzeitig einen Entgeltkatalog dar, da sie für jede DRG das dazugehörige Relativgewicht auflistet (der Entgeltkatalog enthält zudem eine Liste mit DRGs, bei denen die Kalkulation eines Relativgewichts nicht möglich war und somit krankenhausindividuell zu vereinbaren ist – die unbewerteten Fallpauschalen). Zählt man die Summe aller Relativgewichte eines Krankenhauses zusammen, so erhält man dessen **Case-Mix**. Teilt man den

Case-Mix durch die Anzahl der Fälle, so erhält man den **Case-Mix-Index**, der die durchschnittliche Fallschwere des Krankenhauses angibt (bzw. auch einer einzelnen Krankenhausabteilung, wenn nur dessen Fälle herangezogen werden). Case-Mix und Case-Mix-Index sind sehr wichtige Kennziffern für das Leistungsmanagement und das Controlling eines Krankenhauses (vgl. hierzu weiter unten und ▶ Kap. 6.3).

Der **Basisfallwert** (auch: Base-Rate oder Basisfallrate) gibt den Grundpreis für eine Leistung mit dem Relativgewicht 1,0 an. Der Basisfallwert ist in seiner Funktion mit dem **Punktwert** bei der Bewertung von vertragsärztlichen Leistungen im ambulanten Sektor vergleichbar (vgl. ▶ Kap. 4.4).

Der Fallpauschalenkatalog weist für jede DRG eine obere und untere **Grenzverweildauer** aus. Patienten, deren Krankenhausaufenthalt sich innerhalb dieser Grenzverweildauer bewegt, nennt man »Normallieger« bzw. »Inlier«. Wird die Grenzverweildauer unterschritten, spricht man von Kurzliegern, wird sie überschritten, spricht man von Langliegern. Das angegebene Relativgewicht ist nur gültig, wenn die Grenzverweildauer eingehalten wird. Wird sie überschritten, erhält das Krankenhaus eine zusätzliche Vergütung pro Tag. Wird sie unterschritten, wird von der Vergütung etwas abgezogen, d. h. das Relativgewicht erhöht oder vermindert sich. Dieses veränderte Relativgewicht wird als **effektives Relativgewicht** oder effektive Bewertungsrelation bezeichnet; die Summe pro Krankenhaus ergibt den **effektiven Case-Mix** (vgl. zu den Details der Abrechnungsbestimmungen die Erläuterungen in der jeweils gültigen Fallpauschalenvereinbarung, vgl. auch ▶ Kap. 6.3). **Tab. 2.3-5** illustriert anhand von vier DRGs zur Gallenblasenentfernung aus dem Fallpauschalenkatalog 2006, welcher Preis sich bei einem angenommenen Basisfallwert von € 2800 ergäbe. (Darüber hinaus enthält der jeweils gültige Fallpauschalenkatalog für jede Fallpauschale die mittlere Verweildauer, die der Kalkulation zugrunde liegt, sowie Angaben zur Abrechnung bei Verlegung, und wie bei Wiederaufnahmen zu verfahren ist.)

Wie bereits dargestellt, leitet sich die Höhe der Relativgewichte aus den Kostendaten der Kalkulationskrankenhäuser und den Berechnungen des InEK ab. Sie repräsentieren somit Durchschnittskosten, und es ist Sache des einzelnen Krankenhauses, ob es mit ihnen Gewinne oder Verluste erwirtschaftet.

Die verschiedenen Krankenhausentgeltarten im Vergütungssystem

Die grundsätzliche Form der Preisermittlung für eine Fallpauschale (Basisfallwert mal Relativgewicht) muss im Kontext der gesamten Regulierung der Vergütung gesehen werden. Wie bereits ausgeführt, richtet sich die Vergütung der Krankenhäuser nach dem **Krankenhausentgeltgesetz (KHEntgG)**. Davon ausgenommen sind Krankenhäuser und Abteilungen für **Psychiatrie**, **Psychosomatik** und **Psychotherapeutische Medizin**. Diese werden auch weiterhin, wie vormals alle Krankenhäuser, nach der Bundespflegesatzverordnung vergütet (die Bundespflegesatzverordnung ist zudem noch für einige weitere Spezialfälle von Relevanz, auf die hier

nicht weiter eingegangen wird, vgl. zur Bundespflegesatzverordnung: Tuschen und Quaas 2001).

In ☑ **Abb. 2.3-2** sind die verschiedenen Entgelte im Rahmen der Gesetzlichen Krankenversicherung für stationäre Aufenthalte im Überblick dargestellt und wie sie sich danach unterscheiden, ob sie bundeseinheitlichen Vorgaben oder krankenhausindividuellen Verhandlungen unterliegen. Außerdem verdeutlicht sie durch die fette Umrandung, welche Einnahmen Bestandteil des sog. **Erlösbudgets** sind, für das die Bestimmungen der Konvergenzphase gelten (d. h. Angleichung an den Landesbasisfallwert und jährliche Kappungsgrenzen; vgl. ▶ **Kap. 4.3**). Dabei handelt es sich um die Summe der Erlöse aus bundeseinheitlich bewerteten DRG-Fallpauschalen (einschl. Zu- und Abschlägen für Lang- bzw. Kurzlieger), bundeseinheitlich bewerteten Zusatzentgelten (z. B. für Dialyse oder Behandlung von Hämophilie-Patienten mit Blutgerinnungskonzentraten) sowie Zusatzentgelten für nicht sachgerecht vergütete, hochspezialisierte Leistungen.

Im Jahr 2004 wurde ein Erlösbudget berechnet, das sich noch aus der Verhandlungssystematik des alten Rechts der Bundespflegesatzverordnung ableitete. Durch Division mit der Summe der effektiven Bewertungsrelationen wurde ein **krankenhausindividueller Basisfallwert** gebildet. Dieser und das Erlösbudget des Krankenhauses (gebildet nun nach der Systematik des Krankenhausentgeltgesetzes) werden jeweils seit 01.01.2005 bis 2009 stufenweise an den landesweit geltenden Basisfallwert ange-

☑ **Tab. 2.3-5.** Beispiele für DRGs, Bewertungsrelationen und Preis der Fallpauschale (Fallpauschalenkatalog G-DRG Version 2006 und hypothetischer Basisfallwert)

DRG	Partition	Bezeichnung	Bewertungsrelation bei Hauptabteilung	Fallpauschale (Basisfallwert € 2800)
H07A	O	Cholezystektomie mit sehr komplexer Diagnose	2,458	6882,40
H07B	O	Cholezystektomie ohne sehr komplexe Diagnose	1,557	4359,60
H08A	O	Laparoskopische Cholezystektomie mit sehr komplexer Diagnose	1,927	5395,60
H08B	O	Laparoskopische Cholezystektomie ohne sehr komplexe Diagnose	0,883	2472,40

2

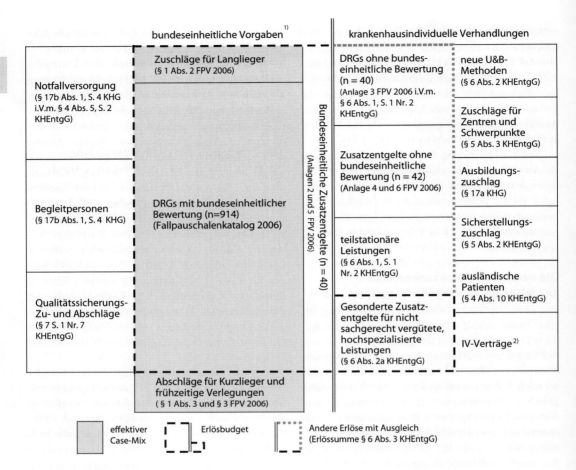

bundeseinheitliche Vorgaben [1]

krankenhausindividuelle Verhandlungen

Zuschläge für Langlieger
(§ 1 Abs. 2 FPV 2006)

Notfallversorgung
(§ 17b Abs. 1, S. 4 KHG
i.V.m. § 4 Abs. 5, S. 2
KHEntgG)

Begleitpersonen
(§ 17b Abs. 1, S. 4 KHG)

DRGs mit bundeseinheitlicher
Bewertung (n=914)
(Fallpauschalenkatalog 2006)

Qualitätssicherungs-
Zu- und Abschläge
(§ 7 S. 1 Nr. 7
KHEntgG)

Abschläge für Kurzlieger und
frühzeitige Verlegungen
(§ 1 Abs. 3 und § 3 FPV 2006)

Bundeseinheitliche Zusatzentgelte (n = 40)
(Anlagen 2 und 5 FPV 2006)

DRGs ohne bundes-
einheitliche Bewertung
(n = 40)
(Anlage 3 FPV 2006 i.V.m.
§ 6 Abs. 1, S. 1 Nr. 2
KHEntgG)

Zusatzentgelte ohne
bundeseinheitliche
Bewertung (n = 42)
(Anlage 4 und 6 FPV 2006)

teilstationäre
Leistungen
(§ 6 Abs. 1, S. 1
Nr. 2 KHEntgG)

Gesonderte Zusatz-
entgelte für nicht
sachgerecht vergütete,
hochspezialisierte
Leistungen
(§ 6 Abs. 2a KHEntgG)

neue U&B-
Methoden
(§ 6 Abs. 2 KHEntgG)

Zuschläge für
Zentren und
Schwerpunkte
(§ 5 Abs. 3 KHEntgG)

Ausbildungs-
zuschlag
(§ 17a KHG)

Sicherstellungs-
zuschlag
(§ 5 Abs. 2 KHEntgG)

ausländische
Patienten
(§ 4 Abs. 10 KHEntgG)

IV-Verträge [2]

effektiver
Case-Mix

Erlösbudget

Andere Erlöse mit Ausgleich
(Erlössumme § 6 Abs. 3 KHEntgG)

[1] Ausnahme: Einstufung als besondere Einrichtung nach FPVBE 2005
[2] Nur Vergütung des zusätzlichen Leistungsanteils der integrierten Versorgung, der noch nicht über das
Krankenhausbudget finanziert wird (§ 140d Abs. 4 SGB V).

◘ **Abb. 2.3-2.** Bestandteile der Krankenhausvergütung nach Erlösarten und Zu- und Abschlägen für stationäre Aufenthalte

glichen. Der landesweit geltende Basisfallwert wird von den Verbänden der Krankenkassen und Krankenhäuser verhandelt – vgl. für eine detailliertere Beschreibung der Konvergenzphase 2005 bis 2009 ► **Kap. 4.3** und Hensen, Roeder und Rau (2005).

Besonders interessant sind für Krankenhäuser auch die nicht dem Erlösbudget unterliegenden Einkünfte. Dazu gehören zum einen Entgelte, für die bei Über- bzw. Unterschreitung der vereinbarten Mengen ein Ausgleich zu zahlen ist, und zum anderen solche, für die das nicht gilt.

Zu den **Entgelten innerhalb der Erlössumme** gehören:

1. Fallpauschalen ohne bundeseinheitliche Bewertung, die zwar bundeseinheitlich definiert sind, aber kein Relativgewicht besitzen;
2. Zusatzentgelte nach dem auf Bundesebene vereinbarten Entgeltkatalog als Vergütungen für Leistungskomplexe, die in die DRG-Fallpauschalen nicht eingerechnet werden können, da sie z. B. nur bei wenigen Patienten angewendet werden (Tuschen und Trefz 2004, S. 271), und für die es keine bundeseinheitliche Bewertung gibt,
3. Entgelte für teilstationäre Leistungen.

Zu den **sonstigen Einnahmen** des Krankenhauses gehören:

1. Bundeseinheitlich vereinbarte Zuschläge für die Notfallversorgung und Begleitpersonen sowie für Qualitätssicherung (letzteres ggf. auch als Abschläge).
4. Krankenhausindividuell vereinbarte Zuschläge für Zentren und Schwerpunkte, Ausbildung und Sicherstellung.
5. Entgelte für neue Untersuchungs- und Behandlungsmethoden, die noch nicht in die auf Bundesebene vereinbarten Entgeltkataloge aufgenommen sind. Diese Leistungen unterscheiden sich von den oben genannten dadurch, dass es sich hierbei um Innovationen handelt. Diese Entgelte sollen also die Finanzierung von Innovationen sichern helfen.
6. Leistungen für ausländische Patienten, die mit dem Ziel einer Krankenhausbehandlung in die Bundesrepublik Deutschland einreisen.

Selbst bei der bereits recht komplexen ◻ **Abb. 2.3-2** handelt es sich nicht um eine erschöpfende Liste aller Vergütungsentgelte, die ein Krankenhaus erhalten kann. Vielmehr speist sich der Krankenhausumsatz noch aus weiteren Geldern bzw. Leistungen. Zu nennen sind dabei z. B. die Folgenden:

— Kosten für Forschung und Lehre (vor allem bei Hochschulkrankenhäusern), die aus den Mitteln von Landesministerien bezahlt werden.
— Ambulante Leistungen des Krankenhauses, soweit das Krankenhaus bzw. seine Ärzte zur vertragsärztlichen Versorgung zugelassen sind (vgl. ▶ **Kap. 2.4**).
— Vor- und nachstationäre Behandlung nach § 115a SGB V und ambulante Operationen und sonstige stationsersetzende Eingriffe nach § 115b SGB V (Tuschen und Trefz 2004, S. 117).
— Wahlleistungen.

Letztere dürfen nur berechnet werden, wenn die allgemeinen Krankenhausleistungen durch die Wahlleistungen nicht beeinträchtigt werden und die gesonderte Berechnung mit dem Krankenhaus vereinbart ist (§ 17 Abs. 1 KHEntgG). Wahlleistungen werden entweder vom Patienten selbst oder von einer privaten Krankenversicherung vergütet. Es ist zu unterscheiden zwischen Wahlleistung Unterkunft und der ärztlichen Wahlleistung (Chef-

arztbehandlung). Erstere eröffnet die Möglichkeit, anstatt der Unterbringung im Mehrbettzimmer die Unterbringung in einem Zweibett- bzw. Einzelzimmer zu wählen. Bei letzterer erfolgt die Behandlung durch einen liquidationsberechtigten Arzt und die Abrechnung damit über die Gebührenordnung für Ärzte (GOÄ).

Implikationen des neuen Vergütungssystems für das Leistungsmanagement

Seit dem Jahr 2005 hat sich die Verhandlungssystematik zwischen Krankenkassen und Krankenhäusern grundlegend verändert. Während das Vergütungssystem früher im Wesentlichen auf dem ausgehandelten Budget basierte, wird nunmehr die verhandelte Fallmenge immer entscheidender. Dieser Wandel führte zu einer höheren Komplexität der Entgeltverhandlungen. Die Orientierung an Fallmengen macht es zudem notwendig, ein zeitnahes Controlling zu etablieren, das die Leistungsmengenentwicklung entsprechend den mit den Sozialleistungsträgern vereinbarten Mengen überwacht und steuert. Auch die bundesweit nicht bewerteten DRGs und die bundesweit nicht bewerteten Zusatzentgelte unterliegen der Leistungsmengenplanung, obwohl ihre Vergütung dann individuell vor Ort auszuhandeln ist (Roeder et al. 2005, S. 297, 314, 315).

2.3.2 Praktische Umsetzung

Leistungsmanagement kann man definieren als:

»Das komplexe Zusammenspiel aus Planung, Steuerung und Umsetzung der Patientenbehandlung. [...] Das Leistungsmanagement unterliegt externen und internen Einflüssen und hat Schnittstellen zum Qualitätsmanagement und legt die Grundlage für ein erfolgreiches Kostenmanagement.« (Vetter und Hoffmann 2005, S. 2)

Für die Betrachtung des Leistungsmanagements im Krankenhaus bietet sich eine Einteilung nach der Managementebene an. Auf der Makro-Ebene ist die Betrachtung der vorgehaltenen Leistungen in einer geographischen Region der Krankenhausplanung von besonderem Interesse. Auf der Meso-Ebene wird das Leistungsmanagement im

Gesamtkrankenhaus und auf der Ebene der einzelnen Abteilungen betrachtet. Schließlich erfolgt eine Darstellung des Managements von Gesundheitsleistungen am individuellen Patienten, welches der Mikro-Ebene entspricht. Auf allen Ebenen ergeben sich enge Schnittstellen mit Fragen des Qualitätsmanagements und des Kostenmanagements. Diese unterscheiden sich jedoch deutlich in Abhängigkeit von der betrachteten Ebene. Hinsichtlich der Schnittstellen mit dem Kostenmanagement werden wir hier vor allem auf die Konsequenzen der Umstellung auf die DRG-Vergütung für das Leistungsmanagement im Krankenhaus eingehen.

Makro-Ebene: Leistungsmanagement im Krankenhaus auf Landes- und Landkreisebene

Der rechtliche Rahmen für die Vorhaltung von Krankenhausleistungen auf Länderebene wird in Deutschland, soweit es sich um den öffentlich-rechtlichen Versorgungsauftrag handelt, durch den **Krankenhausplan** geregelt. Auch die meisten privaten Krankenhäuser unterliegen dem Krankenhausplan. Von 191 Krankenhäusern im Besitz von privaten Krankenhausketten waren im Juli 2005 nur 7 Krankenhäuser (3,6%) keine Plankrankenhäuser (Bruckenberger 2006). Fast alle Krankenhäuser und Krankenhausmanager als Anbieter von Gesundheitsleistungen unterliegen daher den Länder-Krankenhausplänen. Wie oben beschrieben, unterscheidet sich die **Regelungstiefe** der Pläne erheblich zwischen den einzelnen Bundesländern. Die meisten Bundesländer legen im Krankenhausplan fest, wo ein Krankenhaus eröffnet/weitergeführt werden darf und welche Hauptabteilungen es vorhalten muss, z. B. Innere Medizin oder Chirurgie. Manche Bundesländer, z. B. Berlin, schreiben darüber hinaus vor, welche Unterabteilungen (z. B. Endokrinologie in der Inneren Medizin) mit welcher Bettenzahl vorgehalten werden müssen. Dadurch wird die unternehmerische Entscheidungsfreiheit eingeschränkt, welche Leistungen einer Bevölkerung in einer bestimmten geographischen Region im stationären Sektor angeboten werden können. Bei der üblichen Betrachtung von Leistungsmanagement im Krankenhaus wird diese Ebene oft übersehen, obwohl sie das Leistungsangebot maßgeblich mitbestimmt.

In den 439 Landkreisen und kreisfreien Städten Deutschlands gibt es z. B. nur in 112 eine Abteilung für Neurochirurgie (◯ **Abb. 2.3-3**) und nur in 67 eine Abteilung für Herzchirurgie (Bruckenberger 2006). Die Inzidenz von Fällen, die eine akute neurochirurgische Operation benötigen, wurde auf 75 bis 115 Fälle/100.000 Einwohner/Jahr geschätzt (Schuhmann et al. 2001). Dabei handelt es sich meist um intrazerebrale Blutungen oder Rückenmarkläsionen, die oft zum Tod oder zu schwerwiegenden, irreversiblen Behinderungen führen, wenn sie nicht innerhalb weniger Stunden fachgerecht operiert werden.

Der Konflikt zwischen der Krankenhausplanung und dem Instrument **Wettbewerb**, wird voraussichtlich in den nächsten Jahren weiter zunehmen. Einige Bundesländer haben damit begonnen, das Instrument der Planung zurückzufahren. Zugleich hat der Anteil an Krankenhäusern in privater Trägerschaft seit 1991 von 14,4% auf 28,3% im Jahr 2005 massiv zugenommen (Bruckenberger 2006). Auch hat die Versorgung durch **monopolistische Träger** zugenommen: Im Jahr 2005 waren in 95 Landkreisen alle Krankenhäuser im Besitz eines Trägers (◯ **Abb. 2.3-4**). Davon waren Krankenhäuser in 65 Landkreisen in öffentlicher, in 12 Kreisen in freigemeinnütziger und in 18 Kreisen in privater Trägerschaft (◯ **Abb. 2.3-4**; Bruckenberger 2006).

Die Kombination aus Rücknahme der öffentlichen Krankenhausplanung und Zunahme monopolistischer Strukturen in nicht-öffentlicher Trägerschaft wird zu einem **Rückgang der wohnortnahen Versorgung** führen, die, wie am Beispiel der Akut-Neurochirurgie illustriert, durchaus negative Konsequenzen für den Gesundheitszustand der betroffenen Bevölkerung haben kann. Einzelne Sicherstellungszuschläge werden diese Entwicklung kaum aufhalten können. Bruckenberger (2006) schlägt deshalb als sinnvolle Lösung eine **kreisüberschreitende Clusterbildung** (Regionalisierung) durch einheitliche Krankenhausträger im Rahmen der Angebotsstruktur vor, die eine Abstimmung von Leistungsvolumen, -breite und -tiefe und Synergieeffekte qualitativer und wirtschaftlicher Art ermöglicht. Allerdings stößt sich diese im Interesse der Wirtschaftlichkeit und der Qualitätssicherung sinnvolle Lösung in der Realität an der Krankenhausstruktur mit ihren 1 bis 69 Krankenhäusern pro Landkreis und der vom Gesetz geforderten Trägervielfalt (Bruckenberger 2006).

Meso-Ebene: Leistungsmanagement im Gesamtkrankenhaus und auf der Abteilungsebene

Die Entscheidung über das **Leistungsportfolio** eines Gesamtkrankenhauses wird zum einen von den Krankenhausplanern getroffen. Zum anderen kann das Leitungsgremium, das meist noch aus einem Verwaltungsleiter, einem Ärztlichen Direktor und einer Pflegedienstleitung zusammengesetzt ist, über abteilungsübergreifende Regelungen das Leistungsmanagement steuern. Das eigentliche Leistungsportfolio wird aber zumeist in den Abteilungen – und dort durch den Chefarzt – bestimmt, der dadurch eine zentrale Funktion im Leistungsgeschehen und für die Wirtschaftlichkeit des Gesamtkrankenhauses einnimmt. Die Krankenhausleitung gibt meist nur Rahmenbedingungen vor. Aus die-

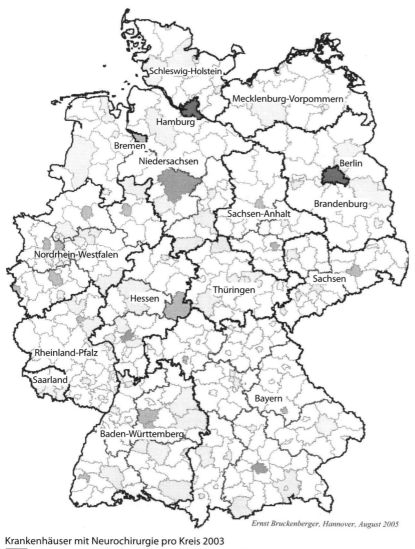

◘ Abb. 2.3-3. Häufigkeitsverteilung der Abteilungen für Neurochirurgie in den Landkreisen, 2003 (Bruckenberger 2006, S. 58)

Ernst Bruckenberger, Hannover, August 2005

Krankenhäuser mit Neurochirurgie pro Kreis 2003

☐ 0 (327)　　　 1 (90)　　　 2 (17)　　　 3 bis 4 (3)　　　 5 bis 12 (2)

2

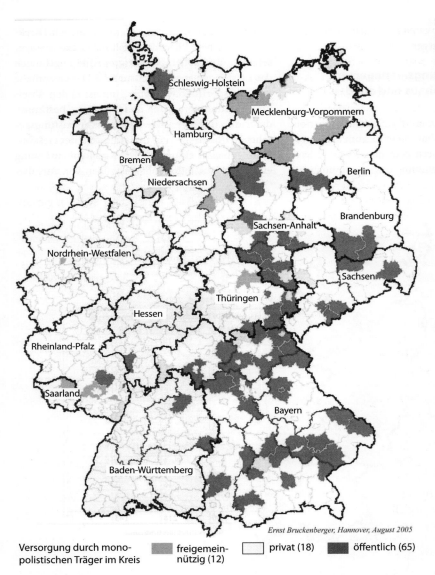

■ **Abb. 2.3-4.** Monopolistische Trägerschaft eines einzelnen Trägers in den Landkreisen, ca. 2005 (Bruckenberger 2006, S. 51)

Ernst Bruckenberger, Hannover, August 2005

Versorgung durch monopolistischen Träger im Kreis — freigemein-nützig (12) — □ privat (18) — öffentlich (65)

sem Grund enthalten moderne **Chefarztverträge** zahlreiche Bedingungen, die den Chefarzt oder die Chefärztin zum wirtschaftlichen Handeln stimulieren, sowohl durch Strafen als auch durch Anreizsysteme. Ein gängiges Problem hierbei ist aber, dass die Chefärzte nicht über die betriebswirtschaftliche Ausbildung verfügen, die es ihnen ermöglichen würde, diesen Anforderungen gerecht zu werden. Auch wird die nahe liegende Lösung, diese auf Abteilungsebene mit betriebswirtschaftlicher Expertise zu unterstützen, z. B. durch Stabsstellen,

kaum wahrgenommen. Auch die noch überwiegende **Organisationsstruktur** der Krankenhäuser mit Fachabteilungen und Chefärzten als deren Leitern ist zunehmend anachronistisch und steht einer wirtschaftlichen und zugleich qualitativ hochwertigen Leistungserbringung im Wege.

Bereits vor der Einführung des DRG-Systems wurde postuliert, dass aufgrund des zunehmenden Rationalisierungsdrucks ein **aktives Management des Patientenportfolios** und eine Neupositionierung der Krankenhäuser am Gesundheitsmarkt an strategischer Bedeutung gewinnen (Böcker et al. 2001). Das Gesamtergebnis eines Krankenhauses ergibt sich nicht nur aus dem oben beschriebenen Case-Mix-Index, sondern aus der Relation von Kosten zu Fallschwere. Deshalb profitieren besonders wirtschaftliche Krankenhäuser mit unterdurchschnittlichen Fallkosten und gleichzeitig komplexen oder multimorbiden Behandlungsfällen von dem Umstieg auf ein vollpauschaliertes DRG-System. Hingegen müssen Krankenhäuser mit überdurchschnittlichen Kosten und wenig komplexem Fallmix mit Defiziten rechnen (Böcker et al. 2001). Allgemeinkrankenhäuser mit einer bisher geringen Spezialisierung und einem hohen Anteil an multimorbiden Patienten sollten dabei die beste Ausgangsposition haben. Besonders schwierig ist die wirtschaftliche Situation für hochspezialisierte Kliniken mit elektiven Eingriffen bei Patienten in sonst gutem Allgemeinzustand geworden – ein Beispiel sind Kliniken für Mikrochirurgie.

Böcker et al. (2001) schlagen deshalb vor, bei der **Analyse des Leistungsportfolios** eines Krankenhauses die Behandlungsfälle in drei Dimensionen zu sehen: **Krankenhausstatistiken nach Diagnose(n), Operation(en) und DRGs** beleuchten unterschiedliche Aspekte des Leistungsgeschehens. So lässt sich aus der Analyse der DRGs z. B. nicht beurteilen, wie viele onkologische Fälle in einem Krankenhaus behandelt wurden, da diese zum Teil unter der führenden Operation klassifiziert wurden. Da die DRGs nach dem Prinzip der Kosten-Homogenität aufgebaut sind, lassen sich ihnen auch nicht alle Diagnosen und Operationen, die bei einem Patienten gestellt oder durchgeführt wurden, entnehmen. Die Autoren schlagen deshalb vor, ein Informationsdreieck aus den drei genannten Statistiken zu erstellen. Die notwendigen Änderungen im Leistungsportfolio zur Optimierung der Wirtschaftlichkeit eines Krankenhauses oder einer Fachabteilung können dann anhand von Simulationsanalysen berechnet werden, in die die Fallzahlen und Relativgewichte sowie der Basisfallwert und Vergütungszu- und -abschläge ebenso eingehen, wie der tatsächliche Ressourcenverbrauch und die Deckungsbeiträge. Aus Sicht des einzelnen Krankenhausträgers oder Krankenhauses ist dies die einzige rationale Sichtweise, um sich am Gesundheitsmarkt zu positionieren und zu überleben.

Anders als bei Einführung des DRG-Systems von manchen Autoren vorhergesagt – dass nämlich der DRG-Fallpauschalenkatalog analog zum Einheitlichen Bewertungsmaßstab (EBM) im ambulanten Sektor de facto auch einen Leistungskatalog darstellen würde –, sind die Krankenhäuser weiterhin recht frei in der Auswahl der von ihnen genutzten Technologien und damit auch der Leistungen. Anders als im ambulanten Sektor, wo neue Leistungen vom Gemeinsamen Bundesausschuss (G-BA) explizit in den Leistungskatalog aufgenommen werden müssen (§ 135 Abs. 1 SGB V), gilt im Krankenhaus der sog. **Verbotsvorbehalt**, d. h. eine Leistung muss vom G-BA ausgeschlossen werden, damit sie nicht (mehr) zu Lasten der Krankenkassen erbracht werden darf.

Aus der Perspektive des **öffentlichen Versorgungsauftrages** und unter der Zielvorstellung, die Bevölkerungsgesundheit zu maximieren, ist diese Vorgehensweise jedoch unzureichend und muss anders gesteuert werden. Da die Krankenhausplanung, die über die notwendigen Steuerungsinstrumente verfügt, in einigen Bundesländern bereits zurück gefahren wird, ist zu erwarten, dass sich der bereits bestehende **Konflikt zwischen Wettbewerb und Versorgungsauftrag/optimalem Zugang** zur Krankenversorgung noch verschärfen wird.

Durch die Einführung des DRG-Systems wurde auch ein Grundgerüst zur Verfügung gestellt, welches Kategorien definiert, auf die sich wiederum die Kennzahlen und Verfahren von Qualitätssicherung beziehen können. Dies ist ein erster Schritt, um die Transparenz der **Behandlungsqualität** in deutschen Krankenhäusern zu erhöhen. Da die DRG-Gruppenbildung primär betriebswirtschaftlich ausgerichtet ist – was daran zu erkennen ist, dass die Splittung der Basis-DRGs nach Ressourcenverbrauch erfolgt, was nicht unbedingt mit der medizinischen Fallschwere korreliert –, ist es allerdings nötig, für Qualitätsmanagementzwecke medizinisch enger definierte Untergruppen innerhalb bestimmter DRGs abzugrenzen (Böcker et al. 2001). Dann können aus den Routinestatistiken des Krankenhauses Aussagen über **Ergebnisqualität**, z. B. fallgruppenspezifische Krankenhaussterblichkeit, gemacht werden. Dabei sind natürlich einige methodische Schwierigkeiten zu beachten, da die alleinige Betrachtung der Krankenhausmortalität nicht geeignet ist, um Aussagen über die Qualität

2

eines Krankenhauses oder einer Abteilung zu liefern.

Ein sehr großer Teil der Mortalität wird bekanntlich nicht durch die Behandlungsqualität des Krankenhauses erklärt, sondern durch patientenspezifische Faktoren. So versterben ältere Patienten im Schnitt häufiger als jüngere, schwerer erkrankte eher als leicht erkrankte und solche mit vielen weiteren Erkrankungen eher als solche ohne. Es ist also eine sog. »Risikoadjustierung« nötig, die dieses zugrunde liegende Risiko der Patienten berücksichtigt. Dabei stehen die »großen 3« der Risikoadjustierung im Vordergrund: **Demographie** (Alter und Geschlecht), **Schweregrad** und **Co-Morbidität**. Nur wenn durch epidemiologische oder klinische Studien klar ist, dass diese Faktoren keine Rolle spielen, kann auf sie verzichtet werden. Bezüglich der Risikoadjustierung werden die Patienten entweder in Zellen mit ähnlichem Risiko eingeteilt (z. B. über 65 Jahre, Krankheitsstadium C, ohne Nebendiagnosen) oder das relative Gewicht der verschiedenen Faktoren wird durch eine multiple Regression ermittelt und berücksichtigt (vgl. Schäfer et al. 2005). In praxi wird man auf Krankenhausebene versuchen, ein Zellenmodell zu nutzen, um so aussagekräftige Vergleiche über Abteilungen und/oder Krankenhäuser und die Zeit hinweg zu ermöglichen (s. Beispiel in ◻ Tab. 2.1-3). Neben den patientenspezifischen Faktoren müssen ggf. noch andere Umstände bei der Interpretation der Ergebnisqualität berücksichtigt werden: So kann z. B. die lokale Verfügbarkeit von geeigneten Nachsorgeeinrichtungen – oder auch Hospizen – die Sterblichkeit im Krankenhaus deutlich beeinflussen.

Der zunehmende Rationalisierungsdruck auf Krankenhäuser macht die Einführung von **qualitätssichernden Maßnahmen** nötig, damit vermieden wird, dass Krankenhäuser ihre Kosten dadurch reduzieren, indem sie qualitativ schlechtere Leistungen anbieten. Dies wäre nicht nur aus ethischer und gesundheitsmaximierender Perspektive abzulehnen, sondern auch ineffizient. Deshalb hat der Gesetzgeber parallel zur Einführung des DRG-Systems einige neue Verpflichtungen für Krankenhäuser im Bereich Qualitätsmanagement beschlossen: die Erstellung eines 2-jährlichen Qualitätsberichtes, die Verpflichtung zum Aufbau hausinterner Qualitätsmanagementsysteme und die Mindestmengenvereinbarung. Darüber hinaus ist die schon zuvor bestehende externe Qualitätssicherung hier von Bedeutung (◻ **Tab. 2.3-6**).

Die neuen gesetzlichen Regelungen zur Qualität der stationären Versorgung finden sich vor allem in der Entwicklung des Neunten Abschnitts des dritten Kapitels SGB V »Sicherung der Qualität der Leistungserbringung«, insbesondere in § 137.

Mit dem Gesundheitsreformgesetz wurde schon 1989 für die zugelassenen Krankenhäuser die Verpflichtung zur Teilnahme an Qualitätssicherungsmaßnahmen eingeführt – allerdings ohne große Wirkung. Mit der GKV-Gesundheitsreform 2000 wurden die Leistungserbringer der stationären Versorgung verpflichtet, sich an einer **externen, vergleichenden Qualitätssicherung** zu beteiligen. Zur Umsetzung dieser Anforderungen wurde

◻ **Tab. 2.3-6.** Meilensteine der Qualitätssicherung im Krankenhaus nach SGB V (Mod. nach Velasco-Garrido und Busse 2004)

Gesetz	Jahr der Verabschiedung	Qualitätsinhalte
Gesundheitsreformgesetz	1988	Einführung der Verpflichtung zur Teilnahme an Qualitätssicherungsmaßnahmen (§ 137)
GKV-Gesundheitsreform 2000	1999	Externe Qualitätssicherung, Schaffung der Bundesstelle Qualitätssicherung (BQS), Internes Qualitätsmanagement in Krankenhäusern
Fallpauschalengesetz	2002	Einheitliche Qualitätsberichte, Katalog planbarer Leistungen: „Mindestmengen"
GKV-Modernisierungsgesetz (GMG)	2003	Beauftragung des Gemeinsamen Bundesausschusses mit der Weiterentwicklung des Mindestmengenkataloges, Schaffung des Instituts für Qualität und Wirtschaftlichkeit im Gesundheitswesen (IQWiG)

die Bundesgeschäftsstelle Qualitätssicherung (BQS) mit der Sammlung und Auswertung der Qualitätsdokumentation der Krankenhäuser beauftragt. Die BQS hat für 2004 ihren mittlerweile vierten Qualitätsbericht veröffentlicht (BQS 2005). Am Beispiel der perkutanen transluminalen Koronarangioplastie (PTCA) soll kurz die Funktionsweise der externen Qualitätssicherung erläutert werden.

> **Die externe Qualitätssicherung am Beispiel der perkutanen transluminalen Koronarangioplastie (PTCA)**
> Zur Diagnose einer koronaren Herzerkrankung, deren Folgen u. a. Angina pectoris und Herzinfarkte sind, wird zum Nachweis von Verengungen (Stenosen) der Herzkranzgefäße oft eine Koronarangiographie durchgeführt. Dabei wird ein Katheter über einen Führungsdraht, der meist über die Leistenvene eingeführt wird, bis zum Herzen vorgeschoben und mithilfe von Röntgenkontrastmittel die Koronararterien unter Durchleuchtung dargestellt. Wenn dabei behandlungsbedürftige Stenosen festgestellt werden, können diese durch Füllung eines kleinen Ballons, der an der Katheterspitze befestigt ist, aufgeweitet werden. Diese Intervention nennt man perkutane transluminale Koronarangioplastie (PTCA). Oft wird zusätzlich eine Gefäßstütze aus speziell beschichtetem Edelstahl, ein sog. Stent, eingesetzt.
> Bei dieser häufig durchgeführten therapeutischen Intervention kommt es durch den mechanischen Eingriff an den Koronararterien bei ca. 1% der Eingriffe zu schwerwiegenden Komplikationen wie Tod, Herzinfarkt und Schlaganfall.
> Im Jahr 2004 hatten in Deutschland nur 531 von 746 Krankenhäusern (70,2% Vollständigkeit) Daten zur Ergebnisqualität bei Koronarangiographie/PTCA geliefert. Bei 208.888 Fällen wurde in 364 Krankenhäusern (mit 20 oder mehr Fällen pro Jahr) eine PTCA durchgeführt. Die Gesamtrate an schweren Komplikationen lag für die PTCA bei 1,14%, die Spannweite war aber mit 0,0–8,5% sehr weit. Als Referenzbereich (95% Perzentile) wurde eine Komplikationsrate von 3,6% festgelegt. In 18 Krankenhäusern überstieg die Komplikationsrate den Referenzbereich (alle Daten nach BQS 2005, S. 27). Mit diesen auffälligen Krankenhäusern bzw. den betroffenen leitenden Ärzten wird dann durch

die Geschäftsstellen der externen Qualitätssicherung, die den Landesärztekammern zugeordnet sind, ein strukturierter Dialog durchgeführt. Dieser hat den Zweck, Ursachen für die Abweichung aufzudecken und eventuell qualitätsverbessernde Maßnahmen zu empfehlen bzw. Auflagen zu machen. Sanktionsmaßnahmen reichen von regelmäßigen externen Kontrollen bis zur Vertragsaufhebung durch die Krankenkassen.

Das Fallpauschalengesetz (FPG) führte zwei weitere, sehr relevante Ergänzungen in den »Krankenhausqualitätsparagraphen« ein: die Mindestmengen und die strukturierten Qualitätsberichte. So wurden die Spitzenverbände der Krankenkassen und die Deutsche Krankenhausgesellschaft verpflichtet, einen »Katalog planbarer Leistungen« zu vereinbaren, »bei denen die Qualität des Behandlungsergebnisses in besonderem Maße von der Menge der erbrachten Leistungen abhängig ist« (§ 137(1) Satz 3 Nr. 3 SGBV). Die Vereinbarung soll für jede Leistung eine **Mindestmenge** je Arzt und/oder je Krankenhaus bestimmen sowie Ausnahmetatbestände definieren (Velasco-Garrido und Busse 2004). Krankenhäuser, die die Mindestmenge nicht erreichen, dürfen fortan diese Leistung nicht mehr erbringen. Am 31.12.2003 wurde die erste **Mindestmengenvereinbarung** zwischen den Spitzenverbänden der GKV und der PKV einerseits und der Deutschen Krankenhausgesellschaft andererseits konsentiert. Für fünf Leistungsbereiche der stationären Versorgung sind jährliche Mindestmengen je Arzt bzw. je Krankenhaus vereinbart worden (◨ Tab. 2.3-7).

Das GKV-Modernisierungsgesetz hat die Zuständigkeit für die Weiterentwicklung des Kataloges an den Gemeinsamen Bundesausschuss übertragen, der im Laufe des Jahres 2005 das Institut für Qualität und Wirtschaftlichkeit im Gesundheitswesen (IQWiG) damit beauftragte, **Evidenzberichte zum Zusammenhang von Leistungsmenge und Ergebnissen** bei elektiven Bauchaortenaneurysmen-Operationen und PTCA vorzulegen. Die Mindestmengenregelung stellt einen Höhepunkt der »Qualitätsoffensive« im stationären Sektor dar und könnte relevante Auswirkungen auf die Versorgungslandschaft der Bundesrepublik haben, etwa durch die Konzentration der Behandlung bestimmter Indikationen in Zentren mit hohen Lei-

◘ Tab. 2.3-7. Mindestmengen laut erster Mindestmengenvereinbarung

Prozeduren	Jährliche Mindestmenge pro Krankenhaus bzw. pro Arzt
Lebertransplantation (inkl. Teilleber-Lebendspende)	10/Jahr/Krankenhaus
Nierentransplantation (inkl. Lebendspende)	20/Jahr/Krankenhaus
Komplexe Eingriffe am Organsystem Ösophagus	5/Jahr/Krankenhaus
	5/Jahr/Arzt
Komplexe Eingriffe am Organsystem Pankreas	5/Jahr/Krankenhaus
	5/Jahr/Arzt
Stammzelltransplantation	12 (+/-2)/Jahr/Krankenhaus

stungsvolumina. Der Gesetzgeber erwartet – genau wie die US-amerikanischen Kostenträger (s. unten) – einerseits eine Verbesserung der Qualität, andererseits könnten durch die Konzentrationsprozesse Erfahrungskurveneffekte ausgelöst werden, die einen effizienteren Einsatz der Ressourcen ermöglichen (Velasco-Garrido und Busse 2004).

❯ Mindestmengen in den USA – die Leapfrog-Initiative

Angesichts der wissenschaftlichen Evidenz wird von einer Gruppe von mehr als 150 privaten und öffentlichen US-amerikanischen Kostenträgern, die insgesamt ca. 34 Mio. Versicherte in allen US-Bundestaaten haben, das Leistungsvolumen für elektive chirurgische Prozeduren als ein Prädiktor für die Qualität der Ergebnisse berücksichtigt. Diese Gruppe hat den Begriff der »Evidenz-basierten Krankenhauseinweisung« geprägt, wobei versucht wird, Patienten mit hohem Risiko in Krankenhäusern behandeln zu lassen, deren Charakteristika bessere Ergebnisse erwarten lassen, und solche Häuser zu vermeiden, die eher schlechtere Ergebnisse erwarten lassen. Neben der Ergebnisqualität (gemessen an risikoadjustierter Mortalität) und der Prozessqualität (gemessen an der Einhaltung Evidenz-basierter Empfehlungen) stellt das Leistungsvolumen ein relevantes Charakteristikum dar, nicht zuletzt weil es häufig der einzige ermittelbare Parameter ist (Leapfrog-Group 2003). Nach Schätzungen der Gruppe könnten in den Ballungsräumen der USA mit einer Implementierung

der Evidenz-basierten Einweisung für nur vier Prozeduren (Bypass-Operation, elektive Bauchaortenaneurysma-Operation, Pankreasresektion, Ösophagoektomie) um die 2500 Leben und zusätzlich 1800 Leben bei Risikogeburten im Jahr gerettet werden (Birkmeyer et al. 2000). Eine spätere Analyse zeigte, dass die gesetzten Schwellenwerte mit großen Mortalitätsunterschieden einhergehen (Birkmeyer et al. 2003). Um die Erreichbarkeit der Versorgung nicht zu gefährden, sind die Kriterien für die «Evidenz-basierte Einweisung» nur in Ballungsräumen anzuwenden. Damit soll vermieden werden, dass die Landbevölkerung unterversorgt wird bzw. unzumutbaren Fahrten ausgesetzt wird.

Seit 2005 müssen Krankenhäuser, im Abstand von 2 Jahren, einheitlich **strukturierte Qualitätsberichte** vorlegen, die von den Verbänden der Krankenkassen im Internet veröffentlicht werden. Die Deutsche Krankenhausgesellschaft hat für die Umsetzung des strukturierten Qualitätsberichts eine detaillierte Berichtsvorlage für nach § 108 SGB V zugelassene Krankenhäuser erarbeitet (Deutsche Krankenhausgesellschaft 2005b). Die Qualitätsberichte anhand standardisierter Vorgaben (vgl. Kasten) sollen Vergleiche ermöglichen und Ärzten und Krankenkassen bei der Planung von Einweisungen und stationären Aufenthalten als Basis für die Beratung von Patienten dienen können.

◘ **Strukturierte Qualitätsberichte nach § 137 Abs. 1 S. 3 Nr. 6 SGB V**

Ziele

— Information und Entscheidungshilfe für Versicherte und Patienten im Vorfeld einer Krankenhausbehandlung
— Orientierungshilfe bei der Einweisung und Weiterbetreuung der Patienten, insbesondere für Vertragsärzte und Krankenkassen
— Möglichkeit für die Krankenhäuser, ihre Leistungen nach Art, Anzahl und Qualität nach außen transparent und sichtbar darzustellen

Inhalt standardisierter Basisteil

— Strukturdaten: Betten, Fallzahl, Fachabteilungen, apparative Ausstattung, Therapieangebote
— Leistungsdaten: Top-30 DRGs des gesamten Krankenhauses, Top-10 DRGs nach Fachabteilungen, Top-10 Hauptdiagnosen nach ICD-10 und Operationen bzw. Eingriffe nach OPS auf Fachabteilungsebene, Gesamtzahl und Top-5 der ambulanten Operationen
— Personalqualifikation, Beteiligung an Qualitätssicherungsmaßnahmen und Disease Management-Programmen, Umsetzung der Mindestmengenvereinbarung

Inhalt krankenhausindividueller Strukturteil

— Strategische und operative Ziele der Qualitätspolitik
— Qualitätsmanagement und dessen Bewertung
— Qualitätsmanagementprogramme im Berichtszeitraum (falls vorhanden)

Quelle: http://www.g-ba.de/cms/upload/pdf/richtlinien/2004-08-17-Vereinbarung-Qualitaetsbericht.pdf

Da die vorgegebene Struktur des Qualitätsberichts sich lediglich auf Struktur- und wenige Prozessparameter beschränkt, lassen sich aus den Qualitätsberichten in ihrer jetzigen Form keine fundierten Aussagen über die Qualität in einem Kranken-

haus treffen. Unter dem Aspekt der Pfadabhängigkeit von Gesundheitsreformentwicklungen ist diese neue Regelung aber schon ein erster Schritt in die richtige Richtung.

Nach § 135a SGB V sind Krankenhäuser, stationäre Vorsorge- und Rehabilitationseinrichtungen schon seit dem Gesundheitsreformgesetz aus dem Jahr 1999 verpflichtet »**einrichtungsintern ein Qualitätsmanagementsystem** einzuführen und weiterzuentwickeln«. Die Bundesärztekammer (2003) definiert ein Qualitätsmanagementsystem als

»Managementsystem zum Leiten und Lenken einer Organisation bezüglich Qualität, d. h. zur Verwirklichung des Qualitätsmanagements erforderliche Organisationsstruktur, Verfahren, Prozesse und Mittel.«

Die Wahl des Qualitätsmanagementsystems bleibt dabei dem einzelnen Krankenhaus offen. Die meisten Krankenhäuser entscheiden sich dabei für ein offiziell anerkanntes **zertifizierungsfähiges System**, z. B. nach **DIN EN ISO 9000** oder KTQ (Kooperation für Transparenz und Qualität im Krankenhaus). Aber auch eine Selbstbewertung nach dem System der **European Foundation for Quality Management (EFQM)** wäre möglich, wird aber von wenigen Kliniken genutzt. Dies wohl auch deshalb, weil bei letzterem deutlich mehr Wert auf die medizinische und betriebswirtschaftliche Ergebnisqualität gelegt wird als bei den beiden vorgenannten Systemen. Im Folgenden wird das **KTQ-System** vorgestellt, das gemeinsam von der Bundesärztekammer, den Spitzenverbänden der Krankenkassen, der Deutschen Krankenhausgesellschaft, dem Deutschen Pflegerat und dem Hartmannbund speziell für den stationären Bereich in Deutschland entwickelt wurde. Die Bewertung von KTQ im Krankenhausreport 2004 fällt allerdings schlecht aus: »KTQ bietet trotz seiner prominenten Trägerschaft für keine der Zielgruppen ernstzunehmende Information über die Qualität der Prozesse und Strukturen eines Krankenhauses« (Hildebrand 2005) – geschweige denn über Ergebnisqualität.

Das KTQ-Bewertungsverfahren wird seit 2002 zur Bewertung des Qualitätsmanagements in deutschen Krankenhäusern eingesetzt. Ziel der KTQ-Zertifizierung ist die Verbesserung und Optimierung von Prozessen und Ergebnissen innerhalb der Patientenversorgung.

Zentrales Ergebnis der Entwicklungsarbeit ist der sog. KTQ-Katalog. In diesem Katalog wurden Kategorien zusammengestellt, die im Rahmen der Zertifizierung von Akutkrankenhäusern abgefragt werden, um Aussagen über die Qualität der Prozessabläufe in der medizinischen Versorgung treffen zu können. Die gegenwärtig 70 Kriterien gliedern sich in die folgenden Kategorien (KTQ 2005):

> ◻ **KTQ-Kategorien**
> — Patientenorientierung
> — Mitarbeiterorientierung
> — Sicherheit im Krankenhaus
> — Informationswesen
> — Krankenhausführung
> — Qualitätsmanagement

Den einzelnen Kriterien wurden jeweils eigene Fragenpakete zugeordnet. Über dieses Verfahren war es möglich, ein Instrumentarium für die Leistungsdarstellung berufsgruppen- und hierachieübergreifend in einem gesamten Krankenhaus herzustellen.

Damit steht für die vorgeschaltete Selbstbewertung und die über die KTQ-Zertifikatsvergabe entscheidende Fremdbewertung eine Systematik als Grundlage zur Verfügung, die eine transparente und nachvollziehbare Bewertung ermöglicht. Das KTQ-Zertifizierungsverfahren, speziell für das deutsche Gesundheitswesen entwickelt, orientiert sich dabei auch an bewährten Systemen, wie beispielsweise dem Australian Council on Healthcare Standards.

Die Schritte des KTQ-Bewertungsverfahrens im Einzelnen (KTQ 2005):

> ◻ **Schritte des KTQ-Bewertungsverfahrens**
> — Selbstbewertung des Krankenhauses
> — Anmeldung zur Fremdbewertung bei einer der KTQ-Zertifizierungsstellen
> — Fremdbewertung durch ein KTQ-Visitorenteam
> — Zertifizierung und Veröffentlichung des KTQ-Qualitätsberichts

Um einige mögliche Weiterentwicklungen des Qualitätsmanagements im Krankenhaus aufzuzeigen, werden im Folgenden einige neuere Strategien zur Sicherung und **Verbesserung der Qualität in britischen Krankenhäusern** beschrieben. Mitte der 1990er Jahre hat dort ein Skandal über eine doppelt so hohe Sterblichkeit in der kinderchirurgischen Abteilung der Bristol Royal Infirmary im Vergleich zu anderen Kinderchirurgien im Zeitraum 1988 bis 1994 eine Reihe von tiefgreifenden Reformen im Bereich Krankenhausqualität ausgelöst. Dabei sind sechs verschiedene Initiativen voneinander abzugrenzen (Bevan 2005):

1. Die Einführung des Konzepts der »**Clinical Governance**«, dessen Umsetzung durch die Commission for Health Audit and Inspection (CHAI) durch jährliche **Vor-Ort-Inspektionen** überprüft und in einem Bericht veröffentlicht wird.
2. Jährliche Veröffentlichung von Bewertungen der Akutkrankenhäuser mit Hilfe eines Sternesystems (**Star Rating**), wobei die Leistungen mithilfe eines »Balanced Scorecard«-Systems beurteilt werden.
3. Jährliche **Patienten- und Personalbefragungen** zur Zufriedenheit. Die Ergebnisse fließen in das Star Rating ein, werden aber auch separat veröffentlicht.
4. Die **Veröffentlichung von Sterblichkeitsraten** einzelner Herzchirurgen, allerdings wegen Mangels an zuverlässigen Daten noch ohne Berücksichtigung des Schweregrades und des Alters der Patienten.
5. Die Angleichung geographischer Unterschiede in der Qualität und im Zugang zur Versorgung, unter anderem durch die Pflicht zur Umsetzung der **Leitlinienempfehlungen** (guidance) des National Institute for Health and Clinical Excellence (NICE) durch alle Organisationen des Nationalen Gesundheitsdienstes (NHS).
6. Die **Koordinierung der Berichterstattung**, der **Fehleranalyse** und der daraus gewonnenen Erkenntnisse für die Patientensicherheit durch die National Patient Safety Agency.

Für die Weiterentwicklung der Qualität in deutschen Krankenhäusern ist insbesondere das Konzept der »**Clinical Governance**« interessant. Dabei handelt es sich um ein Konzept, durch das »NHS Organisationen dafür verantwortlich gemacht werden, kontinuierlich die Qualität der von ihnen erbrachten Leistungen zu verbessern und hohe Standards in der Patientenversorgung sicher zu stellen, indem sie Bedingungen schaffen, in denen Exzellenz in der klinischen Versorgung gedeihen kann« (UK Department of Health 1998). Entscheidend für die Umsetzung dieses vielschichtigen Konzeptes war sicherlich die Entscheidung, alle Akutkrankenhäuser jährlich durch eine unabhängige, externe Kommission der CHAI überprüfen zu lassen. Diese hat ein **Inspektionsverfahren** mit sieben Kategorien entwickelt (Bevan 2005):

1. Beratung und Einbeziehung der Patienten
2. Klinisches Risikomanagement
3. Klinische Audits
4. Recherche und Effektivität
5. Personalausstattung und Personalmanagement
6. Aus-, Fort- und kontinuierliche Weiterbildung
7. Einbeziehung von Patientenbewertungen in die Versorgungsprozesse

Die Inspektionsteams setzen sich durch eigens geschulte NHS-Manager, Ärzte, Krankenschwestern und Laien zusammen. Diese führen in den Krankenhäusern einwöchige **Audits** durch, die von den inspizierten Krankenhäusern, dem Inspektionsteam und CHAI Mitarbeitern intensiv vorbereitet werden. Dazu gehören die Auswertung von landesweit erhobenen Routinedaten, z. B. zur Mortalität und Wiederaufnahmen, im Vergleich mit den lokalen Daten sowie persönliche Gespräche mit Interessensvertretern, Patienten und Mitarbeitern (Bevan 2005). In der Inspektionswoche konzentrieren sich die Teams dann auf zuvor identifizierte Problembereiche und erstellen danach eine Stärken- und Schwächenanalyse. Im Anschluss an das Audit verfasst die CHAI einen Bericht, in dem u.a. Prioritäten für die weitere Qualitätsentwicklung gesetzt werden. Daraufhin ist das Krankenhaus verpflichtet einen Aktionsplan zu erstellen, in dem es darlegt, welche Schritte im Detail unternommen werden, um die Schwächen zu vermindern und die Stärken auszubauen. Dabei werden Daten und Verantwortliche benannt. Sowohl die Inspektionsberichte als auch die Aktionspläne werden auf der Internetseite der CHAI veröffentlicht und auch gedruckt (Bevan 2005).

Von allen genannten qualitätsverbessernden Maßnahmen (einschließlich der Star Ratings) bewirkten laut einem Parlamentsbericht die Inspektionen der CHAI die meisten Veränderungen in den englischen Krankenhäusern: über 90% der befragten Krankenhausmitarbeiter und Verwaltungsleiter berichteten, als Reaktion auf eine CHAI-Inspektion Verbesserungsmaßnahmen getroffen zu haben (Bevan 2005).

Mikro-Ebene: Leistungsmanagement auf der Patientenebene

Im Mittelpunkt des Leistungsmanagements im Krankenhaus steht der Patient, dessen individuelle Behandlung in einem komplexen Zusammenwirken von einweisenden Ärzten, Notaufnahmen, verschiedenen Fachabteilungen und Gesundheitsberufen unter der Mitwirkung von Familienangehörigen und Seelsorgern zustande kommt. Obwohl ein System immer nur so stark ist wie seine schwächste Stelle, die in jedem der Subsysteme lokalisiert sein kann – z. B. zu späte Einweisung, falsche ärztliche Diagnosestellung oder pflegerisches Fehlverhalten in der Nachbehandlung –, nimmt das **ärztliche Diagnose- und Therapiemanagement** meist eine Schlüsselrolle ein, da viele Abläufe im Krankenhaus von Ärzten veranlasst werden, auch wenn diese dann von Angehörigen anderer Berufsgruppen ausgeführt werden.

Die Prozesse im ärztlichen Diagnose- und Therapiemanagement sind oft historisch entstanden und haben sich im Zusammenspiel mit den anderen Abteilungen und externen Versorgungspartnern entwickelt. Innerhalb einer Fachabteilung sind Chef- und Oberärzte maßgeblich für viele therapeutische Entscheidungen prägend, sei es direkt durch ihre Weisungsbefugnis oder indirekt durch Vorbildfunktion oder durch formale Weiterbildung jüngerer Ärzte, obwohl zahlenmäßig die meisten diagnostischen und therapeutischen Entscheidungen von Assistenzärzten getroffen werden. Sie stellen daher als **Opinion Leaders** die wichtigsten Ansatzpunkte für eine erfolgreiche Implementierung von qualitätsverbessernden Maßnahmen dar.

Medizinische Leitlinien werden von vielen Autoren als Schlüsselinstrumentarium des Qualitätsmanagements von ärztlichen Leistungen angesehen. Sie liefern Entscheidungshilfen über angemessene Vorgehensweisen bei speziellen diagnostischen

2

und therapeutischen Problemstellungen, die im Konsens multidisziplinärer Expertengruppen nach systematischer Recherche und Analyse der wissenschaftlichen Literatur entsprechend den Vorgaben der Evidenz-basierten Medizin entstanden sind (Ärztliches Zentrum für Qualität in der Medizin 2003). Dadurch wird unerwünschte Variabilität in der medizinischen Versorgung, d. h. **Über-, Unter- und Fehlversorgung** reduziert (zur Evidenz-basierten Medizin und Leitlinienerstellung ▶ **Kap. 2.1**). Die Vorteile der Nutzung von Evidenz-basierter Medizin und Leitlinien im Krankenhaus sind im folgenden Kasten dargestellt.

> ◘ **Vorteile der Nutzung von Evidenz-basierter Medizin und Leitlinien im Krankenhaus (Mod. nach Wright und Hill 2003)**
> *Vorteile für den einzelnen Arzt*
> — Versetzt sie/ihn in die Lage, routinemäßig das Fachwissen auf den neuesten Stand zu bringen
> — Verbessert das Verständnis des klinisch praktizierenden Arztes für Forschungsmethoden und macht sie kritischer im Umgang mit Studiendaten
> — Verbessert das Vertrauen in Evidenz-basierte Managemententscheidungen
> — Verbessert Recherche-Kenntnisse und Umgang mit Computern
> — Verbessert Lesegewohnheiten
> — Erhöht die Rechtssicherheit ärztlicher Entscheidungen
> *Vorteile für klinische Teams*
> — Liefert dem Team ein Konzept zur Problemlösung und für Fort- und Weiterbildungen
> — Ermöglicht es jüngeren Teammitgliedern, sinnvolle Beiträge zu liefern
> *Vorteile für Patienten*
> — Leistungen nach dem besten zur Zeit verfügbaren medizinischen Wissensstand
> — Verbesserte Kommunikation zwischen Arzt und Patient über die Hintergründe von Therapieentscheidungen
>
> ▼

> *Vorteile für das Krankenhausmanagement*
> — Liefert eine solide Datenbasis für die Auswahl von Qualitätsindikatoren und die Entwicklung von klinischen Pfaden
> — Kann Rationale für und damit bessere Akzeptanz von Umstrukturierungsmaßnahmen liefern
> — Verbessert die Effizienz der erbrachten Leistungen

Eine besondere Bedeutung kommt Leitlinien als Grundlage für die Entwicklung von **klinischen Pfaden** im Krankenhaus zu (s. auch die Fallstudie in ▶ **Kap. 6.7**). Diese stehen an der Schnittstelle zwischen Prozessoptimierung (Leitlinienstandards), Qualitätsmanagement (Transparenz der Leistungen) und Fallkostenkalkulation (Transparenz der Kosten) (Camli et al. 2001).

Die **Implementierung von Evidenz-basierten Leitlinien** und die damit verbundenen Änderungen in den bisherigen Diagnose- und Therapiestrategien in einem Krankenhaus stoßen oft auf Hindernisse. Diese können auf verschiedenen Ebenen liegen (Grimshaw et al. 2001):

— Im *Gesundheitssystem*, z. B. wenn die Finanzierungsmethode perverse Anreize für Leistungsanbieter setzt
— Innerhalb der *Organisation*, z. B. wenn die Qualifikationen der verschiedenen Anbieter in einem Krankenhaus oder in einer Abteilung nicht komplementär sind oder wenn die Organisationskultur Neuerungen nicht unterstützt
— Innerhalb der *lokalen Ärzteschaft*, z. B. wenn die gewünschte Innovation nicht den in dieser Gruppe praktizierten Gewohnheiten entspricht
— Innerhalb *einzelner Berufsgruppen*, z. B. wenn Krankenschwestern und -pfleger grundsätzlich nicht ausgebildet sind, intravenös Medikamente zu verabreichen
— Innerhalb der *individuellen Arzt-Patienten-Konsultation*, wenn z. B. in einer völlig überfüllten Notaufnahme aus Zeitmangel wichtige Diagnose- oder Therapieschritte übersehen werden

Einer erfolgreichen **Implementierungsstrategie** sollte deshalb eine Analyse der fördernden und hinderlichen Faktoren vorausgehen und die Strategie dementsprechend vorbereitet und angepasst werden. Als besonders wirksame **Instrumente zur Implementierung** von neuen Forschungsergebnissen in die medizinische Praxis haben sich persönliche professionelle Gespräche (academic detailing), Therapieerinnerungen (manuell oder automatisiert), interaktive Weiterbildungsworkshops und facettenreiche Interventionen herausgestellt. Die alleinige Verbreitung von Fortbildungsmaterial, z. B. Leitlinien, oder Frontalunterricht sind dagegen weitgehend unwirksam (Grimshaw et al. 2001).

Zusammenfassung

Die deutschen Krankenhäuser müssen sich angesichts der Einführung der DRG-Vergütung und der daraus resultierenden Umverteilung von Ressourcen, den neuen gesetzlichen Auflagen zu mehr Qualitätsmanagement und zu mehr Transparenz ihrer Leistungen, neu positionieren. Kein anderer Sektor im deutschen Gesundheitssystem wird derzeit in diesem Maße umstrukturiert. Entsprechend groß sind die nötigen Anpassungsleistungen des einzelnen Krankenhauses und der involvierten Berufsgruppen und einzelnen Personen. Die **Neustrukturierung des Krankenhaussektors** wird von vielen Beteiligten als Gefahr wahrgenommen. Sie bietet aber gleichzeitig die **Chance auf eine Verbesserung** der stationären Versorgung durch eine rationalere Auswahl der erbrachten Leistungen unter Berücksichtigung ihrer Wirksamkeit und Effizienz. Vor allem die **Evidenz-basierte Medizin** und die auf ihr aufbauenden medizinischen Leitlinien, die wiederum für die Gestaltung von Qualitätsmanagementprogrammen und Prozessoptimierungsinstrumenten genutzt werden, sind dabei von entscheidender Bedeutung. Durch sie kann kontinuierlich und nachhaltig die Qualität der stationären Versorgung systemisch verbessert werden und unerwünschte Variabilität in der Versorgung reduziert werden. Die Schließung von ineffizienten Krankenhäusern ist aus gesamtgesellschaftlicher Sicht begrüßenswert und führt zu einer besseren **allokativen Effizienz**, wenn die freiwerdenden Ressourcen besser genutzt werden (Gericke und Busse 2005). Allerdings muss dabei die **wohnortnahe Versorgung** gewährleistet bleiben, die wie ausführlich dargestellt, schon jetzt nicht ausreichend Beachtung in der **Krankenhausrahmenplanung** findet. Um diesen unvermeidlichen Konflikt zwischen Effizienz und einem gerechten Zugang zur Versorgung zu lösen, wird die Planung bzw. Abstimmung von Krankenhauskapazitäten und vor allem Krankenhausleistungen unvermeidlich bleiben. Statt die Krankenhausplanung generell zurück zu nehmen, wie dies im Moment in mehreren Bundesländern geschieht, müssten vielmehr die Datengrundlagen und Instrumente angepasst werden, aber auch die Art und Rollen der zu beteiligenden Akteure neu definiert werden.

Literatur

Ärztliches Zentrum für Qualität in der Medizin (2003) Kompendium Q-M-A. Qualitätsmanagement in der ambulanten Versorgung. Deutscher Ärzte-Verlag, Köln

Bevan G (2005) Qualitätsberichterstattung in England seit 1997. In: Klauber J, Robra BP, Schellschmidt H (Hrsg) Krankenhausreport 2004, Schattauer, Stuttgart, S 95–110

Böcker K, Henke N, Krishnan HS, Mansky T, Paffrath D, Steiners D (2001) Diagnosis Related Groups – Grundstein für ein neues Abrechnungssystem der Krankenhäuser und Krankenkassen – Implikationen und Herausforderungen. In: Wettke J, Salfeld R (Hrsg) Die Zukunft des deutschen Gesundheitswesens. Perspektiven und Konzepte. Springer, Berlin Heidelberg, S 49–76

BQS – Bundesgeschäftsstelle Qualitätssicherung (2005) Qualität sichtbar machen. BQS-Qualitätsreport 2004. Bundesgeschäftsstelle Qualitätssicherung (BQS), Düsseldorf

Bruckenberger E (2003) Wettbewerb und Planung. In: Arnold M, Klauber J, Schellschmidt H (Hrsg) Krankenhaus-Report 2002, Schwerpunkt: Krankenhaus im Wettbewerb. Schattauer, Stuttgart New York, S 93–102

Bruckenberger E (2006) Versorgungsanalyse der deutschen Krankenhäuser. In: Bruckenberger E, Klaue S, Schwintowski HP (Hrsg) Krankenhausmärkte zwischen Regulierung und Wettbewerb. Springer, Berlin Heidelberg, S 25–104

Bundesärztekammer (2003) Curriculum Qualitätssicherung/ Ärztliches Qualitätsmanagement. Bundesärztekammer, Köln

Busse R, Riesberg A (2005) Gesundheitssysteme im Wandel: Deutschland. Medizinisch Wissenschaftliche Verlagsgesellschaft, Berlin

Camli C, Rieben E, Conen D (2001) Leitlinien und Clinical Pathways in der Fallkostenkalkulation. In: Lauterbach KW, Schrappe M (Hrsg) Gesundheitsökonomie, Qualitätsmanagement und Evidence-based Medicine. Schattauer, Stuttgart, S 495–501

Deutsche Krankenhausgesellschaft (2005a) Zahlen, Daten, Fakten 2004/05. Deutsche Krankenhaus Verlagsgesellschaft, Düsseldorf

Deutsche Krankenhausgesellschaft (2005b) Strukturierter Qualitätsbericht für nach § 108 SGB V zugelassene Kran-

kenhäuser – Berichtsvorlage der Deutschen Krankenhausgesellschaft vom 19.04.2005, http://www.dkgev.de/
dkgev.php/cat/53/aid/1274/title/Strukturierter+Qualit%
E4tsbericht+f%FCr+nach+%A7+108+SGB+V+zugelassen
e+Krankenh%E4user+-+Berichtsvorlage+der+Deutschen
+Krankenhausgesellschaft

Deutsche Krankenhausgesellschaft (2006) Bestandsaufnahme
zur Krankenhausplanung und Investitionsfinanzierung
in den Bundesländern – Stand: Januar 2006. Dezernat II
Krankenhausfinanzierung und -planung, Deutsche Krankenhaus Verlagsgesellschaft, Düsseldorf

Edwards N, Wyatt S, McKee M (2004) Configuring the hospital
in the 21st century. Policy brief no. 5. European Observatory on Health Systems and Policies, Brüssel

Gericke C, Busse R (2005) Rationierung im Krankenhaus: vertretbar oder gar notwendig? In: Krukemeyer G, Wiesing U,
Marckmann G (Hrsg) Krankenhaus und soziale Gerechtig-
keit. Schattauer, Stuttgart, New York, S 53–71

Greiling D (2000) Rahmenbedingungen krankenhausbezogenen Unternehmensmanagements. In: Eichhorn P, Seelos HJ, Graf v. d. Schulenburg JM (Hrsg) Krankenhausmanagement. Urban & Fischer, München, Jena, S 69–104

Grimshaw J, Ward J, Eccles M (2001) Improving the use of evidence in practice. In: Oxford Handbook of Public Health
Practice. Oxford University Press, Oxford, pp 392–399

Günster C (2000) Australien Refined Diagnosis Groups (AR-
DRGs). Eine Einführung. Wissenschaftliches Institut der
AOK, Bonn

Healy J, McKee M (2002) The evolution of hospital systems. In:
McKee M, Healy J (eds) Hospitals in a changing Europe,
Open University Press, Buckingham, pp 14–35

Hensen P., Roeder N, Rau F (2005) Start in die Konvergenzphase 2005. Vom Ausgangsbudget 2004 zum Zielbudget
2005. das Krankenhaus 97(2): 96–105

Hildebrand R (2005) Qualitätsberichterstattung in Deutschland heute. In: Klauber J, Robra BP, Schellschmidt H (Hrsg)
Krankenhausreport 2004. Schattauer, Stuttgart, S 27–47

Institut für das Entgeltsystem im Krankenhaus gGmbH (InEK)
(2005) G-DRG German Diagnosis Related Groups. Version 2006. Definitionshandbuch Kompaktversion Band 1
(DRGS A01A–I97Z), InEK, Siegburg

KTQ (2005) http://www.ktq.de/ktq_verfahren/index.php

Lauterbach K, Lüngen M (2000) DRG-Fallpauschalen: Eine Einführung, Anforderungen an die Adaption von Diagnosis-
Related Groups in Deutschland. Schattauer, Stuttgart

McKee M, Healy J, Edwards N, Harrison A (2002) Pressures for
change. In: McKee M, Healy J (eds) Hospitals in a changing
Europe, Open University press, Buckingham, pp 36–58

Müller U, Offermanns G (2004) Krankenhausplanung im DRG-
System – Expertenbefragung des Deutschen Kranken-
hausinstituts. Deutsches Krankenhausinstitut e.V., Düsseldorf

Roeder N, Fiori W, Bunzemeier H, Wenke A, Lillteicher F (2005)
Fallmengenplanung 2005 als Grundlage der Budgetfin-
dung. Das Krankenhaus 97(4): 297–316

Roeder N, Hensen P, Fiori W, Bunzemeier H, Loskamp N (2004)
DRGs, Wettbewerb und Strategie. Das Krankenhaus 96(9):
703–711

Sachverständigenrat für die Konzertierte Aktion im Gesundheitswesen (2003) Finanzierung, Nutzerorientierung
und Qualität – Gutachten 2003. 2 Bände. Nomos, Baden-
Baden

Schäfer T, Gericke CA, Busse R (2005) Health Services Research.
In: Ahrens W, Pigeot I (eds). Handbook of Epidemiology.
Springer, Berlin, pp 1473–1544

Schlottmann N, Fahlenbach C, Köhler N, Simon C (2005) GDRG-
System 2006: Ein erster Überblick aus medizinischer Sicht.
Das Krankenhaus 97(10): 846–858

Schuhmann MU, Rickelsa E, Rosahlb SK, Schneeklotha CG,
Samii M (2001) Acute care in neurosurgery: quantity, quality, and challenges. J Neurol Neurosurg Psychiatry 71:
182–187

Statistisches Bundesamt (2005) Fachserie 12: Gesundheitswesen, Reihe 6.1: Grunddaten der Krankenhäuser und Vor-
sorge- oder Rehabilitationseinrichtungen – 2003. Statistisches Bundesamt, Wiesbaden

Tuschen KH, Quaas M (2001) Bundespflegesatzverordnung.
Kommentar mit einer umfassenden Einführung in das
Recht der Krankenhausfinanzierung. 5. Auflage. Kohlham-
mer, Stuttgart

Tuschen KH, Trefz U (2004) Krankenhausentgeltgesetz. Kommentar mit einer umfassenden Einführung in die Vergütung stationärer Krankenhausleistungen. Kohlhammer,
Stuttgart

UK Department of Health (1998) A First Class Service: Quality in the New NHS. Health Service Circular: HSC(98)113.
Department of Health, London

Velasco-Garrido M, Busse R (2004) Förderung der Qualität in
deutschen Krankenhäusern? Eine kritische Diskussion der
ersten Mindestmengenvereinbarung. Gesundheits- und
Sozialpolitik 58(5/6): 10–20

Vetter U (2005) Krankenhausplanung – weiterhin Grundla-
ge für die Leistungsplanung im Krankenhaus oder bald
Geschichte im Zeitalter der DRGs? In: Vetter U, Hoffmann
L (Hrsg) Leistungsmanagement im Krankenhaus: G-DRGs.
Schritt für Schritt erfolgreich: Planen – Gestalten – Steu-
ern. Springer, Heidelberg, S 37–45

Vetter U, Hoffmann L (2005) Einführung. In: Vetter U, Hoffmann
L (Hrsg) Leistungsmanagement im Krankenhaus: G-DRGs.
Schritt für Schritt erfolgreich: Planen – Gestalten – Steu-
ern. Springer, Heidelberg, S 1–4

Wright J, Hill P (2003) Clinical Governance. Churchill Livings-
tone, Edinburgh

2.4 Leistungsmanagement in Arztpraxen und Ärztenetzen

Bernhard Gibis

Die Leistungserbringung in der ambulanten Versorgung wird traditionell von dem Bild der **Freiberuflichkeit** bestimmt. Damit untrennbar verbunden heißt dies für den ambulant tätigen Arzt, dass die Berufsausübung in der Regel unabhängig und nicht weisungsgebunden in der eigenen Praxis stattfindet. Neben der persönlichen Fähigkeit, eine solche Einrichtung des Gesundheitswesens leiten zu können, unterliegt die Führung und schließlich das Management einer Praxis vielfältigen Anforderungen, die von Dritten z. B. durch Gesetze und Verordnungen vorgegeben werden.

Das folgende Kapitel beschäftigt sich deshalb zunächst mit den allgemeingültigen Rahmenbedingungen, die als Voraussetzung für den in der ambulanten Versorgung tätigen Arzt gelten und wie sie zunächst durch die **Bundesärzteordnung** und die **Berufsordnung** definiert werden. Da die Leistungserbringung und damit auch das Leistungsmanagement zunehmend in Kooperationsstrukturen zu Lasten unterschiedlicher Kostenträger erbracht wird, werden die Formen der Kooperation von Ärzten so wie das Leistungsmanagement in der privaten und Gesetzlichen Krankenversicherung (**Sozialrecht**) behandelt. Abschließend kommen zwischenzeitlich im Sozialrecht verpflichtend gewordene Prinzipien des **Qualitätsmanagements** für die ambulante Versorgung zur Darstellung.

2.4.1 Gesetzliche und strukturelle Rahmenbedingungen

Voraussetzung für die Leistungserbringung durch Ärzte ist der Zugang zur Berufsausübung. Das Leistungsmanagement wird auf der Leistungserbringerseite durch den Zugang zur ärztlichen Tätigkeit über die Bundesärzteordnung und der darauf begründeten **Approbationsordnung für Ärzte** bestimmt. Die Berufsausübung unterliegt dem Landesrecht, das über die Kammer- und Heilberufsgesetze wesentliche Aufgaben an die Landesärztekammern delegiert. Diese regeln als Satzungsrecht sowohl das Berufsrecht, das die Grundlagen

der ärztlichen Berufsausübung regelt, als auch die weitere Qualifikation (zum Facharzt bzw. Schwerpunkt) im Weiterbildungsrecht. Insbesondere das Berufsrecht sieht eine »**gewerbsmäßige**« **Berufsausübung** in ausschließlich dem Handel und der Gewinnmaximierung dienenden Formen nicht vor, was den organisatorischen Rahmen des Leistungsmanagements im ambulanten Sektor erheblich beeinflusst.

Ärztliche Tätigkeit in der ambulanten Versorgung wird darüber hinaus durch eine Vielzahl von **rahmensetzenden Gesetzen**, Rechtsverordnungen und Vorschriften bestimmt, die verbindlichen Charakter haben (z. B. Bundesdatenschutzgesetz, Infektionsschutzgesetz, Medizinproduktegesetz).

Die gesetzlichen Grundlagen für die Organisation der ambulanten, gesetzlichen Krankenversorgung ergeben sich aus dem **Sozialgesetzbuch V** (SGB V), das weitreichende Funktionen den Partnern der gemeinsamen Selbstverwaltung, insbesondere der **Kassenärztlichen Bundesvereinigung** (**KBV**) und den **Spitzenverbänden der Krankenkassen**, zuweist (Rompf 2004). Während für die Leistungserbringung in der Privaten Krankenversicherung keine weitergehenden, über die berufsrechtlichen hinausgehenden, Auflagen gemacht werden, müssen ambulante Leistungserbringer im Falle des Tätigwerdens für die gesetzlichen Krankenkassen über ein normiertes Zulassungsverfahren (geregelt in der Ärztezulassungsverordnung, eine Rechtsverordnung des Bundesministeriums für Gesundheit [BMG]) **Mitglied einer Kassenärztlichen Vereinigung** werden. Die Kassenärztlichen Vereinigungen stellen die ambulante Versorgung, die die Krankenkassen ihren Mitgliedern als Gegenwert für die geleisteten Beiträge schulden, im Sachleistungsprinzip sicher. In den **Richtlinien des Gemeinsamen Bundesausschusses (G-BA)** als »untergesetzlichen Normen« und in Verträgen und Vereinbarungen, die rechtsverbindlich für Leistungserbringer und Krankenkassen im **Bundesmantelvertrag** zusammengefasst sind, regeln die Selbstverwaltungspartner die Details der vertragsärztlichen Versorgung. Auf Landesebene wird diese Partnerschaft durch die Kassenärztlichen Vereinigungen und die Landeskrankenkassenverbände fortgesetzt (s. Kasten).

2

◘ **Normenhierarchie in der vertragsärztlichen Versorgung**

— Die **gesetzliche Grundlage** für die ambulante, vertragsärztliche Versorgung stellt das SGB V dar, welches, ergänzt um Rechtsverordnungen, die Rahmenbedingungen festlegt und die Legitimation für die Existenz und Funktion der Selbstverwaltungspartner für die vertragsärztliche Versorgung (Spitzen- und Landesverbände der Krankenkassen, Kassenärztliche Vereinigungen und Kassenärztliche Bundesvereinigung) schafft.

— Die Selbstverwaltungspartner können entweder über die **Richtlinien des Gemeinsamen Bundesausschusses** (in der Form untergesetzlicher Normen) oder als »Partner der Bundesmantelverträge« (in der Form von Verträgen und Vereinbarungen) unmittelbar verbindliche Regelungen für alle Beteiligten vereinbaren. Beide Regelungsarten werden als Bestandteil der Bundesmantelverträge verbindlich für Ärzte und Kassen einschließlich ihrer Zusammenschlüsse auf Landes- und Bundesebene. Die Tätigkeit der Organisationen auf Bundesebene unterliegt der Rechtsaufsicht von Bundesbehörden, die der Organisationen auf Landesebene der Landesbehörden.

— Der **Bundesmantelvertrag** umfasst neben einem eigentlichen Vertragstext mit Details zur Organisation der vertragsärztlichen Versorgung (Definition von Krankheits- und Behandlungsfall, Überweisungsregelungen,

Kooperationsformen, Vordrucke etc.) besondere Versorgungsaufträge (insb. Dialyseversorgung, Mammographie-Screening), Vereinbarungen zur Qualitätssicherung nach § 135(2) SGB V, den einheitlichen Bewertungsmaßstab sowie die Richtlinien des Gemeinsamen Bundesausschusses. Daneben ergeben sich aus dem SGB V konkrete Aufgaben, die in dem Bundesmantelvertrag zu regeln sind (z. B. Inhalte und Umfang der hausärztlichen Versorgung nach § 73(1) Satz 2 SGB V oder die Vereinbarung einheitlicher Qualifikationserfordernisse für besondere Leistungen nach § 135(2) Satz 1 SGB V). Die Inhalte des Bundesmantelvertrags sind (bis auf die Richtlinien des G-BA) schiedsamtsfähig, können also im Streitfall vor einem paritätisch besetzten und unter neutralem Vorsitz tagenden Schiedsgericht verhandelt werden.

— Der Bundesmantelvertrag findet seine Entsprechung auf Landesebene durch die sog. »**Gesamtverträge**«, die ergänzt um die Inhalte des Bundesmantelvertrags weitere Sachverhalte wie die Honorarverteilung oder landesspezifische Verträge (z. B. Strukturverträge) abbilden.

— Auf der Grundlage des SGB V geben sich die Krankenkassen sowie ihre Dachverbände sowie die Kassenärztliche Vereinigungen einschließlich Dachverband KBV eigene **Satzungen**.

Zugang zum Arztberuf

Der Zugang zum ärztlichen Beruf – und damit die Berechtigung zur ärztlichen Berufsausübung (Berufserlaubnisrecht) – wird durch die **Bundesärzteordnung (BÄO)** geregelt. Bundeseinheitlich ist in diesem Gesetz das Verfahren angelegt, wie nach sechsjährigem Studium mit entsprechenden Studieninhalten und Absolvierung von fest gelegten, staatlichen Prüfungen die Approbation als Arzt erteilt werden kann. Die Details der **Approbation** ergeben sich aus der als Rechtsverordnung des BMG in Abstimmung mit den Ländern erlassenen Approbationsordnung für Ärzte (ÄAppO). Neben

der Erteilung der Approbation nach vollständiger Erfüllung der Anforderungen sieht die Bundesärzteordnung (§ 5, 6 BÄO) gleichermaßen den Entzug oder das vorübergehende Ruhen der Approbation vor, falls sich der Arzt grober Verstöße schuldig gemacht hat, die seine Zuverlässigkeit zur Ausübung des Arztberufs grundlegend in Frage stellen.

Die Zuständigkeit des Bundesgesetzgebers erstreckt sich nicht auf Aspekte der nach der Approbation folgenden **Berufsausübung**. Hierzu gehören Aspekte wie die berufliche weiterführende Qualifikation und Spezialisierung, Fortbildung und Qualitätssicherung, die den Regelungen des Landesrechts überlassen sind. In entsprechenden **Kammer- und Heilberufsgesetzen der Länder** werden die Rahmenbedingungen festgelegt, deren konkrete Ausgestaltung den **Landesärztekammern** im Sinne einer professionellen Selbstbestimmung im Rahmen einer weitgehend autonomen ärztlichen Selbstverwaltung überantwortet wird. Landesärztekammern unterstehen der Rechtsaufsicht von Landesministerien und erlassen mit deren Zustimmung als Satzungsrecht die für die jeweiligen Ärztekammermitglieder rechtsverbindliche **Berufs- und Weiterbildungsordnungen**.

Grundlage dieser, für die ärztliche Berufsausübung wesentlichen, Regelungen sind Musterordnungen, die durch die Arbeitsgemeinschaft der Landesärztekammern auf Bundesebene, die Bundesärztekammer, herausgegeben werden. Mit diesen Muster-Ordnungen soll einer überbordenden regionalen Unterschiedlichkeit von grundlegenden Anforderungen vorgebeugt werden.

Die **Muster-Berufsordnung (M-BO)**, die mit wenigen Ausnahmen bundesweit umgesetzt wird, enthält zahlreiche, das Leistungsmanagement unmittelbar berührende, Auflagen, die in ihrer Gesamtheit vielen Akteuren nicht hinreichend bekannt sind (Laufs und Uhlenbruck 1999). Hierzu gehören insbesondere folgende Regelungen:

> ◻ **Regelungen der Muster-Berufsordnung (M-BO)**
> - Grundsätze zur **Berufsausübung** wie Verpflichtung zur Fortbildung und Qualitätssicherung
> - **Pflichten gegenüber Patientinnen und Patienten** (Behandlungsgrundsätze, Aufklärungspflicht, Schweigepflicht, Dokumentation, Honorar- und Vergütungsabsprachen)
> - Grundsätze zum **beruflichen Verhalten** (Formen der Kooperation, Kommunikation, kollegiale Zusammenarbeit)
> - **Verhaltensregeln** (Umgang mit Patientinnen und Patienten, Behandlungsgrundsätze sowie Umgang mit nicht-ärztlichen Mitarbeiterinnen und Mitarbeitern)

Die **Verpflichtung zur Qualitätssicherung** beinhaltet insbesondere die Beachtung und Durchführung der durch die Ärztekammern ergriffenen Maßnahmen:

»Ärztinnen und Ärzte sind verpflichtet, an den von den Ärztekammern eingeführten Maßnahmen zur Sicherung der Qualität der ärztlichen Tätigkeit teilzunehmen und der Ärztekammer die hierfür erforderlichen Auskünfte zu erteilen.« (§ 5 M-BO)

Exemplarisch sind hierzu Regelungen zur Transfusion, Laboratoriumsmedizin, Zervixzytologie oder der Transplantation zu nennen.

Während in der Berufsordnung die prinzipiellen Anforderungen an die ärztliche Berufsausübung stringent festgehalten sind, wird von der Möglichkeit der Ahndung von Verstößen verhältnismäßig wenig Gebrauch gemacht. Beispielhaft sei hier die Anforderung der **lebenslangen Fortbildung** erwähnt, die in der Berufsordnung verbindlich festgehalten ist. Nachdem eine Sanktionierung der Nichteinhaltung auf dem Wege des Kammerrechts nicht vorgenommen wurde, hat der Gesetzgeber über das Sozialrecht (im Rahmen des GKV-Modernisierungsgesetzes) die Verpflichtung zur Fortbildung einschließlich zu ergreifender Ahndungen im Falle der Nichterfüllung etabliert.

Weitere, berufsrechtlich geregelte Qualifikation (»Weiterbildung«)

Die Muster-Berufsordnung legt in Anbetracht der Komplexität der medizinischen Versorgung folgerichtig fest, dass die »Übernahme und Durchführung der Behandlung die gewissenhafte Ausführung der gebotenen medizinischen Maßnahmen nach den **Regeln der ärztlichen Kunst**« (M-BO, Grundsätze korrekter ärztlicher Berufsausübung, Nr. 2 Behandlungsgrundsätze) zu erfolgen hat. Rechtzeitig sind immer dann andere Ärzte hinzuzuziehen, wenn die eigene Kompetenz zur Lösung der diagnostischen oder therapeutischen Aufgabe nicht ausreicht.

Die in der medizinischen Ausbildung erworbenen Kenntnisse, deren Erwerb durch die Approbation bestätigt wird, reichen aus fachlicher Sicht heute nicht mehr aus, um sofort selbstständig ärztlich tätig werden zu können. Die immer differenziertere und umfassendere Wissensbasis zur Ausübung

2

des ärztlichen Berufs hat es deshalb erforderlich gemacht, das Gesamtfeld der ärztlichen Kompetenz in einer Weiterbildungsordnung darzustellen und festzulegen, welche Arztgruppe welche Versorgungsbereiche übernimmt (s. auch ▶ Kap. 5.4). Auf der Grundlage der Kammer- und Heilberufsgesetze der Länder, die dem Weiterbildungsrecht besondere Abschnitte einräumen, erlassen die Landesärztekammern deshalb Weiterbildungsordnungen. Analog zur Muster-Berufsordnung und aus ähnlicher Motivation, nämlich der bundesweiten Einheitlichkeit der Anforderungen, werden in der **Muster-Weiterbildungsordnung (M-WBO)** der Bundesärztekammer Mindestanforderungen festgelegt, die Voraussetzungen für die Anerkennung spezifischer **Facharztkenntnisse** (z. B. Facharzt für Chirurgie, Allgemeinmedizin) oder darauf aufbauender, weitergehender **Schwerpunkte** (z. B. Facharzt für Innere Medizin und Schwerpunkt Angiologie) oder **Zusatzweiterbildungen** (z. B. Allergologie) darstellen. Im Unterschied zur Approbation, die durch staatliche Einrichtungen auf Landesebene erteilt wird, wird die Berechtigung zur Führung der Fachbezeichnung nach erfolgreichem Abschluss der Weiterbildung durch die zuständige Landesärztekammer vergeben.

Es wird davon ausgegangen, dass Leistungen dann erbracht werden sollen, wenn sie zur **Kernkompetenz** des jeweiligen Fachgebiets gehören (Taupitz und Jones 2002). Die **Durchführung fachgebietsfremder Leistungen** ist zwar nicht explizit untersagt, aber gesondert begründungspflichtig (z. B. im unvorhergesehenen Notfall). Die Durchführung chirurgischer Leistungen setzt deshalb in der ambulanten Versorgung einschlägige, durch die Muster-Weiterbildungsordnung festgelegte und an entsprechend qualifizierten Weiterbildungsstätten erworbene Kenntnisse voraus.

Zusammenfassend lässt sich festhalten, dass nach der Approbation für die ambulante Berufsausübung der Erwerb weiterer, spezifischer Kenntnisse erforderlich ist. Diese einmalig erworbenen Kenntnisse sind auf der Grundlage der Berufsordnung ständig zu aktualisieren. Eine formale, regelmäßige Überprüfung dieser Kenntnisse im Sinne einer **Rezertifizierung** existiert bislang nicht. Gleichwohl kann die Verpflichtung zur kontinuierlichen Fortbildung, die nunmehr über das Sozialrecht verbindlich wurde, als eine Maßnahme zur Sicherstellung des ärztlichen Wissens im Sinne eines lebenslangen Lernens verstanden werden.

Berufsrechtlich legitimierte Kooperations- und Organisationsformen von Ärzten

Von besonderer Bedeutung ist das Berufsrecht im Hinblick auf die Kooperation von Ärzten. Die Ausübung ambulanter ärztlicher Tätigkeit außerhalb von Krankenhäusern ist an die **Niederlassung in einer Praxis** (Praxissitz) gebunden, soweit gesetzliche Vorschriften nicht andere Formen zulassen (§ 17, Abs. 1 M-BO). Neben dem Praxissitz können zwei weitere Orte der Leistungserbringung (z. B. Zweigpraxen) etabliert werden. Nachdem jahrelang relativ restriktive Regelungen ein Zusammenwirken wie beispielsweise bei Anwälten oder anderen freien Berufen nicht ermöglicht haben, hat der 107. Deutsche Ärztetag 2004 eine weitgehende Liberalisierung der Kooperationsformen ermöglicht, die sich u. a. an den Organisationsformen des **Partnerschaftsgesellschaftsgesetz (PartGG)** orientiert und über die derzeit im Sozialrecht verankerten Möglichkeiten hinaus geht.

> **▣ Grundsätze für die Novellierung der Muster-Berufsordnung**
> — Unabhängig von der gewählten Form der Berufsausübung oder Kooperation muss das **Schutzniveau im Arzt-Patienten-Verhältnis gleichartig** sein und der Besonderheit dieses Verhältnisses Rechnung getragen werden.
> — Auch bei kooperativer Leistungserbringung ist der **Grundsatz der persönlichen Leistungserbringung** zu beachten.
> — Es ist **Transparenz über die Form der Berufsausübung** und Kooperation sowie die daran Beteiligten sicherzustellen.

Danach ist neben der üblichen **Einzel- oder Gemeinschaftspraxis** die Bildung von Berufsausübungsgemeinschaften sowie anderen Kooperationsformen (§ 18 M-BO), die Bildung von **Ärztegesellschaften** in Form von juristischen Personen des Privatrechts (§ 23a M-BO), die Bildung von medizinischen **Kooperationsgemeinschaften** zwischen Ärztinnen und Ärzten und Angehörigen anderer Fachberufe (§ 23b

> **Grundformen der gemeinsamen Berufsausübung von Ärzten**
>
> — **Berufsausübungsgemeinschaft:** Die Kooperation kann in allen für den Arztberuf zulässigen Gesellschaftsformen, beispielsweise in Form einer Gesellschaft bürgerlichen Rechts, etabliert werden. Mehrere Praxissitze sind möglich, wenn an jedem Praxissitz ein Arzt hauptberuflich tätig wird. Möglich ist die Angehörigkeit in mehren Berufsausübungsgemeinschaften. Eine klassische Berufsausübungsgemeinschaft stellt die Gemeinschaftspraxis dar.
>
> — Für die ärztliche Berufsausübung stehen Gesellschaftsformen wie die **GmbH** oder die **Aktiengesellschaft** zur Verfügung. Weiterhin nicht zulassungsfähig sind Gesellschaften, die durch Vollkaufleute geführt werden (z. B. offene Handelsgesellschaften und Kommanditgesellschaften) oder Stiftungen und Vereine. Um die »Kommerzialisierung« der ambulanten ärztlichen Versorgung beispielsweise durch rein gewinnorientierte, durch Dritte finanzierte und nicht ärztlich geleitete, ambulante Einrichtungen zu vermeiden, gelten für die Bildung von Ärztegesellschaften besondere Bedingungen: Die Gesellschaft muss von einem Arzt geleitet werden, Geschäftsführer müssen mehrheitlich Ärzte sein, Dritte dürfen nicht am Gewinn der Gesellschaft beteiligt werden, die Mehrheit
>
> der Gesellschaftsanteile und der Stimmrechte müssen Ärzten zustehen.
>
> — **Medizinische Kooperationsgemeinschaften:** Diese Kooperationsform eröffnet die ambulante Zusammenarbeit von Ärzten mit Angehörigen andere Heilberufe (z. B. Krankengymnasten, Logopäden, Ausnahme: Heilpraktiker) oder auch Naturwissenschaftlern oder Angehörigen sozialpädagogischer Berufe. Als Gesellschaftsform stehen die Rechtsform der Gesellschaft bürgerlichen Rechts, einer juristischen Person des Privatrechts oder in Form einer Partnerschaftsgesellschaft nach dem PartGG zur Verfügung.
>
> — **Praxisverbünde:** Hierunter werden eher lockere Zusammenschlüsse von Praxen verstanden, die untereinander eine Kooperation verabreden und diese schriftlich fixieren. Gegenstand kann beispielsweise die Organisation spezifischer Qualitätsverbesserungsmaßnahmen sein (z. B. Durchführung von Qualitätszirkeln oder Organisation eines spezifischen, aufeinander abgestimmten Serviceangebots für besondere Erkrankungen). Praxisverbünde sollen prinzipiell allen interessierten Praxen offen stehen. Teilnehmen können auch Krankenhäuser, Reha-Kliniken oder andere patientenversorgende Einrichtungen im Gesundheitswesen.

M-BO) sowie die Bildung von **Praxisverbünden** (§ 23d) möglich. Abzugrenzen sind Kooperationsformen, die der gemeinsamen und arbeitsteiligen Berufsausübung dienen, von Organisationsformen, bei denen die gemeinsame Nutzung von Gerätschaften oder Räumlichkeiten Gegenstand der Vereinbarung ist (z. B. **Apparategemeinschaften**). Damit sind folgende Grundformen der gemeinsamen Berufsausübung von Ärzten zulässig:

Die ambulante Leistungserbringung in anderen Kooperationsformen ist derzeit berufsrechtlich nicht vorgesehen.

Für alle Kooperationsformen gilt, dass diese der jeweiligen Landesärztekammer anzuzeigen sind,

wobei unterschiedliche Anforderungen über das Ausmaß der beizulegenden Dokumente aufgestellt wurden. Ebenso ist die **Beschäftigung von ärztlichen und nicht-ärztlichen Angestellten** möglich, wobei hierfür gesonderte Regelungen gelten (z. B. angemessene Vergütung, Praxissitz muss vom anstellenden Arzt persönlich wahrgenommen und ausgeübt werden). Durch die Kooperation soll weiterhin die freie Arztwahl für Patienten nicht eingeschränkt werden, ebenso gilt auch hier, dass eine Überweisung gegen Entgelt (also Gewinnbeteiligung an der aus der Überweisung resultierenden Leistungserbringung) nicht statthaft ist (§ 31 M-BO). Sämtliche vorgenannten Ausführungen beziehen sich

2

auf die Anforderungen der Muster-Berufsordnung der Bundesärztekammer, deren Umsetzung in den Landesärztekammern nahezu, aber nicht immer vollständig erfolgt. Da Regelungen zur Berufsordnung der Landeshoheit unterliegen, sind Abweichungen auf Landesebene möglich.

Bei allen Formen des Zusammenwirkens von Ärzten mit Angehörigen der gleichen Berufsgruppe oder auch solchen anderer Heilberufe gilt der Grundsatz der **persönlichen Leistungserbringung**. Da die Behandlung auf der Grundlage eines Dienstvertrags des Bürgerlichen Gesetzbuchs (BGB) zwischen Arzt und Patient zustande kommt, schuldet der Arzt dem Patienten die persönliche Durchführung dieser Leistung. Der Delegation von Leistungsanteilen an Dritte setzt neben den allgemeinen Bestimmungen des BGB die Berufsordnung bestimmte Grenzen. Die Regelung folgt dem Grundsatz, dass Ärzte keine Gewerbetreibende sind und in einem besonderen, nicht-gewerblichen Verhältnis zum Patienten ihre Leistung erbringen (§ 3 M-BO »Unvereinbarkeiten«).

Zusammenfassend sieht die Musterberufsordnung im Hinblick auf die Kooperationsformen von Ärzten folgende Neuerungen vor (Bundesärztekammer 2004):

> ◘ **Neuerungen der Musterberufsordnung**
> — Keine strikte Bindung an einen Praxissitz; die Berufsausübung kann an bis zu drei Praxissitzen vorgenommen werden.
> — Ärzte können an mehreren Berufsausübungsgemeinschaften teilnehmen.
> — Berufsausübungsgemeinschaften können auch überörtlich gebildet werden.
> — Kooperationen sind auch beschränkt auf einzelne Leistungen möglich.
> — Fachgebietsfremde Ärzte und Ärztinnen können angestellt werden.
> — Erweiterte Möglichkeiten der Kooperation mit anderen Heilberufen.
> — Kooperationen können als Ärztegesellschaften in Form der »Person des Privatrechts« gegründet werden.

Weitere Anforderungen an die Einrichtung eines Arztsitzes

Die Leistungserbringung in ambulanten Einrichtungen unterliegt neben den oben dargestellten berufsrechtlichen Anforderungen mannigfaltigen gesetzlichen Regelungen, deren Nichteinhaltung zur Stilllegung der Betriebsstätte führen kann (Pfandzelter et al. 2005). Sowohl die Kenntnis als die Einhaltung der entsprechenden Vorschriften ist grundlegende Voraussetzung für das ambulante Leistungsmanagement, wobei aufgrund der zunehmenden Fülle und Komplexität der sich teilweise widersprechenden gesetzlichen Regelungen der finanzielle und zeitliche Aufwand beständig steigt. Das **Regelungsgeflecht** ist geprägt von Zuständigkeiten, die auf den unterschiedlichen Ebenen der Versorgungsplanung angesiedelt sind, auf Bundes-, Landes-, kommunaler und Selbstverwaltungsebene. Da eine Darstellung sämtlicher Anforderungen im Rahmen des Lehrbuchs schon allein aus Platzgründen nicht in Frage kommt, soll am Beispiel der **Hygieneanforderungen** für Arztpraxen deutlich gemacht werden, welche Regelungsdichte auf diesem exemplarischen Gebiet eingetreten ist.

Maßnahmen zur Hygiene dienen der Prävention von Infektionen in der Patientenversorgung. Es ist die Aufgabe des Praxisinhabers, für die Einhaltung grundlegender Anforderungen zur Praxishygiene zu sorgen. Diese finden sich in verschiedenen Gesetzen wie dem Infektionsschutzgesetz, dem Medizinproduktegesetz, dem Arbeitsschutzgesetz, länderspezifischen Regelungen über den öffentlichen Gesundheitsdienst sowie in berufsgenossenschaftlichen Regelungen. Diese Gesetze und Vorschriften begründen Anlässe zur **behördlichen Begehung von Praxen**, wobei die gleiche Praxis zu dem gleichen Sachverhalt, in diesem Fall der Hygiene, aufgrund verschiedener Vorschriften wiederholt begangen werden kann. Zuständig für die behördliche Überwachung der Hygiene in einer Praxis ist insbesondere das zuständige Gesundheitsamt. Doch alleine schon für die Umsetzung des Medizinproduktegesetzes gelten bundesweit unterschiedliche Zuständigkeiten. Für die Praxen oft hinderlich kommt hinzu, dass in der Regel keine Abstimmung der Behörden untereinander erfolgt. Gleichzeitig ist festzustellen, dass eine regelmäßige Überwachung der Praxen, wie im Krankenhausbe-

> ◻ **Tab. 2.4-1.** Ausgewählte gesetzliche Anforderungen, die Begehungen von Arztpraxen begründen können

Bundesgesetze und -verordnungen	
Infektionsschutzgesetz	IfSG vom 20.07.2000 in der Fassung vom (i.d.F.v.) 24.12.2004
Medizinproduktegesetz	MPG i.d.F.v. 07.08.2002, zuletzt geändert durch die 8. Zuständigkeitsanpassungsverordnung vom 25.11.2003
Medizinprodukte-betreiberverordnung	MPBetreibV i.d.F.v. 21.08.2002, zuletzt geändert durch die 8. Zuständigkeitsanpassungsverordnung vom 25.11.2003
Gefahrstoffverordnung	GefStofV i.d.F.v. 23.12.2003, geändert durch die 9. Verordnung chemikalienrechtlicher Vorschriften vom 23.12.2003
Biostoffverordnung	BioStofV i.d.F.v. 27.01.1999, zuletzt geändert durch Art. 8 V vom 23.12.2004
Arbeitszeitschutzgesetz	ArbSchG i.d.F.v. 07.08.1996, zuletzt geändert durch Zuwanderungsgesetz vom 30.07.2004
Jugendarbeitsschutzgesetz	JArbSchG i.d.F.v. 12.04.1976, zuletzt geändert durch 37. Strafrechtsänderungsgesetz vom 11.02.2005
Mutterschutzgesetz	MuSchuG i.d.F.v. 20.06.2002, zuletzt geändert durch Art. 32 G vom 14.11.2003
Röntgenverordnung	RöV i.d.F.v. 08.01.1987, zuletzt geändert durch Verordnung zur Änderung der Röntgenverordnung und anderer atomrechtlicher Verordnungen vom 18.06.2002
Strahlenschutzverordnung	StrlSchV i.d.F.v. 20.07.2001, zuletzt geändert durch Verordnung zur Änderung der Röntgenverordnung und anderer atomrechtlicher Verordnungen vom 18.06.2002
Landesgesetze	
Gesundheitsdienstgesetz	Am Beispiel Berlin: GDG i.d.F.v. 01.08.1994, zuletzt geändert durch Gesetz vom 05.12.2003
Vorschriften der Berufsgenossenschaften	
Biologische Arbeitsstoffe im Gesundheitswesen und der Wohlfahrtspflege	BGR 250/TRBA 250
Vorschriften der gemeinsamen Selbstverwaltung (s. Text)	

reich üblich, derzeit noch nicht in allen Bundesländern vorgenommen wird.

In ◻ **Tab. 2.4-1** wird durch eine exemplarische Auflistung verdeutlicht, welche Normen durch Betreiber einer Arztpraxis zu berücksichtigen sind.

2.4.2 Praktische Umsetzung

Die vorgenannten Anforderungen treffen auf alle in der ambulanten Niederlassung tätigen Ärzte zu. In den seltensten Fällen wird jedoch die ärztliche Leistungserbringung ausschließlich zu Lasten des Patienten selbst erbracht. Wesentliche Kostenträger in der ambulanten Versorgung sind die **private und Gesetzliche Krankenversicherung** sowie weitere Kostenträger wie die **Beihilfe**, die **Berufsgenossen-**schaften als Träger der Gesetzlichen Unfallversicherung, **Bundeswehr** oder **Bundesgrenzschutz**.

Mit der Leistungserbringung für diese Versicherungen und Kostenträger sind in unterschiedlichem Umfang weitere Auflagen verbunden, die am ausgeprägtesten im Bereich der Gesetzlichen Krankenversicherung zu finden sind. Aber auch Kostenträger wie die Berufsgenossenschaften richten spezifische Anforderungen an diejenigen Ärzte, die Leistungen im Rahmen der Unfallbehandlung erbringen. Im nachfolgenden Abschnitt werden die Besonderheiten des Leistungsmanagements für die private und die Gesetzliche Krankenversicherung detaillierter dargestellt.

Management von Leistungen, die zu Lasten der privaten Krankenversicherung erbracht werden

Berechtigung zur Leistungserbringung

Zur Leistungserbringung in der Privaten Krankenversicherung (PKV) sind prinzipiell **alle approbierten Ärzte mit entsprechender Weiterbildung** befugt. Es besteht kein gesondertes Zulassungsverfahren, das zur Leistungserbringung für die Private Krankenversicherung berechtigt. Vorausgesetzt wird, dass der behandelnde Arzt sämtlichen gesetzlichen und berufsrechtlichen Vorschriften nachkommt. Damit stützt sich die PKV im Wesentlichen auf die für alle Ärzte geltenden gesetzlichen und berufsrechtlichen Vorschriften. Eine regelhafte Überprüfung dieser Anforderung im Einzelfall findet nicht statt. Eine Einschränkung im Hinblick auf den Ort der Leistungserbringung findet nicht statt. Ob die ambulante Leistung im Krankenhaus oder in der Arztpraxis erbracht wurde, hat keinen Einfluss auf die prinzipielle Abrechenbarkeit der Leistung.

Leistungsumfang

Im Unterschied zur Gesetzlichen Krankenversicherung (GKV) bestimmt sich der Leistungsumfang nach dem jeweils individuell abgeschlossenen Vertrag des Versicherten mit der privaten Krankenversicherung. In der Regel wird das gesamte Leistungsspektrum von der Prävention bis zur Kuration (einschließlich Palliation) abgedeckt. Einschränkungen bestehen in seltenen Fällen bei Maßnahmen der Rehabilitation. Prinzipiell kommen private Krankenversicherungen nur für medizinisch notwendige Behandlungen auf, es sei denn, vertraglich wurde ein **erweiterter Leistungsumfang** vereinbart. Damit besteht kein abgeschlossener Leistungskatalog, wie dies in der GKV der Fall ist. In der Regel werden auch Leistungen übernommen, die nicht von der GKV finanziert werden. Für die Beihilfe gelten gesonderte Leistungsverzeichnisse, die den Leistungsumfang konkretisieren. Leistungen können wie folgt offeriert und abgerechnet werden:

> ▣ **Leistungsverzeichnisse**
> — Wenn es sich um **wissenschaftlich anerkannte Untersuchungs- und Behandlungsmethoden** bzw. Arzneimittel handelt.
> — Wenn in der Praxis ebenso **Erfolg versprechende, bewährte Methoden** und Arzneimittel zur Anwendung kommen.
> — Wenn in bestimmten Fällen keine wissenschaftlich anerkannten Untersuchungs- und Behandlungsmethoden zur Verfügung stehen.

Nicht medizinisch notwendige Leistungen, die auf besonderen Wunsch des Patienten erbracht werden, sind nicht durch die Krankenversicherung abgedeckt. In solchen Fällen hat der Arzt darauf hinzuweisen, dass es sich um eine Behandlung auf Wunsch handelt, für die der Patient selbst aufzukommen hat (sog. **»Übermaßbehandlung«**) (Bundesärztekammer 2005). Die American Association of Internal Medicine hat für diesen Fall einen Kodex beschlossen, wonach Leistungen, die medizinisch nicht notwendig sind auch dann nicht angeboten werden sollten, wenn dies der ausdrückliche Patientenwunsch ist.

Aufgrund der stetig steigenden Inanspruchnahme der Privaten Krankenversicherung geht diese zunehmend dazu über, nicht mehr alle Kostenforderungen zu begleichen. Es obliegt dem behandelnden Arzt, Patienten auf diejenigen Behandlungen gesondert hinzuweisen, für die eine Kostenübernahme der Krankenversicherung wahrscheinlich nicht gewährt wird.

Rechtsform der Leistungserbringung

Patienten werden im Rahmen der privaten Krankenbehandlung auf der Grundlage eines zivilrechtlichen **Behandlungs-(Dienst-)Vertrags** behandelt. Leistungsforderungen auf dem Boden des Behandlungsvertrags werden in der Regel über die **Gebührenordnung für Ärzte (GOÄ)** erhoben, sofern andere Gesetze nicht besondere Regelungen vorsehen. Somit besteht kein direktes Vertragsverhältnis zwischen Arzt und privater Krankenversicherung. Ein Anspruch auf Behandlungspflicht, der über die berufsrechtlichen Anforderungen hinausgeht, besteht nicht.

Kooperations- und Organisationsformen

Es gelten die berufsrechtlich möglichen Kooperationsformen von Ärzten. Auch hier gilt, dass ein **formales Zulassungsverfahren** bei der PKV in der Regel **nicht existiert**. Dies ist der fehlenden Möglichkeit für private Krankenversicherungen geschuldet, Direktverträge mit Leistungserbringern abschließen zu können. Eine gesetzliche Grundlage zur direktvertraglichen Bindung von Ärzten durch die PKV, wie dies beispielsweise in der Kfz-Versicherung mit »Vertragswerkstätten« geschieht, besteht nicht.

Besondere Anforderungen

Über das Berufsrecht hinausgehende Anforderungen bezüglich der medizinischen Leistungserbringung bestehen nicht. Auch bestehen in der Regel keine fixierten Verpflichtungen, Versicherte der Privaten Krankenversicherung schneller oder bevorzugt zu behandeln. Aufgrund der höheren zu erzielenden Vergütungen werden jedoch insbesondere bei Terminen, denen kein Notfall zugrunde liegt, Unterschiede verzeichnet. Nachdem im Sozialrecht immer weiter gehende Qualifikationsanforderungen für GKV-Patienten definiert werden (vgl. weiter unten), ergeben sich zunehmend **Unterschiede bezüglich der Qualität der Leistungserbringung**. Da Ärzte aber zumeist gleichzeitig für beide Kostenträger arbeiten, ergibt sich vor Ort in der Regel kein für den Patienten spürbarer Unterschied. Eine der Ausnahmen: Eine Leistungserbringung zu Lasten der GKV wird wegen Nichterfüllung der spezifischen Qualitätsanforderungen ausgeschlossen und der Arzt bietet die Leistung fortan nur noch privatärztlich an.

Management von Leistungen, die zu Lasten der Gesetzlichen Krankenversicherung erbracht werden

Insbesondere dem der ambulanten GKV-Krankenversorgung zugrunde liegenden **Sachleistungsprinzip** ist es geschuldet, dass zusätzlich zum bestehenden Berufsrecht weitergehende, organisatorische Regelungen zur Erfüllung dieses Anspruchs gegenüber den Versicherten notwendig wurden. Damit alle Versicherten jederzeit ambulante ärzt-

liche Behandlung in **ausreichendem, zweckmäßigem und wirtschaftlichen Umfang** wahrnehmen können, schließen die gesetzlichen Krankenkassen **Kollektivverträge** mit Kassenärztlichen Vereinigungen ab. Nach den historischen Erfahrungen mit andauernden Konflikten, die Einzelverträgen zwischen Arzt und Krankenkasse geschuldet waren, wurde kollektivvertraglichen Regelungen mit einer körperschaftlich verfassten Ärzteschaft der Vorzug gegeben (Schirmer 1997). Ein Vertrag kommt danach nur noch zwischen Arzt und Kassenärztlicher Vereinigung zustande, die ihrerseits mit den Landesverbänden der Krankenkassen in einem Vertragsverhältnis steht. Die Vertrags-(früher Kassen-)Ärzte verzichten dafür auf Mittel des Arbeitskampfes und übernehmen die **gesamtschuldnerische Verpflichtung** zur Übernahme des **Versorgungsauftrags** »ambulante Versorgung der GKV-Patienten«.

Kassenärztliche Vereinigungen (KVen) werden durch freiberuflich tätige Ärzte oder ärztlich geleitete Einrichtungen gebildet und stellen für die Krankenkassen sicher, dass deren Versicherte die ihnen geschuldeten ambulant-ärztlichen Leistungen erhalten. Mit dem Recht, Kassenpatienten behandeln zu dürfen, gehen auch weitreichende Pflichten einher, die an vielen Stellen über berufsrechtliche Anforderungen hinausgehen und vertraglich geregelt werden.

Im Unterschied zu den Regelungen in der Privatmedizin, die sich hauptsächlich auf das Berufs- und Weiterbildungsrecht der Ärztekammern stützen, existieren deshalb für die ambulanten Leistungserbringung der GKV, der sog. **vertragsärztlichen Versorgung**, weit umfassendere Anforderungen, die sich von der Zulassung über die Verpflichtung zur Fortbildung sowie zusätzlichen Qualifikationsanforderungen bis hin zur Rezertifizierung für bestimmte Leistungsbereiche erstrecken. Die wesentliche Ordnungsfunktion nehmen dabei die Kassenärztlichen Vereinigungen ein, die für die Honorarverteilung (▶ Kap. 4.4), die Sicherstellung der ambulanten ärztlichen Versorgung und die Steuerung von Leistungen (z. B. Menge, Qualität) verantwortlich sind. Auf die Funktion der KVen und ihrem Zusammenschluss auf Bundesebene, der Kassenärztlichen Bundesvereinigung (KBV), wird im Folgenden immer dann eingegangen, wenn deren Aufgaben berührt werden.

Berechtigung zur Leistungserbringung

Die vertragsärztliche Versorgung wird sichergestellt durch zugelassene Ärzte und Psychotherapeuten, zugelassene medizinische Versorgungszentren, durch ermächtigte Ärzte und ermächtigte, ärztlich geleitete Einrichtungen. Detaillierte Ausführungen hierzu sind in ▶ Kap. 5.4 zu finden.

Die Leistungserbringung von ambulanten medizinischen Leistungen zu Lasten der GKV setzt eine gesonderte **Zulassung** voraus, die über die berufsrechtlichen Anforderungen hinausgeht. Unterschieden wird die reguläre Zulassung von der Ermächtigung. Grundlage der Zulassung sind die §§ 95 und 98 SGB V sowie die Zulassungsverordnung für Vertragsärzte (Ärzte-ZV; Bundesministerium für Gesundheit 2003). Die Ärzte-ZV als bestimmende Norm regelt die

— Einrichtung von Zulassungsbezirken durch die regionale Kassenärztliche Vereinigung und den Landesverbänden der Krankenkassen (bzw. Ersatzkassen),
— Anlage von Arztregistern,
— Feststellung von Über- und Unterversorgung von Zulassungsbezirken mit Ärzten,
— Voraussetzungen für Ärzte zur Zulassung zur vertragsärztlichen Versorgung,
— Ermächtigung von Ärzten,
— Vertretung und Anstellung von Ärzten in der Praxis sowie Kooperationsformen (s. Abschn. Kooperationsformen) einschließlich Job-Sharing,
— Einrichtung von Zulassungs- und Berufungsausschüssen, die paritätisch durch Vertreter der Kassenärztlichen Vereinigung und den Landesverbänden der Krankenkassen eingerichtet werden.

In der Folge steigender Niederlassungen in den letzten Jahrzehnten wurde erst nachträglich ein Passus zur **Überversorgung** in die Ärzte-ZV eingefügt. Diese wird angenommen, wenn der als bedarfsgerecht angesehene Versorgungsgrad um 10% überschritten wird. Die Ermittlung des »allgemein bedarfsgerechten« Versorgungsgrads folgte dabei nicht umfassenden wissenschaftlichen Untersuchungen, sondern wurde normativ in Richtlinien des Bundesausschusses der Ärzte und Krankenkassen (seit 01.01.2004: Gemeinsamer Bundesausschuss G-BA) festgelegt, die erstmals im Jahr 1993 verabschie-

det wurden. Die **Bedarfsplanungsrichtlinien** werden kontinuierlich weiterentwickelt und angepasst. Zulassungen können durch den Zulassungsausschuss nur dann erteilt werden, wenn keine Überversorgung vorliegt. Ist diese gegeben, so sind Wartelisten einzurichten. Ausnahmen wurden im Rahmen der sog. **Sonderbedarfszulassung** geschaffen, die durch die Bedarfsplanungsrichtlinien des G-BA in Verbindung mit § 101 Abs. 1 SGB V für folgende Tatbestände definiert werden:

— Nachweislicher lokaler Versorgungsbedarf
— Nachweis eines besonderen, qualifizierten Versorgungsbedarfs
— Gründung einer Gemeinschaftspraxis mit spezialisierten Versorgungsaufgaben
— Schwerpunktmäßig ambulant operative Tätigkeit
— Dialyseversorgung

Damit bestehen lokale Möglichkeiten, auf den Versorgungsbedarf einer Region individuell einzugehen. Als weitere Option wurde das **Job-Sharing** ermöglicht, wonach zusätzliche Ärzte in eine Praxis eintreten können, wodurch allerdings das bisherige Abrechnungsvolumen um maximal 3% gesteigert werden darf. Nach 10 Jahren fällt diese Zulassungsbeschränkung weg und der »Job-Sharer« erhält eine vollumfängliche Zulassung. Gesonderte Bestimmungen gelten für sog. **Belegärzte**, die niedergelassene Vertragsärzte sind und Leistungen in Belegabteilungen in Krankenhäusern erbringen. Dies trifft insbesondere auf die operativ tätigen Fächer zu sowie auf die Geburtshilfe. Die Tätigkeit des Belegarztes muss überwiegend ambulant sein.

Das **Verfahren der Zulassung** erfolgt in zwei Schritten. Zunächst muss die Eintragung in das Arztregister vorgenommen werden, danach ist ein erneuter Antrag auf Zulassung zur vertragsärztlichen Versorgung zu stellen:

> ◘ **Antrag auf Eintragung in das Arztre-gister**
>
> Beizufügen sind:
> - Geburtsurkunde
> - Approbation
> - Nachweis über ärztliche Tätigkeit nach bestandener ärztlicher Prüfung
> - Urkunden über abgeschlossene Weiterbildungen
>
> ◘ **Antrag auf Zulassung zur vertragsärzt-lichen Versorgung**
>
> Kriterien sind:
> - Eintragung in das Arztregister
> - Persönliche Eignung (u. a. Lebenslauf, Polizeiliches Führungszeugnis, kein Vorliegen einer Rauschgift- oder Alkoholsucht)
> - Altersgrenze von 55 Jahren
> - Nicht gesperrter Zulassungsbezirk

Zulassungsfähig sind auch **Medizinische Versorgungszentren**, wie sie durch § 95 SGB V etabliert wurden (worauf im Abschnitt Kooperations- und Organisationsformen weiter unten eingegangen wird) sowie seit dem GKV-Modernisierungsgesetz auch **Krankenhäuser**, sofern für das entsprechende Fachgebiet in dem Planungsbereich eine Unterversorgung festgestellt wurde (§ 116a SGB V).

Die zweite Zugangsform zur Leistungserbringung in der vertragsärztlichen Versorgung stellt die sog. »**Ermächtigung**« von Ärzten dar. Ist für einen Zulassungsbezirk eine Unterversorgung, auch im Hinblick auf die spezialisierte Versorgung von Patienten mit bestimmten Krankheiten, festzustellen und nicht durch zugelassene Vertragsärzte zu beheben, so kann der Zulassungsausschuss **in der Regel Krankenhausärzte**, in seltenen Fällen ausschließlich ambulant tätige Privatärzte, zur vertragsärztlichen Versorgung zulassen. Die Zulassung ist zeitlich, räumlich und ihrem Umfang nach zu begrenzen. Genauso ist festzulegen, ob der ermächtigte Arzt direkt oder nur auf Überweisung in Anspruch genommen werden kann. Ermächtigt werden können auch ärztlich geleitete Einrichtungen wie **Polikliniken** (§ 117 SGB V) oder **sozialpädiatrische Zentren** (§ 119 SGB V) oder **psychiatrische Institutsambulanzen** (§ 118 SGB V). Ein Sonderfall ist

Ermächtigung qua Gesetz von Allgemeinkrankenhäusern mit selbstständig fachärztlich geleiteten psychiatrischen Abteilungen zur psychiatrischen und psychotherapeutischen Versorgung bestimmter Gruppen (§ 118 Abs.2 SGB V). Zusätzlich wurde in den sog. Bundesmantelverträgen festgelegt, dass für zytologische Diagnostik von Krebserkrankungen sowie zur ambulanten Untersuchung und Beratung zur Planung der Geburtsleitung im Rahmen der Richtlinien des G-BA ohne Prüfung des Bedarfs Ermächtigungen ausgesprochen werden können.

Die Zulassung zur vertragsärztlichen Versorgung geht mit **Rechten** (Abrechnung von Leistungen zu Lasten der GKV) und **Pflichten** (u. a. Residenz- und Präsenzpflicht, Behandlungspflicht, persönliche Leistungserbringung, gesonderte Auflagen zur Qualitätssicherung, Teilnahme am Notdienst, festgelegte Praxisöffnungszeiten, Regelungen zur Wirtschaftlichkeits- und Plausibilitätsprüfung, ggf. mit Regressforderungen, Fortbildungspflicht) einher und bedeutet nicht, dass sämtliche Leistungen des eigenen Fachgebietes automatisch abgerechnet werden dürfen. Zusätzlich müssen Ärzte für ca. 30% der Leistungen im Einheitlichen Bewertungsmaßstab (EBM; vgl. ► Kap. 4.4), dem Leistungskatalog der ambulanten GKV-Versorgung, ein gesondertes Qualifikationsniveau nachweisen, um diese Leistungen (z. B. Koloskopie) erbringen zu dürfen. Hierauf wird im Abschnitt »Besondere Anforderungen« gesondert eingegangen.

Ambulante Behandlung am Krankenhaus

Unabhängig von der Ermächtigung im Rahmen der vertragsärztlichen Versorgung hat der Gesetzgeber kontinuierlich die Möglichkeiten zur ambulanten Leistungserbringung am Krankenhaus erweitert. Für **ambulante Operationen** gilt, dass das Krankenhaus u. a. den Landesverbänden der Krankenkassen und der KV sein Vorhaben anzeigen muss, um ambulante Operationen nach § 115b SGB V anbieten zu dürfen. Mit der letzten Gesetzesnovellierung wurde Krankenhäusern zudem die Möglichkeit der ambulanten **Versorgung mit hochspezialisierten Leistungen** und von **Patienten mit seltenen Erkrankungen und »Erkrankungen mit besonderen Krankheitsverläufen«** eingeräumt (§ 116b(3) SGB V):

☐ **Hochspezialisierte Leistungen**
- Computertomographie oder Magnet-Resonanz-Tomographie (CT/MRT)-gestützte interventionelle schmerztherapeutische Leistungen
- Brachytherapie

☐ **Seltene Erkrankungen und Erkrankungen mit besonderen Krankheitsverläufen**
- Diagnostik und Versorgung von Patienten mit onkologischen Erkrankungen
- Diagnostik und Versorgung von Patienten mit HIV/Aids
- Diagnostik und Versorgung von Patienten mit schweren Verlaufsformen rheumatologischer Erkrankungen
- spezialisierte Diagnostik und Therapie der schweren Herzinsuffizienz (NYHA Stadium 3–4)
- Diagnostik und Versorgung von Patienten mit Tuberkulose
- Diagnostik und Versorgung von Patienten mit Mukoviszidose
- Diagnostik und Versorgung von Patienten mit Hämophilie
- Diagnostik und Versorgung von Patienten mit Fehlbildungen, angeborenen Skelettsystemfehlbildungen und neuromuskulären Erkrankungen
- Diagnostik und Therapie von Patienten mit schwerwiegenden immunologischen Erkrankungen
- Diagnostik und Versorgung von Patienten mit Multipler Sklerose
- Diagnostik und Versorgung von Patienten mit Anfallsleiden
- Diagnostik und Versorgung von Patienten im Rahmen der pädiatrischen Kardiologie
- Diagnostik und Versorgung von Frühgeborenen mit Folgeschäden

Ein formales Zulassungsverfahren wie im vertragsärztlichen Bereich besteht für beide Formen nicht; gleichwohl sind die Qualitätsanforderungen des ambulanten Bereichs einzuhalten. Die Vergütung wird direkt zwischen den Krankenhäusern und den Landesverbänden der Krankenkassen vereinbart; allgemeingültige Vorschriften werden auf Bundesebene dreiseitig durch die Deutsche Krankenhausgesellschaft, die Spitzenverbände der Krankenkassen und die Kassenärztliche Bundesvereinigung für das ambulante Operieren nach § 115b und für die ambulante Behandlung am Krankenhaus nach § 116b durch den G-BA (mit den vorgenannten Akteuren) vereinbart.

Kooperations- und Organisationsformen

Die Verpflichtung zur **persönlichen Leistungserbringung** wird durch den Bundesmantelvertrag explizit festgeschrieben und konkretisiert (§ 15 BMV). Danach ist jeder an der vertragsärztlichen Versorgung teilnehmende Arzt zur persönlichen Leistungserbringung verpflichtet. Persönliche Leistungen sind allerdings auch Leistungen, die durch genehmigte Assistenten und angestellte Ärzte erbracht werden, sofern diese die erforderlichen Qualifikationsvoraussetzungen besitzen. Der Verstoß gegen die persönliche Leistungserbringung kann erhebliche Regressforderungen nach sich ziehen. Selbstverständlich können Anteile der Leistung, die originär für das Zustandekommen der Leistung notwendig sind und keine ärztliche Tätigkeit darstellen, delegiert werden. Hierzu gehört z. B. die Probenaufbereitung im Labor oder aber die Vorbereitung von Patienten auf eine Behandlung. Grundsätzlich nicht delegierbare Leistungen sind beispielsweise die Anamnese, die Indikationsstellung, die Aufklärung oder die Therapieentscheidung. Die KBV und die Bundesärztekammer haben zur Frage der **Delegationsfähigkeit von Leistungen** 1987 Grundsätze entwickelt, die ärztliche Leistungen in nicht delegationsfähige, persönlich zu erbringende, im Einzelfall delegationsfähige und schließlich in grundsätzlich delegationsfähige Leistungen unterteilt.

Leistungen, die der Arzt nicht persönlich erbringen oder delegieren kann und die für die Diagnose und Behandlung erforderlich sind, können in einem geregelten **Überweisungsverfahren** angefordert werden. Hierfür wurden im Bundesmantelvertrag Überweisungsregelungen festgelegt, die vier verschiedene Kategorien vorsehen:

- Die **Auftragsleistung**, die einen klar umschriebenen Auftrag zur Durchführung einer oder mehrerer Leistungen vorsieht, Beispiel: Laboruntersuchungen.
- Die **Konsiliaruntersuchung**, die der Durchführung von diagnostischen Maßnahmen im Sinne einer Stufendiagnostik zur Eingrenzung einer Verdachtsdiagnose dient, Beispiel: Röntgenuntersuchungen.
- Der **Mitbehandlung**, die der gebietsbezogenen Erbringung begleitender oder ergänzender diagnostischer Maßnahmen dient, über deren Art und Umfang ausschließlich der mitbehandelnde Arzt entscheidet.
- Und schließlich die **Weiterbehandlung**, bei der mit der Überweisung die gesamte diagnostische und therapeutische Tätigkeit an den weiterbehandelnden Arzt übertragen wird.

Diese Regelungen des Zusammenwirkens haben Gültigkeit nur für an der vertragsärztlichen Versorgung teilnehmende Ärzte und Einrichtungen und sind weder im Sozialgesetz noch im Berufsrecht kodifiziert. Eine Überweisung kann nur dann vorgenommen werden, wenn dem überweisenden Arzt die Krankenversichertenkarte vorgelegen hat und das hierfür vorgesehene **Überweisungsformular** verwendet wird (§ 24 BMV). Von besonderer Bedeutung sind Überweisungen geworden, da solche Arztbesuche von der seit 2005 geltenden Praxisgebühr ausgenommen sind, d. h. auch für den Patienten erkennbar anders als eine Direktinanspruchnahme eines zweiten Arztes im entsprechenden Quartal behandelt werden.

Neben dieser Form des Zusammenwirkens von Vertragsärzten ändern sich rapide die Möglichkeiten der gemeinschaftlichen Berufsausübung. Das Vertragsarztrecht setzte bislang den »niedergelassenen Praxissitz« voraus, um eine Zulassung aussprechen zu können. Diesem Niederlassungsgebot folgend üben Ärzte ihre Tätigkeit selbstständig und unabhängig aus (Schirmer 2006). Dies entsprach insbesondere der bisher häufigsten Kooperationsform von niedergelassenen Ärzten, nämlich der Gemeinschaftspraxis (s. auch ▶ **Kap. 5.4**). Mit der Einrichtung von Medizinischen **Versorgungszentren (MVZ)** (▶ **Kap. 5.4**) wurden weitere Möglichkeiten des Zusammenwirkens geschaffen, die mit berufsrechtlichen (z. B. Gesellschaftsform, freie Arztwahl) und haftungsrechtlichen Vorschriften in Einklang zu bringen sind. Mit der Etablierung von Medizinischen Versorgungszentren stehen nunmehr innovative Kooperationsformen zur Verfügung, die die fachgruppenübergreifende Zusammenarbeit unterschiedlicher Berufsgruppen erlaubt. Erleichtert wird auf diese Weise auch die **Anstellung von Ärzten**, was insbesondere Wiedereinsteigern in den Beruf, denen die finanziellen Verpflichtungen einer eigenen Praxis zu risikoreich erscheinen, neue Chancen eröffnet.

Weitere, häufig genutzte Organisationsformen sind die der **Apparategemeinschaft** (in der Ärzte gemeinsame Geräte nutzen) und die der **Laborgemeinschaft** (§ 15 BMV). Laborgemeinschaften sind Gemeinschaftseinrichtungen von Vertragsärzten, die der Durchführung bestimmter Laborleistungen in gemeinschaftlich genutzten Betriebsstätten dienen, die im EBM gesondert ausgewiesen sind. Für solche in Laborgemeinschaften erbrachte Laboranalysen gilt, dass der Grundsatz der persönlichen Leistungserbringung gegeben ist. Besondere Anforderungen an die Anwesenheit und Anstellung von Ärzten regelt der Bundesmantelvertrag (§ 25 BMV). Eine gemeinschaftliche Leistungserbringung im Sinne einer Gemeinschaftspraxis oder anderen Form der Berufsausübungsgemeinschaft besteht nicht.

Umfang der Leistungserbringung

Der Umfang der Leistungserbringung in der vertragsärztlichen Versorgung bestimmt sich nach dem SGB V. Stellvertretend ist hier die zusammenfassende Aufführung des Leistungsumfangs, wie sie im Bundesmantelvertrag aufgeführt wird, in ◻ **Tab. 2.4-2** zusammengefasst. Die abstrakte Aufführung der Leistungsgebiete findet ihre Konkretisierung im Einheitlichen Bewertungsmaßstab (EBM), der einzelne Untersuchungs- und Behandlungsmethoden aufführt. Der EBM wird vom Bewertungsausschuss mit je 7 Mitgliedern der Kassenärztlichen Bundesvereinigung und den Spitzenverbänden der Krankenkassen festgelegt (§ 87 Abs. 1 und Abs. 3), bzw. wenn dieser keine Einigung erzielen kann, vom Erweiterten Bewertungsausschuss (§ 87 Abs. 4 und Abs. 5). Die derzeit gültige Version des EBM, der sog. EBM 2000plus, ist zum 01.04.2005 in Kraft getreten.

2

⊡ **Tab. 2.4-2.** Umfang der vertragsärztlichen Versorgung in seinen wesentlichen Anteilen

1.	Ärztliche Behandlung
2.	Ärztliche Betreuung bei Schwangerschaft und Mutterschaft
3.	Ärztliche Maßnahmen zur Früherkennung von Krankheiten
4.	Ärztliche Maßnahmen zur Empfängnisregelung, Sterilisation und zum Schwangerschaftsabbruch, soweit die Leistungspflicht nicht durch gesetzliche Regelungen ausgeschlossen ist
5.	Ärztliche Leistungen zur Herstellung der Zeugungs- oder Empfängnisfähigkeit sowie die medizinischen Maßnahmen zur Herbeiführung einer Schwangerschaft
6.	Verordnung Arznei-, Verband-, Heil- und Hilfsmitteln, von Krankentransporten, von Krankenhausbehandlung, von Behandlung in Vorsorge- oder Rehabilitationseinrichtungen sowie die Veranlassung von ambulanten Operationen, auch soweit sie in Krankenhäusern durchgeführt werden
7.	Beurteilung der Arbeitsunfähigkeit
8.	Ärztliche Verordnung von ambulanten Vorsorgeleistungen in anerkannten Kurorten
9.	Ausstellung von Bescheinigungen und Erstellung von Berichten, welche die Krankenkassen oder der Medizinische Dienst zur Durchführung ihrer gesetzlichen Aufgaben oder welche die Versicherten für den Anspruch auf Fortzahlung des Arbeitsentgelts benötigen
10.	Verordnung von häuslicher Krankenpflege
11.	Verordnung von medizinischen Leistungen der Rehabilitation, Belastungserprobung und Arbeitstherapie
12.	Die vom Arzt angeordneten und unter seiner Verantwortung erbrachten Hilfeleistungen anderer Personen
13.	Die psychotherapeutische Behandlung einer Krankheit durch psychologische Psychotherapeuten und Kinder- und Jugendlichenpsychotherapeuten und Vertragsärzte im Rahmen des SGB V und der Richtlinien des Gemeinsamen Bundesausschusses der Ärzte und Krankenkassen
14.	Verordnung von Soziotherapie
15.	Belegärztliche Behandlungen in Krankenhäusern
16.	Die in Notfällen ausgeführten ambulanten Leistungen durch nicht an der vertragsärztlichen Versorgung teilnehmenden Ärzte
17.	Ärztliche Leistungen bei vorübergehender Erbringung von Dienstleitungen gemäß Art. 60 des EWG-Vertrags

Der EBM listet sämtliche abrechenbaren vertragsärztlichen Leistungen auf und ordnet ihnen eine fünfstelligen Abrechnungs- bzw. Leistungsziffer sowie einen Punktwert zu Abrechnungszwecken zu (zu letzterem vgl. ▶ **Kap. 4.4**). Die aufgeführten Leistungen oder Leistungskomplexe beinhalten obligate Leistungsinhalte, aber auch fakultative Teilleistungen. Der EBM umfasst 518 Seiten und ist in 6 Hauptkapitel unterteilt:

- Das I. Kapitel mit 7 Unterkapiteln beinhaltet allgemeine Bestimmungen zu abrechnungsfähigen Leistungen, deren Erbringung und Berechnung.
- Das II. Kapitel beinhaltet arztgruppenübergreifende allgemeine Leistungen, die von jedem Vertragsarzt erbracht und abgerechnet werden können.
- Das III. Kapitel enthält arztgruppenspezifische Leistungen, die nur von im entsprechenden

Kapitel genannten Arztgruppen erbracht werden dürfen.

- Das IV. Kapitel enthält arztgruppenübergreifende spezielle Leistungen, deren Erbringung die Erfüllung bestimmter Kriterien voraussetzt.
- Das V. Kapitel enthält nur ein Unterkapitel mit 75 Kostenpauschalen für die pauschale Erstattung von Sachkosten (z. B. Versandmaterial, Röntgenkontrastmittel, etc.) mit Abrechnungsziffer und Beträgen in Euro.
- Das VI. Kapitel enthält die Anhänge zum EBM, u. a. ein Verzeichnis der nicht gesondert abrechnungsfähigen und in den Leistungsziffern bereits enthaltenen Leistungen.

Kapitel III ist in einen hausärztlichen (III.a) und einen fachärztlichen Versorgungsbereich (III.b) unterteilt. Bei III.a wird weiter zwischen dem »hausärztlichen Bereich« (III.a 3) und dem »Bereich Kinder- und Jugendmedizin« (III.a 4) unterschieden. Bereich III.b ordnet 23 verschiedenen Facharztgebieten spezielle Leistungsziffern zu. Diese Unterkapitel sind zumeist weiter in »Grundleistungen« sowie »diagnostische und therapeutische Leistungen« unterteilt. Bei den augenärztlichen Leistungen gibt es beispielsweise 5 Leistungsziffern für Grundleistungen und 15 Leistungsziffern für diagnostische und therapeutische Leistungen.

Das Kapitel IV »Arztgruppenübergreifende spezielle Leistungen« unterteilt sich in sechs Unterkapitel: »Spezielle Versorgungsbereiche« (z. B. Chirotherapie, Allergologie, und Soziotherapie), »Leistungen des ambulanten und belegärztlichen Operierens«, »Laboratoriumsmedizin, Molekulargenetik und Molekularpathologie«, Ultraschalldiagnostik, »Diagnostische und interventionelle Radiologie, Computertomographie und Magnetfeld-Resonanz-Tomographie« und schließlich »Leistungen gemäß den Psychotherapie-Richtlinien«.

Rechtsform der Leistungserbringung

Zwischen Vertragsarzt und Patienten kommt ein durch weitere öffentliche Vorschriften, nämlich dem Sozialrecht, überlagerter Dienstvertrag zustande, wobei **Honorarschuldner** nicht der Patient, sondern die **gesetzliche Krankenkasse** ist, bei der der Patient versichert ist. Durch die Teilnahme an der vertragsärztlichen Versorgung übernimmt der Arzt **(kollektiv-)vertragliche Verpflichtungen,** die über das Berufsrecht hinausgehen (z. B. Francke und Schnitzler 2002). Es dürfen zu Lasten der GKV nur Leistungen angeboten werden, für die eine Zulassung auch innerhalb der vertragsärztlichen Versorgung besteht. Im Unterschied zur Privatmedizin besteht zudem eine **Behandlungspflicht.** Nur in besonderen Ausnahmen kann eine Behandlung verweigert werden.

Das zusätzliche Angebot **privatärztlicher Leistungen für GKV-Patienten** bedarf der besonderen Würdigung. Wenn ein Arzt GKV-Patienten Leistungen privatärztlich anbietet, für die er keine vertragsärztliche Zulassung besitzt, so ist der Patient explizit darauf hinzuweisen. Es ist ebenso darauf hinzuweisen, dass eine Kostenerstattung durch die Krankenkasse prinzipiell nicht möglich ist. Im Regelfall ist für diese Situation die Überweisung des Patienten an einen vertragsärztlichen Kollegen vorgesehen. Hinsichtlich des Angebots von Leistungen, die nicht Bestandteil des EBM sind, ist festzustellen, dass dies häufig Leistungen sind, die **weder evidenzbasiert noch qualitätsgesichert** sind. Es sei diesbezüglich an den Grundsatz der Muster-Berufsordnung erinnert, wonach eine gewerbsmäßige Ausübung des Arztberufs nicht vorgesehen ist. Die Bundesärztekammer hat in einer Schrift die Grundsätze des Angebots solcher »**individuellen Gesundheitsleistungen (IGeL)**« genannten Leistungen dargelegt, um einer unangemessenen Kommerzialisierung vorzubeugen.

Besondere Anforderungen und Gestaltungsoptionen

Nachdem der Gesetzgeber auf Bundesebene keine Einflussmöglichkeit auf die Durchführung der Berufsausübung hat, da diese Kompetenz dem Landesrecht zusteht, wurden in den letzten Jahren zahlreiche versorgungslenkende Elemente in das bundesweit geltende Sozialrecht aufgenommen. Da nahezu alle Ärzte sowohl privatärztlich als auch für die GKV tätig werden, strahlen diese Maßnahmen in die gesamte ambulante Versorgung aus.

Hierzu gehören insbesondere die Schaffung von gesetzlichen Grundlagen zur **Qualitätssicherung von ärztlichen Leistungen** (§§ 135 Abs. 2, 135a, 136 SGB V), die **Förderung der Versorgung durch Hausärzte** (§ 73(1)-(1c) SGB V und hausarztzentrierte Versorgung nach § 73b SGB V), die Schaffung spezieller, qualitätsorientierter Versorgungsaufträge (sowohl als Anlage zum Bundesmantelvertrag auf der Grundlage des § 73c SGB V) sowie die **sektorenübergreifende Behandlung in strukturierten Behandlungsprogrammen** (Disease Management-Programme nach § 137f und g SGB V). Grundzüge dieser häufig mit besonderen Anforderungen belegten Maßnahmen sollen im Folgenden dargestellt werden. Daneben besteht eine Fülle weiterer Vertragsoptionen, die der Ausgestaltung der vertragsärztlichen Versorgung dienen und auf die nicht näher eingegangen werden soll (z. B. Modellvorhaben nach §§ 63 ff. SGB V, Strukturverträge nach § 73a SGB V; vgl. hierzu ▶ **Kap. 2.5**).

Besondere Anforderungen an die Qualität der Leistungen

Der Gesetzgeber hat in den letzten Jahren kontinuierlich einerseits den Druck erhöht, andererseits Voraussetzungen auf dem Gesetzeswege geschaf-

2

fen, besondere **Qualifikationsanforderungen** für die vertragsärztliche Versorgung zu definieren. Schon vor dieser Entwicklung war es die Aufgabe der KVen, im Rahmen der Sicherstellung der Leistungen dafür Sorge zu tragen, dass die durch den Einsatz einer spezifischen Diagnostik oder Therapie zu erwartenden Verbesserungen durch sachgemäße Anwendung unter bestimmten, festzulegenden Voraussetzungen auch bei den behandelten Patienten eintreten können. Um diese potenzielle Lücke zwischen wissenschaftlich erwiesener Wirksamkeit (»efficacy«) und Effektivität in der Routineanwendung (»effectiveness«) möglichst gering zu halten, wurden deshalb schon frühzeitig gesonderte Vereinbarungen mit den Krankenkassen geschlossen, die der Definition eines bestimmten Qualitätsniveaus dienten. So wurde eine Röntgenvereinbarung, die verbindlich für Vertragsärzte war, vor der Schaffung einer Röntgenverordnung durch den Staat abgeschlossen.

- **Gründe für Qualitätsrelevante Vereinbarungen in der vertragsärztlichen Versorgung**
- **Technischer Fortschritt**: Rahmenbedingungen müssen für neue Untersuchungs- und Behandlungsmethoden geschaffen werden – Beispiel: Sonographie-Vereinbarung
- **Kassenwettbewerb**: Schaffung gesonderter Angebote für Versicherte: in der Vergangenheit insbesondere Verträge durch Ersatzkassen im Bereich der Onkologie, Schmerztherapie, Diabetes
- Erfordernis von **Versorgungskonzeptionen**: z. B. Dialysevereinbarung
- Erfordernis von regionalen Vereinbarungen zur **Lösung spezifischer Versorgungsprobleme**
- **Gesetzlicher Auftrag**: z. B. Einführung besonderer Programme für bestimmte Patientengruppen (z. B. Palliativversorgung, Mammographie-Screening)

---

deren Qualitätsauflagen, die über die in der privatärztlichen Behandlung oder Krankenhausbehandlung bestehenden Anforderungen hinausgehen. Die Maßnahmen haben sich traditionell auf die **Strukturqualität**, nämlich die fachliche Befähigung der zur Leistungserbringung zugelassenen Ärzte und auf Anforderungen an Geräte und Räumlichkeiten, bezogen. Bevor ein Arzt eine entsprechende Leistung abrechnen darf, muss er in einem Verwaltungsverfahren die erforderlichen Qualifikationsnachweise der KV vorlegen und in einem Kolloquium vor fachkundigen Kollegen sein Wissen belegen.

Kontinuierlich ergänzt wurden in den letzten Jahren Auflagen zur Aufrechterhaltung der fachlichen Befähigung, hierzu gehören **Frequenzregelungen** (z. B. für Ärzte, die Koloskopien oder Herzkatheteruntersuchungen erbringen), **spezi-**

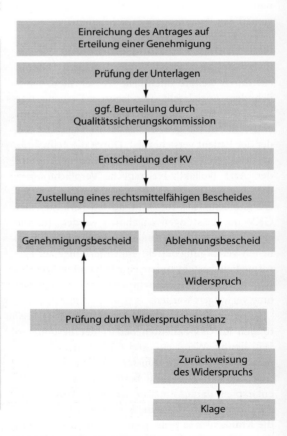

Circa 30% der im EBM aufgeführten Leistungen unterliegen auf der Grundlage von § 135(2) SGV und den Richtlinien des G-BA nach § 136 **beson-**

□ Abb. 2.4-1. Standardablauf für die Genehmigung zur Erbringung qualitätsgesicherter Leistungen in der vertragsärztlichen Versorgung (Kriedel und Kintrup 2004)

fische **Fortbildungsnachweise** (z. B. Onkologie-Vereinbarung mit den Ersatzkassen), die regelmäßige Begutachtung von Fallsammlungen im Sinne einer **Rezertifizierung** (z. B. Mammographie) und die **kontinuierliche Überprüfung** der Qualität durch Stichprobenprüfungen (z. B. Hüftsonographie, Röntgenuntersuchungen).

Zur Vollständigkeit der Leistungserbringung, die Ärzte bei der Abgabe ihrer Honorarforderung an die KV per Unterschrift versichern,

gehört automatisch auch die Erfüllung der spezifischen Anforderungen der vertragsärztlichen Versorgung, darunter auch die besonderen Qualitätsanforderungen. Die KBV hat Richtlinien nach § 75 Abs. 7 SGB V herausgegeben, die diese Verfahren regeln. Details zu den einzelnen Regelungen finden sich u. a. in den Qualitätssicherungsvereinbarungen nach § 135 Abs. 2, die auf der Webseite der KBV (www.kbv.de/qualitaet) recherchiert werden können. In ◘ **Abb. 2.4-1** wird der Standardablauf

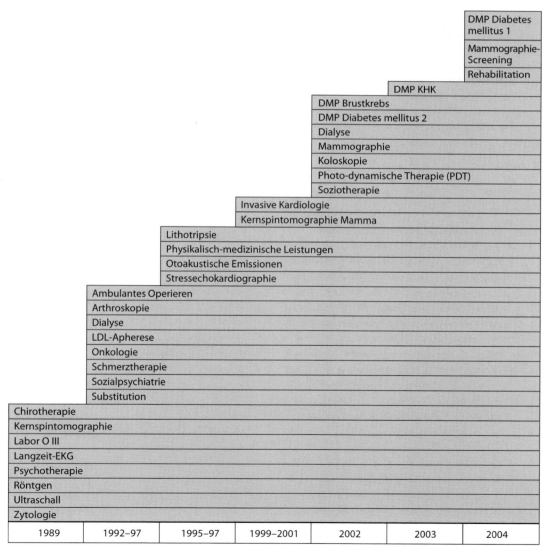

◘ **Abb. 2.4-2.** Qualitätssichernde Maßnahmen, die durch die Kassenärztlichen Vereinigungen durchgeführt werden (Mod. nach Kassenärztlicher Bundesvereinigung 2005)

für die Genehmigung zur Erbringung qualitätsgesicherter Leistungen in der vertragsärztlichen Versorgung gezeigt.

Das Verfahren leidet darunter, dass es jahrzehntelang weitgehend unter Ausschluss der Öffentlichkeit durchgeführt wurde. Erst in den letzten Jahren gingen KVen und KBV dazu über, **Transparenz** herzustellen. Der Gesetzgeber hat diesen Ansatz aufgegriffen und die KVen dazu verpflichtet, regelmäßig Berichte über ihre Ziele und Maßnahmen zur Verbesserung der Ergebnisqualität zu veröffentlichen (§ 136 SGB V, Förderung der Qualität durch die Kassenärztlichen Vereinigungen) – eine Verpflichtung, die eigentlich im Selbstinteresse dieser Organisationen liegen sollte. Neben der **Berichtspflicht** zeichnet sich zudem ein Trend ab, wonach die bisher ausschließlich durch KV-Vertreter besetzten Fachkommissionen auch für fachlich versierte Krankenkassenvertreter geöffnet werden.

In ◘ **Abb. 2.4-2** sind die Leistungsbereiche aufgeführt, für die seit Ende der 1980er Jahre Qualitätsanforderungen erarbeitet und verpflichtend gemacht wurden. Die dabei zum Einsatz kommenden »**Werkzeuge**« der **Qualitätssicherung** werden im nachfolgenden Kasten zusammengefasst.

Mit direkter Auswirkung auf die vertragsärztliche Tätigkeit hat der Gemeinsame Bundesausschuss Richtlinien nach § 136 SGB V erlassen, die Anforderungen an die Erbringung von **Röntgen- und kernspintomographischen Leistungen** sowie die Einführung eines **einrichtungsinternen Qualitätsmanagements** betreffen. Die Rolle des G-BA wurde in den letzten Jahren kontinuierlich gestärkt, wodurch auch seine Zuständigkeit für die Qualitätssicherung, insbesondere bei sektorenübergreifenden Maßnahmen, gewachsen ist.

Derzeit in Vorbereitung befinden sich dort Maßnahmen zur indikatorengestützten Qualitätssicherung der Ergebnisqualität der Dialyseversorgung. Nachdem bislang die Qualitätssicherung auf die Struktur- und Prozessqualität beschränkt waren, wird damit der Weg in die Sicherung der **Ergebnis-**

◘ »**Werkzeuge« der Qualitätssicherung**

— **Hygiene-Prüfungen/Praxisbegehungen** (z. B. Koloskopie): Zur Aufrechterhaltung der Abrechnungsgenehmigung wird die Praxis in regelmäßigen Abständen auf die Einhaltung der Hygienevorschriften geprüft. Treten Mängel auf, werden Nachprüfungen durchgeführt, die bei Nichtbestehen mit dem Entzug der Genehmigung verbunden ist.

— Frequenzregelungen (z. B. invasive Kardiologie): Nur Ärzte, welche die Leistung entsprechend häufig erbringen, dürfen an der Versorgung teilnehmen. Dieses Instrument wird insbesondere bei solchen Maßnahmen zur Voraussetzung gemacht, bei denen ein Mindestmaß an Routine wesentlichen Einfluss auf die Qualität der Leistungserbringung hat.

— **Kontinuierliche Fortbildung** (z. B. Schmerztherapie): Die Behandlung chronisch Schmerzkranker im Rahmen einer Vereinbarung mit den Ersatzkassen setzt den Nachweis einer festgelegten Anzahl von jährlichen Fortbildungen voraus.

— **Interkollegialer Austausch** (z. B. interdisziplinäre Fallkonferenzen beim Mammographie-Screening): Für viele Fragestellungen ist die gemeinsame Besprechung sowohl die Diagnose als auch die sich anschließende Behandlung von großem Nutzen für Patienten. Zunehmend wird dieses im Rahmen von Vereinbarungen zur Voraussetzung der Leistungserbringung gemacht.

— **Feedback-Systeme** (z. B. Hüftsonographie): Ärzte erhalten Auskunft über die Häufigkeit ihrer Diagnosen/Ergebnisse und die daraus resultierenden Therapien und dies im anonymisierten Vergleich zum Durchschnitt ihrer Kollegen. Dies ermöglicht eine Standortbestimmung und zeigt gegebenenfalls Verbesserungspotenziale auf.

— **Rezertifizierung** (z. B. Mammographie): Mammographierende Ärzte müssen, um weiter an der Versorgung teilnehmen zu können, zweijährliche Prüfungen durchlaufen.

qualität geöffnet. Im Unterschied zur stationären Versorgung, wo Vergleiche der Prozess- und Ergebnisqualität blitzlichtartig auf patientenanonymer Basis auf den Zeitraum des stationären Aufenthalts beschränkt werden, wird hier aufgrund des chronifizierten Charakters der Erkrankung ein **längsschnittlicher, patientenbezogener Vergleich** über mehrere Jahre angestrebt, was erhebliche datenschutzrechtliche Auflagen erforderlich macht.

Die oben genannten Qualifikationsanforderungen gelten für alle Ärzte, die an der vertragsärztlichen Versorgung teilnehmen und die entsprechenden Leistungen auch zu Lasten der GKV erbringen. Dieser Umstand ist oft nicht hinreichend bekannt. So dürfen nur Ärzte für die GKV im ambulanten Sektor mammographieren, die sich regelmäßigen Fallsammlungsüberprüfungen unterziehen und zufällig ausgewählte, abgerechnete Aufnahmen zur Kontrolle an ein Fachgremium der KV schicken. Dies hat dazu geführt, dass 10% der bis 2003 mammographierenden Ärzte nicht

mehr an der Versorgung teilnehmen. Gleichwohl ist festzustellen, dass selbst dann noch eine Leistungserbringung auf privatärztlicher Basis angeboten werden darf – und in praxi auch wird. Zunehmend gehen KVen deshalb dazu über, besondere Bescheinigungen für die Erfüllung der Auflage auszustellen. Gleichzeitig nehmen Ärzte aus der Krankenhausversorgung freiwillig an der Überprüfung teil, um sich ihre Treffsicherheit in der Brustkrebs-Diagnostik bestätigen zu lassen.

Sicherstellung und Qualität: Erhöhte Qualifikationsanforderungen können zu einer Reduktion der zur Verfügung stehenden Ärzte führen, so dass ein flächendeckendes Angebot gefährdet wird. Beispielhaft sei die Einführung der präventiven Koloskopie zur Früherkennung des Darmkrebses für Versicherte ab 55 Jahren genannt, die mit einer drastischen Steigerung der Qualifikationsanforderungen einherging. Dies führte zunächst für die Früherkennungskoloskopie zu erheblichen Wartezeiten, die allerdings in Anbetracht des 10-jährigen Unter-

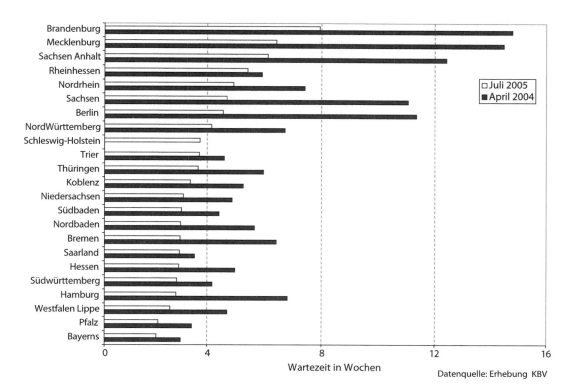

Datenquelle: Erhebung KBV

☐ **Abb. 2.4-3.** Wartezeiten für Versicherte, die eine Darmspiegelung zur Früherkennung von Darmkrebs durchführen lassen wollen (2004–2005, nach KVen)

suchungsintervalls als vertretbar angesehen wurden. Zwischenzeitlich zeichnet sich eine Entspannung bei den Wartezeiten ab (◘ Abb. 2.4-3).

Neben den Richtlinien und Vereinbarungen zur Verbesserung der Versorgungsqualität führen KVen Maßnahmen zur Förderung der Qualität durch, was durch den Gesetzgeber mit dem GKV-Modernisierungsgesetz zu ihrer ausdrücklichen Aufgabe erklärt wurde (§ 136 SGB V in der Fassung des GMG). Hierzu gehören **Qualitätszirkel**, die – durch KVen organisiert – unter qualifizierter Moderation regelmäßig stattfinden und dem kollegialen Austausch dienen. Im Rahmen der mittlerweile über 10 Jahre alten Initiative hat die KBV ein Programm zur Ausbildung von Tutoren aufgelegt, die aus der Gruppe der regionalen Moderatoren rekrutiert werden und die regionale Qualitätszirkelarbeit unterstützen. Zusätzlich werden fachwissenschaftliche Lehrinhalte entwickelt, die Inhalt von Qualitätszirkelsitzungen sein können. Themen betreffen die Patientenfallkonferenz, Fehlervermeidung oder aber auch die Anwendung der Evidenzbasierten Medizin in der Praxis.

Rapide an Bedeutungszuwachs erhält das Thema **Patientensicherheit** nicht nur in der ambulanten Medizin. Mit der Entwicklung von Lehrinhalten für Qualitätszirkel und dem Angebot sog. anonymer Beinahe-Meldefehlersysteme (»**Critical Incident Reporting Systems**«), die dem Austausch von Erfahrungen im Umgang mit Fehlern und deren Vermeidung dienen, wird versucht, Schritt für Schritt einen Beitrag zu einer gewandelten Fehlerkultur zu leisten. Vereinfacht gesagt steht dies unter dem Motto »Information ist wichtiger als Informant – Fehler als Ausgangspunkt von Verbesserungsprozessen«.

KBV und Bundesärztekammer haben als gemeinsame Einrichtung das sog. **Ärztliche Zentrum für Qualität (ÄZQ)** gegründet, das in enger Zusammenarbeit mit den medizinisch-wissenschaftlichen Fachgesellschaften (AWMF) **nationale Versorgungsleitlinien** herausgibt. Ziel ist es, für die bevölkerungswirksamen Krankheiten wie Diabetes, Depression oder Asthma/chronisch obstruktive Lungenerkrankung (COPD) Evidenz-basierte Empfehlungen zur Diagnostik und Behandlung abzugeben. Erstmalig wird damit durch die Ärzteschaft eine fachgruppenübergreifende Leitlinienentwicklung auf Evidenz-basierter Grund-

lage in Angriff genommen. Nachdem die Anwendung Evidenz-basierter Leitlinien, insbesondere in der Umsetzung in der Arztpraxis vielfältigen Hürden ausgesetzt war, soll über eine einheitliche, anwenderfreundliche Erstellung und gezielte Information der potenziellen Anwender die Akzeptanz erheblich gesteigert werden. In einer Untersuchung von Schneider et al. (2001) beantworteten von 11.547 befragten Internisten und Allgemeinmedizinern nur 4.103 (35,5%) zutreffend die Frage nach den gegenwärtig gültigen Hypertoniegrenzen (>149/90 mmHg). Zudem konnten nur 18,8% der Allgemeinmediziner und 26,6% der Internisten adäquate Leitlinienkenntnisse nachweisen.

Hausarztzentrierte Versorgung nach § 73b

Nicht nur in Deutschland wird derzeit diskutiert, in wie weit die »**unkoordinierte**« **Inanspruchnahme** der gesamten Bandbreite der ambulanten ärztlichen Versorgung durch Versicherte zu Qualitäts- und Effizienzproblemen führt. Das Aufsuchen mehrerer Ärzte, die oft nicht von den gleichzeitig stattfindenden anderen Besuchen erfahren, wird als eine in mehrfacher Hinsicht teuer zu bezahlende Überversorgung angesehen.

Der Gesetzgeber hat deshalb im GKV-Modernisierungsgesetz die Auflage für Krankenkassen geschaffen, Versicherten eine sog. hausarztzentrierte Versorgung anzubieten (Orlowski und Wasem 2004). Versicherte gehen damit freiwillig die Verpflichtung ein, sich für mindestens einen Zeitraum von **1 Jahr an einen Hausarzt zu binden**. Fachärzte können nur noch über den Weg der Überweisung aufgesucht werden können. Ein Wechsel des Hausarztes ist nur aus wichtigem Grunde gestattet. Die Krankenkassen sind befugt, auf dem Satzungswege **Beitragsnachlässe** im Gegenzug zur patientenseitigen Verpflichtung der Teilnahme zu gewähren. Die Verträge sind mit den KVen auf dem Wege der Gesamtverträge zu schließen und beinhalten die Auflage, dass die teilnehmenden Hausärzte oder medizinischen Versorgungszentren zusätzliche, über die schon gültigen Qualitätsauflagen hinaus gehende Anforderungen erfüllen müssen. Ein Anrecht des Vertragsarztes, bei Erfüllung der Auflagen an dem Vertrag teilnehmen zu dürfen, besteht nicht, was zu erheblichen Diskussionen innerhalb der Hausärzteschaft geführt hat. Bislang waren Verträge zwischen KVen und Krankenkassen davon geprägt, dass ein Anspruch auf Teilnahme für den Arzt immer dann besteht, wenn die erforderlichen Qualifikationen erfüllt sind. Die Verträge sind öffentlich auszuschreiben, so dass Ärzte sich um die Teilnahme bewerben können.

Die in der Gesetzesbegründung zum § 73b genannten Merkmale zusätzlicher Qualifikationen umfassen die derzeit diskutierten und z. T. angewendeten **Qualitätsinstrumente:**

☑ **Qualitätsinstrumente nach § 73b**
- Ausrichtung der Behandlung an Evidenz-basierten Leitlinien
- Rationale Pharmakotherapie
- Teilnahme an Qualitätszirkeln zum interprofessionellen Austausch
- Dokumentation und Auswertung weniger, aber aussagekräftiger Qualitätsindikatoren
- Einführung eines zertifizierten praxisinternen Qualitätsmanagements
- Spezielle Fortbildungen, z. B. in patientenzentrierter Gesprächsführung, Geriatrie, Palliativmedizin oder Schmerztherapie
- Nutzung spezieller EDV-Ausstattung

Gleichwohl ist festzustellen, dass diese Anforderungen auch über andere Rechtsvorschriften mittelbar verpflichtend sind (z. B. § 135a SGB V, § 136 SGB V).

Bis Ende 2005 haben u. a. die KVen Nordrhein, Hessen und Niedersachsen solche Verträge mit den Krankenkassen abgeschlossen, wobei in der Regel als besonderes Qualitätsmerkmal auf die Einführung eines zertifizierten, praxisinternen Qualitätsmanagements abgehoben wird.

Mit der Einrichtung der hausarztzentrierten Versorgung wird eine Differenzierung sowohl der Versicherten als auch der Vertragsärzte auf den Weg gebracht. Gab es bislang wenig **Unterschiede im Leistungsniveau** zwischen den einzelnen Krankenkassen, so können auf diesem Wege, bei funktionierender Vertragsumsetzung, für Versicherte potenziell spürbare Unterschiede entstehen. Diese können mittelbar für Versicherte Grund für eine differenzierte Kassenwahl sein, was dem Wettbewerbsgedanken folgt. Ärzteseitig führt dies dazu,

dass nicht mehr alle Vertragsärzte gleichermaßen Anspruch auf einen Vertragsabschluss haben. Die immer noch vertretene Vorstellung, dass alle Ärzte das gleiche anbieten und gleich gut qualifiziert sind, wird damit verlassen.

Besondere Versorgungsaufträge im Bundesmantelvertrag, Verträge nach § 73c

Zur Versorgung von besonderen Patientengruppen (z. B. Patienten mit terminaler Niereninsuffizienz) oder der Umsetzung spezifischer Aufträge (z. B. Einführung eines flächendeckenden, qualitätsgesicherten Mammographie-Screenings) haben sich die Partner der Selbstverwaltung (KBV und Spitzenverbände der Krankenkassen) gesonderter Anlagen zum Bundesmantelvertrag bedient, die ihre rechtliche Begründung im § 135 Abs. 2 Satz 1 finden.

Als Beispiel sei die Organisation eines **flächendeckenden, qualitätsgesicherten Mammographie-Screenings** angeführt. Mit dem parteiübergreifenden Bundestagsbeschluss vom 28.06.2002 wurde die Einführung eines qualitätsgesicherten, bundesweiten und bevölkerungsbezogenen Mammographie-Screening-Programms für Frauen zwischen 50 und 69 Jahren nach den Europäischen Leitlinien beschlossen. Der Auftrag, ein solches Programm zu installieren, erging an die KBV sowie die Spitzenverbände der Krankenkassen. Aufgrund des Umfangs des Programms erfolgte die Entwicklung insbesondere in Abstimmung mit dem Bundesministerium für Gesundheit (damals: »und Soziale Sicherung«), dem Bundesministerium für Umwelt, Naturschutz und Reaktorsicherheit, dem Bundesamt für Strahlenschutz, den zuständigen Landesbehörden sowie dem Bundesbeauftragten für den Datenschutz.

Das Screening wurde schließlich über die Richtlinien des G-BA zur Früherkennung von Krankheiten in Anlage 9.2 des Bundesmantelvertrags etabliert. Da ein solches Programm nur bevölkerungsbezogen unter Einschluss aller Frauen der Zielgruppe von 50–69 Jahren röntgenrechtlich zulassungsfähig ist, mussten in aufwändigen Konstruktionen sowohl die Private Krankenversicherung als auch die anderen Kostenträger mit eingeschlossen werden. Das ebenfalls erforderliche Einladungssystem, das eine persönliche Einladung aller anspruchsbe-

2

rechtigten Frauen vorsieht, wirft zudem erhebliche datenschutzrechtliche Probleme auf.

Die Hauptunterschiede eines organisierten Mammographie-Screenings zur bisherigen vertragsärztlichen Versorgung bestehen in:

- Herstellung des **Bevölkerungsbezugs** über ein **Einladungssystem**, das die Einwohnermeldedaten nutzt
- Installierung einer umfassenden **Kette von Qualitätssicherungs- und Qualitätsmanagementinstrumenten**
- **Kontinuierliche Evaluation der Effektivität** des Programms unter Hinzuziehung der Ergebnisse der Krebsregister

Es entspricht dem Charakter des Mammographie-Screenings im Sinne eines Präventionsprogramms, dass eine Qualitätssicherung alle an der Screening-Kette Beteiligten umfassen muss. Genau genommen entspricht der gewählte Ansatz nicht einer statischen Qualitätssicherung auf gewähltem Niveau, sondern den Prinzipien des Qualitätsmanagements, das einen kontinuierlichen Verbesserungsprozess impliziert. Grundlegend für die Definition der Qualitätsanforderungen sind die Vorgaben, wie sie in den **Europäischen Leitlinien** niedergelegt sind. Hierzu gehören Anforderungen an:

- Apparative Ausstattung
- Fachliche Qualifikationen der an der Screening-Kette (Einladung, Screening-Mammographie, Abklärungsdiagnostik) beteiligten Leistungserbringer (z. B. Radiologen, radiologische Fachkräfte, Pathologen)
- Strukturiertes Zusammenwirken von Organisationseinheiten (einladende Stelle, regionales Versorgungsprogramm, Screening-Einheit, Referenzzentrum, Leistungserbringung in Teams)
- Qualitätsdarlegung und Programmevaluation zum Nachweis der Effektivität des Programms mithilfe standardisierter Indikatoren

Diese sollen eine hohe Qualität und Wirtschaftlichkeit im Screening-Betrieb garantieren. So muss z. B. jedes Röntgengerät im Screening über eine reproduzierbare Kompressionsvorrichtung mit Fußschaltung verfügen sowie wahlweise Aufnahmen mit dem Standardbildformat oder einem großen Bildformat ermöglichen. Damit wird sicherge-

stellt, dass Geräteanforderungen gerade im sensiblen Bereich Mammographie modernsten Standards entsprechen. Entsprechend hoch sind die Anforderungen an die Betrachtungsbedingungen bei der Bildbefundung und die in der Abklärungsdiagnostik eingesetzten Geräte.

Insbesondere bei der Mammasonographie, eine der Methoden zur Abklärung auffälliger Befunde, waren detaillierte Anforderungen an Sonographiegeräte zu formulieren, da hier nicht auf existierende Regelungen zurückgegriffen werden konnte.

Der Gesetzgeber hat die Idee des Versorgungsauftrags im GKV-Modernisierungsgesetz aufgegriffen und mit dem § 73c SGB V eine weitere Grundlage für die Vereinbarung »auftragsgebundener« **Versorgungsleistungen** geschaffen. Danach können gesamtvertragliche Vereinbarungen zwischen Kassen und KVen abgeschlossen werden, die auch Regelungen zum Rechtsanspruch auf Teilnahme bei Erfüllung der zusätzlichen Qualifikationen beinhalten dürfen. Nach Vertragsschluss sind die Bedingungen öffentlich auszuschreiben; Ärzte können sich dann um die Teilnahme bewerben bzw. anmelden, falls ein Rechtsanspruch auf Teilnahme besteht. Die KBV hat entsprechende Vertragsvorschläge den Spitzenverbänden der Krankenkassen zum Abschluss angeboten (Verträge zur Behandlung der chronischen Wunde, zur Versorgung von HIV/Aids-Erkrankten, zur CT-gestützten Schmerztherapie). Bis Anfang 2006 sind hierzu aber noch keine Verträge geschlossen worden.

Disease Management-Programme

Zur Optimierung der sektorenübergreifenden Versorgung chronisch Kranker wurden in die GKV sog. strukturierte Behandlungsprogramme – besser bekannt als »Disease Management-Programme« (DMPs) – eingeführt, die vier Kernpunkte bedienen sollen:

> ◨ **DMP-Kernpunkte**
> - Zusammenfassung von **Evidenz-basierten Eckpunkten zur Diagnostik und Therapie** des jeweiligen Erkrankungsbildes
>
> ▶

- **Definition von Schnittstellen,** die die Zusammenarbeit zwischen den Sektoren transparent und nachvollziehbar machen sollen (hierzu gehören Zuständigkeits- und Überweisungsregeln)
- **Schulungsangebote für chronisch Kranke,** die damit zum Selbstmanagement ihrer Krankheit motiviert werden sollen
- **Ärztliche, strukturierte Dokumentation,** die zur Standortbestimmung und Qualitätsverbesserung an den Arzt zurückgespiegelt werden soll (lernendes System)

Die Indikationen für die DMPs werden durch das BMG auf Vorschlag des G-BA festgelegt. Der G-BA entwickelt daraufhin in einem strukturierten Verfahren die Inhalte der DMPs, die das BMG nach neuerlicher, öffentlicher Anhörung als Anlage zur Risikostrukturausgleichsverordnung (RSAV) veröffentlicht. Auf Landesebene werden die Kernbestandteile der DMPs dann in der Regel gesamtvertraglich vereinbart, obwohl die DMPs als solche von den Einzelkassen angeboten und vom Bundesversicherungsamt (BVA) genehmigt werden müssen. Die Aufsicht über die Einhaltung der Inhalte der RSAV in den einzelnen DMPs obliegt dem BVA.

Um die Krankenkassen zur Einrichtung solcher Programme zu bewegen, wurde die Vergütung an den Risikostrukturausgleich gekoppelt. Gemessen an der Zahl der abgeschlossenen Verträge und eingeschriebenen Patienten scheint diese Strategie aufgegangen zu sein. (Nahezu alle KVen haben mit nahezu allen Kassen DMP-Verträge für Diabetes mellitus Typ 2 vereinbart. Für die später vereinbarten Diagnosen zeichnet sich mittlerweile ein schleppender Verlauf ab.) Befürchtungen, dass mit der Einführung der DMPs eine »Einheitsmedizin« eintreten könnten, haben sich nicht bestätigt. Ein Nachweis, dass die Einführung nachweislich zur Verbesserung der Versorgungsqualität geführt hat, ist bislang allerdings auch nicht geführt worden.

Als nach wie vor problematisch erweist sich die **papiergebundene Dokumentation** von Behandlungsdaten, deren Inhalt wie auch Aufbereitung offensichtlich verbesserungsfähig sind. Nicht gelungen ist das ursprüngliche Ziel, dass Krankenkassen eigenverantwortlich die Qualitätssicherung dieser Programme übernehmen (»from payer to player«). Aus Gründen jahrelanger, etablierter Vertragspartnerschaft mit den KVen oder der fehlenden Bereitschaft, sich dieses Themas anzunehmen, wird die **Qualitätssicherung in den DMPs** operativ überwiegend durch die KVen durchgeführt. Neu ist, dass in gemeinsamen Einrichtungen Maßnahmen besprochen und ergriffen werden, wenn Qualitätsprobleme erkennbar werden. Bislang war dies in anderen Vertragsformen ausschließlich Aufgabe der KVen.

Zwischenfazit

Es bleibt abzuwarten, ob die vom Gesetzgeber mit den o. g. Aktivitäten erhofften Effekte in der Versorgungsrealität auch eintreten. Sollten sie jedoch Wirklichkeit werden, entsteht unvermeidlich ein Phänomen, das jahrzehntelang der ambulanten GKV-Versorgung fremd war. Die Mitteilung »**Alle Kassen**« **auf dem Praxisschild** stimmte so nicht mehr und Patienten müssten prüfen, ob der Arzt an dem jeweiligen Vertrag ihrer Kasse teilnimmt. Umgekehrt gilt für Ärzte, dass sie eine konstant anwachsende Zahl von Verträgen verwalten und jeweils prüfen müssen, welche Versicherten ggf. anspruchsberechtigt sind bzw. sich in bestimmte Verträge ihrer Kasse eingeschrieben haben. In Anbetracht der Vertragsoptionen – z. B. hausarztzentrierte Versorgung nach § 73b SGB V, auftragsgebundener Versorgung nach § 73c SGB V, strukturierten Behandlungsprogrammen nach §§ 137f-g SGB V, Integrierter Versorgung nach §§ 140a-d SGB V etc. – und immer noch über 250 Krankenkassen entsteht eine neue Vertragswelt, deren Administration einen bisher nicht gekannten Aufwand mit sich bringt.

Qualitätsmanagement in der ambulanten GKV-Versorgung

Während die oben aufgeführten Maßnahmen in der Regel auf einzelne Leistungen, Programme oder aber die Versorgung von Patientengruppen abzielen, wird derzeit durch die Einführung des Qualitätsmanagements in die ambulante Versorgung eine Verbesserung der Qualität in allen relevanten Abläufen einer Arztpraxis oder einem Medizinischen Versorgungszentrum angestrebt. Es handelt sich bei Qualitätsmanagement also um ein **Instrument der Unternehmensführung,** das in den

2

Händen der Praxisleitung mit Unterstützung durch die Mitarbeiter umgesetzt wird. Ziel ist es, über eine planvolle Steuerung des Betriebes einen ,Kontinuierlichen Verbesserungsprozess' zu installieren, der einem lernenden System entspricht (ÄZQ 2003).

Unter Qualitätsmanagement wird die zielorientierte, systematische Anwendung von nützlichen und bewährten Instrumenten in der medizinischen und psychotherapeutischen Versorgung verstanden. Durch die regelmäßige Überprüfung und Hinterfragung des Erreichten soll sichergestellt werden, dass das hohe Versorgungsniveau gehalten und dort, wo erforderlich, weiter ausgebaut werden kann (sog. **Plan-Do-Check-Act (PDCA)-Zyklus** nach Deming). Besondere Bedeutung kommt dabei der kontinuierlichen Analyse der Situation über Qualitätsindikatoren und Kennzahlen zu.

Nachdem Qualitätsmanagementansätze zunächst für größere Betriebe vor allem im industriellen Bereich konzipiert wurden, wurden diese zwischenzeitlich auch für kleinere und kleinste Organisationseinheiten wie eine Arztpraxis adaptiert. Im Zuge zunehmender Komplexität und Anforderungen in der vertragsärztlichen Versorgung sah es deshalb der Gesetzgeber als erforderlich und nutzbringend an, dass nach der bereits bestehenden Verpflichtung für Krankenhäuser auch für die ambulante GKV-Versorgung die **Einführung eines einrichtungsinternen Qualitätsmanagements verbindlich** gemacht wird.

Zur Umsetzung dieser in den §§ 135a und 136 SGB V verankerten Anforderung wurde der Gemeinsame Bundesausschuss beauftragt, alles Nähere in Richtlinien zu regeln. Dieser Aufgabe ist der G-BA mit der Veröffentlichung der Richtlinien zum einrichtungsinternen Qualitätsmanagement in der ambulanten Versorgung am 01.01.2006 im Bundesanzeiger nachgekommen.

Qualitätsmanagement hat sehr viel mit der Etablierung einer **Qualitätskultur** zu tun: Es lässt sich nicht verordnen, sondern muss gelebt werden. **Qualitätsorientierung** ist dann erfolgreich, wenn sie als Selbstverpflichtung aller an der Versorgung Beteiligter verstanden wird. Diesem Grundsatz folgend wurde die Richtlinie so vereinbart, dass

- ein angemessen langer Zeitraum von 4 Jahren für die Einführung zur Verfügung steht,
- eine verpflichtende Festlegung auf bestimmte Qualitätsmanagementsysteme nicht erfolgte,

- auf eine Sanktionierung für den Zeitraum der nächsten fünf Jahre verzichtet wurde.

Die Richtlinie beschreibt die Grundelemente und Instrumente des einrichtungsinternen Qualitätsmanagements. Im Mittelpunkt steht dabei die **Patientenversorgung**, wobei ebenfalls dem Bereich **Praxisführung**, **Mitarbeiter** und **Organisation** ein hoher Stellenwert eingeräumt wird. Im Unterschied zur im ambulanten Sektor lange etablierten Qualitätssicherung der Struktur- und Prozessqualität, die auf einzelne Untersuchungen und Behandlungen fokussiert, berührt Qualitätsmanagement die gesamte Organisationseinheit »Praxis« mit all ihren relevanten Aufgaben, Zielen, Abläufen und Ergebnissen.

So gesehen kann Qualitätsmanagement als systematisch angewandter Menschenverstand aufgefasst werden: wo erforderlich, soll durch die Anwendung der in der Richtlinie beschriebenen Elemente und Instrumente (s. Kasten) die Praxisorganisation optimiert werden. Dies kann die Klärung von Verantwortlichkeiten und Zuständigkeiten für eine komplexe Diagnostik durch eine Ablaufbeschreibung genauso betreffen wie die Anfertigung einer Checkliste für den Notfallkoffer. Relevant ist dabei zum einen die klare Zielorientierung (Welche relevanten Abläufe sollen optimiert werden?) und zum anderen die Angemessenheit der Maßnahmen, die ausgewählt werden. **Aufwand und Nutzen** müssen in einem Verhältnis zueinander stehen, was letztlich machbar ist und tatsächlich zu einer Verbesserung führt. Qualitätsmanagement als Selbstzweck kann im Umkehrschluss den Praxisbetrieb behindern.

◻ **Instrumente des Qualitätsmanagements nach den Richtlinien des Gemeinsamen Bundesausschusses**

— Festlegung von konkreten Qualitätszielen für die einzelne Praxis, Ergreifen von Umsetzungsmaßnahmen, systematische Überprüfung der Zielerreichung und erforderlichenfalls Anpassung der Maßnahmen

▼

- Regelmäßige, strukturierte Teambesprechungen
- Prozess- und Ablaufbeschreibungen, Durchführungsanleitungen
- Patientenbefragungen, nach Möglichkeit mit validierten Instrumenten
- Beschwerdemanagement
- Organigramm, Checklisten
- Erkennen und Nutzen von Fehlern und Beinahefehlern zur Einleitung von Verbesserungsmaßnahmen
- Notfallmanagement
- Dokumentation der Behandlungsverläufe und der Beratung
- Qualitätsbezogene Dokumentation über Dokumentation der Qualitätsziele und Überprüfung der Zielerreichung z. B. anhand von Indikatoren

Die zur Einführung vorgesehenen Elemente und Instrumente werden regelhaft schon heute in vielen Praxen zur Anwendung gebracht. Die Intention eines planvollen Qualitätsmanagements ist es, dass ihre Anwendung systematisch auf alle relevanten Bereiche der ambulanten Einrichtung ausgedehnt wird. Ausgangspunkt ist eine umfassende Analyse der eigenen Praxis, die durch eine Selbsteinschätzung oder ergänzend mit Hilfe von Befragungen durchgeführt werden kann. Die Umsetzung der ausgewählten Bereiche, für die Elemente und Instrumente des Qualitätsmanagements zur Anwendung kommen, kann nur im Team erfolgen und gelingen. Qualitätsmanagement zielt deshalb auf die verantwortliche Einbindung all derer ab, die an der Leistungserbringung beteiligt sind. Dies bedeutet insbesondere die enge Zusammenarbeit mit den Arzthelferinnen in der Praxis, die häufig eine tragende Rolle bei der Einführung des Qualitätsmanagements einnehmen.

Die zeitliche Abfolge der Einführung orientiert sich am PDCA-Zyklus mit den Schritten: »**Planen, Umsetzen, Überprüfen und Weiterentwickeln**«. Für die Planungsphase werden zwei Jahre eingeräumt, für die Umsetzung zwei weitere Jahre und schließlich ein Jahr für die Überprüfung des Erreichten. Dieser verhältnismäßig lang gestreckte Zeitraum

ermöglicht allen Einrichtungen, ein angemessenes Qualitätsmanagement aufbauen zu können.

Die **Rolle der KVen** beschränkt sich dabei auf zwei wesentliche Aufgaben: Sie erheben den Stand der Einführung durch Auswertung einer jährlichen Stichprobe bei 2,5% aller Vertragsärzte und -psychotherapeuten und sie beraten diejenigen Einrichtungen, die keinen der Richtlinie angemessenen Einführungsstand angeben können. Damit wird deutlich, dass im sensiblen Bereich des Qualitätsmanagements den KVen (noch) keine sanktionierende Funktion zukommt und neue Wege beschritten werden. Die Auswertung wird dem G-BA als Grundlage für die Weiterentwicklung der Richtlinien dienen.

Neu ist auch, dass eine Revision der Richtlinien nach 5 Jahren verbindlich vorgesehen ist. Geprüft werden soll insbesondere, ob eine **Sanktionierung** im Falle der Nichteinführung erforderlich ist und ob einzelne Qualitätsmanagementsysteme benannt werden sollen (»**Akkreditierung**«). Beiden Entscheidungen werden qualitativ hochwertige, vergleichende Untersuchungen nach den Regeln der evidenzbasierten Medizin zugrunde gelegt. Kann in solchen Untersuchungen nachgewiesen werden, dass sich durch die Einführung von Qualitätsmanagement, ggf. nach einer speziellen Systematik, die Versorgungsqualität signifikant verbessert, so wird dies bei der Überarbeitung Berücksichtigung finden. Solche Untersuchungen lagen zum Zeitpunkt der Richtlinienerstellung nicht vor und ihre Durchführung wird durch die Träger des G-BA ausdrücklich begrüßt.

Zwischenzeitlich werden verschiedene Ansätze, die der Etablierung eines praxisinternen Qualitätsmanagements dienen, sowohl durch die Selbstverwaltung (**Qualität und Entwicklung als System – QEP** der Kassenärztlichen Vereinigungen, **KPQM** als Einstiegshilfe in ein QM der KV Westfalen Lippe) als auch im kommerziellen Umfeld angeboten: **EPA – European Practice Assessment** des Heidelberger Aqua-Instituts, **EFQM – European Foundation for Quality Management, ISO – International Organization for Standardization** und **KTQ ambulant**, ein Zertifizierungsverfahren der KTQ GmbH, die durch die Bundesärztekammer, die Spitzenverbände der Krankenkassen, den Deutschen Pflegerat und den Hartmannbund getragen wird. Es bleibt den Einrichtungen zunächst selbst überlassen, welchen

Weg des Qualitätsmanagements sie gehen wollen. Ein wissenschaftlich valider Vergleich der Systeme im Hinblick auf die tatsächliche erreichte Versorgungsverbesserung liegt bis heute nicht vor – im Zeitalter der evidenzbasierten Medizin des Health Technology Assessments ein Umstand, der wenig zufrieden stellen kann. Als Entscheidungshilfe für praktizierende Ärzte wären diese Erkenntnisse von großer Hilfe.

Literatur

Ärztliches Zentrum für Qualität in der Medizin, ÄZQ (Hrsg) (2003) Kompendium Q-M-A. Qualitätsmanagement in der ambulanten Versorgung. Deutscher Ärzteverlag, Köln

Bundesärztekammer (2004) Novellierung einzelner Vorschriften der (Muster-)Berufsordnung. Deutsches Ärzteblatt 101(22): A1578–A1579

Bundesärztekammer (2005) Patientenmerkblatt zur Abrechnung privatärztlicher Leistungen. Bundesärztekammer, Berlin

Bundesministerium für Gesundheit (2003) Ärztezulassungsverordnung. Bundesgesetzblatt I: 2304, 2343

Francke R, Schnitzler J (2002) Die Behandlungspflicht des Vertragsarztes bei begrenzten Finanzmitteln – Zur Unzulässigkeit der Verweigerung unrentabler Leistungen. Sozialgerichtsbarkeit 49: 84–93

Kassenärztliche Bundesvereinigung (2005) Qualitätsbericht 2004. Kassenärztliche Bundesvereinigung, Berlin

Kriedel T, Kintrup A (2004) Qualitätssicherung in der Vertragsärztlichen Versorgung. Kassenärztliche Bundesvereinigung, Berlin

Laufs A, Uhlenbruck W (Hrsg) (1999) Handbuch des Arztrechts. C. H. Becksche Verlagsbuchhandlung, München

Orlowski U, Wasem J (2004) Gesundheitsreform 2004: GKV-Modernisierungsgesetz (GMG). Economica, Heidelberg

Pfandzelter R, Michel F, Hübner M et al. (2005) Überwachungen und Begehungen von Arztpraxen durch Behörden. Kassenärztliche Bundesvereinigung, Berlin

Rompf T (2004) Die Normsetzungsbefugnis der Partner der vertragsärztlichen Kollektivverträge. Vierteljahresschrift für Sozialrecht Nr. 4: 281–309

Schirmer HD (1997) Ärzte und Sozialversicherung (I) – Der Weg zum Kassenarztrecht. Deutsches Ärzteblatt 94(26): A1790–A1793

Schirmer HD (2006) Vertragsarztrecht kompakt. Deutscher Ärzteverlag, Köln

Schnapp FE, Wigge P (2002) Handbuch des Vertragsarztrechts. C. H. Becksche Verlagsbuchhandlung, München

Schneider CA, Hagemeister J, Pfaff H, Mager G, Höpp HW (2001) Leitlinienadäquate Kenntnisse von Internisten und Allgemeinmedizinern am Beispiel der arteriellen Hypertonie. ZaeFQ 95: 339–334

Taupitz J, Jones E (2002) Zur Abrechenbarkeit fachfremder Leistungen – am Beispiel der Erbringung von MRTs durch Orthopäden. Medizinrecht 20(10): 497–503

2.5 Leistungsmanagement in der Integrierten Versorgung

Jonas Schreyögg, Susanne Weinbrenner und Reinhard Busse

2.5.1 Gesetzliche und strukturelle Rahmenbedingungen

Begriffsbestimmung von Integrierter Versorgung

»*Integrierte Versorgungsformen [...] ermöglichen eine verschiedene Leistungssektoren übergreifende Versorgung der Versicherten*« hieß es in § 140a SGB V seit dem GKV-Gesundheitsreformgesetz 2000. Der Begriff »integrierte Versorgung« hatte damit auch in Deutschland offiziell Einzug gehalten. Allerdings ist »integrierte Versorgung« nicht notwendigerweise an die §§ 140 a–d SGB V gekoppelt und soll hier auch etwas breiter interpretiert werden, nämlich als eine Form des Versorgungsmanagements, bei der der **Behandlungsprozess** im Vordergrund steht. Unabhängig von Honorargesichtspunkten soll erreicht werden, dass durch optimiertes Management der Behandlungsabläufe die »**richtige Diagnose zur richtigen Zeit am richtigen Ort**« gestellt und eine entsprechende Behandlung eingeleitet wird.

Es gibt keine einheitliche Definition für den Begriff »Integrierte Versorgung«. Dieser ist im Kontext von **Managed Care** entstanden und beschreibt unterschiedliche Aspekte der Gestaltung von Versorgung, deren wesentliche Merkmale auf einer besseren Verzahnung der Leistungsanbieter, einer Mobilisierung von Wirtschaftlichkeitsreserven und Maßnahmen zur Qualitätssicherung basiert.

Die **wesentlichen Gesichtspunkte** einer Integrierten Versorgung lassen sich mit **fünf zentralen Aspekten** benennen. Der Aspekt der **Integration** stellt den Prozess der Behandlung in den Vordergrund und nicht den Einzelfall, so dass für die Nahtstellen innerhalb sektoraler Grenzen und über die Grenzen des jeweiligen Sektors hinaus Vereinbarungen zwischen den Leistungserbringern getroffen werden müssen. Das stark segmentierte Versorgungsgeschehen muss zu diesem Zweck über die Professionen und Sektoren hinweg neu organisiert werden. So heißt es in § 140a SGB V »Leistungssektoren übergreifende« und »interdisziplinär fachübergreifende« Versorgung. Um dies zu erreichen, ist von Seiten der Leistungserbringer **Kooperation** bezüglich der Inhalte und Ziele der Behandlung, **Koordination** der unterschiedlichen Aktivitäten und Disziplinen sowie effiziente **Kommunikation** über die jeweils erfolgte Diagnostik und Therapie notwendig. Ein ganz wesentliches Element stellt in diesem Rahmen auch der **Informationstransfer** dar, der erst vor dem Hintergrund der zunehmenden Vernetzung von Leistungsanbietern in dem erforderlichen Ausmaß möglich wird. Dabei geht auch der Gesetzgeber davon aus, dass Integrierte Versorgung nur in innovationsorientierten Versorgungsstrukturen möglich ist.

Bei der Ausgestaltung der Integrierten Versorgung kommen wesentliche Elemente von **Managed Care** zur Anwendung, das seine Ursprünge in den USA hat. So kann auch die Definition von Managed Care als Annäherung dienen, geht es doch bei integrierter Versorgung auch um die Anwendung von Managementprinzipien auf den **Versorgungsprozess**. Laut Schwartz et al. (1998) ist »Managed Care ein Versorgungsprinzip, das auf eine effiziente Allokation von Mitteln und Ressourcen zielt, so dass jeder Patient die richtige ‚Art‘ und Menge an präventiven und kurativen medizinischen Leistungen erhält. Überflüssige und fragwürdige Leis-

tungen werden in diesem Prozess ausgeschlossen. Managed Care wird in einer Vielzahl von zum Teil sehr unterschiedlichen Organisationsformen angeboten« (S. 571). Kennzeichen dieser Organisationsformen ist, dass die patientenbezogene Leistungserbringung über allen Funktionen des Gesundheitssystems im Mittelpunkt steht (Mühlbacher 2002). Dabei wird sowohl die Leistungserstellung als auch die Finanzierung integriert (◘ Abb. 2.5-1).

Die Integration des Versorgungsgeschehens findet dabei für **verschiedene Bereiche** der beteiligten Leistungserbringer statt, muss sich jedoch nicht immer über alle Bereiche erstrecken. Beispielsweise ist die gemeinsame Nutzung einer elektronischen Patientenakte nicht zwingend, bezüglich der Informationsflüsse aber zu empfehlen.

◘ **Bereiche der Integration**
- **Medizinisch:** Versorgung nach gemeinsamen Leitlinien, Qualitätszirkelarbeit
- **Organisatorisch:** definierte klinische Behandlungspfade über verschiedene Professionen/Sektoren hinweg mit

▼

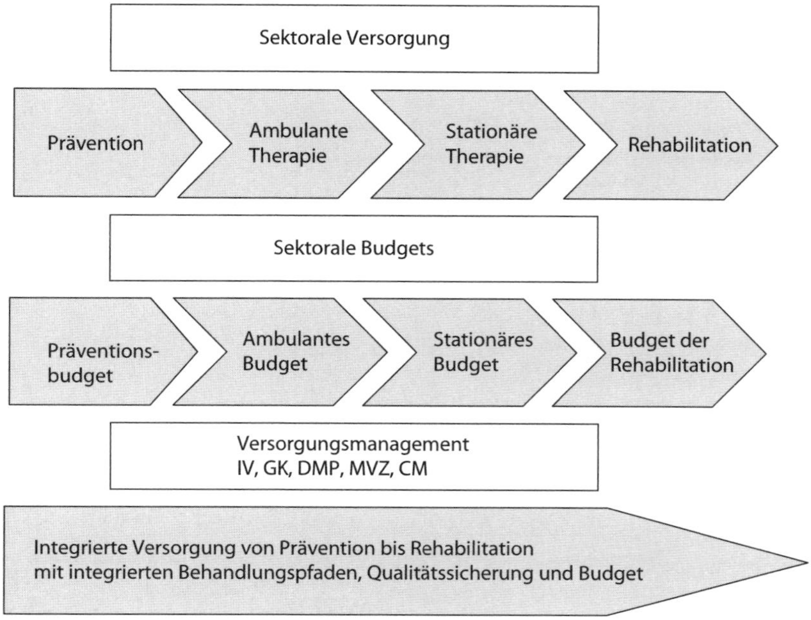

◘ **Abb. 2.5-1.** Integrierte versus nicht-integrierte Versorgung

klaren Festschreibungen zum Überleitungsmanagement der Patienten (z. B. wann muss ein Patient vom Hausarzt an den Facharzt überwiesen werden)
- **Infrastruktur:** z. B. gemeinsame Nutzung von Geräten, gemeinsame elektronische Patientenakte oder Internetplattform
- **Wirtschaftlich:** gemeinsames Budget, das unter Umständen auch Leistungen abdecken kann, die im Leistungskatalog der GKV nicht (mehr) enthalten sind, gemeinsamer Einkauf von Arzneimitteln
- **Rechtlich:** spezifische Versorgungsverträge, Medizinische Versorgungszentren, Praxisnetze

Weiterhin kann zwischen **horizontaler und vertikaler Integration** der Versorgung unterschieden werden. Als horizontal wird die Integration der Versorgung auf einer Versorgungsebene zwischen unterschiedlichen medizinischen Leistungserbringern sowie sozialen Organisationen bezeichnet. Unter vertikaler Integration wird hingegen eine Integration der Versorgung über mehrere Versorgungsstufen hinweg verstanden, z. B. Hausarzt – Facharzt – Klinik – Rehabilitation. Die vertikale und horizontale Integration der Versorgung kann dabei sowohl durch verschiedene Formen der Kooperation als auch durch eine vollständige institutionelle Verschmelzung stattfinden (◘ Abb. 2.5-2).

Im Unterschied zur in Deutschland gebräuchlichen Definition des Terminus vertikale Integration wird international darunter zumeist eine institutionelle Integration von Ausgabenträgern und Leistungserbringern verstanden. Diese Form der

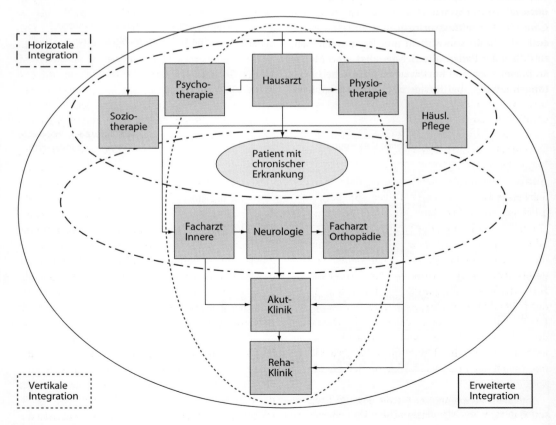

◘ **Abb. 2.5-2.** Horizontale und vertikale Integration

Integration, die im Folgenden als **erweiterte vertikale Integration** bezeichnet werden soll, ist in Deutschland bislang außerhalb der Bundesknappschaft nicht möglich.

Weitergehende Integration von Ausgabenträgern und Leistungserbringern (=erweiterte vertikale Integration) in den USA und der Schweiz

Die weiteste Verbreitung haben unterschiedliche Formen des Versorgungsmanagements unter der Bezeichnung Managed Care in den USA gefunden. In den 1980er Jahren entstanden in den USA die Health Maintenance Organizations (HMOs). Diese Organisationen vereinen typischerweise Ausgabenträger und Leistungserbringer miteinander. HMOs entwickelten primär unter dem Aspekt der Kosteneffizienz integrative Versorgungskonzepte. Nach anfänglich optimistischen Einschätzungen wurden auch Bedenken über die Qualität laut. Als Reaktion darauf entstanden in den USA umfangreiche Forschungsinitiativen, die im Laufe der Zeit ein differenzierteres Bild zeigten: HMOs – bzw. Managed Care-Organisation im Allgemeinen – schnitten bezüglich einiger Indikationen und Bevölkerungsgruppen qualitativ schlechter ab (z. B. bei Depression), bei anderen jedoch besser (vgl. Robinson 1998). Es folgten Akkreditierungs- und Evaluationsverfahren, Qualitätssicherung und Qualitätsmanagement.

In der Schweiz wurden in erster Linie Hausarztmodelle und HMOs angeboten, die die freie Wahl der Leistungsanbieter stark einschränkten. Ähnlich wie in den USA werden auch bei den Schweizer HMOs Ausgabenträger und Leistungserbringer integriert. Ein Gutachten des Bundesamtes für Gesundheit der Schweiz (BAG) aus dem Jahr 2004 hat gezeigt, dass sich die Erwartungen, die Mitte der 1990er Jahre in diese neuen Versorgungsformen gesetzt wurden, nicht erfüllt haben. 2001 wurde noch prognostiziert, dass sich im Laufe der folgenden drei Jahre ein Viertel der Schweizer Bevölkerung in solche Modelle einschreiben würde (Salfeld und Wettke 2000). Tatsächlich waren jedoch ab 2001 die Teilnehmerzahlen rückläufig und haben erst 2004 wieder knapp den Stand von 2001 erreicht.

Im Jahr 2004 waren nun entgegen der Prognosen nur 6,7% der schweizerischen Versicherten in einer Art Managed Care Versorgung eingeschrieben, wobei nur 1,3% auf HMO-Modelle i.e.S. entfallen, während 5,4% auf Hausarztmodelle entfallen. Beachtlich sind dabei die Variationen innerhalb der Schweiz, die in Abhängigkeit vom Angebot im jeweiligen Kanton, sehr groß sind. Die Spanne reicht von etwa 25% der Versicherten im Kanton Thurgau bis 0% beispielsweise in den Kantonen Tessin, Uri oder Jura, weil dort kein entsprechendes Angebot von Seiten der Versicherer vorhanden ist.

Die Schweizer Regierung hat, als Antwort auf diese Entwicklung, 2004 eine Novellierung des Krankenversicherungsgesetzes verabschiedet, die eine Förderung der integrierten Versorgungsformen vorsieht. Alle Versicherer müssen ihren Versicherten nun eine Form von Managed Care anbieten.

Entwicklung der Integrierten Versorgung in Deutschland

Dem deutschen Gesundheitssystem wird national und international ein hohes Versorgungsniveau mit nahezu unbeschränktem Zugang für die Bevölkerung bescheinigt. Trotzdem gehen die Einschätzungen dahin, dass die Kosten im Verhältnis zu den dafür erbrachten Leistungen zu hoch sind. Neben **Qualitätsdefiziten** wird gerade auch die **sektorale Gliederung** des Systems als eine wesentliche Ursache dieser Problematik betrachtet. So werden in einer **Verzahnung der Sektoren** und in einer verbesserten **Qualitätssicherung** erhebliche Effizienzreserven vermutet (Sachverständigenrat für die Konzertierte Aktion im Gesundheitswesen 2002, 2003; Sachverständigenrat zur Begutachtung der Entwicklung im Gesundheitswesen 2005). Traditionell gibt es im deutschen Gesundheitssystem nur in sehr kleinem Rahmen eine Verzahnung der Sektoren in Form des Belegarztsystems, des ambulanten Operierens und der Polikliniken (in den neuen Bundesländern und an Universitätskliniken). Dies sind jedoch lediglich punktuelle Verzahnungen ohne systematisches **Management der Versorgungsabläufe**.

Vor diesem Hintergrund entstanden in Deutschland seit dem Ende der 1980er bzw. dem Beginn der 1990er Jahre verschiedene Initiativen auf Seiten des Gesetzgebers und auf Seiten der Leistungserbringer die Versorgung besser zu koordinieren. Dazu gehören auf Seiten des Gesetzgebers der im Rahmen des Gesundheitsreformgesetzes (GRG, 1989) entstandene § 115 SGB V über »**Dreiseitige Verträge**« und die im Rahmen des 2. GKV-Neuordnungsgesetzes (2. NOG, 1997) über die »Weiterentwicklung der Versorgung« eingeführten »**Modellvorhaben**« nach §§ 63–65 und »**Strukturverträge**« nach § 73a. Seit der GKV-Gesundheitsreform 2000 und dem GKV-Modernisierungsgesetz (GMG, 2004) wird »**integrierte Versorgung**« nach §§ 140a–d SGB V gefördert und seit dem Gesetz zur Reform des Risikostrukturausgleichs von 2002 wurden »**Strukturierte Behandlungsprogramme**« (Disease Management-Programme – DMPs) nach § 137f–g eingeführt. Das GMG hat außerdem die **ambulante Behandlung im Krankenhaus** für Patienten mit seltenen Erkrankungen und mit besonderen Krankheitsverläufen (§ 116b Abs. 3 Nr. 2) reformiert. Die einzelnen Reformansätze unterscheiden sich in ihren Schwerpunkten und ihrer Ausgestaltung (◘ Tab. 2.5-1).

Auf Seiten der Leistungserbringer wurden ebenfalls verschiedene Formen der Integrierten Versorgung wie beispielsweise Versorgungsnetzwerke oder Klinikkooperationen diskutiert und teilweise implementiert. Dabei wurden unterschiedliche Formen der Organisation realisiert:

- **Ärztenetzwerke** (Integration innerhalb des ambulanten Sektors)
- **Kooperationen von Kliniken** (Akutkliniken und Rehabilitationseinrichtungen)
- Integration innerhalb von **Klinikgruppen** (z. B. Modelle zum endoprothetischen Hüftgelenksersatz)
- (Private) **Dienstleistungen** für die Integrierte Versorgung (z. B. Case Management)
- Einrichtungen der **Bundesknappschaft:** Diese ist traditionell die Krankenkasse der Bergleute. Sie vereint als einzige gesetzliche Krankenkasse in Deutschland Kranken-, Pflege- und Rentenversicherung sowie die entsprechenden Versorgungsstrukturen unter einem Dach

In Deutschland wird Integrierte Versorgung seit ca. 15 Jahren diskutiert, aber immer noch wenig praktiziert. Als Ursache für die zurückhaltende Umsetzung in Deutschland wird einerseits der **geringe strukturelle und finanzielle Spielraum,** den das Sozialgesetzbuch für diese Versorgungsformen bisher zuließ, betrachtet, andererseits gab es bislang darüber hinaus wenig Anreize, sowohl auf Seiten der Leistungserbringer als auch auf Seiten der Leistungseinkäufer, solche Konzepte umzusetzen. Auch für Patienten war es bis dato nur wenig interessant, entsprechende Konzepte anzunehmen.

Auf Grund des Gutachtens des Sachverständigenrates für die Konzertierte Aktion im Gesundheitswesen von 2000/2001 zur »Über-, Unter- und Fehlversorgung« wurde die Diskussion erneut angeregt. Das Gutachten kritisiert vor allem die **Versorgung chronisch kranker Patienten** innerhalb des Systems der gesetzlichen Krankenversicherung. Dabei werden Mängel in der Kooperation und Koordination der Leistungserbringer als wesentliche Ursache der Versorgungsdefizite gesehen. Auch die folgenden Gutachten von 2003 und 2005 nahmen dieses Thema wieder auf und verwiesen darauf, dass nur wenige der gesetzlichen Vorgaben realisiert wurden, und dass im Bereich des **Versorgungsmanagements** weiterhin ein erheblicher Handlungsbedarf besteht. Mit dem GKV-Modernisierungsgesetz (GMG) 2004, das die Entstehung von Netzwerken, basierend auf Verträgen zur Integrierten Versorgung, ausdrücklich fördert, soll diese Versorgungsform jedoch mehr und mehr ein Bestandteil der deutschen Versorgungslandschaft werden.

Die Prognosen zur **demografischen Entwicklung** und die damit einhergehenden **Änderungen des Krankheitsspektrums** zu mehr chronischen Erkrankungen und einem höheren Anteil multimorbider Fälle in der Bevölkerung machen eine Änderung der Versorgungsstrukturen dringlich. Hinzu kommen soziale Veränderungen im Sinne eines Wandels familiärer Bindungen und einer Zunahme der Singlehaushalte, so dass die Koordination der Behandlung immer weniger durch die Betroffenen selbst oder ihr soziales Umfeld geleistet werden kann.

Gesetzliche Anforderungen an die Integrierte Versorgung

Nachdem der erste Versuch Integrierte Versorgung im Rahmen der GKV-Gesundheitsreform 2000 in Deutschland zu etablieren auf wenig Resonanz stieß, hat der Gesetzgeber mit dem GKV-Modernisierungsgesetz (GMG) 2004 erneut die Förderung der Integrierten Versorgung durch Neufassung der §§ 140a-d SGB V vorangetrieben.

Die Versorgung innerhalb der Verträge zur Integrierten Versorgung muss, in Übereinstim-

Tab. 2.5-1. Gesetzesänderungen zur Verbesserung der Integration der GKV-Versorgung (Quelle: eigene Zusammenstellung)

	Überwindung der sektoralen Trennung (v. a. Belegarztwesen)	Strukturmodelle	Leistungsmodelle	Strukturverträge	Disease Management-Programme	Integrierte Versorgung i.e.S.	Ambulante Behandlung im Krankenhaus
Rechtsgrundlage im SGB V	§ 115, § 121	§ 63 Abs. 1; § 64	§ 63 Abs. 2	§ 73a	§§ 137f-g; § 116b Abs. 1	§§ 140a-d	§ 116b Abs 2., Abs. 3 Nr. 2
Eingeführt durch	GRG (1989)	2. NOG (1997)	2. NOG (1997)	2. NOG (1997)	Gesetz zur Reform des Risikostrukturausgleichs (2002)	GKV-Reform (2000); modifiziert durch GKV-Modernisierungsgesetz (2004)	GKV-Modernisierungsgesetz (2004)
Art der möglichen Integration	Kontinuierliche ambulante und stationäre Versorgung durch Vertragsarzt	U. a. verbesserte Koordinierung der Versorgung durch informationstechnische Kooperationsstrukturen oder Behandlungspfade	Nicht primär, ggf. indirekt	Versorgung von Patienten durch einen (interdisziplinären) Verbund von Ärzten, ggf. mit Budget	Koordinierte Versorgung über Sektorengrenzen sowie ambulant-stationäre Versorgung durch Krankenhaus	Kontinuierliche Versorgung über Sektorengrenze(n) hinweg, mit gemeinsamer Vergütung	Kontinuierliche ambulante und stationäre Versorgung durch Krankenhaus
Notwendige Vertragspartner	Landesverbände der Krankenkassen, Landeskrankenhausgesellschaft und KV	Krankenkassen oder ihre Verbände mit allen GKV-zugelassenen Leistungserbringern oder KVen	Krankenkassen oder ihre Verbände mit allen GKV-zugelassenen Leistungserbringern oder Kven	Landesverbände der Krankenkassen mit KVen	Krankenkassen mit allen GKV-zugelassenen Leistungserbringern	Krankenkassen mit allen GKV-zugelassenen Leistungserbringern und Zusammenschlüssen derselben (explizit nicht die KVen)	Krankenkassen oder ihre Verbände mit zugelassenen Krankenhäusern
Wissenschaftliche Begleitung/ Evaluation	Nicht erforderlich	Erforderlich	Erforderlich	Nicht erforderlich	Erforderlich	Nicht erforderlich	Nicht erforderlich

Tab. 2.5-1. (Fortsetzung)

	Überwindung der sektoralen Trennung (v. a. Belegarztwesen)	Strukturmodelle	Leistungsmodelle	Strukturverträge	Disease Management-Programme	Integrierte Versorgung i.e.S.	Ambulante Behandlung im Krankenhaus
Satzungsänderung der Kasse	Nicht erforderlich	Erforderlich	Erforderlich	Nicht erforderlich	Nicht erforderlich	Nicht erforderlich	Nicht erforderlich
Gewährleistung der Beitragssatzstabilität	Ja	Ja	Nein	Ja	Ja	Nein	Ja
Aussetzung geltender rechtlicher Regelungen	Eigene rechtliche Regelungen	Möglich	Möglich	Nicht möglich	Eigene rechtliche Regelungen	Möglich	Nicht möglich

mung mit den anderen Versorgungsformen, den **allgemein anerkannten Stand der medizinischen Erkenntnis** und des **medizinischen Fortschritts** erfüllen. Gleichzeitig muss eine **am Versorgungsbedarf der Versicherten orientierte Zusammenarbeit** zwischen allen Leistungsanbietern erfolgen, einschließlich der **Koordination** über **verschiedene Versorgungsbereiche** mit einer jeweils ausreichenden **Dokumentation**, die allen an der Versorgung Beteiligten zur Verfügung steht.

Mit dem GMG hat die inhaltliche Definition der **Sektorenintegration** ihre Gültigkeit behalten, wurde jedoch um die **interdisziplinär-fachübergreifende Versorgung** innerhalb eines Sektors ergänzt.

Darüber hinaus haben sich auch die Rahmenbedingungen für die Integrierte Versorgung deutlich geändert. Die Kassenärztlichen Vereinigungen sind als Vertragspartner laut Gesetzestext ausdrücklich nicht mehr vorgesehen, stattdessen können nun auch **einzelne Ärzte** und **Medizinische Versorgungszentren** Vertragspartner werden. Krankenkassen können auch Versorgungsverträge mit Managementgesellschaften **unterschiedlichster Rechts- und Gesellschaftsformen** schließen, die nicht selbst Versorger sind. Sie haben somit auch die Möglichkeit, Eigeneinrichtungen zur Integrierten Versorgung zu errichten. Bislang ist jedoch umstritten, ob es sich bei den Integrationsverträgen (IV-Verträge) i. S. §§ 140a-d SGB V zwischen Krankenkassen und Vertragspartnern um **öffentlich-rechtliche oder privatrechtliche Verträge** handelt. In der Rechtsprechung werden hierzu gegensätzliche Meinungen vertreten. Gemäß § 140e SGB V enthält die neue Regelung auch eine europäische Dimension. Krankenkassen dürfen nun auch Verträge mit Leistungserbringern **im europäischen Ausland** schließen. Somit können Leistungserbringer aus dem gesamten Europäischen Union bzw. dem Europäischen Wirtschaftsraum in die Gesundheitsversorgung eingebunden werden (Henke et al. 2004).

Im Rahmen der Verträge kann vom **Zulassungsstatus** eines Leistungsanbieters abgewichen werden. Der Zulassungsstatus beschreibt dabei, welche Leistungen unter »Normalbedingungen« erbracht werden dürfen. Dadurch kann beispielsweise innerhalb eines IV-Vertrages ein Krankenhaus ambulante Leistungen anbieten, die es außerhalb des Vertrages nicht erbringen dürfte.

Auch bezüglich der **Finanzierung** wurden neue Regelungen getroffen. So können die Krankenkassen jetzt 1% des ambulanten (ca. € 220 Mio.) und 1% des stationären Budgets (ca. € 460 Mio.) für Versorgungsverträge zur Integrierten Versorgung einbehalten. Dies entspricht somit etwa € 680 Mio. pro Jahr. Der **Abzug von der Gesamtvergütung** ist jedoch an den Nachweis von Verträgen zur Integrierten Versorgung gekoppelt. Werden die Mittel nicht binnen 3 Jahren verbraucht, fließen sie an die Kassenärztlichen Vereinigungen und die Krankenhäuser zurück. Zudem wurde für die Zeit der Anschubfinanzierung (2004 bis 2006) der Grundsatz der **Beitragssatzstabilität** (§ 71 Abs. 1 SGB V) für die Krankenkassen ausgesetzt.

2.5.2 Praktische Umsetzung

In Abhängigkeit von der gewählten Form und ihrer konkreten Ausgestaltung kann die Integrierte Versorgung in unterschiedlicher **Integrationstiefe und Indikationsbreite** realisiert werden (◘ Abb. 2.5-3). Unter **Integrationstiefe** soll der Integrationsgrad des Versorgungsprozesses, von einer Integration einzelner Elemente eines Sektors bis hin zu einer vollständigen Integration des Versorgungsprozesses über alle Sektoren hinweg verstanden werden. Die **Indikationsbreite** definiert ex-ante Abgrenzungskriterien, nach denen Patienten bzw. Versicherte für die Integrierte Versorgung selektiert werden. Die Indikationsbreite kann von einer spezifischen Definition einer Indikation – z. B. Schlaganfallpatienten – bis hin zum Einbezug der gesamten Bevölkerung variieren.

In Bezug auf die Indikationsbreite der Integrierten Versorgung wird primär zwischen indikationsübergreifenden und indikationsbezogenen Ansätzen unterschieden. Als **indikationsübergreifend** sind beispielsweise populationsbezogene (regionale) Versorgungskonzepte zu verstehen, die unter Umständen eine medizinische »Vollversorgung« erreichen wollen. Hierzu stehen verschiedene Organisationsformen wie **Integrationsverträge gemäß § 140a–d** oder **medizinische Versorgungszentren** zur Verfügung. Auch **Strukturverträge** nach § 73a SGB V und **Modellvorhaben** nach §§ 63-65 SGB V können weiterhin abgeschlossen werden. Andererseits kann auch eine Verbesserung

2

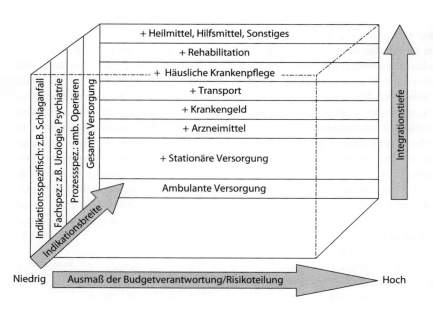

Abb. 2.5-3. Integrationstiefe und Indikationsbreite der Integrierten Versorgung

der Versorgung bei einer spezifischen Erkrankung oder Indikation im Vordergrund stehen. Im Rahmen von **indikationsbezogenen** Ansätzen werden spezielle Krankheitsbilder bzw. Indikationen ausgewählt, für die passende Versichertengruppen gesucht werden. Geeignete Organisationsformen sind Disease Management-Programme oder ebenfalls Verträge zur Integrierten Versorgung **gemäß §§ 140a–d**. Einen Sonderfall stellt das **Case Management** dar, das den Versorgungsprozess eines Individuums mit überdurchschnittlichem Bedarf in den Vordergrund rückt.

Verträge zur Integrierten Versorgung nach §§ 140a-d SGB V

Bei der Ausgestaltung der Integrierten Versorgung lässt die Organisationsform der Integrierten Versorgung nach §§ 140a-d SGB V den größten Spielraum. Im Unterschied zu den Disease Management-Programmen ist die Indikationsbreite nicht gesetzlich auf bestimmte Indikationen eingeschränkt. In der Regel schließen sich einige Leistungserbringer zu einem Netzwerk der Integrierten Versorgung zusammen und bieten dann einer oder mehreren Krankenkassen die koordinierte Versorgung ihrer Versicherten im Rahmen dieses Netzwerks an. Da die Netzwerke in der Regel die Koordination der Leistungserbringer leisten, entsteht für

die Krankenkassen deutlich **weniger Verwaltungsaufwand als bei Disease Management-Programmen**. Wie bereits in ▶ **Kap. 2.2** erwähnt, haben die Krankenkassen die Möglichkeit, individuelle Verträge mit den einzelnen Netzwerken zu schließen und den Versicherten besondere Konditionen im Falle einer Teilnahme an diesen zu gewähren. Angesichts des gesetzlichen Spielraums bei der Ausgestaltung der Versorgung nach §§ 140a–d müssen Krankenkassen sowie andere Träger zunächst die Entscheidung treffen, ob die zu initiierende Integrierte Versorgung eher indikationsübergreifend oder indikationsbezogen realisiert werden soll.

Indikationsübergreifende versus indikationsbezogene Integrierte Versorgung

Grundsätzlich lässt sich bei beiden Ansätzen ein Potential zu einer Senkung von Leistungsausgaben und einer Verbesserung der Versorgungsqualität identifizieren. Allgemein lässt sich jedoch feststellen, dass Krankenkassen überwiegend indikationsbezogene Verträge zur Integrierten Versorgung nach §§ 140a–d schließen. Die Bundesknappschaft ist die einzige Krankenkasse in Deutschland mit einer Struktur, die mit einer HMO vergleichbar ist und einen indikationsübergreifenden Ansatz realisiert. Es spricht eine Reihe von Gründen dafür, dass

Kassen auch in Zukunft eher eine indikationsbezogene Integrierte Versorgung verfolgen.

Zum einen können bei einer indikationsbezogenen Integrierten Versorgung die Abläufe konkret auf notwendige Behandlungsabläufe bei bestimmten Krankheitsbildern abgestimmt werden. Dies erleichtert die Entwicklung von **Behandlungsleitlinien** und integrierten **klinischen Behandlungspfaden**. Hinsichtlich des Designs indikationsübergreifender Versorgungskonzepte kann demgegenüber auf Erfordernisse einzelner Indikationen nicht in so starkem Maße eingegangen werden.

Ein weiteres Argument für indikationsbezogene Konzepte ist die **einfachere Evaluierbarkeit**. Zwar existiert auch für indikationsübergreifende Fragestellungen eine Vielzahl aussagekräftiger Evaluationskonzepte (Räbiger et al. 2002), es ist jedoch zu bedenken, dass der Erfolg, d. h. die Festlegung von **Outcome-Parametern** und davon abgeleiteten **Qualitätszielen** eines bestimmten Programms, bei einzelnen Indikationen deutlich einfacher zu ermitteln ist. Beispielsweise können profil- bzw. indikationsspezifische Fragebögen zur Kosten-Effektivitätsmessung eingesetzt werden oder Kontrollgruppen für die konkrete Indikation herangezogen werden, die eine vergleichende Evaluation ermöglichen.

Indikationsbezogene Konzepte weisen darüber hinaus **Vorteile hinsichtlich der Steuerbarkeit** auf. Zum einen ermöglicht die Indikationsbezogenheit den Krankenkassen, Versorgungskonzepte gezielt auszuschreiben. Zum anderen ist die Entwicklung eines Zielsystems zur Steuerung einer indikationsbezogenen Integrierten Versorgung deutlich weniger komplex, da krankheitsspezifische Indikatoren herangezogen werden können. Durch das limitierte Leistungsspektrum eines indikationsbezogenen Versorgungsprojektes ist zudem die Kalkulation der Vergütung weniger komplex. Beispielsweise ist die Variation der Behandlungskosten und das damit verbundene finanzielle Risiko bei einer Verbindung von Operation und Rehabilitation im Rahmen der Hüftendoprothetik vorhersehbar. Infolge der Komplexität bei indikationsübergreifenden Verträgen müsste das finanzielle Risiko durch eine morbiditätsorientierte Vergütung abgebildet werden (Schreyögg et al. 2005).

Zielgruppenauswahl

Vor der Entscheidung für eine bestimmte Form der Integrierten Versorgung erscheint es aus Sicht von Krankenkassen oder anderen Anbietern sinnvoll, eine **Marktsegmentierung** vorzunehmen und Zielgruppen zu identifizieren, die am besten für eine Integrierte Versorgung geeignet erscheinen, so dass durch eine bessere Verzahnung der Versorgung eine nachhaltige Senkung von Leistungsausgaben realisiert werden kann. Es geht dabei insbesondere um eine gesteigerte Kosten-Effektivität der Versorgung. Für die Identifikation von Zielgruppen kann eine Vielzahl von Kriterien herangezogen werden.

> ◘ **Kriterien für die Identifikation von Zielgruppen**
> - Epidemiologische Kriterien: z. B. Indikation, Schweregrad
> - Soziodemografische Kriterien: z. B. Geschlecht, Alter, Beruf und Ausbildung
> - Geografische Kriterien: z. B. Bundesländer, Städte und Gemeinden
> - Verhaltensorientierte Kriterien: z. B. Einschreibewahrscheinlichkeit, Compliancewahrscheinlichkeit
> - Psychografische Kriterien: z. B. Lebensstil, Risikopräferenz und Nutzenvorstellung

Krankenkassen als Hauptanbieter von integrierten Versorgungsprogrammen können eine Vielzahl von Informationen, die für die Auswahl von Zielgruppen relevant sind, aus den Stammdaten der Versicherten bzw. den Routinedaten (Abrechnungsdaten, die den Krankenkassen seitens der Leistungserbringer zur Verfügung gestellt werden) entnehmen. Gemäß § 284 SGB V ist die **Nutzung dieser Daten** für die Vorbereitung und Nutzung von Verträgen zur Integrierten Versorgung **ausdrücklich erlaubt**. Da zum ambulanten, stationären und rehabilitativen Bereich inzwischen relativ umfangreiche Daten bei den Krankenkassen zusammenfließen, ist es möglich, Behandlungsabläufe von Krankheitsgruppen zu analysieren und auf Grundlage der Ergebnisse einerseits die Kosten-Effektivität einer Integrierten Versorgung für bestimmte Zielgruppen abzuschätzen und andererseits die

2

Ergebnisse unterschiedlicher Versorgungsformen über die Zeit zu vergleichen.

Die Auswertung von Routinedaten zur Definition einer indikationsbezogenen, Integrierten Versorgung wird von amerikanischen Health Maintenance Organizations (HMOs) bereits seit mehreren Jahren mit Erfolg genutzt. Anhand dieser Daten werden Krankheitsgruppen identifiziert, für die gezielt ein Versorgungsprogramm entworfen wird. Zudem werden Routinedaten eingesetzt, um regelmäßig den Erfolg einer Integrierten Versorgung durch Periodenvergleiche zu bewerten (Sidorov et al. 2002). Zur Identifikation von Krankheitsgruppen wird in der Regel ein »Top down Approach« verfolgt, der in ähnlicher Form auch für deutsche Krankenkassen entwickelt wurde und im Folgenden in Grundzügen beschrieben wird. Im Rahmen dieses Verfahrens werden dann auf aggregierter Ebene regionale Besonderheiten identifiziert (z. B. Demografie, Inzidenz von Krankheiten etc.), die dann näher untersucht werden (Solz and Gilbert 2001).

Für die Analyse regionaler Besonderheiten im Mitgliederstamm einer Krankenkasse ist es zunächst sinnvoll, das Tätigkeitsgebiet der betreffenden Kasse in geografische Regionen einzuteilen, innerhalb derer für potentielle Mitglieder eine Integrierte Versorgung erreichbar wäre. Diese **Versorgungsregionen** sind nicht notwendigerweise mit den Bezirken der Kassenärztlichen Vereinigungen oder Bundesländern identisch, sondern können z. B. als Kreis um potentielle Anbieter einer Integrierten Versorgung definiert werden. Anschließend kann auf Basis der Mitgliederzahlen festgestellt werden, ob eine Kasse tatsächlich in jeder dieser definierten Regionen über ausreichend Mitglieder verfügt. Bei sehr geringen Mitgliederzahlen in einer Region ist abzusehen, dass der Aufbau einer Integrierten Versorgung aufgrund geringer zu erwartender Einschreibungsquoten für eine einzelne Kasse ohne Kooperationen zu hohe Kosten pro Mitglied mit sich bringt.

Im nächsten Schritt werden die Diagnosedaten der einzelnen Sektoren über die Versichertennummer bzw. den Wohnort der Versicherten den jeweiligen Regionen zugeordnet. Somit lassen sich sog. **league tables** (vgl. auch Nutley and Smith 1998) bilden, die ICD-Diagnosen, die im Rahmen der ICD-Klassifikation zu einer Gruppe aggregiert werden,

nach ihren absoluten und relativen Häufigkeiten in eine Rangfolge bringen. Sie erlauben einen Vergleich der **Diagnosehäufigkeiten** in verschiedenen Regionen, die sowohl Hinweise auf besondere regionale Inzidenzen und Prävalenzen als auch auf erste potentiell zu realisierende Einschreibungsquoten für eine Integrierte Versorgung geben kann. Um jedoch Krankheitsbilder zu identifizieren, die nicht über Einzeldiagnosen abgebildet werden, z. B. Mukoviszidose, müssen bestimmte Diagnosen zu einem Krankheitsbild gruppiert werden.

Um anonymisierte Versichertengruppen mit bestimmten Diagnosen bzw. Krankheitsbildern in Regionen zu identifizieren, die überdurchschnittlich hohe Leistungsausgaben aufweisen, sind in einem weiteren Schritt die **Leistungsausgaben** einzelner Fälle zu berechnen. Hierfür werden den Versicherten mit häufig auftretenden Diagnosen bzw. Krankheitsbildern die in den jeweiligen Leistungsbereichen verursachten Leistungsausgaben einer Periode, z. B. für ein Jahr, zugeordnet. Dabei ist für die Krankenkassen weniger die Bestimmung der Leistungsausgaben einzelner Versicherter aus bestimmten Diagnosegruppen oder mit bestimmten Krankheitsbildern von Interesse, die als Versicherten- bzw. Patientenkonten bezeichnet werden. Vielmehr sollen auf diese Weise die durchschnittlichen Leistungsausgaben für Versicherte aus bestimmten Diagnosegruppen oder mit bestimmten Krankheitsbildern berechnet werden, um mögliche Unterschiede hinsichtlich dieser durchschnittlichen Leistungsausgaben in einzelnen Regionen zu erkennen. Wenn beispielsweise in Region I die Leistungsausgaben für Versicherte aus der Diagnosegruppe »Schizophrenie, schizotype und wahnhafte Störungen (ICD-10: F20-F29)« deutlich höher sind als in Region II, so kann dies auf Versorgungsdefizite in Region I bei der Behandlung von Versicherten dieser Gruppe hinweisen. Um einen systematischen Vergleich zwischen einzelnen Regionen und den Diagnosegruppen bzw. Krankheitsbildern mit den höchsten durchschnittlichen Leistungsausgaben durchführen zu können, ist auch hier die Anwendung von league tables nützlich.

Zwar geben die Leistungsausgaben Hinweise auf mögliche Schwerpunkte in den einzelnen Regionen, sie sind jedoch nicht normalisiert. Unterschiede in den Leistungsausgaben einzelner Krankheitsgruppen aufgrund divergierender Kostenstrukturen oder auch der Verteilung von Krankheitsschweregraden werden bei dieser Methodik nicht sichtbar. So ist es möglich, dass eine bestimmte Krankheitsgruppe in Region I eine gute Versorgung erhält, die **Kostenstruktur** dieser Region allerdings, z. B. aufgrund eines hohen Fallwertes einiger Krankenhäuser oder auch im Schnitt schwerer erkrankter Versicherte, insgesamt zu überdurchschnittlichen Leistungsausgaben führt. Deshalb bedarf es hinsichtlich der identifizierten Krankheitsgruppen einer genaueren Analyse. Dies kann sowohl in Form einer Normalisierung der Leistungskosten anhand des durchschnittlichen Kostenniveaus einzelner Regionen als auch durch die aufwändige Einzelanalyse der Leistungserbringer erfolgen.

Das beschriebene Vorgehen gibt einen ersten Anhaltspunkt zur Identifizierung möglicher Zielgruppen für eine integrierte Versorgung. Sie ermöglicht zudem eine regelmäßige Ergebniskontrolle. So sind beispielsweise Periodenvergleiche oder Vergleiche zwischen Versichertengruppen »mit« und Kontrollgruppen »ohne« spezifisches Versorgungskonzept möglich. Ingesamt ist jedoch zu bedenken, dass Routinedaten immer auf die Vergangenheit bezogen sind und somit eine rein retrospektive Sicht des Leistungsgeschehens zulassen. Um die zukünftige Inanspruchnahme von Leistungen einzelner Versichertengruppen abzuschätzen, bedarf es des Einsatzes der Methodik des **Predictive Modelling**. Im Rahmen dieser Methodik werden Algorithmen entwickelt, die auf Krankheitsverläufe aus klinischen Studien und andere Informationen zurückgreifen und somit zukünftige Krankheitsverläufe abbilden.

Selbst wenn eine geeignete Zielgruppe identifiziert wurde und die genannten Prämissen erfüllt sind, können **strategische Erwägungen** gegen eine Einführung eines integrierten Versorgungskonzepts sprechen. Fraglich ist für eine Krankenkasse in diesem Zusammenhang, ob das geplante Programm aufgelegt werden kann, ohne **schlechte Risiken** als Kassenwechsler von anderen Krankenkassen anzuziehen. Dies ist insbesondere dann problematisch, wenn die potentiellen Neukunden einen negativen Deckungsbeitrag erwarten lassen, d. h. wenn die tatsächlichen Leistungsausgaben des Versicherten die standardisierten Leistungsausgaben zuzüglich der nicht RSA-fähigen Leistungs-

ausgaben, d. h. für Verwaltung und Satzungsleistungen (vgl. ▶ **Kap. 4.2**), übersteigen. Weiterhin ist zu bedenken, ob das Versorgungsprogramm zum **Image** der Krankenkasse passt oder sogar nur aus Imagegründen eingeführt werden soll. Im letzteren Fall wäre dann die oben skizzierte Verwendung von Routinedaten unter Umständen gar nicht notwendig. Abschließend wäre noch die **institutionelle Kompatibilität** zu prüfen, d. h. ob die Krankenhäuser und Arztpraxen einer bestimmten Region für eine Integrierte Versorgung geeignet erscheinen. Beispielsweise könnte der Führungsstil der Leitung eines Krankenhauses oder die Unternehmenskultur diesem Vorhaben entgegenstehen.

Beziehungsebenen

Verträge, die zu diesem Zweck zwischen Krankenkassen und Leistungserbringern geschlossen werden, haben im Wesentlichen drei Beziehungsebenen zu gestalten (◼ **Abb. 2.5-4**). Erstens das **Verhältnis der Krankenkasse zu den Leistungserbringern**, zweitens das Verhältnis der beteiligten **Leistungserbringer untereinander** und drittens die **Beziehung des Versorgungsnetzes zu Dritten**, das heißt einerseits zu Patienten und andererseits zu Lieferanten wie Medizingeräteherstellern (Kuhlmann 2004). Im Gegensatz zu den Medizinischen Versorgungszentren, wo das Verhältnis der Leistungserbringer untereinander gesetzlich geregelt ist, hat der Gesetzgeber im Rahmen der Integrierten Versorgung nach §§ 140a-d keine expliziten Regelungen für das Verhältnis der teilnehmenden Parteien untereinander getroffen.

Stand der Umsetzung

Zur Umsetzung der gesetzlichen Regelungen im Rahmen §§ 140a-d SGB V haben die Kassenärztliche Bundesvereinigung (KBV), die Deutsche Krankenhausgesellschaft (DKG) und die Spitzenverbände der Krankenkassen an der Bundesgeschäftsstelle Qualitätssicherung (BQS) die Gemeinsame **Registrierungsstelle zur Unterstützung der Umsetzung des § 140d SGB V** eingerichtet.

Aufgabe der Registrierungsstelle ist die Erfassung der Meldungen der Krankenkassen über abgeschlossene Verträge zur Integrierten Versorgung nach § 140a SGB V und die Erteilung von Auskünften über abgeschlossene Verträge an Krankenhäuser und Kassenärztliche Vereinigungen. Die

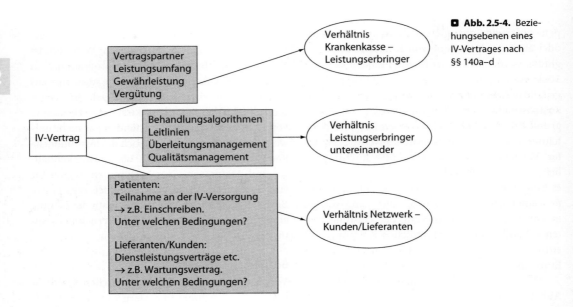

❏ **Abb. 2.5-4.** Beziehungsebenen eines IV-Vertrages nach §§ 140a–d

Registrierungsstelle hat am 01.04.2004 ihre Arbeit aufgenommen. Zum Stichtag 30.09.2005 waren bei der Registrierungsstelle insgesamt **1407 Verträge** gemeldet. Die meisten Verträge gab es bis dato im Gebiet der KV Nordrhein (194), dann folgen an zweiter Stelle die KV Baden-Württemberg (165) und an dritter Stelle die KV Hessen (157). Zu diesem Zeitpunkt gab es aber auch noch Bundesländer bzw. KV-Regionen mit relativ wenigen Verträgen (z. B. Thüringen mit 7). Etwa 53% der IV-Verträge waren von einer Krankenkasse und 47% von mehreren geschlossen worden.

Die bei der Registrierungsstelle gemeldeten Daten lassen allerdings keine Rückschlüsse auf die an der Versorgungskette beteiligten Leistungserbringer zu. Gemeldet werden nur die direkten Vertragspartner auf Leistungserbringer- und auf Kostenträgerseite, die ihrerseits jedoch Unterverträge mit weiteren Vertragspartnern geschlossen haben können. Beispielsweise kann ein Krankenhaus mit einer Krankenkasse einen Vertrag zur Integrierten Versorgung abschließen, der stationäre Leistungen, Leistungen der Rehabilitation und Leistungen der ambulanten Nachsorge umfasst. Das Krankenhaus schließt dazu Unterverträge mit Rehabilitationseinrichtungen und niedergelassenen Ärzten ab, die in der Meldung jedoch nicht genannt werden.

Disease Management

Auch für Disease Management als Form der Integrierten Versorgung gibt es keine allgemein konsentierte Definition. Nach internationaler Literatur stellt Disease Management eine **sektorenübergreifende, indikationsbezogene Organisations- bzw. Versorgungsform** dar, die sich an **Patientengruppen** mit **spezifischen Risiken oder Erkrankungen** richtet, auf einer **Evidenz gestützten** Wissensbasis mit entsprechenden **Leitlinien** beruht und im Sinne eines **kontinuierlichen Verbesserungsprozesses** ihren Erfolg an belegten **Outcome-Parametern evaluiert**. Dabei wird in zunehmendem Maß die aktive **Beteiligung der Patienten** am Heilungsprozess in die Definition miteinbezogen (Lauterbach 2001).

Nachdem sich in der Vergangenheit nur wenige Aktivitäten bezüglich einer besser integrierten und koordinierten Versorgung entwickelten und die Sachverständigenratsgutachten immer wieder auf die Mängel in der Versorgung chronisch kranker Patienten hinwies, wurden im Rahmen des Gesetzes zur Reform des **Risikostrukturausgleichs** (RSA) Disease Management-Programme (DMPs) mit der Schaffung neuer Patientengruppen im RSA verknüpft. Krankenkassen, die diese chronisch Kranken im Rahmen eines DMP versichern, können dadurch die höheren standardisierten Leistungsausgaben für diese Versicherten im Risikostrukturausgleich geltend machen. Damit sollte ein Wettbewerb der Krankenkassen um eine gute Versorgung der chronisch Kranken initiiert werden (vgl. ▶ **Kap. 2.2**).

Der **Koordinierungsausschuss** wurde zunächst mit der Benennung vordringlicher Indikationen für die Einführung von Disease Management-Programmen beauftragt. Seit Januar 2004 ist der Gemeinsame Bundesausschuss für diese Aufgabe zuständig. Gemäß § 137f Abs. 1 SGB V hat dieser bei der Auswahl der zu empfehlenden chronischen Erkrankungen die folgenden Kriterien zu berücksichtigen:

> **▣ Kriterien zur Auswahl der chronischen Erkrankungen**
>
> 1. Zahl der von der Krankheit betroffenen Versicherten
> 2. Möglichkeit zur Verbesserung der Versorgung
> 3. Verfügbarkeit von Evidenz-basierten Leitlinien
> 4. Sektoren übergreifender Behandlungsbedarf
> 5. Beeinflussbarkeit des Krankheitsverlaufs durch Eigeninitiative der Versicherten
> 6. Hoher finanzieller Aufwand der Versorgung

Nach Definition der Voraussetzungen für die Ausgestaltung der Programme wurden Anfang Januar 2002 Brustkrebs, Diabetes mellitus, Chronische Atemwegserkrankungen und koronare Herzkrankheit als Indikationen empfohlen.

Gemäß § 137f Abs. 2 SGB V müssen Krankenkassen die folgenden Anforderungen bei der Durchführung von Disease Management-Programmen beachten:

– Erstellung eines Verfahrens zur Einschreibung der Versicherten in ein Disease Management-Programm
– Behandlung nach Evidenz-basierten Leitlinien unter Berücksichtigung des jeweiligen Versorgungssektors
– Dokumentation der Befunde, therapeutischen Maßnahmen und Behandlungsergebnisse

– Schulungen der Leistungserbringer und der Versicherten
– Durchführung von Qualitätssicherungsmaßnahmen
– Bewertung der Wirksamkeit und der Kosten (Evaluation) des Programms

Im Oktober 2002 wurde der erste DMP Vertrag für Brustkrebs zwischen der KV Nordrhein und verschiedenen Krankenkassen geschlossen. Bis Mitte des Jahres 2005 wurden knapp 3500 Programme vom Bundesversicherungsamt akkreditiert; dadurch sind über eine Million Menschen mittlerweile in ein DMP eingeschrieben.

Der tatsächliche **Erfolg** von Disease Management-Programmen, d. h. eine Erhöhung der Kosten-Effektivität hängt, gemäß internationaler Evidenz, in erster Linie von den folgenden **Faktoren** ab (Velasco und Busse 2003; Hunter and Fairfield 1997; Kestelot 1999; McLoughlin and Leatherman 2003):

> **▣ Erfolgsfaktoren von Disease Management-Programmen**
>
> – Evidenz-basierte Auswahl von Krankheitsbildern, die ausreichend Potential für eine Verbesserung der Versorgung mit sich bringen
> – Langfristige Ausrichtung des Programms
> – Etablierung Evidenz-basierter Leitlinien
> – Integration von Konzepten, die eine Verhaltensänderung bei Patienten und Leistungserbringern bewirken (auch finanzielle Anreize)
> – Balance zwischen ökonomischen und qualitätsorientierten Zielen
> – Initiierung eines kontinuierlichen Verbesserungsprozesses
> – Regelmäßige Evaluation der Kosten-Effektivität des Programms

Im Februar 2005 wurde der erste **Qualitätsbericht zu DMP** in der KV-Region Nordrhein veröffentlicht. Laut Qualitätsbericht wurden beim DMP Diabetes Typ 2 in Nordrhein deutliche Verbesserungen der zentralen Indikatoren »Blutzuckerwerte« und »Blutdruck« erreicht, beim DMP Brustkrebs wur-

2

den die definierten Qualitätsziele zum Teil deutlich überschritten. Eine Evaluation der Programme 3 Jahre nach Start des Programms ist verpflichtend vorgeschrieben.

Case Management

Im Gegensatz zum Disease Management und der Integrierten Versorgung ist die **Fallsteuerung (Case Management)** als weitere Organisationsform der Integrierten Versorgung nicht global auf eine bestimmte Zielgruppe bezogen, sondern zielt auf eine Förderung der effektiven Versorgung spezieller Patienten (Schwerkranke, Behinderte, Ältere) ab. Case Management könnte deshalb auch im weitesten Sinne als individualisiertes Disease Management bezeichnet werden. Wesentliche Gemeinsamkeiten und Unterschiede zwischen Disease Management und Case Management werden in ◘ **Abb. 2.5-5** dargestellt.

Für das Case Management werden bestimmte Patienten identifiziert, die durch Besonderheiten in ihrer Versorgungsgeschichte wie beispielsweise häufige Wiederaufnahme in stationäre Behandlung, wiederholt gescheiterte chirurgische Eingriffe, komplizierte medizinische Verläufe, aufwändige

Therapien (z. B. Patienten nach Transplantationen) besonders kostenträchtig sind. Typische Erkrankungen von Fällen, die im Rahmen einer Fallsteuerung betreut werden, sind Aids, Schlaganfall, Transplantationen, Kopfverletzungen etc. Die Patienten benötigen in der Regel ärztliche, psychologische und soziale Betreuung, die von verschiedensten Einrichtungen abgedeckt wird (z. B. Sozialstation, Ärzte, Krankenhaus, Rehabilitationseinrichtungen). Dabei sind die Patienten typischerweise nicht in der Lage, die ihnen zustehende Hilfe ausfindig zu machen, in Anspruch zu nehmen und mit den Dienstleistern Art und Umfang der Leistung abzustimmen. Die Koordination dieser Aufgaben erfolgt deshalb durch einen sog. **Case Manager**, der entweder bei der Krankenkasse selbst oder in einer spezifischen Institution, z. B. einem Krankenhaus, beschäftigt ist. Das **Aufgabenspektrum** eines Case Managers kann sich von der konkreten Koordination des Versorgungsprozesses bis hin zu einer Beratung in sozialen und finanziellen Fragestellungen erstrecken (Mullahy und Jensen 2004).

Die Fallsteuerung des Case Managers kann sowohl **prospektiv** als auch **retrospektiv** erfolgen.

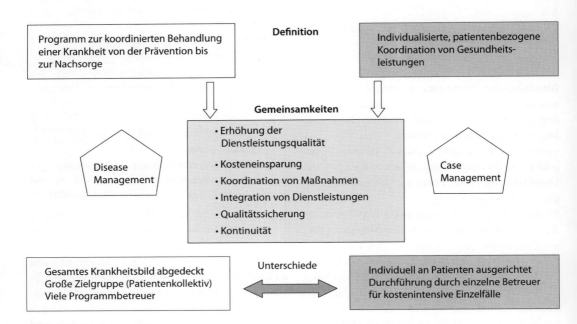

Definition

Programm zur koordinierten Behandlung einer Krankheit von der Prävention bis zur Nachsorge

Individualisierte, patientenbezogene Koordination von Gesundheitsleistungen

Gemeinsamkeiten

Disease Management

- Erhöhung der Dienstleistungsqualität
- Kosteneinsparung
- Koordination von Maßnahmen
- Integration von Dienstleistungen
- Qualitätssicherung
- Kontinuität

Case Management

Unterschiede

Gesamtes Krankheitsbild abgedeckt Große Zielgruppe (Patientenkollektiv) Viele Programmbetreuer

Individuell an Patienten ausgerichtet Durchführung durch einzelne Betreuer für kostenintensive Einzelfälle

◘ **Abb. 2.5-5.** Disease Management versus Case Management (Szathmary 1999)

Prospektiv versucht er bestimmte Einzelpersonen mit terminierten Operationen zu begleiten und in Kooperation mit dem zuständigen Krankenhauspersonal eine optimale Behandlung zu gewährleisten. Im Falle eines retrospektiven Fallmanagements werden beispielsweise Personen mit einer hohen Klinik-Einweisungsrate identifiziert, für die dann ein individuelles ambulantes Versorgungsprogramm gestaltet wird, um mögliche zukünftige Einweisungen zu vermeiden (Amelung und Schumacher 2004, S. 131ff.).

Ähnlich wie bei anderen Formen des Versorgungsmanagements hängt die Kosten-Effektivität des Fallmanagements in hohem Maße sowohl von dem **Krankheitsbild** des Patienten als auch von der **Organisation** des konkreten Fallmanagements ab. Während sich in einer Studie von Wagner (1998) herausstellte, dass ein Case Management für Versicherte mit chronischen Erkrankungen sehr effektiv war, konnten Salleh at el. (2002) diese Hypothese bei einem Case Management von Personen mit Medikamentenmissbrauch nicht bestätigen. Als einen häufigen Grund für eine geringe Effektivität des Case Managements führt Mullahy (1996) die sog. Principal Agent Problematik an, die sich sowohl in Konflikten zwischen Patient und Case Manager als auch zwischen Krankenkasse und Case Manager niederschlagen kann. Die Principal Agent Problematik beruht im Wesentlichen auf Informationsasymmetrien zwischen den beiden Parteien und den sich daraus ergebenden Problemen.

Medizinische Versorgungszentren

Infolge des GKV-Modernisierungsgesetzes können seit dem 01.01.2004 außer Vertragsärzten und ermächtigten Ärzten auch »Medizinische Versorgungszentren« an der ambulanten Versorgung der gesetzlich Krankenversicherten teilnehmen. Im Gesetzestext § 95 SGB V heißt es dazu: »Medizinische Versorgungszentren sind fachübergreifende medizinische Einrichtungen, in denen Ärzte, die in das Ärzteregister nach Absatz 2 Satz 3 Nr.1 eingetragen sind, als Angestellte oder Vertragsärzte tätig werden.« Ärztinnen und Ärzte können nun durch die Gesetzesänderung des § 95 SGB V auch als Angestellte an der ambulanten Versorgung teilnehmen. Sie müssen sich nicht mehr – wie vorher vorgeschrieben – als eigenständige Praxisbetreiber niederlassen.

Die Organisationsform der **medizinischen Versorgungszentren** kann eindeutig als indikationsübergreifende Organisationsform der Integrierten Versorgung klassifiziert werden. Sie sollen – ähnlich wie Polikliniken – Kompetenzen medizinischer Disziplinen und nicht medizinischer Heilberufe unter einem Dach bündeln und eine **interdisziplinäre Zusammenarbeit** fördern. Eine enge Zusammenarbeit durch die **räumliche Nähe** aller an der Behandlung beteiligten Leistungserbringer soll die Versorgungsprozesse optimieren. Die Gründung eines Medizinischen Versorgungszentrums kann auch durch ein Krankenhaus erfolgen (das dafür allerdings »normale« Vertragsarztsitze benötigt). Dadurch ergibt sich die Möglichkeit, stationäre und ambulante medizinische Versorgung besser zu verzahnen. Der Vorteil liegt auch in diesem Fall in einer umfassenden, koordinierten Diagnostik und Therapie.

Literatur

Amelung VE, Schumacher H (2004) Managed Care. Gabler, Wiesbaden

Arnold M, Lauterbach KW, Preuß KJ (1997) Managed Care. Ursachen, Prinzipien, Formen und Effekte. Schattauer, Stuttgart

Augurzky B, Berhanu S, Göhlmann S, Krolop S, Liehr-Griem A, Schmidt ChM, Tauchmann H, Terkatz S (2004) RWI: Materialien, Heft 8. Strukturreform im deutschen Gesundheitswesen. Zugang am 27.07.2005 über http://www.rwi-essen.de/pls/portal30/docs/FOLDER/PUBLIKATIONEN/RWIMAT/RWI_MAT008/M_08_STRUKTURREFORMEN_SC.PDF

Beratender Arbeitskreis der BzgA: Kriterien zur Ermittlung von »Models of Good practice«. Zugang am 05.08.2005 über http://www.hag-gesundheit.de/documents/qkriteri_95.pdf

Bundesamt für Gesundheit der Schweiz (2004) Bestandsaufnahme der Managed Care Modelle. Zugang am 27.07.2005 über: http://www.bag.admin.ch/kv/forschung/d/2005/Managedcare_2005_d.pdf

Bundesärztekammer Glossar: integrierte Versorgung. Zugang am 27.07.2005 über http://www.bundesaerztekammer.de/30/Qualitaetssicherung/20Qualifiz/04Curriculum/35Glossar.html

Deutsche Krankenhausgesellschaft: GKV-Modernisierungsgesetz – GMG. Informationen für Krankenhäuser zur Integrierten Versorgung §§ 140 a-d SGB V. Zugang am 05.08.2005 über http://www.dkgev.de/pdf/291.pdf

Deutsche Krankenhausgesellschaft: GKV-Modernisierungsgesetz: neue Versorgungsformen, Orientierungshilfe. Zugang am 05.08.2005 über http://www.dkgev.de/pdf/489.pdf

Gemeinsamer Bundesausschuss. Versorgungsnetzwerke. Zugang am 02.08.2005 über: http://www.g-ba.de/cms/front_content.php?idcatart=326&lang=1&client=1

Greulich P, Berchtold P, Löffel N (2002) Disease Management: Patient und Prozess im Mittelpunkt. 2. Auflage Springer, Heidelberg

Henke K-D, Rich RF, Steinbach A, Borchardt K (2004) Auf dem Wege zu einer integrierten Versorgung: neue sozialrechtliche Rahmenbedingungen unter Berücksichtigung der Erfahrungen aus den USA und am Beispiel Berlins, Diskussionspapier Nr. 12, Wirtschaftswissenschaftliche Dokumentation Technische Universität Berlin

Hildebrandt (2004) Definition integrierte Versorgung. Zugang am 27.07.2005 über http://www.gesundheitsconsult.de/iv-definition092004.pdf

Hunter DJ, Fairfield G (1997) Managed Care: Disease Management. British Medical Journal 315: 50–53

Kestelot E (1999) Disease Management: A new technology in need of critical assessment. International Journal of Technology Assessment in Health Care 15: 506–519

Kuhlmann JM (2004) Vertragliche Regelungen und Strukturen bei der integrierten Versorgung. Das Krankenhaus 96(6): 417–426

KV Bayern (2005) Allgemeine Informationen zu integrierter Versorgung. Zugang am 27.07.2005 über https://www.kvb.de/servlet/PB/show/1102717/Integrierte-Versorgung-Allgemeine-Informationen-Stand-2005-06-15.pdf

Lauterbach KW (2001) Disease Management in Deutschland – Voraussetzungen, Rahmenbedingungen, Faktoren zur Entwicklung, Implementierung und Evaluation. Gutachten im Auftrag des VdAK/AEK. Zugang am 11.08.2005 über http://www.medizin.uni-koeln.de/kai/igmg/guta/GutachtenDMP.pdf

McLoughlin V, Leatherman S (2003) Quality or financing: what drives design of the health care system? Quality and Safety in Health Care 12: 136–142

Mühlbacher A (2002) Integrierte Versorgung. Management und Organisation. Hans Huber, Bern

Nutley S, Smith PC (1998) League tables for performance improvement in health care. Journal of Health Services Research and Policy 3: 50–57

Preuß KJ, Räbiger J, Sommer JH (2002) Managed Care. Evaluation und Performance-Measurement integrierter Versorgungsmodelle. Schattauer, Stuttgart

Räbiger J, Hasenbein S, Sinha M., Brenner HM, Henke K-D (2002) Konzept für eine standardisierte Evaluation Managed-Care orientierter Versorgungsmodelle in Deutschland: ein Werkstattbericht. In: Preuß K-J, Räbiger J, Sommer JH (Hrsg) Managed Care: Evaluation und Performance-Measurement integrierter Versorgungsmodelle. Stuttgart, Schattauer, S 116–131

Rosenbrock R (1999) Versorgungsqualität – Solidarität – Wirtschaftlichkeit. WZB Diskussionspapier P99–205, Berlin

Saleh SS, Vaughn T, Hall J, Levey S, Fuortes L, Uden-Holmen T (2002) Effectiveness of case management in substance abuse treatment. Care Management Journal 3: 172–177

Sachverständigenrat für die Konzertierte Aktion im Gesundheitswesen (2002) Gutachten 2000/2001 Band III. Über-, Unter- und Fehlversorgung. Nomos, Baden-Baden

Sachverständigenrat für die Konzertierte Aktion im Gesundheitswesen (2003) Gutachten 2003 Band II. Finanzierung, Nutzerorientierung und Qualität. Nomos, Baden-Baden

Sachverständigenrat zur Begutachtung der Entwicklung im Gesundheitswesen (2005) Gutachten 2005 Koordination und Qualität im Gesundheitswesen. Nomos, Baden Baden

Schreyögg J, Plate A, Busse R (2005) Identifizierung geeigneter Versichertengruppen für die Integrierte Versorgung anhand von GKV-Routinedaten. Gesundheitsökonomie und Qualitätsmanagement 10(6): 349–355

Schwartz FW, Wismar M (1998) Planung und Management. In: Schwartz FW, Badura B, Leidl R, Raspe H, Siegrist J, (Hrsg) Das Public Health Buch. Urban & Fischer, München, S 558–571

Robinson R, Steiner A (1998) Managed Healthcare: US Evidence and Lessons for the NHS. Open University Press, Buckingham

Sidorov J, Shull R, Tomcavage J, Girolami S, Lawton N, Harris R. Does Diabetes Disease Management save money and improve outcomes? Diabetes Care 2002; 25: 684–689

Solz H, Gilbert K (2001) Health Claims Data as a Strategy and Tool in Disease Management. Journal of Ambulatory Care Management 24: 69–85

Szathmary B (1999) Neue Versorgungskonzepte im deutschen Gesundheitswesen. Disease und Case Management. Luchterhand, Neuwied

Velasco Garrido M, Busse R (2003) Are Disease Management-Programmes effective interventions for improving the quality of health care delivery for the chronically ill? Synthesis Report to the Health Evidence Network, WHO Regional Office for Europe Health Evidence Network, Copenhagen

Wagner EH (1998) More than a case manager. Annals of Internal Medicine 129: 654–616

Zentrum für Versorgungsforschung Köln: Definition integrierte Versorgung. Zugang am 27.07.2005 über http://www.zvfk.de/content/e375/e485/IntegrierteVersorgung-EinPlan-EinZiel-v.Pritzbuer12.03.2004.pdf

2.6 Leistungsmanagement in der Arzneimittelindustrie

Jonas Schreyögg und Tom Stargardt

2.6.1 Gesetzliche und strukturelle Rahmenbedingungen

Die rechtlichen Grundlagen für den Umgang mit Arzneimitteln sind im Wesentlichen im SGB V und im **Gesetz über den Verkehr mit Arzneimitteln (AMG)** festgelegt. Das AMG regelt die Zulassung von Arzneimitteln, sowie Transport- und Lagerungsvorschriften, während das SGB V über den Anspruch der GKV-Versicherten auf die Versorgung mit Arzneimitteln bestimmt. Zusätzlich ist das SGB V die rechtliche Grundlage für regulative bzw. kostendämpfende Eingriffe der Gesundheitspolitik in den Arzneimittelmarkt. Weitere gesetzliche Rahmenbedingungen für den Arzneimittelmarkt stellen die **Arzneimittelpreisverordnung** (AMPVO), die **Betriebsverordnung für pharmazeutische Unternehmer und Arzneimittel- und Wirkstoffhersteller**, das **Heilmittelwerbegesetz**, das **Medizinprodukterecht** und die **Heilberufsgesetze der Länder** dar.

Der Begriff Arzneimittel ist im AMG eindeutig festgelegt. Nach § 2 Abs. 2 AMG sind Arzneimittel Stoffe und Zubereitungen aus Stoffen, die folgende Kriterien erfüllen:

- Krankheiten, Leiden und Körperschäden heilen, lindern und verhüten
- Die Beschaffenheit oder die Funktionen des Körpers erkennen lassen
- Menschlich oder tierische erzeugte Wirkstoffe ersetzen
- Parasiten, Krankheitserreger oder körperfremde Stoffe abwehren
- Die seelische Funktion des Körpers beeinflussen

Grundsätzlich wird zwischen verschreibungspflichtigen (Rx-Präparaten) und nicht-verschreibungspflichtigen Arzneimitteln (OTC-Präparaten ~ over the counter), sowie zwischen Originalpräparaten, Generika (Nachahmern des Originalpräparats mit identischem Wirkstoff) und Analog- bzw. Me-Too-Präparaten (Nachahmer des Originalpräparates mit geringfügig verändertem Wirkstoff) unterschieden. Lebensmittel, also Stoffe die zum Zwecke der Ernährung oder des Genusses verzehrt werden, Tabakerzeugnisse und kosmetische Erzeugnisse, also Stoffe, die äußerlich am Menschen zur Reinigung, zur Pflege oder zur Beeinflussung des Körpergeruchs verwendet werden, sind dem Arzneimittelbegriff ausdrücklich nicht zugeordnet (§ 2 Abs. 3 AMG, §§ 1 und 4 Lebensmittel- und Bedarfsgegenständegesetz [LMBG]). Negiert die zuständige Behörde bei einer Versagung der Marktzulassung gleichzeitig den Arzneimittelbegriff, handelt es sich bei einem Stoff trotz des Erfüllens der oben aufgeführten Kriterien nicht um ein Arzneimittel (§ 2 Abs. 4 AMG).

Klinische Prüfungen

Vor Beginn des Zulassungsverfahrens muss ein Nachweis der **klinischen Wirksamkeit**, d. h. der Wirksamkeit unter Studienbedingungen, der Verträglichkeit und der Sicherheit eines Arzneimittels in klinischen Prüfungen erbracht werden. Hierbei wird z. B. die Dosierung (Verträglichkeitsgrenze) des Arzneimittels bestimmt und wissenschaftlich abgesichert. Dies erfolgt im Rahmen zahlreicher Studien, wobei sich die Anzahl der Probanden je nach Art und Ziel der Studie unterscheidet.

Die wichtigsten gesetzlichen Grundlagen für klinische Prüfungen bilden die §§ 40–42 AMG und die *Verordnung über die Anwendung der guten Klinischen Praxis bei der Durchführung von klinischen Prüfungen mit Arzneimitteln zur Anwendung am Menschen*, die sog. GCP-Verordnung. Ziel der gesetzlichen Regelungen ist es, die **Rechte und die Sicherheit der Probanden** zu schützen und einen methodologischen Mindeststandard für den Ablauf von Klinischen Prüfungen gesetzlich zu verankern (§ 1 GCP-V). Es existieren eine Reihe weiterer gesetzlicher Grundlagen (vgl. Dietrich 2002, S. 44).

Die Teilnehmer an klinischen Studien müssen mündlich und schriftlich über die mit der Studie verbundenen Risiken und deren Bedeutung aufgeklärt werden. Sie haben das Recht die Zustimmung zur Teilnahme jederzeit zu widerrufen. Patienten, die aufgrund einer Krankheit keine Willenserklärung abgeben können, dürfen mit Einwilligung des gesetzlichen Vertreters an einer Studie teilnehmen, wenn der erwartete Nutzen des Prüfpräparates die Risiken überwiegt. Eine ähnliche Ausnahmeregelung gilt für Patienten in lebensbedrohlichen Notsituationen, bei denen das Prüfpräparat zur Wiederherstellung der Gesundheit beitragen kann (§ 41 AMG).

Die Durchführung einer klinischen Prüfung ist zunächst bei der für das Arzneimittel zuständigen Bundesbehörde, also entweder dem **Bundesinstitut für Arzneimittel und Medizinprodukte (BfArM)** oder dem **Paul-Ehrlich-Institut** (bei Blut, Blutprodukten, Seren und Impfstoffen), zu beantragen. Gleichzeitig muss ein Antrag bei der Ethikkommission des Bundeslandes eingereicht werden, in dem die Studie durchgeführt wird. Die zuständige Bundesbehörde und die Ethikkommission überwachen die Durchführung der klinischen Studie und müssen stetig über den Verlauf informiert werden. Sollte sich herausstellen, dass eine Weiterführung mit einem unzumutbaren Risiko für die Probanden verbunden ist, können beide Institutionen den Abbruch der Studie verfügen (Gorbach und de la Haye 2001, S. 169).

Dem Antrag auf Durchführung einer Studie müssen Informationen über die Erfahrung und Qualifikation der Prüfer, genaue Informationen über den Aufbau der Studie, über die mit der Studie verbundenen Risiken und über die Anzahl der Probanden und deren Gesundheitszustand beigefügt werden (§ 7 GPC-V). Des Weiteren wird ein Nachweis über den Abschluss einer Versicherung zugunsten der Probanden verlangt, sodass diese bei Schädigung ihres Gesundheitszustandes angemessen versorgt und entschädigt werden können (§ 40 AMG).

Zulassung bzw. Registrierung von Arzneimitteln

Nach erfolgreichem Abschluss der klinischen Studien beantragt der Hersteller die Zulassung des Arzneimittels. Hierfür sind auf europäischer Ebene die *European Medicines Agency (EMEA)* und auf Bundesebene das *Bundesinstitut für Arzneimittel und Medizinprodukte (BfArM)* bzw. das *Paul-Ehrlich-Institut* (bei Blut, Blutprodukten, Seren und Impfstoffen) zuständig.

Ziel des Zulassungsverfahrens ist es, die **Sicherheit, Verträglichkeit und Wirksamkeit eines Arzneimittels** zu überprüfen und den Patienten vor schädlichen Substanzen zu schützen. Zu diesem Zweck reicht der Antragsteller Unterlagen über das Arzneimittel selbst (Name, Bestandteile, Darreichungsform, Anwendungsgebiete, Dosierung, Wirkungen, Nebenwirkungen) und die Ergebnisse pharmakologischer, toxikologischer, biologischer und chemischer Studien, die während der Entwicklung des Arzneimittels durchgeführt wurden, ein.

Bei der Beantragung der Zulassung kann der Hersteller eines Arzneimittels zwischen drei Verfahren wählen:

- Das europäische Verfahren bei der EMEA, das sog. **zentrale Zulassungsverfahren**, ermöglicht die Zulassung des Arzneimittels in allen EU-Mitgliedsstaaten gleichzeitig.
- Im **nationalen Zulassungsverfahren** vom BfArM erfolgt lediglich die Erteilung der Zulassung für den deutschen Markt. Nach § 27 AMG muss eine Entscheidung innerhalb von sieben Monaten getroffen werden, wobei der Ablauf der Frist während der Behebung von Mängeln an den Zulassungsunterlagen gehemmt ist. Nach der nationalen Zulassung in Deutschland ist eine Zulassung in anderen Mitgliedsstaaten der Europäischen Union im Rahmen des Verfahrens der gegenseitigen Anerkennung möglich.
- Das Verfahren der gegenseitigen Anerkennung, das sog. **dezentrale Zulassungsverfahren**, ermöglicht die Übertragung einer nationalen Zulassung eines Arzneimittels auf andere EU-Mitgliedsstaaten. Die Anerkennung der Zulassung eines anderen Mitgliedslandes muss innerhalb von 90 Tagen nach Erhalt des Beurteilungsberichts der dortigen Zulassungsbehörde erfolgen, es sei denn, dass schwerwiegende Gründe dagegen sprechen (§ 25 Abs. 5b AMG).

In allen drei Verfahren muss die **Sicherheit**, die **Verträglichkeit** und die generelle **Wirksamkeit** des Arzneimittels belegt werden. Die Wirksamkeit eines Arzneimittels gilt als bewiesen, wenn der Antragsteller nach dem jeweils gesicherten Stand der wissenschaftlichen Erkenntnisse nachweisen kann, dass therapeutische Ergebnisse in einer beschränkten Zahl von Fällen erzielt werden konnten (§ 25 Abs. 2 AMG).

Die Kriterien Sicherheit, Verträglichkeit und generelle Wirksamkeit sind für die Zulassung eines Arzneimittels deshalb hinreichend, da der Gesetzgeber mit dem Zulassungsverfahren eine Schädigung der Konsumenten bzw. der Patienten verhindern will, nicht jedoch einen Nachweis über die **Kosteneffektivität** eines Arzneimittels verlangt. Für eine Marktzulassung reicht es daher aus, dass ein Arzneimittel unter Studienbedingungen wirksam ist und seine Wirksamkeit in angemessenem Verhältnis zu den mit der Einnahme verbundenen Nebenwirkungen steht. Eine Überprüfung der tatsächlichen Wirksamkeit, das heißt, eine Überprüfung der Wirksamkeit unter Alltagsbedingungen (z. B. im Vergleich zur gängigen Standardtherapie), würde in den Aufgabenbereich einer Institution fallen, die über die Erstattungsfähigkeit des Arzneimittels entscheidet. In Deutschland erfolgt eine derartige Entscheidung jedoch bislang nicht. Jedes zugelassene Arzneimittel ist in der GKV grundsätzlich erstattungsfähig.

Ergänzend zu den drei beschriebenen Verfahren existiert die Möglichkeit einer **beschleunigten Zulassung** für Arzneimittel, die aufgrund ihres potentiellen therapeutischen Nutzens von **hohem öffentlichem Interesse** sind und bei denen zur Beurteilung der generellen Wirksamkeit keine ausreichenden Daten vorliegen. In diesem Fall kann das BMG durch Rechtsverordnung und mit Zustimmung des Bundesrates das Arzneimittel **von der Zulassung frei stellen**, mit der Auflage, innerhalb einer bestimmten Frist Daten zur Neubewertung der Wirksamkeit zu sammeln (§ 36 AMG). Dieselbe Möglichkeit existiert bei der EMEA für Arzneimittel, die zur Behandlung seltener Erkrankungen vorgesehen sind (sog. »**orphan drugs**«).

Bei homöopathischen Arzneimitteln kann anstelle der Zulassung eine mit geringeren Anforderungen verbundene Registrierung der Stoffe erfolgen. Im Gegenzug muss der Hersteller jedoch auf die Nennung von bestimmten Indikationen für das homöopathische Arzneimittel verzichten (§ 38 AMG).

Arzneimittel, die bereits vor Inkrafttreten des AMG zum 01.01.1978 auf dem Markt waren, mussten nachträglich zugelassen werden. Von den ursprünglich 140.000 gemeldeten Arzneimitteln im Jahre 1978 befanden sich Ende des Jahres 2003 noch 6.000 bzw. 3.000 Arzneimittel im Prozess der – Ende 2005 abgeschlossenen – Nachzulassung bzw. der Nachregistrierung (BfArM 2004).

Nach der Zulassung werden die Arzneimittel weiterhin durch das BfArM überwacht. Ärzte und Hersteller sind verpflichtet, unerwartete Komplikationen in Verbindung mit der Anwendung des Arzneimittels zu melden. Fünf Jahre nach Erteilung erlischt die Zulassung automatisch, wenn kein Antrag auf Verlängerung seitens des Herstellers gestellt wird. Erfolgt die Ablehnung des Verlängerungsantrags nicht in einem Zeitraum 3 Monaten nicht, gilt die Zulassung als verlängert (§ 31 Abs. 3 AMG).

Herstellung und Qualitätssicherung

Bei der Herstellung eines Arzneimittels bzw. eines Wirkstoffes sind zwei Hauptaspekte zu berücksichtigen. Das sog. **Modell**, d. h. die Wirk- und Hilfsstoffe, das Herstellverfahren und die Kontrollmethoden, muss den Anforderungen der Zulassungsbehörde entsprechen. Zudem muss im Herstellprozess die sog. **Konformität** gewährleistet sein, d. h. jedes auf den Markt gebrachte Arzneimittel muss dieselben Eigenschaften und dieselbe Qualität aufweisen, die mit dem zugelassenen Modell spezifiziert wurden. Die zentrale gesetzliche Grundlage für diesen Prozess stellt die **Betriebsverordnung für pharmazeutische Unternehmer und Arzneimittel- und Wirkstoffhersteller** dar. Die Ermächtigung des Gesetzgebers für eine pharmazeutische Betriebsverordnung wird aus § 54 AMG abgeleitet. Die im Jahre 2005 modernisierte Betriebsversordnung orientiert sich inhaltlich an diversen EG-Direktiven, dabei insbesondere an den Richtlinien 2001/83/EG, 2004/27/EG, 2004/28/EG und dem Good-Manufacturing-Practice-Leitfaden (EG-GMP-Guidelines). Die Richtlinie 2001/83/EG gilt dabei als besonders wichtig, indem sie fordert, »... *die Grundsätze und Leitlinien guter Herstellungspraxis für Arzneimittel einzuhalten und als Ausgangsstoffe nur Wirkstoffe zu verwenden, die gemäß den ausführlichen Leitlinien guter Herstellungspraxis für Ausgangsstoffe hergestellt wurden.*«

Regulierung von Preisbildung und Vertrieb

Bei der Klassifizierung von Regulierungsformen des Arzneimittelmarktes wird zwischen angebots- und nachfrageseitigen Formen unterschieden. Angebotsseitige Regulierungsformen betreffen die Hersteller, Großhändler und Apotheken, nachfrageseitige setzen hingegen bei Ärzten und Patienten an (Busse, Schreyögg und Henke 2005). Die verwendeten Regulierungsinstrumente wirken

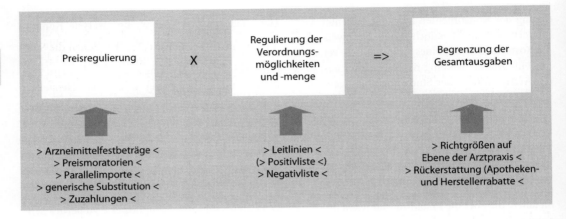

Abb. 2.6-1. Instrumente zur Ausgabenbegrenzung

dabei entweder auf den Preis, die verordnete Menge oder das Gesamtvolumen der Arzneimittelausgaben (☐ Abb. 2.6-1).

Preisregulierung

Das System der Arzneimittelfestbeträge definiert nach § 35 SGB V eine **Erstattungsobergrenze** für die GKV für eine Gruppe von vergleichbaren Arzneimitteln, wobei eine etwaige Differenz zwischen dem höheren Arzneimittelpreis und dem Festbetrag durch die Patienten zu bezahlen ist. Die Gruppierung der Arzneimittel erfolgt im *Gemeinsamen Bundesausschuss* unter Anhörung der betroffenen Hersteller und deren Fachverbänden. Danach bestimmen die *Spitzenverbände der Krankenkassen* die Höhe der Festbeträge für jede Gruppe mittels eines **mehrstufigen Regressionsverfahrens**. Um Ärzten und Patienten die Auswahl unter mehreren Arzneimitteln zu ermöglichen, wird der Festbetrag so bestimmt, dass zwischen einem Drittel und der Hälfte der Arzneimittel einer Gruppe preislich auf oder unterhalb des Festbetrages verfügbar sind (Stargardt, Schreyögg und Busse 2005) (s. Kasten). Eine weitere Form der Preisregulierung stellt das **Verbot von Preissteigerungen (sog. Moratorium)** dar. Auf den Arzneimittelmarkt wurde dieses Instrument erstmals mit dem 2. SGB V-Änderungsgesetz von 1992 angewendet. Zusätzlich zu einer vom Gesetzgeber beschlossenen Preissenkung aller nicht von der Festbetragsregelung erfassten Arzneimittel auf die Arzneimittelpreise vom 01.05.1992 wurden die Preise bis zum Ende des Jahres 1994 auf

dem verminderten Preisniveau festgeschrieben. Ein zweites, indirektes Moratorium wurde im Beitragssatzsicherungsgesetz vom 23.12.2002 beschlossen. Für die pharmazeutische Industrie erhöhte sich der an die GKV zu leistende Rabatt in den Jahren 2003 und 2004 um Preiserhöhungen seit dem 01.10.2002. Dieses in § 130a SGB V festgelegte Regulierungsinstrument kam in seiner Wirkung einem direkten Moratorium gleich.

Die Förderung von **Parallelimporten** stellt ebenfalls eine Strategie zur Beeinflussung des Arzneimittelpreises dar. Parallelimporteure nutzen Preisunterschiede desselben Produktes auf verschiedenen Märkten. Kostet ein Arzneimittel z. B. in den Niederlanden weniger als sein Pendant in Deutschland, tauschen Parallelimporteure die fremdsprachige Packung, sowie die Packungsbeilage gegen eine deutschsprachige aus und verkaufen das neu etikettierte Produkt unter dem ursprünglichen oder unter einem anderen Markennamen auf dem deutschen Markt (Hancher 2004, S. 65–70). Der regulative Eingriff zur Förderung von Parallelimporten in Deutschland ergibt sich aus § 129 Abs. 1 Nr. 2 SGB V, wonach Apotheker zur Abgabe des preisgünstigsten importierten Arzneimittels verpflichtet sind, wenn der Arzneimittelpreis mindestens 15% oder € 15,00 unterhalb des Preises inländisch verfügbarer Arzneimittel liegt.

Eine weitere Form der Preisregulierung stellt die **generische Substitution** dar. Dabei werden teure Markenarzneimittel durch günstigere Generika ersetzt. Nach § 129 Abs. 1 Nr. 1 SGB V sind Apotheker zur generischen Substitution verpflichtet, wenn der Arzt diese nicht ausdrücklich ausgeschlossen hat.

Bei dem Instrument der **Zuzahlung** entrichtet der Patient eine feste Gebühr je verordnetes Arzneimittel. Die Zuzahlungsregelung wurde – seit ihrer Einführung im Jahr 1977 als Gebühr von € 0,51 (DM 1,00) je Verordnung – mehrfach in ihrer Höhe und der Form ihrer Erhebung verändert. Im Zuge der Einführung der Arzneimittelfestbeträge (1989) waren unter die Festbetragsregelung fallende Arzneimittel bis einschließlich 1992 von Zuzahlungen ausgenommen. Im Jahre 1993 orientierte sich die Zuzahlung am Packungspreis, während sie zwischen 1994 und 2003 an die Packungsgröße (klein, mittel und groß) gebunden war. Seit dem 01.01.2004 entspricht die Zuzahlung 10% des Arzneimittelpreises. Patienten müssen dabei mindestens € 5,00 und höchstens € 10,00 zahlen. Liegt der Preis eines Arzneimittels unterhalb der 5-Euro-Grenze, trägt der Patient die Kosten selbst (§ 61 SGB V). Kinder und Jugendliche vor Vollendung des 18. Lebensjahres, sowie Patienten, bei denen die Summe aller jährlichen Zuzahlungen 2% des Bruttoeinkommens überschreitet (chronisch Kranke 1%), sind von den Zuzahlungen befreit (§ 62 SGB V).

Ein Ziel der Zuzahlungen ist es, den mit dem Konsum von Arzneimitteln verbundenen **Moral Hazard** zu begrenzen und den Patienten für die Kosten des Arzneimittelkonsums zu sensibilisieren (Zweifel und Manning 2001, S. 409ff). Durch die direkte Beteiligung des Patienten verringern sich außerdem die Kosten der Krankenkassen. Das Volumen der Zuzahlungen betrug im Jahr 2004 € 2,2 Mrd. – immerhin ca. 10,4% des Ausgabevolumens der Gesetzlichen Krankenversicherung für Fertigarzneimittel (Nink und Schröder 2005, S. 220f.).

◘ **Bestimmung von Festbeträgen (Stargardt, Schreyögg und Busse 2005, S. 471ff.)**

Die **Gruppierung** erfolgt im Gemeinsamen Bundesausschuss in drei Stufen:

1. Arzneimittel mit demselben Wirkstoff (z. B. Originalpräparat und Generika)
2. Arzneimittel, die chemisch, pharmakologisch und therapeutisch vergleichbar sind (z. B. Originalpräparat, Generika, Analogpräparate und deren Generika)
3. Arzneimittel, die aus mehreren Wirkstoffen (Kombinationspräparate) bestehen und chemisch, pharmakologisch und therapeutisch vergleichbar sind

Patentgeschützte Arzneimittel sind grundsätzlich ausgenommen, es sei denn ihre Anwendung bietet keine therapeutische Verbesserung gegenüber dem Originalpräparat. Das heißt, nach Ablauf des Patentschutzes können Originalpräparate und deren Generika evtl. gemeinsam mit unter Patentschutz stehenden Analogpräparaten gruppiert werden.

Die unterschiedlichen Wirkstoffe bei Festbetragsgruppen der Stufe 2 und 3 werden mit Hilfe von **Vergleichsgrößen** normiert. Dafür erfolgt eine Gewichtung mit der durchschnittlich verordneten Wirkstoffmenge.

Die **Bestimmung der Festbeträge** erfolgt durch die Spitzenverbände der Krankenkassen in drei Schritten:

Schritte zur Bestimmung der Festbeträge

- Bestimmung der Standardpackung
- Normierung aller Wirkstoffstärken/Packungsgrößenkombinationen auf die Standardpackung
- Bestimmung des Festbetrages für die Standardpackung

Die *Standardpackung* ist die Packung mit der von unterschiedlichen Herstellern am häufigsten angebotenen Wirkstärken- und Packungsgrößenkombinationen. Bei mehreren in Frage kommenden Kombinationen entscheidet die Verordnungshäufigkeit über die Standardpackung.

▼

Die *Normierung aller Wirkstoffstärken/Packungsgrößenkombinationen* auf die Standardpackung erfolgt in einem zweistufigen Regressionsverfahren auf Basis der Potenzfunktion:

$$p = a * w^b * pk^c$$

Her-steller	Prä-parat	Wirk-stoff-menge	Packungs-größe (pk)	Preis (p)
A	A1	20	20	20
	A2	20	50	40
	A3	30	18	50
B	B1	20	20	18
	B2	30	10	27
C	C1	18	20	18
	C2	30	20	48
	Standardpa-ckung: A1, B1		(20 mg/20 Stück)	

Normierung				Nor-mierter Preis
A	A1	20	20	1
	A2	20	50	2
	A3	30	18	2,5
B	B1	20	20	1
	B2	30	10	1,5

Schätzung von a,b und c mit Hilfe der logarithmierten Potenzfunktionen (u=Störterm) $\ln(p)=\ln(a) + b * \ln(w) + c * \ln(pk) + u$

Damit auch Daten von Herstellern in die Regressionsfunktion eingehen, die keine Standardpackung anbieten (Hersteller C), wird mit Hilfe der Packung, die der Standardpackung am ähnlichsten ist und dem Ergebnis aus der ersten Regression der Preis einer fiktiven Standardpackung geschätzt. Danach wird die Parameterschätzung für a, b und c wiederholt.

Abschließend wird der *Festbetrag für die Standardpackung* bestimmt. Um eine hinreichende Therapieauswahl sicherzustellen, haben die Spitzenverbände der Krankenkassen einen Indikator entwickelt, der die Versorgungssicherheit misst. Die Maßzahl »M«, die Werte zwischen 0 (die Preise aller Arzneimittel liegen unterhalb des Festbetrages) und 200 (die Preise aller Arzneimittel liegen oberhalb des Festbetrages) annimmt. Sie besteht aus der Summe des prozentualen Anteils der Arzneimittel, die preislich oberhalb des Festbetrages liegen, und dem prozentualen Anteil der Verordnungen, der oberhalb des Festbetrages liegt:

$$M = Pkz/Pk * 100 + VOz/VO * 100$$

Pkz	Anzahl der auf dem Markt erhältlichen Fertigarzneimittelpackungen der Festbetragsgruppe oberhalb des Festbetrages
Pk	Anzahl der auf dem Markt erhältlichen Fertigarzneimittelpackungen der Festbetragsgruppe
Voz	Anzahl der Verordnungen oberhalb der Festbetragsgruppe
VO	Anzahl der Verordnungen der Festbetragsgruppe

Die Festbeträge der Stufe 2 und 3 werden so bestimmt, dass M den Schwellenwert von 100 nicht überschreitet. Die Festbeträge der Stufe 1 (Festbetrag soll auf Höhe des Abgabepreises des teuersten Arzneimittels im unteren Preisdrittel liegen) dürfen ein M von 133,4 nicht überschreiten. Die Begrenzung dient der Sicherstellung der Versorgung nach § 35 Abs. 5 SGB V.
Im Beispielfall war das Ergebnis der zweiten Regression

$$p = 0,0000712 * w^{2,410} * pk^{0,778}.$$

Nach Einsetzen der Packungsgrößen/Wirkstoffkombinationen wird p mit dem Festbetrag der Standardpackung multipliziert.

▼

Hersteller	Präparat	Wirkstoff-menge	Packungs-größe	Verkaufs-preis	P	Festbetrag AEP-Ebene	Festbe-trag *
	A1	20	20	20	1,00	11,00	22,54
	A2	20	50	40	2,04	22,45	36,22
	A3	30	18	50	2,45	26,94	41,58
	B1	20	20	18	1,00	11,00	22,54
	B2	30	10	27	1,55	17,05	29,77
	C1	18	20	18	0,78	8,54	19,60
	C2	30	20	48	2,66	29,24	44,33

Anmerkung: Als Festbetrag der Standardpackung wurden € 11,00 festgelegt.
* Gemäß der Arzneimittelpreisverordnung, zuletzt geändert am 01.01.2004

Regulierung der Verordnungsmöglichkeiten und -menge

Die Steuerung der Verordnungsmenge erfolgt vor allem über die **Beeinflussung des Verordnungsverhaltens**. Mit **Verschreibungsleitlinien** wird versucht, die Arzneimittelauswahl der Ärzte zu steuern. Dabei werden zur Behandlung einer Krankheit Empfehlungen für oder gegen eine Arzneimitteltherapie ausgesprochen. Der unverbindliche Charakter der Vorgaben soll im Einzelfall eine fallspezifische Arzneimitteltherapie ermöglichen. Leitlinienbildung erfolgt durch Fachgesellschaften, Institutionen der Selbstverwaltung und zum Teil durch die Pharmaindustrie selbst. Der Gesetzgeber unterstützt den Prozess der Leitlinienbildung indirekt durch die Einrichtung und Finanzierung des *Instituts für Qualität und Wirtschaftlichkeit*, das durch Evaluationen u.a. von Arzneimitteln zur Leitlinienbildung beiträgt.

Zusätzlich erlässt der Gemeinsame Bundesausschuss nach § 92 SGB V die «Richtlinien über die Verordnung von Arzneimitteln in der vertragsärztlichen Versorgung«. Hierin wird die Verordnung bestimmter Arzneimittel an Indikationen geknüpft bzw. festgelegt, in welchen Fällen andere Behandlungsverfahren vorrangig erfolgen sollen. Obwohl die Missachtung der Richtlinien durch Gerichtsverfahren sanktioniert werden kann, ist die Wirkung der Richtlinien fraglich, da nur wenige der häufig verordneten Arzneimittel erfasst sind.

Durch **Positiv- und Negativlisten** kann die Vielfalt der Arzneimittel beschränkt werden, die zu Lasten der GKV verordnet werden dürfen. Während die Einführung einer umfassenden Positivliste, also einer Liste aller erstattungsfähigen Arzneimittel, bereits zweimal scheiterte, existieren mehrere Negativlisten, die den Erstattungsanspruch der Versicherten begrenzen. Das Bundesministerium für Gesundheit kann »unwirtschaftliche« Arzneimittel, deren Wirkung nicht mit Sicherheit bewertet werden können, aus dem Leistungskatalog der Krankenkassen ausschließen (§§ 2, 12, 34 Abs. 3 und 70 SGB V). Diese Negativliste wurde erstmals zum 01.10.1991 eingeführt und in den Jahren 1993 und 2000 überarbeitet. Sie umfasst derzeit 2200 Arzneimittel. Eine weitere Negativliste zum Ausschluss von Arzneimitteln gegen »geringfügige Gesundheitsstörungen« nach § 34 Abs. 2 ist nicht in Gebrauch, da ein Teil der hierunter fallenden Arzneimittel direkt im SGB V als Leistungen der Krankenkassen ausgeschlossen sind. In § 34 Abs. 1 SGB V sind Versicherte, die das achtzehnte Lebensjahr vollendet haben, von der Versorgung mit Arzneimitteln gegen Erkältungskrankheiten, mit hustendämpfenden und hustenlösenden Mitteln, mit Abführmitteln und mit Arzneimitteln gegen Reisekrankheit ausgeschlossen.

Als Teil des GKV-Modernisierungsgesetzes 2004 wurden außerdem Arzneimittel ausgeschlossen, bei denen eine Erhöhung der Lebensqualität im Vordergrund steht (§ 34 Abs. 1 SGB V). Daher können Arzneimittel, die überwiegend zur Behandlung einer erektilen Dysfunktion sowie zur Steigerung der sexuellen Potenz oder zur Raucherentwöhnung verwendet werden, nicht mehr zu Lasten der Kassen verordnet werden. Gleichzeitig wurden nicht-verschreibungspflichtige Arzneimittel, mit Ausnahme für Kinder vor Vollendung des 12. Lebensjahres und für die vom Gemeinsamen Bundesausschuss für bestimmte Indikationen festgelegten Ausnahmen, von der Erstattung ausgenommen.

Begrenzung der Gesamtausgaben

Ein Instrument zur Begrenzung der Gesamtausgaben stellt die **Budgetierung der Arzneimittelausgaben** dar. Die Festlegung eines Arzneimittelbudgets auf Ebene der Kassenärztlichen Vereinigungen war jedoch mit rechtlichen Problemen verbunden, da Regresse infolge von Budgetüberschreitungen auch Ärzte belastet hätten, die im Sinne des SGB V wirtschaftlich verordnet haben und nun für das Verhalten ihrer Kollegen bestraft worden wären. Daher wurden die 1993 eingeführten regionalen **Arzneimittelbudgets** im Jahr 2001 abgeschafft und durch **Richtgrößen** auf Praxisebene (§ 84 SGB V) ersetzt (Breyer 2002, S. 88).

Zur **Bestimmung der Richtgrößen** werden zwischen den regionalen Verbänden der Krankenkassen und den Kassenärztlichen Vereinigungen unter Beachtung der Zuzahlungen und der Apothekenrabatte Arzneimittelbudgets verhandelt. Die Kassenärztlichen Vereinigungen (KV) rechnen diese Budgets auf Basis des Verordnungsvolumens des Vorjahres und in Abhängigkeit von der Spezialisierung auf die einzelnen Arztgruppen herunter. In den meisten KV-Regionen werden diese Arztgruppenbudgets erneut in ein Budget für Rentner und ein Budget für andere Versicherte unterteilt, aus denen sich dann die jeweilige Richtgröße für einen behandelten Fall ergibt. Durch die Multiplikation der Richtgrößen je behandeltem Fall mit der Zahl der tatsächlich behandelten Fälle ergibt sich ex-post ein Budget (Richtgröße) für die einzelne Praxis.

Bei Überschreitung der praxisindividuellen Budgets (Richtgröße) um mehr als 15% erfolgt eine schriftliche Ermahnung des Arztes. Bei einer Überschreitung des Budgets (Richtgröße) von mehr als 25% muss sich der Arzt vor einem Prüfungsausschuss rechtfertigen. Bestehen die hohen Arzneimittelausgaben nicht aufgrund von Besonderheiten

in der Patientenstruktur des Arztes, z. B. wegen einer überdurchschnittlichen Anzahl an chronisch kranken Patienten, wird der Arzt gegenüber den Kassen **regresspflichtig**. In der Praxis werden diese Regresse jedoch nur bei einer erheblichen Abweichung von den Richtgrößen tatsächlich durchgeführt. Die Durchführung eines Regresses kann zudem mehrere Jahre dauern.

Zusätzlich werden weitere Verschreibungsziele definiert, die den Anteil der verordneten Generika, Parallelimporte und Me-too Produkte an allen Verordnungen des Arztes vorgeben. Das Verfehlen dieser Ziele wird jedoch nicht sanktioniert (zur Wirkung von Arzneimittelbudgets und Richtgrößen auf das Verschreibungsverhalten von Ärzten: Schreyögg und Busse 2005).

Apotheken und Hersteller leisten zur Begrenzung der Gesamtausgaben einen **Zwangsrabatt** an ihren Großkunden, die GKV. Nach § 130 SGB V gewährten die Apotheker im Jahr 2004 € 2,00 Rabatt je Fertigarzneimittel, sowie 5% Rabatt für sonstige Arzneimittel. Seit dem 01.01.2005 wird die jährliche Anpassung dieser Rabatte zwischen den Spitzenverbänden der Krankenkassen und der maßgeblichen Spitzenorganisation der Apotheker verhandelt. Die Hersteller von Arzneimitteln leisten einen Rabatt von 6% für Arzneimittel, die nicht der Festbetragsregelung unterliegen. Davon abweichend lag der Herstellerrabatt im Jahr 2004 bei 16%. Ursprünglich wurde den Großhändlern ebenfalls ein Rabatt von 3% auferlegt. Diese Regelung wurde jedoch zugunsten einer Senkung der zulässigen Großhandelsmargen in der Arzneimittelpreisverordnung modifiziert.

2.6.2 Praktische Umsetzung

Forschung und Entwicklung

Die Entwicklung eines Arzneimittels ist ein komplexer, personal- und kostenintensiver Prozess. Bis zu dem Zeitpunkt, an dem nach Tausenden von Synthetisierungsversuchen ein Arzneimittel für den Markt zugelassen wird, vergehen im Durchschnitt 10-12 Jahre (VFA 2003, S. 12). Die Entwicklung eines Arzneimittels wird in mehrere Phasen unterteilt: die Phase der Wirkstoffforschung, die vorklinische Testphase und die drei Phasen der klinischen Studien. Im Anschluss daran erfolgt das

Zulassungsverfahren (s. oben), sowie – mit Ausnahme von Deutschland – in den meisten europäischen Ländern eine Entscheidung über die Erstattungsfähigkeit des neu zugelassenen Arzneimittels.

Wirkstoffforschung

Im Verlauf der **Wirkstoffforschung** werden zunächst die die Krankheit beeinflussenden Stoffe und die Wirkungsmechanismen biologisch-chemischer Prozesse im Körper identifiziert. Die Wirkstoffsuche konzentriert sich nun darauf, z. B. die an der Krankheit beteiligten körpereigenen Enzyme und Rezeptoren zu verändern bzw. deren Funktion im Krankheitsprozess zu blockieren. Dafür werden Wirkstoffe entwickelt, die mit den entsprechenden körpereigenen Molekülen eine Bindung eingehen und so die die Krankheit auslösenden Prozesse verhindern oder die Heilung fördernden Prozesse verstärken. Der zu verändernde Zielstoff wird in diesem Zusammenhang »**Target**« genannt.

Die Methodik des Forschens hat sich dabei, vor allem durch die gewonnenen Erkenntnisse im Rahmen der Biotechnologie und der Genetik, in den letzten Jahren stark verändert. Die Bedeutung des Faktors »**Zufall**« bei Experimenten hat deutlich abgenommen. So verlangt die Erforschung neuer Wirkstoffe zwar immer noch systematisches Probieren möglicher Wirkstoffkombinationen; die Wirkstoffforschung insgesamt verläuft jedoch wesentlich zielgerichteter, da das Wissen um die Funktionsweise des Körpers und körpereigener Stoffe zugenommen hat. So genannte Moleküldesigner konstruieren am Computer diverse chemische Verbindungen (»**computer aided drug design**«), die durch Testsysteme auf ihre potentielle Eignung hin überprüft werden. Aussichtsreiche Substanzen werden anschließend zu Leitsubstanzen erklärt (Gorbauch und de la Haye 2002, S. 165). Danach werden in weiteren Testreihen minimale Änderungen im Aufbau der Erfolg versprechenden Substanz vorgenommen. Dies ist erforderlich um Nebenwirkungen zu reduzieren oder giftige pflanzliche Stoffe mit der erwarteten heilenden Wirkung für den Menschen anwendbar zu machen. Dabei ist vor allem die Entdeckung neuer Pflanzen und Tiere von großer Bedeutung, da sich hierdurch das Spektrum an möglichen Stoffen und Wirkungsmechanismen für die Wirkstoffforschung vergrößert (VFA 2000).

Die Wirkstoffforschung muss so organisiert werden, dass auch nach der Identifikation eines potentiellen Arzneimittels weitere Substanzen erforscht werden. Im Falle eines Rückschlags, dessen Wahrscheinlichkeit mit dem Eintritt in fortgeschrittenere Entwicklungsphasen sinkt, geht somit weniger Zeit verloren. Es existieren dabei diverse Optionen, die Produktivität der Wirkstoffforschung durch Kooperationsmodelle zu erhöhen. Die **Fusion** mehrerer Pharmaunternehmen, die Bildung von **F&E Allianzen** mit anderen Unternehmen oder die **Beteiligung** an viel versprechenden Biotechnologieunternehmen können zur Stärkung des Produkt- und Forschungsportfolios bei gleichzeitiger **Kostendegression** und **Verteilung des wirtschaftlichen Risikos** beitragen. Die empirische Evidenz spricht dafür, dass große Pharmaunternehmen ihre Forschungsausgaben produktiver als kleine Unternehmen einsetzen. Dieses Phänomen ist jedoch weniger durch technisch bedingte Skaleneffekte (**economies of scale**), sondern eher durch **economies of scope** und **Wissensspillover** zwischen verschiedenen Projektteams zu erklären (Mahlich 2005, S. 400ff). Dies kann auch als Ansatz dienen, die Fusionswelle in der pharmazeutischen Industrie, trotz der bekannten erheblichen organisatorischen und kulturellen Risiken, zu erklären. Danzon et al. (2003) zeigen in einer großangelegten Studie für die USA mit 900 Unternehmen und 1900 Wirkstoffen, dass **F&E Allianzen** die Erfolgswahrscheinlichkeit eines Unternehmens tendenziell erhöhen. Neben diversen Formen der Kooperation besteht auch die Möglichkeit des **F&E Outsourcing**, indem F&E Wissen von externen Forschungseinheiten eingekauft wird. Auch wenn arbeitsteilige Kooperationsformen zu Vorteilen führen, ist zu bedenken, dass den Partnern ein sehr großer Einblick in die eigenen Kernkompetenzen gegeben wird, eine technologische Abhängigkeit entstehen kann und externes Wissen schwieriger als intern generiertes Wissen in den F&E Prozess zu integrieren ist (Mahlich 2005, S. 403f.).

Vorklinische Testphase

Nach der Identifikation von 10.000 potentiell wirksamen Substanzen in der Phase der Wirkstoffforschung erreichen lediglich ca. 10-15 Substanzen nach 2–3 Jahren die **Vorklinische Testphase**. Dort wird anhand von **Tierversuchen** untersucht, wie sich der potentielle Wirkstoff im Organismus verhält (Verteilung im Körper, Veränderungen des Stoffes im Körper, Ausscheidung des Stoffes). Gleichzeitig wird mit toxikologischen Untersuchungen überprüft, inwieweit die Substanzen für eine Anwendung am Menschen in Frage kommen. Nach weiteren 3–5 Jahren treten etwa 4–5 der 10–15 Wirkstoffe in die drei Phasen der klinischen Studien ein (VFA 2003, S. 16–18).

Zur Absicherung der Rechte an den potentiellen Arzneimitteln und zur Absicherung weiterer Investitionen erfolgt mit dem Eintritt in die vorklinische Phase die **Patentierung** der potentiellen Wirkstoffe. Damit sind im Wesentlichen zwei Rechte verknüpft: Zum einen besitzt der Inhaber des Patents das Recht, seine Neuerung wirtschaftlich zu verwerten, zum anderen stellt das Patent ein Mittel dar, Konkurrenten zumindest zeitweise von der Nutzung der Neuerung auszuschließen. Die Gewährung einer zeitlich begrenzten Monopolstellung auf dem Markt durch das Patentrecht stellt den Anreiz für Investitionen in Forschungs- und Entwicklungsaktivitäten dar, da sich nur unter dieser Voraussetzung Rückflüsse zur Refinanzierung der Investitionen erwirtschaften lassen. In Europa garantiert der **Patentschutz** das Recht, die Formel des Arzneimittels 20 Jahre lang allein zu nutzen. Die effektive Patentlaufzeit wird jedoch dadurch halbiert, dass die Sicherung der potentiellen Innovation schon früh im Entwicklungsprozess des Arzneimittels erfolgt ist.

Klinische Phasen

Unter Berücksichtigung der gesetzlichen Bestimmungen (▶ Abschn. 2.6.1) werden die aus der vorklinischen Phase verbliebenen Substanzen nun im Rahmen einer **ersten klinischen Phase** am **Menschen** getestet. Dabei werden zunächst in kleineren Gruppen (60–80 Probanden) die Annahmen zur Verträglichkeit des Wirkstoffes, die aus den Ergebnissen der Tierversuche in der vorklinischen Phase abgeleitet wurden, überprüft. Nach dieser Phase entscheidet sich auch die Darreichungsform des zukünftigen Arzneimittels (z. B. Tablette oder Dosieraerosol).

In der **zweiten klinischen Phase** werden die verbliebenen Wirkstoffe an einer größeren Gruppe (ca. 100–500 Probanden) auf die therapeutische Wirksamkeit hin überprüft. Dabei wird unter Beach-

tung der Nebenwirkungen auch die zukünftige Dosierung festgelegt. **Die dritte klinische Phase**, bei der das zukünftige Arzneimittel an mehreren tausend Probanden getestet wird, dient zur endgültigen Absicherung der Wirksamkeit unter Studienbedingungen und der Sicherheit des Präparates. Mit der größeren Anzahl der Probanden steigt die Wahrscheinlichkeit, seltenere Nebenwirkungen des Wirkstoffs und Wechselwirkungen mit anderen Arzneimitteln zu entdecken.

Innerhalb der Phase der klinischen Studien reduziert sich die **Anzahl der potentiellen Arzneimittel** von 4–5 auf ca. 1–2 (VFA 2003, S. 19–24). Nach dem Zulassungsverfahren (s. oben) ist von den ursprünglich 10.000 Substanzen, die bei den Tests im Reagenzglas eine positive Wirkung mit dem Target erzielt haben, im Durchschnitt ein einziges Arzneimittel markttauglich. Die durchschnittlichen Kosten für die Entwicklung und Zulassung eines Arzneimittels werden auf ca. US$ 800 Mio. geschätzt, während sie im Jahre 1975 noch auf US$ 138 Mio. und im Jahre 1987 auf US$ 318 Mio. geschätzt wurden (DiMasi, Hansen and Grabowski 2003, S. 151ff.).

Nachdem das Arzneimittel am Markt zugelassen ist, erfolgen im Rahmen der **vierten klinische Phase** weitere klinische Studien, um die Wirksamkeit und Sicherheit unter Alltagsbedingungen zu testen. Die Ergebnisse dieser Studien können Implikationen für den **Erstattungspreis** des Arzneimittels haben, wenn z. B. bei einem Analogpräparat keine therapeutische Verbesserung gegenüber dem Originalpräparat nachweisbar ist (▶ Abschn. 2.6.1.). Gleichzeitig dienen die Studien der vierten klinischen Phase der **Bekanntmachung** des Arzneimittels bei Ärzten und Apothekern. Im Rahmen einer möglichen **vierten Hürde** könnte sich zudem die Bedeutung der Phase erhöhen. Wie in anderen Ländern üblich, müssten Arzneimittelhersteller dann in Studien die Kosten-Effektivität ihres Produktes nachweisen.

Die Abstimmung der zahlreichen klinischen Studien aufeinander hat einen entscheidenden Einfluss auf die Entwicklungszeit und somit die Reaktionsgeschwindigkeit. Zudem besteht für das F&E Management in jeder klinischen Phase ein **Trade-off** zwischen der **Dauer** und dem **Umfang** bzw. der **Qualität des Studiendesigns**. Ein aufwendiges Studiendesign erhöht die Validität und Glaubwürdigkeit der Ergebnisse, erfordert aber einen höheren Ressourceneinsatz und kostet mehr Zeit. Grundsätzlich kann zwischen drei möglichen Studiendesigns (s. Kasten) unterschieden werden. Innerhalb der Studiendesigns können wiederum verschiedene Varianten der **Randomisierung,** d. h. der zufälligen Anordnung der Patienten zu den Interventionsgruppen, gewählt werden. Zwei gebräuchliche Verfahren sind die **stratifizierte Randomisierung,** die die Gesamtgruppe nach relevanten Ausprägungen – z. B. Alter und Schweregrad der Erkrankung – in Teilgruppen unterteilt, und die **geblockte Randomisierung,** die Teilgruppen mit je gleichen Fallzahlen bildet. Ein weiterer Entscheidungsparameter bei klinischen Studien ist die **Blindungsmethode,** die verhindern soll, dass Ärzte und/oder Patienten zwischen dem zu testenden Arzneimittel und dem Placebomittel unterscheiden können. Dabei unterscheidet man zwischen dem optimalen Fall der **doppelblinden Studien,** bei der Arzt und Patient nicht wissen, welche Therapie zum Einsatz kommt, den **einfachblinden Studien,** bei der nur der Patient nicht über die Therapieform Bescheid weiß, und den **offenen Studien,** bei denen Arzt und Patient Kenntnis bzgl. der Therapieform haben. Neben den Kosten, der Dauer, den Wirksamkeitskriterien, den angewandten statistischen Verfahren und den Auflagen der Ethikkommission existieren eine Reihe weiterer Faktoren, die in Praxis die Wahl eines Studiendesigns, einer Randomisierungs- und Blindungsmethode determinieren (Dietrich 2002, S. 38ff.).

> ◘ **Studiendesigns (Dietrich 2002, S. 42ff.)**
> — **Parallel-Gruppen-Design:** Jede Gruppe von Teilnehmern wird lediglich einer Intervention ausgesetzt (z. B. eine Gruppe erhält neuen Wirkstoff, die andere Placebo)
>   – Problem: es ist eine große Anzahl an Probanden nötig, daher sehr kostenintensiv
>
> ▼

> — **Cross-over-Design:** Patienten werden in zwei Gruppen aufgeteilt und beide Gruppen erhalten nacheinander jeweils beide Interventionen, d. h. Wirkstoff und Placebo
>   – Vorteil: Eine kleinere Anzahl an Probanden ist erforderlich.
>   – Problem: Es kann zu »Carry-over«-Effekten kommen, wenn die erste Intervention in die zweite hineinwirkt.
> — **Faktorielles Design** (2x2-Studiendesign): mehrere unabhängig Fragestellungen werden im Rahmen einer Studie untersucht, (z. B. ein Wirkstoff zur Senkung des Blutdrucks und ein Wirkstoff zur Reduktion des Krebsrisikos werden verabreicht)
>   – Vorteil: Kostendegression erfolgt durch mehrfache Nutzung der Ressourcen.
>   – Problem: Prämisse der Unabhängigkeit ist nicht immer gegeben.

Aufgrund des enormen Ressourcenverzehrs bei der Forschung und Entwicklung eines Arzneimittels kommt der systematischen Steuerung der Forschungs- und Entwicklungsaktivitäten eines pharmazeutischen Unternehmens eine große Bedeutung zu. Die Entwicklung neuer Arzneimittel ist für den zukünftigen Erfolg des Unternehmens entscheidend. Unter Umständen kann ein Arzneimittel als sog. **Blockbuster** 50% des Umsatzes eines Herstellers erwirtschaften. Als zentrale **Ziele eines erfolgreichen F&E Managements** sind der optimale Einsatz des vorhandenen Know-hows, die Maximierung des Ertragspotentials, die Minimierung der F&E Durchlaufzeiten (Time-To-Market) und die Minimierung von Marktrisiken zu nennen. Um diese Ziele zu erreichen, bietet sich der Einsatz von Forschungs- und Entwicklungsportfolios an. In vielen Fällen wird das **Technologieportfolio nach Pfeiffer** herangezogen und für die speziellen Zwecke des Herstellers modifiziert. Eine mögliche Modifizierung des Pfeiffer'schen Technologieportfolios wird in ◘ **Abb. 2.6-2** dargestellt. Das modifizierte F&E Pharmaportfolio stellt im Rahmen einer Matrix die Kriterien Technologieattraktivität und Ressourcenstärke eines Unternehmens gegenüber. Das Ziel des Portfolios ist es, F&E Prioritäten für die Allokati-

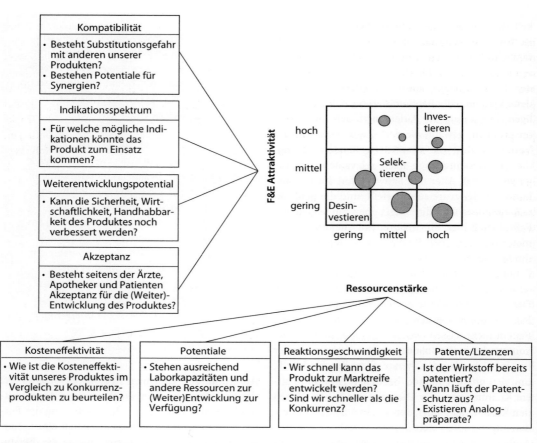

☐ Abb. 2.6-2. F&E Pharmaportfolio (Mod. in Anlehnung an Metze, Pfeiffer und Schneider 1997)

on von Ressourcen für konkrete Projekte festzulegen. In einem ersten Schritt wird eine Ist-Analyse des Unternehmens erarbeitet. Anschließend wird die Situation einzelner Produkte oder Wirkstoffe im Portfolio veranschaulicht.

Der potentielle Rückfluss aus einem neuen Arzneimittel hängt in entscheidender Weise auch von der Art der Innovation ab. Hierbei unterscheidet man zwischen Produkt- und Prozessinnovationen. **Produktinnovationen** stellen Neuerungen im eigentlichen Sinne dar. Hierunter fallen Arzneimittel, deren Wirkungsprinzip neu ist und die für eine bisher kaum behandelte oder nicht behandelbare Krankheit zugelassen sind. Diese, meist Originalpräparat genannten Arzneimittel, stellen das erste auf dem Markt befindliche Produkt einer Gruppe vergleichbarer Arzneimittel dar. **Prozessinnovationen** sind dagegen Verbesserungen bestehender

Qualitätsmerkmale. Dabei kann es sich einerseits um Schrittinnovationen handeln, die das Originalprodukt deutlich verbessern (z. B. durch eine Reduktion der Nebenwirkungen oder eine Veränderung in der Darreichungsform und –häufigkeit). Andererseits kann eine Prozessinnovation lediglich marginale Verbesserungen des Originalproduktes beinhalten. In diesem Fall spricht man von sog. **Analog-** bzw. **Me-Too-Präparaten.** Für die Entwicklung eines Analogpräparates sind nur geringfügige Veränderungen am Wirkstoffmolekül des Originalpräparates nötig, da sich der Patentschutz nur auf die chemische Formel und nicht auf das Wirkungsprinzip des Originalpräparates erstreckt. Damit ermöglicht die Entwicklung eines Analogpräparates einen Markteintritt vor Ablauf des Patentschutzes des Originalpräparates.

Ein weiterer Grund für die Existenz marginaler **Schrittinnovationen** liegt darin, dass aufgrund der veränderten chemischen Formel erneut Patentschutz beantragt werden kann. Dies kann Einfluss auf die erstattungsfähige Höhe des Arzneimittelpreises haben, da in vielen Ländern bei der Regulierung des Arzneimittelmarktes lediglich zwischen patentgeschützten und nicht-patentgeschützten Segmenten differenziert wird. So wurde z. B. das Festbetragssystem in Deutschland vom 01.01.1996 bis zum 31.12.2003 lediglich auf patentfreie Arzneimittel angewendet. Mit der Vermarktung eines Analogpräparates konnte das System umgangen werden. Seit dem 01.01.2004 wird bei der Gruppierung jedoch über die Art der Prozessinnovation entschieden, sodass nur noch »echte« Innovationen unbeschränkt erstattet werden.

Herstellung und Qualitätssicherung

Die Fertigung von Arzneimitteln erfolgt in der Regel als **Chargenproduktion**. Im Unterschied zu kontinuierlichen Produktionsprozessen (natürliche Fliessproduktion) kann die Chargenproduktion als Spezialfall der diskontinuierlichen Produktion charakterisiert werden. Es findet kein kontinuierlicher Materialfluss statt; vielmehr wird zu einem bestimmten Zeitpunkt eine begrenzte Menge an Einsatzgütern (Charge) dem Arbeitssystem als Ganzes zugeführt und ihm als Ganzes nach Abschluss des Produktionsprozesses entnommen (Günther und Tempelmeier 2003).

Je nach Darreichungsform ist der Ablauf des Herstellungsprozesses eines Arzneimittels unterschiedlich strukturiert. Er soll im Folgenden am Beispiel der Produktion von Filmtabletten erläutert werden. Im ersten Schritt erfolgt die **Wirkstoffsynthese**. Die Gewinnung des Wirkstoffs erfolgt in mehreren Synthesestufen, die u. a. aus Isolierung und Trocknen bestehen. Zur Produktion von mikrobiologischen Stoffen wird in Fermentern (Bioreaktoren) mithilfe von Mikroorganismen das Produkt gewonnen. In einem zweiten Schritt erfolgt die **Mischung und Granulierung**. Dabei werden zunächst die Wirk- und Hilfsstoffe in Pulverform durch einen Luftstrom aufgewirbelt, bis sich die Stoffe gleichmäßig vermischt haben. Anschließend wird eine Lösung aufgesprüht, die feuchten Partikel verbinden sich somit zu Granulatkörnern, das Granulat wird gesiebt und in Behältern gesam-

melt. Im dritten Schritt erfolgt die **Tablettierung** bei der das Granulat unter hohem Druck zu Tabletten gepresst wird. Im Rahmen der **Ummantelung** werden die Tabletten dann zum Schutz mit Polymerlösungen überzogen. In einem abschließenden Schritt erfolgt die **Verpackung** (Konfektionierung). Dabei wird eine Kunststofffolie erhitzt und durch Druckluft verformt. In die entstandenen Vertiefungen werden die Tabletten eingefüllt. Eine Deckfolie verschließt die fertige Durchdrückpackung (Blister). Die fertigen Blister werden zuletzt mit einem Beipackzettel in eine Faltschachtel gelegt, auf die dann neben anderen Informationen Chargennummer, Herstell- und Verfallsdatum aufgedruckt werden (für ausführliche Informationen zum Herstellungsprozess s. Voigt und Fahr 2005).

Preisbildung und Vertriebsweg

Der traditionelle Vertriebsweg eines Arzneimittels verläuft entweder vom Hersteller über die **Großhändler** und die **Apotheker** zum Patienten, vom Hersteller über ein **Krankenhaus** zum Patienten oder vom Hersteller über eine **(ausländische) Versandhandelsapotheke** zum Patienten (■ Abb. 2.6-3). Für verschreibungspflichtige Arzneimittel sind Vertriebsoptionen der Hersteller auf die genannten Vertriebswege beschränkt. Als besondere Vertriebsstrategien für den Vertrieb von nicht verschreibungspflichtigen Arzneimitteln sind jedoch neben dem **Versandhandelsvertrieb** noch der »**Shop in the Shop Ver-**

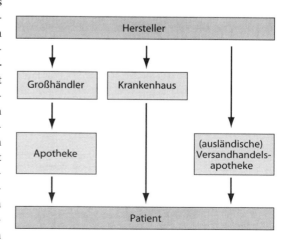

■ **Abb. 2.6-3.** Traditionelle Vertriebswege eines Arzneimittels

trieb« und das »**Franchising von in-store pharmacies**« zu nennen. Beim »Shop in the Shop Vertrieb«, bei dem das **Cross-Selling-Prinzip** im Vordergrund steht, d. h. die Benutzung einer bestehenden Kundenbindung zum Verkauf ergänzender Produkte, errichten Hersteller spezielle Depots mit eigenen Produkten in Apotheken, z. B. Pharmadies von Ratiopharm. Im Rahmen des »Franchising in-store« mieten Hersteller Flächen in Kaufhäusern oder großen Supermärkten, um dort eigene OTC-Apotheken zu errichten. Dies hat die **Etablierung eigener Vertriebsstrukturen im Einzelhandel** zum Ziel (Kerkojus et al. 1999). Während diese Strategie in einigen anderen Ländern, z. B. USA, verbreitet ist, hat sie sich in Deutschland, auch aufgrund gesetzlicher Restriktionen, bislang nicht durchgesetzt.

Die erweiterten Möglichkeiten des Vertriebs und der Werbung (▶ **Kap. 3.6**) bei OTC-Produkten können als Motiv für einen sog. **Rx-OTC Switch**, d. h. die Überführung eines verschreibungspflichtigen Arzneimittels in die Verschreibungsfreiheit dienen. In Abhängigkeit von der Eignung des jeweiligen Wirkstoffs kann dieser Switch nach einigen Jahren der Marktzulassung beantragt werden.

Während die **Apotheker** als Fachhändler ihre Kunden bei der Auswahl von Arzneimitteln beraten, halten **Großhändler** das gesamte Sortiment vorrätig und beliefern die Apotheken mehrmals am Tag (Dambacher und Schöffski 2001, S. 243ff.). Mit der Intention eine möglichst breite Versorgung der Versicherten mit Arzneimitteln zu garantieren, werden die Margen der Großhändler und der Apotheker bei der Preisbildung durch die Arzneimittelpreisverordnung reguliert.

Der Begriff »Preis« wird im Zusammenhang mit Arzneimitteln mehrfach verwendet. Dies liegt darin begründet, dass die Preise von Arzneimitteln entlang der Wertschöpfungskette unterschiedlichen Regulierungsformen unterliegen und generell größerer Aufmerksamkeit ausgesetzt sind, als die Zulieferpreise anderer Güter. Daher wird im ambulanten Bereich zwischen dem **Herstellerabgabepreis**, dem **Großhandelspreis** und dem **Apothekenverkaufspreis** unterschieden. Zusätzlich kann auf jeder Stufe der Wertschöpfungskette eine Unterscheidung zwischen dem **Verkaufspreis**, also dem durch den jeweiligen Verkäufer bestimmten Preis, und dem **Erstattungspreis** bzw. dem **Festbetrag**, d. h. dem Preis den die Krankenkassen maximal für ein Arzneimittel bezahlen, gemacht werden.

Bei der Preisbildung erfolgt eine Trennung zwischen verschreibungspflichtigen und nicht verschreibungspflichtigen Arzneimitteln. Bei verschreibungspflichtigen Arzneimitteln ist lediglich der Hersteller in seiner Preisbildung frei. Die Margen der Großhändler und der Apotheken sind von der Arzneimittelpreisverordnung mit Stand vom 01.01.2004 festgelegt.

Der prozentuale Aufschlag für **Großhändler** wird (ohne Berücksichtigung der Umsatzsteuer) in Abhängigkeit von der Höhe des **Herstellerabgabepreises** bestimmt. Er nimmt von 15% bei einem Warenwert von bis zu € 3,00 in mehreren Stufen auf 6% bei einem Warenwert ab € 26,83 ab. Ab einem Warenwert von € 1.200,00 beträgt der Aufschlag generell € 72,00 (6% von € 1.200,00). Bei den **Apothekern** besteht die in der **Arzneimittelpreisverordnung** festgelegte Marge aus einer Pauschale

◻ Tab. 2.6-1. Beispiele für Berechnung des Apothekenverkaufspreises (in €)

Herstellerabgabepreis (zzgl. Mehrwertsteuer)	5,00	50,00	100,00
+ Marge Großhändler *(12%/6%/6%)*	*0,60*	*3,00*	*6,00*
Großhandelpreis	5,60	53,00	106,00
+ Marge Apotheker *(€ 8,10 + 3%)*	*8,27*	*9,69*	*11,28*
+ Mehrwertsteuer (16%)	*2,22*	*10,03*	*18,76*
Apothekenverkaufspreis	**16,09**	**72,72**	**136,04**

und einem prozentual am Großhandelspreis (ohne Berücksichtigung der Umsatzsteuer) orientierten Preisaufschlag. Die Apotheker erhalten je verkauftes Fertigarzneimittel € 8,10 zuzüglich 3% des Großhandelspreises. Die Preisaufschläge für Zubereitungen richten sich nach Art, Menge und Darreichungsform des Arzneimittels (◘ Tab. 2.6-1).

Für **OTCs** (nicht-verschreibungspflichtige Arzneimittel), die zu Lasten der GKV abgegeben werden, erfolgt die Berechnung der Margen/Zuschläge nach der »alten« **Arzneimittelpreisverordnung** mit Stand vom 31.12.2003. Im Gegensatz zur aktuellen Arzneimittelpreisverordnung verfügt die »alte« Arzneimittelpreisverordnung über einen höheren, rein prozentualen Aufschlag für Apotheker. Da der durchschnittliche Preis eines OTCs weitaus niedriger ist als der eines verschreibungspflichtigen Arzneimittels, wurde die »alte« Arzneimittelpreisverordnung bei Inkrafttreten der derzeit gültigen Arzneimittelpreisverordnung beibehalten, um die Krankenkassen durch den Verzicht auf die € 8,10 finanziell zu entlasten. Die Preise für OTC, die nicht zu Lasten der GKV abgegeben werden, unterliegen auf allen Distributionsstufen der **freien Preisbildung**, insbesondere dem Wettbewerb der Apotheken untereinander (◘ Abb. 2.6-4).

Für die Versicherten ist vor allem der **Apothekenverkaufspreis** entscheidend, insbesondere, da

sich bei den zu Lasten der GKV abgegebenen Arzneimitteln hieran die **Zuzahlung** bemisst. Aufgrund des minimalen und des maximalen Zuzahlungsbetrages nach § 61 SGB V hat die Zuzahlungsregelung jedoch nur in bestimmten Bereichen der Arzneimittel Wirkung auf den Preis. Der Anreiz, kostengünstigere Arzneimittel zu verwenden, beschränkt sich auf die Preise zwischen € 0,00 und € 5,00 und zwischen € 50,00 bis € 100,00. Darüber hinaus entfaltet die Zuzahlungsregelung keine Anreizwirkung. Additiv zu den »regulären« Zuzahlungen nach § 61 SGB V entstehen weitere Zuzahlungen, wenn der Verkaufspreis eines Arzneimittels den Festbetrag des Arzneimittels übertrifft. Der Patient muss nun beide Zuzahlungen leisten oder auf ein preisgünstigeres Präparat innerhalb derselben Festbetragsgruppe ausweichen (◘ Tab. 2.6-2).

Durch die Rabattregelungen des SGB V entspricht der Erstattungsbetrag der Krankenkasse nicht der Differenz aus Apothekenverkaufspreis und Zuzahlungen durch die Patienten. Hierbei muss für Arzneimittel, die nicht der Festbetragsregulierung unterliegen zusätzlich der **Herstellerrabatt** von 6% und bei allen Arzneimitteln der Rabatt der Apotheker (derzeit € 2,00) berücksichtigt werden. Hinzu kommt die aus den Rabatten resultierende geringere Mehrwertsteuer. Aus Sicht der **Krankenkassen** ist damit der Herstellerabgabepreis bzw. der Festbe-

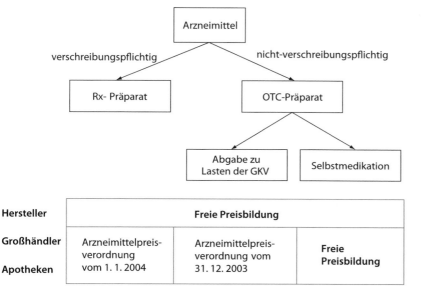

◘ **Abb. 2.6-4.** Preisbildung auf unterschiedlichen Distributionsstufen

Tab. 2.6-2. Berechnung der Zuzahlung (in €)

Apothekenverkaufspreis	70,00	60,00
☐ *Festbetrag*	*60,00*	*60,00*
Zuzahlung		
☐ *Nach § 61 SGB V (10%)*	*6,00*	*6,00*
☐ *Nach § 35 SGB V (Festbeträge)*	*10,00*	*0,00*
Zuzahlung gesamt	**16,00**	**6,00**

Tab. 2.6-3. Beispiele für Berechnung des Erstattungsbetrages der GKV für Rx-Präparate (in €)

Apothekenverkaufspreis	16,09	72,72	136,04
(Herstellerabgabepreis	5,00	50,00	100,00)
Festbetrag		72,72	136,04
– *Herstellerrabatt (6%)*	*0,30*		
– *Apothekenrabatt*	*2,00*	*2,00*	*2,00*
– *MwSt.-Anteil der Rabatte*	*0,37*	*0,32*	*0,32*
– *Zuzahlungen der Versicherten*	*5,00*	*7,27*	*10,00*
Erstattungsbetrag GKV	**8,42**	**63,13**	**123,72**

trag entscheidend, da den Großhändlern und den Apotheken nach der Festlegung des Herstellerabgabepreises kein Spielraum zur Beeinflussung des Apothekenverkaufspreises besteht (**Tab. 2.6-3**).

Abweichend von den durch das Gesetz direkt vorgeschriebenen Rabatten können in Verträgen zur Integrierten Versorgung (§ 140a SGB V) darüber hinausgehende Regelungen mit Apotheken, Großhändlern und Herstellern vereinbart werden. Außerdem können Krankenkassen mit einzelnen Apotheken bei Verträgen zur **hausärztlichen Versorgung** (§ 73b SGBV in Verbindung mit § 129 Abs. 5b SGB V) oder bei **Modellvorhaben** (§ 63 SGB V in Verbindung mit § 129 Abs. 5b SGB V) ergänzende Rabattvereinbarungen schließen. Die Möglichkeit eines zusätzlichen, **kassenindividuellen Rabattes** eines bestimmten Herstellers ist durch das Abschließen eines Rahmenvertrages nach § 130a Abs. 8 SGB V möglich. Der Anreiz, seitens des Herstellers kassenindividuelle Rabatte zu gewähren, hängt jedoch von den Möglichkeiten der Kasse zur Steuerung der Arzneimittelversorgung ab. Die Apotheken können mit den pharmazeutischen Großhändlern

vereinbaren, den Rabatt mit den Herstellern gemäß § 130 Abs. 5 SGB V zu verrechnen.

Dadurch, dass der Apothekenverkaufspreis und der Großhandelspreis letztendlich eine **Funktion des Herstellerabgabepreises** ist, obliegt es dem **Hersteller**, den Endverbraucherpreis seines Produktes gewinnmaximierend zu steuern. Er kann damit sowohl die Wirkung der Festbetragsregelung auf sein Produkt, als auch die Wirkung der Zuzahlungsregelung direkt in seine Preiskalkulation mit einbeziehen (**Abb. 2.6-5**).

Bei der Festbetragsregelung wird der Hersteller entscheiden, ob sein Arzneimittel einen Zusatznutzen im Vergleich zu anderen Arzneimitteln derselben Gruppe besitzt und ob er diesen dem Arzt bzw. dem Patienten kommunizieren kann. Geht der Hersteller hiervon aus, ist eine Preissetzung oberhalb des **Festbetrages** möglich. Ist ein Zusatznutzen im Vergleich zu anderen Arzneimitteln der Gruppe vorhanden, jedoch nicht kommunizierbar, wird der Hersteller den Preis auf die Höhe des Festbetrages senken, sodass der Arzt bzw. der Patient zwischen seinem Produkt und anderen Arzneimitteln, die preislich auf oder unter ihrem Festbetrag liegen,

Hersteller	GKV		Selbstmedikation	PKV	
	Rx	OTC	OTC	Rx	
	Rabatte				
	Preismoratorien				
	Richtgrößen				
	Zuzahlungen				
	Festbeträge				
	generische Substitution				
	Parallelimporte				
	Freie Preisbildung				

Großhändler Apotheken	Arzneimittelpreis-verordnung vom 1. 1. 2004	Arzneimittelpreis-verordnung vom 31. 12. 2003	Freie Preisbildung	Arzneimittelpreis-verordnung vom 1. 1. 2004

☐ **Abb. 2.6-5.** Einflussfaktoren auf die Preisbildung im GKV – Markt und im Markt für Selbstmedikation

indifferent ist. Entscheidend ist jedoch nicht der tatsächliche Zusatznutzen (z. B. geringere Komplikationen mit anderen Arzneimitteln), sondern nur der vom Arzt bzw. Patient individuell wahrgenommene Nutzen (Kanavos und Reinhardt 2003, S. 17). Für die Bereiche, in denen die Zuzahlungsregelung einen Anreiz zu preisbewusstem Verhalten hat, gilt dasselbe. Nur dann, wenn der Patient bereit ist, eine höhere **Zuzahlung** zu akzeptieren, wird der Hersteller seinen Preis höher setzen. **Rabatte und Preismoratorien** werden ebenfalls Eingang in die Preiskalkulation der Hersteller finden. Da dieser bei der erstmaligen Festsetzung seines Abgabepreises frei entscheiden kann, wird er Rabatte oder ein Verbot der Preissteigerung entsprechend berücksichtigen.

Als Instrument zu Steuerung der Gesamtausgaben üben die **Richtgrößen** einen indirekten Einfluss auf die Preisfestlegung aus: Ist die Anzahl der Ärzte, die in ihrem Verordnungsverhalten durch die praxisindividuellen Budgets eingeschränkt sind, sehr groß, werden mit hoher Wahrscheinlichkeit preiswertere Alternativen vor dem Einsatz neuer, sehr teurer Arzneimittel bevorzugt. Dies muss vor allem bei der erstmaligen Festsetzung des Herstellerabgepreises beachtet werden, da dies die Geschwindigkeit der Marktdurchdringung eines Präparates beeinflusst. Des Weiteren müssen bei der Preissetzung **generische Substitution und mögliche Parallelimporte** berücksichtigt werden. Preisdifferenzen zwischen den EU-Mitgliedstaaten können durch

Parallelimporteure genutzt werden, um dem Hersteller mit seinen eigenen Produkten Konkurrenz zu machen. Anderseits sind zu niedrige Preise im Hinblick auf die Preisbildungsprozesse in anderen Ländern für die Preispolitik des Herstellers schädlich. Da Länder wie z. B. Irland, Dänemark und die Niederlande bei der Ermittlung der **Erstattungspreise**, die teilweise den Herstellerpreisen entsprechen, in ihrem Land durch »**cross-reference-pricing**« auch auf deutsche Großhandels- oder Herstellerabgabepreise zurückgreifen, führen niedrige Preise in Deutschland auch zu sinkenden Preisen in diesen Ländern. Somit üben sowohl nationale Regulierungsformen, als auch internationale Marktdependenzen Einfluss auf die Preisgestaltung in Deutschland aus.

Um den Preis eines Arzneimittels zu bestimmen, bieten sich aus Herstellersicht zwei verschiedene Möglichkeiten an. Je nach **Verordnungsstatus** und **Komplexitätsgrad** des Produktes kann die Preisbestimmung eher auf Basis einer möglichst realistischen **Kosten-Effektivitätsrechnung** oder einer empirisch ermittelten **Preis-Absatzfunktion** erfolgen. Während bei klassischen **OTC-Produkten** die **Zahlungsbereitschaft** der Konsumenten für erfahrbare Produkteigenschaften und somit eine Ermittlung der Preis-Absatzfunktion im Vordergrund steht, wird bei **Rx-Produkten** zunächst die Kosteneffektivität im Vergleich zu ähnlichen Produkten, sofern vorhanden, ermittelt. Auf Grundla-

2

◙ **Die Methodik der Conjoint-Analyse (In Anlehnung an Backhaus et al. 2003, S. 543ff.)**

Die Conjoint-Analyse ist ein multivariates Erhebungs- und Analyseverfahren zur Messung des Nutzens von Produkten oder Produktmerkmalen aus Präferenzvergleichen von fiktiven Produkten. Es werden Gesamtbeurteilungen von fiktiven Produkten erfragt, die anschließend in Einzelurteile bzgl. der Merkmale und Ausprägungen dieser Produkte zerlegt (dekomponiert) werden. Das Verfahren wird deshalb auch dekompositionell genannt. Es wird dabei unterstellt, dass sich der Gesamtnutzen additiv aus den Einzelurteilen ergibt.

$$y_k = \sum_{j=1}^{J} \sum_{m=1}^{M_j} \beta_{jm} \cdot \chi_{jm}$$

mit:

y_k: geschätzter Gesamtnutzenwert für Stimulus k

β_{jm}: Teilnutzenwert für Ausprägung m von Eigenschaft j

χ_{jm}: 1 falls bei Stimulus k die Eigenschaft j in Ausprägung m vorliegt; sonst 0

Vorgehen:

1. Es werden sog. **Stimuli** definiert, d. h. Kombinationen von Eigenschaftsausprägungen. **Eigenschaften** eines Produktes können die Darreichungsform, der Preis, die Nebenwirkungen etc. darstellen. So kann z. B. die Eigenschaft Nebenwirkungen die **Ausprägungen** häufiger Harndrang, Kopfschmerzen oder Taubheitsgefühl ausweisen. Nach der Profilmethode, die weit verbreitet ist,

besteht ein Stimulus aus der Kombination je einer Ausprägung, d. h. bei drei Eigenschaften und drei Ausprägungen sind dies 27 Stimuli.

2. Anschließend werden den Befragten verschiedene Stimuli (üblicherweise als Paarvergleich) computergestützt oder mit Hilfe von Fragebögen vorgelegt, die sie in eine **Rangfolge** bringen sollen. Beispiel:

Eigenschaft	Arzneimittel 1	Arzneimittel 2	Arzneimittel 3
Darreichungsform	Tablette	Kapsel	Saft
Nebenwirkung	Harndrang	Kopfschmerzen	Taubheitsgefühl
Preis pro Tag (in €)	1,30	2,10	0,60

3. Aus der Information über die Rangfolge werden dann Teilnutzenwerte für alle Eigenschaftsausprägungen ermittelt. Diese geben Aufschluss über die relative Wichtigkeit einzelner Eigenschaften und lassen Gesamtnutzenwerte für einzelne Stimuli ableiten. Aus den Gesamtnutzenwerten der Stimuli kann dann eine Präferenzfunktion erstellt werden, die in Kombination mit Erwartungswerten bzgl. des Absatzes die Ermittlung einer Preis-Absatz-Funktion zulassen.

---

ge dieser Ergebnisse wird dann eine mögliche **Preisspanne** bestimmt. Wie bereits beschrieben, ist dieser Schritt in vielen Ländern ohnehin notwendig, um die zuständigen Kostenträger von der Erstattungsnotwendigkeit des Produktes zu überzeugen (Schöffski und Schulenburg 2002).

Um die tatsächlichen Marktgegebenheiten bei der Bestimmung des Preises zu berücksichtigen, d. h. um eine Preis-Absatz-Funktion schätzen zu können, werden häufig zusätzlich die »Ver-

ordnungspräferenzen« von niedergelassenen Ärzten ermittelt. Dabei wird davon ausgegangen, dass ein Arzt aufgrund von budgetären Restriktionen, d. h. Richtgrößen und anderen Einflussgrößen, den Preis und die Leistungsfähigkeit des Produktes, d. h. die Produkteigenschaften gegeneinander abwägt. Es könnte sich beispielsweise zeigen, dass ein Arzt bereit ist, ein Arzneimittel mit einem höheren Preis einem anderen vorzuziehen, weil es weniger Nebenwirkungen aufweist. Zur Bestimmung der Preis-Absatz-Funktion werden Verordnungsdaten vom IMS (Institut für medizinische Statistik) und insbesondere bei Produktinnovationen Daten aus **Experten- oder Stichprobenbefragungen** herangezogen. Ein Problem dieser Formen der Preisbefragungen ist das **atypisch hohe Preisbewusstsein**, das dadurch entsteht, dass der verordnende Arzt ausschließlich nach dem Preis befragt wird (Pirk 2002, S. 202ff).

Die Befragungsmethodik der **Conjoint-Analyse** ist nicht mit diesem Problem behaftet, da nicht nur nach dem Preis, sondern nach fiktiven Produktvarianten mit ihrem jeweiligen Preis gefragt wird (s. Kasten). Die Conjoint-Analyse hat sich in der Praxis insbesondere bei Produktinnovationen als Instrument zur Bestimmung der Preis-Absatz-Funktion durchgesetzt.

Literatur

Backhaus K, Erichson B, Plinke W, Weiber R (2003) Multivariate Analysemethoden. Springer, Berlin

BfArM (2004) Bearbeitungsstatistik: Nachzulassungs-/Nachregistrierungsanträge. Bonn

Breyer F (2002) Reimbursement and Cost Containment, A German Perspective. Pharmacoeconomics 20(3): 87–94

Busse R, Riesberg A (2005) Gesundheitssysteme im Wandel: Deutschland. Medizinisch Wissenschaftliche Verlagsgesellschaft, Berlin

Busse R, Schreyögg J, Henke K-D (2005) Pharmaceutical Regulation in Germany: improving efficiency and controlling expenditures. International Journal of Health Planning and Management 20(4): 329–349

Dambacher E, Schöffski O (2001) Vertriebswege und Vertriebswegeentscheidungen. In: Schöffski O, Fricke F-U, Guminski W, Hartmann W (Hrsg) Pharmabetriebslehre. Springer, Berlin, S 243–255

Danzon P, Nicholson S, Peireira N (2003) Productivity in Biotech-Pharmaceutical R&D: The Role of Experience and Alliances; National Bureau of Economic Research (NBER), Working Paper 9615, Cambridge

Dietrich ES (2002) Grundlagen der Pharmaepidemiologie und Pharmaökonomie. Govi, Eschborn

DiMasi J.A, Hansen RW, Grabowski HG (2003) The Price of Innovation: New Estimates of Drug Development Costs. Journal of Health Economics 22: 151–185

Gorbauch T, de la Haye R (2001) Die Entwicklung eines Arzneimittels. In: Schöffski O, Fricke F-U, Guminski W, Hartmann W (Hrsg) Pharmabetriebslehre. Springer, Berlin, S 165–176

Günther H-O, Tempelmeier G (2003) Produktion und Logistik. Springer, Berlin

Hancher L (2004) The European Community dimension: coordinating divergence. In: Mossialos E, Mrazek M, Walley T (Hrsg) Regulating pharmaceuticals in Europe: striving for efficiency, equity and quality. Open University Press, Maidenhead, S 1–37

Kanavos P, Reinhardt U (2003) Reference Pricing for Drugs: Is it compatible with U. S. Health Care? Health Affairs 22(3): 16–30

Kerkojus S, Decker R, Güntert B (1999) Innovative Vertriebswege für den deutschen Pharmamarkt. Pharma-Marketing Journal 24(5): 158–164

Mahlich J (2005) Erfolgsfaktoren von forschungsintensiven Firmen am Beispiel der Pharmaindustrie. Die Betriebswirtschaft 65: 396–410

Metze G, Pfeiffer W, Schneider W (1997) Technologie-Portfolio zum Management strategischer Zukunftsfelder. Vandenhoeck & Ruprecht, Göttingen

Nink K, Schröder H (2005) Ökonomische Aspekte des deutschen Arzneimittelmarktes 2004. In: Schwabe U, Paffrath D (Hrsg) Arzneiverordnungsreport 2005. Springer, Berlin, S 191–243

Pirk O (2001) Preisbildung und Erstattung. In: Schöffski O, Fricke F-U, Gumminski W, Hartmann W (Hrsg) Pharmabetriebslehre. Springer, Berlin, S 195–210

Schöffski O, Schulenburg M Graf von der (2002) Gesundheitsökonomische Evaluationen (Studienausgabe). Springer, Berlin

Schreyögg J, Henke K-D, Busse R (2004) Managing pharmaceutical regulation in Germany. Diskussionspapier 2004/6, Wirtschaftswissenschaftliche Dokumentation, TU Berlin

Schreyögg, J, Busse R (2005) Drug budgets and effects on physicians' prescription behaviour: new evidence from Germany. Journal of Pharmaceutical Finance, Economics & Policy 14(3): 77–95

Schulenburg M Graf von der (1997) Management of cost and utilization of pharmaceuticals in Germany. Health Policy 41: 45–53

Stargardt T, Schreyögg J, Busse R (2005) Arzneimittelfestbeträge: Gruppenbildung, Preisberechnung mittels Regressionsverfahren und Wirkungen. Das Gesundheitswesen 67(7): 469–478

Thomson S, Mossialos E (2004) Influencing demand for drugs through cost sharing. In: Mossialos E, Mrazek M, Walley T (Hrsg) Regulating pharmaceuticals in Europe: striving for efficiency, equity and quality. MPG Books Ltd, Bodmin Cornwall, S 227–244

VFA (2000) Wirkstoffsuche, F&E konkret 6, Verband forschender Arzneimittelhersteller e. V.

VFA (2003) Forschung für das Leben, F&E konkret 1, Verband forschender Arzneimittelhersteller e. V.

Voigt R und Fahr A (2005) Pharmazeutische Technologie. Deutscher Apotheker Verlag

Zweifel P, Manning WG (2001) Moral Hazard and Consumer Incentives in Health Care. In: Culyer AJ, Newhouse JP (Hrsg) Handbook of Health Economics, Volume 1A, Elsevier Science, S 409–455

2.7 Fallstudien zum Leistungsmanagement in Krankenversicherungen

2.7.1 Integrierte Versorgung Onkologie

Frank Reinermann und Detlef Schmidt

Die Gesetzgebung für das deutsche Gesundheitswesen mit primärem Bezug auf die gesetzlichen Krankenkassen zeichnen drei Tendenzen aus:

▣ Tendenzen bei gesetzlichen Krankenkassen

1. Die Wahl- und Wechselmöglichkeiten zwischen den Krankenkassen soll als Grundlage des Wettbewerbs erhalten werden.
2. Aus dem Risikostrukturausgleich sollen Anreize für die Wirtschaftlichkeit und Bedarfsgerechtigkeit der Versorgung folgen.
3. Die Ressourcenallokation soll möglichst der Morbiditätsstruktur der Patienten folgen.

Die Konkretisierung dieser Politik findet derzeit ihren Ausdruck in der Vorgabe eines morbiditätsorientierten Finanzausgleichs der Krankenkassen und morbiditätsorientierter Vergütungssysteme der Leistungserbringer. Krankenkassen, die in diesem System arbeiten, wird es kaum mehr gelingen, ihre Beitragssatzposition durch Aktivitäten auf der Vertriebsseite zu beeinflussen. Diese Position lässt sich aber noch dadurch beeinflussen, dass die Krankenkasse mit ihren indikationsspezifischen Ausgaben unterhalb der Durchschnittsausgaben bleibt. Von daher bewegt sich die Vertragsentwicklung auf Optionen zu, indikationsspezifische Verträge zu schließen und durch das eigene Management mitzugestalten.

Die Möglichkeiten der Krankenkasse, unter den Bedingungen des Kontrahierungszwangs mit jedem Anbieter durch »einheitliche Verträge« auf die Indikationsstellung und Versorgung der Leistungserbringer Einfluss zu nehmen, sind marginal. Unter diesen Bedingungen stehen für die Krankenkasse eindeutig »**individuelle Verträge**« im Mittelpunkt, mit denen sie Teile der (gesetzlich adressierten) Gesamtvergütungen nach vereinbarten Zielen an bevorzugte Vertragspartner lenken kann. Mit Blick auf die verbreiteten chronischen Erkrankungen wurden dazu **Disease-Management-Programme (DMP)** geschaffen. Für besondere Erkrankungen und Leistungen sowie die bessere sektorübergreifende Zusammenarbeit der Leistungserbringer steht die Integrierte Versorgung **(IV)** im Mittelpunkt.

IV-Vertragsentwicklung am Beispiel Onkologie

In dieser Fallstudie wird die Vertragsentwicklung eines IV-Vertrages in der Onkologie betrachtet. Ziel der Betriebskrankenkassen (BKK) ist es, den Patienten ein Team von Spezialisten nicht erst dann zur Verfügung zu stellen, wenn Komplikationen und Behandlungsdefizite aufgetreten sind. Dazu soll die Versorgung im **Krankenhaus qualitativ strukturiert**, mit der **ambulanten Versorgung verknüpft** und für die Patienten durch »**Patientenscouts**« geführt werden. Das gesamte Setting wird von den BKK vertraglich abgestützt und in der Fallführung von **Patientenberatern** betreut.

Regionale Situation

Die Ausgangssituation in Essen und Umgebung stellt sich wie folgt dar: Einige BKK haben eine relativ hohe Versichertenkonzentration. Die Bedingungen der Anschubfinanzierung nach §§ 140 a–d SGB V fördern sowohl bei den BKK als auch bei den Leistungserbringern Initiativen zur Gestaltung von Verträgen zur integrierten Versorgung. In Essen boten sich konkret das Alfried-Krupp-Krankenhaus (AKK) sowie die Kliniken Essen Mitte (KEM) als Vertragspartner an. Initial bildeten vier BKK mit der Bundesknappschaft eine strategische Allianz zur Verhandlung eines Vertrages. Die genannten Einrichtungen haben in der Rechtsform einer GbR ein **ambulantes Tumorzentrum (ATZ)** aufgebaut, so dass die Versorgung von Tumorkranken als Gegenstand eines IV-Vertrages naheliegt.

Bedarf für einen Vertrag zur onkologischen Versorgung

Die beteiligten BKK haben insgesamt ca. 50.000 Versicherte in Essen (ca. 10% aller GKV-Versicher-

Abb. 2.7-1. Einweiseranalyse nach Postleitzahlen für onkologische Versorgung der BKK-Versicherten in Essen und Lage der ausgewählten Krankenhäuser für IV-Vertrag

ten in Essen). Gemeinsam mit dem Partner Bundesknappschaft beträgt die Anzahl der Versicherten 87.000. Insgesamt fielen im Jahr 2003 auf die Versicherten der beteiligten Krankenkassen 1.110 onkologische Fälle. Von diesen wurden ca. 36% in den Häusern der IV-Partner stationär behandelt. An den medizinischen Voraussetzungen gemessen, könnten weitere 519 Patientinnen und Patienten (47% aller onkologischen Fälle in Essen) in die Einrichtungen der Vertragspartner umgesteuert werden. Insgesamt sind beide Krankenhäuser für die Versicherten, ihre behandelnden Ärzte und damit für die beteiligten Krankenkassen von großer Bedeutung (vgl. Einweiseranalyse in **Abb. 2.7-1**).

Sowohl die **Anzahl der in der Vergangenheit durchgeführten Behandlungen** bei den Vertragspartnern als auch das **Umsteuerungspotenzial** von anderen Einrichtungen zu den Vertragspartnern

sind ein hinreichender Grund, mit diesen Partnern die Qualität der Versorgung sowie besondere Regelungen zur Finanzierung vertraglich zu vereinbaren.

Krebserkrankungen haben wegen der potenziellen Lebensbedrohung eine besondere Bedeutung. Für die Patienten hat daher eine hohe Versorgungsqualität Priorität vor einem wohnortnahen Angebot. Dies rechtfertigt die Beschränkung auf ein Zentrum, das nicht für alle Versicherten in der Stadt die Wohnortnähe erfüllt.

Nutzenpotenzial eines onkologischen IV-Vertrages

Was veranlasst die BKK, einen Vertrag für einen so umfassenden Versorgungsbereich wie die Onkologie zu schließen? Anders als bei Einzeldiagnosen (Hüft-, Kniegelenkarthrose oder Herzinsuffizienz) umfasst die Onkologie zahlreiche Krankheitsbilder. Grundsätzlich liegt die Überlegung nahe, nur auf bestimmte häufige Tumore zu fokussieren, wie z. B. Brust-, Darm- oder Prostatakrebs. Im regionalen Bezug sind allerdings auch die häufigsten Tumore bezogen auf eine Krankenkasse oder einen Zusammenschluss mehrerer Krankenkassen erfreulicherweise relativ selten (z. B. DMP Brustkrebs, ca. 4.600 Eingeschriebene und Interessenten von 150 BKK bundesweit), so dass ein lokaler/regionaler Vertrag über nur eine Krebsdiagnose wegen der geringen **Fallzahl** den Charakter eines Phantomvertrages hätte, dessen erheblicher Aufwand nicht im Verhältnis zum Nutzen stünde.

Die **inhaltlichen Gemeinsamkeiten** in der Versorgung von Krebspatienten rechtfertigen darüber hinaus den Einschluss nahezu aller Krebsdiagnosen in den Vertrag: Jeder fortgeschrittene Tumor erfordert früher oder später eine chemo- und strahlentherapeutische Behandlung, schmerztherapeutische und psycho-onkologische Versorgung, Rehabilitation, adäquate häusliche Versorgung bis hin zur Hospizbetreuung. Eine hohe Qualität dieser komplexen Versorgungsstruktur kommt gleichermaßen nahezu allen Patienten mit unterschiedlichen Krebserkrankungen zugute.

Die **Erfahrung mit dem DMP Brustkrebs** hat gezeigt, dass die drei Elemente der Krebstherapie – Chirurgie, Chemotherapie, Strahlentherapie - nur schwer von einer Einrichtung in hinreichender Qualität bereitgestellt werden können. Dies führt für alle Beteiligten, insbesondere auch für die Betroffenen, zu einem hohen Koordinationsaufwand und zu Reibungsverlusten. Daraus ergeben sich die **Ziele der IV in der Onkologie:**

◧ Ziele der IV in der Onkologie
- Eine hohe Versorgungsqualität auf möglichst engem Raum (»**aus einer Hand**«) zusammenzuführen.
- Den Versorgungsablauf nach der bestmöglichen Evidenz in **Behandlungspfaden** aufzuzeigen.
- Für die Versicherten den **optimalen Ablauf** und die optimale Betreuung zu erreichen.
- Für alle Beteiligten, Leistungserbringer, Krankenkassen und Versicherte den **Ablauf transparent** darzustellen.
- Darüber hinaus ist es aus Sicht der beteiligten Krankenkassen das Ziel, eine **hohe Qualität zu einem günstigen Preis** zu erzielen.

Die Vertragspartner weisen eine hohe medizinische Kompetenz und Qualität aus, stellen die wesentlichen Elemente der onkologischen Versorgung bereit (◧ Tab. 2.7-1) und zeigen die Bereitschaft, auf die den Krankenkassen wichtigen Elemente der Transparenz und Koordination einzugehen.

Elemente zur Integration der Versorgung

Entsprechend den genannten Zielen der Integrierten Versorgung sind die wesentlichen, zusätzlichen, vertraglich vereinbarten Elemente vor allem Elemente der **Prozesssteuerung**: Behandlungspfade, Patientenscout und Patientenbücher.

Behandlungspfade

Sukzessive werden für alle Krebsdiagnosen Behandlungspfade erstellt. Bis zum Vertragsab-

---

◧ Tab. 2.7-1. An der sektorenübergreifenden Versorgung beteiligte Krankenhäuser und ihre vorgehaltenen Dienstleistungsbereiche (AKK: Alfried Krupp Krankenhaus; ATZ: Ambulantes Tumorzentrum; KEM: Kliniken Essen Mitte)

Therapieform ▶ Versorgungssektor ▼	Strahlentherapie	Internistische onkologische Behandlung	Operative Behandlung	Palliativbehandlung
Stationär	AKK	AKK, KEM	AKK, KEM	KEM
Tagesklinisch		KEM		KEM
Ambulant	ATZ, AKK	AKK, ATZ		KEM

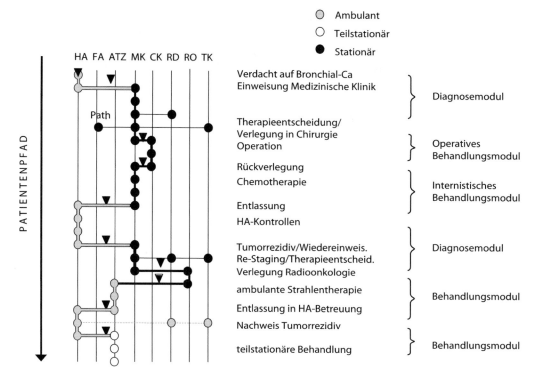

HA Hausarzt, FA Facharzt, ATZ Amb. Tumorzentrum, MK Medizinische Klinik, CK Chirurgische Klinik, RD Radiologie, RO Radioonkologie, TK Tumorkonferenz

Jedes Modul ist in Hinblick auf Dauer und Inhalt zu beschreiben. Bei Wechsel der Behandlungsebene ist die Dokumentation weiterzuleiten. Hierzu wird festgelegt, was und wie zu dokumentieren ist.

◘ Abb. 2.7-2. Schematische Darstellung der transsektoralen Steuerung

schluss wurden Behandlungspfade für die wesentlichen Stadien und Behandlungsformen von **Bronchial-, Brust- und Prostatakrebs** erstellt, mit der Verpflichtung, im weiteren Verlauf für die häufigsten Krebsdiagnosen Pfade zu etablieren. Die Besonderheit in diesem Zusammenhang besteht darin, dass die **Behandlungspfade als Dokumentationsgrundlage** für jeden Versorgungsbereich niedergelegt sind, so dass die an der Behandlung Beteiligten die jeweilige im Pfad vorgesehene Intervention auf der Dokumentation bestätigen oder die Abweichung in einem Abweichungsprotokoll begründen müssen. Auf diese Weise existieren die Behandlungspfade nicht nur als Bekenntnis zur **evidenzbasierten Medizin**, sondern die **Umsetzung** ist implizites Element der Pfade selbst (s. auch Fallstudie in ► Kap. 6.7).

Patientenscout

Für die Koordination und die Begleitung der Patienten wurde in jeder Einrichtung ein sog. Patientenscout eingestellt. Er **informiert die Patienten** über den Ablauf der Behandlung, trägt dafür Sorge, dass dieser Ablauf dem Behandlungspfad folgt und **unterstützt sie beim Übergang von einer Behandlungsstufe zur nächsten** (◘ Abb. 2.7-2). Der Patientenscout ist direkt der Geschäftsführung der Einrichtungen unterstellt und dieser rechenschaftspflichtig.

Patientenbücher

Die Patienten erhalten eine Mappe, in der alle wesentlichen Unterlagen wie Erläuterungen, Einverständniserklärungen, Befunde und Termine abgelegt werden, so dass sie in der Lage sind, ihre

Unterlagen zu jeder Zeit noch einmal durchzusehen, ihre Terminplanung vorzunehmen und weitere Fragen zu formulieren.

Finanzierung

Der Gesetzgeber verpflichtet in §140b Abs. 3 Satz 1 SGB V die Vertragspartner zu einer qualitätsgesicherten, wirksamen und wirtschaftlichen Leistungserbringung. Er fordert somit für alle IV-Verträge ein ökonomisch tragfähiges **Vergütungsmodell**. In den Verhandlungen über das Projekt wurden Vergütungsfragen frühzeitig diskutiert. Die beteiligten BKK sowie die Bundesknappschaft waren bestrebt, ein Vergütungsmodell zu entwickeln, das bei hoher Leistungsqualität durch die Nutzung vorhandener Wirtschaftlichkeitsreserven, Synergien zwischen den Leistungserbringern und Skaleneffekte der Leistungskonzentration auch ohne Anschubfinanzierung tragfähig ist. Darüber hinaus soll die Vergütungsvereinbarung auch den Leistungserbringern genügend Anreize für die angestrebte Leistungskonzentration bieten.

Die Vergütungsvereinbarung setzt sich aus den drei Bausteinen, der **IV-Pauschale**, den **ambulanten Vergütungen** sowie der **stationäre Vergütung** zusammen. Im Einzelnen wurden zwischen den Vertragspartnern die folgenden Regelungen vereinbart.

IV-Pauschale

Mit der IV-Pauschale werden im Wesentlichen die **Elemente der Prozesssteuerung** vergütet. Dies sind die Leistungen des Koordinierungsbüros, die Kosten der Entwicklung der klinischen Behandlungspfade, die Leistungen des Patientenscout sowie die Patientenbücher. Die Pauschale wird durch die Kassen nach erfolgter Einschreibung des Versicherten gezahlt.

Ambulante Leistungen

Für die Vergütung ambulanter Leistungen haben sich die Vertragspartner auf den Grundsatz geeinigt, dass Leistungen die bereits in den Budgets der Kassenärztlichen Vereinigungen enthalten sind, nicht zusätzlich im Rahmen des onkologischen IV-Vertrages abgerechnet werden können. Stattdessen werden **zusätzliche qualitätssteigernde Maßnahmen** sowie **zusätzliche Leistungen für IV-Patienten** vergütet. Durch diesen Grundsatz kann sichergestellt werden, dass eine Doppelfinanzierung einzelner Leistungsbestandteile ausgeschlossen ist.

Die hämatologisch-onkologische Behandlung am ATZ nach Behandlungspfaden wird durch eine **Onkologie-Zentrums-Pauschale (OZP)** vergütet. Die OZP kommt zur Abrechnung, wenn die behandelten Versicherten der Vertragspartner aufgrund der angestrebten Leistungskonzentration einen unteren Schwellenwert (250 Fälle je Arztsitz und Quartal) überschreiten. Steigt die Anzahl der behandelten Patienten über einen oberen Schwellenwert, entfällt die OZP, da ab dieser Grenze eine qualitativ hochwertige Versorgung der Versicherten nicht mehr gewährleistet werden kann.

Die ambulante hämatologisch-onkologische Behandlung am **Krankenhaus** wird demgegenüber auf Basis des jeweils gültigen **Einheitlichen Bewertungsmaßstab (EBM)** mittels eines festen Punktwertes vergütet. Zusätzlich kann das Krankenhaus die **Kosten der eingesetzten Medikamente** und ihre Zubereitung abrechnen. Steigen die durchschnittlichen Gesamtfallkosten über eine **vertraglich fixierte Obergrenze** wird der Punktwert sukzessiv abgesenkt. Hierdurch wird sichergestellt, dass auch ohne Mengenbegrenzung der Anreiz zur wirtschaftlichen Leistungserbringung erhalten bleibt. Selbstverständlich gelten für die ambulante Behandlung am Krankenhaus neben den im IV-Vertrag festgelegten Qualitätsanforderungen auch die mit der Kassenärztlichen Vereinigung vereinbarten Qualifikations- und Qualitätsanforderungen.

Stationäre Versorgung

Die Vereinbarung der Vergütung für stationäre Leistungen der IV wird durch § 140d Abs. 4 SGB V determiniert. Ausschließlich Leistungen, die nicht durch den Gesamtbetrag nach §§ 3 und 4 KHEntgG bzw. § 6 BPflV abgegolten sind, dürfen im Rahmen der IV vergütet werden. Dies bedeutet, dass nur **zusätzliche Leistungen** von der Vergütungsvereinbarung erfasst werden. Diese gesetzliche Regelung führt zwangsläufig zu einem **Abgrenzungsproblem** zwischen dem Budgetbereich nach **KHEntgG und dem IV-Bereich**. Insbesondere in der operativen Umsetzung des Vertrages lässt sich nicht ermitteln, ob eine Leistung für einen eingeschriebenen Versicherten im Rahmen der IV oder auf Basis des KHEntgG abgerechnet wird.

Die Vertragspartner haben dieses Dilemma wie folgt gelöst: Alle stationären Leistungen für eingeschriebene Versicherte werden zunächst entsprechend der jeweils gültigen Budgetvereinbarung abgerechnet. Im jeweils folgenden Jahr werden die für eingeschriebene Versicherte erbrachten Leistungen ermittelt und geprüft, ob der auf die Vertragspartner entfallende Budgetanteil überschritten wurde oder nicht. Die ermittelten zusätzlichen Leistungen sind IV-Leistungen; für diese wird der in der Vergütungsvereinbarung vereinbarte Mengenrabatt auf den DRG-Preis ermittelt und mit den Krankenhäusern abgerechnet.

Durch diese Regelung wird sichergestellt, dass durch die IV keine »unerwünschten Nebenwirkungen« im Budgetbereich der Krankenhäuser auftreten. Insbesondere wird verhindert, dass durch IV-Leistungen Minderleistungen im Budgetbereich entstehen, die gegebenenfalls zu ungerechtfertigten Ausgleichsansprüchen der Kliniken führen.

2.7.2 Arzneimittel

Sabine Richard

Rahmenbedingungen der Arzneimittelversorgung in der gesetzlichen Krankenversicherung

Die Arzneimittelversorgung hat sich in der Gesetzlichen Krankenversicherung (GKV) inzwischen nach der Krankenhausbehandlung inzwischen zum zweitgrößten Leistungsbereich entwickelt. Im Jahre 2003 entfielen 17,8% der Leistungsausgaben auf Arzneimittel (Sachverständigenrat zur Begutachtung der Entwicklung im Gesundheitswesen 2005, S. 567).

Im Jahre 2004 wurden die Arzneimittelkosten der Allgemeinen Ortskrankenkasse (AOK) Berlin durch ca. 10 Mio. Verordnungsentscheidungen von ca. 6.000 an der vertragsärztlichen Versorgung teilnehmenden Ärzten in Berlin verursacht. Etwa 80% der Ausgaben entfallen auf apothekenpflichtige Arzneimittel, deren Abgabepreis durch die **Arzneimittelpreisverordnung** bzw. durch die **Hilfstaxe für Arzneimittelzubereitungen** bundesweit einheitlich festgelegt ist. Der restliche Umsatz wird durch nicht-preisgebundene Produkte verursacht, die ebenfalls dem Arzneimittelbereich zugerech-

net werden, z. B. Diabetesbedarf, enterale Ernährung, Impfstoffe, Verbandstoffe und Blutprodukte. Arzneimittel gelangen in der Regel durch eine Zulassung durch das Bundesinstitut für Arzneimittel und Medizinprodukte (BfArM) oder durch die Europäische Agentur für die Beurteilung von Arzneimitteln (EMEA) auch in den **Leistungskatalog** der Gesetzlichen Krankenversicherung, soweit sie nicht durch gesetzliche Regelungen bzw. durch den Gemeinsamen Bundesausschuss (G-BA) in den Arzneimittelrichtlinien gem. § 92 SGB V ausgeschlossen werden. Die Hersteller sind in ihrer Preissetzung frei. Die Lieferanten von Arzneimitteln sind qua Status (Apotheken) für die Versorgung der GKV-Patienten zugelassen. Lieferanten von Verbandstoffen, Diabetesbedarf und enteraler Ernährung benötigen für die Abgabe der den Arzneimitteln zugerechneten Produkte – anders als bei der Hilfsmittelversorgung – keine gesonderte Zulassung der Krankenkassen. Eine Genehmigung von Arzneimitteln durch die Krankenkasse ist gem. § 29 Abs. 1 des Bundesmantelvertrages Ärzte nicht zulässig.

Anhand dieser Rahmenbedingungen ist zu erkennen, dass im Bereich der Arzneimittelversorgung viele der in anderen Leistungsbereichen angewendeten Steuerungsinstrumente (Begrenzung der Anzahl der Anbieter, Einzelfallsteuerung, Preisvereinbarungen) den Krankenkassen bzw. ihren Verbänden nicht oder nur beschränkt zur Verfügung stehen. Daher lag der Schwerpunkt der **Versorgungssteuerung** in der Vergangenheit insbesondere auf **kollektivvertraglichen Regelungen** mit gemeinsamer und einheitlicher Wirkung für die Krankenkassen. Diese werden nicht von den einzelnen Krankenkassen, sondern von deren Verbänden vereinbart. Hierzu zählen etwa die Festsetzung der Arzneimittelfestbeträge, die Arzneimittelrichtlinien, die Rahmenverträge mit der Apothekerseite, die Arzneimittelbudgets mit Kollektivhaftung der Kassenärztlichen Vereinigungen, die im Jahre 2002 durch weitgehend sanktionslose Arzneimittelvereinbarungen abgelöst wurden, sowie die Arzneimittelrichtgrößen.

Allerdings hat dieser Regelungsrahmen in den vergangenen Jahren nicht verhindert, dass die **Arzneimittelkosten** der GKV mit häufig zweistelligen Raten gestiegen sind und dass der Arzneimittelbereich durch zahlreiche **Wirtschaftlichkeitsde-**

2

fizite geprägt ist (Arzneimittelverordnungsreport 2004, S. 13ff.). Dieser Trend konnte durch gesetzgeberische Maßnahmen mit Einmalwirkung (Einmalzahlungen der Arzneimittelhersteller; Erhöhung/Einführung von Apotheken-, Großhandels- und Herstellerrabatten; Leistungsausgrenzungen und Rückführung der Härtefallregelungen) nicht nachhaltig gestoppt werden. Aufgrund der kollektiven Wirkung der Maßnahmen werden diese insbesondere von Arzneimittelherstellern häufig als Wettbewerbsverstöße angefochten. In den letzten Jahren wurde das den Krankenkassen und ihren Verbänden zur Verfügung stehende Instrumentarium allerdings um **wettbewerbliche Instrumente** wie z. B. die integrierte Versorgung, die hausarztzentrierte Versorgung, Disease Management-Programme, Vereinbarungen mit Krankenhaus- und Versandapotheken sowie die Herstellerrabatte vergrößert. Bislang haben diese allerdings nicht zuletzt wegen der fehlenden Marktdurchdringung sowie der unvollkommenen Einbeziehung der Apotheken noch keinen erheblichen Effekt auf die Kostenentwicklung gezeigt.

Einfluss der Krankenkassenstruktur auf das Arzneimittelmanagement

Das Management der Arzneimittelversorgung ist in den einzelnen Kassenarten unterschiedlich organisiert. In den Orts- und in der Regel auch in den Innungskrankenkassen erfolgen Vertrags-, Leistungs- und Versorgungsmanagement sowie das hierfür erforderliche Datenmanagement aus einer Hand, da diese zugleich die Funktion einer Krankenkasse und eines Landesverbandes ausüben. Bei den Ersatz- und Betriebskrankenkassen liegt die Kernvertragskompetenz aufgrund der nach wie vor großen Bedeutung der Kollektivverträge im Wesentlichen bei den Landesverbänden, die für ihre Mitglieder handeln und aufgrund der zunehmend wettbewerblichen Orientierung der Mitgliedskassen einen immer komplexer werdenden Interessensausgleich durchführen müssen.

Abhängig von Größe und Struktur der Krankenkassen werden Teile des Arzneimittelmanagements an **Externe delegiert**. Dies betrifft etwa die **Prüfung der Abrechnung** und zunehmend auch die Versichertenbetreuung durch **Call Center**. Hierdurch können Spezialisierungs- und Verwaltungskostenvorteile erzielt werden, die allerdings gegen die Nachteile durch Informationsverluste abgewogen werden müssen.

Darüber hinaus entscheidet die regionale Verteilung der Versicherten über die Gestaltung des Vertragsmanagements. Während die **regional** konzentrierten Orts- und Innungskrankenkassen mit regionalen Vertragspartnern zusammen arbeiten bzw. mit bundesweiten Vertragspartnern regionalisierte Verträge schließen, suchen **bundesweit** agierende Krankenkassen zunehmend nach Kooperationen mit bundesweiter Geltung. Beispiele hierfür sind Verträge aus dem Ersatzkassenbereich mit dem Deutschen Apothekerverband bzw. dem Hausärzteverband.

Ansatzpunkte für das Arzneimittelmanagement

Im Folgenden sollen drei Ansatzpunkte für das Arzneimittelmanagement der Krankenkassen veranschaulicht werden: Preis, Menge und Struktur. Seit der Einführung des elektronischen Datenträgeraustausches Mitte der 1990er Jahre verfügen die Krankenkassen über einen umfassenden und qualitativ hochwertigen Datenbestand, der zunehmend auch für das Arzneimittelmanagement nutzbar gemacht wird.

Preis

Wie bereits dargestellt, spielen direkte Preisverhandlungen im Arzneimittelbereich nach wie vor eine untergeordnete Rolle. In den gesetzlich vorgeschriebenen Arzneimittelvereinbarungen gem. § 84 SGB V wird zwischen den Krankenkassenverbänden und den Kassenärztlichen Vereinigungen als Wirtschaftlichkeitsziel häufig eine Steigerung der **Generikaquote** in der betreffenden KV vereinbart. Ziel ist es, die Verordnung preisgünstigerer Generika zu erreichen. Hiermit sollen Preisvorteile im Arzneimittelmarkt ausgenutzt werden und gleichzeitig der Preiswettbewerb unter den Herstellern (unterhalb des Festbetrages) stimuliert werden. Ob dieses Ziel erreicht wird, hängt davon ab, inwiefern es gelingt, die einzelne Verordnungsentscheidung des Arztes tatsächlich zu beeinflussen. Verschiedene Modelle von in Kollektivverträgen gesetzten positiven Anreizen haben bisher in der Regel nicht zu einer spürbaren Verhaltensänderung geführt. Der Erfolg dieser Maßnahmen hängt entscheidend von der Bereitschaft der Kassenärztlichen Vereinigungen, sich ernsthaft und sanktionsbewehrt bei ihren Mitgliedern für eine wirtschaftlichere Verordnungsweise einzusetzen. Viele Kassenärztliche Vereinigungen haben ihren diesbezüglichen gesetzlichen Auftrag bisher vernachlässigt.

Seit 2003 können die Krankenkassen überdies mit Arzneimittelherstellern, zu denen sie bisher keine direkte Vertragsbeziehung hatten, **Rabatte** aushandeln. Die Hersteller sind dann bereit, den Krankenkassen Rabatte zu gewähren, wenn es diesen gelingt, den Umsatz der Produkte (zu Lasten des Umsatzes anderer Hersteller) zu steigern. Daher werden diese Vereinbarungen häufig als Ergänzung zu Verträgen der Integrierten Versorgung oder der hausärztlichen Versorgung geschlossen, in denen sich Ärzte und ggf. Apotheker bereit erklären, eine Umsteuerung auf die rabattierten Produkte vorzunehmen. Schwerpunkte sind aufgrund der Substituierbarkeit naturgemäß generikafähige Arzneimittel. Eine größere Rolle in der Regelversorgung spielen **Preisvereinbarungen mit Lieferanten** von Diabetesbedarf, enteraler Ernährung und Verbandstoffen, für die keine Preisbindung gilt. Diese Vereinbarungen können von den Krankenkassen mit Informationen an Schwerpunktverordner unter den Vertragsärzten begleitet werden, in denen unter Hinweis auf das Wirtschaftlichkeitsgebot preisvergleichend auf Preisdifferenzen zwischen verschiedenen Anbietern hingewiesen wird. Hierdurch wird der Preiswettbewerb unter den Lieferanten spürbar gestärkt.

Im Bereich der Apotheken können lediglich die **Krankenhausapotheken** (gem. § 14 Apothekengesetz für in Ambulanzen an Ort und Stelle verabreichte Arzneimittel wie z. B. die Chemotherapie) und **ausländische Versandapotheken** von der Arzneimittelpreisverordnung abweichen, welche die Handelsspannen des pharmazeutischen Großhandels und der Apotheken regelt. Hiervon gehen inzwischen einige wettbewerbliche Impulse aus, die allerdings aufgrund der gesetzlichen Beschränkungen nur in einigen Nischen einen wirksamen Wettbewerb zwischen den Apotheken auslösen können. In diesem Feld bietet auch die Integrierte Versorgung keinen Hebel, weil das Abweichen von den Bedingungen der Regelversorgung – anders als in anderen Leistungsbereichen – gesetzlich nicht zugelassen wurde.

Menge

Auch die Verordnungsmenge ist einer externen Steuerung durch die Krankenkassen nur marginal zugänglich. In vielen Projekten der Integrierten Versorgung und auch im Rahmen der Disease Management-Programme (DMP) wird die **leitliniengerechte Therapie** zum Vertragsgegenstand gemacht, was sich in der Regel auch auf die Verordnungsmenge auswirken kann. Im Einzelfall werden patientenbezogen feststellbare unwirtschaftliche Verordnungsmengen im Rahmen der **Wirtschaftlichkeitsprüfung** thematisiert oder führen bei Betrugsverdacht auch zur Aufnahme von polizeilichen Ermittlungen gegen Ärzte, Apotheker und Patienten. Gegenstand dieser Prüfanträge sind z. B. Überdosierungen von Arzneimitteln mit Sucht- oder Missbrauchspotential oder auch unwirtschaftlicher Umgang mit teuren Arzneimitteln. Im Rahmen der Wirtschaftlichkeitsprüfung nach Richtgrößen kann der Prüfungsausschuss darüber hinaus gegen (im Vergleich zu ihrer Fachgruppe) auffällige Ärzte Regresse verhängen, wenn die Überschreitung der Richtgrößen nicht durch Besonderheiten der Praxis begründet ist. Bei konsequenter Durchführung der Prüfungen geht von der Richtgrößenprüfung ein generalpräventiver Effekt aus, der über die tatsächlichen Finanzrückflüsse durch Regresse weit hinausgeht, da die Ärzte sowohl individuelle Regresse als auch den mit der Prüfung verbundenen Aufwand fürchten.

Struktur

In der GKV entfielen im Jahre 2004 15,6% des Arzneimittelumsatzes auf Arzneimittelinnovationen mit geringem Zusatznutzen, sog. **Me-too-Präparate** (GamSI-Bericht 2004, S. 11). Diese sind erheblich teurer als die bewährten Therapien, werden von den Herstellern aber als Innovationen mit großem Marketingaufwand vertrieben. In der Vergangenheit ist es den Herstellern in der Regel sehr schnell gelungen, einen großen Markt für ihre neuen Produkte zu schaffen, deren Überlegenheit gegenüber den bisherigen Therapien nicht oder nur für einen kleinen Teil des Patientenspektrums nachgewiesen ist. Häufig wird den Ärzten in sog. **Anwendungsbeobachtungen** ein **finanzieller Anreiz für die Verordnung** gesetzt (Sachverständigenrat zur Begutachtung der Entwicklung im Gesundheitswesen 2005, S. 645ff.). Im Rahmen der Arzneimittelvereinbarungen wird als Wirtschaftlichkeitsziel in der Regel auch eine Absenkung des Umsatzanteils der Me-too-Präparate vereinbart, aber auch hier hat sich die Steuerung durch kollektivvertragliche Regelungen bisher als wenig effektiv gezeigt, dem Marktdruck der Hersteller etwas entgegen zu setzen. Im Rahmen der Wirtschaftlichkeitsprüfung wird vereinzelt versucht, den Einsatz von Me-too-Präparaten zu hinterfragen.

Ein weiteres Feld der Steuerung ist der **indikationsgerechte Einsatz von Arzneimitteln**. Hierzu werden spezielle Vereinbarungen mit ärztlichen Fachgruppen oder der KV geschlossen, die neben der **Verpflichtung auf Leitlinien** auch die **pharmakologische Beratung** der teilnehmenden Ärzte umfassen. Mit der durch die Krankenkassen (häufig in Kooperation mit der KV) durchgeführten Beratung wird der Arzt in seiner Verordnungsweise herstellerunabhängig informiert und in seiner Verordnungsweise unterstützt. In Einzelfällen stellen die Krankenkassen gesonderte Anträge im Rahmen der **Wirtschaftlichkeitsprüfung**, um den indikationsgerechten Einsatz nachträglich im Einzelfall zu überprüfen. Dies betrifft derzeit vor allem den Einsatz von Präparaten im Rahmen der onkologischen Therapie, bei HIV/Aids, bei rheumatologischen Erkrankungen und bei Multipler Sklerose.

Ausblick

Die bisherige Darstellung zeigt, dass die Krankenkassen in der Arzneimittelversorgung im Verhältnis zu anderen Leistungsbereichen nur **wenig Spielraum für ein Management** zur Verfügung steht. Bisher hat die Gesetzgebung zur Sicherung von Qualität und Wirtschaftlichkeit vor allem auf kollektivvertragliche Regelungen gesetzt. Die jahrelange Kontroverse zwischen den Kassenverbänden und den Kassenärztlichen Vereinigungen um die Arzneimittelbudgets hat allerdings gezeigt, dass es schwierig ist, einen verbindlichen Rahmen für den verordnenden Vertragsarzt zu setzen. Viele Kassenärztliche Vereinigungen haben durch fehlende Kooperation auf der kollektivvertraglichen Ebene sanktionsbewehrte Maßnahmen zur Durchsetzung von mehr Wirtschaftlichkeit für ihre Mitglieder verhindert. Auch die Arzneimittelhersteller haben in unzähligen Gerichtsverfahren versucht, Steuerungsinstrumente wie z. B. die Arzneimittelfest-

beträge oder verbindliche Formulierungen in den Arzneimittelrichtlinien zu verhindern.

Daher muss die Steuerungskompetenz der Krankenkassen im Hinblick auf Vereinbarungen sowohl mit den Verordnern als auch mit den Lieferanten gestärkt werden. Hierzu zählt insbesondere eine erweiterte Vertragskompetenz der Krankenkassen mit örtlichen Vertragspartnern, auch im Rahmen der Regelversorgung durch intelligente Anreize für die Beteiligten eine **wirtschaftliche und qualitätsgesicherte Arzneimittelversorgung** sicherzustellen. Darüber hinaus sollten die Möglichkeiten für **Preisverhandlungen** mit Herstellern im Rahmen von **Arzneimittellisten** – möglicherweise gekoppelt mit **gestuften Zuzahlungs- oder Genehmigungsverfahren** – erweitert werden (Malkin et al. 2004).

Literatur

GKV-Arzneimittel-Schnellinformation (GamSI) (2004) Der Arzneimittelmarkt in Deutschland Januar bis Dezember 2004, http://www.gamsi.de

Malkin JD, Goldman DP, Joyce GF (2004) The changing face of pharmacy benefit design. Health Affairs 23(1): 194–199

Sachverständigenrat zur Begutachtung der Entwicklung im Gesundheitswesen (2005) Qualität und Koordination im Gesundheitswesen. Gutachten 2005. Bonn-Berlin

Schwabe U (2004) Arzneiverordnungen 2003 im Überblick. In: Schwabe U, Paffrath D (Hrsg) Arzneiverordnungs-Report 2004. Springer, Berlin, S 3–36

Kundenmanagement

3.1   Kundenmanagement im Gesundheitswesen – Einführung und methodische Grundlagen

Jonas Schreyögg und Christian Gericke

Marketing ist im Gesundheitswesen eine relativ junge Erscheinung. Noch in den 1960er Jahren und 1970er Jahren wurde einer Kundenorientierung im Gesundheitswesen wenig Bedeutung geschenkt, da die Nachfrage ohnehin das Angebot überstieg und die Anbieter im Gesundheitswesen eher mit einer Ausweitung ihrer Kapazitäten beschäftigt waren. Als Reaktion auf die ersten **Kostendämpfungsmaß- nahmen** und der damit einhergehenden Verknappung der Ressourcen bzw. dem entstehenden Wettbewerb unter den Anbietern in den USA, wurde **Ende der 1970er Jahre** das »**Health Care Marketing**« geboren, das einige Jahre später auch in Deutschland Einzug hielt (O'Connor and Prasad 2000, S. 69ff.).

Die traditionellen Ansätze der Marketingtheorie stoßen jedoch in vielen Bereichen des Gesundheitswesens auf Schwierigkeiten. Neben dem **Uno- actu-Prinzip,** d. h. dem zeitlichen Zusammenfall von Leistungserstellung und -inanspruchnahme, das auch für andere Dienstleistungen gilt (vgl. Kleinaltenkamp 2001), ist die Leistungserbringung im Gesundheitswesen von einigen Besonderheiten gekennzeichnet, die wichtige Implikationen für das Kundenmanagement haben.

- ◻ **Besonderheiten von Gesundheitsleis- tungen**
- ▬ Ausgeprägte **Informationsasymmetrie** in der Arzt-Patient-Beziehung
- ▬ **Kosten für falsche Entscheidungen** auf Seite des Kunden sind extrem hoch (Behinderung oder Tod)
- ▬ **Kundenpräferenzen** sind für medizinische Kernleistungen relativ homogen
- ▬ **Third Party Payer Systeme** in Form der gesetzlichen und privaten Krankenversicherung (oder entsprechender Sicherungssysteme)

Informationsasymmetrien und die dadurch resultierenden **Principal-Agent-Problematik** bestehen in einigen professionellen Kunden-Dienstleister-Beziehungen, z. B. auch beim Rechtsanwalt oder beim KFZ-Mechaniker. Die Besonderheit in der **Arzt-Patient-Beziehung** besteht im Ausmaß der Asymmetrie und durch die extrem hohe Komplexität der medizinischen Informationen und der Informationsgewinnung. Um medizinische Informationen zu verstehen, ist ein breites Wissen nötig, das im Medizinstudium und während der nachfolgenden mehrjährigen ärztlichen Weiterbildung erworben wird. Allerdings sind die Prozesse so komplex, dass auch der einzelne Arzt sich für Fragestellungen, die außerhalb seines Fachgebietes liegen, Informationen erarbeiten muss und selbst dann die Diagnose und Therapie lieber einem Spezialisten dieses Faches überlässt, da ihm oder ihr die nötige klinische Erfahrung in diesem Bereich fehlt. Dies führt zu dem Phänomen der **Überweisung**, welches bei KFZ-Mechanikern oder Rechtsanwälten selten zu beobachten ist. Die Informationsasymmetrie ist u. a. auch der Grund dafür, dass die Zielgruppe der Arzneimittelindustrie die Ärzte und nicht die Patienten sind. Mit dem **Direct-to-Consumer (DTC)-Marketing** für verschreibungspflichtige Medikamente und der Strategie des **Rx-OTC-Switch**, d. h. der Befreiung von Arzneimitteln aus der Verschreibungspflicht, wurden jedoch neue Strategien entwickelt, um den Patienten als Kunden direkt adressieren zu können (▶ **Kap. 3.6**).

Die zweite Besonderheit sind die **hohen Kosten**, die mit falschen Entscheidungen verbunden sind, und bis zu lebenslangen Behinderungen und Tod reichen können. Bei den meisten Produkten und Dienstleistungen außerhalb des Gesundheitswesens können Kunden aus früheren Entscheidungen lernen: einen Schokoladenriegel, der nicht schmeckt, wird beim nächsten Mal nicht mehr gekauft. Dieses klassische Charakteristikum von sog. **Erfahrungsgütern** ist im Gesundheitswesen häufig nicht gegeben. Wenn man sich für den falschen Chirurgen entscheidet, bekommt man u. U. keine zweite Chance, unbeschädigt dieselbe Operation zu versuchen oder man erfährt den Nutzen der Dienstleistung gar nicht. Deshalb werden viele im Gesundheitswesen erbrachte Dienstleistungen als **Vertrauensgüter** bezeichnet.

Das letzte Beispiel zeigt auch, dass die **Kundenpräferenzen** im Gesundheitswesen für viele Kernleistungen relativ homogen sind. Während jeder seine Lieblingsschokolade unter hunderten Sorten hat, ist die Wahl der Therapie bei einer gegebenen Krankheit kaum von der Kundenpräferenz abhängig: für ein gebrochenes Bein wünscht der Patient eine möglichst weitgehende Wiederherstellung der Funktion und des Aussehens. Die Art und Weise wie diese am besten wieder herzustellen sind (Reposition, Gips, Operation, externe Fixation etc.) wird primär durch die Art des Bruches (und die Fähigkeiten des Arztes) bestimmt und weniger durch die Präferenz des Kunden. Darüber hinaus gibt es jedoch Fragen, für die Patientenpräferenzen durchaus eine wichtige Rolle spielen. Dies betrifft vor allem Fragen, die mit der Risikobereitschaft des Patienten oder ethischen Grundsätzen zusammenhängen, z. B. bei Entscheidungen zwischen konservativen und invasiven Verfahren oder über nur kurzfristig lebensverlängernde Maßnahmen.

Letztlich sind die Gesundheitssysteme in den meisten industrialisierten Ländern durch **Third Party Payment Systeme** gekennzeichnet, in denen die finanziellen Kosten für die medizinische Versorgung nicht direkt vom Patienten bezahlt werden, sondern durch eine Form der sozialen Sicherung. Dadurch bedingt, verliert der Patient gegenüber den Leistungserbringern einen Teil seiner Qualität als Kunde, die von der Krankenversicherung übernommen wird. Aber auch durch das Überweisungs- und Krankenhauseinweisungssystem entstehen neue Kundenbeziehungen. Fachärzte sind Kunden der Hausärzte, beide Arztgruppen sind Kunden der Krankenhäuser. Sogar innerhalb eines Krankenhauses sind einzelne Abteilungen Kunden anderer Abteilungen. Die Kunden des Krankenhauses sind Patienten, einweisende Ärzte, nachbehandelnde Rehabilitationseinrichtungen und die gesetzlichen und privaten Krankenversicherungen. Dieses **Geflecht von Kunden-Dienstleister-Beziehungen** gestaltet die Anwendung des Marketings auf einzelne Bereich des Gesundheitswesens sehr komplex.

Um den Besonderheiten des Marketings im Gesundheitswesen gerecht zu werden, soll im Folgenden das Konzept des **Kundenmanagements (Relationship Marketing)** unterstellt werden. Kundenmanagement soll definiert werden als **Aktivität** zur Analyse, Planung, Durchführung und Kontrolle, die der Initiierung, Stabilisierung, Intensivierung und Wiederaufnahme von Geschäftsbeziehungen zu den Anspruchsgruppen oder Kunden des Unternehmens bzw. der Organisation dienen (Bruhn 2001; S. 9). Im Unterschied zu anderen Dienstleistungsbereichen ist das Ziel der Geschäftsbeziehung im Gesundheitswesen nicht nur der gegenseitige Nutzen, sondern häufig auch die Erfüllung eines öffentlichen Auftrags z. B. die Gewährleistung einer ausreichenden und zweckmäßigen Gesundheitsversorgung gemäß Sozialgesetzbuch.

In Analogie zu dem Produktlebenszykluskonzept, beschreibt der **Kundenbeziehungslebenszyklus** die Stärke bzw. Intensität einer Kundenbeziehung in Abhängigkeit von der Beziehungsdauer. Der Kundenbeziehungslebenszyklus besteht aus drei Phasen. In der ersten Phase werden neue Kunden akquiriert, zu denen eine Kundenbeziehung aufgebaut werden soll (**Phase der Kundenakquisition**). In der zweiten Phase soll der Kunde an das Unternehmen bzw. die Organisation gebunden werden (**Phase der Kundenbindung**), bevor in der dritten Phase im Falle einer (intendierten) Beendigung der Geschäftbeziehung seitens des Kunden Maßnahmen zur Rückgewinnung von Kunden unternommen werden (**Kundenrückgewinnungsphase**) (Meffert und Bruhn 2003, S. 73f.). Auf die einzelnen Phasen wird detailliert am Beispiel von Krankenhäusern in ▶ **Kap. 3.3** eingegangen.

Am Anfang eines Prozesses zur Initiierung eines Kundenmanagements steht regelmäßig eine differenzierte **Situationsanalyse**, die sowohl das externe als auch das interne Umfeld umfasst (▶ **Kap. 3.4**). Diese erfolgt in der Regel durch Methoden der Marktforschung, die auf Daten aufbauen, die entweder speziell für bestimmte Problemstellungen erhoben werden (**Primärdaten**) oder bereits existieren (**Sekundärdaten**). Die gängigsten Instrumente zur Ermittlung von Präferenzen im Rahmen der Primärforschung sind Befragungen, Beobachtungen und Experimente. Wenn eine Dienstleistung noch nicht existiert, bietet sich zunächst eine Befragung an. Da sich **bekundete Präferenzen (stated preferences)** in Befragungen jedoch u. U. deutlich von den **beobachteten Präferenzen (observed preferences)** d. h. dem tatsächlichen Handeln unterscheiden, kommt der Methode der Beobach-

3

tung bei bestehenden Produkten häufig eine große Relevanz zu (vgl. hierzu ausführlich ▸ **Kap. 3.5**).

Aufbauend auf den Ergebnissen der Situationsanalyse bzw. der Marktforschung werden **Ziele** für das Unternehmen bzw. die Organisation formuliert z. B. Kapazitätsauslastung in Krankenhäusern. Aus den Zielen werden anschließend **Strategien zur Kundenakquisition, -bindung und -rückgewinnung** abgeleitet (Meffert und Bruhn 2003, S. 209ff.). Die Strategien werden durch den **Marketing-Mix** operationalisiert, der im Gesundheitswesen neben den vier bekannten Bereichen der Leistungs-, Kommunikations-, Distributions- und Kontrahierungspolitik (**Product, Price, Place, Promotion**) durch weitere 3 P's (Players, Processes und Positioning) erweitert wird. Durch »player« soll zum Ausdruck gebracht werden, dass im Gesundheitswesen eine Berücksichtung der Erwartungen und Bedürfnisse aller Beteiligten erforderlich ist, während »processes«, das Verständnis der Prozesse, z. B. eines Zulassungsprozesses und die Kenntnis möglicher Vertragspartner, unterstreicht. »Positioning« beinhaltet eine Positionierung, unter besonderer Berücksichtigung der Prozesse als auch der Akteure (player). Die zwei P's »players« und »positioning« werden in reinen Dienstleistungsbereichen des Gesundheitswesens, z. B. Arztpraxen, auch durch die im Dienstleistungsmarketing üblichen »personell« und »physical facilities« substituiert (▸ **Kap. 3.4**). »Personell« soll die besondere Bedeutung der Humanressourcen und somit der Personalpolitik bei der Erbringung von Dienstleistungen herausstellen, während »physical facilities« die Relevanz der Ausstattung in Form zusätzlicher Servicemerkmale unterstreicht (Meffert und Bruhn 2003, S. 355f.).

Zur Kontrolle der strategischen sowie der operativen Stoßrichtung empfiehlt sich anschließend eine **Analyse der Kundenbeziehung** (vgl. ◘ **Abb. 3.3-3**). Die Analyse kann sowohl anhand ökonomischer Messgrößen, z. B. Umsatz und Deckungsbeitrag, als auch durch sog. vorökonomische Messgrößen, z. B. Dienstleistungsqualität und Kundenzufriedenheit, erfolgen (vgl. Bruhn und Stauss 2000; Meffert und Bruhn 2003). Die Messung der Qualität von Gesundheitsleistungen erfordert aufgrund ihres hohen Komplexitätsgrades medizinische, psychologische und ökonomische Kenntnisse (vgl. Schöffski und Schulenburg 2002). Die Ergebnisse haben nicht nur Implikationen für die Strategie

des Kundenmanagements und deren Operationalisierung, sondern geben gleichzeitig auch wichtige Rückschlüsse für das Leistungsmanagement (▸ **Kap. 2.1**).

In den folgenden **Kap 3.2–3.6** wird auf die Besonderheiten des Kundenmanagements für die Organisationen in den jeweiligen Sektoren des Gesundheitswesens eingegangen. Abschließend wird in ▸ **Kap. 3.7** eine Praxisfallstudie zum Kundenmanagement in der Arzneimittelindustrie präsentiert.

In ▸ **Kap. 3.2** wird aufgezeigt, welche Instrumente **Krankenkassen für ein Kundenmanagement** zur Verfügung stehen. Insbesondere im Hinblick auf eine adäquate Serviceausgestaltung, bestehen eine Vielzahl von Möglichkeit auf die Kundenpräferenzen einzugehen und die Kundenbindung zu erhöhen.

In ▸ **Kap. 3.3** wird entlang des Kundenbeziehungslebenszyklus auf das **Kundenmanagement in Krankenhäusern** eingegangen. Zunächst werden insbesondere die Instrumente der Kommunikationspolitik beschrieben, die die Krankenhäuser zur Kundenakquisition nutzen können. Neben klassischen Formen wie Werbungen bietet sich eine Vielzahl von unkonventionelleren Formen der Kommunikation an, um einen Erstkontakt zu Zielgruppen herzustellen. Als Instrumente der Kundenbindung werden insbesondere das Beschwerdemanagement und die Nutzung von Internetservices hervorgehoben. Abschließend wird ausführlich auf mögliche Instrumente zur Kundenrückgewinnung eingegangen.

Das ▸ **Kap. 3.4 Kundenmanagement in Arztpraxen** zeigt auf, wie eine Marketing-Konzeption in Arztpraxen implementiert werden kann. Angefangen bei der strategischen Situationsanalyse bis hin zur Umsetzung konkreter Maßnahmen werden die notwendigen Schritte skizziert und anhand von Beispielen veranschaulicht, die zur Implementierung in Arztpraxen erforderlich sind.

In ▸ **Kap. 3.5** wird auf das **Kundenmanagement in der Integrierten Versorgung** auf Akzeptanz- und Präferenzanalysen als Marktforschungsinstrument zur produktorientierten Gestaltung integrierter Versorgungsformen eingegangen. Auf Grundlage einer empirischen Studie wird gezeigt, wie die Kundenpräferenzen bei noch nicht existierenden Produkten durch Befragungen (»stated preferences«)

potentieller Attribute der Integrierten Versorgung ermitteln werden können. Es wird exemplarisch aufgezeigt, wie die Ergebnisse solcher Befragungen interpretiert werden können.

In ▶ **Kap. 3.6 Kundenmanagement in der Arzneimittelindustrie** steht insbesondere das Direct-to-consumer (DTC)-Marketing als neue Form der Kommunikationspolitik im Vordergrund, das den Arzneimittelherstellern eine direkte Ansprache des Patienten trotz gesetzlicher Restriktionen ermöglicht. Es werden Argumente für den Einsatz von DTC vorgebracht und gängige Instrumente zur Umsetzung anhand von Beispielen erläutert.

Literatur

Bruhn M (2001) Relationship Marketing. Das Marketing von Kundenbeziehungen. Vahlen, München
Bruhn M, Stauss B (Hrsg) (2000) Dienstleistungsqualität, 3. Aufl. Gabler, Wiesbaden
Kleinaltenkamp M (2001) Begriffabgrenzungen und Erscheinungsformen von Dienstleistungen. In: Bruhn M und Meffert H (Hrsg) Handbuch Dienstleistungsmanagement. Gabler, Wiesbaden, S 28–50
Meffert H, Bruhn M (2003) Dienstleistungsmarketing, 4. Aufl. Gabler, Wiesbaden
O'Connor SJ, Prasad KV (2000) Marketing Strategies and Relationships. In: Blair JD, Fottler MD, Savage GT (eds) Advances in Health Care Management. Elsevier, New York, pp 67–108
Schöffski O, Schulenburg J-M Graf vd (2002) Gesundheitsökonomische Evaluationen. Studienausgabe. Springer, Berlin

3.2 Kundenmanagement in Krankenversicherungen

Michael Zerres und Anja Potratz

3.2.1 Gesetzliche und strukturelle Rahmenbedingungen

Die Reformen im deutschen Gesundheitswesen haben in den letzten Jahren auch innerhalb der Gesetzlichen Krankenversicherung (GKV) zu gravierenden Veränderungen geführt und das dortige Management vor große Herausforderungen gestellt. So sind mit Einführung der **Wahlfreiheit** erhebliche **Versichertenwanderungen** zu verzeichnen. Diese Entwicklung lässt – vor dem Hintergrund einer überwiegenden Homogenität der Produkte und Leistungen – den Kunden zunehmend

im Fokus der Managementbemühungen stehen. Ziel ist es dabei, seine Zufriedenheit und Bindung zu erhöhen bzw. zu stärken. Neben einem attraktiven und stabilen Beitragssatz erfährt gerade der Service im Rahmen von Kundenbindungsmaßnahmen erhöhte Aufmerksamkeit; häufig gilt dieser heute als alleiniges Unterscheidungs- bzw. Profilierungsmerkmal im Wettbewerb.

Dieses Kapitel setzt sich zunächst mit den Gründen für die Notwendigkeit eines konsequenten Kundenbindungsmanagements bei gesetzlichen Krankenkassen auseinander; anschließend werden dazu die konzeptionellen Grundlagen vorgestellt. Im Mittelpunkt steht die konkrete Ausgestaltung eines innovativen Kundenbindungsmanagements; hierbei wird auf Ziele und Strategien, vor allem auf mögliche Maßnahmen sowie schließlich ein flankierendes Controlling eingegangen.

Notwendigkeit eines Kundenbindungsmanagements

Die Erforderlichkeit eines Kundenbindungsmanagements in der GKV ergibt sich insbesondere aus den gesetzlichen Änderungen des Gesundheitsstrukturgesetzes vom 21.12.1992, mit dem zum 01.01.1996 das **Krankenkassenwahlrecht** eingeführt worden ist; danach eröffnen sich Versicherten neue Möglichkeiten eines Kassenwechsels: Fast alle Versicherungspflichtigen und Versicherungsberechtigten können nach § **173 Abs. 2 Sozialgesetzbuch – Fünftes Buch (SGB V)** ihre Krankenkasse frei wählen.

Die zunächst vorgegebene Gelegenheit zum Kassenwechsel mit festem Kündigungsstichtag 30.09. wurde 2001 aufgehoben, da sie (zu) viele Versicherte zum Wechseln zu ermutigen schien. Seit 2002 ist ein Kassenwechsel jederzeit möglich; die Mindestdauer eines Versichertenverhältnisses bei einer Kasse beträgt jedoch 18 Monate. Freiwillig versicherte Mitglieder können weiterhin jederzeit mit zweimonatiger Kündigungsfrist die Kasse wechseln.

Seit Einführung des Wahlrechts haben die Betriebskrankenkassen ihre Mitgliederzahlen bis 2005 auf einen Marktanteil von knapp über 20% praktisch verdoppeln können (▢ Abb. 3.2-1) – vornehmlich aufgrund ihrer lange Zeit durchschnittlich niedrigeren Beitragssätze. Auch die Innungskrankenkassen und die Ersatzkassen für Arbeiter

3

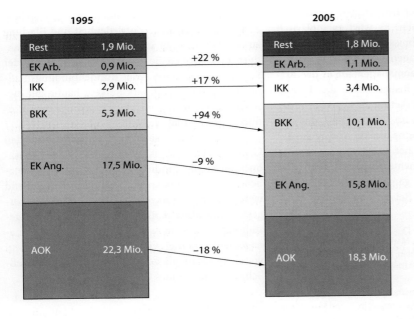

1997	1998	1999	2000	2001	2002	2003	2004
4,0 %	4,4 %	4,5 %	5,7 %	5,8 %	4,3 %	5,1 %	5,9 %

gehören zu den Gewinnern, während die Ersatzkassen für Angestellte und vor allem die Ortskrankenkassen Mitglieder verloren haben. Diese oft zitierten Netto-Zahlen verdecken allerdings, dass bei allen Kassen sowohl Zu- als auch Abgänge zu verzeichnen sind, dass die Salden nicht nur auf Wechsler zurückzuführen sind (sondern z. B. auch auf verstorbene Mitglieder) und dass es innerhalb der Kassenarten sowohl »Netto-Gewinner« als auch »Netto-Verlierer« gibt. Aus Versichertenbefragungen wie dem Sozio-Ökonomischen Panel geht hervor, dass der Anteil der tatsächlichen Wechsler von jährlich etwa 4% auf 6% gestiegen ist (**◗ Abb. 3.2-1**) – was immerhin einer jährlichen Anzahl von 3 Mio. (plus Familienangehörigen) entspricht.

Von Versichertenwanderungen profitiert auch die Private Krankenversicherung (PKV); insbesondere die für die Finanzierung der GKV bedeutenden solidarbeitragsstarken, freiwillig versicherten Mitglieder wandern dorthin ab. Vor diesen Hintergrund muss es Ziel der gesetzlichen Krankenkassen sein, ihre Mitglieder durch ein entsprechendes Kundenmanagement zu binden und damit das **Abwanderungsrisiko** zu reduzieren.

Die Abwanderungsströme zu den Betriebskrankenkassen verdeutlichen, dass vornehmlich ein attraktiver Beitragssatz ein wichtiges Instrument zur Sicherung einer dauerhaften Wettbewerbsfähigkeit darstellt. Die Höhe dieses Beitragssatzes ergibt sich im Wesentlichen aus der Höhe der Einnahmen, der Höhe der Leistungsausgaben, der Höhe der Verwaltungskosten und den Ausgleichszahlungen zwischen den Krankenkassen im Rahmen des Risikostrukturausgleiches (RSA). Zur Sicherung eines attraktiven, wettbewerbsfähigen Beitragssatzes ist also ein **optimales Einnahme-/Ausgabeverhältnis** zu schaffen, welches durch den Aufbau einer langfristig, betriebswirtschaftlich tragfähigen Unternehmensstruktur erreicht werden kann.

Ein Kundenbindungsmanagement unterstützt die Stabilisierung bzw. Optimierung der Beitragsseinnahmen und Leistungsausgaben. Hierzu sind neben der Anzahl der Kunden auch ihre Art und ihre Risikostruktur zu berücksichtigen. Für eine Krankenkasse erweist es sich trotz des RSA als Vorteil, eine attraktive Mitgliederstruktur in Form von Berufsstartern oder Beschäftigten in wachstumsstarken Wirtschaftsbereichen und Zukunftsbranchen anzustreben. Entscheidend für die Attraktivität eines Mitgliedes ist dabei das Verhältnis zwischen den Beitragseinnahmen und den Leistungsausgaben. Die Ziele einer dauerhaft **hohen Finanzkraft** und eines dauerhaft **konkurrenzfähigen Beitragssatzes** lassen sich nur auf diesem Weg erreichen. Dabei ist die Bindung der beitragsstarken, von der PKV umworbenen Kundengruppen mit geringem Risiko für die gesamte GKV von entscheidender Bedeutung. Die gezielte Bindung dieser Kunden gewährleistet die Stärkung, Aufrechterhaltung und Finanzierung des Solidaritätsprinzips und kann als Schutz der gesamten Solidargemeinschaft der GKV verstanden werden.

Neben dem Angebot eines attraktiven Beitragssatzes müssen sich die Krankenkassen also auch verstärkt mit dem **Umfang** und der **Qualität** ihrer **Serviceleistungen** beschäftigen. Die Serviceerwartungen der Kunden steigen zunehmend und gewinnen eine entscheidende Rolle bei der Wahl und Bindung an eine Krankenkasse. Die Krankenkassen sollten sich deshalb auf ihre Kunden ausrichten und einen individuellen, an den Kundenbedürfnissen orientierten Service bieten. Durch individuelle Serviceleistungen kann eine höhere Qualität der Kundenkontakte erreicht werden, die durch eine erhöhte Kundenzufriedenheit positive Auswirkung auf die Kundenbindung haben kann.

Ein **Kundenbindungsmanagement** ist somit in zweifacher Hinsicht von entscheidender Bedeutung: Es trägt einerseits zur **Stabilisierung und Optimierung des Beitragssatzes** bei – besonders durch die Bindung beitragsstarker Kunden –, andererseits ermöglicht es, durch eine **herausragende Servicepolitik** ein unverwechselbares, wettbewerbsfähiges Profil der Krankenkasse zu schaffen. Beide Funktionen wirken sich positiv auf die Wahl einer Krankenkasse aus.

Konzeptionelle Grundlagen

Ein Kundenbindungsmanagement beinhaltet grundsätzlich die **Planung, Durchführung und Kontrolle aller Maßnahmen, die Kundenbeziehungen schaffen, aufrechterhalten und das Abwanderungsri-**

siko der Kunden verringern. Ziel ist der Aufbau von starken, persönlichen Kundenbeziehungen, die zu einer erhöhten Kundentreue führen. Ein Kundenbindungsmanagement ist ganzheitlich an den Kunden auszurichten. Die Ziele, Bedürfnisse, Erwartungen und Erfahrungen der Kunden sind individuell zu bedienen. Zur Auswahl von gezielten Maßnahmen ist die Analyse der bestehenden Kundenstruktur erforderlich. Es sind zielgruppenspezifische Informationen sowie Loyalitäts- oder Wechselmotive der Kunden zu ermitteln.

Die Kundenbindungsmaßnahmen werden je nach Bedeutung des Kunden für das Unternehmen ausgewählt. Diese drückt sich dabei im Verhältnis zwischen dem Aufwand und dem zu erwartenden Ertrag aus und kann durch die Einteilung etwa in A-, B- oder C-Kunden erfolgen. Die A-Kunden stellen hierbei die wichtigsten Kunden mit dem höchsten Umsatz- oder Gewinnanteil einer Unternehmung dar. Bei der Auswahl der Maßnahmen ist zu berücksichtigen, dass die erhoffte Bindungswirkung nur dann erzielt werden kann, wenn sich der Kunde aus einer langfristigen Beziehung einen Nutzen verspricht. Entscheidend ist, dass die Kontaktaufnahme mit dem richtigen Kunden, über den richtigen Kanal, mit dem richtigen Kommunikationsstil, zum richtigen Zeitpunkt mit der richtigen Botschaft erfolgt.

Der Erfolg der ergriffenen Aktivitäten zur Kundenbindung ist schließlich durch ein Controlling zu messen und zu steuern. Fehlgeschlagene und damit unwirtschaftliche Maßnahmen können so erkannt und gegebenenfalls gezielter und effektiver auf die Kundenbedürfnisse ausgerichtet werden.

Das Kundenbindungsmanagement wird seit einigen Jahren in vielen Unternehmen durch das sog. **Customer Relationship Management (CRM)** erweitert. Dieses Konzept ist in den USA entwickelt worden und stellt mittlerweile ein international anerkanntes Konzept zur kundenorientierten Ausrichtung eines Unternehmens dar. Das CRM erweitert das Kundenbindungsmanagement um eine Reihe neuer Dimensionen: Die **Strategie-Dimension**, die **Prozess-Dimension**, die **Technologie-Dimension** sowie die **Organisations-Dimension**. Das Ziel ist die ganzheitliche, strategische Ausrichtung des Unternehmens – der gesamten Wertschöpfungskette – an den Bedürfnissen der Kunden. Es sollen individuelle Beziehungen zu Kunden aufgebaut werden, um die Kundenbindung zu verbessern und die Kundenprofitabilität zu erhöhen.

CRM ist ein unternehmensweit integrierendes Führungs- und Organisationsprinzip und erweitert die Ansätze des **Total Quality Managements (TQM)** und des **Business Process Reengineering (BPR)**. Neben der Optimierung einzelner Funktionen und der Organisation hat es die Optimierung der Kundenprozesse zum Ziel. Im Rahmen der Kundenmanagementmaßnahmen soll das CRM schließlich durch ausgewählte Informations- und Kommunikationstechniken unterstützt werden. Die Implementierung eines CRM stellt die Unternehmen vor anspruchsvolle Herausforderungen. Die Ziele implizieren eine am Kunden orientierte Unternehmensführung und -kultur, eine entsprechende Ausgestaltung der Organisation sowie die Anpassung der betroffenen Prozesse. Daneben müssen zur Unterstützung der optimalen Bindung des Kunden Anreizsysteme geschaffen werden.

Die meisten Organisationen – auch außerhalb des Gesundheitswesens – haben es bisher nicht geschafft, die Prinzipien von CRM umfassend umzusetzen und langfristige Kundenbeziehungen zu entwickeln. Häufig bestehen bei der Umsetzung Schwierigkeiten aufgrund von Defiziten bezüglich der internen Voraussetzungen in den Bereichen Strategie, Prozesse, Kultur und Organisation. Weitere Schwierigkeiten ergeben sich häufig aus dem Fehlen eines umfassenden CRM-Konzeptes, aus unzureichenden Kundeninformationen und aus einem übermäßigen IT-Einsatz. Viele CRM-Projekte verursachen wesentlich mehr Kosten als veranschlagt und liefern gleichzeitig weniger Nutzen als versprochen.

3.2.2 Praktische Umsetzung

Ausgestaltung eines Kundenbindungsmanagements bei Krankenkassen

Ein Erfolg versprechendes Kundenbindungsmanagement erfordert vor der Definition der Maßnahmen die Formulierung der **Ziele** und **Strategien**. Hierfür sind zwingend umfassende Informationen über die Kunden – sprich: die Versicherten –, etwa im Hinblick auf Alter, Geschlecht, Beruf, Ausbildung und Einkommen und ihre Einstellungen und Erwartungen Voraussetzung. Nur auf Basis dieser Informationen lassen sich gezielte Kundenbindungsmaßnahmen ergreifen und ein spürbarer Kundennutzen erreichen.

Die gewonnenen Informationen werden durch eine **Kundenstrukturanalyse** und eine **Bedarfsanalyse** bzw. **Anforderungsanalyse** generiert. Aus der Kundenstrukturanalyse kann das Kernklientel nach Alter, Haushaltsgröße, Schul- und Berufsausbildung sowie Einkommen definiert werden. Im Rahmen der Anforderungsanalyse lassen sich die Kundenerwartungen der zuvor segmentierten Kundengruppen ermitteln. Die beste Möglichkeit zur Ermittlung der Kundenwünsche und Erwartungen bietet eine Versichertenbefragung, die eine gezielte Datenermittlung ermöglicht und zusätzlich einen positiven Kundenkontaktanlass schafft. Diese ist jedoch sehr aufwendig und kostenintensiv, so dass Krankenkassen die erforderlichen Kundeninformationen oftmals auch über Sekundärdaten zu gewinnen versuchen. Als Kunden der Krankenkasse werden zusätzlich auch die Arbeitgeber in die Analysen mit einbezogen, da diese auf die Krankenkassenwahl ihrer Arbeitnehmer Einfluss nehmen können.

Auf Basis der generierten Informationen lassen sich dann anschließend beispielsweise folgende Ziele eines Kundenbindungsmanagements formulieren:

> ◘ **Ziele eines Kundenbindungsmanagements**
> — Kundenbindung durch kompetente Beratung
> — Kundenbindung durch außerordentlich gute Erreichbarkeit
> — Gezielte Bindung abwanderungsgefährdeter Kunden
> — Gezielte Bindung zielgruppenspezifischer (attraktiver) Kunden (Studenten, junge Beschäftigte, Mitglieder mit hohen Einkommen über der Jahresarbeitsentgeltgrenze, Selbständige)
> — Gezielte Bindung von Beschäftigten bestimmter Berufsgruppen

Die definierten Ziele lassen sich durch vielfältige **Maßnahmen** erreichen. Hierbei lassen sich allgemeine Servicemaßnahmen sowie gezielte Kundenbindungsmaßnahmen differenzieren, die durch weitere Aktivitäten, etwa im Rahmen der Presse- und Öffentlichkeitsarbeit, ergänzt werden.

Die **allgemeinen Servicemaßnahmen** dienen der Bindung aller Versicherten und Arbeitgeber. Zur Erreichung der Serviceziele können eine Vielzahl von Aktivitäten ergriffen werden, die den Kunden im Falle eines Leistungs- oder Beratungswunsches auf kompetente, und dann auch tatsächlich erreichbare Mitarbeiter stoßen lässt. Dabei sollte der Service zur Zielerreichung laufend optimiert und die Qualität der Serviceleistung sichergestellt werden.

Zur Sicherstellung kompetenter Beratungen sind Mitarbeiter zur Teilnahme an **Schulungsmaßnahmen** zum professionellen Umgang mit Kunden sowie zur kompetenten sozialversicherungsrechtlichen Beratung möglichst zu verpflichten, denn jede Art des Kundenkontaktes vermag grundsätzlich die Bindung eines Kunden zu ermöglichen.

Eine individuelle Kundenbeziehung lässt sich am wirkungsvollsten durch ein **flächendeckendes Servicestellennetz** aufbauen. Dies ermöglicht dem Kunden, seine Krankenkasse bei Bedarf persönlich aufzusuchen und sich individuell beraten zu lassen. Neben der Kundennähe vor Ort sind im Hinblick auf den Service auch **kurze Bearbeitungszeiten** von Anfragen und Anträgen von entscheidender Bedeutung. Werden Leistungsanträge abgelehnt, müssen dem Kunden auch aus Kundenbindungsgründen in einer persönlichen Beratung gezielt Alternativen im Rahmen der leistungsrechtlichen Möglichkeiten angeboten werden. Insbesondere bei schwer erkrankten Kunden bietet die Krankenkasse durch den persönlichen Kontakt Unterstützung und fungiert als »Lotse« des Kunden.

Bei den allgemeinen Servicemaßnahmen spielt die **Erreichbarkeit** eine entscheidende Rolle. Hat ein Kunde ein Anliegen, möchte er dieses in der Regel in kürzester Zeit und ohne großen Aufwand geklärt wissen. Es ist im Rahmen der Anforderungsanalyse zu ermitteln, in welcher Zeit, welche Kunden, auf welchem Weg mit ihrer Krankenkasse in Kontakt treten wollen. Das Ergebnis zeigt auf, anhand welcher Maßnahmen die Erreichbarkeit optimiert werden kann.

Möglichkeiten bestehen hier in **erweiterten Öffnungszeiten der Servicestellen**, die erweiterte Erreichbarkeit über **Callcenter** – von früh morgens bis spät abends – sowie dem weiteren ergänzenden Angebot über das **Internet**. Es ermöglicht die Bereitstellung von Informationen rund um die Uhr. Die Krankenkassen bieten bereits seit längerem über das Netz Leistungsanträge zum direkten Ausfüllen bzw. Downloaden, die direkte Änderung von Adressdaten, die direkte Anforderung von Beitragsbescheinigungen, die direkte Anforderung von Auslandskrankenscheinen und vieles mehr an. Ein **Customer-Care-Center** mit 24-Stunden-Service schließlich stellt häufig die kostenintensivste Möglichkeit der Serviceoptimierung dar.

Daneben werden den Kunden **flexible Beratungszeiten** außerhalb der Servicestellen angeboten. Es wird davon ausgegangen, dass die Kundenbedürfnisse hinsichtlich der Erreichbarkeit nur erfüllt werden können, wenn auch außerhalb der üblichen Geschäftszeiten eine flexible und individuelle Beratung beim Kunden zu Hause angeboten werden kann. Attraktiv ist dieses Angebot insbesondere für die Zielgruppenkunden, die aufgrund ihrer Berufstätigkeit während der Geschäftszeiten nicht die Möglichkeit haben, sich in eine Beratungsstelle zu begeben.

Einen weiteren Service bieten die Krankenkassen im Rahmen von ärztlichen Beratungen mittels einer **Telefon-Hotline**. Hier informieren und beraten Ärzte sowie andere medizinische Fachleute ausführlich zu bestimmten Krankheiten oder Themen, wie Impfungen, und unterstützen die Kunden bei der Arztsuche und anderen Fragestellungen. Dabei sind befristete Aktionen zu bestimmten Themen oder das dauerhafte Angebot einer kompetenten Beratung bei medizinischen Fragen möglich.

Der Qualität des Kundenservice kommt dabei eine entscheidende Bedeutung zu. Ein erfolgreiches Kundenmanagement kann nur durch ein ergänzendes **Qualitätsmanagement** sichergestellt werden. Es unterstützt bei der Verbesserung der Dienstleistungsqualität und zielt auf einen kontinuierlichen Verbesserungsprozess. Zur Begleitung dieser Prozesse sollte eine Krankenkasse Servicestandards und Leitlinien formulieren, die die Ziele und Maßnahmen für jeden Mitarbeiter nachlesbar dokumentieren. Formulierte Servicestandards beziehen sich dabei unter anderem auf den Telefonservice oder den persönlichen Kontakt mit dem Kunden. So wird in den Krankenkassen bei Telefonaten die Begrüßungsformel vorgeschrieben oder Richtlinien zur Schnelligkeit (Servicelevel, Agreements) von Kundenanfragen formuliert. Danach sind beispielsweise Kundenanfragen per E-Mail innerhalb weniger Stunden zu beantworten.

Im Rahmen der allgemeinen Servicemaßnahmen wird außerdem die Unterstützung durch ein **Beschwerdemanagement** als Nutzen stiftend angesehen. Hier ermöglicht ein Beschwerdecallcenter eine adäquate Kontaktmöglichkeit für Kunden zur Krankenkasse. Das Beschwerde-Callcenter sollte dabei mit Mitarbeitern besetzt sein, die speziell für die Beschwerdebearbeitung geschult sind, den Kunden individuell betreuen und versuchen, trotz der naturgemäß nicht konfliktfreien Beschwerdesituation beim Kunden einen positiven Eindruck zu hinterlassen. Durch diese Maßnahme kann etwa Kündigungen rechtzeitig entgegengewirkt werden. Die Analyse der Beschwerden gibt darüber hinaus Aufschluss über Verbesserungspotentiale bei den Leistungen der Krankenkasse.

Ein weiterer, in der Praxis jedoch nur von wenigen Krankenkassen angebotener Service kann durch **Repräsentanten** erfolgen, die in der Regel ehrenamtlich bei den Krankenkassen tätig sind und eine Art Mittlerfunktion zwischen den Krankenkassen und den Versicherten einnehmen, indem sie einfache Fragen beantworten und bestimmte Dienstleistungen (z. B. Informationsmaterialien, Anträge und deren Weiterleitung) direkt zur Verfügung stellen. Repräsentanten sind darüber hinaus häufig die erste Kontaktperson für Interessenten und deshalb nicht nur im Hinblick auf den Kundenservice, sondern auch für den Bereich der Kundenakquisition von entscheidender Bedeutung. Sie übernehmen die Betreuung der Versicherten einer Krankenkasse bei einem bestimmten Arbeitgeber (bei dem sie selbst beschäftigt sind) oder als studentische Berater an einer Universität. Sie stehen dabei ihren Kollegen und Kommilitonen mit Rat und Tat bezüglich ihrer Krankenversicherung zur Seite und schaffen einen persönlichen, kollegialen Kontakt.

Zur **Bindung der Arbeitgeber** sollte neben einem guten, partnerschaftlichen Kontakt ein besonderer Service angeboten werden. Hierzu werden die Firmen regelmäßig mit Fachinformationen und konkreten Hilfestellungen unterstützt, insbesondere wenn es um die korrekte versicherungsrechtliche Beurteilung von Beschäftigungsverhältnissen, das Ausfüllen der notwendigen Meldevordrucke, die Durchführung des Meldeverfahrens per Datenfernübertragung oder die korrekte Beitragsberechnung geht. Es werden Broschüren zu den für die Arbeitgeber interessanten Themen sowie Arbeitgeberseminare zur korrekten sozialversicherungsrechtlichen Beurteilung von Beschäftigten angeboten. Ferner werden komprimierte Informationen für die schnelle Unterstützung bei der täglichen Arbeit von Personalabteilungen zur Verfügung gestellt. Auch Arbeitgeber erhalten durch das Internet den speziellen Service, sich rund um die Uhr Informationen und Formulare beschaffen zu können. Daneben werden Programme zur betrieblichen Gesundheitsförderung angeboten. Das Angebot kann von der Versorgung mit Informationsmaterialien, über die Durchführung einer Analyse der Arbeitsunfähigkeitssituation in Betrieben, bis zur Durchführung von Maßnahmen reichen, die auf die Reduzierung des Krankenstandes gerichtet sind.

Neben den allgemeinen Servicemaßnahmen werden **gezielte Kundenbindungsmaßnahmen** durchgeführt, die sich aufgrund ihrer Kostenintensität lediglich auf eine zuvor definierte Zielgruppe beziehen. Zur weiteren Selektion der Kunden für eine bestimmte Kundenbindungsmaßnahme lässt sich die Zielgruppe nach ihrer Kündigungswahrscheinlichkeit gliedern. Es werden insbesondere die Kunden in die Maßnahmen einbezogen, bei denen die Kündigungswahrscheinlichkeit am größten ist. Die Intensität der Maßnahme lässt sich je nach Kündigungswahrscheinlichkeit differenzieren.

Maßnahmen zur gezielten Kundenbindung erfolgen beispielsweise im Rahmen von aktiven Telefonaten, Mailings und E-Mails. **Aktive Telefonate** sind die persönlichste, aber auch die kostenintensivste Form der Kundenbindung und sollen durch einen Dialog direkte Nähe zum Kunden schaffen. Der Versicherte muss bei dieser Maßnahme spüren, wie wertvoll er für die Krankenkasse ist. Diese Telefonate sind in der Regel auf bestimmte Anlässe im Leben des Kunden ausgerichtet (z. B. Ende des Studiums oder der Berufsausbildung, Einschulung, Gesundheitsuntersuchungen, Begrüßungsanruf von Neukunden, Geburt eines Kindes) und beinhalten echten Informationscharakter. Kundenbindungsmaßnahmen in Form von Telefonaten dienen auch zur Information über neue

Produkte für bestimmte Kundengruppen, wie beispielsweise Modellprojekte der Krankenkasse.

Im Rahmen der gezielten Kundenbindungsmaßnahmen lassen sich außerdem in Form von **Mailings** ausgewählte Informationspakete an die bestimmten Zielgruppen versenden. Diese beinhalten Informationen über die medizinische Beratungshotline, gesunde Ernährung, Zähne, Stress, Fitness, Akupunktur, Babys und viele andere Themen. Auch hier werden individuelle Anlässe des Kunden als Anstoß genommen. So werden beispielsweise Eltern an die erforderlichen Früherkennungs- und Vorsorgeuntersuchungen ihrer Kinder zu diversen Zeitpunkten schriftlich erinnert, einen Termin bei ihrem Kinderarzt zu vereinbaren. Außerdem werden Mailings zur Erinnerung an die jährlichen Zahnprophylaxeuntersuchungen oder an den Gesundheits-Check-up zur Früherkennung von Krankheiten versandt. Derartige Mailingprogramme verfolgen mehrere Ziele gleichzeitig: Die Kunden werden auf wichtige Angebote ihrer Krankenkasse hingewiesen, bei denen es sich um Leistungen handelt, die erheblichen Einfluss auf die Gesundheit der Menschen haben können; gleichzeitig ergibt sich ein Kundenkontakt, der sich positiv auf die Kundenzufriedenheit und die Kundenbindung auswirken kann.

Besondere Aufmerksamkeit im Rahmen der gezielten Kundenbindung müssen **Kündigungen** bzw. **Kündigungsandrohungen** erhalten. Zur Verhinderung der angedrohten Kündigungen muss die Krankenkasse eine umfassende und gezielte Haltearbeit einleiten. Hierzu sind persönliche Gespräche mit dem Kunden zu führen, in denen die Schwierigkeiten bzw. eine Beschwerdesituation aufgelöst werden können. In Fällen, in denen bereits eine Kündigung erfolgt ist, sind ebenfalls Gespräche zu führen, die zu einer Rücknahme der Kündigung führen sollen. Dabei werden die Kündigungsgründe genau erfasst und regelmäßig ausgewertet, um weiteren Kündigungen aus gleichen Gründen durch gezielte Maßnahmen entgegenwirken zu können.

Im Rahmen der **Presse- und Öffentlichkeitsarbeit** einer Krankenkasse kann ebenfalls positiv auf die Kundenbindung eingewirkt werden. Den Kunden wird eine regelmäßig erscheinende Kundenzeitschrift angeboten, in der Informationen über Aktivitäten der Krankenkasse enthalten sind sowie

auf allgemeine und spezielle Angebote und Rechte aufmerksam gemacht wird. Die Kunden erhalten diese Zeitschrift häufig vierteljährlich direkt ins Haus. Zur Ansprache der jungen und einkommensstärkeren Personen kann die Krankenkasse auf Messen, an Universitäten oder in Schulen Präsenz zeigen. An Universitäten bietet sich die Kontaktpflege zu studentischen Organisationen, wie dem AStA, Fachschaften oder der Pressestelle, an; außerdem können Anzeigen in Studentenzeitschriften geschaltet werden.

Das Kundenbindungsmanagement ist schließlich durch eine geeignete **Software** zu unterstützen, bei der der Kontaktübersicht eine entscheidende Bedeutung zukommt. Sie ist das Kernstück und liefert schließlich die im Kundenbindungsmanagement dringend erforderliche Transparenz über die vielseitigen Kontakte zwischen Kunde und Krankenkasse. Erst die zusammengestellten Daten über alle Kundenkontakte ermöglichen ein effektives und effizientes Kundenbindungsmanagement. Daneben sollte die Software bei der Planung und Durchführung der gezielten Kundenbindungsmaßnahmen unterstützen. Hierzu ist die Suche bzw. Auswahl nach einzelnen Zielgruppen wie Mitgliedern, Familienversicherten, Interessenten, Studenten etc. nötig. Weitere Unterstützung soll die Software beim Beschwerdemanagement liefern. Die erfassten Beschwerdedaten sollen ausgewertet und durch maschinelle Verknüpfungen auch bei der Planung und Durchführung der gezielten Kundenbindungsmaßnahmen berücksichtigt werden können.

Die Ergebnisse der Maßnahmen gilt es schließlich, im Rahmen eines **Controllings** zu überprüfen und zu steuern. Es werden die Effizienz und die Effektivität der Maßnahmen gemessen. Fehlgeschlagene oder weniger erfolgreiche Maßnahmen können angepasst und bei zukünftigen Aktivitäten zielgerichteter eingesetzt werden. Die Erfolgsmessung der Maßnahmen kann durch direktes Kundenfeedback erfolgen. Hierzu werden beispielsweise die Beschwerdedaten ausgewertet oder Kundenzufriedenheitsanalysen durchgeführt. Die Erfolgsmessung der gezielten Kundenbindungsmaßnahmen erfolgt ebenfalls durch direkte Nachfrage der Akzeptanz der Maßnahmen beim Kunden. Daneben lässt sich der Erfolg durch die Erhebung der Responsequote oder durch einen Vergleich der

3

Abwanderungsquoten der Kunden, die in die Maßnahmen einbezogen wurden sowie derer, die keine Mailings erhalten haben, messen.

Die Krankenkassen lassen die Servicezufriedenheitswerte der Bestandskunden auch durch beauftragte Institute kontinuierlich und systematisch messen. Ein Vergleich der Messwerte aus den Vorperioden und der Mitbewerber zeigt dabei den Erfolg der ergriffenen Maßnahmen. Bei der Analyse werden die Kunden beispielsweise über die Mitarbeiter, das Beratungsumfeld und die Organisation befragt. Die Kunden werden zur Freundlichkeit und Aufmerksamkeit der Mitarbeiter, deren Empathie und Eingehen auf die Kundenwünsche, deren Fachkompetenz und Zuverlässigkeit der Aussagen befragt. Zum Beratungsumfeld werden Fragen zur Wartezeit in der Geschäftsstelle sowie zur Gesprächsatmosphäre während der Beratung gestellt. Organisationsfragen beziehen sich auf die Flexibilität und Schnelligkeit der Bearbeitung, die telefonische Erreichbarkeit, die Gestaltung der Schreiben und Medien sowie die Öffnungszeiten.

Zusammenfassung

Den Krankenkassen stehen im Zusammenhang mit einem Kundenbindungsmanagement, speziell im Hinblick auf eine adäquate Serviceausgestaltung, eine Vielzahl von Maßnahmen zur Verfügung, die es ermöglichen, neben dem wichtigen wettbewerbsfähigen Beitragssatz, die Kundenwünsche weitestgehend zu erfüllen (◘ Tab. 3.2-1).

Die spezifischen Herausforderungen der Krankenkassen ergeben sich dabei regelmäßig aus deren Struktur und Aufbauorganisation. Hier lässt sich durch die zahlreichen Fusionen kleinerer Krankenkassen ein Trend zur Vergrößerung der Krankenkassen feststellen. Außerdem optimieren die Krankenkassen verstärkt ihre Organisationsstrukturen unter Effizienz- und Servicegesichtspunkten. Mit wachsender Größe und gleichzeitiger Spezialisierung innerhalb einer Krankenkasse kommunizieren vermehrt unterschiedliche Abteilungen und Kontaktpersonen mit dem Kunden. Diese Entwicklung birgt die Gefahr, dass im Rahmen von Kundenberatungen nicht alle Informationen über den Kunden verfügbar sind, die Beratungsqualität abnimmt und der Kunde nicht zufriedengestellt wird. Die vielseitigen Kontakte können außerdem zu einer Anonymisierung der Kunden führen. Das Kundenbindungsmanagement, insbesondere der großen Krankenkassen, muss daher zum Ziel haben, Transparenz und Qualität der Kundenkontakte zu schaffen. Hierzu sind Konzepte zu entwickeln, die trotz Veränderung der Organisationsstrukturen eine optimale Kundenorientierung ermöglichen und den Aufbau von individuellen Kundenbeziehungen zur Folge haben.

Die im Rahmen eines CRM-Konzeptes vorgesehene umfassende und ganzheitliche Ausrichtung auf die Kunden stellt die Krankenkassen vor große Herausforderungen. Bei den großen Krankenkassen handelt es sich zum Teil um große, bundesweit agierende Unternehmen mit bis zu 17.500 Mitarbeitern, deren Aufgabe es bis zur Einführung des Kassenwahlrechts in erster Linie war, Verwaltungsakte vorzunehmen. Den Krankenkassen, denen es gelingt, die Transformation von einer Verwaltung zu einem kundenorientierten, betriebswirtschaftlich ausgerichteten Unternehmen zu vollziehen, werden schließlich im Wettbewerb bestehen können.

◘ Tab. 3.2-1. Möglichkeiten des Kundenbindungsmanagements

Maßnahme	Beispiele
1. **Allgemeine Servicemaßnahmen**	Mitarbeiter schulen, Callcenter und flächendeckendes Servicestellennetz einrichten, Qualitäts- und Beschwerdemanagement ausbauen
2. **Gezielte Kundenbindungsmaßnahmen**	Aktive Telefonate, Mailings, Befragungen
3. **Presse- und Öffentlichkeitsarbeit**	Kundenzeitschriften auflegen, Teilnahme an Messen, Einrichtung einer Pressestelle
4. **Ausbau und Nutzung des Controllings**	Gezielte Softwarenutzung, Kundenzufriedenheitsanalysen, Erfolgsmessungen

Literatur

Bogner T, Loth J (2004) Marketing für Krankenkassen. Der Weg zur Aufsteigerkasse. Huber, Bern

Haeneke H (2001) Krankenkassen-Marketing. Eine empirische Analyse der Erfolgsfaktoren. Rainer Hampp, Mering

Wolf E (2001) Konzeption eines CRM-Anreizsystems. Rainer Hampp, Mering

Zerres M, Zerres C (Hrsg) (2001) Gesundheitsmarketing. Analyse ausgewählter Träger des deutschen Gesundheitssystems unter besonderer Berücksichtigung einer Patientensouveränität. Rainer Hampp, Mering

3.3 Kundenmanagement in Krankenhäusern

Bernd Helmig und Alexander Graf

3.3.1 Gesetzliche und strukturelle Rahmenbedingungen

Die Bedeutung des Kundenmanagements im Krankenhaussektor

Dass das Krankenhauswesen in nahezu allen westlichen Industrienationen einem schärferen Wettbewerb ausgesetzt ist, kann mittlerweile als Faktum gelten. So wurden im Zeitraum zwischen 1991 und 2002 in Deutschland 190 Krankenhäuser geschlossen (Statistisches Bundesamt Deutschland 2004). Der Wettbewerb aber auch die gestiegenen Stakeholderansprüche und die immer enger werdenden finanziellen Spielräume haben zur Folge (Helmig 2005, Pföhler 2004), dass insbesondere der stationäre Sektor, der traditionell den größtes Ausgabenblock des Gesundheitswesens repräsentiert, sich immer mehr der Herausforderung gegenübersieht, Marketing zu implementieren und zu betreiben (Helmig 2004, Helmig und Tscheulin 1998). Doch gerade im Krankenhaussektor zeigt sich, dass eine Orientierung am Kunden bislang immer noch nicht ganz selbstverständlich ist (Helmig 2005). Einem modernen Verständnis von Marketing folgend, besteht somit das **Hauptziel** einer am Markt ausgerichteten Unternehmensführung in der **optimalen Gestaltung von Kundenbeziehungen** (Homburg und Krohmer 2003).

Dafür müssen jedoch zunächst einmal die verschiedenen »**Stakeholder**« des Krankenhauses identifiziert und nachfolgend deren Wünsche (durch Marktforschung) erkannt und befriedigt werden. Als wichtigste »**Stakeholder**« dürfen dabei wohl neben den (aktuellen und potentiellen) Patienten auch die für die Bettenauslastung eines Krankenhauses wichtige Gatekeeper-Gruppe der einweisenden niedergelassenen Ärzte und zudem die Krankenkassen bzw. -versicherungen gelten. Daneben sind aber auch noch weitere wichtige Anspruchsgruppen nicht zu vernachlässigen, zu denen u. a. die Krankenhausmitarbeiter, der Staat bzw. die allgemeine Öffentlichkeit oder rehabilitative Einrichtungen bzw. Anschlussheilbehandler (AHB) zählen (◨ Abb. 3.3-1).

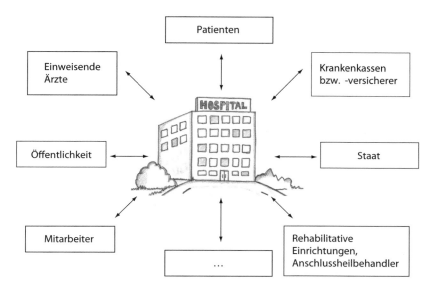

◨ **Abb. 3.3-1.** Stakeholder-Gruppen des Krankenhauses

Abb. 3.3-2. Aufgaben des Kundenmanagements entsprechend dem Kundenlebenszyklus

Auf Grundlage der Stakeholder-Analyse können dann Strategien entwickelt werden, mit denen die am meisten relevanten Kundengruppen gezielt angesprochen werden, um diese im Sinne eines Kundenmanagements für das Krankenhaus zu akquirieren, zufriedenzustellen und damit langfristig an sich zu binden oder falls nötig auch wieder zurückzugewinnen (Helmig 2003).

Grundlagen für das Kundenmanagement in Krankenhäusern

Im Zentrum des Kundenmanagements stehen steuernde und koordinierende Aufgaben, die sich mit dem Auf- und Ausbau von Kundenverhältnissen befassen. Die dabei im Fokus der Bemühungen stehenden Gruppen, stellen neben den aktuellen auch die potentiellen Kunden dar. Als wichtigste Aufgaben des Kundenmanagements werden die Kundenakquisition, die Kundenbindung und die Kundenrückgewinnung angesehen, welche sich aus dem Kundenbeziehungslebenszyklus (**Abb. 3.3-2**) ableiten lassen (Bruhn 2001).

Die **Kundenakquisition** als erste Phase hat zum Ziel, eine Beziehung zwischen dem Kunden und dem Krankenhaus aufzubauen. Hierbei kann man wiederum zwischen einer Anbahnungs- und Sozialisationsphase unterscheiden. Erstere ist vor allem durch die Informationssuche durch den Kunden und die entsprechende Bereitstellung von Informationen von Seiten des Krankenhauses gekennzeichnet. Diese Phase mündet dann durch einen Güter- oder Leistungsaustausch in die Sozialisationsphase. Diese beschreibt die Eingewöhnung in die Beziehung zwischen Kunde und Krankenhaus, wobei die ersten Erfahrungen mit der Leistungserstellung sowie das Sammeln weiterer Informationen wichtige Merkmale dieser Phase sind. Aus dem ökonomischen Blickwinkel betrachtet, ist diese Phase für das Krankenhaus zunächst nur mit Kosten verbunden (Reinartz et al. 2005).

Die zweite Phase, die **Kundenbindung**, ist geprägt durch die Wachstums- und Reifephase, vorausgesetzt, es kommt überhaupt zu einer weitergehenden Kundenbeziehung. So wird das Krankenhaus in der Wachstumsphase versuchen, die Potentiale des Kunden nach Möglichkeit auszuschöpfen. Dies bedeutet z. B. im Falle einer Krankenhaus-Arzt-Beziehung, dass das Krankenhaus versuchen sollte, den Arzt davon zu überzeugen, möglichst viele Patienten zu einer weitergehenden stationären oder auch ambulanten Behandlung zu ihm einzuweisen. Das Ziel ist es also, den Kunden zu einer erhöhten Leistungsnutzung zu bewegen. Befindet sich die Kundenbeziehung in der Reifephase, so findet bereits eine extensive Leistungsnutzung von Seiten des Kunden statt, so dass das Ziel des Krankenhauses darin besteht, das erreichte Niveau zu halten oder sogar noch zu steigern.

Die **Kundenrückgewinnung**, als letzte Zyklusphase, wird unterteilt in eine Gefährdungs-, Auflösungs- und Abstinenzphase. Bestimmte Ereignisse führen beim Kunden dazu, die Leistungsnutzung des Krankenhauses in Frage zu stellen, was als Gefährdungsphase bezeichnet werden kann. Einen Schritt weiter geht der Kunde dann in der Auflösungsphase, in dem er beschließt, die Leistung des speziellen Krankenhauses definitiv nicht mehr in Anspruch zu nehmen. In Folge dessen wird der Kunde die Leistungen bei einem anderen Krankenhaus abrufen und in Bezug auf das vorherige Krankenhaus »abstinent« bleiben (Abstinenzphase). Zu einer Beziehungsaufnahme kann es dann erst wieder durch Rückgewinnungsmaßnahmen seitens der Klinik oder durch kundenseitige Meinungsänderungen kommen.

Dieser Verlauf der Kundenbeziehung kann als idealtypisch bezeichnet werden, der in puncto Vorhandensein einzelner Phasen und zeitlicher Länge der Phasen jedoch sehr unterschiedlich sein kann. So ist im Krankenhausbereich ersichtlich, dass bei

Notfallpatienten eine Phase längerer Informationssuche entfällt, wogegen bei planbaren Krankenhausaufenthalten diese Phase durchaus sehr intensiv durchgeführt werden kann (Tscheulin et al. 2001). Zudem ist zu vermuten, dass die Gefährdungsphasen bei Patienten wahrscheinlich länger dauern bis sie den Arzt, respektive das Krankenhaus, wechseln, sofern keine gravierenden Mängel während des Aufenthaltes aufgetreten sind. Die Wechsel- bzw. Mobilitätsbarrieren sind generell höher einzustufen als in anderen Dienstleistungsbereichen.

Kundensicht

Elementar im Rahmen eines Kundenmanagements ist die Einforderung von Kundenorientierung. Diese wird dann durch ein Krankenhaus erfolgreich umgesetzt, wenn es gelingt, die vorhandenen Erwartungen von Patienten, einweisenden Ärzten und anderen Kunden zu erfüllen. Unabdingbare Voraussetzung hierfür ist die Durchführung von **Kundenbeziehungsanalysen** aus Sicht der Kunden. Diese Perspektivenübernahme führt zur Generierung wichtiger Informationen und erlaubt ein sich hineindenken in den Kunden (Bruhn 2001). Aufgrund der Kundenintegration und des **Uno-Actu-Prinzips** (also des zeitlichen Zusammenfalls von Dienstleistungserstellung und -konsumtion) von Krankenhausdienstleistungen müssen Krankenhausmitarbeiter, die in häufigem Kundenkontakt stehen, dementsprechend geschult werden. Außerdem gilt es zu beachten, dass eine Beurteilung der primären Krankenhausleistung durch den Kunden meist sehr schwierig ist. Somit kommt der Messung und Steuerung der Qualität der Krankenhausleistungen im Hinblick auf die Kundenbeziehung eine hohe Bedeutung zu (Helmig und Dietrich 2001). Dies auch deshalb, da rechtliche Reglementierungen vor allem preis- und kommunikationspolitischer Instrumente im Krankenhausbereich intendieren, den Fokus auf die Produkt- bzw. Dienstleistungspolitik zu legen (Tscheulin und Helmig 1996, 1999, 2001).

Somit gilt es, im Rahmen eines **Total Quality Managements** bei vorgegebenen identischen Preisen größtmögliche Dienstleistungsqualität zu erzeugen (u. a. Schlüchtermann 1996). So ist es unerlässlich innerhalb des Qualitätsmanagements mit Methoden wie der Ausrichtung an Kennzahlen (Mortalitätsraten etc.), Benchmarking (Helmig 2001) oder Qualitätszirkel zu arbeiten, um eine Qualitätsmessung nach objektiven Kriterien zu erreichen. Gleichzeitig ist aber eine medizinische Qualitätsbeurteilung des Krankenhauses und seiner Behandlung durch Kunden mit geringer oder gänzlich fehlender medizinischer Bildung kaum möglich. Dies bedeutet, dass objektive Kriterien gegenüber subjektiv wahrgenommenen, qualitativen Ersatzindikatoren für die Qualitätsbeurteilung in den Hintergrund treten. Insbesondere die Immaterialität von Dienstleistungen bringt es mit sich, dass emotionale Gesichtspunkte im Krankenhausbereich darüber entscheiden, ob eine Leistung überhaupt oder zum wiederholten Mal beansprucht wird. Solche gefühlsbetonten Aspekte, wie etwa das Vertrauen des Patienten gegenüber dem Krankenhauspersonal, kommen in der Beziehungsqualität und der Patientenzufriedenheit deutlich zum Vorschein (Helmig und Dietrich 2001). Dies macht insbesondere die **Kundenzufriedenheitsanalyse** zu einem unerlässlichen Instrument, um ein fundiertes Kundenmanagement im Krankenhaus durchzuführen.

Von **Beziehungsqualität** wird generell gesprochen, wenn ein Partner innerhalb einer Beziehung in der Lage ist, einerseits die Komplexität der Transaktion zwischen den Partnern und die Unsicherheit seines Gegenübers zu verringern, andererseits aber auch gleichzeitig die Effizienz der Wechselbeziehung zwischen den Partnern zu steigern vermag. Im Ergebnis zeigt sich entsprechend, dass eine Beziehung von hoher Qualität die Transaktionen zwischen den Partnern positiv beeinflusst. Somit lässt sich Beziehungsqualität für den Krankenhausbereich unterteilen in die Ebene »Vertrauen des Kunden in das Krankenhaus« und »Vertrautheit zwischen Kunde und Krankenhaus« (Georgi 2000). Diese im Sinne eines systematischen (Kunden-)Beziehungsmanagements zu fördern, muss ein wesentliches Ziel aller im Krankenhaus beschäftigten Personen sein.

Analyse der Kundenbeziehung

In der Analysephase des Beziehungsmanagements ist es unerlässlich zunächst eine Situationsanalyse durchzuführen. Diese beinhaltet insbesondere die Kundenanalyse, die im Krankenhausbereich unter Rückgriff auf vorhandene Daten (**Sekundärmarktforschung**) und durch aktive Datenerhebung (**Pri-**

3

märmarktforschung) beim Kunden zu erfolgen hat (Tscheulin und Helmig 2000a). Bei der Zielplanung ist der Kunde in die Überlegungen mit einzubinden. Das heißt, dass neben den kundenbezogenen psychologischen Zielen, wie wahrgenommene Krankenhausleistungsqualität, Beziehungsqualität oder Kundenzufriedenheit, auch aufgrund des direkten Kontaktes zwischen Kunden und Krankenhausmitarbeitern auch mitarbeiterbezogene Ziele, wie die Mitarbeiterzufriedenheit, zum Zuge kommen. Diese stellen eine Vorstufe der kundenbezogenen Ziele dar. Zusätzlich kann eine Einteilung der Kunden in Segmente auch für Krankenhäuser von Interesse sein. Vorstellbar ist dies insbesondere im Bereich von Wahlleistungen (Tscheulin und Helmig 1995) oder zusätzlichen nicht-medizinischen Dienstleistungen, bei denen für den finanziellen Erfolg der Dienstleistungen relevante Größen als Kennziffern für die Einteilung herangezogen werden.

Dies kann dazu beitragen, den sehr großen Spannweiten, was Profitabilität und Intensität einer Kundenbeziehung angeht, gerecht zu werden. Aber auch im Falle der Beziehung von einweisenden Ärzten und »ihrer« Klinik, kann eine solche Kundensegmentierung wichtige Aufschlüsse geben (Helmig 2004).

Strategieableitung

Aus den gewonnenen Informationen der Analysephase lassen sich dann für jede Phase des Lebenszyklus einer Beziehung des Kunden zu einem bestimmten Krankenhaus Strategien entwickeln, in denen die Kundenorientierung deutlich herausgestellt wird. Verfügt eine auf Herzleiden spezialisierte Klinik z. B. über ausreichend freie Kapazitäten, aber nur über einen geringen Marktanteil in diesem Segment, so erscheint eine **Kundenakquisitionsstrategie** angebracht zu sein. Hingegen ist eine **Strategie zur Kundenbindung** festzulegen, wenn etwa im Falle einer Entbindungsstation das Phänomen auszumachen ist, dass Frauen, die ihr Kind auf dieser Station zur Welt gebracht haben und mit der Station offensichtlich zufrieden waren, für eine weitere Geburt in eine andere Klinik wechseln (Tscheulin, Helmig und Moog 2001). Verliert eine Abteilung oder Klinik massiv Patienten oder Einweiser, etwa aufgrund wiederholten medizinischen Fehlverhaltens oder eines anhaltend schlechten Rufes,

so müssen **Strategien zur Rückgewinnung** der Kunden initiiert werden.

Im Sinne eines konsequenten Kundenmanagements ist dabei zu beachten, dass in allen Phasen die Beziehungsführerschaft, verstanden als Wettbewerbsvorteil, zu dokumentieren und im Rahmen des Erlaubten zu kommunizieren (Tscheulin und Helmig 1996, 1999) versucht wird. Dementsprechend müssen sämtliche Marketingstrategien daran ausgerichtet werden.

Die operative Umsetzung der Strategien erfolgt gemäß den Phasen des Kundenbeziehungslebenszyklus. Somit sind vom Krankenhaus für die Kundenakquisition, Kundenbindung und Kundenrückgewinnung entsprechende, geeignete Maßnahmen zu unternehmen. Auf mögliche Maßnahmen bzw. Instrumente wird dezidiert in ▶ **Abschn. 3.3.2** eingegangen.

Organisationale Anpassungen

Die Implementierung einer stärkeren Kundenorientierung ist häufig auch verbunden mit einer **Anpassung der Organisationsstrukturen, der Managementsysteme** und **der Krankenhauskultur.** So wird insbesondere im Bereich der Ablaufprozesse immer wieder auf vorhandene Verbesserungspotentiale im Krankenhausbereich verwiesen, da Organisationsstrukturen häufig vorrangig für die Erfordernisse des Krankenhausbetriebes, die Arbeitszeiten des Personals oder zur Aufteilung der einzelnen Berufsgruppen im Krankenhaus konzipiert sind (Siess 1999). Auch die Managementsysteme müssen an eine Kunden- und Beziehungsorientierung angepasst werden. So gilt es, Determinanten und deren Zusammenhänge herauszufinden, die für eine erfolgreiche Kundenbeziehung von Bedeutung sind. Hierbei ist insbesondere daran zu denken, rein finanziell-orientierte Erfolgsrechnungen um vorökonomische, qualitative Größen zu ergänzen. Für Krankenhäuser ist dabei etwa auch an die Einführung einer »Balanced Scorecard« oder ähnlicher Systeme zu denken (Kershaw und Kershaw 2001).

Eine Ausrichtung der Organisationskultur hin auf den Kunden und die Beziehung zum Kunden erscheint im Krankenhausbereich notwendig. Durch die Einbettung des Kunden in die Krankenhausleistung bekommt der Kunde oftmals sehr genaue Einblicke in die Krankenhausabläufe. Treten dann kulturelle Mängel auf, so reichen diese oft aus, um im Verständnis des Kunden ein negatives Bild des Krankenhauses zu zeichnen. Hiervon betroffen sind insbesondere das Verhalten und die Einstellung des Krankenhauspersonals den Kunden gegenüber, von denen auf die gesamte Krankenhauskultur geschlossen wird.

Messung der Kundenbeziehung
Über die erfolgreiche Umsetzung der gewählten Strategien und Maßnahmen einer solchen Kundenausrichtung geben Kontrollen Aufschluss. Hierzu bieten sich neben **ökonomischen** vor allem auch **vorökonomische Analysen** an (**🔲 Abb. 3.3-3**).

Im Rahmen der **vorökonomischen Kontrollen** können Größen wie die Dienstleistungsqualität, Kundenzufriedenheit oder die Beziehungsqualität ermittelt werden. Zu den hierfür in Frage kommenden Verfahren gehören merkmalsorientierte sowie ereignis- und problemorientierte Ansätze. Bei ersterem Verfahren kann das Krankenhaus Kenntnis darüber erlangen, wie die Wahrnehmung der Kunden ihm gegenüber ist. Hierbei werden beim Kunden standardisierte Daten bezüglich der Merkmale

einer Dienstleistung (anhand von Likert-Skalen) erhoben (Helmig 1997). Als typisches Beispiel seien hierbei schriftliche Fragebögen zur Zufriedenheitsmessung genannt, wie sie häufig auch im Hotelbereich verwendet werden. Ereignis- und problemorientierte Verfahren, wie z. B. die »Critical Incident Technique«, können im Krankenhausbereich aufgrund der intensiven Einbeziehung der Kunden in den Leistungserstellungsprozess ebenfalls wertvolle Erkenntnisse liefern (Helmig und Dietrich 2001). Hierbei werden die Kunden gebeten, kritische Ereignisse innerhalb der Kunden-Anbieter-Beziehung zu schildern, die ihnen im Gedächtnis verhaftet geblieben sind (Backhaus und Bauer 1999, Meffert und Bruhn 2003, Stauss 1993).

Als Kennzahlen innerhalb einer **ökonomischen Analyse** können Kundenumsätze, deren Deckungsbeiträge oder auch der »Customer Lifetime Value« (insbesondere für die Kundengruppe einweisende Ärzte und Krankenkassen) Verwendung finden (Bruhn 2001). Dabei sollte der »Customer Lifetime Value« zur Verwendung im Krankenhaus jedoch sehr großzügig interpretiert werden. So sollten hier insbesondere auch die Weiterempfehlungen

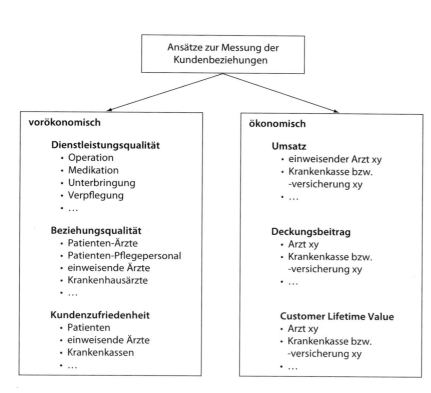

🔲 **Abb. 3.3-3.** Möglichkeiten zur Kontrolle der Kundenorientierung im Krankenhaus

3

und Einweisungen zufriedener Kunden, neben den Zahlungsströmen, in diese Kenngröße integriert werden.

Kombiniert werden können diese ökonomischen und vorökonomischen Größen z. B. im Rahmen einer »Balanced Scorecard«, innerhalb derer auch die Zusammenhänge zwischen den Größen Berücksichtigung finden.

Gesetzliche Restriktionen für das Kundenmanagement in Krankenhäusern

Insbesondere hinsichtlich der Kundenakquisition eines Krankenhauses ist es unerlässlich, sich über die rechtlichen Rahmenbedingungen klar zu werden, innerhalb derer eine Kundenansprache möglich ist. Die grundlegenden Rahmenbedingungen werden durch das **Gesetz gegen unlauteren Wettbewerb (UWG)**, das **Heilmittelwerbegesetz (HWG)** sowie die **Musterberufsordnung für Ärzte (MBO)** vorgegeben (Tscheulin und Helmig 1996, 1999). Bei der Anwendung dieser Regelungen muss exakt unterschieden werden, wer der Absender der Information ist. So können Informationen vom Krankenhaus als Institution kommen oder von einem Arzt einer bestimmten Abteilung des Krankenhauses. Diese Unterscheidung ist deshalb von Bedeutung, da das Krankenhaus als werbende Institution »lediglich« das **ärztliche Berufsrecht** berücksichtigen muss (**Verbot der Fremdwerbung für Ärzte**), während ein Arzt ohne Einschränkung das ärztliche Berufsrecht gänzlich einhalten muss.

Generell gelten für ein Krankenhaus zunächst einmal nur das HWG und das UWG. Das ärztliche Berufsrecht hat somit von vornherein nur im oben genannten Ausnahmefall »Verbot der Fremdwerbung« Gültigkeit. Ziel des HWG ist einer Verleitung kranker Personen zur Selbstbehandlung vorzubeugen und irreführende Werbung zu unterbinden. Innerhalb des UWG werden neben dem Verbot der irreführenden Werbung und der unzumutbaren Belästigung auch die Vorschriften zur vergleichenden Werbung geregelt. Sofern ein Krankenhaus Informationen kommunizieren bzw. werben möchte, so ergeben sich also je nach Absender (Krankenhaus als Institution vs. Arzt der Klinik) wie auch nach Empfänger der Information (Personen innerhalb der Fachkreise (z. B. Ärzte) vs. Personen außerhalb der Fachkreise (Öffentlichkeit/ Patienten) unterschiedliche rechtliche Restriktio-

nen. Dennoch dürfte es in Zukunft auf dem Gebiet der Krankenhauswerbung zu einer liberaleren Auslegung der Gesetze kommen, wie der Beschluss des Bundesverfassungsgerichts vom 26.09.2003 zu erkennen gibt (Deutsche Krankenhausgesellschaft 2003a).

Für die Gestaltung einer Krankenhaushomepage gelten neben den oben genannten Gesetzen weiterhin die im Internet generell verbindlichen **Vorschriften des Informations- und Kommunikationsdienste Gesetzes (IuKDG)** sowie des **Medienstaatsvertrags (MStV)**. Zudem existiert ein neuerer Beschluss des Bundesverfassungsgerichts aus dem Jahre 2003, in dem weitere rechtliche Grundlagen zur Gestaltung einer »Klinikwerbung im Internet« geregelt werden (Deutsche Krankenhausgesellschaft 2003b).

3.3.2 Praktische Umsetzung

Kundenakquisition im Krankenhausmanagement

Zunächst einmal muss das Bestreben eines jeden Krankenhauses sein, (potentielle) Kunden anzusprechen, von sich und der angebotenen Dienstleistung zu überzeugen und den Kunden zur Aufnahme der Beziehung zum Krankenhaus zu animieren. Somit rückt die Kommunikationspolitik in den Mittelpunkt der Betrachtung. Hierbei gilt, es das Verhalten der Nachfrager von Krankenhausleistungen so zu stimulieren, dass das angestrebte Unternehmensziel (z. B. das langfristige Überleben im Markt) ermöglicht wird (Schmalen 1992).

Als Ansatzpunkte der Kommunikation können im Krankenhaus wie auch allgemein die Instrumente des **Kommunikations-Mix** herangezogen werden. Zu diesen zählen die klassische Werbung, die Werbung mit Neuen Medien, die Verkaufsförderung, die Öffentlichkeitsarbeit (PR), Messen und Events, das Sponsoring, das Direktmarketing, das Product Placement und das Bartering (Tscheulin und Helmig 2000a, 2001).

Unter den **Begriff der klassischen Werbung** wird gemeinhin die Kommunikation über Medien wie gedruckte Medien, Hörfunk und Fernsehen verstanden. Unterteilt werden kann diese Gruppe wiederum in sog. Insertionsmedien, wie Zeitungen, Publikums- und Fachzeitschriften sowie Außenwerbung, und elektronische Medien, wie Radio-, Fernseh- oder Kinowerbung (Bruhn 2003).

Für die Werbung eines Krankenhauses ergeben sich aufgrund mannigfaltiger gesetzlicher Vorschriften jedoch noch beträchtliche Einschränkungen (Tscheulin und Helmig 1999, 1996). Wie bereits beschrieben, ist eine Tendenz in Richtung einer Lockerung auszumachen (Deutsche Krankenhausgesellschaft 2003a und 2003b), so dass in Zukunft mit vermehrter Krankenhauswerbung in diesen Medien zu rechnen sein wird.

Bei der **Werbung mit Neuen Medien (Multimediawerbung)**, die ausschließlich computergestützt funktionieren, kann der Kunde die Abfrage der zu Verfügung gestellten Informationen individuell gestalten. Ein weiterer Vorteil ist, dass dabei verschiedene Medien interaktiv miteinander verknüpft werden können (z. B. Bildsequenzen, Ton, Text usw.). Für ein Krankenhaus bietet sich dabei insbesondere das Internet als Medium an. So dürften mittlerweile die meisten deutschen Krankenhäuser eine eigene Homepage bereitstellen (Schlüchtermann et al. 2002). Zentraler Vorteil einer Homepage ist dabei die Möglichkeit einer aktuellen, zielgruppengerechten und interaktiven Ansprache. Dies bedeutet, dass Krankenhäuser neben der Ansprache von (potentiellen) Patienten auch die wichtigen Kundengruppen »einweisende Ärzte« oder »Krankenkassen bzw. -versicherungen« mit passenden Informationen (evtl. über eigene Foren) ansprechen müssen (Graf und Helmig 2003).

Hierin und in der Verwendung spezieller Interaktionsformen, die einen Mehrwert schaffen, wie Download-, Bestell- oder Reservierungsmöglichkeiten, besteht bei Krankenhäusern jedoch noch Nachholbedarf (Ortiz Sanchez und Martin Fuentes 2002, Schlüchtermann et al. 2002). Gerade aber durch die Möglichkeiten zur Erzeugung von Mehrwerten dürfte dem Internetauftritt eines Krankenhauses im Rahmen der Kundenbindung eine noch größere Bedeutung zukommen als im Bereich der Kundenakquisition (Graf und Helmig 2003). International als Vorreiter bei der Gestaltung einer kundenorientierten, mehrwerterzeugenden Internetpräsenz kann sicherlich die Mayo-Klinikengruppe aus den USA gelten. Da eine Homepage als eine Art »virtuelle Visitenkarte« eines Krankenhauses angesehen werden kann, sollte der Gestaltung von Seiten des Krankenhausmanagements eine große Bedeutung beigemessen werden.

Weiterhin werden auch Speichermedien, die ausschließlich lokal anwendbar und dabei sowohl inhaltlich als auch zeitlich festgelegt sind (z. B. CD-ROMs) und computergestützte Informationsterminals (sog. Kiosksysteme) zu den Werbeformen neuer Medien gezählt (Homburg und Krohmer 2003).

Bei der **Verkaufsförderung** handelt es sich um temporäre Maßnahmen mit Aktionscharakter, die zur Unterstützung anderer Marketingmaßnahmen gedacht sind und die »*Effizienz der krankenhauseigenen Absatzorgane (krankenhauspersonalorientierte Verkaufsförderung), der Marketingaktivitäten der Absatzmittler (absatzmittlerorientierte Verkaufsförderung) und der Beeinflussung der Patienten bei der Auswahl und der Inanspruchnahme der Leistungen eines Krankenhauses […] (patientenorientierte Verkaufsförderung)*« steigern soll (Tscheulin und Helmig 2000a, S. 222).

Somit soll sie in erster Linie zu einer gesteigerten Bettenauslastung beitragen. Die Verkaufsförderung übernimmt dabei eine Informations-, Motivations- und Verkaufsfunktion (Gedenk 2002). Denkbar sind hierbei z. B. die Entwicklung und der Versand von Informationsbroschüren an aktuelle oder potentielle Patienten als patientenorientierte Verkaufsförderung, sowie an niedergelassene Ärzte als Absatzmittler. Hierzu zählt weiter auch die Vorbereitung und Ausstattung von krankenhauseigenen Mitarbeitern mit geeigneten Materialien, die diese bei Besuchen von Krankenkassen und einweisenden Ärzte einsetzen können (Tscheulin und Helmig 2001).

Unter **Öffentlichkeitsarbeit**, auch **Public Relations** (PR) genannt, versteht man die planmäßige Gestaltung der Beziehung zwischen einem Krankenhaus und den verschiedenen Teilöffentlichkeiten (aktuelle und potentielle Patienten, niedergelassene Ärzte, Krankenkassen und Krankenversicherer, Arbeitnehmer, Lieferanten, Kooperationspartner, Staat etc.) zum Zwecke der Einwerbung bzw. Aufrechterhaltung von Vertrauen und Verständnis. Dabei bildet das Krankenhaus an sich den Gegenstand der Bewerbung und nicht wie bei der klassischen Werbung einzelne (Teil-)Leistungen des Krankenhauses. Zudem zielt das Interesse der PR nicht auf die Erhöhung des Absatzes, sondern ist darauf aus, bei den einzelnen Teilöffentlichkeiten (Zielgruppen) eine vertrauens- und verständnisvolle Einstellung zu erzeugen. Generell können drei Formen von Public Relations unterschieden werden (Meffert und Bruhn 2003):

> ◘ **Formen von Public Relations**
> — Auf **Leistungsmerkmale bezogene PR** (z. B. Zeitungsartikel über die Inbetriebnahme eines neuartigen Kernspintomographen)
> — Auf das **Unternehmen ausgerichtete PR** (z. B. Radiobericht über den veröffentlichten Jahresabschlussbericht einer Krankenhauskette)
> — **Gesellschaftsorientierte PR** (z. B. Fernsehinterview eines Chefarztes zum aktuellen Thema »Die Auswirkungen erhöhter Feinstaubpartikelbelastung auf den menschlichen Organismus«)

Der Öffentlichkeitsarbeit kommt im Rahmen der Imagebildung eines Krankenhauses eine herausragende Bedeutung zu. So ist sie ein hervorragendes Mittel, um z. B. eine Imageprofilierungsstrategie unterstützend zu begleiten. Das Krankenhausimage seinerseits spielt aufgrund der Immaterialität der im Krankenhaus angebotenen Leistungen und der damit verbundenen Schwierigkeit zur Beurteilung der Leistungen für den Kunden eine wichtige Rolle. Da die Mund-zu-Mund-Kommunikation im Krankenhausbereich – nicht zuletzt auch aufgrund der geltenden rechtlichen Werbeeinschränkungen – als momentanes Hauptinformationsinstrument angesehen werden kann (Weiterempfehlung von Verwandten, Freunden etc.), stellt die Öffentlichkeitsarbeit ein elementar wichtiges Instrument zur Verbreitung und Aufrechterhaltung von Vertrauen und Verständnis dar (Tscheulin und Helmig 2000a).

Der persönliche Kontakt und die persönliche Kommunikation stehen bei Messen und Events im Vordergrund. Eine **Messe** ist eine zeitlich und örtlich gebundene Veranstaltung, bei der mehrere Anbieter die Möglichkeit nutzen, sich den interessierten Zielgruppen zu präsentieren. In aller Regel vereint eine Messe dabei turnus- und schwerpunktmäßig Anbieter einer oder mehrerer zusammenhängender Wirtschaftszweige. Als die größ-

te Medizinmesse der Welt gilt die MEDICA, die begleitet von Fachkongressen (und einem Internetportal) jährlich in Düsseldorf stattfindet. Auf dieser, wie auch auf anderen kleineren Messen, findet ein Krankenhaus eine Plattform, um mit einem breiten (Fach-)Publikum in Kontakt zu treten. Darüber hinaus bietet sich auch die Möglichkeit, eigene Messen und Kongresse (z. B. für niedergelassene Ärzte der umliegenden Region) zu organisieren.

Auch der sog. »**Tag der offenen Tür**« ist hier zu erwähnen, der ein gutes Instrument zur direkten Kundenansprache und Leistungsdemonstration darstellen kann. **Events** sind dagegen vom Krankenhaus initiierte und organisierte Ereignisse, die persönliche direkte Kontakte mit den angesprochenen Zielgruppen in einem angenehmen und zwanglosen Umfeld stattfinden lassen. Denkbar ist hierbei z. B. ein krankenhauseigener »Weihnachtsmarkt«, der in ungezwungener Atmosphäre den Kontakt zwischen Krankenhausmitarbeitern und Kunden fördert.

Beim **Sponsoring** fördert ein Krankenhaus Organisationen oder Einzelpersonen im Sport-, Kultur-, Sozial-, Umwelt- oder Medienbereich durch Geld- und Sachzuwendungen oder Dienstleistungen, um im Gegenzug einen positiven Beitrag zur Erreichung der Marketing- und Kommunikationsziele zu erreichen. So kann ein Krankenhaus als Sponsoringgeber für einen Handballverein auftreten, indem er einen finanziellen Zuschuss gibt oder die medizinische Betreuung der Spieler während der Heimspiele übernimmt und im Gegenzug (z. B. durch die Trikot- oder Bandenwerbung) seine Bekanntheit und evtl. die des angebotenen Leistungsspektrums bei einer sportbegeisterten Öffentlichkeit erhöht.

Unter **Direktmarketing** versteht man allgemein sämtliche Aktivitäten, die versuchen, in direkter Einzelansprache den Kontakt zur Zielgruppe anzuregen und einen folgenden Dialog zu beginnen. Insgesamt ist die Bedeutung des Direktmarketings in den letzten Jahren gestiegen (Krafft und Peters 2005). Für ein Krankenhaus bieten sich aber aufgrund der restriktiven rechtlichen Regelungen jedoch nur begrenzte Einsatzmöglichkeiten (Verbot »aufgedrängter Informationen«). Durch den verstärkten Einsatz des Internets in Kombination mit E-Mail bieten sich für ein Krankenhaus hier aber auch verstärkt Chancen (»nachgefragte Informationen«).

Product Placement kennzeichnet eine akustisch oder visuell wahrnehmbare Präsentation eines Produktes, einer Dienstleistung bzw. dessen/deren Anbieter im Zusammenhang mit einer Darbietung in einem Medium, durch das eine Förderung des Absatzes des Produktes/der Dienstleistung erwirkt werden kann. Die Platzierung des Produktes/der Dienstleistung erfolgt dabei allerdings nicht kostenlos. Verwendung findet Product Placement mittlerweile in allen Fernseh- und Kinofilmen.

Bartering ist für den Krankenhausbereich momentan eher nicht von Bedeutung. So versteht man darunter ein Tauschgeschäft bei dem z. B. ein Film von einem Unternehmen produziert wird und bei einem Fernsehsender gegen entsprechende Werbezeiten für das Unternehmen eingetauscht wird.

Kundenbindung im Krankenhausmanagement
Grundlagen

Im Rahmen des Kundenmanagements im Krankenhaus kommt besonders der Kundenbindung ein hoher Stellenwert zu. Denn nach erfolgtem Aufbau einer Kundenbeziehung, muss es im Interesse des Krankenhauses liegen, die Beziehung aufrechtzuerhalten und zu intensivieren. Dabei bildet eine Kundenbindung zur Aufrechterhaltung der Beziehung zum Kunden die Grundlage. Allerdings ist eine Anstrengung hin zu einer generellen Kundenbindung nicht zwangsläufig auch ökonomisch sinnvoll. Eine Konzentration der Kundenbindungsmaßnahmen ausschließlich auf profitable Kunden und nicht auf den gesamten Kundenstamm erscheint hierfür zweckmäßig. Dies bedeutet für das Krankenhausmanagement, dass auf Grundlage vorliegender Kundeninformationen zunächst Kundenbindungsmaßnahmen z. B. nur auf solche niedergelassenen Ärzte angewendet werden, die als Einweiser für einen Großteil der Bettenauslastung verantwortlich sind.

Betrachtet man die Nachfragerseite, so kann die Bindung eines Kunden mit seiner Treue gleichgesetzt werden. Somit gilt, dass ein Kunde gebunden ist, wenn er sich gegenüber dem Anbieter in seinem bisherigen Verhalten loyal gezeigt hat und auch in Zukunft beabsichtigt loyal zu bleiben. Für diese

Bindung zu einem Anbieter gibt es zwei Gründe – die Gebundenheit und die Verbundenheit. Dabei kann die **Gebundenheit** auch im Falle eines Krankenhauses durch Wechselbarrieren vertraglicher (z. B. Vertragskrankenhaus einer bestimmten Krankenkasse), technisch-funktionaler (z. B. stationärer Aufenthalt verbunden mit anschließenden Nachsorgeterminen im selben Krankenhaus) oder ökonomischer Art (kostenlose Serviceleistungen, für die bei einem Wechsel zu einem anderen Krankenhaus ein Entgelt bezahlt werden muss,) temporär hervorgerufen werden. Diese Arten der Bindungen können erst nach Beseitigung der Wechselbarrieren (z. B. Vertragsende) gelöst werden. Die zweite Bindungsart, die **Verbundenheit**, entsteht dagegen aufgrund einer freiwilligen Bindung, deren Motive, wie etwa Kundenzufriedenheit oder Qualität der Beziehung, psychologisch begründet sind. Für ein Kundenmanagement sollte gerade der Aufbau von Verbundenheit im Zentrum der Anstrengungen stehen, denn ohne Verbundenheit ist eine langfristige Kundenbindung nicht möglich.

Kundenzufriedenheit und Kundenbindung

Als eine der wichtigsten Voraussetzungen für Kundenbindung wird gemeinhin das Vorliegen von Kundenzufriedenheit gesehen (Hinterhuber und Matzler 1999; Homburg, Becker und Hentschel 2005). Gerade auch im Krankenhaus, wo es aufgrund des großteils fehlenden Preiswettbewerbes gilt, eine maximale Dienstleistungsqualität bei gleichen Preisen zu leisten, kann etwa eine **Analyse der Patientenzufriedenheit** im Rahmen des Total Quality Managements als ein wichtiges Instrument angesehen werden. Aber auch für andere wichtige Kundengruppen, wie die für die Kapazitätsauslastung eines Krankenhauses wichtige Gruppe der niedergelassenen Ärzte und die für die entgeltliche Begleichung der erbrachten Leistungen zuständigen Krankenkassen und -versicherungen, sollte die Zufriedenheit erhoben werden. Gerade aufgrund der eingeschränkten »Kommunikationsmöglichkeiten« im Krankenhaus kommt der Patientenzufriedenheit als imagebildendem Faktor eine wichtige Funktion für die Reputation und damit für die Kundenbindung zu. Denn die »**Mund-zu-Mund-Kommunikation**« von zufriedenen bzw. unzufriedenen Patienten als Multiplikatoren ist nicht zu unterschätzen (Helmig 1997).

So kann aufgrund von Unzufriedenheit mit dem Krankenhaus negative »Mund-zu-Mund-Kommunikation« entstehen, die ein negatives Image bei potentiellen Patienten und niedergelassenen Ärzten erzeugt. In der Folge sinkt die Bettenauslastung, was für das Krankenhaus finanzielle Einbussen bedeutet und langfristig zur Schließung ganzer Abteilungen oder auch des kompletten Hauses führen kann. Zudem stellt die Zufriedenheit des Patienten einen wichtigen Indikator für die Krankenhausqualität dar (Cleary und McNeil 1988). Dies insbesondere auch deshalb, da der Patient, in der Regel als medizinischer Laie, zu einer fundierten Einschätzung der »objektiven« Qualität der Leistungserstellung im Krankenhaus nicht fähig ist.

So zeigt sich denn auch, dass mittlerweile in den meisten Krankenhäusern Patientenzufriedenheitsmessungen durchgeführt werden (Tscheulin und Helmig 2000b). Die Patientenzufriedenheit, als ein Teilbereich einer Kundenzufriedenheitsanalyse im Krankenhaus, ist als ein spezieller Fall der Kundenzufriedenheit zu bezeichnen. Zum einen befindet sich ein Patient im Falle einer Krankenhausbehandlung in einem extremen Abhängigkeitsverhältnis zu den Krankenhausmitarbeitern, so dass er sich mit negativer Kritik, bei einer Zufriedenheitserhebung während des Krankenhausaufenthaltes, eher zurückhalten wird. Zum anderen

werden die Kosten des Krankenhausaufenthaltes in aller Regel nicht vom Patienten selber beglichen, sondern direkt von der Krankenkasse bzw. -versicherung übernommen. Dies führt vereinzelt dazu, dass das Anspruchsniveau für die ihm zustehenden Leistungen, vom Patienten aufgrund des fehlenden Kostenbezugs nicht so hoch gelegt wird bzw. sich der Patient weniger als Kunde und mehr als »Bittsteller« sieht (Tscheulin und Helmig 2000b, S. 111).

Das sog. **C/D-Paradigma (Confirmation/Disconfirmation-Paradigm)** dient als grundlegendes Konzept zur Erzeugung von Kundenzufriedenheit bzw. -unzufriedenheit. Zentrale Aussage dieses Paradigmas ist, dass Kunden(un)zufriedenheit als Resultat aus dem Abgleich einer während einer Leistungsinanspruchnahme gemachten Erfahrung mit einem vorhandenen Vergleichsstandard des Kunden (Soll-Ist-Vergleich) entsteht (◘ Abb. 3.3-4).

Übertragen auf den Krankenhauspatienten heißt dies, dass er dann zufrieden ist, wenn er die erbrachte Ist-Leistung des Krankenhauses positiver wahrnimmt als die von ihm erwartete Soll-Leistung. Liegt dagegen die empfundene Ist-Leistung unter der erwarteten Soll-Leistung, ist der Patient unzufrieden. Dabei unterscheiden sich die Kriterien für die Zufriedenheit eines Patienten je nach Behandlungsart zum Teil sehr stark. So kommt z. B. ein ambulant zu versorgender Patient mit weniger

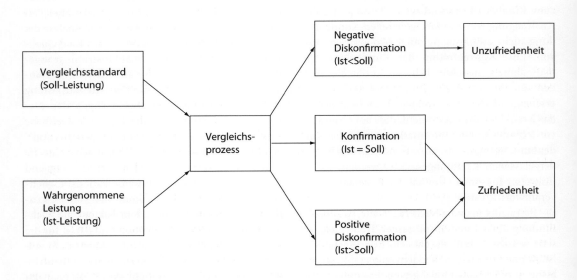

◘ **Abb. 3.3-4.** Das Konzept des C/D-Paradigma (Nach Homburg, Becker und Hentschel 2005, S. 97)

Infrastruktur und Personal in Kontakt als ein stationär zu behandelnder Patient. Somit werden für einen stationären Patienten auch z. T. andere Kriterien für die Zufriedenheit in den Vordergrund treten (z. B. Zimmerausstattung, Qualität des Essens, Unterhaltungsangebot) als für einen ambulanten Patienten (Ausgestaltung des Wartebereichs, Wartezeit etc.). Außerdem dürften auch beim Vergleich von Akutpatienten mit Rehabilitationspatienten jeweils andere Qualitätskriterien bestimmend sein. Insgesamt kann die Patientenzufriedenheit als ein wichtiger Indikator gesehen werden, ob ein Krankenhaus an seinen Patienten orientiert ist, also patientennah agiert (Siess 1999).

Im Zusammenhang mit der Kundenbindung gilt allgemein, dass die **Kundenzufriedenheit** positiv auf die **Kundenbindung (Kundentreue)** wirkt (Homburg und Krohmer 2003). Anhand verschiedener empirischer Studien konnte gezeigt werden, dass der Zusammenhang eher einem progressiven oder sattelförmigen Verlauf folgt. Dies bedeutet im ersten Fall, dass die Kundentreue mit wachsendem Zufriedenheitsniveau stärker ansteigt und es im zweiten Fall einen mittleren Zufriedenheitsbereich gibt, bei dem eine Zunahme der Zufriedenheit nur geringe Auswirkungen auf die Kundentreue hat. Über den exakten Verlauf bei Krankenhauskunden gibt es bislang lediglich eine wissenschaftliche Untersuchung, die einen linearen Zusammenhang mit allerdings relativ geringer Steigung (<45%) ermitteln konnte (Helmig 2003).

Um die **Kundenzufriedenheiten** langfristig zu steigern und die Kunden auf einem hohen Niveau an ein Krankenhaus zu binden, müssen die Zufriedenheiten der wichtigsten Kunden (Patienten, Einweiser, Krankenkassen bzw. -versicherer) in regelmäßigen Abständen gemessen und analysiert werden. Denn die Resultate getroffener Verbesserungsmaßnahmen sind nur in längerfristig angelegten Messungen zu beobachten. Zudem sollten die Ziele der Messungen eindeutig und terminiert festgelegt werden (z. B. Steigerung der Gesamtzufriedenheit der einweisenden Ärzte bis Jahresende um 10%). Weiterhin muss die Verantwortung für die Messergebnisse eindeutig zuordenbar sein, d. h. dass die Zufriedenheitswerte jeweils nach Abteilungen zu ermitteln sind (Helmig 1997). Somit lassen sich Abteilungen mit denen die Kunden zufrieden sind von weniger zufrieden stellenden Abteilungen trennen. Essentiell notwendig ist in letzter Konsequenz auch die Aufnahme der Ergebnisse der Zufriedenheitsmessungen als Teil eines umfassenden Krankenhausinformations- bzw. Controllingsystems in das Führungssystem eines Krankenhauses (▶ **Kap. 6.3**).

Beschwerdemanagement

Neben einer Kundenzufriedenheitserhebung trägt das Beschwerdemanagement als Instrument zur Kundenbindung im Krankenhaus bei. Auch das **Beschwerdemanagement** ermöglicht eine Anpassung der Krankenhausleistungen an die Kundenbedürfnisse. So soll durch die schnelle Bearbeitung und gerechte Behebung von Beschwerden eine Kundenzufriedenheit gefördert werden, die schlussendlich zu einer Treue gegenüber dem Krankenhaus führt. Zudem bedeutet die direkte Kommunikation der Unzufriedenheit gegenüber dem Krankenhaus, eine Chance das vorliegende Problem eigenständig zu lösen, wodurch mögliche Kosten durch andere Reaktionsformen der Kunden – negative Mund-zu-Mund-Kommunikation, negative Presseartikel, Meidung des Krankenhauses usw. – verhindert werden können. Gleichzeitig kann durch ein funktionierendes Beschwerdemanagement ein nach Außen hin sichtbares Zeichen der Kundenorientierung gesetzt werden und durch die Wiedererlangung von Kundenzufriedenheit und daraus resultierender positiver Mund-zu-Mund-Kommunikation auch Auswirkungen auf die Akquisition potentieller Kunden erzielt werden.

Des Weiteren geben Beschwerden wichtige Informationen über die von Kunden wahrgenommenen Probleme mit den Krankenhausleistungen. Sie bieten dadurch Anregungen für Verbesserungen und Innovationen. Das Beschwerdemanagement kann somit innerhalb des systematischen Qualitätsmanagements und der Dienstleistungsgestaltung Anwendung finden. Vorraussetzung dafür ist das Vorliegen von für die Kunden leicht zugänglichen Beschwerdekanälen (z. B. durch die aufgeschlossene Art der Krankenhausmitarbeiter gegenüber Reklamationen der Kunden im täglichen Umgang, innerhalb regelmäßiger Kundenzufriedenheitserhebungen, Kummerkasten an der Rezeption, Einbindung des Patientenfürsprechers etc.), der Stimulierung zur Beschwerdeabgabe, einer angemessenen Beschwerdeaufnahme und -bear-

3

beitung sowie der systematischen Auswertung enthaltener Informationen (Stauss 2005).

Internetservices

Im Hinblick auf die Nutzung des Internets, kann auch die **Schaffung eines Mehrwerts** für Kunden auf den Krankenhaus-Internetseiten eine große Bedeutung aufweisen. Dieser Mehrwert wird durch **Zusatznutzen**, wie etwa einen Newsletter oder downloadbare Merkblätter für einweisende Ärzte, ehemalige Patienten oder Krankenkassen, die Bereitstellung von Informationen zu Fortbildungsangeboten für Ärzte oder Informationen zu bestimmten Krankheiten für Patienten, erzeugt. Zielgruppen gerichtete Informationsaufbereitung sollte dabei eine Selbstverständlichkeit sein. Diese Art der Kommunikation bzw. der Aufrechterhaltung selbiger zwischen der Institution Krankenhaus und den wichtigen Kundengruppen, dürfte gemessen an den Steigerungsraten der Internetnutzung in Zukunft noch an Bedeutung gewinnen.

Kundenrückgewinnung im Krankenhausmanagement

Durch das Management der Rückgewinnung versucht ein Krankenhaus, die Phasen der Gefährdung und der Kündigung bzw. Abstinenz einer Kundenbeziehung zu gestalten. Die **Gefährdungsphase** ist durch Probleme des Kunden mit einer oder mehreren (Teil-)Leistungen des Krankenhauses gekennzeichnet. Ein direkter Wechsel zu einem Konkurrenzanbieter während der laufenden Behandlung als unmittelbare Konsequenz dürfte je nach betroffener Leistung zwar nicht unbedingt erfolgen, dennoch liegt eine Auseinandersetzung mit diesem Gedanken nahe. In dieser Phase kann eine Rückgewinnung der Kunden durch **Korrektur des Fehlers,** sofern möglich, und **Wiedergutmachung** erfolgen.

Im Bereich der medizinischen und pflegerischen Leistungen eines Krankenhauses ist die direkte leistungsbezogene Korrektur meist nicht möglich, aufgrund der Nichtlagerfähigkeit solcher Leistungen, genauso wenig wie eine Reduktion des Preises. Als Wiedergutmachung kann hier versucht werden, nach erfolgter persönlicher Entschuldigung, die Aufklärung der ausnahmsweise fehlerhaften Leistung zu beschleunigen, die Anstrengung zu einer von nun an wieder korrekten, qualitativ hoch stehenden Behandlungsleistung zu

kommunizieren und transparent zu belegen, um somit das entzogene Vertrauen des Kunden in das Krankenhaus zurückzuerlangen. Gleichzeitig muss eine Fehlerkorrektur im Rahmen des Möglichen unternommen werden. Als Wiedergutmachung im Bereich nicht-medizinischer Leistungen kann ebenfalls fast ausschließlich eine Leistung anderer Form zu einem nachgelagerten Zeitpunkt angeboten werden, z. B. kostenlose Bereitstellung von Wahlleistungen für den Patienten, da das versprochene Einzelzimmer leider nicht verfügbar war. Lediglich im Bereich einzelner fehlerhafter Wahlleistungen könnte eine Preisreduktion als Entschädigung angeboten werden.

Zur Fehlerkorrektur bzw. Wiedergutmachung im Krankenhaus können somit generell Maßnahmen aus den Marketing-Mix-Bereichen Leistungs-, Kommunikations- und Preispolitik eingesetzt werden. Im Falle der **Leistungspolitik** können je nach Leistungsart zur Fehlerkorrektur Leistungsnachbesserungen und zur Wiedergutmachung Ersatzleistungen angeboten werden. Innerhalb der **Kommunikationspolitik** bieten sich zur Fehlerkorrektur Kundenschulungen und zur Wiedergutmachung eine Entschuldigung evtl. verbunden mit einem Geschenk oder Gutschein an. Im Rahmen der **Preispolitik** können Preisreduktionen sowohl zur Fehlerkorrektur als auch zur Wiedergutmachung wohl nur beschränkt eingesetzt werden. In Bezug auf die relative Bedeutung dieser drei Bereiche ist der Leistung an sich in diesem Zusammenhang das größte Gewicht beizumessen.

Auch bei Kunden, die nach Abwanderung dem Krankenhaus abstinent bleiben (**Abstinenzphase**), kann es für das Krankenhaus sinnvoll sein, Bemühungen zur Rückgewinnung zu starten. Dies ist insbesondere bei Kundengruppen der Fall, die aufgrund ihrer Multiplikatorfunktion wichtig sind (z. B. einweisende Ärzte mit großem Patientenstamm). Hier muss geprüft werden, inwiefern im Einzelfall **Angebote zur Rückgewinnung** unterbreitet werden können (z. B. Rabatte für einen wichtigen Krankenversicherer einräumen) oder eine Zusammenarbeit durch für den Kunden interessante und nützliche (individualisierte) Leistungen (z. B. regelmäßige kostenlose Fortbildungen für niedergelassene Ärzte) wieder angeregt werden kann. In den meisten Fällen dürfte in dieser Phase die Kontaktaufnahme vom Krankenhaus ausgehen.

Vor Unterbreitung etwaiger Angebote muss jedoch geprüft werden, ob die dadurch entstehenden Kosten durch die evtl. zurückgewonnene Bindung des Kunden auch ökonomisch gerechtfertigt sind.

In der **Auflösungsphase** kann bei unzufriedenen Kunden, die ihre Beziehung zum Krankenhaus offen kündigen (Kontaktaufnahme durch den Kunden), bereits in einem **persönlichen Kündigungsgespräch** versucht werden, eine Rückgewinnung einzuleiten. Im Falle von Patienten kann dies z. B. innerhalb des üblichen Entlassungsgesprächs geschehen. Auch bei Patienten, die abwanderungsgefährdet sind, kann solch ein Gespräch das Vertrauen in die Beziehung stärken. Ist das Vertrauen der Kunden in die medizinischen Leistungen des Krankenhauses verloren gegangen (insbesondere in das dort arbeitende Personal), so wird das Vertrauen schwerlich nur durch ein persönliches Gespräch zurückzugewinnen sein. In diesem Fall müssen insbesondere **qualitätssteigernde Maßnahmen** erfolgen, im Einzelfall verbunden mit einzelnen personellen Veränderungen, bevor eine vertrauensvolle Beziehung wieder möglich ist. Diese Veränderungen müssen dann auch konsequent an die Kundengruppen kommuniziert werden (z. B. anhand von Medienmeldungen über die Neuanstellung eines weithin bekannten und anerkannten Herzspezialisten als Chefarzt in der entsprechenden Abteilung des Krankenhauses).

Die Aufgaben in der Kündigungs- und Abstinenzphase bestehen also darin, nach erfolgter Ermittlung der Kündigungsgründe die Kunden von der aktuellen Beseitigung der Gründe zu überzeugen und sie für eine erneute Beziehung zum Krankenhaus zu gewinnen. Dazu können Maßnahmen der in der Gefährdungsphase angesprochenen Marketing-Mix-Bereiche eingesetzt werden. Wichtig erscheint hierbei vor allem auf die Funktion der **Analyse der Kundenabwanderung** hinzuweisen (Bruhn und Michalski 2003).

Durch ein systematisches Studium können wichtige Erkenntnisse bezüglich einer erfolglosen Kundenbeziehung gewonnen werden, die zur Weiterentwicklung und Verbesserung des Kundenbindungsmanagements äußerst wertvoll sind. Zudem können durch solch eine Analyse Indikatoren identifiziert werden, die im Sinne einer Früherkennung auf kündigungs- bzw. abwanderungswillige Kunden aufmerksam machen. Somit kann dann durch

eine gezielte Ansprache versucht werden, diese Kunden von einem Verbleib zu überzeugen. Des Weiteren sollten die Erkenntnisse der Kundenabwanderungsanalyse (insbesondere bezüglich der Indikatoren zur Früherkennung) auch den Krankenhausmitarbeitern im Rahmen der Aus- bzw. Fortbildung weitergegeben und der Umgang mit abwanderungswilligen Kunden geschult werden. Schlussendlich können die kundenseitig vorgetragenen Abwanderungsgründe auch als Hinweise auf unausgeschöpfte Potentiale zur Verbesserung der Krankenhausleistung verstanden werden. Aufgabe des Krankenhauses muss es sein, diese Informationen wahrzunehmen und umzusetzen.

Literatur

Backhaus K, Bauer M (1999) Kritische Ereignisse und Zufriedenheit. In: Grünig R, Pasquier M (Hrsg) Strategisches Management und Marketing: Festschrift für Richard Kühn. Haupt-Verlag, Bern u.a., S 157–187

Bruhn M (2001) Relationship Marketing. Das Marketing von Kundenbeziehungen. Vahlen, München

Bruhn M (2003) Kommunikationspolitik. Vahlen, München

Bruhn M, Michalski S (2005) Gefährdete Kundenbeziehungen und abgewanderte Kunden als Zielgruppen der Kundenbindung. In: Bruhn M, Homburg C (Hrsg) Handbuch Kundenbindungsmanagement. Gabler, Wiesbaden, S 251–271

Cleary PD, McNeil BJ (1988) Patient Satisfaction as an Indicator of Quality Care. Inquiry 25: 25–36

Deutsche Krankenhausgesellschaft (Hrsg) (2003a) Werbung für ein Krankenhaus: Beschluss des Bundesverfassungsgerichts vom 26.09.2003, Az.: 1 BvR 1608/02. Im Internet unter http://www.dkgev.de/dkgev.php/print/1/cat/116/aid/588, 16.04.2005

Deutsche Krankenhausgesellschaft (Hrsg) (2003b) Klinikwerbung im Internet: Beschluss des Bundesverfassungsgerichts vom 17.07.2003, Az.: 1 BvR 2115/02. Im Internet unter http://www.dkgev.de/dkgev.php/print/1/cat/116/aid/232, 16.04.2005

Gedenk K (2002) Verkaufsförderung. Vahlen, München

Georgi D (2000) Entwicklung von Kundenbeziehungen. Gabler, Wiesbaden

Graf A, Helmig B (2003) Die optimale Gestaltung einer Krankenhaus-Homepage aus der Sicht niedergelassener Ärzte. In: ZögU – Zeitschrift für öffentliche und gemeinwirtschaftliche Unternehmen 26(2): 160–175

Helmig B (1997) Patientenzufriedenheit messen und managen. F&w – führen und wirtschaften im Krankenhaus 14(2): 112–120

Helmig B (2001) Performance Messung und Internes Benchmarking in Krankenhauskonzernen mittels Data Envelopment Analysis (DEA). Das Krankenhaus 93(6): 489–496

Helmig B (2003) Indirekte Kundenzufriedenheit und indirekte Kundenbindung bei zweistufigen Dienstleister-Kunden-

3

beziehungen. Die Unternehmung – Schweizerische Zeitschrift für betriebswirtschaftliche Forschung und Praxis 57(1): 63–84

Helmig B (2004) Von der Marktforschung zur Kundenintegration im Krankenhausmanagement. ZögU – Zeitschrift für öffentliche und gemeinwirtschaftliche Unternehmen 32: 17–31

Helmig B (2005) Ökonomischer Erfolg in öffentlichen Krankenhäusern. Berliner Wissenschafts-Verlag, Berlin

Helmig B, Dietrich M (2001) Qualität von Krankenhausleistungen und Kundenbeziehungen – Das Beispiel »Ambulante Krankenhausbehandlung von Kindern«. Die Betriebswirtschaft 61(3): 319–334

Helmig B, Tscheulin DK (1998) Krankenhausmanagement in der deutschsprachigen betriebswirtschaftlichen Forschung im internationalen Vergleich – eine Bestandsaufnahme. ZfB – Zeitschrift für Betriebswirtschaft 68(1): 83–110

Hinterhuber HH, Matzler K (1999) Kundenorientierung – Kundenzufriedenheit – Kundenbindung. In: Hinterhuber HH, Matzler K (Hrsg) Kundenorientierte Unternehmensführung. Gabler, Wiesbaden, V-XIII

Homburg C, Becker A, Hentschel F (2005) Der Zusammenhang zwischen Kundenzufriedenheit und Kundenbindung. In: Bruhn M, Homburg C (Hrsg) Handbuch Kundenbindungsmanagement. Gabler, Wiesbaden, S 93–123

Homburg C, Krohmer H (2003) Marketingmanagement. Gabler, Wiesbaden

Kershaw R, Kershaw S (2001) Developing a balanced scorecard to implement strategy at St. Elsewhere Hospital. Management Accounting Quarterly 2(2): 28–35

Krafft M, Peters K (2005) Empirical Findings and Recent Trends of Direct Mailing Optimization. Marketing – Journal of Research and Management 1: 26–40

Meffert H, Bruhn M (2003) Dienstleistungsmarketing: Grundlagen – Konzepte – Methoden. Gabler, Wiesbaden

Ortiz Sanchez A, Martin Fuentes MT (2002) Consumer orientation of public hospital websites in Spain. International Journal of Medical Marketing 1: 20–30

Pföhler W (2004) Krankenhäuser im Wettbewerb: Zur Fundierung strategischer Entscheidungen. ZögU – Zeitschrift für öffentliche und gemeinwirtschaftliche Unternehmen 32: 32–43

Reinartz W, Thomas JS, Kumar V (2005) Balancing Acquisition and Retention Resources to Maximize Customer Profitability. Journal of Marketing 69(1): 63–79

Schlüchtermann J (1996) Qualitätsmanagement im Krankenhaus. F&w – führen und wirtschaften im Krankenhaus 13(3): 252–259

Schlüchtermann J, Sibbel R, Prill MA (2002) Die deutschen Kliniken beherrschen den Internet-Auftritt. Führen und wirtschaften im Krankenhaus 19(4): 360–366

Schmalen H (1992) Kommunikationspolitik. Kohlhammer, Stuttgart

Siess MA (1999) Ärztliche Leitungsstrukturen und Führungsaufgaben – Organisationskonzepte für das moderne Krankenhaus. Gabler, Wiesbaden

Statistisches Bundesamt Deutschland (Hrsg) (2004) Einrichtungen, Betten und Patientenbewegung Krankenhäuser 1991-2002. Im Internet unter http://www.destatis.de/basis/d/gesu/gesutab29.php, 16.04.2005

Stauss B (1993) Using the Critical Incident Technique in Measuring and Managing Service Quality. In: Scheuing EE, Christopher WF (Hrsg) The Service Quality Handbook, Amacom, American Management Ass., New York, S 408–427

Stauss B (2005) Kundenbindung durch Beschwerdemanagement. In: Bruhn M, Homburg C (Hrsg) Handbuch Kundenbindungsmanagement. Gabler, Wiesbaden, S 315–342

Tscheulin DK, Helmig B (1995) Wahlleistungen – Tests für ihre Bedeutung im Krankenhaus. F&w – führen und wirtschaften im Krankenhaus 12(1): 81–84

Tscheulin DK, Helmig B (1996) Arzt- und Krankenhauswerbung – Rechtliche Grundlagen, »State-of-the-Art« und Direktiven für eine effiziente Ausgestaltung. ZfB – Zeitschrift für Betriebswirtschaft 66(11): 1357–1382

Tscheulin DK, Helmig B (1998) The optimal design of hospital advertising by means of conjoint measurement. Journal of Advertising Research 38(3): 35–46

Tscheulin DK, Helmig B (1999) Arzt- und Krankenhauswerbung – Pro und Contra sowie konzeptionelle Grundlagen einer optimalen Gestaltung. ZögU – Zeitschrift für öffentliche und gemeinwirtschaftliche Unternehmen 22(2): 165–181

Tscheulin DK, Helmig B (2000a) Krankenhausmarketing – Dienstleistungsmarketing. In: Eichhorn P, Seelos HJ, Graf von der Schulenburg JM (Hrsg) Krankenhausmanagement. Urban & Fischer, München Jena, S 206–235

Tscheulin DK, Helmig B (2000b) Patientenzufriedenheitsmessungen im Krankenhaus. ZfB – Zeitschrift für Betriebswirtschaft Ergänzungsheft 4: 105–122

Tscheulin DK, Helmig B (2001) Krankenhausmarketing. In: Tscheulin DK, Helmig B (Hrsg) Branchenspezifisches Marketing – Grundlagen – Besonderheiten – Gemeinsamkeiten. Gabler, Wiesbaden, S 401–428

Tscheulin DK, Helmig B, Moog R (2001) Die Ermittlung entscheidungsrelevanter Variablen bei der Wahl von Geburtskliniken als Basis eines effizienten Krankenhaus-Marketing. ZögU – Zeitschrift für öffentliche und gemeinwirtschaftliche Unternehmen 24(4): 451–468

3.4 Kundenmanagement in Arztpraxen und Ärztenetzen

Susanne Weinbrenner

3.4.1 Gesetzliche und strukturelle Rahmenbedingungen

Strukturelle Rahmenbedingungen

In den vergangenen Jahren haben mehr und mehr marktwirtschaftliche Elemente und Strategien im deutschen Gesundheitssystem Einzug gehalten. Dies stellt Ärzte vor allem im ambulanten Bereich vor große Herausforderungen. Eine Arztpraxis muss heute wie ein klein- oder mittelständisches Unternehmen geführt werden. Das notwendige »Know-how« im Hinblick auf die betriebswirtschaftlichen Kenntnisse und ihre Anwendung wird Ärzten jedoch während des Medizinstudiums nicht vermittelt.

Die zunehmende **Aufweichung des Vertragsmonopols** der Kassenärztlichen Vereinigungen und die Entstehung neuer Anbieterstrukturen wie beispielsweise medizinische Versorgungszentren verstärken diesen Trend und gleichzeitig den Konkurrenzdruck, der auf die einzelne Praxis einwirkt. Deshalb gewinnt die Kenntnis und die Anwendung von Marketingstrategien auch für Arztpraxen oder Praxisnetze zunehmend an Bedeutung.

Die Kassenärztlichen Vereinigungen (KVen) können einen Teil der Marketingaufgaben übernehmen, wie beispielsweise das Erstellen und Vorhalten von Patienteninformationen oder Beratung. Da jedoch die KVen alle niedergelassenen Ärzte innerhalb ihres Geltungsbereichs vertreten, muss der einzelne Praxisinhaber konkrete Maßnahmen für die eigene Praxis selbst planen und umsetzen, um sich am Gesundheitsmarkt zu positionieren.

Seit dem Jahr 2000 wurden, u. a. auch in Folge mehrerer Urteile des Bundesverfassungsgerichts und des Bundesgerichtshofs, die Restriktionen, die bezüglich der Werbung für Ärzte galten, deutlich gelockert. Dies erfolgte allerdings mit Verzögerung und nicht ohne Widerstand. Seit der Neufassung der §§ 27ff der Musterberufsordnung auf dem 105. Deutschen Ärztetag 2002 sowie der Verabschiedung und Überarbeitung der Auslegungsgrundsätze auf den folgenden Ärztetagen, haben sich die Werbemöglichkeiten für frei praktizierende Ärzte deutlich erweitert, sie sind jedoch zum Schutz der Patienten weiterhin mit Einschränkungen verbunden.

Gesetzlicher Hintergrund

Wesentlich für die rechtlichen Rahmenbedingungen sind neben der Musterberufsordnung, die Rechtswirkung entfaltet, sobald sie von den jeweiligen Landesärztekammern als Satzung beschlossen und von der Aufsichtsbehörde genehmigt wurde, das Heilmittelwerbegesetz, das Gesetz gegen unlauteren Wettbewerb und das Teledienstgesetz.

Das **Heilmittelwerbegesetz** (HWG) verfolgt den Zweck, den fachunkundigen Patienten bzw. Verbraucher vor unsachgemäßer oder undurchschaubarer Beeinflussung durch Werbung im Bereich des Heilwesens zu schützen. Werbung, die sich auf Verfahren, Behandlungen und Gegenstände zur Erkennung, Beseitigung oder Linderung von Krankheiten, Leiden, Körperschäden oder krankhaften Beschwerden bezieht, fällt unter § 1 HWG. Das HWG spricht nur von Werbung, also einem Teil der Öffentlichkeitsarbeit. In diesem Sinne wird nicht von Public Relations, Marketing oder Pressearbeit gesprochen. Ausschlaggebend im HWG ist der Unterschied zwischen zulässiger und nicht zulässiger Werbung. Dabei wird unterschieden zwischen sog. Fachwerbung und Publikumswerbung. Verbraucher und Patienten werden dabei als besonders schutzwürdig betrachtet.

Des Weiteren kommen das Ärztliche Berufsrecht – §§ 27ff der **(Muster-)Berufsordnung** (MBO) – sowie das **Gesetz gegen unlauteren Wettbewerb** (UWG) zur Anwendung. Auch in der reformierten Musterberufsordnung für Ärzte ist berufswidrige Werbung untersagt: dazu zählen »anpreisende, irreführende oder vergleichende Werbemaßnahmen«.

Aus den Hinweisen und Erläuterungen zu den §§ 27ff MBO, beschlossen von den Berufsordnungsgremien der Bundesärztekammer am 12.08.2003 (Bundesärztekammer 2003):

»Die Neufassung regelt generalklauselartig die Abgrenzung zwischen zulässiger Information und berufswidriger Werbung. Dabei ist einerseits dem berechtigten Wunsch der Patienten nach Information Rechnung zu tragen, andererseits ist anpreisende, irreführende oder vergleichende Werbung weiterhin untersagt«. Die Richtlinien für Wer-

3

◼ Tab. 3.4-1. Richtlinien für Werbung nach der Musterberufsordnung

Erlaubt (Beispiele)	Verboten (Beispiele)
— Hinweise auf Ortstafeln, in kostenlos verteilten Stadtplänen und über Bürgerinformationsstellen — Wiedereinbestellung auf Wunsch des Patienten — Tag der offenen Tür — Kultur-, Sport- und Sozialsponsoring — Geburtstagsglückwünsche an eigene Patienten ohne Hinweis auf das eigene Leistungsspektrum — Hinweise auf Zertifizierung der Praxis — Nicht aufdringliches Praxis-Logo — Sachliche Information in den Medien	— Verbreiten von Flugblättern, Postwurfsendungen und Mailingaktionen — Plakatierung z. B. in Supermärkten — Trikotwerbung, Bandenwerbung, Werbung auf Fahrzeugen — Unaufgeforderte Wiedereinbestellung ohne medizinische Indikation — Angabe von Referenzen — Bildliche Darstellung in Berufskleidung bei der Berufsausübung, wenn ein medizinisches Verfahren oder eine ärztliche Behandlungsmaßnahme beworben wird

---

bung nach der Muster-Berufsordnung sind in ◼ Tab. 3.4-1 dargestellt.

Das Gesetz gegen den unlauteren Wettbewerb definiert in § 1 in der »großen Generalklausel«, dass Handlungen im geschäftlichen Verkehr zu Zwecken des Wettbewerbs verboten sind, die gegen die guten Sitten verstoßen. Verstöße gegen das HWG oder ärztliches Berufsrecht verstoßen somit auch gegen § 1 UWG. Ziel der aufgeführten Gesetze ist es im Wesentlichen einer standespolitisch und gesundheitspolitisch unerwünschten Kommerzialisierung des Arztberufes vorzubeugen und ein unzulässiges Ausnutzen von Patientenvertrauen zu verhindern (Bundesärztekammer 2003).

Bezüglich des **Teledienstgesetzes** (TDG) ist für Ärzte, die eine Homepage haben, vor allem der § 6 TDG relevant. Ganz wichtig sind dabei die Angaben zum Impressum der Webseite. Sollten Pflichtangaben nicht gemacht werden, kann kostenpflichtig gemahnt werden (Bayrische Landesärztekammer 2002). Vor diesem Hintergrund sind bei Kundenmanagement, Öffentlichkeitsarbeit und Werbung für Arztpraxen besondere Anforderungen zu beachten und spezielle Vorgehensweisen zu entwickeln.

◼ Pflichtangaben für Webseiten nach § 6 Teledienstgesetz (TDG)

— Name, Praxisanschrift, Telefon- und Faxnummer, Email
— Gesetzliche Berufsbezeichnung und Staat, in dem die Berufsbezeichnung verliehen worden ist
— Ärztekammer, welcher der Arzt angehört
— Angabe der zuständigen Kassenärztlichen Vereinigung (zuständige Aufsichtsbehörde) bei niedergelassenen Vertragsärzten (Link auf die Homepage der Ärztekammer)
— Bezeichnung der berufsrechtlichen Regelungen, denen der Arzt unterworfen ist und wie diese zugänglich sind (Link auf die Homepage der Ärztekammer)
— Partnerschaftsregister und die entsprechende Registernummer soweit eine Partnerschaftsgesellschaft besteht
— Angabe der Umsatzsteueridentifikationsnummer für umsatzsteuerpflichtige Ärzte in Fällen, in denen Sie eine Umsatzsteueridentifikationsnummer nach § 27a des Umsatzsteuergesetzes besitzen

3.4.2 Praktische Umsetzung

Die Realisierung von Marketing für Arztpraxen oder Ärztenetze sollte in Form einer **Marketing-Konzeption** für die individuelle Organisation erfolgen. Eine Marketing-Konzeption ist ein in sich geschlossener Gesamtplan und stellt einen Kernbereich der Führung eines Unternehmens oder einer Organisation dar. Sie nennt **Marketing-Ziele, Marketing-Strategien** und benennt **Marketingmaßnahmen** für die operative Umsetzung im **Marketing-Mix** sowie Instrumente zur Erfolgskontrolle. Nach Meffert und Bruhn (2003) ist Marketing »Die bewusst **marktorientierte Führung des gesamten Unternehmens**, die sich in **Planung, Koordination** und **Kontrolle** aller auf die aktuellen und potentiellen **Märkte ausgerichteten Unternehmensaktivitäten** niederschlägt«. Die Entwicklung einer Marketingkonzeption erfolgt in mehreren Schritten (◘ **Abb. 3.4-1**).

Sowohl Kotler et al. (1999) als auch Meffert und Bruhn (2003) machen in ihren Definitionen von Marketing deutlich, dass es sich hierbei um einen zentralen Aspekt der Führung und Steuerung eines Unternehmens handelt. Arztpraxen oder Praxisnetze, die diese Form der Steuerung realisieren, machen den Patienten und die Erfüllung seiner Wünsche zum Zentrum ihrer Aktivitäten. Da der Prozess der Dienstleistungserstellung in Zusammenwirken mit dem Patienten erfolgt, ist die Ausrichtung der Prozesse und Ergebnisse an den Wünschen und Bedürfnissen dieser Patienten ein wirkungsvoller Ansatz, erfordert jedoch oft eine Änderung der **Unternehmenskultur** (z. B. Corporate Identity) und Umgestaltung der **Leistungsprozesse** (Prozessmanagement). Eine Organisation kann zur Erfassung der Kundenzufriedenheit das Verhältnis von Kundenerwartung zu Bedürfnisbefriedigung mittels **Patientenbefragungen** ermitteln.

Kunden, d. h. Patienten, sind vor allem im Bereich des Gesundheitswesens nicht nur an der technisch korrekten Erstellung der Dienstleistung interessiert. Ein wesentlicher Aspekt bei der Beurteilung der Qualität ist die Atmosphäre, die bei der Leistungserbringung herrscht und die Umgangs-

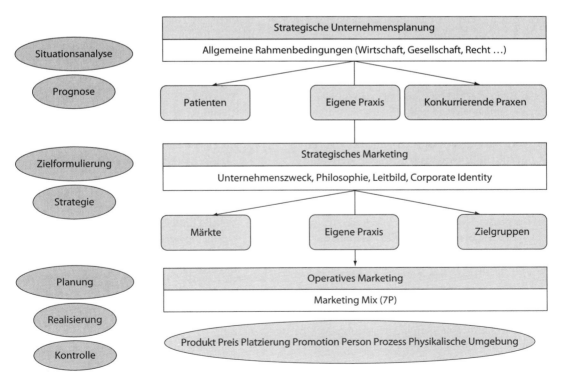

◘ **Abb. 3.4-1.** Marketingkonzeption in Arztpraxen

formen, die in der Organisation gepflegt werden, da sie das Vertrauen des Patienten positiv beeinflussen. Eine positive Arbeitsatmosphäre zu gestalten, kann also im Sinne des Marketings gezielt eingesetzt und gefördert werden und somit gleichzeitig dem »Kundenmanagement« dienen. Die Schaffung einer **Corporate Identity** – also eines gemeinsamen Selbstverständnisses als Organisation (z. B. Arztpraxis) – ist ein gutes Instrument, um gemeinsame Werte und Haltungen für Patienten transparent zu machen und wirkungsvoll zu kommunizieren. Der Inhalt dieser Corporate Identity könnte beispielsweise ganz wesentlich durch respektvollen, freundlichen Umgang mit den Patienten und untereinander geprägt sein. Auf diese Weise kann das Vertrauen der Patienten und damit die Kundenbindung erhöht werden.

Eine **Corporate Identity** (CI) entsteht, indem eine Arztpraxis in einem bewussten und **systematischen Prozess** das eigene **Selbstverständnis** (Identität) **erkennt** und mit den Erwartungen und Vorstellungen der Mitarbeiter und Umwelt **abgleicht**. Je nach der Ausrichtung des Unternehmens wird entschieden, ob die Corporate Identity angepasst werden muss. Dabei werden mehrere Elemente eingesetzt, deren stimmiges Zusammenspiel für die Glaubwürdigkeit der CI essentiell ist:

- **Corporate Design**: ist die einheitliche Darstellung der Praxis auf Kommunikationsmedien z. B. durch ein Praxislogo, das sich an mehreren Stellen wiederfindet (Internetauftritt, Kleidung der Mitarbeiter, Raumgestaltung).
- **Corporate Behaviour**: im Rahmen der Corporate Identity werden gemeinsame Werte und Haltungen formuliert, die sich im Verhalten der Mitarbeiter untereinander und gegenüber den Patienten zeigen.
- **Corporate Communication**: durch die Art und Weise wie kommuniziert wird, werden die wesentlichen Werte und Haltungen der CI transportiert.

Die Corporate Identity kann Patientenorientierung als wesentlichen Bestandteil des eigenen Selbstverständnisses festlegen. Durch Anwendung der Corporate Communication im Rahmen des Marketing-Mix (◘ **Abb. 3.4-4** und **3.4-5**) kann die interne und interaktive Kommunikation im Sinne der CI gestaltet werden und damit zur Kundenbindung beitragen.

Vor dem Hintergrund der primären **Ausrichtung der Marketingaktivitäten** an Wesen und Vision der Organisation wird dann mit Hilfe von **Analyseinstrumenten** die aktuelle **Position** bestimmt, **Entwicklungsmöglichkeiten** ermittelt und mit Hilfe strategischer Planung in ein **Marketingkonzept** mit einem ganz konkreten Maßnahmenkatalog (**Marketing-Mix**) übersetzt.

Situationsanalyse

Zunächst ist die korrekte Einschätzung der Situation wichtig, um auf Basis dieser Daten eine Strategie zu entwickeln. Dazu ist eine realistische Analyse der Chancen und Risiken sowie der Ressourcen notwendig.

1. **SWOT-(Strengths, Weaknesses, Opportunities, Threats) Analyse**: Im Rahmen einer sog. SWOT-Analyse lassen sich die oben genannten Aspekte zusammenfassend bewerten. Durch Darstellung möglicher Konsequenzen aus den Befunden lassen sich Entwicklungsmöglichkeiten darstellen, die durch Marketingmaßnahmen unterstützt werden können (Meffert und Bruhn 2003). Es ist deshalb sinnvoll, sich im Hinblick auf die eigene Praxis zunächst Fragen zu stellen und anhand der Antworten die Analyse zu erstellen (◘ **Tab. 3.4-2**):
   - Welche Chancen und Risiken bietet der Gesundheitsmarkt für die eigene Praxis?
   - Welche Stärken und welche Schwächen hat die eigene Praxis?
   - Welche Stärken und welche Schwächen haben die Kollegen?
   - Welche Chancen und Risiken ergeben sich daraus für die eigene Praxis?
   - Welche Entwicklungsmöglichkeiten hat die eigene Praxis (Mitarbeiter, Patienten)?
   - Welche Entwicklungsmöglichkeiten haben die Kollegen (Mitarbeiter, Patienten)?
   - Welche Stärken sollten ausgebaut werden?
   - Welche Schwächen können wie korrigiert werden, um Chancen für die Praxis zu nutzen?
   - Was sollte in Zukunft unterlassen werden, weil darin (hohe) Risiken liegen?

2. **Positionierungsanalyse**: Bei der Positionierungsanalyse kann bezüglich bestimmter Para-

◻ Tab. 3.4-2. Beispiel für eine SWOT-Analyse: Strengths, Weaknesses, Opportunities, Threats

Intern / Extern	Stärken	Schwächen
	– Kompetentes Team – Bereits bestehendes Angebot an Präventionsleistungen	– Begrenztes Raumangebot – Begrenzte personelle Ressourcen
Chancen	**Konsequenzen aus Stärken/Chancen**	**Konsequenzen aus Schwächen/Chancen**
– Zunehmendes Gesundheitsbewusstsein in der Bevölkerung – Erhöhte Nachfrage nach Vorsorgeleistungen	– Erweiterung des Angebots präventiver Leistungen	– Angebot der Präventionsleistungen außerhalb der normalen Praxiszeiten
Risiken	**Konsequenzen aus Stärken/Risiken**	**Konsequenzen aus Schwächen/Risiken**
– Zunehmende Konkurrenz von anderen Anbietern z. B. Krankenkassen – Hohe Ansprüche an den Service	– Zertifizierung der Praxis	– Angebot nur weniger qualitativ hochwertiger und hochpreisiger Leistungen

meter in einer Art Benchmarkingprozess die eigene Position im **Vergleich zur Position von Konkurrenten** herausgearbeitet werden. Daraus ergeben sich evtl. Nischen, die mit Hilfe von gezielten Marketingmaßnahmen »erobert« werden können. Eine Positionierungsanalyse ist jedoch durch die Besonderheiten der Dienstleistung komplizierter, da es schwierig ist den Prozesscharakter und die Integration der Kunden in die Leistungserstellung bei der Analyse abzubilden. Dennoch kann versucht werden anhand wesentlicher Leistungsmerkmale der Praxis, die eigene Position zu bestimmen und evtl. eine andere, noch nicht besetzte Position anzustreben (◻ **Abb. 3.4-2**).

3. **Lebenszyklusanalyse:** Ebenso wie Produkte unterliegen auch Dienstleistungen oder Dienstleistungsunternehmen einem Lebenszyklus. Idealtypisch werden dabei folgende vier Phasen unterschieden. Die **Einführungsphase** – schnelle Penetration und Diffusion der Leistung, d. h. für das Dienstleistungsmarketing intensive Kommunikation und Beratung. Die **Wachstumsphase** – Konsolidierung der Positi-

on, weiterhin intensive interpersonelle Kommunikation zur Intensivierung der Diffusion. Die **Reifungs-** und **Sättigungsphase** – Diversifikation und frühzeitige Erkennung neuer Chan-

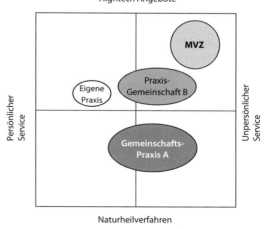

◻ Abb. 3.4-2. Positionierungsanalyse (Mod. nach Payne 1986)

3

cen. Die Phase des **Verfalls** – Diversifikation oder evtl. sogar Marktaustritt. Da sich **Marketingmaßnahmen** je nach **Phase des Wachstums** anders gestalten, ist die Analyse der momentanen Phase für die Marketingmaßnahmen wesentlich. Dienstleistungen sind jedoch ohnehin kaum standardisierbar. Eine kontinuierliche Weiterentwicklung der Leistungen ist deshalb eher wahrscheinlich. Wesentlich ist dabei jedoch, Änderungen in den Patientenanforderungen frühzeitig und systematisch zu erkennen, um schnell entsprechend reagieren zu können. Deshalb wird von Meffert und Bruhn (2003) vorgeschlagen eher einen **Kundenbedarfslebenszyklus** zu erstellen, bei dem sich der Bedarf an der Lebensphase des Patienten orientiert. Das bedeutet, dass im Marketing auf die jeweilige Lebensphase zugeschnittene Patientenbedürfnisse angesprochen werden. So werden Patienten, die im Arbeitsleben stehen beispielsweise eher Angebote zur Information bei Fernreisen nutzen, während Patienten im Ruhestand eher einen Erinnerungsservice für Vorsorgeuntersuchungen schätzen.

4. **Portfolioanalyse:** Bei der Portfolioanalyse wird die Positionierung von dienstleistungsbezogenen Analyseobjekten nach internen und externen Erfolgsfaktoren in einer Matrix aufgetragen. Ziel ist eine strategische Neuausrichtung des Marketings. Beispielsweise werden bei der Analyse des Wettbewerbsvorteils-Marktattraktivitäts-Portfolios (McKinsey-Portfolio) Einzelfaktoren wie Marktvolumen, Marktrisiken und Wettbewerbsintensität als externe Faktoren zu dem **Faktorenbündeln Marktattraktivität** und interne Faktoren wie Marktanteil, Qualität der Dienstleistungen und Image zu dem **Faktorenbündel relativer Wettbewerbsvorteil** aggregiert (Meffert und Bruhn 2003). Auf Grundlage der eigenen Einstufung in dieser Matrix können Strategien zur Neuausrichtung entwickelt werden. Diese Art der Analyse ist für eine einzelne Arztpraxis sicher zu aufwändig. Für größere Organisationen wie Ärztenetze oder Kassenärztliche Vereinigungen könnte eine Portfolioanalyse jedoch verwendet werden.

5. **Wertschöpfungskettenanalyse:** Die Wertschöpfungskettenanalyse betrachtet verschiedene Prozesse innerhalb eines Unternehmens unter dem Aspekt ihrer Wertaktivität. Der Wert spiegelt sich dabei in der Zahlungsbereitschaft potentieller Abnehmer wider.

Die beiden letzteren Analyseverfahren sind für kleine bis mittlere Dienstleistungsunternehmen zu aufwändig. Für Arztpraxen scheint deshalb am ehesten eine SWOT-Analyse sowie eventuell eine Positionierungs- und Patientenbedarfslebenszyklus-Analyse geeignet.

Zielformulierung

Nach Abschluss der entsprechenden Analysen werden **strategische Marketingziele** formuliert. Im Wesentlichen werden dabei **unternehmensgerichtete** Ziele, **kundengerichtete** Ziele und **mitarbeitergerichtete** Ziele unterschieden.

- **Unternehmensgerichtete Ziele:** sind beispielsweise Absatz, Marktanteil, Deckungsbeitrag, Umsatz und Gewinn. Für eine Arztpraxis könnte beispielsweise eine strategische Überlegung sein, einen größeren Marktanteil an bestimmten individuellen Gesundheitsleistungen (IGeL) anzustreben. Nach einer Studie des Wissenschaftlichen Instituts der Ortskrankenkassen und der Verbraucherzentrale Nordrhein-Westfalen (WidO 2005) wurden 2003 schon 22,3% der Patienten IGeL-Leistungen angeboten.

- **Kundengerichtete Ziele:** betreffen z. B. Image, Qualitätswahrnehmung, Kundenzufriedenheit, Beziehungsqualität, Kundenbindung und Kundenwert. Nach einer repräsentativen Studie der Stiftung Gesundheit und der Gesellschaft für Konsumforschung in 8000 Arztpraxen konzentrieren sich Marketingmaßnahmen in Arztpraxen im Moment noch vornehmlich auf diesen Bereich. Dies entspricht einem sehr realistischen Ansatz, da der Patientenorientierung im medizinischen Bereich, vor allem auch unter dem Aspekt der sich ändernden Arzt- und Patientenrolle, eine herausragende Rolle zukommt.

- **Mitarbeitergerichtete Ziele:** betreffen vor allem Mitarbeiterzufriedenheit, Mitarbeitermotivation, Leistungsfähigkeit der Mitarbeiter, Mitarbeiterakzeptanz und Mitarbeiterbindung. Vor dem Hintergrund der zunehmenden Bedeutung der Patientenbindung an die Praxis ist ein hoch motiviertes Mitarbeiterteam, das in der Kommunikation mit Patienten geschult ist, ein wesentlicher Erfolgsfaktor.

Aus der erfolgten Analyse können dann konkrete Ziele abgeleitet werden. So ergibt sich beispielsweise aus obiger Analyse (**◻ Tab. 3.4-2**) folgendes Ziel: Ausbau der präventiven IGeL-Angebote und Vorsorgeleistungen um 20%. Zur Umsetzung (s. auch ▶ **Abschn.** »Festlegung konkreter Maßnahmen«) sollen besonders qualifizierte und motivierte Mitarbeiterinnen angesprochen werden. Die Anerkennung des zusätzlichen Engagements der Mitarbeiterinnen kann durch ein Angebot von Schulungen und die eigene Nutzung von Präventionsleistungen erfolgen.

Festlegung von Strategien

Entsprechend dem erstellten **Zielkatalog** wird die operative Umsetzung der Marketingstrategie im sog. **Marketing-Mix** festgelegt (**◻ Abb. 3.4-3**). **Produktmarketing** arbeitet bei seinen Marketingaktionen klassischerweise mit den **4P** – dem klassischen Marketing-Mix: Produkt, Preis, Platzierung und Promotion (Werbung). Für das **Dienstleistungsmarketing** werden drei weitere P (Person, Physische Umgebung, Prozess) zu den **7P** ergänzt. Da das Produkt »Dienstleistung« wesentlich durch den Dienstleistungsprozess, den Dienstleister (Arzt und Praxispersonal) und durch die Ausstattung (physischen Umgebung), geprägt ist, spielen diese drei Faktoren, zusammen mit der Kommunikation, beim Dienstleistungsmarketing eine zentrale Rolle. Leistung und Preis können in einer kassenärztlichen Praxis nur im Rahmen des Angebots von sog. IGeL-Leistungen im Sinne des Praxismarketings genutzt werden.

Eine wichtige Methode, die es ermöglicht die Patientenorientierung zu forcieren und sich gleichzeitig von der Konkurrenz abzusetzen ist, beständig **höhere Qualität** als die Konkurrenz anzubieten. Die Kommunikation dieser Qualität erfolgt durch gezielte Marketingmaßnahmen, wie beispielsweise Nennung der Zertifizierung (z. B. nach DIN ISO 9001) auf dem Praxisschild.

Im Hinblick auf eine geplante Erweiterung präventiver Angebote kann mit Hilfe der Patienten-Datenbank der Praxis eine zielgerichtete Planung von Patientenkontakten beispielsweise durch Einladung zu Vorsorgeuntersuchungen der gesetzlichen Krankenversicherung erfolgen.

Festlegung konkreter Maßnahmen

Die **Marketing-Konzeption** für eine Arztpraxis könnte unter Beachtung der für Dienstleistungen wesentlichen Marketing-Instrumente also folgendermaßen aussehen (**◻ Abb. 3.4-4**).

Prozess und Personal: Einführung eines Qualitätsmanagementsystems, Schulung der Mitarbeiterinnen und Zertifizierung der Praxis innerhalb des folgenden Jahres. Schulung der Mitarbeiterinnen in Kommunikation, z. B. Telefontraining. **Kommunikation**: Bereitstellung von Informationsmaterial zu Prävention und Vorsorge in der Praxis und auf der Internetseite. Verschicken von Einladungen zur Vorsorge an Patienten der eigenen Praxis, die das Angebot länger nicht wahrgenommen haben. Sponsoring einer Nordic Walking Schulung des örtlichen Sportvereins. **Ausstattung**: Ergänzung der Praxisausstattung durch eine kleine Kunstausstellung.

Aus den spezifischen Eigenschaften der medizinischen Dienstleistungen ergeben sich spezifische Anforderungen, für die im Marketing entsprechende Lösungen gefunden werden müssen (Kotler et al. 1999):

— Marketing sollte reale Dinge finden, an die die Dienstleistung anknüpfen kann (»**physical facilities**«) – Ausstattung und Ambiente einer Arztpraxis sollten so gestaltet werden, dass sie einerseits eine sehr hohe Funktionalität haben, um optimale Prozessabläufe zu ermöglichen.

◻ Abb. 3.4-3. Marketing-Mix

3

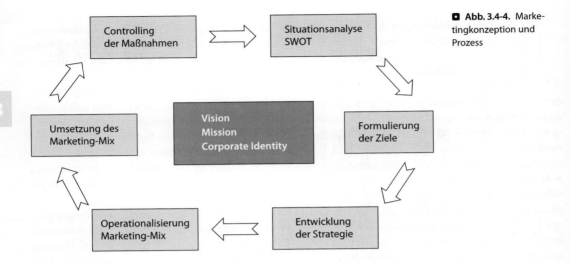

◘ **Abb. 3.4-4.** Marke-
tingkonzeption und
Prozess

Andererseits sollten sie eine angenehme Atmosphäre schaffen und hohe Qualitätsansprüche
widerspiegeln.
- Marketing sollte Maßnahmen ermitteln, mit
deren Hilfe die Produktivität der Praxis erhöht
werden kann (»**process**«) – durch Optimierung
organisatorischer Prozesse in der Arztpraxis,
kann dieser Aspekt des Dienstleitungsmarke-
tings umgesetzt werden (Prozessmanagement).
Es ist beispielsweise sinnvoll, die Praxisorganisation daraufhin zu überprüfen, ob die Ter-
minvergabe optimiert werden kann, um die
Wartezeiten der Patienten zu verringern.
- Marketing sollte die Standardisierung von
Dienstleistungen unterstützen (»**personnel**«,
»**process**«) – durch Einführung eines Qualitätsmanagementsystems können bestimmte
Arbeitsprozesse standardisiert werden. Qualitätsmanagement beinhaltet auch gezielte Personalentwicklung, wie sie beispielsweise durch
Schulung der Kommunikationskompetenz der
Mitarbeiterinnen zielführend umgesetzt werden kann.
- Marketing sollte die Nachfrage in nachfra-
geschwachen Zeiten gezielt fördern (»**promotion**«) – das Anbieten von Öffnungszeiten außerhalb der üblichen Geschäftszeiten,
könnte Bestandteil eines Marketingkonzeptes
sein.

Wesentliches Instrument für Kundenmanagement
und Marketingmanagement ist vor allem im medizinischen Dienstleistungsbereich die Kommunikation (◘ **Abb. 3.4-5**). **Kommunikation** dient dabei
einerseits der Übermittlung von Informationen
zur Steuerung von Überzeugungen, Erwartungen
und Verhaltensweisen von (potentiellen) Patienten.
Andererseits kann sie gezielt im Rahmen von Marketingmaßnahmen eingesetzt werden. Kommunikation ist ohnehin wesentlicher Bestandteil des
»normalen Alltagsgeschäfts« einer Arztpraxis. Eine
gelungene, d. h. eine klare, offene und respektvolle
Kommunikation sowohl innerhalb des Teams als
auch mit den Patienten gehört daher gleichzeitig
zum **internen** und zum **interaktiven Marketing**.

Eine Arztpraxis sollte deshalb nicht nur **externes Marketing** (z. B. Öffentlichkeitsarbeit) betreiben, sondern einen starken Fokus auf **internes Marketing** legen (◘ **Abb 3.4-5**). Alle Mitarbeiter einer
Praxis können in diesem Sinne effizient trainiert
und motiviert werden, so dass sie in der Lage sind
im Kontakt untereinander und mit den Patienten
eine vertrauensvolle Atmosphäre zu schaffen. Eine
solche Atmosphäre wirkt im Sinne eines **interaktiven Marketings**, indem sie positive Rückwirkun-
gen auf die Leistungserstellung selbst und auf die
Kundenbindung hat.

Für **Arztpraxen und Praxisnetze** gilt es bei der
Anwendung von Marketing zu bedenken, dass
Kundenorientierung als Strategie sehr Erfolg ver-
sprechend ist. Sie erfordert jedoch die Überprü-

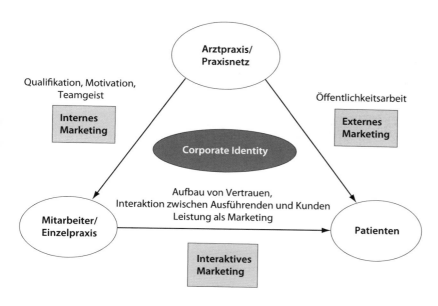

◘ **Abb. 3.4-5.** Marketing in einer Arztpraxis (Mod. nach Kotler et al. 1999)

fung und gegebenenfalls die Neustrukturierung der Prozesse sowie eine veränderte Unternehmenskultur. Darüber hinaus ist das Informationsbedürfnis der Patienten in den vergangenen Jahren gestiegen. Auch den Anforderungen an eine veränderte Rolle des Arztes als unterstützender Partner in der Gestaltung des Heilungsprozesses kann mit Kundenorientierung und optimierter Kommunikation positiv begegnet werden. Trotz des gesteigerten Aufwands lohnt sich dies gerade auch für Arztpraxen, Praxisnetze und andere Dienstleister im Gesundheitswesen, da die erbrachten Leistungen ohnehin sehr stark durch Kommunikation geprägt sind und an diesen Aspekt von Seiten der Kunden sehr hohe Erwartungen gestellt werden.

Bei Praxisnetzen bedeuten Koordination und Ausgleich unterschiedlicher Interessen einen zusätzlichen Aufwand im Hinblick auf die Gestaltung des Marketings. Dabei werden netzbezogene Marketing-Aktivitäten für alle beteiligten Praxen gemeinsam gestaltet. Das Marketing für die einzelne Praxis kann jedoch unabhängig erfolgen. Die Fähigkeit zur **Erfüllung von Kundenerwartungen** wird als ein entscheidender **Wettbewerbsvorteil** bewertet, der inzwischen auch von vielen Ärzten so wahrgenommen wird (Stiftung Gesundheit und Gesellschaft für Konsumforschung 2005). Die effiziente Kommunikation mit den Patienten kann im

Hinblick auf dieses Ziel wertvolle Informationen geben.

Die **Kassenärztlichen Vereinigungen (KVen)** und die **Kassenärztliche Bundesvereinigung (KBV)** haben Kunden in dreierlei Hinsicht, einerseits sind die von ihnen vertretenen Vertragsärzte ihre Kunden, die in Zeiten des erodierenden Vertragsmonopols Zielgruppe von Marketingmaßnahmen sind. Andererseits sind sie als Dachorganisation der niedergelassenen Ärzte auch deren Vertretung gegenüber Patienten, der Öffentlichkeit und den Krankenkassen, die die Kunden der niedergelassenen Ärzteschaft darstellen. Gegenüber ihren Primärkunden, den niedergelassenen Ärzten, betreiben die KVen und die KBV Kundenmanagement, indem sie Informationen vorhalten und bei bestimmten Prozessen wie der Entwicklung von Qualitätssicherungsmaßnahmen oder Fortbildungsmaßnahmen Unterstützung geben. Für Patienten bieten die KVen entsprechend Informationen, um Vertrauen zu schaffen und deren Bindung an die Vertragsärzte zu stärken. Bei allen Zielgruppen stellt effiziente Kommunikation ein wesentliches Marketinginstrument dar.

Die **KBV** nutzt ihre Internetpräsenz außer zur gesundheitspolitischen Positionierung auch zur Imagepflege. Sie bietet auf ihrer Internetseite Informationen für Patienten zum deutschen Gesundheitssystem, zu Patientenrechten und zu ausgewählten Krankheitsbildern. Sie bietet außerdem

3

Links zu den KVen der einzelnen Bundesländer an, über die Patienten nach Arztgruppen suchen können. Ein Service für Ärzte befindet sich im Aufbau.

Die einzelnen KVen bieten ebenfalls für ihre Kundengruppen unterschiedliche Serviceleistungen an. Beispielsweise bietet die KV Berlin für Patienten die sog. KV-Sprechstunde an. Dort werden einmal pro Monat gesundheitliche Themen aus unterschiedlichen Perspektiven vorgetragen. Darüber hinaus gibt es einen telefonischen Gesundheitslotsendienst, über den Patienten telefonisch ärztliche Beratung erhalten können und es gibt die Möglichkeit über die Internetseite Ärzte zu suchen. Auch für Ärzte gibt es verschiedene Serviceangebote. Insgesamt werden Instrumente des Kundenmanagements zwar zunehmend, aber noch zurückhaltend genutzt. Im Vordergrund stehen dabei Kommunikation und Serviceangebote.

Literatur

Bayrische Landesärztekammer (2002) Musterbeispiel zu § 6 Teledienstgesetz. http:www.blaek.de/pdf_rechtliches/extra/muster_tdg_7_02.pdf . Zugang 11.11.2005

Institut für freie Berufe an der Universität Nürnberg (2005). Gründungsinformation 21: Werbung Ärzte. http://www.ifb-bayern.de/pdf_etc/Werbung-Aerzte.pdf. Zugang am 16.11.2005

Börkircher H (2004) Betriebswirtschaftliche Praxisführung für Ärzte. Springer, Berlin

Bundesärztekammer. Musterberufsordnung. http:www.baek.de/30/Berufsordnung/index.html, Zugang am 15.10.2005.

Bundesärztekammer. Hinweise und Erläuterungen zu der Musterberufsordnung, beschlossen von den Berufsordnungsgremien der Bundesärztekammer am 10.09.2002, fortgeschrieben am 12.08.2003. http:www.baek.de/30/Berufsordnung/12Arztwerbung.html. Zugang am 10.09.2005

Deutsches Ärzteblatt (2004) Rechtsreport: Werbung einer Gefäßklinik. Dtsch. Ärztebl 101(15): A1039

Deutsches Ärzteblatt (2004) Rechtsreport: Werbung für Schönheitschirurgie. Dtsch. Ärztebl 101(17): A1191

Elste F, Diepgen TL (2002) Die Arztpraxis im Internet: Werbung und Marketing in den neuen Medien. Dtsch Ärztebl 99(8): A488–490

Kotler P, Armstrong G, Saunders J, Wong V (1999) Grundlagen des Marketing. Prentice Hall, München

Meffert H, Bruhn M (2003) Dienstleistungsmarketing. Gabler, Wiesbaden

Payne, A (1986) New Trends in Strategy Consulting Industry. Journal of Business Strategy 5(1): 43–55

Stiftung Gesundheit und Gesellschaft für Konsumforschung (2005) Studie »Ärzte im Zukunftsmarkt Gesundheit«

– Summary »Wer nicht wirbt der stirbt«. Zugang am 16.11.2005 über http:www.igelarzt.de/01/0101/meld550.html

Streit V, Letter M (2005) Marketing für Arztpraxen. Springer, Berlin

Weimer T (2005) Wartezimmer-TV: Berufsrechtliche Risiken bedenken. Dtsch Ärztebl 102(Suppl. Praxis 3): 20

WidO (2005) In Arztpraxen wächst der Markt an privaten Zusatzleistungen. Zugang am 16.11.2005 über http://wido.de/meldungakt+M527e1f491df.html

3.5 Kundenmanagement in der Integrierten Versorgung

Hanfried H. Andersen

3.5.1 Gesetzliche und strukturelle Rahmenbedingungen

Entscheidend für die kundenorientierte Produktentwicklung und damit für den Umfang der im Wettbewerb einsetzbaren Varianten integrierter Versorgung sind die strukturellen Vorgaben des Gesetzgebers. Während für die **strukturierten Behandlungsprogramme, d. h. Disease Management-Programme** – nicht zuletzt wegen der Kopplung an den Risikostrukturausgleich – klare Vorgaben existieren, sind die Freiräume zur Umsetzung der mit § 140ff. SGB V angestrebten Versorgungsformen erheblich. Dies gilt sowohl für die Variationsbreite der Organisationsstrukturen als auch bei der Ausgestaltung des Leistungsspektrums einzelner Vorhaben.

Die Vorhaben können indikationsspezifisch angelegt sein, wenn die Versorgung eine sektorenübergreifende Behandlung nahe legt. Die Integrierte Versorgung kann aber auch als alternative Regelversorgung für das gesamte Krankheitsspektrum einer Versichertengemeinschaft ausgelegt werden. Auch der räumliche Geltungsbereich kann variieren. Je nach siedlungsstrukturellen Besonderheiten (z. B. der Raumordnungsregionen oder unterschiedlichen Bevölkerungsstrukturen) kann das Versorgungsangebot auf größere oder kleinere Räume bezogen sein. Daraus folgt, dass das Spektrum potentiell wettbewerbsrelevanter Attribute außerordentlich variabel ist.

Während die strukturierten Behandlungsprogramme zunehmend flächendeckend angeboten werden (die Berücksichtigung im RSA dürfte hier eine entscheidende Rolle spielen), werden Verträge nach § 140ff SGB V bisher nur vereinzelt abgeschlossen. Die Umsetzung der Programme für chronisch Kranke ist strukturell weitgehend vorgegeben, wohingegen die Angebote im Rahmen der Integrierten Versorgung erst entwickelt werden müssen. Die Implementierungschancen der neuen Versorgungsformen werden bestimmt durch spezifische **Anforderungen auf der Angebots- wie auf der Nachfrageseite**.

Auf der **Angebotsseite** sind es die betrieblichen Strukturveränderungen der Leistungserstellung (organisatorischer, betriebswirtschaftlicher oder rechtlicher Art). Der Zeitaufwand zur Lösung dieser Strukturprobleme ist erheblich und wird insbesondere von politischer Seite stark unterschätzt. Ebenfalls deutlich unterschätzt wird nach Meinung vieler Experten der Investitionsbedarf. Vor allem aber: Noch liegen keine – durch Evaluationsanalysen gestützte – Erfahrungswerte vor, die eine Adaption erfolgreicher Strukturmuster erlauben. Noch ist ungeklärt – und erst im Prozess eines funktionierenden Qualitätswettbewerbs wird sich dies herausstellen – welche Formen die besten Implementierungschancen besitzen oder die angestrebten Zielvorstellungen am besten realisieren.

Nachfrageseitig muss analysiert werden, wie die Präferenz- und Akzeptanzprofile in den Strukturen und Implementierungsszenarios adäquat abgebildet werden können. Dabei fokussieren die empirischen Analysen zur Erfassung der Kundenpräferenzen im Fall der strukturierten Behandlungsprogramme primär auf die Akzeptanz der vorgegebenen Muster, im Fall der Integrierten Versorgung auf die Präferenzen für jene Attribute, die sich als spezifisch für die Formen der Integrierten Versorgung ausmachen lassen.

3.5.2 Praktische Umsetzung

Kundenorientierte Produktentwicklung neuer Versorgungsformen

Die freie Kassenwahl war der Einstieg in eine verstärkt wettbewerbliche Struktur des Gesundheitswesens. Diese Reform hat einen Prozess der zunehmenden **Ausdifferenzierung unterschiedlicher Erwartungs- und Anspruchsprofile** ausgelöst; hat eine Eigendynamik entwickelt, die immer mehr Patienten resp. Versicherte erfasst. Im Zentrum dieser Entwicklung steht die Ausbildung individueller Präferenzen und ein Abwägen und Entscheiden. Erst dieser Prozess erzeugt den Kunden im Gesundheitswesen.

Das Besondere des künftigen Kunden im Gesundheitswesen ist, dass immer mehrere Segmente zugleich erfasst werden: Erwartungen und Bedürfnisse der Patienten; die Präferenzen der Versicherten; die Service-Erwartungen des Kunden i.e.S.; die politischen Interessen und Überzeugungen der Bürger; der Komfortanspruch des Konsumenten oder das Informations- und Schutzinteresse des Verbrauchers. In der Kundenorientierung sind alle Aspekte gebündelt. Der künftige **Kunde im Gesundheitswesen** entwickelt ein **Profil**, das sich immer zugleich an seinen Bedürfnissen und Erfahrungen als **Patient**, seinen Präferenzen als **Versicherter**, seinen Service- und Komforterwartungen als **Konsument** und seinen Schutzinteressen als **Verbraucher** orientiert (Schwartz 1999).

Der künftige Kunde im Gesundheitswesen erwartet, dass zunehmend mehr **Entscheidungsoptionen** zur Herausbildung seines **individuellen Profils** bereitgestellt werden. Er erwartet darüber hinaus, sich entsprechend seinen wechselnden persönlichen und sozioökonomischen Bedingungen (z. B. Risikoeinstellungen, Morbiditätswahrscheinlichkeit, beruflicher Kontext, Familienstand, Wohnort) immer neu positionieren zu können.

Soll die »neue« Kundenorientierung mehr sein als Rhetorik oder deklamatorische Routine, muss der Kunde auch gefragt werden. Und zwar in allen relevanten Aspekten: Als Patient, als Versicherter, als Konsument, als Verbraucher. Dabei will er nicht nur nach seiner Zufriedenheit gefragt werden. Er will auch nach seinen Wünschen und Interessen gefragt werden. Die Zeiten, als der Arzt immer schon wusste, was der Patient brauchte, die Kasse wusste, wie man die Mitglieder verwaltet und der Bürger kaum gefragt wurde, sind vorbei.

Noch sind die Anreize eher so gesetzt, dass die Jagd nach dem gesündesten Kunden den höchsten Gewinn verspricht. Diese Kundengruppe bietet jedoch zum einen zur Verbesserung des Versorgungssystems das geringste Potential und hat zum anderen den geringsten Anlass zur Loyalität (MacStravic 1998). Und zwar sowohl gegenüber dem Leistungsanbieter wie gegenüber dem Kostenträger.

Das Bundesversicherungsamt schreibt in seinem Jahresbericht 1998:

»Unter dem Strich können Krankenkassen [...] zwar die Maxime der Kundenorientierung, nicht aber die daraus abgeleiteten Handlungsstrategien übernehmen, die die Erwerbswirtschaft entwickelt und umgesetzt hat. Aus diesen Gründen beschränkt sich die zulässige Kundenorientierung der Krankenkassen im wesentlichen auf einen verstärkten Dialog mit den Versicherten und einen optimierten Service.« (Bundesversicherungsamt 1999)

Die freie Wahl nicht nur zwischen den Kassen, sondern die freie Wahl zwischen neuen Formen der Versorgung haben diese Ausgangssituation grundlegend verändert. Kundenorientierte Handlungsstrategien sind nicht nur möglich, sie sind eine Bedingung der Implementation. Die neuen Formen der **Versorgung**, insbesondere jene mit einer ausgeprägt **integrativen Orientierung**, bieten deshalb den Akteuren im Gesundheitswesen zum ersten Mal in der Geschichte der deutschen Gesundheitsversorgung die Chance, eine **kundenorientierte Produktentwicklung** zu etablieren. Die **Freiwilligkeit der Kundenentscheidung** und ein Höchstmaß an **strukturellen Optionen der Leistungsanbieter** sind als **wichtigste Voraussetzung** dafür gegeben.

Zu Recht ist darauf hingewiesen worden, dass die integrierten Versorgungsformen mit einer über hundertjährigen Tradition der Versorgungsmodalitäten brechen. Dieser Traditionsbruch betrifft nicht nur die Leistungserbringer. Auch für die **Patienten** und Versicherten sind die neuen Formen ein Bruch mit den herkömmlichen Modalitäten. Vor allem haben sie **neue Entscheidungsspielräume** und **Optionen**, die sie vorher nicht kannten. Daraus folgt aber auch, dass es keine tradierbaren Erfahrungen gibt und dass die Anbieter sich an keinen manifesten, erfahrungsgestützten Präferenzstrukturen orientieren können. In den folgenden Abschnitten wird am Beispiel einer Versichertenbefragung gezeigt, welche Schritte notwendig resp. geeignet sind, um den (potentiellen) Anbietern neuer Versorgungsformen jene Kundeninformationen zu verschaffen, die sie brauchen, um präferenzorientierte Produkte und Disseminationsstrategien entwickeln zu können.

Versorgungsqualität : Der Schlüsselbegriff für eine kundenorientierte Produktentwicklung

Wenn über die Ziele der integrierten Versorgungsformen gesprochen wird, dann heißt es meist übereinstimmend: **Verbesserung von Qualität und Wirtschaftlichkeit der Versorgung**. Allerdings hat sich in der letzten Zeit eine deutliche Schwerpunktverlagerung ergeben. Welchen Stellenwert die Qualitätssicherung und Qualitätsberichterstattung erreicht haben, lässt sich an den Vorschriften des SGB V zur ambulanten Versorgung, der stationären Versorgung, der Prävention oder den strukturierten Behandlungsprogrammen ablesen. Die Verbesserung der Qualität hat offensichtlich Priorität gegenüber der Wirtschaftlichkeit gewonnen (mit 131 Nennungen im SGB V hat der Begriff Qualität bald die 155 Nennungen des Begriffs Wirtschaftlichkeit erreicht; Leber 2004).

Da die Teilnahme an neuen Versorgungsformen für die Versicherten grundsätzlich freiwillig ist und es aufgrund des innovativen Charakters auch keine Erfahrungen mit diesen spezifischen Versorgungsmodalitäten gibt, ist die **Beurteilung möglicher Ziele** der neuen Formen ein erster, wenn auch allgemeiner **Orientierungspunkt für die Produktentwicklung.** Denn grundsätzlich gilt folgender Zusammenhang: Je wichtiger ein Ziel für die Kunden, desto höher die Akzeptanz für Versorgungsmodalitäten, von denen die Realisierung des Zieles am ehesten erwartet wird. Nun zeigen empirische Studien, dass die Fokussierung auf Versorgungsqualität durchaus den Kundenpräferenzen entspricht.

In einer **Befragung von Versicherten** der Ersatzkassen wurden als mögliche Ziele »neuer Formen der Versorgung« die folgenden Antworten vorgegeben und gefragt, für wie wichtig sie die einzelnen Ziele halten und welche Ziele sie für die beiden wichtigsten halten.

1. Die **Beitragssätze** möglichst **niedrig halten**
2. Einen möglichst **großen Umfang an Leistungen** (inklusive alternativer Heilmethoden wie Akupunktur oder Homöopathie) erstatten
3. Dafür sorgen, dass eine möglichst **hohe Qualität der Gesundheitsversorgung** garantiert wird

4. Für eine möglichst **große Auswahl an Ärzten** sorgen
5. Dafür sorgen, dass auch unabhängig von Notfällen die Ärzte in den Abendstunden oder an Wochenenden aufgesucht werden können (**besserer Zugang**)

Wie ◻ Tab. 3.5-1 zeigt, wird das Ziel der Garantie einer möglichst hohen Qualität deutlich am wichtigsten eingeschätzt. Dies gilt sowohl für die Anteile der Nennung »sehr wichtig« wie für die Anteile »als wichtigstes Ziel genannt«. Mit einer Ausnahme sind die Verteilungen nahezu gleich. Wenn die Ziele nach Wichtigkeit differenziert werden sollen, dann wird der »bessere Zugang« deutlich stärker präferiert als eine möglichst große Auswahl an Ärzten. Da die Teilnahme an den neuen Versorgungsformen meist eine Einschränkung der Arztwahl bedeutet, zeigen diese Zahlen, dass die Einschränkung der Arztwahl nur für einen geringen Anteil der Versicherten als restriktive Bedingung eingeschätzt wird (Andersen und Schwarze 2002).

In ◻ Tab. 3.5-2 ist aufgezeigt, welchen **Einfluss** ausgewählte **Merkmale auf die Einschätzung** eines bestimmten Zieles »als wichtigstem« haben (Andersen 2001). Wie der Tabelle zu entnehmen ist, beeinflussen alle hier aufgeführten Merkmale die Präferenzprofile. Und da sich die Klientel der Kassen in Bezug auf die hier aufgeführten Merkmale zum Teil erheblich unterscheidet, ist damit ein erster Orientierungspunkt zur Formulierung einer **kassenspezifischen Produktentwicklung** und einer kassenspezifischen **Disseminationsstrategie** gegeben.

◻ **Tab. 3.5-1.** Wichtigkeit von Versorgungszielen [in %]

	Niedrige Beitragssätze	Großer Leistungsumfang	Hohe Qualität	Große Ärzteauswahl	Besserer Zugang
Anteile »sehr wichtig«	41,9	49,2	72,4	22,0	25,7
Anteile »am wichtigsten«	51,2	52,0	78,4	5,7	16,1

3

◻ **Tab. 3.5-2.** Zusammenhang ausgewählter Merkmale mit den Präferenzen für Versorgungsziele (VdAK/AEV-Versichertenbefragung 2001; ask.gesundheitsforschung, Berlin)

Merkmale	Zusammenhänge[*]
Alter	In höherem Alter steigt die Präferenz für den besseren Zugang, die größere Auswahl an Ärzten und die Qualität; die Präferenz für den möglichst großen Umfang an Leistungen wird mit höherem Alter geringer
Geschlecht	Frauen und Männer unterscheiden sich in ihren Präferenzen bei zwei Zielen: Frauen präferieren den großen Leistungsumfang während Männer stärker für die niedrigen Beitragssätze plädieren
Krankheiten	Mit steigender Zahl der Krankheiten sinkt die Präferenz für niedrige Beitragssätze und es steigt die Bedeutung des Leistungsumfangs und der großen Auswahl an Ärzten
Einkommen	Mit steigendem Einkommen werden die niedrigen Beitragssätze und der verbesserte Zugang weniger, die Qualität dagegen häufiger präferiert
Schulabschluss	Versicherte mit Volks- oder Hauptschulabschluss präferieren die niedrigen Beitragssätze und den verbesserten Zugang häufiger als wichtigstes Ziel, seltener den Leistungsumfang, die Qualität und die Auswahl an Ärzten; Versicherte mit Realschulabschluss sehen im Vergleich zu Abiturienten häufiger im verbesserten Zugang das wichtigste Ziel
Ortsgrößenklassen	Für Versicherte in ländlichen Regionen ist der verbesserte Zugang häufiger das wichtigste Ziel, der Wunsch nach der großen Auswahl an Ärzten dagegen seltener; Versicherte in den mittleren Regionen präferieren seltener den Leistungsumfang, häufiger die Qualität

[*] Alle hier aufgeführten Zusammenhänge sind statistisch signifikant.

Struktur-, Prozess- und Ergebnisqualität: Wo liegen die Defizite?

Die Intensivierung des Wettbewerbs in den USA hat zu einem beispiellosen Bedarf an Konsumenten-Feedback geführt. Die meisten Leistungsanbieter befragen ihre Kunden regelmäßig, um zu lernen wie sie ihre Qualität verbessern und dadurch ihren Marktanteil halten oder verbessern können.

Diese Entwicklung hat auch zu einem Wildwuchs an Instrumentarien und Indikatoren geführt und zwangsläufig auch dazu, dass die Ergebnisse immer weniger miteinander verglichen werden konnten. Damit ist aber das eigentliche Ziel der Anbieter und Kunden nicht zu erreichen, nämlich die **vergleichende Qualitätsbeurteilung**. Konsequent waren deshalb die Forderungen nach Standardisierung, nach öffentlicher und wissenschaftlicher Kontrolle, nach Zertifizierung und unabhängiger Durchführung (»**third-party-evaluation**«).

Dies führte folgerichtig zu einem Prozess der Konzentration auf gemeinsame Indikatoren (resp. Instrumente). Am meisten verbreitet ist das vom National Committee for Quality Assurance (NCQA) entwickelte **Evaluationsprogramm HEDIS** (Health Employer Data and Information Set). Das

Instrumentarium von HEDIS ist auf Managed Care zugeschnitten und deshalb auf deutsche Verhältnisse nur bedingt übertragbar (vgl. Tucker und Schilling 2002). Dies hat allerdings für die Adaption auch Vorteile. Insbesondere für die **präferenzgestützte Konzipierung innovativer Modelle** des Versorgungsmanagements, die sich auch struktureller Elemente von Managed Care bedienen, lassen sich **Bausteine** für die empirische Fundierung aus dem **HEDIS-Programm** entnehmen. So wurden für die Beurteilung der Versorgungsqualität einige Elemente aus dem HEDIS/CAHPS (Consumer Assessment Health Plan Survey) Member Satifaction Survey übernommen, welche auch für das deutsche System gleichermaßen relevant sind bzw. es in Zukunft werden können.

Üblicherweise wird bei der **Qualitätsbeurteilung nach Struktur-, Prozess- und Ergebnisqualität** unterschieden. Auch der hier übernommene Block des HEDIS Member Satisfaction Survey orientiert sich an dieser Unterscheidung, wobei die als strukturell zu bezeichnenden Merkmale vor allem den Aspekt Zugänglichkeit (»access of care«) betreffen; auch die Fragen zur Kooperation sind als primär strukturrelevant einzustufen.

☐ Tab. 3.5-3. Beurteilung der Versorgungsqualität [in %] (VdAK/AEV-Versichertenbefragung 2001; ask.gesundheitsforschung, Berlin)

	Ausge-zeichnet/ Sehr gut	Gut	Es geht/ Schlecht	Keine Erfahrung
Die Zahl der Ärzte, aus denen Sie auswählen können	26	49	15	10
Die Leichtigkeit, einen Hausarzt auszuwählen	20	42	26	12
Die Leichtigkeit, einen Facharzt auszuwählen	16	40	31	11
Die Leichtigkeit, einen Termin beim Arzt oder im Krankenhaus zu bekommen	18	44	32	7
Die Wartezeit auf einen Arzttermin	13	36	46	5
Die Zusammenarbeit der Ärzte mit Ihnen	17	50	25	9
Die Zusammenarbeit der Ärzte untereinander, die mit Ihrer Behandlung betraut sind	10	32	28	30
Die Zeit, die der Arzt und die Angestellten der Praxis für Sie aufwenden	14	43	41	3
Die Aufmerksamkeit, die Ihnen gewidmet wird	21	45	32	2
Wie gut Ihren Bedürfnissen entsprochen wird	14	47	36	3
Die Gründlichkeit der Behandlung	20	47	30	2
Die Ergebnisse der medizinischen Behandlung	15	51	30	4
Die Qualität der ärztlichen Versorgung insgesamt	16	53	28	4

Der Zugang zum Versorgungssystem oder besser die Steuerung resp. Kontrolle des Zugangs zum Versorgungssystem (»utilization management«) ist ein Merkmal integrierter Versorgungsformen. Diese Strukturmerkmale sind deshalb geeignet, als Qualitätsindikatoren für die neuen Formen der Versorgung zu stehen. Ein weiterer Themenblock betrifft die Prozessqualität, unmittelbar ergebnisorientiert sind die Fragen nach dem Ergebnis der Behandlung und nach der Qualität insgesamt.

Nahezu alle der in diesem Modul angesprochenen **Aspekte der Versorgungsqualität** lassen sich auch als **Attribute integrierter Versorgung** interpretieren. Es gibt sicherlich keine einfache Entsprechung zwischen der Intensität der Kritik an bestimmten Aspekten und dem Wunsch nach bestimmten strukturellen Veränderungen. Ein genereller Schluss jedoch dürfte zulässig sein: Je größer die Kritik an bestimmten Bereichen der Versorgung, desto größer die Akzeptanz für Innovationen in diesen Bereichen. Und auch dieser Schluss ist naheliegend: Wenn es zutrifft, dass die Urteile über die Qualität der gesundheitlichen Versorgung kritischer werden, dann dürfte dies eher für eine verstärkte Akzeptanz innovativer Maßnahmen sprechen.

In **☐ Tab. 3.5-3** sind die **Ergebnisse zur Qualitätsbeurteilung** zusammenfassend widergegeben. Einer Konvention folgend werden jeweils die beiden positiven und die beiden negativen Antwortkategorien zusammengefasst. Während für diejenigen, die »sehr gut« oder »ausgezeichnet« urteilen, die Qualitätserwartungen mehr als erfüllt wurden, trifft dies weder für diejenigen, die mit »es geht« oder mit »schlecht« urteilen, zu. Dabei sollte auch die Kategorie »kann ich nicht beurteilen« beachtet werden. Urteile über die Qualität beruhen auf Erfahrungen. Methodische Untersuchungen haben gezeigt, dass bei Fragen, die ein hohes Maß an Erfahrungen und/oder Wissen voraussetzen, die Kategorie »kann ich nicht beurteilen« (resp. »habe keine Erfahrungen«) unbedingt als Antwortkategorie vorhanden sein muss, um das Urteilsspektrum zuverlässig erfassen zu können.

Urteile über Aspekte des Gesundheitswesens haben immer einen hohen Anteil von »gut« bis »ausgezeichnet«, von »zufrieden« bis »vollkommen zufrieden«. Von besonderem Interesse ist deshalb immer der Anteil kritischer Stimmen. An dem

Anteil des kritischen Potentials und seiner Entwicklung lässt sich die Entwicklung des Beurteilungsniveaus am besten absehen. Die Veränderungen der jeweiligen Anteile von »es geht/schlecht« haben deshalb eine besondere Relevanz. Außerdem ist für alle Beteiligten wichtiger, den Anteil derjenigen zu verringern, deren Ansprüche an die Versorgungsqualität nicht erfüllt wurden, als die Zahl derer zu vergrößern, deren Ansprüche übererfüllt werden.

Ein Urteil darüber, welche Gesamtverteilungen an Qualitätsurteilen insgesamt zu wünschen sind, welche erreicht werden sollten, welche notwendig sind, welcher Anteil an kritischen Stimmen für welche Merkmale noch tolerabel ist, ist für Deutschland aufgrund fehlender standardisierter Vergleichsuntersuchungen nicht möglich. Und da es (bisher) keine standardisierten Instrumente gibt, existieren auch wenige Hinweise zur Konstruktion derartiger Schwellwerte. Im Gegensatz etwa zu den USA wo die wichtigsten Werte veröffentlicht werden und sowohl Anbieter als auch Kunden wissen, wie das jeweilige Produkt im nationalen und im regionalen Vergleich abschneidet.

Die wichtigsten Hinweise zur patientenorientierten Gestaltung einer Integrierten Versorgung geben deshalb zunächst die Unterschiede zwischen den einzelnen Merkmalen. Wie in ◘ **Tab. 3.5-3** zu sehen ist, hat die mittlere Kategorie »gut« – wie bei den meisten vergleichbaren Fragen zur Einschätzung oder zur Zufriedenheit (z. B. Einschätzung des Gesundheitszustandes oder Kundenzufriedenheit) – mit einer Ausnahme die höchsten Werte. Wir konzentrieren uns deshalb vor allem auf den Anteil der kritischen Stimmen.

Das **einzige Item**, bei dem der Anteil der **nicht zufrieden gestellten** Versicherten insgesamt **überwiegt**, ist die **Wartezeit**. Auch die **Behandlungszeit** als zweiter und nach vielen Patientenbefragungen wichtigster Parameter für die Arzt-Patienten-Beziehungen, wird fast ebenso **negativ** beurteilt. Die Beurteilung der Zeitparameter ist deshalb von besonderer Bedeutung, weil diese Urteile auch als **Surrogate für die Qualität** überhaupt stehen können.

Überdurchschnittlich **kritisch** werden insgesamt jene **Merkmale** beurteilt, die der **Prozessqualität** zugerechnet werden können. Es ist zu beobachten, dass in der Regel eher auf die mittlere Kategorie

ausgewichen wird, was zugleich die Unsicherheit der Befragten dokumentiert.

Unter den Merkmalen, die den Zugang betreffen, ist das Merkmal »Zahl der Ärzte, aus der Sie auswählen können« das einzige, bei dem der Anteil »ausgezeichnet/sehr gut« die negativen Urteile überwiegt. In dieser Gruppe sind erwartungsgemäß auch die Anteile »keine Erfahrungen« am höchsten. Denn um ein erfahrungsgestütztes Urteil zu den Problemen der Ärzteauswahl abzugeben, muss man das Versorgungssystem häufiger in Anspruch nehmen.

Exemplarische Analysen von Präferenz- und Akzeptanzprofilen für neue Formen der Versorgung

Kundenpräferenzen wandeln sich ständig. Dies gilt selbstverständlich auch für die Absicherung des Krankheitsrisikos oder der Versorgungsmodalitäten. Hinzu kommt, dass die individuellen **Präferenzprofile** – wie bereits gezeigt – von zahlreichen sozio-biographischen und sozioökonomischen **Merkmalen beeinflusst** werden. Je nach Alter und Geschlecht, nach Morbidität, Einkommen, beruflichem Status, Bildungsniveau oder auch räumlichen Kontexten variieren die Präferenzstrukturen.

Daraus folgt, dass die empirisch erhobenen Präferenzen für bestimmte Formen der Absicherung des Krankheitsrisikos oder für bestimme Modalitäten des Versorgungssystems für jede einzelne Klientel **unterschiedlich und nur von zeitlich begrenzter Gültigkeit** sein können. Sie müssen empirisch immer wieder neu überprüft werden, um festzustellen, wie die spezifische Klientel ausgelegt ist und welche Änderungen sich möglicherweise in bestimmten Zeiträumen ergeben haben.

Es ist daher die Aufgabe der Anbieter von Produkten der integrierten Versorgung, die **Präferenz- und Akzeptanzprofile** ihrer potentiellen Kunden permanent zu erfassen, um die **Produkte** kundenorientiert zu strukturieren bzw. anzupassen und die **Disseminationsstrategien präferenzadäquat formulieren** zu können. Die folgenden Analysen sind deshalb exemplarisch für die Ersatzkassenversicherten. Sie sind zwar nur repräsentativ für eine große Kassenart, dürften sich aber nicht wesentlich vom Durchschnitt der gesamten Bevölkerung unterscheiden.

Präferenzen für ausgewählte Attribute integrierter Versorgungsformen

Im Rahmen der Studie sollten nicht die Präferenzen für bestimmte Modelle mit bestimmten Konfigurationen ermittelt werden (Andersen und Schwarze 2002); Ziel war es vielmehr, eine Survey-gestützte Basis zu schaffen, um jene strukturellen Arrangements konfigurieren zu können, die – je nach Klientel, bzw. je nach Kundenprofil – ein Höchstmaß an Attraktivität bzw. Akzeptanz erwarten lassen. Da die Produkte zum Zeitpunkt der Befragung noch nicht angeboten wurden, handelt es sich immer um bekundete (»stated preferences«) und nicht um beobachtete Präferenzen (»observed preferences«).

Potentielle Attribute der Integrierten Versorgung wurden in fünf Bereichen abgefragt. In einem Themenblock »Formen der **Kommunikation und Beratung** in medizinisch-therapeutischen Fragen« wurde zum einen nach bestimmten Inhalten (Therapien bei bestimmten Krankheiten, geeignete Medikamente bei bestimmten Krankheiten, Beratung vor einem Arztbesuch) und zum anderen nach den Medien der Kommunikation gefragt. In dem Bereich »**Informationen zur Entscheidung** für Leistungsanbieter« sind Informationsangebote zur Diskussion gestellt worden, die als Unterstützung bei den Entscheidungen für Leistungsanbieter bezeichnet werden können; wobei zum einen auf die Entscheidung selbst (»Wahl und Wechsel«) und zum anderen auf verbesserte informationelle Grundlagen abgestellt wurde (»spezielle Leistungsangebote«).

Als Attribute der »**Qualität neuer Formen der Versorgung**« wurden »Überprüfung durch unabhängige Institutionen«, »Veröffentlichung der Ergebnisse von Qualitätsüberprüfungen«, »Einholen einer zweiten Meinung«, »Verpflichtung zur Ärztefortbildung« und »Behandlung nach neuesten wissenschaftlichen Standards« ausgewiesen. Maßnahmen, die sich auf »**Organisation und Zugang**« (»access of care«) beziehen, gehören sicherlich zu jenen Strukturkomponenten, durch die sich die »neuen Formen der Versorgung« von den herkömmlichen Strukturen unterscheiden (können). Attribute von Organisation und Zugang können sowohl Anreize sein, in dem sie eine Verbesserung der »durchschnittlichen« Versorgung bedeuten (etwa durch die bessere Kooperation und Koordi-

nation der Leistungserbringung), sie können aber auch durch bestimmte Teilnahmebedingungen den Zugang erschweren (z. B. durch die Begrenzung auf bestimmte Leistungserbringer).

Das Themenspektrum »**neue Formen der Versorgung**« ist der Versuch einer Operationalisierung der Formen »integrierter Versorgung«. Das heißt, in den einzelnen Bereichen, Dimensionen oder Handlungsfeldern finden sich die Eigenschaften, die üblicherweise als mögliche Attribute »integrierter Versorgungsformen« bezeichnet werden. Allerdings sind weder die einzelnen Handlungsfelder noch die zugeordneten Attribute Strukturmerkmale ausschließlich integrierter Versorgungsformen. Sie sind immer auch Aspekte bereits existierender Formen der Gesundheitsversorgung.

Das Besondere der »neuen Formen der Versorgung« sind die spezifischen strukturellen Arrangements, die – in Verbindung mit den Teilnahmebedingungen und weiteren, vor allem organisatorisch-institutionellen und rechtlichen Bedingungen – erst den abgrenzbaren Rahmen einer »neuen Form« konstituieren. Sie wird damit als besondere von der »üblichen« Form unterscheidbar und kann von Versicherten und von Patienten auch als solche identifiziert werden. Es müssen also bestimmte Eigenschaften in einem speziellen Arrangement identifiziert werden können.

In ◘ Tab. 3.5-4 werden die fünfzehn Items der einzelnen Blöcke wiedergegeben, die den höchsten Anteil an Antworten mit »sehr wichtig« aufweisen. Diese Rangfolge demonstriert vor allem, dass die »**Maßnahmen zur Verbesserung der Qualität**« eindeutig als am wichtigsten eingeschätzt werden. Wie erwartet korrespondieren diese Ergebnisse mit den Ergebnissen der ◘ Tab. 3.5.3. Der Bereich »Organisation und Zugang« steht in der Wichtigkeit an zweiter Stelle, gefolgt von den »Informationen über Leistungsanbieter«.

In ◘ Tab. 3.5-5 ist für die beiden wichtigsten Handlungsfelder »**Verbesserung der Qualität**« bzw. »**Verbesserung von Zugang und Organisation**« jeweils eine zusammenfassende Darstellung der signifikanten Einflüsse auf die Nennung als eine der drei wichtigsten Maßnahmen wiedergegeben.

Unter Berücksichtigung der Wichtigkeitseinschätzungen und Einflussstrukturen auf bestimmte Merkmale lassen sich **ziel- und programmorientierte Strukturen konfigurieren**, die die Präferenz- bzw.

3

◘ **Tab. 3.5-4.** Rangfolge der 15 häufigsten Nennungen von „sehr wichtigen" Maßnahmen (Andersen, VdAK/AEV-Versichertenreport 2001; ask.gesundheitsforschung, Berlin)

Rang-folge	Item	In %	Handlungsfeld
1	Behandlung nach wissenschaftlichen Standards	69,2	Verbesserung der Qualität
2	Einholen einer Zweitmeinung	65,1	Verbesserung der Qualität
3	Verpflichtung zur Ärztefortbildung	64,4	Verbesserung der Qualität
4	Ständige Erreichbarkeit einer zentralen Notdienstpraxis	60,9	Organisation und Zugang
5	Hausarzttermin am selben Tag	40,2	Organisation und Zugang
6	Informationen über die Kosten der Behandlung	37,7	Informationen über Leistungsanbieter
7	Überweisung spätestens am nächsten Tag	34,2	Organisation und Zugang
8	Überprüfung durch unabhängige Institutionen	34,2	Verbesserung der Qualität
9	Veröffentlichung der Ergebnisse der Qualitätsüberprüfungen	33,1	Verbesserung der Qualität
10	Informationen über Leistungsangebot der Krankenhäuser	32,8	Informationen über Leistungsanbieter
11	Unterstützung bei der Krankenhauswahl	30,2	Informationen über Leistungsanbieter
12	Zertifizierung der Ergebnisse der ärztlichen Behandlung	28,5	Evaluation
13	Informationen über Leistungsangebote der Ärzte	26,6	Informationen über Leistungsanbieter
14	Regelmäßige Überprüfungen der Wirtschaftlichkeit	26,0	Evaluation
15	Unbürokratische Beschwerderegelungen	25,6	Organisation und Zugang

Akzeptanzprofile bestimmter Kassen möglichst optimal abbilden und die deshalb für die jeweiligen Kassen auch die besten Implementierungschancen besitzen. Als Beispiel sei die »Integrierte Versorgung für Orthopädie-Patienten« genannt, die die Techniker Krankenkasse (TK), die zu den Auftraggebern der hier wiedergegebenen Befragung gehört, flächendeckend in Nordrhein anbietet. Die TK garantiert den Teilnehmern an diesem Programm, dass sie innerhalb von 5 Tagen einen Termin beim Orthopäden bekommen und in der Praxis höchstens 30 min warten (Ärzte-Zeitung vom 29.07.2004). Die TK hat eine Klientel mit überdurchschnittlichem Einkommen (also vergleichsweise hohen Zeitkosten) und überdurchschnittlicher Bildung. Wie ◘ **Tab. 3.5-5** zeigt, sind für dieses Kundenprofil die Zeitparameter von hoher Präferenz. Diese Disseminationsstrategie dürfte deshalb dem Kundenprofil der TK in besonderer Weise entsprechen.

Akzeptanz von Disease-Management-Programmen

Da die Versorgung chronisch Kranker regelmäßig sektorübergreifend erfolgt, eignen sich Formen der Integrierten Versorgung nach §§ 140a–d SGBV insbesondere für die strukturierten Behandlungsprogramme d. h. Disease-Management-Programme (DMP). Die Präferenzen für integrierte Versorgungsformen und die Akzeptanz von DMP sind deshalb im Kontext zu sehen. Auch bei diesen Analysen handelt es sich um Bekundungen, nicht um bereits getroffene Entscheidungen. Zum Zeitpunkt der Befragung lag lediglich der Gesetzentwurf vor.

Um zumindest auf einer allgemeinen Ebene die **Einstellungen der Befragten** zu den zu implementierenden Programmen zu erfassen, sollten einige der im Gesetzentwurf zur Reform des Risikostrukturausgleichs für die Entwicklung derartiger Programme genannten Kriterien herangezogen werden. Als Kriterien wurden dort aufgeführt:

◻ Tab. 3.5-5. Einflüsse auf die Nennung als eine der drei wichtigsten Maßnahmen zur Verbesserung der Qualität bzw. des Zugangs und der Organisation (Andersen, VdAK/AEV-Versichertenreport 2001; ask.gesundheitsforschung, Berlin)

Merkmale	Maßnahmen zur Verbesserung der Qualität	Maßnahmen zur Verbesserung des Zugangs und der Organisation
Alter	Jüngere präferieren eine unabhängige Überprüfung, die Veröffentlichung der Ergebnisse der Überprüfungen und die Ärztefortbildung	Jüngere präferieren die kurzen Anfahrten sowie die baldigen Termine bei Hausarzt und Spezialist; Ältere legen mehr Wert auf die Notdienstpraxis
Geschlecht	Männer präferieren die unabhängige Überprüfung und die Veröffentlichung der Ergebnisse, Frauen dagegen die Zweitmeinung und die Ärztefortbildung	Frauen präferieren den baldigen Hausarzttermin, Männer den Termin beim Spezialisten
Krankheiten	Mit der Zahl der Krankheiten wächst die Bedeutung der Zweitmeinung, der Ärztefortbildung und der Behandlung nach wissenschaftlichen Standards	Mit der Zahl der Krankheiten wächst die Bedeutung des baldigen Termins beim Spezialisten
Einkommen	Mit steigendem Einkommen steigt die Präferenz für die Zweitmeinung	Mit höherem Einkommen werden die Einrichtung einer zentralen Notdienstpraxis und der sofortige Hausarzttermin wichtiger; die kurze Anfahrzeit wird weniger wichtig
Schulabschluss	Versicherte mit Abitur präferieren die unabhängige Überprüfung und die Veröffentlichung dieser Ergebnisse; seltener das Einholen einer Zweitmeinung und die Behandlung nach wissenschaftlichen Standards	Versicherte mit Abitur präferieren den baldigen Hausarzt- und Spezialistentermin sowie die kurze Anfahrzeit
Ortsgrößenklassen	Versicherte aus den Großstädten präferieren die Veröffentlichung von Überprüfungsergebnissen, seltener die Behandlung nach wissenschaftlichen Standards	Einwohner aus den Kernstädten präferieren die unbürokratische Beschwerderegelung, die kurzen Anfahrzeiten und die Einrichtung einer zentralen Informationsleitstelle

- Behandlung nach Evidenz-basierten Leitlinien unter Berücksichtigung des jeweiligen Versorgungssektors
- Durchzuführende Qualitätssicherungsmaßnahmen
- Voraussetzungen und Verfahren für die Einschreibung der Versicherten einschließlich der Dauer der Teilnahme
- Schulungen der Versicherten
- Dokumentation und Bewertung/Evaluation

Diese Kriterien wurden in Fragen nach der Wichtigkeit der Einholung einer Zweitmeinung, dem Angebot besonderer Schulungen, der Dokumentation der Behandlung nach neuesten wissenschaftlichen Standards und der Akzeptanz von Überprüfungen durch unabhängige Gutachter aufgenommen.

In ◻ **Tab. 3.5-6** wird die **Teilnahmebereitschaft** an strukturierten Behandlungsprogrammen gezeigt, prozentuiert zum einen auf der Basis aller Befragten und zum anderen auf der Basis derjenigen, die an der jeweiligen Krankheit leiden. In ◻ **Tab. 3.5-7** wiederum werden die Zusammenhangsanalysen gezeigt; diese wurden auf der Basis aller Befragten vorgenommen.

Diese Daten zeigen, dass die Teilnahmebereitschaft bei den potentiellen DM-Patienten groß ist; wenngleich die Unterschiede etwa zwischen den an Diabetes oder Asthma erkrankten Personen so erheblich sind, dass es differenzierterer Analysen bedarf, um diese Unterschiede zu erklären.

Eine häufig diskutierte Frage bei der Einführung der Disease-Management-Programme war, ob es für die Kassen finanziell attraktiv sein könnte, DM-Programme anzubieten. Denn die Gefahr könnte darin bestehen, vor allem die schlechten Risiken als

3

◻ **Tab. 3.5-6.** Bereitschaft, an einem strukturierten Behandlungsprogramm teilzunehmen [in %]

	Diabetes	Asthma	Koronare Herzerkrankung	Brustkrebs
Befragte insgesamt	11,8	8,4	13,5	16,9
Befragte, die an der Krankheit leiden	78,6	61,5	70,4	55,6
Prävalenzen	5,6	6,2	7,0	2,7

◻ **Tab. 3.5-7.** Einfluss auf die Bereitschaft, an einem strukturierten Behandlungsprogramm teilzunehmen (Basis: Befragte insgesamt; Andersen, VdAK/AEV-Versichertenreport 2001; ask.gesundheitsforschung, Berlin)

Merkmale	Einflüsse
Alter	Mit steigendem Alter steigt auch die Bereitschaft zur Teilnahme
Geschlecht	Männer sind etwas stärker an einer Teilnahme interessiert
Krankheiten	Multimorbidität stärkt die Bereitschaft zur Teilnahme
Einkommen	Kein Einfluss
Schulabschluss	Versicherte mit Volks- und Realschulabschluss sind im Vergleich zu Versicherten mit Abitur eher zu einer Teilnahme bereit
Ortsgrößenklassen	Versicherte in ländlichen Gebieten und Orten bis 100 Tsd. Einwohnern zeigen eine höhere Teilnahmebereitschaft als Versicherte in Kernstädten

Mitglieder zu gewinnen. Um diese Frage beantworten zu können, müssen die **Risikoprofile** der potentiellen Teilnehmer bestimmt werden; dies wiederum setzt die Monetarisierung der Survey-gestützten Inanspruchnahmeindikatoren voraus.

Ausgangspunkt der Monetarisierung sind die standardisierten Leistungsausgaben, wie sie dem Risikostrukturausgleich (RSA) zugrunde liegen. Durch Verknüpfung der Survey-Daten mit den Werten für die Hauptleistungsbereiche »Ärzte« und »Krankenhaus« lässt sich dann der relative Beitragsbedarf für die ambulante und die stationäre Inanspruchnahme der verschiedenen Gruppen berechnen (vgl. zu den Einzelheiten dieser Methode: Andersen und Schwarze 2003).

Der relative Beitragsbedarf zeigt, ob und inwieweit die tatsächlichen Leistungsausgaben der einzelnen Gruppen vom standardisierten Leistungsbedarf abweichen. Sieht man den relativen Beitragsbedarf aus der Perspektive der Kassen, dann lässt sich dieses Maß auch als Charakterisierung dafür nehmen, ob die jeweiligen Gruppen als gute oder als schlechte Risiken zu bezeichnen sind.

Zusätzlich sind die Risikoprofile für jene Patienten berechnet worden, die an Diabetes, Asthma oder koronarer Herzerkrankung leiden und auch

an einem Behandlungsprogramm teilnehmen wollen und jenen, die daran ebenfalls leiden, aber noch keine Bereitschaft zeigen. Die Unterschiede sind in der Tat erheblich; aber sie sind in der Richtung nicht ganz eindeutig. Besonders auffallend sind die Differenzen bei Diabetes. Patienten, die teilnahmebereit sind, haben sowohl im ambulanten wie im stationären Sektor einen erheblich höheren relativen Beitragsbedarf als die nicht zur Teilnahme bereiten Patienten; sie sind damit auch als Versicherte die erheblich schlechteren Risiken. Ähnlich in der Struktur, wenn auch nicht im Ausmaß, sind die Unterschiede bei dem Krankheitsbild »Asthma«. Auch hier sind die teilnahmebereiten Versicherten die erheblich größeren Risiken, aber eben auch die erheblich größeren Potentiale zur Reduktion der Ausgaben. Etwas anders dagegen liegt der Fall bei der koronaren Herzerkrankung; zumindest im kostenintensiven stationären Sektor. Denn die Gruppe der nicht zur Teilnahme bereiten Patienten verursacht erheblich höhere stationäre Kosten.

Um die Ursachen der Unterschiede bestimmen zu können, bedürfte es differenzierterer Analysen. Eine Schlussfolgerung ist jedoch zulässig: Die Frage der Teilnahmebereitschaft diskriminiert für diese Krankheitsbilder bezüglich des Inanspruchnahmeniveaus deutlich. Die Ursachen herauszufinden, könnte für Implementation und Dissemination von DM-Programmen deshalb von erheblichem Interesse sein.

Eine Konsequenz jedoch wäre falsch; nämlich auf das Angebot von DM-Programmen deshalb zu verzichten, weil die Gefahr der Attrahierung schlechter Risiken besteht. Denn zum einen dürften die Versicherten mit den betreffenden Krankheitsbildern nicht zu jenen Mitgliedern mit einer besonders hohen Wechselneigung gehören und zum anderen ist das Reduktionspotential durch angemessenere Behandlungsmethoden vermutlich erheblich höher als die möglichen monetären Risiken durch die Attrahierung von Versicherten mit besonders hohem relativen Beitragsbedarf.

Der informierte Kunde als Voraussetzung für Qualitätswettbewerb

Empirische Analysen zeigen, dass die Versicherten in der GKV den Qualitätswettbewerb begrüßen; die Jüngeren (noch) stärker als die Älteren (Zok 1999). Und auch die Ergebnisse der VDAK/AEV-Versichertenbefragung belegen, dass die GKV-Kunden grundsätzlich bereit sind, neue Formen der Versorgung zu akzeptieren; vor allem dann, wenn diese Versorgungsmodalitäten eine bessere Versorgungsqualität versprechen. Allerdings: Wenn innovative Versorgungsformen verstärkt als Parameter im zunehmenden Qualitätswettbewerb im Gesundheitswesen eingesetzt werden, müssen diese Formen von den Kunden als qualitätssteigernd eingeschätzt werden können. Dies setzt wiederum geeignete Mechanismen voraus, die sicherstellen, dass Qualitätsinformationen für die Kunden bereitgestellt werden.

Voraussetzung eines funktionierenden Wettbewerbs ist zuallererst der informierte Kunde. Allerdings gibt es wenig Bereiche, in dem die **asymmetrische Informationsverteilung** zwischen den Anbietern bzw. Leistungserbringern und den Kunden bzw. Nachfragern derart ausgeprägt ist wie im Gesundheitswesen. Der Kunde im Gesundheitswesen hat zudem häufig ein ausgeprägtes Gespür dafür, dass ihm die informationelle Kompetenz oft fehlt (Andersen und Schwarze 1999). Zwar wird auch der künftige Kunde im Gesundheitswesen im Regelfall niemals über das gleiche Wissensniveau verfügen können wie etwa ein Arzt. Das Aus-

maß der asymmetrischen Struktur und vor allem deren Folgen werden jedoch dadurch abgemildert, dass sich der Kunde besser informieren kann. Dies geschieht durch Informationsangebote, die eine umfassendere Orientierung bereitstellen auch wenn die Qualität der Informationen noch immer nicht hinreichend geprüft ist (vgl. Schwartz 1999). Die innovativen Versorgungsformen bieten darüber hinaus durch die strukturellen Arrangements (z. B. durch Betreuung) auch Chancen, die Folgen des prinzipiell nicht aufhebbaren Dilemmas informationeller Asymmetrie abzumildern und zu kontrollieren.

Wenn der informierte Kunde die Voraussetzung für einen funktionsfähigen Wettbewerb im Gesundheitswesen ist, dann setzt der Qualitätswettbewerb einen über die Qualität informierten Kunden voraus. Wenn nicht nur zwischen den Krankenkassen, sondern auch zwischen den Leistungsanbietern sowie im Hinblick auf die Gestaltung unterschiedlicher Versorgungsmodalitäten ein Qualitätswettbewerb stattfinden soll, dann muss der Kunde auch über Qualitätsunterschiede von Ärzten, Krankenhäusern, Krankenkassen und Versorgungsmodalitäten informiert sein. Dies ist insbesondere dann von Bedeutung, wenn dieser Wettbewerb vom Kunden beeinflusst werden soll, anstatt lediglich die Folgen unkritisch zu konsumieren.

Nun gibt es auch in Deutschland schon länger eine ausführliche Diskussion um die Qualitätssicherung, die Standards und mögliche Indikatoren. Diese Diskussion wird zunehmend auf den Kontext »Kundenorientierung« abgestellt. Fokus dieser veränderten Zielrichtung ist die Kommunizierbarkeit von Qualität. Deshalb müssen die Informationen, die Kunden Kompetenz verschaffen sollen, auf Qualität geprüft werden.

Um die Funktionsfähigkeit eines qualitätsorientierten Wettbewerbs beurteilen zu können und um gegebenenfalls Defizite zu beheben, bedarf es ebenfalls noch der empirischen Aufklärung. Folgende für das Kundenmanagement relevante Fragen sollten in diesem Kontext empirisch untersucht werden (vgl. Andersen 1999):

- Werden von den Versicherten Unterschiede in der Qualität von Hausärzten, Fachärzten, Krankenhäusern oder Krankenkassen über-

3

haupt wahrgenommen und wie hoch werden diese Unterschiede eingeschätzt?

— Wie hoch ist der Anteil derjenigen, die nicht in der Lage sind, Qualitätsunterschiede einzuschätzen?

— Besteht überhaupt ein Bedarf an Informationen über die Qualität der Versorgung?

— Haben die Kunden bisher schon einmal Qualitätsinformationen bei ihren Entscheidungen nutzen können?

— Auf welche Quellen haben sich die Kunden dabei gestützt?

— Welche Indikatoren sind bzw. wären nach Auffassung der Kunden geeignet, Aufschluss über die Qualität zu geben?

— Wie glaubwürdig werden die Quellen eingeschätzt, die über Qualitätsunterschiede informieren bzw. informieren könnten?

— Welchen Empfehlungen wird gefolgt, wenn Qualitätsmerkmale zum Maßstab werden?

— Welche Instanzen sieht der Kunde als die beste Vertretung seiner Interessen an?

Kennzeichnend für die gegenwärtige Situation ist noch eine große **Diskrepanz zwischen Bedarf und Angebot an Qualitätsinformationen**. Die bisher nur begrenzte Nutzung dürfte sowohl auf das Fehlen geeigneter Informationen wie auf die noch mangelhaft ausgebildete Urteilsfähigkeit zurückzuführen sein. Wie hoch der Bedarf an Qualitätsvergleichenden Informationen ist, zeigt das außerordentlich große Interesse an den Ratings in diversen Presseorganen.

Perspektiven

Ob die integrierte Versorgung, bzw. ob die neuen, auf Integration angelegten Formen der Versorgung Erfolg haben werden; ob sie eine Rand- oder Modeerscheinung bleiben; ob sie eine primär auf bestimmte, z. B. indikationsspezifische oder regionale (siedlungsstrukturelle) Merkmale zugeschnittene Form bleiben wird; ob sie eine mengenmäßig relevante Form der Regelversorgung; oder ob sie langfristig sogar die dominierende Versorgungsform werden wird: Darüber kann zurzeit kein wirklich begründetes Urteil gefällt werden. Für alle diese Szenarien werden Argumente vorgetragen, die Urteile der relevanten Akteure schwanken erheblich (Richter et al. 2005).

Welchen Stellenwert die Integrierte Versorgung in der Zukunft wirklich haben wird, ist von einer Reihe von Faktoren abhängig. Wichtig wird sein, ob eine Verbesserung der Versorgungsqualität erreicht wird und ob die neuen Formen zumindest langfristig weitgehend kostenneutral sind. Zentral wird aber auch sein, ob die Angebote von den Versicherten resp. Patienten angenommen werden. **Voraussetzung** für eine **kundenorientierte Produktentwicklung** wiederum ist das **Wissen** um die **Präferenzen der Versicherten und Patienten**. Der Kundenorientierung im Bereich Integrierte Versorgung kommt deshalb eine Bedeutung zu, die sie bisher im Gesundheitswesen nicht hatte.

Weitgehende Übereinstimmung unter den relevanten Akteuren besteht darin, dass im deutschen Gesundheitswesen die Innovationsfähigkeit schwach ausgeprägt und die Qualitätssicherung unbefriedigend ist (SVR 2005; Kurzfassung 14.). Der Qualitätswettbewerb im Rahmen der Implementierung der Integrierten Versorgung kann wesentlich zu einem Abbau dieser Defizite beitragen. Dieses Ziel wird nur dann erreicht werden können, wenn die Integrierte Versorgung einen Versorgungsanteil im ambulanten und stationären Sektor abdeckt, der als kritischer Schwellenwert dafür angesehen werden kann, dass die komparativen Vorteile der Integrierten Versorgung auf das Gesamtsystem durchschlagen können. Der SVR setzt einen solchen kritischen Schwellenwert bei ca. 5% Anteil an der Versorgung an (SVR 2005).

Literatur

Andersen HH (1999) Ansprüche und Erwartungen des künftigen Kunden im Gesundheitswesen, Dokumentation 4. Handelsblatt-Gesundheitskongress, Health 2000
Andersen HH (2001) Der VdAK-Versichertenreport
Andersen HH (2005) Surveys in der Entwicklung und Bewertung von Innovationen der gesundheitlichen Versorgung. In: Streich W, Braun B, Helmert U (Hrsg) Surveys im Gesundheitswesen – Entwicklungen und Perspektiven in der Versorgungsforschung und Politikberatung. Asgard
Andersen HH, Schwarze J (1999) Der Versicherten-Report – Die NOVITAS-Befragung 1998. Die BKK 2: 87–97
Andersen HH, Schwarze J (2000) Innovative Versorgung im Qualitätswettbewerb: Welche Präferenzen haben die Versicherten der GKV? Sozialer Fortschritt 49(2-3): 48–56
Andersen HH, Schwarze J (2002) Zur Akzeptanz integrierter Versorgungsmodelle. In: Preuß KJ, Räbiger J, Sommer JH (Hrsg) Managed Care. Evaluation und Performance-Measurement integrierter Versorgungsmodelle, Schattauer, Stuttgart New-York, S 20–36

Andersen HH, Schwarze J (2003) Bedarfsprofile in der Gesetzlichen Krankenversicherung (GKV). Zur Analyse gruppenspezifischer Unterschiede bei der Inanspruchnahme des Gesundheitsversorgungssystems. Berliner Zentrum Public Health, Berlin

Bundesversicherungsamt (1999) Prüfdienst Krankenversicherung. Jahresbericht 1998

Leber WD (2004) Qualitätsberichte ohne Ergebnisqualität. Zur Bedeutung des Qualitätsberichtes aus Sicht der Krankenkassen. Krankenhaus Umschau 5: 378–380

MacStravic S (1998) Who's Your Best Customer. Managed Care Quarterly 6(3): 1–6

Mühlbacher A (2002) Integrierte Versorgung – Management und Organisation. Verlag Hans Huber, Bern Göttingen Toronto Seattle

Preuß KJ (2002) Die Perspektive der Kostenträger (GKV und PKV) bei der praktischen Anwendung von Benchmarking, Evaluation und Zertifizierung. In: Preuß KJ, Räbiger J, Sommer JH (Hrsg) Managed Care. Evaluation und Performance-Measurement integrierter Versorgungsmodelle. Schattauer, Stuttgart New-York, S 43–64

Richter D, Ekkernkamp A, Breuer R (2005) Integrierte Versorgung im Praxistest – Wie fit sind Kostenträger und Leistungserbringer – Ergebnisse einer aktuellen Studie. Gesundheits- und Sozialpolitik 59(3–4): 47–53

Sachverständigenrat für die Konzertierte Aktion im Gesundheitswesen (2005) Koordination und Qualität im

Schell H, Lauterbach K (2002) Evaluation, Benchmarking, Qualitätsmanagement und Zertifizierung als Instrumente für eine evidenzbasierte Gesundheitspolitik. In: Preuß KJ, Räbiger J, Sommer JH (Hrsg) Managed Care. Evaluation und Performance-Measurement integrierter Versorgungsmodelle. Schattauer, Stuttgart

Schwartz FW (1999) Der »kundige« Kunde – sein Informationsbedarf, seine Informationsdefizite. Die BKK 87(7): 334

Tophoven C (2005) Integrierte Versorgung – Chance für eine zukunftsfähige Gestaltung des deutschen Gesundheitswesens. http://www.dgvt.de/Integrierte_Versorgung_Chanc.391.0.html

Tucker DA, Schilling B (2002) The National Committee for Quality Assurance (NCQA). In: Preuß KJ, Räbiger J, Sommer JH (Hrsg) Managed Care. Evaluation und Performance-Measurement integrierter Versorgungsmodelle. Schattauer

Zok K (1999) Anforderungen an die Gesetzliche Krankenversicherung. Einschätzungen und Erwartungen aus Sicht der Versicherten. WidO-Materialien 43, Bonn

3.6 Kundenmanagement in der Arzneimittelindustrie

*Lars Alexander Mayer und
Volker Trommsdorff*

3.6.1 Gesetzliche und strukturelle Rahmenbedingungen

Als Besonderheit des Marktes für Arzneimittel gilt die **dreigliedrige Struktur der Nachfrageseite**. Der Patient konsumiert das Medikament und beteiligt sich nur geringfügig durch seine Zuzahlung an den Kosten, der Arzt entscheidet darüber, welches Produkt ausgewählt wird, und die Krankenkasse bezahlt, ohne großen Einfluss auf die Entscheidung nehmen zu können. Somit gelten als Marketing-Ansprechpartner der pharmazeutischen Unternehmen hauptsächlich niedergelassene Ärzte, Klinikärzte und Apotheken sowie – weit weniger – die Großhändler. Patienten werden mit Hinweis auf das Werbeverbot im **Heilmittelwerbegesetz (HWG)** ebenso ausgeschlossen wie die indirekt wirkenden Einflussnehmer.

Um den tatsächlichen Verhaltensweisen des Marktes gerecht zu werden, muss die Definition der relevanten Stakeholder erweitert werden (Jost 1998, S. 17), nämlich um:

- **Patienten**
- **Patientenselbsthilfegruppen**
- **Kassenärztliche Vereinigungen**
- **Krankenkassen**
- **Prüfärzte**
- **Internet-Informationsanbieter**

Neben den neu hinzugekommen Anspruchgruppen ist die Veränderung des Verhaltens und der wechselseitigen Beeinflussung unter ihnen zu berücksichtigen (◘ Abb. 3.6-1).

Besonders starke und nachhaltige Einflüsse auf den ethischen Arzneimittelmarkt stammen aus dem politisch-rechtlichen Umfeld in Form neuer Gesetze und Reformen des bestehenden Gesundheitssystems sowie aus dem technologischen Umfeld, besonders durch neue Technologien in Forschung und Entwicklung und neue Informationstechnologien.

Das Werbegeschehen auf dem Pharmamarkt wird durch verschiedene spezielle Gesetze, Ver-

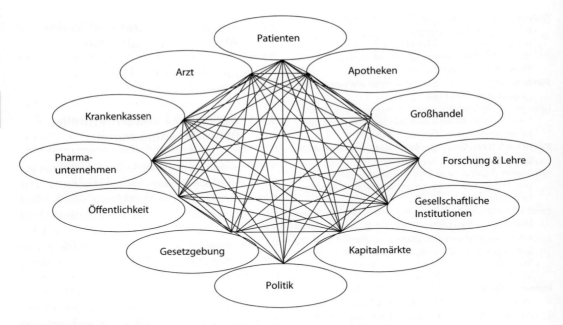

◘ Abb. 3.6-1. Ganzheitliche Betrachtungsweise des Marktes für pharmazeutische Produkte

ordnungen und privatwirtschaftliche Selbstbeschränkungen reguliert. Dadurch soll vor allem der Patient vor falschem Gebrauch der Medikamente geschützt werden.

Das **Arzneimittelgesetz (AMG)** regelt die Definition der Arzneimittel und daraus ableitend die dafür geltenden Rechtsvorschriften von der Kennzeichnungspflicht, über die Herstellungsvorschriften, Vorschriften für klinische Prüfungen bis hin zum Vertrieb. Das Heilmittelwerbegesetz HWG begrenzt die Inhalte der Arzneimittelwerbung. Von besonderer Bedeutung für die Kommunikation im ethischen Arzneimittelmarkt sind § 10 Abs. 1 HWG (Verbot der Publikumswerbung für verschreibungspflichtige Mittel) und § 3 HWG (Verbot der irreführenden Werbung für Heilmittel). Ferner spielen § 10 Abs. 2 HWG (Verbot der Publikumswerbung für Arzneimittel zur Beseitigung der Schlaflosigkeit oder psychischer Störungen), § 11 HWG (Verbot bestimmter Werbemethoden im Rahmen der Publikumswerbung) und § 12 HGW (Publikumswerbeverbot für bestimmte Krankheiten) eine wesentliche Rolle.

Die Durchführung und Einhaltung der Vorschriften wird von den zuständigen Landesgesundheitsbehörden kontrolliert. Die zivilrechtliche Beurteilung der Heilmittelwerbung erfolgt nach den Regeln des **Gesetzes gegen unlauteren Wettbewerb (UWG)**. Literatur und Rechtsprechung stimmen überein, dass jeder Verstoß gegen das HWG zugleich ein Verstoß gegen § 1 UWG ist. Da das HWG den Schutz der Gesundheit bezweckt, sind Werbeinhalte untersagt, die eitle Selbstbilder, Sexualität und Geltungsbedürfnis ansprechen, solange damit die Gesundheit beeinträchtigt wird (Becker 1991, S. 8ff).

Kommentaren zum HWG ist zu entnehmen: »Heilmittelwerberechtlich ist Werbung jede die Förderung des Absatzes von Waren und Leistung im Sinne von § 1 HWG bezweckende Aussage oder unentgeltliche oder preislich vergünstigte Zuwendung von Waren oder Leistungen«. Nicht darunter fällt die »allgemeine Vertrauenswerbung«, in der Leistungen oder Erfolge allgemein dargestellt werden. § 10 HWG bestimmt, dass für verschreibungspflichtige Arzneimittel nur in Fachkreisen geworben werden darf, die Unzulässigkeit von Publikumswerbung regelt darüber hinaus § 11 HWG. Folglich dürfen in der breiten Öffentlichkeit konkrete Produkte nicht angesprochen werden. Außer dem gelten die Vorschriften des UWG. Eine Übersicht zu den rechtlichen Grundlagen der Kommunikationspolitik gibt Schotthöfer (2005).

Während das Arzneimittelgesetz noch relativ einfach und klar ist, ergeben sich aus dem Heilmittelwerbegesetz (HWG) größere Schwierigkeiten der Auslegung. Der wesentliche Grund ist darin zu erkennen, dass das Gesetz nicht ex ante sagt, was erlaubt ist, sondern ex post erst über die Rechtsprechung festgelegt wird, was verboten ist. Das verbotene Verhalten ist nicht exakt präjudizierbar, und die betrauten Gerichte kommen daher oft zu unterschiedlichen Einschätzungen.

Hilfreich sind aber freiwillige Kontrollorgane wie der »**Gemeinschaftsausschuss zur Selbstkontrolle der Heilmittelwerbung**«. Die beteiligten Unternehmen können hier ihre Entwürfe zur Begutachtung vorlegen. Ein weiteres Mittel der freiwilligen Selbstkontrolle sind die »**Richtlinien für die wissenschaftliche Information und für die Arzneimittelwerbung**«.

3.6.2 Praktische Umsetzung

Pharmazeutische Produktinnovationen

Aufgrund des starken Wettbewerbs und der schwierigeren Rahmenbedingungen erhöhte die pharmazeutische Industrie ihre F&E-Ausgaben seit Mitte der 1980er Jahre von US-$ 11 Mrd. auf jetzt weit über US-$ 40 Mrd. (VFA 2000). 50% des Umsatzes pharmazeutischer Unternehmen wird durch Präparate erzielt, die vor einer Dekade noch nicht zugelassen waren. Dabei generieren nur drei von zehn neuen Präparaten die erwarteten Einnahmen. Gleichzeitig hat sich die Zeitspanne von der Synthese bis zur Zulassung eines neuen Medikaments von durchschnittlich 2 auf 12 Jahre verlängert. Innerhalb dieses Prozesses wird statistisch nur eine von 10000 anfänglich untersuchten Substanzen für den Markt zugelassen (vgl. ▶ **Kap. 2.6**).

Dabei nimmt der **Entwicklungswettbewerb** um Therapeutika kontinuierlich zu. Im Mittelpunkt stehen die Volkskrankheiten. Für die Onkologie, neurologische und Herz-Kreislauf-Erkrankungen wurden 1997 mehr als 3.400 Forschungsprojekte dokumentiert. Allein in Deutschland befinden sich mehr als 160 Wirkstoffe in der klinischen Phase III oder im Zulassungsprozess. Um sich das Priori-

tätsrecht auf die Wirkung eines in der Forschung befindlichen Präparates zu sichern, das ein einjähriges Vorrecht auf die Anmeldung des Patentes in den Vertragsstaaten der Pariser Verbandsübereinkunft zum Schutz des gewerblichen Eigentums zusagt, müssen Pharma-Unternehmen die entsprechende Substanz deshalb schon in einem frühen Stadium anmelden. Daraus folgt, dass die tierexperimentelle und klinische Prüfung sowie die Aufbereitung und Auswertung der Studienergebnisse für die Zulassung in die eigentliche Patentlaufzeit fallen. Hinzu kommt das Zulassungsverfahren selbst, das laut Gesetz maximal sieben Monate dauern darf, in der Regel jedoch weit mehr als zwei Jahre in Anspruch nimmt. Der Zeitraum, der den Unternehmen für die Alleinvermarktung zur Verfügung steht, fällt dadurch viel geringer aus als die eigentliche Patentlaufzeit von 20 Jahren.

Zusätzlicher **Innovationsdruck** entsteht aus dem progressiv zunehmenden medizinischen Wissen und den damit verbundenen immer aufwendigeren Verfahren der Diagnostik und Therapie. Diese belasten die mit zunehmender Finanzknappheit kämpfenden nationalen Gesundheitssysteme. So muss von einer verstärkten Entwicklung ausgegangen werden, entsprechend der bislang erfolgten Reaktionen in Form von Budgetierungen und Festbeträgen mit Leistungsausgrenzungen und noch mehr Zuzahlungen. Alle diese Effekte erschweren den Erfolg pharmazeutischer Innovationen zunehmend.

Gestaltungsmöglichkeiten durch Innovationsmarketing

Der Erfolg pharmazeutischer Produkte hängt nicht nur von ihrer objektiven medizinischen Wirksamkeit ab, sondern darüber hinaus von einer Vielzahl externer Faktoren, die das Innovationsmarketing zu beachten und nach Möglichkeit zu steuern hat. Insbesondere müssen Neuentwicklungen von Anfang an den Bedürfnissen aller Beteiligten des Gesundheitsmarktes entsprechen. Von herausragender Bedeutung für die künftige Entwicklung innovativer Medikamente wird es sein, das Gesundheitssystem und die dahinter stehenden Wertvorstellungen zu verstehen und Instrumente zu entwickeln, die diesen gerecht werden. Das folgende Fallbeispiel vermittelt einen Eindruck von der durchschlagenden Bedeutung eines professionellen Innovationsmarketings.

> **Fallbeispiel:**
> **Bedeutung des Innovationsmarketings**
> Dass innovative Produkte besonders im Markt ethischer Medikamente nicht immer den erhofften Erfolg bringen, zeigt das Beispiel der Abtreibungspille Mifegyne. Die Einführung dieser auch unter dem Namen RU 486 bekannten Pille zum medikamentösen Schwangerschaftsabbruch auf dem deutschen Markt wurde 1999 von kontroversen gesellschaftlichen wie politischen Diskussionen begleitet. Während die international anerkannte und im Vergleich zur klinischen Abtreibung für die Patientin schonendere Methode vielerorts auf breite Zustimmung traf, regte sich besonders in Kirchenkreisen, aber auch in anderen gesellschaftlichen und politischen Institutionen teilweise erbitterter Protest. Um die Zulassung überhaupt zu ermöglichen, waren zahlreiche Kompromisse aller Institutionen notwendig. Dies mag ein Grund dafür sein, dass der mit viel psychologischer Betreuung der Patientinnen verbundene medikamentöse Schwangerschaftsabbruch für die behandelnden Ärzte ein Verlustgeschäft bedeutet und sie deshalb in den meisten Fällen weiterhin auf die besser bezahlte operative Abtreibung zurückgreifen. Lediglich in 6% (2003) aller Fälle findet die Pille Anwendung. Im Gegensatz dazu wird in Frankreich ungefähr jeder dritte Eingriff und in Schweden jeder zweite medikamentös vorgenommen. Als Konsequenz aus den schlechten Verkaufszahlen hat die für den deutschen Vertrieb von Mifegyne zuständige – zum Hexal-Konzern gehörende – Firma Femagen ihre Lizenz Ende 2000 zurückgegeben. Den gesetzlich vorgeschriebenen Sondervertrieb zur Kontrolle von Mifegyne übernimmt seit 2001 die Firma Contragest (Link 2003).

Gegenwärtig entfallen mehr als 60% des Marketing-Budgets pharmazeutischer Unternehmen auf die **duale Kommunikation mit Ärzten**. Marketing-Intensivierung bedeutet vielfach nur die Aufstockung des Außendienstes, um die Beziehung vom Pharma-Unternehmen zum Arzt zu festigen.

Das bestehende Gesundheitssystem befindet sich jedoch derzeit in einer Phase des radikalen Umbruchs. War bisher der Arzt der entscheidende Meinungsbilder zum Einsatz eines bestimmten Medikamentes, nimmt der Druck der Patienten auf die Verschreibungsgewohnheiten zu. Gerade bei chronischen Erkrankungen treten sie nicht mehr als Individualpatient, sondern zum Teil als gut informierte und organisierte Patientengemeinschaften auf. Diese national und international agierenden Institutionen greifen dabei in immer stärkerem Maße aktiv in den Meinungsbildungsprozess ein.

Der Patient verlässt seine passive Position. Er ist nicht mehr nur Konsument der verordneten Medikation, sondern möchte in direkter Absprache mit seinem Arzt die Notwendigkeit der Therapie erörtert wissen. Er fordert nicht nur ein dem aktuellen medizinischen Wissen entsprechendes Medikament, sondern möchte die Wirkung und Nebenwirkung bzw. die therapeutischen Grenzen innovativer Therapieformen verstehen. Die wachsende Emanzipation der Patienten hat auch in Deutschland zu einer regen Diskussion über die Freigabe patientengerichteter Kommunikationsmaßnahmen der Arzneimittelhersteller geführt.

Diese Form der Kommunikation bezeichnet der Begriff »**Direct-To-Consumer**« (DTC), manchmal auch »**Direct-To-Patient**« (Neslin 2001). Der Begriff beinhaltet sämtliche direkt auf den Konsumenten bzw. Patienten gerichteten Kommunikationsformen der Pharma-Hersteller. Ein weiterer teilweise genutzter Begriff ist DTCA, der für **Direct-To-Consumer-Advertising** bzw. DTC-Werbung steht. Unter DTCA fallen alle Werbemaßnahmen, die direkt auf den Verbraucher gerichtet sind. Man sollte meinen, dass DTCA daher nur einen Teil von DTC abbildet (Werbung als nur ein Teil von Kommunikation). Im Umgang mit den beiden Termini herrscht jedoch Unklarheit bzw. Ungenauigkeit. Die Autoren verwenden DTC wie auch DTCA synonym, beziehen ihre Ausführungen zumeist aber auf DTC-Werbung. Obwohl man die Begriffe DTC wie auch DTCA theoretisch auf rezeptfreie wie auch rezeptpflichtige Medikamente beziehen könnte, werden sie in der Literatur recht einheitlich nur für rezeptpflichtige Medikamente verwandt. DTC hat sich - angelehnt an das Verständnis von Mair und Kann (2001) – als jede Art der Kommunikationsmaßnahme bezüglich ethischer Medikamente mit dem Patienten als gebräuchlichste Bezeichnungsform durchgesetzt und geht damit auch über das Verständnis reiner Werbemaßnahmen hinaus.

Die drei Hauptbeteiligten an der kontroversen Debatte um DTC-Werbung sind Patienten, Ärzte und Pharma-Konzerne. Alle haben nachvollziehbare, aber unterschiedliche Standpunkte zu DTC. **Patienten** fordern mehr Informationen über gesundheitsspezifische Produkte; zudem wollen sie mehr Entscheidungskontrolle und Eigenverantwortlichkeit bezüglich ihrer Gesundheit. Sie fordern akkurate wie auch vollständige und ausgewogene Informationen (Ethic Ad [1a] 2001). **Ärzte** befürchten durch DTC-Werbung vorrangig einen Eingriff in ihre Verschreibungsautonomie. Wenngleich DTC-Werbung den Patienten zum Kontakt und Dialog mit dem Arzt anregen mag, fördert sie u. U. auch Komplikationen im Arzt-Patienten-Verhältnis. Es besteht die Gefahr, dass Patienten Informationen einer Anzeige missverstehen und trotz der Aufklärung durch den Arzt die Verschreibung des (eigentlich nicht notwendigen) Präparats fordern (Ethic Ad [1a] 2001). Für die **Arzneimittelindustrie** ist DTC nach wie vor ein relativ neues Thema. Trotz bestehender FDA-Regularien in den USA hinsichtlich der Gestaltung von DTC-Anzeigen und -Spots existieren gegenwärtig keine Standards oder eindeutige Richtlinien, welche Rolle die Pharma-Unternehmen bei der Verbraucheraufklärung am besten übernehmen sollen oder wie diese am ehesten ermöglicht wird (EthicAd [1a] 2001). In Europa fordert die Industrie die Gleichbehandlung gegenüber anderen Industrien bezüglich der Möglichkeit, für ihre Produkte beim Endabnehmer zu werben. Sie nennt die derzeitigen Regelungen bei Verstößen gegen das Informationsrecht des Bürgers und führt Verbesserungsmöglichkeiten hinsichtlich der Behandlungsqualität, der Therapietreue und des Therapieerfolges durch transparenten Wettbewerb und mehr Information an (O.V. 2002[b]).

Oftmals lassen sich die Argumente für DTC jedoch auch gegen DTC anführen, wenn sie aus einem anderen Blickwinkel betrachtet werden. Viele Autoren interpretieren und verwerten die Ergebnisse entsprechender Studien abhängig von ihrer Grundeinstellung gegenüber DTC. Als positive Gesichtspunkte werden aufgeführt:

> ◻ **Argumente für DTC**
> — DTC informiert Patienten/Konsumenten über neue Behandlungsmöglichkeiten, von denen sie andernfalls nichts wüssten (Henry J. Kaiser Family Foundation 2001, S. 6).
> — DTC wird dem gestiegenen Informationsbedürfnis der Patienten für pharmazeutische Produkte gerecht (Saunders 2003, S. 13).
> — DTC informiert die Patienten über Risiken und Nutzen und unterstützt den Entscheidungsprozess hinsichtlich einer medikamentösen Behandlung.
> — Patienten werden ermutigt, ihren Arzt zu konsultieren. Auf diese Weise werden eventuell Krankheiten entdeckt, die sonst unbehandelt geblieben wären (dies gilt besonders für asymptomatische Erkrankungen).
> — DTC unterstützt eine bessere Kommunikation zwischen Arzt und Patient.
> — DTC fördert die Compliance (korrekte Befolgung der Einnahmehinweise) und Fortdauer einer empfohlenen Behandlung (National Health Council 2002, S. 6 und Flynn 1999).
> — DTC verbessert die Effizienz der öffentlichen Gesundheitsausgaben (RMI 2000, National Health Council 2002, S. 1f., Huh und Becker 2002, S. 1, Flynn 1999).

Die rechtlichen Beschränkungen erwecken zunächst den Eindruck, dass eine Hersteller-Patienten-Kommunikation in Deutschland bzw. der EU kaum möglich ist. Doch trotz der Werbeverbote und -beschränkungen gerät der Verbraucher in Kontakt mit Kommunikationsmaßnahmen für ethische Präparate. Die **reine Informationsversorgung** der Patienten unterliegt nicht dem EU-Werbeverbot, doch weisen Informationen oftmals auch werbenden Charakter auf. In der Pharma-Kommunikation wird zwar zwischen wissenschaftlicher Information der Hersteller und Werbung unterschieden, diese Differenzierung ist jedoch sehr theoretisch.

3

Als Beispiel sei hier die Initiative gegen erektile Dysfunktionen von Pfizer aus dem Jahr 2002 mit dem Fußballstar Pelé als Botschafter genannt (☐ **Abb. 3.6-2**). Da durch gezielte Public Relations viele Verbraucher im Zusammenhang mit Erektionsstörungen an Pfizer's Präparat »Viagra« dachten, kann dieser Initiative nicht die werbliche Wirkung abgesprochen werden.

Ebenfalls 2002 erschienen Anzeigen zur Aufklärung von Gedächtnisproblemen in Verbindung mit Alzheimer in Tageszeitungen. Es wurde empfohlen, sich bei auffälligen »Gedächtnislücken« an eine der aufgeführten staatlichen psychiatrischen und neurologischen Institutionen zwecks Untersuchung auf Demenz zu wenden. Da Pfizer die Kampagne finanzierte und den Acetylcholinesterase-Inhibitor zur Behandlung von Alzheimer für sein Produkt »Aricept« herstellt, kann davon ausgegangen werden, dass das Medikament nach dem Besuch einer der genannten Kliniken auf dem Rezept des Patienten landet (Streuli 2002).

Beide Initiativen sind vergleichbar mit dem in den USA genutzten Anzeigentyp »help-seeking ad«.

Dabei wird kein Produktname deklariert, sondern wesentlich über einen Krankheitszustand oder eine bestimmte Krankheit informiert, mit der Absicht, beim Patienten ein Bewusstsein für die Krankheit zu schaffen und ggf. das Bedürfnis nach einer Arztkonsultation zu wecken. Einige Autoren bezeichnen diesen Typ auch als »Disease-education Ad« (Harms und Drüner 2003, S. 221).

Eine befürchtete und oft kritisierte Folge dieses Anzeigentyps zeigt sich am Beispiel der erektilen Dysfunktion. Innerhalb der ersten 2 Jahre nach der Kampagne konsultierten Millionen von Männern ihren Arzt und erkundigten sich nach Präparaten zur Abhilfe. Im Verschreibungsfall erhielten sie mit hoher Wahrscheinlichkeit Viagra, obwohl auch in einem ersten Schritt zunächst ein Lebenswandel als Therapiemöglichkeit hätte erwogen werden können. Mit steigender Zahl der Arztbesuche erhöhen sich damit auch die Kosten für das Gesundheitssystem (O.V. 2002 [e], S. 1). Befürworter halten dem entgegen, dass aufgrund der gestiegenen Anzahl von Arztbesuchen eine Vielzahl von anderen Krankheiten diagnostiziert werden konn-

☐ **Abb. 3.6-2.** Viagra-Kampagne

ten. Je Million Männer konnten bei 30.000 Unbehandelten Diabetes festgestellt werden, bei 140.000 unbehandelter Bluthochdruck und bei 50.000 eine unbehandelte Erkrankung des Herzens. Die sich hieraus ergebenen positiven Konsequenzen für die Gesundheit der Menschen würde den Anstieg der Kosten rechtfertigen (O.V. 2002 [e], S. 1).

Für die Hersteller existieren viele Varianten und Formen, um sich an die Patienten und an die Öffentlichkeit zu wenden, ohne dabei explizit ihre Präparate zu nennen (s. unten).

> ◘ **Gängige Instrumente für die Patientenkommunikation**
> - Packungsbeilagen
> - Gesundheitspässe
> - Dosierungs- und Terminblöcke
> - Merkzettel
> - Trainingsfibeln und Informationsbroschüren zu Sport, Ernährung, Krankheitsbildern etc.
> - Literatur und Videos zur Therapieunterstützung
> - Poster für Wartezimmer in Arztpraxen und Krankenhäusern
> - Therapiebegleitbücher und Tagebücher
> - Einsatz von Call Centern
> - Seminare, Messen, Kongresse und Präventionsveranstaltungen mit Patientenbeteiligung
> - Kontaktpflege und Einbindung von Patientenorganisation, -gruppen und -verbänden als glaubwürdigere Informationslieferanten
> - Umfangreiches Informationsangebot über die firmeneigene Internetseite

Auch wenn viele dieser Varianten bereits genutzt werden, ist die Erfahrung in den Unternehmen bezüglich des effizienten Einsatzes patientengerichteter Kommunikationsmaßnahmen der Arzneimittelindustrie noch wenig ausgeprägt.

Die zunehmend teureren Pharma-Innovationen lösen aber auch mehr und mehr **gesellschaftliche Diskussionen** aus, die über das Verhältnis zwischen Arzt und Patient hinausgehen. Marktakzeptanz und -erfolg hängen nicht mehr nur von den direkt Beteiligten ab, sondern sind, wie das Beispiel Mifegyne zeigt, Folge unterschiedlichster Interessen(-gruppen), die über Erfolg oder Misserfolg eines neuen Medikamentes mitentscheiden: Neben Ärzten, Patienten und Krankenkassen waren dies Politik, Jurisdiktion sowie weltliche und religiöse Interessensverbände.

Neue Entwicklungen wie die Auswirkungen der Genforschung, erstarkte Verbraucherschutzbewegungen und die Gesundheitsfürsorge über elektronische Medien werden die Zahl der involvierten Gruppen und deren Einfluss weiter erhöhen. Dabei ändern sich auch entsprechende gesellschaftliche Wertvorstellungen. Stand in den 1970er und 1980er Jahren noch die Frage im Vordergrund, »Was wird ein neues Medikament kosten?«, wird nun häufig die Frage diskutiert, »Was ist das Sozialsystem bereit, für eine neue Therapieform zu bezahlen?«. Damit stößt die Industrie bei der Entwicklung innovativer Arzneimittel und deren Preisgestaltung an Grenzen.

Auch wenn die Debatte über Positiv- und Negativlisten, Preis- und Gewinnkontrollen, Festbeträge und Patientenzuzahlungen den allgemeinen Wertvorstellungen zuwider laufen, sollte das Gespräch mit den für die politische Meinungsbildung wichtigen Institutionen gesucht werden. Da der Druck und der Einfluss der Politik auf die Entwicklung des Pharmamarktes zunimmt, ist der enge Kontakt zu allen politisch aktiven Interessensvertretungen wichtig. Der Pharma-Bereich zeigt dabei in idealtypischer Ausprägung Herausforderungen an ein modernes Innovationsmanagement.

Innovation ist antizipierter Wettbewerb. Voraussetzung für dauerhaften Erfolg ist die Vorsorge für künftige Wettbewerbsfähigkeit, das ständige Bemühen um Innovation. Kundenorientierung und -interaktion werden zum zentralen Erfolgsfaktor, der sich durch den gesamten Entwicklungsprozess von der Forschung über die klinischen Phasen bis zur Markteinführung zieht. Forscher stehen vor dem ungewohnten Phänomen der notwendigen Subjektivität »Kundenorientierung«.

Innovationsmarketing muss zukünftig relevante Entwicklungen bereits heute berücksichtigen. Durch direkten Kundenkontakt, Vertrauensaufbau, Etablierung von Pharmamarken und wettbewerbsorientierter Positionierung entwickelt sich der Kunde zum zentralen Element der Produkt-

3

entwicklung. Die Bedürfnisbefriedigung wird zum Gütesiegel des strategischen Gesamtkonzeptes. Kommunikation und Kooperationen sind hierbei die wichtigsten Marketinginstrumente.

Im Gegensatz zu – zeitpunktbezogenen – Inventionen sind Innovationen Prozesse. Wegen der unterschiedlichen Managementaufgaben sollte man Innovationen in typische Phasen einteilen. Je Phase gilt es, spezifische Kommunikations- und Kooperationsstrategien zu entwickeln. Der schon bestehende ausgeprägte Phasencharakter von Pharma-Innovationen in der Entwicklung muss also auf den Marketing-Kontext übertragen werden. Dies bedeutet die Definition eines Kommunikations- und Marketingkonzeptes für die Innovationsfrühphasen, für die klinischen Phasen und für die Markteinführung, um die angestrebte Marktpositionierung entwicklungsparallel aufzubauen.

Dabei ist zu bedenken, dass der Erfolg von pharmazeutischen Innovationen nicht von einzelnen Kunden abhängig ist, sondern von verschiedensten gesellschaftlichen Gruppen mit unterschiedlichen, teilweise widerstrebenden Motiven, Wissensständen und Einstellungen, bestimmt wird. Die seit den 1970er Jahren gewachsenen klassischen Säulen des Marketings – **Produkt (Product), Preis (Price), Ort (Place) und Werbung (Promotion)** – können nur eine Grundlage bilden, um die auf dem Gesundheitsmarkt bestehenden Beeinflussungsverhältnisse und die hinzukommenden Veränderungen zu erfassen. Internationalisierung, wandelnde politische und ökonomische Rahmenbedingungen, veränderte Beziehungen zwischen Ärzten, Apothekern und Patienten sowie die Entstehung neuer Interessensvertretungen, die aktiv in die Meinungsbildung eingreifen, verlangen nach weitergehenden marketingpolitischen Instrumenten. Diese Gedanken führen zur **Erweiterung der klassischen vier Marketing-P's um drei weitere** (◘ Abb. 3.6-3).

Die genaue Kenntnis der **unterschiedlichen Gruppierungen (Player)** und deren **Beziehungen (Processes)** untereinander wird zum zentralen Erfolgsfaktor der pharmazeutischen Industrie, von der Erforschung bis hin zur Markteinführung von Pharma-Innovationen. So werden Pharma-Innovationen zukünftig neben der rein technischen Invention immer mehr zu sozial-technischen Innovationen, d. h. neue Verhaltensweisen von Menschen, Gruppen, Organisationen, mit entsprechenden

Managementanforderungen müssen im Pharma-Innovationsmarketing bedacht werden. Dieses wird jedoch nur erfolgreich sein, wenn die **richtige Positionierung (Positioning)** in den Köpfen der Zielgruppen erreicht wird.

Ärzten und Apothekern stehen austauschbare Präparate zur Verfügung. Dabei sind die Ärzte nur zu 45% in der Lage, den Wirkungsgrad pharmazeutischer Produkte zu bewerten und das herstellende Pharma-Unternehmen zu benennen (Dallwig 1996). Diese Entwicklung deutet darauf hin, dass der Pharma-Produkterfolg nicht mehr nur über den reinen Wirknutzen, sondern zunehmend über dienstleistungsorientierten Zusatznutzen generiert werden muss. In gleichem Maße steigt die Bedeutung der Imagepolitik für die Produktinnovation. Die von den Zielpersonen wahrgenommene Produktqualität, das Produktimage, wird zum wichtigsten Erfolgsfaktor, der das Kundenverhalten steuert.

Kunden werden zwischen solchen Unternehmen wählen können, die nur Medikamente verkaufen und solchen, bei denen der Servicegedanke im Vordergrund steht. Auch wenn alle zu beobachtenden Entwicklungen vor dem Hintergrund angestrebter Kosteneinsparungen stehen, müssen Anbieter preisgünstiger Generika nicht unbedingt entscheidende Vorteile bei der Vermarktung ihrer Produkte besitzen. Hersteller von innovativen Arzneimitteln, die mit ihren Präparaten entscheidende Verbesserungen in der mittel- und langfristigen Versorgung eines Patienten anbieten und damit beispielsweise Krankenhausliegezeiten verkürzen oder den Kontrolluntersuchungsaufwand vermindern, werden mindestens genauso erfolgreich sein.

Für forschende Pharma-Unternehmen wird die Positionierung von Medikamenten über Dienstleistungen somit entscheidend. Die dualen Beziehungen zwischen Pharma-Unternehmen und Arzt, oder Pharma-Unternehmen und Apotheke sind überholt. Vielmehr muss ein **innovatives Beziehungsmarketing** unter Einbeziehung aller Beteiligten verfolgt werden. Die Reputation einer Firma bzw. der Umgang des Marketings mit den verschiedenen Interessenverbänden unseres Gesundheitssystems werden zu strategischen Erfolgsfaktoren der Positionierung.

Kommunikation und Kooperation in allen Innovations- und Marktphasen entscheiden über Top

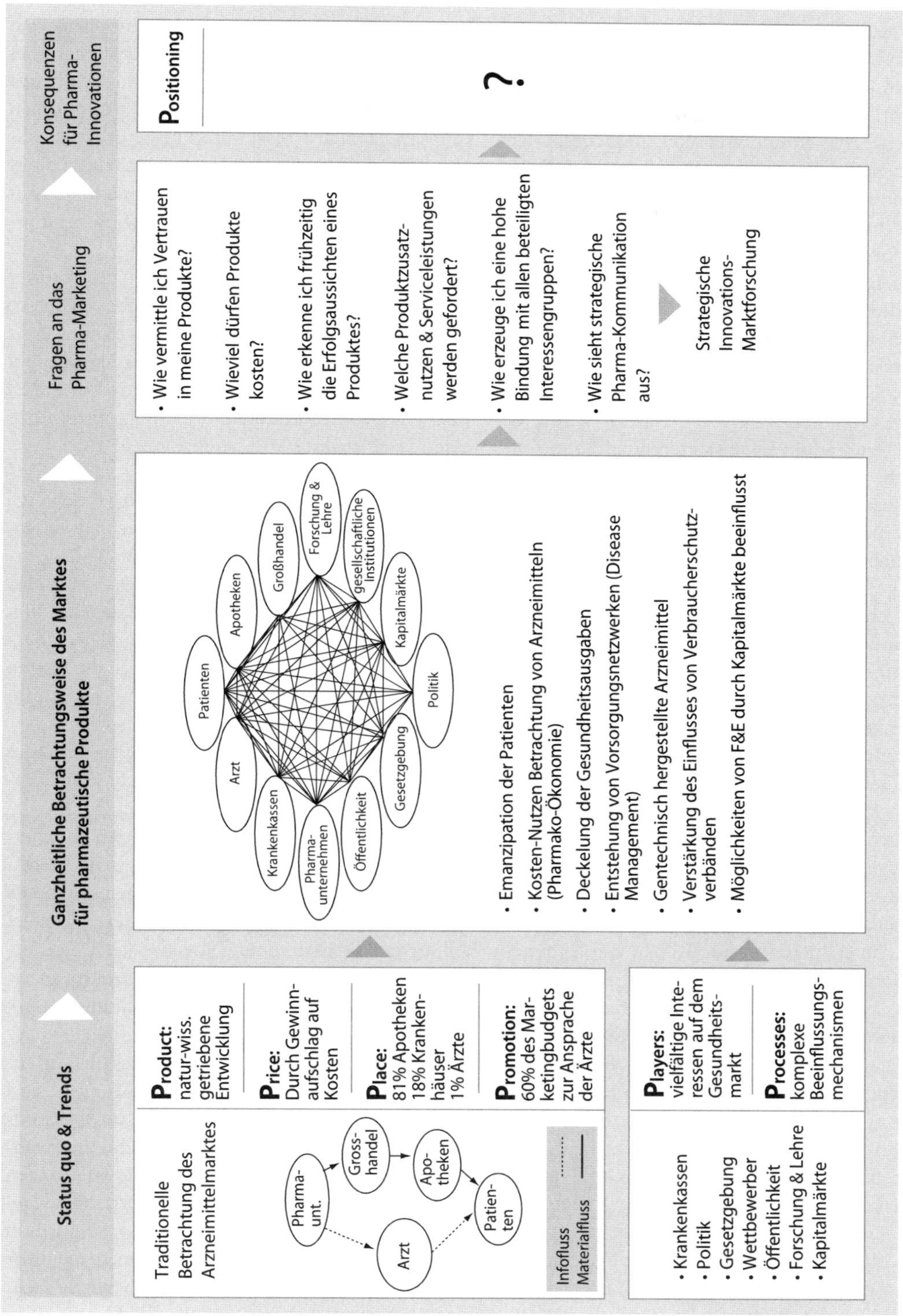

Abb. 3.6-3. 4+3 P-Modell

Status quo & Trends

Ganzheitliche Betrachtungsweise des Marktes für pharmazeutische Produkte

Fragen an das Pharma-Marketing

Konsequenzen für Pharma-Innovationen

Positioning

?

Traditionelle Betrachtung des Arzneimittelmarktes

Product: natur-wiss. getriebene Entwicklung

Price: Durch Gewinnaufschlag auf Kosten

Place: 81% Apotheken 18% Krankenhäuser 1% Ärzte

Promotion: 60% des Marketingbudgets zur Ansprache der Ärzte

Pharma-unt. → Grosshandel → Apotheken → Patienten

Arzt

Infofluss ·········
Materialfluss ——

Players: vielfältige Interessen auf dem Gesundheitsmarkt

Processes: komplexe Beeinflussungsmechanismen

· Krankenkassen
· Politik
· Gesetzgebung
· Wettbewerber
· Öffentlichkeit
· Forschung & Lehre
· Kapitalmärkte

Patienten, Apotheken, Großhandel, Forschung & Lehre, gesellschaftliche Institutionen, Kapitalmärkte, Politik, Gesetzgebung, Öffentlichkeit, Pharmaunternehmen, Krankenkassen, Arzt

· Emanzipation der Patienten
· Kosten-Nutzen Betrachtung von Arzneimitteln (Pharmako-Ökonomie)
· Deckelung der Gesundheitsausgaben
· Entstehung von Vorsorgungsnetzwerken (Disease Management)
· Gentechnisch hergestellte Arzneimittel
· Verstärkung des Einflusses von Verbraucherschutzverbänden
· Möglichkeiten von F&E durch Kapitalmärkte beeinflusst

· Wie vermittle ich Vertrauen in meine Produkte?

· Wieviel dürfen Produkte kosten?

· Wie erkenne ich frühzeitig die Erfolgsaussichten eines Produktes?

· Welche Produktzusatznutzen & Serviceleistungen werden gefordert?

· Wie erzeuge ich eine hohe Bindung mit allen beteiligten Interessengruppen?

· Wie sieht strategische Pharma-Kommunikation aus?

Strategische Innovations-Marktforschung

oder Flop. Viele Anstöße für Innovationen entstehen durch informelle Kommunikation unter Mitarbeitern, z. B. zwischen F&E- und Vertriebsmitarbeitern oder zwischen Kunden und Servicepersonen. Die Kommunikation darf besonders in anfänglichen Innovationsphasen nicht zu stark reglementiert werden. Für den Pharma-Bereich gilt dies insbesondere für dienstleistungsorientierte Zusatznutzen. Im weiteren Verlauf sollte ein Übergang zu vorstrukturierter Informationsversorgung stattfinden, um die Kosten überflüssiger Kommunikation zu minimieren. Während des gesamten Prozesses sollten Informationen nicht nur von oben nach unten, sondern auch netzwerkartig fließen.

Die **Neuprodukt-Erfolgsfaktorenforschung** stellt nach wie vor den strategischen Wettbewerbsvorteil als zentrale Erklärung für Innovationserfolge heraus. Auch in der Pharma-Industrie wird dieser nicht mehr nur über die Wirksamkeit eines Produktes generiert. Für den Pharma-Bereich bedeutet das nicht nur die Zusammenarbeit mit Patienten in den klinischen Phasen, sondern auch die frühzeitige Kooperation mit den Players, die später von dieser Innovation betroffen sein werden, wie Krankenkassen, Ärzten, Gesundheitsministerien, etc.. Die Integration von Zielkunden im Sinne von »Lead User« oder »Lead Cooperation« kann gleichzeitig als Messung für die erzeugte Akzeptanz angesehen werden.

Pharma-Unternehmen werden Problemlöser und Dienstleister ihrer wichtigsten Marktpartner. Die zu erbringenden Leistungen beinhalten Schulungen, Unterstützung beim Aufbau von Ärztenetzen, Informationsdienstleistungen und Kommunikations-/Werbepartnerschaften. Gerade Apotheken benötigen diese kommunikative Unterstützung schon jetzt, befinden sie sich bereits mit 50% ihres Sortiments im (Preis-)Wettbewerb mit SB-Warenhäusern, Discountern, Drogeriemärkten und Verbrauchermärkten.

Der hier vorgestellte **Ansatz des 4+3P-Marketings** ermöglicht die Berücksichtigung aller Player des Gesundheitsmarktes und ihrer Interaktionen. Mit steigender Zahl der Beteiligten nimmt jedoch zwangsläufig die Komplexität solcher Systeme zu. Das Verständnis dieser Komplexität setzt innovative Auseinandersetzung mit den relevanten Marktpartnern voraus. Die konventionelle Markt-

forschung mit ihren eher quantitativ-operativen und linear-retrospektiven Methoden stößt dabei an Grenzen. Sie versorgt die Entscheidungsträger mit Daten von gestern, um die Probleme von morgen zu lösen. Standard-Marktforschung mit Basistechnologien ist zwar oft effizient, aber nicht unbedingt effektiv. Grund dafür ist die ungenügende Einbindung der Marktforschung in den strategischen Entscheidungsprozess.

Herkömmliche Marktforschung beantwortet dadurch vornehmlich einfache, nicht komplexe Fragen: Wie groß ist der Markt, zu welchem Preis soll das neue Produkt eingeführt werden, wie gut wirkt die neue Werbekampagne etc.? In der Praxis wird ein Großteil dieses Informationsangebots, in einem eng abgesteckten Aufgabenfeld akzeptiert. Dazu gehört besonders die Messung von Marktvolumina, Marktanteilen, Reichweiten, Distributionsquoten, Bekanntheits- und Erinnerungswerten. Es herrschen nach wie vor die inakzeptablen »Würden-Sie-kaufen-« und »Warum-Fragen« vor. Nur zögerlich wird erkannt, dass die Akzeptanz von Innovationen ganzheitlich gemessen und gemanagt werden muss, abgesehen davon, dass so die Fragen nach den relevanten Wettbewerbsdimensionen im Sinne eines Positioning nicht erkannt werden.

Je weiter die Innovation vom angestammten Markt wegzielt und je neuartiger sie ist, desto komplexer und unsicherer sind die betreffenden Innovationsentscheidungen. Hieraus ergibt sich eine herausfordernde Aufgabe für die strategische Marktforschung. Innovations-Entscheidungen sind heute horizontal, vertikal und lateral komplexer vernetzt als vor Jahrzehnten. Durch Ansätze der Chaosforschung, der Fuzzy Logic, der Kausalstrukturanalyse und der Sensitivitätsanalyse ist **vernetztes Denken in der Marktforschung** bereits möglich.

Marktforschung für komplexe, zukunftsorientierte marketingstrategische Entscheidungen wird gegenwärtig jedoch noch wenig akzeptiert: Grundsätzliche Entscheidungen über Produktinnovationen, strategische Wettbewerbspositionierungen werden ebenso wie jene über Internationalisierungsalternativen, Diversifikation und Akquisition eher gefühlsmäßig, bestenfalls auf Managementdiskussionen begründet. Hier liegen erhebliche Defizite der Marktforschung.

Zukunftsgerichtete Grundsatzentscheidungen informativ zu unterstützen, stellt hohe Anforderungen an die strategische Innovations-Marktforschung. Obwohl Prognosen komplexer Systeme im herkömmlichen quantitativen Sinn unmöglich sind, muss der Innovator langfristig voraus schauen (**Zukunftsanalyse**) und zugleich kurzfristig sensibel sein (**Frühaufklärung**). Beides erfordert qualitative Ansätze, die komplexe Zusammenhänge ganzheitlich widerspiegeln und mit der »Präzision der Unschärfe« das Wesentliche erkennen. Methodische Unterstützung liefern dabei Hilfsmittel wie die **strategische Früherkennung**, die **Szenariotechnik** und die **Zukunftssimulationen** des Zielkundenverhaltens und der Expertensysteme. Besonderen Herausforderungen steht die Marktforschung bei der Erfassung vorhandener, schwer artikulierbarer, latenter oder erst entstehender Kundenbedürfnisse gegenüber.

Fazit

In den nächsten Jahren wird sich das Marketing pharmazeutischer Produkte weiter grundlegend verändern. Der Verdrängungswettbewerb und die Emanzipation der Kunden nehmen zu, die F&E-Kosten zur Entwicklung innovativer Medikamente steigen und die Zeitfenster zur alleinigen Vermarktung verringern sich kontinuierlich. Bei abnehmenden Differenzierungsmöglichkeiten durch die vertriebenen Produkte ist der Schlüssel zum Erfolg in starkem Maße mit der Annäherung der Unternehmen an ihre Kunden verbunden. Das Marketing medizinischer Innovationen wird nur dann erfolgreich sein, wenn der direkte Kontakt mit den verschiedenen Institutionen innerhalb der sich verändernden Gesundheitssysteme gesucht wird. Von Bedeutung ist dabei insbesondere der **Aufbau eines partnerschaftlichen Verhältnisses** zu den verschiedenen Meinungsbildern des Pharmamarktes.

Dabei müssen die vier klassischen Säulen des Marketings (Product, Price, Place, Promotion) überdacht und modifiziert werden. Um darüber hinaus die sich verändernden gesellschaftlichen und politischen Bedingungen mit einzubeziehen, wird zusätzlich die Erweiterung des traditionellen Ansatzes um die drei Parameter Players, Processes und Positioning als sinnvoll erachtet. Nur durch die Einbindung dieser zusätzlichen Säulen lassen sich die künftigen Aufgaben professionell lösen. Somit werden die Firmen, die vom konventionellen Weg nicht abweichen möglicherweise überleben, aber nur die, die sich den neuen Herausforderungen stellen, werden langfristig erfolgreich sein.

Literatur

Bauer H, Keller T (2000) Arzneimittelversorgung in Gesundheitsnetzen. Pharma-Marketing Journal 25: 49–53

Becker H (1991) Kommunikations-Strategien im Pharma-Markt. Dissertation, Paderborn

Dallwig R (1996) Virtuelle Pharma-Unternehmen. Pharma-Marketing Journal 21: 58–67

EthicAd Inc. (2001) FAQ about DTC Advertising – Why is DTC advertising so controversial? Atlanta http://www.ethicad.org/consumer/advocate/faq.html#7, Zugriff am 22.10.2003

EUPHAMED Marketinggesellschaft für Medizin und Pharmazie. Der Pharmamarkt, Wiesbaden 1997

Flynn L (1999) Does 'Direct-to-Consumer' advertising of prescription drugs benefit the public's health? Yes! Priorities for health 11(4): http://www.acsh.org/healthissues/newsID.669/healthissue_detail.asp

Harms F, Drüner M (2003) Pharmamarketing. Lucius & Lucius, Stuttgart

Henry J Kaiser Family Foundation (2001) Understanding the effects of direct-to-consumer prescription drug advertising. Menlo Park

Huh J, Becker L (2002) Direct-to-consumer prescription drug advertising: understanding its consequences. Athens http://www.grady.uga.edu/coxcenter/activities/activities0203/docs/HuhBeckerforMaporfinal.pdf

Link M (2003) Der medikamentöse Schwangerschaftsabbruch mit Mifegyne. In: Dokumentation der Fachtagung Qualitätsstandards in der Schwangerschaftsabbruch-Versorgung im ersten Trimenon, Pro Familia für sexuelle und reproduktive Gesundheit und Rechte, S 35–41

Maag G (2000) Netzwerke, Gesundheitsmanagement und die Pharma-Industrie. Pharma-Marketing Journal 25: 101-106

Mair W, Kan M (2001) Direct-to-Consumer-Marketing (DTC-Marketing) – Was ist das? http://www.medical-communities.de/dtc-marketing_englisch.htm, Zugriff am 05.01.2004

National Health Council (2002) Direct-to-Consumer Prescription Drug Advertising – Overview & Recommendations. Washington

Neslin S (2001) ROI Analysis of Pharmaceutical Promotion (RAPP): An Independent Study http://www.rxpromoroi.org/rapp/media/slides_speakernotes.pdf, Zugriff am 02.01.2004

O.V. (2002) Neue EU-Gesetze geplant – Zum Wohl des Patienten oder aus finanziellem Interesse der Pharmaindustrie? VFA-Tagung am 19.04.2002, Berlin 2002[b] http://www.alzheimer-ethik.de/dtca.html, Zugriff am 22.12.2003

RMI (2000) DTC Advertising Can Enhance Public Health – The case for direct-to-consumer prescription medicine advertising, Researched Medicines Industry Association of New Zealand, Wellington http://www.rmianz.co.nz/html/views/briefing/extra.html, Zugriff am 26.12.2003

Saunders B (2003) Direct to consumer advertising of prescription drugs in New Zealand – Professors' »Protest to Government« placed under the microscope, Saunders Unsworth Limited, Wellington

Schotthöfer (2005) Recht im Marketing. Grundlagen, Fallbeispiele, Urteile. Verlagsgruppe Handelsblatt. Düsseldorf

Spickschen J, Crisand M (1999) Disease Management: Eine Chance für die Pharma-Industrie. Pharma-Marketing Journal 24: 82–87

Streuli R (2002) Patient empowerment – falsch verstanden. Schweiz Med Forum Nr. 45, November 2002, http://www.medicalforum.ch/pdf_d/2002/2002-45/2002-45-459.PDF, Zugriff am 25.12.2003

Verband Forschender Arzneimittelhersteller (VFA) 2000

3.7 Fallstudie zum Kundenmanagement in der Arzneimittelindustrie

Michael Kloss und Matthias Afting

Bereits in der Konsumgüterindustrie ist das Kundenmanagement eine komplexe Aufgabe. In der Arzneimittelindustrie – abgesehen von **freiverkäuflichen OTC-Arzneimitteln** – gilt Kundenmanagement weithin als beinahe unmöglich. Schon der Begriff »Kunde« ist auf dem Arzneimittelmarkt schwer abzugrenzen. Dafür sorgt die im deutschen Gesundheitswesen etablierte Rollenverteilung zwischen Arzt, Apotheker, Patient und Krankenversicherung:

1. **Gesetzliche Krankenkassen** bezahlen verordnete Arzneimittel für ca. 90% der Bevölkerung – ein bedeutender Block im Leistungs- und Kostengefüge; gleichzeitig ein wichtiger Hebel zur Kostendämpfung.
2. **Apotheker** übernehmen zusätzlich zu ihrer Verkaufsfunktion auch Beratungsaufgaben. Angesichts des Vordringens von Internet-Apotheken hilft diese Beratung bei der Kundenbindung.
3. Für **niedergelassene Ärzte**, die verschreibungspflichtige Arzneimittel verordnen, nimmt neben therapeutischen Aspekten auch der persönliche Regress bei Überschreitung der individuellen Arzneimittelbudgets Einfluss auf das Verschreibungsverhalten.
4. **Patienten** sind an einer möglichst optimalen Therapie interessiert. Die Kosten des Arzneimittels – sofern sie für die Patienten transparent sind – spielen im derzeitigen System nur eine sekundäre Rolle.

Für die meisten Pharmakonzerne wird der Begriff Kunde daher über die »mögliche Einflussnahme auf eine Verordnung« definiert, weshalb das Kundenmanagement primär auf Arzt und Patient, aber auch auf Apotheker fokussiert ist. Wegen der engen gesetzlichen Vorgaben stehen den Pharmaunternehmen für das Kundenmanagement wesentlich weniger Marketinginstrumente zur Verfügung als etwa der Konsumgüterindustrie. Eine arzneimittelbezogene Patientenansprache ist bei **verschreibungspflichtigen Arzneimitteln** verboten; Werbung beim Endkonsumenten ist damit unzulässig. Auch

Kaufanreizsysteme sind untersagt. Dies verhindert ein Kundenbindungssystem für Patienten, Ärzte und Apotheker.

Viel Bewegung kommt in das Spannungsfeld der genannten Beteiligten durch die Ausweitung von Festbeträgen auf **patentgeschützte Arzneimittel**. Durch die Änderungen muss der Patient für bestimmte Arzneimittel aus eigener Tasche zuzahlen, wenn er keines der als »vergleichbar« eingestuften Arzneimittel aus der Festbetragsgruppe nutzen möchte. Dies ist eine neue Herausforderung für Pharmaunternehmen. Einerseits steigt damit die Notwendigkeit eines wirksamen Kundenmanagements deutlich, andererseits ist ein Erfolg versprechendes Konzept schwierig zu finden.

Ein Klient bat uns zu untersuchen, wie die verschiedenen Beteiligten auf eine mögliche Zuzahlung zu Arzneimitteln reagieren würden und wie sie aus Sicht des Kundenmanagements angesprochen werden könnten. Die Studie sollte als Basis für das künftige Kundenmanagement des Klienten dienen.

Angesichts der Komplexität der Aufgabe haben wir im Rahmen der Studie eine Vielzahl von Interviews mit Vertretern von Krankenkassen, Versicherungen, Ärzten, Patienten und Arbeitgebern geführt. Zusätzlich wurden eine Reihe von Fokusgruppen mit Ärzten, Patienten und Normalbürgern durchgeführt. Die Entscheidung zur Zuzahlung fällt zwischen Arzt und Patient, sie scheint aber überraschenderweise auf keiner klaren wissenschaftlichen Basis zu erfolgen: Während es die »**Informationsflut**« an Studiendaten den Ärzten schwierig macht, sich im voraus ein klares Urteil über eine Therapie zu bilden, beklagen Patienten den **Informationsmangel**, der es ihnen unmöglich macht, sich das für sie beste Medikament vorab auszuwählen. Folglich bilden sich beide Gruppen im Nachhinein empirische Urteile auf Basis ihrer subjektiven Erfahrung. Dies stellt eine Herausforderung für die Pharmaindustrie dar, insbesondere bei prophylaktisch wirkenden Arzneimitteln, bei denen der Grad zur Verringerung des Krankheitsrisikos subjektiv schwer messbar ist. Gerade diese Arzneimittel, zu den z. B. Blutdrucksenker gehören, stellen einen Kernmarkt im Pharmageschäft dar.

Die Erkenntnisse der Studie zu den Positionen von Apotheken, Ärzten und Patienten, die primär im Fokus der Vertriebsaktivitäten der Pharmafirmen stehen, sind im Folgenden beschrieben – jeweils mit ihrer Ausgangslage und den Implikationen für ein Kundenmanagement.

Apotheken: Komplexes Geflecht von Anreizen

Als Bedrohung sehen Deutschlands Apotheker vor allem die zunehmende Popularität von Internet-Apotheken, die mit günstigeren Preisen in den Markt drängen. Umso stärker suchen sie nach Wegen, ihre Kunden (die Patienten) oder ihre Lieferanten (insbesondere Generika-Hersteller) stärker an sich zu binden. Die Einführung von Festbeträgen belastet die Apotheken auf Grund der fast vollständig vom Preis der Arzneimittel unabhängigen Beratungsgebühr kaum. Im Gegenteil, der Apotheker hat nun im Sinne einer höheren Kundenbindung die Chance, Patienten mit Verordnungen für Arzneimittel, die preislich oberhalb des Festbetrages liegen, günstigere Medikamente zu empfehlen.

Nach unseren Untersuchungen nutzen die Apotheker diese Möglichkeit tatsächlich in größerem Umfang. Gleichzeitig kamen wir zu der Erkenntnis, dass zumindest einige Hersteller günstiger Generika versuchen die Apotheken im Sinne des Kundenmanagements einzubinden. Die Apotheken können mit dem ausdrücklichen Hinweis auf »vergleichbare« zuzahlungsfreie Arzneimittel über die Patienten Druck auf das Verschreibungsverhalten von Ärzten ausüben, während sie sich gleichzeitig mit ihren Beratungsaktivitäten beim Patienten profilieren können. Nach den Ergebnissen unserer Studie liefert das Festbetragssystem den Apothekern also eher einen Anreiz, den Patienten günstigere (Generika-) Arzneimittel zu empfehlen. Das macht sie für ein Kundenmanagement zu einer hervorragenden Zielgruppe für Generika-Hersteller, aber zu einer schwierigen Zielgruppe für die forschende Arzneimittelindustrie.

Niedergelassene Ärzte: Lohnt zusätzliche Überzeugungsarbeit gegenüber dem Patienten?

Die Einführung von Festbetragsgruppen für patentgeschützte Arzneimittel findet in der Ärzteschaft ein geteiltes Echo. Einerseits sehen sich die niedergelassenen Ärzte in ihrer Behandlungsfreiheit durch die Festbeiträge eingeschränkt: Wenn sie unter therapeutischen Aspekten ein Medikament, das preislich oberhalb seines Festbetrages liegt, einsetzen möchten, müssen sie zunächst den Patienten von einem mit seiner Zuzahlung erkauften Mehrwert überzeugen. Dies ist insbesondere bei prophylaktisch wirkenden Arzneimitteln schwierig. Andererseits reduzieren Festbetragsgruppen das ärztliche **Regressrisiko**: Bei Verordnungen, die preislich oberhalb des Festbetrages liegen, wird das **Arzneimittelbudget** nur bis zur Höhe des Festbetrages belastet. Zudem kann die Festbetragsgruppe als »Orientierungshilfe« in der kaum noch überschaubaren Vielfalt gleichartiger Arzneimittel dienen. Vor allem, da nach unseren Untersuchungen Ärzte die Fülle von Daten- und Studieninformationen der Pharmaindustrie bei gleichartigen Arzneimitteln eher als Informationsüberflutung denn als Hilfe empfinden. Die Zeit, sich durch ausgiebiges Studieren aller veröffentlichten Daten eine fundierte Meinung über den jeweiligen Mehrwert konkurrierender Medikamente zu bilden, investieren viele Ärzte nur bei ausgewählten Fragestellungen.

Ausschlaggebend für die Entscheidung für oder gegen das Verschreiben eines Arzneimittels, welches preislich oberhalb des Festbetrages liegt, ist letztendlich die subjektive Überzeugung des Arztes von dessen Wirksamkeit. Nur wenn für den Arzt der Mehrwert eines Medikamentes vorhanden ist, wird er versuchen einen Patienten vom Nutzen einer Zuzahlung zu überzeugen – nach Möglichkeit so, dass selbst der Hinweis des Apothekers auf ein vermeintlich gleichwertiges günstigeres Arzneimittel den Patienten nicht zum Umdenken veranlasst.

Für die Arzneimittelhersteller dürfte es schwer werden, den niedergelassenen Ärzten wissenschaftliche Argumentationshilfen für die Verschreibung eines Medikamentes zu liefern, ohne die ohnehin schon negativ empfundene Informationsflut zu verstärken. Kurzfristig wird es darauf ankommen, Ärzte mit hoher persönlicher Überzeugung zum Arzneimittel im Sinne einer »**produktbezogenen Kundensegmentierung**« herauszufiltern und diesen eine Argumentationshilfe für die Patienten zu geben. Damit wird die Überzeugungsarbeit des Arztes erleichtert und die Dauer des Gesprächs reduziert. Langfristig muss die Arzneimittelindustrie bereits im frühen Stadium der Arzneimittelentwicklung das Erreichen von hoher subjektive Überzeugung bei Arzt und Patient anstreben. Im Falle einer späteren Gruppierung würde dies die Argumentation bei der Zuzahlungsdebatte erheblich erleichtern.

Patienten: Mehrbelastung nur bei empfundenem Mehrwert akzeptabel

Für Patienten, deren Medikamente preislich oberhalb eines entsprechenden Festbetrages positioniert sind, bedeutet die Einführung einer Festbetragsgruppe vor allem bei chronischen Leiden eine finanzielle Belastung, der sie sich durch Umstieg auf ein günstigeres Medikament entziehen können. Ob sie dies tun, hängt neben dem finanziellen Rahmen der Zuzahlung vor allem vom subjektiv empfundenen Mehrwert des teureren Medikamentes ab. In unserer Studie haben wir deshalb Patienten zu ihrer grundsätzlichen Zahlungsbereitschaft für Arzneimittel befragt. Überraschenderweise zeigte sich in diesen Untersuchungen eine hohe **Zahlungsbereitschaft unabhängig von der Einkommenssituation** der Patienten, wenn das Medikament mit einem Mehrwert, z. B. hohe Wirksamkeit, verbunden wird.

Das Ergebnis macht jedoch auch ein Informationsdefizit deutlich: Die Einschätzung der Patienten basierte meist nicht auf Kenntnis einer objektiven wissenschaftlichen Bewertung, sondern auf einem rein subjektiven Urteil. Das Urteil wird dabei sowohl von eigener oder geschilderter persönlicher Erfahrung geprägt sein, wie von den Empfehlungen des Arztes oder des Apothekers. Einen direkten Zugang zu relevanten Informationen in einer für den Patienten verständlichen Form existiert häufig nicht. Umso mehr werden die Patienten bei Einführung einer sie betreffenden Festbetragsgruppe verunsichert. Die Patienten wissen nicht, welchem Informationslieferanten zu trauen ist.

In unseren Fokusgruppen wurde weder der Gesetzgeber noch die Arzneimittelindustrie als glaubwürdige Informationsquelle angesehen. Weder die Klassifizierung von vergleichbaren Arzneimitteln in Festbetragsgruppen, noch die Wirksamkeitsstudien der Arzneimittelindustrie wirkten überzeugend, da beim ersteren der Zwang zum Sparen, beim letzteren der Wunsch nach höherem Umsatz als Primärziel unterstellt wird. Obwohl nur wenige offene Gespräche über Wirksamkeit von spezifischen Medikamenten geführt werden, wird der Arzt vom Patienten als glaubwürdige Informationsquelle angesehen. Entsprechend gering ist daher die persönliche »Bindung« an und Zahlungsbereitschaft für ein spezifisches Medikament.

Dennoch sind die Informationslücken eine Chance für das Kundenmanagement gegenüber den Patienten. Es gilt, ihnen den Wert einer medikamentösen Therapie glaubwürdig und transparent zu machen und damit auch ihre Zahlungsbereitschaft zu verbessern. Angesichts der Voreingenommenheit vieler gegenüber der Arzneimittelindustrie und den klaren gesetzlichen Einschränkungen, ist dies jedoch nicht direkt möglich. Was bleibt – und genutzt werden kann – ist die Möglichkeit zur **indirekten Aufklärung** über »neutrale« Quellen, z. B. über Zeitschriften, TV und Internet, und der kommunikative Umweg über Patientengruppen, Ärzte und Apotheker.

Die Herausforderung der Pharmaindustrie: Kundenmanagement über die Interaktion zwischen den Akteuren

Das Kundenmanagement eines Pharmaunternehmens muss auf der Grundüberlegung beruhen, dass die **Interaktion zwischen den Gruppen** (Ärzte, Apotheker, Patienten) mindestens so wichtig ist wie die direkte **Interaktion mit jeder einzelnen dieser Gruppen**. Kundenmanagement bedeutet demnach weit

mehr als die klassische Ärzteinformation. Gerade an den Schnittstellen zwischen Arzt, Apotheker und Patient fallen die Entscheidungen über Medikamentenauswahl und Zuzahlungsbereitschaft. Da Patienten kaum direkte Informationen erhalten, hängt ihr Urteil maßgeblich vom Verhalten von Arzt und Apotheker ab. Beide Gruppen orientieren sich bei ihrer Beratung und mit ihren Empfehlungen an der Einstellung die sie beim Patienten zu Medikamentenwahl und Zuzahlungsbereitschaft erwarten. Unterstellt der Arzt zum Beispiel, dass Patienten grundsätzlich Zuzahlungen vermeiden wollen, wird er primär keine Arzneimittel verschreiben, die preislich oberhalb ihrer Festbeträge liegen. Damit versucht er nicht nur Diskussionen, sondern auch eine Abwandern des Patienten zu vermeiden. Der Patient gewinnt aus diesem Verhalten dauerhaft den Eindruck, dass das verordnete, günstige Medikament tatsächlich gleichwertig zu dem teureren sei (das teurere ist also nur »übersteuert«), selbst wenn er ursprünglich durchaus zu einer Zuzahlung bereit gewesen wäre (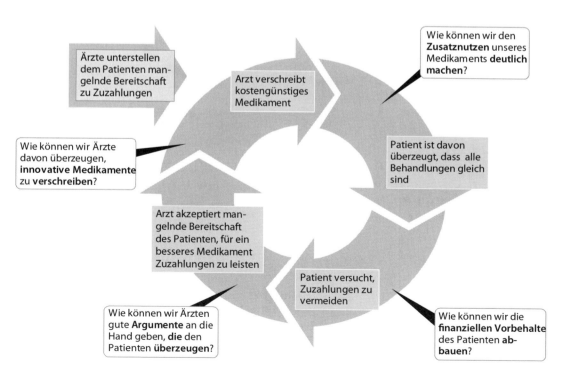 Abb. 3.7-1).

Abb. 3.7-1. Selbstverstärkung bei Fehlkommunikation zwischen Arzt und Patient

3

Die Fehlinterpretationen, die dann entstehen, wenn das unterstellte und das tatsächliche Interesse des Patienten nicht deckungsgleich sind, können letztlich allen Akteuren schaden: Dem Patienten entgeht evtl. ein wichtiger Zusatznutzen. Der Arzt und der Apotheker beraten nicht optimal. Die Kassen müssen evtl. aufgrund einer längeren Therapiedauer mehr bezahlen. Um dies zu vermeiden hilft nur eine **offene Aussprache**, insbesondere zwischen Arzt und Patient.Wie die Ergebnisse unserer Studie jedoch zeigen, finden offene Gespräche hierzu nur selten statt. Meist entscheiden Mutmaßungen über die Zahlungsbereitschaft und darüber, ob der Arzt ein Arzneimittel, das preislich oberhalb seines Festbetrages liegt, verschreibt oder der Apotheker es empfiehlt. Daher sollte die Arzneimittelindustrie im Rahmen ihres Kundenmanagements die notwendige Aussprache zwischen Arzt und Patient fördern, um dadurch Fehlschlüsse und Unterversorgung zu vermeiden.

Dies könnte durch eine **doppelte Kundensegmentierungsstrategie** erreicht werden. Ärzte mit hoher Affinität zu einem spezifischen Medikament müssen identifiziert und auf Patienten mit hoher Zahlungsbereitschaft für das spezifische Medikament fokussiert werden. Dabei sind die Segmentie-

rungskriterien hinsichtlich Arztaffinität und Patientenzahlungsbereitschaft völlig unterschiedlich. Den selektierten Ärzten müssen einfache Segmentierungskriterien für ihre Patienten und eine **wirksame Gesprächsstrategie** nahe gelegt werden, damit sie gezielt die richtigen Patienten mit den richtigen Argumenten ansprechen. Dies verhindert, dass bei Ärzten nach wenigen frustrierenden Gesprächen die Bereitschaft Überzeugungsarbeit zu leisten sinkt (◻ Abb. 3.7-2).

Die Umsetzung dieses Konzeptes und die Identifizierung und Einbindung von Ärzten und Patienten mit hoher Affinität zu dem spezifischen Medikament bleibt bei den nur eingeschränkten Werbe- und Incentivierungsmöglichkeiten eine Herausforderung für die Zukunft.

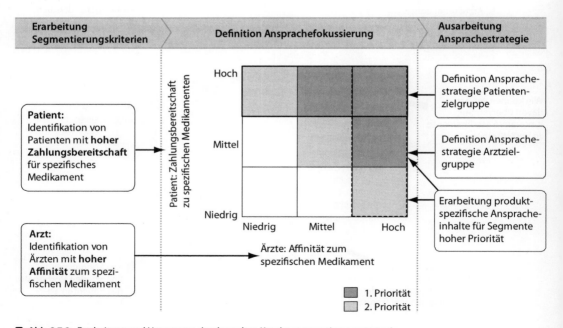

◻ **Abb. 3.7-2.** Erarbeitung und Umsetzung der doppelten Kundensegmentierungsstrategie

Finanzmanagement

4.1   Finanzmanagement im Gesundheitswesen – Einführung und methodische Grundlagen

Jonas Schreyögg

Dem **Finanzmanagement** kommt die Aufgabe zu, die Existenz der Unternehmung durch Erhaltung der **Liquidität** sicherzustellen. Liquidität bezeichnet dabei die Fähigkeit, fällige Verbindlichkeiten jederzeit uneingeschränkt erfüllen zu können. **Liquiditätsengpässe**, d. h. kurzzeitige Liquiditätsprobleme, werden als Vorstufe zur **Zahlungsunfähigkeit** gesehen und können daher die Bonität einer Organisation erheblich beeinträchtigen. Deshalb kommt dem Finanzmanagement innerhalb der Unternehmung bzw. der Organisation eine wichtige Bedeutung zu (Perridon und Steiner 1999, S. 6).

Aus dem Hauptziel der Liquiditätssicherung lassen sich die folgenden Teilaufgaben ableiten:

- **Situative Liquiditätssicherung:** tagtägliche Abstimmung von Zahlungsströmen und Bestimmung, Bildung und Auflösung der Liquiditätsreserve
- **Kurzfristige Finanzierung:** Bestimmung des Innenfinanzierungsvolumens und darauf abgestimmt die Zufuhr von Eigen- und Fremdkapital
- **Strukturelle Liquiditätssicherung:** langfristige Finanzierung der Investitionsvorgaben und dabei Vermeidung von Engpässen durch ungleichgewichtige Finanzierungsmaßnahmen

Neben der Sicherung der Liquidität sind die Rentabilität, die Sicherheit (das Risiko einer Kapitalanlage) und die Unabhängigkeit (Erhaltung der unternehmerischen Dispositionsfreiheit) wichtige Ziele des Finanzmanagements. Als zentrale Bezugsgrößen zur Zielerreichung stehen beim Finanzmanagement die **Zahlungsströme** d. h. **Ein- und Auszahlungen** bzw. **Einnahmen und Ausgaben** im Vordergrund. Dem Finanzmanagement obliegt die Planung, Steuerung und Kontrolle dieser Größen (Olfert und Reichel 2005, S. 19). Im Unterschied zu anderen Unternehmensfunktionen, z. B. dem Controlling, abstrahiert das Finanzmanagement stärker vom realwirtschaftlichen Umfeld. Bezugsgrößen, die den Unternehmenserfolg betreffen, wie Aufwand und Ertrag bzw. Kosten und Leistungen finden demnach nur dann Berücksichtigung, wenn sie eine verbesserte Einschätzung der zu erwartenden Zahlungsströme ermöglichen (Hirth 2006, S. 4).

Im Unterschied zu Unternehmen in wenig regulierten Industriezweigen unterliegen die Zahlungsströme in Organisationen des Gesundheitswesens diversen **Formen der Regulierung**. In vielen Fällen, z. B. bei Krankenkassen, sind die Einzahlungen und Auszahlungen sogar größtenteils vorgegeben. Trotzdem zeigt sich auch hier, dass eine unzureichende oder fehlende **Finanzplanung**, d. h. Prognose der Ein- und Auszahlungen bzw. Einnahmen und Ausgaben, zu unerwarteten Liquiditätsengpässen und sogar zur Zahlungsunfähigkeit führen kann. Eine fehlende Finanzplanung im Krankenkassenmanagement hat sicherlich zur Fusionswelle im Krankenkassenmarkt beigetragen (▶ **Kap. 4.2**).

Die Finanzplanung gilt als Kernstück des Finanzmanagements; sie nimmt eine systematische Schätzung, Berechnung und Steuerung der eingehenden und ausgehenden Zahlungsströme vor, die in einer Periode zustande kommen sollen (Perridon und Steiner 1999, S. 593). Für die Finanzplanung sind Prognosewerte über zukünftige Ein- und Auszahlungen, zu erwartende Umsätze und andere den Erfolg beeinflussende Faktoren erforderlich. Diese Informationen werden auf Grundlage von vergangenheits- und gegenwartsbezogenen Daten gewonnen. Zur Gewinnung dieser Informationen sind im Wesentlichen drei Prognosetechniken zu nennen:

▢ Prognosetechniken zur Finanzplanung

1. Subjektive Planzahlenbestimmung: Prognosewerte werden aufgrund von Erfahrung und Intuition ermittelt, z. B. durch selektive Expertenbefragungen oder durch die Delphi-Methode

▼

2. Extrapolierende Verfahren (Zeitreihen-analyse): Analyse von Zeitreihen der Vergangenheit in Bezug auf bestimmte Größen anhand statistischer Verfahren. Festgestellte Gesetzmäßigkeiten werden auch für die zukünftige Entwicklung unterstellt, z. B. durch exponentielle Glättung
3. Kausale Verfahren: es werden die Ursache-Wirkungszusammenhänge verschiedener Größen untersucht, z. B. durch Regressionsanalysen, um so die zukünftige Entwicklung bestimmter abhängiger Größen schätzen zu können

Bestimmte Umstände, wie ein negativer Saldo von Ein- und Auszahlungen, lassen eine **Beschaffung von Kapital** notwendig werden. Bei der Beschaffung von Kapital (Kapitalaufbringung) wird grundsätzlich zwischen **Außen- und Innenfinanzierung** bzw. **Eigen- und Fremdfinanzierung** unterschieden (◘ Abb. 4.1-1). Die Unterscheidung nach Außen- und Innenfinanzierung klassifiziert das Kapital nach seiner Herkunft. Eine Finanzierung aus Rückstellungen wäre demnach eine Form der Innenfinanzierung. Die Unterscheidung nach Eigen- und Fremdkapital charakterisiert hingegen die Rechtsstellung der Kapitalgeber. Da die Unternehmenseigner beispielsweise für Einlagen selbst haften, wird dieses Kapital als Eigenkapital bezeichnet.

Im Unterschied dazu wird eine Kreditaufnahme als Fremdkapital bezeichnet. In Abhängigkeit von der Rechtsform kann die Wahl bzgl. der Formen der Kapitalbeschaffung für Organisationen des Gesundheitswesens eingeschränkt sein. Beispielsweise darf sich eine Krankenkasse gemäß § 220 Abs. 2 SGB V nicht über Fremdkapital finanzieren. Es galt jedoch bis 31.12.2003 eine Ausnahme gemäß § 222 SGB V, die zu einer Fremdkapitalaufnahme von Krankenkassen führte (► **Kap. 4.2**).

Neben Fragen der **Kapitalaufbringung** stehen für das Finanzmanagement im Gesundheitswesen insbesondere **Vergütungsaspekte** im Vordergrund. Auch wenn die Vergütung von Organisationen in der betriebswirtschaftlichen Terminologie dem Ertrag entspricht, und somit Vergütungsaspekte eher dem Controlling zugerechnet werden müssten, werden sie im Gesundheitswesen mit dem Finanzmanagement in Verbindung gebracht (Zelman et al. 2004, S. 444ff.). Die Ausgestaltung der Vergütung stellt eine wichtige, den Erfolg beeinflussende Rahmenbedingung für das Finanzmanagement der Organisationen im Gesundheitswesen dar. Da diese Rahmenbedingungen teilweise staatlich determiniert werden, wird hier ein Bezug zur **Finanzwissenschaft** als Gebiet der Volkswirtschaftlehre deutlich. Finanzwissenschaft kann als die Lehre von der öffentlichen Finanzwirtschaft definiert werden. Analog zum Finanzmanagement bzw. der betrieblichen Finanzwirtschaft befasst sie sich mit den Einnahmen und Ausgaben der Gebietskörperschaften

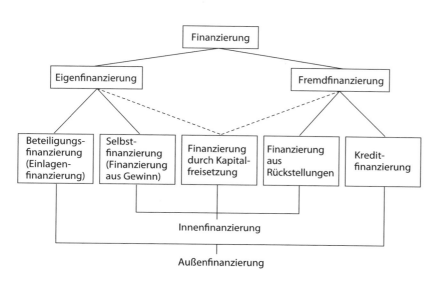

◘ **Abb. 4.1-1.** Formen der Kapitalbeschaffung (Nach Perridon und Steiner 1999, S. 344)

und Sozialversicherungsträger (Zimmermann und Henke 2005, S. 1). Im Rahmen der Finanzwissenschaft wird zwischen den Funktionen der **Mittelaufbringung (äußere Finanzierung)** und **Mittelverwendung (innere Finanzierung)** unterschieden. Während die Mittelaufbringung die Art und Weise der aufgebrachten Mittel beschreibt, z. B. über Beiträge, legt die Mittelverwendung die Vergütung von Vertreterorganisationen bzw. die Honorierung von Leistungserbringern fest. So legt die Bundesregierung mit Zustimmung des Bundesrates die Honorierung für privatärztliche ambulante Leistungen über die Gebührenordnung für Ärzte (GOÄ) fest, die neben der Gebührenordnung für gesetzlich Versicherte die Rahmenbedingungen des Finanzmanagements in Arztpraxen in entscheidendem Maße determiniert (▶ **Kap. 4.4**).

Aufgrund der unterschiedlichen gesetzlichen Rahmenbedingungen für das Finanzmanagement in Organisationen des Gesundheitswesens lassen sich nur wenige generelle Aussagen treffen. In den ▶ **Kap. 4.2–4.6.** wird daher auf die Besonderheiten des Finanzmanagements für die Organisationen in den jeweiligen Sektoren des Gesundheitswesens eingegangen. Abschließend wird in ▶ **Kap. 4.7** eine Praxisfallstudie zum Finanzmanagement in Krankenhäusern präsentiert.

In ▶ **Kap. 4.2** wird das **Finanzmanagement von Krankenkassen** beschrieben. Für das Finanzmanagement in Krankenkassen sind die zentralen Bezugsgrößen die **(Beitrags)Einnahmen und (Leistungs)Ausgaben**. Die Prognose dieser Zahlungsströme wird erleichtert, wenn der Mitgliederbestand stabil bleibt und keine Folgen durch Gesundheitsreformen zu erwarten sind. Als Instrumente der Finanzplanung kommen hier insbesondere **Zeitreihenanalysen von Teilprofilen des Risikostrukturausgleichs, Analysen aktueller Vertragsabschlüsse** auf der Ausgabenseite und **Prognosen zu den Auswirkungen abgeschlossener Tarifverträgen** auf der Einnahmeseite in Betracht. Defizite können üblicherweise durch **Betriebsmittel** und **Rücklagen** kompensiert werden. In vielen Kassen erschweren jedoch Mitgliederzuwächse und -verluste die Finanzplanung der Krankenkassen. Reichen Betriebsmittel und Rücklagen nicht mehr aus, um die Leistungsausgaben zu decken, wird zum Teil Fremdkapital aufgenommen, das die Kassen gemäß dem im Rahmen des GKV-Modernisierungsge-

setzes beschlossenen § 222 Abs. 5 SGB V über die nächsten Jahre tilgen müssen. Unter Berücksichtigung des zentralen Unternehmensziels von Krankenkassen, d. h. die Erhöhung von Marktanteilen durch Mitgliedergewinne, werden drei **strategische Optionen** zur Sicherung des Gleichgewichts von Einnahmen und Ausgaben unterschieden: **Ausgabenmanagement**, **Risikoselektion** und **Preisdumping**. Abschließend wird darauf eingegangen, dass das Prognoserisiko für das Finanzmanagement in **privaten Krankenversicherungen**, aufgrund geringer Wechselmöglichkeiten der Versicherten, wesentlich geringer ist.

Durch die **duale Krankenhausfinanzierung** in Deutschland ist das **Finanzmanagement von Krankenhäusern** (▶ **Kap. 4.3**) mit einer Vielzahl unterschiedlicher Finanzierungsquellen konfrontiert, die eine Finanzplanung sehr komplex gestalten. Es werden daher zunächst Verfahren zur Ermittlung der **Investitionsförderung** thematisiert. Da das **DRG-System und diverse Zusatzentgelte** die zentrale Finanzierungsquelle für Krankenhäuser darstellen, wird auf die Berechnung dieser Vergütungskomponenten ausführlich eingegangen. Im Hinblick auf eine langfristige Finanzplanung von Krankenhäusern ist zudem die **Antizipation der Entwicklung des Vergütungssystems** wichtig. Es werden **Szenarien für die Weiterentwicklung des Vergütungssystems** dargestellt, die durch eine abschließende **europäische Perspektive** ergänzt werden.

Die Rahmenbedingungen für das **Finanzmanagement in Arztpraxen und Ärztenetzen** (▶ **Kap. 4.4**) werden durch die Gebührenordnung für gesetzlich Versicherte (EBM2000plus) sowie die Gebührenordnung für Privatversicherte (GOÄ) vorgegeben. Als zentrale Bereiche für das Finanzmanagement werden das Kostenmanagement, das Liquiditätsmanagement und das Finanzierungsmanagement genannt. Im Rahmen des **Kostenmanagements** sind eine Transparenz der Kosten- und Leistungsstruktur sowie die Ermittlung von strategischen und operativen Kosteneinflussgrößen von zentraler Bedeutung. Eine strategische Kosteneinflussgröße wäre beispielsweise die Anschaffung von diagnostischen Geräten. Das Kostenmanagement hat somit Implikationen für das **Liquiditätsmanagement** in Arztpraxen, da die Anschaffung von diagnostischen Geräten eine zuverlässige Prognose der Einnahmen aus der GKV und PKV Vergütung erfordert. In Praxen kommt auch der kurzfristigen Liquiditätsplanung eine besondere Bedeutung zu, da Einzahlungen für privatärztliche Leistungen häufig nicht fristgerecht erfolgen. Deshalb bietet sich hier eine Zahlung per EC-Karte, Kreditkarte oder in bar vor Ort an, um Forderungen gering zu halten und die Liquidität zu erhöhen. Im Rahmen des **Finanzierungsmanagements** in Arztpraxen ist es insbesondere bei größeren Anschaffungen wichtig, den entsprechenden Bedarf für ein Gerät am Markt zu analysieren und die Folgekosten zu antizipieren, um die Rentabilität der Investition vorab zu prüfen.

Das **Finanzmanagement von Netzwerken der Integrierten Versorgung** (▶ Kap. 4.5) hat durch die im Rahmen des GKV-Modernisierungsgesetzes beschlossene Anschubfinanzierung eine neue Basis erhalten. Eine Vergütung außerhalb des Korsetts der ambulanten und stationären Versorgung ist somit gesichert. Zudem ist eine freie Wahl von Vergütungsformen möglich. Für das Finanzmanagement eines Netzwerkes zur integrierten Versorgung ist es deshalb wichtig, die Charakteristika möglicher **Vergütungsformen** für eine integrierte Versorgung zu kennen. Dabei wird unterschieden zwischen Vergütungsformen mit **direktem und indirektem Leistungsbezug.** Anschließend werden **Verfahren zur Prognose der Ein- und Auszahlungen bei verschiedenen Vergütungsformen** vorgestellt, um somit eine zuverlässige Finanzplanung für Netzwerke der integrierten Versorgung sicherzustellen.

Vor dem Hintergrund von veränderten Eigenkapitalanforderungen bei der Fremdkapitalfinanzierung als Folge von Basel II werden in ▶ Kap. 4.6 alternative Finanzierungsformen für das **Finanzmanagement in der Arzneimittelindustrie** aufgezeigt. Da sich nach den neuen Bestimmungen die Eigenkapitalanforderungen an der Bonität des jeweiligen Unternehmens orientieren, wird die **klassische Fremdkapitalfinanzierung** insbesondere für die mittelständische Arzneimittelindustrie unattraktiver. Als alternative Finanzierungsformen wird neben der Finanzierung über **Mezzanine Kapital,** das bilanziell zwischen Fremd- und Eigenkapital angesiedelt ist, auch auf die zunehmende Bedeutung von **Private Equity** und **Venture Capital** eingegangen. Abschließend wird das Konzept eines **Arzneimittel-Entwicklungsfonds** vorgestellt, der zur Über-

brückung von Finanzierungsengpässen bei Entwicklungsprojekten eingesetzt werden kann.

Literatur

Hirth H (2005) Grundzüge der Finanzierung und Investition. Oldenbourg, München

Olfert K. Reichel C (2005) Finanzierung. Kiehl, Ludwigshafen

Perridon L, Steiner M (1999) Finanzwirtschaft der Unternehmung, 10. Aufl. Vahlen, Wiesbaden

Zelman W, McCue MJ, Millikan AR, Glick ND (2004) Financial Management in Health Care Organizations, 2nd ed. Blackwell, Malden (USA)

Zimmermann H, Henke K-D (2005) Finanzwissenschaft, 9. Aufl. Vahlen, München

4.2 Finanzmanagement in Krankenversicherungen

Jürgen Wasem und Stefan Greß

4.2.1 Gesetzliche und strukturelle Rahmenbedingungen

Optionen zur Kalkulation von Krankenversicherungsbeiträgen

Krankenversicherungen sind – im Gegensatz zu nationalen Gesundheitsdiensten wie dem britischen National Health Service – beitragsfinanzierte Sicherungssysteme. Die Prinzipien, die bei der Kalkulation der Beiträge zugrunde gelegt werden, können sehr unterschiedlich sein, womit zugleich sehr unterschiedliche Ziele realisiert werden können (Wasem und Greß 2002).

Wie ▢ **Tab. 4.2-1** deutlich macht, sind zwei Dimensionen in der Analyse relevant. Einerseits können die Beiträge auf das **versicherungstechnische Risiko** bezogen werden, das der Versicherte repräsentiert. Andererseits können die Beiträge auf den **Zeit- bzw. Kohortenbezug** rekurrieren. In Bezug auf die Dimension des Risikos können grundsätzlich drei Spielarten der Beitragskalkulation unterschieden werden (▢ Tab. 4.2-1):

– **Einkommensbezogene Beiträge:** Hier hängen die Beiträge nicht vom Risiko des Versicherten ab; vielmehr besteht eine Anknüpfung an seine wirtschaftliche Leistungsfähigkeit – es besteht »Risikosolidarität« und »Einkommenssolidarität« (van de Ven und Ellis 2000).

4

◘ **Tab. 4.2-1.** Beitragskalkulation in Krankenversicherungssystemen

Dimension: Zeit- und Kohortenbezug des Beitrags	Dimension: Risikobezug des Beitrags		
	Einkommensbezogene Beiträge	Pauschale Kopfbeiträge	Risikobezogene Beiträge
Umlageverfahren	– GKV Niederlande (bis 2005) – Bürgerversicherung Niederlande (seit 2006)		
	– GKV Deutschland – Soziale Pflegeversicherung Deutschland	– PKV Niederlande (Standardtarif; bis 2005) – GKV Schweiz	
		– PKV Deutschland (Standardtarif) – Private Pflegepflichtversicherung Deutschland	
Kapitaldeckungsverfahren			PKV Deutschland
Kohortenspezifisches Umlageverfahren	PKV Chile (wahl-obligatorischer Teil)	PKV USA (Teilmärkte)	– PKV Niederlande (bis 2005) – PKV USA

– **Pauschale Kopfbeiträge:** Hier zahlt (im Idealmodell) jeder Versicherte, unabhängig von seinem Risiko den gleichen absoluten Beitrag. Dieser hängt zwar nicht vom Risiko ab, knüpft aber auch nicht an die wirtschaftliche Leistungsfähigkeit an – es besteht Risikosolidarität, jedoch keine Einkommenssolidarität.

– **Risikobezogene Beiträge:** Die Beiträge entsprechen (im Idealmodell) dem erwarteten Risiko, das der Krankenversicherer übernimmt, wenn er den Versicherten versichert. Damit ist weder Risiko- noch Einkommenssolidarität gegeben. Hierbei lassen sich noch zwei wesentliche Spielarten unterscheiden: Entweder der Krankenversicherer kann in regelmäßigen Abständen die Einschätzung bezüglich des Gesundheitszustandes (insbesondere anhand der ihm aus dem laufenden Versicherungsverhältnis vorliegenden Daten) überprüfen und die Vertragsbedingungen anpassen, oder er kann nur zu Beginn des Versicherungsverhältnisses eine (einmalige) Einschätzung vornehmen.

Auch in Bezug auf den **Zeit- bzw. Kohortenbezug** können grundsätzlich drei Varianten unterschieden werden (Wasem 1997):

1. **Umlageverfahren:** Die Beiträge aller Versicherten werden für eine Periode (zumeist ein Jahr) so kalkuliert, dass sie ausreichen, die erwarteten Leistungsausgaben zu decken.

2. **Kapitaldeckungsverfahren:** Die Beiträge aller Versicherten einer Altersgruppe werden so kalkuliert, dass sie über den gesamten Lebenszyklus ausreichen, die erwarteten Leistungsausgaben dieser Altersgruppe zu decken. Daher wird in jungen Jahren eine Alterungsrückstellung aufgebaut, die mit dem Alter wieder abgebaut wird.

3. **Kohortenspezifisches Umlageverfahren:** Die Beiträge aller Versicherten einer Altersgruppe werden so kalkuliert, dass sie in einer Periode ausreichen, die erwarteten Leistungsausgaben in einer Periode (zumeist ein Jahr) zu decken.

Die beiden Dimensionen können unterschiedlich miteinander kombiniert werden, womit sich insgesamt neun idealtypische Kombinationen ergeben. In ◘ **Tab. 4.2-1** wird gezeigt, dass die meisten der idealtypisch möglichen Kombinationen auch realtypisch vorzufinden sind (zum Teil als Mischform).

In der deutschen gesetzlichen Kranken- und auch in der sozialen Pflegeversicherung wird das Umlageverfahren mit einkommensbezogenen Beiträgen verknüpft. In der Schweiz dagegen wird das Umlageverfahren mit Kopfbeiträgen und in den Niederlanden mit einer Kombination aus Kopfbeiträgen und einkommensbezogenen Beiträgen verbunden. Das Ausmaß der Einkommensorientierung hängt offenbar davon ab, inwieweit der Gesetzgeber der Auffassung ist, Einkommensumverteilung sollte über das Steuersystem hinaus auch in den Sozialversicherungssystemen stattfinden.

In der deutschen privaten Krankenversicherung wird das Kapitaldeckungsverfahren mit risikobezogenen Beiträgen verknüpft. Wenn der Gesetzgeber die Private Krankenversicherung jedoch in den Dienst sozialpolitischer Ziele stellen will, kann er Abweichungen von risikobezogenen Beiträgen regulierend vorschreiben – etwa mit dem Standardtarif in Holland oder der Pflegepflichtversicherung in Deutschland.

In Deutschland hat sich der Gesetzgeber seit der Verabschiedung des Gesundheitsstrukturgesetzes im Jahr 1992 in der Gesetzlichen Krankenversicherung für ein Wettbewerbsmodell mit Wahlfreiheit der Versicherten entschieden. Wenn Krankenversicherungen jedoch auf die Kalkulation risikobezogener Beiträge verzichten müssen, haben die miteinander konkurrierenden Unternehmen starke Anreize zur Selektion günstiger Risiken. Umgekehrt bestehen keine Anreize, sich um chronisch kranke Versicherte zu bemühen (schlechte Risiken). Das gilt insbesondere dann, wenn diese Bemühungen dazu führen, dass – etwa vermittelt über Ärzte – weitere schlechte Risiken sich wegen der guten Versorgung dieser Krankenkasse anschließen würden.

Der Gesetzgeber hat diese Anreizprobleme erkannt und parallel zur Einführung der **freien Krankenkassenwahl** auch einen **Risikostrukturausgleich (RSA)** eingeführt, der die Anreize zur Risikoselektion für die untereinander konkurrierenden Krankenkassen neutralisieren soll. Dies gelingt umso besser, je eher die Transfers in Folge des Risikostrukturausgleichs bei den Krankenkassen eine

Situation entstehen lassen, in der risikobezogene Beiträge simuliert werden. Im Idealfall stehen der Krankenkasse unter Berücksichtigung von Beitragseinnahmen und RSA-Transfers für jeden einzelnen Versicherten genau die Einnahmen zur Verfügung, die die Krankenkasse an Ausgaben für diesen Versicherten erwartet. Faktisch führt der Risikostrukturausgleich dann zu einer Simulation risikobezogener Beiträge und zu einer vollständigen Neutralisierung von Anreizen zur Risikoselektion (Van de Ven und Ellis 2000).

Bei der Erreichung dieses Ziels sind allerdings auch eine Reihe von Nebenbedingungen zu beachten. So sollte der RSA Anreize zu wirtschaftlichem Verhalten möglichst weitgehend bestehen lassen, die Suche nach effektiven und effizienten Versorgungsstrukturen nicht beeinträchtigen und darüber hinaus administrativ handhabbar und manipulationsresistent sein. Zwischen dem Hauptziel (Neutralisierung der Risikoselektion) und den Nebenbedingungen können Zielkonflikte bestehen. So besteht etwa ein Konflikt zwischen dem Ziel, Risikostrukturunterschiede möglichst vollständig auszugleichen und dem Wirtschaftlichkeitsziel. Der am weitesten gehende Ausgleich von Risikostrukturen würde dann erfolgen, wenn für jeden Versicherten seine tatsächlichen individuellen Leistungsausgaben ausgeglichen würden; dann hätte die Krankenkasse jedoch kein Interesse mehr an wirtschaftlicher Leistungserbringung.

Gesetzliche Grundlagen der GKV

Die gesetzlichen Rahmenbedingungen für das Finanzmanagement in den gesetzlichen Krankenkassen werden vor allem durch das **Sozialgesetzbuch V** gesetzt (Maaßen et al. 2005). Die Vorgaben des Gesetzes beziehen sich vor allem auf die **Kalkulation des Beitragssatzes** sowie auf die Regelungen zu **Finanz- und Ausgabenausgleichen**.

Der § 220 SGB V macht zentrale Vorgaben für die Beitragsbemessung. Im ersten Absatz ist festgelegt, dass die Mittel für die Krankenversicherung durch Beiträge und sonstige Einnahmen aufgebracht werden:

»Die Beiträge sind so zu bemessen, dass sie zusammen mit den sonstigen Einnahmen die im Haushaltsplan vorgesehenen Ausgaben und die vorgeschriebene Auffüllung der Rücklage decken. Für die Bemes-

4

sung sind der Betrag der vorgesehenen Einnahmen um den zu Beginn des Haushaltsjahres vorhandenen Betriebsmittelüberschuss und der Betrag der vorgesehenen Ausgaben um die erforderliche Auffüllung des Betriebsmittelbestandes zu erhöhen.«

Die voraussichtlich erforderlichen Ausgaben sind sorgfältig zu schätzen. Verwaltungsausgaben werden durch einen Stellenplan und absehbare Veränderungen der Personalkosten geschätzt. Wegen des wesentlich größeren Anteils an den Gesamtausgaben ist vor allem die **Schätzung der Leistungsausgaben** im Haushaltsplan von besonderer Bedeutung. Insoweit Leistungsausgaben aufgrund gesetzlicher Regelungen budgetiert sind und nur im gleichen Prozentsatz wie die beitragspflichtigen Einnahmen aller Mitglieder der GKV wachsen dürfen, können diese auf der Grundlage bestehender Vergütungsvereinbarungen fortgeschrieben werden. Bei der Schätzung der Ausgaben sind darüber hinaus die Auswirkungen gesetzlicher Neuregelungen zu berücksichtigen. Besonders explizit wurde dieser Grundsatz durch den im Rahmen des GKV-Modernisierungsgesetzes hinzugefügten Abs. 4 des § 220 SGB V. Danach werden die Krankenkassen verpflichtet, Einsparungen etwa durch Leistungsausschlüsse für Beitragssatzsenkungen zu verwenden.

Den ausgeglichenen Haushalt und ggf. die Auffüllung der gesetzlich vorgeschriebenen Rücklage müssen die Krankenkassen vor allem durch **Beitragseinnahmen** sicherstellen. Nach § 261 SGB V müssen die Krankenkassen zur Sicherstellung ihrer Leistungsfähigkeit eine Rücklage bilden (Abs. 1). Die Höhe der Rücklage (Rücklagesoll) wird in der Satzung festgelegt. Obergrenze ist eine Monatsausgabe, Untergrenze ist ein Viertel einer Monatsausgabe (Abs. 2). Beitragssatzerhöhungen alleine zur Auffüllung der Rücklage sind nicht zulässig (Abs. 4). Sonstige Einnahmen spielen für die Krankenkassen mit Ausnahme des Bundeszuschusses zur Gesetzlichen Krankenversicherung zur Finanzierung versicherungsfremder Leistungen nach § 221 SGB V nur eine untergeordnete Rolle.

Ein zu Beginn des Haushaltsjahres vorhandener Betriebsmittelüberschuss ist bei der Bemessung der Beiträge zu berücksichtigen. Nach § 81 SGB IV sind **Betriebsmittel** kurzfristig verfügbare Mittel, die die Krankenkassen zur Bestreitung ihrer laufenden Ausgaben sowie zum Ausgleich von Ein-

nahme- und Ausgabeschwankungen bereithalten müssen. Im Durchschnitt des Haushaltsjahres dürfen die Betriebsmittel nach § 260 Abs. 2 SGB V das 1,5fache der Monatsausgabe einer Krankenkasse nicht überschreiten. Die Betriebmittelreserve liegt demnach bei einer halben Monatsausgabe. Der Betrag der vorgesehenen Einnahmen ist dann um den Betriebsmittelüberschuss zu erhöhen, so dass zum Haushaltsausgleich weniger Beitragseinnahmen notwendig sind. Umgekehrt werden höhere Beitragseinnahmen notwendig, wenn eine Auffüllung des Betriebsmittelbestands notwendig ist. Eine Untergrenze für vorzuhaltende Betriebsmittel ist gesetzlich nicht festgelegt. Nach § 260 Abs. 3 SGB V ist lediglich festgelegt, dass Betriebsmittel im erforderlichen Umfang bereitzuhalten sind.

Während sich der erste Absatz des § 220 SGB V auf die Aufstellung eines **Haushaltsplans** und damit auf die Finanzplanung bezieht, heben die Absätze 2 und 3 auf das laufende Finanzmanagement ab:

»Ergibt sich während des Haushaltsjahres, dass die Betriebsmittel der Krankenkasse einschließlich der Zuführung aus der Rücklage und der Inanspruchnahme eines Darlehens aus der Gesamtrücklage zur Deckung der Ausgaben nicht ausreichen, sind die Beiträge zu erhöhen. Muss eine Krankenkasse, um ihre Leistungsfähigkeit zu erhalten oder herzustellen, dringend ihre Einnahmen vermehren, hat der Vorstand zu beschließen, dass die Beiträge bis zur satzungsmäßigen Neuregelung erhöht werden; der Beschluss bedarf der Genehmigung der Aufsichtsbehörde. Kommt kein Beschluss zustande, ordnet die Aufsichtsbehörde die notwendige Erhöhung der Beiträge an (Absatz 2). Übersteigen die Einnahmen der Krankenkasse die Ausgaben und ist das gesetzliche Betriebsmittel- und Rücklagesoll erreicht, sind die Beiträge durch Änderung der Satzung zu ermäßigen (Absatz 3).«

Der Gesetzgeber geht grundsätzlich davon aus, dass **Änderungen der Beitragssätze** zu Beginn des Haushaltsjahres erfolgen. Abweichungen von der geschätzten Einnahmen- und Ausgabenentwicklung sollen zunächst durch Betriebsmittel, Entnahmen aus der Rücklage oder ggf. durch ein Darlehen aus der Gesamtrücklage erfolgen. Die Satzungen der Landesverbände können nach § 262 SGB V bestimmen, dass die von den Verbandsmitgliedern zu bildenden Rücklagen bis zu einem Drittel des Rücklagesolls von dem Landesverband als Sondervermögen (Gesamtrücklage) verwaltet werden. Erst wenn diese Maßnahmen nicht ausreichen, sind Beiträge auch während des Haushaltsjahres zu erhöhen. Im Normalfall wird die **Beitragserhöhung** durch eine Änderung der Satzung und damit durch den Verwaltungsrat vorgenommen. Nur wenn die Leistungsfähigkeit der Krankenkasse akut bedroht ist, darf der Vorstand im Vorgriff auf die Änderung der Satzung mit Zustimmung der Aufsichtsbehörde den Beitrag erhöhen. Letztere kann ggf. den Beitrag auch ohne Vorstandsbeschluss erhöhen. Eine entsprechende Notmaßnahme ist bei unvorhergesehenen Einnahmeüberschüssen nicht notwendig. Die Pflicht zur Reduzierung der Beiträge durch Änderung der Satzung bei Überschreitung der maximalen Betriebsmittel und Rücklagebeträge bleibt bestehen.

Aus den bisherigen Ausführungen geht hervor, dass Krankenkassen im Grundsatz – mit Ausnahme eines etwaigen Darlehens aus der Gesamtrücklage – keine Kredite aufnehmen dürfen. Ein **ausgeglichener Haushalt** muss durch die Festsetzung des Beitragssatzes erreicht werden. Eine befristete Ausnahme dieses Grundsatzes regelt § 222 SGB V, der Krankenkassen im Beitrittsgebiet eine befristete Aufnahme von Darlehen bis Ende des Jahres 1998 erlaubte. Durch das GKV-Modernisierungsgesetz ist § 222 SGB V Abs. 5 ergänzt worden, der sich auf alle Krankenkassen bezieht – nicht nur auf solche im Beitrittsgebiet. Die Vorschrift trifft Regelungen für Krankenkassen, die bis zum 31.12.2003 abweichend von § 220 Darlehen zum Haushaltsausgleich aufgenommen haben.

Darüber hinaus bezieht sich die Regelung darauf, dass zahlreiche Krankenkassen in den Jahren vor 2003 notwendige Beitragssatzerhöhungen unterlassen haben und stattdessen rechtswidrig Darlehen aufgenommen haben. Die rechtswidrigen Darlehen werden mit der Vorschrift in gewisser Weise nachträglich legalisiert; neue Darlehen sollen nach Halbsatz 2 allerdings nicht zulässig sein. Die betroffenen Krankenkassen müssen ihrer Aufsichtsbehörde ein Konzept zur Tilgung der Darlehen vorlegen. Die Darlehen müssen jährlich zu mindestens einem Viertel zurückgezahlt werden, so dass sie spätestens bis zum 31.12.2007 zurückgezahlt sind.

Gemäß § 274 SGB V sind die Aufsichtsbehörden (das Bundesversicherungsamt bzw. die zuständigen Behörden der Bundesländer; vgl. ▶ Kap. 2.2) für die Prüfung der Geschäfts-, Rechnungs- und Betriebsführung zuständig. Diese Prüfung hat mindestens alle 5 Jahre zu erfolgen und bezieht sich vor allem auf die **Gesetzmäßigkeit und Wirtschaftlichkeit der Verwaltung**.

Die bisherigen Regelungen bezogen sich überwiegend auf die Haushaltsführung der einzelnen Krankenkasse. Eine funktionsfähige Wettbewerbsordnung bedarf jedoch auch eines Risikostrukturausgleichs, der Anreize zur Risikoselektion für die einzelnen Krankenkassen neutralisiert. Die **Regelungen zum Risikostrukturausgleich** finden sich in den **§§ 266–269 SGB V** sowie in der Verordnung über das Verfahren zum Risikostrukturausgleich in der Gesetzlichen Krankenversicherung – Risikostrukturausgleichsverordnung (RSAV). § 266 SGB V regelt das Berechnungsverfahren des RSA, § 267 SGB V normiert die notwendigen Datenerhebungen, § 268 SGB V schreibt das Verfahren zur Weiterentwicklung des Risikostrukturausgleichs vor und § 269 SGB V regelt die solidarische Finanzierung besonders aufwändiger Leistungsfälle, den Risikopool.

Der Risikostrukturausgleich ist kassenartenübergreifend und – mit Ausnahme der landwirtschaftlichen Krankenkassen – für alle Krankenkassen obligatorisch. §§ 265 und 265a SGB V erlauben darüber hinaus auch noch freiwillige Finanzausgleiche innerhalb der Kassenarten.

Nach § 266 Abs. 1 SGB V wird der Risikostrukturausgleich jährlich durchgeführt. Mit dem Risikostrukturausgleich sollen keine tatsächlichen Ausgabenunterschiede, sondern die finanziellen Auswirkungen von Unterschieden in den beitragspflichtigen Einnahmen der Mitglieder, der Zahl der Familienversicherten und der Verteilung der Versicherten nach Alter, Geschlecht, Bezug/Nicht-Bezug einer Erwerbsminderungsrente und Einschreibung/Nicht-Einschreibung in ein strukturiertes Behandlungsprogramm zwischen den Krankenkassen ausgeglichen werden. Es handelt sich um ein retrospektives Verfahren. Die endgültigen Daten zur Berechnung von Finanzkraft und Beitragsbedarf liegen daher erst nach Ablauf des Kalenderjahres vor. Daher werden im Rahmen eines monatlichen Ausgleichs vorläufige Zahlungen geleistet, die im Jahresausgleich verrechnet werden.

Kern des Risikostrukturausgleichs ist die Gegenüberstellung von Beitragsbedarf und Finanzkraft

◘ Tab. 4.2-2. Drei-Kassen-Beispiel zur Berechnung des Risikostrukturausgleichs

		Kasse 1	Kasse 2	Kasse 3	GKV	Standardisierte Leistungsausgaben
(1) Anzahl Versicherte	Jung	500	150	100	750	
	Mittel	150	150	200	500	
	Alt	100	150	500	750	
	Summe	750	450	800	2.000	
(2) Berücksichtigungsfähige Leistungsausgaben pro Kopf	Jung	60	60	70		
	Mittel	80	90	100		
	Alt	200	190	180		
	Durchschnitt	82,67	113,33	146,25		
(3) Berücksichtigungsfähige Leistungsausgaben insgesamt: (1) × (2)	Jung	30.000	9.000	7.000	46.000	/ 750 = 61,33
	Mittel	12.000	13.500	20.000	45.500	/ 500 = 91
	Alt	20.000	28.500	90.000	138.500	/ 750 = 84,67
	Summe	62.000	51.000	117.000	230.000	/ 2.000 = 115
(4) Verwaltungsausgaben pro Kopf		6	6	6		
(5) Verwaltungsausgaben insgesamt: (1) × (4)		4.500	2.700	4.800		
(6) Nicht berücksichtigungsfähige Leistungsausgaben (Satzungsleistungen) pro Kopf		4	8	12		
(7) Nicht berücksichtigungsfähige Leistungsausgaben (Satzungsleistungen) insgesamt: (1) × (6)		3.000	3.600	9.600		
(8) Leistungs- und Verwaltungsausgaben pro Kopf: (2) + (4) + (6)		92,67	127,33	164,25		
(9) Leistungs- und Verwaltungsausgaben insgesamt: (1) × (8)		69.500	57.300	131.400		
(10) Beitragspflichtige Einnahmen pro Kopf		1.100	1.000	900	997,5	
(11) Beitragspflichtige Einnahmen insgesamt: (1) × (10)		825.000	450.000	720.000	1.995.000	
(12) Rechnerischer Beitragssatz vor RSA: (9) / (11)		**8,42%**	**12,73%**	**18,25%**		
(13) Ausgleichsbedarfssatz: (3) / (11)					11,53%	

⬛ Tab. 4.2-2. (Fortsetzung)

	Kasse 1	Kasse 2	Kasse 3	GKV	Standardisierte Leistungsaus-gaben
(14) Beitragsbedarf: (1) × standardisierte Leistungsaus-gaben	500 × 61,33 + 150 × 91 + 100 × 184,67 = 62.783	150 × 61,33 + 150 × 91 + 150 × 184,67 = 50.550	100 × 61,33 + 200 × 91 + 500 × 184,67 = 116.667		
(15) Finanzkraft: (11) × (13)	95.113	51.880	83.008		
(16) Transfer: (15) – (14)	-32.329	-1.330	33.659	0	
(17) Transfer in Beitragssatz-punkten: (16) / (11)	3,92%	0,30%	-4,67%		
(18) Rechnerischer Beitrags-satz nach RSA: (12) + (17)	12,34%	13,03%	13,58%		

einer Krankenkasse. Der **Beitragsbedarf** drückt die durchschnittliche Risikobelastung einer Krankenkasse im Verhältnis zur durchschnittlichen Risikobelastung aller Krankenkassen aus. Analog kommt in der **Finanzkraft** die Höhe der beitragspflichtigen Einnahmen der Mitglieder einer Krankenkasse im Vergleich zur durchschnittlichen Höhe der Einnahmen der Mitglieder aller Krankenkassen zum Ausdruck. Ist der Beitragsbedarf einer Krankenkasse höher als ihre Finanzkraft, erhält sie Zahlungen aus dem Risikostrukturausgleich (»**Empfängerkasse**«). Ist umgekehrt die Finanzkraft höher als der Beitragsbedarf, muss die Krankenkasse Zahlungen leisten (»**Zahlerkasse**«). Die Summe aller Zahlungsströme ergibt Null.

In ⬛ **Tab. 4.2-2** wird die Berechnung des RSA an einem stark vereinfachten Beispiel (mit nur drei Krankenkassen und drei Versichertengruppen) illustriert. Zur Berechnung des Beitragsbedarfs werden für alle Versichertengruppen die standardisierten Leistungsausgaben (GKV-weite berücksichtigungsfähige Leistungsausgaben pro Versicherungsjahr in der jeweiligen Versichertengruppe) mit der Anzahl der Versicherten in der Krankenkasse multipliziert. Zur Berechnung des Finanzbedarfs wird das Produkt aus dem GKV-einheitlichen Ausgleichsbedarfssatz (ABS = Summe aller Beitragsbedarfe in der GKV dividiert durch Summe aller beitragspflichtigen Einnahmen in der GKV) und der

Summe der beitragspflichtigen Einnahmen in der Krankenkasse gebildet. Das Beispiel illustriert, dass bezüglich der Ausgaben 1. nur jeweils die standardisierten – und nicht die tatsächlichen – Leistungsausgaben eingehen und 2. Verwaltungsausgaben und Ausgaben für freiwillige Satzungsleistungen nicht ausgleichsfähig und damit unmittelbar beitragssatzrelevant sind. Bezüglich der Einnahmen ist zu beachten, dass nicht die tatsächlichen Einnahmen der Kasse – also beitragspflichtige Einnahmen mal Beitragssatz – berücksichtigt werden, sondern lediglich die beitragspflichtigen Einnahmen unabhängig vom tatsächlichen Beitragssatz. Falls die tatsächlichen Beitragssätze höher oder niedriger als die errechneten sind, führt dies für das jeweilige Jahr zu Überschüssen bzw. Verlusten.

Etwas vereinfacht ergibt sich aus dem bisher Gesagten, dass die Kassen ihren rechnerischen Beitragssatz wie folgt kalkulieren müssen (wobei der tatsächliche Beitragssatz ggf. etwas abweichen wird):

$$\text{Beitragssatz: } ABS + \frac{\begin{array}{l}\text{(tatsächliche Leistungsausgaben)} - \\ \text{(standardisierte Leistungsausgaben)} \\ + \text{Ausgaben für Satzungsleistungen} \\ + \text{Verwaltungsausgaben}\end{array}}{\begin{array}{l}\text{Summe der beitragspflichtigen Ein-} \\ \text{nahmen der Mitglieder}\end{array}}$$

Für die in ◘ **Tab. 4.2-2** enthaltende Beispielskasse 1 ergibt sich somit:

$$\text{Beitragssatz: } 11{,}53 + \frac{(62.000) - (62.783) + 3.000 + 4.500}{825.000} = 12{,}34\%$$

Mit dem § 268 SGB V hat der Gesetzgeber der Tatsache Rechnung getragen, dass die derzeitige Berechnung des Beitragsbedarfs die durchschnittliche Risikobelastung einer Krankenkasse im Verhältnis zur durchschnittlichen Risikobelastung aller Krankenkassen nur sehr unvollständig wiedergibt und damit Anreize zur Risikoselektion für die Krankenkassen nicht hinreichend neutralisiert (Jacobs et al. 2002). Gefordert wird nunmehr die **morbiditätsbezogene Bildung von Versichertengruppen**. Für die Auswahl geeigneter Gruppenbildungen, Gewichtungsfaktoren und Klassifikationsmerkmale hat das Bundesministerium für Gesundheit und Soziale Sicherung eine wissenschaftliche Untersuchung in Auftrag gegeben, deren Ergebnisse inzwischen vorliegen und vom Ministerium veröffentlicht wurden (Reschke et al. 2004). Gemäß § 268 SGB V Abs. 2 Satz 1 hat das Ministerium per Rechtsverordnung mit Zustimmung des Bundesrates Näheres zur Umsetzung des morbiditätsorientierten Risikostrukturausgleichs festzulegen.

Der Gesetzgeber hat parallel zur Weiterentwicklung des RSA in Richtung einer direkten Morbiditätsorientierung beschlossen, einen **Risikopool** für besonders teure Leistungsfälle einzurichten (§ 269 SGB V), mit dem – im Gegensatz zum RSA – 60% der tatsächlichen Leistungsausgaben oberhalb eines Schwellenwertes ausgeglichen werden. Damit soll zum einen der Tatsache Rechnung getragen werden, dass bis zur Umsetzung des **morbiditätsorientierten RSA** noch einige Zeit vergeht, andererseits sollen mit einem solchen Instrument auch untypisch teure Leistungsfälle aufgefangen werden. Dass aus dem Risikopool tatsächliche Aufwendungen erstattet werden, kann mit Blick auf die Anreizstrukturen als problematisch angesehen werden. Durch die hohe Eigenbeteiligung einer Krankenkasse – die Erstattung aus dem Risikopool setzt erst oberhalb eines Schwellenwerts ein und selbst oberhalb des Schwellenwerts verbleibt ein Eigenanteil von 40% bei der Krankenkasse – bleibt das Interesse der Krankenkassen an einer wirtschaftlichen Mittelverwendung aber gewahrt. Der Schwellenwert betrug im Jahr 2003 € 20.450 und wird seitdem jährlich dynamisiert. Im Jahr 2003 wurden rund 3% aller Ausgaben in der Gesetzlichen Krankenversicherung über den Risikopool finanziert.

Gesetzliche Grundlagen der PKV (Voll- und Zusatzversicherung)

Wesentliche Rechtsgrundlage für das Finanzmanagement in der Privaten Krankenversicherung ist das **Versicherungsaufsichtsgesetz (VAG)** mit daraus abgeleiteten Rechtsverordnungen. Insgesamt gilt für die Kalkulation von Beiträgen in der PKV der Grundsatz: *»Es dürfen nur risikogerechte Prämien kalkuliert werden.«* (§ 10 Abs. 1 Satz 3 Kalkulationsverordnung) Soweit die Private Krankenversicherung als **substitutive Krankenversicherung** betrieben wird, d. h. als **Vollversicherung** in der Lage ist, die Gesetzliche Krankenversicherung ganz oder teilweise zu ersetzen, ist vorgeschrieben (§ 12 VAG), dass sie »*nur nach Art der Lebensversicherung betrieben werden (darf), wobei*

1. *die Prämien auf versicherungsmathematischer Grundlage unter Zugrundelegung von Wahrscheinlichkeitstafeln und anderen einschlägigen statistischen Daten, insbesondere unter Berücksichtigung der maßgeblichen Annahmen zur Invaliditäts- und Krankheitsgefahr, zur Sterblichkeit, zur Alters- und Geschlechtsabhängigkeit des Risikos und zur Stornowahrscheinlichkeit und unter Berücksichtigung von Sicherheits- und sonstigen Zuschlägen sowie eines Rechnungszinses zu berechnen sind,*

2. *die Alterungsrückstellung nach § 341f des Handelsgesetzbuchs zu bilden ist.«*

Die PKV-Unternehmen verwenden hierfür unternehmensindividuelle Daten in Bezug auf die mit einem Tarif zu erwartenden Ausgabenniveaus sowie die Stornowahrscheinlichkeit und versichertenindividuelle Daten für den persönlichen Gesundheitszustand. Bei der Sterblichkeit werden unternehmensübergreifende, verbandseinheitliche Daten verwendet, da diese Datenbasis aufgrund der größeren Fallzahlen stabiler ist. Der Rechnungszins darf 3,5 vom Hundert nicht übersteigen

(§ 4 Kalkulationsverordnung); faktisch verwenden alle Unternehmen diesen Wert. Der Sicherheitszuschlag muss mindestens 5 vom Hundert betragen (§ 7 Kalkulationsverordnung); Kostenzuschläge müssen im Übrigen altersunabhängig einkalkuliert werden (§ 8 Abs. 4 Kalkulationsverordnung).

Ergebnis der Kalkulation der Versicherer ist ein unter der **Annahme** gleichbleibender Verhältnisse lebenslang **konstanter Beitrag** (Bohn 1980). Aufgrund der **Veränderungen der Gesundheitskosten** (allgemeine Inflation, spezifische Kostensteigerungen durch den medizinischen Fortschritt) sowie der **Veränderung der Lebenserwartung** bleiben die Verhältnisse jedoch nicht gleich (Unabhängige Expertenkommission zur Untersuchung der Problematik steigender Beiträge der privat Krankenversicherten im Alter 1997). Die privaten Krankenversicherer dürfen (und müssen) die Prämien dann nachkalkulieren (§ 12b VAG). Da aus der **Nachkalkulation** insbesondere für ältere Versicherte bisweilen starke Prämienanpassungen resultierten, hat der Gesetzgeber in mehreren Schritten **zusätzliche Regulierungen** vorgeschrieben. So sind die Unternehmen seit dem Jahr 2000 verpflichtet, den Überzins (Differenz zwischen dem auf dem Markt erzielten Zins aus der Anlage der Alterungsrückstellungen und dem kalkulierten Zins von maximal 3,5 vom Hundert) zu 90% in die Bildung einer **zusätzlichen Alterungsrückstellung** zu geben (§ 12a VAG). Auch müssen die Versicherungen bei Neuverträgen seitdem einen **zusätzlichen Zuschlag** von 10% erheben, der ebenfalls für die steigenden Krankheitskosten im Alter angespart wird (§ 12e VAG).

Auch als Reaktion auf die Probleme mit den im Alter steigenden Krankheitskosten hat der Gesetzgeber die **Gewährung des Arbeitgeberzuschusses** zum Beitrag privat Krankenversicherter seit 1994 davon abhängig gemacht, dass die Versicherten in einem Tarif versichert sind, mit dem sie im Alter Anspruch auf einen Wechsel in den sog. **Standardtarif** haben (§ 257 Abs. 2a SGB V). Für den Standardtarif ist vorgeschrieben, dass der Versicherte keinen höheren Beitrag als den Höchstbeitrag in der Gesetzlichen Krankenversicherung zu zahlen braucht; dadurch entstehende Unterdeckungen werden durch eine Umlage aller Versicherten, die in potentiell standardtarifberechtigten Tarifen versichert sind, finanziert. Da die Unternehmen hierdurch unterschiedlich belastet wären, sieht das

Gesetz einen Finanzausgleich zwischen den Unternehmen vor, der von der Versicherungsaufsicht überwacht wird.

Um die langfristige Erfüllbarkeit der Versicherungsverträge zu sichern, sieht das VAG Regelungen zur erforderlichen Kapitalausstattung der Krankenversicherungsunternehmen (§ 53c VAG) sowie zu den zulässigen Anlageformen der Alterungsrückstellungen (§ 54a VAG) vor. Ende 2004 hat der Gesetzgeber darüber hinaus zur Sicherung der Ansprüche der Versicherten die PKV-Unternehmen verpflichtet, eine **gemeinsame Sicherungseinrichtung** zu errichten, auf die im Falle drohender Insolvenz eines Versicherers dessen Versichertenbestände übergehen und der Deckungslücken aus Einzahlungen aller PKV-Unternehmen finanziert (§§ 124–133a VAG). Für die **Zusatzkrankenversicherung** ist die Kalkulation nach Art der Lebensversicherung nicht vorgeschrieben. Die Unternehmen können hier also **risikoäquivalente Prämien** in Verbindung mit dem kohortenspezifischen Umlageverfahren kalkulieren.

4.2.2 Praktische Umsetzung

Notwendigkeit zur Sicherung eines ausgeglichenen Haushalts in der GKV und Schuldenabbau

Zur praktischen Umsetzung eines ausgeglichenen Haushalts müssen die Krankenkassen in der Lage sein, die **Einnahmen** und **Ausgaben** im Laufe des Haushaltsjahrs zuverlässig zu **schätzen**, um unterjährige Veränderungen des Beitragssatzes vermeiden zu können. Bisherige Erfahrungen zeigen, dass eine zuverlässige Schätzung von Einnahmen und Ausgaben unter zwei Voraussetzungen möglich ist: Erstens darf es zu keinen deutlichen Mitgliedergewinnen bzw. Mitgliederverlusten kommen. Bisher fehlen den Krankenkassen die Instrumente, um die Folgen nennenswerter Mitgliederwanderungen zuverlässig prognostizieren zu können (zu den Gründen s. unten). Zweitens ist eine zuverlässige Schätzung von Einnahmen und Ausgaben nur dann möglich, wenn im jeweiligen Haushaltsjahr keine Folgen von Gesundheitsreformen umzusetzen sind. Normalerweise kalkulieren die Krankenkassen die finanziellen Auswirkungen von Gesundheitsreformen in ihre Haushalte ein, die auch vom

Gesetzgeber in den jeweiligen Gesetzentwürfen geschätzt werden. Diese Schätzungen haben sich jedoch in der Vergangenheit regelmäßig als unzuverlässig erwiesen – was sich dann auch in den Kalkulationen der Krankenkassen auswirken musste.

Sind diese beiden Voraussetzungen gegeben – stabiler Mitgliederbestand und keine finanziellen Folgen von Gesundheitsreformen – reichen die vorhandenen Instrumente der Krankenkassen in der Regel aus, um wie vom Gesetzgeber beabsichtigt die Einnahmen und Ausgaben des Haushaltsjahres zuverlässig zu prognostizieren. Zu diesen Instrumenten zählen insbesondere die Analyse des Zeittrends von RSA-Teilprofilen und die Analyse aktueller Vertragsabschlüsse auf der Ausgabenseite sowie Prognosen über die Auswirkungen neu abgeschlossener Tarifverträge auf der Einnahmenseite. Ungenauigkeiten in den Prognosen können bei einem stabilen Marktumfeld in der Regel problemlos durch Betriebsmittel und Rücklagen kompensiert werden.

In den letzten Jahren hat sich jedoch auch gezeigt, dass auf einem dynamischen Markt eine Reihe von Krankenkassen keine zuverlässige Prognose von Einnahmen und Ausgaben vorgenommen hat. Das galt sowohl für Krankenkassen mit hohen Mitgliedergewinnen als auch für Krankenkassen mit hohen Mitgliederverlusten. Verantwortlich für diese Probleme war vor allem die **Zeitverzögerung** zwischen Eingang der **Beitragseinnahmen** und Fälligkeit der **Leistungsausgaben** (❏ **Abb. 4.2-1** und ❏ **Abb. 4.2-2**).

Hat eine Krankenkasse hohe Mitgliederzuwächse zu verzeichnen – in der Regel als Folge eines niedrigen Beitragssatzes – kann sie zu Beginn des Haushaltsjahres (t_0 in ❏ **Abb. 4.2-1**) sofort mit den zusätzlichen Beitragseinnahmen dieser neuen Mitglieder kalkulieren. Die Leistungsausgaben für diese neuen Mitglieder werden jedoch erst mit Zeitverzögerung im Laufe des Haushaltsjahres fällig. In der Vergangenheit wurden die Folgen dieser Zeitverzögerung regelmäßig unterschätzt, unter anderem dadurch, dass neue Mitgliederzuflüsse den Effekt zumindest zeitweise kompensieren konnten. Letztendlich mussten aber die zu Beginn des Haushaltsjahres kalkulierten Beitragssätze ceteris paribus spätestens zum Ende des Haushaltsjahres (t_1 in ❏ **Abb. 4.2-1**) zu Defiziten führen, die Betriebsmittel und Rücklagen schnell aufzehrten. Die gesetz-

lichen Vorschriften hätten zu Beginn des neuen Haushaltsjahres eine Beitragssatzerhöhung notwendig gemacht. Diese Erhöhungen unterblieben jedoch in vielen Fällen, um nicht den Verlust von Mitgliedern zu riskieren. Stattdessen wurden die oben schon angesprochenen eigentlich gesetzlich nicht erlaubten Kredite aufgenommen. Da die Aufsichtsbehörden nur zu Prüfungen alle fünf Jahre verpflichtet sind – und dieser Prüfungspflicht auch nicht häufiger nachgekommen sind – blieb diese Verschuldung zunächst unbemerkt.

Nicht nur Krankenkassen mit schnell wachsenden Mitgliederbeständen sondern auch solche Kassen mit schnell schrumpfenden Mitgliederbeständen haben Probleme, Einnahmen und Ausgaben im Laufe des Haushaltsjahres zu prognostizieren.

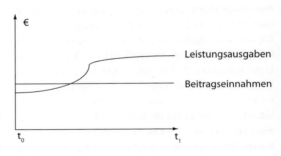

❏ **Abb. 4.2-1.** Liquidität einer Wachstumskasse

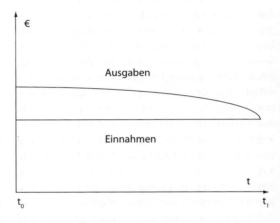

❏ **Abb. 4.2-2.** Liquidität einer schrumpfenden Kasse

Wieder hängen diese Probleme mit der Zeitverzögerung zwischen **Fälligkeit der Beitragseinnahmen** und **Fälligkeit der Leistungsausgaben** zusammen (vgl. ❒ Abb. 4.2-2). Zu Beginn des Haushaltsjahres gingen die betroffenen Krankenkassen vom Fehlen sowohl der Beitragseinnahmen als auch Leistungsausgaben der abgewanderten (bzw. verstorbenen) Mitglieder aus. Diese Annahme traf zwar für die Beitragseinnahmen zu, jedoch nur zeitverzögert für die Leistungsausgaben. Bis zum Ende des Haushaltsjahres wurden mit einem rechnerisch nicht deckenden Beitragssatz Defizite aufgebaut. Auch in diesem Fall nahmen viele der betroffenen Krankenkassen Kredite auf, um weitere Mitgliederverluste als Folge eines gestiegenen Beitragssatzes zu vermeiden.

Als Folge der **Kreditaufnahme** sowohl der schrumpfenden als auch der wachsenden Krankenkassen sind die Beitragssätze nach Implementierung des **GKV-Modernisierungsgesetzes (GMG)** in wesentlich geringerem Ausmaß gesunken als vom Gesetzgeber beabsichtigt. Offensichtlich nehmen die verschuldeten Krankenkassen die ihnen gesetzlich auferlegte Pflicht zur Entschuldung gemäß § 222 Abs. 5 SGB V ernst.

Strategische Optionen des Finanzmanagements

Unter den derzeitigen gesetzlichen Rahmenbedingungen – insbesondere vor dem Hintergrund der Tatsache, dass gesetzliche Krankenversicherungen keine Gewinne erzielen dürfen – besteht das **zentrale Unternehmensziel** der Unternehmung Krankenkassen im **Ausbau von Marktanteilen** durch Gewinnung neuer Mitglieder (Haenecke 2001). Verschiedene Untersuchungen haben gezeigt, dass die Konsumenten des Produktes gesetzlicher Krankenversicherungsschutz in Deutschland sehr sensibel auf Änderungen des Beitragssatzes reagieren (Greß et al. 2005; Schut et al. 2003; Schwarze und Andersen 2001). Senkungen des Beitragssatzes führen demnach mit hoher Wahrscheinlichkeit sehr schnell zu steigenden Marktanteilen, Anhebungen des Beitragssatzes führen mit hoher Wahrscheinlichkeit sehr schnell zu sinkenden Marktanteilen. Für das Finanzmanagement der Krankenkassen hat diese Erkenntnis die im vorigen Abschnitt beschriebenen weitgehenden Implikationen. Wird jedoch die Zeitverzögerung zwischen Fälligkeit der

Beitragseinnahmen und Fälligkeit der Leistungsausgaben in der Kalkulation der Beiträge berücksichtigt, lassen sich **drei zentrale Strategien zur Wahrung eines günstigen Beitragssatzes** und damit der Wettbewerbsfähigkeit unterscheiden:

> ❒ **Strategische Optionen des Finanzmanagements**
> ▬ Ausgabenmanagement
> ▬ Risikoselektion
> ▬ Preisdumping

Für die **Strategie Ausgabenmanagement** sind drei Arten von Ausgaben von Bedeutung. Der weitaus größte Block sind die im **Risikostrukturausgleich berücksichtigungsfähigen Leistungsausgaben** (rund 92% aller Ausgaben in der Gesetzlichen Krankenversicherung). Kurzfristig haben alle Krankenkassen einen Anreiz zur Beeinflussung dieses Ausgabenblocks, weil sich der RSA an Durchschnittsausgaben und nicht an den tatsächlich entstehenden Ausgaben der einzelnen Krankenkasse orientiert. Mittelfristig entsteht das Problem, dass ein effektives Ausgabenmanagement – das auch in eine optimierte Versorgung für die Versicherten münden könnte – unter Umständen die Krankenkasse für schlechte Risiken attraktiver macht (s. oben). Selbst wenn dies nicht der Fall wäre, hätten Krankenkassen derzeit nur wenige Instrumente, um individuell die Leistungsausgaben zu beeinflussen und sich damit Wettbewerbsvorteile zu verschaffen. Die meisten Ausgabenblöcke werden durch kollektive Vereinbarungen geregelt (vgl. ▶ Kap. 2.2). Anders ist dies bei den **kassenindividuellen Satzungsleistungen**, den **Ermessensleistungen** und den **Verwaltungsausgaben** (zusammen im Durchschnitt etwa 8% der Ausgaben in der GKV). Diese Ausgabenblöcke sind unmittelbar relevant für den Beitragssatz, weil sie im RSA nicht berücksichtigungsfähig sind. Einsparungen könnten demnach unmittelbar in Beitragssatzsenkungen umgewandelt werden. Das Einsparpotenzial ist bei diesen Ausgabenblöcken jedoch begrenzt. Freiwillige Satzungsleistungen sind insbesondere für Krankenkassen mit einem überdurchschnittlichen Beitragssatz ein wichtiges Marketinginstrument, um sich als »**Premiumkasse**« zu etablieren und sich von »**No Frills Bil-**

ligkassen« abzugrenzen. Auch das Einsparpotenzial bei den Verwaltungsausgaben ist beschränkt. Zum einen ist der Anteil an den Gesamtausgaben vergleichsweise gering, zum anderen bedarf es eines qualifizierten Personals, um die ständig steigenden Anforderungen des Gesetzgebers an die Krankenkassen erfüllen zu können. Die Strategie Ausgabenmanagement ist demnach zwar insgesamt als grundsätzlich sinnvoll zur Sicherung eines wettbewerbsfähigen Beitragssatzes anzusehen. Allerdings ist Ausgabenmanagement bei der derzeitigen Wettbewerbsordnung – nur teilweise effektiver Risikostrukturausgleich sowie wenige Instrumente der einzelnen Krankenkasse zur Steuerung der berücksichtigungsfähigen Leistungsausgaben – nur bedingt dazu geeignet, neue Mitglieder und damit Marktanteile zu gewinnen.

Im Gegensatz dazu ist die **Strategie Risikoselektion** aus einer betriebswirtschaftlichen Perspektive unter den derzeitigen Rahmenbedingungen deutlich Erfolg versprechender. Risikoselektion basiert erstens darauf, dass Versicherte mit günstigen Merkmalen durch geeignete Maßnahmen entweder attrahiert oder gehalten werden. Zweitens werden Versicherte mit ungünstigen Merkmalen durch geeignete Maßnahmen entweder abgeschreckt oder sogar zum Verlassen der Krankenkasse bewegt. Zu den angesprochenen geeigneten Maßnahmen gehören insbesondere selektives Marketing, Direktvertrieb, Unterschiede im Service und der Leistungsgewährung und risikoabhängige Provisionen für Versicherungsmakler (Resch 2004).

Betriebswirtschaftlich ist die Anwendung solcher Instrumente unter der Rahmenbedingung des derzeitigen Risikostrukturausgleichs rational, weil dieser Anreize zur Risikoselektion nicht hinreichend neutralisiert. Hierbei besteht ein klarer Gegensatz zwischen betriebswirtschaftlicher und volkswirtschaftlicher Rationalität. Risikoselektion verursacht Kosten, denen aus einer gesellschaftlichen Perspektive heraus kein Nutzen gegenübersteht. Wird die Strategie Risikoselektion demnach erfolgreich angewendet, kann die jeweilige Krankenkasse geringere kostendeckende Beitragssätze kalkulieren und damit neue Mitglieder und Marktanteile gewinnen. Der Erfolg dieser Strategie wird noch dadurch verstärkt, dass gute Risiken eher zu preiswerten Kassen wechseln und schlechte Risiken – wenn sie denn die Kasse überhaupt wech-

seln – eher zu Kassen mit einem höheren Beitragssatz wechseln (Andersen et al. 2002).

Die **Strategie Preisdumping** beruht auf der Gewinnung von Marktanteilen durch die absichtliche Kalkulation rechnerisch nicht deckender Beitragssätze. Offensichtlich entstehen durch den Wettbewerbsdruck und die hohe Abwanderungsbereitschaft der Versicherten Anreize, zumindest kurzfristig die gesetzliche Pflicht zur Wahrung eines ausgeglichenen Haushalts zu Gunsten einer Vermeidung von Beitragssatzerhöhungen zu verletzen. Folge ist die Aufzehrung von Rücklagen und die gesetzlich eigentlich nicht zulässige Aufnahme von Krediten. Diese Strategie ist hoch riskant, weil die Zinsen und Tilgung der Kredite nur dann ohne Beitragssatzerhöhung refinanziert werden können, wenn durch den geringen Beitragssatz ausreichend neue Mitglieder mit günstiger Risikostruktur gewonnen und gehalten werden können. Faktisch beruht die Strategie Preisdumping damit auf einer Kombination mit der Strategie Risikoselektion, ist aber im Hinblick auf die mittelfristigen Effekte ungleich riskanter als die alleinige Anwendung von Risikoselektion.

Mangelnde Wechselmöglichkeiten in der Privaten Krankenversicherung

Während die Beitragssatzkalkulation in der Gesetzlichen Krankenversicherung unter dem Einfluss möglicher Abwanderungen von Mitgliedern besteht, ist dieses Risiko für die Unternehmen der Privaten Krankenversicherung deutlich geringer. Denn in der **Vollversicherung** »verlieren« die Versicherten beim Unternehmenswechsel die bislang angesammelten Alterungsrückstellungen, da diese als »Storno« bereits Prämien mindernd für die verbleibenden Versicherten einkalkuliert sind. Ein Wechsel nach längerer Versicherungsdauer ist daher im Allgemeinen für die Versicherten mit erheblichen finanziellen Mehrbelastungen verbunden, da sie beim neuen Versicherer zum jetzt erreichten Eintrittsalter eingestuft werden.

Seit den 1980er Jahren ist eine intensive Diskussion über eine Änderung der rechtlichen Rahmenbedingungen, so dass Versicherte ohne Nachteile das PKV-Unternehmen wechseln könnten, im Gange. Der auf den ersten Blick nahe liegende Vorschlag, die Unternehmen beim Wechsel zur »Mitgabe« der Alterungsrückstellungen zu verpflichten, würde es nur »gesunden« Versicherten ermöglichen zu wechseln, wenn der neue Versicherer eine Gesundheitsprüfung zu Beginn des Versicherungsverhältnisses vornimmt – sofern »Gesunde« wechseln können, »Kranke« hingegen nicht, könnte eine Destabilisierung des Versicherungsmarktes eintreten (Monopolkommission 1998). Daher werden zwei **Alternativvorschläge** diskutiert: Auf dem Niveau eines Basisschutzes könnte für die neu aufnehmenden Versicherer ein Kontrahierungszwang mit Verbot von Risikozuschlägen vorgesehen und durch einen Finanzausgleich zwischen den Versicherern flankiert werden. Alternativ könnte dem Wechselwilligen eine seinen individuellen Gesundheitszustand berücksichtigende prospektive Schadenrückstellung mitgegeben werden (Meyer 1992). Insbesondere die Realisierbarkeit der Mitgabe prospektiver Schadenrückstellungen wird kontrovers beurteilt (Unabhängige Expertenkommission zur Untersuchung der Problematik steigender Beiträge der privat Krankenversicherten im Alter 1997).

Solange beide Optionen nicht realisiert sind, ist das Finanzmanagement der Privaten Krankenversicherer zwar darauf angewiesen, insbesondere durch ausdifferenzierte Techniken der Risikoeinstufung, aktives Leistungsmanagement und Optimierung von Vertriebsstrukturen und Ablaufprozessen für das Neugeschäft attraktive Prämien zu erzielen, es muss sich jedoch deutlich weniger mit den Konsequenzen der Abwanderung guter Risiken auf die Bestandszusammensetzung befassen als das Management in der GKV.

Literatur

Andersen H, Grabka M, Schwarze J (2002) Wechslerprofile – Risikoprofile Relativer Beitragsbedarf der Kassenwechsler 1997-2001. Arbeit und Sozialpolitik 56(7/8): 19–32

Bohn K (1980) Die Mathematik der deutschen privaten Krankenversicherung. Verlag Versicherungswirtschaft, Karlsruhe

Greß S, Tamm M, Tauchmann H, Wasem J (2005) Price Elasticities and Social Health Insurance Choice in Germany – A Dynamic Panel Data Approach. RWI Discussion Paper No. 28, Essen

Haenecke H (2001) Unternehmensziele von Krankenkassen – eine empirische Analyse. Arbeit und Sozialpolitik 55(1/2): 27–33

Jacobs K, Reschke P, Cassel D, Wasem J (2002) Zur Wirkung des Risikostrukturausgleichs in der Gesetzlichen Krankenversicherung - Eine Untersuchung im Auftrag des Bundesministeriums für Gesundheit: Endbericht, Schriftenreihe des Bundesministeriums für Gesundheit, Band 140. Nomos, Baden-Baden

Maaßen H-J, Orlowski U, Wasem J, Zipperer M et al. (2005) Kombiwerk SGB V/SGB XI, GKV-Kommentar mit Ergänzungsband Soziale Pflegeversicherung. R. v. Decker, Heidelberg

Meyer U (1992) Zwei überflüssige Wettbewerbshemmnisse in der privaten Krankenversicherung, Volkswirtschaftliche Diskussionsbeiträge, Herausgegeben von den Fachvertretern für Volkswirtschaftslehre an der Sozial- und Wirtschaftswissenschaftlichen Fakultät der Otto-Friedrich-Universität Bamberg, Nr. 53. Otto-Friedrich-Universität, Bamberg

Monopolkommission (1998) Marktöffnung umfassend verwirklichen, Zwölftes Hauptgutachten der Monopolkommission. Bundestags-Drucksache 13/11291

Resch S (2004) Risikoselektion im Mitgliederwettbewerb der gesetzlichen Krankenversicherung. Peter Lang, Frankfurt a.M.

Reschke P, Sehlen S, Schiffhorst G, Schräder W, Lauterbach K, Wasem J, unter Mitarbeit von Behrend C, Deckenbach B, Gomez D, Greß S, Höer A, Hofmann J, Lüngen M, Ryll A, Steffen S, Stock S, Tolksdorff K (2004) Klassifikationsmodelle für Versicherte im Risikostrukturausgleich, Untersuchung zur Auswahl geeigneter Gruppenbildungen, Gewichtungsfaktoren und Klassifikationsmerkmale für einen direkt morbiditätsorientierten Risikostrukturausgleich in der gesetzlichen Krankenversicherung im Auftrag des Bundesministeriums für Gesundheit und soziale Sicherung. http://www.bmgs.bund.de/download/broschueren/F334.pdf, Bundesminsterium für Gesundheit und soziale Sicherung

Schut FT, Greß S, Wasem J (2003) Consumer price sensitivity and social health insurer choice in Germany and the Netherlands. International Journal of Health Care Finance and Economics 3(2): 117–38

Schwarze J, Andersen HH (2001) Kassenwechsel in der Gesetzlichen Krankenversicherung: Welche Rolle spielt der Beitragssatz? Schmollers Jahrbuch 121(4): 581–602

Unabhängige Expertenkommission zur Untersuchung der Problematik steigender Beiträge der privat Krankenversicherten im Alter (1997) Zu den Altersbeiträgen der Privatversicherten, Gutachten der Unabhängigen Expertenkommission. Verband der privaten Krankenversicherung e.V., Köln

van de Ven WPMM, Ellis R (2000) Risk Adjustment in competitive health plan markets. In: Culyer AJ, Newhouse JP (ed) Handbook of Health Economics. Elsevier North Holland, Amsterdam, pp 755–845

Wasem J (1997) Die «Alterungsproblematik» als Herausforderung für die Absicherung des Krankheitskostenrisikos. In: von der Schulenburg JM, Balleer M, Hanekopf S (Hrsg) Allokation der Ressourcen bei Sicherheit und Unsicherheit. Nomos, Baden-Baden, S 65–92

Wasem J, Greß S (2002) Überlegungen zur Beitragsbemessung und Finanz- und Risikoausgleich aus ökonomischer Sicht. In: Jabornegg P, Resch R, Seewald O (Hrsg) Finanzausgleich in der Gesetzlichen Krankenversicherung. Haarfeld, Essen, S 51–61

4.3 Finanzmanagement in Krankenhäusern

Günter Neubauer und Raphael Ujlaky

Das Vergütungs- und Finanzierungssystem der deutschen Krankenhausversorgung steht schon seit 1995 in einem Restrukturierungsprozess. Die Einführung der G-DRGs für deutsche Akut-Krankenhäuser beschleunigt diese Entwicklung. Dies betrifft insbesondere das Finanzmanagement der Krankenhäuser, da mit den knappen Mitteln noch zielgerichteter und kostensparender gewirtschaftet werden muss. Darüber hinaus ist im Krankenhaussektor ein sich intensivierender Wettbewerb festzustellen, der mit der bestehenden **staatlichen Angebotsplanung** und der **dualen Krankenhausfinanzierung** im Widerspruch steht.

Das Kapitel gliedert sich in zwei Abschnitte. In einem ersten Abschnitt werden die strukturellen und rechtlichen Rahmenbedingungen aufgeführt. Hierzu werden basierend auf der Systematik der Krankenhausfinanzierung die Module von Vergütungssystemen und die staatliche Planung im Rahmen der dualen Krankenhausfinanzierung erläutert. In einem zweiten Abschnitt wird dann die praktische Umsetzung in deutschen Krankenhäusern dargestellt. Der Schwerpunkt liegt dabei auf dem Finanzmanagement im Rahmen des G-DRG-Systems und der Investitionsfinanzierung. Dabei werden auch Ansätze zur Weiterentwicklung der Krankenhausvergütung und -finanzierung aufgezeigt.

4.3.1 Gesetzliche und strukturelle Rahmenbedingungen

Zu Beginn sei darauf hingewiesen, dass die Begriffe Krankenhausfinanzierung und Krankenhausvergütung inhaltlich differenziert zu betrachten sind. Unter **Finanzierung** verstehen wir die Mittelaufbringung; hier sind grundsätzlich **Steuern, Beiträge, Prämien und Spenden** zu nennen. **Vergütung** hat hingegen das Verfahren der Mittelhingabe an die Leistungserbringer zum Inhalt. Zuweilen wird in der Literatur auch zwischen **»Äußerer Finanzierung« (Mittelaufbringung)** und **»Innerer Finanzierung« (Vergütung bzw. Mittelhingabe)** unterschieden.

Die gegenwärtige Systematik der Krankenhausfinanzierung zeichnet sich dadurch aus, dass sie aus zwei Steuerungsmodulen besteht, die zueinander ordnungspolitisch nicht kompatibel sind. Ein **staatliches Planungsmodul**, das rechtlich im **Krankenhausfinanzierungsgesetz (KHG)** verankert ist, steht neben einem **wettbewerblichen Vergütungsmodul**, das auf dem **Krankenhausentgeltgesetz (KHEntG)** und den zugehörigen Verordnungen basiert. Damit werden zwei in sich widersprüchliche Steuerungssysteme, das planwirtschaftliche und das wettbewerblich-marktwirtschaftliche, nebeneinander eingesetzt. Ein solches Nebeneinander muss zu Konflikten führen, die sich auch tatsächlich in der deutschen Realität beobachten lassen. Die Konflikte werden in Deutschland auch deshalb bedeutsam, weil das Vergütungssystem der Gestaltungshoheit des Bundestages unterliegt, die Planung jedoch der des Bundesrates und damit der Bundesländer. In **◘ Abb. 4.3-1** ist die Systematik der deutschen Krankenhausfinanzierung skizziert.

Staatliche Krankenhausplanung

Von der Grundidee her entspricht die deutsche Krankenhausversorgung dem Modell staatlicher Angebotsplanung. **Kennzeichen der Angebotsplanung** sind, dass die Kapazitäten nach einer **vorausgehenden Bedarfsschätzung vom Staat** geplant und festgelegt werden. Diese Festlegung schlägt sich in den Krankenhausplänen der Bundesländer nieder. Zur Umsetzung der Krankenhausplanung bedient sich der Staat einerseits der **staatlichen Investitionsförderung** nach § 9 KHG und andererseits der **Vertragspflicht** der Gesetzlichen Krankenversicherungen nach § 109 SGB V.

Ziel der Krankenhausplanung ist eine hierarchische Krankenhausversorgung, die vom Grundsatz her wettbewerbsfrei aufgebaut ist. Soll die Krankenhausplanung in sich stimmig sein, müssten sich alle Teilnehmer und Betroffenen an die entsprechenden Vorschriften halten. Es gäbe dann keinen oder so gut wie keinen Wettbewerb um Patienten.

Wenn unter den deutschen Krankenhäusern derzeit Wettbewerb besteht, so ist dies in erster Linie eine Folge der staatlichen Fehlplanungen. Die deutsche Krankenhausversorgung ist nämlich durch **Bettenüberkapazitäten** gekennzeichnet. Diese Überkapazitäten sind dadurch entstanden, dass

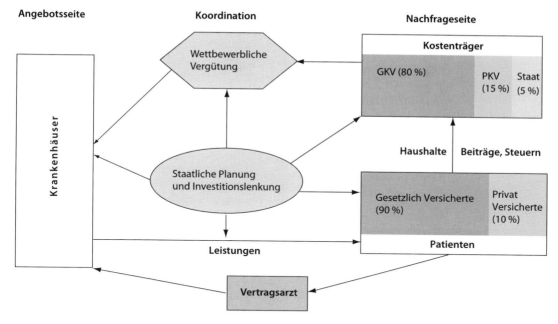

Abb. 4.3-1. Die Systematik der deutschen Krankenhausfinanzierung

die staatlichen Krankenhausplanungen in den einzelnen Bundesländern die eingetretene Verkürzung der Verweildauer unterschätzt haben. So sind Bettenüberhänge entstanden, welche die Krankenhäuser nur ungern abbauen, da daran Personalkapazitäten und staatliche Fördermittel anknüpfen. Wollen nun Krankenhäuser ihre Bettenzahl erhalten, so müssen sie bei verkürzter Verweildauer mehr Patienten behandeln. Letzteres wiederum ist nur möglich, wenn mehr Erlöse erzielt werden. Da die Krankenversicherungen ihrerseits nicht über mehr Einnahmen verfügen, setzt auf Seiten der Krankenhäuser ein **intensiver Verdrängungswettbewerb** um die knappen Budgetmittel der Krankenkassen ein.

Dieser Wettbewerb wird auf zwei verschiedenen Wegen ausgetragen: Einerseits versucht man durch **Innovationswettbewerb** eine Patientenfallzahlsteigerung zu erreichen und dann gegenüber den Kassen eine Budgeterweiterung durchzusetzen. Andererseits kaufen Krankenhäuser andere Krankenhäuser, um so über eine größere Budgetbasis zu verfügen. Der **Verdrängungswettbewerb** führt heute dazu, dass insbesondere die kommunalen Krankenhäuser zu den Verlierern zählen und

die privaten erwerbsorientierten Krankenhäuser zu den Gewinnern.

Module von Vergütungssystemen

Wenn man ein Vergütungs- bzw. Entgeltsystem für die Krankenhausversorgung charakterisieren will, sind drei Module zu betrachten, wie sie in ◘ Abb. 4.3-2 dargestellt sind.

Als **Abrechnungseinheiten** können eine Vielzahl von verschiedenen Einheiten herangezogen werden. Die Abrechnungseinheiten haben einen unterschiedlichen Bezug zu den gewünschten Leistungen. Der unterschiedliche **Leistungsbezug** spielt bei der Definition eines leistungsbezogenen Vergütungssystems eine entscheidende Rolle. In deutschen Krankenhäusern werden **Einzelleistungen** bei Wahlleistungspatienten, **Leistungskomplexe** bei ambulanten Operationen, **Pflege- bzw. Abteilungstage** in der Psychiatrie und **differenzierte Fälle** im DRG-System abgerechnet. Lediglich »Versicherte« kommen bislang nicht zur Abrechnung. Die Abrechnungseinheit »eingeschriebene Versicherte« spielt in Formen des **Managed Care** eine tragende Rolle. »Eingeschriebene Versicherte« können nur dann als Abrechnungseinheit herangezogen wer-

Abrechungseinheit (ARE) (Mengenkomponente)	×	Vergütung pro ARE (Wertkomponente)	+	Zu-/Abschläge (Ergänzungskomponente)
– Einzelleistungen – Pflegetage – Abteilungstage – Basistage – Leistungskomplexe – Differenzierte Behandlungsfälle (DRG) – Eingeschriebene Versicherte		– Betriebskosten – Durchschnittskosten – Betriebsspezifische, kollektive Verhandlungspreise – Landeseinheitliche Verhandlungspreise – Bundeseinheitliche Verhandlungspreise – Differenzierte, selektive Verhandlungspreise – Marktpreise		– Ergänzungen der ARE, z.B. Notfallversorgung – Ergänzungen der Vergütung, z.B. Ergebnisqualität

Abb. 4.3-2. Module von Vergütungssystemen

den, wenn ein Leistungserbringer eine umfassende Patientenversorgung anbietet. Dies könnte in Formen der Integrierten Versorgung der Fall sein.

Das **Bewertungsmodul bzw. die Wertkomponente** kennt ebenfalls eine Reihe von Variationen. Grundsätzlich können **prospektive Preissysteme** von **Kostendeckungssystemen** unterschieden werden. Wir haben daher in **Abb. 4.3-2** neben zwei Systemen der Kostendeckung fünf verschiedene Preissysteme bzw. Preisfindungssysteme aufgeführt, ohne damit vollständig zu sein.

Schließlich ist noch das **Ergänzungsmodul** anzusprechen. Das Ergänzungsmodul hat die Aufgabe, sowohl Defizite der Abrechnungseinheiten zu kompensieren als auch Unzulänglichkeiten im Bewertungs- bzw. Preissystem auszugleichen. Von daher gibt es eine Vielzahl von möglichen Ergänzungen. Im deutschen DRG-System werden beispielsweise bei der Bewertungskomponente Ergänzungen für Krankenhäuser vorgesehen, die für die flächendeckende Versorgung unabdingbar sind. Ebenso sind auch Ergänzungen bei Abrechnungseinheiten in Form von zusätzlich abrechenbaren Leistungen über Zusatzentgelte vorgesehen.

4.3.2 Praktische Umsetzung

Duale Krankenhausfinanzierung und Investitionsförderung

Die duale Finanzierung nach dem KHG (**Abb. 4.3-3**) soll die ökonomische Umsetzung

des Krankenhausplanes eines Landes sicherstellen. Im **Krankenhausplan** werden die bedarfsnotwendigen Krankenhäuser bestimmt. Die Bedarfsermittlung orientiert sich immer noch hauptsächlich an der Zahl und Art der Krankenhausbetten einer Region. Nach der sog. analytischen Bettenermittlung gehen in die Berechnung ein (vgl. z. B. Bayrischer Krankenhausplan):

> **Parameter der analytischen Bettenermittlung**
> – Bevölkerungszahl
> – Verweildauer
> – Krankenhaushäufigkeit
> – Bettenauslastungsgrad

Nicht berücksichtigt werden z. B. Alter und Geschlecht. Die Abschätzung dieser Faktoren muss für ca. 25 Jahre im Voraus erfolgen, da ein Krankenhausbett ungefähr solange genutzt wird. Dass diese Abschätzung höchst unzureichend erfolgt, lässt sich an dem **Bettenüberhang** in Deutschland ablesen. Doch treten hier auch die typischen Schwächen einer jeden Planwirtschaft zutage; künftiger Bedarf kann nicht zutreffend staatlich erfasst und geplant werden. Über- oder Unterversorgung mit entsprechender Fehlallokation knapper Mittel sind die Folge. Vor allem im Zuge der DRG-Einführung und der zunehmenden tagesklinischen und

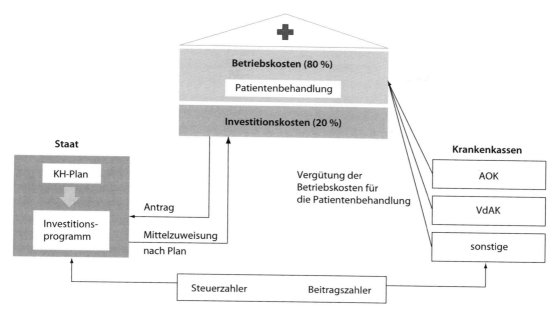

Abb. 4.3-3. Die duale Krankenhausfinanzierung

ambulanten Behandlung dürfte die Größe Bett in Zukunft eine nachrangige Rolle spielen.

Krankenhäuser, die im Krankenhausplan aufgenommen sind, sog. **Plankrankenhäuser**, haben Anspruch auf zwei Privilegien. Zum einen müssen die Krankenkassen mit ihnen **Versorgungsverträge abschließen** und zum anderen muss das Land die betriebswirtschaftlich erforderlichen **Investitionskosten aus Steuermitteln** finanzieren. Plankrankenhäuser genießen damit **quasi Bestandsschutz**, ein Recht, das höher wiegt als der Anspruch auf staatliche Fördermittel. Letztere werden nämlich in erster Linie fiskalisch festgelegt und entbehren weitgehend einer betriebswirtschaftlich kalkulierten Grundlage.

Die staatlichen Fördermittel werden nach zwei verschiedenen Verfahren gewährt. Als **Pauschalförderung** für kurzfristige Investitionsgüter nach § 9 Abs. 3 KHG fließen sie den Plankrankenhäusern ohne Antrag gemäß ihrer Funktion im Krankenhausplan zu. Der Krankenhausplan kennt drei Versorgungsebenen, die **Grund- und Regelversorgung**, die **Schwerpunktversorgung** und die **Maximalversorgung** (vgl. ▶ Kap. 2.3). Je nach Versorgungsstufe und Bundesland erhalten die Krankenhäuser zwischen € 1.750 und € 3.000 pro Planbett bzw. Versorgungsplatz. Mit der Förderpauschale sollen

kurzfristige Investitionen zwischen 1 und 3 Jahren finanziert werden.

Neben der Pauschalförderung steht die **Antragsförderung** nach § 9 Abs. 1 und 2 KHG. Sie ist für mittel- und langfristige Investitionen vorgesehen. Die Krankenhäuser stellen Anträge auf Investitionsförderung an die Länder; diese bringen die Anträge in eine Rangfolge und stellen den Krankenhäusern die vom Finanzministerium gebilligten Mittel in Form eines Investitionsprogramms zur Verfügung. Erwartungsgemäß werden mehr Anträge gestellt als Mittel zugewiesen werden. Es kommt zu einem **Antragsstau**, der teils künstlicher, teils echter Natur ist (Karmann und Dittrich 2001). Natürlich spielen bei der Mittelzuweisung politische Hintergründe eine versteckte Rolle. Krankenhäuser haben nämlich in der Kommunalpolitik einen hohen Stellenwert und werden diesen auch auf absehbare Zeit behalten.

Die Finanzierung der Instandhaltung war lange Zeit umstritten, weil die gesetzlichen Grundlagen unklar waren. Jetzt wird die Finanzierung über einen Zuschlag in Höhe von 1,1% der Vergütung von den gesetzlichen Krankenkassen bzw. den Selbstzahlern getragen.

Insgesamt muss man feststellen, dass die Krankenhäuser heute unterinvestiert sind, was in erster

Linie an den zu geringen Fördermitteln der Länder liegt (Karmann und Dittrich 2001). Man kann auch sagen, die gesetzliche duale Finanzierung ist von den Bundesländern heimlich auf den Weg zu einer **monistischen Finanzierung** geschickt worden.

Wegbereiter sind die privaten Krankenhausunternehmen. Unterinvestitionen sind vor allem in den kommunalen Krankenhäusern zu beobachten. Will man die Investitionslücke der deutschen Krankenhäuser abschätzen, so kann man als Sollwert die volkswirtschaftliche Bruttoinvestitionsquote (Bruttoanlageinvestitionen in Prozent des BIP) von 17,7% (2003) ansetzen (Institut der deutschen Wirtschaft Köln 2004). Eine Investitionsquote von rund 20%, wie sie manche private Krankenhausketten aufweisen, wäre auch für den Krankenhaussektor wünschenswert. Bei einem Ausgaben- bzw. Erlösvolumen für Krankenhausleistungen von € 64,7 Mrd. (2003), ergibt sich ein jährlicher Investitionsbedarf von € 11,5 Mrd. Bei einem Fördervolumen von € 3,2 Mrd. ergibt sich demnach eine jährliche Förderlücke von € 8,3 Mrd. (■ Abb. 4.3-4). Dabei muss jedoch erwähnt werden, dass die **Förderlücke** deutlich größer ist als die **Investitionslücke**, da viele Krankenhäuser Eigenmittel einsetzen.

Vergütung im Rahmen des G-DRG-Systems

Mit der Gesundheitsreform 2000 wurde beschlossen, in Anlehnung an das australische AR-DRG-System auch die Vergütung in Deutschland von weitgehend **tagesgleichen Pflegesätzen** gemäß Bundespflegesatzverordnung auf ein fallorientiertes System umzustellen. Die gesetzliche Grundlage hierfür bildet das **Krankenhausentgeltgesetz (KHEntG)**, das zuletzt durch das **2. Fallpauschalenänderungs-**

gesetz (2. FPÄndG) zum 01.01.2005 novelliert wurde. In ■ Abb. 4.3-5 sind die teilweise bereits umgesetzten und vorgesehenen Schritte zur Implementierung des **G-DRG-Fallpauschalensystems** skizziert.

■ Abb. 4.3-5 zeigt, dass – nach der Vorbereitungsphase 2000 bis 2002 – insgesamt drei Abschnitte vorgesehen waren bzw. sind: In den Jahren 2003/04 erfolgte eine **budgetneutrale Einführung** der DRGs als Basis zur Abrechnung der gegebenen individuellen Krankenhausbudgets. In den Jahren 2005 bis 2009 folgt eine Normierung der **Vergütung über landesweit einheitliche Basisfallwerte** (auch: Basisfallraten). Hiermit wird letztlich ein **administriertes Festpreissystem** eingeführt. Offen hingegen ist die Fortführung über das Jahr 2009 hinaus. In der ■ Abb. 4.3-5 sind einige Fragen für eine Weiterentwicklung aufgeworfen, mit denen wir uns an späterer Stelle systematisch auseinandersetzen.

Für die Beschreibung des G-DRG-Systems gehen wir nach dem aus ■ Abb. 4.3-2 bekannten modularen Schema vor, in dem die drei Module Mengenkomponente, Wertkomponente und Ergänzungskomponente einzeln erläutert werden (■ Abb. 4.3-6).

Weltweit lässt sich beobachten, dass die Abrechnungseinheit »differenzierte Behandlungsfälle« bevorzugt wird. »**Differenzierte Behandlungsfälle**« gelten als die Abrechnungseinheit, die der gewünschten Leistung am nächsten kommt. Zwar wissen wir, dass die eigentliche Leistung eines Krankenhauses – die Verbesserung der Gesundheit bzw. die Linderung von Leiden – in keiner der möglichen Abrechnungseinheiten voll abgebildet wird. Doch herrscht Einigkeit darüber, dass die Abb. der Leistungen über Patiententage weniger geeignet ist als diejenige über »differenzierte Behandlungsfälle«. Von daher kann die Einführung des **DRG-Gruppierungssystems** anstelle der Behandlungstage als folgerichtig beurteilt werden. Die Gruppierung der Behandlungsfälle erfolgt im G-DRG-System anhand der Diagnosen nach der Internationalen Klassifikation der Krankheiten, 10. Revision (ICD-10) und der Prozeduren anhand des vom DIMDI jährlich aktualisierten Operationen- und Prozeduren-Schlüssels (OPS). Eine Differenzierung nur über die Diagnosen wäre zu unscharf, ausschließlich über die Prozeduren zu willkürlich. In der Version 2006 sind im DRG-Katalog 954 DRGs enthal-

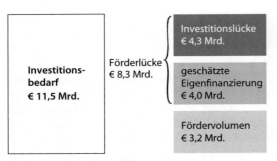

■ **Abb. 4.3-4.** Investitions- und Förderlücke der Krankenhäuser nach § 9 KHG

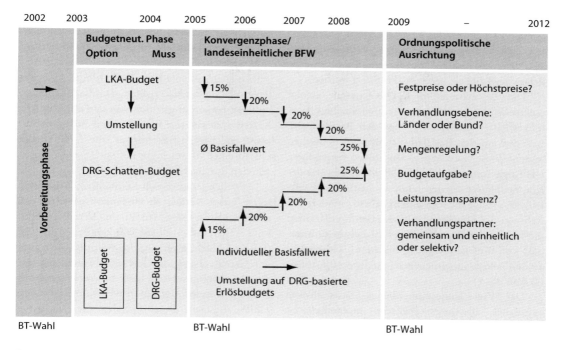

Abb. 4.3-5. Die DRG-Einführungsphase 2000 bis 2009

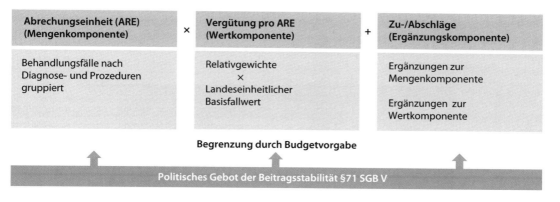

Abb. 4.3-6. Module des G-DRG-Systems

ten (vgl. ► **Kap. 2.3**). Dies weicht von der ursprünglichen Fassung im Rahmen des AR-DRG-Systems mit rund 650 DRGs weit ab. Die Abweichung ist mit einer Verfeinerung des **lernenden DRG-Systems** im Rahmen des jährlichen Anpassungsprozesses zu erklären.

Die Bewertung der gewählten leistungsbezogenen Abrechnungseinheiten sollte theoretisch auf Basis eines flexiblen Preissystems erfolgen, da wett-

bewerbliche Marktpreise die Anforderungen am besten erfüllen. Werden Marktpreise wegen drohender Überforderung von Patienten abgelehnt, so kann als zweitbeste Lösung ein differenziertes **selektives Verhandlungspreissystem** gelten. Dies beinhaltet, dass die einzelnen Krankenkassen bzw. Kassenverbände mit den einzelnen Krankenhäusern bzw. Krankenhausunternehmen die Vergütungshöhe aushandeln. Bezogen auf das DRG-Fallpauschalensystem wäre lediglich der Basisfallwert vertraglich festzulegen. Das Fallpauschalensystem erleichtert also den Verhandlungsprozess gewaltig, sofern die **Relativgewichte** als gegeben akzeptiert werden.

Die Bewertung im G-DRG-System erfolgt einerseits durch die national einheitlichen Kostengewichte, andererseits über den **Basisfallwert**. Bezogen auf den Basisfallwert sind im deutschen System Einheitspreise pro Bundesland vorgesehen. Die Anpassung der individuellen Basisfallwerte der Krankenhäuser an den landeseinheitlichen Basisfallwert erfolgt nicht in einem Schritt, sondern im Rahmen der **Konvergenzphase**. Hierdurch werden die krankenhausspezifischen Basisfallwerte innerhalb von fünf Jahren (2005 bis 2009) schrittweise an den landeseinheitlichen Basisfallwert angepasst (**☐ Abb. 4.3-7**).

Das Ziel landeseinheitlicher Basisfallwerte beinhaltet allerdings mehrere **problematische Aspekte**. Zum einen erklärt das DRG-System in der Version 2005 für alle Fälle rund 64% der **Kostenunterschiede** (für Inlier rund 78%). Eine 100%-ige Anpassung der Basisfallwerte nimmt damit eine rund 25%-ige Fehlgröße in Kauf. Darüber hinaus bestehen auch innerhalb der DRGs **Kostenschwan-**

kungen bis zu 50%. Soweit diese Schwankungen zufällig sind, kann ein Krankenhaus dieses durch eine hinreichend hohe Fallzahl ausgleichen. Es sind jedoch auch **systematische Verzerrungen** zu erwarten. So ist davon auszugehen, dass Krankenhäuser höherer Versorgungsstufen von den einweisenden Ärzten systematisch Patienten mit höherem Aufwand zugewiesen bekommen. Dies führt wiederum zu einer Abweichung der spezifischen Kosten von den durchschnittlichen Kosten.

Letztlich induzieren einheitliche Basisfallwerte einen **Verlust an Innovationspotenzial** von geschätzt rund € 2–3 Mrd. Zu den Verlierern gehören nämlich insbesondere Krankenhäuser der Zentral- und Maximalversorgung, während die Häuser der Grundversorgung Gewinner wären. Da aber die Krankenhäuser der höheren Versorgungsstufen zu den innovationsintensiven Krankenhäusern zählen, induziert dieser Transfer einen Verlust an Innovationspotenzial.

Neben den Leistungseinheiten und der Leistungsbewertung sind im G-DRG-System noch **Ergänzungskomponenten** enthalten. Im Vordergrund der Ergänzungskomponenten stehen vor allem die **Grenzverweildauer und Zusatzentgelte.**

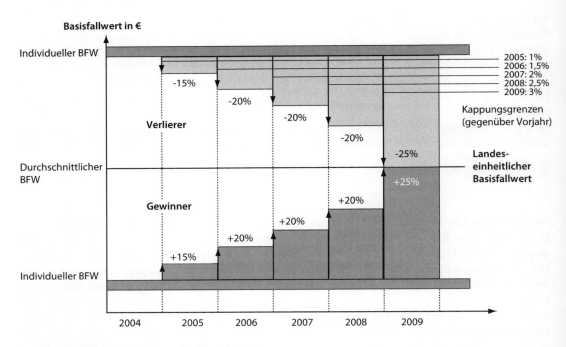

☐ **Abb. 4.3-7.** Die Konvergenzphase des G-DRG-Systems

Im Fallpauschalenkatalog ist eine untere und obere Grenzverweildauer für jede DRG definiert. Innerhalb dieser Grenzverweildauern erhält das Krankenhaus die DRG-Pauschale gemäß der Bewertungsrelation multipliziert mit dem Basisfallwert. Überschreitet ein Patient die obere Grenzverweildauer erhält das Krankenhaus eine Ergänzung der Vergütung in Form einer Tagespauschale, die allerdings geringer ausfällt als der errechnete durchschnittliche Tagessatz einer DRG. Umgekehrt wird ein tagesbezogener Abschlag vorgenommen, soweit der Patient die untere Grenzverweildauer unterschreitet. Eine zweite wichtige Ergänzungskomponente stellen die Zusatzentgelte dar, die in § 6 KHEntG geregelt sind. Durch die Zusatzentgelte soll insbesondere der Prozess der Implementierung von medizinisch-technischen Innovationen in das DRG-System erleichtert werden. Es ist davon auszugehen, dass der Implementierungsprozess von Innovationen in das DRG-System einen Zeitraum von rund 3 Jahren beansprucht. Dies ist darauf zurückzuführen, dass zur vollständigen Aufnahme einer Innovation in eine DRG die Codierung und Gruppierung möglich, eine Kostenkalkulation vollzogen und eine Anpassung der Bewertungsrelationen und der Software umgesetzt sein muss.

Ansätze zur Weiterentwicklung der Krankenhausvergütung und -finanzierung

Wie bereits in ◘ Abb. 4.3-5 angedeutet, erfolgt in den Jahren 2005 bis 2009 eine Normierung der Vergütung über landesweit einheitliche Basisfallwerte. Hiermit wird letztlich ein **administriertes Festpreissystem** eingeführt. Offen hingegen ist die Fortführung über das Jahr 2009 hinaus. In der ◘ Abb. 4.3-5 wurden einige Fragen für eine Weiterentwicklung aufgeworfen, mit denen wir uns im Nachfolgenden systematisch mit Ansätzen zur Weiterentwicklung des G-DRG-Systems auseinandersetzen.

Steuerung durch Patienten

Für ein funktionierendes Preissystem ist es unabdingbar, dass die Nachfrager Preis-/Leistungsvergleiche anstellen können, um so die effizienteren Anbieter feststellen und letztlich auch aufsuchen zu können. Für diese Aufgabe ist es wiederum erforderlich, dass ein genügend hohes **Maß an Preis-/ Leistungstransparenz** geschaffen wird bzw. besteht. Über das G-DRG-System kann nun beides sicher-

gestellt werden, sowohl Leistungs- als auch Preistransparenz lassen sich in genügend hohem Maße herstellen.

Preistransparenz kann aber nicht mit Einheitspreisen gleichgesetzt werden. Im Gegenteil verliert Preistransparenz ihre Funktion, wenn landesweit einheitliche Preise ausgehandelt werden. Preis- und Leistungstransparenz machen für die Versicherten und Patienten nur Sinn, wenn sie sich auch direkt an der Steuerung des Systems beteiligen können. Dies kann entweder über die tarifliche **Gestaltung des Versichertenvertrages** oder über **Zuzahlungs- und Bonusmodelle** geschehen. So muss es den Versicherten möglich sein, ein **Kostenbeteiligungsmodell** zu wählen, bei dem sie sich prozentual bis zu einer bestimmten Höhe direkt an ihren Krankenhauskosten beteiligen. Erst in einem solchen Fall macht Preis- und Leistungstransparenz für die Versicherten Sinn. Für Versicherte, welche die jeweiligen Vertragshäuser ihrer Krankenversicherung in Anspruch nehmen oder eine bestimmte Reihenfolge der Inanspruchnahme von Krankenhausleistungen einhalten, sind Bonusmodelle sinnvoll. Auf diese Weise erhalten auch die Krankenversicherungen die Möglichkeit, die Patienten in einem Maße zu steuern, dass Krankenhäuser ihrerseits bereit sind, mit diesen Krankenversicherungen entsprechende Verträge auszugestalten.

Für die deutsche Situation kann man davon ausgehen, dass es mutmaßlich genügt, wenn die Krankenversicherungen etwa 5–10% der Patienten gezielt steuern können. Die hohen Fixkosten der Krankenhäuser und die dadurch notwendige hohe Kapazitätsauslastung machen Krankenhäuser nämlich bereits für einen geringen Nachfragerückgang hoch sensibel.

Mengensteuerung über flexible Vertragspreise

Schon weiter vorne haben wir darauf hingewiesen, dass ein preisliches Steuerungssystem seine Steuerungswirkung nur erzielen kann, wenn die Preise auch entsprechend flexibel jeweils nach der Knappheit von Angebot und Nachfrage ausgerichtet werden. Im Krankenhaussektor können diese flexiblen Preise über freie Verhandlungen zwischen Krankenversicherungen und Krankenhäusern vereinbart werden. Es wäre damit erforderlich, dass sowohl die Krankenkassen als auch die Krankenhäuser freies Vertragsrecht erhalten. Gegenstand der Verhandlungen zwischen Krankenhäusern und Krankenkassen könnten in einem DRG-System folgende Aspekte sein:

- Basisfallwert
- Zahl der gewichteten Fälle (**Casemix**)
- Ergebnisqualität

Die Krankenkassen regeln in Konkurrenz die Menge über entsprechende Preis- Mengenvereinbarungen. Ab einer vereinbarten Leistungsmenge, gemessen nach dem Casemix, wird der Basisfallwert in Schritten bis gegen Null gesenkt. Das Maß des Senkungswinkels ist zu vereinbaren. So können Krankenkassen ohne staatliche Budgetvorgabe ihre Ausgaben kalkuliert steuern.

Zur Begrenzung von lokalen oder regionalen monopolistischen Strukturen kann ein landesweit ausgehandelter Basisfallwert als Richtwert dienen. Dieser Richtwert könnte dann innerhalb eines Bundeslandes um 15% nach oben oder unten überschritten werden, so dass die Preise genügend flexibel auf die Versorgungssituation vor Ort reagieren können, andererseits sich monopolistische Machtstrukturen nicht oder nur begrenzt auswirken können.

Kommen zwischen einem Krankenhaus und den jeweiligen Krankenkassen keine Verträge zustande, so gilt in einer Anfangsperiode weiterhin der landesweite Basisfallwert als vereinbart. Nur dort, wo Krankenhäuser zu abweichenden Vereinbarungen mit den jeweiligen Krankenkassen kommen, ersetzen diese den Richtwert. Mittelfristig können die Richtwerte aufgegeben werden und

damit auch die derzeitige Form der Krankenhausplanung. In der ◘ **Abb. 4.3-8** ist die **Idee der Mengensteuerung** durch flexible Verträge zusammenfassend dargestellt.

Kostenerstattung als Opting-out-Recht

Unter **Opting-out-Rechten** wird die Möglichkeit verstanden, dass sich sowohl Versicherte wie auch Patienten den Vereinbarungen ihrer Krankenkasse entziehen können, wenn sie bereit sind, die dadurch verursachten Mehrkosten selbst zu übernehmen. Für Patienten bedeutet dies, dass sie zunächst darauf angewiesen sind, die Vertragshäuser ihrer jeweiligen Krankenkasse aufzusuchen. Hat die Krankenversicherung nicht mit allen Krankenhäusern Verträge abgeschlossen, ergibt sich daraus eine begrenzte Wahlfreiheit der Patienten gegenüber Krankenhäusern. Wollen Patienten zur Behandlung in Nicht-Vertragshäuser ihrer Krankenkasse gehen, erhalten sie die **Option der Kostenerstattung**. Patienten haben somit freie Krankenhauswahl, wenn sie das Kostenerstattungsprinzip wählen und damit dem Krankenhaus gegenüber als Selbstzahler auftreten. Im **Nettoeffekt** hat der Patient allerdings nur die Mehrkosten zu tragen, die dadurch ausgelöst werden, dass er kein Vertragshaus seiner Krankenkasse aufgesucht hat. Von daher können Krankenkassen allen Patienten die Kostenübernahme in Höhe ihrer Vertragshäuser garantieren.

Diese Vorgehensweise würde die Wahlfreiheit der Patienten unterstützen. Offerieren die Krankenkassen diese Form der Kostenübernahme nicht, so wird dem Patienten die freie Krankenhauswahl

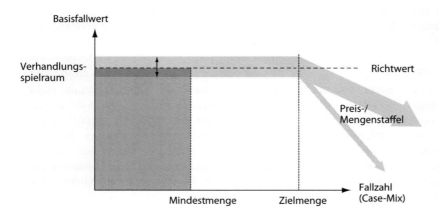

◘ **Abb. 4.3-8.** Mengensteuerung durch flexible Verträge

unnötig erschwert. Gleichwohl kommt den Patienten eine wichtige **Kontrollfunktion** gegenüber dem Vertragsmanagement der Krankenversicherungen zu. Schließen die Krankenversicherungen vornehmlich mit solchen Krankenhäusern Verträge, die von den Patienten nicht gewählt werden, so sind die Krankenversicherungen gezwungen, ihr Vertragsmanagement entsprechend den Präferenzen ihrer Versicherten anzupassen.

Der Wechsel der Krankenversicherung für die Versicherten ist ebenfalls entsprechend flexibel zu halten. Insoweit genügt das heutige Wahlrecht der Krankenversicherungen schon weitgehend diesen Ansprüchen.

Insgesamt ergibt sich also im Vergleich zum heutigen System, dass in dem von uns skizzierten preislichen Steuerungssystem einerseits für die Krankenkassen zusätzlich zum Preiswettbewerb noch ein Vertragswettbewerb hinzukommt. Andererseits wird auf Krankenhausseite der heutige Qualitätswettbewerb um einen Preiswettbewerb ergänzt.

Einbezug vor- und nachgelagerter Leistungssektoren

Eine weitere Option zur Weiterentwicklung des G-DRG-Systems sollte durch die **Integration vor- und nachgelagerter Leistungssektoren** erfolgen. Es ist festzustellen, dass Integrierte Versorgung mit dem Krankenhaus als zentraler Bestandteil immer weiter voranschreitet. Doch hängt der Erfolg der Integrierten Versorgung weitgehend von einer **Harmonisierung der Vergütungssysteme** der unterschiedlichen Leistungssektoren ab. So existieren derzeit für den ambulanten, den akut-stationären und den rehabilitativen Sektor drei unterschiedliche Vergütungsformen, die durch entsprechende **Schnittstellenprobleme** eine erfolgversprechende Integrierte Versorgung behindern.

Viele Leistungen, die in Deutschland noch stationär erbracht werden, könnten auch ambulant erfolgen, wie es beispielsweise in den USA schon der Fall ist. Doch vor allem in den chirurgischen Fächern ist es bei ambulanten Operationen oftmals notwendig, dass bei möglichen Komplikationen stationäre Betten im Hintergrund vorgehalten werden. Um hierzu auch ökonomisch einen reibungslosen Verlauf zu ermöglichen, sind die Vergütungs-

formen im ambulanten und akut stationären Sektor anzupassen.

Ebenso ist dies für den nachgelagerten Leistungssektor zu fordern. So können bestimmte DRGs, denen eine Anschlussheilbehandlung (AHB) folgt, beispielsweise als Komplexpauschale zusammengefasst werden.

Ausblick: Europäische Perspektive

Die europäische Gesetzgebung hat in letzter Zeit eine ganze Reihe von Anstößen für die Weiterentwicklung und Harmonisierung der Gesundheitsversorgung in den europäischen Mitgliedstaaten gegeben. Insgesamt läuft die Tendenz eindeutig in Richtung einer höheren Wettbewerbsintensität. Die **Umsetzung der Freiheitsrechte** von Maastricht führen zwangsläufig zu einer **Deregulierung der Gesundheitsmärkte** in der Europäischen Union. Die Alternative einer einheitlich starken Regulierung in allen Mitgliedstaaten lässt sich mutmaßlich sehr viel schwerer durchsetzen, wenngleich sie der Philosophie vieler Ländern eher entspricht.

Die **wachsende Mobilität** im europäischen Raum führt dazu, dass immer mehr Europäer außerhalb ihres Heimatmarktes auf die Inanspruchnahme von Gesundheitsleistungen angewiesen sind. Dies führt allmählich zu einer **Angleichung der Systeme**. Wenngleich es auch bis zu einer gezielten Patientenwanderung zum Ort günstigerer Preise und höherer Qualität noch eine Zeit lang dauern dürfte, liegt dies auf mittlere Sicht durchaus im Trend. Insbesondere wenn sich die Tendenz fortsetzt, dass die **Eigenverantwortung** der Versicherten und Patienten weiter erhöht wird.

Ein großer Schritt vorwärts in diese Richtung könnte eine Angleichung der Krankenhausvergütung in den europäischen Staaten darstellen. Schon heute haben die meisten europäischen Mitgliedstaaten ein Krankenhausvergütungssystem, das in der einen oder anderen Weise auf ein DRG-Fallgruppensystem zurückgreift. Eine weitergehende **Vereinheitlichung dieser Fallgruppierungssysteme** würde die Leistungs- und Preistransparenz über die Grenzen hinweg deutlich verbessern.

Literatur

Bayerisches Staatsministerium für Arbeit und Sozialordnung, Familie und Frauen (2004) Krankenhausplan des Freistaates Bayern. München

Deutsche Krankenhausgesellschaft (verschiedene Jahrgänge)
Zahlen, Daten, Fakten. Düsseldorf

Helios-Kliniken GmbH (2005) Geschäftsbericht, verschiedene Jahrgänge. http://www.helios-kliniken.de (Stand: 02.06.2005)

Karmann A, Dittrich G (2001) Zur Pauschalförderung im Krankenhausbereich – eine Diskussion am Beispiel Sachsens. Das Krankenhaus 93(11): 989–998

Institut der deutschen Wirtschaft Köln (2001) Deutschland in Zahlen. Köln

Neubauer G (2005) Die Vergütung von Leistungen in der Integrierten Versorgung – Versorgungssteuerung über Vergütungsanreize: Braucht Integrierte Versorgung integrierte Vergütung? In: Klauber J, Robra BP, Schellschmidt H (Hrsg) Krankenhausreport 2005 – Schwerpunkt: Wege zur Integration. Schattauer, Stuttgart

Neubauer G (2004) Einführung und Entwicklung von DRGs in Deutschland. In: Beck, Goldschmidt, Greulich, Kalbitzer, Schmid, Thiele (Hrsg) Management Handbuch DRGs. A1050, S 1–20

Neubauer G (1999) Krankenhausfinanzierung, Stellungnahme zur Bundestagsanhörung am 21. September 1999

Neubauer G (2003) Ordnungspolitische Neuorientierung der Krankenhausversorgung auf der Basis von diagnosebezogenen Fallpauschalen. In: Klusen N, Straub C (Hrsg) Bausteine für ein neues Gesundheitswesen: Technik, Ethik, Ökonomie. Baden-Baden, S 91–107

Neubauer G (1989) Von der Leistung zum Entgelt: Neue Ansätze zur Vergütung von Krankenhäusern. hrsg. von der Robert-Bosch-Stiftung, Stuttgart

Neubauer G (2003) Zur ökonomischen Steuerung der Krankenhausversorgung unter DRG-Fallpauschalen. In: Klauber J, Robra BP, Schellschmidt H (Hrsg) Krankenhausreport 2003 – Schwerpunkt: G-DRGs im Jahre 1. Schattauer, Stuttgart, S 101–119

Neubauer G (2003) Zur Zukunft der dualen Finanzierung unter Wettbewerbsbedingungen. In: Arnold M, Klauber J, Schellschmidt H (Hrsg) Krankenhausreport 2002 – Schwerpunkt: Krankenhaus im Wettbewerb. Schattauer, Stuttgart, S 71–91

Neubauer G, Ujlaky R (2004) DRG-gerechte Strategien zur Markteinführung medizinisch-technischer Innovationen in der Orthopädie. In: Wirtz, Michel, Kolling (Hrsg) DRG`s in Orthopädie und Unfallchirurgie – Spannungsfeld zwischen High-Tech und Low Cost. Heidelberg, S 297–303

Neubauer G, Zelle B (2000) Finanzierungs- und Vergütungssysteme. In: Eichhorn P, Seelos HJ, Graf von der Schulenburg JM (Hrsg) Krankenhausmanagement. München, Jena

Robert Bosch Stiftung (1987) Krankenhausfinanzierung in Selbstverwaltung, Kommissionsbericht Teil I. Gerlingen

Rhön-Klinikum AG (2005) Geschäftsbericht verschiedene Jahrgänge. http://www.rhoen-klinikum-ag.com (Stand: 02.06.2005)

Statistisches Bundesamt (verschiedene Jahrgänge) Grunddaten der Krankenhäuser und Vorsorge- oder Rehabilitationseinrichtungen. Fachserie 12, Reihe 6.1. Wiesbaden

Wiemeyer J (1984) Krankenhausfinanzierung in der Bundesrepublik Deutschland. Berlin

4.4 Finanzmanagement in Arztpraxen und Ärztenetzen

Wolfgang Greiner

4.4.1 Gesetzliche und strukturelle Rahmenbedingungen

Das Management ambulanter Arztpraxen befindet sich seit einiger Zeit in einem geschäftspolitischen Umbruch. Davon ist insbesondere das Finanzmanagement betroffen. Während bis Ende der 1970er Jahre des letzten Jahrhunderts steigende Ansprüche und Kosten durch gleichfalls steigende Umsätze im GKV-Bereich ausgeglichen wurden, hatten die nachfolgenden Budgetierungen dieses Sektors einen dämpfenden Effekt auf den Durchschnitts-Praxisumsatz. Dies führte zunächst zu einem **höheren Kostenbewusstsein** und mehr **Kostenmanagement** in den Praxen, z. B. durch das stärkere Ausnutzen von Preisdifferenzen beim Praxisbedarf, aber teilweise auch durch Abbau von Personal. In den neunziger Jahren rückte das Marketing der eigenen Leistungen stärker in den Mittelpunkt, um insbesondere am stark wachsenden Selbstzahlermarkt zu profitieren.

Hinzu kamen Tendenzen stärkerer Integration der Leistungserbringer, vor allem durch die **Gründung von Praxisgemeinschaften, Gemeinschaftspraxen, Gesundheitszentren** und (wenn auch selten) **operativen Arztnetzen** (Lindenthal et al. 2004). Die letztgenannten Veränderungen der durchschnittlichen Betriebsgröße hatten und haben kaum zu überschätzende Auswirkungen auf das betriebswirtschaftliche Umfeld des Unternehmens Arztpraxis, denn es ist im Gegensatz zu früher auf wesentlich mehr Kooperation, Information und Investition gegründet. So stellt die Kooperation mit anderen Ärzten auf gleicher Hierarchiestufe andere Anforderungen an das Finanzmanagement als ein klare, auf einen einzigen Praxisinhaber zugeschnittene Arbeits- bzw. Produktionsweise.

Dies zeigt sich in der Informationsgewinnung und -weitergabe (z. B. vom papiergebundenen Arztbrief hin zur integrativen elektronischen Gesundheitsakte), aber auch bei Investitionsvorhaben, die gemeinsam genutzt, entschieden und finanziert werden müssen. Größere Betriebsgrößen erfordern daher ein ausgeprägteres Finanzmanagement als eine Einzelpraxis mit durchschnittlich geringerem Kosten- und Erlösvolumen.

> ◘ **Gesetzliche Grundlagen des Finanzmanagements in Arztpraxen**
> - Vorschriften zur Vergütung im Bereich der GKV (§ 85–87a SGB V)
> - Vorschriften zur Vergütung im Bereich der PKV (GOÄ gemäß § 11 der Bundesärzteordnung)
> - Vorschriften zur Feststellung des Jahresabschlusses bei Freiberuflern (u. a. § 4 Abs. 3 Einkommensteuergesetz)

Da etwa 90% der Patienten (wenn auch nicht des Praxisumsatzes) aus dem System der Gesetzlichen Krankenversicherung (GKV) stammen, kommt den rechtlichen Vorgaben des SGB V für die Erlösseite des Finanzmanagements besondere Bedeutung zu. Die starke Anbindung an das **Kollektivvertragssystem** zwischen Kassenärztlichen Vereinigungen und den Landesverbänden der Krankenkassen lassen bei Mengen und Preisen wenig Raum für marktwirtschaftliche Aushandlungsprozesse. Die Budgetierung des ambulanten Sektors bestimmt stattdessen mittlerweile beide Parameter, Preis und Menge, gleichermaßen. Da in der Gebührenordnung für ambulante Arztleistungen im GKV-Bereich (dem sog. »**Einheitlichen Bewertungsmaßstab**« – EBM) keine Preise in monetären Größen (also in Euro) angegeben sind, werden nur Bewertungsrelationen in Form von Punkten angegeben. Damit ist nur festgelegt, dass eine Leistung, die beispielsweise mit 100 Punkten bewertet wird, halb so viel wert ist wie eine Leistung mit 200 Punkten.

Da das Budget im ambulanten Bereich zumindest bislang weitgehend fix ist, ergeben sich infolge **systemimmanenter Ausweitungstendenzen** (z. B. infolge des technischen Fortschritts, den demographischen Entwicklungen (Ulrich 2005) und angebotsinduzierter Nachfrage [Schulenburg und Greiner 2000]) zwei mögliche Auswirkungen:

1. **Fallender Punktwert**
2. **Punkt-Höchstanzahl**, also eine maximale Menge abrechenbarer Punkte, ggf. ergänzt durch Abstaffelungen der Punktwerthöhe in Abhängigkeit vom Punktevolumen.

Die letzte Alternative wurde seit dem 01.01.2004 mit dem GKV-Modernisierungsgesetz (GMG) in § 85a SGB V als sog. **arztgruppenbezogene Regelleistungsvolumina** implementiert. Das sind Obergrenzen an Leistungen (bzw. Punkten), die pro Patient durchschnittlich abgerechnet werden können und die mit einem festen Punktwert (**Regelpunktwert**) vergütet werden. Wird das Regelleistungsvolumen überschritten, sinkt die Vergütung (von Ausnahmen abgesehen) auf 10% des Regelpunktwertes (§ 85b SGB V Abs. 2). Ab dem Jahr 2007 soll es nach einer Übergangsphase keine ambulanten Budgets mehr geben. Eine wichtige Frage ist dabei, ob es gelingt, bis zu diesem Zeitpunkt **morbiditätsspezifische Regelleistungsvolumina** zu vereinbaren. Das Morbiditätskriterium ist für die Kostenträger schwer mess- und vor allem überprüfbar. Deshalb war im bisherigen Modell, den sog. Praxisbudgets, keine solche Differenzierung vorgesehen.

Die neue **GKV-Gebührenordnung EBM 2000 plus**, die am 01.04.2005 in Kraft getreten ist, orientiert sich kalkulatorisch an einem Arztlohn (d. h. Gewinn der Praxis vor Steuern) pro Jahr. Neben **arztübergreifenden Leistungen**, die jede Arztgruppe abrechnen kann (z. B. Hausbesuche und Präventionsleistungen), enthält die neue Gebührenordnung **arztgruppenspezifische Leistungen** (z. B. für spezielle Leistungen der Gynäkologie), die nur von der entsprechenden Ärztefachgruppe abgerechnet werden dürfen. Ziel dieser Regelung ist die Sicherung der Leistungsqualität, aber auch eine Begrenzung der Leistungsausweitung. Der EBM 2000 plus wurde auf der Basis von zeitlichen Vorgaben für die abrechenbaren Leistungen erstellt. Dabei wurde für die Berechnung ein Wert von € 0,779 pro Minute für den ärztlichen Anteil der Leistung zugrunde gelegt. Dieser wird mit der durchschnittlichen Zeit, die für die Leistungserbringung benötigt wird, multipliziert und ein Wert für den technischen Anteil der Leistung addiert. Die neue Berechnungsgrundlage soll zu einer gerechteren Verteilung der Vergütung zwischen den einzelnen ärztlichen Fachgruppen führen und dient u. a. der Plausibilitätskontrolle von Abrechnungen. So können bereits drei Praxistage mit rechnerisch mehr als 12 h Patientenversorgung zu einer **Plausibilitätsprüfung** durch die Kassenärztliche Vereinigung führen.

Schließlich wurden viele bisherige Einzelleistungen zu Leistungskomplexen zusammengefasst,

Tab. 4.4-1. Honorierung ambulanter Leistungen in der Privaten (PKV) und Gesetzlichen Krankenversicherung (GKV)

	GKV	PKV
Honorierungsverfahren	Zweistufig	Einstufig
Gebührenordnung	Einheitlicher Bewertungsmaßstab (EBM)	Gebührenordnung für Ärzte (GOÄ)
Abrechnungsvoraussetzung	Kassenzulassung	Approbation
Abrechenbare Leistungen	Festgelegt durch Gemeinsamen Bundesausschuss (G-BA)	Gemäß Stand der wissenschaftlichen Forschung
Honorarhöhe	Abhängig vom Punktwert	In der Regel 2,3-facher Satz der GOÄ, bis zu 3,5-facher Satz bei besonderer Schwierigkeit. Durch Vereinbarung kann aber auch eine von der GOÄ abweichende Gebührenhöhe festgelegt werden (§ 2 GOÄ)

die einzeln nicht mehr abrechenbar sind. Darin sind einige Leistungen obligatorisch, müssen also erbracht werden, damit eine Abrechnung möglich ist, andere sind fakultativ und müssen lediglich im Hinblick auf Qualifikation und Ausstattung der Praxis erbracht werden können. Regelleistungsvolumina und Komplexpauschalen sind die Fortführung des schon im stationären Bereich feststellbaren Trends zu mehr Pauschalisierung bei der Honorierung. Damit wird ein Mittelweg zwischen Einzelleistungsvergütung und Fall- oder Kopfpauschale beschritten.

Bei der Honorierung von ambulanten Leistungen unterscheiden sich die PKV und GKV in mehrfacher Hinsicht, wie aus **Tab. 4.4-1** deutlich wird.

Das **Honorierungsverfahren der GKV** wird als **zweistufig** bezeichnet, da das Honorar (anders als bei der PKV) von den Krankenkassen in Form von Kopfpauschalen mit befreiender Wirkung an die Kassenärztlichen Vereinigungen gezahlt wird, die dann die Zahlung (entsprechend einem sog. **Honorarverteilungsmaßstab – HVM**) an die Ärztinnen und Ärzte vornehmen (§ 85 SGB V). Das Verfahren ist schematisch in **Abb. 4.4-1** dargestellt.

Demgegenüber erfolgt die Zahlung bei der PKV zunächst durch den Patienten, der die Leistungen dann - je nach Versicherungsvertragsgestaltung - ganz oder teilweise mit seiner PKV abrechnet (**Abb. 4.4-2**). Eine Zwischenstufe ergibt sich erst für den Fall, dass der Arzt das Inkasso einem Dritten (sog. Privatärztlichen Verrechnungsstellen, in **Abb. 4.4-2** mit gestrichelter Linie angegeben) übertragen hat. Aber auch in diesem Fall läuft die

Zahlung nicht direkt von den Krankenversicherern an den Leistungserbringer, sondern nimmt den Umweg über den Patienten.

In der GKV dürfen grundsätzlich nur ambulante Leistungen abgerechnet werden, die im EBM beschrieben sind. Für die Aufnahme weiterer Leistungen in den EBM bedarf es einer entsprechenden Einigung der KBV mit den Spitzenverbänden der Krankenkassen (§ 87 SGB V). Da beispielsweise bestimmte Vorsorgeleistungen von den Krankenkassen nur begrenzt oder gar nicht erstattet werden, gewinnen privat bezahlte Zusatzleistungen (sog. **»Individuelle Gesundheitsleistungen« – IGeL**) immer mehr an Bedeutung für den finanziellen Erfolg und das finanzielle Gleichgewicht ambulanter Praxen. Zudem führen Leistungsausweitungen im GKV-Bereich nur bis zur Grenze der Regelleistungsvolumina zu Umsatzgewinnen und (entsprechende Kostenstrukturen vorausgesetzt) höheren Überschüssen. In **Abb. 4.4-3** ist dieser Zusammenhang schematisch dargestellt.

Zusatzleistungen im IGeL-Bereich (und/oder eine Ausweitung des PKV-Anteils) können die Umsatz- und Gewinnkurven gegenüber einem ausschließlich auf GKV-Einnahmen basierenden Umsatz verschieben, aber auch hier bestehen Grenzen durch die begrenzten zeitlichen Kapazitäten des Praxisinhabers und durch steigende Grenzkosten der Zusatzangebote. So bedeutet die Aufnahme weiterer Leistungen in der Regel auch höhere Investitionen in:

1. Qualifikation der Mitarbeiter
2. Zusätzliche Geräte und Räumlichkeiten

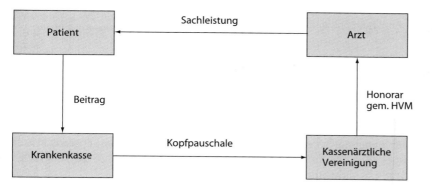

Abb. 4.4-1. Zweistufiges Honorarverfahren

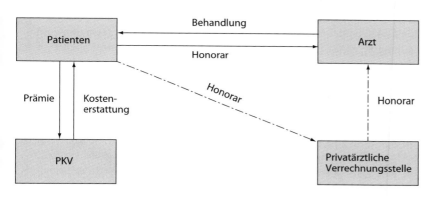

Abb. 4.4-2. Einstufiges Honorarverfahren

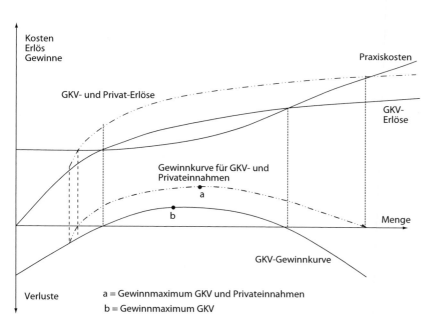

Abb. 4.4-3. Kosten und Erlöse in ambulanten Arztpraxen

4

3. Marketingmaßnahmen und Informationsvermittlung an die Patienten

Das Gewinnmaximum entspricht daher nicht dem theoretisch möglichen Umsatzmaximum.

Bei einer **ergebnisabhängigen Honorierung**, die z. B. im Rahmen von Modellvorhaben (§ 63–65 SGB V) schon heute möglich ist, werden auch Behandlungsergebnisse bei der Vergütung der Praxen mitberücksichtigt. Obwohl diese Form der Honorierung derzeit noch nicht sehr verbreitet ist, wird ihr seitens der Gesundheitspolitik hoher Stellenwert eingeräumt, und es ist zu erwarten, dass auch diese Form der Vergütung zukünftig finanzwirtschaftlich bedeutsamer wird. Insbesondere die Anforderungen an die Dokumentation der Erkrankung und der Behandlungsergebnisse stellen bei einer solchen Veränderung naturgemäß weit höhere Ansprüche als die bisherige Orientierung der Bezahlung an Behandlungseinzelleistungen. Praxen mit einem überdurchschnittlichen Behandlungsergebnis könnten beispielsweise einen **Honorarzuschlag** erhalten. Um die Vergleichbarkeit der Patienten von Praxis zu Praxis sicherzustellen, wird eine Einteilung in ein **diagnose-orientiertes Fallsystem** (ähnlich dem DRG- System im stationären Bereich) notwendig sein, aus dem dann ein Vergleichsmaßstab (sog. **Fallmix**) errechnet werden kann. Als mögliche Ergebnisparameter werden Mortalitäts-, Komplikations- und Infektionsraten oder der durchschnittliche Nachbehandlungsbedarf genannt.

4.4.2 Praktische Umsetzung

Zu einem umfassenden Finanzmanagement gehört eine ausreichende Kosten- und Leistungsrechnung sowie eine möglichst genaue Investitionsrechnung. **Kosten** sind bewerteter Verzehr von Gütern und Diensten zur Erstellung betrieblicher Leistungen, d. h. sie haben eine Mengen- und eine Bewertungskomponente, die getrennt erfasst werden sollten. Zunächst erfolgt dazu eine möglichst übersichtliche **Kostenartenrechnung**, d. h. die Aufteilung der Gesamtkosten u. a. in Personal- und Materialkosten. Diese erste Form der Kosten- und Erlöserfassung wird im Allgemeinen schon durch die sog. betriebswirtschaftlichen Auswertungen (BWAs) der

Steuerberater hinreichend geleistet. Darauf aufbauend sollte unterschieden werden, ob die Kosten mit der produzierten Menge (z. B. der Zahl der behandelten Patienten) variiert (variable Kosten) oder nicht (fixe Kosten). In Arztpraxen bestehen in der Regel hohe Fixkostenanteile, die sich durch die Personalintensität der Dienstleistungen sowie die häufig hohen Investitionen in die apparative Ausstattung (insbesondere bei Fachärzten) ergeben. Diese Kostenblöcke sind dann erst mittel- bis langfristig veränderbar.

Darüber hinaus ist z. B. in größeren Gemeinschaftspraxen auch eine **Kostenstellenrechnung** sinnvoll, die die Kostenarten einzelnen Abteilungen zurechnet, z. B. der Röntgendiagnostik oder dem Labor. Dies kann notwendig sein, um zumindest für einzelne Leistungen eine Kalkulation in der Planungsphase zusätzlicher Angebote oder eine Abschätzung der Profitabilität bestehender Leistungen durchzuführen. So kann beispielsweise berechnet werden, wie sich eine IGeL-Leistung derzeit oder in der Planungsphase voraussichtlich auf den Praxiserfolg auswirkt.

Den **direkt zurechenbaren Kosten** (Einzelkosten, z. B. Impfstoffe und andere Verbrauchsmaterialien) werden die **Gemeinkosten** in einer Kostenträgerrechnung mittels Schlüsselung hinzugerechnet. Diese Gemeinkosten-Schlüsselung (z. B. die Personalkosten des Praxisempfangs oder auch die kalkulatorischen Kosten der ärztlichen Arbeitszeit) kann nach verschiedenen Kriterien erfolgen, um eine möglichst **verursachungsgerechte Kostenverteilung** zu erreichen. Bei der sog. summarischen Zuschlagskalkulation wird beispielsweise eine Verhaltensproportionalität zwischen ausgewählten Einzelkosten- und Gemeinkostenartengruppen unterstellt. Leistungen, die hohe Einzelkosten aufweisen, werden demnach auch hohe Gemeinkosten zugeschlüsselt. Bei der erweiterten Zuschlagskalkulation werden dagegen einzelne Kostenstellenbereiche noch weiter aufgeschlüsselt und so noch detailliertere Gemeinkostensätze und Verursachungsbezüge ermöglicht. Wenn beispielsweise bekannt ist, dass für die Durchführung einer bestimmten Leistung vergleichsweise viel ärztliche Arbeitszeit erforderlich ist, sollten die kalkulatorischen Kosten des Arztes für seine Arbeitszeit auch stärker bei der Zuschlüsselung dieser Gemeinkostenart ins Gewicht fallen.

Eine leistungsfähige Kosten- und Leistungsrechnung ist Voraussetzung für ein effektives Finanzmanagement ambulanter Praxen. Dieses besteht aus folgenden drei Bereichen, die durchweg auf Daten der Kosten- und Leistungsrechnung aufbauen und im Folgenden eingehender vorgestellt werden sollen:

> ◘ **Bereiche des Finanzmanagements in ambulanten Praxen**
> 1. Kostenmanagement
> 2. Liquiditätsmanagement
> 3. Finanzierungsmanagement

Kostenmanagement

Unter **Kostenmanagement** werden alle Maßnahmen verstanden, die das Kostenniveau der Praxis nachhaltig absenken. Dazu müssen die Informationen aus dem Kostenrechnungssystem hinreichend umfassend sein, um beeinflussbare Kostengrößen zu identifizieren. Im Hinblick auf die im Vergleich zu industriellen Betrieben eher kleinen Betriebsgrößen, aber auch wegen der individualisierten Leistungserstellung bei der Behandlung von Patienten ist eine standardisierte Produktionsplanung in Arztpraxen bislang höchstens in Teilgebieten anzutreffen (z. B. in Funktionsbereichen wie dem Labor). Ansonsten erfolgt der Leistungserstellungsprozess in der Regel eher als Einzelfertigung und situativ. Andererseits könnten pauschalisierte Honorierungsverfahren, die immer mehr Bedeutung erlangen, zu einer stärkeren Standardisierung der Leistungserstellung führen. Dies gilt insbesondere für spezialisierte medizinische Leistungen wie Gastroskopien oder Hyposensibilisierungen, für die zum überwiegenden Teil bereits Standards und vereinheitlichte Prozessabläufe gelten.

Neben der Schaffung einer ausreichenden **Transparenz der Kosten- und Leistungsstruktur** der Praxis ist insbesondere die **Ermittlung von strategischen und operativen Kosteneinflussgrößen** von großer Bedeutung für ein erfolgreiches Kostenmanagement. Zu den strategischen, also allenfalls mittel- bis langfristig veränderbaren Größen, gehören die Produktionstiefe und -breite (also beispielsweise die Entscheidung über die Vorhaltung von diagnostischen Geräten wie Röntgen- und Ultraschalleinrichtungen) und die baulichen Gegebenheiten (wozu z. B. auch die Höhe der Mietzahlung zählt). Zu den operativen Kosteneinflussgrößen gehören alle Faktoren, die zur Produktion des aktuellen Leistungsprogramms eingesetzt werden, insbesondere also

- Ein verschwenderischer Umgang mit Ressourcen (**Mengenkomponente**)
- Eine zu kostenträchtige Beschaffung der Ressourcen (**Preiskomponente**)

Beide Komponenten müssen sowohl im Hinblick auf die personellen wie auf die sachlichen Produktionsfaktoren analysiert werden. Allerdings sind Kostensenkungspotentiale in der Regel zügiger bei den sachlichen Ressourcen zu heben, da eine kurzfristige Reduktion von Personal bzw. alternativ eine Senkung des Lohnniveaus häufig weder rechtlich ohne weiteres möglich noch betriebswirtschaftlich sinnvoll ist. Aus ökonomischer Sicht geht der Praxis durch Personalabgang immer auch Humankapital, also spezialisierte Kenntnisse über betriebliche und medizinische Abläufe verloren, die später erst mit hohem (ggf. vermeidbarem) Aufwand wieder durch Schulungen o. Ä. geschaffen werden müssen. Zudem kann eine zu kurzfristig angelegte **Personalplanung** bzw. -reduktion auch zur Überforderung und Demotivation des verbliebenen Personals führen. Diese möglichen Folgen sollten im Personalbereich sehr genau abgewogen werden, bevor hier einschneidende Maßnahmen ergriffen werden. Die Ausnutzung der natürlichen **Mitarbeiterfluktuation** bietet hier in der Regel ausreichende Möglichkeiten, mittelfristig zu einer günstigeren Kostenstruktur zu kommen. Dies kann durch einen flexibleren Personaleinsatz, z. B. mit Teilzeitkräften, durch Minderung des Lohnniveaus, durch den Ersatz älterer ausscheidender Mitarbeiter durch jüngere, oder durch Neuorganisation der personellen Abläufe und Verzicht auf Ersatz nach dem Ausscheiden, realisiert werden.

Daneben bestehen im personellen Bereich weitere Möglichkeiten zum Kostenmanagement, wie beispielsweise die **Anpassung der Qualifikationsstruktur** (z. B. Ersatz einer Arzthelferin am Praxisempfang durch nicht-medizinisches Personal) oder die **Befristung von Arbeitsverträgen**. Diese Maßnahmen ermöglichen mittelfristig mehr Flexibilität bei der weiteren Praxisplanung, eine Senkung der langfristigen Fixkosten und ein **Outsourcing von Leistungen**, vor allem im nicht-medizinischen Bereich (z. B. Reinigung der Praxisräume, EDV-Wartung, Betreuung der Praxishomepage).

Bei den Sachmitteln bestehen ebenfalls eine ganze Reihe von Möglichkeiten, die im Rahmen des Kostenmanagements regelmäßig überprüft werden sollten. So kann häufig der administrative Beschaffungsaufwand durch die **Reduktion der Lieferanten** und Artikel gesenkt werden. Durch **Bildung von Einkaufsgemeinschaften** können Gruppen von Praxen darüber hinaus eine höhere Einkaufsmacht entwickeln und Preisverhandlungen zu ihren Gunsten gestalten. Dabei können auch häufigere Liefertermine vereinbart werden, um so Lager- und andere Vorhaltekosten zu senken.

Die Bildung solcher Gruppen von Praxen hat zudem den Vorteil, das eigene Prozessmanagement mit dem anderer Praxen im Sinne eines **Benchmarkings** zu vergleichen.

»Benchmarking ist die Suche nach »optimalen« Methoden bzw. Prozessen durch Vergleich mit anderen Unternehmen oder Unternehmensteilen« (Schulenburg 2005, S. 529).

Dieses Managementinstrument gewinnt auch im Gesundheitswesen zunehmend an Bedeutung. Voraussetzung ist jedoch die Bereitschaft zum Erfahrungsaustausch. Dazu gehört in Bezug auf ambulante Praxen, dass man einzelne, immer wieder vorkommende Prozesse wie das Anlegen eines Neu-Patienten in der Praxis-EDV oder das Erstellen von Röntgenbildern als einheitlichen Prozess (mit den zugehörigen Teilprozessen) aufgliedert, fixe und variable Kosten dieses Prozesses erhebt und dann mit den zuständigen Mitarbeitern darüber berät, wie der Prozess durch organisatorische Maßnahmen weiter optimiert werden könnte. Auch hier können operative Aktionen (z. B. eine bessere zeitliche Abstimmung der Praxis-Abteilungen beim Patientenfluss mittels Praxis-EDV) von strategischen Maßnahmen (z. B. dem Kauf eines neuen Gerätes) unterschieden werden. Wenn diese **interne Optimierung** abgeschlossen ist, kann das Ergebnis mit den Kosten und Leistungen anderer Praxen für gleiche Prozesse verglichen werden.

Allerdings setzt dies ein großes Vertrauen der Entscheider in den einzelnen Praxen untereinander voraus. In der Regel war das bislang nur bei einer geringen Wettbewerbsintensität zwischen den zu vergleichenden Praxen zu erwarten. Mangelnde Konfliktkultur und eine fehlende strategische Ausrichtung der Praxen haben in der Vergangenheit dazu geführt, dass sich nur wenige Kooperationen ergeben haben, die auch betriebswirtschaftliche Zusammenarbeit (im Sinne des oben beschriebenen Benchmarkingansatzes) umfassten (Riegl 1990). Der zunehmende Kostendruck und die erweiterten Möglichkeiten einer integrierten Versorgung lassen aber für die Zukunft ein grundsätzliches Umdenken im Verhältnis der jeweiligen Praxisinhaber erwarten. Der Austausch von Daten und ein gemeinsamer Einkauf stellen für Arztnetze dann nur den Anfang einer **umfassenderen Kooperation** dar, z. B. bei der gemeinsamen Nutzung von Räumlichkeiten, Geräten und Personal. So geschaffene **Synergien** gehören ebenfalls mit zu den strategisch bedeutsamen Kosteneinflussgrößen und stellen damit ein wichtiges Potential für ein zukunftsorientiertes Finanzmanagement ambulanter Praxen dar. Ärzte, die sich als Praxisinhaber dieser ökonomischen Herausforderung nicht stellen, müssen zukünftig mit wesentlichen Wettbewerbsnachteilen rechnen, die bis zum Risiko des Marktaustrittes reichen.

Liquiditätsmanagement

Das **Liquiditätsmanagement** von Arztpraxen umfasst alle Maßnahmen, die darauf gerichtet sind, fällige Verbindlichkeiten termingerecht bedienen zu können ohne dass dadurch betriebliche Abläufe gestört werden. Zur Sicherung der jederzeitigen Zahlungsfähigkeit ist es notwendig, die zu erwartenden **Zu- und Abgänge an liquiden Mitteln** möglichst gut zu **prognostizieren**. So macht es aus ökonomischer Sicht genauso wenig Sinn, ständig hohe Geldbeträge vorzuhalten, um auf jeden Fall Liquiditätsprobleme zu vermeiden, wie die ständige Inanspruchnahme nicht geordneter Überziehungskredite. Im ersten Falle sollte die überschüssige Liquidität besser rentabel und fristgerecht angelegt werden (bzw. bestehende Verbindlichkeiten getilgt werden), im zweiten Falle sollten Liquiditätsreserven aufgebaut werden, die der Fristigkeit der prognostizierten Verbindlichkeiten entsprechen. Solche Liquiditätsreserven könnten sowohl Bankguthaben wie auch freie Kreditlinien oder fristgerecht liquidierbare Wertpapiere sein.

Da (mit einigen gewichtigen Ausnahmen wie Steuernachzahlungen) ein Großteil der Praxisausgaben fix ist, geht es bei der **Liquiditätsplanung** in ambulanten Praxen sowohl um die Planung der Privatentnahmen des Praxisinhabers als auch um die möglichst zutreffende Voraussage der GKV- und PKV-Umsätze. Da die GKV-Umsätze in aller Regel der größte Umsatzträger sind, muss dieser Bereich besonders gut abgeschätzt werden. In Zeiten fallenden Punktwertes wurden die Praxen nicht selten von unvorgesehen niedrigen Zahlungen durch die Kassenärztlichen Vereinigungen überrascht. Diese Situation sollte sich in der Zukunft durch die Vorgabe von Regelleistungsvolumina mit festen Punktwerten zumindest aus planerischer Sicht verbessern. Damit ist jedoch noch keine Aussage über die Auskömmlichkeit der GKV-Zahlungen getroffen.

Wenn die Umsatzentwicklung im Bereich der PKV bzw. der übrigen Selbstzahler für das Gesamtergebnis der Praxis an Bedeutung gewinnt, steigt hier auch die Bedeutung der Erlösprognose. Die **kurzfristige Liquiditätsplanung** dient dazu, die aus der Finanzbuchhaltung zur Verfügung stehenden Informationen über die laufenden Forderungen an Patienten zu erfassen. Um hier die Außenstände gering zu halten, bietet sich die Zahlung von privatärztlichen Leistungen direkt am Praxisempfang an (in bar, per EC- oder Kreditkarte). Ansonsten sollte aus den Rechnungsdaten nach Erfahrungswerten die zu erwartenden Zuflüsse abgeschätzt werden. So kann z. B. nach einiger Zeit die mittlere Dauer von Rechnungsstellung bis Zahlung (ggf. nach Personengruppen differenziert) ermittelt und dann bei der weiteren Liquiditätsplanung genutzt werden.

Die sog. **Liquiditätskontrolle** überwacht, ob die prognostizierten Finanzströme in etwa den tatsächlichen entsprechen oder ob z. B. überschüssige liquide Mittel rentabel angelegt bzw. Termingelder aufgelöst werden sollten, um Sollzinsen zu vermeiden. Von besonderer Bedeutung sind dabei naturgemäß die Privatentnahmen des Praxisinhabers, die sich neben der Rentabilität des Betriebes unbedingt auch an der zur Verfügung stehenden Liquidität orientieren sollten, um Engpässe zu vermeiden.

Finanzierungsmanagement

Ein weiterer integraler Bestandteil des Finanzmanagements in ambulanten Praxen ist das **Finanzierungsmanagement**, das bei größeren Investitionsmaßnahmen (z. B. dem Neubau von Praxisräumlichkeiten oder dem Kauf weiterer Geräte) zum Tragen kommt und mit dem entsprechende Vorhaben vorab auf ihre Wirtschaftlichkeit geprüft werden. So kann aus der voraussichtlichen Nutzungsdauer, dem Erhaltungsaufwand und den laufenden Kosten (z. B. Energiebedarf) eines medizinischen Gerätes darauf geschlossen werden, wie viel Nutzungen angesichts des voraussichtlich erzielbaren Preises für die Leistung erforderlich sind, um die Gewinnschwelle zu erreichen. Der Entscheider, der in der Regel der Praxisinhaber ist, muss sich dann Informationen verschaffen, ob ein entsprechender Bedarf am Markt überhaupt erkennbar und der erforderliche Umsatz erzielbar ist. Wenn die Minimalauslastung des Gerätes nicht erreichbar scheint, sollte die Investition soweit möglich unterbleiben oder ggf. mit einem Kollegen zusammen durchgeführt werden, um die erforderliche Auslastung zu erreichen. Im Anschluss an die Investition sollte eine Nachkalkulation mit den tatsächlich aufgetretenen Ist-Kosten erfolgen, um betriebswirtschaftliche Fehlentwicklungen frühzeitig zu erkennen.

In diesem Zusammenhang wird ein professioneller Auftritt bei Finanzierungsgebern auch für Arztpraxen immer mehr unabdingbar. So sind Banken seit einiger Zeit gezwungen, ihre Kreditnehmer in Risikoklassen einzuteilen und die Darlehen je nach Bonität mit unterschiedlich hohem Eigenkapital zu unterlegen, was die Kreditvergabe aus Bankensicht erheblich verteuern kann (»Basel II«-Abkommen). Diese zusätzlichen Kosten werden je nach Risikoklasse an die entsprechenden Kunden in Form unterschiedlich hoher Zinssätze weitergegeben. Für ambulante Praxen bedeutet das, die Voraussetzungen für ein möglichst gutes »Rating« zu schaffen, um langfristig kreditwürdig zu bleiben und die Finanzierungskosten gering zu halten (Streit und Letter 2005, S. 56ff). Einer solchen Bewertung sind vor allem Liquiditäts- und Rentabilitätsprobleme, aber auch unsystematisches und wenig planvolles unternehmerisches Handeln des Praxisinhabers sehr abträglich. Eine aussagefähige strategische Finanz- und Praxisplanung sowie ein transparentes Informationsverhalten

4

der Bank gegenüber sind dagegen Voraussetzung für eine gute Bonitätsbewertung. Allerdings spielen auch wenig beeinflussbare Größen eine Rolle wie die generellen wirtschaftlichen Aussichten des Gesundheitswesens als Branche.

Die Organisation ambulant tätiger Arztpraxen muss immer stärker auch wirtschaftlichen Zielen entsprechen, um die Existenz des Betriebes langfristig nicht in Frage zu stellen. Aufgabe des Finanzmanagements ist es dabei, die erforderlichen Finanzinformationen zu generieren und Instrumente zur Verfügung zu stellen, die die Rentabilität und Liquidität sichern. Es schafft somit Anknüpfungspunkte zum Kundenmanagement (▶ **Kap. 3.4**), zum Personalmanagement (▶ **Kap. 5.4**) und anderen wichtigen Funktionsbereichen, was die zentrale Bedeutung des Finanzmanagements für den Gesamterfolg der Praxis verdeutlicht. Es ist insofern auch eine notwendige (wenn auch gewiss nicht hinreichende) Voraussetzung für eine hohe medizinische Leistungsqualität.

Literatur

Lindenthal J, Sohn S, Schöffski O (2004) Praxisnetze der nächsten Generation – Ziele, Mittelverteilung und Steuerungsmechanismen. Herz, Burgdorf
Riegl GF (1990) Marketing für die Arztpraxis. Riegl & Partner, Augsburg
Schulenburg JM Graf v.d. (2005) Versicherungsökonomik. Verlag Versicherungswissenschaft, Karlsruhe
Schulenburg JM Graf v.d., Greiner W (2000) Gesundheitsökonomik. Mohr Siebeck, Tübingen
Streit V, Letter M (2005) Marketing für Arztpraxen. Springer, Berlin
Ulrich R (2005) Demographic change in Germany and implications for the health system. Journal of Public Health (Berl) 13: 10–15

4.5   Finanzmanagement in der Integrierten Versorgung

Axel Mühlbacher

4.5.1   Gesetzliche und strukturelle Rahmenbedingungen

Gesetzliche Grundlagen der Integrierten Versorgung

Seit dem GKV-Modernisierungsgesetz des Jahres 2004 können Krankenkassen **Einzelverträge** über eine **sektoren- oder interdisziplinär-fachübergreifende Versorgung** direkt mit einem Netzwerk von Leistungserbringern (§ 140b Abs. 1 SGB V) abschließen. Der Gesetzgeber etabliert parallel zum Kollektivvertragssystem ein eigenständiges Einzelvertragssystem. Die Finanzierung dieser Versorgungsform wird seit dem GKV-Modernisierungsgesetz durch eine **Anschubfinanzierung** ermöglicht, bis zu 1% des GKV-Budgets stehen zur Verfügung. Diese Mittel werden von der an die Kassenärztlichen Vereinigungen zu zahlende Gesamtvergütung und von den Rechnungen der Krankenhäuser für voll- und teilstationäre Leistungen einbehalten. Für diese Verträge stehen bis zum Endes des Jahres 2006 insgesamt € 680 Mio. pro Jahr zur Verfügung, € 200 Mio. aus der vertragsärztlichen Gesamtvergütung und € 480 Mio. aus dem Krankenhausbudget. Die integrierte Versorgung muss sich ab dem Jahr 2007 finanziell selbst tragen. Diese Anschubfinanzierung ist jedoch an den Nachweis von Verträgen zur integrierten Versorgung gekoppelt. Die Konzeption und Umsetzung von Verträgen der integrierten Versorgung bedarf erheblicher Investitionen. Deshalb gilt für Verträge, die bis zum 31.12.2006 geschlossen wurden, nicht der **Grundsatz der Beitragsstabilität (§ 140b Abs. 4 SGB V)**. Aufgrund dieser Regelung kommt dem § 140a ff. SGB V bei der Finanzierung der integrierten Versorgung eine besondere Bedeutung zu. Auf die anderen gesetzlichen Normen zur integrierten Versorgung wird deshalb nicht im Besonderen eingegangen (vgl. ▶ **Kap. 2.5**).

Die Versorgungsverträge zur integrierten Versorgung können kassenindividuelle Vergütungsregelungen enthalten und ohne die Beteiligung der Kassenärztlichen Vereinigung abgeschlossen werden. Die Vergütung der integrierten Versorgung ist nicht im Gesetz geregelt, sondern muss im Vertrag geregelt werden (§ 140c Abs. 1 SGB V). Der Gesetzgeber gibt weder für die Höhe noch die Art der Vergütung eine Orientierung vor. Die Vergütung kann bezogen auf die Einzelleistungen oder budgetiert nach Pauschalen vereinbart werden, dabei sind alle möglichen Vergütungsregelungen denkbar:

Die Budgetverantwortung kann insgesamt oder für definierte Teilbereiche auf die Leistungserbringer übertragen werden (§ 140c Abs. 2 SGB V). Der Gesetzgeber zielt neben der **Integration der Versorgungsfunktion** auch auf die teilweise **Integration der Versicherungsfunktion,** da das Morbiditätsrisiko auf die Leistungserbringer übertragen werden kann (§ 140c Abs. 2 Satz 2 SGB V). Bei der Berechnung des Budgets ist die Risikostruktur der Versicherten zu berücksichtigen. Damit soll das Risiko der Vertragsparteien begrenzt und die Risikoselektion vermieden werden. Mit der vereinbarten Vergütung sind alle Leistungen der eingeschriebenen Versicherten, soweit im vertraglich vereinbarten Versorgungsauftrag dokumentiert, abgegolten. Dies gilt auch für Leistungen, die durch Leistungserbringer erbracht werden, die nicht an der integrierten Versorgung teilnehmen. Es gilt jedoch festzuhalten, dass Versicherte nicht das Versorgungssystem beliebig verlassen und fremde Leistungen beanspruchen dürfen. Nach § 140c Abs. 1 SGB V dürfen die Versicherten nur Leistungen außerhalb des Versorgungsauftrages der integrierten Versorgung in Anspruch nehmen, wenn sie an die nicht teilnehmenden Leistungserbringer überwiesen wurden oder sie durch die Verträge zur Inanspruchnahme außerhalb stehender Leistungserbringer bevollmächtigt sind.

Es kann davon ausgegangen werden, dass die **Allokation der Ressourcen** auf der Ebene Arzt-Patient auch durch die Problemstellungen der Finanzierung und Vergütung beeinflusst werden. Der Einsatz von Ressourcen ist oftmals abhängig von den diagnostischen und therapeutischen Entscheidungen der Ärzte im niedergelassenen und stationären Sektor. Im Kontext dieser Entscheidungsprozesse – Einschätzung des Gesundheitszustandes, Feststellung der Diagnostik und der Festlegung von medizinisch-pflegerischen Maßnahmen spielen auch ökonomische Anreize eine Rolle. Diese Zahlungsströme werden durch die Vereinbarungen über den **Leistungsumfang** und die **Leistungsvergütung** beeinflusst. Aufgrund der Anreize, die

durch Vergütungsverträge gesetzt werden, ist eine Betrachtung der Vergütungsformen für die ökonomische Analyse eines Systems bzw. einzelner Versorgungsformen von enormer Bedeutung.

Finanzierungsebenen und Aufgaben eines zielorientierten Vergütungssystems

Die Prozesse der Finanzierung, Vergütung und Honorierung von medizinischen Leistungen kann grob in einem **mehrstufigen Modell** beschrieben werden (❏ Abb. 4.5-1). Auf der **ersten Ebene (Finanzierung)** werden Versicherungsprämien, Beiträge oder Steuereinnahmen zur Finanzierung der Gesundheitsversorgung an die Kostenträger abgeführt. Auf der **zweiten Ebene (Vergütung)** schließen diese Kostenträger Verträge mit Vertreterorganisationen der Leistungserbringer (z. B. Unternehmensnetzwerke der integrierten Versorgung) ab. Diese Verträge konkretisieren die Vergütungsform, Art und Umfang der Versorgungsleistungen für eine zuvor definierte Bevölkerungsgruppe bzw. ein vertraglich vereinbartes Versichertenklientel. Die Vertreterorganisationen stehen ihrerseits in der Pflicht, die einzelnen Leistungserbringer für ihre Dienstleistungen zu honorieren – diese Transaktionen können als **dritte Ebene (Honorierung)** bezeichnet werden. Während **Versorgungsverträge** die Art und den Umfang von Versorgungsleistungen festlegen, sind bei der Vergütung und Honorierung von Leistungserbringern der Auszahlungszeitpunkt und die Risikoübernahme die entscheidenden Punkte. Im Rahmen des § 140a–d SGB V bietet sich die Möglichkeit zum Abschluss von direkten Einzelverträgen – ein Novum, da im deutschen Gesundheitssystem erst mit Hilfe dieser Neuerung ein Markt für Versorgungsverträge etabliert werden kann.

In den USA erhalten Managed Care Organisationen (MCOs) eine **risikoadjustierte Kopfpauschale** (von einzelnen Bereichen abgesehen, wie z. B. psychiatrische und psychotherapeutische Versorgung) um eine **sektorübergreifende Vollversorgung** für die eingeschriebenen Versicherten sicherzustellen. In Deutschland kommt diese Funktion im Normalfall den Kassen zu. Diese erhalten, nach den Zahlungen an oder aus dem Risikostrukturausgleich (RSA), ihren Beitragsbedarf (▶ Kap. 2.3). Dieser Beitragsbedarf entspricht in gewisser Weise, nach Alter, Geschlecht und EU-/BU-Rente, einer

4

Traditionell: Kollektivvertragssystem

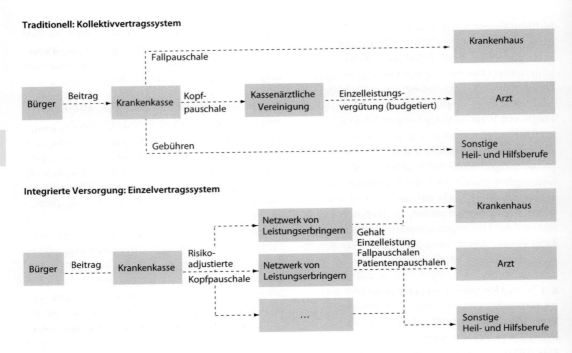

Integrierte Versorgung: Einzelvertragssystem

◘ **Abb. 4.5-1.** Ebenen der Finanzierung und Vergütung

risikoadjustierten Kopfpauschale (Buchner et al. 2002, S. 91). Nach § 140a–d SGB V könnten heute auch Netzwerke der integrierten Versorgung im Rahmen von Versorgungsverträgen eine sektorenübergreifende Vollversorgung sicherstellen.

Innovative Organisationstypen – wie z. B. Unternehmensnetzwerke der integrierten Versorgung – werden dann durch neue Vergütungs- bzw. Vertragsformen finanziert und aufgrund dieser Entwicklung auch mit neuen unternehmerischen Risiken konfrontiert werden. Im Zuge dieser Entwicklung stehen für die Leistungserbringer verstärkt betriebliche Interessen im Mittelpunkt – aus einer **gesellschaftlichen Perspektive** gilt es jedoch auch die Zielsetzungen des Gesundheitssystems bei der praktischen Ausgestaltung dieser Reformüberlegungen im Auge zu behalten. Bei der Finanzierung von Versorgungsleistungen bzw. Honorierung von ärztlichen oder pflegerischen Dienstleistungen müssen diese Zielsetzungen des Gesundheitssystems Berücksichtigung finden. Ein zielorientiertes Vergütungs- und Honorierungssystem für eine integrierte Versorgung sollte daher folgende Aufgaben erfüllen (Wille 1989):

◘ **Aufgaben eines zielorientierten Vergütungs- und Honorierungssystems**

1. Gewährleistung eines ausreichenden Niveaus des Gesundheitszustandes und einer angemessenen Verteilung der Gesundheitsgüter: Vermeidung von Über-, Unter- oder Fehlversorgung, bei gleichzeitiger Vermeidung einer unethischen Patientenselektion.

2. Effektivität und Effizienz von Gesundheitseinrichtungen und den dort angebotenen Dienstleistungen: Sicherstellung medizinisch notwendiger Leistungen in angemessener Qualität und Wirtschaftlichkeit.

3. Bedarfsgerechte, wirtschaftliche und zweckmäßige Inanspruchnahme von Gesundheitseinrichtungen: Vermeidung einer medizinisch ungerechtfertigten Leistungsausweitung.

▼

4. Bedarfsgerechtes, wirtschaftliches und zweckmäßiges Angebot von Gesundheitsdienstleistungen: Schaffung einer Arbeitsteilung entsprechend den jeweiligen Kernkompetenzen. Vermeidung unnötiger, unwirksamer oder gar schädlicher Leistungen.
5. Bedarfsgerechte, wirtschaftliche und zweckmäßige Struktur und Ausstattung von Gesundheitseinrichtungen: Gewährleistung einer hohen Qualifikation der Leistungserbringer und Sicherstellung einer modernen technischen Ausstattung.

4.5.2 Praktische Umsetzung

Vergütungsformen für eine Integrierte Versorgung

Unabhängig vom Kostenträger, gibt es nur eine begrenzte Anzahl von Möglichkeiten, wie Leistungserbringer für ihre erbrachten Leistungen vergütet werden können. Die Vergütungsformen können grob in **Vergütungsformen mit direktem und indirektem Leistungsbezug** unterteilt werden. Bei den Vergütungsformen mit direktem Leistungsbezug, existieren mehrere Varianten, die Höhe der Vergütung steigt jedoch immer, je mehr Leistungen erbracht werden. Bei Vergütungsformen mit indirektem Leistungsbezug, werden die Leistungserbringer für die Bereitstellung ihrer Arbeitskraft oder pro eingeschriebenem Versicherten vergütet, unabhängig von der Anzahl der erbrachten Leistungen.

Vergütungssysteme können anhand der folgenden Unterscheidungsmerkmale klassifiziert werden:

— Leistungsbezug
— Zahlungszeitpunkt (prospektiv vs. retrospektiv)
— Pauschalisierungsgrad bzw. Leistungsumfang
— Leistungstiefe (Vergütung von Netzwerken oder einzelnen Leistungserbringern)

◘ **Tab. 4.5-1.** Klassifikation von Vergütungsformen der integrierten Versorgung

Vergütungsform	Leistungsbezug	Zahlungszeitpunkt	Pauschalisierungs-grad	Leistungstiefe
Gehalt (salary)	Indirekt	Bezahlung erfolgt unabhängig von den tatsächlich erbrachten Leistungen	Umfassend über alle Leistungen des Angestellten	Leistungserbringer
Einzelleistungsvergütung (fee for service)	Direkt	Retrospektiv; Kostenerstattungsprinzip oder Gebührenordnung	Einzelleistung	Leistungserbringer
Fallpauschalen (case rate)	Direkt	Prospektiv	Fall, organisationsintern	Leistungserbringer
Fallkomplex-Pauschalen (case rate)	Direkt	Prospektiv	Fall, organisationsübergreifend	Netzwerk von Leistungserbringern
Patientenpauschalen (contact capitation)	Indirekt	Prospektiv	Vollversorgung, indikationsspezifisch	Netzwerk von Leistungserbringern
Kopfpauschale (capitation)	Indirekt	Prospektiv	Vollversorgung	Netzwerk von Leistungserbringern

4

Vergütungsformen mit direktem Leistungsbezug

Vergütungsformen mit direktem Leistungsbezug können auf den tatsächlich entstandenen Kosten, auf den Gebührensätzen der Leistungserbringer und auf prospektiv kalkulierten Pauschalen beruhen (Gabenski 2003, S. 47). Basiert die Vergütung auf den **Kosten** (»cost-based reimbursement«), sind die Kostenträger damit einverstanden, auf der Basis des Kostendeckungsprinzips die tatsächlich bei der Leistungserbringung entstandenen Kosten zu begleichen. Das **Kostendeckungsprinzip** garantiert den Leistungserbringern die Übernahme der Gesamtkosten (»total cost«) durch die Kostenträger. Im Normalfall erhalten die Leistungserbringer eine Vorauszahlung (»interim payments«) und es wird ein Abgleich mit den tatsächlich angefallenen Kosten, auf Basis der Buchhaltung der Leistungserbringer, am Ende der Vertragsperiode durchgeführt.

Bei **prospektiven** Vergütungsformen werden die Vergütungsraten der Kostenträger festgelegt, bevor die Leistungen durch die Leistungserbringer erbracht werden. Diese Raten haben im engeren Sinne keinen Bezug zum Kostendeckungsprinzip – die Zahlung wird vorab kalkuliert und zwischen den Vertragspartnern zu Beginn einer Vertragsperiode verhandelt. Im Allgemeinen orientiert sich diese Vergütungsform an vier alternativen Bezugsgrößen: Prozeduren oder einzelne Leistungseinheiten, Diagnosen, Behandlungstage oder einem umfassenden Leistungskomplex (Gapenski 2003, S. 48).

Bei der **Einzelleistungsvergütung** (»fee for service«) werden die erbrachten Leistungen einzeln (nicht pauschaliert), d. h. auf Basis einer eng abgegrenzten Arbeitseinheit, durch die Kostenträger vergütet. Bei der Einzelleistungsvergütung werden ex post alle nach Art und Umfang der Versorgung zu rechtfertigenden Leistungen nach Menge und Preis abgerechnet. Die Einzelleistungsvergütung basiert auf dem Kostendeckungsprinzip. Der Leistungserbringer stellt die Kosten, ausgehend von den angefallenen Ist-Kosten, in Rechnung. Die Höhe der Rechnung erfolgt nach seinem Ermessen und orientiert sich an den Faktorkosten. Der Rechnungsbetrag kann mit den Durchschnittswerten verglichen werden, um zu kontrollieren, inwieweit die Höhe der Rechnung den realen Gegebenheiten

(UCR: *usual, costumary and reasonable*) entspricht (Amelung, Schumacher 2004, S. 132). So einfach dies auch klingen mag, die Zuordnung der Kosten ist alles andere als trivial, denn die Voraussetzung wäre eine Kostenträgerrechnung mit jedem Versicherten als Kostenträger (Buchner et al. 2002, S. 89). Sinnvoller ist eine betriebswirtschaftlich kalkulierte Gebührenordnung, durch die der relative Ressourcenverbrauch als Leistung mit Punkten vergütet wird. Diese Punkte werden mit einem Umrechnungsfaktor (conversion factor) in einen Geldbetrag umgerechnet – in den USA orientieren sich die Managed Care Organisation (MCOs) an der Resource-Based Relative Value Scale. In Deutschland wird dieses Verfahren auch bei der Vergütung ambulanter Leistungen im Rahmen des EBM verwendet (▶ Kap. 4.4).

Bei der **Fallpauschale** (»case rate«) zahlen die Kostenträger eine regional vereinbarte Pauschale pro Behandlungsfall eines Patienten nach Beendigung der Behandlung (ex post) an die Leistungserbringer. Der einzelne Fall ist die Bezugsbasis der Vergütung. Die Abrechnung der Leistung erfolgt über die Fallmenge multipliziert mit der vorab kalkulierten Fallpauschale aber unabhängig von den tatsächlich erbrachten Einzelleistungen. Aufgrund der **Volatilität des Ressourcenverbrauches** und der großen Unterschiede im Behandlungsaufwand ist es erforderlich, die Fallpauschalen zu differenzieren. Die Patienten können somit anhand der Art der Krankheit nach der Hauptdiagnose, dem Schweregrad oder der erwarteten Komplikationen einer Erkrankung, dem Stadium der Erkrankung, der Art der Behandlungsdurchführung und nach Alter und Geschlecht klassifiziert werden, wobei die Leistungserbringer entsprechend dieser Klassifikation entlohnt werden.

Im deutschen Gesundheitssystem erscheint es sinnvoll, die Fallpauschale von der **Fallkomplexpauschale oder Leistungskomplexpauschale** (»global fee«) anhand des Pauschalisierungsgrades zu unterscheiden. Die Fallpauschale (z. B. die DRGs) bezieht sich auf den Behandlungsfall innerhalb einer Leistungseinheit (z. B. Krankenhaus), während sich die Fallkomplexpauschale auf einen sektoren- oder leistungsstellenübergreifenden Behandlungs- bzw. Versorgungsprozess bezieht. Die für die Behandlung eines Patienten notwendigen Leistungen werden zu Komplexen zusammengefasst. Diese pauschalierten indikationsbezogenen Vergütungsformen beziehen sich entweder auf bestimmte Erkrankungsfälle oder medizinische Prozeduren, auf deren Basis die Höhe der Vergütung prospektiv kalkuliert wird. Auch die Fall- und Fallkomplexpauschalen können anhand der prognostizierten Inanspruchnahme differenziert werden. Eine Differenzierung nach Alter, Schweregrad und anderen Risikofaktoren ist denkbar. Dagegen vergütet die **Tagespauschale** den Aufenthalt eines Versicherten in einem Krankenhaus, unabhängig von den tatsächlichen Kosten pro Tag. Diese Pauschale kann auch nach dem Schweregrad und der Art der erbrachten Leistung differenziert werden und so dem unterschiedlichen Ressourcenaufwand Rechnung tragen.

Vergütungsformen mit indirektem Leistungsbezug

Alle oben genannten Ansätze vergüten die Leistungserbringer auf Basis der zu erbringenden Leistungen. Die Leistung selbst mag durch einen Arztbesuch, eine Diagnose oder einen Krankenhaustag etc. definiert sein; allen diesen Vergütungsformen ist gemeinsam, dass letztendlich die Bezahlung mit der Menge der erbrachten Leistungen zunimmt (Gapenski 2003, S. 48). Unabhängig von den direkt erbrachten Leistungen können die Leistungserbringer auch für die Bereitstellung ihrer **Arbeitskraft** entlohnt werden. Wird ein Leistungserbringer mit einem **Gehalt** (»salary«) für die Erbringung seiner Leistungen vergütet, erhält er ein Fixum für einen bestimmten Zeitraum. Die Vergütung bezieht sich auf eine zuvor definierte Zeitperiode, während dieser der Leistungserbringer Leistungen im Auftrag des Kostenträgers erbringen muss.

Die Vergütung auf Basis der **eingeschriebenen Versicherten** selbst ist auch eine prospektive Vergütungsform, jedoch mit einem ganz anderen Vergütungsansatz. Im Rahmen der **Capitation** (Kopfpauschale) zahlen die Kostenträger im Voraus (ex ante) einen regional differenzierten Betrag pro Mitglied und Monat oder Jahr (z. B. eine PMPM-Rate, d. h. per member per month) mit befreiender Wirkung an die Leistungserbringer (z. B. Netzwerk der integrierten Versorgung). Der Kostenträger kauft vorab die Option, im Krankheitsfall seiner Versicherten definierte Leistungen in Anspruch nehmen zu können. Die Vergütung erfolgt unabhängig von der tatsächlichen Inanspruchnahme und den tatsächlich anfallenden Einzelleistungen. Je nach Ausgestaltung des Versorgungsvertrages kann die Kopfpauschale Leistungen der ambulanten und stationären Versorgung sowie Arznei-, Heil- und Hilfsmitteln umfassen.

Die Capitation bezieht sich auf eine zuvor definierte Bevölkerungsgruppe und einen zuvor definierten Leistungskatalog. Die Auszahlung ist unabhängig von der tatsächlichen Inanspruchnahme der Versicherten. Bei der Capitation handelt es sich damit um einen prospektiv kalkulierten und deshalb festen Pauschalbetrag für die Leistungserbringer. Die Höhe der morbiditätsorientierten Pauschale ist abhängig vom Leistungskatalog bzw. Leistungsumfang und dem Morbiditätsrisiko der Versichertenklientel. Im Gegenzug für die Kopfpauschale verpflichtet sich das Versorgungsnetzwerk der integrierten Versorgung, den eingeschriebenen Versicherten die notwendige und vertraglich vereinbarte medizinische Vollversorgung im Erkrankungsfall zu gewähren. Der Gesamtgewinn eines Netzwerks von Leistungserbringern errechnet sich aus der Summe aller Kopfpauschalen der eingeschriebenen Patienten abzüglich der Kosten für medizinische Leistungen, der medizinisch nicht notwendigen Leistungen und der Kosten der Administration/sonstiger Leistungen. Die Leistungserbringer übernehmen teilweise die Versicherungsfunktion der Krankenkassen (»risk sharing«); eine vollständige Verlagerung der Risiken (»risk delegation«) ist denkbar.

> **▣ Gewinnkalkulation bei der Vergütung durch Kopfpauschalen (Wiechmann 2003, S. 156)**
>
> $\sum$ Kopfpauschalen der eingeschriebenen Patienten
> - $\sum$ Kosten der medizinisch notwendigen Leistungen
> - $\sum$ Kosten der medizinisch nicht notwendigen Leistungen
> - $\sum$ Kosten der administrativen und sonstigen Leistungen
> = Gesamtgewinn

Bei der **indikationsspezifischen Kopfpauschale** oder **Patientenpauschale** (Contact-Capitation) handelt es sich um einen Spezialfall der Capitation. Hier wird ebenso eine zuvor definierte Bevölkerungsgruppe durch einen Versorgungsvertrag abgesichert. Ähnlich zur Capitation erfolgt die Vergütung durch einen prospektiv kalkulierten Preis, dieser wird aber erst ex post im Fall der Inanspruchnahme aufgrund einer spezifischen Erkrankung ausbezahlt. Diese Vergütungsform ist indikationsbezogen und erfolgt nur im Falle der Inanspruchnahme bei einem speziellen Krankheitsfall. Der Umfang der Leistungen bezieht sich auf einen prospektiv vereinbarten Leistungskatalog während einer vertraglich vereinbarten Vertragslaufzeit. Der Unterschied einer Fallkomplexpauschale zur Contact-Capitation liegt in dem Spektrum der angebotenen Leistungen: im Rahmen der Contact-Capitation werden alle notwendigen indikationsbezogenen Leistungen, die ein Versicherter benötigt, umfassend abgedeckt. Die Fallkomplexpauschale bezieht sich zwar auf einen organisations- oder sektorübergreifenden Behandlungsfall, ist aber nicht als umfassendes Versorgungsprogramm konzipiert, sondern bezieht sich auf die medizinischen/klinischen Prozeduren bzw. Prozesse.

Vermeidung finanzieller Risiken durch Prognose der Ein- und Auszahlungen

Ein wesentliches Hindernis bei der praktischen Umsetzung von Versorgungsverträgen ist die Prognose der Einzahlungen und Auszahlungen aufgrund der versicherungstechnischen Risiken einer Versichertenpopulation. Finanzierungs- und Vergütungsvereinbarungen, die auf einem prospektiv festgelegten Pauschalpreis beruhen, haben einen bedeutenden Nachteil: es ist sehr schwer, die Unterschiede im Gesundheitszustand der Bevölkerung bzw. der Inanspruchnahme unterschiedlicher Versichertenklientel zu berücksichtigen. Kopfpauschalen vergüten ex ante eine zukünftig zu erwartende populationsbezogene Krankheitslast – bzw. die dadurch resultierenden Auszahlungen. Grundsätzlich besteht für die Vertragspartner **Unsicherheit** hinsichtlich des Eintrittszeitpunktes und der Höhe der tatsächlich entstehenden Versorgungskosten. Bei der prospektiven Pauschalvergütung wird ein großer Teil des **Morbiditätsrisikos** auf die Vertragspartei der Leistungserbringer übertragen.

Werden diese Risiken nicht morbiditätsadjustiert bzw. ausreichend morbiditätsadjustiert an die Leistungserbringer weitergegeben, besteht die Gefahr, dass Leistungserbringer unter- oder aber auch überbezahlt werden. Tatsache ist, dass sie nicht mit einer konstanten Bezahlung für ihre Dienstleistungen rechnen können. Kostenträger mit einem durchschnittlich gesünderen Klientel können so Überschüsse generieren, da die eingeschriebenen Versicherten unterdurchschnittlich wenig Gesundheitsdienstleistungen in Anspruch nehmen. Kostenträger mit durchschnittlich kränkeren Personen erwirtschaften Verluste, da ihre Klientel überdurchschnittlich viele (Frequenz) und komplexe (Intensität) Leistungen in Anspruch nimmt.

Einflussgrößen auf die Ein- und Auszahlungen

Entsprechen die Kopfpauschalen nicht hinreichend genau den zu erwartenden individuellen Kosten, besteht auf der Ebene des Gesundheitssystems die Gefahr der Risikoselektion. Auf der Ebene der Leistungserbringer muss von einer **morbiditätsspezifischen Verlustwahrscheinlichkeit** ausgegangen werden, d. h. konkret, wenn durch eine unzureichende Kalkulation der individuellen Pauschalen das versicherungstechnische Risiko nicht umfassend abgedeckt werden kann und dadurch das Budget für die Versorgung der eingeschriebenen Versichertenklientel nicht ausreicht, wird das Netzwerk der Leistungserbringer Verluste erwirtschaften und auf Dauer nicht wettbewerbsfähig sein. Die zu erwartenden Versorgungskosten müssen deshalb abgeschätzt werden, damit die Verlustwahrscheinlichkeit begrenzt und das versicherungstechnische Risiko mit einer entsprechenden **Risikoprämie** abgelöst werden kann. Es bedarf einer Kalkulationsmethode, die im Rahmen der Vertragsgestaltung eine sinnvolle Risikoanalyse und ein darauf abgestimmtes Finanzmanagement erlaubt, dieses kann mit Hilfe eines Modells der Finanzströme (»financial model«) umgesetzt werden.

Diese **Kalkulationsmodelle** über die Finanzströme erlauben die Analyse von Einzahlungen und Auszahlungen und eines Versorgungsprogramms auf Basis potentieller Risikofaktoren unter Berücksichtigung der erwarteten klinischen Resultate. Die Analyse der Volatilitäten, die Abweichungen der Ein – und Auszahlungen, muss die Effekte der Risikofaktoren einzeln und im Zusammenhang aufzeigen. Der Aufbau dieser Modelle kann einfach oder sehr komplex sein – komplexere Modelle erlauben aussagekräftige Analysen durch die Einbeziehung mehrerer Risikofaktoren. Die Genauigkeit erfordert aber einen hohen administrativen Aufwand. Ein Modell der Finanzströme und Risikofaktoren kann die folgenden Annahmen und Informationen beinhalten.

◻ **Annahmen und Informationen eines Models der Finanzströme und Risikofaktoren**

- Informationen über das Versicherungsklientel: Gruppierung nach Alter, Geschlecht, regionalen Spezifika und anderen für die Krankheit wichtigen Entstehungs- und Verbreitungsfaktoren
- Informationen über die vertraglich vereinbarten Behandlungsleitlinien im Bedarfsfall
- Informationen über die Organisation: Struktur und Ausstattung im Netzwerk der Leistungserbringer
- Informationen über den Vergütungsansatz: Höhe der Vergütung pro Behandlungsfall, -komplex oder pro Versichertem und sonstige vertragliche Vereinbarungen
- Informationen über die Prävalenz in jeder Versichertengruppe: Personen die eine bestimmte Krankheit bereits haben und behandelt werden
- Annahmen über die Inzidenzen in jeder Versichertengruppe: Personen bei denen eine bestimmte Krankheit neu diagnostiziert wird
- Annahmen über die Mortalitätsrate in jeder Versichertengruppe: Überlebenswahrscheinlichkeit der Versicherten
- Annahmen über die Migration in jeder Versichertengruppe: Fluktuation der eingeschriebenen Versicherten
- Annahmen über die Inanspruchnahme in jeder Versichertengruppe: tatsächliche Nachfrage von Versorgungsleistungen

▼

- Annahmen über die Anzahl möglicher Komplikationen und die Kosten eventueller zusätzlicher Versorgungsleistungen
- Annahmen über Veränderungen in der Technologie und Entwicklung neuer Behandlungsleitlinien
- Annahmen über Veränderungen in der Behandlungs- bzw. Verweildauer
- Kennzahlen für den Vergleich (Benchmarking) der Inanspruchnahme und der Kosten von Versorgungsleistungen

---

In ◻ Abb. 4.5-2 werden die Annahmen und Informationen, die für ein Modell der Finanzströme und Risikofaktoren relevant sein können, verdeutlicht.

Ein solches Kalkulationsmodell kann die potentielle Volatilität in der Inanspruchnahme (z. B. Inzidenz und Komplikationen) und die Schwankungsbreite der Auszahlungen (z. B. Innovationen, Kosteninflation oder demographischer Wandel in der Bevölkerung) abschätzen und den Einzahlungen gegenüber stellen. Einen wesentlichen Einfluss auf die Finanzierungsströme haben die vertraglichen Vereinbarungen über Versorgungsverträge. Die unterschiedliche Ausgestaltung von Versorgungsverträgen resultiert in unterschiedlichen Risikozuweisungen und Finanzströmen. Die **Adjustierung (Anpassung)** von Verträgen auf das Risikopotenzial der eingeschriebenen Versichertenklientel ist ein wesentlicher Aspekt für die potentiellen Gewinne oder Verluste für beide Vertragsparteien – Kostenträger und Leistungserbringer (weiterführend: Mühlbacher 2005, S. 540–548).

Berechnung der Ein- und Auszahlungen bei Fallpauschalen

Netzwerke der integrierten Versorgung, die über Pauschalen vergütet werden, kalkulieren mit einem Gesamtbudget für die Leistungserbringer, entweder pro Behandlungsfall (Fall- oder Fallkomplexpauschalen) oder pro Versichertenpopulation (Kopfpauschale). Die Summe der individuellen Kopfpauschalen aller Versicherten entspricht dem für die Versorgung zur Verfügung stehenden Budget. Es wird deutlich, dass dieses Budget dem **Äquivalenzprinzip** entsprechend, auf Basis der zu erwartenden Kosten der einzelnen Versicherten kalkuliert wer-

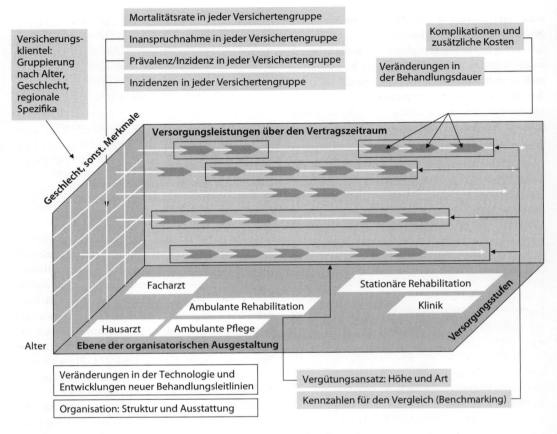

Abb. 4.5-2. Informationen im Modell der Finanzströme und Risikofaktoren

den sollte. Für die Kalkulation der individuellen Kopfpauschalen stehen unterschiedliche Verfahren zur Verfügung; die Verfahren unterscheiden sich hinsichtlich der Prognosegenauigkeit, des Aufwandes und der notwendigen Informationen die verwendet werden. Die Ein- und Auszahlungen bei Fallpauschalen können allgemein nach folgenden Formeln bestimmt werden:

> **Formeln für Fallpauschalen**
> — Einzahlungen = Fall (Frequenz) × Pauschale pro Fall (erwartete Intensität)
> — Auszahlungen = Inanspruchnahme (Intensität, Frequenz) × Kosten + administrative Kosten

Die **Frequenz** beschreibt die Kontakthäufigkeit, also wie oft ein bestimmter Fall pro Bevölkerungsgruppe über einen bestimmten Zeitraum auftritt – z. B. Häufigkeit innerhalb einer Vertragsperiode (Monat oder Jahr) pro 1000. Für stationäre Patienten kann die Frequenz durch die Zahl der Einweisungen in ein Krankenhaus pro 1000 Personen pro Jahr beschrieben werden.

Die **Intensität** bezieht sich auf das Volumen und die damit verbundene Komplexität der Dienstleistungen innerhalb des Betrachtungszeitraums. Für die stationäre Versorgung kann die Intensität durch die Länge des Aufenthalts erfasst werden. Die **Kosten** müssen sich auf die Maßeinheiten beziehen, welche für die Erfassung der Leistungen verwendet werden. Für Patienten der stationären Versorgung, können die Kosten z. B. pro Tag definiert werden. Die **administrativen Kosten** können auf den Behandlungsfall oder die Versicherten herunter gebrochen werden.

Für die Vertragspartner, insbesondere für die Vertragspartei, welche die finanzielle Verantwortung übernimmt, ist es wichtig, dass die Höhe der Vergütung (eventuell Fallpauschale, Fallkomplexpauschale oder Kopfpauschale) nicht die historischen Kosten, sondern die erwarteten Versorgungskosten widerspiegelt. Nicht die vergangenheitsbezogenen Daten sind wichtig, sondern die Vertragspartner sollten sichergehen, dass die Preise für die medizinischen und pflegerischen Dienstleistungen auch zukünftig zu erwartende Tendenzen (Entwicklung der Anzahl der Krankheitsfälle, Innovationen in der Versorgung) in die Kalkulation mit einbeziehen. Eine Zunahme des Versorgungsumfanges sowie unerwartet anfallende Kosten müssen während der Vertragsverhandlungen antizipiert und berücksichtigt werden. Die Auszahlungen für administrative und sonstige Kosten sollten ebenfalls in die Kalkulation der Pauschale mit einbezogen werden.

Durch die Kalkulation von Umsatzzielen können Verhandlungen zwischen Kostenträgern und Netzwerken der Leistungserbringer zielführend unterstützt werden. Um die Verhandlungsprozesse zu vereinfachen, sollten sich die Vertragsparteien auf gemeinsame Annahmen bezüglich der Komponenten der Umsatzformel einigen. Für diese Annahmen müssen die Prävalenzen und Inzidenzen, die Frequenz, die Intensität und die betrieblichen Kosten der Versorgungsprozesse quantifiziert werden. Diese sollten im Allgemeinen getrennt für jeden Kostenfaktor (z. B. stationäre Verweildauer, Liegetag etc.), für jede Versorgungsleistung (Leistungskategorie: stationäre Versorgung, ambulante Versorgung, Arzneimittelversorgung) berechnet werden. Anschließend sollten die Kosten über alle Versorgungsleistungen (Dienstleistungskategorien) und Patiententypen summiert werden, um letztendlich die Gesamtkosten ermitteln zu können.

Bei der Abschätzung von Umsatzzielen bzw. benötigtem Mindestumsatz eines Versorgungsvertrages, sollte die Kalkulation der erwarteten Auszahlungen die Besonderheiten des Krankheitsbildes, des Versorgungssystems und die im Vertrag abgedeckte Population berücksichtigen. Jede einzelne Krankheit ist durch spezifische Besonderheiten gekennzeichnet, dabei müssen Verträge über Fall-

pauschalen garantieren, dass eine bedarfsgerechte Versorgung für die Patienten bereitgestellt wird. Der Preis für diese Versorgung ist prospektiv kalkuliert und vereinbart – damit transferiert dieser Vertragstypus das Risiko eines hohen Behandlungsaufwandes und steigender Behandlungskosten auf die Seite der Leistungserbringer. Dieser **Risikotransfer** bedarf einer genaueren Analyse, gerade dann, wenn Vergangenheitsdaten zeigen, dass die Kosten einer spezifischen Erkrankung tendenziell stärker steigen als die allgemeinen Krankheitskosten.

Berechnung der Ein- und Auszahlungen bei Kopfpauschalen

Verträge über Kopfpauschalen (»capitation contracts«) garantieren zwar einen fixen Preis pro Patient, beinhalten aber auch das versicherungstechnische Risiko (Morbiditätsrisiko bzw. Abweichungen in der Prävalenz und Inzidenz) der vertraglich abgesicherten Bevölkerung. Auch bei gewöhnlichen Krankheiten, die im Rahmen von Versorgungsverträgen abgedeckt werden, kann davon ausgegangen werden, dass die Prävalenz und Inzidenz der Versicherten aufgrund zufälliger statistischer Varianz variiert. Es kann außerdem davon ausgegangen werden, dass die Varianz bei seltenen Erkrankungen, höher ist. Bei Verträgen über Kopfpauschalen, bei denen sich der Umsatz über die monatliche Rate pro eingeschriebenem Versicherten (PMPM-rates) berechnet, bietet sich die folgende Grundlagenformel zur Darstellung der Ein- und Auszahlungen an:

> ▣ **Grundlagenformel**
> ▬ Einzahlungen = Versicherte × Pauschale pro Versicherten (erwartete Frequenz, Intensität)
> ▬ Auszahlungen = Prävalenz × Inanspruchnahme (Frequenz, Intensität) × Kosten + Inzidenz × Inanspruchnahme (Frequenz, Intensität) × Kosten + administrative Kosten

Die Prävalenz bezieht sich auf den Anteil der im Vertrag eingeschriebenen Versicherten, die eine betreffende Krankheit bereits haben und auch zukünftig behandelt werden müssen. Die Inzidenzen beschrei-

4

ben die Versicherten, bei denen die betreffende Krankheit erst diagnostiziert wird und für die im Bedarfsfall eine vertraglich spezifizierte Behandlung vorgesehen ist. Prävalenzen und Inzidenzen beeinflussen das Ergebnis der Kalkulation wesentlich und dürfen deshalb nicht vernachlässigt werden.

> **Beispiel zum Finanzmanagement der Integrierten Versorgung**
>
> Es wird davon ausgegangen, dass ein Versorgungsvertrag über die Behandlung einer Erkrankung über einen Vertragszeitraum von einem Jahr abgeschlossen wurde und sich die Behandlungsdauer dieser Erkrankung auf 6 Monate beläuft. Der Versorgungsvertrag bezieht sich dann nicht nur auf die Personen, die während des Vertragszeitraumes diagnostiziert werden (Inzidenz: Hier können 100% der Inzidenzen des ersten Halbjahres und annäherungsweise 50% der Inzidenzen des zweiten Halbjahres einbezogen werden), sondern auch auf die Personen, die während der letzten 6 Monate des vergangenen Basisjahres behandelt wurden (Prävalenz: Hier können annäherungsweise die Hälfte der letztjährig erkrankten Personen, bereinigt um die Mortalität und die Migration innerhalb der Versichertengruppe, einbezogen werden). Es wird angenommen, dass die Anzahl der Versicherten um 20% steigt und die Versichertenzahl im Basisjahr bei 20.000 Versicherten lag. Die Inzidenz lag im Basisjahr bei 10% und die Inzidenz im Vertragszeitraum wird voraussichtlich bei 15% liegen. Wie hoch ist die Anzahl der zu versorgenden Patienten?
>
> **Prävalenz und Inanspruchnahme im Basisjahr:**
> 10% von 20.000 Versicherten = 2.000. Davon ist aber nur noch ca. die Hälfte in Behandlung = 1.000 Versicherte. Auf diese 1000 Versicherten wird nur noch die Hälfte der Inanspruchnahme respektive der Kosten entfallen (50% der Kosten).
> **Inzidenz und Inanspruchnahme im Vertragszeitraum:** 15% von 24.000 Versicherten = 3.600. Davon wird die eine Hälfte über die gesamten 6 Monate und die andere Hälfte anteilig mit ca. 50% der Inanspruchnahme im Vertragszeitraum versorgt werden müssen. 1800 Versicherte müssen in vollem Umfang versorgt werden (100% der Kosten). 1800 Versicherte müssen nur zur Hälfte in dieser Periode versorgt werden (50% der Kosten).

Literatur

Amelung VE, Schumacher H (2004) Managed Care: Neue Wege im Gesundheitsmanagement. Gabler, Wiesbaden

Buchner F, Ryll A, Wasem J (2002) Periodenbezogene Vergütungssysteme: Die risikoadjustierte Kopfpauschalenvergütung. In: Wille E (Hrsg) Anreizkompatible Vergütungssysteme im Gesundheitswesen, Gesundheitsökonomische Beiträge. Nomos Verlagsgesellschaft, Baden-Baden

Gapenski LC (2003) Understanding healthcare financial management. Health Adminstration Press, Chicago Illinois

Mühlbacher AC (2005) Methoden der Risikoadjustierung: Herausforderungen und Alternativen. Wirtschaftspolitische Blätter 4/2005, S 540–548

Wiechmann M (2003) Managed Care: Grundlagen, internationale Erfahrungen und Umsetzung im deutschen Gesundheitssystem. Deutscher Universitätsverlag, Wiesbaden

Wille E (1989) Zur Rolle von Orientierungsdaten im Gesundheitswesen. In: Vogel HR (Hrsg) Die Bedeutung der Planungs- und Orientierungsdaten im Gesundheitswesen. Stuttgart New York, S 7–32

Wrightson CW (2002) Financial strategy for managed care organizations: rate setting, risk adjustment and competitive advantage. Health Administration Press, Chicago Illinois

Zelman WN, McCue MJ, Millikan AR, Glick ND (2003) Financial Management of Health Care Organizations: An Introduction to Fundamental Tools, Concepts, and Applications. Blackwell Publishing, Oxford

4.6 Finanzmanagement in der Arzneimittelindustrie

Gunter Festel

4.6.1 Gesetzliche und strukturelle Rahmenbedingungen

Die Arzneimittelindustrie befindet sich in einer Phase der Konsolidierung, wie die Fusion von Aventis mit Sanofi-Synthelabo zu Sanofi-Aventis verdeutlicht. In ◘ **Abb. 4.6-1** wird die zunehmende Konzentration bei den Arzneimittelherstellern weltweit innerhalb der letzten zwei Jahrzehnte gezeigt, in denen der Marktanteil der 15 umsatzstärksten Arzneimittelhersteller von 23% auf 67% stieg. Mit einem aggregierten Marktanteil der drei größten Anbieter von knapp 25% befindet sich die Branche jedoch erst am Beginn einer **globalen Industriekonsolidierung**. Unternehmensgröße ist zwar noch nicht der Garant für Erfolg, gleichwohl bietet sie über **Kostendegression** und Zusammenle-

Top 15 Pharmafirmen 1981			
Platz	Name	Umsatz (Mio. USD)	Markt-anteil (%)
1	Hoechst	2.559	3,7
2	Ciba-Geigy	2.103	3,0
3	Merck & Co	2.060	2,9
4	Roche	1.480	2,1
5	Pfizer	1.454	2,1
6	Wyeth	1.424	2,1
7	Sandoz	1.418	2,1
8	EliLilly	1.356	1,9
9	Bayer	1.225	1,8
10	SmithKlineBeecham	1.220	1,7
11	Boehringer Ingelheim	1.100	1,6
12	Takeda	1.082	1,6
13	Upjohn	1.042	1,5
14	Johnson & Johnson	1.008	1,4
15	Bristol-Myers	1.000	1,4
	Top Ten		**23,4 %**

Top 15 Pharmafirmen 2004			
Platz	Name	Umsatz (Mio. USD)	Markt-anteil (%)
1	Pfizer	46.133	10,5
2	Sanofi-Aventis[1]	31.518	7,2
3	GlaxoSmithKline	31.419	7,2
4	Merck & Co	22.939	5,2
5	Johnson & Johnson	22.128	5,0
6	AstraZeneca	20.866	4,7
7	Novartis	18.497	4,2
8	Roche	17.481	4,0
9	Bristol-MyersSquibb	15.482	3,5
10	Abbott Laboratories	13.270	3,0
11	EliLilly	13.059	3,0
12	Wyeth	13.021	3,0
13	Takeda	10.286	2,3
14	Amgen	9.977	2,3
15	Boehringer Ingelheim	9.419	2,1
	Top Ten		**67 %**

[1] Umsatz ist proforma

Quelle: JP Morgan Equity Research

Abb. 4.6-1. In der Pharmaindustrie fand in den letzten zwei Jahrzehnten ein starker Konzentrationsprozess statt

gung von funktionalen Einheiten potentielle Wettbewerbsvorteile.

Während viele andere Branchen in den letzten Jahren einen deutlichen Rückgang in den Fusions- und Übernahmeaktivitäten aufwiesen, verdoppelte sich das Transaktionsvolumen in der Arzneimittelindustrie nahezu. Die Triebkraft für die Übernahmeaktivitäten ist der Wunsch nach Wachstum, so dass vor allem die Transaktionen in wachstumsstarken Bereichen wie Generika und Impfstoffe zunehmen. Es zeigt sich, dass sich der Bereich Generika von einem regionalen zu einem weltweiten Markt entwickelt. Damit folgen die generischen Produkte dem Vorbild der Original-Arzneimittel.

Die Rahmenbedingungen der Arzneimittelindustrie haben sich allerdings in den letzten Jahren zumindest in Deutschland verschlechtert. Die **Zwangsrabatte** im Jahr 2004 führten zu Umsatzverlusten in Höhe von mehr als € 1,5 Mrd. (Verband der Forschenden Arzneimittelhersteller 2005). Zudem ist mit weiteren Umsatzrückgängen durch die Zurückhaltung der Ärzte und Patienten aufgrund der neuen Zuzahlungsbestimmungen und des weitgehenden Erstattungsausschlusses von **OTC-Arzneimitteln** zu rechnen. Aufgrund der Finanzierungsprobleme im deutschen Gesundheitssystem wird der deutsche Arzneimittelmarkt wachstumsschwach bleiben und die zukünftigen Wachstums- und Ertragsaussichten von Arzneimittelherstellern je nach Produktsegment teilweise limitieren. Auf der anderen Seite steigt der Kostendruck aufgrund zunehmender Kosten bei Forschung und Entwicklung (FuE), Produktion (komplexere Wirkstoffe) sowie Qualitätssicherung (strengere Regularien) und Marketing/Vertrieb. Die Problematik wird dazu noch durch lange Registrierungszeiten und **Parallelimporte** verstärkt. Zudem treten aufgrund der zunehmenden globalen Ausrichtung des Geschäfts viele Arzneimittelhersteller als neue Konkurrenten in bestehende Märkte ein. Um sich in diesem stark verändernden Umfeld behaupten zu können, kommt dem Finanzmanagement in der Arzneimittelindustrie eine zunehmende Bedeutung zu. Externes Kapital kann dabei nicht nur in Form von Bankkrediten, sondern beispielsweise auch über **Private Equity-Gesellschaften** oder in Form staatlicher Fördermittel dem Unternehmen zufließen. Dabei kann generell konstatiert werden, dass die Finanzierungsmöglichkeiten mit Eigenkapital zunehmend besser werden, während bei einer Finanzierung mit Fremdkapital z. B. aufgrund von Basel II die Hürden zunehmen.

4

Ausgewählte Aspekte der Finanzierung speziell in der Arzneimittelindustrie sollen im Folgenden detaillierter betrachtet werden. Da in Deutschland die Arzneimittelindustrie sehr stark mittelständisch geprägt ist, soll im Folgenden auch der Fokus auf den Besonderheiten und Belangen des Mittelstandes liegen.

4.6.2 Praktische Umsetzung

Klassische Fremdkapitalfinanzierung

In der Regel finanziert ein Arzneimittelhersteller in der Entwicklung befindliche Produkte durch den **operativen Cashflow**, der durch bereits eingeführte Produkte generiert wird. Je ausgewogener das Produktportfolio ist, desto unwahrscheinlicher sind Finanzierungsengpässe durch Einnahmeausfälle. Jedoch kann es insbesondere bei mittelständischen Unternehmen, denen oft die kritische Größe in den jeweiligen Marktsegmenten fehlt, passieren, dass die operativen Zuflüsse nicht ausreichen, um den Finanzierungsbedarf der kostspieligen Arzneimittelentwicklung zu decken (Pacl et al. 2004).

Gerade die Fremdfinanzierung durch Kredite hat dabei einen hohen Stellenwert. So finanzieren sich bislang Unternehmen etwa zu zwei Drittel über Bankkredite. Mit der schwindenden Ertragskraft mittelständischer Arzneimittelhersteller wird sich jedoch die in der Vergangenheit meist gute Bonität verschlechtern. Dies ist vor dem Hintergrund der künftigen Eigenkapitalregelungen der Banken durch Basel II problematisch, da Basel II nach Inkrafttreten Ende 2006 die Rahmenbedingungen für die Kreditfinanzierung deutlich verändern wird (Deutsche Bundesbank 2004). Durch Basel II wird der Zugang zu Kapital über das **Rating** der Kreditwürdigkeit der Kapitalnehmer sehr viel differenzierter als bisher gesteuert. Ausschlaggebend sind die neuen Vorgaben für Banken, wie viel Eigenkapital sie bei einem Kredit zu hinterlegen haben. Bisher waren es pauschal 8%. Nach der Einführung von Basel II hängt die Eigenkapitalbindung vom individuellen Rating des jeweiligen Kreditnehmers ab.

Der entscheidende Punkt ist, dass sich die Bonität eines Unternehmens damit stärker als bisher als kostenbestimmendes Element auswirkt. Bei einem guten Rating muss die Bank weniger Eigen-

kapital hinterlegen, hat also geringere Kosten und kann die Finanzierung entsprechend günstiger anbieten. Die Folge für mittelständische Arzneimittelhersteller wird sein, dass Finanzierungsspielräume eingeschränkt werden oder Fremdkapital nur zu höheren Zinssätzen und bei zusätzlicher Besicherung von den Banken und dem Kapitalmarkt bereitgestellt werden. Insbesondere Investitionskredite sind schwerer zu beziehen, was zur Folge hat, dass notwendige Investitionen nicht getätigt werden können und das Unternehmenswachstum entsprechend geringer ausfällt. Insgesamt ist zu befürchten, dass die zur Erhaltung der Wettbewerbsfähigkeit erforderlichen Finanzmittel für viele mittelständische Arzneimittelhersteller mit bisherigen Finanzierungsmodellen somit nicht mehr oder nur zu verschlechterten Konditionen erhältlich sind.

Mezzanine-Finanzierung als Alternative

Zunehmend erkennen deutsche Arzneimittelhersteller, dass sie auch andere Finanzierungswege zur Stärkung der Kapitalbasis nutzen müssen. Hierbei kann Mezzanine ein geeignetes Finanzierungsinstrument sein. Es kann sehr flexibel eingesetzt werden, da **Mezzanine-Kapital** bilanziell gesehen zwischen Eigen- und Fremdkapital steht. Institutionelle Investoren sind im Bereich dieser alternativen Investmentform schon lange aktiv, zumal sie wesentlich größere Volumina zur Verfügung haben. Private Placements, also Mezzanine-Emissionen am außerbörslichen Kapitalmarkt, mit geringeren Beteiligungsgrößen werden hier zu Lande bislang jedoch verhältnismäßig wenig vermittelt. Meist sind es die als Business Angels betitelten Einzelinvestoren oder Family Offices, die durch ihr Netzwerk Kontakte zu entsprechenden Unternehmen haben und Kapital in der überwiegend benötigten Größenordnung von bis zu € 5 Mio. bereitstellen.

Bei Mezzanine ist generell eine flexible Vertragsgestaltung möglich, da dieses Finanzierungsinstrument bislang nicht gesetzlich reglementiert ist und im Gegensatz zur Beteiligung als Vollgesellschafter eine Änderung der Gesellschafterstruktur nicht erforderlich ist. **Formen von Mezzanine** sind z. B. Nachrangdarlehen, Gesellschafterdarlehen oder stille Beteiligungen in typischer oder atypischer Variante, Genussrechtskapital sowie Wandel- und Optionsanleihen. Entscheidend für die Auswahl der richtigen Mezzanine-Finanzierung ist die konkrete bilanzielle Situation des Unternehmens. Dementsprechend wird zwischen **Equity Mezzanine** (Quasi-Eigenkapital) und **Dept Mezzanine** (Quasi-Fremdkapital) unterschieden (◙ **Abb. 4.6-2**).

Dept Mezzanine wird aufgrund der Nachrangigkeit zwar wirtschaftlich wie Eigenkapital, bilanziell aber wie Fremdkapital bewertet. Die häufigste Form ist das **Nachrangdarlehen**. Dieses in Form von Krediten oder Anleihen verbriefte Kapital muss erst nachrangig zurückgezahlt werden, d. h. erst wenn die Ansprüche aus vorangigen Darlehen bedient wurden, besteht ein Anspruch auf Rückzahlung. Das höhere Risiko wird mit einem Aufschlag auf die Kreditzinsen oder anderen Vorteilen bedacht. So sind häufig eine Gewinnbeteiligung oder Aktienoptionen vorgesehen.

Equity Mezzanine wie z. B. **stille Beteiligungen oder Genussrechtskapital** ist wirtschaftlich und bilanziell wie Eigenkapital zu sehen. Das bedeutet, dass Equity Mezzanine auch eventuell anfallende Verluste trägt und im Insolvenzfall die Kapitalgeber zwar vor den Gesellschaftern, jedoch erst nach den übrigen Gläubigern bedient werden. Genau dieser Aspekt bestimmt das Rendite-/Risikoverhältnis. Wie bei einer direkten Beteiligung als Gesellschafter stellen die Kapitalgeber echtes Risikokapital zur Verfügung. Allerdings verbleibt die unternehmerische Entscheidungsgewalt vollständig beim Unternehmer, da der Kapitalgeber in der Regel kein Mitspracherecht erhält. Für die Inkaufnahme von Verlusten in wirtschaftlich angespannten Zeiten wird dem Kapitalgeber dafür in wirtschaftlich guten Zeiten eine höhere Rendite zugestanden und er kann an den Gewinnen des Unternehmens überdurchschnittlich partizipieren. Beide Seiten sollten sich daher von vornherein im Klaren darüber sein, dass es sich um ein langfristiges Investment handelt, bei welchem beide Seiten eine Wagnisgemeinschaft eingehen.

Mezzanine-Kapital ist als Finanzierungsform gerade für kapitalsuchende mittelständische Unternehmen interessant, da zahlreiche mittelständische Unternehmen zur Deckung einer Finanzierungslücke, meist zu Expansionszwecken, relativ kleine Volumina suchen, die der Kapitalmarkt in der Regel nicht anbietet. Equity Mezzanine ist dabei bei einer niedrigen Eigenkapitalquote anzuraten, während Dept Mezzanine bei einem geringen Verschuldungsgrad eine interessante Finanzierungsform für Wachstumsvorhaben darstellt, um die Eigenkapitalbasis zu schonen. Entsprechend können die Renditeerwartungen der Investoren je nach Stellung in der Bilanz, nach Laufzeit und vor allem nach Risiko zwischen 8 und 20% variieren. Je näher sich das Finanzprodukt im Equity Bereich bewegt, umso höher sind die Kosten. Beide Formen können bei entsprechender Ausgestaltung steuerlich wie Fremdkapital behandelt werden.

Zunehmende Bedeutung von Private Equity und Venture Capital

In der gegenwärtigen Konsolidierungsphase in der Arzneimittelbranche bleibt für mittelständische Unternehmen meist nur die Möglichkeit, das Überleben durch **Allianzen** zu sichern oder sich auf einzelne Teilsegmente zu konzentrieren – mit der Gefahr allerdings, dass solche Nischen oftmals nicht verteidigt werden können. Für eine Wachstumsstrategie fehlt meist das Geld. In diesem Umfeld kommt **Finanzinvestoren** eine zunehmende Bedeutung zu (Festel 2003; Festel und Schiereck 2003). Mehr als ein Drittel der 25 größten Transaktionen im 1. Halbjahr 2003 weltweit wurden von Finanzinvestoren abgewickelt. Aktuelle Beispiele in Deutschland sind Viatris (von Advent International gekauft) sowie Betapharm und Lichtwer (von 3i gekauft).

Sehr aktiv in der Arzneimittelbranche sind auch **Venture Capital-Investoren**. Mit einem Bruttoin-

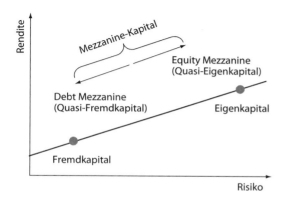

◙ **Abb. 4.6-2.** Mezzanine-Kapital schließt die Lücke zwischen Eigen- und Fremdkapital und kann sehr flexibel eingesetzt werden

vestitionsvolumen bei Neuinvestitionen von rund € 900 Mio. im Jahr 2004 gehörten die Bereiche Biotechnologie, Pharmazie, Medizintechnik und Health Care zu den Bereichen mit den höchsten Kapitalzuflüssen (◘ Abb. 4.6-3).

Insbesondere mittelständische Arzneimittelhersteller sind in der Regel immer weniger in der Lage Produktinnovationen zu realisieren. Es herrscht ein zunehmender Druck zur Fokussierung auf wenige Indikationsfelder und die Finanzierung von FuE-Projekten gestaltet sich immer schwieriger. **FuE-Spin-offs**, d. h. die Ausgründung von F&E Tochterunternehmen, werden daher in den nächsten Jahren eine große Bedeutung erlangen, da immer mehr alternative Finanzierungsmöglichkeiten für FuE-Projekte gefunden werden müssen. Ein FuE-Spin-off z. B. in Form eines **Management Buyouts**, d. h. eine Übernahme von Unternehmensteilen durch das Management, kann dabei in vielen Fällen eine geeignete Möglichkeit sein, um FuE-Aktivitäten fortzuführen und die Ergebnisse zielgerichtet zu kommerzialisieren (Festel 2004). Insbesondere kann bei reduzierter Managementkomplexität beim Mutterunternehmen die unternehmerische Energie des Managementteams für die Kommerzialisierung genutzt werden. Ein wichtiger Aspekt ist dabei auch, dass beim Mutterunternehmen die Fixkosten sinken und die vorhandenen Finanzmittel fokussierter eingesetzt werden können. Dies erfolgt unter anderem durch eine Verbesserung der Kooperationsmöglichkeiten und die Steigerung der Motivation der Mitarbeiter. Damit können FuE-Spin-offs einen wichtigen Beitrag zur Flexibilisierung und Erhöhung der Effektivität und Effizienz in der Pharma-FuE leisten. Die folgenden Beispiele sollen die große Palette an Finanzierungsmöglichkeiten verdeutlichen.

> ### Beispiele für Finanzierungsmöglichkeiten

Accovion als Dienstleister im Bereich klinische Entwicklung wurde im Jahr 2002 als Management Buyout aus den Abteilungen Klinische Forschung, Medical Writing, Pharmacovigilance, Biostatistik und Datenmanagement von Aventis Pharma in Frankfurt gegründet. 3i hat als externer Investor den Spin-off ermöglicht und hält 30% der Anteile. 40% der Anteile liegen bei dem ehemaligen Mutterunternehmen Aventis und die restlichen 30% beim Management und den Mitarbeitern.

Das Biotech-Unternehmen metaGen mit Fokus auf Krebsforschung wurde 1996 gegründet und 2001 mit rund 60 Mitarbeitern von Schering abgespalten. Die Finanzierung erfolgte durch Apax als externen Investor (47,7% Apax, 46,2% Schering, 6,1% metaGen Management). Das Unternehmen wurde Ende 2003 mit Astex Technology fusioniert und Schering hält nunmehr 12% der neuen Gesellschaft.

Das Biotech-Unternehmen BioXell mit Fokus auf Immunologie wurde 2002 von Hoffmann-La Roche

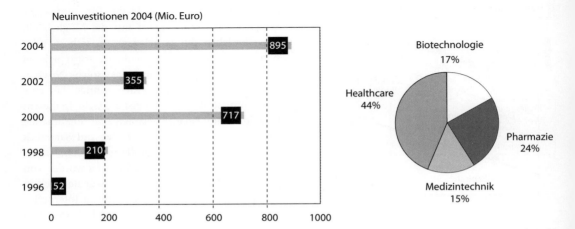

◘ **Abb. 4.6-3.** Die Arzneimittelbranche ist für Venture Capital-Investoren ein interessantes Betätigungsfeld (Jahresbericht des Bundesverbandes deutscher Kapitalbeteiligungsgesellschaften)

in Mailand abgespalten. Hier handelte es sich um eine typische VC-Finanzierung, bei welcher in zwei Finanzierungsrunden fast € 40 Mio. von MPM Capital, NIB Capital Private Equity, Index Ventures, Life Sciences Partners und der italienischen Investmentbank Investimenti Piccole Imprese investiert wurden.

Die Strukturierung der Finanzierung hängt generell stark von der **Cashflow-Charakteristik** des Unternehmens ab. Aufgabe des **Financial Engineering** ist es, durch die Wahl und Kombination geeigneter Finanzierungsinstrumente und den Einbezug verschiedener Kapitalgeber mit unterschiedlichen Risiko/Rendite-Erwartungen ein tragfähiges Finanzierungskonzept auszuarbeiten. Die Anforderungen der Finanzinvestoren an die Eigenkapital-Rendite liegen in der Regel bei über 20% p.a. An den Kapitalmärkten können allerdings im Rahmen eines Börsenganges (auch als Going Public oder Initial Public Offering bezeichnet bzw. IPO) wesentlich höhere Renditen erzielt werden, da der Exit-Preis für den Finanzinvestor im Vergleich zu einem Verkauf deutlich höher ist. Erst der **Exit**, d. h.

die erfolgreiche Trennung von einem Investment, entscheidet aus Sicht eines Finanzinvestors über Erfolg oder Misserfolg einer Investition. In Zeiten schlechter Stimmung an den Kapitalmärkten funktioniert der Exit über einen IPO jedoch nicht. Das Management und die Investoren sind also gut beraten, entsprechende Alternativen, z. B. die Veräußerung des Unternehmens, an einen strategischen Käufer zu entwickeln.

Projektfinanzierung durch externe Investoren

Grundsätzlich möglich ist auch eine **Projektfinanzierung** durch externe Investoren. Diese Finanzierungsmodelle z. B. in Form eines **Arzneimittel-Entwicklungsfonds** sind vor allem zur Überbrückung von Finanzierungsengpässen bei Entwicklungsprojekten sinnvoll. Der Unterschied zu herkömmlichen Finanzierungskonzepten liegt in der gezielten Finanzierung von Projekten durch einen Royalty-Fonds. Anders als bei den bekannten Venture Capital- bzw. Private Equity-Fonds investieren Royalty-Fonds nicht in Eigenkapital, sondern sie finanzieren selektiv bestimmte Produkte vor der Marktzulas-

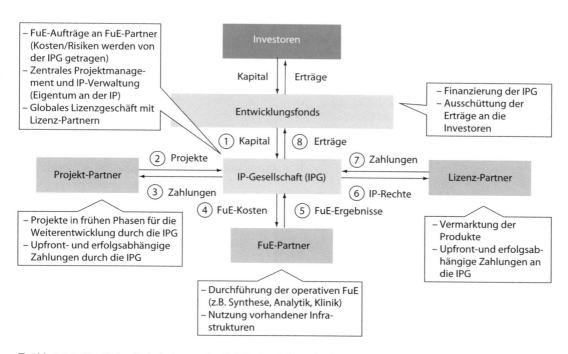

☐ Abb. 4.6-4. Eine IP-Gesellschaft als operativer Teil des Entwicklungsfonds vergibt FuE-Aufträge an FuE-Partner und kommerzialisiert das erarbeitete IP

sung. Im Gegenzug erwerben Sie einen Anteil an den zukünftigen Lizenz- bzw. Verkaufserlösen.

Ein wichtiger Aspekt bei der Konzipierung eines solchen Geschäftsmodells ist die Trennung zwischen operativer FuE und Eigentumsrechten an den Ergebnissen (Intellectual Property/IP). Die Fonds werden durch eine zentrale IP-Gesellschaft finanziert, welche FuE-Aufträge an FuE-Partner vergibt und das erarbeitete oder gekaufte IP kommerzialisiert (❏ Abb. 4.6-4). Mit solchen Modellen könnten bei geeigneter Strukturierung Steuerersparnisse beim Lizenzgeschäft realisiert werden, da der Gewinn bei der Kommerzialisierung der IP an einen steuergünstigen Ort transferiert wird. Allerdings sind auch negative Steuerfolgen zu beachten, da sog. Royalty-Fonds in Deutschland gegenüber Venture Capital-Fonds steuerlich benachteiligt sind. Daher sollte die IP-Gesellschaft z. B. in der Schweiz angesiedelt werden.

Literatur

Deutsche Bundesbank (2004) Neue Eigenkapitalanforderungen für Kreditinstitute (Basel II). In: Deutsche Bundesbank (Hrsg) Monatsbericht September 2004. Frankfurt am Main, S 75–100

Festel G, Schiereck D (2003) Die Alchemie von Buyouts – Management Buyouts in der Chemie- und Pharma-Industrie. Shaker Verlag, Aachen

Festel G (2003) Aktuelle Trends und innovative Kooperationsmodelle zwischen Industrie und Finanzinvestoren bei Management Buyouts am Beispiel der Chemie- und Pharmaindustrie. M&A Review Juli: 316–321

Festel G (2004) Auszug der Hexenküchen: F+E-Spin-offs in der Chemie-, Pharma- und Biotechindustrie. Finance Magazin April: 30–31

Pacl H, Festel G, Wess G (2004) The Future of Pharma R&D – Challenges and Trends. Festel Capital, Hünenberg

Verband der Forschenden Arzneimittelhersteller (2005) Statistics 2005 – Die Arzneimittelindustrie in Deutschland, Berlin

4.7   Fallstudie zum Finanzmanagement in Krankenhäusern

Manfred G. Krukemeyer, Utz Wewel und Josef Jürgens

Ausgangssituation

Das der Betrachtung für diese Fallstudie zugrunde liegende **Akutkrankenhaus** lässt sich mit 350 Betten und 15 Fachabteilungen charakterisieren. Nach der Bewilligung des Förderantrages soll eine größere Baumaßnahme in dem Haus umgesetzt werden. Anhand der Entwicklung von der ursprünglichen Antragsstellung bis zur abschließenden Bewilligung dieser Maßnahme sollen im Folgenden einzelne Komponenten der Krankenhausfinanzierung sowie deren Wechselbeziehungen innerhalb des Gesamtsystems dargestellt werden.

Der Klinikbetrieb ist derzeit in zwei Gebäudekomplexen untergebracht, deren Standorte in 3 km räumlicher Distanz zueinander liegen. Die Klinik ist als **Praxisklinik** konzipiert und in vier Bauabschnitten errichtet worden. In dieser Praxisklinik in privater Trägerschaft werden zu 90% sozialversicherte Patienten versorgt.

Das Modell der Praxisklinik

Neben der Chefarzt- und der Belegarztklinik ist die **Praxisklinik** die dritte Variante der Krankenhausablauforganisation. Die Idee der **Praxisklinik** (Fromm et al. 1973) verwirklicht das Konzept der integrierten und integralen Versorgung in Form von ambulanter und stationärer Diagnostik und Therapie in einem Haus. Der **niedergelassene KV-Arzt** hat seine Praxis im Krankenhaus und betreut den Patienten selbst. Beim Chefarztmodell mit nachgeordneten Ärzten wird der Patient von einem ihm unbekannten Arzt behandelt, beim reinen Belegarztmodell hat der KV-Arzt seine Praxis nicht im Krankenhaus und ist dort nur stundenweise anwesend.

Das Ziel der **Praxisklinik** ist die **ambulante und stationäre Versorgung** in einer erfolgreichen **Ablauforganisation.** Das Krankenhaus in der Trägerschaft der Paracelsus-Kliniken stellt die Räumlichkeiten, wie Operationssäle, Stationen, Labore, Küche sowie die weiteren **Infrastrukturen** wie Verwaltung mit Abrechnung, Controlling, Beschaffung, Technik und Personalwesen. **Mindestens zwei Fachärzte** der jeweiligen Richtung Innere Medizin, Chirurgie und Anästhesiologie haben ihre Praxis in der Klinik. Neben weiteren Disziplinen, wie Hals-Nasen-Ohrenheilkunde, Augenheilkunde, Dermatologie, Röntgendiagnostik, Zahn-, Mund- und Kieferchirurgie hat sich die Klinik zu einem neurologisch-neurochirurgischen sowie zu einem onkologischen Schwerpunkt mit den Abteilungen Hämatologie, Onkologie, Nuklearmedizin und Strahlentherapie entwickelt. Bei einer **optimierten Betriebsgröße** von 350 Betten werden auch »schwierige« Fachabteilungen, wie Neurochirurgie, Nuklearmedizin und Strahlentherapie vorgehalten. Zwischen den Ärzten besteht eine **Verbundstruktur**, so dass Patienten innerhalb der Klinik bei Konsilen zu den anderen Ärzten Kontakt aufnehmen können. Der Pädiater überweist bei Mittelohrproblemen an den HNO-Arzt, der Dermatologe beim Melanom an den Chirurgen. Die stationären Patienten kommen aus den **Überweisungen der eigenen Praxis**, wobei es sich bei den Gastroenterologen um 50% Einweisungen aus der eigenen Praxis und 50% Einweisungen von extern handelt, bei den Neurochirurgen handelt es sich um 15% Eigeneinweisungen und 85% Überweisungen von extern. Zudem hat die Klinik eine Abteilung für **medizinische Rehabilitation**, eine physikalische Therapie, eine orthopädische Werkstatt, ein Dialysezentrum und Praxen für Psychotherapie und eine Schmerzambulanz.

Die Praxisklinik ist wirtschaftlich erfolgreich, im Krankenhausbedarfsplan des Landes Niedersachsen aufgenommen und hat einen **vollumfänglichen Versorgungsauftrag**. Durch den Wegfall von Doppeluntersuchungen, budgetierte Finanzierung der ärztlichen Leistungen im Rahmen der vertragsärztlichen Vergütung (KV-Erlöse) und dem um Arztkosten verminderten Krankenhausbudget (DRG-Fallpauschalen) ergibt sich in der Summe für die Krankenkassen eine Kosteneinsparung pro Fall von 10–15% im Vergleich zum Chefarztmodell. Die **Bettenauslastung** beträgt 86% bei einer Verweildauer von durchschnittlich 7 Tagen. Durch die Aufnahme in den Krankenhausbedarfsplan wird die Praxisklinik für die Anteile der stationären Leistungen vom Sozialministerium des Landes Niedersachsen gefördert (**Einzelfördermittel**). Zusätzlich erhält die Klinik pro Bett **pauschale Fördermittel**. Die niedergelassenen Ärzte zahlen dem Krankenhausträ-

ger Miete für die angemieteten Praxisräume pro m² sowie als **Arztabgabe** einen prozentualen Vorteilsausgleich bei Privatpatienten. Der **nachgeordnete ärztliche Dienst** wird im Rahmen der vertragsärztlichen Versorgung über die KV durch die EBM-Gebühren-Ziffer 40170 refinanziert. Neben der klaren Zuordnung von ausgewiesenen Fachärzten in ihren jeweiligen Disziplinen haben die Ärzte die Möglichkeit in einem ambulanten Zentrum **Tageschirurgie** beziehungsweise **ambulantes Operieren** zu praktizieren, das mehr und mehr von der **Selbstverwaltung**, wie auch von den Krankenkassen gefördert wird (Clade et al. 1996, Feucht et al. 1983, Köhler 2003, Radas 2004).

Mitte der 1990er Jahre wurde festgelegt, die Abteilung Strahlentherapie und Nuklearmedizin auf das Gelände des Haupthauses zu verlagern, die notwendigen Sanierungen am Gebäudebestand des Haupthauses vorzunehmen und somit die Aktivitäten an einem Standort zu bündeln. Neben drei Linearbeschleunigern stehen als weitere Großgeräte im Sinne des KHG der MRT und ein CT zur Neubeschaffung an.

Rechtliche und landespolitische Rahmenbedingungen und das Förderantragsverfahren

Im Jahr 1998 wurde erstmals formlos ein Antrag auf Förderung beim Land Niedersachsen gemäß **§ 9 Absatz 1 KHG** gestellt. Die Fertigstellung der Entwurfsplanung (Haushaltsunterlage-Bau) erfolgte im März 2001. Dieser Förderantrag umfasste inhaltlich den Um- und Erweiterungsbau des Haupthauses sowie den Neubau Strahlen- und Nuklearmedizinische Klinik mit insgesamt € 39,3 Mio. Baukosten. In diesem Antrag war die Förderung der oben genannten medizinisch-technischen Großgeräte enthalten.

Bereits zu Beginn der Planungen war aufgrund der dargestellten Konzeption des Hauses als Praxisklinik klar, dass die Baumaßnahme zu einem signifikanten Teil **nicht** durch Fördermittel gemäß KHG finanziert wird. Sowohl die Strahlentherapie als auch die nuklearmedizinische Diagnostik erbringen zu einem großen Teil ambulante Leistungen. Die gemeinsame Nutzung der medizinischen Großgeräte führt daher zu einer Differenzierung im Bereich der Investitionsfinanzierung. Die sich aus § 9 Absatz 1 KHG ergebende Antragsfinanzierung kommt lediglich für den tatsächlich stationären Nutzungsanteil zum Tragen, während die **Mittel aus der Gebührenfinanzierung im ambulanten Bereich** (KV-Erlöse) **den Investitionsanteil** der ambulanten Nutzung finanzieren müssen.

Neben den im KHG geregelten grundsätzlichen rechtlichen Rahmenbedingungen der Investitionsfinanzierung sind auch landespolitische Zielvorstellungen und Vorgaben zur Erläuterung der Gesamtentscheidung zu berücksichtigen.

Die Prüfung des Förderantrags durch das Land Niedersachsen und die zuständige Oberfinanzdirektion Hannover konnte im Dezember 2003 abgeschlossen werden. Diese Prüfung ergab angemessene Kosten in Höhe von € 37,9 Mio. und einen förderfähigen Betrag von € 28 Mio, verbunden mit einem Eigenanteil von € 9,5 Mio. Das Prüfergebnis wurde dem zuständigen Sozialministerium zur Entscheidung auf Bewilligung des Förderantrages vorgelegt.

Die Bundesländer sind gemäß § 6 des Gesetzes zur wirtschaftlichen Sicherung der Krankenhäuser und zur Regelung der Krankenhauspflegesätze (6) verpflichtet, einen **Krankenhausplan** aufzustellen. Die Fortschreibung erfolgt in Abstimmung mit der Arbeitsgemeinschaft der kommunalen Spitzenverbände Niedersachsens, den Verbänden der gesetzlichen Krankenkassen in Niedersachsen, dem Landesausschuss des Verbandes der Privaten Krankenversicherung und der Niedersächsischen Krankenhausgesellschaft.

Die Landeskrankenhausplanung basiert auf einer jährlichen Bettenprognose nach Fachrichtungen sowie auf der Planung des tatsächlich zu versorgenden Bedarfes des einzelnen Krankenhauses. Für die hier betrachteten Fachabteilungen wird im Rahmen der jährlichen Bettenprognose eine durchschnittliche Mindestauslastung von 85% zu Grunde gelegt.

Die im Zusammenhang mit dem tatsächlich zu versorgenden Bedarf erforderlichen Entscheidungen für die Veränderung der Angebotsstruktur einzelner Kliniken orientieren sich anhand einem oder mehrerer der folgenden Anlässe (Niedersächsischer Krankenhausplan 2003):

> ◘ **Entscheidungskatalog für Veränderungen der Angebotsstruktur**
> — Überprüfung der Angebotsstruktur in Verbindung mit einer Krankenhausbaumaßnahme
> — Überprüfung der Angebotsstruktur in Verbindung mit einer medizinischen oder demographisch ausgelösten Nachfrageveränderung
> — Überprüfung der Angebotsstruktur in Verbindung mit einer mehrjährigen unter- oder überdurchschnittlichen Bettennutzung oder einer deutlich über dem Durchschnittswert der jeweiligen Fachrichtung (Gebiet) liegenden Verweildauer
> — Überprüfung der Angebotsstruktur als Folge eines Antrages eines Krankenhauses

Während diese Überprüfungen Grundlage der Landeskrankenhausplanung der letzten Jahre sind, findet bei der Beurteilung des Landes Niedersachsen im Rahmen der Bettenprognose erstmals im Landeskrankenhausbedarfsplan 2003 der Aspekt der prognostizierten **sinkenden Verweildauern durch Einführung des DRG-Erlössystems** und des damit verbundenen verringerten Bettenbedarfes Erwähnung (Bruckenberger et al. 2003).

Eine konkretere Ausgestaltung kommt in den Arbeitsunterlagen des Referates Krankenhausplanung des Sozialministeriums Niedersachsens **»Selbststeuerung durch Transparenz«** und **»Konzept für die künftige Krankenhausstruktur in Niedersachsen«** zum Ausdruck. Hier wird versucht, die erwartete Bettenreduzierung planerisch zu ermitteln und durch konkrete Einzelmaßnahmen dem Kapazitätsabbau Rechnung zu tragen. Grundsätzlich wird von einem **fiktiven 10–20%igen Bettenrückgang bei unveränderter Fallzahl** ausgegangen. Landesweit wurde vor diesem Hintergrund über diagnosebezogene Durchschnittswerte der krankenhausindividuelle Bettenbedarf gebildet. Entsprechend ergab sich je Krankenhaus ein konkreter Bettenüberhang. Zur Erleichterung des freiwilligen Bettenabbaus der Krankenhausträger stimmte das Ministerium sowie der Planungsausschuss nach § 9 Nds. KHG einer Regelung zu, die **bei Bettenreduzierung eine**

Festschreibung der pauschalen Fördermittel auf der Basis des Jahres 2003 vorsieht.

Ebenfalls formuliert das Land Niedersachsen in diesen Arbeitsunterlagen konkrete Kriterien für die Auswahl von Investitionsmaßnahmen. Vorrangig werden Investitionsmaßnahmen mit **Synergieeffekten** wie die Bündelung der Aktivitäten an einem Standort oder die Realisierung von integrierten Versorgungsstrukturen gefordert. Zudem wird gefordert, das Kriterium der **Folgekosten** einer Investitionsmaßnahme im Hinblick auf die zukünftigen Betriebskosten zu berücksichtigen.

Diese krankenhausplanerischen Überlegungen des Landes kreuzten sich zeitlich mit der Entscheidung zum **Förderantrag**, der auf den Rahmendaten des Jahres 1998 beruhte. In der Konsequenz ergaben sich die aus Berechnungen zum Kapazitätsabbau konkreten Bettenzahlen für die zukünftige Struktur der Klinik sowie unmittelbar daraus folgend eine dem **verminderten Bettenbedarf** Rechnung tragende Notwendigkeit zur **Umplanung**. Entsprechend konnte ohne Einschränkung der Funktionsbereiche auf eine vollständige Pflegestation verzichtet werden.

Unter Zusage der Beibehaltung der **pauschalen Fördermittel** bis zum Jahre 2006 erfolgte die Kapazitätsanpassung der Planbetten von derzeit 350 auf 280 Betten. Entsprechende Umplanungen wurden vorgenommen und in Form eines Nachtrages erneut dem Land zur Prüfung vorgelegt. Das Gesamtvolumen reduzierte sich daraufhin auf € 34,7 Mio. bei einem Fördervolumen von € 27 Mio.

Da aus Sicht der Landeskrankenhausplanung Niedersachsen alle genannten Kriterien für die Auswahl von Investitionsentscheidungen erfüllt waren, rückte damit die Maßnahme in die **Gruppe der bevorzugt förderungswürdigen Krankenhausinvestitionsprojekte des Landes Niedersachsen**. Ein positiver Förderbescheid wurde im November 2004 erlassen.

Wirtschaftliche Auswirkungen

Die Struktur der **Praxisklinik** trägt einen nicht unwesentlichen **Eigenanteil** zur Finanzierung der Gesamtmaßnahme bei. Vor der Entscheidung, die Planungsaktivitäten aufzunehmen, wurden die wirtschaftlichen Auswirkungen ermittelt, die eine Finanzierung der Baumaßnahme mit sich bringt.

Entsprechend des dargestellten allgemeinen Verständnisses der **Praxisklinik** und der besonderen Situation in der Strahlen- und Nuklearmedizin können bei dieser Betrachtung der ambulante und stationäre Bereich nur im Zusammenhang betrachtet werden, da der Betrieb der Strahlentherapie und Nuklearmedizin nur in der **integrierten Form** wirtschaftlich gerechtfertigt und auch medizinisch sinnvoll ist. Demnach werden im Folgenden alle sich aus der Zusammenlegung der Standorte ergebenden Synergieeffekte betrachtet.

In einer rein **statischen Betrachtung** (❏ **Tab. 4.7-1**) werden alle geplanten Kostenredu-

❏ **Tab. 4.7-1.** Kostenreduzierungen und Kosten nach Zusammenlegung der Standorte

Einzelmaßnahme	Kostenbereich	EUR
Optimierung der Pflegebereiche	Personalkosten, Pflege	–250.000
Zusammenlegung der Funktionsbereiche Radiologie und Strahlentherapie	Personalkosten, Medizinisch-Technischer-Dienst	–85.000
Zusammenlegung der Versorgungsbereiche	Personalkosten, Wirtschafts- und Versorgungsdienst	–70.000
Zusammenlegung patientennahe Verwaltung	Personalkosten, Verwaltung	–25.000
Einführung eines RIS/PACS-System	Sachkosten, medizinischer Bedarf, Radiologiebedarf	–175.000
	Sachkosten, Instandhaltung, Wartungskosten	+25.000
	Sachkosten, Abschreibungen auf Sachanlagen, Medizintechnik	+145.000
	Sachkosten, sonstige Aufwendung, Zinsaufwendungen	+40.000

4

◘ Tab. 4.7-1. Fortsetzung

Einzelmaßnahme	Kostenbereich	EUR
Reduzierung von Krankentransporten	Sachkosten, medizinischer Bedarf, Kranken-transporte	−85.000
Reduzierung der Gesamtfläche	Sachkosten, Wirtschaftsbedarf, Reinigungs-kosten	−35.000
	Sachkosten, Abschreibung auf Sachanlagen, Gebäude	−45.000
Erneuerung der Medizingeräte	Sachkosten, Instandhaltung	−10.000
	Sachkosten, Abschreibung auf Sachanlagen, Medizintechnik	+195.000
	Sachkosten, sonstige Aufwendung, Zinsauf-wendungen	+135.000
Neubau Praxisflächen	Sachkosten, Abschreibung auf Sachanlagen, Gebäude/Einrichtung und Ausstattung	+90.000
	Sachkosten, sonstige Aufwendungen, Zinsen	+145.000
	Sachkosten, sonstige Aufwendungen	−35.000
Summe		**+ 40.000**

zierungen sowie zusätzliche Kosten nach Umsetzung der Maßnahme für ausgewählte Bereiche aufgezeigt. Durch Synergien im Bereich der Personal- und der Sachkosten können beträchtliche Mittel eingespart werden. Diese **Einsparungspotentiale** wurden anhand von **Sollberechnungen** der zukünftigen Stations- und Funktionsabteilungsbesetzungen im Sinne der **Personalbedarfsberechnungen** ermittelt. Sachkosten, wie etwa im Bereich der Krankentransportkosten oder der Reinigung lassen sich ebenfalls exakt abbilden. Die **Kalkulation für Abschreibungen und Zinsen** beruhen auf den für die Planung angesetzten Investitionskosten.

Weiterhin wurde eine dynamische Betrachtung der **Ergebnisentwicklung** im Zeitverlauf vorgenommen (◘ Abb. 4.7-1), die planerisch die Situation der Umsetzung der Maßnahme einerseits und die Fortschreibung des Status quo andererseits vergleicht. Unterstellt wird, dass auch bei einer Unterlassung der **Standortzusammenlegung** innerhalb der nächsten Jahre ein Investitionsbedarf für medizinisch-technisches Gerät und ein zusätzlicher baubedingter **Sanierungsaufwand** entstehen. Die Werte spiegeln für einen Zeitraum von 2004 bis 2013 ebenfalls relative Größenordnungen wider.

Wird das bis 2013 aufgelaufene Sparvolumen mit dem aufzubringenden Eigenkapital ins Verhältnis gesetzt, ergibt sich eine durchschnittliche jähr-

liche Ertragskraft ab dem Jahr der Inbetriebnahme (2008) bezogen auf das eingesetzte Kapital in Höhe von 6,1%. Durch die strategische Steuerung der Praxisklinik mittels eines medizinischen, baulichen und wirtschaftlichen Konzepts ist die zukünftige Entwicklung erkennbar. Die Praxisklinik lebt in und von einem Prozess des Wandels und der Adaptation an legislative Vorgaben. Das wirtschaftliche Führen eines Krankenhauses bei einem qualitativ hohen medizinischen Anspruch wird durch das existierende Modell der Praxisklinik demonstriert. **Mit Hilfe von Experten im Bereich Bau, Recht, Finanzierung und Verwaltung** wird die Krankenhausfinanzierung bei dem Modell der Praxisklinik weiter erfolgreich sein.

Ergebnisauswirkung/Rentabilitätsrechnung										
	2005	2006	2007	2008	2009	2010	2011	2012	2013	Gesamt
1 Betriebsergebnis I (Durchführung Investitionen)	250	250	250	290	310	325	325	330	330	2.660
2 Betriebsergebnis I (bei Alternativinvestition/ Sanierung)	250	250	250	−190	−190	−190	−205	−215	−230	−470
3 Ergebnisauswirkung (Projektergebnis)	0	0	0	480	500	515	530	545	560	
4 kumuliert (Projektergebnis)	0	0	0	480	980	1.495	2.025	2.570	3.130	
Mittelabfluss für Investitionen (Eigenanteil)	880	2.213	2.293	2.294						
5 Notwendiges Kapital vor kalk. Zinsen Eigenkapital und Darlehensaufnahme	880	3.093	5.386	7.680	7.680	7.680	7.680	7.680	7.680	
6 Zwischenfinanzierungszinsen 5,25 % auf Eigenkapital und Darlehensaufnahme	46	162	283	403						
7 Notwendiges Kapital Inkl. Zwischenfinanzierungszinsen (5,25 %) exkl. kalk. Zinserträge auf Projektergebnis	926	3.302	5.877	8.575	8.575	8.575	8.575	8.575	8.575	
8 Über-/Unterdeckung der Gesamterträge mit notwendigem Kapital	−926	−3.302	−5.877	−8.095	−7.595	−7.080	−6.550	−6.005	−5.445	
9 nachhaltige Rentabilität der Investitionen in Prozent (Verzinsung des Kapitals ab Projektabschluss)	durchschnittliche jährliche Ertragskraft ab dem Jahre nach der Inbetriebnahme (2008): 6,1 %									

Abb. 4.7-1. Dynamische Betrachtung der Ergebnisentwicklung

Literatur

Bruckenberger E, Winkler P-M, Barton G (2003) Konzept für die künftige Krankenhausstruktur in Niedersachsen. Niedersächsisches Ministerium für Soziales, Frauen, Familie und Gesundheit, Hannover

Clade H (1996) Modell Praxisklinik/Ambulantes Operieren: Fachärzte spüren die Knute der Kostendämpfung. Deutsches Ärzteblatt 93: A 166–A 170

Feucht H, Ostheimer E (1983) Konzept des Landes Rheinland-Pfalz: Analyse der Wirkung von Praxisklinik am Beispiel der Praxisklinik Bad Ems. Der Bundesminister für Arbeit und Sozialordnung, Bonn

Fromm E, Jeute K (1973) Praxis-Kliniken. Deutsches Ärzteblatt 16: A 1025–A 1027

Köhler A (2003) Ambulantes Operieren: Mehr Klarheit an den Schnittstellen. Deutsches Ärzteblatt 100: A 2338–A 2340

Krankenhausfinanzierungsgesetz. 2. Gesetz zur wirtschaftlichen Sicherung der Krankenhäuser und zur Regelung der Krankenhauspflegesätze 2003

Niedersächsischer Krankenhausplan. Niedersächsisches Ministerium für Soziales, Frauen, Familie und Gesundheit 2003, Hannover

Radas C (2004) Ambulantes Operieren: Neue Behandlungskonzepte auf dem Prüfstand. Deutsches Ärzteblatt 101: A 1000–A 1004

Personalmanagement

5.1 Personalmanagement im Gesundheitswesen – Einführung und methodische Grundlagen

Christian Gericke

»Die Zeiten, in denen die Personalwirtschaft als betriebliche Funktion beziehungsweise Personalwirtschaftslehre als akademische Disziplin ein Schattendasein fristeten, sind nun endgültig vorbei. Es geht nicht länger mehr nur um die möglichst effiziente Abwicklung lästiger Personalverwaltung, sondern um ein professionelles Personalmanagement, das angesichts zunehmender Anforderungen laufend bessere und individuelle angepasste Problemlösungen liefern muss.« C. Scholz (1993)

Wer in letzter Zeit direkten Kontakt mit Personalabteilungen in deutschen Krankenhäusern in öffentlicher Trägerschaft einschließlich führender Universitätskliniken oder in Krankenkassen hatte, kann die Ansicht von Prof. Scholz nicht teilen, dass wir die reine **Personalverwaltung der 1950er Jahre** hinter uns gelassen hätten, obwohl das Zitat inzwischen 13 Jahre alt ist. Die Entwicklungen der letzten 50 Jahre in der Industrie im Bereich Personalmanagement scheinen also, mit Ausnahme der industriellen Partner v. a. im Bereich der Pharmaindustrie als auch der privaten Krankenhausketten, im deutschen Gesundheitssystem kaum Fuß gefasst zu haben. Wie ist dies zu erklären?

Medizinische Leistungsanbieter haben viele **Gemeinsamkeiten mit anderen Dienstleistungsbetrieben**. Sie beschäftigen hoch spezialisierte Experten der Gesundheitsberufe, die im Krankenhaussektor überwiegend angestellt sind. Die Stellen werden im freien Wettbewerb an die besten Kandidaten vergeben. Es besteht Einigkeit darüber, dass das medizinische Personal (alle Berufsgruppen eingeschlossen) die wichtigste Ressource des Gesundheitswesens darstellt (Institute of Medicine 2001). Aber auch dies trifft auf Dienstleistungsunternehmen aller Art zu. Nur ein Spezifikum des Gesundheitssektors, nämlich dass dort Kunden überwiegend in kritischem Zustand oder in Notlagen geholfen wird, die damit nicht mehr dem üblichen Angebot und Nachfrage-Mechanismus unterliegen, kann den Sonderstatus des Gesundheitssys-

tems erklären. Aus dem **Marktversagen im Gesundheitssektor** haben sich die solidarische, gesetzliche Krankenversicherung, die öffentliche Trägerschaft von Krankenhäusern, sowie die starke öffentlich-rechtliche Kontrolle und Regulation der anderen Anbieter im Gesundheitsmarkt entwickelt (für eine ausführliche Darstellung des Marktversagens im Gesundheitswesen vgl. Barr 1998).

Die Erklärung für den mangelnden Fortschritt im Bereich Personalmanagement im Gesundheitswesen liegt also im allgemeinen **Versagen der öffentlichen Einrichtungen** ihr Personal effizient und individuell zum Nutzen der Kunden und der Organisation zu managen und ist nicht durch Spezifika des Gesundheitssektors begründet. Daraus folgt die Notwendigkeit, im Sinne des **New Public Managements** moderne Personalmanagementansätze aus der Industrie in die Institutionen des Gesundheitswesens einzuführen. Dabei muss nicht unbedingt in jeder einzelnen Organisation ein gänzlich neues Personalmanagementsystem aufgebaut werden. Auch in der Industrie werden in den letzten Jahren spezielle Personalmanagementfunktionen verstärkt an **Professional Employee Organizations (PEO)** ausgegliedert, die auf das Personalmanagement von Experten in bestimmten Wirtschaftssektoren spezialisiert sind und entgegen jeder motivationspsychologischen Theorie höchste Zufriedenheit bei den von ihnen gemanagten Angestellten erzielen (Drucker 2002).

Wie unterscheidet sich modernes Personalmanagement von der reinen Personalverwaltung? Scholz (1993) unterteilt Personalmanagement in sechs Felder:

◻ **Personalmanagementfelder (Scholz 1993)**

1. Personalbestandsanalyse
2. Personalbedarfsbestimmung
3. Personalveränderung:
   a. Personalbeschaffung
   b. Personalentwicklung
   c. Personalfreisetzung
4. Personaleinsatz
5. Personalführung
6. Personalkostenmanagement

Er fordert dabei für alle Bereiche des Personalmanagements die Grundpostulate: **Kundenorientierung, Individualisierung, Flexibilisierung, Professionalisierung** und **Akzeptanzsicherung.** Ausführliche Darstellungen der allgemeinen Personalwirtschaft sind bei Scholz (2000) und Drumm (2004) zu finden. Von besonderem Interesse für den Gesundheitssektor sind die Bereiche Personalführung, Personalentwicklung und Personalkostenmanagement.

Die **Personalführung** hat ihre Wurzeln in der Organisationspsychologie und beschäftigt sich u. a. mit der Motivation von Mitarbeitern und mit Führungsstilen. Die Führung und Motivation von hochspezialisierten Experten ist in allen Wirtschaftsbereichen schwierig. Vor allem leitende Krankenhausärzte pflegen oft eine Personenkultur. Sie zeigen dabei wenig Loyalität zu ihrer Organisation sondern sehen diese primär als Ort, an dem sie ihrer Tätigkeit nachgehen, wobei auch das Krankenhaus von der Tätigkeit des Arztes profitiert (Handy 1999). Die **Motivation** von Mitarbeitern in allen Bereichen ist komplexer als früher angenommen und die Rolle von nicht-monetären Faktoren ist auch im Gesundheitswesen sehr wichtig. Die starke **Hierarchie** im Krankenhaus mit allmächtigen Chefärzten reduziert den Status der Oberärzte und macht diese für die Klinik oft entscheidende Funktion unattraktiv für gute Bewerber.

Die **ärztliche Weiterbildung** zum Facharzt als wichtigster Aspekt der Personalentwicklung im ärztlichen Bereich ist im Vergleich zu vielen anderen Industrieländern, wie der Schweiz, Frankreich, Großbritannien, Australien oder den USA wenig strukturiert und unterliegt nur einer minimalen Kontrolle durch die Ärztekammern. Weiterbildungsermächtigte Ärzte (meist die Chefärzte) entscheiden nach Gutdünken wer, wann, was erlernen darf. Dies erklärt auch warum die Qualität der Weiterbildung in Deutschland vor allem von den in Weiterbildung befindlichen Ärzten selbst oft als mangelhaft und unbefriedigend angesehen wird.

Die wahrgenommene Qualität der Weiterbildung ist aber sicher ein überaus wichtiger Motivationsfaktor für jüngere Ärzte und zusammen mit dem angenehmeren Umgang in **kollegialen Führungsstrukturen** in angelsächsischen Krankenhäusern der Hauptgrund für den **Exodus deutscher Mediziner** in die USA und nach Großbritannien

(Gericke 2004). Die deutlich bessere **Bezahlung** dort ist aber sicher auch motivationsfördernd. Eine leistungsgerechte Bezahlung ist für viel Personal im Gesundheitswesen in Deutschland nicht gewährleistet, wenn der zunehmende Wert der Gesundheit für die Gesellschaft und als Anteil am Gesamtwirtschaftswachstum betrachtet wird. Dies trifft vor allem für Pflegepersonal und Ärzte im Krankenhaussektor als auch für manche niedergelassenen Ärzte zu. Ein motivationsförderndes Personalkostenmanagement muss qualitativ-hochwertige Dienstleistung am Kunden belohnen. Dafür stehen gute, lang erprobte Modelle aus US Krankenhäusern zur Verfügung (vgl. Fottler et al. 1994), die inzwischen vor allem in Krankenhausketten in privater Trägerschaft auch in Deutschland zum Teil angewandt werden.

Moderne Vergütungsmodelle werden in ► **Kap. 5.6** zum Personalmanagement in der Arzneimittelindustrie dargestellt. Aber auch die **Entlastung von administrativen Tätigkeiten** ist für Pflegepersonal und Ärzte ein wichtiger Punkt, der die Mitarbeiterzufriedenheit erhöht. Eine Entbürokratisierung muss ebenfalls für den ambulanten Sektor gefordert werden, der nur über eine Änderung in den Kassenärztlichen Vereinigungen auf der Ebene über dem Unternehmen Arztpraxis erfolgen kann (► **Kap. 5.4**). Einige Neuerungen der letzten Gesundheitsreformen, wie das **DRG-System**, die Integrierte Versorgung und die **Disease Management Programme**, haben in ihrer jetzigen Form zusätzliche Bürokratie mit sich gebracht, die für viele Ärzte nicht mehr zumutbar erscheint (Deutsches Ärzteblatt 2004).

In den **folgenden** ► **Kap. 5.2–5.6** werden die spezifischen Anforderungen an ein modernes Personalmanagement in den einzelnen Sektoren des Gesundheitswesens dargestellt. In ► **Kap. 5.2** werden die Herausforderungen an das **Personalmanagement in gesetzlichen Krankenkassen** beschrieben, die sich durch die 1996 erfolgte Kassenöffnung und den daraus resultierenden Wettbewerbsdruck ergeben haben. Von besonderem Interesse ist dabei die Schwierigkeit den gleichzeitigen Zwang zur Produktivitätssteigerung und Personalabbau mit der **eingeschränkten Flexibilität durch die Tarifverträge** und der aktuellen Personalstruktur zu vereinbaren. In einer Fallstudie (► **Kap. 5.7**) wird zu diesem Thema zusätzlich die Einführung eines modernen **Führungskräfteentwicklungsprogramms** in einer gesetzlichen Krankenkasse illustriert, da durch die Neuerungen zunehmend betriebswirtschaftlich qualifizierte Führungskräfte benötigt werden. Eine ausführliche Diskussion der Führungskräfteentwicklung in Krankenkassen findet sich bei König (2001).

In ▶ **Kap. 5.3** werden allgemeine Fragen des Personalmanagements in **Krankenhäusern**, vor allem die verschiedenen Verfahren zur **Personalbedarfsermittlung** in Folge der Einführung der **Diagnosis Related Groups (DRG)** ausführlich dargestellt. Außerdem werden Anreizsysteme und Fragen der Leitungsorganisation im Krankenhaus diskutiert.

In ▶ **Kap. 5.4** werden die Personalstruktur und die neuen Organisationsformen auf der Ebene der **Arztpraxen, Medizinischen Versorgungszentren (MVZ)** und **Kassenärztlichen Vereinigungen** ausführlich dargestellt. Insbesondere wird dabei die Rolle der **Bedarfsplanung**, die gemeinsam von Kassenärztlicher Vereinigung und Krankenkassen durchgeführt wird, sowie deren Bedeutung für Personalstrukturen und -anreize, dargestellt. Auf Anreizsysteme, die darauf abzielen, die Unterversorgung im ambulanten Bereich in ländlichen Regionen, vor allem in den neuen Bundesländern zu verhindern, wird besonders eingegangen. Dabei wird erwähnt, dass die vom Gesetzgeber ermöglichten **Sicherstellungszuschläge** bislang kaum genutzt werden. Internationale Erfahrungen zeigen, dass eine **ländliche Unterversorgung** nur durch **erhebliche monetäre Anreize** ausgeglichen werden kann. So werden beispielsweise ambulante Ärzte im ländlichen Nordschweden im Vergleich zu Ärzten in städtischen Gebieten ca. doppelt so hoch vergütet. Eine ausführliche Darstellung von Human Resources Fragestellungen mit europäischer Perspektive findet sich bei Dubois, McKee und Nolte (2006).

In ▶ **Kap. 5.5** wird auf die Spezifika des Personalmanagements in der Integrierten Versorgung eingegangen. Insbesondere werden die Schwierigkeiten und Ansatzpunkte von Personalmanagement in **heterarchischen Netzwerken** im Vergleich zu hierarchischen Organisationen herausgearbeitet.

In ▶ **Kap. 5.6** wird das moderne Personalmanagement in der **Arzneimittelindustrie** beschrieben. Dabei werden moderne **privatwirtschaftliche Personalmanagementinstrumente** und ihr Einsatz in diesem Wirtschaftssektor dargestellt. Dieses Kapitel ist besonders auch für Manager aus anderen Sektoren im Gesundheitswesen, wie z. B. Krankenhäusern und Krankenkassen interessant, die daran arbeiten die alten Personalstrukturen und -strategien zu erneuern. Die besonderen Herausforderungen an das Personalmanagement unter zunehmender **Internationalisierung** und in Zeiten von **Unternehmensfusionen und -übernahmen** werden ausführlich beschrieben.

Unter dem Gesichtspunkt der **Effizienz des deutschen Gesundheitssystems** insgesamt ist bemerkenswert, wie viel **Verwaltungspersonal** im Vergleich zum **primär medizinischen Dienstleistungspersonal** beschäftigt wird. Zu den 146.000 Krankenkassenmitarbeitern kommen ca. 20.000 Angestellte der Kassenärztlichen Vereinigungen plus 70.000 Mitarbeiter in den Krankenhausverwaltungen. Demgegenüber standen im Jahr 2004 306.435 berufstätige Ärzte und ca. 635.000 Vollzeitäquivalente für Krankenpflegekräfte (Busse und Riesberg 2005). Das bedeutet, dass für die Verwaltung von den von **2 berufstätigen Ärzten** veranlassten medizinischen Leistungen **1,3 Verwaltungsangestellte** beschäftigt werden. Die **Opportunitätskosten** dieses bürokratischen Auswuchses in Verbesserungen der Versorgungsstrukturen, die direkt den Patienten zu Gute kämen, sind enorm.

Literatur

Barr N (1998) The economics of the welfare state. Oxford University Press, Oxford, pp 277–319

Deutsches Ärzteblatt (2004) Ärztekammer Sachsen: Protest gegen Bürokratie. Dt Ärzteblatt 101: A2492

Busse R, Riesberg A (2005) Gesundheitssysteme im Wandel – Deutschland. Medizinisch Wissenschaftliche Verlagsgesellschaft, Berlin

Drucker P (2002) They're not employees, they're people. Harvard Business Review (Feb): 70–77

Drumm HJ (2004) Personalwirtschaft. Springer, Berlin

Dubois CA, McKee M, Nolte E (2006) Human resources for health in Europe. WHO Regional Office for Europe on behalf of the European Observatory on Health Systems and Policies, Copenhagen. http://www.euro.who.int/Document/E87923.pdf

Fottler MD, Hernandez SR, Joiner CL (1994) Strategic management of human resources in health services organizations. Delmar, Albany, NY

Gericke C (2004) Forschung – Grundlegender Systemfehler vernachlässigt. Dtsch Ärztebl 101: A34–35

Handy C (1999) Understanding organizations. Penguin, London

Institute of Medicine (2001) Preparing the workforce. In: Crossing the quality chasm. National Academy Press, Washington, DC, pp 207–223

König B (2001) Die Entwicklung von Führungskräften in den gesetzlichen Krankenkassen. In: Wettke J, Salfeld R (Hrsg) Die Zukunft des deutschen Gesundheitswesens – Perspektiven und Konzepte. Springer, Berlin, S 165–174

Longest BB (1998) Organizational change and innovation. In: Duncan WJ, Ginter PM, Swayne LE (eds) Handbook of Health Care Management. Blackwell, Malden, MA, pp 369–398

Scholz C (1993) Personalmanagement, 3. Auflage. Vahlen, München

Scholz C (2000) Personalmanagement, 5. Auflage. Vahlen, München

5.2 Personalmanagement in Krankenversicherungen

Paul M. Kötter und Andreas Behrens

5.2.1 Gesetzliche und strukturelle Rahmenbedingungen

Das Personalmanagement in den Krankenkassen war bis vor kurzem maßgeblich von öffentlich-rechtlichen Rahmenbedingungen und vom Grundverständnis »hoheitlicher« Aufgaben geprägt. Der veränderte Handlungsrahmen, insbesondere der Wettbewerb zwischen den Kassen, hat allerdings auch die Personalarbeit nachhaltig verändert: Personalbereiche in Krankenkassen stehen wie in der Privatwirtschaft vor der Aufgabe, das Management der Humanressourcen wertschöpfend am Unternehmenserfolg auszurichten und zur Kostenreduktion die administrativen Prozesse effizient zu gestalten. Im Zuge der Bemühungen um eine Begrenzung des Anstiegs der Krankenkassenbeiträge sind in jüngster Zeit zusätzliche Regelungen hinzugekommen.

Regelungen der Arbeitsbedingungen

Die Zahl der Beamten in der Gesetzlichen Krankenversicherung (GKV) ist relativ gering. Lediglich die Bundesknappschaft (BKN, 18,3%) und die Betriebskrankenkassen (BKK, 0,6%) beschäftigen noch vereinzelte Beamte. Bei den Landwirtschaftlichen Krankenkassen (LKK) sind es 3,3%. In den Allgemeinen Ortskrankenkassen (AOK) und den Innungskrankenkassen (IKK) werden Dienstordnungsangestellte beschäftigt, deren Arbeitsbedingungen sich nach den Dienstordnungen der jeweiligen Krankenkassen richten. Das Dienstordnungsrecht ist an beamtenrechtlichen Rahmenbedingungen angelehnt. Die meisten Beschäftigten sind jedoch Angestellte und als solche tarifvertraglich gebunden (◻ Abb. 5.2-1).

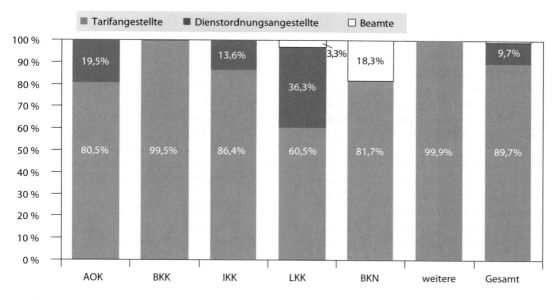

◻ **Abb. 5.2-1.** Anteil der Beschäftigtengruppen nach Kassenart 2003

Tarifsysteme in der GKV

Die Arbeitsbedingungen der Mitarbeiter der GKV sind überwiegend **tarifvertraglich** geregelt. Die Vergütungspolitik der Krankenkassen für die Tarifangestellten wird grundsätzlich gemeinsam mit den **Gewerkschaften** bestimmt. Gleichwohl überwachen die zuständigen Aufsichtsbehörden die Tarifabschlüsse unter dem Gesichtspunkt der Wirtschaftlichkeit. Neben den Tarifangestellten beschäftigen die Krankenkassen im oberen Management **außertarifliche** Angestellte. Innerhalb der GKV existiert ein diversifiziertes Tarifsystem für die Tarifangestellten der einzelnen Krankenkassenarten. Für das AOK-System gibt es den an den **Bundesangestellten-Tarif** (**BAT**) angelehnten Manteltarifvertrag für die Beschäftigten der Tarifgemeinschaft der AOK (BAT-AOK). Auf die Bundesknappschaft findet der an den BAT angelehnte **Knappschaft-Angestellten-Tarifvertrag** (KnAT) Anwendung. Bei den Ersatzkassen existieren der **Ersatzkassentarifvertrag** (EKT) und **Haustarifverträge** (z. B. bei TK und GEK). Für die BKK Beschäftigten regeln der Tarifvertrag der **BKK-Tarifgemeinschaft** (BAT-BKK) und die Tarifverträge der Mutterunternehmen (z. B. Tarifverträge der IG Metall) die Arbeitsbedingungen. Daneben gibt es in Einzelfällen bei BKKen auch **eigenständige Tarifverträge** (z. B. Deutsche BKK). Im IKK-Bereich existiert ein Manteltarifvertrag, dem jedoch einzelne IKKen nicht angehören.

Personalplanung und -bemessung

In der Vergangenheit waren die Krankenkassen im Rahmen des Wirtschaftlichkeitsprinzips weitgehend frei in ihrer Personalplanung und -bemessung. Das Gesetz zur Vereinfachung der Verwaltungsverfahren im Sozialrecht (**Verwaltungsvereinfachungsgesetz**) vom 21.03.2005 verpflichtet in § 69 Absatz 5 SGB IV nunmehr die Sozialversicherungsträger, Planstellen und Stellen nur dann auszubringen, soweit diese unter Anwendung angemessener und anerkannter Methoden der Personalbedarfsermittlungen begründet sind. Die Erforderlichkeit der im Haushalt ausgebrachten Planstellen und Stellen ist regelmäßig zu überprüfen. Anerkannte Methoden der Personalbemessung werden im Folgenden dargestellt.

> **▢ Anerkannte Methoden der Personalbemessung**
> - Benchmark-Vergleiche
> - Vergangenheitsbezogene Methoden wie
>   - Trendextrapolation
>   - Trendanalogie
> - Kennzahlenverfahren
> - Skontraktionsrechnung
> - Stellenplanmethode
> - Schätzverfahren wie z. B.
>   - Szenarien (Funktionsdiagramme und Netzplanmethode)
>   - Arbeitswissenschaftliche Methoden Analytische Verfahren Methods-Time Measurement (MTM)- Analyse Verband für Arbeitsgestaltung, Betriebsorganisation und Unternehmensentwicklung (REFA)-Methoden

Unabhängig von der Fragestellung, ob das Gesetz wegen des im Gesetzestext verwendeten beamtenrechtlichen Begriffes des »Ausbringens« von Planstellen überhaupt auf alle Sozialversicherungsträger angewendet werden kann, wird – im Falle der Anwendung auf einen Sozialversicherungsträger – eine Steuerung durch diese Vorschrift nur schwer erreicht werden können. Die Entscheidung für eine konkrete Ermittlungsmethode bleibt nach der Gesetzesbegründung den Trägern überlassen. Hiermit werde gewährleistet, »*dass den innerbetrieblichen Organisationsformen der unterschiedlichen Träger hinreichend Rechnung getragen werden kann*« (BT-Druck. 2004, S. 24). Die Frage, ob die jeweilige innerbetriebliche Organisationsform effizient ist, spielt hierbei keine Rolle. Das heißt, Stellen können auch für organisatorisch ineffiziente Prozesse »ausgebracht« und mit einer dafür passenden Ermittlungsmethode begründet werden.

Verwaltungskostendeckelung

Die Krankenkassen unterliegen seit dem Jahr 2004 einer gesetzlichen **Verwaltungskostendeckelung**. Für die Jahre 2004 bis 2007 sieht § 4 Absatz 4 Satz 4 SGB V eine dynamische Begrenzung der Verwaltungsausgaben vor. Die Verwaltungsausgaben je Versicherten dürfen sich danach im Vergleich zum jeweiligen Vorjahr höchstens in dem Maße verändern, wie sich die durchschnittlichen beitragspflichtigen Einnahmen aller Mitglieder der Krankenkassen entwickeln (§ 71 Absatz 3 SGB V, BT-Drucks 2003, S. 79).

Die derzeitige Betrachtung der Verwaltungskosten je Mitglied ergibt eine Bandbreite der Nettoverwaltungskosten zwischen € 118,00 und € 178,00 je Mitglied (BMGS 2005, S. 140). Ob die Verwaltungskosten je Mitglied eine angemessene Steuerungsgröße darstellen, ist wegen der unterschiedlichen Familienkoeffizienten durchaus fraglich.

Durch die dynamische Begrenzung verhindert die Verwaltungskostendeckelung zudem lediglich ein weiteres Auseinanderklaffen der Produktivitätsunterschiede und schreibt die Verwaltungskostenquoten fest. Die Funktion eines Steuerungselements zur Verbesserung der Dienstleistungsproduktivität erfüllt die Verwaltungskostendeckelung nicht.

5.2.2 Praktische Umsetzung

Personalsituation in der Gesetzlichen Krankenversicherung

Die quantitative Personalsituation in der GKV beschreibt der Bericht über Personal und Verwaltungskosten des Bundesministeriums für Gesundheit und Soziale Sicherung (BMGS) (Busch 2003).

Danach waren in allen gesetzlichen Krankenkassen am 30.06.2003 insgesamt **146.829 Menschen beschäftigt**. Mit 41,9% sind die meisten Arbeitnehmer bei den Allgemeinen Ortskrankenkassen und den Ersatzkassen für Angestellte (31,2%) beschäftigt. Danach folgen: BKK (14,3%), IKK (6,9%), Bundesknappschaft (2,6%), Ersatzkassen für Arbeiter (1,5%), Landwirtschaftliche Krankenkassen (1,6%) und die Seekrankenkasse (0,1%).

Steigende Anzahl der Beschäftigten

Für das gesamte Bundesgebiet ist die Zahl der Beschäftigten in der GKV von 1991 bis 2003 von 140.805 auf 146.829 gestiegen. Dies entspricht einem Anstieg von 4,3%. Seit 1999 ist die Beschäftigtenzahl in der GKV von 145.997 auf 146.829 im Jahr 2003 um 0,6% gestiegen. Das BKK-System hat in diesem Zeitraum einen signifikanten Anstieg der Beschäftigtenzahlen um knapp 60% von 1999 (13.085 Beschäftigte) bis 2003 (20.935) zu verzeichnen. Im selben Zeitraum haben die Ortskrankenkassen und die Ersatzkrankenkassen ihre Beschäftigtenzahlen um 7% (4.494) bzw. 5,9% (2.870) reduziert (◨ Abb. 5.2-2).

Dem **Anstieg der Beschäftigten in der GKV um 4,3%** steht im Zeitraum von **1991 bis 2003** ein **Versichertenwachstum von 0,6%** gegenüber. Von 1999 bis 2003 sank die Zahl der Versicherten sogar um 1,3% (von 71,3 Mio. auf 70,4 Mio.).

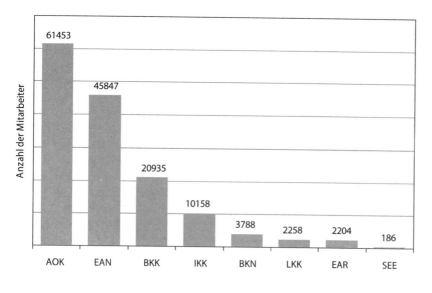

◨ **Abb. 5.2-2.** Anzahl der Mitarbeiter in den verschiedenen Kassenarten 2003

Dabei beschäftigen einzelne Krankenkassenarten überdurchschnittlich mehr Mitarbeiter als deren Anteil an Versicherten vermuten lässt. So beschäftigen im Jahr 2003 die AOKen 41,9% aller in der GKV tätigen Personen, obwohl nur 36,2% aller GKV-Versicherten dort versichert sind. Dies entspricht einer Differenz von 5,7%. Ein ähnliches – wenn auch weniger gravierendes – Bild zeichnet sich bei den IKKen mit 6,9% der Beschäftigten und 6,3% der Versicherten ab (Differenz 0,6%).

Dagegen weisen die Ersatzkassen und BKKen ein umgekehrtes Verhältnis auf. Die BKKen mit 14,3% aller GKV-Beschäftigten haben einem Versichertenanteil von 20,6% (Differenz –6,3%). Auch die Ersatzkassen haben einen höheren Anteil an Versicherten als Beschäftigte. Hier liegt die Differenz bei –0,6% für die Ersatzkassen für Arbeiter und bei –0,2% für die Ersatzkassen für Angestellte.

Es ist nicht zu vermuten, dass diese Differenzen allein durch unterschiedliche Teilzeitquoten zu erklären sind. Die Teilzeitquote der Beschäftigten in der GKV liegt zwischen ca. 10% und 30%. Für einige Krankenkassenarten liegen im Bundesministerium für Gesundheit (BMG) Informationen zur Teilzeitquote zum 30.06.2002 vor. So haben die IKKen einen Anteil von knapp 14% Teilzeitbeschäftigter. Davon sind 94% weibliche Beschäftigte. Bei den Ersatzkassen für Angestellte liegt die Teilzeitquote bei 19,1%. Auch hier sind 94,7% weibliche Beschäftigte.

Produktivitätsunterschiede

Das Verhältnis von Versicherten zu Beschäftigten spiegelt zum Teil die **Dienstleistungsproduktivitäten** der Krankenkassen wider. Hinsichtlich der Produktivitäten der Mitarbeiter existieren erhebliche Unterschiede. Die Produktivitätskennzahlen – dies meint die (Vollzeit-)Mitarbeiterkapazitäten im Verhältnis zu den Versicherten – bewegen sich zwischen ca. 1:500 und 1:1000. Diese Produktivitätsunterschiede lassen sich aus der Versichertenstruktur und der Größe der Krankenkassen sowie der leicht unterschiedlichen Verwendung für die Definitionen des Begriffes (Vollzeit-)Mitarbeiterkapazität bzw. Vollzeitkraft allein nicht erklären. Sie hängen vielmehr mit der **Organisationsstruktur**, den **Datenverarbeitungsanwendungen** und der **Qualität des Personals** der einzelnen Kassen zusammen.

Verwaltungs- und Personalkosten

Die Verwaltungskosten der Krankenkassen beliefen sich im Jahr 2004 auf ca. 5,7% der Gesamtausgaben. Der Anteil der **Personalkosten an den Verwaltungskosten** der Krankenkassen liegt zwischen ca. **70% und 90%** und ist vom Anteil der von Dritten wahrgenommenen Aufgaben insbesondere im Bereich der Datenverarbeitung abhängig. Die gesamten Personalkosten einer Krankenkasse machen in der Regel zwischen 0,3 und 0,5 Prozentpunkte des gesamten Beitragssatzes aus.

Bei geschlossenen BKKen, d. h. Betriebskrankenkassen, deren Satzung keine Öffnungsklausel nach § 173 Absatz. 2 Satz 1 Nr. 4 SGB V enthält, nach der eine Betriebskrankenkasse von allen Versicherungspflichtigen und Versicherungsberechtigen gewählt werden darf, kann der Arbeitgeber gemäß § 147 Absatz 2 S. 2 SGB V das Personal auf seine Kosten bestellen. Bei Öffnung einer BKK, die durch eine Satzungsänderung auf der Grundlage von § 173 Absatz 2 Satz 1 Nr. 4 SGB erfolgt, entfällt diese Möglichkeit. Ein Unternehmen kann die Übernahme der Kosten des für die Führung der Geschäfte erforderlichen Personals der Betriebskrankenkasse gemäß § 147 Absatz 2 Satz 4 SGB V für die Zukunft ablehnen, was bei internationalen Konzernen vermehrt zu beobachten ist und zu einer starken Beeinträchtigung der Wettbewerbsfähigkeit einer BKK führt.

Ausbildungssysteme in der GKV

In der GKV wird bei allen Krankenkassenarten die traditionelle Ausbildung zum **Sozialversicherungsfachangestellten** angeboten. Hierbei handelt es sich um eine stark verwaltungsjuristisch geprägte Ausbildung, mit dem Schwerpunkt der Anwendung von Rechtsnormen auf dem Gebiet der sozialen Krankenversicherung. Daneben existiert seit dem Jahr 2001 bei einigen Krankenkassen auch die Ausbildung zum **Kaufmann im Gesundheitswesen** (TK, AOK). Dieses Berufsbild findet sich in Unternehmen des Gesundheitsbereichs (unter anderem Krankenhäuser, Krankenkassen, Pflege- und Reha-Einrichtungen). Die Schwerpunkte liegen im kaufmännischen Bereich des Gesundheitswesens sowie in der Entwicklung und Steuerung von Dienstleistungen auf dem Gesundheitssektor. Darüber hinaus bilden die Krankenkassen zum Kaufmann bzw.

Fachangestellten für Bürokommunikation und zum **Fachinformatiker** aus (z. B. AOK, BEK, DAK, TK).

Die Krankenkassen betreiben darüber hinaus eigene oder in Kooperation durchgeführte Fortbildungen. AOK, BKK und IKK verfügen über eigene Ausbildungseinrichtungen, in denen unter anderem die Abschlüsse **AOK-Betriebswirt, Krankenkassenbetriebswirt** (IKK, BKK) und **Krankenkassenfachwirt** (IKK) erworben werden können.

In Kooperationen mit **Fachhochschulen** und staatlich anerkannten **Berufsakademien** (BA) fördern die Krankenkassen die **Fort- und Ausbildung** ihrer Mitarbeiterinnen und Mitarbeiter zum Dipl.-Betriebswirt-Krankenversicherungsmanagement FH (BKK), Dipl.-Kaufmann-Krankenversicherungsmanagement FH (BKK), Weiterbildungsstudium Krankenkassenökonomie (BKK), Dipl.-Wirtschaftsinformatiker FH (TK, KKH) oder BA (GEK, AOK), Dipl.-Ingenieur Informationstechnik BA (AOK) und die Möglichkeit des Studiums der Gesundheitsökonomie an der Universität Bayreuth (TK). Diese Weiterbildungen dienen in erster Linie dem Bedürfnis der Krankenkassen nach **betriebswirtschaftlich ausgebildeten Fach- und Führungskräften** (◘ Abb. 5.2-3).

Strategische Herausforderungen an das Personalmanagement

Erfolgreiche Unternehmen richten ihr Personalmanagement auf die Erreichung der **unternehmerischen Zielgrößen** aus. Dem Personalmanagement kommt damit die Aufgabe der unmittelbaren und mittelbaren Steigerung des Unternehmenserfolges zu. Personalarbeit muss somit einen **quantifizierbaren Wertschöpfungsbeitrag** für die Abnehmer der Leistungen nachweisen, der sich an den spezi-

fischen Herausforderungen des Unternehmens orientiert. Für die Frage der Ausgestaltung des Personalmanagements von Krankenkassen ist deshalb maßgeblich, vor welcher unternehmerischen Herausforderung die jeweiligen Krankenkassenunternehmen im Wettbewerb stehen. Der Wettbewerb zwischen den Krankenkassen wurde faktisch mit der **freien Krankenkassenwahl** im Jahre 1996, die durch das **Gesundheitsstrukturgesetz** ermöglicht wurde, installiert.

Strategische Herausforderungen der Krankenkassen

Generell leiten sich die Herausforderungen des Personalmanagements zunächst einmal aus den allgemeinen Herausforderungen der gesetzlichen Krankenkassen ab.

> ◘ **Überblick über strategische Herausforderungen der Krankenkassen mit Auswirkung auf die Personalarbeit**
> − Wettbewerb zwischen den Kassen
> − Kostendruck
> − Deckelung der Verwaltungskosten
> − Zwang zu Produktivitätssteigerungen
> − Restrukturierungen in den Krankenkassen
> − Fusionen zwischen Krankenkassen

Voraussichtlich wird sich der Wettbewerb zwischen den Kassen im Wesentlichen über zwei Einflussfaktoren entscheiden: einerseits über den **Beitragssatz** und andererseits über die **Qualität und Kundenorientierung** im Service gegenüber den Mitgliedern (▶ **Kap. 3.2**). Servicequalität und Kundenorientie-

◘ **Abb. 5.2-3.** Ausbildung, Fortbildung und Weiterbildungsförderung in den Krankenkassen

rung werden ganz wesentlich von den Mitarbeitern der Kassen geprägt. Sie stehen somit unmittelbar im Handlungsfokus der Personalarbeit. Der Einfluss des Personalmanagements auf den Beitragssatz ist hingegen deutlich komplexer zu beurteilen.

Zunächst machen die Aufwendungen für das Personal mit 70–90% den größten Teil der Verwaltungskosten aus. Wenn Einsparungen bei den Verwaltungskosten erforderlich werden, sind daher zuerst die Personalausgaben betroffen. Die gesetzliche Deckelung der Verwaltungskosten bewirkt somit unmittelbar eine Begrenzung des Personaleinsatzes und -aufwandes, der sich insbesondere bei Kassen mit stagnierenden oder gar sinkenden Mitgliederzahlen niederschlägt.

Zudem wird den Verwaltungskosten perspektivisch der größte verbleibende Einfluss auf die Wettbewerbsfähigkeit des Beitragssatzes zugesprochen. Falls der **Risikostrukturausgleich** tatsächlich eine fortschreitende Nivellierung zwischen den Krankenkassen im Bereich der Finanzen bewirken sollte, lassen sich in der Tendenz unterschiedliche Beitragssätze im Wesentlichen durch unterschiedlich hohe Verwaltungskosten erklären.

In der Konsequenz sind **Maßnahmen zur Produktivitätssteigerung** unumgänglich und in fast allen Kassen bereits im Gange. Organisatorische wie auch prozessuale Restrukturierungen unter Gesichtspunkten der Effizienz und Qualität sowie der angebotenen Produkte und Dienstleistungen haben immer auch Auswirkungen auf die Personalarbeit in der jeweiligen Organisation. Zudem ist zu erwarten, dass verstärkt **Fusionen** zwischen Krankenkassen auftreten werden – und dies mit den damit verbundenen spezifischen Anforderungen an Veränderungs- und Integrationsmanagement (▶ Kap. 7.2).

Strategische Herausforderungen für die Personalarbeit

Die grundlegenden Veränderungen bei den gesetzlichen Krankenkassen haben vielfältige Auswirkungen auf die Organisation, auf das Management und auf das Personal der Kassen. Diese reichen von veränderten **Kompetenzanforderungen** (z. B. Vertriebskompetenz, Kundenorientierung, Prozessmanagement) über neue Herausforderungen im Management von Restrukturierungen und Fusionen bis hin zur Realisierung von Verwaltungskos-

tensenkungen einschließlich schwieriger Prozesse zur Reduzierung von Personalkapazitäten.

> ▣ **Überblick über die wichtigsten Aufgaben im Personalmanagement in Krankenkassen**
> ▬ Führungskompetenz
> ▬ Anforderungen an die Mitarbeiter
> ▬ Frauenanteil
> ▬ Management von Veränderungen
> ▬ Steuerung der Personalkapazitäten

Führungskompetenz

Die sich verändernde Landschaft der gesetzlichen Krankenkassen stellt neue Anforderungen an die Führungskräfte der jeweiligen Kassen. War das Führungssystem bislang stark von den verwaltungsrechtlichen Vorschriften geprägt, wird es zunehmend erforderlich, unternehmerisch zu denken und zu handeln und ein Management zu implementieren, das mit dem der **Privatwirtschaft** vergleichbar ist. Für die Krankenkassen hat dies grundlegende Anpassungsbedarfe auf zwei verschiedenen Ebenen zur Folge.

Zum einen müssen bestehende Führungssysteme und -instrumente überprüft und in aller Regel neue Führungskonzepte entwickelt und implementiert werden. Ziel muss ein **systematisches Kompetenzmanagement** sein, mit dem die individuellen Kompetenzen, Leistungen und Potenziale der Führungskräfte transparent gemacht und gezielt entwickelt werden können. Im Rahmen eines Kompetenzmodells für Führungskräfte müssen dazu die erforderlichen Kompetenzprofile für verschiedene Führungspositionen festgelegt werden. Zur Durchsetzung eines »unternehmerischen« Managements werden **Vergütungssysteme** beitragen, die verstärkt auf **leistungsabhängige Elemente** setzen.

Zum anderen müssen die Kassen sicherstellen, dass die bestehenden Führungskräfte den neuen Herausforderungen gewachsen sind. Dies bekommt angesichts der in den Kassen überwiegend hohen Kontinuität in den Personalstrukturen (bedingt durch Altersstrukturen und geringe Fluktuation) eine besondere Bedeutung. Zur Analyse der Kompetenzen derzeitiger Führungskräfte und als Voraussetzung für eine systematische Personalentwicklung – auf Ebene sowohl des Individuums als auch ganzer Organisationseinheiten – werden sich Krankenkassen verstärkt diagnostischen Instrumenten wie dem **Management Audit** öffnen müssen.

Anforderungen an die Mitarbeiter

Historisch betrachtet hatte das Personal der gesetzlichen Krankenkassen neben der Information und Beratung der Mitglieder in erster Linie Verwaltungsakte gemäß dem Sozialgesetzbuch in Beitrags- und Leistungsthemen zu erlassen. Die Anforderungen an die Mitarbeiter waren entsprechend und erstreckten sich auf die korrekte Anwendung von Rechtsnormen aus dem Beitrags- und Leistungsrecht des Sozialgesetzbuches und dem damit verbundenen »hoheitlich« geprägten Umgang mit den Mitgliedern und Versicherten.

Spätestens mit der Einführung der freien Krankenkassenwahl veränderte sich das Anforderungsprofil an die Mitarbeiter in der GKV. Nun stehen eine umfassende **Kundenorientierung, Kommunikationsstärke** sowie die **Vertriebskompetenz** der Mitarbeiter im Mittelpunkt ihrer Arbeit. Parallel wird in zunehmendem Maße komplexes **Spezialistenwissen** insbesondere für die Erarbeitung neuer Versorgungslösungen notwendig. Eine Qualifizierung des Personals hinsichtlich dieser neuen Anforderungen muss sichergestellt sein. Auch hier ist die systematische **Beurteilung und Entwicklung der Kompetenzen** der Mitarbeiter ein notwendiger Ansatz des strategischen Personalmanagements.

Daneben werden im Zuge von Restrukturierungen und Fusionen eine höhere Flexibilität sowie eine größere Bereitschaft zur Mobilität gefordert. Arbeitsplatzsicherheit ist nicht mehr im gleichen Maße gegeben wie in der Vergangenheit und erfordert zunehmend mehr Bereitschaft, den wirtschaftlichen Bedürfnissen der Krankenkassen als Arbeitgeber entgegen zu kommen.

Analog zu der öffentlich-rechtlichen Tradition ist die Verweildauer der Mitarbeiter in den Krankenkassen sehr hoch. Die Mehrzahl der Beschäftigten bleibt von der Ausbildung bis zum Eintritt in das Rentenalter in einem Unternehmen. Auf Grund dieser sehr **geringen Fluktuation** kommt bereits der **Ausbildung zukünftiger Mitarbeiter** die herausragende Rolle bei der Sicherung der Qualität

des Personals zu. Zunächst muss die Auswahl der Bewerberinnen und Bewerber nach Kriterien erfolgen, die langfristig sicherstellen, dass die leistungs- und potenzialstärksten Bewerber selektiert werden. Zudem muss die Ausbildung selbst hohen Ansprüchen genügen und veränderte Anforderungen in Inhalt und Form der Ausbildung berücksichtigen.

Frauenanteil

Der **Anteil der beschäftigten Frauen** in den Unternehmen der Gesetzlichen Krankenversicherung liegt zwischen **ca. 50% und 70%**. Dieser bereits hohe Frauenanteil wird durch den überproportionalen Anteil von jungen Frauen in den Ausbildungsberufen der Krankenkassen (zum Teil über 80%) zukünftig noch weiter ansteigen. Zurückzuführen ist dieser Trend vor allem darauf, dass der Beruf des Sozialversicherungsfachangestellten in der öffentlichen Wahrnehmung als klassischer Frauenberuf besetzt ist und zudem vergleichsweise gute Rahmenbedingungen für die Vereinbarkeit von Familie und Beruf bietet.

Der hohe Anteil der weiblichen Beschäftigten hat eine Reihe von Auswirkungen, deren Folgen für die Unternehmen noch gar nicht ausreichend abzusehen sind: Frauen streben (wegen Kindererziehung) verstärkt **Teilzeitarbeit** an – der Frauenanteil an Teilzeitbeschäftigten in den Kassen beträgt regelmäßig über 90%. Der Teilzeitquotient liegt heute zwischen 10% und 30% mit steigender Tendenz. Einzelne Kassen erwarten, dass in einigen Jahren der Anteil von Teilzeitbeschäftigten bei über 40% liegen wird. Dies wird Auswirkungen für die Organisation der betrieblichen Prozesse und in Folge für das Personalmanagement haben.

Frauen in Führungspositionen sind auch in den Krankenkassen stark unterrepräsentiert. Insbesondere Frauen mit einer Teilzeitstelle werden bisher nicht oder nur sehr ungenügend bei der Besetzung von Führungspositionen berücksichtigt. In Organisationen mit einem derart hohen Frauenanteil können die Führungs- und Nachwuchs-Potenziale aber überwiegend nur bei Frauen liegen. Es gehört daher zu den wichtigsten Anforderungen des Personalmanagements, **Frauen künftig verstärkt an Führungsaufgaben und Spezialistenpositionen** heranzuführen und hierzu neue Karrierewege und -muster zu entwickeln, die die Vereinbarkeit von beruflicher und privater Lebensplanung verbessern.

Management von Veränderungen

Die Veränderungsprozesse im Zuge von Restrukturierungen und zukünftig auch von Fusionen bedürfen einer personalwirtschaftlichen Vorbereitung und Begleitung. Zunächst bedarf es der aktiven Gestaltung der Arbeitsbedingungen, insbesondere, wenn mit den Restrukturierungen örtliche Veränderungen der Arbeitsplätze verbunden sind und Versetzungen von Mitarbeitern erfordern. Einige Kassen haben hierfür spezifische Tarifverträge oder Dienstvereinbarungen abgeschlossen. Um einen unmittelbaren Arbeitsplatzabbau, insbesondere betriebsbedingte Kündigungen, zu vermeiden, sind derartige Vereinbarungen zum Teil mit Klauseln zur Beschäftigungssicherung verbunden, z. B. einer befristeten Reduzierung der Arbeitszeit ohne Lohnausgleich.

Falls es in Zukunft zu größeren **Fusionen von Kassen** kommen sollte, werden die Anforderungen an das Personalmanagement nochmals erheblich ansteigen. Es beginnt mit der systematischen Stärken-/Schwächen-Analyse der personellen Ressourcen sowie der Prozesse des Fusionspartners im Rahmen einer Human Resources Due Diligence Prüfung, d. h. einer sorgfältigen Analyse, Prüfung und Bewertung der personellen Ressourcen. Darüber hinaus zielt ein fusionsbegleitendes Integrationsmanagement auf das Zusammenwachsen zweier unterschiedlicher Organisationen auf Ebene der Prozesse, des Personaleinsatzes und letztlich auf die Etablierung einer gemeinsamen Unternehmenskultur ab (▶ **Kap. 7.2**).

Steuerung der Personalkapazitäten

Die Steuerung der Personalkapazitäten ist eine weitere strategische Herausforderung. Eine Steigerung der Leistungsproduktivität der Krankenkassen ist auf Grund des zunehmenden Wettbewerbs und des wachsenden Kostendrucks unvermeidbar mit der Konsequenz eines **abnehmenden Personalbedarfs** verbunden. Je nach Mitgliederentwicklung sind die Kassen unterschiedlich betroffen. Insbesondere Krankenkassen mit abnehmenden Mitgliederzahlen können diese Entwicklung nicht allein über natürliche Fluktuation einschließlich Vorruhestandsregelungen vollziehen. Verschärft wird diese Situation durch die **weitgehend geschlossenen Arbeitsmärkte** insbesondere für spezifische Berufsbilder wie den Sozialversicherungsfachangestellten.

Berufliche Entwicklungen außerhalb der Krankenkassen bleiben den Beschäftigten häufig versperrt.

Einige Krankenkassen werden daher einen **aktiven Personalabbau** betreiben müssen. Eine Personalanpassung durch betriebsbedingte Kündigungen erscheint in dem öffentlich-rechtlichen Umfeld der Krankenkassen einschließlich ihrer Selbstverwaltungsstrukturen nahezu ausgeschlossen. Die bisherigen Beispiele für Beschäftigungssicherungsvereinbarungen sind hilfreich, verschaffen letztlich aber nur Zeit. Eine nachhaltige Lösung für drohende Personalüberhänge ist derzeit noch nicht in Sicht.

Krankenkassen mit kontinuierlich sinkendem Personalbestand werden über Jahre hinaus nur wenig Spielraum für eine Nachwuchsförderung haben, da keine ausreichenden Stellenvakanzen zu erwarten sind. Als Konsequenz kann die **Arbeitgeberattraktivität** vieler Krankenkassen in Folge der schlechten Karrierechancen langfristig **gefährdet** sein.

Strategische Herausforderungen für das System der Gesetzlichen Krankenversicherung

Im Gesamtsystem der GKV agieren die einzelnen Kassen in ihrem Personalmanagement geprägt durch den **steigenden Wettbewerbsdruck**. Im Zuge dieses Wettbewerbs werden diejenigen Krankenkassen erfolgreich sein, die mit ihrem Personalmanagement direkt auf die Erreichung von Unternehmenszielen ausgerichtet sind. Der erzielte **Wertschöpfungsbeitrag** zum Unternehmenserfolg resultiert aus der Fähigkeit des Personalmanagements, als **Business-Partner** die Veränderungen in den Krankenkassen zu steuern, die Kompetenzen der Mitarbeiter auszubauen und die Führungskompetenzen der Führungskräfte zu stärken. Die **unterschiedliche Mitgliederentwicklung** einzelner Krankenkassen, die in hohem Maße lediglich Wechselbeziehungen innerhalb des Systems darstellen, erfordern eine höhere Flexibilität an der Schnittstelle zum Arbeitsmarkt. Eine stärkere **Vereinheitlichung** der derzeit **kassenspezifischen Ausbildungs- und Qualifizierungsabschlüsse** könnte hierzu einen wesentlichen Beitrag leisten und dadurch die Kosten des Gesamtsystems verringern.

Um die Durchlässigkeit zum »externen« Arbeitsmarkt zu erhöhen, müssen vermehrt Berufsbilder geschaffen werden, die auch in anderen Bereichen des

Gesundheitswesens und der Sozialversicherungen anerkannt sind. Ein positives Beispiel stellt der Kaufmann im Gesundheitswesen dar, zu dem bisher nur bei einigen Krankenkassen ausgebildet wird.

Eine **verstärkte Durchlässigkeit** zum **externen Arbeitsmarkt** dient nicht nur der flexibleren Anpassung an einen voraussichtlich sinkenden Personalbedarf, sondern trägt auch zur notwendigen Sicherung der Attraktivität der Kassen als Arbeitgeber bei, vor allem für ausgewählte Spezialisten im Umfeld des Gesundheitsmanagements, die auch von anderen Marktteilnehmern wie Kliniken zunehmend gesucht und umworben werden.

Literatur

Bundesminister für Gesundheit und soziale Sicherung (2005), Endgültiges Rechnungsergebnis 2004, http://www.bmgs. bund.de/downloads/KJ12004.pdf

Busch K (2003) Gesetzliche Krankenversicherung, Personal und Verwaltungskosten 2003, Bundesminister für Gesundheit und soziale Sicherung, http://www.bmgs.bund.de/downloads/ PersonalVerwaltungskosten2003.pdf.

BT-Druck (2003) Gesetzentwurf der Fraktionen SPD, CDU/CSU und BÜNDNIS 90/DIE GRÜNEN, Entwurf eines Gesetzes zur Modernisierung der gesetzlichen Krankenversicherung (GKV-Modernisierungsgesetz – GMG), BT-Drucksache 15/1525

BT-Druck (2004) Gesetzentwurf der Bundesregierung Entwurf eines Gesetzes zur Vereinfachung der Verwaltungsverfahren im Sozialrecht (Verwaltungsvereinfachungsgesetz), BT-Drucksache 15/4228

5.3 Personalmanagement in Krankenhäusern

Dirk-R. Engelke und
Barbara Schmidt-Rettig

5.3.1 Gesetzliche und strukturelle Rahmenbedingungen

Der stationäre Sektor beschäftigt ca. 1 Mio. Menschen und stellt damit einen der wichtigsten Beschäftigungsbereiche in Deutschland dar. ◘ Tab. 5.3-1 belegt die beschäftigungspolitische Bedeutung des Krankenhauses und vergleicht die

◘ **Tab. 5.3-1.** Entwicklung des Krankenhauspersonals (Beschäftigte) im Krankenhaus von 1991 bis 2003 (Deutsche Krankenhausgesellschaft 2004, Statistisches Bundesamt 2005)

Berufsgruppe	1991	Anteil [in %]	2003	Anteil [in %]	Veränderung 1991 bis 2003 [in %]
Ärzte	109.072	10,7	128.853	12,6	+ 18,1
Zahnärzte	1.497	0,2	1.445	0,1	- 2,8
Pflegedienst	389.511	38,1	408.183	40,0	+ 4,8
Med.-techn. Dienst	140.551	13,8	157.793	15,5	+ 12,3
Funktionsdienst	89.761	8,8	102.693	10,1	+ 14,4
Klinisches Hauspersonal	51.622	5,1	25.609	2,5	- 50,1
Wirtschafts-/Versorgungsdienste	109.778	10,8	73.977	7,2	- 32,6
Technischer Dienst	25.278	2,5	20.719	2,0	- 18,0
Verwaltungsdienst	69.818	6,9	69.943	6,9	+ 0,1
Sonderdienste	12.500	1,3	5.410	0,5	- 56,7
Sonstiges Personal	24.557	2,4	25.795	2,5	+ 5,0
Insgesamt	**1.023.945**	**100**	**1.020.420**	**100**	**- 0,3**
Zusätzlich: Schüler/-innen	*89.177*		*77.445*		*- 13,2*
Zum Vergleich:					
Krankenhäuser	2.411		2.197		- 8,9
Betten	665.565		541.901		- 18,6
Fälle	14.576.613		17.295.910		+ 18,7

Beschäftigungsentwicklungen für den Zeitraum zwischen 1991 und 2003. In diesem Zeitraum blieb die Anzahl der Beschäftigten in den Krankenhäusern insgesamt konstant, wobei der Anteil der Vollzeitkräfte um ca. 5,9% sank. Während die Beschäftigung in den Gesundheitsberufen zwischen 4,8% und 18,1% anstieg, nahm die Beschäftigung in den Wirtschafts- und Versorgungsdiensten, technischen Diensten und dem klinischen Hauspersonal ab. Der Beschäftigungsanteil der Verwaltungsdienste blieb unverändert (◘ Tab. 5.3-1).

Im gleichen Zeitraum nahm die Anzahl der Krankenhäuser (-8,9%) und Krankenhausbetten (-18,6%) deutlich ab, während sich, bedingt durch die sinkenden Verweildauern, die Fallzahlen deutlich erhöhten (+18,7%) (Deutsche Krankenhausgesellschaft 2004; Statistisches Bundesamt 2005). Der

Anstieg der medizinischen Beschäftigten im Krankenhaussektor ist damit primär durch die Fallzahlsteigerung zu erklären. Ergänzend sei darauf hingewiesen, dass der Personalrückgang bei den technischen Diensten und den Versorgungsdiensten zum Teil durch **Outsourcing** von Leistungsbereichen verursacht wurde, die nunmehr durch externe Dienstleister erbracht werden. In ◘ Tab. 5.3-2 sind die Beschäftigten im Krankenhaussektor für das Jahr 2003 detailliert aufgeschlüsselt.

Dennoch machen die Personalkosten (ohne die Kosten der Ausbildungsstätten) immer noch 65,8% an den gesamten Kosten des Krankenhauses aus. Die Aufteilung der Personalkosten auf die einzelnen Berufsgruppen ist in ◘ Tab. 5.3-3 dargestellt.

◘ **Tab. 5.3-2.** Personalstruktur 2003, differenziert nach Berufsgruppen (Deutsche Krankenhausgesellschaft 2004, Statistisches Bundesamt 2005)

Berufsgruppen	Beschäftigte	Anteil [in %]	Darunter: Teilzeitbeschäftigte	Vollzeitäquivalente
Ärzte	128.853	12,6	14.502	114.105
Zahnärzte	1.445	0,1	270	./.
Pflegedienst	408.183	40,0	168.354	320.158
— Krankenschwester/-pfleger	326.202	./.	128.609	./.
— Krankenpflegehelfer/-innen	21.055	./.	9.604	./.
— Kinderkrankenschwester/-pfleger	39.875	./.	18.812	./.
— Sonstige Pflegepersonen (ohne staatl. Prüfung)	21.051	./.	11.329	./.
Medizinisch-technischer Dienst	157.793	15,5	64.540	124.927
— Med.-techn. Assistenten/-innen	7.033	./.	2.781	./.
— Zytologieassistenten/-innen	195	./.	83	./.
— Med.-techn. Radiologieassistenten/-innen	15.929	./.	5.776	./.
— Med.-techn. Laborassistenten/-innen	23.187	./.	9.592	./.
— Apothekenpersonal	6.357	./.	2.287	./.
— Apotheker/-innen	1.747	./.	438	./.
— Pharm.-techn. Asisstenten/-innen	1.947	./.	700	./.
— Sonstiges Apothekenpersonal	2.663	./.	1.149	./.
— Krankengymnasten/-innen	16.446	./.	5.995	./.
— Masseure/-innen und med. Bademeister/-innen	4.000	./.	1.323	./.
— Logopäden/-innen	1.188	./.	556	./.
— Heilpädagogen/-innen	477	./.	191	./.
— Psychologen/-innen	4.970	./.	2.359	./.

◘ Tab. 5.3-2. (Fortsetzung)

Berufsgruppen	Beschäftigte	Anteil [in %]	Darunter: Teil- zeitbeschäftigte	Vollzeit- äquivalente
— Diätassistenten/-innen	2.688	./.	924	./.
— Sozialarbeiter/-innen	8.274	./.	3.775	./.
— Sonstiges med.-techn. Personal	67.049	./.	28.898	./.
Funktionsdienst	**102.693**	**10,1**	**38.179**	**84.198**
— Personal im Operationsdienst	31.171	./.	9.157	./.
— Personal in der Anästhesie	15.536	./.	4.565	./.
— Personal in der Funktionsdiagnostik	5.505	./.	2.352	./.
— Personal in der Endoskopie	4.500	./.	2.181	./.
— Personal in der Ambulanz und in Polikliniken	14.756	./.	6.373	./.
— Hebammen/Entbindungspfleger	8.539	./.	5.207	./.
— Beschäftigungs-/Arbeitsthera- peuten/-innen	6.168	./.	2.635	./.
— Krankentransportdienst	2.609	./.	356	./.
— Sonstiges Personal im Funktions- dienst	13.909	./.	5.354	./.
Klinisches Hauspersonal	**25.609**	**2,5**	**14.354**	**19.589**
Wirtschafts- u. Versorgungsdienst	**73.977**	**7,2**	**28.545**	**60.489**
Technischer Dienst	**20.719**	**2,0**	**1.641**	**19.694**
Verwaltungsdienst	**69.943**	**6,9**	**23.161**	**57.927**
Sonderdienste	**5.410**	**0,5**	**2.124**	**4.234**
Sonstiges Personal	**25.795**	**2,5**	**2.827**	**18.618**
Personal insgesamt	**1.020.420**	**100**	**358.227**	**823.939**

◘ Tab. 5.3-3. Personalkosten 2003 (Statistisches Bundesamt 2005)

Kostenart	Absolut [Tsd. €]	Relativ an allen Personalkosten [%]
Ärztlicher Dienst	9.513.741	23,6
Pflegedienst	14.446.778	35,8
Medizinisch-technischer Dienst und Funktionsdienst	9.192.273	22,8
Klinisches Hauspersonal	593.661	1,5
Wirtschafts-, Versorgungs- und technischer Dienst	2.937.627	7,3
Verwaltung	2.592.763	6,4
Sonstige Dienste	1.083.933	2,7
Personalkosten	**40.360.776**	**100**

Gestaltungsfelder des Personalmanagements
Ebenen des Personalmanagements

In Anlehnung an das Managementkonzept von Bleicher (Bleicher 2001, S. 71ff.) kann im Personalmanagement zwischen »normativem Management«, »strategischem Management« und »operativem Management« unterschieden werden (**◘ Abb. 5.3-1**). Personalmanagement auf der Ebene des **normativen Managements** beinhaltet insbesondere die Entwicklung der Unternehmensverfassung, Unternehmenspolitik und Unternehmenskultur, verstanden als Mission, Vision, Werte sowie Normen und Leitbilder. Auf dieser normativen Grundlage wird dann die Grundausrichtungen für Organisations- und Managementsys-

teme, Geschäftsfelder sowie Verhaltensgrundsätze abgeleitet.

Auf der **strategischen Ebene** können die Gestaltungsfelder unter den Aspekten der Unternehmensziele und der externen und internen Rahmenbedingungen (Strukturen, rechtliche und ökonomische Einflüsse, Innovation etc.) bestimmt werden. Auf der **operationalen Ebene** werden dann konkrete Einzelmaßnahmen, Verfahrensvorschriften sowie Verantwortlichkeiten und Führungsstile abgeleitet und zugeordnet.

Dieses Kapitel konzentriert sich im Folgenden auf mögliche Gestaltungsfelder und exemplarische Konkretisierung des Personalmanagements auf der strategischen und operativen Ebene (**◘ Abb. 5.3-2**).

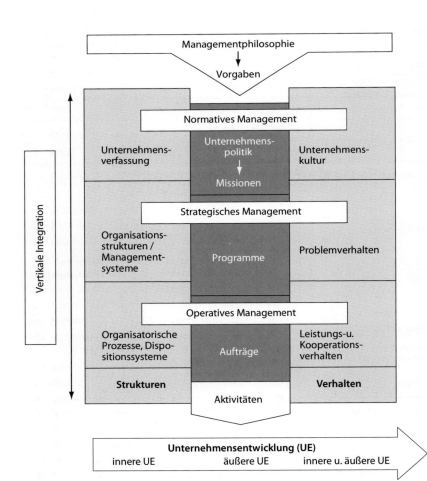

◘ Abb. 5.3-1. Zusammenhang von normativem, strategischem und operativem Management

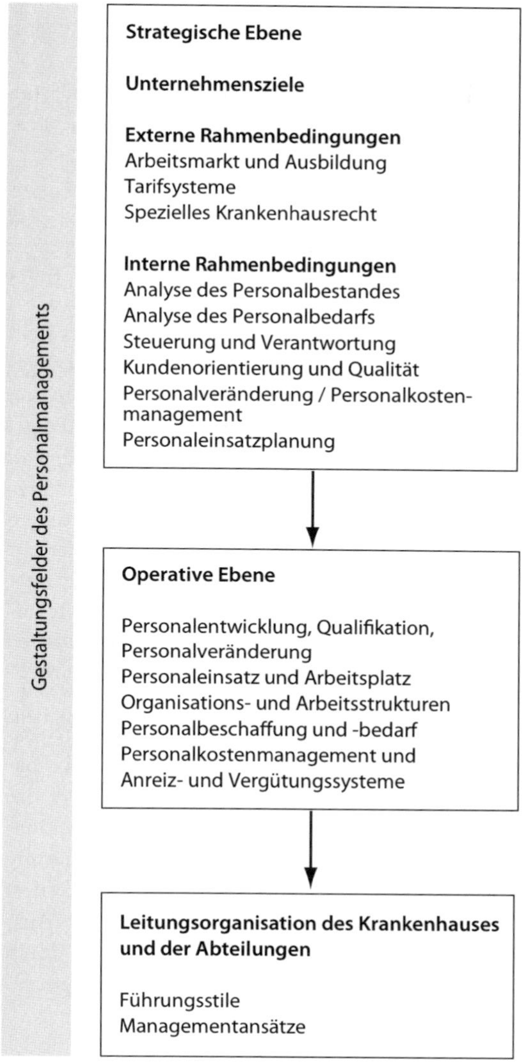

Gestaltungsfelder des Personalmanagements

Strategische Ebene

Unternehmensziele

Externe Rahmenbedingungen
Arbeitsmarkt und Ausbildung
Tarifsysteme
Spezielles Krankenhausrecht

Interne Rahmenbedingungen
Analyse des Personalbestandes
Analyse des Personalbedarfs
Steuerung und Verantwortung
Kundenorientierung und Qualität
Personalveränderung / Personalkosten-
management
Personaleinsatzplanung

Operative Ebene

Personalentwicklung, Qualifikation,
Personalveränderung
Personaleinsatz und Arbeitsplatz
Organisations- und Arbeitsstrukturen
Personalbeschaffung und -bedarf
Personalkostenmanagement und
Anreiz- und Vergütungssysteme

**Leitungsorganisation des Krankenhauses
und der Abteilungen**

Führungsstile
Managementansätze

◘ **Abb. 5.3-2.** Gestaltungsfelder des Personalmanagements
auf strategischer und operativer Ebene

Externe und interne Rahmenbedingungen des Personalmanagements auf strategischer Ebene

Die strategischen Gestaltungsfelder des Personalmanagements werden durch die Unternehmensziele sowie die externen und internen Rahmenbedingungen bestimmt. Dabei wird der Kranken-
hausmarkt zukünftig insbesondere durch die neue
Krankenhausfinanzierung in Form von einheitlichen Preisen für jeweilige Krankheitsartengrup-

pen – den **Diagnosis Related Groups (DRGs)** und
Nachfrageverschiebungen infolge der »**Integrierten
Versorgung**« und »**Ambulantisierung**« der Medizin
erfahren. Dabei wird es sowohl zu erheblichen Ver-
schiebungen in der Leistungsmenge (Kapazitäten),
als auch zu Veränderungen bei der Art der Leistungserbringung kommen. Diese Rahmenbedingungen werden zukünftig zu einer Auflösung der
bisher bestehenden sektoralen Trennung zwischen
ambulanter, stationärer und rehabilitativer/pflege-
rischer Versorgung führen. Von einem Vorrang der
ambulanten vor der stationären Versorgung ist auszugehen.

Die Aufgaben des Personalmanagements werden damit ausgehend von den aktuellen Strukturen insbesondere durch **Neuausrichtungen des Ver-
sorgungsangebotes** (Unternehmensentwicklungen der Krankenhäuser) bestimmt sein. Weiterhin
werden durch das neue fallpreisorientierte Entgeltsystem zur Erhaltung der Wettbewerbsfähigkeit
die Kosten- und Erlöse für die verschiedenen Leistungsbereiche und Produkte (**DRG Fallgruppen**) zu
analysieren sein, um nachhaltig die **Erhaltung der
Wettbewerbsfähigkeit** zu gewährleisten. Darüber
hinaus wird der Aspekt »**Qualität**« der Leistung
einen zunehmend wichtigeren »Wettbewerbsfak-
tor« darstellen (siehe hierzu auch die gesetzlichen
Anforderungen zur internen und externen Qualitätssicherung gemäß den Bestimmungen des Sozialgesetzbuches V [SGB V]) (vgl. auch ▶ **Kap. 2.3**).

Diese Entwicklungen der externen Rahmenbedingungen werden nachhaltig einen flexiblen
Anpassungsbedarf an die Umwelt auslösen. Krankenhäuser können unter solchen Bedingungen
nur dann überleben, wenn sie intern eine organisatorische und führungsbezogene Stabilität aufweisen, das heißt, der bisher hohe (nicht wertschöpfende) Integrations-, Harmonisierungs- und Koordinationsaufwand muss zugunsten **effektiver** und
**effizienter patientenorientierter Behandlungs- und
Geschäftsprozesse** reduziert werden.

Krankenhäuser müssen dabei als Expertenorganisationen verstanden werden. **Expertenorganisationen** sind dadurch gekennzeichnet, dass
der einzelne Mitarbeiter infolge seines qualitativ
hochwertigen individuellen Fachwissens als sog.
Experte eine hohe Handlungsautonomie besitzt,
wobei sein großes fachliches Spezialwissen Voraussetzung für die Ausübung seiner Expertentä-

tigkeit ist. Dabei bildet die Leistungsfähigkeit des Experten die Grundlage für das Wissenskapital der Organisation. Organisationstheoretisch besteht die Schwierigkeit darin, die fachlich autonomen Experten (im Krankenhaus die sog. klinische Autonomie der leitenden Ärzte) organisatorisch und finanziell in den gesamten Betrieb einzubinden. Dies ist besonders deshalb schwierig weil die Expertentätigkeit in öffentlichen Betrieben in aller Regel mit einem unkündbaren Arbeitsverhältnis verbunden ist (Schmidt-Rettig 2001).

Die Anforderungen an das Personalmanagement unter veränderten externen Rahmenbedingungen und zukunftsweisenden Managementstrukturen zielen daher auf eine **Intensivierung der Management- und Führungskompetenz** auf allen Leistungsebenen des Krankenhauses. Diese Anforderungen lassen sich durch sechs Schwerpunkte charakterisieren (Arnold, Klauber und Schnellschmidt 2002):

◘ **Anforderungen an das Personalmanagement**
1. Berücksichtigung der Besonderheiten von Krankenhäusern als Expertenorganisationen
2. Berücksichtigung der veränderten Managementanforderungen an Ärzte und Pflegende
3. Berücksichtigung der veränderten Anforderungen an den kaufmännisch/administrativen Bereich
4. Berücksichtigung von Bedürfnissen und Anreizmechanismen der verschiedenen Berufsgruppen, insbesondere der Personalentwicklung
5. Berücksichtigung der erforderlichen Sozial- und Kommunikationskompetenz für die Dienstleistungen eines Krankenhauses
6. Berücksichtigung der veränderten Wahrnehmungen personalpolitischer Fragestellungen

---

Die für das Personalmanagement relevanten externen Rahmenbedingungen umfassen insbesondere die folgenden Bereiche:

◘ **Externe Rahmenbedingungen**
− Arbeitsmarkt und Ausbildung
− Technologische Entwicklung und Behandlungsmethoden
− Individuelles und kollektives Arbeitsrecht
− Tarifsysteme
− Spezielles Krankenhausrecht

Eine Beobachtung des **externen Arbeitsmarkts** stellt eine erste wichtige strategische Personalmanagementaufgabe dar. Hierzu gehören die Analysen von Veröffentlichungen der Arbeits- und Statistikämter, Berufsverbände und Stellenanzeigen. Dabei ist von Bedeutung, inwieweit der Arbeitsmarkt kurz- und mittelfristig ausreichend den Anforderungen der Organisation entsprechende Arbeitskräfte zur Verfügung stellt und andererseits auch freigesetzte Arbeitskräfte absorbiert. Für die Personalbeschaffung ist dabei auch die **Attraktivität des eigenen Unternehmens** für externe Bewerber von erheblicher Bedeutung.

In Ergänzung zur Beobachtung der Arbeitsmarktentwicklung ist eine Beobachtung und Analyse von Ausbildungsinhalten insbesondere im Hinblick auf die an die Bewerber gestellten Qualifikationsanforderungen (z. B. eine Spezialisierung in bestimmten Bereichen) wichtig. Anzumerken ist hier prinzipiell, dass für Gesundheitsberufe Ausbildungsinhalte gesetzlich geregelt sind, z. B. durch die Bundesärzteordnung und das Krankenpflegegesetz.

Für die Umsetzung von Personalveränderungen sind weiterhin auch die **technologischen Entwicklungen und neue Behandlungsmethoden** einer Bewertung zu unterziehen, um Maßnahmen zur Innovation und Flexibilisierung der Produkte und/oder der Geschäftsfelder realisieren zu können. Hierbei ist auch die zukünftige Rolle und Kompetenz des Gemeinsamen Bundesausschusses nach § 91 SGB V hinsichtlich der Zulassung bzw. Nichtzulassung von Behandlungsmethoden für die Leistungsgewährung im Bereich der Gesetzlichen Krankenversicherung zu beachten.

Personalmanagement wird neben den strategischen Zielsetzungen des Unternehmens insbesondere auch durch die **arbeitsrechtlichen Regelungen** bestimmt. Die zu beachtenden Vorschriften werden in Deutschland in einer Vielzahl von Gesetzen und Verordnungen sowie durch vertragliche Regelungen der Tarifvertragsparteien bestimmt und durch jeweils aktuelle Rechtssprechungen weiter konkretisiert. Systematisch ist hierbei zwischen dem **Individualvertragsrecht** und dem **kollektiven Arbeitsrecht** zu unterscheiden.

Durch das **Betriebsverfassungsgesetz** werden dabei Fürsorge- und Unterrichtspflichten des Arbeitgebers z. B. zum Arbeitsplatz oder im Fall einer Kündigung bestimmt. Durch das **kollektive Arbeitsrecht** stehen den Beschäftigten gesonderte Mitwirkungs- und Mitbestimmungsrechte durch die Einsetzung einer entsprechenden Interessenvertretung (Betriebsrat) zu. Dieses Recht beinhaltet die Beteiligung (Beratung oder Mitbestimmung) an der Personalplanung, bei der Ausschreibung von Arbeitsplätzen, bei Auswahlrichtlinien sowie bei personellen Einzelmaßnahmen (z. B. Eingruppierung). Durch die Unternehmensmitbestimmung (Betriebsverfassungsgesetz, Mitbestimmungsgesetz) werden weiterhin verschiedene Beteiligungsformen von Arbeitnehmervertretern in den Leitungs- und Kontrollorganen der Unternehmen vorgegeben. Zu den wichtigsten arbeitsrechtlichen Normen gehören das Arbeitszeitgesetz, das Betriebsverfassungsgesetz, das Bundesdatenschutzgesetz, das Entgeltfortzahlungsgesetz, das Kündigungsschutzgesetz, das Jugendarbeitsschutzgesetz, das Personalvertretungsgesetz und das Tarifvertragsgesetz.

Dem Personalmanagement kommt dann die Aufgabe zu, die gesetzlichen Regelungen bei strategischen und operativen Entscheidungen zu berücksichtigen und – soweit möglich – durch vertragliche Ausgestaltungen mit den Arbeitnehmervertretern Gestaltungsspielräume unter Einbeziehung der unternehmensinternen Bedingungen und Interessen des Unternehmens zu nutzen.

Das deutsche Vergütungssystem ist insbesondere durch **Flächentarifverträge** für bestimmte Branchen bestimmt. Im Krankenhaussektor ist das Vergütungssystem wesentlich durch die Tarifsysteme des öffentlichen Dienstes beeinflusst, die in den wesentlichen Merkmalen bisher auch von den freigemeinnützigen Krankenhausträgern angewandt wurden. Insbesondere in Veränderungsphasen (z. B. durch die Einführung des fallbezogenen Vergütungssystems) und bei sinkenden Einnahmen

stellen die bestehenden Tarifsysteme Restriktionen für notwendige Anpassungsprozesse zur Entwicklung leistungsfähiger Unternehmen dar. Insbesondere private und freigemeinnützige Krankenhausträger haben vor diesem Hintergrund in den letzten Jahren eigene **Haustarifverträge** abgeschlossen, in denen neue Entgeltformen und leistungsbezogene Entgeltbestandteile vereinbart wurden.

Ein strategisches Personalkostenmanagement der Krankenhäuser wird vor dem Hintergrund der volkswirtschaftlichen Rahmenbedingungen, der veränderten Preisbildung für Krankenhausleistungen und den neuen Wettbewerbsbedingungen damit zukünftig auch neue Grundsätze der Lohn- und Gehaltspolitik entwickeln und umsetzen müssen.

Die Krankenhauswirtschaft ist dabei weiterhin noch als ein **stark ordnungspolitisch** regulierter Wirtschaftszweig zu typisieren. Dies betrifft insbesondere die Regularien zur Krankenhausplanung (Festlegung der Standorte und Leistungsbereiche/Fachdisziplinen) für den Marktzugang und die »regulierte« Preisbildung durch die Festlegungen der zugelassenen Produkte (DRG-Fallpauschalenkatalog), der Bestimmung der Bewertungsrelationen der DRGs und der Festlegungen des »Preisniveaus« durch Vereinbarungen der Selbstverwaltung bzw. im Nicht-Einigungsfall durch Schiedsämter (zu Details der Krankenhausplanung und Vergütung vgl. ▶ **Kap. 2.3** und **4.3**).

Hiermit werden »normativ« vorgegebene Erlösstrukturen bestimmt, die durch die Krankenhäuser hinsichtlich ihrer Leistungs- und Kostenplanung zu berücksichtigen sind. Dies beinhaltet, dass Entscheidungen für den möglichen Ressourceneinsatz, insbesondere Personaleinsatz, durch die extern vorgegebenen **Preisstrukturen** wesentlich vorbestimmt werden. Darüber hinaus werden die Personaleinsatzplanung und Arbeitsplatzgestaltung durch **gesetzliche Vorgaben zum Krankenhausbetrieb** (räumliche und personelle Vorgaben, Betriebstechnik, Ausstattung) und **Vorschriften zur Berufsausübung** bestimmt. Der Gestaltungsspielraum der Krankenhäuser im Bereich des Personalmanagements wird somit auch durch diese Rahmenbedingungen bereits »reguliert«. Weitere gesetzliche Vorgaben hinsichtlich von Qualitätsstandards (z. B. Mindestmengenregelungen, Qualifikation) müssen ebenso im Rahmen von Perso-

nalmanagementstrategien und Geschäftsbereichs-
strategien berücksichtigt werden (vgl. ▶ **Kap. 2.3**).
Darüber hinaus bestehen für bestimmte Leistungsbereiche (z. B. psychiatrische Versorgung) gesetzlich vorgegebene Personalanhaltszahlen, die –
aufbauend auf einer Patientenklassifikation – den
spezifischen Personaleinsatz nach Menge und Qualifikation vorgeben.

Werden durch diese normativen, gesetzlichen
Vorgaben die Handlungsspielräume im Personalmanagement (Personalbedarf, -einsatz) spezifisch reguliert, so muss umso mehr versucht werden, durch gezielte Abstimmung zwischen den
Geschäftsbereichen beim Management des Per-
sonalbestands und -bedarfs, **qualitative und wirtschaftliche Synergien** zu erzielen.

Dem Personalmanagement kommt dann insbesondere die Bedeutung zu, für den »Potentialfak-
tor Personal« Bewertungen hinsichtlich des Personalbestandes, des Personalbedarfs, der Personaleinsatzplanung und der Personalkosten unter
strategischen Zielsetzungen durchzuführen und
hierfür **operative Maßnahmen** umzusetzen. Nachfolgend werden exemplarisch für die Bereiche der
Personalbedarfsermittlung, der Personalentwicklung, des Designs von Anreizsystemen und der Leitungsorganisation eines Krankenhauses und seiner
Abteilungen mögliche strategische und operatio-
nale Handlungsoptionen dargestellt.

5.3.2 Praktische Umsetzung

Personalbedarfsermittlung als Instrument des Personalmanagements
Ziele der Personalbedarfsermittlung

Das Hauptziel der Personalbedarfsermittlung
besteht in der Anpassung der Personalkapazitäten
an den jeweils aktuellen Bedarf.

> ◘ **Grundlagen für die Personalbedarfs-
>   ermittlung**
> – Leistungsplanungen nach Art und
>   Umfang
> – Räumlich-funktionale Verhältnisse
> – Technische Ausstattung
>
> ▼

> – Informations- und kommunikationsbezo-
>   gene Ausstattung und Regelungen
> – Ablauforganisation
> – Zeitliche Anforderungen (24 h Bereit-
>   schaft, Arbeitsspitzen etc.)
> – Arbeitsrechtliche Vorschriften
> – Spezifische krankenhausbezogene
>   Gesetze und Verordnungen
> – Qualitätsbezogene Standards
> – Mitarbeiterbezogene Vereinbarungen

Hierbei sollen durch einheitliche und valide Kriterien und Bewertungsverfahren nachvollziehbare
und verlässliche Kalkulationsverfahren zum Personalbedarf bestimmt werden. Die Personalbedarfsberechnungen ist damit auch eine Grundlage für
die anschließenden operativen Maßnahmen zur
Optimierung der Arbeitsabläufe und Arbeitsorga-
nisation wie die Erarbeitung von Stellen- und Per-
sonaleinsatzplänen, die Definition von Arbeitsinhalten (Verantwortung, Aufgaben, Stellenbeschrei-
bung), die Gestaltung des Arbeitsplatzes und die
Gestaltung von Arbeitszeitregelungen. Hierbei stehen neben der Optimierung der internen Ressour-
cenverteilung im Rahmen der Budgetplanung das
Erreichen von Planungszielen für die geplante Leis-
tungsentwicklung sowie Qualitätsstandards im Vordergrund. Mit der Personalbedarfsermittlung werden damit auch folgende Aspekte aufgenommen:

> ◘ **Aspekte der Personalbedarfsermitt-
>   lung**
> – Leistungsbezogenheit und Leistungsfä-
>   higkeit
> – Finanzierbarkeit
> – Akzeptanz und Nachvollziehbarkeit durch
>   die unternehmensinternen Mitarbeiter
>   sowie der externen Kunden (Krankenkas-
>   sen, Versicherte, Patienten)

Grundlagen der Personalbedarfsermittlung im Krankenhaus

Die Verfahren der Personalbedarfsermittlung
beinhalten fünf Ansätze:

> **▫ Verfahren der Personalbedarfsermitt-**
> **lung**
> 1. Unternehmensinterne Leistungsermitt-
>   lung und -bewertung nach der Leistungs-
>   einheitsrechnung
> 2. Anhaltszahlen und Kennzahlen
> 3. Arbeitsplatzmethode
> 4. Gesetzliche Verordnungen zur Ermittlung
>   des Personalbedarfs
> 5. Personalermittlung unter DRG Bedin-
>   gungen

Zur **unternehmensinternen Leistungsermittlung und -bewertung** werden durch den Einsatz **arbeitswissenschaftlicher Methoden** unter Berücksichtigung der jeweiligen räumlich-funktionalen Gegebenheiten, des Arts und Umfangs von Aufgaben bzw. ggf. von Zusatztätigkeiten, der Dienstplangestaltung und der Arbeitsablauforganisation Bewertungen der Mitarbeiter durchgeführt (REFA 1985 und 1997, Kaminsky 1980, Staehle 1999, Friesdorf 1994). Auf dieser Grundlage wird dann – unter Beachtung weiterer Rahmenbedingungen wie z. B. tariflicher Arbeitszeiten, Fehlzeiten, der Finanzierbarkeit, des Arbeitsmarktes und des Arbeitsrechts – eine **unternehmensinterne Personalbedarfsermittlung** abgeleitet.

Ziel der Leistungseinheitsrechnung ist die Feststellung des Arbeitsaufwandes, der zur Ausführung einer bestimmten Leistung anfällt. Dazu werden der Zeitaufwand je Leistungseinheit und die Häufigkeit der Leistungseinheiten innerhalb einer Periode ermittelt. Als Ergebnis wird der **errechnete Zeitaufwand zu den Soll- oder Ist-Zeiten der den Leistungsaufgaben zugewiesenen Arbeitskraft** in Relation gesetzt. Die Leistungseinheitsrechnung kann nur bei Leistungsaufgaben angewandt werden, die als Grundlage die Zeit für die einzelne Leistung beinhalten wie z. B. bei Leistungen der Anästhesie, des Labors, der Küche oder der Wäscherei.

Bei **Anhaltszahlen und Kennzahlen** besteht im Krankenhausbereich die Tradition die Personalbedarfsermittlung sowohl für die interne Personalplanung als auch für die externe Budgetverhandlung mit den Sozialversicherungsträgern durchzuführen. Anhaltszahlen wurden Mitte der 1960er Jahre wesentlich von der Deutschen Krankenhaus-gesellschaft für verschiedene Berufsgruppen und Leistungsbereiche auf der Grundlage von Untersuchungen in Krankenhäusern entwickelt und systematisiert. In den Folgejahren wurden sie unter Berücksichtigung von z. B. Arbeitszeitentwicklungen fortgeschrieben (Deutsche Krankenhausgesellschaft 1974).

Anhaltszahlen basieren dabei einerseits auf der Ermittlung eines Leistungsbedarfs für die Versorgung einer bestimmten Anzahl von Patienten und gegebenenfalls für die Bereitstellung von Sekundärleistungen wie z. B. der Speisenversorgung oder der Wäsche. Sie werden nach Dienstarten (Ärztlicher Dienst, Pflegedienst, Medizinisch-technischer Dienst) und/oder Bewertungen für Leistungseinheiten in den verschiedenen Funktions- und Versorgungsbereichen (Röntgendiagnostik, Labor, Wäscherei, Schreibdienst etc) unter Berücksichtigung der tariflichen Arbeitszeiten und Ausfallzeiten differenziert. Weiterhin sind bei der Kennzahlenbesetzung der zeitliche Umfang der Leistungserstellung und -Bereitschaft (24 h Leistungsbereitschaft, Bereitschaftsdienste, Schichtdienste, Übergabezeiten) sowie mögliche Kriterien für Mindestbesetzungen zu berücksichtigen (Daul und Vahlpahl 1995).

Methodisch wird dabei häufig ein sog. **Basisbedarf** für allgemeine Routineleistungen, wie z. B. Aufnahmeuntersuchung, Visiten, Gespräche mit Patienten oder Kontrolluntersuchungen zugrunde gelegt, der gegebenenfalls nach fallfixen (z. B. Aufnahme- und Abschlussbesprechung) und verweildauervariablen Zeitwerten (z. B. Visiten, Dienstbesprechungen) differenziert wird. Diese Leistungsberechnungen können in Form von Zuschlägen für medizinische oder pflegerische Einzelleistungen (z. B. Operationsleistungen, funktionsdiagnostische Leistungen, Laborleistungen, spezielle behandlungspflegerische Leistungen) ergänzt werden. Die zuvor angeführten **Kennzahlensysteme haben keinen gesetzlich verbindlichen Charakter**.

Bei der **Arbeitsplatzmethode** wird je Arbeitsplatz die Anwesenheitszeit für die Woche oder das Jahr festgelegt, der erforderliche Zeitaufwand errechnet und in Relation zu der Soll- oder Ist-Zeit einer Kraft gesetzt. Dieses ist notwendig, um die täglich und wöchentlich erforderliche Anwesenheitszeit zur Ausführung bestimmter Leistung festzustellen. Angewandt wird die Arbeitsplatzrechnung bei Arbeitsplätzen, die eine dauernde Anwesenheit des Personals erfordern, das zu verschiedenen Zeiten in unterschiedlichem Umfang in Anspruch genommen wird wie z. B. in der Krankenhaus-Aufnahme, in der Telefonzentrale und bei Bereitschaftsdiensten. Schwierig wird diese Form der Personalbedarfsermittlung, wenn an verschiedenen Wochentagen mehrere Personen mit unterschiedlichen Arbeitszeiten anwesend sein müssen.

Für das Pflegepersonal und in der psychiatrischen Versorgung existieren auch gesetzliche Verordnungen zur **Ermittlung des Personalbedarfs**. Für den pflegerischen Bereich bestanden zunächst nur (unverbindliche) Anhaltszahlen, die relativ grob nach der Art der Pflegeintensität der Abteilung (Normalstation, Intensivstation) und Tageszeit (Tag-/Nachtdienst) differenziert wurden (Deutsche Krankenhausgesellschaft 1974). In der Diskussion Ende der 1980iger Jahre in Deutschland um die Neugestaltung der Krankenhausfinanzierung sowie unter gesundheitspolitischen Zielsetzungen zur Verbesserung der stationären pflegerischen Versorgungsqualität sowie im Bereich der psychiatrischen Betreuung wurden neue gesetzliche Verfahren zur Personalbedarfsermittlung erlassen. Die **Pflegepersonal-Verordnung (PPR)** von 1992 basiert dabei auf einem Klassifikationssystem, in dem der Patient hinsichtlich verschiedener Merkmale der Pflegeintensität für Grundleistungen, erweiterte Leistungen und besondere Leistungen eingestuft wird. Für diese jeweiligen Einstufungsgruppen sind **Minutenwerte** hinterlegt, die dann die Grundlage für die Ermittlung des Leistungsbedarfs und die Überleitung für den Personalbedarf bilden. Diese gesetzliche Vorgabe galt jedoch von Anfang 1993 nur 4 Jahre und wurde auf Grund der zunehmenden Finanzprobleme in der Gesetzlichen Krankenversicherung mit Wirkung zum Jahr 1997 wieder aufgehoben.

Heute wird die **Pflegepersonal-Verordnung (PPR)** als Instrument zur internen Personalverteilung des Personalbedarfs für die Pflege angewandt. Ähnlich wie die Pflegepersonal-Verordnung stellt die – weiterhin geltende – **Psychiatrie-Personalverordnung** (Psych-PV, vom 18. Dezember 1990 zuletzt geändert am 26. September 1994) – ein Klassifikationssystem der Patienten nach Behandlungsbereichen für die Erwachsenen- sowie für die Kinder- und Jugendpsychiatrie dar, dem je Behandlungsbereich

und für verschiedene Berufsgruppen Arbeitszeiten zugeordnet werden. Auf der Grundlage der **Einstufung der Patienten** wird der Personalbedarf ermittelt und im Rahmen der Pflegesatzverhandlungen budgetwirksam zwischen Krankenhaus und Krankenkassen vereinbart.

Mit der **Umstellung der Krankenhausfinanzierung** von einer krankenhausindividuellen und tagesbezogenen Vergütung (tagesbezogene Pflegesätze) **auf eine krankheitsartenbezogene Fallpauschale (DRGs)** haben systemimmanent gesetzlich vorgegebene **Anhaltszahlen keine Bedeutung mehr** (mit Ausnahme der psychiatrischen Versorgung, die weiterhin nach Tagespflegesätzen vergütet wird). Vor diesem Hintergrund bleibt zu prüfen, wie bestehende Personalbedarfskennzahlen betriebsintern weiter genutzt werden können. Auf Grund betrieblicher oder organisatorischen Besonderheiten sind die jeweiligen Kennzahlen in jedem Fall unternehmensintern zu prüfen und gegebenenfalls anzupassen.

Bekanntlich ist in Deutschland das Krankenhausentgeltsystem von einer tagesbezogenen auf eine **krankheitsartenfallbezogene Vergütung** umgestellt worden (DRGs) (s. auch ▶ Kap. 2.3 und 4.3 für eine ausführliche Darstellung des DRG-Systems). Über die Multiplikation der Bewertungsrelation je DRG-Fallgruppe mit dem sog. Basisfallwert kann der Preis je DRG und damit die **Erlössituation** der Krankenhäuser ermittelt werden. Im Vergleich zur unternehmensinternen Kostenstruktur können damit Hinweise auf Wirtschaftlichkeitsmerkmale für das Gesamtunternehmen sowie einzelne DRG-Fallgruppen, Berufsgruppen oder Leistungsbereiche (Kostenstellen) abgeleitet werden. Bedingt durch den **matrixbezogenen Aufbau nach Kostenarten und Kostenstellen** der Kalkulationsunterlagen des InEK können damit **differenzierte Kosten- und Erlösverhältnisse für Kostenarten (Personal) und Kostenstellen** und damit je DRG-Fallgruppe auch **Bandbreiten für berufsgruppenbezogene Arbeitszeitaufwände** abgeleitet werden.

Mit diesem Ansatz können dann neue »Richtwerte oder Anhaltszahlen« unter Einbindung der DRG basierten Erlösprognose abgeleitet werden (**Erlösorientierter Personalbedarf**). Abweichungen zwischen der unternehmensbezogenen Erlös- und Kostensituation sowie Benchmark-Vergleiche mit anderen Krankenhausvergleichsgruppen stellen ein Warnsystem- oder Steuerungssystem dar, das durch Maßnahmen der Erlösoptimierung und/oder durch Maßnahmen der Leistungserbringung das Betriebsergebnis verbessern kann.

Anzumerken bleibt, dass auf der bisher bestehenden Datengrundlage (Daten von ca. 250 Krankenhäusern) den Vergleichen nur ein begrenzter Aussagewert zugestanden werden kann. Hierfür ist insbesondere ausschlaggebend, dass eine **Kostenträgerrechnung** in den Krankenhäusern **nicht oder nur bedingt vorhanden** ist. Die **Kostenzuordnung** auf den »Fall« erfolgt dementsprechend zumeist über **pauschalierte Umlageverfahren**. Vor einer unkritischen Übertragung dieser Auswertungsergebnisse und Anwendung als generelle Richtwerte oder als Instrument zur Unternehmensanalyse ist vor diesem Hintergrund derzeit noch zu warnen.

Personalmanagement im Bereich Personalveränderung

Als Ergebnis der Personalbestands- und -bedarfsanalyse ergeben sich auf strategischer Ebene Maßnahmen zur Personalveränderung. Systematisch ist hierbei zwischen der Personalbeschaffung, der Personalentwicklung und der Personalfreisetzung zu unterscheiden. Personalveränderungsprozesse können dabei z. B. durch nachfolgende Situationen ausgelöst werden:

- Quantitative Über-/Unterdeckung des Personalbedarfs
- Qualitative Über-/Unterdeckung des Personalbedarfs
- Personalbedarf bei Einbeziehung von zukünftigen Unternehmensentwicklungen
- Personalkostenmanagement

Auf der operationalen Ebene des Personalmanagements sind entsprechende Maßnahmenplanungen (Gestaltungsfelder der Personalbeschaffung, der Personalentwicklung und Personalfreisetzung) umzusetzen. Nachfolgend wird der Bereich der Personalentwicklung weiter konkretisiert.

Personalentwicklung hat das Ziel, Diskrepanzen zwischen vorhandenen Fähigkeiten und Anforderungen entsprechend der Unternehmensziele (Geschäftsfelder, Leistungsfähigkeit) auszugleichen. Dies kann als grundsätzliche Strategie, unabhängig von der externen Arbeitsmarktsituation, verfolgt werden. Personalentwicklung bietet sich

besonders dann an, wenn nicht durch Personalbeschaffung oder -freisetzung die notwendigen Personalressourcen realisiert werden können.

Die Personalentwicklung beinhaltet daher insbesondere Maßnahmen zur Ausbildung, Fort- und Weiterbildung sowie Aktivitäten zur allgemeinen Mitarbeiterförderung. Ausgangspunkt für die Personalentwicklung stellt eine Analyse der Anforderungsprofile der benötigten personellen Ressourcen und des Fähigkeitsprofils der vorhandenen Ressourcen dar. Die Analyse zeigt, inwieweit sich diese »Fähigkeitslücken« hinsichtlich bestimmter Merkmale auf einzelne Mitarbeiter, Beschäftigtengruppen oder das Gesamtpersonal beziehen. Die möglichen operativen Aktivitätsfelder der Personalentwicklung können dabei wie folgt untergliedert werden:

- Vorbereitung auf neue und/oder erweiterte Tätigkeiten
- Maßnahmen zur Gestaltung am Arbeitsplatz und zur Arbeitsaufgabe
- Erweiterung von Wissen und Fähigkeiten im Bereich der (bisherigen) Aufgaben und Verantwortlichkeiten
- Vorbereitung in Hinblick auf Verlassen des Unternehmens, (Vor-)Ruhestand

In ◘ Tab. 5.3-4 werden exemplarisch für diese Aktivitätsfelder konkrete Maßnahmen sowie Instrumente, Verfahren, Rahmenbedingungen zusammengestellt. Bei Durchführung und nach Abschluss der Programme und Maßnahmen sollte jeweils deren Erfolgsträchtigkeit und Wirksamkeit bewertet werden, um gegebenenfalls Änderungen oder Ergänzungen vorzunehmen und somit einen kontinuierlichen Unternehmensentwicklungsprozess zu gewährleisten.

Anreizsysteme

Die im Rahmen des normativen Krankenhausmanagements entwickelte Vision und Unternehmenspolitik werden über Leitbilder vermittelt. Davon ausgehend entwickelt das Krankenhausmanagement Maßnahmen, die die Krankenhausmitarbeiter dazu motivieren sollen, diese Ziele zu verwirklichen. Im Alltag des organisatorischen Krankenhausgeschehens geht es darum, die Leistungsbereitschaft der Mitarbeiter durch geeignete Maßnahmen anzuregen. Die Instrumente, die die

5

◻ **Tab. 5.3-4.** Operatives Personalmanagement im Bereich Personalentwicklung, Qualifikation und Personalveränderung

Ziele/Aktivitäten	Maßnahmen	Instrumente/Verfahren/Rahmenbedingungen
Vorbereitung auf neue erweiterte Geschäftsfelder, Aufgaben, Tätigkeiten	– Analyse/Bewertung Qualifikation – Personalbeurteilung – Personalentwicklungsbedarf – Berufsausbildung – Fort- und Weiterbildung – Trainee-Programme – Einarbeitung/Einführungsveranstaltung	– Bildungscontrolling – Kostencontrolling – Nutzencontrolling
Maßnahmen zur Gestaltung am Arbeitsplatz und zur Arbeitsaufgabe/Laufbahnplanung	– Projektarbeit – Job Enrichment (vertikale Ausweitung der Arbeitsinhalte/Höherqualifizierung, Sonderaufgaben) – Job Enlargement (neue qualitativ gleichwertige Aufgaben) – Job Rotation (Arbeitsplatztausch mit Zielsetzung zusätzlicher Qualifikationen) – On-the-Job Maßnahmen – Near-the-Job Maßnahmen – Off-the-Job Maßnahmen – Karriereplanung – Lebenszyklusplanung	– Stellenbeschreibungen – Projektplanung – Zielvereinbarungen – Mitarbeiterbeurteilung – Coaching – Mentoring – Seminare – Rückkopplungsgespräche – Fragebogen – Ein-/Ausgangstest – Ermittlung Wissensziele (z. B. Service, Innovation, Produktivität)
Erweiterung von Wissen und Fähigkeiten im Bereich der (bisherigen) Aufgaben und Verantwortlichkeiten/Immaterielle Anreize	– Einsatz als Stellvertreter (als Nachfolgeplanung) – Fallstudien (entscheidungsorientiertes Lernen) – Rollenspiele – Seminare, interne Weiterbildungsprogramme – Steigerung fachlicher-, planungs-, personeller/sozialer Kompetenz – Wissensmanagement – Informations- und Dokumentationsmanagementsysteme – Workflow–Managementsysteme	– Mitarbeitergespräche (Information, Beratung, Motivation) – Zielvereinbarungen – Gesprächs-/Fragetechniken

Personalfreisetzung/ Outplacement Vorbereitung in Hinblick auf Verlassen des Unternehmens	– Wahl der Freisetzungsform
	– Überleitung auf
	  – Vorruhestand
	  – Beschäftigungsgesellschaft
	  – Einsatz in Tochtergesellschaft
	  – Alternative Berufe, Aufgaben, Tätigkeiten
		– Rechtliche Rahmenbedingungen
		  – Betriebsbedingt
		  – Personenbedingt
		  – Verhaltensbedingt
		– Zeitliche Ablaufplanung
		– Hintergründe für Personalfreisetzung
		  – Personalauswahl
		  – Interne Gründe

Motive der Mitarbeiter aktivieren und damit ihre Bedürfnisse befriedigen sollen, bezeichnet man als Anreize (s. auch Eichhorn und Schmidt-Rettig 1990).

Unter einem Anreizsystem versteht man die Summe aller bewusst gestalteten Bedingungen der Krankenhausarbeit, die bestimmte Verhaltensweisen der Mitarbeiter durch positive Anreize (Belohnungen) verstärken und durch negative Anreize (Strafen) die Wahrscheinlichkeit des Auftretens anderer Verhaltensweisen dagegen mindern. Im Zusammenhang mit der Planung, Entwicklung und Implementierung von Anreizsystemen bedarf es für das Krankenhausmanagement folgende Entscheidungen:

- Was soll mit dem Anreizsystem erreicht werden?
- Welche Mitarbeiter sollen motiviert werden?
- Welche Anreize sollen eingesetzt werden?
- Wie kann die Wirkung der mit einem Anreiz verbundenen Belohnung auf die Aufgabenerfüllung beurteilt werden und wonach richtet sich die Höhe der Belohnung?
- Welches sind die organisatorischen Rahmenbedingungen für die Durchführung des Anreizsystems?
- Wie sind die Effektivität und Effizienz des Anreizsystems zu kontrollieren?
- Wie sind die mit dem Anreizsystem verbundenen Aufwendungen zu finanzieren?

Ausgehend von diesen Entscheidungstatbeständen sind die nachstehenden Elemente, die die Struktur und den Ablauf eines Anreizsystems und damit die betriebliche Anreizpolitik determinieren:

> ◘ **Elemente der Anreizpolitik für Krankenhäuser**
> 1. Motivationsziele: Ergeben sich aus den allgemeinen und den trägerspezifischen Zielvorstellungen des Krankenhauses und dienen als Bezugspunkt für die Anreizpolitik, woraufhin Krankenhausmitarbeiter motiviert werden sollen.
> ▼

> 2. Adressatenkreis: Diejenige Gruppe von Mitarbeitern (oder diejenigen Mitarbeiter), die zur Leistung eines produktiven Beitrags zur Leistungsentscheidung motiviert werden sollen.
> 3. Anreize: Diejenigen Elemente eines Anreizsystems, die in der Lage sind, die Motive der Krankenhausmitarbeiter daraufhin zu aktivieren, die ihnen im Rahmen des Gesamtgeschehens der Krankenhausproduktion übertragenen Aufgaben zu erfüllen.

Nach den Anreizquellen unterscheidet man dabei zwischen **extrinsischen** und **intrinsischen** Anreizen. **Extrinsische** Anreize werden als Belohnung für die Aufgabenerfüllung gewährt und fungieren als Mittel zum Zweck der Bedürfnisbefriedigung. Der klassische extrinsische Anreiz ist das **Entgelt**.

Intrinsische Anreize ergeben sich unmittelbar aus den Aktivitäten eines Mitarbeiters im Krankenhaus in Form von persönlichen Erfolgs- und Misserfolgsergebnissen. Nicht nur das Arbeitsergebnis hat motivierenden Charakter, weil es über internalisierte Normen Bedürfnisbefriedigung gewährt, sondern auch die Tätigkeit im Krankenhaus selbst. Voraussetzung dafür ist eine entsprechende Gestaltung der Rahmenbedingungen, die den Mitarbeitern die **Realisierung eigener Fähigkeiten, Fertigkeiten** und damit **Selbstbestätigung** erlaubt. Des Weiteren sollen die Mitarbeiter die Möglichkeit haben, im Zuge ihrer Mitarbeit im Krankenhaus nach eigenen Wertvorstellungen und Überzeugungen zu leben und somit ihre Selbstidentität zu finden. Voraussetzung dafür ist die Internalisierung der Werte des Krankenhauses und die Übernahme der Krankenhausziele in das eigene Wertesystem.

5

◘ **Aufbau eines Wertesystems**

1. Beurteilungsindikatoren: Maßstäbe, die für eine Beurteilung eingesetzter Anreize benötigt werden und Aussagen darüber ermöglichen, ob und inwieweit es gelungen ist, über die Anreize das Verhalten der Krankenhausmitarbeiter im Hinblick auf die Erfüllung vorgegebener Aufgabenziele des Krankenhauses zu motivieren; ferner, ob und in welchem Umfang die in Aussicht gestellten Belohnungen gewährt werden können.

2. Organisation: Betrifft zum einen die Aufbaustruktur, dass heißt die Einrichtung der dafür erforderlichen Stellen sowie die Definition der Aufgaben, Kompetenzen und Verantwortung dieser Stellen. Zum anderen müssen die Entscheidungsregeln für die Ablauforganisation aufgestellt werden, insbesondere die Definition der Aufgabenziele, die Definition und Festlegung der Belohnung, die Definition der Zeitspanne, für die die Erreichung der Aufgabenziele beurteilt wird, die Festlegung der Kontrollinstanz sowie die Festlegung des Einsatzzeitraumes für das Anreizsystem.

3. Kontrolle: Dient der Beurteilung der Wirkung des Anreizsystems im Hinblick auf die erzielte Motivationswirkung bei den Mitarbeitern.

4. Finanzierung: Prüfung und Kalkulation des geschätzten Aufwandes und Festlegung der Quellen der Finanzierung. Die Aufwendungen des Anreizsystems betreffen sowohl den Einmalaufwand der Planung, Entwicklung und Implementierung als auch den laufenden Aufwand der Organisation, der Kontrolle und der Belohnung.

Der Erfolg des Personalmanagements vom Krankenhäusern wird daran gemessen werden, inwieweit es gelingt, die Interessen und das Handeln aller Mitarbeiter und die von ihnen verfolgten Ziele an den Unternehmenszielen auszurichten.

Leitungsorganisation

Mit Blick auf die Anforderungen an ein strategisches Management im Krankenhaus muss es gelingen, einen Musterwechsel der Steuerung zu erreichen. Dieser kann in einer Balance zwischen zentraler Steuerung eines Krankenhauses und einer dezentralen Führung von Fachabteilungen/Zentren liegen (s. auch Schmidt-Rettig 2003). Dies kann ein gangbarer Weg sein, um eine Selbststeuerungskompetenz auf der Ebene des mittleren Managements zu entwickeln, die letztlich die Voraussetzung für ein kontinuierliches strategisches Management bildet. Dabei werden gegebenenfalls folgende organisatorische und führungsbezogene Entwicklungen der Dezentralisierung das Personalmanagement zukünftig prägen:

— Die Fachabteilungen/Zentren werden neben der Leistungs-, Qualitäts- und Organisationsverantwortung auch die Kosten- und Erlösverantwortung übernehmen müssen, um sich und das Krankenhaus am Markt etablieren zu können.

— Die Finanzverantwortung muss jeweils auf Fachabteilungsebene an Medizin und Pflege delegiert werden, um diese in die Lage zu versetzen, am Markt für stationäre Leistungen erfolgreiche Geschäftspolitik im Rahmen der strategischen Unternehmensziele zu betreiben.

— Die Prozessverantwortung sowohl für die Geschäftsprozesse der eigenen Leistungsstellen als auch für die Behandlungsprozesse der Patienten muss – begleitet vom Qualitätsmanagement – auf Fachabteilungsebene/Zentrumsebene etabliert werden. Dies ist auch mit Blick auf mögliche Geschäftsfeldstrategien bezüglich der integrativen Vernetzung mit anderen Leistungserbringern im stationären und nicht-stationären Markt notwendig.

— Eine integrative Versorgung von Patienten über Sektoren hinweg erfordert auch intern eine integrative Vernetzung von Fachdisziplinen.

Die wichtigsten Folgen einer derartigen Neudefinition der Krankenhausmanagementaufgaben und -verantwortungen betreffen auch die **Neupositionierung des Arztes** im Management. Ebenso geht es um eine **Neupositionierung der Pflege** im Rahmen des patienten- und prozessorientierten Fachabteilungs-/Zentrumsmanagements. Daher stellt sich zunächst die Frage, wie Leitungsstrukturen auf verschiedenen Unternehmensebenen gestaltet werden sollten und über welche Qualifikationen Führungskräfte des Krankenhauses verfügen müssen, um diesen Wandel zu bewältigen. Zur Förderung der Effektivität und Effizienz der Dezentralisierung empfiehlt es sich, auf **Fachabteilungs-/Zentrumsebene** eine konsequente **divisionale Aufbauorganisation** vorzusehen.

Hauptcharakteristikum ist die **Dezentralisierung** sowohl der **Entscheidungsautonomie** als auch der **Entscheidungsverantwortung** auf der **Bereichsebene**. Die auf diese Weise gebildeten »Geschäftsbereiche« werden als **Erfolgs-, Ergebnis-, Profit-Center oder auch Ergebnisorientierte Leistungszentren** bezeichnet. Der Leitende Arzt einer Fachabteilung leitet seinen Geschäftsbereich weitgehend eigenverantwortlich.

Dieses Konzept schließt die Produkt-, Qualitäts-, Budget- und Ergebnisverantwortung ein. Alle **anderen Bereiche** des Krankenhauses könnten als **Cost-Center** abgebildet werden. Das Cost-Center-Konzept beinhaltet die Produkt-, Qualitäts- und Budgetverantwortung.

Zur Unterstützung der einzelnen Ergebnisorientierten Leistungszentren (ELZ) sollten den jeweiligen Fachabteilungen oder Gruppen von Fachabteilungen **Bereichscontroller** zugeordnet werden. Neben der Wahrnehmung der traditionellen Aufgaben des Controllings sowie des Medizincontrolling sollte das Bereichscontrolling die Fachabteilungen dabei unterstützen, die Prozesse **fachabteilungs- und leistungsstellenübergreifend** zu gestalten, mit dem Ziel, Qualität, Zeit und Kosten – im Rahmen der strategischen Vorgaben – zu optimieren.

Für diese ergebnisorientierten Leistungszentren bietet sich eine **duale** – von Medizin und Pflege gemeinsam, aber **nicht gleichberechtigte** – Leitung an. Nicht gleichberechtigt heißt, dass Aufgaben klar abgegrenzt werden und die Zuständigkeiten und Verantwortungen hinsichtlich der Medizin und der Pflege unverändert bleiben.

Über eine enge Kooperation wird angestrebt, einvernehmliche Regelungen für alle nicht direkt die Medizin oder die Pflege betreffenden Entscheidungen auf Fachabteilungs-/Zentrumsebene zu treffen. Es gibt jeweils Einzelaufgaben und Entscheidungen in der Medizin und in der Pfle-

ge, als auch gemeinsame Aufgaben und Entscheidungen. Zu den gemeinsamen Aufgaben gehört unter anderem die Umsetzung der strategischen und operativen Planungen auf Fachabteilungsebene, die Entwicklung, Umsetzung und Evaluierung des Produkt- und Qualitätsmanagements auf Fachabteilungsebene, die Belegungssteuerung unter Berücksichtigung medizinischer, pflegerischer, personeller und wirtschaftlicher Erfordernisse und die Planung und Koordination der Personalentwicklungsmaßnahmen einschließlich der Definition von Weiterbildungszielen

Ziel dieser dualen Abteilungsleitung ist es, organisatorische Rahmenbedingungen für die **Zusammenarbeit zwischen Medizin und Pflege** unter Einbeziehung des Patienten aufzustellen und deren Einhaltung abzusichern. Auf diese Weise sollen die notwendigen diagnostischen, therapeutischen und pflegerischen Leistungen (gegebenenfalls auch soziale, psychologische und seelsorgerische Betreuung) patientenbezogen integriert und zeitlich aufeinander abgestimmt in den Behandlungsprozess einfließen. Im Vordergrund steht daher die inhaltliche und die zeitliche Harmonisierung und Koordination des patientenbezogenen Leistungsgeschehens auf Fachabteilungsebene sowie mit den anderen Leistungsbereichen (z. B. Diagnostik).

Dabei manifestiert sich die duale Leitung der Fachabteilungen, insbesondere in der Wahrnehmung der gemeinsamen Leitungsaufgaben. Die Aufgaben und die Verantwortung der ärztlichen Abteilungsleitung werden sich stärker als bisher auf Managementaufgaben verlagern. Auf Seite der pflegerischen Abteilungsleitung werden die pflegefachlichen Aspekte sowie die Prozessverantwortung für den Ablauf der Behandlung stärker in den Vordergrund rücken.

Mit Blick auf die Wahrnehmung der strategischen Managementaufgaben sowie die berufsgruppenspezifische Fachabteilung-/Zentrumsstruktur empfiehlt es sich, die **Krankenhausleitung funktionsbezogen** auszurichten. Dazu bieten sich, in Abhängigkeit von Größe und Leistungsspektrum sowie von besonderen Gegebenheiten des einzelnen Krankenhausträgers, folgende Modelle an:

5

> ◻ **Modelle der Krankenhausleitung**
> — Einrichtung einer Position der Geschäfts-
>   führung (Singularinstanz) unter Beibehal-
>   tung des Direktoriums oder
> — Einrichtung einer funktionsbezogenen
>   Leitungsstruktur (Pluralinstanz) unter
>   Wegfall des Direktoriums, aber gleichzei-
>   tiger Einrichtung einer dualen Abteilungs-
>   leitung.

Hauptaufgabe des Krankenhausdirektoriums im Rahmen einer Singularinstanz ist es, das berufs-spezifische Know-how als beratende Funktion vor allem in die strategischen Managemententscheidungen einfließen zu lassen. Wird die singuläre Führungsfunktion in Form des Kaufmännischen Geschäftsführers wahrgenommen, dann bietet sich je nach Situation und Größe des Krankenhauses an, die Position des Ärztlichen Direktors im Direktorium im Hauptamt zu besetzen.

Der hauptamtliche **Ärztliche Direktor** ist Manager mit ärztlicher Expertenqualifikation und Managementqualifikation. Er ist Vorgesetzter aller Ärzte und operativ im Krankenhausmanagement tätig. Bei Entscheidungen, die das medizinische Leistungsgeschehen betreffen, und deren Durchführung bringt er seinen ärztlichen Sachverstand und damit die ärztliche Sichtweise ein.

Eine funktionale Leitungsstruktur als Pluralinstanz bildet die betriebswirtschaftlichen Funktionen ab:
— Finanzen
— Personal
— Produktion/Dienstleistung
— Service/Hotelleistung

Darüber hinaus bietet sie die Voraussetzungen, die strategischen Managementaktivitäten auf der ersten Leitungsebene fachabteilungs-/zentrumsübergreifend funktionsbezogen wahrzunehmen. Dabei wird insbesondere einer einheitlichen Produkt-/Leistungsverantwortung in Form eines **Geschäftsführers/Vorstandes Klinische Produktion/Dienstleistung** auf Krankenhausebene Rechnung getragen. Dessen Aufgaben sind Entscheidungen, Planung, Organisation und Kontrolle des Leistungsgeschehens in den Fachabteilungen/Zentren und den Sekundärleistungsbereichen der Diagnostik, Therapie und der Pflege unter strategischen Gesichtspunkten. Bei seinen Entscheidungen und Handlungen muss er die technologischen, gesellschaftlichen, sozialen, ökonomischen und gesetzlichen Rahmenbedingungen und Entwicklungen beachten.

Bei Festlegung der Geschäftsordnung für den Vorstand muss Sorge getragen werden, dass die gesamteinheitliche Leitung des Krankenhauses nicht vom Ressortinteresse des Bereichs Klinische Produktion/Dienstleistung dominiert wird. Bei der Lösung auftretender Konflikte entscheidet letztendlich das alle Aspekte des Krankenhausleistungsgeschehens betreffende Gesamt- bzw. das Trägerinteresse.

Die Überlegungen zur Neustrukturierung der Leitungsorganisation von Krankenhäusern, die eine funktionale Pluralinstanz auf der Ebene eines Krankenhauses oder eines Krankenhausverbundes und eine konsequente Divisionalisierung auf Fachabteilungs- bzw. Zentrumsebene beinhalten, sind als Gesamtkonzept zu verstehen, mit dem eine Balance zwischen der zentralen Steuerung eines Krankenhauses und der dezentralisierten Führung von Fachabteilungen/Zentren erreicht werden kann. Das heißt, eine **funktionale Struktur** ist nur Ziel führend, wenn auf Fachabteilungs- bzw. Zentrumsebene eine **duale Abteilungsleitung** eingerichtet wird. Die Einrichtung einer dualen Fachabteilungsleitung lässt umgekehrt erst eine funktionsbezogene Leitungsinstanz auf Krankenhausebene zu.

Ein derartiger Paradigmenwechsel in dem Management von Krankenhäusern und in der Struktur der Krankenhausleitung ist jedoch nur dann zu bewältigen, wenn man parallel dazu die Notwendigkeit der Managementqualifikation für die Mitglieder der Krankenhausleitungsorgane sowie die dazu notwendigen Anforderungen an die Managementausbildung der Mitglieder dieser Leitungsorgane überdenkt und neu definiert. Angesichts dieses Musterwechsels im Krankenhausmanagement wird offensichtlich, dass mit dem notwendigen Wandel der Krankenhausorganisation hohe Anforderungen an das Personalmanagement entstehen. Das Personalmanagement selbst wird einschneidende **Struktur- und Qualifikationsentwicklungen** durchlaufen müssen.

Literatur

Arnold M, Klauber J, Schnellschmidt H (2002) Krankenhausreport 2002. Schattauer, Stuttgart

Bleicher K (2001) Das Konzept integriertes Management: Visionen-Missionen-Programme. Campus, Frankfurt am Main

Daul G, Vahlpahl B (1995) Praktikerhandbuch zur Krankenhausbewertung, Leitfaden für Kassenfachleute. Verlag Niedersachsen, Hannover

Deutsche Krankenhausgesellschaft (1974) Personalanhaltszahlen, Düsseldorf

Eichhorn S, Schmidt-Rettig B (1990) Motivation im Krankenhaus, Robert Bosch Stiftung, Materialien und Berichte 35, Gerlingen

Deutsche Krankenhausgesellschaft (2004): Zahlen, Daten, Fakten. Berlin: Deutsche Krankenhausgesellschaft

Friesdorf W et al. (1994) Arbeitswissenschaftliche Analyse der ärztlichen Tätigkeit in der Vormittagsroutine einer Intensivstation. Eine arbeitswissenschaftliche Analyse. Anästh Intensivmed 35

Kaminsky G (1980) Praktikum der Arbeitswissenschaft. Analytische Untersuchungsverfahren beim Studium menschlicher Arbeit. Hanser, München

REFA (Verband der Arbeitsstudien) (1985) Methoden des Arbeitsstudiums, Methodenlehre des Arbeitsstudiums, München

REFA (Verbund für Arbeitsgestaltung, Betriebsorganisation und Unternehmensentwicklung) (1997), Methodenlehre der Betriebsorganisation. Datenermittlung, München

Schmidt-Rettig B (2001) Zukunft der Krankenhäuser in veränderten Strukturen – Paradigmawechsel des Krankenhausmanagements und Perspektiven eines Strukturwandels. In: Eichhorn S, Schmidt-Rettig B (Hrsg) Krankenhausmanagement: Zukünftige Struktur und Organisation der Krankenhausleitung. Schattauer, Stuttgart, S 59ff

Schmidt-Rettig B (2003) Evolutionäre Wege in die Zukunft. Krankenhausumschau 4: 318–322

Staehle WH (1999) Management. Vahlen, München, S 113ff

Statistisches Bundesamt (2005) Fachserie 12: Gesundheitswesen, Reihe 6.1: Grunddaten der Krankenhäuser und Vorsorge- oder Rehabilitationseinrichtungen – 2003 Wiesbaden

5.4 Personalmanagement in Arztpraxen und Ärztenetzen

Thomas Kopetsch

5.4.1 Gesetzliche und strukturelle Rahmenbedingungen

Die ambulante Versorgung der gesetzlich Krankenversicherten erfolgt in Deutschland durch zugelassene Ärzte (Vertragsärzte, Normalfall), zugelassene medizinische Versorgungszentren (neu seit 2004), ermächtigte Ärzte und ermächtigte ärztlich geleitete Einrichtungen (Sonderfälle). Die Zulassung ist demnach Voraussetzung für die Eröffnung oder Übernahme einer Praxis durch einen Arzt zur Versorgung gesetzlich Krankenversicherter.

Voraussetzungen für die Zulassung von Vertragsärzten

Die Zulassung von Vertragsärzten ist Ergebnis eines zweistufigen Verfahrens. Im ersten Schritt muss die Eintragung des Arztes in ein Arztregister erfolgen, woraufhin im zweiten Schritt die Zulassung durch den zuständigen Zulassungsausschuss erfolgen kann. Diese beiden Stufen des Verfahrens werden im Folgenden näher erläutert.

Eintragung in das Arztregister

Arztregister sind **Datenbanken**, die von den Kassenärztlichen Vereinigungen neben den Registerakten für jeden Zulassungsbezirk geführt werden (§ 95 Absatz 2 SGB V, § 1 Ärzte-Zulassungs-Verordnung [Ärzte-ZV]). Darin enthalten sind die Daten aller Ärzte, die an der vertragsärztlichen Versorgung teilnehmen sowie die Daten der Ärzte, die die Voraussetzungen zur Eintragung erfüllen und eine Eintragung beantragt haben (§ 1 Absatz 2 Ärzte-ZV). Zu jedem Arzt sind im Arztregister unter anderem Angaben zu Adresse, Fachgebiet, Zulassung, Niederlassung und Approbation enthalten (§ 2 Ärzte-ZV).

Voraussetzungen für die Eintragung in ein Arztregister nach § 95a Sozialgesetzbuch (SGB) V in Verbindung mit (i.V.m.) § 3 Ärzte-ZV sind zum einen die **Approbation** als Arzt und zum anderen der erfolgreiche **Abschluss** einer **allgemeinmedizinischen Weiterbildung**, einer **Weiterbildung in einem anderen Fachgebiet** oder die Anerkennung von im **Ausland erworbenen analogen Befähigungsnachweisen** (§ 95a Absatz 5 SGB V).

Der Arzt ist in das Arztregister des Zulassungsbezirkes einzutragen, in dem sein Wohnort liegt. Die Eintragung muss also nicht in dem Arztregister des Zulassungsbezirkes erfolgen, in dem der Arzt eine Zulassung anstrebt. Ist der Arzt im Falle der Zulassung nicht in das für den Zulassungsbezirk maßgebende Register eingetragen, erfolgt eine Umschreibung in das für den Vertragsarztsitz geführte Register.

Zulassung durch den zuständigen Zulassungsausschuss

Wenn der Arzt in ein Arztregister eingetragen ist, kann er beim zuständigen **Zulassungsausschuss einen Antrag auf Zulassung** stellen. Dabei muss er angeben, für welchen Vertragsarztsitz (genauer Ort) und unter welcher Arztbezeichnung (z. B. Urologe) er die Zulassung beantragt.

Über die Gewährung einer Zulassung beschließt der Zulassungsausschuss. Dieser besteht für jeden Zulassungsbezirk aus sechs Mitgliedern (§ 34 Ärzte-ZV), drei Vertretern der Ärzte sowie drei Vertretern der Krankenkassen. Er beschließt über den Antrag in einer Sitzung nach mündlicher Verhandlung (§§ 36, 37 Ärzte-ZV), an der auch die betroffenen Ärzte teilnehmen können. Weitere Verfahrensregeln sind in den § 38–43 Ärzte-ZV festgeschrieben.

Voraussetzungen für die Zulassung sind ein Eintrag im Arztregister, die persönliche Eignung des Arztes, ein Alter unter 55 Jahre sowie das Nichtentgegenstehen bedarfsplanerischer Restriktionen. Ungeeignet für die Ausübung einer vertragsärztlichen Tätigkeit sind Ärzte, wenn geistige oder sonstige in der Person des Arztes liegende schwerwiegende Mängel (§ 21 Ärzte-ZV) oder eine nichtehrenamtliche Tätigkeit vorliegen, durch die der Arzt für die Versorgung der Versicherten persönlich nicht in erforderlichem Masse zur Verfügung stehen würde (§ 20 Absatz 1 Ärzte-ZV).

Nach der Vollendung des 55. Lebensjahres ist eine Zulassung **nur in Ausnahmefällen** möglich (§ 98 Absatz 2 Nr. 12 SGB V in Verbindung mit § 25 Ärzte-ZV). Ein Ausnahmefall liegt unter anderem dann vor, wenn der Arzt aus zwingenden wirtschaftlichen Gründen auf die Ausübung der Tätigkeit eines Vertragsarztes angewiesen ist oder wenn er seine frühere vertragsärztliche Tätigkeit unfreiwillig, etwa aus Krankheitsgründen, hat aufgeben müssen.

Wenn der Arzt nicht die Praxis eines ausscheidenden Vertragsarztes übernehmen will, sondern die Gründung einer neuen Praxis anstrebt, darf der Zulassungsbezirk nicht gesperrt sein. Ein **Zulassungsbezirk wird gesperrt**, wenn die Arzt-Dichte (**Arzt-Einwohner-Relation**) in einem Zulassungsbezirk für eine Arztgruppe eine festgelegte Grenze überschreitet. Die Niederlassung weiterer Ärzte dieser Arztgruppe ist in diesem Zulassungsbezirk dann nicht mehr gestattet (§ 103 SGB Vi.V.m. § 16b Ärzte-ZV sowie Bedarfsplanungs-Richtlinien-Ärzte 4. Abschnitt).

Berufungsausschuss

Gegen den Bescheid des Zulassungsausschusses kann beim Berufungsausschuss schriftlich Widerspruch eingelegt werden (§ 44 Ärzte-ZV). Für das Verfahren beim Berufungsausschuss gelten die Vorschriften entsprechend den Regelungen zum Zulassungsausschuss (§§ 36–43 Ärzte-ZV). Außer je drei Vertretern der Ärzte und der Krankenkassen gehört dem Berufungsausschuss ein Vorsitzender mit der Befähigung zum Richteramt an (§ 97 Absatz 2 SGB V i. V. m. § 35 Absatz 1 Ärzte-ZV). Der Vorsitzende wird von den übrigen sechs Mitgliedern bestimmt.

Niederlassungsformen

Die Niederlassung als Vertragsarzt ist in drei Organisationsformen möglich. Zum ersten gibt es die klassische Form der Niederlassung in einer Einzelpraxis, zum zweiten die Niederlassung in Form einer Berufsausübungsgemeinschaft in einer Gemeinschaftspraxis und zum dritten ist seit 2004 auch die Berufsausübung als Vertragsarzt in einem **Medizinischen Versorgungszentrum (MVZ)** möglich. Die zweite und dritte Möglichkeit werden im Folgenden erläutert.

Gemeinschaftspraxis

Vertragsärzte können sich zur gemeinsamen Ausübung ihrer vertragsärztlichen Tätigkeit zusammenschließen. Der Zusammenschluss bedarf der vorherigen Genehmigung durch den Zulassungsausschuss. Die Genehmigung darf nur versagt werden, wenn die Versorgung der Versicherten beeinträchtigt wird oder landesrechtliche Vorschriften über die ärztliche Berufsausübung entgegenstehen (§ 33 Absatz 2 Ärzte-ZV).

Eine Möglichkeit der **Zulassung in einem gesperrten Zulassungsbezirk** ist die Bildung einer **Jobsharing-Praxis**, bei der der neu hinzukommende Arzt die vertragsärztliche Tätigkeit gemeinsam mit einem dort bereits tätigen Vertragsarzt desselben Fachgebiets ausüben kann, sofern sich die Partner der Gemeinschaftspraxis gegenüber dem Zulassungsausschuss zu einer **Leistungsbegrenzung** verpflichten, die den bisherigen Leistungsumfang nicht wesentlich überschreitet (§ 101 Absatz 1 Nummer 4 SGB V i. V. m. Nr. 23a Bedarfsplanungs-Richtlinien-Ärzte).

Medizinisches Versorgungszentrum (MVZ)

Seit Januar 2004 besteht die Möglichkeit, als Vertragsarzt in einem **medizinischen Versorgungszentrum** tätig zu werden. Medizinische Versorgungszentren sind fachübergreifende **ärztlich geleitete Einrichtungen**, in denen Ärzte als Angestellte oder Vertragsärzte tätig sein können **(§ 95 Absatz 1 Satz 2 SGB V)**. Nach § 72 Absatz 1 SGB V finden Vorschriften, die für die Vertragsärzte gelten, auch auf Medizinische Versorgungszentren Anwendung.

Medizinische Versorgungszentren können sich analog zu Ärzten um eine vertragsärztliche Zulassung bewerben. Die Ärzte des Medizinischen Versorgungszentrums müssen als Voraussetzung dafür in das Arztregister eingetragen sein (§ 95 Absatz 2 Satz 5 SGB V). Ebenso besteht die Möglichkeit, dass ein zugelassener Arzt seine Zulassung in ein Medizinisches Versorgungszentrum einbringt.

Ausgangspunkt für die Frage der **Rechtsform** Medizinischer Versorgungszentren ist § 95 Absatz 1 Satz 3, 1. Halbsatz SGB V, demzufolge sich die Medizinischen Versorgungszentren aller »zulässigen« Organisationsformen bedienen können. Zulässige Rechtsformen im gesellschaftsrechtlichen Sinne sind also sowohl die **Rechtsformen der Körperschaften** (z. B. GmbH) als auch die **Rechtsformen der Personengesellschaften** (z. B. GB-Gesellschaft).

Die Zulässigkeit einer Handelsgesellschaft und damit auch einer GmbH & Co. KG sowie die eines Vereins oder einer Genossenschaft als Rechtsform des MVZ ist zweifelhaft beziehungsweise zu verneinen. Demgegenüber erscheinen die GmbH sowie die GbR aus Praktikabilitätsgesichtspunkten und wegen der Rechtssicherheit hinsichtlich ihrer Zulässigkeit – in dieser Phase – als die geeignetsten Rechtsformen. Die Aktiengesellschaft erscheint hinsichtlich ihrer Komplexität und des mit ihr verbundenen administrativen Aufwands bei einem kleinen MVZ mit vielleicht zunächst nur zwei Zulassungen eher ungeeignet.

Bezüglich der **Trägerschaft** Medizinischer Versorgungszentren ist § 95 Absatz 1 Satz 3 SGB V zu beachten, der eine besondere Eigenschaft der Gesellschafter festlegt. Sie dürfen nur von **Leistungserbringern**, die aufgrund von **Zulassung, Ermächti-**gung oder Vertrag an der medizinischen Versorgung der Versicherten der Gesetzlichen Krankenversicherung teilnehmen (z. B. zugelassene Krankenhäuser, Heilmittelerbringer, Anbieter häuslicher Krankenpflege oder Apotheker), gegründet werden. Durch diese Beschränkung auf die im System der Gesetzlichen Krankenversicherung tätigen Leistungserbringer soll sichergestellt sein, dass eine primär an medizinischen Vorgaben orientierte Führung der Zentren gewährleistet wird.

5.4.2 Praktische Umsetzung

Ärztliche Praxen

Ärztliche Praxen haben eine zentrale Funktion in der ambulanten Versorgung von Patienten. Gleichzeitig waren sie 2004 dauerhaft oder vorübergehend Arbeitsstätte von rund 43,5% der berufstätigen Ärzte. Dabei sind Ärzte, die sich in freier Praxis niedergelassen haben von denen zu unterscheiden, die in einer Praxis oder einem MVZ angestellt oder nur vorübergehend tätig sind.

Arztpraxen respektive Medizinische Versorgungszentren sind in Deutschland infolge ihrer regionalen Verteilung, mit Ausnahme ländlicher Regionen vor allem in den neuen Bundesländern, im Allgemeinen gut erreichbar. Damit schaffen sie erst die Voraussetzung, dass alle in der Gesetzlichen Krankenversicherung Versicherten das im Sozialgesetzbuch V festgeschriebene **Recht auf freie Arztwahl** faktisch auch ausüben können. Darüber hinaus kommt den **Ärzten in freier Praxis** in der Gesundheitsversorgung eine **Schlüsselstellung** zu. Sie erbringen oder veranlassen durch **Verordnung oder Überweisung** einen Großteil der Versorgungsleistungen.

Die überwiegende Mehrheit der niedergelassenen Ärzte nimmt als **Vertragsarzt** an der Versorgung der Versicherten der GKV teil. Im Jahr 2004 betrieben nur etwa 7200 der niedergelassenen Ärzte eine reine Privatpraxis und waren damit nicht den Regelungen des SGB V unterworfen. An der ambulanten Versorgung von GKV-Versicherten sind in gewissem Umfang auch **ermächtigte Ärzte** beteiligt, die meist in Krankenhäusern angestellt sind und keine eigene Praxis betreiben.

Entwicklung der Zahl der Vertragsärzte

In ◘ Abb. 5.4-1 wird verdeutlicht, dass die Zahl der Vertragsärzte (vormals Kassenärzte) zwischen 1950 und 2004 von 30.400 in den alten Bundesländern auf rund 117.000 im gesamten Bundesgebiet gestiegen ist.

Betrachtet man die Entwicklung der Verteilung der kurativ tätigen Ärzte zwischen Ärzten im Krankenhaus und in der Praxis (◘ Abb. 5.4-2), so wird deutlich, dass der Anteil der Praxis-Ärzte im Jahr 1950 den Anteil der Krankenhausärzte deutlich überwogen hat (62 zu 38). Im Laufe der 1950er Jahre konnten die ambulant tätigen Ärzte ihren Anteil

sogar weiter ausbauen. Seit 1960 ist ihr Anteil allerdings deutlich rückläufig. Mittlerweile sind mehr Ärzte im Krankenhaus tätig, als in einer Praxis (54 zu 46).

Ingesamt nahmen 2004 131.119 Ärzte an der vertragsärztlichen Versorgung teil. Darunter waren 116.990 Vertragsärzte, 1.095 Partner-Ärzte in Jobsharing-Praxen, 2.040 angestellte Ärzte sowie 10.994 ermächtigte Ärzte.

Organisationsformen

Die ärztliche Praxis wird überwiegend als Einzelpraxis, d. h. von einem Praxisinhaber betrieben,

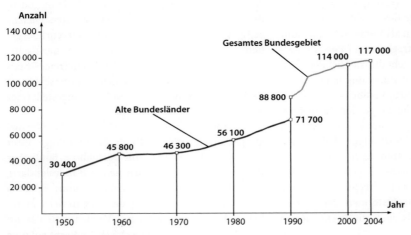

◘ **Abb. 5.4-1.** Entwicklung der Zahl der Vertragsärzte von 1950 bis 2004

Quelle: Kassenärztliche Bundesvereinigung

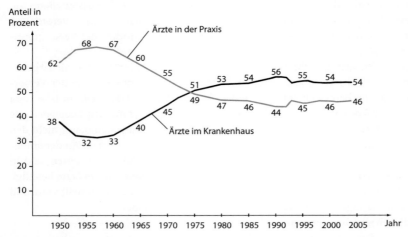

◘ **Abb. 5.4-2.** Verteilung zwischen Ärzten im Krankenhaus und in der Praxis

Quelle: Bundesärztekammer

gegebenenfalls unter Mitwirkung von Assistenzpersonal; 66% der Vertragsärzte waren 2004 in Einzelpraxen tätig, nur 34% in Gemeinschaftspraxen, die zu 81% von zwei Ärzten gebildet werden (◘ Tab. 5.4-1).

Bei den Gemeinschaftspraxen sind 84% fachgleich, dass heißt werden von Ärzten der gleichen Fachrichtung betrieben. Lediglich 16% der Gemeinschaftspraxen sind, bezogen auf die Hauptgebiete, fachübergreifend (z. B. Chirurg mit Orthopäde) tätig.

Das GKV-Modernisierungsgesetz hat zum 01.01.2004 die Gründung und Betreibung von Medizinischen Versorgungszentren (MVZs) möglich gemacht. Nachfolgende Grafik macht die Entwicklung in diesem Bereich deutlich. Mittlerweile (Stand: Juni 2005) sind **191 Medizinische Versorgungszentren** zugelassen, in denen 709 Ärzte tätig sind, 327 davon als angestellte Ärzte. 55% der MVZs haben die Rechtsform der GbR gewählt und 33% die der GmbH. Bezüglich der Trägerschaft ergibt sich folgendes Bild: 74% sind in der Trägerschaft von Vertragsärzten, 26% in der von Krankenhäusern und 7% in der von sonstigen Leistungserbringern (Doppelnennungen sind möglich). In den 191 MVZs sind 86 vormalige Gemeinschaftspra-

◘ **Tab. 5.4-1.** Anzahl der vertragsärztlichen Praxen und Vertragsärzte (Bundesarztregister der KBV, Stand: 31.12.2004)

Fachgebiete	Anzahl Praxen					Anzahl Vertrags-ärzte
	Ärzte je Praxis				Summe Praxen	
	1 Arzt	2 Ärzte	3 Ärzte	Über 3 Ärzte		
Allgemeinmediziner/ Praktische Ärzte	28.862	5.470	693	202	35.227	42.587
Anästhesisten	1.675	194	63	67	1.999	2.633
Augenärzte	3.484	589	108	56	4.237	5.198
Chirurgen	2.298	479	89	48	2.914	3.693
Frauenärzte	7.438	876	130	65	8.509	9.694
HNO-Ärzte	2.770	438	54	34	3.296	3.923
Hautärzte	2.384	390	50	16	2.840	3.288
Internisten	10.807	2.380	423	205	13.815	17.705
Kinderärzte	3.924	762	84	24	4.794	5.718
Kinder-/Jugend-Psychiater	418	37	3	1	459	529
Laborärzte	192	51	16	45	304	637
Lungenärzte	172	34	3	3	212	247
Mund-Kiefer-Chirurgie	626	100	14	7	747	892
Nervenärzte	3.811	441	76	31	4.359	4.991
Neurochirurgen	134	31	11	7	183	267
Nuklearmediziner	160	36	10	26	232	451
Orthopäden	3.291	618	119	64	4.092	4.997
Pathologen	187	90	37	11	325	538
Psychotherapeuten	*3.501*	*33*	*2*	*1*	*3.537*	*3.578*
Radiologen	602	267	155	184	1.208	2.478
Urologen	1.783	338	42	7	2.170	2.478
Sonstige Ärzte	*282*	*17*	*2*	*1*	*302*	*370*
Summe Praxen	**78.801**	**13.671**	**2.184**	**1.105**	**95.761**	**116.990**

xen aufgegangen. Im größten MVZ sind zur Zeit 16 Ärzte tätig.

Vertragsärzte nach Fachgebieten und Versorgungsbereichen sowie Alter und Geschlecht

In ◘ **Tab. 5.4-1** ist auch die Fachgebietsstruktur der Vertragsärzte im Jahr 2004 widergespiegelt. Die mit Abstand größte Facharztgruppe ist mit 42.587 Ärztinnen und Ärzten die Gruppe der Allgemein- und praktischen Ärzte, gefolgt von den Internisten (17.705) und den Frauenärzten (9.694).

In ◘ **Abb. 5.4-3** wird die zeitliche Entwicklung der Verteilung der Vertragsärzte auf den **hausärztlichen und den fachärztlichen Versorgungsbereich** dargestellt. Erkennbar ist, dass im Laufe der letzten 25 Jahre der Anteil der Ärzte im fachärztlichen Versorgungsbereich permanent angestiegen ist. Lag dieser Anteil im Jahr 1980 erst bei 35% sind mittlerweile 50% der Vertragsärzte als Facharzt tätig.

Das Durchschnittsalter der niedergelassenen Ärzte ist seit Einführung der Bedarfsplanung 1993 von 47,5 Jahre auf 50,8 Jahre im Jahr 2004 angestiegen. Da es kaum noch Niederlassungsmöglichkeiten für junge Ärzte gibt, altert das »Kollektiv« der Vertragsärzte insgesamt. Daraus resultiert die »**Rechtsverschiebung**« des Altersgebirges (◘ **Abb. 5.4-4**).

Der Anteil der **Ärztinnen** an allen Vertragsärzten ist seit Bestehen der statistischen Erfassung permanent angestiegen: von 18% im Jahr 1979 auf 22,7% im Jahr 1992 in den alten Bundesländern. Bedingt durch die Wiedervereinigung – in der DDR war der Anteil an Ärztinnen deutlich höher (im Jahr 1989 betrug der Anteil der Ärztinnen an allen berufstätigen Ärzten in der DDR 53,5%) – stieg der Anteil an Ärztinnen auf 31% und ist seit dem weiter auf 34% im Jahr 2004 angewachsen. Der Anteil an Ärztinnen ist stark von der Facharztgruppenzugehörigkeit abhängig. Mit 64,7% ist der Frauenanteil bei den ärztlichen Psychotherapeuten am höchsten, gefolgt von den Kinderärzten (46,9%) und den Frauenärzten (46,4%). Am niedrigsten ist er in folgenden Bereichen: Chirurgie (10,1%), Orthopädie (9,9%) und Urologie (6,3%). Bei den Allgemeinärzten/praktischen Ärzten beträgt er 37,4%, bei den Internisten hingegen nur 22,4% (Bundesarztregister der KBV 2005).

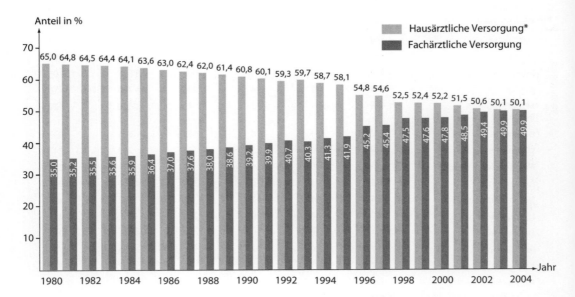

* ab 1996 auf Grund der Entscheidung zur hausärztlichen Versorgung
Quelle: Bundesarztregister der KBV, bis 1992 alte Bundesländer

◘ **Abb. 5.4-3.** Verteilung der Vertragsärzte auf die hausärztliche (einschließlich Kinderärzte) und fachärztliche Versorgung

Praxismitarbeiter

Eine Arztpraxis wird in der Regel nicht durch den Arzt allein betrieben. Notwendig sind auch Praxismitarbeiter, die den oder die Ärzte unterstützen. Im Jahr 2003 waren in den 96.084 Arztpraxen **653.000 Beschäftigte** tätig. In ◻ **Tab. 5.4-2** ist differenziert nach den Facharztgruppen dargestellt, wie viele Praxismitarbeiter durchschnittlich in einer Arztpraxis je Praxisinhaber beschäftigt sind.

Die Bedarfsplanung des ambulanten Sektors

Einen der tiefgreifendsten Einschnitte in die vertragsärztliche Versorgung hat die völlige Neuordnung der Bedarfsplanung im **Gesundheitsstrukturgesetz** zum **01.01.1993** bewirkt. Der Kernpunkt dieser Regelung betrifft die Definition und Feststellung von Überversorgung sowie die daraus resultierende arztgruppenbezogene **Sperrung von Planungsbereichen**. Diese im Vergleich zu der Vorläuferregelung

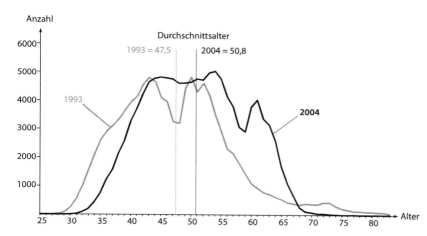

◻ **Abb. 5.4-4.** Altersstruktur der Vertragsärzte* zum 31.12.1993 und 2004

* 2004 einschließlich Partner-Ärzte
Quelle: Bundesarztregister der KBV

◻ **Tab. 5.4-2.** Durchschnittliche Zahl der Praxismitarbeiter je Praxisinhaber (2001) *

Fachgruppe	Alte Bundesländer	Neue Bundesländer
Allgemeinärzte	2,1	2,1
Augenärzte	2,5	2,2
Chirurgen	3,8	4,0
Gynäkologen	2,2	2,0
HNO-Ärzte	2,3	2,2
Hautärzte	2,8	2,3
Internisten (hausärztlich)	2,6	2,4
Kinderärzte	2,5	1,9
Nervenärzte	1,8	1,9
Orthopäden	4,0	2,9
Radiologen	5,6	2,9
Urologen	2,9	2,8
Psychotherapeuten	0,2	0,2

* Eigene Berechnungen nach Daten der Kostenstrukturanalyse des Zentralinstitutes für die kassenärztliche Versorgung in der Bundesrepublik Deutschland

5

stringentere Form der **Bedarfsplanung** wurde als unverzichtbar angesehen, um die Finanzierbarkeit der Gesetzlichen Krankenversicherung zu erhalten. Der Gesetzgeber ging davon aus, dass die steigende Zahl der Vertragsärzte maßgeblich die Kostenentwicklung im Gesundheitswesen mit verursacht hat. Denn der **Vertragsarzt entscheidet** neben dem Umfang seiner Leistungen auch beispielsweise über die **Arzneimittelversorgung**, die Zahlung von **Krankengeld** und die **Krankenhauseinweisung**.

Ein **Vertragsarzt verordnet Leistungen** zu Lasten der Gesetzlichen Krankenversicherung, die im Durchschnitt das **Vierfache seines Honorars** betragen. Die Bedarfsplanung sollte letztlich gewährleisten, dass sich weniger Ärzte als in der Vergangenheit niederlassen können. Das Konzept der Bedarfsplanungs-Richtlinien, die vom Bundesausschuss der Ärzte und Krankenkassen erarbeitet wurden, lässt sich in **drei Schwerpunkten** zusammenfassen:

> **▢ Bedarfsplanungs-Richtlinien**
> 1. Berechnung der Verhältniszahlen
> 2. Definition der Planungsbereiche als Kreise und kreisfreie Städte
> 3. Ausnahmeregelungen hinsichtlich qualitätsbezogener Sonderbedarfsfeststellungen

Ziel war für die Ermittlung der **Verhältniszahlen**, ähnlich strukturierte Kreise jeweils zu Gruppen zusammenzufassen und für jede Gruppe eine eigene Verhältniszahl zu errechnen. In Anlehnung an das **Raumgliederungsmodell des Bundesamtes für Bauwesen und Raumordnung** (ehemals Bundesforschungsanstalt für Landeskunde und Raumordnung) ergeben sich folgende Regionstypen mit insgesamt neun Regionen, die um eine zusätzlich definierte Sonderregion Ruhrgebiet, das infolge seiner Struktur in keine der so gebildeten Gruppen passte, ergänzt worden sind:

Typ Regionen mit großen Verdichtungsräumen:
– Kernstädte
– Hochverdichtete Kreise
– Normalverdichtete Kreise
– Ländliche Kreise

Typ Regionen mit Verdichtungsansätzen:
– Kernstädte

– Normalverdichtete Kreise
– Ländliche Kreise

Typ Ländliche Regionen:
– Verdichtete Kreise
– Ländliche Kreise

Typ Sonderregion Ruhrgebiet

Dieser Raumgliederung entsprechen auch die neu gebildeten Planungsbereiche. Der Planungsbereich ist somit in der Regel als Kreis oder kreisfreie Stadt definiert. Dann wurde eine **Verhältniszahl** auf der Grundlage der neuen Raumgliederung für die zehn verschiedenen Typisierungsräume berechnet, indem die Einwohner und Vertragsärzte aller gleichen Kreistypen zum Stichtag des 31.12.1990 addiert und durcheinander dividiert wurden. Auf diese Weise ergaben sich **zehn Verhältniszahlen pro Arztgruppe (100%-Soll)**, die in der ▢ **Abb. 5.4-5** dargestellt sind. Einbezogen waren zunächst zwölf Arztgruppen. Für Arztgruppen mit weniger als 1.000 Vertragsärzten bundesweit wird keine Verhältniszahl gebildet, da sie nicht der Bedarfsplanung unterliegen.

Mit dem 01.01.1999 sind zwei weitere Arztgruppen hinzugekommen. Die Bedarfsplanung der Anästhesisten wurde notwendig, da ihre Zahl die kritische Grenze von 1000 bundesweit überschritten hatte. Mit dem Inkrafttreten des **Psychotherapeutengesetzes** wurden auch die Psychologischen Psychotherapeuten Bestandteil des Systems der vertragsärztlichen Versorgung. Dies machte die Planung der Leistungserbringergruppe der Psychotherapeuten notwendig.

Die aktuelle, zum Stichtag festgestellte **Einwohner-Arzt-Relation** des jeweiligen Planungsbereiches, bezogen auf die Arztgruppe, wird vom zuständigen Landesausschuss mit der allgemeinen Verhältniszahl verglichen. Daraus ergibt sich der **Versorgungsgrad** in Prozent. Im **Gesundheitsstrukturgesetz** ist festgelegt, dass ein Planungsbereich mit einem Versorgungsgrad von über **110%**, vom zuständigen Landesausschuss, dem Ärzte und Krankenkassenmitarbeiter angehören, zu sperren ist. Alle übrigen Planungsbereiche mit einem Versorgungsgrad von unter 110% gelten als »offen«. In ihnen können sich Vertragsärzte frei niederlassen. Zulassungen in gesperrten Bereichen sind nur noch im Wege der Praxisnachfolge möglich oder ausnahmsweise, wenn im Einzelfall die Zulassung

Raumgliederung	Anästhe-sisten	Augen-ärzte	Chirur-gen	Fachär. tät. Internis-ten	Frauen-ärzte	HNO-Ärzte	Haut-ärzte	Kinder-ärzte	Nerven-ärzte	Orthopä-den	Psycho-thera-peuten	Radiolo-gen	Urolo-gen	Haus-ärzte
						Einwohner je Arzt								
0	1	2	3	4	5	6	7	8	9	10	11	12	13	14
Große Verdichtungsräume														
1 Kernstädte	25.958	13.777	24.469	12.276	6.916	16.884	20.812	14.188	12.864	13.242	2.577	25.533	26.641	1.585
2 Hochverdichtete Kreise	60.689	20.840	37.406	30.563	11.222	28.605	40.046	17.221	30.212	22.693	8.129	61.890	49.814	1.872
3 Normalverdichtete Kreise	71.726	23.298	44.367	33.541	12.236	33.790	42.167	23.192	34.947	26.854	10.139	83.643	49.536	1.767
4 Ländliche Kreise	114.062	23.195	48.046	34.388	13.589	35.403	51.742	24.460	40.767	30.575	15.692	67.265	53.812	1.752
Verdichtungsansätze														
5 Kernstädte	18.383	11.017	21.008	9.574	6.711	16.419	16.996	12.860	11.909	13.009	3.203	24.333	26.017	1.565
6 Normalverdichtete Kreise	63.546	22.154	46.649	31.071	12.525	34.822	41.069	20.339	28.883	26.358	8.389	82.413	52.604	1.659
7 Ländliche Kreise	117.612	25.778	62.036	44.868	14.701	42.129	55.894	27.809	47.439	34.214	16.615	156.813	69.695	1.629
Ländliche Regionen														
8 Verdichtete Kreise	53.399	19.639	44.650	23.148	10.930	28.859	35.586	20.489	30.339	20.313	10.338	60.678	43.026	1.490
9 Ländliche Kreise	137.442	25.196	48.592	31.876	13.697	37.794	60.026	26.505	46.384	31.398	23.106	136.058	55.159	1.474
Sonderregion														
10 Ruhrgebiet	58.218	20.440	34.591	24.369	10.686	25.334	35.736	19.986	31.373	22.578	8.743	51.392	37.215	2.134

Quelle: Statistik der KBV und Bundesamt für Bauwesen und Raumordnung (BBR)
Berechnungsgrundlage: BBR-Typisierung 1997, Bevölkerungsstand und Arztzahlen: alte Bundesländer zum
31.12.1990. Anästhesisten (31.12.1997). Psychotherapeuten (Einwohner: 31.12.1997. Psychotherapeuten: 1.1.1999). Hausärzte und [f]achärztlich tätige Internisten (Einwohner- und Arztzahlen:

Abb. 5.4-5. Einwohner-Arzt-Relationen (allgemeine Verhältniszahlen) für die Raumgliederungen der Bedarfsplanung

eines weiteren Arztes für die Versorgung »unerlässlich« ist (**Sonderbedarf**). Mit der Bedarfsplanung wurde zugleich die Regelung eingeführt, dass Vertragsärzte mit Erreichen des **68. Lebensjahres ihre Kassenzulassung zurückgeben** müssen (sofern sie mindestens 20 Jahre lang niedergelassen waren). Bis dahin konnten Ärzte als Freiberufler selber entscheiden, wann sie in den Ruhestand gehen wollten. Die Implementierung dieser Regelung wurde als notwendig erachtet, um Nachwuchsmedizinern Niederlassungschancen zu eröffnen.

Die Ankündigung von Zulassungssperren hat im ersten bis dritten Quartal 1993 zu einer erheblich höheren Zahl von Zulassungen geführt, die noch bedarfsunabhängig gewährt werden mussten. Bei einem Bestand von 94.900 Ärzten kamen 11.600 Ärzte brutto neu ins System (netto, nach Abzug der Abgänge: 9600 – dieser exorbitante Zuwachs wurde nach dem damaligen Gesundheitsminister »**Seehofer-Bauch**« genannt). Damit wurde die »normale« durchschnittliche Nettozuwachsrate der Arztzahlen bis einschließlich 1995/1996 vorweggenommen (◘ Abb. 5.4-6). Die Absicht des Gesetzgebers wurde insoweit – zumindest mittelfristig – schon bei Inkrafttreten des Gesetzes in das Gegenteil verkehrt.

Grundsätzlich jedoch greifen die Regelungen der Bedarfsplanung. Seit 1994 hat sich die Arztzahlentwicklung abgeflacht. So beträgt die durchschnittliche Zuwachsrate der Arztgruppen, die der Bedarfsplanung unterliegen, im Zeitraum 1994 bis 2004 0,5%. In dem gleichlangen Zeitraum 1982 bis 1992 vor Inkrafttreten der neuen Bedarfsplanung betrug die Zuwachsrate im Schnitt 2,7% pro Jahr. Zum Vergleich lässt sich weiterhin anführen: Die Zuwachsrate der Arztgruppen, die nicht der Bedarfsplanung unterliegen, betrug im Zeitraum 1994 bis 2004 6,9%. Allerdings umfassen diese Arztgruppen nur 3,4% aller Vertragsärzte. Die Zahl der ambulant tätigen Ärzte nimmt trotz Bedarfsplanung weiterhin zu, da noch nicht alle Planungsbereiche für eine Niederlassung gesperrt sind und zudem in gesperrten Planungsbereichen – vor allem im fachärztlich-internistischen Bereich – **Sonderbedarfszulassungen** ausgesprochen werden. Allerdings nimmt die Zahl der »offenen« Planungsbereiche beständig ab. Während im Jahr 1994 noch etwa 40% aller Planungsbereiche für Neuzulassungen geöffnet waren, sind im Jahr 2005 nur noch in 14% der Planungsbereiche Neuzulassungen möglich.

Die räumliche Verteilung der Ärzte hat sich angeglichen, da Ärzte auf nicht gesperrte Planungsbereiche ausweichen müssen, sofern sie ihren Nie-

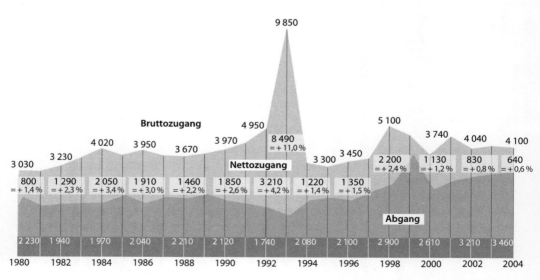

Quelle: Bundesarztregister der KBV, ab 1995 einschließlich Berlin (Ost)

◘ **Abb. 5.4-6.** »Seehoferbauch« – Ab- und Zugang an Vertragsärzten seit 1980 (nur alte Bundesländer)

derlassungswunsch realisieren wollen. Eine bestehende lokale Überversorgung in einigen Gebieten (z. B. Großstädte) konnte durch die Bedarfsplanungs-Richtlinie nicht beseitigt werden, da kein Instrumentarium vorgesehen ist, um Arztpraxen in überversorgten Gebieten zu schliessen bzw. Arztsitze beim Ausscheiden eines Vertragsarztes nicht wiederzubesetzen.

Die Bedarfsplanung konnte nicht verhindern, dass sich das zahlenmässige **Verhältnis zwischen Hausärzten und Fachärzten** weiter zu Lasten der Hausärzte veränderte (**◻ Abb. 5.4-4**). Lag die Relation im Jahr 1980 noch bei 65 Hausärzten (einschließlich Kinderärzte) zu 35 Fachärzten, so betrug sie im Jahr 1993 59,7 zu 40,3. Dieser Trend hat sich auch bis zum Jahr 2004 fortgesetzt: Das Verhältnis liegt nun bei **50 zu 50**. Dies hat zur Folge, dass es derzeit in Deutschland (vom Ersatzbedarf abgesehen) eine **faktische Niederlassungssperre für Fachärzte** gibt. Mit Ausnahme der Psychotherapeuten existieren kaum noch Niederlassungsmöglichkeiten wie in **◻ Abb. 5.4-7** deutlich wird. Die zahlreichen Niederlassungsmöglichkeiten für Psychotherapeuten resultieren aus der 40%-Mindestquote, d. h. mindestens 40% aller Psychotherapeuten in einem Planungsbereich müssen ärztliche Psychotherapeuten sein; die gleiche Regelung gilt für die Gruppe der psychologischen Psychotherapeuten (§ 101 Abs. 4 SGB V). Auf Grund dieser Regelung erge-

ben sich Anfang 2005 allein 1.913 Niederlassungsmöglichkeiten für ärztliche Psychotherapeuten und nur 97 für psychologische Psychotherapeuten. Völlig anders stellt sich dagegen die Situation für die Hausärzte dar. Für sie herrscht Niederlassungsfreiheit, denn zahlreiche Planungsbereiche (etwa zwei Drittel) im gesamten Bundesgebiet sind für eine Niederlassung als Hausarzt offen.

Zum Jahresbeginn 2003 sollte das **Überversorgungsinstrumentarium der Bedarfsplanungs-Richtlinien** durch eine gesetzliche Bedarfszulassung (§ 102 Absatz 1 SGB V) abgelöst werden. Als Grundlage für die Einführung dieser gesetzlichen Bedarfszulassung wurde vom Bundesgesundheitsministerium ein wissenschaftliches Gutachten in Auftrag gegeben, das die Kriterien für den Bedarf an Ärzten objektiv bestimmen sollte (§ 102 Absatz 2 SGB V). Dieses Gutachten (Potthoff und Schneider 2002) wurde im April 2002 im Ministerium den dortigen Mitarbeitern sowie den Partnern der gemeinsamen Selbstverwaltung im Rahmen eines Workshops vorgestellt. Die in der gesundheitsökonomischen Literatur aufgestellte These, dass sich der Bedarf an medizinischen Leistungen und damit der Bedarf an Ärzten nicht objektiv feststellen lässt, wurde bestätigt. Es können nur Indikatoren für den medizinischen Bedarf herangezogen werden, die subjektiv ausgewählt werden und damit natürlich einer gewissen Willkür unterworfen sind.

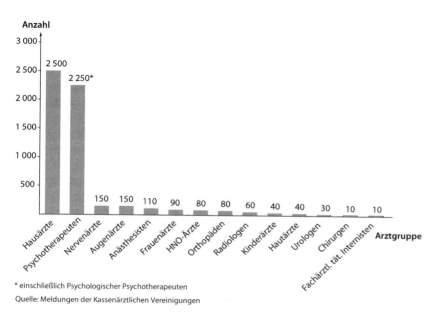

◻ Abb. 5.4-7. Rechnerische Anzahl von Niederlassungsmöglichkeiten für Ärzte und Psychotherapeuten (Stand: Anfang 2005)

* einschließlich Psychologischer Psychotherapeuten

Quelle: Meldungen der Kassenärztlichen Vereinigungen

Die durch das Gutachten ermittelten neuen Verhältniszahlen würden bei der Umsetzung in der Praxis dazu führen, dass rund 10.000 Ärzte sich zusätzlich niederlassen könnten. Die vorgeschlagenen größeren Raumordnungsregionen für die fachärztliche Versorgung würden darüber hinaus erhebliche Probleme bei der **Befriedigung des lokalen Versorgungsbedarfes** verursachen. Weiter wurde deutlich, dass es **kein Instrumentarium** gibt, die bestehende **Überversorgung in Großstädten wirksam und justiziabel abzubauen**. Aus diesen Gründen ist nicht damit zu rechnen, dass das geplante Konzept der gesetzlichen Bedarfszulassung umgesetzt wird.

Die Bedarfsplanung in Deutschland kann insoweit als erfolgreich bezeichnet werden, da die **Arztzahlentwicklung gebremst** wurde. Das Ziel, die »Ärzteschwemme« in den Griff zu bekommen, konnte erreicht werden. Allerdings zu einem hohen Preis. Die Einführung der Bedarfsplanung in ihrer heutigen Form im Zusammenwirken mit der **Budgetierung** der ärztlichen Gesamtvergütung (die zu einem Punktwertverfall führte) sowie der zunehmenden **Bürokratisierung** der vertragsärztlichen Tätigkeit haben bewirkt, dass die **Niederlassung als Vertragsarzt für junge Nachwuchsmediziner zunehmend unattraktiv** wird.

Anreizsysteme für Ärzte in ländlichen Gebieten

Zur Zeit kann ein **Mangel** an Ärztinnen und Ärzten in Teilbereichen der Versorgung festgestellt werden. Dieses Phänomen beruht auf einer Zangenbewegung: die deutsche Ärzteschaft **überaltert** und hat zugleich ein **Nachwuchsproblem**. Dies wird sich auch im ambulanten Bereich auswirken. Unterversorgte Gebiete lassen sich im Moment schon in den neuen Bundesländern identifizieren. Unbedingte Voraussetzung für die Möglichkeit der Attrahierung von Ärzten für die Niederlassung in den neuen Bundesländern ist die Angleichung der für die ambulante Versorgung in den neuen Bundesländern zur Verfügung zu stellenden Finanzmittel an das Niveau der alten Bundesländer. Im Moment werden für die vertragsärztliche Versorgung in den **neuen Bundesländern** im Vergleich zu den alten Bundesländern von den Krankenkassen etwa **20% weniger Finanzmittel** zur Verfügung gestellt.

Nach § 105 Absatz 1 Satz 1 SBG V haben die Kassenärztlichen Vereinigungen entsprechend den Bedarfsplänen alle geeigneten finanziellen und sonstigen Maßnahmen zu ergreifen, um die Sicherstellung der vertragsärztlichen Versorgung zu gewährleisten, zu verbessern oder zu fördern. Mit dem GKV-Modernisierungsgesetz hat der Gesetzgeber folgenden Halbsatz angefügt: »zu den möglichen Maßnahmen gehört auch die Zahlung von **Sicherstellungszuschlägen** an die Vertragsärzte in Gebieten oder Teilen von Gebieten, für die der Landesausschuss der Ärzte und Krankenkassen die Feststellung nach § 100 Absatz 1 getroffen hat.« Gemeint ist die Feststellung von **Unterversorgung bzw. drohender Unterversorgung**.

Der Gesetzgeber hat die Möglichkeit der Gewährung von Sicherstellungszuschlägen, die **hälftig von der Kassenärztlichen Vereinigung und den Krankenkassen** zu tragen sind, geschaffen. Allerdings wird faktisch von dieser Möglichkeit bisher kaum Gebrauch gemacht. Dies resultiert daraus, dass die Definition, wann eine Unterversorgung vorliegt alles andere als eindeutig ist.

Einschlägig sind die **Bedarfsplanungsrichtlinien-Ärzte**. Nach Ziffer 29 dieser Richtlinien ist »*Unterversorgung zu vermuten, wenn der Stand der hausärztlichen Versorgung den in den Planungsblättern ausgewiesenen Bedarf um mehr als 25 v. H. und der Stand der fachärztlichen Versorgung den ausgewiesenen Bedarf um mehr als 50 v. H. unterschreitet.*« Es wird folglich auf den Versorgungsgrad abgestellt. Die hier für das Vorliegen von Unterversorgung zu Grunde gelegten Versorgungsgerade sind allerdings so gering, dass sie der Versorgungsrealität nicht gerecht werden. Demnach wäre Unterversorgung im hausärztlichen Versorgungsbereich in einem Planungsbereich erst dann zu vermuten, wenn der tatsächliche **Versorgungsgrad unterhalb von 75%** liegt. Tatsächlich ist allerdings mit einem **Zusammenbruch der Versorgung (Wartelisten, Patienten ohne ärztliche Betreuung) bereits wesentlich früher** zu rechnen.

Die Definition von Unterversorgung erfolgt in der Ziffer 28. Demnach liegt eine Unterversorgung vor, »*wenn in bestimmten Planungsbereichen Vertragsarztsitze, die im Bedarfsplan für eine bedarfsgerechte Versorgung vorgesehen sind, nicht nur vorübergehend nicht besetzt werden können und dadurch eine unzumutbare Erschwernis in der Inan-*

spruchnahme vertragsärztlicher Leistungen eintritt.« Diese Definition von Unterversorgung ist hingegen unabhängig vom Versorgungsgrad.

Voraussetzung für die Gewährung von Sicherstellungszuschlägen ist die Feststellung von Unterversorgung durch den **zuständigen Landesausschuss**. Die **mangelnde Eindeutigkeit**, welche Unterversorgungsdefinition letztlich einschlägig ist, ist mit dafür verantwortlich, dass von dem Instrumentarium der Sicherstellungszuschläge bisher **wenig Gebrauch** gemacht wurde.

Der bisher umfangreichste Strauß an möglichen Anwendungen der Sicherstellungszuschläge gemäß § 105 Absatz 1 Satz 1 zweiter Halbsatz SGB V wurde in **Sachsen** zusammengestellt. Demnach können dort auf dieser Grundlage folgende Maßnahmen durchgeführt werden:

1. Förderung der Übernahme eines bestehenden Hausarztsitzes durch die Zahlung einer Investitionspauschale,
2. Förderung einer Praxisneugründung durch die Zahlung einer Investitionspauschale,
3. Förderung der Neuerrichtung von Zweigpraxen gegen Vorlage eines Investitionskostennachweises,
4. Zahlung von Boni pro Fall an Hausärzte, die in unterversorgten Gebieten tätig sind.

Weitere Maßnahmen, die von **Kassenärztlichen Vereinigungen** gemäß ihren Sicherstellungsstatuten durchgeführt werden können, sind die Folgenden:

5. Gewährung von Einmalzahlungen als Anschubfinanzierung,
6. Gewährung von Umsatzgarantien für die Anlaufphase einer Praxis, deren Höhe und Dauer sich nach den konkreten Umständen des Einzelfalles richtet,
7. Finanzielle Aufwertung des Notdienstes in unterversorgten Gebieten durch Notdienstpauschalen,
8. Betreibung einer Eigeneinrichtung mit angestellten Ärzten.

Die Maßnahmen der Kassenärztlichen Vereinigungen können durch unterstützende Maßnahmen der Städte und Gemeinden entsprechend flankiert werden. Die Kommunen könnten beispielsweise – und praktizieren dies teilweise – kostengünstige oder verbilligte Räume oder Grundstücke für Praxen oder Zweigpraxen zur Verfügung stellen, um niederlassungsbereite Ärzte »anzulocken«.

Literatur

Kassenärztliche Bundesvereinigung (2004) Grunddaten zur vertragsärztlichen Versorgung in Deutschland, Berlin (erscheint jährlich)

Potthoff P, Schneider M (2002) Bedarfsplanung in der vertragsärztlichen Versorgung. Gutachten im Auftrag des Bundesministeriums für Gesundheit, München und Augsburg

5.5 Personalmanagement in der Integrierten Versorgung

Bernhard Güntert

5.5.1 Strukturelle und gesetzliche Rahmenbedingungen

Den Mitarbeitern kommt in Gesundheitseinrichtungen eine besondere Bedeutung zu. Gesundheitsleistungen sind größtenteils personale Dienstleistungen (Lehmann 1994), d. h. Leistungserstellung, -vermittlung und -abgabe erfolgen gleichzeitig beziehungsweise Produktion und Marketing fallen zusammen. Dies erfordert von **Health Professionals** neben guten Fachkompetenzen auch ausgeprägte kommunikative und soziale Kompetenzen. Im Zusammenhang mit der Integrierten Versorgung werden zusätzlich Kooperationsfähigkeit und -bereitschaft notwendig. Eine **ziel- und patientenorientierte**, über die Grenzen der eigenen Einrichtung hinausgehende **Zusammenarbeit** zwischen den verschiedenen Leistungsanbietern ist Voraussetzung für eine funktionierende integrierte Versorgung.

Aufgabe des Personalmanagements ist es, im Zusammenhang mit der Integrierten Versorgung die notwendigen personellen Ressourcen sicherzustellen. Das Personalmanagement umfasst somit die üblichen Funktionen Personalbedarfsermittlung, Personalbeschaffung, Personaleinsatz, Personalmotivation, Personalbeurteilung, Personalhonorierung sowie Personalentwicklung (Hilb 2000, Thommen und Achleitner 2005). Damit wird das Personalmanagement wohl zum wichtigsten Unterstützungsprozess in Einrichtungen der Gesundheitsversorgung (Rüegg-Stürm 2003). Auch hier gilt idealerweise die Forderung nach einem integrierten, strategischen und stimulierenden Ansatz

(Hilb 2004). Untersuchungen zeigen allerdings, dass dies selbst in privatwirtschaftlichen Unternehmen häufig nicht erreicht wird (Brewster et al. 2000).

Obwohl Mitarbeiter die wichtigste Ressource eines Unternehmens darstellen, richtet sich das Personalmanagement meist zu wenig nach dem Unternehmensleitbild und ist zu wenig strategisch ausgerichtet. Auch sind die Personalmanagementfunktionen häufig nicht aufeinander abgestimmt, die Linienverantwortlichen nur mangelhaft in die Entwicklung und Umsetzung der Personalkonzepte involviert und auch eine objektive Evaluation des Personalmanagements selbst unterbleibt häufig.

Allerdings ist eine integrative Ausrichtung des Personalmanagements, wie auch seiner einzelnen Funktionen aufgrund der strukturellen und organisationalen Rahmenbedingungen in integrierten Versorgungssystemen äußerst schwierig zu erreichen. Das Personalmanagement ist im Prinzip rein betrieblich ausgerichtet, die Festsetzung der generellen Ausrichtung und die Umsetzung der einzelnen Funktionen erfolgt in der Regel im Rahmen einer hierarchisch strukturierten Organisation. Integrierte Versorgungssysteme in Deutschland sind jedoch wenig hierarchisch. Es sind vielmehr virtuelle (Mühlbacher 2004) bzw. **heterarchische Netzwerke** (Sydow 2003, Güntert 2005), die sich meist auf die Versorgung klar definierter Patientengruppen konzentrieren (z. B. Patienten mit Total-Hüftprothesen, Diabetes oder Schlaganfall) und daher nur einen – meist verschwindend kleinen – Teil der gesamten Tätigkeit der Arztpraxen oder Krankenhäuser umfassen. Aus dieser Situation ergeben sich für das Personalmanagement aber ganz spezielle Anforderungen.

In den letzten Jahren wird in Deutschland die Vorstellung einer Integrierten Versorgung stark propagiert (**GKV-Gesundheitsreformgesetz 2000**), anfänglich allerdings ohne großes Interesse der Health Professionals und – mit Ausnahme einiger weniger Modellversuche – ohne konkrete Umsetzung im Versorgungssystem. Erst mit dem **GKV-Modernisierungsgesetz (GMG 2004)**, der Neufassung des § 140 a–h des SGB V und den damit verbundenen **finanziellen Anreizen** aus dem **Risikostrukturausgleich** ist das Interesse an der konkreten Umsetzung integrierter Versorgungskonzepte deutlich gestiegen, wie die rasch wachsende

Anzahl der bewilligten und akkreditierten Modellversuche zeigt (vgl. ▶ **Kap. 2.5** für eine ausführliche Definition der integrierten Versorgung).

Die Ausrichtung auf eine gemeinsame und ganzheitliche Betreuung von Patienten, d. h. auf die Patientenkarriere als Ganzes und nicht auf einzelne Patientenepisoden – wie stationärer Aufenthalt, ambulante Behandlung (Güntert 2004) – stellt für das Personalmanagement, insbesondere für die Personalentwicklung, eine große Herausforderung dar. Diese Sichtweise widerspricht den in den letzten Jahren mittels **neuer Entgeltsysteme** (z. B. gedeckelten Budgets, Diagnosis Related Groups – DRG) geförderten betriebswirtschaftlichen Denk- und Handlungsmustern im Management von Gesundheitsversorgung.

Unter den immer engeren wirtschaftlichen Rahmenbedingungen wurden die verschiedenen Leistungsanbieter gezwungen, zunehmend wirtschaftliche Ziele zu verfolgen und eigenwirtschaftlich ihr Überleben sicherzustellen. Diese enge betriebliche Ausrichtung wird durch die Tatsache verstärkt, dass die vertragliche Bindung der Leistungsanbieter untereinander und gegenüber der Krankenkasse nicht zu einer generellen Integration der Versorgung führt (wie etwa in Managed Care-Organisationen oder den Ärztenetzen), sondern sich meist nur auf einen Teil der durch die jeweiligen Leistungsanbieter betreuten Patienten beschränkt.

Die **größte Herausforderung** für das Personalmanagement ergibt sich somit aus der Tatsache, dass an integrierten Versorgungssystemen immer mehrere rechtlich und wirtschaftlich unabhängige Leistungsanbieter beteiligt sind, sich die Optimierungen der Versorgungskette nur auf einen kleinen Teil der betreuten Patienten beziehen und durchaus den **eigenwirtschaftlichen Interessen** entgegen stehen können. Die einzelnen Leistungsanbieter können somit durchaus auch mehreren integrierten Versorgungssystemen angehören. Daher ist die Vernetzung der einzelnen integrierten Systeme aus organisatorischer Sicht eher lose. In der Netzwerkforschung bezeichnet man derartige Zusammenschlüsse als heterarchisch und – trotz vertraglicher Bindung – dynamisch (vgl. Sydow 2003, Güntert 2005).

Personalmanagementkonzepte gehen jedoch in aller Regel von **hierarchisch strukturierten Systemen** beziehungsweise Unternehmungen aus. Unterstellt wird jeweils eine Organisation mit einem in sich schlüssigen Zielsystem sowie Personalverantwortlichen mit Durchgriffsmöglichkeit auf die gesamte Organisation. Dies ist jedoch im Rahmen von integrierten Versorgungsnetzwerken kaum gegeben. Obwohl auch integrierte Versorgungssysteme über ein mehr oder weniger ausgebautes Netzwerk-Management verfügen, verbleibt die Personalverantwortung bei den einzelnen Netzwerkpartnern. Das Vertragswerk integrierter Versorgungssysteme umfasst in der Regel kaum Bestimmungen über Personalfragen. Das Netzwerkmanagement ist für den Aufbau, die Pflege und die Weiterentwicklung des Netzwerkes, die Klärung von Schnittstellen und Konflikten, die Regelung der Leistungsverrechnung und Vergütung sowie für das Informationsmanagement und den gemeinsamen Marketingauftritt verantwortlich (Mühlbacher 2004).

Dies bedeutet, dass die **Zielsetzungen** der verschiedenen autonomen Anbieter in der Regel **sehr heterogen** bleiben, sie ihre eigenen Ziele weiterverfolgen (müssen) und die vertragliche Bindung wohl zu Kooperation bei der konkreten Leistungserbringung verpflichtet, weniger jedoch auf gemeinsame Strukturen, gemeinsame Ressourcen oder auf gemeinsame Unterstützungsprozesse.

5.5.2 Praktische Umsetzung

Erster Schritt des Personalmanagements ist die **Personalbedarfsermittlung**. Dabei geht es um die Sicherstellung des für die Leistungserstellung benötigten Personals in quantitativer, qualitativer, zeitlicher und räumlicher Hinsicht. Da integrierte Versorgungssysteme in Deutschland in der Regel heterarchische Netze sind, verbleibt die Personalverantwortung jeweils bei den einzelnen Leistungsanbietern. Die Leistungserstellung soll jedoch für eine bestimmte Patientengruppe im Verbund und aufgrund gemeinsamer, neuer Leistungs- und Qualitätsstandards erfolgen. In zeitlicher und räumlicher Hinsicht können sich konkrete Prozesse der Leistungserstellung verändern, neue Arbeits- und Kooperationsformen notwendig machen, die sich von herkömmlichen Versorgungsstrukturen unterscheiden und neue Anforderungen an die Organisation der Leistungsanbieter und das Personal stel-

len. Hier fehlen jedoch konkrete Erfahrungen und Standards noch weitgehend.

Damit gestaltet sich die Personalbedarfsermittlung jedoch als schwierig. Die üblicherweise verwendeten **qualitativen und quantitativen Personalanhaltszahlen**, die alle auf die einzelnen, sektoral gegliederten Leistungserbringer ausgerichtet sind, müssen aufgrund der neuen Aufgabenverteilungen zwischen den Leistungsanbietern im Netz und der neuen Kooperationen in integrierten Versorgungsstrukturen relativiert werden. Da sich integrierte Versorgungssysteme meist auf einzelne Patientengruppen konzentrieren, dürfte sich die neue Aufgabenverteilung nur bei Spezialkompetenzen personalwirksam auswirken. Stärker auswirken werden sich wohl die lokale Situation der Leistungsanbieter (z. B. generelle Verfügbarkeit von Spezialisten und Einrichtungen, Kooperationsbereitschaft).

Im Rahmen der **Personalbeschaffung** sollen die durch die Personalbedarfsermittlung festgestellten Defizite gedeckt werden. Dabei muss man zwischen **Personalwerbung** und **Personalauswahl** unterscheiden, wobei eine weitere Unterteilung in **interne** und **externe Personalbeschaffung** sinnvoll ist. Da die Anforderungen bezüglich Integration der Versorgung noch neu sind und sich entsprechende, spezifische Berufsbilder und Berufsausbildungen erst noch etablieren müssen, ist Personalwerbung und -auswahl weder intern noch extern einfach. Statt zu konkreten Personalbeschaffungen kommt es bei Umstrukturierung von Prozessen häufig erst zu einer internen Aufgabenumverteilung. Dies dürfte auch auf die meisten integrierten Versorgungsmodelle und die meisten der beteiligten Leistungserbringer zutreffen. Personalrelevant und mit konkreten Personalbeschaffungen verbunden sein wird die Integrierte Versorgung vor allem bei Leistungsanbietern mit einer zentralen Rolle und einem speziellen Koordinationsaufwand.

Für die interne oder externe Rekrutierung entsprechender Mitarbeiter fehlen Erfahrungen noch weitgehend. Während sich die verschiedenen Gesundheitsberufe im Markt etabliert haben und für die Beurteilung der fachlichen Kompetenzen durchaus Standards und Verfahren bekannt sind, sich aber auch einfache Merkmale wie absolvierte Ausbildungen bewährt haben, existieren nur **beschränkt Instrumente zur Beurteilung von Kooperationsfähigkeiten und -kompetenzen.** Aus-

5

und Weiterbildungsangebote im Hinblick auf die Integrierte Versorgung sind wohl zunehmend auf dem Markt vorhanden, Erfahrungen mit Absolventen werden sich jedoch erst noch bilden.

Aufgabe des **Personaleinsatzes** ist die Zuordnung der verfügbaren Mitarbeiter zu den zu erfüllenden Aufgaben in Bezug auf Qualifikation, Quantität, Einsatzzeit und Einsatzort (Thommen und Achleitner 2005). Auch die Personaleinsatz-Instrumente (unter anderem Dispositions-, Planungs- und Kontrollsysteme) sind traditionellerweise auf Einzelbetriebe ausgerichtet, nicht auf die Leistungserstellung in einem heterarchischen Netzwerk. Im Vordergrund stehen **betriebsbezogene Optimierungen**. Die Verfolgung von übergeordneten Zielen ist eher schwierig, da die Entscheidungskompetenzen über den konkreten Personaleinsatz bei den einzelnen Leistungsanbietern liegen, beziehungsweise an ein zentrales Netzwerkmanagement übertragen werden müssten. Dies ist jedoch mit Blick auf die im Verhältnis zur gesamten Tätigkeit beschränkte Anzahl von Patienten in der Integrierten Versorgung nicht realistisch. Eine Koordination des Personaleinsatzes im System der Integrierten Versorgung wird daher nur möglich sein, wenn das Volumen der versorgten Patienten für die einzelnen Leistungsanbieter substanziell ist, beziehungsweise Leistungen für das Netzwerk finanziert werden.

Bei der Frage der **Personalmotivation und -honorierung** geht es nicht nur darum, die Entscheidung potentieller Mitarbeiter zum Eintritt in die Einrichtung eines Netzpartners positiv zu beeinflussen, sondern vor allem um die **Bindung** der Mitarbeiter, damit um die Sicherstellung der Kontinuität für die Patienten. Weiter geht es um die Aktivierung der Leistungen mit Hilfe **zielorientierter und situationsgerechter Anreizsysteme** zur Sicherstellung der Erfüllung von Erwartungen und Plangrößen (Thommen und Achleitner 2005).

Im Zusammenhang mit der Integrierten Versorgung ergeben sich dabei **verschiedene Probleme**. In einem ersten Schritt gilt es, die im Versorgungsnetz angestrebten Ziele derart zu operationalisieren, dass sie Grundlage für Personalmotivation und -honorierung sein können. Die Umsetzung in ein Anreiz- und Honorierungssystem bleibt allerdings nicht unproblematisch, sprechen doch nicht alle Health Professionals darauf an.

Ökonomisch rationales beziehungsweise leistungsorientiertes Verhalten darf nicht unterstellt werden. Große Gruppen von Health Professionals sind nicht ökonomisch leistungsorientiert, sondern haben eine eher **soziale Grundmotivation** (Staehle 1999, Thiele 2004). Daher bedarf es in Gesundheitseinrichtungen eines **differenzierten Anreizsystems**, welches sowohl der **intrinsischen** wie auch der **extrinsischen Motivation** Rechnung trägt. Grundsätzlich dürfte die Integrierte Versorgung für intrinsische Motivation geeignet sein, da in der Regel das Wohlergehen der Patienten insgesamt im Interesse der Health Professionals liegt. Damit Motivation und Honorierung langfristig wirken, müssten die Ansätze für alle Beteiligten ähnlich sein. Nur so könnten Ablehnung und Frustrationen aufgrund ungleicher Behandlungen von Mitarbeitern vermieden werden. Damit würde jedoch in die Autonomie der einzelnen Betriebe eingegriffen. Um die Integrierte Versorgung nicht grundsätzlich zu gefährden, findet man in den meisten Vertragswerken keine entsprechenden Vereinbarungen.

Mit **Personalentwicklung** werden verschiedene Ziele verfolgt. Grundsätzlich geht es einerseits um die **gezielte Entwicklung von Qualifikationen und Fähigkeiten** der Mitarbeiter, um Veränderungen bei Arbeitsinhalten, -mitteln, und -prozessen gerecht zu werden. Andererseits gilt es im Sinne der langfristigen Motivation und Bindung, die Fähigkeiten der Mitarbeiter zu fördern. Mit Hilfe von Laufbahn- und Karriereplanungen sollen sie darauf vorbereitet werden, auch zukünftige Aufgaben, eventuell mit einem veränderten Verantwortungsbereich, zu erfüllen (◘ Abb. 5.5-1).

Die raschen Fortschritte in den medizinischen und pflegerischen Technologien und Verfahren erfordern laufend Personalentwicklungsmaßnahmen bei Health Professionals. Entsprechende Ausbildungssysteme haben sich denn auch innerhalb der Professionen, aber auch der Einrichtungen etabliert. Entwicklungsbedarf ergibt sich auch durch die Leistungserstellungen in integrierten Versorgungssystemen, mit neuen Kooperationen zwischen den verschiedenen Anbietern, intensivem Informationsaustausch und mit dem **Fokus auf die Patientenkarriere**. Die meisten Health Professionals wurden oder werden jedoch noch im traditionellen Bildungssystem ausgebildet und auf die sektorielle Leistungserbringung vorbereitet.

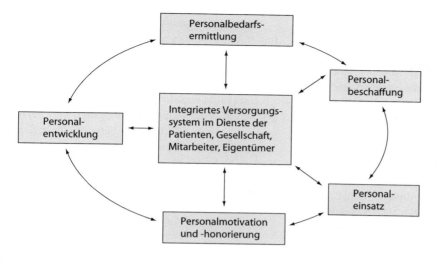

Die Umsetzung integrierter Versorgungskonzepte ist politisch gewollt, von großen Teilen der Bevölkerung erwünscht (Petter 2005) und soll möglichst rasch erfolgen. Um das Potenzial der Integrierten Versorgung auszunutzen, müssen die Mitarbeiter rasch auf die geänderten Prozesse vorbereitet, in der Nutzung neuer Informationstechnologien und in der Kooperation mit anderen Leitungsanbietern geschult werden. **Gezielte Personalentwicklungsmaßnahmen**, welche die Defizite zwischen der traditionellen Ausbildung der Health Professionals und den Erfordernissen der Integrierten Versorgung schließen, sind vonnöten. Die große Gefahr besteht nun aber darin, dass diese in aller Eile entwickelt und möglichst passgenau auf aktuelle Bedürfnisse ausgerichtet werden, ohne Mitarbeiter zu befähigen, die Integrierte Versorgung weiter zu entwickeln. Wohl entstehen an verschiedenen Orten erste Studienangebote, die eine vertiefte Qualifizierung in Netzwerkmanagement, Case Management, Disease Management-Koordination und Managed Care sicherstellen werden (Übersicht bei Polak 2005). Bis Absolventen in ausreichender Zahl auf den Arbeitsmarkt drängen, dürfte es aber noch eine Weile dauern. **Personalentwicklung** wird – trotz aller Strukturprobleme – daher noch lange eine Hauptaufgabe des Managements integrierter Versorgungssysteme bleiben.

Erfolgsfaktoren und Ansatzpunkte für das Personalmanagement in der Integrierten Versorgung

Die Ansätze des Personalmanagements wurden für das langfristige Überleben einzelner Unternehmungen entwickelt und sind daher in hierarchischen Systemen sicher wirksamer, als in völlig heterarchischen Netzen, die nur einen Teil der Aktivitäten der verschiedenen Partner betreffen. In den integrierten Versorgungssystemen Deutschlands bleibt die **Autonomie der einzelnen Leistungsanbieter** – im Gegensatz etwa zu amerikanischen Modellen oder zu den Health Maintenance-Organisationen der Krankenkassen in der Schweiz – gewahrt. Da sie sich in der Regel nur auf einen Teil der von den einzelnen Leistungsanbietern betreuten Patienten beziehen, werden sich gemeinsame Visionen, Ziele, Strukturen und Ressourcen auf ein Minimum reduzieren.

Konstituierende Merkmale der Integrierten Versorgung sind neben den ideellen Zielen der Health Professionals, eine definierte Patientengruppe in enger Kooperation evidenzbasiert, qualitativ besser und eventuell auch wirtschaftlicher zu versorgen, sowie – aufgrund der finanziellen Anreize – wirtschaftliche Zielsetzungen. So wird versucht, im Netzwerk die einzelwirtschaftliche Leistungsfähigkeit zu verbessern, oder aber das Netzwerk gegenüber anderen Leistungserbringern **am Gesundheitsmarkt** und gegenüber den Krankenversicherern besser **zu positionieren**. Dies geschieht durch die Kombination verschiedener Partner mit unterschiedlichen Kernkompetenzen und Infrastrukturen. Grundlage bildet in der Regel die formale, vertragliche Integration, eine gemeinsame strategische und operative Ausrichtung, gemeinsame Kommunikations- und Koordinationsstrukturen (z. B. Gatekeeper, Case Manager, Leitlinien und Standards), ein gemeinsames Qualitätsmanagement und -controlling sowie ein gemeinsames Netzwerkmanagement (Mühlbacher 2004).

Das **Netzwerkmanagement** kann zentral oder dezentral erfolgen. Eine **zentrale Führung** liegt dann vor, wenn die Beteiligten bewusst eine starke Netzwerkführung wünschen, da sich der Versorgungsvertrag auf einen Großteil ihrer Aktivitäten bezieht (z. B. die hausarztbasierte integrierte Versorgung) oder aber, wenn ein oder wenige Partner das Netzwerk wesentlich beeinflussen und die strategische Ausrichtung, aber auch Inhalt und Form der Netzwerkorganisation wesentlich beeinflussen (Sydow 1992). Derartige Positionen können sich ergeben, wenn ein Leistungsanbieter lokal stark verankert ist beziehungsweise über spezielle Kompetenzen oder Ressourcen verfügt (z. B. ein Medizinisches Versorgungszentrum als Teil eines integrierten Versorgungssystems). Optimierungen aus der Sicht des Netzwerkes lassen sich in einer solchen Situation auch im personellen Bereich besser durchsetzen und ermöglichen eine höhere Standardisierung und Qualität der Leistungserstellung.

Viele der integrierten Versorgungssysteme in Deutschland weisen jedoch eher eine **dezentrale (polyzentrische) Führung** auf. Die Netzwerke bestehen aus verschiedenen Partnern mit homogener Abhängigkeit, die in der Regel in der Form von **eingetragenen Vereinen** (e.V.) oder seltener als **Genossenschaft** (Henke et al. 2004) organisiert sind. Aufgrund dieser Situation und der weitgehenden rechtlichen Unabhängigkeit der Partner besteht für keinen Beteiligten die Möglichkeit seine beziehungsweise die Netzwerkinteressen gegenüber den anderen weisungsbefugt durchzusetzen. In dieser Situation besteht **Netzwerkmanagement** eher aus einem Aushandlungsprozess zwischen den verschiedenen Leistungserbringern und erzielt oft Kompromisse. Eine derartige Netzwerkführung dürfte sich gerade bei Personalfragen nur schwer gegen einzelne Netzwerkpartner durchsetzen und aus der Gesamtsystemsicht optimieren lassen können.

Damit weisen polyzentrisch geführte Netzwerke in der Regel einen geringeren Standardisierungsgrad, weniger gemeinsame (personelle) Strukturen und ein höheres **latentes Konfliktpotential** auf als hierarchische Organisationen (Sydow 1992).

Bezüglich Personalmanagement in der Integrierten Versorgung gilt grundsätzlich:

> **▣ Merkmale des Personalmanagements einer Integrierten Versorgung**
> — je größer die Gemeinsamkeiten der Netzwerkpartner auf der Werte- und Zielebene,
> — je enger die Zusammenarbeit und der Informationsaustausch,
> — je mehr gemeinsame Strukturen, Standards und Prozesse,
> — je größer der Anteil der im Netzwerk versorgten Patienten umso notwendiger ist es, dass das Netzwerkmanagement Personalmanagementaufgaben übernimmt oder zumindest koordiniert.

Voraussetzung auf der **normativen Führungsebene** sind gemeinsam entwickelte und formulierte Visionen und Leitbilder über die Versorgung und Betreuung der relevanten Patientengruppe. Damit diese tragfähig sind, sollten sie nicht von der Politik oder auf Grund wirtschaftlicher Zwänge vorgegeben sein, sondern durch die Health Professionals in der Region gewollt und erarbeitet sein.

Je mehr gemeinsame Ziele, Strukturen und Prozesse in einem integrierten Versorgungssystem zu finden sind, umso wirksamer wird das Personalmanagement sein. Um die Ziele der Integrierten Versorgung zu erreichen, müssen die Leitvorstellungen die Patienten und deren Behandlungs- und Betreuungskette in den Vordergrund rücken. Allerdings dürfen sie sich nicht darauf beschränken, idealistisch die Versorgung zu beschreiben, sondern müssen auch konkrete Aussagen zur gemeinsamen **Netzwerkführung**, zum **Informationsaustausch**, zu **gemeinsamen Strukturen** und zu **finanziellen Konsequenzen** machen.

Auf der **strategischen Ebene** beeinflusst die Struktur beziehungsweise Zusammensetzung des Netzwerkes die Situation stark. Typisch für hierarchische Netze sind **Redundanzen**, d. h. die verschiedenen Funktionen oder Leistungsanforderungen werden jeweils durch mehrere Partner im System wahrgenommen. Dies führt einerseits zu mehr Sicherheit für die Patienten, andererseits zu einem netzinternen Wettbewerb. Dadurch wird auch die vertragliche Integration beeinflusst. Das gleichzeitige Vorhandensein von Kooperation und Konkurrenz (**Co-opetition**, Brandenburger und Nalebuff 1996) erfordert neben einer gemeinsamen Vision eine strategisch sinnvolle Wahl und Einbindung der Netzwerkpartner, klare Regeln über die Bereiche der Kooperation und die des gegenseitigen Wettbewerbes sowie ein feststellbarer Zusatznutzen für alle Beteiligten (Güntert 2004). Dieser ergibt sich meist aus Synergieeffekten durch den Aufbau von organisationsübergreifenden Kompetenzen, die vom Netzwerk mitgenutzt werden können. Darunter fallen sowohl gemeinsame Infrastruktur wie auch gemeinsames Personal.

Co-opetition wirkt sich daher auch auf der Ebene des Personals aus und muss im Personalmanagement entsprechend berücksichtigt werden. Notwendig ist aber auch, dass im Kooperationsvertrag Befolgung von Personalmaßnahmen (z. B. bei Rekrutierung, Honorierung, Schulung) oder die Teilnahme an Personalentwicklungsmaßnahmen konkret und verbindlich festgehalten werden.

Ebenfalls zu den strategischen Aufgaben des Netzwerkmanagements gehört die laufende und systematische Auswertung von Ergebnissen der Versorgungsforschung, um über traditionelle Sektorengrenzen hinaus, die integrierte Leistungserstellung zu optimieren und konkrete Hinweise nicht nur für die Netzwerkstrukturen, sondern auch für die quantitative und qualitative Personalausstattung zu erhalten.

Zur **operativen Führungsebene** gehören die konkrete Mitarbeiterführung und der Mitarbeitereinsatz. Beides wird sich im Rahmen der Integrierten Versorgung ändern, da nicht mehr die einzelne Einrichtung für sich zu optimieren ist, sondern Rücksicht auf die Patientenströme, Informationsflüsse und Leistungserstellungsprozesse im Netz zu nehmen sind. Aufgabe des Netzwerkmanagements ist es, diese Zusammenarbeit durch zielgerichtete Schulung der Mitarbeiter einerseits und durch Unterstützung der Leiter der verschiedenen beteiligten Einrichtungen zu unterstützen.

Nicht nur den Leitern von Einrichtungen, sondern auch den Mitarbeitern kommt bei der Umsetzung eine wichtige Rolle zu. Die Teilnahme an der Integrierten Versorgung erfordert nicht nur einen Bewusstseins- und Einstellungswandel bei den Leistungsanbietern, sondern auch die aktive Veränderung von Prozessen. Diese organisatorischen Maßnahmen können nur durch entsprechend geführte und ausgebildete Mitarbeiter verankert werden (Mühlbacher 2004). Damit wird die Funktion **Personalentwicklung** zur entscheidenden Schlüsselrolle im Rahmen der integrierten Versorgung. Die Personalentwicklung muss somit auf zwei Ebenen einsetzen.

Einerseits gilt es für die **Einrichtungsleiter** die neuen Rahmenbedingungen der Zusammenarbeit deutlich zu machen, die Vorteile aufzuzeigen und sie bei der Umsetzung möglichst konkret und direkt zu unterstützen und zu entlasten. Dazu sind nicht nur Informationsaustausch und Schulungen notwendig, sondern bei Bedarf auch Beratung und Coaching. Anderseits sind Entwicklungsangebote für **Mitarbeiter** erforderlich. Darunter können viele Aktivitäten fallen, wie etwa allgemeine Information zur Vernetzung und integrierten Leistungserstellung, konkrete Vorbereitung auf netzinterne Informations- und Leistungsprozesse, Schulungen bezüglich der Nutzung gemeinsamer Informationssysteme, Patientenklassifizierung, Datenerfassung und Abrechnung oder auch Skilltraining bezüglich Kooperations- und Kommunikationsfähigkeit, Konfliktfähigkeit und Teamfähigkeit.

Gemeinsame Mitarbeiterentwicklung ist auch in integrierten Versorgungsnetzen, die sich nur auf spezielle Patientengruppen beschränken, angesagt. Denn es gilt heute im Gesundheitswesen die Kooperationsbereitschaft generell zu stärken, eingeschliffene Verhaltensweisen zu ändern und neue Technologien sinnvoll zu nutzen. Nur dann wird es gelingen, die von Experten immer wieder festgestellten Potenziale eines besseren **Schnitt**- beziehungsweise **Nahtstellenmanagements** zu nutzen und das Gesundheitswesen zukunftsfähig zu machen.

Literatur

Brandenberger A, Nalebuff B (1996) Co-opetition. Currency Doubleday, New York

Brewster C et al. (2000) Project on International Strategic Human Resource Management: 2000 International Executive Report. Crane Publ., Cranfield

Güntert BJ (2005) Notwendigkeit von Vernetzungen im Gesundheitswesen. ÖKZ extra 46 (SP2): 12–13

Güntert BJ (2004) Integration und Kooperation im Gesundheitswesen – ein Plädoyer für patientenorientierte Strukturen und Verhaltensweisen. In: Holzer E, Hauke E (Hrsg) Gesundheitswesen – vom Heute ins Morgen. WUV Universitätsverlag, Wien, S 100–109

Henke KD, Friesdorf W, Marsolek I (2004) Genossenschaften als Chance für die Entwicklung der Integrierten Versorgung im Gesundheitswesen. DGRV, Berlin

Hilb M (2000) Integriertes Personal-Management. Luchterhand, Neuwied-Kriftel

Hilb M (2004) Personalmanagement. In: Dubs R et al. (Hrsg) Managementlehre (Bd. 4). Haupt, Bern

Lehmann A (1994) Dienstleistungsmanagement. Schäffer-Poeschel, Stuttgart

Mühlbacher A (2004) Die Organisation der »virtuellen« Integration von Versorgungsleistungen durch Unternehmensnetzwerke der Integrierten Versorgung. In: Henke K-D, Rich F R, Stolze H (Hrsg) Integrierte Versorgung und neue Vergütungsformen in Deutschland. Nomos Verlagsgesellschaft, Baden-Baden, S 75–114

Petter A (2005) Integrierte Versorgung in Österreich – was erwartet sich die Bevölkerung? ÖKZ extra (SP2): 14–15

Polak G (2005) Medicine & Health – Kurskatalog 2005. Going International, Wien

Rüegg-Stürm J (2003) Das neue St. Galler Management-Modell. Haupt, Bern

Staehle W (1999) Management, Vahlen, München

Sydow J (1992) Strategische Netzwerke. Gabler, Wiesbaden

Sydow J (2003) Management von Netzwerkorganisationen. Gabler, Wiesbaden

Thiele G (2004) Ökonomik des Pflegesystems. Economica, Heidelberg

Thommen JP, Achleitner AK (2005) Allgemeine Betriebswirtschaftslehre. Gabler, Wiesbaden

5.6   Personalmanagement in der Arzneimittelindustrie

HR-Team Sanofi Aventis, Frankfurt

5.6.1   Gesetzliche und strukturelle Rahmenbedingungen

In der Arzneimittelindustrie gelten grundsätzlich die gleichen gesetzlichen Bestimmungen wie für alle anderen Arbeitsverhältnisse in Deutschland. Es existiert aber darüber hinaus eine Vielzahl von gesetzlichen Bestimmungen, die in der Arzneimittelindustrie eine besonders große Rolle spielen und sich, wenn auch vor allem mittelbar, auf die Personalarbeit auswirken.

Bei den Rahmenbedingungen müssen vorrangig die Notwendigkeit der Erhaltung und **Förderung von Know-how und Innovation** als wichtigster Kern einer erfolgreichen Forschung, die **Entwicklung und Produktion von Arzneimitteln** und die starke **Veränderung der organisatorischen Strukturen** genannt werden. Es sind vor allem diese strukturellen Faktoren, die die Personalarbeit und damit alle Systeme zur Gewinnung, Entwicklung und Bindung der Wissens- und Innovationsträger des Unternehmens in der Arzneimittelindustrie beeinflussen.

Besondere Gesetze, Verordnungen und Vorschriften

Für die Arzneimittelproduktion ergeben sich aus speziellen Gesetzen und Verordnungen Anforderungen an bestimmte Positionen, die bei der Personalauswahl eine Rolle spielen.

Nach den Vorschriften des **Betäubungsmittelgesetzes (BtmG)** ist gemäß § 3 eine Erlaubnis zum Verkehr mit Betäubungsmitteln notwendig. Da einige der Wirkstoffe und Endprodukte Betäubungsmittel im Sinne des BtmG darstellen, ist es notwendig, für die produzierenden Betriebe und Verantwortlichen eine solche Erlaubnis zu besitzen.

Das **Arzneimittelgesetz (AmG)** fordert gemäß § 13 eine Herstellerlaubnis für den Herstellleiter von Arzneimitteln (in der Regel ein Apotheker). Nach dem **Gentechnikgesetz (GenTG)** ist gemäß § 2 ein Projektleiter bzw. Beauftragter für Biologische Sicherheit zu benennen, für den Umgang mit gentechnischem Material gearbeitet wird.

Die Erteilung der erforderlichen Genehmigungen setzt bei der Besetzung entsprechender Positionen besondere Qualifikationen an die einzustellenden Mitarbeiter voraus. Dies beeinflusst direkt die Personalarbeit, da die Personalbeschaffung und die Personalauswahl für diese Bereiche besonders sensibel sind.

Erwähnt werden sollen auch die zunehmenden Vorschriften und Bestimmungen der Arzneimittelzulassungsbehörden, sowohl in Europa als auch in Nordamerika, einem der wichtigsten Märkte der pharmazeutischen Industrie.

Arbeitssicherheit und Arbeitsschutz

Besonders starke Auswirkungen auf die Personalarbeit und -führung in der Arzneimittelindustrie hat das gesamte Gebiet der Arbeitssicherheit. Da in der Arzneimittelindustrie mit den unterschiedlichsten chemischen und biologischen Substanzen in unterschiedlichen Art und Weise gearbeitet wird, sind spezielle Gesetze und Verordnungen für Arbeitssicherheit und Arbeitsschutz zu beachten, die für andere Branchen teilweise keine oder nur eine geringe Bedeutung haben. Dies sind regulierende Gesetze und Verordnungen wie beispielsweise das **Chemikaliengesetz,** die **Betäubungsmittelverordnung,** die **Biostoffverordnung,** aber auch speziell formulierte **Mutterschutzrichtlinien** und **Arbeitsstättenverordnungen.**

Die Einhaltung dieser Vorschriften hat für die Personalarbeit die unterschiedlichsten Einflüsse. Die Personalabteilung sowie die Vorgesetzten sind zunächst dazu verpflichtet, jeden Arbeitsplatz auf seine spezifischen Besonderheiten hin zu überprüfen. So sind in der Forschung und Entwicklung unter anderem die Vorschriften der Biostoffverordnung und des Chemikaliengesetzes ausschlaggebend für die Art und Weise des Personaleinsatzes und die Arbeitsbedingungen. Aus diesen und anderen Vorschriften ergeben sich besondere Anforderungen an die Qualifikation des einzusetzenden Personals, der Arbeits- und Schutzkleidung sowie der Personalführung. Die Mitarbeiter sind von den Vorgesetzten regelmäßig auf die Einhaltung dieser Vorschriften zu schulen und zu kontrollieren.

In den Produktionsbereichen gibt es je nach Einsatzbereich der Mitarbeiter ebenfalls besondere Anforderungen an die Mitarbeiterauswahl. Die einzusetzenden Mitarbeiter müssen vor Beginn und während des Arbeitsverhältnisses regelmässig **arbeitsmedizinisch** untersucht werden. Dies geschieht sowohl im Hinblick auf die Gesundheit des Mitarbeiters, auf mögliche Gefahrstoffe als auch im Hinblick auf die Produktqualität der Arzneimittel.

Beispielhaft seien die Pflichtuntersuchungen in den Steril- und Reinräumen bei der Produktion von sterilen Arzneimitteln genannt. Untersuchungen auf Verträglichkeit von Atemschutzvorrichtungen, bestimmten Allergenen, Schichttauglichkeit und bestimmte Krankheitsbilder sind zwingend notwendig. Des weiteren ergeben sich für **werdende Mütter** aus vielen dieser Vorschriften besondere **Beschäftigungsverbote** in den Labors und in einzelnen Produktionsbereichen aufgrund bestimmter Erreger, Strahlen oder toxischer Substanzen. Dies setzt eine stets flexible und betriebsübergreifende Personalplanung voraus.

Die **Einstellungsuntersuchung** inklusive eines **Drogenscreenings** sowie ein **generelles Alkoholverbot** sind weitere Mittel der Förderung der Arbeitssicherheit durch den Arbeitgeber, um stets der Fürsorgepflicht zu entsprechen. Die Personalabteilung sowie die betrieblichen Vorgesetzten sind darüber hinaus auf eine besondere Sensibilität für Gesundheitsthemen geschult. Bei Auffälligkeiten jeglicher Art wird das Arbeitsmedizinische Zentrum bzw. der Betriebsarzt sofort eingeschaltet.

Produkt-Know-how

Die Wahrung von **Know-how über Produkte, Verfahren und Substanzen** ist ein Schlüssel zum Gesamterfolg eines jeden pharmazeutischen Unternehmens. Zur Sicherung des Spezialistenwissens werden ebenfalls Vorkehrungen getroffen. Mit Mitarbeitern auf Schlüsselpositionen können zusätzlich **Wettbewerbsklauseln** vereinbart werden, um das mögliche Abwandern von Know-how zu potentiellen Konkurrenzunternehmen zu verhindern.

Ebenso gilt, höchste Sicherheit bei der Produktion von Arzneimitteln zu gewährleisten. Ein Beispiel dafür ist die Anforderung von **polizeilichen Führungszeugnissen** für die Besetzung bestimmter Positionen und die Vergabe von **Zugriffsrechten** auf einzelne Programme, Verfahren und Maschinen in enger Zusammenarbeit mit den Betriebsführern.

Zusätzlich werden die Forschungs- und Produktionsstätten gegen unbefugte Zutritte durch die Installation besonderer **Zugangskontrollsysteme- und Berechtigungen** gesichert.

Internationalisierung und Wandel in sich konsolidierenden Märkten

Ein Schwerpunkt der Personalarbeit bei weltweit tätigen, Pharmaunternehmen ist das Managen einer zunehmenden **Internationalisierung** der Organisationen innerhalb der Konzernstruktur. Durch die zunehmende **Konsolidierung** der Unternehmenslandschaft der Pharmaindustrie in Form von Zusammenschlüssen und Übernahmen wächst und verändert sich sowohl die Größe der neu entstehenden Unternehmen als auch die Anzahl der verschiedenen Standorte und Landesorganisationen. Diese sind durch die Notwendigkeit einer Vereinheitlichung von Abläufen und Systemen, durch die Verknüpfung aufgrund der Wertschöpfungs- und Logistikkette und letztlich durch die Möglichkeiten der modernen elektronischen Medien stärker miteinander vernetzt und voneinander abhängig als in der Vergangenheit.

Dies verursacht eine **länderübergreifende** Ausrichtung und **Vernetzung der Forschungs- und Produktionsaktivitäten**. Das Personalmanagement unterstützt diese Anforderungen durch ein ebenfalls international ausgerichtetes **Human Resources Team**, das sich um alle grenz- und funktionsübergreifenden Personalmaßnahmen für die Personal- und Organisationsentwicklung kümmert.

So werden beispielsweise **Personalentwicklungsmaßnahmen** europa- oder weltweit angestoßen und begleitet, Vergütungsfragen im internationalen Kontext bearbeitet und internationale Versetzungen und Entsendungen von Mitarbeitern angestoßen, abgewickelt und begleitet. Durch die Aufstellung von Rahmenregelungen für Entsendungen und eine persönliche Personalbetreuung wird ein weltweiter Personaleinsatz gemanagt. Auch internationale Entwicklungs- und Einsatzmöglichkeiten helfen, die **Bindung der Mitarbeiter** an das Unternehmen langfristig zu sichern.

Arbeitszeit

Zu erwähnen ist auch die zunehmende Flexibilisierung der Arbeitszeiten, insbesonder bei der Produktion von Arzneimitteln. Durch die Konzentration der Produktion eines Produkts oder Wirkstoffes für den globalen Absatz an einem einzigen Standort ist es notwendig, eine stärkere Auslastung der vorhandenen Kapazitäten zu erreichen, also z. B. vollkontinuierlich zu produzieren, da eine Unterbrechung der Produktion die Auslieferung oder die Produktqualität beeinträchtigen könnte. Daher entwickelt das Personalmanagement mit den Betrieben diesen Erfordernissen angepasste **flexible Arbeitszeit- und Schichtmodelle**, die den Kapazitätsschwankungen angepasst werden können und holt bei den zuständigen Behörden Genehmigungen für Wochenend-, Sonn- und Feiertagsarbeit ein.

5.6.2 Praktische Umsetzung

Struktur des Personals

Im folgenden Abschnitt wird die Struktur des im Jahr 2004 neu entstandenen Konzerns **Sanofi-Aventis** sowohl weltweit als auch aus der Perspektive der deutschen Landesgesellschaft dargestellt.

Sanofi-Aventis ist ein weltweit agierendes Pharmaunternehmen mit einem jährlichen Umsatz von ca. € 27 Mrd. und damit die Nummer 1 in Europa und die Nummer 3 weltweit, mit einem weltweiten Marktanteil von ca. 5%. In 80 Ländern arbeiten täglich knapp 100.000 Mitarbeiter, davon 33.000 in der Vertriebsorganisation, 17.000 Mitarbeiter in der Forschung und Entwicklung, 31.000 in der Produktion und 19.000 in zentralen Bereichen. Mehr als die Hälfte der Mitarbeiter arbeiten in Europa, 18% in Nordamerika und 3% in Japan. Im Vergleich zu anderen Industriezweigen ist der Forschungsschwerpunkt am großen Anteil der Forscher mit über 17% erkennbar.

In Deutschland beschäftigt Sanofi-Aventis insgesamt rund 10.000 Mitarbeiter, die sich hauptsächlich auf die Standorte Frankfurt, Berlin und Köln verteilen. Der größte Standort ist der Industriepark Höchst in Frankfurt mit 8.000 Mitarbeitern. Davon sind rund 1.700 Mitarbeiter in der Forschung und Entwicklung tätig, 4.300 in der Produktion und 700 in der Verwaltung. Der Bereich Marketing und Vertrieb ist mit gut 2.000 Mitarbeitern in Berlin ansässig, von denen ca. 1.500 Mitarbeiter im Aussendienst arbeiten.

Somit vereinigt Sanofi-Aventis in Deutschland alle **Kernfunktionen: Forschung** und **Entwicklung, Produktion** und **Fertigung**, sowie **Marketing** und **Vertrieb**. Dementsprechend reicht auch die Palette der Berufsgruppen vom promovierten Naturwissenschaftler in der Forschung über den Industriemeister in der Produktion bis zur Fachkraft in der Fertigung. Insgesamt arbeiten über 1.500 Naturwissenschaftler, über 700 Hochschul- und Fachhochschulabsolventen anderer Fachrichtungen und ca. 6.500 Mitarbeiter in technischen, kaufmännischen und gewerblichen Berufen im Unternehmen. 30% der beschäftigten **Naturwissenschaftler** sind Chemiker, 20% Biologen, 10% Apotheker und ca. 8% Diplom-Ingenieure. Die übrigen Mitarbeiter verteilen sich auf andere Berufsgruppen, unter anderem auf Mediziner, Veterinärmediziner und Physiker. Durch das Wachstum der Biotechnologie ist der Anteil der Biologen in den letzten Jahren stark angewachsen.

Außerdem ist Sanofi-Aventis mit rund 600 Auszubildenden in über **15 verschiedenen Ausbildungsberufen** einer der größten Ausbilder im Bundesland Hessen. Die Ausbildungspalette ist vielfältig und repräsentiert die ansässigen Kernfunktionen des Unternehmens. Sie reicht von den Kaufleuten für Bürokommunikation über den Chemielaboranten und Chemikanten bis hin zum Informatikkaufmann und Prozessleitelektroniker.

Bei ca. 10.000 Mitarbeitern in Deutschland beträgt der **Frauenanteil 38%**. Sanofi-Aventis verfolgt eine **Personalpolitik der Chancengleichheit.** Daher wurde dem Unternehmen bereits zum dritten Mal in der Firmengeschichte das Prädikat »Total E-Quality« verliehen. Auch der Anteil der **weiblichen Führungskräfte** hat sich im Zeitraum 1997 bis 2004 von 8% auf 19% mehr als verdoppelt. Im gleichen Zeitraum ist der Anteil der weiblichen Mitarbeiter im außertariflichen Bereich von 18% auf 39% gestiegen. Im Vergleich dazu betrug der Branchendurchschnitt in der chemisch-pharmazeutischen Industrie im Juli 2004 bei den weiblichen Führungskräften noch 8,3% und bei den außertariflichen Mitarbeiterinnen 20,4%. Knapp 250 Mitarbeiterinnen und 1 Mitarbeiter befinden sich derzeit in Elternzeit. Davon kehrt erfahrungsgemäß ein Drittel nach 2–6 Jahren ins Berufsleben zurück. Häufig wird der Wunsch nach Teilzeit geäußert. Die aktuelle **Teilzeitquote beträgt 7,5%**, wobei Dreiviertel der Teilzeitbeschäftigten über 20 h pro Woche arbeiten.

Personalbedarf bzw. Bedarfsplanung

Der Personalbedarf ist in der gesamten Unternehmensgruppe an die **Budget-** und **Geschäftsplanungen** durch das Management gekoppelt. Jährlich wird eine detaillierte Planung der benötigten Stellen und damit des Personals revolvierend für die nächsten 3 Jahre erstellt. Aus dieser **quantitativen Planung** der Personalstärke ergibt sich in Zusammenarbeit mit den verantwortlichen Funktions- oder Bereichsleitern die **qualitative Personalplanung** und damit auch die Planung eines eventuellen Einstellungsbedarfs. In der qualitativen Planung, die von Human Resources auf lokaler Ebene individuell mit den Vorgesetzten durchgeführt

wird, wird genau definiert, welches **Kompetenzprofil**, also Qualifikation, Berufserfahrung, Know-how und Führungsfähigkeiten für eine erfolgreiche Stellenbesetzung benötigt wird.

Auch die Personalbedarfsplanung ist damit in ihrer weltweit übergreifenden, aber zugleich auch lokal implementierten Durchführung der zunehmenden Globalisierung unterworfen. Gerade die Bedeutung und der Einsatz von Kompetenzprofilen werden zunehmend wichtiger und müssen einer stetigen, möglichst antizipativen Weiterentwicklung unterzogen werden.

Anforderungen an das Personal in sich konsolidierenden Märkten

Innerhalb des letzten Jahrzehntes haben sich die Anforderungen an das Personal in unterschiedlichster Weise verändert. Während für die Mitarbeiter im Tarifbereich die Themen und Aufgabenstellungen in der Regel ausschließlich durch die Veränderungen der Arbeitsabläufe und ein teilweises Einbringen der englischen Sprache geprägt waren, wurden die Führungskräfte erheblich mehr gefordert, sich auf die Veränderungen einzustellen. Zum einen schwebt das Thema **Arbeitsplatzabbau** über jeder weiteren Konsolidierung der Unternehmenslandschaft, zum anderen verlangten die ständigen Veränderungen in kürzester Zeit mit einer zunehmenden Unsicherheit und Unklarheit der Aufbau- und Ablauforganisation umzugehen, die sich in Zeiten des stetigen Wandels und der Reorganisation einstellt. Mitarbeiter müssen lernen und dahingehend entwickelt werden, dass sie in solchen Zeiten sowohl die Ziele nicht aus den Augen verlieren, motiviert bleiben, als auch eine solche Phase als Chance zu verstehen (s. auch ▶ **Kap. 7.6**). Dies stellt eine der größten Anforderungen an das Personalmanagement dar. Es gilt, Wandel und sich bietende Chancen als Vorteil zu verstehen und sich im Rahmen eines verstärkten »**Entrepreneurships**« als Unternehmer innerhalb einer Organisation zu sehen und Freiräume mit Kreativität zu nutzen. Weiterhin stellt die **Fähigkeit, in Projektstrukturen und -zyklen zu arbeiten** und damit die relevanten Techniken zu beherrschen, einen immer wichtigeren Aspekt des Know-hows der Mitarbeiter dar.

Sowohl **Fremdsprachen** als auch **interkulturelle Erfahrung** sind zunehmend bedeutende Fähigkeiten, die heute zusätzlich zur fachlichen Qualifikation und Erfahrung für eine erfolgreiche individuelle Entwicklung in einem internationalen Konzern unabdingbar sind.

Anreizsysteme

Die Anreizsysteme in der pharmazeutischen Industrie sind auf die beschriebenen Besonderheiten ausgerichtet. Sie sollen vor allem die **Motivation** und **langfristige Bindung** an das Unternehmen fördern. Dabei gilt es zunehmend, einen **marktgerechten Vergütungsstandard** zu beachten und sich als Arbeitgeber zu diesem zu positionieren. Zusätzlich muss die Anforderung beachtet werden, dass es in Zeiten von sich konsolidierenden Märkten im Rahmen von Unternehmenszusammenschlüssen spezielle Vergütungsbausteine für eine verstärkte befristete Bindung geben kann. Neben dem Grundgehalt finden folgende variable Vergütungsbausteine Anwendung:

Variable Vergütung (Jahresbonussystem)

Bei Führungskräften wird üblicherweise ein Teil der **Gesamtvergütung als variabler Anteil** gezahlt. Die variable Vergütung reicht in der Regel von **10% bis zu 50**% zusätzlich zum Jahresgrundgehalt. Der variable Anteil steigt mit der Verantwortungsebene an. Ein Teil dieses Bonus wird in Abhängigkeit vom **Unternehmensergebnis,** ein anderer in Abhängigkeit der **persönlichen Zielerreichung** vergütet. Am Beginn eines Geschäftsjahres werden hierzu individuelle Ziele mit der Führungskraft und dem jeweiligen Vorgesetzten vereinbart, die unterjährig begleitet und evtl. angepasst werden. Am Ende des Geschäftsjahres werden die Zielerreichungen bewertet beide Teilergebnisse zusammengeführt und in einem Gesamtbonus ausgezahlt.

Stock Options

Ab einem bestimmten Management-Level werden – in der Regel einmal pro Jahr – **Stock Options** vergeben. Je nach Grad der Verantwortlichkeit und der individuellen Leistung kann auch innerhalb eines Management-Levels die Anzahl variieren. Stock Options sind ein Anreizsystem, dass der **langfristigen Bindung von Schlüsselpersonen** dient, die direkt am Unternehmenserfolg beteiligt werden. Dies wird durch die Laufzeit der Optionen erreicht, die erst nach einer festgelegten Frist von beispiels-

weise 3–4 Jahren eingelöst werden können. Gerade in der von nordamerikanischen Unternehmen geprägten Pharmabranche, in denen die Vergabe von Optionen seit Jahren übliches Vergütungsinstrument ist, besitzen diese weltweit bei Führungskräften einen sehr hohen Stellenwert. Die Langfristigkeit der Bindung von Schlüsselkräften gewinnt gerade in einer Phase der Marktkonsolidierung für die Unternehmen eine zusätzliche Bedeutung.

Stay Bonus

Bei besonders hochkarätigen Führungskräften, auf deren Know-how man auf keinen Fall verzichten möchte, kann als zusätzliches Instrument der **Personalbindung und Motivation** in Zeiten eines Zusammenschlusses oder einer Übernahme ein Bonus ausgezahlt werden, der an eine **zeitliche Bindung an das Unternehmen** geknüpft ist. Diese **Stay-Boni** werden in der Regel individuell mit einzelnen Top-Führungskräften vereinbart und nicht als flächendeckendes Instrument eingesetzt.

Hiring Bonus

Umgekehrt ist es bei ganz besonderen Positionen durchaus üblich, potentiellen Kandidaten sog. **Hiring Boni** anzubieten, um die Entscheidung, einen Unternehmenswechsel vorzunehmen, einfacher und reizvoller zu gestalten. Dieser Bonus wird auch eventuell als Ausgleich für den – durch einen Weggang von einem Unternehmen bedingten – Verlust von Bonuszahlungen oder Optionen gewährt.

Altersversorgung

In Zeiten, in denen die Altersversorgung in fast allen Ländern der Welt thematisiert wird, legen die Mitarbeiter ein besonderes Augenmerk auf die angebotene »**Betriebliche Altersversorgung**«. In vielen der großen Unternehmen wird diese in unterschiedlicher Form und Zusammensetzung angeboten. Auch bei der Rekrutierung von neuen Mitarbeitern spielt das Vorhandensein und natürlich die Höhe und Inhalte der betrieblichen Altersversorgung inzwischen eine große Rolle. Besonderes Augenmerk liegt in der **Thematik der grenzüberschreitenden Karrieren** und der Versorgung dieser Mitarbeiter. Die Übertragbarkeit der gesetzlichen wie der betrieblichen Anwartschaften zwischen den Ländern bleibt im Moment hinter der Entwicklung der Mobilität im internationalen Kontext zurück und stellt die Personalarbeit vor konzeptionelle und administrative Fragen.

Personalentwicklung

Die Personalentwicklung ist spezifisch auf die verschiedenen Funktionen, die verschiedenen Mitarbeitergruppen und die dort verlangten Qualifikationen zugeschnitten.

Organisatorisch ist die Personalentwicklung sowohl lokal als auch global übergreifend aufgestellt. Auf **lokaler** Ebene finden **individuelle Entwicklungsprogramme** und **fachliche Qualifizierungsprogramme** Anwendung. **Global** werden die übergreifenden **Grundsätze, Kompetenzprofile und auch die Nachfolgeplanung** angestoßen. Der Aspekt der globalen Koordinierung der Nachfolgeplanung zeigt deutlich, welchen Stellenwert eine internationale Entwicklung von Nachwuchskräften innerhalb der Pharmabranche besitzt.

Auf **lokaler Ebene** steht für die Mitarbeiter ein übergreifender **interner Seminarkatalog** zur individuellen Verfügung. Er enthält im Zuge der bereits erwähnten Herausforderungen der Pharmaindustrie vor allem Seminare zu den folgenden Themenschwerpunkten:

> ◪ **Seminarkatalog**
> – Allgemeine Kommunikation, Rhetorik und Präsentation
> – Konfliktmanagement
> – Verhandlungsführung
> – Projektmanagement
> – Change Management
> – Arbeiten in Teams
> – Interkulturelle Zusammenarbeit

Die Abteilung Personalentwicklung trägt die inhaltliche und konzeptionelle Verantwortung und stellt sicher, dass aktuelle Bedarfe gedeckt werden. Die Administration und Durchführung der Seminare werden, in der Regel durch **externe Anbieter** durchgeführt.

Die Basis der Personalentwicklung und der Bedarf an Entwicklung wird aus dem spezifisch erstellten Kompetenzprofil für Positionen und aus individuellen Personalentwicklungsgesprächen abgeleitet. Diese werden in Verknüpfung mit den Gesprächen zur individuellen Zielerreichung für den variablen Jahresbonus (s. Anreizsysteme) geführt, da sich aus den Zielen und der Zielerreichung die Themen und Komponenten ableiten lassen, die in einer individuellen Personalentwicklungsplanung vereinbart werden sollten. Diese Entwicklungsgespräche in Verbindung mit gesetzten Zielen werden auf unterschiedliche Mitarbeiterebenen durchgeführt.

Weiterhin versteht sich die Personalentwicklung verstärkt als Prozessbegleiter und interner Berater, basierend auf der schnellen Veränderung von Organisationen und der damit in Zusammenhang stehenden Weiterentwicklung von Kompetenzen. Dies beinhaltet beispielsweise die Begleitung von Veränderungsprozessen, Teamentwicklungen, Konfliktsituationen und der individuellen Kompetenzentwicklung, sowohl auf fachlicher als auch persönlicher Seite.

Nachfolgeplanungen sowie die Identifizierung von **High-Potentials** und deren gezielte Förderung findet einmal jährlich durch einen global angestoßenen und koordinierten **Talent Development Prozess** statt. Damit wird die Personalentwicklung und Nachfolgeplanung auf einer internationalen Ebene abgebildet und nachvollzogen.

Unter globaler Koordinierung stehen auch Programme für ausgewählte Führungskräfte des oberen Managements und international identifizierte Nachwuchsführungskräfte. Für diese Zielgruppen werden verschiedene internationale Entwicklungsprogramme angeboten, in denen auch Wert auf interkulturelle Entwicklung und **cross-functional networking** gelegt wird. Begleitet werden alle Angebote ferner von diversen internen und externen Seminaren, die individuelle Bedarfe abdecken. So wird auch die Zusammenarbeit mit Coaches angeboten und eingesetzt, um besondere Situationen zu managen. Zur Verstärkung der Führungseigenschaften und des Teamaufbaus in einer sich stetig wandelnden Organisation wird außerdem ein **360-Grad-Feedback** angeboten, das als Feedbackinstrument für Mitarbeiter und Vorgesetzte ergänzend eingesetzt werden kann.

Unterschiedliches Personalmanagement in Forschung und Entwicklung vs. Marketing und Vertrieb

Um die Unterschiede der Personalarbeit in den beiden genannten Unternehmensbereichen herauszuarbeiten, sollen in einem ersten Schritt die typischen Aufgaben und der Wandel der Personalarbeit im Bereich Forschung und Entwicklung dargestellt werden, bevor in einem nächsten Schritt die wesentlichen Unterschiede zur Marketing- und Vertriebsorganisation aufgezeigt werden.

Personalmanagement im Bereich Forschung und Entwicklung

Zielgruppe sind größtenteils Mitarbeiter mit naturwissenschaftlichem und medizinischem Hintergrund. Vom Laboranten über Techniker und Ingenieure bis hin zu Chemikern, Biologen, Physikern, Medizinern und Apothekern sind alle Berufsgruppen vertreten. Neben der fachlichen Qualifikation zeichnen sie sich durch viel **Kreativität und Entdeckergeist** aus, denn meist muss über lange Zeit an Themen gearbeitet und geforscht werden, bevor nachweisbare Ergebnisse erzielt werden können.

Des Weiteren werden ständig befristet **Praktikanten, Diplomanden und Doktoranden** eingestellt. Dies ist allein schon vor dem Hintergrund der eventuell künftigen Einstellung/Weiterbeschäftigung für beide Seiten eine gute Möglichkeit, in ein Unternehmen hinein zu »schnuppern« bzw. einen zukünftigen Mitarbeiter im Arbeitsumfeld kennen zu lernen.

Die Abteilungen sind in der Regel lokal wie global eng miteinander verbunden, so dass ein abteilungsübergreifendes Arbeiten notwendig wird. Gemeinsame Projekte und Plattformen – fast immer auch länderübergreifend – runden die wissenschaftlichen Arbeiten ab. Der Besuch von **fortbildenden Maßnahmen** (zwecks Erhaltung der Kenntnisse durch Methoden-/Technikwandel) gehören zum Standard jedes Labormitarbeiters. Die Teilnahme an weltweiten Kongressen und Fachvorträgen zu den einzelnen Fachgebieten ist für den Kreis der Naturwissenschaftler unabdingbar. Mehr und mehr wird es notwendig, Mitarbeiter einzustellen, die über die naturwissenschaftliche Fachexpertise hinaus über **Managementfähigkeiten und Mehrsprachigkeit** verfügen, um auf dem internationalen Parkett auftreten zu können. Um die Abläu-

fe in den international aufgestellten Strukturen zu beherrschen und vor allem mit zu prägen, gilt es, die Fachexperten auf dem Gebiet der Forschung zunehmend mit **Projekt- und Managementaufgaben** zu betrauen.

Die Aufgabe des Personalmanagements teilt sich demnach in zwei Themengebiete. Zum einen ist es immens wichtig, den »klassischen« Bereich des Personalmanagements voll abzudecken. Dies bedeutet, die Fachabteilung bei der Suche und Auswahl neuer Mitarbeiter zu unterstützen, alle administrativen Fragestellungen im Bereich Personal abzuwickeln, die Entgeltabrechnung sicherzustellen sowie natürlich auch als Schnittstelle zu den Sozialpartnern, wie z. B. Betriebsrat und Gewerkschaft sowie Sprecherausschuss, zu fungieren.

Die **gesetzlichen Rahmenbedingungen** sind hierbei weitgehend auf lokaler Ebene zu beachten. Aber auch in diesem Bereich hat der internationale Einfluss auf die Personalarbeit stark zugenommen, beispielsweise durch Bestimmungen der Arzneimittelbehörden, speziell der **U.S. Food and Drug Administration (FDA)** und einzelner **Urteile** und **Gesetze** mit internationalen Auswirkungen. So hat z. B. der U.S. »**Sarbanes Oxley Act**« aus dem Jahr 2002 die Anforderungen an die Richtigkeit von veröffentlichten Finanzdaten durch am Börsenmarkt notierte Unternehmen erheblich verschärft.

Darüber hinaus befindet sich das **Personalmanagement** im Wandel von der Rolle des »Administrators« mehr und mehr zum **internationalen »Dienstleister«**. Die Rolle des »**Strategischen Business Partners**« rückt immer öfter in den Vordergrund und die Fachabteilungen sowie das Management lernen den dahinter steckenden Mehrwert zu schätzen. Neben gemeinsamen Abstimmungsrunden im Bereich der **Business- und Headcount-Planung** wird der Personalreferent von heute schon sehr häufig in Fragestellungen der Organisationsentwicklung, der internationalen Personalentwicklung und der systemseitigen Unterstützung der globalen Strategien miteinbezogen und auf »Augenhöhe« der Abteilungsleiter immer öfter als »**interner**« **Coach** genutzt.

Folgende Aufgabenstellungen sind neben den klassischen Aufgaben im Rahmen dieser Rollenveränderung in den letzten Jahren im Profil der Personalbetreuer dazugekommen und runden nun das Bild des »HR Dienstleisters« ab:

> ☐ **Aufgaben der Personalbetreuer**
> - Beratung der Abteilungsleiter, vor allem im internationalen Kontext
> - Internes Coaching von Mitarbeitern (z. B. in neuer Führungsaufgabe)
> - Durchführung von internen Workshops wie beispielsweise interkulturelle Trainings für Abteilungen, die in internationalen Strukturen arbeiten
> - Transition-Workshops für Abteilungen, in denen ein Führungswechsel stattfindet, Feedbackschulungen
> - Beratung im Bezug auf persönliche Entwicklung der Mitarbeiter
> - Teilnahme an Management-Meetings der Abteilungen
> - Eigene Weiterentwicklung in den Bereichen Coaching, Moderation, Präsentation
> - Enge Zusammenarbeit mit HR-Kollegen anderer Standorte und Länder in Form von regelmäßigen Konferenzen bzw. globalen HR-Treffen

Im Bereich **Marketing und Vertrieb** stellen sich die erwähnten klassischen Personalaufgaben ähnlich dar. Die Entwicklungswege, die Fachkompetenzen und auch das Kompetenzprofil der zu betreuenden Klientel sind sehr unterschiedlich ausgeprägt, was eine zielgruppenorientierte Betreuung und Systemgestaltung erfordert (wie in den Abschnitten Personalbedarf, Anforderung an das Personal und Anreizsysteme beschrieben).

Als Hauptaspekt im Vergleich zum Bereich **Forschung und Entwicklung** kann aber auch hier die internationale Entwicklung der Organisation und damit auch der Person gesehen werde. Können Unternehmen heute noch sehr gute Vertriebsbeauftragte ausschließlich im deutschen Sprach- und Kulturraum rekrutieren, müssen Forscher bereits gezielt an den Top-Universitäten weltweit angesprochen werden. Verlaufen Berichtsstrukturen im Vertrieb heute noch bis zur Leitungsfunktion auf lokaler Ebene, herrscht in der Forschung bereits eine international verknüpfte Matrixstruktur ab der mittleren Ebene vor. Können beispielsweise Kundensysteme im Bereich Vertrieb noch lokal konfiguriert und administriert werden, müs-

sen im Bereich Forschung beinahe alle Datenbanken, die Forschungsergebnisse bereithalten und archivieren, aus vielen Ländern zugänglich und auf viele unterschiedliche Nutzer und auch gesetzliche Bestimmungen abgestimmt sein. Die Beispiele zeigen, dass die Personalarbeit im Bereich Forschung und Entwicklung wesentlich stärker durch den Aspekt der sich konsolidierenden Märkte mit wachsenden und sich stetig verändernden Unternehmen unterworfen ist und sich diesen Ansprüchen stellen muss. Dies verändert sowohl die Aufgabenstruktur der Personalabteilungen als auch das Anforderungsprofil der Personalmitarbeiter.

Die große Herausforderung, der sich die Personalabteilung heute stellen muss, ist es, bei gleichbleibendem lokalen Service in der **klassischen Mitarbeiterbetreuung** auch den **wachsenden internationalen Ansprüchen** in den Punkten Personalentwicklung, Organisationsentwicklung, Versetzung, Versendung, Vergütung und nicht zuletzt auch Altersversorgung Rechnung zu tragen. Die pharmazeutische Industrie ist hier sicher eine Branche, in der durch die Zusammenschlüsse global aufgestellter Konzerne, durch die Führerschaft vieler Unternehmen aus dem angelsächsischen Raum und durch die spezielle Notwendigkeit der starken internationalen Verknüpfung aller Bereiche der Wandel in diese Richtung mit starker Geschwindigkeit vorangeschritten ist.

5.7 Fallstudie zum Personalmanagement in Krankenversicherungen: Führungskräfteentwicklung

Birgit König

Herausforderungen der Führungskräfteentwicklung

Der zunehmende **Wettbewerb der Krankenkassen** untereinander stellt enorme Anforderungen an jeden einzelnen Mitarbeiter. Arbeitsabläufe werden komplexer, mehr Arbeit muss mit weniger Mitarbeitern bewältigt werden und insgesamt fallen viel mehr Entscheidungen unter größerer Unsicherheit an. Dazu kommen die neuen Versorgungsformen mit ihren strategischen Herausforderungen, die weit über den angestammten Wirkungsbereich der Krankenkassen hinausgehen.

Während es früher vielleicht noch vorstellbar war, dass einige wenige Führungskräfte an der Spitze des Unternehmens als Vordenker alle wichtigen Entscheidungen treffen, ist dies heute sicher nicht mehr möglich. Um in der Zukunft Erfolg zu haben, braucht eine Krankenkasse eine **breite Basis hervorragender Führungskräfte.**

Angesichts dieser Situation entschied sich unser Klient, eine führende Krankenkasse, ein umfassendes Programm zur Führungskräfteentwicklung aufzusetzen, das sowohl die Auswahl der geeigneten Kandidaten beinhaltet als auch die Entwicklung ihrer Führungsfähigkeiten. Zielgruppe waren **Mitarbeiter der dritten Ebene**, die in den nächsten Jahren die Führungsleistung der zweiten Ebene in Projekt- und Linienarbeit verstärken sollten.

Im Rahmen der Konzeption wurde schnell deutlich, dass Führungskräfteentwicklung, die den hohen Anforderungen des Klienten genügen soll, viel Aufmerksamkeit von erfahrenden Führungspersönlichkeiten als **Mentoren und Vorbilder** erfordert. Sie sollten den Nachwuchskräften in ihrer Entwicklung zur Seite stehen, ihnen helfen, ihren eigenen Führungsstil zu finden und vor allem auch Sicherheit bei der Bewältigung neuer Aufgaben vermitteln. Damit ein solcher Einsatz im Unternehmen überhaupt tragbar ist, wurde die Anzahl der Nachwuchskräfte pro Jahrgang auf ca. 10 Personen beschränkt. Die erste Herausforderung für unseren Klienten lag daher in der Auswahl geeigneter Kandidaten.

Führungskräfteauswahl

Die Auswahl geeigneter Nachwuchskräfte für die Führungskräfteentwicklung stellt erhebliche Anforderungen an den Auswahlprozess: Einerseits sollte die heutige Führungskompetenz des Mitarbeiters beurteilt werden, andererseits aber auch eine Einschätzung über das Entwicklungspotential getroffen werden. Einerseits kann einem Kandidaten der dritten Ebene keine Gruppenauswahl zugemutet werden, die seine Führungsrolle im Unternehmen gegebenenfalls untergraben würde, andererseits müssen die Leistungen einzelner Kandidaten aber vergleichbar sein.

Um allen Anforderungen zu genügen, entschied sich der Klient für eine Sequenz von Vorträgen und Einzelinterviews, die von erfahrenen Führungskräften durchgeführt werden. Die Personalabteilung unterstützte dabei den Prozess, griff jedoch nicht direkt in die Beurteilung ein.

Zur Vorbereitung des Auswahlprozesses gab es zunächst zwischen Vorstand und zweiter Ebene Gespräche über das Führungsbild, dem die Nachwuchskräfte genügen sollten. Unabdingbar erschien dabei eine hohe **Identifikation mit dem Unternehmen.** Daneben sollten **fachliche Kompetenz, Problemlösungsfähigkeiten, emotionale Intelligenz und schließlich Führungspersönlichkeit** getestet werden. Für jeden Themenbereich wurden Unterkriterien und gewünschte Ausprägungen in einer einheitlichen Beurteilungssystematik festgelegt.

Die eigentliche Auswahl von Nachwuchskräften begann dann mit einer internen Ausschreibung, in der Ziele und Inhalte des **Führungskräfteentwicklungsprogramms** und Anforderungen an Teilnehmer dargestellt wurden. Die Reaktion war überwältigend. Die Aussicht, über 2 Jahre nicht nur zahlreiche Seminare besuchen zu können, sondern durch Projektarbeit, Mentoren-Coaching und Vorstandsgespräche tiefe Einblicke in verschiedenste Arbeitsbereiche und unternehmensstrategische Fragen zu bekommen, sprach viele Mitarbeiter der dritten Ebene sehr an.

Alle Bewerbungsunterlagen wurden sorgfältig im Vier-Augen-Prinzip von den zukünftigen Mentoren evaluiert. Die Grundannahme ist hier, dass zukünftige Führungsleistung sich am besten aus vergangener Führungsleistung ableiten lässt. Viele Elemente des Lebenslaufs geben hier Hinweise. Entlang des zuvor festgelegten **Kriterienrasters** wurden entsprechend auf Basis des Lebenslaufs und Anschreibens Hypothesen darüber entwickelt, wie gut ein Kandidat für das Programm geeignet sei und Kandidaten vom Vorstand zum Auswahlgespräch eingeladen, wenn beide Mentoren sie empfohlen hatten.

Am Auswahltag selbst bekam jeder Kandidat die Chance, seine Fähigkeiten in drei verschiedenen Modulen unter Beweis zu stellen: Einem **Fallstudieninterview**, einem **Gespräch zum Lebenslauf** und einem **Referat über ein aktuelles gesundheitspolitisches Thema.** Ziel dieser Formatbreite war es, verschiedene Führungsfähigkeiten wie **Problemlösungskompetenz, Eigeninitiative** oder **Auftreten** möglichst vollständig zu erfassen.

Das **Fallstudieninterview** testete dabei vor allem Fachkompetenz und die Fähigkeit, unbekannte Probleme logisch zu strukturieren und mit geeigneten Maßnahmen zu adressieren. Im **Interview** wurde dem Kandidaten hierbei von einer erfahrenen Führungskraft ein Geschäftsproblem aus den Bereichen Vertrieb, Leistungsmanagement oder Verhandlung geschildert. Gemeinsam diskutierten Mentor und Kandidat dann mögliche Lösungen, wobei der Mentor gleichzeitig eine Einschätzung über die **Problemlösungsfähigkeit** des Kandidaten entwickelte. Direkt nach dem Interview hielten alle Mentoren ihre Bewertungen in einem Standardformular entlang der festgelegten Kriterien fest, und sammelten so Evidenz für das Führungspotential der interviewten Mitarbeiter.

Im **Lebenslaufgespräch** wurden Hinweise zu Führungsleistungen in der Vergangenheit vertieft hinterfragt. Nicht jeder interessante Lebenslauf ist Ergebnis starker **Eigeninitiative**. Im Gegenteil, oft ist die treibende Kraft eher in der Umgebung des Kandidaten zu suchen. Im Interview wurden daher vom Mentor einige Situationen herausgegriffen und auf Motivation des Kandidaten und aller weiteren Beteiligten hin untersucht. Häufiges Nachfragen nach Details ermöglichte im Lebenslaufgespräch einen »**Blick hinter die Kulissen**«: Natürlich versuchen sich die meisten Kandidaten im Bewerbungsgespräch etwas besser darzustellen, als sie tatsächlich sind. Dabei wird typischerweise aufbauend auf einer wahren Begebenheit die Wirklichkeit etwas geschönt. Um dennoch eine realistische Einschätzung der Führungsfähigkeiten zu erlangen, ließen sich die Mentoren im Interview sehr detailliert die Motivation und Handlung aller Beteiligten erzählen. Je mehr Einzelheiten geschildert werden sollen, desto dichter nähert sich ein Kandidat an seine Erinnerung der tatsächlichen Situation an und desto weniger Ausschmückungen werden genutzt.

Abschließend wurde der Kandidat noch gebeten, zu einem aktuellen **Thema der Gesundheitspolitik** in Referatform Stellung zu nehmen. In diesem Modul lag der Schwerpunkt der Beurteilung dabei weniger auf den präsentierten Inhalten als auf der **logisch schlüssigen Darstellung** und der **Souveränität des Auftretens**.

Nach Abschluss aller Interviews und Referate wurden die Ergebnisse der Einzelbewertungen in einem EDV-System zusammengeführt und graphisch in Form eines **Führungsprofils** pro Kandidaten dargestellt. Entlang der Profile konnte nun das Führungspotential der Nachwuchskräfte von der Mentorengruppe beurteilt werden, wobei zur Illustration der Stärken und Schwächen immer wieder Beispiele aus den Interviews herangezogen wurden.

All die Kandidaten, die die Mentorengruppe gemeinschaftlich unterstützt hatte, wurden vom Vorstand zu einem **Einzelgespräch** eingeladen, und schließlich in das Führungskräfteentwicklungsprogramm aufgenommen. Alle anderen bekamen in einem Einzelgespräch durch einen Mentor ein detailliertes Feedback über ihr Führungsprofil mit Ratschlägen, wie sie ihre Ausgangsposition in einem nächsten Versuch weiter verbessern können.

Die sehr intensive persönliche Auseinandersetzung mit den Kandidaten in Einzelinterviews und Feedbackgesprächen stellte zunächst eine große Investition für den Klienten dar, die sich jedoch rasch auszahlte, als klar wurde, wie deutlich sich einzelne Kandidaten in ihrem Führungspotential unterscheiden, wenn sie von erfahrenen Führungskräfte evaluiert werden. Besonders gefreut hat uns darüber hinaus, wie positiv das Vorgehen auch von den Kandidaten beurteilt wurde, die nicht aufgenommen werden konnten.

Führungskräfteentwicklung

Das Führungskräfteentwicklungsprogramm selbst beruhte bei dieser Krankenkasse auf der Annahme, dass jeder zwar seinen eigenen Führungsstil entwickeln muss, dass ein geeignetes Programm aber die Geschwindigkeit der Entwicklung maßgeblich beschleunigen kann. Dabei sind **zwei Programmelemente** essentiell: Einerseits müssen der Nachwuchskraft schnell **möglichst viele unterschiedliche Einblicke und Erfahrungen** ermöglicht werden, die den Erfahrungsschatz ausweiten. Andererseits braucht es aber auch ein »**Sicherheitsnetz**«, eine Umgebung, die unterstützend wirkt, in der die Nachwuchskraft wagt, auch Schritte ins Ungewisse zu tun.

Das »**Sicherheitsnetz**« wurde den Nachwuchskräften vom Vorstand in Form ihrer **Mentoren** bereitgestellt. Diese erfahrenen Führungskräfte, nutzten einen Teil ihrer Zeit von nun an zu **Coaching-Gesprächen** mit ihren Schützlingen. Sie besprachen neue Aufgaben und Herausforderungen und vermittelten praktische Führungserfahrung viel besser als es je ein Seminar zu leisten vermag. Da die Mentoren ausdrücklich keine Linienvorgesetzten und so nicht in Zielvereinbarungen und Beurteilungsgespräche eingebunden waren, waren die Nachwuchskräfte ermutigt, viel offener über Ängste und Probleme zu reden als sie es bei Linienvorgesetzten getan hätten.

Neben dem Mentorprogramm nutzten die Teilnehmer des **Führungskräfteentwicklungsprogramms** auch den Klassenverband ihres Jahrgangs als **Diskussionsforum**. Da viele Veranstaltungen im Klassenverband stattfanden und alle Teilnehmer ähnliche Erfahrungen durchlebten, ergab sich dieser enge Verbund ganz zwanglos. Heute, 4 Jahre später, merkt man deutlich, dass Jahrgangsteilnehmer untereinander sehr eng vernetzt sind, sich unbürokratisch gegenseitig helfen und gemeinsam enorm viel bewegen können.

Neben dem »Sicherheitsnetz« wurde im beschriebenen Führungskräfteentwicklungsprogramm ein **inhaltlicher Programmteil** angeboten, der darauf abzielte, den Teilnehmern rasch viele verschiedene Erfahrungen zu ermöglichen.

Wir starteten mit einem Auftaktworkshop zum Thema »Selbstverständnis einer Führungskraft«: Nur wer für sich selbst einen klaren Führungsanspruch formuliert hat, zieht den vollen Nutzen aus vielfältigen Führungsangeboten. In einem interaktiven Format reflektierten die Teilnehmer dabei über ihr Führungsbild, ihre Werte, ihre Art mit Risiken umzugehen und ihren bevorzugten Arbeitsstil. Daraus ließen sich dann individuelle Handlungsanweisungen ableiten, wie die Programmelemente der folgenden 2 Jahre optimal genutzt werden können.

Im Folgenden bestand das Curriculum aus zwei Formaten: **Seminaren**, in denen Wissen zu Spezialthemen vertieft behandelt wurde und praktischen Übungen in Form von **Hospitationen und Projektleitertätigkeiten**.

Im ersten Jahr wurden zur Erweiterung der Erfahrungsbasis **Hospitationen** angeboten, die typischerweise 3–4 Wochen dauerten und sowohl im eigenen Unternehmen als auch in branchenfremden Organisationen durchgeführt wurden. In dieser Zeit arbeiteten die Nachwuchskräfte Seite an Seite mit erfahrenen Führungskräften in den verschiedensten Geschäftsbereichen. Sie hatten eigenständige Aufgaben zu bewältigen und wurden oft für projektartige Themen wie zum Beispiel der Einführung eines neuen Servicekonzeptes oder Prüfprozesses eingesetzt. Am Ende der 3–4 Wochen wurde die Führungsleistung der Hospitanten vom zuständigen Linienvorgesetzten entlang der eingangs festgelegten Kriterien beurteilt, mit ihm besprochen und an den Koordinator des Führungskräfteentwicklungsprogramms gesandt. Die Nachwuchskräfte konnten so ihren Fortschritt kontrollieren und mit den im Auftaktworkshop festgelegten individuellen Zielen abgleichen.

Im zweiten Jahr des Programms wurden den Teilnehmern verstärkt **Projektleiterpositionen** unter der Patenschaft einer erfahrenen Führungskraft angeboten. Für die Führungskräfteentwicklung ist Projektarbeit geradezu ideal: Neue Themen müssen von der Konzeption bis zur Umsetzung strukturiert, geplant und budgetiert werden. Da Projekte häufig an Schnittstellen zwischen verschiedenen Linienfunktionen angesiedelt sind, lernen die Projektleiter viele unterschiedliche Prozesse und strategische Überlegungen kennen. Und schließlich: Da einer Projektleiterfunktion keine Linienautorität innewohnt, ist der Projektleiter gezwungen, viel intensiver über gute Argumente und Begeisterungsfähigkeit Gefolgschaft zu erlangen als in einer Linienaufgabe – eine gute Übung für eine spätere leitende Funktion im Unternehmen. Durch ihre Projektarbeit entwickelten die Nachwuchskräfte sehr rasch ein Gefühl der Gesamtverantwortung für das Unternehmen. Sie nahmen an Lenkungsausschüssen teil, hatten viel Kontakt zu anderen Projektleitern und zum Vorstand selbst und lernten so die Rahmenbedingungen der Entscheidungsfindung in einer gesetzlichen Krankenkasse intensiv kennen.

Zu Beginn des Führungskräfteentwicklungsprogramms gab es Bedenken auf Seiten der Mitarbeiter der zweiten Ebene, ob die Investition in Hospitationen, Seminare und Projektarbeit gerechtfertigt sei. Verständlicherweise, denn für die Zeit, in der ein Teilnehmer hospitiert, müssen sie ja in ihrem Bereich für Ersatz sorgen. Da der Vorstand jedoch bereits vor 4 Jahren klar erkannt hatte, wie schnell die Anforderungen an das Unternehmen durch **Gesundheitsreform** und **Wettbewerb** steigen würden, konnte er die Zauderer schnell überzeugen, das Programm in seiner ganzen Breite umzusetzen, was sich im Folgenden als wahrer Erfolgs-faktor erwies.

Rückblick

Das oben beschriebene Führungskräfteentwick-lungsverfahren ist jetzt seit 4 Jahren implementiert. Die Teilnehmer des ersten Jahrgangs sind bereits in verantwortungsvolle Positionen aufgerückt, der zweite Jahrgang plant gerade seine Abschlussfeier in Form eines zweitägigen Seminars zur Unterneh-mensstrategie und die Vorbereitungen für die Aus-wahlgespräche zur dritten Runde laufen auf Hoch-touren. Auch aus externer Sicht ist das Führungs-kräfteentwicklungsprogramm unseres Klienten ein voller Erfolg: Man erkennt die ehemaligen Teilneh-mer bereits auf den ersten Blick. Trotz der Belas-tungen des Alltagsgeschäfts engagieren sie sich jederzeit für das Gesamtwohl des Unternehmens, übernehmen Zusatzaufgaben und begeistern ande-re, sich ebenso zu verhalten. Ohne die Programm-teilnehmer wäre manches Projekt nicht durchführ-bar gewesen, sie haben einen wesentlichen Anteil am Wettbewerbserfolg der letzten Jahre.

Informationsmanagement und Controlling

6

6.1 Informationsmanagement und Controlling im Gesundheitswesen – Einführung und methodische Grundlagen

Jonas Schreyögg

Obwohl der Begriff **Controlling** sehr weit verbreitet ist, werden die Aufgaben und Ziele des Controllings sehr unterschiedlich interpretiert. Die Bandbreite reicht von der reinen Bereitstellung von Kosten- und Leistungsinformationen bis hin zu einer vollumfassenden Führungsfunktion, die sich über alle Bereiche einer Organisation erstreckt.

Im Folgenden soll die Funktion des Controllings als **Koordinationsfunktion** verstanden werden. Controlling ist demnach als Teilsystem der Unternehmensführung zu verstehen, das das Informations-, Planungs- und Kontrollsystem sowie die Organisation und das Personalführungssystem aufeinander abzustimmen hat (Küpper 2005, S. 30) (❏ **Abb. 6.1-1**).

Als Unternehmenssubsystem dient die Koordinationsfunktion des Controllings vor allem der Entscheidungsunterstützung des Führungsgesamtsystems. Während die **Koordination der Teilsysteme** als originäre Aufgabe des Controllings betrachtet wird, kann die **Koordination der Informationsversorgung**, die auch als **Informationsmanagement**

bezeichnet wird, als derivative Controllingaufgabe bezeichnet werden (Fischer 2000, S. 15).

Im Unterschied zum **Finanzmanagement** beschäftigt sich das **Controlling** nur am Rande mit der Sicherung der Zahlungsfähigkeit bzw. mit Zahlungsströmen. Im Mittelpunkt des Controllings steht die **Gewinnerzielung**. Dies gilt jedoch nur für Unternehmen mit privater Rechtsform. Hier sind private Krankenhäuser, Arztpraxen und Unternehmen der pharmazeutischen Industrie zu nennen. Für non-for-profit Organisationen kann Controlling primär als Konzept zur Entscheidungsunterstützungsfunktion bei der **Ausrichtung des Handelns im Hinblick auf Wirtschaftlichkeit und Wirksamkeit** gesehen werden (Budäus 1998, S. 64). In Bezug auf kommunale Unternehmen sieht Eichhorn (1997) Controlling sogar als Instrument zur Daseinsvorsorge und Zukunftssicherung. Es erfüllt in diesem Kontext immer sowohl **unternehmensbezogene bzw. eigenwirtschaftliche Aufgaben** als auch **gesellschaftliche bzw. gemeinwirtschaftliche Aufgaben** (Eichhorn 1997, S. 294f.).

Während die Ein- und Auszahlungen bzw. Einnahmen und Ausgaben die zentralen Bezugsgrößen für das Finanzmanagement darstellen, stehen dem Controlling **Aufwand und Ertrag** bzw. **Kosten und Erlöse** als entsprechende Bezugsgrößen bei der Zielerreichung zur Verfügung. In Grenzbereichen wie dem Investitionscontrolling verschwimmen jedoch die Grenzen zwischen Finanzmanage-

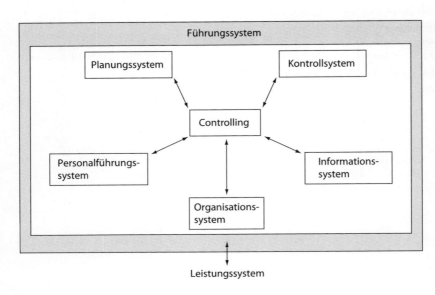

❏ **Abb. 6.1-1.** Die Koordinationsfunktion des Controllings (Mod. nach Küpper 2005, S. 30)

ment und Controlling bzw. den jeweiligen Bezugsgrößen.

In der Regel wird Controlling hinsichtlich seiner Aufgaben und Instrumente in strategisches und operatives Controlling unterschieden. Das **strategische Controlling** unterstützt die Unternehmensführung beim Aufbau und der Steuerung von Erfolgspotentialen. Hierfür müssen eigenständige Konzeptionen entwickelt und zukünftige Marktentwicklungen antizipiert werden. Es ist langfristig orientiert (in der Regel 3–5 Jahre) und betrifft die Unternehmung als Ganzes. Es erfordert eine fundierte Kenntnis der Markt-, Konkurrenz- und Kundenverhältnisse. Das **operative Controlling** konzentriert sich hingegen auf Erfolgsziele innerhalb eines kurzfristigen Planungshorizontes (in der Regel 1 Jahr), der aus strategischen Planvorgaben abgeleitet worden ist. Das operative Controlling beschäftigt sich im Wesentlichen mit der Erstellung von Plänen für das kommende Geschäftsjahr und führt dazu Kontrollen und Abweichungsanalysen durch. Neben dieser generellen Abgrenzung existieren diverse Unterschiede im Detail (Ossadnik 1998, S. 38ff.) (◘ **Tab. 6.1-1**).

Zu den **Instrumenten** des **operativen Controllings** gehören insbesondere die Bereitstellung von Informationen im Rahmen der kurzfristigen Erfolgsrechnung und die Koordination über Budgetierung, Kennzahlensysteme und Verrechnungspreise. Im **strategischen Controlling** kommen insbesondere Portfolioanalysen und Formen der strategischen Budgetierung als Koordinationsinstrumente zum Einsatz. Daneben können multikriterielle Verfahren z. B. AHP und Fuzzy-Control zur Unterstützung bei strategischen Entscheidungen zur Anwendung kommen (Reichmann 1997, S. 405ff; Ossadnik

S. 257ff.). Einige Instrumente, u. a. Optimierungsverfahren und die Balanced Scorecard, die jeweils in den ▶ **Kap. 6.3** bzw. ▶ **Kap. 6.2** vorgestellt werden, können je nach Ausgestaltung sowohl dem strategischen als auch dem operativen Controlling zugerechnet werden. Eine umfassende Darstellung von nutzbaren Controllinginstrumenten wird in ◘ **Tab. 6.3-1** des ▶ **Kap. 6.3** gegeben, die im Prinzip in allen Bereichen des Gesundheitswesens zur Anwendung kommen können.

Die **organisatorische Verankerung** des Controllings in Unternehmen bzw. Organisationen des Gesundheitswesens variiert sehr stark. Kleinere bzw. mittelständige Betriebe z. B. Arztpraxen, Netzwerke der Integrierten Versorgung oder kleine Krankenkassen bevorzugen eher eine **Nicht-Institutionalisierung** des Controllings, d. h. sie schaffen keine eigenen Stellen für Controller, sondern integrieren die Controllingfunktionen in die bestehenden Arbeitsgebiete. Größere Betriebe z. B. Krankenhäuser und Unternehmen der Arzneimittelindustrie neigen dazu, das Controlling zu institutionalisieren, indem sie eigene Controllingstellen in die Aufbauorganisation integrieren. Die **Institutionalisierung** kann in Form einer Stabs- oder Linienstelle bzw. einer Matrixorganisation erfolgen. In großen Unternehmen z. B. der Arzneimittelindustrie existieren neben dem Konzerncontrolling sogar institutionalisierte Controllingstellen in verschiedenen Geschäftsbereichen (▶ **Kap. 6.6**).

In den ▶ **Kap. 6.2–6.6** wird auf die Besonderheiten des Controllings in Organisationen des Gesundheitswesens eingegangen. Abschließend wird in ▶ **Kap. 6.7** eine Praxisfallstudie zu Clinical Pathways als Controllinginstrument in Krankenhäusern präsentiert.

◘ **Tab. 6.1-1.** Abgrenzung des strategischen und operativen Controllings (Mod. nach Ossadnik 1998, S. 38)

Operatives Controlling	**Strategisches Controlling**
▬ Gewinnorientierte Steuerung bzw. Steuerung des Handelns im Hinblick auf Wirtschaftlichkeit und Wirksamkeit	▬ Nachhaltige Existenzsicherung durch Schaffung und Erweiterung von Erfolgspotentialen
▬ Primär unternehmensinterne Ausrichtung	▬ Einbeziehung der Umwelt
▬ Harte Daten	▬ Weiche Daten/Fakten
▬ Kurz- bis mittelfristige Planung	▬ Offener zeitlicher Horizont
▬ Quantitative Größen	▬ Primär qualitative Größen
▬ Wohldefinierte Problemstellungen	▬ Ungenau definierte Problemstellungen

In ▶ **Kap. 6.2** wird auf das **Controlling in Krankenversicherungen** eingegangen. Es wird aufgezeigt, wie das Instrument der **Balanced Scorecard** in Krankenkassen implementiert werden kann. Da die Balanced Scorecard den Anspruch hat, neben harten Finanzkennzahlen subjektive und qualitative Faktoren (weiche Faktoren) zu messen, erscheint sie vor dem Hintergrund des komplexen Zielsystems von Krankenkassen als geeignetes Controllinginstrument. Es wird exemplarisch aufgezeigt, wie für alle vier Perspektiven der Balanced Scorecard strategische Ziele, Messgrößen, operative Ziele und Aktionen abgeleitet werden können.

In ▶ **Kap. 6.3** sind einige Instrumente und Einsatzgebiete des operativen und strategischen **Controlling in Krankenhäusern** dargestellt. Nach einer Erläuterung der controllingrelevanten Grundlagen des DRG-Entgeltsystems wird auf die Anwendung der klassischen Kosten- und Erfolgsrechnung als Instrument des operativen Controllings eingegangen. Weiterhin werden interne Budgetierung, Wirtschaftlichkeitsanalysen und Methoden des Benchmarking am Beispiel der Data Envelopment Analysis als Instrumente des operativen Controllings thematisiert. Neben anderen Instrumenten des strategischen Controllings wird ein Modell zur Leistungsprogrammplanung in Krankenhäusern vorgestellt, das sich der linearen Programmierung bedient. Dieses Modell ermöglicht Krankenhäusern, solche Fälle bzw. Fallgruppen zu identifizieren, die ihren Deckungsbeitrag maximieren.

Im Rahmen von ▶ **Kap. 6.4** »**Controlling in Arztpraxen und Ärztenetzen**« wird zwischen **medizinischem und ökonomischem Controlling** differenziert. Nach der Erläuterung von Güteanforderungen an Qualitätsindikatoren für das medizinische Controlling werden ausgewählte Indikatorensets sowie Indikatoren vorgestellt. Anschließend werden geeignete Kennzahlen für ein **ökonomisches Controlling** von Ärztenetzen dargestellt. Abschließend werden die Chancen und Risiken von Informationsmanagement und Controlling für Arztpraxen und Ärztenetzen erläutert

Das ▶ **Kap. 6.5** »**Controlling in der Integrierten Versorgung**« widmet sich insbesondere dem **Risikomanagement** als Teilfunktion des Controllings, das finanzielle Risiken frühzeitig aufzeigt und somit zu einer Vermeidung von Risiken beitragen soll. Es wird erläutert, inwieweit die Integration der Versorgungs- und Versicherungsfunktion für Netzwerke der Integrierten Versorgung Risiken bergen kann. Entlang der Phasen des Risikomanagements, die aus **Risikoanalyse**, **Risikosteuerung** und **Risikokontrolle** bestehen, wird eingehend erläutert, welche Schritte Netzwerke zur Integrierten Versorgung ergreifen sollten, um möglichen finanziellen Risiken begegnen können.

▶ **Kap. 6.6** »**Controlling in der Arzneimittelindustrie**« differenziert bezüglich der Ausgestaltung von Controllingsystemen in der Arzneimittelindustrie zwischen funktionaler (inhaltlicher) Ausrichtung, organisatorischer Strukturierung und instrumenteller Ausstattung. Es wird dabei deutlich, dass Controllingstellen in großen Unternehmen der Arzneimittelindustrie wie z. B. der Schering AG sowohl ressortorientiert, bereichsübergreifend als auch als Mischformen beider auftreten. Abschließend wird ausführlich auf die wichtigsten Instrumente des Konzerncontrollings als bereichsübergreifende Controllingstelle eingegangen.

Literatur

Budäus D (1998) Public Management. 4. Aufl. Edition Sigma, Berlin

Eichhorn P (1997) Öffentliche Betriebswirtschaftslehre. Nomos, Baden-Baden

Fischer R (2000) Dienstleistungscontrolling. Gabler, Wiesbaden

Küpper H-U (2005) Controlling – Konzeptionen, Aufgaben, Instrumente. 4. Aufl. Schäffer-Poeschel, Stuttgart

Ossadnik W (1998) Controlling. 2. Aufl. Oldenbourg, München

Reichmann T (1997) Controlling mit Kennzahlen und Managementberichten. 5. Aufl. Vahlen, München

6.2 Informationsmanagement und Controlling in Krankenversicherungen

Gabriele Moos und Frank Brüggemann

6.2.1 Gesetzliche und strukturelle Rahmenbedingungen

Die Träger der Gesetzlichen Krankenversicherung sind öffentlich-rechtlich organisiert. Die lange Tradition der Sozialverwaltung hat dazu beigetragen, dass Controllinginstrumente erst sehr zögerlich im Bereich der Gesetzlichen Krankenversicherung Anwendung finden. Nur eine Minderheit von Krankenkassen verfügt über eine eigene Controllingabteilung. In der Praxis bedeutet dies, dass für die Entscheidungen des Managements häufig nicht genügend gesicherte Informationen zur Verfügung stehen.

Die nur zögerliche Anwendung ist auch auf die Frage nach der Übertragbarkeit der Instrumente des Controllings auf die Gesetzliche Krankenversicherung zurückzuführen. Während der Fokus des Controllings in erwerbswirtschaftlichen Unternehmen auf die Steigerung des Unternehmenswertes, der sich am finanziellen Erfolg bemisst, liegt, ist für die Gesetzliche Krankenversicherung zu konstatieren, dass sich ihre Struktur stark auf gemeinwirtschaftliches Verwaltungshandeln ausrichtet. Folglich muss für ein erfolgreiches Controlling in der Gesetzlichen Krankenversicherung der Begriff des Unternehmenswertes vorab neu bestimmt werden.

Ausgangspunkt hierfür ist, dass sich gesetzliche Krankenkassen den normativen Rahmenbedingungen - speziell der Sozialgesetzgebung (SGB) – der Gestalt zu unterwerfen haben, dass alle im SGB und seinen Ausführungsvorschriften nicht ausdrücklich zugelassenen Aktivitäten, verboten sind. Eine derartige Beschränkung ergibt sich aus der Tatsache, dass sich das Handeln aller gesetzlichen Krankenkassen gleichermaßen als sog. Leistungsträger auf die Umsetzung vordefinierter (Dienst-)Leistungen richten muss (vgl. §§ 12, 21 SGB I). Gerade das **Fehlen von Freiheitsgraden** bei der Bestimmung von originären (Dienst-)Leistungen ist ein eindeutiges Indiz für die **starke Verrechtlichung** der Gesetzlichen Krankenversicherung und führt in ihrer Konsequenz dazu, dass es eine

Bestimmung des Unternehmenswertes nur in Einklang mit den für die Gesetzliche Krankenversicherung bestehenden Restriktionen geben kann.

Diesem Gedanken folgend ist die **Schaffung und Steigerung von Kundennutzen** die zentrale Zielsetzung für die Gesetzliche Krankenversicherung, indem sie gesetzlich Krankenversicherten vor allem (Dienst-)Leistungen anbieten, die in ihrer Konsequenz zum Erhalt, zur Wiederherstellung oder Besserung ihres Gesundheitszustandes beitragen (vgl. § 1 SGB V). Zudem sind finanzielle Kriterien wie Sparsamkeit und Wirtschaftlichkeit (vgl. § 2 Abs. 1 Satz 1 SGB V) ebenfalls zu beachten. Allerdings sind diese Kriterien nicht mit der finanziellen Erfolgsnotwendigkeit eines erwerbswirtschaftlichen Unternehmens gleichzusetzen, da z. B. ein Aktionär sein Eigenkapital auf freiwilliger Basis in die Gesellschaft einbringt bzw. dieser Gesellschaft wieder entzieht, sofern der finanzielle Erfolg (die erwartete Rendite) ausbleibt.

Im Gegensatz dazu bedeutet »Gesetzliche Krankenversicherung« für weite Teile der GKV-Beitragszahler, Zwangsmitglied in einer gesetzlichen Krankenkasse zu sein, die durch einen günstigen Beitragssatz einen weiteren Kundennutzen offeriert. Folgerichtig orientiert sich der Unternehmenswert in der Gesetzlichen Krankenversicherung einzig an der Schaffung und Steigerung von Kundennutzen, der seinen Ausdruck gleichermaßen in den (Dienst-)Leistungen und im Beitragssatz findet.

Gleichwohl ist zu beachten, dass die einzelnen gesetzlichen Krankenkassen mittlerweile in einem wettbewerblichen Umfeld agieren. Die vom Gesetzgeber implementierte **Wahlfreiheit** für GKV-Mitglieder führte zu einer auf Wachstum (= Zugewinn von Mitgliedern) ausgerichteten solidarischen Wettbewerbsordnung. Ziel war es, einen **Wettbewerb um Mitglieder** unter den gesetzlichen Krankenkassen zu initiieren, indem im Vergleich zu den Mitbewerbern qualitativ bessere (Dienst-)Leistungen erbracht werden.

In der praktischen Ausgestaltung dieses wachstumsorientierten Wettbewerbs zeigte sich jedoch sehr schnell eine andere Konsequenz. Denn in der Wahrnehmung eines Mitglieds waren dadurch, dass ca. 95% der Leistungen gesetzlich fixiert und damit identisch sind, von Beginn an keine merklichen Unterschiede zwischen den einzelnen gesetzlichen Krankenkassen in ihren erbrachten (Dienst-)Leistungen zu erkennen. Da für eine zielführende solidarische Wettbewerbsordnung die erforderlichen Alleinstellungsmerkmale in der (Dienst-)Leistung also fehlten, fokussierte sich das Mitglied bei seiner Entscheidung über die Ausübung des Wahlrechts folgerichtig auf das einzig erkennbare Unterscheidungsmerkmal im Kundennutzen – den Beitragssatz.

Die damit einher gehenden spürbaren **Versichertenwanderungen** innerhalb der Gesetzlichen Krankenversicherung, die in einigen Fällen zu dramatischen Wachstums- und Verlustraten führte (Stichwort: Wachstums- oder virtuelle Kassen), hatte vielfach gesetzliche Krankenkassen von der eigentlichen gesetzgeberischen Intention, im Wettbewerb um die beste (Dienst-)Leistung zu stehen, abgebracht. An ihre Stelle trat ein **ruinöser Beitragssatzwettbewerb**, der für die hohe Verschuldung der Gesetzlichen Krankenversicherung nach Ablauf des Geschäftsjahres 2003 mitverantwortlich ist.

Aus Sicht einer gesetzlichen Krankenkasse gilt somit die Prämisse, dass es ihr gelingen muss, die wettbewerbliche Ausrichtung derart zu bewältigen, dass sie die im Rahmen ihrer (Dienst-)Leistungen anfallenden Aufwendungen nicht nur mit der Höhe des Beitragssatzes in Einklang bringt (vgl. § 69 SGB IV: Ausgaben deckender Beitragssatz), sondern dieser im Vergleich zu anderen gesetzlichen Krankenkassen möglichst gering sein sollte. Konkret bedeutet dies für die einzelne gesetzliche Krankenkasse, dass auch ein Unternehmenswert, der sich an der Schaffung und Steigerung des Kundennutzens bemisst, den Einsatz von betriebswirtschaftlichen Steuerungsinstrumenten erforderlich macht.

Dabei müssen sich die gesetzlichen Krankenkassen in ihrem Controlling im Wesentlichen durch eine systematische Beobachtung der Differenzen zwischen Soll- und Ist-Größen selbst steuern. Für diese Feststellung von Planabweichungen benötigt das Controlling ausgewählte Kennzahlen. Auch im Bereich der Gesetzlichen Krankenversicherung geht die Tendenz nunmehr in Richtung **integrierter Controllingsysteme**. Die einzelne Krankenkasse kontrolliert und steuert sich nicht mehr nur durch klassische Kennzahlen aus der jährlichen Haushaltsbetrachtung, sondern versucht, alle Leistungsebenen der Organisation messbar und durch betriebswirtschaftliche Daten bewert-

bar zu machen. Hierbei geht es insbesondere darum, die aggregierten, qualitativen Wirkungsdaten (z. B. Zufriedenheit der Versicherten) mit betriebswirtschaftlichen Daten aus der Haushaltsbetrachtung so zu verknüpfen und anzureichern, dass sich für die verschiedenen Ebenen einer Krankenkasse Aussagen treffen lassen, die dem jeweiligen Informations- und Steuerungsbedarf entsprechen.

Im Rahmen seiner Koordinationsaufgabe muss das Controlling sicherstellen, dass ausreichend detaillierte strategische und operative Planungen vorliegen, aus denen Teilpläne und Teilziele abgeleitet werden können. Im Bereich der Gesetzlichen Krankenversicherung zeigt sich, dass insbesondere die fehlende strategische Planung und die häufig dominierenden Verwaltungsaufgaben die Einführung von Instrumenten des Controllings erschweren. Zudem werden Pläne für die Folgeperiode meist aus der Betrachtung der vergangenen Periode abgeleitet.

6.2.2 Praktische Umsetzung

Die Balanced Scorecard als integratives Controllinginstrument

Grundkonzept

In den letzten Jahren hat sich in vielen Unternehmen des Gesundheitswesens die Balanced Scorecard (BSC) als **Managementinformations- und Kennzahlensystem** durchgesetzt (Kaplan und Norton 1996). Die BSC geht auf Kaplan und Norton zurück, die eine konsequente **Verbindung von Vision, Strategie und operativer Geschäftsplanung** in ihrem Modell erreicht haben. Nicht nur Finanzgrößen, sondern auch Kundenbeziehungen, Geschäftsprozesse und Mitarbeiter bzw. die Innovationskraft eines Unternehmens rücken in den Mittelpunkt der Betrachtung. Mit der Ableitung von Zielen aus der Vision werden Kennzahlen und Maßnahmen entwickelt, die dem Controlling und damit der Unternehmensleitung zur Überwachung dienen. Die BSC hat eine lange vorherrschende Vergangenheitsorientierung von Finanzkennzahlen abgelöst und durch eine **zukunftsorientierte Betrachtungsweise** ersetzt.

Vor dem Hintergrund des zunehmenden Wettbewerbs in der Gesetzlichen Krankenversicherung wird die Bedeutung der Strategieorientierung für den Erfolg offensichtlich. Wer Wettbewerbsvorteile erzielen will, muss die Erfolgswirksamkeit seiner Strategien regelmäßig überprüfen. Sind wir mit unserer Strategie erfolgreich? Erfolgt ihre Umsetzung plangemäß? Sind unsere Entscheidungen tatsächlich an einer Strategie ausgerichtet?

Die BSC kann einer Krankenkasse helfen, ihre Ziele besser zu erreichen. Unter der Voraussetzung, dass eine Krankenkasse ihre strategischen Ziele kennt, kann sie mit Hilfe dieses Instruments eine Ergebnisbewertung und Messung der Zielerreichung vornehmen. Ziele, die sich nicht messen lassen, eignen sich nicht zur Geschäftssteuerung.

Die BSC baut auf einer Vision für die Organisation auf. Es wird davon ausgegangen, dass aus der Vision klar formulierte und messbare strategische Ziele abgeleitet werden und diese – in den erfolgsbestimmenden Perspektiven »ausbalanciert« – dem Management aber auch den Mitarbeitern die Richtung weisen. Der Ansatz ist insbesondere für den Krankenversicherungsbereich interessant, weil finanzielle mit nicht-finanziellen Erfolgsgrößen verknüpft werden. Gerade im Bereich der Gesetzlichen Krankenversicherung sind neben den **harten Finanzkennzahlen** auch die subjektiven und qualitativen Faktoren (**weiche Faktoren**) zu messen.

Erst die Verknüpfung von langfristigen und kurzfristigen Zielen mit Kennzahlen macht die BSC zu einem umfassenden Führungssystem. Die BSC soll die Führung einer Organisation durch Konzentration auf die wichtigsten Zielgrößen und für alle Hierarchieebenen mit verbindlichen Kennzahlen unterstützen. Ausgehend von der formulierten Vision und der Strategie müssen immer eindeutig messbare Ziele abgeleitet werden. Die Voraussetzung für das Arbeiten mit der BSC liegt darin, dass alle Führungsebenen und die Mitarbeiter mit den entscheidenden Steuerungsgrößen und den wichtigsten Kennzahlen vertraut gemacht werden. Über die Ziele einer Organisation müssen klare Vorstellungen herrschen.

Die BSC unterscheidet vier Perspektiven (◘ Abb. 6.2-1):

1. Finanzen
2. Kunden
3. Interne Prozesse
4. Lernen und Entwicklung

Die **Finanzperspektive** beschreibt typischerweise die Steigerung des Unternehmenswertes, d. h. für das jeweilige Geschäft relevante Erfolgsgrößen. Die **Kundenperspektive**, stellt die Frage, welche Kundenerwartungen zu erfüllen sind, um die finanziellen Ziele zu erreichen. Hier tauchen allgemeine Größen wie Kundenbindung, Marktanteile sowie Kundenzufriedenheit auf. Die **interne Prozessperspektive** soll beantworten, bei welchen Prozessen Hervorragendes geleistet werden muss, um die Kunden zu begeistern. Voraussetzung ist dabei, die erfolgskritischen Prozesse in der Organisation zu identifizieren. Die **Lern- und Entwicklungsperspektive** ist die langfristige Quelle des Unternehmenserfolges. Hier steht die Frage im Vordergrund, wie Flexibilität und Fähigkeiten zur laufenden Verbesserung aufrechterhalten werden können, z. B. über Mitarbeiterzufriedenheit und Motivation.

Ermittlung der Leistungstreiber

In der BSC sind alle **Leistungstreiber** von Bedeutung, die zum Erfolg beitragen. Auf der Ebene der **Kundenperspektive** werden die zentralen Erwartungen der Kundensegmente abgetragen und durch Kennzahlen operationalisiert. Auf der **Finanzperspektive** werden diese Kundenerwartungen nun mit Kennzahlen verknüpft, die über entsprechende Umsätze, Erlöse, Kosten, Finanzierungsgrößen etc. Auskunft geben. Insofern steuert die Finanzperspektive die Ertrags- und Kostensituation der Organisation vor dem Hintergrund entsprechender Markt- und Kundenziele. Sowohl die Zufriedenheit der Kunden als auch eine zufriedenstellende betriebswirtschaftliche Situation sind mit der **Prozessperspektive** verknüpft. Die Kennzahlen auf der Prozessebene helfen dabei vor allem bei der Überprüfung und Verbesserung von Verfahren in der internen Ablauforganisation. Die interne Prozessperspektive identifiziert somit die kritischen internen Prozesse, welche den größten Einfluss auf die Kundenzufriedenheit und die Unternehmenszielerreichung haben.

Doch die Optimierung interner Prozesse setzt Kompetenzen voraus, die auf der vierten Ebene als **Lern- und Entwicklungsperspektive** beleuchtet werden. Im Mittelpunkt steht die Frage: Welche Mitarbeiterkompetenzen und welche Entwicklungsschritte sind zur Optimierung der Prozesse, und damit zur Erreichung der langfristigen Ziele der Organisation notwendig? Auf der Ebene der Lern-

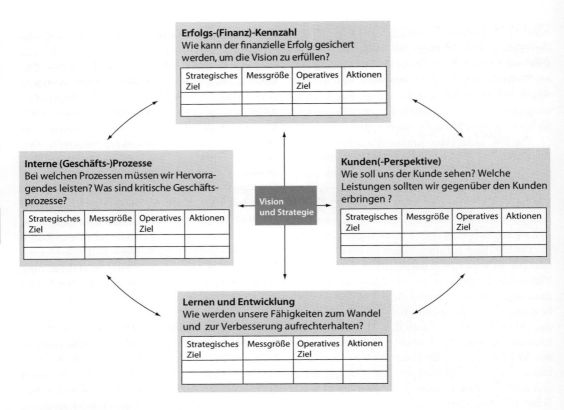

○ **Abb. 6.2-1.** Die Balanced Scorecard

und Entwicklungsperspektive können beispielsweise die Mitarbeiterzufriedenheit oder die Managementkompetenzen des Vorstandes einer Krankenkasse durch Kennzahlen verdeutlicht werden.

Ziele und Kennzahlen

Das Konzept der BSC bleibt nicht auf der Stufe der Zielbenennung stehen, sondern verlangt weiterhin festzulegen, anhand welcher Messgrößen und welcher Zielwerte der Zielerreichungsgrad bewertet werden soll. Darüber hinaus ist zu bestimmen, mit welchen Maßnahmen (Aktionen) die Ziele erreicht werden sollen. Für die Auswahl von Kennzahlen einer BSC sind neben den üblichen Kriterien für Kennzahlen folgende Besonderheiten anzumerken (Moos 2002):

1. Die Kennzahlen sollen bereits in Managementfunktionen der Krankenkasse vorhanden sein, also nicht extra erhoben werden müssen.

2. Die Kennzahlen sollen nicht als rückwärtsgewandte Indikatoren informieren, sondern zukunftsgerichtete Leistungstreiber darstellen.

3. Die Kennzahlen sollen so gewählt werden, dass sie nicht nur ihre »eigene« Zieldimension messen, sondern auch mit zumindest einer anderen Zieldimension einer anderen Perspektive systematisch verknüpft sind. Die Veränderung eines durch eine Kennzahl gemessenen Zielwertes muss insofern zusätzlich für mindestens eine andere Kennzahl einer anderen Perspektive relevant sein.

4. Es sollen nur solche Kennzahlen ausgewählt werden, die durch die Organisation auch beeinflusst werden können.

5. Es sollen relativ wenige Kennzahlen ausgewählt werden, damit eine zielgerichtete Steuerung nicht durch einen »Kennzahlenfriedhof« verhindert wird. Als Faustregel gilt: 4 Perspektiven mit je 5 Kennzahlen.

Die Umsetzung der Balanced Scorecard

Aufgabe der BSC ist es vor allem, die strategische Führung einer Krankenkasse zu unterstützen und zu optimieren. Die Umsetzung der BSC erfordert folgende Schritte:

> ◘ **Umsetzungsschritte der BSC**
> 1. *Entwicklung einer Unternehmensvision*, die dann als Strategie für die Krankenkasse formuliert wird.
> 2. *Vision und Strategie* werden den Mitarbeitern *vermittelt* und im Krankenversicherungsmarkt kommuniziert.
> 3. Auf Krankenkassenebene, und dann auf einzelnen Organisationsebenen werden die strategischen Ziele in Balanced Scorecards umgesetzt. *Ziele* werden formuliert, mit *Kennzahlen* operationalisiert und in *Aktionen* umgesetzt. Aus diesen Zielformulierungen entstehen letztlich Leistungsvereinbarungen innerhalb der Organisation sowie aus den formulierten Aktionen Verantwortlichkeiten für operative Tätigkeiten.
> 4. *Feedback und Initiierung von Lernprozessen:* Die Krankenkasse beobachtet, kontrolliert und steuert sich nun über die Kennzahlen aus der BSC. Sie überprüft hierbei insbesondere die Erreichung einzelner Unternehmensziele.
> 5. *Umsetzung in Managementfunktionen:* Aus gemessenen Abweichungen zu definierten Zielwerten entsteht für die Organisation ein Warnsignal, das unterschiedliche Unternehmensbereiche betreffen kann. Solche Warnsignale können Hinweise für das Marketing, für das Vertragsmanagement, für das Personalmanagement, für die Kundenberatung oder auch für das strategische Management geben.

Die Struktur der BSC zwingt die Entscheidungsträger implizit dazu, sich mit den zuvor schon angesprochenen **Ursache-Wirkungsketten der Leistungserbringung** ihrer Krankenkasse zu beschäftigen. Dies ergibt sich aus der vorgegebenen Verknüpfung von strategischen Zielen, Messgrößen, Zielwerten und Maßnahmen.

Die konsequente Umsetzung der Erkenntnis, wonach die **Kunden- und Qualitätsorientierung** in allen Unternehmensprozessen und Initiativen systematisch und konsequent verfolgt werden muss, bereitet vielen Krankenversicherern jedoch noch erhebliche Probleme. Um die Umsetzung strategischer Ziele überhaupt verfolgen zu können, bedarf es einer systematischen Verknüpfung der Strategie mit Mitarbeiterzielen, deren Fehlen meist ein erhebliches Hindernis zur erfolgreichen Strategieumsetzung darstellt.

Die Strategieorientierung setzt eine entsprechende strategische Willensbildung im Sinne einer Vision und langfristiger strategischer Ziele voraus. Gerade in diesem Bereich haben viele Krankenkassen einen erheblichen Nachholbedarf, da die operative Planung meist dominiert.

Selbst wenn Krankenkassen über ein vergleichbar gutes Informations- und Entscheidungssystem verfügen, und möglicherweise sogar Teile davon kennzahlenbasiert funktionieren, so fehlt häufig eine Gesamtstrategie für die Krankenkasse. Insgesamt lassen sich folgende Aussagen ableiten:

1. Die Strategie einer Krankenkasse bildet den Grundstein und ist damit Voraussetzung für die erfolgreiche Umsetzung des Ansatzes der BSC.
2. Die Beschränkung auf einige wenige relevanten Steuerungsgrößen ist, insbesondere auch im Hinblick auf den Aufbau eines Berichtswesens, entscheidend für die erfolgreiche Einführung der BSC.
3. Für die Einführung und Umsetzung der BSC ist ausreichend Zeit einzuplanen. Wer sich für die Einführung dieses Instrumentes entscheidet, der sollte vor allem viel Zeit für die Erhebung der Kennzahlen und für die inhaltliche Diskussion zur Verfügung stellen.

Als Zwischenergebnis kann festgehalten werden, dass die BSC nicht nur für privatwirtschaftliche Unternehmen, sondern auch für alle gesetzlichen Krankenkassen ein wirkungsvolles Managementinstrument ist. Die besondere Stärke der BSC ist im **mehrdimensionalen Ansatz** zu sehen, der über die alleinige finanzielle Perspektive hinausgeht. Die Vorteile der BSC hinsichtlich Transparenz und Präzisierung haben die Kehrseite, dass sie eine klare Top-Down-Umsetzung mit sich bringen und den Freiheitsgrad der einzelnen Mitarbeiter einschränken. Die BSC löst aus diesem Grund häufig Widerstand aus, da sie mit Kontrolle assoziiert wird.

Definition einer strategischen Grundausrichtung

Neben den Problemen, die aus der praktischen Einführung von betriebswirtschaftlichen Instrumenten in erwerbswirtschaftlichen Unternehmen bekannt sind und in der Phase der Implementierung gelöst werden müssen, bedarf es, um die komplexe Steuerungsfunktion im Interesse der Steigerung des Unternehmenswertes ausfüllen zu können, in Analogie zu den Bedingungen der BSC von Beginn an einer »**controll-baren**« Umgebung. Das heißt: es muss eine mit Realitätsbezug behaftete strategische Grundausrichtung für eine gesetzliche Krankenkasse formuliert werden, die einerseits auf Analysen und daraus abgeleiteten Trends basiert sowie andererseits auf einem strategischen Vorstellungsvermögen, das auf Ideen und Konzepten beruht (Ziegenbein 2002).

Außerdem muss die **Top-Down-Ausrichtung** der BSC in Einklang mit den gesetzlichen Vorgaben für Krankenkassen gebracht werden. Hierauf weist insbesondere die gesetzlich verankerte **Richtlinienkompetenz des Vorstandes** (vgl. § 35 Abs. 2 SGB IV), die diesen verpflichtet, die Bestimmung der strategische Grundausrichtung für »seine Kasse« zu formulieren. Gleichwohl darf nicht außer Acht gelassen werden, dass auch der Verwaltungsrat einer gesetzlichen Krankenkasse zumindest mittelbar in seiner Zuständigkeit berührt sein wird. Ein theoretischer Diskurs darüber, ob die strategische Grundausrichtung einer gesetzlichen Krankenkasse in die Richtlinienkompetenz des Vorstandes gehört oder aber von grundsätzlicher Bedeutung ist, folglich in die **Entscheidungskompetenz des Verwaltungsrates** fällt (vgl. § 197 Abs. 1 Satz 1b SGB V), erscheint hierbei eher nachrangig. Denn in der praktischen Ausgestaltung wird dem Verwaltungsrat insbesondere dann ein Mitspracherecht nicht zu verweigern sein, wenn sich aus der formulierten strategischen Grundausrichtung konkrete Maßnahmen z. B. in Form von satzungsrelevanten Sachverhalten ergeben (vgl. § 197 Abs. 1 Satz 1 SGB V).

Trotzdem wird zunächst der Vorstand einer gesetzlichen Krankenkasse die strategische Grundausrichtung (vor-)formulieren. Hierbei wird er insbesondere auf den Unternehmenswert und damit auf die Schaffung und Steigerung des Kundennutzens abheben müssen, der sich aus den Komponenten (Dienst-)Leistung und Beitragssatz zusammensetzt. **Eine strategische Grundausrichtung** könnte demnach wie folgt formuliert werden:

»Die besondere Qualität unserer gesetzlich fixierten Dienstleistungen zeichnet sich dadurch aus, dass es uns gelingt, den komplexen Anforderungen eines jeden Kunden zeitnah gerecht zu werden. Gleichzeitig verbinden wir mit unserem Engagement die Intention langfristig einen wettbewerbsfähigen, Ausgaben deckenden Beitragssatz anbieten zu können.«

Ausgestaltung der einzelnen Controllingperspektiven

Mit der Formulierung einer strategischen Grundausrichtung endet die Verantwortung des Vorstandes jedoch nicht, denn im Anschluss müssen die verschiedenen Controllingperspektiven jeweils mit einzelnen strategischen Zielen, Messgrößen, operativen Zielen und entsprechenden Aktionen versehen werden, die zum Unternehmenswert bzw. zu seiner Steigerung beitragen.

Da die **Lern- und Entwicklungsperspektive** die langfristige Quelle des Unternehmenserfolges darstellt, erscheint es zweckmäßig mit dieser zu beginnen. Die damit verbundene Fragestellung, nämlich wie die Flexibilität und Fähigkeit zur laufenden Verbesserung aufrechterhalten werden kann, könnte für das Controlling, wie in ◘ Tab. 6.2-1 dargestellt, ausgestaltet werden.

Als erstes strategisches Ziel wäre eine **zweckmäßige Personalentwicklung** erforderlich, deren Aufgabe darin besteht, Weiterbildungsmaßnahmen zu implementieren, welche sich gänzlich mit der Kundenorientierung befassen. Für das Controlling des auf Personalentwicklung ausgerichteten strategischen Ziels bietet sich eine Kennzahl an, welche zunächst die Anzahl der Weiterbildungsmaßnahmen, die sich mit der Kundenorientierung befassen, an der Gesamtzahl aller Weiterbildungsmaßnahmen beschreibt. Um die dadurch ermittelte (rückwärtsgewandte) prozentuale Quote als zukunftsgerichteten Leistungstreiber zu gestalten,

□ Tab. 6.2-1. Lern- und Entwicklungsperspektive einer gesetzlichen Krankenkasse

Strategisches Ziel	Messgröße	Operatives Ziel	Aktionen
Die Weiterbildungsmaßnahmen auf Kundenorientierung ausrichten	Anzahl dieser Maßnahmen an der Gesamtzahl aller Weiterbildungsmaßnahmen	70% der Maßnahmen sind für die Förderung der Kundenorientierung durchzuführen	1. Weiterbildung für Mitarbeiter einführen, welche die Notwendigkeit der Kundenorientierung vermitteln 2. Weiterbildung für Mitarbeiter einführen, welche die praktische Umsetzung der Kundenorientierung befördern 3. Weiterbildung einführen, welche die Kundenorientierung in der täglichen Arbeit erhalten
Die Motivation der Mitarbeiter steigern	Fluktuationsquote	Reduzierung der Quote um 10%	1. Transparente Erfolgsprämien für die Zielerreichung einführen 2. Mitarbeiter in die Projektarbeit verantwortlich einbinden
Die Kommunikation zwischen den einzelnen Organisationseinheiten ausbauen	Anteil der interdisziplinären Fachmeetings an der Gesamtzahl aller Meetings	Steigerung der Quote um 50%	Die Themen aller Meetings sowie die dort erarbeiteten Lösungen (Vorschläge) richten sich an der Steigerung des Unternehmenswertes aus
Die Reaktionsgeschwindigkeit erhöhen	Durchschnittliche Bearbeitungszeit pro »Verwaltungsakt«	Taggleiche Bearbeitung eines Auftrages durch den Mitarbeiter	1. Restrukturierung der Arbeitsroutinen 2. Intensive Nutzung von EDV Anwendungen

ist es weiterhin notwendig, die operative Zieldefinition als Vergleichsparameter zu berücksichtigen. Dieser Soll-Ist-Abgleich führt dann zu einer (Abweichungs-)Kennzahl, welche die noch erforderlichen Aktivitäten operationalisiert.

Als zweites strategisches Ziel wäre es sicherlich notwendig die **Motivation der Mitarbeiter zu steigern**, nicht nur um deren Produktivität zu erhöhen, sondern auch um die anstehende Veränderung bewältigen zu können. Hierbei wäre es von Vorteil die Mitarbeiter in die anstehende Projektarbeit einzubinden. Darüber hinaus sollten die mit der BSC beschriebenen Ziele bzw. Zielerreichungsgrade an Erfolgsprämien gekoppelt werden, um eine generell motivierende Akzeptanz zu schaffen. Als Kennzahl würde sich die Fluktuationsquote (als Teil der Fluktuationsstatistik) anbieten, da sie zu den ständig ver-

fügbaren Kennzahlen einer Personalstatistik gehört und als Prozentzahl Auskunft über die Abgänge der Belegschaft pro Betrachtungszeitraum gibt. Hieraus könnte wiederum eine bereinigte Fluktuationsquote gebildet werden, die sich aus der Differenz »normaler« zu situationsbedingten Abgängen berechnet. Um diese Kennzahl als zukunftsgerichteten Leistungstreiber zu definieren, sollte ebenfalls auf einen Soll-Ist-Abgleich mit der operativen Zielsetzung abgestellt werden (= Reduzierung der Quote um 10%), deren Abweichung auf den Zielerreichungsgrad schließen lässt. Neben der Fluktuationsquote, wäre als zusätzliche Kennzahl sicherlich die Gesundheitsquote (= Anteil der gesunden Mitarbeiter am Gesamtbestand) verfügbar.

Als drittes strategisches Ziel bietet es sich an, die **Kommunikation zwischen den einzelnen Organi-**

sationseinheiten zu erhöhen, insbesondere deshalb, weil sich damit klassische Schnittstellenprobleme routinemäßig beheben lassen. Dabei wird es vor allem von Bedeutung sein, die Themen aller Besprechungen sowie die dort erarbeiteten Lösungen auf die Steigerung des Unternehmenswertes auszurichten. Als Kennzahl könnte der Anteil der interdisziplinären Fachbesprechungen an der Gesamtzahl aller Besprechungen herangezogen werden. Um Vermeidungsstrategien seitens der Belegschaft gerade zu Beginn der Einführung der strategischen Grundausrichtung vorzubeugen, könnte in Erweiterung dieser Kennzahl eine qualitative Auswertung der zu den Besprechungen erstellten Ergebnisprotokolle erfolgen, welche die Klassifizierung der Besprechungen unterstützt.

Das vierte strategisches Ziel setzt sich konkret mit der **zeitnahen Realisierung von Kundenwünschen** auseinander. Als Vorgabe wäre denkbar, dass die Reaktionsgeschwindigkeit der Bearbeitung von Kundenbedürfnissen in einem Geschäftspro-

zess deutlich erhöht wird. Hierbei wäre als Kennzahl die durchschnittliche Bearbeitungszeit pro »Verwaltungsakt« von Bedeutung, die insbesondere unter der Maßgabe, dass sich die Zeit für die täglich anfallenden Aufgaben, die von den Mitarbeitern Tagleich erledigt werden, entsprechend reduzieren muss.

Um die Vorgabe die Reaktionszeit zu erhöhen und realisieren zu können, bedarf es nicht nur der Zielvorgaben für die betroffenen Mitarbeiter, sondern es müssten aller Voraussicht nach auch weitere organisatorische Maßnahmen ergriffen werden, die bei der Aufgabenerledigung unterstützend wirken. In diesem Zusammenhang erlangt die **Perspektive der internen (Geschäfts-)Prozesse** ein entsprechendes Gewicht. Der Fragestellung folgend bei welchen Prozessen Hervorragendes geleistet werden muss bzw. welches die kritischen Geschäftsprozesse sind, könnte diese Perspektive analog zu **Tab. 6.2-2** ausgestaltet werden.

Tab. 6.2-2. Perspektive der internen Geschäftsprozesse einer gesetzlichen Krankenkasse

Strategisches Ziel	Messgröße	Operatives Ziel	Aktionen
Interne Abläufe standardisieren	Anteil der standardisierten Prozesse an der Gesamtzahl aller standardisierungsfähigen Prozesse	Steigerung der Quote von 50% (laufendes Jahr) auf 60% (Planung Folgejahr)	Intensiver Einsatz von EDV Lösungen, indem z. B. ein Dokumentenmanagementsystem ab Poststelle eingeführt wird
Nicht wertschöpfende Tätigkeiten reduzieren bzw. beseitigen	Anteil der nicht auf den Unternehmenswert ausgerichteten Arbeitsstunden an den Gesamtarbeitsstunden in %	Reduzierung der Quote um 10%	Kontrollaufgaben auf das gesetzlich vorgeschriebene Maß reduzieren
Prozesskostensätze reduzieren	Kosten der Geschäftsprozesse in €	Reduzierung der Prozesskosten um 5%	Abbildung aller Geschäftsprozesse und Bewertung in € sowie anschließende Restrukturierung der Arbeitsroutinen.
Verbundeffekte nutzen	Anteil der in Kooperationen geleisteten Geschäftsprozesse an der Gesamtzahl aller Geschäftsprozesse, die in Kooperationen bewältigt werden können	Anteil um 10 Prozentpunkte erhöhen	Arbeitsgruppen mit anderen Kassen z. B. in verschiedenen Leistungssektoren bilden

Zunächst bietet es sich an das strategische Ziel zu verfolgen, die **internen Abläufe auf eine Eignung zur Standardisierung** hin zu prüfen. Mit Hilfe dieser klassischen Prozessbeschreibungen (Workflow) könnten wiederum EDV-Lösungen zum Einsatz gebracht werden, welche die Tagesroutinen unterstützen und beschleunigen. Angesichts des anhaltenden Fortschritts – insbesondere in der EDV-Technik – auf der einen und der Änderungen unterworfenen Bearbeitungsinhalte (z. B. durch Gesetzgebung) auf der anderen Seite, müsste diese Prüftätigkeit periodisch wiederholt werden. Ausgehend von der jeweiligen Bestandsaufnahme würde sich eine Kennzahl anbieten, welche die Abweichung von standardisierten zu standardisierungsfähigen Geschäftsprozessen darstellt. Um Aufschluss über die Entwicklung der Standardisierung insgesamt zu geben, wäre es weiterhin sinnvoll das Verhältnis von standardisierten zu nicht standardisierten Prozessen darzustellen.

Mit der Beschreibung der Geschäftsprozesse könnte weiterhin eine Bewertung derselben vorgenommen werden. Das heißt, dass es ein weiteres strategisches Ziel sein sollte, alle Prozesse oder Teile von **Prozessen, die nicht der Wertschöpfung** dienen, zumindest auf das erforderliche Maß zu reduzieren. Neben Aufgaben, die als »nice to have« deklariert werden können, müssen auch Kontrollaufgaben, die durchaus im Einklang mit gesetzlichen Maßgaben stehen, im Rahmen ihrer Ausführungsintensität auf Sinnhaftigkeit überprüft werden. Als Kennzahl könnte hierbei der Anteil der Arbeitsstunden, welcher der direkten Wertschöpfung dient, an der Gesamtzahl aller geleisteten herangezogen werden. Um diese Kennzahl als zukunftsgerichteten Leistungstreiber zu definieren, sollte auf einen Soll-Ist-Abgleich mit der operativen Zielsetzung abgestellt werden (= Reduzierung der Quote um 10%), deren Abweichung auf den Zielerreichungsgrad schließen lässt.

Ein weiteres Augenmerk müsste neben der Standardisierung und Straffung der Geschäftsprozesse auch auf den **finanziellen Aufwand, der pro Prozess entsteht**, gelegt werden. Hierbei gilt es dem Kosten-Nutzen-Effekt ein entsprechendes Gewicht zu verleihen. Das strategische Ziel »Prozesskostensätze zu reduzieren« hilft insoweit auch einen möglichen Zielkonflikt zwischen finanziellen Erfordernissen (bei Investition in Technik) und »Schnelligkeit der Dienstleistung« (durch Einsatz dieser Technik) aufzudecken und unter Berücksichtigung anderer Zieldefinitionen (z. B. Akquisition von Neukunden) zu lösen. Die dazugehörige Kennzahl lautet »Kosten pro Prozess«, die in der Verbindung mit den jeweiligen Restrukturierungsbemühungen vorausschauend zu berechnen wäre. Den praktischen Erfahrungen aus erwerbswirtschaftlichen Unternehmen folgend, sollte allerdings darauf geachtet werden, dass sich die Berechnungen selbst nicht zu einem zeitaufwendigen und teuren Verfahren entwickeln.

Anhand der internen Koordination der Geschäftsprozesse könnte sich weiterhin zeigen, dass verschiedene **Prozesse vernetzt mit anderen gesetzlichen Krankenkassen** effektiver gestaltet werden können. Vor allem Bereiche, in denen zum einen Alleinstellungsmerkmale nicht zu erzielen sind oder zum anderen der bestehende Anteil an Alleinstellungsmerkmalen deutlich hinter den finanziellen Vorteilen, die z. B. durch Synergieeffekte erzielt werden können, zurück bleiben, könnten durch Kooperationen oder strategische Allianzen sinnvoll ausgefüllt werden. Die dazu erforderliche Kennzahl wäre der Anteil der mit anderen gesetzlichen Krankenkassen vernetzten Geschäftsprozesse an den Prozessen, die in einer vernetzten Form bewältigt werden können.

Mit Hilfe von Kassen übergreifenden vernetzten Geschäftsprozessen würde der Grundstein gelegt, regionale Marktpositionen in den jeweiligen (Dienst-)Leistungen deutlich zu verbessern. In der Absicht diesen Vorteil zu nutzen, müsste sich eine gesetzliche Krankenkasse als nächstes mit den strategischen Zielen der **Kundenperspektive** intensiv auseinandersetzen, da sowohl der entsprechende Lieferant von Leistungen, als auch die Versicherten in der Nutzung der Leistungen als Kunden betroffen wären (◘ **Tab. 6.2-3**).

In der konkreten Umsetzung wäre es sinnvoll die von den Versicherten (in einer Region) in Anspruch genommenen Leistungen auf der Ebene der Lieferanten von Leistungen (Leistungserbringer) zu verdichten. Dies wäre der Ausgangspunkt, um das strategische Ziel zu verfolgen, die Position in Vertragsverhandlungen zu verbessern. Denn hierdurch erhält die gesetzliche Krankenkasse ein transparentes Bild über »ihre« Lieferanten.

6

◻ **Tab. 6.2-3.** Kundenperspektive einer gesetzlichen Krankenkasse

Strategisches Ziel	Messgröße	Operatives Ziel	Aktionen
Die Vertragsposition verbessern	»Stückzahl« pro Lieferanten in einer Leistungssparte p.a.	»Stückzahl« pro Lieferanten erhöhen, um günstigere (Qualität und Preis) Vertragskonditionen zu erzielen	1. Fusion 2. Kooperationen 3. Strategische Allianzen
Leistungssteuerung ausbauen	Anzahl der Kunden, die vom prioritären Lieferantenpool betreut werden, im Verhältnis zu der Gesamtzahl aller Kunden, die von allen Lieferanten Leistungen erhalten	Steuerung morbider Kunden in den prioritären Lieferantenpool	Eingehende Informationen medizinisch prüfen, ob der Kunde lediglich eine Akutversorgung benötigte oder mit einer längerfristigen Versorgung gerechnet werden muss, um dann die notwendigen Steuerungsaktivitäten einzuleiten
Kundenwünsche verstehen und erfüllen	Eine Kennzahl, die sich aus einer komplexeren Kundenbefragung herleitet	Kontinuierliche Kundenbefragungen durchführen	Einen Fragebogen erstellen, der über die Zufriedenheit und Wünsche der Kunden Auskunft gibt
Akquisition von Neukunden	Anzahl der Versicherten pro Monat	Steigerung der Versichertenzahl gegenüber dem Vorjahresmonat um 1%	1. Kooperation mit externen Partnern (z. B. Arbeitgeber) 2. Kunden werben Kunden 3. Fusionen

Dieses Vorgehen stellt wiederum die Basis für ein **fundiertes Vertragsgeschäft** dar, weil das Wissen um die vorhandenen Leistungsvolumina dazu genutzt werden kann, a priori günstigere Vertragskonditionen auszuhandeln. Auch bestünde die Gelegenheit mit Hilfe der Vertragsgestaltung zukünftige »Stückzahlen« zu verhandeln, so dass z. B. ein bisher eher unbedeutender Vertragspartner, der eine bessere Qualität bei einem günstigeren Preis anbieten kann, durch eine steuernde Einflussnahme der gesetzlichen Krankenkasse ein höheres Kontingent erhält. Um einen Überblick über die Gewichtung der Lieferanten zu erhalten wäre eine Kennzahl sinnvoll, welche die »Stückzahl« pro Lieferanten in einer Leistungssparte abbildet. Auch könnte dieser Wert dazu genutzt werden zukünftige Stückzahlen, Lieferzeiten und Preise, die in den Vertragsverhandlungen mit einem Lieferanten ausgehandelt werden sollen, festzulegen. Exemplarisch wäre hier die Versorgung von Versicherten mit einem Hilfsmittel durch ein Sanitätshaus zu nennen. Aufgrund einer vertraglich vereinbarten Mindestabnahme könnte der Hilfsmittellieferant zu einer umgehenden Lieferung verpflichtet werden. Gleichzeitig könnte ein im Vergleich zu anderen Lieferanten deutlich günstigerer Preis ausgehandelt werden.

Für das strategische Controlling wären allerdings nicht nur die verhandelten Stückzahlen von Bedeutung, sondern auch die Fähigkeit der zuständigen Leistungsabteilung, das Vertragswerk »in die Tat« umzusetzen. Von daher wäre es erforderlich, dass die ausgehandelten Kontingente von Versicherten der gesetzlichen Krankenkasse nachgefragt werden. Folglich muss die gesetzliche Krankenkasse das strategische Ziel verfolgen, eine **Steuerungsfunktion bei der Inanspruchnahme von Leistungen** zu übernehmen. Insbesondere Versicherte mit chronischen und/oder langwierigen Erkrankungen sollten in einem ersten Schritt von Interesse sein. Denkbar wäre, dass die Vertragsabteilung der gesetzlichen Krankenkasse einen Pool von Lieferanten, der das gewünschte Leistungsspektrum abbilden kann, vertraglich gebunden hat. Die operativen Organisationseinheiten der gesetzlichen Krankenkasse wiederum wären verpflichtet, Versicherte mit chronischen und/oder langwierigen Erkrankungen in diesen Pool zu steuern (z. B. mit Hilfe von Bonusmodellen, die für den einzelnen Versicherten einen finanziellen Anreiz bieten). In einem weiteren Schritt könnte der steuernde Einfluss auf Versicherte mit Akuterkrankungen, z. B. über wirksame Hausarztmodelle, ausgebaut werden. Als Kennzahl könnte die Anzahl der Versicherten, die von diesem Pool betreut werden, an der Gesamtzahl aller Versicherten, die sich in der Versorgung mit Leistungen befinden, herangezogen werden.

Als Rückkopplung zum Leistungsgeschehen sollte mit einem weiteren strategischen Ziel die **Sichtweise der Versicherten** berücksichtigt werden, die Leistungen in Anspruch nehmen. Eine kontinuierliche Befragung soll Auskunft darüber geben, ob die Vertragsgestaltung sowie die organisatorische Leistungssteuerung den Bedürfnissen dieser Versicherten entsprechen. Darüber hinaus sollen auch jene Versicherten befragt werden, die bisher keine oder nur wenige Leistungen in Anspruch genommen haben, um auch für diese Gruppe (Dienst-)Leistungen anbieten zu können, die zumeist aus Gründen vertrieblicher Aktivitäten (Stichwort: Haltearbeit durch Bonusmodelle und/oder Beitragsrückerstattungen) angeboten werden. Eine entsprechende Kennzahl, deren Hauptaugenmerk darin liegt, die durch den Kunden »empfundene Qualität« der (Dienst-)Leistung abzubilden, wäre aus einem maßgeschneiderten Kundenfragebogen entsprechend zu entwickeln.

Neben der klassischen Haltearbeit müsste der strategischen Grundausrichtung Rechnung tragend auch **Akquisition von neuen Versicherten** betrieben werden. Hierbei käme es darauf an zunächst klassische Akquisitionsfelder zu besetzen, so z. B. eine enge Zusammenarbeit mit externen Kontaktstellen (Arbeitgeber) anzustreben und/oder über den bereits versicherten (von der Qualität überzeugten) Kundenkreis direkt neue Kunden zu werben. Auch Fusionen anzustreben ist ein probates Mittel, um den Kundenbestand zu erhöhen. Auskunft über den Erfolg der Akquisitionsbemühungen geben bereits vorhandene Versichertenstatistiken (KM 1, SA 40), welche die Anzahl der Versicherten in einem Monat, und damit auch im Zeitablauf, abbilden. Weiterhin könnte diese saldierte Perspektive aufgefächert werden, indem Zugänge und Abgänge separat dargestellt werden. Als zukunftsgerichteter Leistungstreiber eignet sich diese Kennzahl allerdings nur, wenn auch hier entsprechende Planwerte vorgegeben werden, die es einzuhalten oder zu übertreffen gilt. Auch an die-

□ **Tab. 6.2-4.** Finanzperspektive einer gesetzlichen Krankenkasse

Strategisches Ziel	Messgröße	Operatives Ziel	Aktionen
Deckungsbeitrag pro Kunden erhöhen	Durchschnittlicher Deckungsbeitrag pro Kunde in €	Steigerung des durchschnittlichen Betrages um 1% gegenüber dem Vorjahr	Deckungsbeitragsrechnung aufbauen
Nettoverwaltungskosten unter den GKV-Durchschnitt senken	Nettoverwaltungskosten pro Versicherten in €	»0 Runde«	KORE und BAB einführen
Steuerung des täglichen Liquiditätsbedarfs	Erwirtschaftete Rendite im Verhältnis zum Euribor in Prozentpunkten	Steigerung der Differenz um 0,1 Prozentpunkte gegenüber dem Vorjahr	Eine Liquiditätsplanung für das Geschäftsjahr implementieren
Einen Ausgaben deckenden Beitragssatz unterhalb des GKV-Durchschnitts erreichen	Differenz des Ausgaben deckender Beitragssatz zum durchschnittlichen Beitragssatz in der GKV in Beitragssatzpunkten (BSP)	Einen um 0,5 BSP geringeren Ausgaben deckenden Beitragssatz als der durchschnittliche Beitragssatz in der GKV	Eine unterjährige Bilanzierung einführen und darauf aufbauend eine Prognose für das Geschäftsjahr erstellen

ser Stelle fiele der klassischen Soll-Ist-Abweichung ein entsprechendes Gewicht zu.

Die zuvor genannten Perspektiven mit ihren Ergebnissen sowie deren Wechselwirkungen fließen schließlich in die finanzielle Entwicklung einer gesetzlichen Krankenkasse, die sich am Ausgaben deckenden Beitragssatz bemisst, ein. Von daher ist es der **Finanzperspektive** der BSC vorbehalten, Aufschluss über die finanzielle Leistungsfähigkeit der gesetzlichen Krankenkasse zu geben (◘ Tab. 6.2-4).

In einem ersten Schritt bietet es sich daher an, eine **Deckungsbeitragsrechnung (DBR) pro Versicherten** aufzubauen. Hierbei werden die entstandenen Leistungsausgaben, die von einem Versicherten in einer Zeitperiode (z. B. Geschäftsjahr) verursacht wurden mit dem im Risikostrukturausgleich (RSA) zugewiesenen Beitragsbedarf (standardisierte Leistungsausgaben) saldiert. Dieser saldierte Betrag gibt Aufschluss darüber, ob der Versicherte kostengünstiger (positiver Deckungsbeitrag) oder -intensiver (negativer Deckungsbeitrag) in einer Zeitperiode war, als ein vergleichbarer durchschnittlicher GKV-Versicherter. Für die Akquisitionstätigkeit lässt sich folglich im Vorfeld klarer bestimmen, welche Kundensegmente prioritär von Interesse sind, sowie im Nachgang beurteilen, ob die Gewinnung eines Neukunden tatsächlich zum finanziellen Erfolg beigetragen hat. Auch lassen sich konkrete finanzielle Effekte aus der täglich praktizierten Vertragstätigkeit und Leistungssteuerung abbilden und geben zusätzlich Hinweise zur weiteren Vorgehensweise. Als Kennzahl, welche Aufschluss über die Gesamtentwicklung geben soll, bietet sich ein durchschnittlicher Deckungsbeitrag pro Versicherten an, der sich dem strategischen Ziel folgend durch die eingeleiteten Aktivitäten im Zeitverlauf positiv entwickeln muss.

Obwohl die **(Netto-)Verwaltungskosten** im Vergleich zu den tatsächlichen Leistungsausgaben ein eher untergeordnetes Finanzvolumen in der Gesetzlichen Krankenversicherung ausweisen, sind diese nicht nur weitestgehend von einer gesetzlichen Krankenkasse selbst beeinflussbar, sondern auch von politischem und gesetzgeberischem Interesse. In Anlehnung an die strategische Grundausrichtung bietet es sich von daher an das strategische Ziel zu verfolgen, diese zumindest unterhalb des GKV-Durchschnitts zu halten oder zu senken. Als unterstützende Instrumente, müsste zumindest

eine Kosten- und Leistungsrechnung (KORE), die auch vom Gesetzgeber gefordert ist, aufgebaut werden. Idealerweise könnte auch ein Betriebsabrechnungsbogen (BAB) erstellt werden, der in einem ersten Schritt die entstandenen Verwaltungskosten auf die entsprechenden Kundencenter (Geschäftsstellen) verteilt. Diese würden dann in einem zweiten Schritt wiederum auf die Kunden, die in dem jeweiligen Kundencenter betreut werden, morbiditätsorientiert verteilt, so dass eine Deckungsbeitragsrechnung zweiter Ordnung entstehen kann.

Neben einer genaueren Bestimmung des Deckungsbeitrags pro Versicherten, könnten damit auch die zukünftigen Verwaltungskosten, die im Rahmen der Akquise eines Neukunden entstehen, näherungsweise ermittelt werden. Als übergeordnete Kennzahl könnten jedoch zunächst die (Netto-)Verwaltungskosten pro Versicherten herangezogen werden, da diese bereits im Rahmen der vom Gesetzgeber budgetierten Verwaltungskosten als jährliche Vorgabe existieren (vgl. § 4 Abs. 4 SGB V).

Freilich sind in der Finanzperspektive nicht nur für die klassischen Bilanzposten strategische Ziele zu formulieren, sondern auch für das tägliche Finanzgeschäft. Hierbei ist das **Liquiditätsmanagement** (vgl. ► Kap. 4.2) von besonderer Bedeutung, weil es nicht nur die Aufgabe hat, die Zahlungsfähigkeit sicherzustellen, sondern auch darüber hinausgehende liquide Mittel zinsbringend anzulegen. Um dieses zu gewährleisten sollte zunächst eine Liquiditätsplanung für den Folgemonat aufgebaut und implementiert werden. Darauf aufgesetzt wäre auch eine (Grob-)Planung für das folgende Geschäftsjahr – z. B. im Rahmen der Haushaltsplanung – sinnvoll, da eine Prognose, die auch gesetzliche Neuerungen im Liquiditätsbedarf abbildet, das »Überraschungsmoment« deutlich minimiert (z. B. Neuregelung des Zeitpunktes des Beitragseinzuges). Ein erfolgreiches Liquiditätsmanagement ist jedoch auch immer abhängig von den am Markt üblichen Konditionen, so dass sich als Kennzahl die von der gesetzlichen Krankenkasse erwirtschaftete Rendite z. B. im Vergleich zum EURIBOR (ein für Termingelder in Euro ermittelter Zwischenbankenzins) auf Jahresbasis anbietet.

Das finale strategische Ziel in der Finanzperspektive einer gesetzlichen Krankenkasse sollte der **Ausgaben deckende Beitragssatz** sein (vgl. § 69 SGB IV), der, um wettbewerbsfähig sein zu können, dauerhaft unterhalb des durchschnittlichen Beitragssatzes der Gesetzlichen Krankenversicherung insgesamt liegen muss. Um den Finanzstand und seine Entwicklung kontinuierlich und zeitnah abzubilden, sollte eine monatliche Bilanzierung (gemäß KJ 1 Standard) eingeführt und auf dieser Basis eine Prognose für das Geschäftsjahr (voraussichtliches Rechnungsergebnis) erstellt werden. Als Kennzahl sollte die Differenz zwischen dem aus diesen Ergebnissen ermittelten Ausgaben deckenden Beitragssatz der gesetzlichen Krankenkasse und dem durchschnittlichen Beitragssatz der GKV dienen, die sich in Beitragssatzpunkten (BSP) darstellen lässt.

Sicherlich könnte eine BSC in der Praxis durch weitere Perspektiven ergänzt werden. So wäre z. B. eine Umweltperspektive möglich, welche der Abhängigkeit gesetzlicher Krankenkassen von gesetzlichen Regelungen stärker Rechnung trägt (Stichwort: Lobbyarbeit). Auch könnte die dargestellte Kundenperspektive aufgefächert werden in eine Kundenperspektive, die sich insbesondere mit strategischen Zielen rund um die Versichertengemeinschaft befasst und einer Lieferantenperspektive, die sich mit den Erfordernissen der vorgegebenen (Dienst-)Leistungen, auch im Zusammenspiel mit den jeweiligen Verbänden (Stichwort: Rahmenverträge), auseinandersetzt.

Ein ordnender Rahmen für gesetzliche Krankenkassen

Insgesamt wird deutlich, dass die BSC in der Welt der Gesetzlichen Krankenversicherung einen ord-

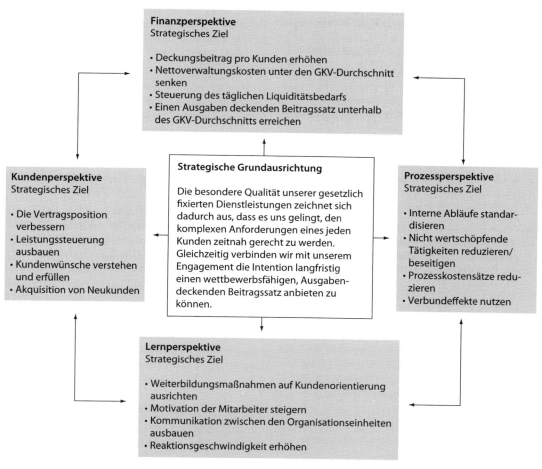

Finanzperspektive
Strategisches Ziel

- Deckungsbeitrag pro Kunden erhöhen
- Nettoverwaltungskosten unter den GKV-Durchschnitt senken
- Steuerung des täglichen Liquiditätsbedarfs
- Einen Ausgaben deckenden Beitragssatz unterhalb des GKV-Durchschnitts erreichen

Strategische Grundausrichtung

Die besondere Qualität unserer gesetzlich fixierten Dienstleistungen zeichnet sich dadurch aus, dass es uns gelingt, den komplexen Anforderungen eines jeden Kunden zeitnah gerecht zu werden. Gleichzeitig verbinden wir mit unserem Engagement die Intention langfristig einen wettbewerbsfähigen, Ausgabendeckenden Beitragssatz anbieten zu können.

Kundenperspektive
Strategisches Ziel

- Die Vertragsposition verbessern
- Leistungssteuerung ausbauen
- Kundenwünsche verstehen und erfüllen
- Akquisition von Neukunden

Prozessperspektive
Strategisches Ziel

- Interne Abläufe standardisieren
- Nicht wertschöpfende Tätigkeiten reduzieren/beseitigen
- Prozesskostensätze reduzieren
- Verbundeffekte nutzen

Lernperspektive
Strategisches Ziel

- Weiterbildungsmaßnahmen auf Kundenorientierung ausrichten
- Motivation der Mitarbeiter steigern
- Kommunikation zwischen den Organisationseinheiten ausbauen
- Reaktionsgeschwindigkeit erhöhen

☐ **Abb. 6.2-2.** Exemplarische BSC für eine gesetzliche Krankenkasse

nenden Rahmen für ein sinnvolles strategisches Controlling schaffen kann, sofern der Vorstand einer gesetzlichen Krankenkasse eine strategische Grundausrichtung definiert, auf deren Basis innerhalb der verschiedenen Perspektiven adäquate strategische Ziele formuliert werden können (◘ Abb. 6.2-2).

Es zeigt sich, dass die mit den benannten strategischen Zielen jeweils verbundenen Kennzahlen, welche als zukunftsgerichtete Leistungstreiber fungieren können, weitestgehend in der Gesetzlichen Krankenversicherung verankert sind. Darüber hinaus könnten zusätzliche Kennzahlen für die verschiedenen Perspektiven definiert werden, sofern eine stärkere betriebswirtschaftliche Ausrichtung vom Vorstand vorgegeben wird.

Literatur

Beck G (1999) Controlling. Ziel, Augsburg
Burla S (1989) Management in Non Profit Organisationen. Bern, Stuttgart
Demmler G (2002) Balanced Scorecard – Von der Strategie zur Aktion. Die BKK (11/2002): S 5–10
Friedag HR, Schmidt W (2002) Balanced Scorecard. Haufe, Freiburg i. Br.
Graumann M (2003) Controlling. IDW, Düsseldorf
Horak C (1995) Controlling in Nonprofit-Organisationen, Erfolgsfaktoren und Instrumente. Deutscher Universitäts-Verlag, Wiesbaden
Horak C (1996) Besonderheiten des Controlling in Nonprofit-Organisationen. In: Eschenbach R (Hrsg) Controlling. 2. Aufl. Schäffer-Poeschel, Stuttgart, S 649–656
Horak C (2001) Balanced Scorecard erfolgreich einführen. In: Sozialmarkt aktuell Mai 2001. Institut für angewandte Arbeitswissenschaft, Köln
Moos G (2000) Überlebt die Pflege ohne Strategie? Strategieorientierte Führung von Pflegeeinrichtungen mit Hilfe der Balanced Scorecard. Die BKK 88(1): 33–37
Schubert B (2000) Controlling in der Wohlfahrtspflege. LIT Verlag, Hamburg
Stoll B (2003) Balanced Scorecard für soziale Organisationen. Qualität und Management durch strategische Steuerung. Walhalla, Regensburg
Ziegenbein K (2002) Controlling. Kiehl, Ludwigshafen

6.3   Informationsmanagement und Controlling in Krankenhäusern

Steffen Fleßa und Wolfgang Weber

Krankenhauscontroller ist ein neuer Beruf, der sich seit Einführung des Gesundheitsstrukturgesetzes 1993 stürmisch entwickelt hat. Bis heute ist die Nachfrage nach Controllern in stationären Gesundheitseinrichtungen ungebrochen, und die Stellenanzeigen in den Krankenhausfachzeitschriften »Krankenhausumschau« und »Führen und Wirtschaften im Krankenhaus« werden immer zahlreicher, da viele Hospitäler Krankenhauscontroller einstellen wollen. Es scheint, als ob der Bedarf an dieser Berufsgruppe in der Medizin auch in absehbarer Zeit noch groß sein wird.

Umso erstaunlicher ist jedoch, dass bislang eine klare Definition des Krankenhauscontrollings aussteht. Betrachtet man die Stellenanzeigen, so nehmen Krankenhauscontroller viele Positionen und Hierarchieebenen ein. Das Spektrum erstreckt sich vom Finanzbuchhalter bis zum Kodierer, vom Qualitätsmanager bis zum EDV-Beauftragten, vom Personalfachmann bis zum internen Unternehmensberater. Die hierarchische Einordnung reicht von niedrigeren Linienstellen über Stabsstellen hin zu Leitungsstellen. Controlling im Krankenhaus bedarf dringend einer Definition und Synchronisation mit dem betriebswirtschaftlichen Controllingbegriff.

Bislang wird diese Aufgabe jedoch weder von der Praxis noch von der Wissenschaft zufrieden stellend erfüllt. Controlling wird entweder zur Funktion, wie z. B. der Kostenrechnung, degradiert oder aber mit Management gleichgesetzt und damit seines Propriums beraubt. So definiert beispielsweise Kuntz in seinem Buch »*Krankenhauscontrolling in der Praxis*« Controlling als »*Planung und Steuerung der Prozesse nach betriebswirtschaftlichen Kriterien*« (Kuntz 2002, S. 5), eine Definition, die kaum einen Unterschied zwischen Controlling und Management erlaubt. Und die Liste der Aufgaben und Instrumente von Krankenhauscontrollern, die Schirmer (2003) dieser Berufsgruppe zuweist, umfasst alle Aufgaben und Methoden, die der Betriebswirtschaft insgesamt zur Verfügung stehen.

In diesem Beitrag werden das Proprium des Controllings im Krankenhaus expliziert und einige wichtige Instrumente diskutiert. Der Leser muss sich vergegenwärtigen, dass Controlling im Krankenhaus eine Innovation bedeutet, die sich noch nicht überall als Routinelösung durchgesetzt hat, so wie insgesamt Controlling ein junges Forschungs- und Praxisfeld darstellt. Controlling hat sich außerhalb des Gesundheitswesens in den 50er Jahren des letzten Jahrhunderts entwickelt. Sein ursprüngliches Feld war die Kostenrechnung, und nicht selten wurde die klassische Abteilung für Kostenrechnung einfach in eine Controllingabteilung umbenannt (sowie manche Absatzabteilung in dieser Zeit zur Marketingabteilung wurde, ohne essentiell Unterschiedliches zu tun). In den 1960er Jahren wurde dann das Controlling um das gesamte Berichtswesen bzw. die betriebswirtschaftliche Statistik ergänzt. Beide Bereiche fanden jedoch erst 30 Jahre später Eingang in die Krankenhäuser. Viele Hospitäler sind auf dieser Ebene stehen geblieben, so dass Krankenhauscontroller in der Praxis vor allem Kosten- und Leistungsrechnung durchführen.

Der nächste Schritt in der Reifung des Controllings war die Entwicklung einer wissenschaftlichen Controllingkonzeption im Sinne einer umfassenden Koordination und Information im Unternehmen während der 1970er und 1980er Jahre. Information wurde als Produktionsfaktor entdeckt, Managementinformationssysteme bis hin zu Entscheidungsunterstützungssystemen entwickelt. Hier waren die Krankenhäuser etwas schneller in der Adaption. Sie verfügen durch die medizinische Dokumentationspflicht über große Datenmengen, die sie jedoch nur spärlich analysieren konnten. Deshalb entwickelte sich die medizinische Informatik schnell zu einem anerkannten und praxisrelevanten Wissenschaftszweig, der große Nähe zum Controlling aufweist. Echte Entscheidungsunterstützungssysteme für das Top-Management der Krankenhäuser sind zwar bis heute selten, aber Controller übernehmen immer mehr Aufgaben der zentralen Informationsbeschaffung für die Krankenhausleitung.

Die Entwicklung hin zu einem strategischen Controlling, die in der Industrie während der 70er und 80er Jahre stattfand, wurde jedoch im Krankenhaus bislang kaum nachvollzogen. Controller sind mit wenigen Ausnahmen von der Gestaltung der Unternehmenspolitik ausgeschlossen und sind bislang kaum von Bedeutung für die langfristige Anpassung an Umweltveränderungen, da das strategische Denken erst mit vorsichtigen Schritten Einzug in die Krankenhäuser findet. Langsam erst geht der Planungshorizont der Krankenhäuser über das mit den Krankenkassen ausgehandelte Jahresbudget hinaus, langsam entwickelt sich ein Qualitätscontrolling, ein Personalcontrolling, ein Benchmarking etc., das sich an langfristigen Perspektiven orientiert. Krankenhauscontrolling ist derzeit im Großen und Ganzen operativ.

In der betriebswirtschaftlichen Theorie (z. B. Klein und Scholl 2004, S. 26–28) finden sich drei grundsätzliche **Konzeptionen des Controllings**. Zum einen wird Controlling als Informationswirtschaft verstanden. Der Controller ist der »Zahlenknecht«, der eine **Servicefunktion** für das Unternehmen wahrnimmt. Dies impliziert eine große Nähe zum Krankenhausinformationssystem auf EDV-Basis. Umfassender kann Controlling als Wahrnehmung der **Koordinationsfunktion** im Unternehmen verstanden werden, und zwar Koordination zwischen den Managementfunktionen Planung, Organisation, Personalauswahl, Personalführung, Kontrolle (**horizontale Koordination**), zwischen den Managementebenen (**vertikale Koordination**) und zwischen den zeitlichen Ebenen (**zeitliche Koordination**). Die Informationswirtschaft ist damit ein Teilgebiet des Controllings, sie wird jedoch in den Dienst der Koordination gestellt. Schließlich wird Controlling mit **Unternehmensführung** gleichgesetzt.

Im Folgenden, sowie im gesamten Buch, wird Controlling als die Wahrnehmung der Koordinationsfunktion verstanden. Die reine Bereitstellung von Information ist nur dann Controlling, wenn sie der Abstimmung von Plänen, Prozessen oder Ergebnissen dient. Krankenhauscontrolling erfährt damit eine Aufwertung gegenüber der Praxis des »Zahlenknechtes«, weil es wie Planung, Organisation, Personalführung, Personalauswahl und Kontrolle eine eigenständige Managementfunktion ist. Koordination bzw. Controlling ist Aufgabe jeder Führungskraft, die Controllingabteilung stellt lediglich Instrumente für die Wahrnehmung dieser Aufgabe zur Verfügung. Nach dieser Controllingkonzeption umfasst das Controlling gleichzeitig die Informationsversorgungsfunktion, da die Koordination evidenzbasiert sein muss, was nur auf Grundlage einer soliden Datenbasis möglich ist.

Nach dieser definitorischen Einordnung werden im nächsten Abschnitt die Notwendigkeit und die gesetzlichen Voraussetzungen des Controllings betrachtet. Im zweiten Abschnitt folgt die praktische Umsetzung im operativen Controlling. Dieser Teil hat ein großes Gewicht, da er die derzeitige Praxis und die zukünftigen Herausforderungen aufzeigt. Im letzten Teil wenden wir uns dem strategischen Controlling zu und diskutieren Instrumente, die zwar bislang im Krankenhauswesen selten angewendet, jedoch in Zukunft von großer Bedeutung sein werden.

6.3.1 Gesetzliche und strukturelle Rahmenbedingungen

Die strukturellen Veränderungen der Krankenhauslandschaft erfordern ein umfassendes operatives und strategisches Controlling. Die wichtigsten derartigen Änderungen sind:

— Konzentrationsprozesse
— Dezentralisierung
— Ausweitung des Planungshorizonts

Die durchschnittliche Betriebsgröße der deutschen Krankenhäuser ist in den letzten Jahren stark gestiegen. Dies führt zu einem überproportionalen **Bedarf an Koordination**, so dass dem Krankenhauscontrolling als Koordinator eine Schlüsselrolle im Management zukommt. Verstärkt wird dieser Effekt noch durch einen grundlegend erhöhten Koordinationsbedarf in Krankenhäusern als Betriebstyp mit sehr heterogener Leitungsstruktur. Ärzte, Psychologen, Pflege-, Verwaltungs- bzw. Funktionskräfte, etc. haben sehr unterschiedliche Vorstellungen von der Krankenhausführung. Hinzu kommt eine einflussreiche Trägerstruktur. Insbesondere kirchliche Träger fordern, dass ihr **spezifisches Wertesystem** umgesetzt wird. In der Vielzahl von Stakeholdern, Werten, Zielen und Auffassungen kommt es leicht zu Missverständnissen, die der Abstimmung auf ein gemeinsames Ziel hin entgegenstehen. Die Vermeidung oder Lösung eines Konfliktes zwischen Medizin und Pflege, zwischen Patientenbezogenheit und Deckungsbeitrag, zwischen Theologie und Sachgerechtigkeit erfordert eine intensive Koordination, die nur durch das Controlling wahrgenommen werden kann.

Weiterhin hat der **Delegationsgrad** innerhalb der Krankenhäuser in den letzten Jahren stark zugenommen. Im Rahmen von Dezentralisierungsprozessen werden Stationen immer stärker zu Profit Center, ganze Organisationen mutieren zu fraktalen Unternehmen. Nicht nur Klinikketten, sondern auch größere Einzelkrankenhäuser werden divisional organisiert, um mehr Entscheidungsfreiheit, Motivation und Basisnähe in den Kliniken zu ermöglichen. Die Gefahr dieser Entwicklung besteht darin, dass die einzelnen Einheiten in ihrem Abteilungsegoismus das Gesamtziel aus den Augen verlieren. Deshalb wird es notwendig, die Aktivitäten der einzelnen Einheiten zu koordinieren. Diese Aufgabe fällt dem Controlling zu.

Schließlich hat sich der Planungshorizont der Krankenhäuser von der magischen Jahresbudgetplanung hin zu mehrjährigen Planungen verschoben. Die Einführung der **Diagnosis Related Groups (DRGs)** mit einer Konvergenzphase bis (ursprünglich) 2007 war für viele Krankenhäuser der erste zwingende Anlass, sich mit Planungen jenseits der Jahresgrenze auseinander zu setzen. Die Zukunft gehört zweifelsohne den strategischen Planern, die ihre Geschäftsfelder über Jahrzehnte hinweg geistig vorwegnehmen und ihre Investitionen am freien Kapitalmarkt langfristig finanzieren. Die Aufnahme der langfristigen Planung zusätzlich zu der bestehenden kurz- und mittelfristigen Planung erfordert jedoch eine Koordination dieser Pläne. Einzelpläne müssen in ihrer Wichtigkeit abgestuft und Unternehmensgesamtmodelle entwickelt werden. Diese Aufgaben sind dem Controlling zuzuordnen.

Die strukturellen Rahmenbedingungen verlangen folglich die Entwicklung und Intensivierung des Krankenhauscontrollings. Ein weiterer Impulsfaktor für die Stärkung der Controllingabteilungen in den Krankenhäusern sind zudem die gesetzlichen Anforderungen. Im Prinzip ist das Controlling ein Instrument des internen Managements, das wie die anderen Managementinstrumente keiner gesetzlichen Regelung unterliegt. In der Praxis übernimmt insbesondere das operative Krankenhauscontrolling jedoch zahlreiche Aufgaben, die gesetzlich vorgeschrieben sind. Eine kurze Erörterung der gesetzlichen Vorgaben ist deshalb unabdingbar.

Mit dem Gesundheitsstrukturgesetz 1993 (GSG 93) wurden wichtige Änderungen an der Krankenhausbuchführungsverordnung (KHBV), dem Krankenhausfinanzierungsgesetz (KHG), der Bundespflegesatzverordnung (BPflV), der Abgrenzungsverordnung (AbgrV) und dem Fünften Sozialgesetzbuch (SGB V) vorgenommen (vgl. Keun und Prott 2004, S. 5–15). Insbesondere wurde die Einführung einer Kosten- und Leistungsrechnung (vgl. auch Koch 1998) als Kern eines operativen Krankenhauscontrollings vorgeschrieben (mit Ausnahme von Krankenhäusern bis 100 Betten). Der Kontenrahmen nach Krankenhausbuchführungsverordnung (Anlage 4 und 5) beinhaltete zwar bereits eine Kostenartenrechnung (Klasse 4–8) sowie eine Betriebsbuchhaltung (Klasse 9), die sich in der Praxis jedoch auf eine Kostenstellenrechnung erschöpfte. Eine Kostenträgerrechnung existierte nur in Ausnahmefällen.

Die Einführung von Sonderentgelten und Fallpauschalen sowie die Ermittlung der Selbstkosten der Leistungen ab 1993 überforderten deshalb die meisten Krankenhäuser. Beispielsweise wurde 1993 vorgesehen, die Selbstkosten der durch Fallpauschalen und Sonderentgelte abgerechneten Patienten von den Gesamtkosten abzuziehen (Kostenausgliederung), um die pflegesatzrelevanten Kosten zu ermitteln, aus denen sich die Pflegesätze berechnen ließen. Bis zum Jahr 2000 vollzog jedoch noch immer die überwiegende Zahl der Krankenhäuser einen Erlösabzug, d. h., statt der tatsächlich angefallenen Ressourcenverbräuche wurden die Erlöse zur Ermittlung der pflegesatzfähigen Kosten abgezogen, so dass Verluste im Fallpauschalen- und Sonderentgeltbereich durch höhere Pflegesätze ausgeglichen wurden. Der Erlösabzug führte damit den Willen des Gesetzgebers, Anreize zur Effizienz zu geben, ad absurdum.

Gemäß § 8 der Krankenhausbuchführungsverordnung bestehen folgende **Aufgaben für die Kosten- und Leistungsrechnung in Krankenhäusern**.

> ◻ **Aufgaben der Kosten- und Leistungsrechnung im Krankenhaus**
> - Betriebsinterne Steuerung
> - Beurteilung der Wirtschaftlichkeit und Leistungsfähigkeit
> - Ermittlung der pflegesatzfähigen Kosten
> - Erstellung der Leistungs- und Kalkulationsaufstellung als Grundlage der Entgeltverhandlung mit den Krankenkassen

Es wird damit deutlich, dass das Krankenhauscontrolling erstens in der Kosten- und Leistungsrechnung ihr primäres Feld mit großem Aufgabenspektrum fand und zweitens der Krankenhauscontroller überwiegend als »Zahlenknecht« für die Entgeltverhandlungen fungierte. Die Einführung der Diagnosis Related Groups sowie der entsprechenden Formblätter (Aufstellung der Entgelte und Budgetberechnung) für die Entgeltverhandlungen mit den Krankenkassen seit 2004 hat diese Entwicklung noch verstärkt.

Trotz dieser Indienstnahme des Controllings durch den Gesetzgeber erkennen immer mehr Krankenhausmanager den **Wert des Controllings** für die Unternehmensführung. Controlling wird als Erfolgsfaktor identifiziert. Beispielsweise wird die Vor- und Nachkalkulation von Fällen nicht nur als lästige Pflicht gegenüber den Krankenkassen gesehen, sondern als Voraussetzung für eine Produktionsprogrammplanung unter DRGs. Die Auswahl von deckungsbeitragsstarken Fällen, die Spezialisierung bei gleichzeitiger Aufrechterhaltung des Versorgungsauftrages im räumlichen Verbund sowie die vertikale Integration sind nur möglich, wenn ausreichend Daten für die Entscheidungsfindung zur Verfügung stehen. Die Kosten- und Leistungsrechnung wird damit zu einer selbständigen Funktion, mit deren Hilfe Erlös-, Leistungs- und Geschäftsfeldplanung sowie die Planung von Acquisition und Merger koordiniert werden. Hier beginnt das »echte« Controlling im Krankenhaus im Sinne einer **evidenzbasierten Koordination** der Unternehmensebenen, -prozesse und -pläne.

Organisatorisch entwickelt sich deshalb das Controlling auch immer mehr zu einer eigenen Abteilung im Krankenhaus, der nicht nur die Kostenrechnung zugeordnet wird. Das Krankenhauscontrolling erhält umfangreiche Aufgaben der Koordination, insbesondere der Budgetierung, des Berichtswesens, der Informationsbeschaffung und der Optimierung. In kleinen Krankenhäusern wird die Controllingaufgabe oftmals in personeller und räumlicher Einheit mit der Finanzbuchhaltung (vgl. Koch 2004) oder der betrieblichen Datenverarbeitung wahrgenommen.

Von dem betriebswirtschaftlichen Controlling ist das nicht ganz klar umrissene Berufsbild des Medizincontrollers abzugrenzen. Seine Funktion besteht in der Qualitätssicherung der medizinischen Dokumentation und in der Optimierung medizinischer Prozesse. Im Zeitalter der DRGs erwächst ihm auch die Aufgabe der Überwachung der regelgerechten Eingruppierung der Patienten in die richtige Fallklasse. Medizincontroller sind überwiegend Ärzte mit betriebswirtschaftlicher Zusatzausbildung. In vielen Krankenhäusern sind Medizincontrolling und Qualitätsmanagement in einer Abteilung vereint.

❏ **Tabelle 6.3-1** zeigt die betriebswirtschaftlichen Controllinginstrumente im Krankenhaus nach Schirmer. Die Mächtigkeit dieses betriebswirtschaftlichen Armamentariums lässt erahnen, dass das Controlling nicht mehr der »Zahlenknecht« der Krankenhausführung bleiben muss, sondern selbst ein Führungsinstrument werden kann. Controlling wird damit die Indienstnahme der genannten Instrumente für die Koordination im Unternehmen. Gleichzeitig wachsen die Anforderungen an den Controller. Er kann nicht mehr der »Rechner« im stillen Kämmerchen sein, sondern bedarf Integrationsfähigkeit, Überzeugungskraft, Initiative und Weisheit, um die zahlreichen

❏ **Tab. 6.3-1.** Controllinginstrumente im Krankenhaus (Nach Schirmer 2003, S. 104-107)

Planungs-, Rechnungs- und Kalkulationsverfahren	— Kosten- und Leistungsrechnung (Plan-Kostenrechnung, Ist-Kostenrechnung, Kostenarten-, Kostenstellen-, Kostenträgerrechnung, Prozesskostenrechnung, Deckungsbeitragsrechnung) — Investitionsrechnung
Analyseverfahren	— Potentialanalyse — Stärken- und Schwächen-Analyse — ABC-Analyse — Portfolioanalyse — Abweichungsanalyse — Imageanalyse
Optimierungsverfahren	— Ablauf- und Wegeoptimierung — Methoden der Zielfusion — Monte-Carlo-Simulation, Wahrscheinlichkeitsrechnung — Mathematische Programmierung
Koordinierungsverfahren	— Kennzahlensysteme, Balanced Scorecard — Interne Budgetierung — Leistungsverrechnung, interne Verrechnungspreise
Informationssystem	— Informationsbedarfsanalyse — Informationsbeschaffung — Organisation des Berichtswesens — Dokumentationsstandards
Moderationstechniken	— Metaplan — Rollenspiele — Mind Mapping
Kreativitätsverfahren	— Szenariotechniken — Brainstorming — Brainwriting

Berufsgruppen, Ziele, Dezentralisierungsprozesse und zeitlichen Pläne zu koordinieren.

6.3.2 Praktische Umsetzung

Aus der großen Fülle von Instrumenten und Einsatzgebieten des Controllings müssen wir uns hier auf wenige exemplarische Anwendungen beschränken. Im ersten Unterabschnitt werden einige Perspektiven des operativen Controllings diskutiert, im zweiten Unterabschnitt folgen einige exemplarische Modelle des strategischen Controllings.

Operatives Controlling

Die kurz- und mittelfristige Steuerung im Krankenhaus erfolgt durch Kosten und Leistungen, wobei definitionsgemäß den stationären Leistungen ein besonderes Gewicht zukommt. Um die Aufgaben des operativen Controllings und vor allem die neuen Herausforderungen durch das veränderte Entgeltsystem an das Controlling zu verstehen, müssen zuerst einige controllingrelevante Grundlagen gelegt werden. Anschließend wird die Steuerung des Krankenhausbetriebes im DRG-System diskutiert.

Controllingrelevante Grundlagen des neuen Entgeltsystems

Im DRG-System wird jeder Patient einer Fallklasse bzw. einer **Diagnosis Related Group (DRG)** zugeordnet. Jeder Fallklasse ist ein **Kostengewicht** (Cost Weight, CW) zugewiesen. Die Summe aller Kostengewichte eines Krankenhauses in einer Periode wird als **Case Mix** bezeichnet. Der Quotient aus Case Mix und Fallzahl entspricht dem **Case Mix Index (CMI)**. Er ist ein Maß der durchschnittlichen Leistungsintensität bzw. der durchschnittlichen ökonomischen Komplexität der behandelten Fälle und unabhängig von der Leistungsmenge des Krankenhauses.

Das Entgelt pro Fall berechnet sich als Produkt des (landesweit einheitlichen) Basisfallwertes (Base Rate) und des Kostengewichtes der zugehörigen DRG. Das Entgelt ist damit grundsätzlich allein von der Zuordnung zu einer Fallklasse abhängig, nicht jedoch von der Verweildauer. Es gibt jedoch zwei Ausnahmen. Unterschreitet die Verweildauer eine vorgegebene Minimalgrenze, so muss das Krankenhaus einen Abschlag hinnehmen, überschreitet es eine Maximalgrenze, erhält das Krankenhaus einen Zuschlag. ◘ Abb. 6.3-1 zeigt das Prinzip der Zu- und Abschläge bei Verweildauerüber- oder -unterschreitung.

Ein Zahlenbeispiel für eine »Appendektomie bei Peritonitis mit äußerst schweren oder schweren Komplikationen« (DRG-Katalog 2004, G07A) verdeutlicht die Zusammenhänge. Es sei ein Basisfallwert von € 3000,00 angenommen. Das Kostengewicht laut DRG-Katalog beträgt 1,714, d. h. für einen Fall kann ein Entgelt von € 5.142,00 abgerechnet werden. Der erste Tag unterhalb der unteren Grenzverweildauer, an dem ein Abschlag zum Cost Weight hingenommen werden muss, beträgt 3, der erste Tag oberhalb der oberen Grenzverweildauer, an dem ein Zuschlag zum Cost Weight berechnet

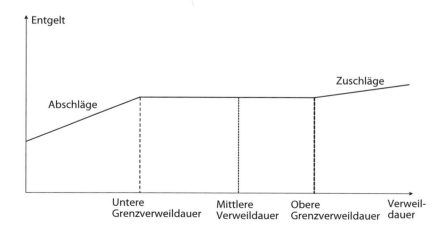

◘ **Abb. 6.3-1.** Zu- und Abschläge bei Verweildauerüber- und -unterschreitung

◻ Tab. 6.3-2. Basisdaten für das Beispiel Appendizitis

	Gewicht
Kostengewicht DRG-Katalog	1,714
Durchschnittliche Verweildauer	11,4
Erster Tag oberhalb der oberen Grenzverweildauer	22
Zuschlag ab oberer Grenzverweildauer	0,078
Erster Tag unterhalb der unteren Grenzverweildauer	3
Abschläge ab unterer Grenzverweildauer	0,319

werden darf, 22 Tage. ◻ **Tab. 6.3-2** zeigt die Basisdaten, ◻ **Tab. 6.3-3** einige Szenarien.

Je kürzer die Verweildauer, desto höher ist der Erlös pro Tag. Dadurch bestehen keine finanziellen Anreize, die Verweildauern zu verlängern. Nach dem Erreichen der oberen Grenzverweildauer bleibt der durchschnittliche Tageserlös konstant. Dieser Betrag ist im Verhältnis zum durchschnittlichen Tageserlös bei durchschnittlicher Verweildauer jedoch so gering, dass eine **Fallkostendeckung** kaum mehr möglich ist. Eine Ausweitung der Liegezeit zur Verbesserung des Betriebsergebnisses ist damit ausgeschlossen.

Die Gefahr, durch Verkürzung der Verweildauer kurzfristig die Erträge zu steigern, besteht zweifelsohne. Es muss jedoch bedacht werden, dass die untere Grenzverweildauer so niedrig gelegt wurde, dass ihre Unterschreitung bei korrekter Kodierung relativ selten ist. Die »**blutige Entlassung**«, d. h. eine medizinisch nicht mehr zu rechtfertigende kurze Verweildauer, führt zu Qualitäts- und Imageverlusten und damit langfristig zu einer sinkenden Nachfrage nach Krankenhausleistungen. Die daraus resultierende Wiederaufnahme des Falls führt in der Regel zu keiner neu abrechenbaren DRG, sondern zu einer Neueinstufung des ursprünglichen Falles. In jedem Fall muss der Entscheider eine genaue Kenntnis der Kosten und Erlössituation haben.

Neben den DRGs existieren **Zusatzentgelte**, welche einzelne, besonders teure Leistungen vergüten, die nicht bei jedem Fall auftreten und damit schwer oder gar nicht pauschalierbar sind. Beispielhaft seien hier bestimmte Zytostatika genannt, die nicht jeder Patient einer bestimmten DRG während seines Krankenhausaufenthaltes bekommt. Würden die Kosten für diese Präparate in die Kostengewichte der DRGs einkalkuliert, gewinnt jenes Krankenhaus, das die Medikamente nicht einsetzt. Diejenigen Krankenhäuser, die die Präparate zum Einsatz bringen müssen, bekommen sie über das Kostengewicht, das den Durchschnitt aller Fälle abbildet, nicht ausreichend entgolten. Damit ist es sinnvoll, jene Präparate zusätzlich zur DRG-Pauschale zu vergüten. Grundsätzlich handelt es sich bei den Zusatzentgelten um die Finanzierung von Leistungen, die Kosteninhomogenitäten verursachen.

Controlling als Grundlage der Entgeltverhandlungen

In der Praxis hat der Krankenhauscontroller fast immer die Aufgabe, die Datengrundlage für die Entgeltverhandlung des Krankenhauses mit den Krankenkassen bereitzustellen. Er muss die Leistungen, d. h. die abrechenbaren Fälle nachweisen, das wirtschaftliche Handeln mit den Kosten belegen und das erforderliche Budget berechnen. Da sich die Entgeltkalkulation unter DRGs stark von den Regelungen vor Einführung des neuen Systems unterscheidet, haben sich auch die Aufga-

◻ Tab. 6.3-3. Szenarien für das Beispiel Appendizitis

	Gewicht	Entgelt [€]	Entgelt pro Tag [€]
Erlös bei 8,3 Tagen Verweildauer	1,714	5.142	620
Erlös bei durchschnittlicher Verweildauer	1,714	5.142	451
Erlös pro Tag bei 30 Tagen Verweildauer	2,416	7.248	242
Erlös pro Tag bei 6 Tagen Verweildauer	1,714	5.142	857
Erlös pro Tag bei 2 Tagen Verweildauer	1,076	3.228	1.614

ben des Controllings gewandelt. Unter dem System von Pflegesätzen wurden in Akutkrankenhäusern zuletzt etwa 75% der stationären Erträge über tagesgleiche Pflegesätze erzielt, der Rest über Fallpauschalen und Sonderentgelte. Für diese Mehrheit der Fälle stand die Verweildauer im Fokus aller Leistungs- und Ertragsbetrachtungen. Das Krankenhauscontrolling legte deshalb auch einen großen Wert auf die Steuerung der Krankenhausprozesse durch die Verweildauer.

Mit der Einführung der DRGs im Jahre 2003 ist man von diesem System überwiegend abgerückt. Die DRG vergütet den Fall. Die Verweildauer spielt lediglich bei der Überschreitung der oberen Grenzverweildauer, bei der Unterschreitung der unteren Grenzverweildauer und bei Verlegungen von einem anderen Krankenhaus oder in ein anderes Krankenhaus eine Rolle. Damit sind alle Anreize, über die Verweildauer Erträge zu generieren, verloren gegangen. Verweildauersteuerung wurde irrelevant.

Mit den Krankenkassen wird stattdessen grundsätzlich prospektiv auf der Basis des Case Mix ein Budget für das Folgejahr verhandelt. Wird das verhandelte Leistungsvolumen nicht erreicht, sieht der Gesetzgeber **Ausgleichsregelungen** vor. Mehrleistungen werden zu 65% ausgeglichen, d. h., das Krankenhaus zahlt für jeden über dem Plan erbrachten Case Mix Punkt 65% an die Krankenkassen zurück und behält 35%. Bei einer Nichterreichung des Planes werden die sog. Mindererlöse mit 40% ausgeglichen, d. h., das Krankenhaus erhält

für nicht erbrachte Leistungen immer noch einen Erlös von 40%.

Diese Ausgleichssystematik impliziert, dass Krankenhäuser, die ihren geplanten Case Mix nicht erreichen, tendenziell ihre Fixkosten nicht decken können. Langfristig führt ein zu geringer Case Mix damit zum Konkurs, was vom Gesetzgeber so intendiert ist. Krankenhäuser, die für ihre Einzugsbevölkerung unattraktiv sind und deshalb eine geringe Nachfrage haben, werden mittelfristig aus dem Markt gedrängt. Krankenhäuser, die ihr Leistungsvolumen stattdessen steigern können, erwirtschaften positive Deckungsbeiträge.

◘ **Abb. 6.3-2** zeigt, dass das Krankenhaus in jedem Fall einen Anreiz hat, den geplanten Case Mix zumindest zu erreichen. Liegt der Fixkostenanteil über 65%, besteht ein Anreiz, das Leistungsvolumen auszuweiten, so dass das Entgelt über der Plankostenkurve liegt und damit ein Gewinn möglich ist. Liegt der Fixkostenanteil bei geplantem Case Mix unter 65%, so versucht das Krankenhaus eine Punktlandung. Der Begriff Fixkosten bezieht sich hierbei auf die fixen Kosten der laufenden Ausgaben, d. h., die Fixkosten beinhalten hier nicht die kostenrechnerischen Ansätze für Gebäude und Geräte, da diese im Rahmen der dualen Finanzierung von den Ländern und nicht von den Krankenkassen finanziert werden.

Das Krankenhauscontrolling muss die notwendigen Informationen für die Entgeltverhandlungen bereitstellen, die Plankostenkurve berechnen und die Erlös- bzw. Kostenkurven ständig überwachen, um den Verlustbereich zu vermeiden. Das Con-

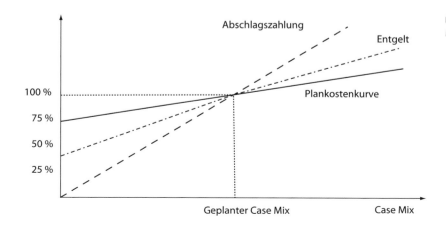

◘ **Abb. 6.3-2.** Mehr- und Minderleistungen

trolling stellt auch im laufenden Betrieb wichtige Informationen für die leitenden Ärzte bereit, beispielsweise welche Fallgruppen verstärkt zu behandeln sind, damit der geplante Case Mix erreicht wird. Die Verhandlung und Steuerung erfolgt dabei weder über Verweildauern noch über Fälle als vielmehr über den Case Mix bzw. Case Mix Index. Die ständige Überwachung und Prognose des Case Mix ist deshalb eine vordringliche Aufgabe des Krankenhauscontrollings.

Kostenrechnung

Die Darstellung von Kosten und deren Transparenz gewinnt im DRG-System große Bedeutung. Zu Zeiten der Pflegesätze begnügte sich die Krankenhauskostenrechnung meist mit einer **Kostenstellenrechnung**. Das Gesundheitsstrukturgesetz 1993 hatte die Aufgliederung der tagesgleichen Pflegesätze in einen Abteilungspflegesatz und einen Basispflegesatz verlangt. Der **Basispflegesatz** sollte die allgemeinen Hotelleistungen abdecken und für alle Abteilungen gleich sein. Der **Abteilungspflegesatz** sollte spezifisch für jede Abteilung berechnet werden und die medizinisch/pflegerischen Leistungen abdecken. Damit war eine abteilungsbezogene Kostenstellenrechnung notwendig geworden. Sie

erfolgte in der Regel sehr schematisch im Rahmen der dem Betriebsabrechnungsbogen gleichenden Leistungs- und Kalkulationsaufstellung (Hentze und Kehres 1999).

Seit der Einführung der DRGs ist die Analyse der Kosten durch eine **Kostenträgerrechnung** nötig geworden. Die Kalkulationseinheit ist nicht mehr die Abteilung, sondern der Fall, so dass die Kostenstellenrechnung um eine Kostenträgerrechnung ergänzt werden muss. Im DRG-System ist jeder Fallklasse ein Entgelt zugewiesen. Damit wird es möglich, über eine **mehrstufige Deckungsbeitragsrechnung** die Vorteilhaftigkeit jeder Fallklasse zu ermitteln. Im folgenden Beispiel (**☐ Tab. 6.3-4**) werden von der Erlössumme jeder DRG die variablen Kosten abgezogen. Das Ergebnis wird als Deckungsbeitrag I bezeichnet. Davon werden die Diagnosefixkosten (z. B. ein spezielles Gerät, das ausschließlich für eine bestimmte Operation benutzt wird) abgezogen. Es ergibt sich der Deckungsbeitrag II.

Mehrere Diagnosen werden zu einer Abteilung zusammengefasst, von der die Abteilungsfixkosten abgezogen werden, so dass sich der Deckungsbeitrag III errechnet. Eine Zuschlüsselung der Abteilungsfixkosten auf die einzelnen DRGs ist nicht verursachergerecht möglich, die Deckungsbei-

☐ Tab. 6.3-4. Beispiel für eine mehrstufige Deckungsbeitragsrechnung

	Abteilung Chirurgie			Abteilung …			Abteilung Innere		
	G02B	…	G07A	…	…	…	L40Z	…	L63A
Nettoerlöse	2.000.000	…	4.000.000	…	…	…	1.000.000	…	3.000.000
− Variable Kosten	400.000	…	250.000	…	…	…	100.000	…	100.000
= Deckungsbeitrag I	1.600.000	…	3.750.000	…	…	…	900.000	…	2.900.000
− Diagnosefixkosten	200.000	…	100.000	…	…	…	0	…	200.000
= Deckungsbeitrag II	1.800.000	…	3.650.000	…	…	…	900.000	…	2.700.000
− Abteilungs-Fixkosten	2.500.000			…			2.800.000		
= Deckungsbeitrag III	…			…			…		
− Krankenhaus-Fixkosten	4.500.000								
Betriebsergebnis	…								

tragsrechnung verzichtet deshalb – als Verfahren der Teilkostenrechnung – auf jede Schlüsselung. Schließlich werden die Kosten, die nicht einer einzelnen Abteilung, sondern nur dem Krankenhaus als Ganzem zurechenbar sind, von der Summe aller Deckungsbeiträge III abgezogen. Eine Erweiterung auf weitere Ebenen ist möglich. Beispielsweise können Deckungsbeiträge für Basis-DRGs berechnet werden, wenn beispielsweise spezielle Instrumente ausschließlich für eine Operation benötigt werden, ihr Einsatz jedoch unabhängig von dem Schweregrad ist (◘ Tab. 6.3-4).

In der Praxis deutscher Krankenhäuser begnügt sich die Deckungsbeitragsrechnung meistens mit der Berechnung des Deckungsbeitrages II. Dies hat zwei Gründe, die eng miteinander verbunden sind. Zum einen ist die betriebswirtschaftliche Ausbildung der leitenden Ärzte und Pflegekräfte i. d. R. noch nicht ausreichend, um die Aussage der Deckungsbeitragsrechnung vollständig zu verstehen. Ein positiver Abteilungsdeckungsbeitrag verführt die Abteilungsleitung dazu, mit der eigenen wirtschaftlichen Leistung zufrieden zu sein und weitere Kostensenkungsmaßnahmen mit Verweis auf den positiven Deckungsbeitrag abzulehnen. Hier besteht noch Schulungsbedarf. Zum anderen sind die Abteilungsfixkosten meistens der Entscheidung der Abteilungsleitungen entzogen, so dass sich diese auch gegen eine Aufrechnung mit ihren Deckungsbeiträgen II wehren. Die Entwicklung von Stationen und Abteilungen als **Profit Center** umfasst auch die Verantwortung für die Abteilungsfixkosten und wird damit eine praktische Umsetzung der mehrstufigen Deckungsbeitragsrechnung im Krankenhaus forcieren. Dies ist ein typisches Beispiel dafür, dass die Einführung von Controlling im Krankenhaus von organisatorischen Maßnahmen abhängig ist.

Zweitens ermöglicht die Kostenträgerrechnung die aktive Teilnahme am Kalkulationsgeschehen des InEK und damit die Beeinflussung der deutschlandweiten Kostengewichte. Das DRG-System befindet sich in Deutschland noch im Aufbau. Kostengewichte, Basisfallgruppen und Schweregrade verändern sich jedes Jahr auf Grundlage der Erfahrungen der Krankenhäuser und des InEK. Die Möglichkeit, durch aktive Teilnahme an der Kalkulation Einfluss auf das Entgeltsystem zu nehmen, ist gerade für Krankenhäuser mit außergewöhnlichen

Kosten (wie z. B. Maximalversorger) von großer Bedeutung. Je genauer sie ihre eigenen Kosten kennen und je präziser sie diese in die InEK-Erfassung einspielen können, desto eher werden die Kostengewichte die Realität der Krankenhäuser widerspiegeln.

Drittens ist die Kostenrechnung die Grundlage der Steuerung auf Abteilungsebene. Im alten System der Pflegesätze, Sonderentgelte und Fallpauschalen bestand ein direkter Bezug zwischen Ertrag und bettenführender Abteilung, d. h., der Pflegesatz konnte der Station direkt zugerechnet werden. Wechselte ein Patient die Abteilung, fiel ein anderer Abteilungspflegesatz an. Im DRG-System ist die Fallvergütung hingegen gänzlich unabhängig von einem Bezug zur Abteilung. Es wird eine diagnosebasierte Leistung vergütet, unabhängig davon, wo diese Leistung erbracht wurde. Damit kollidiert das Entgeltsystem indirekt mit der im Krankenhaus wichtigsten organisatorischen Einheit, der medizinischen Fachabteilung. Es wird deshalb notwendig, die Erlöse den Fachabteilungen zuzurechnen. Hierzu sind grundsätzlich die interne Leistungsverrechnung und die DRG-Aufteilung geeignet.

Für die **interne Leistungsverrechnung** muss für jede DRG eine »führende« Abteilung definiert werden, die den gesamten DRG-Erlös erhält, aber auch alle Kosten tragen muss. Die Vorkostenstellen Labor, Radiologie, Intensivmedizin, Anästhesie, Operationssaal und Funktionsbereiche werden von der Station mit Hilfe von künstlichen Verrechnungspreisen entgolten, ebenso wie die Belegung auf Fremdstationen und die Konsiliardienste. Weiterhin müssen Infrastrukturleistungen (z. B. Gebäude, Heizung, Anlagen etc.) über **Verrechnungspreise** »bezahlt« werden. Die Ermittlung der verursachergerechten Verrechnungspreise stellt hohe Anforderungen an die Kostenrechnung des Krankenhauses.

Alternativ hierzu können das Kostengewicht der DRG und damit der Erlös auch auf diejenigen Abteilungen aufgeteilt werden, die die Leistung für eine DRG erbringen. Aufgabe der Kostenrechnung ist die Ermittlung einer angemessenen prozentualen Aufteilung, beispielsweise auf Grundlage der tatsächlich anfallenden Kosten von Stichprobenfällen.

Interne Budgetierung

Eine umfassende Steuerung des Krankenhauses auf Basis von Verrechnungspreisen und die Führung der Fachabteilungen als Profit Center ist derzeit noch kaum implementiert. Meist wird eine interne Budgetierung vorgenommen, die die Kosten und Leistungen einer Einheit, in der Regel eine medizinische Abteilung, in den Mittelpunkt der Betrachtung stellt. Das Krankenhausdirektorium formuliert auf Basis von Kosten und Leistungen eine Erwartung an den Budgetverantwortlichen. Die Kosten- und Leistungserwartung muss für alle Abteilungen so formuliert sein, dass sie kumuliert zu einem positiven Jahresergebnis führen (◘ Tab. 6.3-5).

Das **Abteilungsbudget** beinhaltet Personal, Sachmittel, innerbetriebliche Leistungsverrechnung und die Instandhaltung medizinischer Geräte. Auf der Leistungsseite werden Fälle, Case Mix und ambulante Leistungen vorgegeben. Bei Fallzahl und Case Mix wird zwischen entlassender Fachabteilung (FA) und mitbehandelnder Fachabteilung bzw. verrechnetem Case Mix unterschieden. Mitbehandelte Fälle und verrechneter Case Mix sind interessant, wenn im Krankenhaus signifikant interdisziplinär behandelt wird, Fälle also mehrere Abteilungen durchlaufen. Diese Konstellationen sind eher in der Maximalversorgung anzutreffen. Exemplarisch seien hier die interdisziplinären Behandlung zwischen Kardiologie und Herzchirurgie bei Herztransplantationen oder zwischen Viszeralchirurgie und Gastroenterologie bei der Lebertransplantation genannt. Findet die Behandlung ausschließlich in einer Fachabteilung statt, erübrigt sich eine Aufteilung des Case Mix und eine Darstellung der mitbehandelten Fälle.

Im **Beispiel** sollen 1.236 Fälle und 572 bzw. 577 Case Mix Punkte erbracht werden. Daneben erwartet das Krankenhausdirektorium 9.913 ambu-

◘ Tab. 6.3-5a. Budget einer Abteilung

Kosten	Angepasstes Budget Jan.-Mär. 2004	IST Jan.-Mär. 2004	Abweichung Absolut	In %
Personal	633.600	680.753	47.153	7,44
Sachmittel	414.805	482.333	67.528	16,28
Innerbetriebliche Leistungsverrechnung	15.426	15.287	-139	-0,90
Med. Instandhaltung	39.800	39.775	-25	-0,06
Gesamt	*1.103.631*	*1.218.148*	*114.517*	*10,38*

◘ Tab. 6.3-5b. Budget einer Abteilung

Leistungen		Plan Jan.-Mär. 2004	IST Jan.-Mär. 2004	Abweichung Absolut	In %
Fälle	Vollstationär Entlassen	876	781	-95	-10,84
	Vollstationär Mitbehandelt	360	351	-9	-2,50
	Fälle Gesamt	*1.236*	*1132*	*-104*	*-8,41*
DRG	Case Mix – Entlassende FA	577	547	-30	-5,20
	Case Mix – Verrechnet	572	548	-24	-4,20
	Case Mix Index	0,65	0,70	0,05	7,46
Ambulanz	Ambulante Besuche	9.913	10.516	603	6,08
	Ambulante Operationen	608	709	101	16,61
	Ambulanz Gesamt	*10.521*	*11.225*	*704*	*6,69*

lante Besuche und 608 ambulante Operationen der Abteilung. Dafür steht ein Abteilungsbudget in Höhe von € 1.103.631 zur Verfügung. Das Budget wurde um 10,4% überschritten. In einem System der flexiblen Budgetierung werden die Budgetanteile, denen variable Kosten (grundsätzlich Sachkosten) gegenüberstehen, den tatsächlichen Leistungen angepasst, also in Abhängigkeit der Abweichung der Leistungen zu den Planleistungen gesenkt oder erhöht. Im Beispiel hätte der Budgetverantwortliche Erklärungsbedarf. Fraglich ist, ob die Leistungsausweitung im ambulanten Bereich die stationären Leistungsrückgänge kompensiert und die Überschreitungen der Teilbudgets (Personal- und Sachmittelbudget) und damit des Gesamtbudgets gerechtfertigt sind.

Wirtschaftlichkeitsanalysen und Benchmarking

Neben der Unterstützung der Entgeltverhandlungen, der Bereitstellung von Kostenrechnungsdaten sowie der internen Budgetierung ist das operative Krankenhauscontrolling auch mit der Erstellung von Wirtschaftlichkeitsanalysen befasst. Hierzu sind in der Regel Teilleistungen des Behandlungsprozesses zu definieren, wie z. B. Operationen, Laborleistungen, radiologische Leistungen, Intensivaufenthalte und die Pflege auf der Normalstation. Typische Statistiken, die das Krankenhauscontrolling der Unternehmensführung routinemäßig als **Maßstab der Wirtschaftlichkeit** unterbreitet, sind die OP-Auslastung (Brutto-Öffnungszeit des OP verglichen mit der Summe der OP-Minuten zuzüglich Rüstzeiten), die präoperativen Verweildauern und die Verweildauern auf der Intensivstation bei DRGs ohne hohen Schweregrad. Hier arbeitet das betriebswirtschaftliche Controlling eng mit dem medizinischen Controlling zusammen.

Die Analyse der Kosten von Teilleistungen in ihrer zeitlichen Veränderung und ihrer Höhe im Vergleich zu anderen Krankenhäusern gibt Aufschlüsse über die Wirtschaftlichkeit eines Krankenhauses. Gerade dem freiwilligen **Benchmarking** kommt neben dem gesetzlich vorgeschriebenen **Krankenhausbetriebsvergleich** eine immer größere Rolle zu. Ein wichtiges Verfahren des Controllings ist hierbei die **Data Envelopment Analysis (DEA)**.

DEA (Scheel 2000; Charnes et al. 1994; Cooper, Seiford und Tone 2000) ist eine Methode der Per-

formance-Messung und erlaubt eine Orientierung an den »Besten«. Ziel der Analyse ist die Ermittlung der Effizienzhüllkurve, die sich aus den Krankenhäusern zusammensetzt, die keine Ressourcen verschwenden. DEA ermittelt dabei stets eine relative Effizienz, d. h. die Effizienz eines Krankenhauses (Decision Making Unit, DMU) im Verhältnis zu den anderen Krankenhäusern. Das folgende mathematische Programm zeigt das Vorgehen: m Inputs und s Outputs von Krankenhaus o werden gewichtet. Das Gewicht v_i wird jedem Input i und das Gewicht u_r jedem Output r zugewiesen. Das Effizienzmaß h_o des Krankenhauses o wird durch die Wahl der Gewichte maximiert. Als Nebenbedingung berücksichtigt das Modell, dass für jedes Krankenhaus eine Effizienz von maximal eins erreicht werden kann (Staat 1998, S. 149; Bürkle 1997, S. 8).

$$\max h_o\left(u,v\right) = \frac{\sum_r u_r y_{ro}}{\sum_i v_i x_{io}}$$

$$\text{mit } \frac{\sum_r u_r y_{rj}}{\sum_i v_i x_{ij}} \leq 1 \text{ für } j = (0, 1, ...n)$$

wobei:

h_o Effizienzwert von Krankenhaus o

u_r Gewicht des Outputs r von Krankenhaus o, r = 1, ..., s

v_i Gewicht des Inputs i von Krankenhaus o, i = 1, ..., m

s   Anzahl der Outputs

m   Anzahl der Inputs

y_{ro} Ausprägung des Outputs r von Krankenhaus o, r = 1, ..., s

y_{rj} Ausprägung des Outputs r von Krankenhaus j, r = 1, ..., s; j = 0, 1, ..., n

x_{io} Ausprägung des Inputs i von Krankenhaus o, i = 1, ..., m

x_{ij} Ausprägung des Inputs i von Krankenhaus j, i = 1, ..., m; j = 0, 1, ..., n

Das mathematische Programm ermittelt folglich die Gewichte u_r und v_i derart, dass sie für das Krankenhaus o optimal sind, wobei kein Krankenhaus eine höhere Effizienz als eins erhalten kann. Damit wird derjenige Output als besonders wichtig definiert, der Krankenhaus o besonders effizient erscheinen lässt.

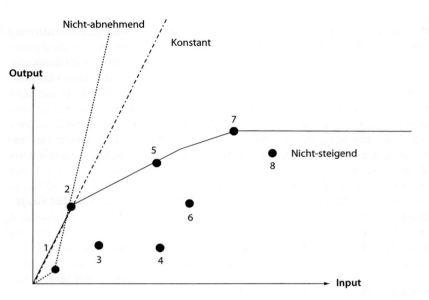

Abb. 6.3-3. Prinzip der DEA

Die DEA-Software berechnet für jedes Krankenhaus, das am Benchmarking teilnimmt, die optimalen Input- und Outputgewichte. Hierfür sind n Lineare Programme zu lösen. Als Ergebnis erhält man für jedes Krankenhaus einen **Effizienzwert** zwischen null und eins.

Mit den gegebenen Kriterien gelten diejenigen Krankenhäuser als effizient, die einen Effizienzwert von eins erhalten. Die Menge der effizienten Krankenhäuser bildet die **Effizienzhüllkurve**.

Wie **Abb. 6.3-3** für den trivialen Fall eines Inputs und eines Outputs exemplarisch zeigt, können verschiedene Annahmen für die Effizienzhüllkurve getroffen werden. Falls man annimmt, dass die Produktion konstante **Skalenerträge** aufweist, ist allein Krankenhaus 2 effizient. Bei ihm ist das Verhältnis von Output zu Input maximal. Falls man jedoch voraussetzt, dass die Skalenerträge nicht abnehmen sollen, jedoch zunehmen können, sind die Krankenhäuser 1 und 2 optimal. Im Falle nicht-zunehmender Skalenerträge sind die Krankenhäuser 2, 5 und 7 effizient. Die größte Anzahl von effizienten Krankenhäusern ergibt ein Modell mit variablen Skalenerträgen. Im Beispiel sind die Krankenhäuser 1, 2, 5 und 7 effizient.

Die Effizienzhüllkurve stellt für die nicht-effizienten Krankenhäuser den Vergleichswert bzw. den Benchmark dar. So erkennt man an der Abbildung, dass Krankenhaus 5 den gleichen Input verbraucht wie Krankenhaus 4, jedoch einen deutlich höheren Output generiert. Ebenso haben die Krankenhäuser 2 und 6 einen gleich hohen Output, obwohl Krankenhaus 6 einen mehrfachen Ressourcenverbrauch aufweist. Krankenhaus 4 sollte sich deshalb an Krankenhaus 5 orientieren, während Krankenhaus 6 von Krankenhaus 2 »lernen« kann.

Das obige Beispiel mit einem Input und einem Output ist trivial, da die Lösung hier ohne mathematisches Programm abgelesen werden kann. In der Realität gibt es jedoch zahlreiche Inputs und Outputs eines Krankenhauses, so dass die graphische Veranschaulichung versagt. Solange die Zahl der am Benchmarking teilnehmenden Krankenhäuser groß genug ist, ist mit Hilfe von DEA jedoch auch im multidimensionalen Fall eine sinnvolle Effizienz- und Benchmark-Aussage möglich. Damit können Ineffizienzen aufgezeigt und Partner erkannt werden, die bei ähnlichen Inputs bzw. Outputs bessere Effizienzergebnisse erzielen.

Es gibt noch eine Reihe von Teil- und Spezialproblemen des Krankenhauscontrollings, wie z. B. die Trennungsrechnung zwischen Lehre, Forschung und Krankenbehandlung in Universitätskliniken sowie das Personal- und Anlagencontrolling. Für das erste Beispiel gibt es spezielle Erfahrungen in Krankenhäusern (z. B. Pföhler und Dänzer 2005, S. 126–129), die Konzepte der anderen Controllinggebiete unterscheiden sich in der

Regel nicht grundlegend von denjenigen in anderen Betriebstypen, so dass sie hier nicht weiter dargestellt werden sollen.

Strategisches Controlling

Die bisherigen Ausführungen diskutierten Aufgaben des Krankenhauscontrollings, die heute bereits wahrgenommen werden. Zwar gibt es im operativen Controlling noch immer viel zu tun, aber die Kostenrechnung, Budgetierung, Wirtschaftlichkeitsanalyse und das Benchmarking sind zumindest rudimentär in den meisten Krankenhäuser etabliert. Krankenhauscontroller nehmen mit diesen Instrumenten wichtige Funktionen in der Koordination der Abteilungen und der Hierarchieebenen wahr.

Ein strategisches Controlling hat sich hingegen bisher kaum verwirklicht. Controller sind nur selten an der Koordination der **Geschäftsfeldplanung** mit der **Investitionsplanung** oder der **Potentialplanung** mit der **Leistungsprogrammplanung** beteiligt. Die Integration von Leistungsanbietern wird meist »politisch« entschieden und basiert nur selten auf Fakten, die das Controlling bereitstellen kann.

Im Folgenden wird ein Modell der Linearen Programmierung (LP) vorgestellt, das das Potential zur Etablierung des strategischen Controllings im Krankenhaus in sich trägt. Hier wird lediglich das grundlegende Modell der Leistungsprogrammplanung erläutert, mit dessen Hilfe das Leistungsprogramm an die Kapazitäten angepasst werden kann. Das Modell kann erweitert werden, so dass eine horizontale und vertikale Integration von Krankenhäusern möglich ist. Diese Ausführungen dienen als Anregung, wie ein strategisches Krankenhauscontrolling heute aussehen könnte.

Leistungsprogrammplanung

Die **Leistungsprogrammplanung** dient der Ermittlung der Fälle, auf die sich ein Krankenhaus spezialisieren sollte, um seinen Deckungsbeitrag zu maximieren. Hierzu wird im ersten Schritt davon ausgegangen, dass das Krankenhaus sein Fallspektrum frei wählen kann (»**Rosinen-Picken**«). Im nächsten Schritt wird diese vereinfachende Annahme aufgelöst und die Kooperation mit anderen Krankenhäusern im räumlichen Versorgungsverbund diskutiert.

Da die Einführung der DRGs erstmalig die Bewertung der Fälle mit Preisen ermöglicht, ist auch die Planung des optimalen Fallklassenprogramms mit Hilfe von Instrumenten der Produktionsprogrammplanung sinnvoll. Hierzu ist die Lineare Programmierung geeignet, wie von Meyer und Harfner allgemein beschrieben wurde (Meyer und Harfner 1999, S. 147–165). Das grundlegende Programm gibt das Modell für ein Krankenhaus mit fixer Abteilungszahl wieder. Ziel ist es, durch die Auswahl von DRGs den Betriebsdeckungsbeitrag zu maximieren.

Strukturvariablen:

x_j Anzahl der behandelten Patienten in DRG j, j=1,..,n; ganzzahlig

Konstanten:

K_i Kapazität der Ressource i, i=1,..,m
c_{ij} Verbrauch der Ressource i einer Einheit der DRG j, j=1,..,n; i=1,..,m
d_j Entgelt für DRG j; j=1,..,n
a_j Direkte Kosten für einen Fall in DRG j; j=1,..,n
n Zahl der DRGs

Nebenbedingungen:

$$\sum_{j=1}^{n} c_{ij} x_j \leq K_i \text{ für } i = 1,..,m$$

Zielfunktion:

$$\sum_{j=1}^{n} (d_j - a_j) x_j \rightarrow Max!$$

Nichtnegativitätsbedingung (NNB):

$x_j \geq 0$ j=1,..,n

Die Kostenrechnung muss die direkten Kosten pro Fall einer DRG bereitstellen – eine Aufgabe, die von vielen Krankenhäusern derzeit nur unzureichend geleistet werden könnte. Weiterhin müssen die Ressourcenverbräuche berechnet werden, z. B. wie viele Pflegeminuten, wie viele Laborleistungen, OP-Minuten etc. ein Fall benötigt. Gleichzeitig fließen die vorhandenen Ressourcen (z. B. gesamte Pflegeminuten, Laborkapazität, OP-Zeit etc.) in die Kalkulation ein. Im ersten Schritt werden diese als gegeben angenommen. Eine Erweiterung auf ein Investitionsplanungsmodell mit variablen Ressourcen und Fixkosten ist unproblematisch. Ein derartiges Modell wäre ein Koordinationsinstrument zwischen Leistungsprogrammplanung und Investitionsplanung.

Aus diesen Angaben berechnet das Programm das **optimale Fallspektrum**. Falls mehrere DRGs einer bestimmten Abteilung genau zugeordnet werden können, muss durch zusätzliche Nebenbedingungen gewährleistet werden, dass eine Abteilung geschlossen wird, falls kein dieser Abteilung zugeordneter Patient behandelt wird. Gleichzeitig müssen eröffnete Abteilungen mit Fixkosten berücksichtigt werden. Damit ergibt sich folgendes, erweitertes Modell:

Nebenbedingungen:

$$\sum_{j=1}^{n} c_{ij} x_j \leq K_i \text{ für } i = 1,..,m$$

$$\sum_{j \in R_p} x_j \leq M \cdot D_p \text{ für } p = 1,..,a$$

$$\sum_{j=1}^{n} x_j \leq M \cdot D_{total}$$

Zielfunktion:

$$Z = \sum_{j=1}^{n} (d_j - a_j) x_j - \sum_{p=1}^{a} F_p D_p - FK \cdot D_{total} \rightarrow Max!$$

mit Strukturvariablen:

$$D_p = \begin{cases} 1 & \textit{falls Abteilung p eröffnet} \\ 0 & \textit{sonst} \end{cases} \quad \text{p=1,..,a}$$

$$D_{total} = \begin{cases} 1 & \textit{falls Krankenhaus eröffnet} \\ 0 & \textit{sonst} \end{cases}$$

Konstanten:

$$M \quad M \in \mathbb{N}, \text{mit } M > \sum_{j=1}^{n} x_j$$

a Zahl der Abteilungen (Konstante)

R_p Menge aller DRGs, die auf Station p behandelt werden. p=1,..,a

F_p Abteilungsfixkosten von Abteilung p, p=1,..,a

FK Krankenhausfixkosten

Falls es gelingt, die realen Daten zu ermitteln, kann das optimale Fallklassenprogramm eines Krankenhauses berechnet werden. Im Normalfall wird es zu einer Spezialisierung auf wenige Abteilungen und Fälle kommen. Falls eine ganze Region betrachtet wird, kann dies bedeuten, dass bestimmte Fäl-

le überhaupt nicht mehr behandelt werden. Soll die Versorgungssicherheit jedoch aufrechterhalten werden, so ist eine Kooperation mit anderen Krankenhäusern der Region sinnvoll. Der Ansatz der Leistungsprogrammplanung kann ergänzt und zu einem Instrument der horizontalen Integrationsplanung erweitert werden.

Man kann zeigen, dass ein Kostenminimum bei gleichzeitiger **Versorgungssicherheit** gewährleistet werden kann. Das Modell bietet auch Aufschluss darüber, welche Krankenhäuser im räumlichen Verbund lukrative Akquisitionsobjekte sind bzw. bis zu welchem Preis eine Akquisition lohnenswert ist. Berechnet der Controller das Modell einmal mit und einmal ohne den möglichen Partner, so kann er den Deckungsbeitragsunterschied für sein Krankenhaus ermitteln und daraus schließen, wie hoch der Kooperationspreis maximal sein darf. Gerade für Klinikketten ist dies ein lohnender Ansatz der langfristigen Optimierung des Standortportfolios.

Schließlich kann der Ansatz auch noch auf eine vertikale Integration erweitert werden. Hierzu sind Behandlungspfade zu definieren, die sowohl die vorals auch die nachstationäre Versorgung in Arztpraxen, die Physiotherapie, die ambulante Pflege und die stationäre Langzeitpflege umfassen. Die Erweiterung des Modells um einen entsprechenden Index ist problemlos möglich. Derzeit scheitert die praktische Umsetzung an der fehlenden Datengrundlage. Noch immer steht eine **undurchdringliche Wand** zwischen ambulanten und stationären Datenflüssen, so dass eine umfassende Optimierung des Gesamtsystems nicht möglich ist. Hier liegt die Aufgabe des strategischen Krankenhauscontrollings, in dem Annäherungsprozess eine Führerschaft zu übernehmen und damit die Koordinationsaufgabe über das Krankenhaus hinaus auszudehnen.

Weitere Modelle des strategischen Controllings

Die Wahrnehmung der strategischen Koordinationsfunktion erfordert den Rückgriff auf eine Reihe weiterer Modelle. Der Krankenhauscontroller wird hierzu aus dem breiten Armamentarium der Betriebswirtschaft geeignete Instrumente auswählen und an das Krankenhaus adaptieren. Da es sich hierbei um die Koordination langfristiger Pläne und Maßnahmen handelt, sind zuerst geeignete

Prognoseverfahren anzuwenden, um die Entwicklungen abzuschätzen. Ein systematischer Unterschied zwischen den Prognosemodellen des Krankenhauscontrollings und den Prognosemodellen der Allgemeinen BWL (z. B. Klein und Scholl 2004, S. 263–324) besteht nicht, weshalb hier auf eine vertiefte Darstellung verzichtet wird.

Ein weiteres Instrument des strategischen Controllings ist die Entwicklung eines umfassenden **Kennzahlensystems**, das eine faktenbasierte Steuerung des Unternehmens in allen Dimensionen erlaubt. Die ursprünglich auf Kaplan und Norton (1992, 1993) zurückzuführende **Balanced Scorecard (BSC)** hat Einzug ins Krankenhaus gehalten und versucht, »finanzielle und nichtfinanzielle, vergangenheitsbezogene und zukunftsbezogene sowie unternehmensinterne und unternehmensexterne Kennzahlen« (Körnert 2005, S. 1) gleichermaßen zu berücksichtigen. Sie soll ein Bindeglied zwischen Strategiefindung und Strategieumsetzung sein, d. h. ein Koordinations- bzw. Controllinginstrument.

Die ursprünglichen Perspektiven der Balanced Scorecard (Finanzielle Perspektive, Kundenperspektive, Lern- und Entwicklungsperspektive, Interne Prozessperspektive) sind durchaus geeignet, wichtige Dimensionen des Krankenhauses abzubilden und zu integrieren. Die klassische Aufteilung nach Berufsgruppen (Finanzielle Perspektive = Verwaltungsleiter; Kundenperspektive = Ärztlicher Leiter) wird durch dieses Instrument überwunden. Greulich et al. (2002) zeigen allerdings auch auf, dass die Entwicklung einer Balanced Scorecard für das Krankenhaus einen Adaptionsprozess erfordert. Besonders deutlich wird dies bei den staatlichen bzw. frei-gemeinnützigen Krankenhäusern. Die finanzielle Perspektive bildet hier primär eine Nebenbedingung, während die Patienten und Mitarbeiter als wichtige Stakeholder in den Fokus treten. In kirchlichen Einrichtungen wäre die BSC um die Dimension der Nächstenliebe zu ergänzen, die nicht absolut mit der Patientenorientierung identisch sein muss (Fleßa 2003).

Weiterhin ist es möglich, verschiedene Formen der **Portfolio-Analyse** im strategischen Krankenhauscontrolling zu verwenden. So entwickelt Buchholz (2000, S. 595-615) ein **Fallkosten-Portfolio** (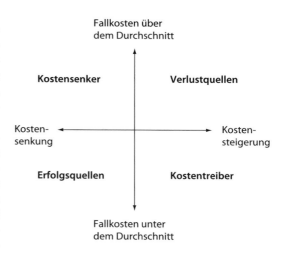 Abb. 6.3-4), mit dessen Hilfe die Fallkosten mit den Kostensteigerungen in Beziehung gesetzt und die Entwicklung der Fallklassen analysiert werden

Fallkosten über dem Durchschnitt

| Kostensenker | Verlustquellen |

Kostensenkung ← → Kostensteigerung

| Erfolgsquellen | Kostentreiber |

Fallkosten unter dem Durchschnitt

▫ Abb. 6.3-4. Fallkosten-Portfoliomatrix (Vereinfachte Darstellung nach Buchholz 2000, S. 603

können. Insbesondere die Dynamik, d. h. die Veränderung der Fallklassen in der Matrix gibt Aufschluss über Schwachstellen und Erfolgspotentiale. Diese Portfoliomatrix kann mit dem oben diskutierten LP der strategischen Leistungsprogrammplanung verbunden werden. Ebenso ist eine klassische BCG-Matrix (Kuntz 2002, S. 126) möglich, die die Einteilung nach relativem Marktanteil und Marktwachstum vornimmt. Der Dynamik dieser BCG-Matrix liegt der Produktlebenszyklus zugrunde. Bislang wird die Definition und **Analyse von Produktlebenszyklen** im Krankenhaus kaum durchgeführt. Angesichts der Veränderungen im Gesundheitswesen mit modehaften Erscheinungen des Wellnessbereiches nimmt jedoch die Bedeutung der Produktinnovation, der Marktdurchdringung und des rechtzeitigen Nachschiebens einer neuen Technologie ständig zu. Hier kommt dem strategischen Controlling eine Schlüsselrolle zu.

Das Krankenhauscontrolling steht im Begriff aus dem operativen, oftmals auf Kostenrechnung begrenzten Bereich herauszutreten und seine Funktion als Koordinator von Abteilungen, Funktionen und Plänen wahrzunehmen. Hierzu kann es auf die betriebswirtschaftlichen Instrumente zurückgreifen, von denen ausgewählte hier vorgestellt wurden. Wichtig ist jedoch, dass die Adaption dieser Instrumente an das Krankenhaus erfolgt und die darauf basierenden Entscheidungen partizipativ vorbereitet und getroffen werden. Unter dieser Voraussetzung hat das Krankenhauscontrolling eine gute Chance, auch bei Ärzten und Pflegekräften als unterstützende Funktion geschätzt zu werden.

Literatur

Buchholz W (2000) Controlling. In: Eichhorn P, Seelos HJ, Schulenburg JM Graf v.d. (Hrsg) Krankenhausmanagement. Urban & Fischer, München Jena, S 595–615

Bürkle B (1997) Effizienzmessung im Gesundheitswesen – Möglichkeiten und Grenzen der Data Envelopment Analysis dargestellt anhand von Anwendungen aus dem Krankenhausbereich. Dissertation, Erlangen Nürnberg

Charnes A et al. (1994) Data Envelopment Analysis: Theory, Methodology, and Application. Kluwer Academic Publishers, Boston Dordrecht London

Cooper W, Seiford L, Tone K (2000) Data Envelopment Analysis. Kluwer Academic Publishers, Boston

Fleßa S (2003) Arme habt Ihr allezeit! Ein Plädoyer für eine armutsorientierte Diakonie. Vandenhoeck & Ruprecht, Göttingen

Greulich A et al. (2002) Balanced Scorecard im Krankenhaus. Economica, Heidelberg

Hentze J, Kehres E (1999) Kosten- und Leistungsrechnung in Krankenhäusern. Kohlhammer, Stuttgart

Kaplan RS, Norton DP (1992) The Balanced Scorecard. Harvard Business Review 70(1): 71–79

Kaplan RS, Norton DP (1993) Putting the Balanced Scorecard to work. Harvard Business Review 71(5): 134–142

Keun F, Prott R (2004) Einführung in die Krankenhauskostenrechnung. Gabler, Wiesbaden

Klein R, Scholl A (2004) Planung und Entscheidung. Vahlen, München

Koch J (1998) Gesundheitsökonomie: betriebswirtschaftliche Kosten- und Leistungsrechnung. Vahlen, München Wien

Koch J (2004) Buchhaltung und Bilanzierung in Krankenhaus und Pflege. Erich Schmidt, Berlin

Körnert J (2005) Balanced Scorecard-Perspektiven für die Kreditwirtschaft Diskussionspapier 01/2005. Rechts-und Staatswissenschaftliche Fakultät, Universität Greifswald. Greifswald

Kuntz L (2002) Krankenhauscontrolling in der Praxis. Kohlhammer, Stuttgart

Meyer M, Harfner A (1999) Spezialisierung und Kooperation als Strukturoptionen für deutsche Krankenhäuser im Lichte computergestützter Modellrechnungen. ZfB-Ergänzungsheft 5: 147–165

Pföhler W, Dänzer A (2005) Das Mannheimer Modell: Eine Option zur wirtschaftlichen Führung eines Universitätsklinikums. Führen und Wirtschaften im Krankenhaus 22: 126–129

Scheel H (2000) Effizienzmaße der Data Envelopment Analysis. Dt. Universitätsverlag, Wiesbaden

Schirmer H (2003) Krankenhauscontrolling. Expert, Renningen

Staat M (1998) Krankenhaus-Betriebsvergleiche – ein analytischer Ansatz. In: Wissenschaftliches Institut der Ortskrankenkassen (Hrsg) Krankenhaus-Report. Stuttgart, S 137–153

6.4 Informationsmanagement und Controlling in Arztpraxen und Ärztenetzen

Stefan Sohn, Oliver Schöffski und Hanswerner Voss

Zwei Faktoren in der derzeitigen Entwicklung im deutschen Gesundheitswesen motivieren maßgeblich die Entwicklung und den Aufbau von Informationsmanagement- und Controllingsystemen für medizinische Leistungserbringer. Zum einen wächst der ökonomische Druck durch die problematische Finanzsituation der Gesetzlichen Krankenversicherung (GKV) kontinuierlich weiter und lässt die Gewinnmarge der Leistungserbringer weiter sinken, während zum anderen die Innovationen im medizinischen Umfeld eine immer weitergehende fachliche Diversifizierung schaffen, die eine zunehmende Intransparenz im Kosten- und Leistungsgeschehen erzeugt. Speziell die durch den § 140 SGB V geschaffene Vertragsform »Integrierte Versorgung« mit der Möglichkeit der Übernahme von finanzieller Verantwortung für Patientenkollektive durch Zusammenschlüsse von Leistungserbringern, z. B. in Form von Ärzte- oder Gesundheitsnetzen, erfordert ein höheres Maß an medizinischer und finanzieller Transparenz als dies bisher der Fall war.

6.4.1 Gesetzliche und strukturelle Rahmenbedingungen

Begriffsbildung und Status

Für den Betrieb und die Steuerung, sowie die Weiterentwicklung von Arztpraxen und Praxisnetzen werden zahlreiche **medizinische und ökonomische Daten** benötigt. Dies beinhaltet im medizinischen Bereich alle Informationen zum Patienten, wie Diagnosen, Befunde, Therapien, Verordnungen, stationäre Einweisungen, Arztbriefe, Bildmaterial u. Ä., aber auch Verwaltungsinformationen wie Krankenversicherungsdaten, Adressen, Termin- und Abrechnungsdaten. Im ökonomischen Bereich handelt es sich primär um Finanzdaten wie Einnahmen und Ausgaben, sowie Abrechnungs- und Umsatzzahlen.

Das Management dieser Informationen gestaltet sich bisher sehr unterschiedlich. Während medizinische Informationen noch zum größten Teil auf Papier in Aktenform aufgezeichnet und archiviert werden, findet die Verwaltung und Speicherung von Verwaltungsdaten und Abrechnungsdaten zum größten Teil elektronisch statt. So übermitteln ca. 80 % der Vertragsärzte die Quartalsabrechnung elektronisch an ihre **Kassenärztliche Vereinigung (KV)** (KV Nordrhein, 2004). Gemäß Schätzungen von Experten nutzt nur ca. ein Drittel der elektronisch Abrechnenden die weitergehenden Möglichkeiten der Praxissysteme zur elektronischen Dokumentation und Verwaltung medizinischer Patientendaten.

Motivation für ein Informationsmanagement

Eine Erklärung für die niedrige Quote bei der vollumfänglichen Nutzung elektronischen Informationsmanagements ist neben einer **mehrdimensionalen Akzeptanzproblematik** (Glock et al. 2004, S.124–130) die Motivation durch die finanzielle Anreizsituation, in der sich eine vertragsärztliche Praxis befindet. Die Arztpraxis in ihrer herkömmlichen Ausprägung sieht sich bezüglich Informationsmanagement und Controlling lediglich Anforderungen gegenüber, die sich auf das direkte Management der einzelnen Praxis beziehen. Durch die Abrechnung der GKV-Patienten per Einzelleistungsvergütung gemäß dem Einheitlichen Bewertungsmaßstab (EBM) an die KV (bzw. der Privatpatienten gemäß der Gebührenordnung für Ärzte [GOÄ]) besteht zu einem Management des über die Praxis hinausgehenden Leistungsgeschehens nur wenig Veranlassung.

Erst durch die zunehmende Anzahl an Praxisnetzgründungen erweitert sich der Fokus auf über die einzelne Praxis hinausgehende Fragestellungen. Es finden sich hierbei Gruppen von Ärzten zusammen um in unterschiedlicher Ausprägung und Intensität

»...die bisher vorherrschende Form der Einzelpraxis ohne systematische Kommunikations- bzw. Kooperationsbeziehungen mit anderen Leistungserbringern [...]« (Oberender et al. 2002, S. 154)

zu überwinden und durch diese strukturelle Gegebenheit implizierte Defizite in der Patientenversorgung abzubauen. Um dies zu erreichen wird in den meisten Netzen versucht die Kommunikation und Kooperation durch einen Ausbau des bisherigen Informationsmanagements zu verbessern (Trill 2002, S. 147), das beispielsweise den verbesserten Austausch von Patientendaten oder die Erarbeitung gemeinsamer Leitlinien beinhaltet.

Die reine Motivation durch die Zielsetzung einer verbesserten Versorgung bei gleichzeitig erhöhter Zufriedenheit der Patienten und der Leistungserbringer hat sich in den meisten Fällen als nicht ausreichend erwiesen, um den Netzaufbau in der beabsichtigten Form zu erreichen. Aus diesem Grund muss neben der **intrinsischen Motivation** der jeweiligen Leistungserbringer ein **extrinsischer Anreiz** finanzieller Natur hinzukommen, der über die in Teilen bereits praktizierte Erweiterung des Einzelleistungskataloges hinausgeht.

Eine Form der Vergütung, die dieses leisten kann, ist eine sektorenübergreifende, morbiditätsadjustierte, kopfpauschalierte Vergütung mittels **Capitation** (Steinbach et al. 2004). Hierbei übernimmt eine Gruppe von Leistungserbringern (z. B. ein Praxisnetz) neben der medizinischen auch die finanzielle Verantwortung für ein Patientenkollektiv und erhält dafür ein abhängig vom Risikoprofil des Kollektivs prospektiv errechnetes Budget zur Versorgung der betreffenden Patienten über mehrere Sektoren hinweg. Ziel ist es, das Anreizsystem so zu gestalten, dass die erfolgreich verbesserte Kommunikation und Kooperation eines Praxisnetzes zur Realisierung von Effizienzgewinnen (Effizienzgewinne ergeben sich beispielsweise aus vermiedenen Krankenhauseinweisungen und einer zielgerichteten, abgestimmten und optimierten Pharmakotherapie) führt, an denen die Netzärzte direkt beteiligt werden können (Lindenthal et al. 2004).

Eine gesetzliche Grundlage für diese direkt zwischen Leistungserbringern und Krankenkassen zu vereinbarenden Vergütungsform ist hauptsächlich in § 140 SGB V gegeben, wobei durch die Novellierung zum 01.01.2004 durch das **GKV-Modernisierungsgesetz (GMG)** nochmals der deutliche Wille des Gesetzgebers zur Förderung dieser Vertragsart zum Ausdruck gekommen ist. Durch den Abschluss eines Vertrages nach § 140 sind die Vertragspartner in der Lage, in Fragen der Vergütung vom bisher gültigen Leistungserbringerrecht abzuweichen und damit die finanzielle Verantwortung, üblicherweise über mehrere Sektoren hinweg, inklusive der damit verbundenen Chancen und Risiken, zu übernehmen.

Stellte schon der ohne Veränderung der Vergütungsform erfolgte Zusammenschluss zu einem Praxisnetz erhöhte Anforderung an das zu implementierende Informationsmanagement, so wird spätestens bei der Übernahme der finanziellen Verantwortung eine hohe Informationstransparenz für medizinische und ökonomische Sachverhalte unabdingbar. Eine Steuerung bzw. ein Controlling zur Nutzung der entstehenden Chancen und Vermeidung der eventuellen Risiken ist nur mit ausreichender Kenntnis des Status des Praxisnetzes möglich (da ein Praxisnetz mit zu den integrierten Versorgungsformen zu zählen ist, wenn auch primär nur innerhalb eines Sektors, gelten die vorliegenden Überlegungen für andere integrierte Versorgungsformen entsprechend). Einige Beispiele von Chancen und Risiken, die ohne Transparenz nicht adäquat handhabbar sind, zeigt ◘ Tab. 6.4-1.

Voraussetzungen für effizientes Controlling

Die in ► **Kap. 6.1** vorgenommene Zweiteilung in der Zielsetzung des Controllings in strategisches und operatives Controlling kann auch auf Praxisnetze übertragen werden.

1. Strategisches Controlling mit der Aufgabenstellung der direkten Führungsunterstützung mit einem Zeithorizont von 3–5 Jahren
   a. Planung, die Überwachung und gegebenenfalls die Nachsteuerung des Netzwachstums anhand der Anzahl der eingeschriebenen Netzpatienten
   b. Entwicklung der Anzahl stationäre Einweisungen ersetzender ambulanter OPs
   c. Kontinuierliche Analyse der Hauptbehandlungs- und Überweisungsflüsse im Netz, um geeignete Leistungserbringer im Netz zu identifizieren, z. B. für die Qualitätszirkelarbeit oder auch für eine Neuanwerbung außerhalb des Netzes zu identifizieren
2. Operatives Controlling zur direkten Unterstützung des Leistungserstellungsprozesses mit einem Zeithorizont von maximal 1 Jahr mit Aufgabenstellungen wie
   a. Festlegung, Überwachung und Information der Leistungserbringer über das per Leitlinie vereinbarte Verordnungsverhalten
   b. Gleiches für die vereinbarten Abklärungspfade vor einer stationären Einweisung oder

▼

◘ **Tab. 6.4-1.** Auswahl von Chancen und Risiken von Praxisnetzen mit Budgetverantwortung

Chancen	Risiken
Verbesserte Versorgung durch abgestimmte Behandlungsprozesse	Erhöhter zeitlicher und finanzieller Aufwand vor allem in der Anlaufphase
Realisierung von Effizienzgewinnen aus — Vermiedenen KH-Einweisungen — Kosteneffektiver Pharmakotherapie — Effizientem Einsatz von Heil- und Hilfsmitteln	Unbefriedigende Zielerreichung für inhaltliche und ökonomische Ziele wie — Leitlinieneinsatz — Qualitätszirkelbeteiligung — Effizienzgewinne durch unzureichende Durchführung und/oder Akzeptanz der geplanten Maßnahmen
Möglichkeit zu medizinisch effektiverer Behandlung durch größere Unabhängigkeit von Gebührenordnungen	Fehlallokation von Ressourcen durch Konzentration auf falsch gewichtete Themenbereiche oder Bürokratisierung

> c. Berechnung und Information über den derzeitigen und den zum Jahresende voraussichtlichen Status des Capitation-Budgets

Wie aus diesen wenigen Beispielen bereits deutlich wird, ist für die Erfüllung dieser Aufgaben eine große Menge an detaillierten Informationen nötig, die nicht nur 1. generiert, sondern auch 2. passend strukturiert und 3. an einer Stelle gesammelt, sondern auch noch 4. mit einem Bedeutungskontext hinterlegt werden müssen, der es erlaubt, 5. klare Steuerungsoptionen zu entwickeln.

Da diese 5 Schritte mit möglichst geringen **Transaktionskosten** (Personal und andere Ressourcen) durchgeführt werden sollen und insgesamt sehr hohe Effizienz (d. h. für alle einen hohen, verständlichen Nutzen bei möglichst geringem Mehraufwand) aufweisen müssen, um auch die Akzeptanz der Beteiligten nicht zu gefährden, empfiehlt es sich diese zu implementierenden Controllingprozesse weitgehend zu automatisieren.

Bei dem eingangs genannten Nutzungsgrad von IT-gestützten Dokumentationssystemen erscheint diese Empfehlung etwas vermessen. Wie viele Beispiele aus dem Bereich des Qualitätsmanagements zeigen, erhält ein Trägermedium wie Papier maximal in einer Übergangszeit ausreichende Akzeptanz. Ein Optimum an Akzeptanz und Effizienz in **Schritt 1** wird erreicht wenn die Daten im üblichen, laufenden Behandlungsprozess selbständig entstehen.

Beste Voraussetzung für **Schritt 2 und 3** ist eine einheitliche Datenbasis durch eine **einheitliche Softwareplattform**. Eine Vernetzung der bestehenden heterogenen Praxissoftwarelandschaft ist aus Effizienzgesichtspunkten wegen hoher Investitions- und Betriebsaufwände deutlich zweite Wahl. Die bestehenden Lösungen »D2D (Doctor to Doctor)« und »Verband deutscher Arztpraxis-Softwarehersteller Communication Standard (VCS)« zur Praxis-zu-Praxis Kommunikation werden wegen ihrer komplizierten Handhabung schlecht akzeptiert und liefern durch ihre Nachrichtenbasierung nicht die volle Informationsbreite oder -struktur, die volltransparentes Arbeiten ermöglicht (Schug 2003, S. 393-394). Existierende Systeme mit einer auto-

matisierten Synchronisation von Praxis zu Praxis auf einer einheitlichen Datenstruktur leisten in beiden Bereichen deutlich mehr bei geringerem Aufwand. Eine Verbesserung der Situation bei der Vernetzung heterogener Systeme könnte die Einführung der Gesundheitskarte mit sich bringen. Dies werden die nächsten Jahre aber erst beweisen müssen.

Ergänzt werden die Daten aus den Praxen durch geeignete von der KV bzw. der Krankenkasse bereitzustellende medizinische und ökonomische Daten über Leistungen aus nachgelagerten Sektoren außerhalb des Praxisnetzes. Primär von Bedeutung sind hier das tatsächlich abgerufene Verordnungsvolumen (eingelöste Rezepte), sowie medizinische und ökonomische Parameter aus stationären Aufenthalten.

Für eine gelungene Umsetzung der **Schritte 4 und 5** ist eine hohe Transparenz der Ziele und der mit diesen und untereinander in Wechselwirkung stehenden Prozesse des Netzes erforderlich. Ist diese Transparenz vorhanden, kann ein Kennzahlensystem sowohl für Ziele als auch für aussagekräftige Prozessparameter aufgebaut werden, das entsprechende Planvorgaben erlaubt, eine Fortschrittsüberwachung ermöglicht und entsprechende Handlungsoptionen zur Steuerung in Richtung des selbstgewählten Ziels aufzeigt. Ein geeignetes Gerüst für diese Vorgehensweise stellt beispielsweise die Methodik der **Balanced Scorecard** bereit (Kaplan und Norton 2001; Esslinger 2003; vgl. auch 6.2.2).

6.4.2 Praktische Umsetzung

Die Darstellung von konkreten **Kennzahlensystemen** geschieht im Folgenden getrennt nach den Unterbereichen »**Medizinisches Controlling anhand von Qualitätsindikatoren**« und »**Ökonomisches Controlling zur wirtschaftlichen Leistungsfähigkeit**«.

Medizinisches Controlling anhand von Qualitätsindikatoren

»Qualitätsindikatoren sind spezifische und messbare Elemente der Versorgung, die zur Bewertung von Qualität verwendet werden können.« (Schneider 2003, S. 547)

Es handelt sich hierbei um Kennzahlen, die durch die Existenz und den Abgleich von einem Soll- und einem Istwert Steuerungsbedarf anzeigen und Handlungsoptionen anbieten (Zorn und Ollenschläger 1999, S. 124). Konkret handelt es sich hierbei um Zahlen wie die Anzahl der eingeführten Leitlinien, die Anzahl der durchgeführten Qualitätszirkel und ihrer jeweiligen Sitzungen, den Anteil der umstrittenen Arzneimittel an der Gesamtverordnungsmenge oder die Anzahl der Dekubitusfälle pro Tausend Entlassungen einer stationären Einrichtung, aber z. B. auch um konkrete Laborwerte, die Hinweise auf die Wirksamkeit der Behandlung geben können.

Diese Zahlen ermöglichen bei entsprechender Implementierung einen Einblick in das Versorgungsgeschehen eines Netzes aus verschiedenen Perspektiven für unterschiedliche Adressaten (z. B. Kostenträger, interne Qualitätszirkel, Patienten). Es können **strukturelle Gegebenheiten** (z. B. Behandlungskapazitäten, Fortbildungsstatus, Prävalenzen im Versichertenbestand) ebenso konzentriert abgebildet werden, wie **Prozessparameter** (z. B. Wartezeiten, Qualitätszirkelfrequenzen) und **medizinische Ergebnisparameter** (z. B. Hospitalisierungsraten, nachhaltig verbesserte Blutwerte).

Qualitätsindikatoren werden zu Indikatorensystemen zusammengefasst, die für bestimmte Zielrichtungen entwickelt wurden und entsprechend der Perspektive passende Einzelindikatoren beinhalten. Stellvertretend seien hier die HEDIS-Indikatoren (vgl. http://www.ncqa.org) im US-amerikanischen Gesundheitssystem und das Qualitätsindikatoren-Set der AOK für Praxisnetze (Szecsenyi, Stock und Broge 2003). genannt. Erstere haben die Zielsetzung die Qualität medizinischer Anbieter zu beurteilen und zu vergleichen (primär aus Sicht der Arbeitgeber zur Auswahl von privaten Krankenversicherungsoptionen für ihre Mitarbeiter, z. B. traditionelle Health Plans, Health Maintenance Organizations oder Preferred Provider Organizations in den USA), während das AOK-Indikatorenset sich direkt an Praxisnetze im deutschen Gesundheitswesen richtet und die Herstellung von Transparenz zur Beurteilung der Netzarbeit durch die Krankenkassen unterstützt und gleichzeitig der Weiterentwicklung des Netzes dient. Es existiert weltweit eine Vielzahl von Indikatorensets mit sehr unterschiedlichen Zielsetzungen, Inhalten und Adressaten. ❏ Tab. 6.4-2 zeigt hier eine Auswahl.

Ein zentraler Punkt, der beim Einsatz von Indikatorensystemen nicht unterschätzt werden darf, speziell wenn sie als Entscheidungsgrundlage für

❏ **Tab. 6.4-2.** Beispiele für international verfügbare Indikatorensets (Eigene Ergänzungen in Anlehnung an Ärztliche Zentralstelle Qualitätssicherung 2001, S. 9)

Indikatorensysteme	Quellen
Übergreifende Sammlung von Indikatorensets mit verschiedensten Aufgabenstellungen: National Quality Measures Clearinghouse (NQMC)	Agency for Healthcare Research and Quality (http://www.qualitymeasures.ahrq.gov)
National Library of Quality Indicators and ORYX-Programme	Joint Commission on Accreditation of Healthcare Organizations (http://www.jcaho.org)
Health Plan Employer Data and Information Set (HEDIS)	National Commission for Quality Assurance (http://www.ncqa.org)
FACCT Quality Measures	Foundation of Accountability (http://www.facct.org)
Acute Health Clinical Indicator Project	Department of Human Services Victoria, Australia (http://www.health.vic.gov.au/hsr)
Quality Indicators for General Practice	National Primary Care Research and Development Centre, Marshall et al. (http://www.npcrdc.man.ac.uk)
NHS Performance Indicators	National Health Service Executive (http://www.doh.gov.uk)
Züricher Indikatoren-Set	Verein Outcome Zürich (http://www.vereinoutcome.ch)
Qualitätsindikatoren der AOK für Arztnetze	AOK Bundesverband, erarbeitet vom AQUA-Institut, Göttingen (http://www.aqua-institut.de)

eine veränderte Ressourcenallokation verwendet werden, sind die Anforderungen an die methodische **Güte der Indikatoren** (Ärztliche Zentralstelle Qualitätssicherung 2005, S. 5). Hierzu gehören grundlegend die folgenden Eigenschaften (Schneider, Broge und Szecsenyi 2003, S. 549):

> ⬛ **Güteanforderungen an Indikatoren**
> ▬ Validität
> ▬ Reliabilität
> ▬ Praktikabilität
> ▬ Sensitivität
> ▬ Beeinflussbarkeit

Für einen konkreten Einblick in ein Indikatorenset wird im Folgenden das AOK-Indikatorenset für Praxisnetze des AQUA-Instituts kurz beleuchtet. Das Set ist in drei Bereiche strukturiert, die gemäß der Zielsetzung die Einzelindikatoren enthalten (Szecsenyi, Stock und Broge 2003, S. 19):
1. **Netzbezogene Indikatoren,** die sich neben den in ⬛ **Tab.** 6.4-3 genannten mit den Themen Fluktuation, Zufriedenheit und Weiterempfeh-

lung, Fehlermanagement und Leistungsvolumen befassen
2. **Krankheitsbezogene Indikatoren** für die Erkrankungen
   - Hypertonie
   - Diabetes mellitus Typ 2
   - Asthma bronchiale
   - Koronare Herzkrankheit
   - Akuter Rückenschmerz
   - Alkoholabusus
   - Depression
3. **Leistungsbezogene Indikatoren** für Pharmakotherapie und Laborleistungen

Innerhalb der Bereiche werden jeweils entsprechend verschiedene Fokussierungen vorgenommen, die in ⬛ Tab. 6.4-3 mittels ausgewählter Indikatoren deutlich gemacht werden.

Für Praxisnetze stellt das beschriebene Indikatorenset eine bereits für typische Fragestellungen entwickelte Sammlung dar, die als Basis zur Entwicklung eines individuellen Kennzahlensystems gut geeignet ist. Je nach Zielrichtung des Netzes und der Datenverfügbarkeit wird für eine reale Implementierung im ersten Schritt immer nur eine

⬛ **Tab. 6.4-3.** Fokus der Qualitätsindikatoren der AOK für Arztnetze (Szecsenyi und Stock 2002, S. 16)

Fokus	Beispiele für Indikatoren (Auswahl, vereinfachte Darstellung)
Qualitätsmanagement: Aktivitäten des Arztnetzes	▬ Qualitätszirkel: Häufigkeit und Teilnahmequoten ▬ Implementierte Leitlinien ▬ Bearbeitete Reklamationen
Entdeckung wichtiger Erkrankungen	▬ Entdeckte Hypertoniker ▬ Dokumentierte herzkranke Patienten ▬ Berücksichtigte Symptome für Rückenerkrankungen
Medizinischer Prozess	▬ Durchführung von Basisdiagnostik ▬ Regelmäßige Messung wichtiger Parameter ▬ Durchführung wichtiger Kontrolluntersuchungen
Rationale Pharmakotherapie	▬ Hauptmedikation bei wichtigen Erkrankungen ▬ Anteil Medikation durch verschiedene Praxen ▬ Polymedikation und Wechselwirkungen ▬ Umstrittene und bedenkliche Arzneimittel
Fortbildung und Schulung	▬ Umfang der ärztlichen Fortbildung ▬ Umfang der Fortbildung für Arzthelferinnen
Sicht von Patienten und Versicherten	▬ Durchgeführte Patienten-Schulungen ▬ Anteil zufriedener Patienten und Versicherter ▬ Anzahl der Reklamationen von Patienten

Teilmenge der 120 enthaltenen Indikatoren in Frage kommen.

Ökonomisches Controlling zur wirtschaftlichen Leistungsfähigkeit

Neben der medizinischen Qualität ist ein Controlling im ökonomischen Sinne besonders für Netze mit Budgetverantwortung von großer Bedeutung. Hier ist ein laufendes, zeitnahes **Monitoring der wichtigsten Budgetparameter** für den ambulanten, den stationären und den Arzneimittelsektor je nach Ausgestaltung der Verträge mit den Kostenträgern und der Absicherung ökonomischer Risiken von existentieller Bedeutung. Ökonomische Kennzahlen erlauben analog zu den medizinischen Qualitätsindikatoren eine Abbildung des finanziellen Status zur weiteren Steuerung der Netzaktivitäten.

So können beispielsweise strukturierte Zahlen zum Verordnungsvolumen von Arzneimitteln unausgeschöpfte Potentiale bezüglich Generikanutzung aufdecken bzw. eine Unter- oder Überversorgung anzeigen. Auch Möglichkeiten zur Konzentration auf eine geringere Anzahl an Präparaten mit identischen Wirkstoffen mit entsprechenden indirekten Skaleneffekten werden durch entsprechendes Zahlenmaterial deutlich. Interessant für Budget und Patientensteuerung bzw. Complianceverbesserung sind auch Zahlen und Kosten der Netztreue bzw. -untreue der eingeschriebenen Versicherten.

Eine pragmatisch orientierte Aufstellung ökonomisch relevanter Kennzahlen für Praxisnetze mit Budgetverantwortung zeigt **◘ Tab. 6.4-4**. Dieser Umfang dürfte in etwa den Stand der aktuellen Entwicklung widerspiegeln, den fortgeschrittene Netze im Jahr 2005 erreicht haben (Wambach und Lindenthal 2004, S. 21ff.).

Risiken, Hemmnisse und Gefahren

Der Implementierung der bis zu diesem Punkt skizzierten Strukturen und Inhalte stehen verschiedene Faktoren entgegen. Die Voraussetzung der vereinheitlichten Software- und Datenarchitektur, zumindest auf Basis von Schnittstellen für Daten von zentraler Bedeutung, ist eine Problematik, die zum Teil technisch, aber primär durch **mangelnde Akzeptanz** der Beteiligten bedingt ist. Zu überwinden ist diese vor allem durch Überzeugungsarbeit, transparente Ziele und passende Anreize.

Ist diese Hürde überwunden, wartet im nächsten Schritt die Schaffung **einheitlicher Dokumentationsinhalte**, beginnend mit einer (pseudonymisierten) über die Sektoren hinweg durchgängigen Identifikationscodierung des Patienten. Auch an die **Dokumentationsqualität** (beispielsweise der Diagnosen) müssen bedingt durch die veränderte Zielrichtung neue Anforderungen gestellt werden. Akzeptanzprobleme auch wegen mangelnden zeitlichen und finanziellen Ressourcen sind auch hier mit Sicherheit zu erwarten. Unterstützend sollte dabei die Übernahme von Erfahrungen und Inhalten bereits erprobter Konzepte eingesetzt werden.

Innerhalb des Überarbeitungsprozesses bietet sich ein gleichzeitiger Übergang der Dokumentationsphilosophie und -struktur – weg von der bisherigen Abrechnungsorientierung, hin zu einer mehr **medizinisch-problemorientierten (z. B. diagnosebezogenen) Dokumentation** – an, da diese hinsichtlich des Ziels der medizinischen und ökonomischen Transparenz enorme Vorteile mit sich bringt.

Ein weiterer nicht zu unterschätzender Problemkreis in der praktischen Umsetzung ist die Herstellung der politischen, vertraglichen, technischen und inhaltlichen Voraussetzungen für die ergänzenden **Datenlieferungen aus externen Quellen** (Kassenärztliche Vereinigungen, Krankenkassen, Krankenhäuser, Reha-Kliniken usw.).

Während dieses Entwicklungsprozesses sollte eine ineffiziente Bürokratisierung vermieden werden und gemäß den definierten Zielen die passende Breite und Tiefe an Daten gesammelt und bereitgestellt werden. Kennzahlen bilden immer nur einen Aspekt des Geschehens ab und es besteht generell die Gefahr der Fokussierung auf nicht adäquat gewählte und gewichtete Kennzahlenbündel, die im negativsten Fall auch **massive Fehlsteuerungen** zur Folge haben können. Diese Gefahr ist zudem zweiseitig, da man sich sowohl durch den **Vorsteuerungseffekt** der Leistungserbringer im Behandlungsprozess eventuell zu stark an den ausgewählten Kennzahlen orientiert, als auch in der **Nachsteuerung verfehlte Maßnahmen** eingeleitet werden können.

Chancen und Entwicklungsperspektiven

Nach Überwindung aller beschriebenen Widerstände ergibt sich für die Bewältigung der immer weiter zunehmenden Komplexität der Medizin und der sich verändernden ökonomischen Anfor-

◻ Tab. 6.4-4. Ausgewählte Kennzahlen für ein ökonomisches Praxisnetz-Controlling (Eigene Darstellung in Anlehnung an AOK Bundesverband, Stabsbereich Medizin 2002)

Allgemeine Merkmale

▬ Versichertenstruktur	– Versichertenbewegung
	– Versichertenstruktur nach Risikogruppen
	– Weitere Merkmale der Versichertenpopulation (z. B. Netzversicherte in der Pflegeversicherung nach Pflegestufen)
▬ Struktur der Leistungsanbieter	– Anzahl der Haus- und Fachärzte (Betreuungsärzte)
	– Durchschnittliche Zahl eingeschriebener Versicherte je Hausarzt (Betreuungsarzt)
	– Durchschnittliche Zahl der Patienten je Hausarzt (= Versicherte mit Arztbesuch im lfd. Quartal) durchschnittliche Patientenquote (Patienten/eingeschriebenen Versicherten

Leistungsgeschehen

▬ Ärztliche Behandlung (ambulant)	– Fälle je Haus- und Facharzt
	– Netzarztfälle
	– Nicht-Netzarztfälle
	– Abgerechnete Punkte für Hausarzt- und Facharztfälle
	– Abgerechnete Punkte für Netzarzt- und Nicht-Netzarztfälle
	– Am häufigsten einbezogene Facharztgruppen
	– Versicherte nach Fallzahlen
▬ Krankenhaus	– Versicherte mit Krankenhausaufenthalt
	– Anzahl der Krankenhaus-Fälle
	– Anzahl der Krankenhaustage (insgesamt/je Fall)
	– Krankenhausausgaben (insgesamt/je Netzversicherter mit Krankenhausaufenthalt, je Fall, je Krankenhaustag)
	– Entlassungsdiagnosen
	– Am häufigsten einbezogene Krankenhäuser
	– Versicherte nach Krankenhaus-Fallzahl
	– Verordnender Arzt (z. B. Einweisung durch Netzarzt, Nicht-Netzarzt, Haus- oder Facharzt
▬ Anschlussrehabilitation, Heilbehandlung, Kur	– Versicherte mit stationärer u. ambulanter Rehabilitation/Kur
	– Fälle stationärer und ambulanter Rehabilitation/Kur
	– Tage stationärer und ambulanter Rehabilitation/Kur
	– Ausgaben für stationäre und ambulante Rehabilitation/Kur (insgesamt/je Netzversicherten mit Rehabilitation/Kur, je Fall)
	– Am häufigsten einbezogene Rehabilitations- u. Kurkliniken (stationär und ambulant)
	– Häufigste Diagnosen bei Rehabilitation/Kur
▬ Arzneimittel	– Arzneimittelverordnungen (z. B. Anzahl der Patienten, denen Arzneimittel verschrieben wurden, Summe der verordneten »daily defined dosages«, Summe der Arzneimittelkosten, Patienten, die mehrere Arzneimittel konsumieren)
	– Arzneimittelverordnungen nach Indikatorengruppen (z. B. Verschreibungsrate, Kosten, Generikafähigkeit)

Ausgaben und Wirtschaftlichkeit

▬ Budgetausschöpfung	– Gesamtausgaben in den jeweiligen Leistungsbereichen im laufenden Monat
	– Gesamtausgaben (über alle Leistungsbereiche) im laufenden Monat
	– Gesamtausgaben kumuliert bis zum laufenden Monat
	– Gesamtausgaben budgetiert, kumuliert bis zum laufenden Monat
	– Budgetausschöpfung
	– Budgetausschöpfung im Vergleich zum Vormonat
	– Budgetausschöpfung Vorjahresmonat zum Vergleich

derungen für medizinische Leistungserbringer eine gute Ausgangsbasis. Mit dem vorgestellten Instrumentarium wird eine Vielzahl von Aufgaben und Fragen lös- bzw. beantwortbar, die mit herkömmlichen Mitteln nicht oder nur mit enormem Aufwand angegangen werden können.

Dazu gehören an zentraler Stelle das **Management der externen populationsbezogenen, transsektoralen Capitation-Budgets** sowie deren **interne ergebnis- und qualitätsorientierte Verteilung** an die beteiligten Leistungserbringer. Im Weiteren erlaubt die in der skizzierten Weise beschaffene Datenbasis eine Fülle von Anwendungen für die interne Netzarbeit. So kann beginnend mit netzepidemiologischen Fragestellungen die Identifikation von Themen für die **Leitlinienentwicklung** unterstützt werden und ein Monitoring für die Entwicklung der Leitlinientreue implementiert werden. In diesem Zusammenhang ist auch die Möglichkeit zur **Compliancemessung** der Beteiligten zu sehen, die für die Einschätzung der Effektivität der durchgeführten Maßnahmen von Bedeutung ist.

Grundsätzlich wird nicht nur die Effektivität, sondern auch die Effizienz der Einzelmaßnahmen und auch ihrer Summen messbar und ist damit problemlos zu einer laufenden **gesundheitsökonomischen Evaluation** der Entwicklungsarbeit des Netzes ausbaubar. Dies ist auch vor dem Hintergrund des üblicherweise vereinbarten Nachweises der Effizienzverbesserung gegenüber den Kostenträgern relevant.

Die Möglichkeit zur Beantwortung medizinischer und ökonomischer Fragestellungen, z. B. im Bereich der Pharmakotherapie, schafft hier neue Perspektiven im Hinblick auf eine teilweise **Einbeziehung der Pharmaindustrie** in die Ergebnisorientierung der Versorgung zur Verbesserung der medizinischen Qualität und damit ganz beiläufig einen neuen Integrationsansatz.

Neben diesen hier nur auszugsweise darstellbaren neuen Optionen, die sich direkt auf die Netzarbeit beziehen, ergeben sich auch Nutzungsvarianten, die darüber hinausgehen. So sind bei entsprechenden Voraussetzungen eine Vielzahl verschiedener gesundheitsökonomischer Studienarten denkbar, die auch für das gesamte Versorgungssystem von großem Interesse sind, wie:

- Budget-Impact-Rechnungen
- Krankheitskosten-Studien
- Kosten-Wirksamkeits-Studien
- Kosten-Nutzwert-Studien
- Kosten-Nutzen-Studien

Literatur

AOK Bundesverband Stabsbereich Medizin (2002) Controlling-Bericht für Arztnetze (unveröffentlicht)

Ärztliche Zentralstelle Qualitätssicherung (2001) Beurteilungskriterien klinischer Messgrößen des Qualitätsmanagements. Köln

Ärztliche Zentralstelle Qualitätssicherung (2005) Qualitätsindikatoren in Deutschland, Positionspapier des Expertenkreises Qualitätsindikatoren beim Ärztlichen Zentrum für Qualität in der Medizin (ÄZQ). Berlin

Esslinger AS (2003) Qualitätsorientierte strategische Planung und Steuerung in einem sozialen Dienstleistungsunternehmen mit Hilfe der Balanced-Scorecard. HERZ, Burgdorf

Glock G, Sohn S, Schöffski O (2004) IT-Unterstützung für den medizinischen Prozess in der integrierten Versorgung. HERZ, Burgdorf

Horvath P (1996) Controlling. Vahlen, Stuttgart

Kaplan RS, Norton DP (2001) Die strategiefokussierte Organisation: Führen mit der Balanced Scorecard. Schäffer-Poeschel, Stuttgart

KV Nordrhein (2004) EDV- und Konventionell-Abrechner in der KV Nordrhein

URL: http://www.kvno.de/mitglieder/itidprax/statisti/konvent.html [Stand: 20.04.05]

Lindenthal J, Sohn S, Schöffski O (2004) Praxisnetze der nächsten Generation: Ziele, Mittelverteilung und Steuerungsmechanismen. HERZ, Burgdorf

Oberender P, Fleischmann J (2002) Gesundheitspolitik in der Sozialen Marktwirtschaft: Analyse der Schwachstellen und Perspektiven einer Reform. Lucius & Lucius, Stuttgart

Schneider A, Broge B, Szecsenyi J (2003) Müssen wir messen um noch besser werden zu können? Die Bedeutung von Qualitätsindikatoren in strukturierten Behandlungsprogrammen und Qualitätsmanagement. Zeitung für Allgemeinmedizin 79: 547–552

Schug SH (2003) Gesundheitstelematik – Aktuelle Entwicklungen und Konsequenzen für Krankenhäuser und Versorgungsverbünde. Der Klinikarzt 32: 391–397

Steinbach H, Sohn S, Schöffski O (2004) Möglichkeiten der Kalkulation von sektorübergreifenden Kopfpauschalen (Capitation). HERZ, Burgdorf

Szecsenyi J, Stock J (2002) Gute Netze halten länger. Gesundheit und Gesellschaft 5(10): 16–17

Szecsenyi J, Stock J, Broge B (2003) Qualität greifbarer machen: Qualitätsindikatoren der AOK für Arztnetze. Zeitschrift für Managed Care und Care Management 6(1): 18–20

Trill R (Hrsg) (2002) Informationstechnologie im Krankenhaus: Strategien, Auswahl, Einsatz. Luchterhand, Neuwied

Wambach V, Lindenthal J (2004) Das Projekt »Qualität und Effizienz – QuE« im Praxisnetz Nürnberg Nord. In: Hellmann W (Hrsg) Handbuch Integrierte Versorgung. Landsberg

Zorn U, Ollenschläger G (1999) Qualitätsbestimmung in der medizinischen Versorgung – ein universelles Entwicklungsschema für Qualitätsindikatoren. ZaeFQ 93: 123–128

6.5 Informationsmanagement und Controlling in der Integrierten Versorgung

Axel Mühlbacher

6.5.1 Gesetzliche und strukturelle Rahmenbedingungen

Eine interdisziplinäre und fachübergreifende Zusammenarbeit (§ 140a Abs. 1 SGB V) im Rahmen einer Integrierten Versorgung ist nur möglich, wenn eine ausreichende »*Koordination zwischen den verschiedenen Versorgungsbereichen*« durch »*eine ausreichende Dokumentation, die allen an der Integrierten Versorgung Beteiligten im jeweils erforderlichen Umfang zugänglich sein muss*« gewährleistet werden kann (§ 140b Abs. 3 SGB V). Dies entspricht gleichzeitig den Informationsanforderungen an ein **Controllingsystem**. Die Nutzung von Informationen wird jedoch durch diverse Regelungen eingeschränkt.

Leistungserbringer dürfen die Informationen aus der gemeinsamen Dokumentation nach § 140b Abs. 3 SGB V nur abrufen, soweit sie Behandlungsdaten und Befunde des Versicherten betreffen und wenn der Versicherte diesem Anliegen seine persönliche Einwilligung erteilt. Der Leistungserbringer muss zum Personenkreis gehören, der nach § 203 StGB des Strafgesetzbuches zur Geheimhaltung verpflichtet ist. Die Dokumentation und Auswertung der Daten durch eine nicht-ärztliche Managementbetreibergesellschaft ist also fraglich. Aufgrund der freiwilligen Teilnahme und der Notwendigkeit zur Einwilligung der Versicherten in die Nutzung ihrer Daten ist eine Verbesserung der Transparenz und Kommunikation gegenüber dem Patienten eine notwendige Bedingung der Integrierten Versorgung. Die Versicherten haben das Recht, umfassend über die Verträge, die Leistungserbringer, Leistungen und Qualitätsstandards informiert zu werden (§ 140a Abs. 3 SGB V). Die Dokumentation der Daten bedarf einer Einwilligung des Versicherten. Bei umfassenden Versorgungsprogrammen der Regelversorgung oder bei schwer- und chronisch Kranken muss es dem Patienten möglich sein, »*je nach Behandlungszusammenhang teilweise teilzunehmen (…), im Hinblick*

auf andere Behandlungszusammenhänge aber die Integration auszuschließen« (Weichert 2004).

Darüber hinaus sind im Rahmen der Integrierten Versorgung Qualitätssicherungsmaßnahmen durchzuführen. Für die Qualitätssicherung nach § 140 Abs. 3 Satz 3 SGB V gelten die allgemein Vorschriften der §§ 135 ff. SGB V (Weichert 2004). Die Qualitätssicherungsmaßnahmen können in pseudonymisierter Form durchgeführt werden, wobei einzelne Stichproben auch auf den Einzelfall zurückgreifen können (§ 136 SGB V). Dies bedingt dann allerdings eine Fixierung in den Versorgungsverträgen.

Bei der Konzeption der Integrierten Versorgung, insbesondere bei der Kalkulation **morbiditätsorientierter Vergütungspauschalen**, müssen Patientendaten herangezogen werden. Eventuell müssen Daten der Kassenärztlichen Vereinigungen mit den Daten des stationären Bereiches zusammengeführt werden, um die Risikofaktoren der Versorgungsverträge zu bestimmen und Verhandlungen zwischen Leistungserbringern und Kostenträgern erst zu ermöglichen. Hierfür wurde durch den Gesetzgeber keine eigenständige Rechtsgrundlage geschaffen. Die Daten könnten durch ein unabhängiges Forschungsinstitut wissenschaftlich ausgewertet werden – hier kann auf den § 75 SGB X i.V.m. § 203 Abs. 2 StGB aufgebaut werden.

Das Netzwerk der Integrierten Versorgung kann einem Forschungsinstitut aggregierte Patientendaten zur Verfügung stellen, um der in § 140c Abs. 2 SGB V geforderten Berücksichtigung der Risikostruktur der Versicherten zu entsprechen. Die **Morbiditätskriterien** müssen zu Beginn ermittelt und im Rahmen begleitender Maßnahmen auf ihre Relevanz überprüft werden. Hierzu ist eine fallbezogene Auswertung erforderlich. Nur so können ergänzende Morbiditätskriterien in den Vertragsvereinbarungen berücksichtigt und die Prognosefähigkeit der Kriterien verbessert werden. Gleiches gilt für die Evaluation der Wirksamkeit und Wirtschaftlichkeit der durchgeführten Maßnahmen. Die Patientendaten können nur in wissenschaftlichen Begleituntersuchungen eingebracht werden, wenn die Versicherten zuvor explizit zugestimmt haben. Ohne Einwilligung können Leistungsdaten nur in pseudonymisierter Form an ein Forschungsinstitut weitergegeben werden (auch hier ist der § 75 SGB X zu beachten).

Insgesamt werden die unternehmerischen Interessen von Netzwerken zur Integrierten Versorgung bezüglich der Angebotskalkulation, der Berechnung morbiditätsadjustierter Kopfpauschalen und anderer Aufgaben des Controllings bislang stark durch die **Patienteninteressen** bzw. den **Datenschutz** eingeschränkt. Eine eindeutige Rechtslage ist derzeit nicht gegeben, insofern gelten die Datenschutzbestimmungen der Länder.

Eine der **Zielsetzungen der Integrierten Versorgung** ist die konsequente und verbesserte **Steuerung bzw. Kontrolle der Inanspruchnahme** bzw. der verrechneten Leistungen auf ihre **Wirksamkeit, Zweckmäßigkeit, Bedarfsgerechtigkeit und Wirtschaftlichkeit**. Die Steuerung und Kontrolle findet während und nach der Leistungserstellung statt; im Idealfall aber bereits vor der Leistungserstellung. Die Betreiber eines Netzwerkes der Integrierten Versorgung bleiben aber Kontrolleure ohne Handlungsgrundlage, solange die datenschutzrechtlichen Aspekte bezüglich der Patientendaten, der medizinischen Ergebnisse und Qualitätsindikatoren ungeklärt bleiben. Diese schwierige Datenlage ist auch ein Grund für die Zurückhaltung der Leistungserbringer bei der Übernahme der finanziellen Verantwortung im Rahmen von Versorgungsverträgen der Integrierten Versorgung (z. B. bei Vergütung durch Kopfpauschalen).

So müssen einerseits differenzierte Risikoanalysen (▸ **Abschn.** Risikomanagement) bei der Gestaltung des Vertrages und der Steuerung der Abläufe zugrunde gelegt werden. Andererseits braucht eine Integrierte Versorgung ein **funktionierendes Controlling**, um beispielsweise Änderungen der Morbidität und damit der Versorgungskosten oder das Nichterreichen von operativen Zielen in diesem hochkomplexen System frühzeitig zu erkennen und entsprechende Gegenmaßnahmen einleiten zu können. Das System der **Balanced Score Card** (Kaplan/Norton 1997) bietet eine Möglichkeit die wesentlichen Geschäftsbereiche im Auge zu behalten (▸ **Kap. 6.2**).

6.5.2 Praktische Umsetzung

Versorgungsverträge: Integration der Versorgungs- und Versicherungsfunktion

Bisher war die Umsetzung der Integrierten Versorgung – seit der Einführung durch die GKV-Gesundheitsreform 2000 – nicht annähernd so erfolgreich, wie man sich zuvor erhofft hatte. Der Grund hierfür liegt in der **Heterogenität des Versorgungsbedarfs** und abweichender Morbiditätsrisiken, unzureichendem Zugang zu Kapital und den hohen Anforderungen an das Management bzw. administrative Tätigkeiten. Prognosen von betriebswirtschaftlichen Zielgrößen auf Basis von Behandlungsprotokollen, anstatt von risikoadjustierten Prognosemodellen, können zu einer Unter- oder Überschätzung der kalkulierten Kosten für ein Versorgungsprogramm führen, da der Einfluss von Komplikationen und Komorbiditäten nicht ausreichend berücksichtigt wird.

Ähnliche Erfahrungen wurden bereits in den USA gemacht; auch dort war die Einführung von umfassenden Versorgungsprogrammen, wie z. B. Disease Management Programme, nicht so erfolgreich wie zu Beginn erwartet (»Managed Care Backlash«). Ein Problem war die oft unzureichende Vergütung über **Kopfpauschalen (Capitation)** und deren Auswirkung auf die Versorgungsqualität (Penner 2004, S. 40).

Bei der Vergütung anhand von Qualitätszielen, werden Anreize durch **ergebnis- bzw. outcomebezogene Vergütungsparameter** in die Vergütung integriert. Ein Vertragspartner, der eine Capitation akzeptiert, unterliegt einem höheren Risiko, als ein Vertragspartner, der durch Fallpauschalen entlohnt wird (vgl. ▸ **Kap. 4.5**). Dieses Risiko muss durch eine entsprechende Risikoprämie kompensiert werden.

Damit der Erfolg der Versorgungsverträge überprüft werden kann, müssen die Effekte auf die Versorgungsqualität evaluiert werden.

Aus der Perspektive des Unternehmens ist die Bereitstellung von qualitativ hochwertigen Versorgungsprogrammen nicht unkritisch. Ein qualitativ hochwertiges Versorgungsprogramm muss aus einzelwirtschaftlicher Perspektive nicht unbedingt erfolgreich sein, da dies auch von der vereinbarten Vergütung abhängt. Im Rahmen der **prospektiven Vergütung** (»prospektive payment«) werden zukünftig zu erbringende Leistungen insbesondere durch **Kopfpauschalen** (»capitation«), **Patientenpauschalen** (»contact-capitation«) und **Fallpauschalen** (»case rates«) vergütet, d. h. diese Vergütungsformen sind eine vorweggenommene Bezahlung für ein vertragliches Leistungsversprechen.

Mit der Übertragung der medizinischen und ökonomischen Verantwortung wird jedoch auch die Versorgungs- und Versicherungsfunktion teilweise oder ganz auf die Leistungserbringer übertragen. Das damit einhergehende unternehmerische Risiko lässt sich wie folgt beschreiben: die Höhe der Einnahmen (Summe der individuellen Kopfpauschalen) ist bekannt, wohingegen Unsicherheit über die Ausgaben (Summe der Versorgungskosten) besteht. Da Höhe und Eintrittszeitpunkt der Kosten für die Versorgung der Versicherten nicht bekannt sind, ergibt sich hier ein versicherungstechnisches Problem. Die Inanspruchnahme des Leistungsversprechens durch die Versicherten ist unsicher und schwierig zu prognostizieren. Die Versorgungskosten sind abhängig von der Inanspruchnahme und damit in Ihrer Höhe zufällig und schwer vorherzusagen.

Das Risiko für den Anbieter der Integrierten Versorgung lässt sich einfach skizzieren: sind am Ende der Vertragslaufzeit die Kosten für die Versorgung des Versichertenklientel geringer als die Summe der Pauschalen, erzielt das Unternehmen einen Gewinn. Dagegen erzielt der Anbieter einen Verlust, wenn die tatsächlichen Kosten über den Umsätzen aus der Kopfpauschale liegen. Diese Verluste müssen durch das Eigen- oder Fremdkapital des Unternehmens getragen werden. Das versicherungstechnische Risiko von Organisationen, die für die Versorgung einer bestimmten Versichertenklientel über eine Kopfpauschale vergütet werden, liegt in der Differenz zwischen erwarteten und tatsächlichen Kosten. Diese Unsicherheit über die Inanspruchnahme (**Inanspruchnahmerisiko**) und die daraus resultierenden Kosten wird von den Leistungserbringern getragen.

Bereits bei der Verhandlung über die Ausgestaltung der Versorgungsverträge müssen die Unternehmer die finanziellen Aspekte eines risikobehafteten Versorgungsvertrages einschätzen können. Hierin begründet sich die Herausforderung an das Controlling, da die Kosten für medizinisch-pflegerische Teilleistungen, Medizintechnik, Arzneimittel und Heil- und Hilfsmittel, aber auch die Inanspruchnahme selbst erheblich variieren können. Die Entwicklung der Preise von Produktionsfaktoren sowie der Inanspruchnahme ist schwer zu prognostizieren bzw. abzuschätzen. Die Varianz der Kosten bedroht die Einführung von innovativen Versorgungsprogrammen.

Versicherungsmathematische Modelle der Risikoanalyse und des **Risikomanagements** bieten eine Basis für die Entscheidungen über die Durchführung und die Erfolgsaussichten eines Versorgungsvertrags bzw. Versorgungsprogrammes. Die Kopfpauschalen können anhand verschiedener Kalkulationsmethoden bestimmt werden, neben der Orientierung an einer Referenzpopulation, den **demographischen Faktoren** wie Alter und Geschlecht können auch die **Morbiditätsrisiken** durch eine risikoadäquate Kalkulation berücksichtigt werden. Zudem können Informationen über die Inanspruchnahme aus **Survey-Untersuchungen** für die Leistungserbringer und Kostenträger generiert werden, um als **Benchmark** bzw. Vergleichsgröße einen Anhaltspunkt bei Vertragsverhandlungen geben zu können. Auf Basis der Risikoanalyse und Survey-Untersuchungen kann der Einfluss von Versorgungsaktivitäten auf die Kosten aber auch auf die Volatilität der Kosten bei den Vertragsverhandlungen berücksichtigt werden. Unternehmen, die sektorenübergreifende (umfassende) Versorgungsleistungen anbieten, sind damit in der Lage, klare und angemessene monetäre Ziele zu definieren. Hierzu bedarf es angemessener Informationen über das Morbiditätsrisiko und die Risikofaktoren der Versichertenklientel. Darüber hinaus muss das Management der Integrierten Versorgung in die Lage versetzt werden, die verbleibenden Risiken zu steuern; die verbleibenden Risiken können nur abgewehrt werden, wenn ausreichend Informationen über die Versorgungsprozesse, die tatsächliche Inanspruchnahme und die durchgeführten Leistungen vorliegen.

Unternehmerische Risiken: Risikomanagement in der Integrierten Versorgung

Im Allgemeinen versteht man unter **Risiko** alle Ereignisse und Entwicklungen innerhalb und außerhalb eines Unternehmens, die sich negativ auf die Erreichung der Unternehmensziele auswirken können. Unter Risiko versteht man in der betriebswirtschaftlichen Entscheidungslehre die Unsicherheit bei unternehmerischen Entscheidungen. Unsicherheit bzw. Risiko ist definiert als die Abweichung vom Erwartungswert, d. h. der Möglichkeit für die Abweichung von einem erwarteten Ergebnis. Im engeren Sinne versteht man unter Risiko eine Situation bei der die Entscheidungsträger in der Lage sind, den alternativen Umweltzuständen einer Entscheidungssituation Eintrittswahrscheinlichkeiten zuzuordnen. Schon bereits die Entscheidung eine Konstellation der Vergangenheit auf die aktuelle Entscheidungssituation zu übertragen ist eine subjektive Bewertung seitens der Entscheidungsträger. Man kann davon ausgehen, dass die meisten unternehmerischen Entscheidungen aus Mangel an Daten bzw. vergleichbarer Konstellationen auf Basis einer subjektiven Einschätzung gefällt werden. Ist es darüber hinaus nicht möglich Daten über das Eintreten alternativer Umweltzustände zu generieren – spricht man von Ungewissheit.

Das Risiko kann nur im Zusammenhang mit subjektiven Zielsetzungen und Erwartungen interpretiert werden. Bei Leistungen der Gesundheitsversorgung wird implizit unterstellt, dass diese ergebnisorientiert und zielbezogen erbracht werden. Im Rahmen der Integrierten Versorgung müssen sich die Vertragspartner zu einer qualitätsgesicherten, wirksamen, ausreichenden, zweckmäßigen und wirtschaftlichen Versorgung verpflichten (§ 140b Abs. 3 SGB V). Folgt man dieser Aufforderung des Gesetzgebers, wird deutlich, dass die Leistungen der Integrierten Versorgung **zwei Zieldimensionen** unterliegen – einer **ökonomischen und medizinischen Zielsetzung**. Der hier vorgestellte Ansatz sieht eine differenzierte Betrachtung dieser zwei Zieldimensionen hinsichtlich Ursache und Wirkung vor. So steht das Risiko, medizinisch oder ökonomisch, sowohl für den Eintritt (bzw. Eintrittswahrscheinlichkeit) eines unerwünschten Umweltzustandes – hier wird deutlich, dass Risiko nur im Zusammenhang mit subjektiven Zielen interpretiert werden kann. Vereinfacht ausgedrückt existiert Risiko dann, wenn etwas bei der Gesundheitsversorgung eintreten kann, das unerwünscht ist (Kipp et al. 1997, S. 89)

Der Begriff Risiko in Leistungsprozessen der Integrierten Versorgung kann, im ökonomischen und medizinischen Sinne, wie folgt definiert wer-

den. Risiko resultiert ursächlich daher, dass auf Grund eines unvollständigen Informationsstandes Unsicherheit über den Eintritt zukünftiger Ereignisse in den administrativen und medizinischen Prozessen besteht. Negative Ereignisse führen in ihrer Wirkung dazu, dass es zu einer negativen Abweichung von medizinischen und wirtschaftlichen Zielgrößen kommt. Medizinische Zielgrößen finden sich – je nach Leistungsart – in der Erhaltung, Wiederherstellung oder Verbesserung der Gesundheit. Wirtschaftliche Zielgrößen werden bestimmt durch die Erwartungen an die Rentabilität des eingesetzten Kapitals und/oder dem Verhältnis von Kosten und Nutzen der durchgeführten Maßnahmen. Die Formulierung verdeutlicht somit den Ursachen- und Wirkungsbezug des Risikos in der Integrierten Versorgung. Dieses vor dem Hintergrund, dass einmal getroffene Entscheidungen in der Prävention, Diagnose, Therapie und Rehabilitation nur eingeschränkt korrigierbar sind und zudem enorme Auswirkung auf den Zustand der Versicherten und Patienten haben. Die Höhe des Risikos in der Gesundheitsversorgung ist dann einerseits vom Ausmaß der möglichen ökonomischen und medizinischen Zielverfehlung und andererseits von den jeweils zurechenbaren Wahrscheinlichkeiten abhängig.

Risikomanagement in der Integrierten Versorgung umfasst demnach sämtliche Maßnahmen zur planmäßigen und zielgerichteten Analyse, Beeinflussung (Steuerung) und Kontrolle des Risikos der medizinisch-pflegerischen und administrativen Prozesse der Leistungserbringung im Gesundheitswesen. Für das Management gilt es zu prüfen, ob die Höhe der Risiken beherrschbar erscheint oder ob die Haftungsrisiken für qualitativ minderwertige Leistungen und Liquiditätsrisiken den Fortbestand der Unternehmung gefährden. Risikomanagement besteht in dem Abgleich der medizinischen und wirtschaftlichen Risikoposition und der Risikoträger. Die Prozesse des Risikomanagements können auch innerhalb der Gesundheitsversorgung anhand von **drei Phasen** verdeutlicht werden: Risikoanalyse, Risikosteuerung und Risikokontrolle (Wrightson 2002, S. 64).

⬛ **Prozess des Risikomanagements**

1. **Risikoanalyse:** Zu Beginn müssen die risikotragenden Geschäfte identifiziert und mögliche Verlustquellen benannt werden. Die einzelnen Risiken müssen systematisiert und quantifiziert werden. Die Risiken sind vor dem Hintergrund der Risikoeinstellung des Unternehmers zu bewerten.

2. **Risikosteuerung:** Ergeben sich aus der Analyse und Bewertung der Risiken (Ausfall- und Marktrisiken) ein Handlungsbedarf, müssen Alternativen gesucht werden, die eine Beeinflussung der derzeitigen Risikosituation (Ist-Situation) ermöglichen.

3. **Risikokontrolle:** Abschließend sollte kontinuierlich die Wirksamkeit der Risikosteuerung mit Hilfe eines Soll-Ist-Vergleichs überwacht werden.

Risikoanalyse: Risikoarten von Versorgungsverträgen

Die Dienstleistungen der Integrierten Versorgung können sich nicht nur auf klinische Aufgaben bei den gegebenen rechtlichen Aspekten konzentrieren, sondern es muss besonders das Risiko berücksichtigt werden, welches mit Unterzeichnung des Versorgungsvertrages durch die Leistungserbringer von den Krankenkassen übernommen wird. Zunächst gilt es dabei, die Risiken der Leistungserbringer bei pauschalisierten Versorgungsverträgen zu identifizieren. Die Risikotypen können wie folgt klassifiziert werden (vgl. auch Kipp et al. 1997, S. 89, Baldwin 1999, S. 53):

⬛ **Risikotypen bei Versorgungsverträgen**

Zufallsrisiken: die Versorgungskosten liegen aufgrund von zufälligen Einflüssen über den kalkulierten Kosten. Grund: Unsicherheit über zukünftige Ereignisse.

1. Das *Inzidenz-Risiko:* Es besteht die Gefahr, dass die tatsächlichen diagnostizierten Fälle aufgrund von zufälligen Einflüssen (z. B. Epidemien) über den kalkulierten und erwarteten Fällen liegen.

▼

Irrtumsrisiken: die Versorgungskosten liegen aufgrund einer falschen Berechnung über den kalkulierten Kosten. Grund: Es wurde eine zu geringe Menge oder ein zu niedriger Preis angenommen.

2. Das *Prävalenz-Risiko:* Es besteht die Gefahr, dass die Versichertenpopulation eine höhere als erwartete Anzahl von Patienten mit der spezifischen Krankheit umfasst (Prävalenz bezieht sich auf Personen die eine bestimmte Krankheit bereits haben und auch behandelt werden). Dieses Risiko ist ausgeschlossen, wenn bei indikationsspezifischen Verträgen nur bereits erkrankte Personen der Vergütung zugerechnet werden.

3. Das *Schweregrad-Risiko:* Es besteht die Gefahr, dass sich die Patienten in einem späteren Stadium der Krankheit befinden als erwartet. Die Versicherten müssen dann intensiver betreut und auf einer höheren kostenintensiveren Versorgungsstufe behandelt werden.

4. Das *Verweildauer-Risiko:* Es besteht die Gefahr, dass die Behandlung länger als erwartet andauert.

5. Das *Kosten-Risiko:* Es besteht die Gefahr, dass die Kostensteigerung von Produktionsfaktoren und Dienstleistungen höher ausfallen als erwartet. Notwendige Arznei-, Heil- und Hilfsmittel müssen bezogen und zusätzliche Dienstleistungen über externe Leistungserbringer eingekauft werden. Steigen die Preise auf diesen Beschaffungsmärkten unerwartet an, kann dies zu Verlusten führen.

Änderungsrisiken: Die Versorgungskosten liegen nach einer Veränderung der angenommen Kalkulationsgrundlage über den ursprünglich kalkulierten Kosten. Grund: Gefahren eines neuen Produktes.

▼

6. Das *Intensitäts-Risiko:* Es besteht die Gefahr, dass der Patient an unerwarteten Komplikationen leidet bzw. die Versorgung unter schwierigeren Bedingungen als erwartet abläuft. Kostenintensivere Versorgungsprozesse sind die Folge.

7. Das *Leitlinien-Risiko:* Es besteht die Gefahr, dass die geltenden Behandlungsleitlinien im Laufe der Zeit zu intensiveren oder kostspieligeren Therapieformen übergehen. Sind diese Entwicklungen nicht in den kalkulierten Pauschalen berücksichtigt, kann diese ebenfalls zu Verlusten führen.

Diese Risiken können nicht unabhängig voneinander betrachtet werden – sie korrelieren und bedingen sich gegenseitig. Der Verlust wird durch die Wahrscheinlichkeit bestimmt, dass die tatsächlichen Versorgungskosten über den kalkulierten Kosten liegen. Weitere **allgemeine Geschäftsrisiken** sind nicht zu vernachlässigen (z. B. Unfälle oder Brandschaden, nicht rechtzeitige bzw. unvollständige Zahlungen durch Kostenträger oder Privatpatienten). Die Auswirkungen dieser Risiken sind auch abhängig von der Größe der zu versorgenden Versichertenpopulation, kleinere Versichertenpopulationen sind besonders von zufälligen Varianzen der Kosten betroffen. Der interne Ausgleich, d. h. die Kompensation der Risiken ist bei kleineren Gruppen schwieriger als bei großen Versicherungspopulationen.

Um die Wahrscheinlichkeit negativer wirtschaftlicher Auswirkungen zu reduzieren, ist ein effektives Risikomanagement notwendig, um das Erreichen der klinischen und wirtschaftlichen Ziele zu ermöglichen (Baldwin 1999, S. 53). Einen wesentlichen Einfluss auf das versicherungstechnische Risiko hat die Zusammensetzung und Risikostruktur der zu versorgenden Versichertenpopulation. Diese Risiken erfordern die Wahl des

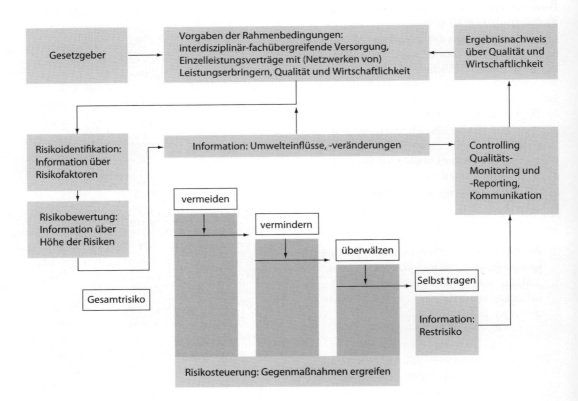

Abb. 6.5-1. Phasen des Risikomanagements in der Integrierten Versorgung

richtigen Kalkulationsmodells für die adäquate Bestimmung der Höhe der Kopfpauschalen.

Risikosteuerung: Ausgestaltung von Versorgungsverträgen

Die Ausgestaltung der Verträge über Versorgungsprogramme der Integrierten Versorgung sollte sich an den Ansprüchen der Vertragsparteien orientieren (◘ Abb. 6.5-1). Es gilt zum einen zu konkretisieren, welche **Versorgungsfunktionen** durch die Leistungserbringer wahrgenommen werden und zum anderen bietet der Vertrag die Möglichkeit zu konkretisieren, inwieweit die **Versicherungsfunktion** von den Kostenträgern auf die Leistungserbringer übertragen wird. Überschreitet das Risiko aus dem Versorgungsvertrag ein bestimmtes Limit, können die Leistungserbringer (aber auch die Kassen) das Geschäft unterlassen. Die eindeutige Ausgestaltung der Versorgungsverträge bietet also die Chance das Vertragsrisiko klar zu erkennen und die Risiken zu vermeiden. Auf Grundlage der vertraglich vereinbarten Funktionen der Integrierten Versorgung kann die Höhe der Kopfpauschale inklusive der Risikoprämie festgelegt werden. Die Verträge zur Integrierten Versorgung können zur Vermeidung von Unsicherheiten die folgenden Verabredungen enthalten.

◘ **Vermeiden von Risiken**
- Geltungsbereich bzw. Behandlungsspektrum
- Klinischer Kriterienkatalog
- Leistungserbringer
- Früherkennung und Screening
- Zeitdauer

◘ **Vermindern von Risiken**
- Versicherungsklientel
- Risikoadjustierung
- Erfolgsorientierte Vergütung

◘ **Überwälzen von Risiken**
- Vergütungsansatz
- Rückversicherung
- Stopp-loss Vereinbarungen
- Vereinbarungen über Carve-outs
- Beteiligung am Gewinn oder Verlust
- Verfahren der Risikoteilung
- Risikopool
- ⇒ Die verbleibenden Risiken werden durch die Vertragspartei selbst getragen

---

Vermeiden von Risiken

- **Geltungsbereich bzw. Behandlungsspektrum:** Handelt es sich um einen Vertrag über eine Vollversorgung, eine indikationsspezifische Vollversorgung oder eine Teilleistung über einen klar definierten Versorgungskomplex oder Behandlungsfall? Der Vertrag kann umfassend gestaltet werden und alle medizinisch-pflegerischen Dienstleistungen (ambulante Versorgung, stationäre Versorgung etc.) einbeziehen. Der Vertrag sollte die Spezialisierung/Expertise der Vertragsparteien berücksichtigen und dabei die Verantwortungen auch an den klinischen Bedürfnissen der Patienten ausrichten. Bei einer klaren Definition des Behandlungsspektrums können unerwartete Kosten der Inanspruchnahme vermieden werden. Grundsätzlich kann man davon ausgehen, dass die besten Ergebnisse erzielt werden, wenn sich die Leistungen einer Integrierten Versorgung auf das gesamte Behandlungsspektrum beziehen, da die **Leistungserbringung »aus einer Hand«** für den Patienten einen sehr hohen Nutzen stiftet.

- **Klinischer Kriterienkatalog:** Welche Krankheiten, Krankheitssymptome nach Haupt- und Nebendiagnosen inklusive der entsprechenden Versorgungskonditionen sind Vertragsgegenstand? Einige Verträge umfassen nur einen spezifischen Behandlungsumfang für zuvor festgelegte Krankheiten und die dabei auftretenden Komplikationen. Andere Verträge umfassen die komplette Versorgung bzw. Betreuung einer Versichertenklientel. Bezieht sich der Vertrag nur auf spezielle Krankheiten bzw. deren Versorgungsprozesse, müssen die Versorgungsleistungen dieses Behandlungsspektrums eindeutig von anderen möglichen Versorgungsleistungen, die nicht mit dieser Erkrankung in Zusammenhang stehen, abgegrenzt werden. Die Verantwortung für die medizinisch-pflegerischen Versorgungsleistungen müssen ausdrücklich konkretisiert werden, um eine unerwartete Leistungsschuld seitens der Leistungserbringer zu vermeiden.

- **Leistungserbringer:** Bei der Integration von Versorgungsleistungen kommt es darauf an, dass die Anbieter entsprechend ihrer Kernkompetenzen einbezogen werden. Werden nur interne Leistungserbringer des eigenen Netzwerkes einbezogen liegt der Vorteil in der besseren Kontrolle der erbrachten Dienstleistungen. Werden externe Leistungserbringer einbezogen, liegt der Vorteil in der Erweiterung des Dienstleistungsangebotes. Die Vorteile eines umfassenden Versorgungsspektrums können durch die schlechtere Kontrollierbarkeit der Leistungen durch die Netzwerkorganisation aufgehoben werden. Diesem Nachteil kann durch Behandlungsprotokolle/Leitlinien und der Implementierung von Systemen der Entscheidungsanalyse bzw. -unterstützung (»decision support systems«) begegnet werden. Einer unerwartet hohen Leistungsausweitung kann so entgegengewirkt werden. Grundsätzlich steigen aber die Aufwendungen für administrative Tätigkeiten mit der Erweiterung des Dienstleistungsangebotes.

- **Früherkennung und Screening:** Durch vertragliche Vereinbarungen über Maßnahmen der Früherkennung erlangen beide Vertragspartner Vor- und Nachteile (unterliegen Risiken). Kostenträger sind eventuell gewillt die Frequenz und den Umfang der regelmäßigen Früherkennungsmaßnahmen zu erhöhen. Infolge dieser Maßnahmen müssen zusätzliche Spezialisten einbezogen werden. Der Vorteil durch die Leistungsausweitung kann sich durch die zusätzlichen Aufwendungen, durch die Integration von neuen Spezialisten, in das Netzwerk relativieren. Damit unerwartete Ausgaben vermieden werden können, sollten diese Leistungen im Vertrag konkretisiert werden. Für einen Anbieter von Versorgungsprogrammen (z. B. DMPs) der auf Krankheiten mit

einem sehr hohen Gesundheitsrisiko spezialisiert ist, wie z. B. Krebs, kann die Durchführung von Maßnahmen der Früherkennung von Vorteil sein. Vorteilhaft dann, wenn die Ergebnisse (Outcomes) sich durch die Früherkennung verbessern und die Kosten der Behandlung aufgrund des frühen Eingreifens sinken. Als Folge können die Fallzahlen steigen; bei der Vergütung durch Fallpauschalen (case rates) zum Vorteil der Vertragspartei der Leistungserbringer – die zusätzlich diagnostizierten Fälle werden früher erkannt und deshalb im Durchschnitt (bis auf Ausnahmen) weniger schwerwiegend (Komplexität und Intensität sinkt). Im Gegensatz dazu ist der Vorteil bei einer Vergütung durch Kopfpauschalen (»capitation«) auf der Seite der Kostenträger, soweit diese Maßnahmen nicht im Vertrag konkretisiert sind. Die Vergütung durch prospektiv kalkulierte Pauschalen ist unabhängig von der tatsächlichen Anzahl der erbrachten Leistungen – ist keine eindeutige Vereinbarung über Maßnahmen der Früherkennung getroffen worden, sind dies zusätzliche Ausgaben für die Leistungserbringer. Da die frühzeitige Erkennung im Sinne der Patienten ist, sollten finanzielle Anreize für die Durchführung von Maßnahmen der Früherkennung geschaffen werden.

- **Zeitdauer:** Die vertragliche Absicherung von Krankheitsrisiken und die damit verbundene Bereitstellung von Gesundheitsdienstleistungen muss eindeutig durch einen Start- und Schlusspunkt definiert sein. Die Begrenzungskriterien können entweder klinisch oder durch ein einfaches Datum beschrieben werden.

Vermindern von Risiken

- **Versicherungsklientel:** Sind Abweichungen der Versichertenpopulation hinsichtlich der durchschnittlichen Bevölkerung in Alter, Geschlecht und ihrem sozialen Status (Sozialindex) vorzufinden? Diese Parameter haben erheblichen Einfluss auf die Risiken. Als **gute Risiken** werden Individuen bezeichnet, deren Krankheits- und Administrationskosten unter dem durchschnittlichen Beitragssatz liegen. Als **schlechte Risiken** werden dementsprechend Individuen bezeichnet, deren Krankheits- und Administrationskosten über dem durchschnittlichen

Beitragssatz liegen. Ein Vergütungssystem, das die Entlohnung der Gesundheitsleistungen nicht auf den Schweregrad der Erkrankungen abstimmt, führt zu einer Strategie der **Risikoselektion** bei den Leistungserbringern. Für die Anbieter eines Versorgungsprogramms ist es betriebswirtschaftlich sinnvoll, wenn sich nur Patienten mit einem »guten Risiko« einschreiben. Erschwerend kommt hinzu, dass Versorgungsprogramme mit einem außergewöhnlich großen Leistungsumfang und einer überdurchschnittliche Leistungsqualität, vermehrt kostenintensive Patienten »schlechte Risiken« anziehen. Der Zulauf kostenintensiver Patienten führt aber dazu, dass diese Anbieter letztendlich für ihre überdurchschnittliche Leistung finanziell bestraft werden (Das Risiko der Kumulation kostenintensiver Patienten). Die Leistungserbringer stehen vor folgender Entscheidungssituation: Bei einem vergleichbar hohen Anteil mit Versicherten mit einem schlechten Gesundheitszustand bieten sich drei Optionen. Entweder die Leistungserbringer investieren mehr Ressourcen (wie z. B. Zeit, Arzneimittel oder präventive Maßnahmen) in die Versorgung ihrer Patienten oder sie verzichten auf Einkommen (die Patienten werden an andere Leistungserbringer verwiesen; Kostenverlagerung) oder aber sie enthalten ihren Patienten notwendige Leistungen vor. Zu diesen Fehlanreizen – und in der Folge zur Risikoselektion – kommt es, wenn auf der Ebene des Netzwerkes der Leistungserbringer die Vergütung nicht an das tatsächliche Versorgungsrisiko des zu versorgenden Versichertenklientels angepasst wird. Diese Modelle der Vergütung verlangen offenbar nach der Entwicklung von unterschiedlichen Methoden zur Anpassung der Höhe der Vergütung an die Risiken der Versichertenklientel (Risikoadjustierung). Der Vertrag sollte das Versichertenklientel, deren Gesundheitszustand und Risikofaktoren konkretisieren. Damit soll der tatsächlichen Inanspruchnahme und dem zu erwartenden Ressourcenverbrauch Rechnung getragen werden.

— **Risikoadjustierung**: Wie werden prognoserelevante Morbiditätsrisiken und Risikofaktoren identifiziert und gewichtet? Eine Methode zur Anpassung der Vergütungspauschale an den Gesundheitszustand der Versichertenklientel ist die Risikoadjustierung (Mühlbacher 2005, S. 540–548; Buchner, Ryll und Wasem 2002). Hierunter versteht man die Einbeziehung der Morbiditätsstruktur einer Population bei der Bewertung des Ressourcenverbrauches, der Qualität und der Outcomes der Leistungserbringung und bei der Kalkulation der Pauschalen. Diese Methode basiert auf statistischen Verfahren die Unterschiede in der Morbiditätsstruktur einer Population aufzeigen und die relevanten Risikofaktoren einer zukünftigen Inanspruchnahme ermitteln. Versicherte können einer bestimmten Risikogruppe mit einem homogenen Ressourcenverbrauch zugeordnet werden (Zell-Ansatz). Die Risikogruppe bzw. deren durchschnittliche Ausgaben dienen als Basis zur Ermittlung der risikoadjustierten Kopfpauschalen. Im Gegensatz dazu, kann auch mit Regressionsmodellen auf Basis eines gegebenen Datensatzes Risikofaktoren identifiziert und Koeffizienten berechnet werden. Anhand dieser Koeffizienten werden die erwarteten Ausgaben prognostiziert und die Kopfpauschalen gewichtet (aktuarischer Ansatz). Die derzeit angewendeten Methoden haben eine stark differierende Abbildungs- und Prognosegenauigkeit. Aus diesem Grund ist es notwendig, die Methode der Risikoadjustierung im Vertrag eindeutig zu regeln. Eine risikoadjustierte Pauschalvergütung ist ein Kompromiss zwischen effizienter Risikoallokation und effizienten Handlungsanreizen in der Integrationsversorgung (Schräder und Ryll 2002, S. 24). Auch wenn die Wichtigkeit dieser Methoden hinreichend beschrieben wurde, werden sie immer noch wenig in der Praxis (auch in den USA) eingesetzt (Tucker, Weiner und Abrams 2002, S. 168). Die Grundlagen der Schätzung des Ressourcenverbrauchs und der Risikoadjustierung werden als Bestandteile des Informationsmanagements weiter unten dargestellt.

— **Erfolgsorientierte Vergütung**: Wie können Kostenträger Anreize für eine qualitativ hochwertige und wirtschaftliche Leistungserbringung vermitteln? Im Kontext dieses Vergütungsansatzes ist die Höhe der Vergütung abhängig von zuvor definierten Erfolgskriterien, die sowohl an den wirtschaftlichen Erfolg aber auch an die Qualität der Versorgung anknüpfen. Das Prinzip der Erfolgsorientierung ist bei allen Vergütungsformen (Einzelleistung, Fallpauschale und Kopfpauschale) einsetzbar; der Leistungserbringer erhält dabei eine Grundvergütung und kann im Erfolgsfall zusätzliche Einkünfte erzielen. Im Rahmen der erfolgsorientierten Vergütung gilt es folgende Fragen zu klären (Amelung, Schumacher 2004, S. 134, Kongstvedt 2001, S. 166ff.):

- Was wird unter einem Erfolg (»performance«) der medizinisch-pflegerischen Prozesse verstanden (medizinischer Erfolg und/oder wirtschaftlicher Erfolg)?
- Stehen Indikatoren zur Messung der Erfolgsindikatoren (»performace indicators«) zur Verfügung oder müssen diese entwickelt werden?
- Können diese anhand eines Punktesystems (»scores«) gewichtet werden?
- Wie können die gewichteten Indikatoren monetär bewertet werden?

Überwälzen von Risiken

- **Vergütungsansätze:** Wie werden die Leistungen vergütet? Erfolgt die Vergütung durch Kopfpauschalen (»capitation«), Fallpauschalen (»case rates«) oder durch eine Einzelleistungsvergütung (»fee for service«)? Neben der Versorgungsfunktion übernehmen die Leistungserbringer bei der Vergütung über Pauschalen auch einen Teil der Versicherungsfunktion. Bei prospektiv kalkulierten Pauschalen tragen die Leistungserbringer bzw. das Netzwerk der Leistungserbringer einen Teil des Morbiditätsrisikos; d. h. die Gewinnchancen aber auch die Verlustrisiken sind nie genau vorherzusehen. In Deutschland kann man davon ausgehen, dass die meisten Unternehmen in der Anfangsphase nicht über ausreichende finanziellen Möglichkeiten verfügen, um diese Versicherungsfunktion vollständig zu tragen.
- **Rückversicherung:** Wie werden Hochrisiken aufgefangen? Ein weiteres Instrument zur Modifikation der vertraglichen Vereinbarungen ist die Rückversicherung. Auch sehr aufwendige risikoadjustierte Kalkulationsmodelle können einen beträchtlichen Anteil der zufällig entstehenden Gesundheitsausgaben eines Versicherten nicht prognostizieren. Mit Hilfe einer Rückversicherung können potentielle Verlustrisiken eines Versorgungsvertrages limitiert werden. Die Organisation der Leistungserbringer kann mit den Kostenträgern oder einem auf Rückversicherungen spezialisierten Versicherungsunternehmen über Verträge verhandeln, die entweder das Risiko eines einzelnen Patienten (auf Basis der Diagnose) oder das Risiko einer Versichertenpopulation (auf Basis der Ressourcenverbräuche) limitieren. Die Rückversicherung unterstützt das Management bei der Risikosteuerung, da so die Höhe der erwarteten Risiken (potentielle Verluste) auf ein akzeptables Niveau reduziert werden kann. Damit Rückversicherungen für Versorgungsprogramme angeboten werden können, bedarf es hinreichender Informationen über die Morbiditäts-, Prozess- und Strukturrisiken. Diese werden aus empirischen Daten der Vergangenheit gewonnen. Diese Daten liegen derzeit für kommerzielle Anbieter nicht vor (Die Datensätze, welche durch das **Bundesversicherungsamt (BVA)** für die Erprobung der Risikoadjustierung innerhalb des **Morbi-RSA** zusammengetragen wurden, wären ausreichend). Zur Situation in Deutschland kann jedoch angemerkt werden, dass die Risiken bis heute – abgesehen von den sektorenspezifischen Budgets – durch die Krankenkassen getragen werden.

- **Stop-loss Vereinbarungen:** Wie werden die Kosten von besonders teueren Erkrankungen auf die Kostenträger überwälzt? Da das zukünftige Verlustrisiko eines Anbieters der Integrierten Versorgung sowohl aus dem Risiko ineffizienter Versorgungsprozesse als auch aus dem Auftreten von teueren und aufwendigen Krankheiten resultiert, wäre es denkbar, dass die Kassen weiterhin das Risiko zufällig auftretender schwerer und teuerer Erkrankungen, im Sinne einer Stop-loss Vereinbarung (»reinsurance thresholds«) tragen. Die Krankenkassen übernehmen damit die Funktion des Rückversicherers für die Hochrisiken schwerer Erkrankungen. Konkret: Die Kassen tragen ganz oder teilweise die Mehrkosten bei teuren Einzelfällen (»outlier«), wie z. B. bei schwer- und chronisch Kranken, sobald diese eine vertraglich vereinbarte Obergrenze überschreiten (z. B. über € 20.000 pro Patient und Jahr). Bei Überschreitung einer bestimmten Obergrenze werden diese aus einem dafür vorgesehenen Fond gedeckt. Diese Art der Rückversicherung hat keinen negativen Einfluss auf die Anreizstrukturen.

– **Vereinbarungen über Carve-Outs:** Wie können die Kostenschwankungen (Volatilitäten) begrenzt werden? Ein Vertrag mit geringer Inanspruchnahme (Frequenz) aber daraus resultierenden hohen Kosten (Intensität), wird höhere Risiken durch die Volatilität der Kosten haben; diese im Vergleich zu einem Vertrag der diese Behandlungs- und Versorgungsprozesse nicht abdeckt. Bei einem Vertrag der nur diese kostenintensiven Therapien beinhaltet kann von einer hohen Volatilität der Kosten ausgegangen werden. Bei extrem hohen Kosten, mit geringer Volatilität, für eine geringe Anzahl von Patienten, die wiederum spezialisierte Fachkräfte benötigen, werden sog. carve-outs vereinbart. Diese Form der Absicherung ist eine Kombination einer diagnosebasierten Risikoadjustierung und einer stop-loss Vereinbarung (Tucker, Weiner und Abrams 2002, S. 181). In diesem Fall werden der Patient oder die Dienstleistungen außerhalb des vereinbarten Versorgungsvertrages versorgt bzw. erbracht. Die Kosten für diese vorab spezifizierten Behandlungsfälle werden nicht im Rahmen der globalen Kopfpauschale, sondern separat auf Basis einer **retrospektiven Kalkulation** übernommen. Diese Leistungen können dann wieder über die Einzelleistungsvergütung, Fall- oder spezifische Kopfpauschalen vergütet werden.

– **Beteiligungen am Gewinn oder Verlust:** Wie können die Anreize gesteuert werden? Für Verträge, die eine Beteiligung am Einsparvolumen (»shared-savings contracts«) vorsehen, ist die Kalkulation eines Mindestumsatzes bzw. ein Prognosemodell der Einnahmen und Ausgaben (Vergütungspauschalen vs. prognostizierte Behandlungskosten) von großer Bedeutung. Je genauer und verlässlicher

die Prognoseergebnisse desto aufwendiger ist die Ermittlung und Auswertung. Aus diesem Grund sollten die Prognosen sehr genau auf die Vertragsinhalte fokussiert sein. Zu Beginn sollten die Ergebniskriterien (»performance indicators«) als Zielkriterien definiert werden. Diese Vertragsart beinhaltet damit zusätzliche Anforderungen. Bereits der Name impliziert, dass Einsparungen erwartet werden. Nur wenn die Leistungserbringer in der Lage sind, die gleichen Versorgungsleistungen in vergleichbarer Qualität und Umfang anzubieten bzw. zu garantieren, ist es möglich, Einsparungen für das gesamte Versorgungssystem zu erwirtschaften. Die Risiken (Morbiditäts-, Inanspruchnahme- und Preisrisiken etc.) des Versorgungsvertrages sind jedoch weiterhin existent und müssen auch weiterhin von einer der Vertragsparteien getragen werden. Die Qualitäts-, Leistungs- und Ergebniskriterien sind die Schlüsselfaktoren des Vertrages und müssen ausführlich verhandelt werden. Erst wenn diese klar und einvernehmlich definiert sind, sollten indikationsspezifische Leistungskriterien, Qualitätskriterien und finanzielle Ergebniskriterien als Basis für die Feststellung der Einsparungen festgelegt werden.

– **Risikopools und Verfahren der Risikoteilung:** Wie können Kostenträger das Risiko von Mehrausgaben anreizgerecht vermindern? Zwei gängige Verfahren zur Überwälzung der Risiken für die Leistungserbringer ist die Einrichtung eines **Risikopools** (»capitation pools«) und das **Verfahren der Risikoteilung** (»withholds«) (Wrightson 2002, S. 65ff.). Risikopools sind in der Regel gesonderte Budgets für nicht primärärztliche Leistungen des Primärarztes, wie z. B. Facharztleistungen oder Krankenhausleistungen (Amelung und Schumacher 2004, S. 130). Diese Budgets werden aus den Kopfpauschalen der jeweiligen Leistungen zurückbehalten und dienen dem Risikoausgleich. Wenn die tatsächlichen Ausgaben unterhalb des leistungsspezifischen Budgets bleiben, werden die Einsparungen zuerst für den Ausgleich der Defizite der anderen Budgets herangezogen, verbleibende Überschüsse werden an die Leistungserbringer ausbezahlt die einen positiven Saldo in ihren Budgets

ausweisen. Ähnlich wird bei der Risikoteilung (»withholds«) verfahren. Hier wird ein
bestimmter Prozentsatz der Kopfpauschalen
einbehalten. Mit diesem Budget können dann
Mehrausgaben für unvorhersehbare Leistungen oder Leistungen außerhalb der Netzstruk-
tur finanziert werden. Hierbei handelt es sich
um Risikostrategien für die Kostenträger bzw.
des Netzwerkes der Integrierten Versorgung
gegenüber den einzelnen Leistungserbringern
(Kongstvedt 2001, S. 120ff.).

Risiken selbst tragen

Nachdem die vermeidbaren Risiken unterbun-
den oder vermindert, die Hochrisiken überwälzt
worden sind, können die Leistungserbringer die
verbleibenden Vertragsrisiken übernehmen. Die
Übernahme von Risiken sollte allerdings nur erfolgen, wenn diese kalkulierbar sind und durch entsprechende **risikoäquivalente Prämien** entlohnt
werden. Aus der Perspektive der Kassen reduzieren sich die Geschäftsrisiken, da der Abschluss
eines pauschalisierten Vertrages die Notwendigkeit des Leistungsmanagements und die Kontrolle der Leistungserbringer reduziert. Ein großer Teil
der Risiken, aufgrund einer volatilen Inanspruchnahme, kann auf die Organisation der Leistungserbringer übertragen werden. Diese Tatsache muss in
zusätzlichen Vergütungsanteilen für die Leistungserbringer resultieren.

Risikokontrolle: Controlling und Evaluation
Controlling: Kennzahlen und Benchmarks

Die **Evidenz-basierte Medizin (EBM)** ist ein wesentlicher Aspekt bei der Kontrolle der Versorgungsrisiken. Mit standardisierten medizinischen **Reviews**,
standardisierten ökonomischen Reviews und evidenzbasierten **Leitlinien** kann der Grundstein für
die Bewertung der Versorgungsprozesse gelegt
werden. Ein wichtiger Bestandteil des Risikomanagements sind die **Plan- und Kennzahlen**, die eine
erfolgreiche Durchführung der Versorgungsprozesse belegen. Diese **Indikatoren** (»performance
indicators«) oder **Vergleichszahlen** (»benchmarks«)
sind die Basis für die Überprüfung des Erfolges
eines Versorgungsvertrages. Sie erlauben einen
Vergleich der tatsächlichen Ergebnisse (Ist-Zahlen)
zu den angestrebten Ergebnissen (Plan- oder Soll-
Zahlen) (Penner 2004, S. 86–107). Diese Informati-

onen sollten sowohl den klinischen, finanziellen als
auch den administrativen Anforderungen gerecht
werden.

> ◻ **Relevante Informationen für das Con-
> trolling einer Integrierten Versorgung**
> – Zusammensetzung der Versichertenklien-
>   tel nach Alter, Geschlecht, Sozialindex und
>   Morbidität
> – Anteil der Bevölkerung, welcher durch
>   vereinbarte Spezialleistungen erreicht
>   wurde. (z. B. durch Früherkennungsmaß-
>   nahmen; Screening)
> – Inanspruchnahme wichtiger Leistungsbe-
>   reiche, insbesondere jener Sektoren deren
>   Inanspruchnahme im Erfolgsfall reduziert
>   werden soll
> – Ausgaben/Kosten der Versorgung (z. B.
>   Kosten pro behandeltem Patient, gemäß
>   des Erkrankungstypus und Schweregrad)
> – Effizienz der administrativen Tätigkeiten
>   (Kosten pro Patient oder pro Euro Umsatz)
> – Dokumentation der Qualität klinischer
>   Leistungen anhand vergleichbarer Quali-
>   tätsindikatoren

Um einen Vergleich der tatsächlichen Ergebnisse
(Ist-Zahlen) zu den angestrebten Ergebnissen
(Plan- oder Soll-Zahlen) durchzuführen, bedarf
es eines umfassenden Informationsmanagements
bzgl. der klinischen, administrativen und finanziellen Prozesse bei der Leistungserbringung in
der Integrierten Versorgung (für weitere Ausführungen: Wrightson 2002, S. 59).

Informationsmanagement:
Informationstechnologie und IT-Ressourcen

Die Vision der Integration von Versorgungsleistungen sollte sich nicht nur in der strategischen
Ausrichtung der Netzwerkorganisationen und den
operativen Prozessen der Gesundheitsversorgung,
sondern auch in den Ansprüchen an die Informationstechnologie niederschlagen (Kissinger und Borchardt 1996, S. 16). Bezogen auf die Organisationen
der Leistungserbringer, sollen Informationstechnologien zukünftig die finanziellen und qualitativen
Ergebnisse der Leistungsprozesse quantifizieren.

Mit Hilfe dieser Informationen soll das Management in die Lage versetzt werden, die Versorgungsprozesse effektiver zu gestalten. Den Versicherten soll es ermöglicht werden, die besten Leistungserbringer auszuwählen (Smith 2000, S.40). Die Bereitstellung von relevanten Informationen und Daten muss durch geeignete Informations- und Kommunikationstechnologien unterstützt werden. Dies führt in der Realität zu Problemen, da die unterschiedlichen Leistungserbringer auch zum Teil mit unterschiedlichen Softwaresystemen und Hardware von unterschiedlichen Anbietern arbeiten (Kissinger und Borchardt 1996, S. 22).

Spezialisierte Software wird benötigt, um die großen Datenmengen der medizinischen und administrativen Prozesse zu dokumentieren und zu verarbeiten. Prognose- und Analyseinstrumente müssen eingesetzt werden, um die Versorgungsrisiken zu identifizieren, zu steuern und zu kontrollieren. Das Management der Integrierten Versorgung muss in der Lage sein, Entscheidungen über den Preis bzw. die Vergütung der angebotenen Leistungen zu treffen, die Wirtschaftlichkeit der angebotenen Leistungen zu bewerten, Information über die Risiken zur Verhandlung anstehender Bevölkerungsgruppen zu generieren – dies ist mit Hilfe eines **Management Informationssystems (MIS)** zu gewährleisten (Wrightson 2002, S. 155–158).

Die Kostenträger und auch das Management der Integrierten Versorgung sollte in der Lage sein, klinische und finanzielle Kennzahlen über die gesamten Versorgungsleistungen zu erfassen und zu bewerten (Beispiel für klinische Kennzahlen: Prozentzahl der Diabetes Patienten die spezielle Aufklärungsgespräche in Anspruch nehmen; Bsp. für finanzielle Kennzahlen: Kosten pro Patient nach Komplexitätsgrad oder Risikograd). Bei der Integrierten Versorgung sollte die Betrachtung die gesamten Versorgungsprozesse, mindestens aber die kostenintensiven, einschließen. Diese Betrachtung sollte idealerweise über größere Zeiträume erfolgen, da der Erfolg bestimmter Interventionen, z. B. präventiver Dienstleistungen, meist erst nach mehreren Betrachtungsperioden sichtbar wird. Eine ausführliche Darstellung des Informationsmanagements in der Gesundheitsversorgung findet sich in Smith 2000.

Evaluation: Erfolg von Verträgen und Programmen

Jeder Vertrag über eine Integrierte Versorgung beinhaltet Herausforderungen, sowohl für Kostenträger als auch Leistungserbringer, ohne dass hinreichende Erfahrungswerte auf beiden Seiten existieren. Diese Herausforderungen sind klinischer, administrativer oder finanzieller Art. Gerade die Zielkrankheiten mit enorm differierenden Behandlungsstrategien (»treatment pathways«), hoher Volatilität in der Inanspruchnahme und stark variierenden Kosten stellen erhebliche Herausforderungen an diese innovative Versorgungsform. Erfolgreiche Versorgungsverträge garantieren eine **bedarfsgerechte und wirtschaftliche Versorgung**, die **Zufriedenheit der Versicherten** und ermöglichen einen **ausreichenden Zugang** zu den Versorgungsleistungen. Bei den meisten Krankheiten sind eine rechtzeitige Früherkennung und entsprechend aufbauende Versorgungsprozesse notwendig. Verträge die keinen ausreichenden Zugang gewährleisten, schlechte medizinische Ergebnisse (»outcomes«) produzieren und hohe administrative Kosten verursachen, resultieren auch in Image- und Absatzprobleme für die Kostenträger.

Bevor eine Beurteilung des Erfolgs durchgeführt werden kann, müssen die Erfolgsparameter definiert werden. Auch sollten die Vertragspartner bereits vorab die finanziellen und klinischen Risiken eines Versorgungsprogramms analysieren. Zu einem späteren Zeitpunkt kann der Erfolg anhand der Beherrschung der finanziellen Risiken, der Kundenzufriedenheit und durch die Einhaltung spezieller Qualitätsparameter gemessen werden. Neben **quantitativen Methoden** sollten auch **qualitative Methoden** eingesetzt werden. Versorgungsverträge und -programme können anhand der folgenden Parameter evaluiert werden:

6

◘ **Evaluationsparameter der Integrierten Versorgung**

— **Medizinische Qualität:** Die medizinische Qualität (»outcomes«) muss durch die Maßnahmen und Dienstleistungen der Integrierten Versorgung gesteigert oder zumindest beibehalten werden. Die Qualitätsmessung kann mit Hilfe von **Qualitätsindikatoren** (»performance indicators«) durchgeführt werden. Diese Indikatoren lassen sich zu externen Vergleichen heranziehen, können aber auch für das interne Qualitätsmanagement herangezogen werden.

— **Kundenzufriedenheit:** Die Krankenkasse, aber auch die Leistungserbringer, sind darauf angewiesen, dass die Versicherten die alternativen Versorgungsprogramme annehmen und positiv beurteilen. Es gilt zu überprüfen, ob der Versicherte alle notwendigen Leistungen erhalten hat, wie er die Betreuung beurteilt und ob er der Meinung ist, dass ihm Leistungen vorenthalten wurden. Die Patientenzufriedenheit wird durch ein reibungsloses und umfassendes Management der Versorgungsprozesse verbessert. Die Kundenloyalität gegenüber der Krankenkasse wird durch die administrativen Prozesse bei der Abwicklung beeinflusst. Die Messung der Kundenzufriedenheit erfolgt über **Patienten- oder Versichertenbefragungen** (»surveys«). Diese Umfragen können flächendeckend oder regional erfolgen. Eine Befragung bei Ein- oder Austritt der Versicherten gibt Aufschluss darüber, welche Parameter die Entscheidung über den Wechsel beeinflussen.

▼

— **Finanzieller Erfolg:** Die Restrukturierung der Versorgungsabläufe, neue Dienstleistungen und der Aufbau neuer Organisationsformen bedarf hoher Investitionen. Aus der betriebswirtschaftlichen Perspektive bedarf es der **Analyse des Returns on Investment (ROI)**, d. h. die eingesetzten Mittel müssen durch das Dienstleistungsangebot der Integrierten Versorgung erwirtschaftet werden. Investitionen in den Aufbau der Integrationsversorgung werden zunächst nicht unmittelbar zu Erträgen führen; vielmehr gilt es, aus einer gesellschaftlichen Perspektive die Einsparungen für eine bestimmte Versichertenklientel zu quantifizieren. Der Messansatz für den finanziellen Erfolg kann sich auf die Dokumentation von Einzelfällen, der Kostenentwicklung vergleichbarer Versichertenpopulationen oder auf den Ressourceneinsatz spezieller Versorgungsprozesse beziehen.

— **Bereinigung um Risikofaktoren:** Um tatsächliche Qualitäts-, Zufriedenheits- und Kosteneffekte nachweisen zu können, bedarf es der Bereinigung der Daten um Risikofaktoren. Die Unterschiede zwischen Versorgungsprogrammen bzw. Versorgungsverträgen hinsichtlich der Inanspruchnahme medizinischer Leistungen und der Kosten lassen sich erst nach einer Bereinigung dokumentieren. Erst jetzt kann deutlich gemacht werden, welchen Einfluss einerseits die Risikofaktoren, andererseits die Versorgungsform als solche haben.

Diese Informationen aus der Evaluation eines Versorgungsprogramms können dann als Basis für eine ergebnisorientierte Vergütung dienen. Auch im Interesse der Patienten sollten die Kosten und Effekte der Versorgungsprogramme bzw. der Vertragsgestaltung auf die klinische Qualität der Versorgung und die Patientenzufriedenheit evaluiert werden.

Literatur

Amelung VE, Schumacher H (2004) Managed Care – Neue Wege im Gesundheitsmanagement. Gabler, Wiesbaden

Baldwin AL (1999) Financial and Risk Consideration for Successful Disease Management Programs. In: Managed Care Magazine 11: 52–65 od. URL: www.managedcaremag.com/archives/9911/9911.cancer_dm.html [Stand: 14.12.03]

Buchner F, Ryll A, Wasem J (2002) Periodenbezogene Vergütungssysteme: Die risikoadjustierte Kopfpauschalenvergütung. In: Wille E (Hrsg) Anreizkompatible Vergütungssysteme im Gesundheitswesen, Gesundheitsökonomische Beiträge. Nomos Verlagsgesellschaft, Baden-Baden

Kaplan RS, Norton DP (1997). Balanced Scorecard: Strategien erfolgreich umsetzen, Stuttgart (Übersetzung aus dem Englischen)

Kipp RA, Towner WC, Levin HA (1997) Financial and Actuarial Issues. In: Todd WE, Nash D (1997) Disease Management: a system approach to improving patient outcomes. American Hospital Publishing, Chicago, S 87–136

Kissinger K, Borchardt S (1996) Information Technology for Integrated Health Systems, The Ernst & Young Information Management Series. John Wiley & Sons Inc., New York Chichester Brisbane Toronto Singapore

Kongstvedt PR (2001) The Managed Health Care Handbook. An Aspen Publication

Mühlbacher AC (2005) Methoden der Risikoadjustierung: Herausforderungen und Alternativen. Wirtschaftspolitische Blätter 4/2005, S. 540–548

Penner SJ (2004) Introduction to Health Care Economics & Financial Management: Fundamental Concepts with Practical Applications. Lippincott Williams & Wilkins Publishers, Philadelphia

Schräder WF, Ryll A (2002) Pauschalierende Vergütung in der Integrierten Versorgung. URL:http://www.iges.de/content/e72/e251/e549/schraeder-ryll-2002_ger.pdf [Stand: 28.04.04]

Schräder WF, Ryll A (2003) Pauschalierende Vergütungssysteme in der integrierten Versorgung. In: Tophoven L, Lieschke L (Hrsg) Integrierte Versorgung – Entwicklungsperspektiven für Praxisnetze. Köln

Smith J (2000) Health Management Information Systems – A Handbook for Decision Makers. Open University Press, Buckingham Philadelphia

Tucker A, Weiner J, Abrams C (2002) Risk Adjustment Methods. In: Wrightson CW (2002) Financial strategy for managed care organizations: rate setting, risk adjustment and competitive advantage. Health Administration Press, Chicago Illinois

Weichert T (2004) Datenschutz und Integrierte Versorgung – sichere und akzeptierte Datenkommunikation im Bereich der Integration, Beitrag zum 2. Lübecker Symposium Integrierte Versorgung 2004. URL:http://www.datenschutzzentrum.de/medizin/arztprax/integrierteversorgung.htm

Wrightson CW (2002) Financial strategy for managed care organizations: rate setting, risk adjustment and competitive advantage. Health Administration Press, Chicago Illinois

6.6 Informationsmanagement und Controlling in der Arzneimittelindustrie

Thorsten Minuth

6.6.1 Gesetzliche und strukturelle Rahmenbedingungen

Wer sich mit den aktuellen Herausforderungen der Pharmaindustrie näher befasst, gelangt früher oder später zur »**Compliance**«. Dieses immer häufiger verwendete Schlagwort ist keineswegs ein Modebegriff aus dem schier unerschöpflich erscheinenden Fundus des Beratervokabulars. Dahinter verbirgt sich ein Sammelbegriff für eine Reihe von Themen, die das Geschehen in den Unternehmen schon seit geraumer Zeit in zunehmendem Maße prägen. Dies gilt auch und vornehmlich für die Arzneimittelindustrie. Dabei handelt es sich – vereinfacht gesagt – um die Befolgung all jener Vorschriften, Richtlinien und Normen, die zusammen genommen das regulatorische Umfeld formen, in dem sich pharmazeutische Unternehmen bewegen. Die Bedeutung, die der Compliance in bestimmten Fragen beigemessen wird, lässt sich zum einen an der ständig steigenden Zahl der Ernennungen von sog. Compliance-Beauftragten (z. T. auch als Compliance Officer bezeichnet) und zum anderen an der hierarchischen Ebene, auf der sie angesiedelt werden, ablesen.

Von dieser Entwicklung bleibt die Controlling-Agenda keinesfalls unberührt, was zunächst überraschen mag, soll sich doch das Controlling in erster Linie mit den Gesetzen der Ökonomie beschäftigen und weit weniger mit den rechtlichen Rahmendaten einer Unternehmung. Indes, schon bei näherer Betrachtung etwa des Aktiengesetzes oder des Sarbanes-Oxley Acts zeigt sich, dass durchaus rechtliche Bestimmungen existieren, die eine direkte inhaltliche Verbindung aufweisen und mitunter sogar recht konkrete Anforderungen an das Controlling eines (börsennotierten) Unternehmens stellen. So fordert beispielsweise **§ 91 Abs. 2 AktG** die Einrichtung eines **Systems zur Früherkennung von bestandsgefährdenden Entwicklungen sowie zur Überwachung der hierauf gerichteten Gegenmaßnahmen**, das von weiten Teilen der betriebswirtschaftlichen Literatur gemeinhin auch als Risikomanagementsystem bezeichnet wird (Potthoff und Trescher 2001, S. 75f.). Dies ist, ohne den späteren Ausführungen vorgreifen zu wollen, für das Controlling in zweierlei Hinsicht relevant: Zum einen ist das Controlling als integraler Bestandteil des geforderten Überwachungssystems mittlerweile auch rechtlich anerkannt (Hüffer 2002, § 91 Rn. 6–8 m.w.N.). Auf der anderen Seite gehört aber auch die systematische Erfassung von Risiken, und damit jede Veränderung im gesundheitspolitischen Umfeld, nebst deren ergebnismäßiger Abbildung im Rahmen einer rollierenden Vorschaurechnung – je nach Betrachtungshorizont – zu den **klassischen Aufgaben des operativen oder strategischen Controllings** in Pharmaunternehmen (vgl. Horváth 1998, S. 169 und 242).

Über diese allgemeingültigen Anforderungen hinaus, die für Unternehmen aller Branchen gelten, und insofern keine rechtsnorminduzierte Besonderheit für das Controlling in der Arzneimittelindustrie darstellen, lassen sich zahlreiche weitere Normenkataloge finden, die als pharmaspezifische Rahmenbedingungen vom Gesetzgeber vorgegeben und zumindest für die inhaltliche Ausrichtung des Controllings beachtlich sind. Verwiesen sei hier auszugsweise nur auf die Vorschriften zur Arzneimittelsicherheit (z. B. das Gesetz über den Verkehr mit Arzneimitteln – **AMG**), zur Regulierung der Preisbildung (vgl. Gesetz zur Begrenzung der Arzneimittelausgaben der Gesetzlichen Krankenversicherung – **AABG**) oder den gesetzlichen statuierten Voraussetzungen für die Zulassung von neuen Wirkstoffen (für den US-amerikanischen Markt: **Federal Food, Drug, and Cosmetic Act**).

All dies sind zwar keine unmittelbaren **rechtlichen Vorgaben** für die praktische Gestaltung des Controllingsystems. Sie sind aber immerhin insoweit von Bedeutung, als sich das Controlling in seiner Koordinationsfunktion stets durch eine Ergebniszielorientierung auszeichnet (vgl. Horváth 1998, S. 138f.). Da es zur »Compliance«, verstanden als Zustand, in dem sich ein Unternehmen befinden muss, letztlich und aus guten Gründen keine realistische Alternative gibt, verbleibt in diesem Bereich aus operativer Controlling-Perspektive allein die Aufgabe der Kostenkontrolle. Sie ist allenfalls noch verbunden mit der Suche nach Lösungswegen, um die einhergehenden Kosten zu minimieren. Während der regulatorische Rahmen hier also als Kostenfaktor zu berücksichtigen ist, ergeben sich aus ihm andererseits unter langfristig-orientierten Controlling-Gesichtspunkten weitaus komplexere Fragestellungen zum zukünftigen Kurs eines forschenden Arzneimittelherstellers, mit denen es sich in der strategischen Planung auseinanderzusetzen gilt. Sie reichen von der Frage nach den Auswirkungen der gesundheitsökonomischen Evaluation über die Erstattungspolitik der jeweiligen staatlichen Gesundheitsbehörden bis hin zum demographischen Wandel der Bevölkerungen. Ihre Folgen abzuschätzen und auf die strategischen Pläne des Konzerns zu projizieren, sind Aufgaben, die typischerweise in die **Domäne des strategischen Controllings** fallen.

Für die Gestaltung des Controllingsystems eines pharmazeutischen Unternehmens können nicht zuletzt auch bestimmte **strukturelle Rahmenbedingungen** ausschlaggebend sein. Gemeint sind solche Faktoren, die – gleichsam wie die Reparatur eines bestimmten Bauelements auch ein geeignetes Werkzeug erfordert – aufgrund ihrer Existenz und ihrer möglichen Verkettung mit anderen Umständen einen adäquaten Controlling-Ansatz verlangen. Ein wichtiges, wenn auch pharmaunspezifisches Kriterium in diesem Sinne ist beispielsweise die internationale Ausrichtung der Geschäftstätigkeit. Daran knüpft sich nicht nur die Anzahl der zu koordinierenden und konsolidierenden Tochtergesellschaften (oder Niederlassungen), sondern zugleich auch das Spektrum der individuellen Marktgegebenheiten. So nimmt die Komplexität der Liefer- und Leistungsverflechtungen mit der Zahl der Forschungs-, Entwicklungs- und Produktionsstandorte oftmals überproportional zu, während sich mit Blick auf die einzelnen Vertriebsorganisationen eine globale und undifferenzierte Sichtweise immer seltener anwenden lässt.

Ein Vergleich der Marketing- und Vertriebsaufwendungen zum Zwecke des internen Benchmarkings würde z. B. ohne Rücksicht auf die lokalen Eigenheiten des Marktes regelmäßig zu kurz greifen. Die Liste dieser Faktoren ließe sich nahezu beliebig fortsetzen, soll hier jedoch in Anbetracht des vorgegebenen Rahmens vernachlässigt werden.

Im Vergleich dazu fällt die Bandbreite der erwähnenswerten strukturellen Pharmaspezifika nicht minder klein aus. Ein besonderes Moment liegt vor allem in der **Diversität des Tätigkeitsfeldes**, das selbst innerhalb des Pharmasektors noch ausgesprochen vielgestaltig ist. Hier gilt es grundsätzlich zu unterscheiden nach der jeweiligen Struktur des unternehmenseigenen Produktportfolios. Erste Unterschiede ergeben sich bereits aus der Anzahl der Indikationsgebiete, die über Präparate bedient werden, und der damit verbundenen Frage, ob es sich bei dem betreffenden Unternehmen im Extremfall um einen »Vollsortimenter« mit Produkten, die **Blockbuster-Potential** aufweisen (Produkte, die potentiell einen Umsatz von mehr als US\$ 1 Mrd. per annum erwirtschaften) oder tendenziell eher um einen Nischenanbieter handelt.

Zu differenzieren ist ferner danach, ob ein Arzneimittelhersteller über eine eigene Forschung verfügt oder nur Generika produziert. Praktisch sind auch Mischformen anzutreffen. So verfügt die Novartis International AG sowohl über eine eigene Forschung als auch mit der Sandoz International GmbH über einen angeschlossenen Generika-Hersteller. Abhängig davon, wie sich ein Pharmaunternehmen nun innerhalb dieser mehrdimensionalen Matrix positioniert, können und werden sich jeweils bestimmte Kosten- und Vertriebsstrukturen herauskristallisieren. In diesem Zusammenhang ist es wiederum von Bedeutung, auf welchen regionalen Märkten ein Unternehmen Aktivitäten entfaltet, da in Abhängigkeit von der jeweiligen Kombination aus lokalen **Marktregularien, Marktgegebenheiten** und dem **gewählten Indikationsgebiet** beispielsweise der Vertrieb von Arzneimitteln entweder über Großhändler oder aber direkt über Krankenhäuser und Ärzte erfolgen kann. An diesem Beispiel lässt sich recht einfach verdeutlichen, dass sich die rechtlichen und strukturellen Rahmenbedingungen vielfach überlagern können und gerade jene Komplexität begründen, die als die gegenwärtig wohl größte Herausforderung des Controllings in der Arzneimittelindustrie anzusehen ist.

Warum sie nicht nur das Management, sondern auch die Controllingeinheiten fordert, wird klar, wenn man bedenkt, dass die wesentlichen Aufgaben des Controllings in der Koordination und der Schaffung von Transparenz zu Steuerungszwecken bestehen (Horváth 1998, S. 331f.).

Vor diesem Hintergrund gilt es, tragfähige Controlling-Strukturen flächendeckend im Unternehmen organisatorisch zu verankern und ein Controlling-Instrumentarium zur Verfügung zu stellen, das dem zentralen Informationsversorgungs- und Koordinationsauftrag gerecht wird. Im folgenden Abschnitt soll am Beispiel der **Schering AG** exemplarisch aufgezeigt werden, mit welchen grundlegenden Ansätzen das konzernweite Controlling eines im DAX-30 gelisteten, international tätigen Pharmakonzerns diesen Herausforderungen in der Praxis gezielt zu begegnen versucht.

6.6.2 Praktische Umsetzung

In den vorangegangenen Ausführungen zum regulatorischen und strukturellen Umfeld der Pharmabranche war am Rande bereits mehrfach von der Gestaltung des Controllingsystems die Rede, zumeist jedoch ohne weitergehende Differenzierung. Um zu verstehen, wie das Controlling eines Unternehmens aufgebaut ist, empfehlen sich folgende Differenzierungen:

> ◘ **Differenzierung des Controllings nach**
> 1. Funktionaler (inhaltlicher) Ausrichtung
> 2. Organisatorischer Strukturierung (Aufbau-/Ablauforganisation)
> 3. Instrumenteller Ausstattung des Controllings

Diese theoretisch fundierten Gestaltungsdimensionen (Frese et al. 1987, S. 221ff. und mit Bezug auf das Controlling Horváth 1998, S. 190f.) sind auch die gedanklichen Leitplanken des Organisators in der Praxis und eignen sich, da die konkreten Ausprägungen von Gestaltungsvariablen letztlich nichts anderes darstellen als das Ergebnis bewusst getroffener Gestaltungsentscheidungen, dementsprechend für die folgende Darstellung des konzernweiten Controllingsystems bei Schering.

Funktionale Ausrichtung von Controllingeinheiten

Im Schering-Konzern, einem Unternehmen mit mehr als 25.000 Mitarbeitern (vgl. Schering Geschäftsbericht 2004, S. 73), lässt sich eine Vielzahl von Controllern finden. Ihre Zahl genau zu beziffern, bereitet allerdings insoweit Schwierigkeiten, als nicht wenige Personen und Einheiten existieren, die zwar auch, aber nicht nur Controlling-Aufgaben wahrnehmen. Dies hat verschiedene Ursachen. So gestattet etwa erst eine gewisse Größe der Tochtergesellschaft die Errichtung einer separaten Controllingeinheit. Daher fallen in kleinen Gesellschaften die Aufgaben »Rechnungswesen« und »Controlling« aus Gründen der Effizienz nicht selten in das Aufgabengebiet einer organisatorischen Einheit beziehungsweise in die Hände nur einer Person. Ein weiterer Grund ist ferner darin zu suchen, dass schon der Begriff Controlling keineswegs so klar und eindeutig definiert ist (vgl. hierzu Frese et al. 1987, S. 212), dass sich die Zahl der Controllingeinheiten und Personen anhand scharfer Kriterien einfach abgrenzen ließe.

Es existieren gleichwohl Einheiten, die sich ausschließlich mit Controlling-Fragen beschäftigen, was sich in aller Regel auch in der Bezeichnung der Abteilung widerspiegelt. Dieses Geflecht aus reinen Controllingeinheiten lässt sich unter funktionalen Aspekten zum einen nach dem schwerpunktmäßig behandelten Gegenstand und zum anderen nach der **Fristigkeit des Betrachtungshorizontes** ordnen. Letzteres findet seinen prägnantesten Ausdruck in der oben schon angesprochenen und verbreiteten Trennung zwischen operativem und strategischem Controlling.

Als **operativ** im vorbezeichneten Sinne sind im Schering-Konzern grosso modo all jene Controlling-Aktivitäten einzustufen, die sich entweder auf die Geschäftstätigkeit im vergangenen Jahr, auf die Situation im aktuellen Jahr oder auf die Planung der **kommenden drei Jahre** beziehen (hierzu eingehender sogleich). Die **strategische Sichtweise** erstreckt sich hingegen, jeweils ausgehend vom aktuellen Jahr, auf die **nächsten 10 Jahre** und verwendet dabei die ersten **3 Jahre der operativen Planung** als Aufsatzpunkt.

Doch auch hier sind die Grenzen bisweilen fließend, was sich an einem für die pharmazeutische Industrie außerordentlich bedeutsamen Sachverhalt festmachen lässt. Die Rede ist von der sachgerechten Festlegung des **Jahresbudgets für Forschungs- und Entwicklungsaufwendungen**, die auch in der Arzneimittelindustrie durchaus beachtliche Größenordnungen annehmen können. Beispielsweise betrugen die Aufwendungen der Sche-

ring AG für Forschung & Entwicklung € 919 Mio. im Geschäftsjahr 2004 (vgl. Schering Geschäftsbericht 2004, S. 88). Der die Grenze zwischen operativem und strategischem Controlling überschreitende Charakter manifestiert sich nun darin, dass die im Rahmen der strategischen Planung bereits verabschiedeten Budgets für die Entwicklung von Produkten, an die sich jeweils bestimmte zukünftige Umsatzerwartungen knüpfen, im Zuge der alljährlichen Ressourcenallokation erneut priorisiert werden müssen; mit anderen Worten also – bei begrenzten Mitteln – **operativen Zwängen** unterliegen. Jede in diesem Zusammenhang getroffene Entscheidung kann damit zugleich auch ein Entschluss von mehr oder minder strategischer Bedeutung sein, wenn nicht gar eine strategische Weichenstellung. Hieran haben die einzelnen Controllingeinheiten in ihrer Eigenschaft als **entscheidungsvorbereitende** Instanz einen nicht unbedeutenden Anteil.

Mit dem Bereich **Forschung und Entwicklung** (F&E) ist bereits beiläufig ein Schwerpunkt angesprochen worden, dem sich innerhalb der Schering AG gleich mehrere Controllingeinheiten widmen. Daneben bestehen dedizierte Controllingeinheiten namentlich für die Bereiche Produktion, Informationstechnologie, Verwaltung sowie, regional untergliedert, Marketing und Vertrieb. Allen ist gemein, dass sie – von etwaigen Schnittstellen abgesehen – ihre jeweiligen Aktivitäten auf einen bestimmten Teilausschnitt der Unternehmensaktivitäten ausrichten und insofern inhaltlich in sich geschlossene Controllinggebilde darstellen.

Parallel dazu lassen sich aber auch mehrere Controllingeinheiten finden, die **nicht ressortspezifisch**, sondern bereichsübergreifend angelegt und im konkreten Falle der Schering AG unter dem Dach des **Unternehmenscontrollings** vereint sind. Hierzu gehören:

> ◘ **Teilbereiche des Unternehmenscontrollings**
> 1. Operatives und strategisches Konzerncontrolling
> 2. Investitionscontrolling
> 3. Personalcontrolling

Anders als die ressortgebundenen Controlling-funktionen beziehen diese ihren spezifischen Controllingauftrag in weitaus stärkerem Maße aus dem Bedürfnis zur prozessualen **Koordination aller Unternehmensteilbereiche**, hier jedoch in Hinblick auf einen dann für alle Bereiche gleichermaßen zutreffenden Teilaspekt. Eine Mischform aus teils ressortorientierter und teils bereichsübergreifender Controllingfunktion findet sich in den Controllingabteilungen der Geschäftseinheiten. Diese als **Global Business Units** bezeichneten Quasi-Sparten verantworten ein bestimmtes Geschäftssegment des Schering-Konzerns (Gynäkologie & Andrologie, Onkologie, Spezial-Therapeutika und Diagnostika), das hier das Merkmal der **Ressortorientierung** liefert. Ihr Querschnittscharakter ergibt sich dagegen im Kern daraus, dass sie ihr Geschäft über die gesamte Wertschöpfungskette hinweg **länder- und regionenübergreifend** unter produktorientierten Gesichtspunkten strategisch wie taktisch zu koordinieren haben.

Organisatorische Strukturierung von Controllingeinheiten

Losgelöst, wenngleich nicht völlig unabhängig von der Zuweisung eines bestimmten Aufgabenkomplexes, lassen sich nun die Controllingeinheiten organisatorisch im Unternehmen positionieren. Dabei dürfte die Wahl der individuellen Verankerungsform im besonderen Falle des Controllings wohl eher selten gänzlich in das Belieben des Organisators stehen bleiben. In der Praxis wird vielmehr häufig eine Reihe von Nebenbedingungen zu berücksichtigen sein, denen die Controlling-Strukturen Rechnung tragen müssen. So verbietet etwa die bei der Schering AG befolgte Controlling-Philosophie der **dezentralen Verantwortung** und der unbedingten **»Nähe zum Geschäft«** zumindest für alle ressortgebundenen Controllingeinheiten eine vollständige Zentralisierung. Diese sind daher auch nicht in Zentralbereichen zusammengefasst, sondern nahezu ohne Ausnahme den einzelnen Unternehmens- und Fachbereichen vor Ort »anheimgestellt«. Gleiches gilt für die oben erwähnten Controller der Global Business Units. Sie alle sind hierarchisch dem Top-Management des jeweiligen Bereiches als Stabsfunktion unmittelbar zugeordnet.

Im Gegensatz dazu sind die **ressortungebundenen Controllingfunktionen** (s. oben) allesamt in einer Hauptabteilung zentralisiert, die direkt dem für Finanzen und Verwaltung zuständigen Vorstandsmitglied (CFO) sowie dem Gesamtvorstand der Schering AG berichtet. Eine Ausnahme bilden in diesem Zusammenhang die jüngst in einem – allerdings dezentral verankerten – Zentralbereich zusammengeführten Controllingeinheiten der Forschung und Entwicklung.

Primärer Beweggrund für diese Zusammenlegung waren größere organisatorische Maßnahmen innerhalb des Entwicklungsbereiches, die ihr vorausgegangen sind und in Summe darauf abzielen, den Prozess der hochkomplexen Arzneimittelentwicklung neu auszurichten und im Zuge dessen abermals zu beschleunigen. Dabei hat nicht zuletzt eine Rolle gespielt, dass Unternehmensprozesse ganz generell stärker globalisiert werden und damit über die Grenzen von Legaleinheiten hinaus stattfinden. So erstrecken sich sowohl die Forschung als auch die Entwicklung im Schering-Konzern über mehrere spezialisierte Standorte in verschiedenen Ländern, was wiederum zunehmend höheren Koordinierungsbedarf erzeugt. Dem würde eine rein dezentrale Controllingorganisation im F&E-Bereich jedoch kaum mehr gerecht.

Was die weitergehende Konfiguration, d. h. die nähere Ausgestaltung der geschaffenen Organisationsstrukturen anbelangt, so existieren mannigfaltige Berichtslinien zwischen den Controllingeinheiten, die sich – sei es formell oder informell – allein schon aufgrund der Schnittstellen ergeben und hier keiner weiteren Erläuterung bedürfen.

Bemerkenswert ist indessen die **fachliche Weisungskompetenz** des Unternehmenscontrollings, die eine derartige Funktion zwangsläufig benötigt, wenn ihr die Methodenhoheit obliegt und sie mit der konzernweiten Durchsetzung von Standards betraut ist. Da sie zugleich das oberste Zentrum bilden soll, in dem sich alle steuerungsrelevanten Informationen des Konzerns verdichten, münden dort auch alle institutionalisierten Berichterstattungskanäle. Um diesem gewaltigen Umfang an Informationen »Herr zu werden«, bedarf es einerseits **geeigneter DV-Systeme** und vor allem eines Instrumentariums, das es zu jeder Zeit erlaubt, die entscheidenden Daten herauszufiltern.

Instrumentelle Ausstattung von Controllingeinheiten

Der Werkzeugkasten des Controllers ist artenreich und vielzählig. Da sich eine umfassende Vorstellung des Controlling-Instrumentariums jedoch schon aus Platzgründen verbietet, sollen hier vielmehr nur die aus der übergeordneten Sicht des **Konzerncontrollings wichtigsten Instrumente** erläutert und in ihrem Zusammenspiel grob skizziert werden.

Das Fundament des Controllings beruht im wesentlichen auf einer für alle Controllingeinheiten brauchbaren Strukturierung des Konzerns und seiner Aktivitätsbereiche in Berichtselemente (**Entitäten**), die später Eingang in die gängigen Systeme der Umsatzberichterstattung, Kostenrechnung, Erzeugniskalkulation, Ergebnisrechnung et cetera finden. Zu diesem Zweck verfügt der Schering-Konzern unter anderem über eine sog. **Gruppenproduktstruktur**, die das vollständige Produktportfolio beginnend mit dem Wirkstoff über insgesamt elf verschiedene Stufen hinweg bis zur höchsten Ebene abbildet und verdichtet (◘ Tab. 6.6-1).

Anhand und entlang dieser Struktur erfolgt beispielsweise die monatliche Umsatzberichterstattung pro Global Business Unit (Stufe 10), aber auch für am Markt neu eingeführte Darreichungsformen (Stufe 04), mitsamt den sich anschließenden Analysen zur Ermittlung der absatzmengen-, absatzpreis- und währungskursbedingten Abweichungen gegenüber dem Plan oder den Ist-Umsätzen des Vorjahres. Darüber hinaus dient sie der quartals-weisen Aufbereitung der **Produktdeckungsbeitragsrechnung**, mit der allerdings nur ein Aspekt der Deckungsbeitragsrechnung im Schering-Konzern abgedeckt wird. Hinzu kommt eine **regional orientierte Deckungsbeitragsrechnung,** die ein betriebswirtschaftliches Bild von den Vertriebsaktivitäten der Konzerngesellschaften vermitteln soll.

Neben dieser aus dem Geflecht der Tochtergesellschaften resultierenden Regionalstruktur behilft sich der Konzern einer weiteren Unterteilung in klar abgegrenzte Verantwortungsbereiche. Ihre Einrichtung und Aufbereitung in der sog. Verantwortungsstruktur sind allein der Tatsache geschuldet, dass ein international aufgestellter Konzern wie die Schering AG im globalisierten Wettbewerb stets nach den jeweils günstigsten Standortbedingungen für seine Forschungs-, Entwicklungs- und Produktionsaktivitäten suchen muss. Im Ergebnis wird dies aber oftmals dazu führen, dass mitunter sehr verschiedene Aktivitäten – primär aus Gründen der Effizienz – im Mantel nur einer Gesellschaft beheimatet sind. Damit werden Gesellschaften, die, anders als reine Vertriebsgesellschaften, auch Forschungs- oder Produktionsstandorte beherbergen, regelmäßig andere Kostenstrukturen aufweisen. Zu denken ist dabei beispielsweise an IT-Kosten oder Kosten der Personalbetreuung, die in einer Vertriebsgesellschaft mit zusätzlich 1.000 Produktionsmitarbeitern in aller Regel erkennbar größer ausfallen dürften.

Auf der anderen Seite besteht allerdings auch für das Management von Unternehmensfunktionen ganz konkret der Bedarf, ein getreues Abbild von ihren funktionsspezifischen Aktivitäten zu erhalten – vor allem dann, wenn sie eine Funktion konzernweit, d. h. über alle Standorte hinweg optimieren sollen. Aus diesem Grunde wurde im Controllingsystem der Schering AG als **dritte »Dimension«** eine **Verantwortungsstruktur** geschaffen, die es zugleich beiden Parteien ermöglichen soll, sich ein verursachungsgerechte(re)s Bild von ihren Kosten zu verschaffen (◘ Abb. 6.6-1). Nur so lässt sich eine Tensororganisation, d. h. eine nach regionalen, funktionalen und produktorientierten Aspekten segmentierte Aufbauorganisation, wie sie bei der Schering AG de facto praktiziert wird, mit all den daraus resultierenden komplexen Leistungsverflechtungen letztlich auch aus der Controlling-Perspektive handhaben.

◘ **Tab. 6.6-1.** Gruppenproduktstruktur der Schering AG

Stufe	Bezeichnung
11	Sortiment/Pharmazeutika
10	Segment
09	Subsegment
08	Main Product Group
07	Product Group
06	Product Subgroup
05	Product
04	Product Form
03	Original Pack
02	Base Pack
01	Article

Verantwortungsbereich	
Region A	835
TG 1	355
TG 2	480
Region B	...
...	
Forschung	−120
Entwicklung	−190
Produktion	−280
...	
Konzernergebnis	245

Tochtergesellschaft 1	Vertriebsverantwortung	Forschungsverantwortung	Entwicklungsverantwortung	Gesamt
Umsatz	1.000			1.000
Gestehungskosten	−350			−350
Marketing & Vertrieb	−200			−200
Forschung		−120		−120
Entwicklung			−100	−100
Produktion				0
Verwaltung	−90			−90
Neutrales Ergebnis	−5			−5
Deckungsbeitrag TG 1	355	−120	−100	135

Tochtergesellschaft 2	Vertriebsverantwortung	Entwicklungsverantwortung	Produktionsverantwortung	Gesamt
Umsatz	1.200			1.200
Gestehungskosten	−400			−400
Marketing & Vertrieb	−221			−221
Forschung				0
Entwicklung		−90		−90
Produktion			−280	−280
Verwaltung	−100			−100
Neutrales Ergebnis	1			1
Deckungsbeitrag TG 2	480	−90	−280	110

Abb. 6.6-1. Controlling in der Verantwortungsstruktur des Schering-Konzerns

In Gestalt der Verantwortungsstruktur wird unterdessen auch ein weiterer Leitgedanke der Schering-spezifischen Controlling-Philosophie verwirklicht. Dabei geht es um den **Grundsatz der personifizierten Verantwortung**, dem dadurch Rechnung getragen wird, dass alle im Rahmen der Ergebnisrechnung auftretenden Positionen – vom Umsatz bis zum neutralen Ergebnis – nicht nur einen produkt- und regionenorientierten Bezug erhalten, sondern ohne Ausnahme auch einem eindeutigen Verantwortungsbereich eines Managers zuzuordnen sind. Hiermit wird letzten Endes eine valide Grundlage für die Evaluation der Managementleistungen geschaffen, und zwar sowohl in Hinblick auf die Bewertung einer Jahresgesamtleistung als auch hinsichtlich der Prognosequalität der von den Bereichen regelmäßig abgeforderten Aussagen für die rollierende Vorhersage der Jahresergebnisse.

Da der Abgleich zwischen den Plan- und den genannten Vorschauwerten möglichst früh verlässliche Anhaltspunkte für die Einleitung von Gegensteuerungsaktionen liefern soll, dient sie als Maßnahme der Qualitätssicherung implizit auch dem

Leitsatz des planorientierten Handelns anhand von quantitativen Lenkungsgrößen. Sie wird untermauert durch ergänzende Sensitivitätsanalysen im Unternehmenscontrolling, wie z. B. Simulationen auf Basis verschiedener Währungskursszenarien, die für international tätige Unternehmen von enormer Bedeutung sein können.

Doch weder die Ausgefeiltheit derartiger Werkzeuge noch die neuen Möglichkeiten, die die Informationstechnologie heutzutage bietet, sollten darüber hinwegtäuschen, dass die Anwendung DV-gestützter Controlling-Instrumente – bei aller technischen Raffinesse – kaum mehr als eine rein mechanische Übung darstellt, wenn nicht ein gewisses Mindestmaß an inhaltlichem Verständnis der Pharmamärkte, ihrer Wirkungsweisen und Gesetze vorhanden ist. Kenntnisse des **regulatorischen Umfelds** und die **intensive Beobachtung** der wirtschaftlichen Rahmendaten bilden dabei nur eine Voraussetzung unter vielen. Sie bleiben unerlässlich, will das Controlling in seiner Funktion als interner Berater des Managements eine »**second opinion**« abgeben, die im Management auch Beachtung findet.

Literatur

Federal Food, Drug, and Cosmetic Act (FD&C Act) as amended through December 31, 2004, U.S.C. Title 21, Chapter 9, Subchapter V, Part A, Sec. 351 ff

Frese E, Mensching H, v. Werder A (1987) Unternehmungsführung. Verlag Moderne Industrie, Landsberg am Lech

Gesetz über den Verkehr mit Arzneimitteln (AMG) vom 24.8.1976, BGBl. 1976 S. 2445, 2448, zuletzt geändert durch Art. 2 § 3 Abs. 7 G vom 01.09.2005, BGBl. I 2005 S 2618

Gesetz zur Begrenzung der Arzneimittelausgaben der gesetzlichen Krankenversicherung (Arzneimittelausgaben-Begrenzungsgesetz – AABG) vom 15.02.2002, BGBl. I 2002 S 684; Arzneimittelpreisverordnung (AMPreisV) vom 14.11.1980 (BGBl. I 1980 S. 2147), zuletzt geändert durch Gesetz vom 10.11.2001 (BGBl. I 2001 S 2992)

Horváth P (1998) Controlling. 7. Aufl. Vahlen, München

Hüffer U (2002) Aktiengesetz. Kommentar. 5. Aufl. Beck, München

Potthoff E, Trescher K (2001) Das Aufsichtsratsmitglied. 5. Aufl. Schäffer-Poeschel, Stuttgart

Schering AG (2004) Geschäftsbericht. Berlin

Sarbanes Oxley Act: To protect investors by improving the accuracy and reliability of corporate disclosures made pursuant to the securities laws, and for other purposes. Public Law 107-204 (H. R. 3763), 30.7.2002, 107th Congress, 116. Stat., S 745–810

6.7   Fallstudie zum Controlling in Krankenhäusern: Clinical Pathways

Mechthild König und Dirk Appel

Clinical Pathways, Klinische Pfade, Behandlungspfade, Patientenpfade etc. – es existieren viele unterschiedliche Bezeichnungen für ein wichtiges Controllinginstrument der Krankenhäuser. Im weiteren Verlauf sprechen wir vom Clinical Pathway, der als spezielle Form der institutsgebundenen Leitlinien, den Behandlungsablauf des Patienten berufsgruppenüberschreitend von der Aufnahme bis zur Entlassung beschreibt. Er ist für die Mehrzahl der Patienten mit der entsprechenden Diagnose zutreffend und erfasst die für den Krankenhausaufenthalt anfallenden Leistungen und Ressourcen prozessbezogen. Clinical Pathways haben neben der Prozessoptimierung eine wesentliche Bedeutung als kostenorientiertes Steuerungsinstrument (◘ Abb. 6.7-1).

Der allgemeine Aufbau, die Erarbeitung und die Umsetzung von Clinical Pathways in der Praxis aus Sicht der Prozessoptimierung soll im Folgenden vernachlässigt werden. Im Mittelpunkt der Ausführungen steht entsprechend des Themenschwerpunktes Controlling, die Betrachtung der Pfaderarbeitung aus kostenrechnerischer Sicht. In der praktischen Erarbeitung dürfen und können beide Bereiche nicht getrennt werden.

Projektvorbereitung

Die **Fallauswahl** aus kostenrechnerischer Sicht bevorzugt kostenintensive Fallgruppen mit einer hohen Leistungsvarianz. Im nachfolgend beschriebenen Beispiel hat sich die Projektlenkungsgruppe des Krankenhauses für die Erarbeitung eines Clinical Pathways für das Krankheitsbild der **Apoplexie** (Schlaganfall mit Funktionsverlust von Teilen des Gehirns) entschieden. Im Fallpauschalenkatalog 2004 gab es dafür 5 abrechenbare DRG's (B70A-E), im Fallpauschalenkatalog 2005 gibt es dafür noch 4 abrechenbare DRG's (B70A-D). Die DRG B70D bildet die Fälle mit einem Belegungstag ab, die DRG B70C die Fälle, die <4 Tage nach Aufnahme verstorben sind. Bei den verbleibenden DRG's wird nur noch unterschieden nach Apoplexie mit intrakranieller Blutung p (B70A Bewertungsrela-

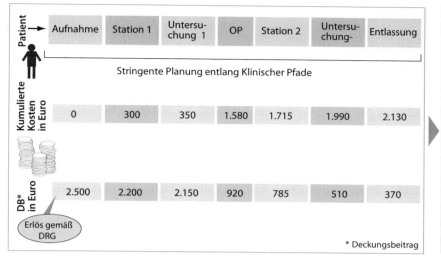

Abb. 6.7-1. Leistungs- und Kostentransparenz durch Clinical Pathways

tion 1,912) und Apoplexie ohne intrakranielle Blutung (B70B Bewertungsrelation 1,305).

Der Ressourceneinsatz beim Apoplexiepatienten ist stark abhängig von den zur Verfügung stehenden Diagnose- und Therapieverfahren der behandelnden Einrichtung. Im hier beschriebenen Fall wird diese Patientengruppe während der Akutphase in einer **Stroke Unit**, d. h. einer Spezialabteilung für Schlaganfallpatienten, betreut. Die weitere Behandlung erfolgt entsprechend dem integrativen Behandlungskonzept durch die Klinik für Neurologie und die Klinik für Innere Medizin. Alle gängigen Diagnose- und Therapieverfahren werden am Haus vorgehalten. Der Einsatz kostenintensiver Ressourcen im Personal- und Sachkostensegment ist also relativ hoch. Es besteht die Gefahr des übermäßigen Einsatzes von Diagnose- und Therapieverfahren für den Patienten einerseits und die daraus entstehenden Kosten für das Krankenhaus andererseits. Die beteiligten Berufsgruppen benötigen eine einheitliche Richtlinie zur effektiven Leistungserbringung. Dies war Anlass, einen Clinical Pathway für das Krankheitsbild Apoplexie zu erarbeiten und kostenrechnerisch abzubilden.

Bei der Pfaderarbeitung ist es wichtig, alle am Prozess beteiligten Berufsgruppen einzubinden. Die ständige Präsenz aller Berufsgruppen bei der Pfaderarbeitung ist nicht notwendig, einzelne Experten können auch zu Spezialthemen hinzugezogen werden. Das ständige **Projektteam** hatte im vorliegenden Fall folgende Zusammensetzung: verantwortlicher Oberarzt Neurologie, verantwortlicher Oberarzt Innere Medizin, verantwortliche Pflegefachkraft (Stationsschwester), Medizincontroller, Mitarbeiter Controlling und ein externer Berater für die Moderation und fachliche Begleitung.

Die bei einer solchen Kalkulation zu verarbeitenden Datenmengen können ohne den Einsatz eines **speziellen Kalkulationsprogramms** nicht bewältigt werden. Die wenigsten Krankenhäuser in Deutschland verfügen zum gegenwärtigen Zeitpunkt über eine exakte Kostenträgerrechnung, die Rückschlüsse auf die angefallenen Ist-Kosten einer Patientengruppe zulässt. Daher war die Projektgruppe auf der Suche nach einem System, das folgende Voraussetzungen erfüllt:

— Leichte Bedienbarkeit mit wenig Einarbeitungsaufwand
— Übersichtliche Menüführung
— Übersichtliche Darstellung der Prozessschritte
— Vielfältige Möglichkeiten der Datenauswertung

Auf der Grundlage dieser Anforderungen entschied man sich für das Programm »Kalkulation Klinischer Behandlungspfade« der BPG Unternehmensberatungsgesellschaft mbH, Münster.

Pfad- und Prozesserarbeitung

Die Pfaderarbeitung erfolgte in regelmäßigen Projektgruppensitzungen. Folgende Prozessschritte bildeten die Grundlage der Vorgehensweise (◘ Abb. 6.7-2).

In einem ersten Schritt wurden die derzeitigen Ist-Abläufe bei der Behandlung der Apoplexiepatienten inkl. des erforderlichen Zeitaufwandes des jeweiligen Leistungserbringers pro Leistungseinheit aufgenommen. Der Behandlungsablauf gliedert sich in diesem Modell in fünf verschiedene Ebenen (Pfad, Prozess, Modul, Baustein und Komponente). Unter dieser Voraussetzung lässt sich der Clinical Pathway sehr detailgetreu abbilden, die Kosten können der kleinsten sinnvollen Einheit zugeordnet und für den jeweiligen Pfad aufsteigend nach den verschiedenen Pfadebenen aggregiert werden. Zeit- und Leistungsdaten aus vorhandenen Dokumentationen wurden integriert, bzw. im ersten Ansatz Zeiten über Schätzungen der Experten verwendet, die nachfolgend durch befristete Leistungserfassungen evaluiert wurden. Die jeweils für die Leistungseinheiten anfallenden Sachmittel wurden erfasst und durch das Controlling monetär bewertet.

Im Verlauf der Erarbeitung zeigte sich, dass das differenzierte Patientenklientel vom Aufwand her nicht nur zwei verschiedenen Prozessabläufen – mit intrakranieller Blutung oder ohne intrakranielle Blutung – zugeteilt werden konnte. Die Abhängigkeiten der diagnostischen und therapeutischen Maßnahmen liegen nicht allein in der Tatsache des Vorhandenseins einer Blutung oder dem Fehlen dieser. Die Projektgruppe hat sich daher entschlossen, analog den in der Praxis zuzuordnenden Patientengruppen insgesamt 9, davon allein 7 verschiedene Prozessaufnahmen nur für die DRG's B70A und B70B durchzuführen. Diese wurden dann später den beiden betreffenden DRG's zugeordnet.

Ermittlung spezifischer Kostenpositionen und Eingabe in das Kalkulationsprogramm

Für alle am Behandlungsprozess beteiligten Berufsgruppen und Qualifikationen wurden die Kostenpositionen auf der Grundlage von Kosten pro Minute entsprechend dem **DRG-Kalkulationshandbuch** ermittelt. Das Controlling bewertete die erfassten Sachmittel monetär. Diese Daten wurden in das Kalkulationsprogramm übertragen, so dass bei der Eingabe der Leistungseinheiten darauf zurückgegriffen werden konnte. Die im ersten Schritt erarbeiteten Leistungseinheiten der verschiedenen Prozessebenen wurden anschließend ebenfalls in das Kalkulationsprogramm eingegeben und jeweils die Zeit- und Kostendaten zugeordnet (◘ Abb. 6.7-3).

Ablauf- und Kostendarstellung bzw. Kosten-Erlösvergleich

Die im **Kalkulationsprogramm** enthaltenen Auswertungs- und Berichtsmöglichkeiten lassen unterschiedliche Ergebnisdarstellungen zu. Jede Pfadebene kann mit Leistungs- und Kostendaten separat oder aufsteigend aggregiert über die nächsthöhere Ebene ausgewertet werden. Weitere Auswer-

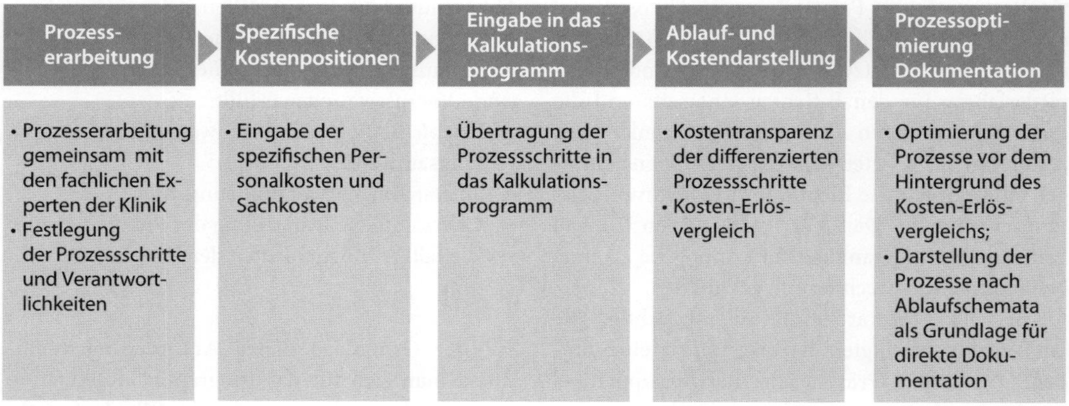

Prozess-erarbeitung	Spezifische Kostenpositionen	Eingabe in das Kalkulations-programm	Ablauf- und Kostendarstellung	Prozessopti-mierung Dokumentation
• Prozesserarbeitung gemeinsam mit den fachlichen Experten der Klinik • Festlegung der Prozessschritte und Verantwortlichkeiten	• Eingabe der spezifischen Personalkosten und Sachkosten	• Übertragung der Prozessschritte in das Kalkulationsprogramm	• Kostentransparenz der differenzierten Prozessschritte • Kosten-Erlös-vergleich	• Optimierung der Prozesse vor dem Hintergrund des Kosten-Erlös-vergleichs; • Darstellung der Prozesse nach Ablaufschemata als Grundlage für direkte Dokumentation

◘ **Abb. 6.7-2.** Prozessschritte zur Pfaderarbeitung

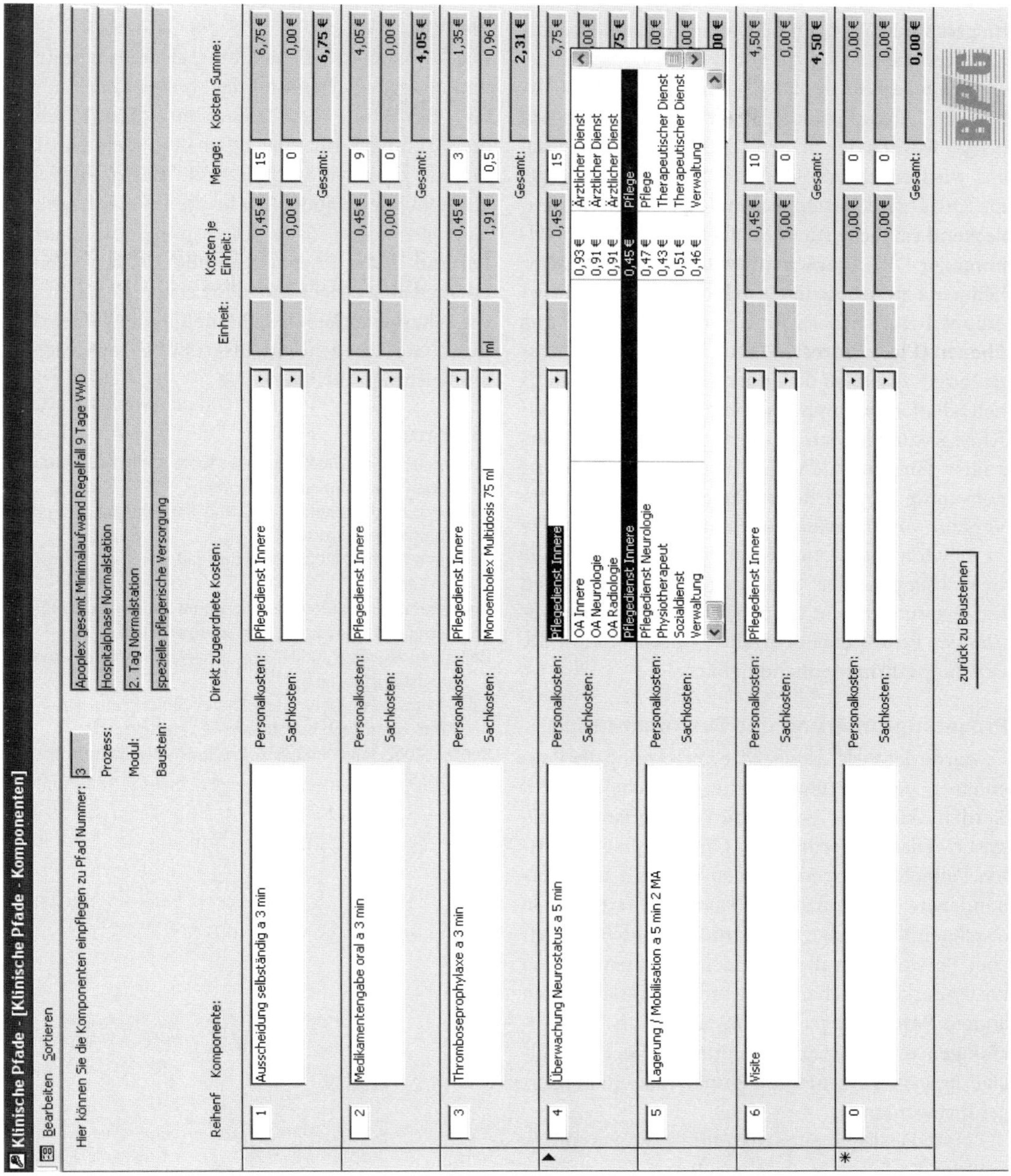

Klinische Pfade - [Klinische Pfade - Komponenten]

Bearbeiten   Sortieren

Hier können Sie die Komponenten einpflegen zu Pfad Nummer: 3

Prozess: Apoplex: gesamt Minimalaufwand Regelfall 9 Tage VWD
Modul: Hospitalphase Normalstation
Baustein: 2. Tag Normalstation
spezielle pflegerische Versorgung

Reihenf.	Komponente:	Direkt zugeordnete Kosten:	Einheit:	Kosten je Einheit:	Menge:	Kosten Summe:
1	Ausscheidung selbständig a 3 min					
		Personalkosten: Pflegedienst Innere		0,45 €	15	6,75 €
		Sachkosten:		0,00 €	0	0,00 €
					Gesamt:	6,75 €
2	Medikamentengabe oral a 3 min					
		Personalkosten: Pflegedienst Innere		0,45 €	9	4,05 €
		Sachkosten:		0,00 €	0	0,00 €
					Gesamt:	4,05 €
3	Thromboseprophylaxe a 3 min					
		Personalkosten: Pflegedienst Innere		0,45 €	3	1,35 €
		Sachkosten: Monoembolex Multidosis 75 ml	ml	1,91 €	0,5	0,96 €
					Gesamt:	2,31 €
4	Überwachung Neurostatus a 5 min					
		Personalkosten: Pflegedienst Innere		0,45 €	15	6,75 €
		Sachkosten:				
5	Lagerung / Mobilisation a 5 min 2 MA					
		Personalkosten: Pflegedienst Neurologie				
		Sachkosten:				
6	Visite					
		Personalkosten: Pflegedienst Innere		0,45 €	10	4,50 €
		Sachkosten:		0,00 €	0	0,00 €
					Gesamt:	4,50 €
* 0						
		Personalkosten:		0,00 €	0	0,00 €
		Sachkosten:		0,00 €	0	0,00 €
					Gesamt:	0,00 €

Dropdown:
OA Innere — 0,93 € — Ärztlicher Dienst
OA Neurologie — 0,91 € — Ärztlicher Dienst
OA Radiologie — 0,91 € — Ärztlicher Dienst
Pflegedienst Innere — 0,45 € — Pflege
Pflegedienst Neurologie — 0,47 € — Therapeutischer Dienst
Physiotherapeut — 0,43 € — Therapeutischer Dienst
Sozialdienst — 0,51 € — Therapeutischer Dienst
Verwaltung — 0,46 € — Verwaltung

zurück zu Bausteinen

B/P/G

Abb. 6.7-3. Darstellung des Kalkulationsprogramms

tungen sind z. B. nach den verschiedenen Kostenarten möglich.

Die 7 nur für die DRG's B70A und B70B erarbeiteten Prozessabläufe, jetzt mit Kostendaten belegt, wurden den beiden DRG's zugeordnet. Daraus wird ersichtlich, dass die pauschale Aussage, die DRG wird kostendeckend oder nicht kostendeckend erbracht, nicht möglich ist. In der Zuordnung zur DRG B70A schwankte die Kosten-Erlös-Differenz zwischen den 4 zugeordneten Patientengruppen zwischen ca. € –2.200,00 Unterdeckung und ca. € 450,00 Überschuss. In der Kosten-Erlös-Differenz zwischen den 3 der DRG B70B zugeordneten Patientengruppen gab es Schwankungen zwischen € –590,00 Unterdeckung und € 950,00 Überschuss. Hieraus wird ersichtlich, dass es unbedingt notwendig ist, den Behandlungsablauf mittels der Vorgabe von Prozessen in einem Clinical Pathway zu steuern. Den Leistungserbringern müssen die Gewichtungen der einzelnen Patientengruppen transparent gemacht werden. Daher ist die Integration der Prozessabläufe in die Dokumentation der Leistungserbringer unabdingbar.

Prozessoptimierung und Dokumentation

Es wurde deutlich, dass bei der Versorgung der Patienten in der Akutphase keine Abstriche gemacht werden können, wenn die **Behandlungsqualität** beibehalten werden soll. Für die verschiedensten Patientengruppen konnten jetzt mit dem vorhandenen Datenmaterial **Plankostenrechnungen** durchgeführt werden und ermittelt werden, ab welcher Verweildauer die einzelnen Patientengruppen kostendeckend behandelt werden können. Auch andere Berechnungen zur Variation von Untersuchungen und Therapien konnten auf der Grundlage des vorhandenen Datenmaterials qualifiziert geführt werden.

Nach Festlegung der zukünftigen Prozessabläufe unter Berücksichtigung von Behandlungsqualität und Kostendeckung wurden Dokumentationssysteme entwickelt, die die Anwendung des erarbeiteten Clinical Pathways in der Praxis sichern. Dabei wurde stringent darauf geachtet, dass keine zusätzliche Dokumentation eingeführt wurde, sondern vorhandene Systeme modifiziert oder ersetzt wurden.

Fazit

Die Aufnahme der Behandlungsabläufe unter Beteiligung der Experten und die konsensfähige monetäre Bewertung der Behandlungsabläufe schafft die Grundlage für eine erstmalige sachliche Diskussion zwischen Medizin und Controlling. Diese ermöglicht es, Clinical Pathways für das Krankenhaus auch unter Kostengesichtspunkten zu erarbeiten und in der Praxis anzuwenden. Die Patienten erhalten eine gleichbleibende Leistungsqualität und die Mitarbeiter haben Sicherheit in der gemeinsam durch verschiedene Berufsgruppen gewährleisteten Leistungserbringung.

Literatur

Greiling M (Hrsg) (2004) Pfade durch das Klinische Prozessmanagement. Kohlhammer, Stuttgart

Hentze J, Huch B, Kehres E (2002) Krankenhauscontrolling. Kohlhammer, Stuttgart

Hellmann W (Hrsg) (2002) Klinische Pfade. ecomed, Landsberg am Lech

Hellmann W (Hrsg) (2003) Pfadkostenrechnung als Kostenträgerrechnung. ecomed, Landsberg am Lech

Hellmann W (Hrsg) (2003) Praxis Klinischer Pfade. ecomed, Landsberg am Lech

Kahla-Witzsch HA, Geisinger T (2004) Clinical Pathways in der Krankenhauspraxis. Kohlhammer, Stuttgart

Kuntz L (2002) Krankenhauscontrolling in der Praxis. Kohlhammer, Stuttgart

Change Management

7.1 Change Management im Gesundheitswesen – Einführung und methodische Grundlagen

Christian Gericke

»Denn der Neuordner hat alle die zu Feinden, die sich in der alten Ordnung wohlbefinden, und laue Mitstreiter in denen, welche bei der Neuordnung zu gewinnen hoffen. Dies kommt teils von der Furcht vor den Gegnern, welche die Gesetze auf ihrer Seite haben, teils von der Ungläubigkeit der Menschen, die an eine neue Sache nicht eher glauben, als bis sie sie mit den Händen greifen können.« Niccolò Machiavelli (1532)

Change Management ist der gezielte Umgang einer Organisation mit unausweichlichen **Veränderungen im internen und externen Umfeld** und damit Teil der **Unternehmensstrategie**. Es erwächst aus der Erkenntnis, dass Fortschritt nur durch Veränderung geschehen kann und dass man als Unternehmen bessere Chancen für das weitere Überleben am Markt hat, wenn man aktiv Veränderungsmanagement betreibt statt passiv auf Veränderungen zu reagieren. Auch wie man **innerhalb der Organisation** Veränderungen erfolgreich durchführt gehört zum Change Management. Schon Niccolò Machiavelli hatte im Jahr 1513 erkannt, dass dies oft keine leichte Aufgabe ist. Veränderungen werden innerhalb einer Organisation vom Management oft dann angestoßen, wenn aus deren Sicht eine Lücke zwischen der beobachteten und der erwünschten Leistung besteht (Longest 1998).

Auch Organisationen im Gesundheitswesen unterliegen dauernden Veränderungen. Einer der externen Hauptfaktoren für den Wechsel sind hier die **Gesundheitsreformen**. Seit 1988 wurden in Deutschland 12 große Gesundheitsreformgesetze verabschiedet (vgl. Busse und Riesberg 2005). Dabei hat sich die Frequenz der neuen Reformen deutlich erhöht: von anfangs vier dann zweijährlichen Reformen wurde ab 1996 jährlich ein neues Gesetz erlassen. Im Jahr 2005 wurde wegen des vorzeitigen Regierungswechsels ausnahmsweise kein Gesundheitsreformgesetz auf den Weg gebracht. Ein neues Gesetz soll jedoch noch im Jahr 2006 verabschiedet werden. Mit jedem Gesundheitsreformgesetz werden Veränderungen in den einzelnen Organisationen nötig, seien es Krankenkassen, Verbände, Krankenhäuser, Arztpraxen oder Unternehmen der Pharmaindustrie. Durch manche Gesetze werden **neue, wichtige Organisationen** geschaffen, wie z. B. der Gemeinsame Bundesausschuss und das Institut für Qualität und Wirtschaftlichkeit im Gesundheitswesen durch das GKV-Modernisierungsgesetz 2004. **Andere Organisationen** werden geschwächt, wie z. B. die Kassenärztlichen Vereinigungen (vgl. auch ▶ **Kap. 7.4**). Auch kleinere Änderungen von bestehenden Regelungen können dabei erhebliche Wirkungen auf den Gesundheitsmarkt und bestimmte Organisationen haben. So wird z. B. durch eine Anhebung der Versicherungspflichtgrenze in der Gesetzlichen Krankenversicherung der Markt für die private Krankenversicherungsindustrie kleiner. Seit der Wettbewerb im Gesundheitswesen zugenommen hat, werden auch Managementinstrumente aus der Industrie zunehmend in öffentlichen Organisationen eingesetzt, mit dem Ziel deren Effizienz und Kundenorientierung zu steigern. Dieser **New Public Management** Ansatz von Veränderungen im Gesundheitssystem wird von Ferlie et al. (1996) am Beispiel des britischen National Health Services (NHS) ausführlich dargestellt. Aber auch **demographische Veränderungen** wie Geburtenrückgang und Migration von Versicherten und Ärzten und Krankenschwestern können wichtige Veränderungsfaktoren in einer Region sein. Diese Probleme sind vor allem, aber nicht nur, in den ländlichen Gebieten in den neuen Bundesländern spürbar. Auch **technischer**

Fortschritt bewirkt tief greifende Veränderungen in den Versorgungsstrukturen. So wurde ein großer Teil des beobachteten Bettenabbaus durch neue Anästhesieformen, minimal invasive chirurgische Techniken, Substitution von Operationen durch konservative Maßnahmen und bessere postoperative Versorgung möglich und bedingt. Gerade am letzten Beispiel wird das ursprünglich von Joseph Schumpeter (1934) beschriebene Konzept der **Innovation als »konstruktive Zerstörung«** deutlich.

Gesundheitssysteme sollten so organisiert und finanziert sein, dass sie für **Patienten und Therapeuten sinnvoll** sind und dass sie die **Koordinierung** und **Zusammenarbeit** der einzelnen Organisationen und Leistungsanbieter fördern (Institute of Medicine 2001). Dafür schlägt das Institute of Medicine (2001), eine Institution der National Academies der USA, einen Sechs-Punkte-Plan vor:

◘ Veränderungen im Gesundheitssystem möglich machen: sechs Herausforderungen an das Change Management

1. Versorgungsprozesse umstrukturieren
2. Informationstechnologie wirksam nutzen
3. Klinisches Wissen und Fertigkeiten managen
4. Effektive Teams bilden
5. Die Versorgung über Erkrankungs-, Abteilungs-, Organisations- und Zeitgrenzen hinweg koordinieren
6. Messungen der betriebswirtschaftlichen Leistungen und der medizinischen Ergebnisse zur Verbesserung der Versorgung und zur Rechenschaftsdarlegung durchführen

---

Früher wurde von **Veränderungsgegnern** oft behauptet, die gängigen Instrumente zur Qualitätsverbesserung aus der produzierenden Industrie könnten nicht auf das Gesundheitswesen angewandt werden, weil die Inputs (Patienten) so verschieden seien, die Outputs (medizinische Ergebnisse) so schlecht definiert wären, und der Bedarf an Expertenwissen und Improvisation zu anspruchsvoll wären (Institute of Medicine 2001). Inzwischen gibt es aber gute **Evidenz für eine bessere Versorgungsqualität** in

Organisationen mit gut **strukturierten Behandlungsprozessen** (Desai et al. 1997, Griffin und Kinmouth 1998). Einige neuere Prozesstools, wie z. B. die klinischen Pfade, haben bereits Eingang in die Praxis in vielen Krankenhäusern gefunden (s. auch Fallstudie in ▶ **Kap. 6.7**). Auch die Disease Management Programme sollten bei entsprechender Fortentwicklung zu einer besser strukturierten Behandlung chronisch Kranker führen, selbst wenn die gegenwärtige Umsetzung für die Qualitätsverbesserung noch mangelhaft ist und eher dem Ziel zu dienen scheint die chronisch Kranken für den Risikostrukturausgleich zu identifizieren.

Kotter und Schlesinger (1979) haben sechs verschiedene Techniken herausgearbeitet, um den **Widerstand gegenüber Veränderungen** in der Organisation zu reduzieren.

◧ **Sechs Techniken zur Reduktion von Widerstand gegenüber Veränderungen in einer Organisation**
1. Ausbildung und Kommunikation
2. Partizipation und Beteiligung
3. Bahnung und Unterstützung
4. Verhandlung und Einigung
5. Manipulation und Kooptierung
6. Expliziter und impliziter Zwang

Die einzelnen Techniken haben unterschiedliche Einsatzfelder und spezifische Vor- und Nachteile. Zum Beispiel kann Partizipation und Beteiligung gut eingesetzt werden, wenn die Initiatoren des Wechsels nicht alle Informationen besitzen, um die Veränderung herbeizuführen und andere beträchtliche Macht haben sich der Veränderung zu widersetzen. Manipulation und Kooptierung können hingegen eingesetzt werden, wenn andere Taktiken zu teuer oder unwirksam wären. Dabei ist von Nachteil, dass damit evtl. Probleme in der Zukunft geschaffen werden, z. B. wenn sich die Mitarbeiter manipuliert vorkommen. Kurt Lewin (1958) hat drei Phasen eines **erfolgreichen Veränderungsprozesses** beschrieben mit denen eingefahrene Verhaltensmuster in Organisationen aufgebrochen werden können und neue Verhaltensmuster verankert werden können. Greiner (1972) hat dieses Modell

weiterentwickelt und Kennzeichen erfolgreicher Änderungsprozesse beschrieben:

◧ **Kennzeichen erfolgreicher Wandlungsprozesse (nach Greiner 1972)**

— *Phase 1 – Druck und Aufrüttlung [»unfreezing« nach Lewin (1958)]:* In dieser Phase wird durch veränderte Umgebungsbedingungen die Notwendigkeit zu einer Wandlung immer deutlicher. Wesentlich ist, dass diese Notwendigkeit von den Entscheidungsträgern erkannt wird.

— *Phase 2 – Intervention und Neuorientierung:* In den Orgnisationen ist oft das Wissen um die Gestaltung der notwendigen Veränderungsprozesse (noch) nicht vorhanden, so dass das Hinzuziehen eines neutralen, externen »Change Agents«, der die Organisation für die Änderung sensibilisiert und Lösungswege aufzeigt eine fördernde Rolle spielt.

— *Phase 3 – Diagnose und Erklärung (»moving« nach Lewin):* Mit der Identifikation von Problemen durch alle Beteiligten beginnt der eigentliche Wandlungsprozess. Wesentlich ist hier die Unterstützung der obersten Führungskräfte, die Beteiligung aller Betroffenen und die neutrale Unterstützung des Suchprozesses.

— *Phase 4 – Neue Lösungen und Selbstverpflichtung:* In dieser Phase kommt es besonders darauf an, Lösungen zu finden, die wirklich neue Ansätze zeigen und nicht nur eine leichte Abwandlung der alten darstellen. Meist müssen dazu Abwehrhaltungen und Blockaden erst abgebaut werden.

— *Phase 5 – Experimentieren und Ergebnissuche:* In erfolgreichen Wandlungsprozessen war nun zunächst eine Experimentierphase zu finden, in der die neuen Konzepte auf ihre Tauglichkeit überprüft wurden. Auch in dieser Phase war die Unterstützung durch die Führungsebene ein entscheidender Erfolgsfaktor.

▼

> — *Phase 6 – Verstärkung und Akzeptanz* (*»refreezing« nach Lewin):* Positive Resultate und kontinuierliche Information über den erfolgreichen Verlauf der Entwicklung führen in dieser Phase zu einer Kräftigung der neuen Ansätze und zur Ausdehnung auf die gesamte Organisation.

In den **folgenden** ► **Kap. 7.2–7.7** werden spezifische Aspekte des Change Managements in den verschiedenen Sektoren des Gesundheitssystems untersucht und anhand einer Fallstudie illustriert. In ► **Kap. 7.2** zu Change Management-Aspekten in **Krankenkassen und privaten Krankenversicherungen** liegt der Schwerpunkt der Diskussion auf den Anforderungen an ein modernes Change Management in einer gesetzlichen Krankenkasse, das am Beispiel der in den letzten Jahren erfolgten Veränderungen in der Techniker Krankenkasse illustriert wird. Dabei sind vor allem die Schwierigkeiten und die eingeschlagenen Strategien beim Wechsel von einer Quasi-Behörde zu einem Unternehmen interessant. Das ► **Kap. 7.3** beschäftigt sich mit den Spezifika des Veränderungsmanagements in **Krankenhäusern**. Zum Umgang mit dem durch die DRG-Einführung deutlich verschärften Wettbewerbsdruck werden kurzfristige, mittelfristige und langfristige Change Management Strategien beschrieben. In ► **Kap. 7.4** wird Change Management im **ambulanten Bereich** mit Schwerpunkt auf den Anpassungsänderungen in den Kassenärztlichen Vereinigungen hinsichtlich der integrierten Versorgung, den Disease Management Programmen (DMP), Ärztenetzen und Hausarztmodellen diskutiert. ► **Kap. 7.5** gibt einen Überblick über Modelle der Organisationsentwicklung und zeigt die Anforderungen an Veränderungsmanagement in der Integrierten Versorgung auf. Change Management-Aspekte in der **Arzneimittelindustrie** werden in ► **Kap. 7.6** näher erläutert und in einer Fallstudie zum Pharmaaußendienst in ► **Kap. 7.7** illustriert.

Dass die Medaille des Change Managements oftmals zwei Seiten hat, macht ► **Kap. 7.6** deutlich: Die beschriebene Konzentration der Arzneimittelhersteller auf profitable Nischenmärkte im Bereich Forschung und Entwicklung ist eine besonders aus bevölkerungsgesundheitlicher Perspektive nicht unbedenkliche Veränderung, die stärker in den Mittelpunkt des gesundheitspolitischen Interesses rücken müsste. Der **Gesetzgeber** sollte prüfen, ob regulatorische Instrumente entwickelt bzw. verändert werden müssen, um die unerwünschten Nebenwirkungen eines freien Wettbewerbs wenigstens zum Teil auszugleichen.

Literatur

Busse R, Riesberg A (2005) Gesundheitssysteme im Wandel – Deutschland. Medizinisch Wissenschaftliche Verlagsgesellschaft, Berlin

Desai J, O'Connor PJ, Bishop DB et al. (1997) Variation in process and outcomes of diabetes care in HMO owned and controlled clinics. Proceedings, CDC Diabetes Trans. Conference, Centers for Disease Control and Prevention, Atlanta, GA

Ferlie E, Ashburner L, Fitzgerald L, Pettigrew A (1996) The new public management in action. Oxford University Press, Oxford

Greiner LE (1972) Patterns of organization change. Harvard Business Review 45(3): 119–130

Griffin S, Kinmouth AL (1998) Diabetes care: the effectiveness of systems for routine surveillance for people with diabetes (Cochrane Review). The Cochrane Library, Oxford

Institute of Medicine (2001) Building organizational supports for change. In: Crossing the quality chasm. National Academy Press, Washington, DC, pp 111–144

Kotter JP, Schlesinger LA (1979) Choosing strategies for change. Harvard Business Review 57: 106–114

Lewin K (1958) Group decision and social change. In: Maccoby E, Newcomb TM, Hartley, EL (eds) Readings in social psychology, 3rd edition. Henry Holt, New York, pp 197–211

Longest BB (1998) Organizational change and innovation. In: Duncan WJ, Ginter PM, Swayne LE (eds) Handbook of Health Care Management. Blackwell, Malden, MA, pp 369–398

Machiavelli N (1532) Der Fürst. Dt. Übersetzung von 1912. Eugen Diederichs, Jena

Schumpeter P (1934) The theory of economic development. Harvard University Press, Cambridge, MA

7.2 Change Management in Krankenversicherungen

Andreas Plate und Frank Siener

«If you miss changes, sooner or later you will be missed.»

Dieses Zitat eines unbekannten englischen Autors macht die Ausgangssituation für ein Change Management deutlich. Krankenkassen müssen erkennen, dass es notwendig ist, ihre Organisation ständig anzupassen. Ansonsten ist ihre Existenz bedroht, weil die Versicherten eine Krankenkasse wählen, die einen attraktiveren Beitragssatz, besseren Service oder höhere medizinische Versorgungsqualität bietet. Somit muss sich die Führung einer Krankenversicherung ständig fragen, wo und wie die Organisation optimiert werden kann. In diesem Beitrag werden die Ausgangspunkte und die Umsetzung von **Veränderungsprozessen** vorgestellt und auf die Aufgaben einer Krankenkasse übertragen.

Change Management ist ein in der Industrie entwickelter Ansatz, um auf die gewandelten Herausforderungen des Marktes zu reagieren. Folgende generelle Rahmenbedingungen sind ausschlaggebend, den Wandel in Unternehmen zu managen (Doppler und Lauterberg 2002):

- ◘ **Rahmenbedingungen für den Unternehmenswandel**
- ▬ Innovationssprünge in der Informatik und Telekommunikation
- ▬ Verknappung der Ressource Zeit
- ▬ Interkulturelle Zusammenarbeit in einer globalen Ökonomie
- ▬ Verknappung der Ressource Geld
- ▬ Steigerung der Komplexität

Das Gesundheitswesen ist nicht nur aufgrund des medizinischen Fortschritts und der demographischen Entwicklung dynamischen Veränderungen ausgesetzt. Die Beteiligten in diesem System, beispielsweise Krankenkassen und Leistungserbringer, müssen ihre Organisation ständig sich wandelnden Anforderungen anpassen. Auf der einen Sei-

te sind die gesetzlichen Krankenkassen als **Selbstverwaltungskörperschaften** des **öffentlichen Rechts** organisiert und rechtlich stark reglementiert (Creifelds et al. 2004, S. 791). Es sind keine privatwirtschaftlich arbeitenden Unternehmen mit Gewinnerzielungsabsicht. Auf der anderen Seite müssen heute gesetzliche Krankenkassen ähnlich wie **Wirtschaftsunternehmen** arbeiten, um im ständig **zunehmenden Wettbewerb** erfolgreich zu sein. Aus diesem Grund erfolgte in den letzten Jahren die Übernahme von Instrumenten, die bisher nur in der freien Wirtschaft Anwendung fanden. Ein Beispiel ist die Einführung der **Balanced Scorecard** als Kennzahlensystem zur Steuerung einer Krankenkasse. Hierbei können für die Finanzperspektive aus dem finanzwirtschaftlichen Gleichgewicht zwischen Leistungsausgaben, Beitragseinnahmen, Risikostrukturausgleich und Verwaltungskosten Kennzahlen entwickelt werden (Schlösser und Schreyögg 2005, S. 326–327).

Aber auch die **Schaffung eigener** für Change Management zuständiger **Organisationseinheiten** ist erfolgt. Hier ist auf den AOK-Bundesverband hinzuweisen, der über einen eigenen Geschäftsbereich Change Management verfügt (AOK Bundesverband 2005).

Der Wandel der letzten Jahrzehnte, der zu mehr Wettbewerb in der Gesetzlichen Krankenversicherung (GKV) geführt hat, erfordert ein neues Denken bei den Krankenkassen. Private und gesetzliche Krankenversicherungen arbeiten dabei in unterschiedlichen Ordnungsrahmen (vgl. ► Kap. 2.2). In diesem Zusammenhang steht auch die **Professionalisierung des Managements** von gesetzlichen Krankenkassen. Ein Meilenstein war dabei sicher die Einführung von **hauptamtlichen Vorständen** bei Krankenkassen (§ 35a Abs. 3 SGB IV). Für einen ehrenamtlichen Vorstand war es um ein Vielfaches schwieriger, die komplexen Aufgaben eines Vorstandes zu erfüllen und zu überblicken.

Auch die Einführung der **freien Wahl** der Krankenkasse in der GKV (Zok 2003, S. 38–41), führte zu weitreichenden Veränderungen, die beispielsweise eine neue Organisation für den Vertrieb der Krankenkassen erforderte. Die zielgerichtete Transformation einer Organisation zu erreichen, erfordert eine Vielzahl von Aspekten, die von den Verantwortlichen zu beachten sind. Hierbei steht zum einen die Veränderung der **Unternehmensphilosophie beziehungsweise Unternehmenskultur** im Mittelpunkt. Bleicher (Bleicher 1999, S. 621) sah darin früher die Änderung des »genetischen Codes« eines Unternehmens. Es geht somit auch um eine **Bewusstseinsänderung** und das daraus folgende Verhalten aller Angestellten. Die Angestellten einer Krankenversicherung müssen heute viel kundenorientierter handeln als in der Vergangenheit. Dies folgt überwiegend aus dem Recht auf freie Wahl der gesetzlichen Krankenkasse. Der **Markenbildungsprozess** ist dabei für eine Krankenkasse entscheidend, um sich gegenüber den möglichen Kunden und den eigenen Versicherten zu profilieren (Klusen et al. 2003, S. 303–319).

Eine weitere Dimension ist die Umsetzung von **Innovationen** als Kern eines Veränderungsmanagements. Dies umfasst die ständige Verbesserung aller Abläufe und das gezielte kreative Schaffen sowie das Durchsetzen von Veränderungen durch die Gestaltung und Lenkung der Entwicklung des Unternehmens. Hier sind besonders die neuen Möglichkeiten der **Informationstechnik** für die Kundenbetreuung zu nennen. Die Krankenkassen müssen fähig sein, ihre enormen Mengen von Bestands-, Leistungs- und Beitragsdaten zu managen. Dies ist entscheidend für die Steuerung und die Auskunftsfähigkeit einer Krankenversicherung gegenüber den Kunden.

Der Umgang mit **Widerstand** ist eine weitere zentrale Dimension, die bei angestrebten Veränderungen zu beachten ist (vgl. Doppler und Lauterberg 2002). Widerstände müssen in Zusammenhang mit den änderungshemmenden und den änderungsaktivierenden Kräften gebracht werden. Dabei ist eine Balance zwischen beiden Kräften wichtig (Bleicher 2004, S. 650–651). Umstrukturierungen in gesetzlichen Krankenkassen erfordern in der Regel eine Beteiligung der **Personalräte**. Hier sind Widerstände möglich, weil Veränderungen häufig personell relevant sind. Jedoch kann der Personalrat auch eine veränderungsunterstützende Rolle einnehmen, was hilfreich ist, um die Beschäftigten für Veränderungsprozesse zu motivieren. Entscheidend ist die Identifikation der Angestellten mit den zu erzielenden Veränderungen, um die notwendige Motivation für einen Umbau der Organisation zu erreichen. Ebenso haben die Angestellten die Möglichkeit, sich ein modernes, flexibel strukturiertes Arbeitsumfeld mit überschau- und handhabbaren Geschäftsprozessen zu schaffen. Dies kann ein wichtiger Motivationsfaktor sein.

Ein weiterer Aspekt des Veränderungsmanagements ist der **Zeitpunkt**, zu dem der Wandel von den Entscheidungsträgern initiiert wird.

»Das Treffen des günstigen Augenblicks zur Einleitung eines verändernden Handlungsprozesses setzt Überblick, ja Vision voraus.« (Bleicher 2004, S. 670)

Zudem sollte die **zeitliche Koordination** beachtet werden, weil die Gefahr besteht, dass ein Wandel zu spät beginnt und die hierfür notwendigen Ressourcen, beispielsweise für Investitionen in eine angepasste Informationsinfrastruktur, nicht mehr vorhanden sind, oder weil vor den beginnenden Veränderungen in eine nicht anpassungsfähige Informationstechnik investiert wurde. Insgesamt müssen die entscheidenden Akteure frühzeitig Visionen entwickeln, um dann die notwendigen Umsetzungsschritte abzuleiten. Dabei bildet die entwickelte Vision im Idealfall ein strategisches Gegengewicht zu dem aus der Umsetzung folgenden Entwicklungsprozess, der die Gefahr mit sich bringt, dass er zu einem Rückfall in ein atavistisches, autoritäres Management und zu zentralistisch-bürokratischen Organisationsstrukturen führt (Bleicher 2004, S. 673–674). Hierbei geht es insbesondere darum, nicht nur auf externe Faktoren zu reagieren, sondern aufgrund eigener Erkenntnis über die Probleme der zu verändernden Organisation, aufgrund einer Vision zu agieren. Dies bedeutet für Krankenkassen, nicht nur aufgrund einer Gesundheitsreform zu reagieren, sondern auch unabhängig von gesetzlichen Änderungen **effiziente Organisationsformen** zu schaffen und der **selbst entwickelten Vision** zu folgen.

◼ **Abb. 7.2-1** zeigt die vier Kernbereiche des Change Managements, die in den folgenden Abschnitten erläutert werden.

Externe Faktoren sollten nicht der alleinige Impuls für Veränderungen sein. Vielmehr muss innerhalb einer Organisation wie einer Krankenkasse die Fähigkeit der Führung bestehen, Veränderungen mit langfristiger Perspektive und Strategie anzugehen.

⬛ Abb. 7.2-1. Die vier Kernbereiche des Change Managements

Effizienzsteigerung
Optimierung von Geschäftsprozessen und Umbau der Servicestruktur

Unternehmensphilosophie

Innovationen

Leistungs-management
Adäquate Leistung zum notwendigen Zeitpunkt

Management von Veränderungen oder Change-Management

Informations-technologie
»Nervensystem« der Krankenkasse

Zeitliche Koordination

Widerstände

Entwicklung der Organisation
Externe Unterstützung

Externe Faktoren für Veränderungen in Krankenkassen

Die Tradition und die Unternehmenskultur einer Organisation sind entscheidend durch die Entwicklungen in der Vergangenheit geprägt. Als Beispiel ist die Unterscheidung zwischen Ortkrankenkassen und Ersatzkassen zu nennen, die weitreichende Auswirkungen auf die regionale Verteilung der Versicherten hat. Die vorgenannten Gesetzesänderungen in der jüngeren Vergangenheit sind häufig verantwortlich für Veränderungen in den Aufgaben der Krankenkassen, wobei die Stärke des jeweiligen Impulses sehr unterschiedlich war.

Die Wettbewerbselemente im deutschen Gesundheitssystem haben in den letzten zwei Jahrzehnten stark zugenommen (Grosser 1999, S. 61–76). Durch die Stärkung des Wettbewerbs will der Gesetzgeber Anreize zu einer effizienteren Arbeitsweise innerhalb der Krankenkassen schaffen. Zwei Aspekte waren hierbei sicher Meilensteine, um den Druck für Veränderungen massiv zu verstärken: Die Einführung des **Risikostrukturausgleichs (RSA)** 1994 und die **Kassenöffnung** 1996.

Durch die Einführung des RSA sollten die gewachsenen unterschiedlichen Risikostrukturen der Krankenkassen im Vorfeld der Kassenöffnung ausgeglichen werden, um so einen fairen Wettbewerb zu ermöglichen. Jedoch ist der RSA nie unumstritten gewesen. Insbesondere zwischen den Krankenkassen gibt es immer Differenzen aufgrund von möglichen Verzerrungen. Es wird z. B. vorgetragen, dass es teilweise zu einem »Überausgleich« komme (Müller und Schneider 1998, S. 10, und zu rechtlichen Fragen des RSA vgl. Entscheidung des Bundessozialgerichts, Urteil vom 24.01.2003, B 12 KR 19/01 R, verfügbar unter: http://www.bundessozialgericht.de, Datum des letzten Abrufs 28.03.2006).

Das Bundesverfassungsgericht hat in einem **Normenkontrollverfahren**, das von den Landesregierungen Baden-Württemberg, Bayern und Hessen angestrengt wurde, die Regelung zum RSA überprüft und für verfassungsgemäß erklärt (BVerfG, 2 BvF 2/01 vom 18.07.2005, Absatz-Nr. 1-287, http://www.bverfg.de, Datum des letzten Abrufs 28.03.2006).

Die Einführung der nahezu unbeschränkten Kassenwahlfreiheit für alle GKV-Mitglieder seit 1996 war zentral, um die Notwendigkeiten für Veränderungen in der GKV zu verstärken (Meierjürgen 1994, S. 58). Beispielsweise war es früher für die Allgemeinen Ortskrankenkassen (AOK) üblich, automatisch Mitglieder zu bekommen und nicht einen gezielten Wettbewerb um das einzelne Mitglied führen zu müssen. Bei den Ersatzkassen war es dagegen traditionell notwendig, Mitglieder zu gewinnen, wobei diese Krankenkassen dabei systembedingt attraktiver für den Versicherten waren. Die **höhere Attraktivität** folgte beispielsweise aus den erweiterten **Satzungsleistungen** und dem **niedrigeren Beitragssatz**.

Aufgrund der engen gesetzlichen Regulierungsdichte findet der Kassenwettbewerb in der GKV nur sehr **eingeschränkt** im Leistungsbereich statt. Der Grund liegt in dem fast ausschließlich einheitlich gesetzlich regulierten Leistungsspektrum der GKV. Jedoch ist ein genauer Grad der Regulierung empirisch schwer zu belegen, da gesetzlichen Krankenkassen teilweise Raum für **Ermessensentscheidungen bei der Leistungsgewährung** bleibt. Diese Ermessensentscheidungen lassen eine Variation bei der Leistungsgewährung zu. Zwischen den gesetzlichen Krankenkassen findet aber in erster Linie ein **Preiswettbewerb** statt, der am Beitragssatz orientiert ist. Ebenso ist die **Servicequalität** für die Entscheidung der Versicherten bei der Wahl einer Krankenkasse nicht zu unterschätzen (Zok 2003, S. 40).

Systemendogene Reaktionsmöglichkeiten – von der Behörde zum Unternehmen

Für die Krankenkassen ist es eine große Herausforderung, unter sich wandelnden Rahmenbedingungen permanent an der Weiterentwicklung des Service und an einem effizienten Management zu arbeiten. Anhand der folgenden drei Kernbereiche wird gezeigt, welche Veränderungen notwendig sind, um in einer Krankenkasse einen modernen und effizienten Service für die Versicherten zu erzielen.

> ◘ **Drei Kernbereiche der Effizienzsteigerung**
> 1. Effizienzsteigerung durch Reorganisation der Geschäftsprozesse
> 2. Implementierung von Informationstechnologien
> 3. Kulturwandel und Personalentwicklung

Effizienzsteigerungen durch Reorganisation der Geschäftsprozesse

In der Vergangenheit waren Krankenkassen in der Regel **dezentral** organisiert. Dies bedeutete eine Bearbeitung der meisten Geschäftsprozesse innerhalb einer einzelnen Geschäftsstelle, in der kompetentes Personal zur Versichertenbetreuung vorzuhalten war. Die Hauptverwaltungen oder Zentralen der Krankenkassen waren mit Grundsatzfragen und beispielsweise den Aufgaben in der Selbstverwaltung, wie z. B. der Mitarbeit in den Spitzenverbänden, betraut. Ebenso organisierten sie die Gewährleistung einer einheitlichen Bearbeitung in den Geschäftsstellen oder kümmerten sich um komplexere Versichertenfragen.

Der Nachteil dieser früher typischen Organisationsform besteht darin, dass in den Geschäftsstellen vielfältige Experten für die jeweiligen Arbeitsbereiche (z. B. Krankengeld, Krankenhausabrechnungen, Kieferorthopädie) vorzuhalten waren. Aus diesem Grund haben Krankenkassen in den letzten Jahren Überlegungen angestellt, die spezialisierten Aufgaben in Zentren zu bündeln (Rudolf 2005, S. 334–338). Hauptziel der Reorganisation ist eine Organisation, die eine bedarfsgerechte Versorgung der Versicherten und einen optimierten Service durch Bündelung sowie Konsolidierung des Expertenwissens und der zugehörigen Arbeitsprozesse erreicht.

Voraussetzung für die Umsetzung entsprechender Überlegungen ist, die bestehenden Geschäftsprozesse und die dafür zuständigen Organisationseinheiten in der Fläche, aber auch in der Zentrale genau zu analysieren. Hierfür ist folgendes Vorgehen notwendig:

> ◘ **Phasen der Bündelung von Geschäftsprozessen in einer Krankenversicherung**
> 1. Definition und Systematisierung von bisherigen Geschäftsprozessen beziehungsweise bisherigen Aufgaben
> 2. Modellieren von Prozessen der Gesamtmenge von Aktivitäten, gegebenenfalls Definition neuer Geschäftsprozesse auf Basis der vorherigen Analyse und vorherigen Effizienzüberlegungen
> 3. Einbettung der neuen Geschäftsprozesse in die Organisation, z. B. Zentren, und Definition von kontrollierten Kennzahlen wie Servicestandards

Dabei muss in einem ersten Schritt eine Analyse der Aktivitäten erfolgen, die beispielsweise mit dem Kapazitätsbedarf in jeder Einheit und einem Mengengerüst der anfallenden Prozesse zu verknüpfen sind.

Im zweiten Schritt müssen die gewonnenen Erkenntnisse aus dem ersten Schritt dazu führen, dass aus einer Gesamtmenge von Aktivitäten und Geschäftsprozessen **disjunkte Teilmengen** an Aktivitäten zu bilden sind, die mit gewandelter zeitlicher Reihenfolge einen zukünftigen Prozess ergeben. Ansonsten besteht die Gefahr, dass bei einer anschließenden Zentralisierung Prozessgrenzen vermischt werden. Dies kann später zu unnötigen Abstimmungsprozessen führen.

Aktivitäten sind danach thematisch gebündelt, wie beispielsweise die Bearbeitung von Krankenhausfällen oder von zahnmedizinischen und kieferorthopädischen Behandlungen. Die Zentren bilden jedoch nicht nur die Sektoren des Gesundheitswesens ab, sondern aufgrund der Definition von Geschäftsprozessen entstehen auch sektorübergreifende Aufgaben für die Zentren. Ein Beispiel ist ein Zentrum für Pflegeleistungen, das nicht nur für die Bearbeitung von Leistungen der Pflegeversicherung, sondern auch für Leistungen der häuslichen Krankenpflege zuständig ist. Der Grund hierfür liegt in dem fachlichen Zusammenhang der Fallbearbeitung.

Hinzu kommt eine gewandelte Kundenbetreuung und Beratung durch Serviceeinheiten, die den Kunden per Telefon und Internet betreuen. Diese Einheiten sind bildlich gesprochen der Eingangsbereich einer Krankenkasse. Dabei müssen die Zuständigkeiten zwischen diesen Serviceeinheiten und den Zentren klar definiert sein.

⊚ Fallbeispiel: Online-Geschäftsstellen der Techniker Krankenkasse

Die Techniker Krankenkasse hat im Rahmen einer umfassenden Umstrukturierung der Krankenkasse sog. Online-Geschäftsstellen eingerichtet. Diese Organisationseinheiten sind zuständig für die Kundenberatung per Telefon und Internet. Dabei erfolgt eine bundesweite Bearbeitung der Anfragen von Versicherten an den vier Standorten. Folgende wesentliche Merkmale kennzeichnen die Online-Geschäftsstellen:

- Servicezeiten von 7–22 Uhr
- Hohe Erreichbarkeit und hohe Annahmequoten von Anrufen
- Bearbeitungen von Anfragen per Telefon und E-Mail bei definiertem Servicelevel für Annahmequoten und zeitnahe Antwort
- Zweistufiges System der Bearbeitung
  Stufe 1: Generalisten
  Stufe 2: Spezialisten
- Fallabschließende Behandlung am Telefon

Insgesamt wird deutlich, dass in einer solchen Geschäftsstelle ein anderes Arbeitszeitmodell notwendig ist, als es in der Vergangenheit in einer Krankenkasse üblich war. Auch entstehen neue Ausbildungsanforderungen an die Angestellten beispielsweise hinsichtlich einer schnellen Auskunftsfähigkeit durch Nutzung von Datenbanken. Ebenso müssen die unterstützenden Anwendersysteme in hohem Maße Aktualität und spontane Auskunftsfähigkeit erlauben.

Darüber hinaus bleiben Kontaktstellen für die Beratung der Versicherten erhalten, in denen Versicherte einen ersten regionalen persönlichen Ansprechpartner für Fragen finden. Jedoch sind diese Kontakt- oder Servicestellen räumlich und personell erheblich verkleinert. Die Beratung und Bearbeitung kann dabei beispielsweise für die Aspekte Versicherungsrecht, Beiträge und Leistungsbearbeitung getrennt sein, sodass die Kontaktstelle beim Zentrum das Fachwissen abfragt. Ein wichtiger Punkt ist das Management der neuen Schnittstellen bei dieser Organisationsform. Für jeden Angestellten muss die Aufgabenverteilung in der gesamten Organisation transparent sein, was durch umfangreiche Schulungen zu erreichen ist. Auch können moderne Informationssysteme in Form eines Intranets entsprechende Prozessmodelle jederzeit einsehbar vorhalten.

Durch die gewandelten Geschäftsprozesse und die damit verbundene Zentralisierung von Aufgaben muss dem Kundenbeziehungsmanagement (**Customer Relationship Management** = CRM) einer Krankenkasse dabei besondere Aufmerksamkeit geschenkt werden (vgl. ▶ **Kap. 3.1**). Für ein erfolgreiches CRM muss gewährleistet sein, dass die notwendigen Informationen für die Bearbeitung des Falles an der jeweiligen Stelle der Organisation ver-

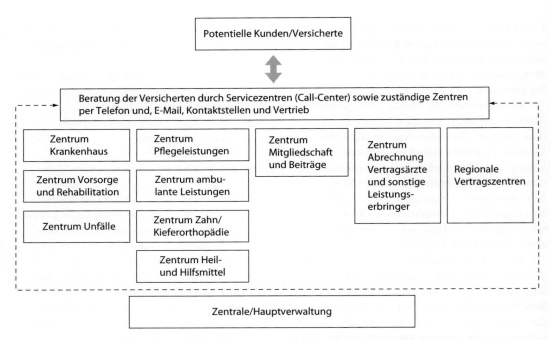

■ **Abb. 7.2-2.** Struktur einer Krankenversicherung aus der Versichertenperspektive nach Bündelung der Aufgaben

fügbar sind. Herausragend ist dabei beispielsweise, dass eventuelle Anfragen der Versicherten an eine Kontaktstelle in dem jeweiligen Zentrum verfügbar sind, in dem die Bearbeitung erfolgt. Dabei erweist sich der Einsatz von **digitalen Archivierungssystemen** als sinnvoll, die jedem Angestellten ermöglichen, die Anfragen einzusehen (Schaaf 2003). Aber ebenso muss es möglich sein, die geführten **Telefonate** zu dokumentieren, insbesondere wenn die Beschäftigten in dem Gespräch eine Vereinbarung (z. B. Übersendung von Unterlagen) mit dem Versicherten treffen.

■ **Abb. 7.2-2** zeigt den möglichen Aufbau einer Krankenkasse nach dem Wandel der Geschäftsstellenstruktur hin zu einer Aufgabenverteilung bei Bündelung von Kompetenzen in Zentren.

Der Umbau einer Krankenversicherung auf Basis der vorgenannten Überlegungen führt zu einer Betreuung der Versicherten, die nach dem Prinzip »**front desk and back office**« organisiert ist. Die vorgenannte Struktur steht in unmittelbarem Zusammenhang mit der Größe und der regionalen Präsenz einer Krankenversicherung. Beispielsweise muss eine Ortskrankenkasse, die nur in einem Bundesland präsent ist, einen anderen Ansatz als eine

bundesweit tätige Ersatzkasse verfolgen. Jedoch können Ortskrankenkassen im Rahmen von **bundesweiten Kooperationen** im AOK-Verbund Aufgaben zentral zusammenfassen. Ein Beispiel hierfür ist die Gründung der AOK Systems für den Bereich der Dienstleistungen der Informationstechnologie (http://www.aok-systems.de, Datum des letzten Abrufs 28.03.2006).

Der Umbau in Richtung der oben beschriebenen Organisationsform erzeugt häufig **Widerstände**. In der Regel wird von den Angestellten ein Stellenabbau oder eine Versetzung befürchtet, was zu Blockaden von Umstrukturierungen führen kann. Aufgrund eines Wechsels der Mitglieder mussten in jüngster Vergangenheit einige Krankenkassen auch **Personal abbauen**. Bereits das Ankündigen von Sparmaßnahmen stößt auf Widerstände, wie das Beispiel der Deutschen Angestellten Versicherung (DAK) zeigt (»Unruhe in der DAK – 1600 Stellen in Gefahr? Vorstand versucht Mitarbeiter zu beruhigen«, Hamburger Abendblatt vom 27.01.2005). Aber auch die Verlagerung von Aufgaben, über die der Gesetzgeber entscheidet, kann dazu führen, dass Personal in einer Krankenkasse überflüssig wird. Ein Beispiel ist die Verlagerung des Beitrags- und Meldeverfahrens für die geringfügig Beschäftigten (sog. Minijobs) von der gesetzlichen Krankenkasse zu der Bundesknappschaft (http://www.minijobzentrale.de, Datum des letzten Abrufs 28.03.2006). Gleichwohl können veränderte Arbeitszeitmodelle mit Anpassungen bei der Vergütung einen Stellenabbau überflüssig machen.

In der Vergangenheit war es auch zwischen kleinen Betriebskrankenkassen und größeren Krankenkassen umstritten, ob eine **telefonische Beratung** überhaupt ein umfassendes **Geschäftsstellennetz** unter Beibehaltung der Servicequalität ersetzen könnte. Die bisherigen Erfahrungen bei Umstrukturierungen zeigen, dass ein persönlicher Kontakt mit Versicherten nicht durch Telefon- oder Internetdienste zu ersetzen ist.

Implementierung von Informationstechnologien

Der Einsatz neuer Informationstechnologie und die Nutzung des Internets als Informationsmittel, aber auch als Kommunikationsmittel (E-Mail oder webbasierte Kontaktformulare), erfordern eine ständige Anpassung der Krankenversicherungen. Hierfür ist ein umfassendes **technisches Change Management** erforderlich, das die Informationsinfrastruktur der Krankenkassen an die veränderten Geschäftsprozesse und Anforderungen anpasst, beziehungsweise neue Geschäftsprozesse überhaupt erst ermöglicht. Die **Informationsverarbeitung** einer Krankenkasse ist quasi »**das Nervensystem**« (**Enterprise Nervous System = ENS**) des Unternehmens. Aus diesem Grund bestehen enorme Anforderungen insbesondere an die Robustheit, Verfügbarkeit und Sicherheit entsprechender Lösungen.

Im Folgenden beschränken wir uns auf Aspekte, die im Zusammenhang mit den oben genannten Themen zusammenhängen. Für diese Aufgaben ist die Software zur Kundenbetreuung einer Krankenversicherung (z. B. Versicherte, Arbeitgeber) von entscheidender Bedeutung. Die **AOK Systems** entwickelt eine individuelle und SAP-basierte **IT-Komplettlösung** für die Geschäftsprozesse der GKV, die unter dem Namen oscare, vormals SAM, vermarktet wird. Bis Ende 2006 werden 17 AOKs und die Barmer Ersatzkasse erste Teillösungen für den Gesundheitsmarkt im Einsatz haben (http://www.aok-systems.de oder http://www.oscare.de, Datum des letzten Abrufs 28.03.2006).

Bei Betriebskrankenkassen kommt überwiegend das **Informationssystem in der Gesetzlichen Krankenversicherung** (ISKV) zur Anwendung. Die neuste Version ist das »iskv_21c.« (http://www.iskv.de, Datum des letzten Abrufs 28.03.2006), dessen Einsatz bei ersten Pilotanwendern bevorsteht. Die Techniker Krankenkasse nutzt mit dem »Ergonomischen Anwendungssystem« (TKeasy) eine Software, die die Kasse in Eigenentwicklung bereitstellt, betreibt und kontinuierlich den aktuellen Rahmenbedingungen anpasst. TKeasy stellt für die Techniker Krankenkasse das strategische System zur Unterstützung aller sozialversicherungsrechtlich relevanten Arbeitsprozesse dar. ✪ **Abb. 7.2-3** zeigt exemplarisch einige Aufgaben, die derzeit mit TKeasy bearbeitet werden.

> ❯ **Fallbeispiel: TKeasy der Techniker Krankenkasse**
>
> Seit 2001 betreibt die TK produktiv eine moderne mehrschichtige Java-Architektur mit dem Namen TKeasy. Zug um Zug werden alle GKV-Anwendungen auf diese Plattform migriert, inzwischen sind es schon über 40 Anwendungen.
>
> Die gewählte Architektur lässt es zu, dass die zu migrierenden Anwendungen überwiegend nach fachlichen und nicht nach technischen Gesichtspunkten ausgewählt werden. Dadurch wird sichergestellt, dass mit jedem Migrationsschritt ein optimaler Nutzen realisiert wird. Insbesondere kann auf neue Möglichkeiten wie Bonusprogramme und Zusatzversicherungen schnell und flexibel reagiert werden.
>
> Diese Flexibilität wird durch zwei Prinzipien erreicht: Einerseits stellt der TKeasy-Client von Beginn an ein Anwendungsportal dar, in dem die Benutzer unter der Mitnahme von Ordnungsbegriffen beliebig zwischen Alt- und TKeasy-Anwendungen navigieren können (clientseitige Integration). Andererseits werden die Funktionalitäten der Alt- und der TKeasy-Anwendungen via selbst realisierte Enterprise Application Integration (EAI) auch ohne Benutzerschnittstelle (GUI) als »Services« zur Verfügung gestellt (serverseitige Integration). Die unter TKeasy verarbeitete Transaktionslast sucht unter den Java-Anwendungen in Deutschland seinesgleichen: 6000 gleichzeitig angemeldete Benutzer erzeugen täglich ca.

Arbeitgeber
Arbeitgeberbestandsführung

Servicedialog
Versicherte und Arbeitgeber
Geschäftspartner

Leistungserbringer
LM-Fallführung
Prüfung der Leistungspflicht

Versicherte
Customer Relationship Management
Disease-Management-Programme
Versichertenkarte
Zusatztarife
Abrechnung mit Sozialhilfeträgern
Studienverlauf

**TKeasy-Portal
Suchdialoge/Navigation**

Leistungen
Leistungsübersicht
Akupunktur
Grenzgänger
Haushaltshilfe
Häusliche Krankenpflege
Härtefall–vollständige Befreiung
Härtefall–Belastungsgrenze
Hilfsmittel
Kinderkrankengeld
Leistungen zur Rehabilitation
Mutterschaftsgeld
Prävention
Sonstige Leistungen
Unfälle
Versorgungsamt
Wahl der Kostenerstattung

Finanzen
Belegerfassung
Beleganordnung
Belegsuche/-auskunft
Kontoauszug
Kontoübersicht
Nebenbuch

Querschnittsfunktionen
Listen online
Mitarbeiterdaten
PC-Schriftgut-Archiv
Postkorb
Vorgangssystem
Elektronische Archivierung

Verzeichnisse
Akupunkteure
Behandler
Betriebsnummern
Dienststellen
Gutachter
Hilfsmittel
Krankenhäuser
Krankenkassen
MDK
Sozialhilfeträger

◪ **Abb. 7.2-3.** Ausgewählte Anwendungen und Funktionen von TKeasy (Quelle: Techniker Krankenkasse)

65 Mio. Geschäftsobjekte. Diese Last wird von elf Applikationsservern auf Intel-Basis verarbeitet und verursacht im Backend eine Last von 5,5 Mio. Transaktionen auf dem Großrechner. Dabei ist TKeasy auch schnell: Mehr als 95% der Transaktionen führen am Client zu Antwortzeiten unter einer Sekunde. Die TK hat sich wegen der höheren Ergonomie für eine Java-Swing-Oberfläche statt einer Web-Browser-Nutzung als Client entschieden. Als Applikationsserver kommt eine selbst entwickelte Ablaufumgebung für die Geschäftsobjekte zum Einsatz, die sich an gängigen, aktuellen Standards der Java-Welt orientiert (z. B. JMX, JMS, JNLP). Dieser TKeasy-Applikationsserver bietet damit zugleich Schnittstellen, um die fachliche Logik der TKeasy-Geschäftsobjekte auch in anderen Unternehmenssystemen nutzen zu können.

Beim Zugriff auf die IMS- und DB2-Datenbanken auf dem Großrechner kommt der Transaktionsmonitor IMS/TM zum Einsatz, ergänzt um eine selbst entwickelte »generische Transaktion« zur Optimierung der zahlreichen Zugriffe.

Von entscheidender Bedeutung für eine Krankenversicherung ist das Management der Versichertenbetreuung auf Basis einer Software, die allen Angestellten gewährleistet, die erforderliche Information und Dokumentation direkt vorzunehmen. Aus diesem Grund ist es unbedingt notwendig, bei der Planung von Veränderungen die **notwendigen Anpassungen** oder den **Aufbau einer Softwarelösung** einzubeziehen. Dabei sollte das Management aber nicht der Gefahr erliegen, auf Basis eingekaufter Software die Organisation anzupassen. Software muss so gebaut werden, dass diese Software mit möglichst geringem Aufwand flexibel an neue Gegebenheiten angepasst werden kann.

Auf die besondere Bedeutung von **Dataware-house-Anwendungen** für die Auswertung von Leistungsdaten etc. beispielsweise für das Finanzcontrolling, kann an dieser Stelle nicht eingegangen werden. Jedoch ist es für eine Krankenkasse entscheidend, die **Transparenz aller Daten** zu erreichen, da dies die Grundlage für die Entscheidung sein kann, ein Veränderungsmanagement zu starten, und ebenso die Auswirkungen von Veränderungsprozessen deutlich machen kann.

Kulturwandel und Personalentwicklung

Ein zentraler Bestandteil des Veränderungsmanagements ist die Entwicklung der Organisation der Krankenkasse. Dabei können externe Berater als »**Change Agent**« für die Umwandlung einer Organisation sinnvoll sein (Schreyögg 2003, S. 513–517). Besonders bedeutend für die Organisationsentwicklung ist der **Kulturwandel einer Krankenkasse** und die dafür **notwendige Personalentwicklung** (vgl. auch ▶ **Kap. 5.2** und Fallstudie in ▶ **Kap. 5.7**).

Aufgrund der historischen Entwicklung verfügen gesetzliche Krankenversicherungen häufig über eine Unternehmenskultur, die stark an eine **klassische staatliche Behörde** erinnert. Hierbei soll nicht einem Vorurteil gegenüber staatlichen Institutionen Vorschub geleistet werden. Vielmehr ist der Wandel der Perspektive der Angestellten gegenüber dem Versicherten zu betonen, der in den letzten Jahren aufgrund der Konkurrenz zwischen Krankenkassen stattgefunden hat. Aufgrund dieses **Wettbewerbs** ist es notwendig, eine hochwertige **Servicequalität** zu bieten. Eine solche Servicequalität kann nur einhergehen mit einer starken **Kundenorientierung** der Angestellten, um diesen Kunden nicht an eine andere Krankenkasse zu verlieren. Ebenso ist ein Bewusstsein für das Vermarkten der eigenen Krankenkasse durch die Angestellten gegenüber potentiellen neuen Kunden wichtig, um diese als Mitglieder zu gewinnen. Die Beschäftigten müssen somit **vertriebsorientiert** sein.

Hinzu kommt aktuell die Herausforderung für die Angestellten einer Krankenversicherung, ihren Versicherten als medizinische Ratgeber oder als »Verkäufer« von präventiven Angeboten sowie medizinischen Versorgungsangeboten zu dienen.

Die gesetzlichen Krankenkassen bieten immer mehr **exklusive Versorgungsangebote** im Rahmen von Verträgen der Integrierten Versorgung oder der hausarztzentrierten Versorgung an, die durch die Beschäftigten den Versicherten, unter anderem im Rahmen des Leistungsmanagements, anzubieten sind (vgl. ▶ **Kap. 2.2**). Hierfür ist ein im Vergleich zur Vergangenheit gewandeltes Selbstverständnis der Aufgabe eines Sozialversicherungsfachangestellten (SOFA) notwendig. Aber auch andere Berufsgruppen mit anderen Spezialisierungen sind möglicherweise einzustellen. Ein Beispiel ist der Einsatz von **Pflegekräften** für das **Fallmanagement (Case Management)** bei Krankenkassen. Hinzu kommen **Apotheker und Ärzte** für Aufgaben im Bereich **Leistungsmanagement oder bei der Entwicklung von Versorgungsmodellen**.

Es ist klar, dass die Unternehmenskultur bei den Angestellten nicht einfach zu ändern ist, weil sie aus historisch gewachsenen Strukturen entstanden ist (Steinmann und Schreyögg 2005, S. 621). Bei jedem Veränderungsprozess ist daher zu beachten, dass die entsprechende Kompetenz beim zuständigen Angestellten aufgebaut wird. Ansonsten besteht die Gefahr, dass es zwar eine neue Organisationseinheit gibt, aber das Personal nicht über die Fähigkeit verfügt, seinen Aufgabenbereich auszufüllen.

Ausblick

Die Notwendigkeit für ein Change Management bei Krankenkassen wird in der Zukunft zunehmen. Die gesetzlichen Änderungen in der GKV, die der Gesetzgeber regelmäßig vornimmt, bedürfen einer operativen Umsetzung in den Krankenkassen. Diese Umsetzung soll sich – wenn möglich – ohne eine Steigerung der Verwaltungskosten vollziehen. Gerade deshalb sollte eine Krankenkasse nicht auf das Anstoßen von Veränderungen durch den Gesetzgeber warten, sondern bereits vorher notwendige Veränderungen anstreben. Jedes Reformmodell wird tiefgreifende Veränderungen in den Finanzströmen der Krankenkassen verursachen.

Hinzu kommt eine gesteigerte **Erwartungshaltung** der Versicherten an die Krankenkassen. Die Erwartung in Bezug auf **Erreichbarkeit** und **Geschwindigkeit** der Bearbeitung von Anfragen nimmt enorm zu. Die Versicherten erwarten heute ein innovatives und modernes Dienstleistungsunternehmen. Finden sie dies nicht vor, ist ein Wech-

sel der Krankenkasse ein übliches und nachvoll-
ziehbares Verhalten (Zok 2003, S. 38–41). Auch die
zukünftige elektronische **Gesundheitskarte** weckt
viele Erwartungen, mit denen seitens der Krankenkassen umzugehen ist.

Die Zusammenschlüsse von Krankenkassen
werden in Zukunft voraussichtlich zunehmen, weil
für die wirtschaftliche Arbeit einer Krankenkasse
eine Betriebsgröße erforderlich ist, die bei vielen
Krankenkassen momentan nicht gegeben ist. Die
rechtlichen Möglichkeiten für Fusionen, Schlie-
ßungen und Kooperationen auf Verbandsebene bestehen schon (Bieback 1999, S. 24–33). Es ist
dringend notwendig, den Wandel aktiv zu gestalten
ist, um bei den noch zu erwartenden **Konzentrati-
onsprozessen im Krankenkassenmarkt** zu bestehen.

Literatur

AOK Bundesverband (2005) http://www.aok-bv.de/aok/orga,
    Download 28.03.2006
Bieback KJ (1999) Fusion, Schließung und Kooperationen von
    Ersatzkassen. Kommunikations-, Bildungs- und Verlagsge-
    sellschaft, Düsseldorf
Bleicher K (1999) Das Konzept integriertes Management, Visi-
    onen-Missionen-Programme. Campus, Frankfurt New
    York
Bleicher K (2004) Das Konzept integriertes Management, Visi-
    onen-Missionen-Programme. Campus, Frankfurt New
    York
Creifelds C, Weber K, bearbeitet von Guntz D, Hakenberg M,
    König C, Quack F, Schmitt J, Weber K, Weidenkaff W (2004)
    Rechtswörterbuch, C.H. Beck, München
Doppler K, Lauterberg C (2002) Changemanagement, Den
    Unternehmenswandel gestalten. Campus, Frankfurt New
    York, S 22–35
Grosser M (1999) Wettbewerbselemente in der Gesetzlichen
    Krankenversicherung – von den Ursprünge bis zum
    Gesundheitsstrukturgesetz. In: Wille E (Hrsg) Zur Rolle des
    Wettbewerbs in der gesetzlichen Krankenversicherung:
    Gesundheitsversorgung zwischen staatlicher Administra-
    tion, korporativer Koordination und marktwirtschaftlicher
    Steuerung. Nomos Verlaggesellschaft, Baden-Baden, S
    61–76
Klusen N, Siener F, Machnig M, Köppen C (2003) Projekt
    »Zukunftsdialog der Techniker Krankenkasse«– Manage-
    ment des Wandels und des Corporate Positionings. In:
    Göttgens O, Gelbert A, Böing C (Hrsg) Profitables Marken-
    management, Strategien-Konzepte-Best Practices. Gab-
    ler, Wiesbaden, S 303–319
Meierjürgen R (1994) Gesundheitsförderung und Kranken-
    kassenwettbewerb, Die Auswirkungen des Gesundheits-
    struktur-Gesetzes. Arbeit und Sozialpolitik 48: 58–64
Müller J, Schneider W (1998) Entwicklung der Mitgliederzah-
    len, Beitragssätze, Versichertenstrukturen und RSA-Trans-
    fer in Zeiten des Kassenwettbewerbs: Empirische Befunde
im zweiten Jahr der Kassenwahlfreiheit. Arbeit und Sozial-
    politik 52(03/04): 10–29
Rudolf D (2005) Zukunftsorientiertes Fallmanagement für BKK:
    factoris bietet zielführendes Kosten- und Leistungscon-
    trolling für den Krankenhaussektor. Betriebskrankenkas-
    se 93(7): 334–338
Schaaf M (2003) Kundenbeziehungsmanagement – Die unter-
    schätze Herausforderung. Wege zur Sozialversicherung
    57: 161–174
Schlösser R, Schreyögg J (2005) Die Balanced Scorecard als
    Kennzahlensystem für Krankenkassen. Zeitschrift für die
    gesamte Versicherungswirtschaft 94: 32–345
Schreyögg G (2003) Organisation, 4. Auflage. Gabler, Wiesba-
    den
Steinmann H, Schreyögg G (2005) Management Grundlagen
    der Unternehmensführung Konzepte – Funktionen – Fall-
    studien. Gabler, Wiesbaden
Zok K (2003) Immer mehr Versicherte wollen wechseln.
    Gesundheit und Gesellschaft 9: 38–41

7.3   Change Management in
Krankenhäusern

Hans-Joachim Schubert

Der Veränderungsdruck, dem sich Krankenhäuser
in Deutschland in den nächsten Jahren ausgesetzt
sehen, übersteigt die bisher gewohnten Anpas-
sungserfordernisse um ein Vielfaches. Die Einführung der **DRG-basierten Finanzierung**, die spürbare
Intensivierung der **Wettbewerbsdynamik** sowie der
Zwang zu **sektorübergreifenden Versorgungsformen**
erfordern massive Anpassungsmaßnahmen, die
einige Häuser auch mit existentiellen Fragen kon-
frontieren werden.

Die Fülle und Komplexität der dabei vom
Management zu bewältigenden Aufgaben lässt
sich in der Kürze der Zeit und auch angesichts der
Dimensionen der Umwälzungen ohne eine aufeinander abgestimmte Schrittfolge von zum Teil tiefgreifenden Veränderungsmaßnahmen nicht mehr
realisieren.

Um nicht ständig von einer Kriseninterventi-
on in die nächste getrieben zu werden beziehungsweise sich nicht im »Teufelskreis« der reaktiven
Anpassungszwänge aufzureiben, muss die aktive
Ausgestaltung eines solchen Zukunftssicherungs-
programms vor allem gewährleisten, dass

– die richtigen Themen zur richtigen Zeit ange-
   packt werden,

- die wesentlichen Prinzipien des **Change Managements** beachtet werden,
- die erforderliche externe Unterstützung angemessen dosiert wird und letztlich
- die Entstehung von organisationsweiten Überforderungs- oder Blockadesituationen vermieden wird.

Zeitlich-thematische Anordnung erforderlicher Veränderungsmaßnahmen

Zweifelsohne dürfte bei den meisten Krankenhäusern derzeit die Optimierung beziehungsweise die **Sicherstellung finanzieller Spielräume** die höchste Dringlichkeit besitzen. Weiter in die Zukunft reichende wichtige Fragestellungen, wie die **Ausrichtung des Leistungsspektrums**, die Bildung von Leistungsschwerpunkten, der Aufbau beziehungsweise die Vertiefung **strategisch wichtiger Partnerschaften** oder die konsequente Orientierung an gesicherten Erfolgsprinzipien, wie »Qualität und Innovativität«, geraten angesichts des finanziellen Handlungsdrucks zwangsläufig in den Hintergrund.

Allerdings lassen sich einschneidende **Maßnahmen zur Kostenreduzierung** beziehungsweise zur **Erlösoptimierung,** die in weiten Bereichen der Leitungsebenen mit »Erschütterungen persönlicher Komfortzonen« einhergehen, nur dann ohne anhaltende Konflikte und Widerstände umsetzen, wenn **mittel- und langfristig** attraktive und erreichbare Perspektiven eröffnet werden.

Wird ein nachhaltiger »Turnaround« zur Existenz- und Zukunftssicherung angestrebt, so sollten kurz-, mittel- und langfristige Ziele ausgewiesen werden, die durch aufeinander abgestimmte Maßnahmen angestrebt werden. Angesichts des eingangs schlagwortartig skizzierten massiven Veränderungsdrucks in deutschen Krankenhäusern dürfte der Kurzfristbereich in einem zeitlichen Horizont von **9 bis maximal 12 Monaten** anzusiedeln sein, während der Mittelfristbereich sich zwischen und **1 und 3 Jahren** bewegt und bei den langfristig anzusiedelnden Zielen an einen zeitlichen Horizont von **4–7 Jahren** gedacht werden muss.

Inhaltlich ergeben sich für diese unterschiedlichen Zeithorizonte die in ◘ **Abb. 7.3-1** aufgezeigten Schwerpunkte von Veränderungsmaßnahmen.

Phasenabhängige Schwerpunktsetzung

Die erfolgreiche Umsetzung von Veränderungsmaßnahmen, ablesbar am Zielerreichungsgrad und der Stabilität der Änderungen, setzt eine differenzierte Schwerpunktsetzung in den typischen Phasen eines Veränderungsprozesses voraus. Unabhängig davon, ob es sich um Veränderungen auf individueller, gruppen-, bereichs- oder organisationsweiter Ebene handelt, können zurückgehend auf Lewin (1947) drei Phasen unterschieden werden:

1. **Vorbereitung (Unfreeze)**
2. **Umsetzung (Move)**
3. **Stabilisierung (Freeze)**

Diese erfordern eine phasenabhängige Schwerpunktsetzung der Veränderungsmaßnahmen (◘ **Abb. 7.3-2**).

Auftrag und Selbstverständnis

Innovativität
Kunden- und Partnerorientierung

Langfristige Ziele (4–7 Jahre)

Strategische Weichenstellungen und Prozessreorganisation

Mittelfristige Ziele (1–3 Jahre)

Erlösoptimierung u. Kostenreduktion

Kurzfristige Ziele (bis max. 1 Jahr)

◘ **Abb. 7.3-1.** Unterschiedliche Zeithorizonte und Schwerpunkte von Veränderungsmaßnahmen

Unfreeze
(Diagnose/Konzeption)

Vorbereitungsphase

Move

- Änderungsnotwendigkeit verdeutlichen bzw. Veränderungsbedürfniserzeugen
- Ziele konkretisieren
- Ausreichende Machtbasis schaffen
- Beteiligungsmöglichkeiten an Planung und Implementierung eröffnen
- Belohnungssysteme mit Veränderungszielen abstimmen

Umsetzungsphase

Freeze

- Fortschrittmessen und kommunizieren
- Mehrere Ansatzpunkte wählen
- Führungskräfteverpflichten
- Rahmenvorgeben, jedoch Ausgestaltung offen lassen
- Unterstützung für notwendige Anpassung anbieten

Stabilisierung

- **Regelmäßige Standortbestimmungen**

- **Nutzen für die Aufrechterhaltung schaffen**

☐ **Abb. 7.3-2.** Phasenabhängige Schwerpunktsetzung von Veränderungsmaßnahmen

7

Eine zentrale Rolle in der **Vorbereitungsphase** nimmt die **Sensibilisierung von Entscheidungsträgern und wichtigen Multiplikatoren für den Änderungsbedarf ein**, um Grundlagen für die Entstehung einer ausreichenden Veränderungsbereitschaft zu schaffen.

Veränderungsbereitschaft kann dabei angesehen werden als eine resultierende Größe aus der Abwägung von

- Unzufriedenheit mit dem bestehenden Zustand
- Attraktivität des erwünschten Zustandes
- Einschätzung der persönlichen und organisatorischen Einflussmöglichkeiten zur Erreichung des Zielzustandes

Neben den üblichen organisationsinternen Optimierungspotenzialen, die in dieser Phase verdichtet präsent gemacht werden müssen, besitzen Ergebnisse aus fundierten **Benchmarkstudien** nach unserer Erfahrung das größte Potenzial, Veränderungsdynamik freizusetzen. Mit Blick auf die skizzierte Situation von Krankenhäusern in Deutschland bieten sich in dieser Phase vor allem Vergleichsstudien zur Abbildung des Leistungsgeschehens und der Kostensituation an.

Entscheidend ist es nun, die Veränderungsdynamik in die richtigen Bahnen zu lenken und mit konkreten, **möglichst anspruchsvollen aber dennoch realisierbaren Zielsetzungen** zu verbinden. Dabei wird häufig vergessen, die Kompatibilität dieser Zielsetzungen mit bestehenden **Anreizsystemen** zu über-

prüfen und gegebenenfalls so weit anzupassen beziehungsweise zu ergänzen, dass ein Zusatznutzen für die Mehrheit der Machtpromotoren entsteht.

Damit sind zwei weitere wichtige Aufgaben dieser ersten Phase komplexer und tief greifender Veränderungsprozesse angesprochen:

> ☐ **Veränderungsprozesse der ersten Phase**
> - Schaffung einer ausreichenden Machtbasis zur Durchsetzung von Entscheidungen
> - Anpassung der Anreizsysteme an die Ziele der Veränderungsmaßnahmen

Als Königsweg kann dabei die **Einbeziehung wichtiger Entscheidungsträger und Multiplikatoren** sowohl in die Diagnose der Ausgangssituation als auch in die Planung und Implementierung von Veränderungsmaßnahmen bezeichnet werden.

Entscheidend für den Erfolg der **Umsetzungsphase** ist die **regelmäßige Messung und Kommunikation des Fortschritts**. Dies gilt umso mehr, je länger die Veränderungsmaßnahmen benötigen, um erste im Arbeitsalltag spürbare Wirkungen zu entfalten. Gezielt sollten daher auch Zwischenbilanzen gezogen und Zwischenerfolge gewürdigt werden. Die Verpflichtung der Führungskräfte der oberen und mittleren Ebene auf die Veränderungsziele möglichst durch Integration in die vorhandenen, regelmäßig stattfindenden Zielvereinbarungsgespräche kann als zweiter wichtiger Baustein dieser Veränderungsphase betrachtet werden. Nicht zuletzt ist in dieser Phase daran zu denken, Unterstützungsangebote auch ganz individueller Art für erforderliche Anpassungsleistungen zu eröffnen.

Die **Stabilisierung** der umgesetzten Veränderungen auch nach Auflösung von Steuerkreisen, Projektgruppen und dem Rückzug von externen Beratern hängt wesentlich davon ab, ob ausreichend Nutzen für die Aufrechterhaltung der Änderungen geschaffen worden ist. Regelmäßige umfassende Standortbestimmungen etwa im Rahmen von Strategieworkshops oder Klausurtagungen tragen mit dazu bei, die Organisation auf dem richtigen Kurs zu halten.

Maßnahmenbündel »Kurzfristbereich«

Mit Blick auf die Situation der Krankenhäuser in Deutschland besteht der unmittelbare Handlungsdruck primär im finanziellen Bereich. Einerseits um fundierte Grundlagen für Maßnahmen zur Verbesserung der Erlössituation sowie zur Kostenreduktion zu schaffen, andererseits aber auch um genügend Veränderungsbereitschaft (-druck) an den Schaltstellen zu erzeugen. Hierbei bietet sich eine umfassende **Kosten- und Leistungsanalyse** mit aussagekräftigen Benchmarkwerten an. Zur Sicherstellung einer ausreichenden Akzeptanz dieser Vergleichsdaten und vor allem zur systematischen Ableitung von Optimierungsmaßnahmen ist ein Benchmark mit ähnlichen Häusern (z. B. hinsichtlich Versorgungsstufe, Größe, Anzahl Fachabteilungen, Komplexitätsgrad der behandelten Fälle/Case Mix) unabdingbar.

Im Einzelnen fokussieren sich die Veränderungsmaßnahmen im Kurzfristbereich auf folgende Ziele:

> ◘ **Veränderungsmaßnahmen im Kurzfristbereich**
> ▬ Detaillierte Analyse von Leistungszahlen, Erlösen und Kosten, optimalerweise basierend auf einem fundierten Benchmarking der einrichtungsbezogenen Daten
> ▼

> ▬ Beurteilung von Erlössteigerungs- und Kostensenkungspotenzialen nach unterschiedlichen Zeithorizonten
> ▬ Priorisierung und Vereinbarung von Maßnahmen zur Leistungsoptimierung und Kostensenkung
> ▬ Konsequentes Umsetzungscontrolling der vereinbarten Maßnahmen

---

Maßnahmenbündel »Mittelfristbereich«

Die Bereitschaft, sicher zum Teil auch einschneidende Maßnahmen dieser ersten Phase mit zu tragen, wird entscheidend davon abhängen, inwieweit eine erstrebenswerte mittel- und langfristige Perspektive eröffnet wird. Dies ist bereits zu Beginn aller Maßnahmen zur Kostenreduzierung beziehungsweise zur Erlösoptimierung permanent und glaubwürdig zu kommunizieren und zur Konsolidierung von Anfangserfolgen auch mit späteren Schritten zu verzahnen. Dabei kann es nach 9–12 Monaten nur darum gehen, eine Fortsetzung und Konsolidierung der Effizienzsteigerung über gründliche Prozessreorganisationen zu erreichen sowie, zeitlich parallel dazu, die notwendigen **strategischen Weichenstellungen** vorzunehmen. Eine deutliche Förderung der Prozessorientierung in der Organisationsgestaltung führt nachweislich:
- Zur Beschleunigung wichtiger Abläufe
- Zu effizienterer Ressourcennutzung
- Sowohl zu Qualitätssicherung als auch Qualitätssteigerung

Damit wird die erfolgreiche Umsetzung dieser Thematik eine unabdingbare Voraussetzung für eine dauerhafte Existenzsicherung. Zugleich werden die ersten Schritte in Richtung einer verstärkten »Kunden- und Partnerorientierung« eingeleitet, also den Erfolgsprinzipien ganzheitlicher oder integrativer Managementansätze, die sich als entscheidend für die Steigerung der Wettbewerbsfähigkeit erwiesen haben (◘ **Abb. 7.3-3**).

Gerade in dieser frühen Phase des Veränderungsgeschehens darf Prozessgestaltung und -reorganisation nicht in eine flächendeckende Bearbeitung ausarten, die häufig mit einer Flut von Prozessdokumentationen und einer ausufernden

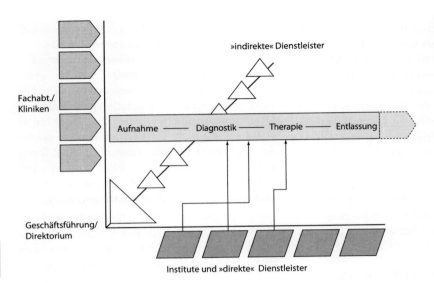

7

Bindung personeller Ressourcen für nicht patientenbezogene Tätigkeiten einhergeht.

Vielmehr sollten sich Prozessreorganisationen auf die Stellen konzentrieren, wo hohe **Störanfälligkeit, starke Varianz in den Leistungsergebnissen und hohes Potenzial zum Abbau nicht wertschöpfender Tätigkeiten fokussiert auf die Patientenversorgung** vermutet wird (■ **Abb. 7.3-4**). Mit Blick auf die weiterhin zu erwartenden finanziellen Engpässe sollten gezielt zunächst nur solche Maßnahmen vorangetrieben werden, die zu einer spürbaren Verbesserung der Ressourcennutzung führen und dabei die Qualität der Patientenversorgung nicht verschlechtern beziehungsweise sie eventuell sogar verbessern. Hier sind nach unserer Erfahrung enorme »Schätze« zu heben, die gleichzeitig »Verschwendung« abbauen, Reibungsverluste vermindern, mehr Sicherheit für Routineabläufe gewährleis-

ten und mehr Zeit für direkte patientenbezogene Tätigkeiten freisetzen.

Zeitlich parallel muss in dieser Phase des Veränderungsprozesses die Perspektive erarbeitet werden, für die es sich lohnt, Einschnitte oder Anpassungsleistungen in Kauf zu nehmen. Die aufbauend auf dem Selbstverständnis oder Leitbild der Organisation entwickelten und umzusetzenden **strategischen Weichenstellungen** bilden das Fundament für die mittel- und langfristige Zukunftsgestaltung. Die im Rahmen der Strategieentwicklung und -umsetzung zu leistenden Aufgaben lassen sich grob in folgende Schritte unterteilen:

1. **Strategische Analyse**
2. **Festlegung der Strategien**
3. **Strategieimplementierung**

Während die Erfahrungen mit der Durchführung strategischer Analysen und Weichenstellungen auch unter Nutzung bewährter Instrumente wie der **SWOT-Analyse** (**S**trengths, **W**eaknesses, **O**pportunities and **T**hreats) oder unterschiedlichsten **Portfolio-Techniken** schon weiter verbreitet sein dürften, findet eine systematische Umsetzung der strategischen Entscheidungen nach wie vor nur in geringem Umfang statt. Ohne unbedingt diesen Begriff im Krankenhaus einführen zu müssen und damit Gefahr zu laufen, die Organisation mit fachfremden Begriffen zu überschwemmen, bietet sich hier jedoch die Orientierung an der **Balanced Scorecard-**

■ **Abb. 7.3-4.** Zielfelder für Prozessreorganisationen

Methodik an. Die Erweiterung üblicher eher ausschließlich finanziell geprägter Jahres- oder Budgetgespräche um **qualitative** und **innovative Ziele**, verstärkt die Konzentration auf die mittel- und langfristige Zukunftsperspektive und hilft, ein entsprechendes Anreizsystem zu schaffen, mit dem sich Führungskräfte und Mitarbeiter gut identifizieren können. Die einzelnen Schritte des strategischen Managements sind in ◘ Abb. 7.3-5 schematisch dargestellt.

Maßnahmenbündel »Langfristbereich«

Die bereits angesprochene notwendige Förderung der »Kunden- und Partnerorientierung« als allgemein gesichertes Erfolgsprinzip ist im mittel- bis langfristigen Zielbereich angemessen platziert.

Zur Förderung der **Kundenorientierung** ist es einerseits unerlässlich ein System, zur zyklischen Erfassung der Anforderungen und Zufriedenheit wichtiger Kundengruppen zu implementieren, wie
- Patienten und Angehörige
- Einweiser
- Krankenkassen

Andererseits wissen wir aus Erfahrung, dass eine Integration der **Kundenorientierung** in das Denken und Handeln der Mitarbeiter und damit in die Organisationskultur nur dann erreicht werden kann, wenn auch hierzu eine Koppelung mit den vorhandenen Anreizsystemen aufgebaut wird. Entscheidungen über Ressourcenzuweisungen, Investitionen, Karriereentwicklung oder Vergütungen müssen daher auch in Abhängigkeit von der Erreichung kundenorientierter Ziele erfolgen (► Kap. 3.3).

Ein weiterer wichtiger Baustein zur Förderung der Kundenorientierung besteht im Aufbau eines **funktionstüchtigen Beschwerdemanagementsystems**, um sowohl eine zeitnahe Bearbeitung von Unzufriedenheiten bei Patienten, Angehörigen oder Einweisern zu gewährleisten als auch aus der Analyse von Beschwerdeanlässen für die Zukunft zu lernen. Eine Erweiterung in Richtung eines **Risikomanagementsystems** mit der Erfassung und Auswertung von Zwischenfällen beziehungsweise »Beinahe-Zwischenfällen« trägt nicht nur zur höheren Patientensicherheit mit bei, sondern fördert auch die gewünschten organisationskulturellen Veränderungen.

Ein einzelnes Krankenhaus wird als »Solitär« mit der Bewältigung der anstehenden Umwälzungen im Gesundheitswesen überfordert sein und nicht bestehen können. Dies muss nicht zwangsläufig die Integration in einen größeren Verbund und den Verlust der Eigenständigkeit bedeuten. Der Aufbau und die Pflege **strategisch sinnvoller Partnerschaften** bieten hier eine tragfähige Alternative. Identifikation sinnvoller Partnerschaften sowie Gestaltung effizienter **Dienstleistungsketten** bilden den zweiten Schwerpunkt dieses Leistungspakets. Gerade im Bereich der sektorübergreifenden Versorgung aber auch in der Kooperation mit Schlüssellieferanten liegen hier enorme Potenziale sowohl zur Kostenreduktion als auch zur Qualitätssteigerung.

Welche **Potenziale in der konsequenten Umsetzung der Prinzipien, Prozess-, Kunden- und Partnerorientierung** stecken, zeigt eindrucksvoll die Studie von Singhal et al. (2000). Sie verfolgten die Geschäftsentwicklung von insgesamt 600 Quality Prize Winnern über einen Zeitraum von 5 Jahren und konnten dabei die enorme Überlegenheit dieser Unternehmen in vielen Kenngrößen für Unternehmenserfolg nachweisen. Wie in ◘ Abb. 7.3-6 dargestellt, zeigen diese Unternehmen deutlichere Steigerungen z. B. in den Aktienkursen, dem Gewinn vor Steuern und Zinsen, dem Umsatz, der Umsatzrendite, der Gesamtkapitalrendite sowie den Beschäftigtenzahlen im Vergleich zu relevanten Benchmarkgruppen.

Kennzeichnende Prinzipien dieser sog. Excellence-Konzepte liegen unabhängig von den jewei-

◘ **Abb. 7.3-5.** Einzelne Schritte des strategischen Managements

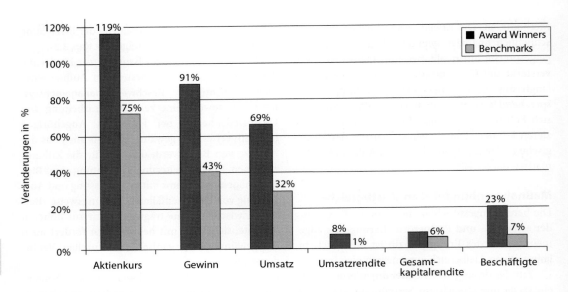

■ **Abb. 7.3-6.** Erfolgskennzahlen von Quality Award Winnern und relevanten Benchmarkgruppen 5 Jahre nach Auszeichnung

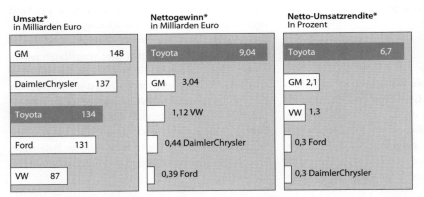

■ **Abb. 7.3-7.** Finanzielle Ergebnisse von Toyota im Vergleich zu anderen Automobilherstellern

*Zahlen für 2003, Toyota Geschäftsjahr zum 31.03.2004

ligen Award-Modellen in der stark ausgeprägten **Kunden- und Ergebnisorientierung,** einer **hohen Prozess- und Mitarbeiterorientierung** sowie schließlich im **Aufbau und der Pflege strategisch wichtiger Partnerschaften.** Geprägt wird die Organisationskultur zudem von dem Prinzip der »**Kontinuierlichen Verbesserung**« oder »**Total Quality Management**«, einer Grundhaltung, die beispielsweise von Toyota, dem weltweit führenden Automobilhersteller in Perfektion umgesetzt wird und zu einer vergleichsweise hohen Effizienz (■ **Abb. 7.3-7**) und Qualität (■ **Abb. 7.3-8**) führt.

Neben einer hohen Qualitätsorientierung einhergehend mit dem Prinzip der kontinuierlichen Verbesserung muss die **Innovativität** einer Organisation ebenfalls zu den langfristigen Erfolgsgaranten gezählt werden. Wie eng Innovationsorientierung und Unternehmenserfolg miteinander verknüpft sind zeigt eine neuere Studie von Sommerlatte und Grimm (2003). Firmen mit einem hohen **Innovationsscore,** ein Kennwert zur Einschätzung der Innovationsfähigkeit, weisen eine im Vergleich zu den jeweiligen Branchenmittelwerten überdurchschnittliche Wertsteigerung (Kursstei-

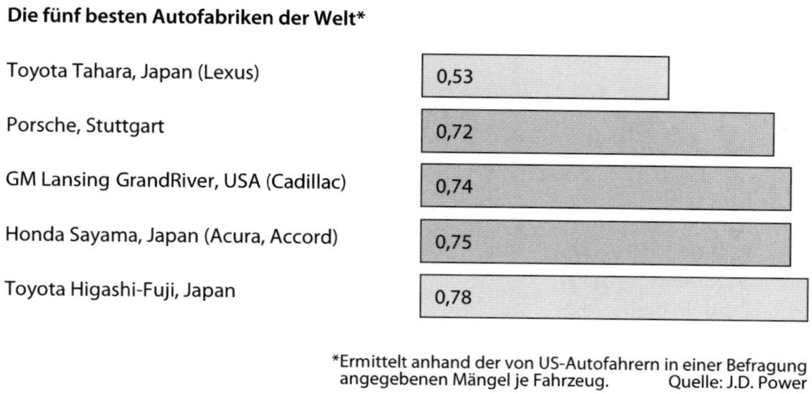

Die fünf besten Autofabriken der Welt*

Toyota Tahara, Japan (Lexus)	0,53
Porsche, Stuttgart	0,72
GM Lansing GrandRiver, USA (Cadillac)	0,74
Honda Sayama, Japan (Acura, Accord)	0,75
Toyota Higashi-Fuji, Japan	0,78

Abb. 7.3-8. Vergleichende Qualitätseinschätzungen bei fünf Automobilherstellern

*Ermittelt anhand der von US-Autofahrern in einer Befragung angegebenen Mängel je Fahrzeug. Quelle: J.D. Power

gerung plus ausgeschüttete Dividenden) sowie Umsatzsteigerung auf (**Tab. 7.3-1**).

In die Ermittlung des Innovationsscores flossen Einschätzungen zur strategischen Integration der Innovationsorientierung, zur Gestaltung von Innovationsprozessen, zur Organisationskultur, zum Ressourceneinsatz und zur strukturellen Verankerung von Innovationsaktivitäten im Unternehmen ein.

Querschnittsthemen des Veränderungsmanagements

Unabhängig von den Phasen und Inhalten der Veränderungsprozesse können Fragen der angemessenen **Mitarbeiterbeteiligung** und der davon nicht unabhängig zu sehenden Gestaltung der Informations- und Kommunikationspolitik als erfolgskritische Querschnittsthemen bezeichnet werden.

Während eine frühe und viel beachtete quasi-experimentelle Studie (Coch und French 1948) eine weit reichende Beteiligung von Betroffenen sowohl bei Diagnose, Planung und Umsetzung von Veränderungen als generelles Handlungsprinzip nahe gelegt hat, lassen sich aus einer neueren Untersuchung differenziertere Vorgehensweisen ableiten. Danach ist der Grad der Mitarbeiterbeteiligung aus folgenden Phasen in Abhängigkeit von den Kriterien, Wissens- und Machtverteilung in der jeweiligen Organisation sowie den Erwartungen der Mitarbeiter zu wählen:

Tab. 7.3-1. Zusammenhänge zwischen Innovativität und Geschäftserfolg

Firmen	Branche	Innovationsscore	Wertsteigerung für Shareholder (durchschnittlich für 1995 bis 2001)		Umsatzwachstum (durchschnittlich für 1995 bis 2001)	
			Unternehmen	Branchendurchschnitt	Unternehmen	Branchendurchschnitt
SAP	Infotechnik	0,97	27	16	28	8
Schering	Chemie/Pharma	0,97	27	22	11	3
Altana	Chemie/Pharma	0,91	31	22	11	3
Veritas	Automobil	0,91	43	18	15	10
Sixt	Transport	0,89	23	11	25	3
Beiersdorf	Chemie/Pharma	0,82	32	22	7	3
Boss	Textilindustrie	0,82	28	5	12	-1,5
Sartorius	Anlagenbau	0,80	18	6	13	3,5
Siemens	Elektrotechnik	0,79	20	2	8	6
Porsche	Automobil	0,76	51	18	17	10

- Problemdefinition und Zielsetzung
- Lösungsausarbeitung
- Entscheidung
- Pilotierung
- Kontrolle und Beurteilung
- Umsetzung im Arbeitsalltag

Während die Problemdefinition und Festlegung der Zielsetzung tiefgreifender Veränderungsmaßnahmen immer verantwortlich durch die oberste Leitung oder von dieser beauftragten Steuergruppe wahrgenommen werden muss, wächst der notwendige Grad der Mitarbeitereinbindung je stärker Macht und erforderliches Wissen verteilt sind. Gleiches gilt in Abhängigkeit vom Anspruchsniveau der Mitarbeiter.

Demnach dürften Restrukturierungen und Veränderungsprojekte, die sich eher an Blitzkriegs- oder Bombenwurfstrategien orientieren, angesichts der Wissens- und Machtverteilung in Krankenhäusern eher zum Scheitern verurteilt sein beziehungsweise auf hohen Widerstand stoßen.

Im Hinblick auf die Gestaltung der Kommunikations- und Informationspolitik im Rahmen von Veränderungsprozessen lassen sich durchaus empirisch begründete allgemeingültige Handlungsprinzipien formulieren (Picot et al. 1999):

☐ Handlungsprinzipien für die Kommunikations- und Informationspolitik

- Gerade bei Informationen in Verbindung mit Veränderungen empfiehlt es sich immer, mehrere Kommunikationskanäle zu benutzen; einen besonders hohen Stellenwert sollte man dabei dem Dialog in kleinem Kreis einräumen, da hier am besten auf Unklarheiten, Unsicherheiten und Fragen eingegangen werden kann.
- Der Aspekt der Glaubwürdigkeit der Informationen vorrangig vermittelt über die handelnden Personen sowie das Spektrum der präsentierten Informationen (Bevorzugung von zweiseitigen Botschaften, die sowohl die Vor- als auch die Nachteile enthalten) ist gezielt zu berücksichtigen.

▼

- Während der gesamten Laufzeit von Veränderungsmaßnahmen sollten »niedrigschwellige« Informationsmöglichkeiten geschaffen werden, die einem nachfrage- und bedarfsorientierten Umgang mit gewünschten Informationen zulassen (z. B. Intranet oder regelmäßig stattfindende Diskussionsforen)
- Kompetente und vertrauenswürdige persönliche Ansprechpartner sollten für individuelle Anfragen zur Verfügung stehen.

Zusammenfassung

Angesichts der Fülle und Komplexität der in den nächsten Jahren von den Krankenhäusern in Deutschland zu leistenden Anpassungsmaßnahmen empfiehlt sich die Implementierung eines aufeinander **abgestimmten Veränderungsprogramms**, das nicht nur von kurzfristigen Zwängen bestimmt wird, sondern auch **mittel- und langfristige** Zukunftsperspektiven integriert.

Die Umsetzung eines solchen umfassenden Veränderungsprogramms erfordert ein kontrolliertes und gut koordiniertes Vorgehen, dem es gelingen muss, bewährte Prinzipien des Change Managements mit hausspezifischen Besonderheiten zu verbinden.

Literatur

Coch L, French JRP (1948) Overcoming resistance to change. Human Relations 1: 512–532

Lewin K (1947) Frontiers in group dynamics: Concept, method and reality in social science, social equilibria and social change. Human Relations 1: 5–41

Picot A, Freudenberg H, Gassner W (1999) Management von Reorganisationen. Gabler, Wiesbaden

Singhal V, Hendricks K, Schnauber H (2000) Mit Geduld zum Erfolg. QZ, Publication of the German Society of Quality 12: 1537–1540

Sommerlatte T, Grimm U (2003) Kreativität besser managen. Harvard Business Manager 2: 49–55

7.4 Change Management in Arztpraxen und Ärztenetzen

Christina Tophoven

Wie die anderen Sektoren im deutschen Gesundheitssystem war auch der ambulante Sektor in den letzten Jahren einem verstärkten Druck ausgesetzt, sich zu erneuern. Dabei wurden gerade im ambulanten Bereich durch Änderungen des SGB V neue Versorgungsformen möglich und teilweise auch umgesetzt. Dies stellt hohe Anforderungen an die Flexibilität aller Beteiligten und löst regelhaft Widerstände aus. Hier können Verfahrensweisen des Change Management vorteilhaft zum Einsatz kommen.

Seit Ende der 1980er Jahre befindet sich das deutsche Gesundheitswesen in einem Wandlungsprozess, der über die Jahre an Dynamik gewonnen hat und inzwischen fast jährlich neue gesetzliche Änderungen brachte. Dies ist eine Situation von hoher Instabilität, die eine extrem schnelle Anpassung an sich ändernde Bedingungen erfordert. Dabei lassen sich unterschiedliche Phasen nachweisen. Die Gestaltung dieser Phasen im Sinne eines erfolgreichen Prozesses ist an bestimmte Bedingungen gebunden (▶ **Kap. 7.1**).

Im Folgenden soll von der heutigen Situation ausgehend ein Überblick über die Entwicklung der vergangenen Jahre gegeben werden. Der Hauptfokus liegt dabei auf der Rolle der Kassenärztlichen Vereinigungen (KVen) und der Kassenärztlichen Bundesvereinigung (KBV), die teilweise zu einem neuen Selbstverständnis im Sinne eines »Change Agent« gefunden haben (s. unten »Kassenärztliche Vereinigung zwischen Irritation und Innovation« und »Kassenärztliche Vereinigung zwischen Selbsterhalt und Demontage«).

Kassenärztliche Vereinigungen und Integrierte Versorgung

Synonym für neue Versorgungsformen wurde im Nachgang zum **GKV-Gesundheitsreformgesetz 2000 (GRG)** die Integrierte Versorgung (IV). Hierbei lassen sich bezüglich Integrationstiefe und Indikationsbreite unterschiedliche Ansätze zur Integrierten Versorgung unterscheiden (Schräder 2002 und 2003). Für eine detaillierte Definition der integrierten Versorgung, vgl. auch ▶ **Kap. 2.5**.

Das Konzept der integrierten Vollversorgung geht von mindestens drei Voraussetzungen aus, die für die beteiligten Ärzte teilweise mit erheblichen Änderungen ihrer Arbeits- und Vergütungsweise verbunden sind (Shortell et al. 2000):

- **Leistungserbringer** schließen sich praxis-, disziplinen- und sektorübergreifend zusammen und einigen sich auf **Versorgungsprozesse**. Um diese Versorgungsprozesse in den Versorgungsalltag zu implementieren, werden die organisatorischen und informationstechnischen Voraussetzungen für ein übergreifendes **Qualitätsmanagement** geschaffen.
- Das Denken und Handeln in Versorgungsprozessen erfordern eine **pauschalierte Vergütung**. Erst wenn die beteiligten Leistungserbringer nicht mehr primär an der Optimierung des Unternehmenserfolgs ihrer Praxis bzw. ihres Krankenhauses interessiert sind, sondern ihr wirtschaftlicher Erfolg davon abhängt, dass die gemeinsam vereinbarten Unternehmensprozesse und -ziele umgesetzt werden, entsteht eine übergreifende Behandlungs- und Managementverantwortung.
- **Integrierte Vollversorgung** setzt daher integrierte Anbieterstrukturen voraus. Dies können Konsortien von Leistungserbringern oder ein sich etablierendes Gesundheitsunternehmen sein. In jedem Fall laufen diese Anbieterstrukturen quer zu den Sektoren- und Berufsgrenzen, die das deutsche Gesundheitssystem kennzeichnen.

Für das Selbstverständnis der KVen ist die Interessenvertretung ihrer Mitglieder von großer Bedeutung. **Interessenvertretung** heißt für KVen in erster Linie Sicherstellung einer angemessenen Honorierung der vertragsärztlichen Leistungen. Dies ist im Rahmen der beschriebenen gesetzlichen Änderungen nicht vorgesehen. Bei Direktverträgen nehmen die Vertragsärzte die Vertretung ihrer Interessen in die eigene Hand. Sie sind dadurch gezwungen, die Gestaltung der Veränderungsprozesse ebenfalls selbst in die Hand zu nehmen bzw. diese Aufgabe zu delegieren.

Basis der zentralen Funktionen der Kassenärztlichen Vereinigungen ist die Organisationsform einer Körperschaft des öffentlichen Rechts und die verpflichtende Mitgliedschaft der Vertragsärzte und Psychotherapeuten. Die mit dem Organisationsprinzip verbundene Vertragshoheit geht bei den KVen mit einer Datenhoheit einher, die sie durch die operative Umsetzung der Verträge faktisch erhält. Direktverträge zwischen Vertragsärzten/Vertragspsychotherapeuten und Krankenkassen, die nicht über die KVen verhandelt und umgesetzt werden, sind daher nicht nur ein Eingriff in die Vertragshoheit der KVen, sie führen auch zur Erosion der Datenbasis und machen es den KVen unmöglich, z. B. den Gewährleistungsauftrag wahrzunehmen oder Prüfvereinbarungen umzusetzen.

In der ersten Entwicklungsphase (Modellprojekte, Strukturverträge bis Ende der 1990er Jahre) bewegte sich die Diskussion um neue Versorgungsformen noch im Einflussbereich der KVen, da es in der Regel um horizontale Integration ging. Außerdem hatte das Vertragsmonopol der KVen Bestand. Erst nach dem **GKV-Gesundheitsreformgesetz,** das im Jahr 2000 in Kraft trat, wurde das Konzept neuer Versorgungsformen um Verträge mit dem stationären Bereich erweitert. Die Integrierte Versorgung löste die Idee der Praxisnetze ab. Das Vertragsmonopol der KVen wurde mit den §§ 63 und 140a–h SGB V durchbrochen.

Einen weiteren entscheidenden Schritt für die KVen machte das **GKV-Modernisierungsgesetz (GMG)** im Jahr 2004. Der Einfluss der KVen auf neue Vertrags- und Versorgungsformen wurde formal empfindlich beschnitten. Künftig sollen KVen nicht mehr Vertragspartner bei integrierten Versorgungsverträgen sein. Die Option der Medizinischen Versorgungszentren ermöglicht es die Anbieterstrukturen im deutschen Gesundheitssystem nachhaltig zu verändern. Nicht mehr der niedergelassene Arzt in der Einzelpraxis (83% der vertragsärztlichen Praxen im Jahr 2004), sondern unterschiedlich strukturierte Leistungsanbieter, die zum Teil sektorübergreifend konzipiert sind und höchst unterschiedliche Rechtsformen annehmen können, könnten künftig die Mitgliederstruktur der KVen prägen, die damit zunehmend heterogener werden könnte (Wigge 2004; Bohm und Schräder 2004).

Die KVen müssen sich somit seit 15 Jahren mit neuen Vertrags- und Versorgungsformen auseinandersetzen. Zu einer zunehmenden rechtlichen Einschränkung ihrer Verhandlungsposition kommt eine kritische Bewertung ihrer zentralen Funktionen, insbesondere mit Blick auf ihre sektorspezifische Ausrichtung. Die Präferenz für ein bestimmtes Betriebsmodells (Einzelpraxis) ist auf mittlere Sicht überholt. Im Folgenden wird die Entwicklung neuer Vertrags- und Versorgungsformen skizziert und die in dieser Zeit von den KVen und der KBV verfolgten Veränderungsstrategien dargestellt.

Erste Schritte vom 2. GKV-Neuordnungsgesetz 1997 bis zum GKV-Gesundheitsreformgesetz 2000

Praxisnetze und AOK-Hausarztmodell

Die »Geschichte« neuer Versorgungsformen begann Anfang der 1990er Jahre für die AOK mit dem Hausarztmodell, für die Ersatzkassen mit den Qualitätsgemeinschaften in Rendsburg und Ried und für die Betriebskrankenkassen (BKK) mit dem BKK-Praxisnetz in Berlin. Auch die Kassenärzte entwickelten mit den vernetzten Praxen in Südbaden ein eigenes Modell. Im September 2002 gab es 26 Netze, vor allem in Bayern und Schleswig-Holstein (Tophoven 2002).

Die Ziele der Netze und ihrer Vertragspartner auf Kassenseite waren eine **Optimierung der Patientenversorgung** und eine **Mobilisierung von Einsparpotentialen** im Arzneimittel- und Krankenhausbereich. Die Schwerpunkte der Netze entsprachen den Zielen.

> ◨ **Schwerpunkte der Netze**
> ▬ Einrichtung einer Anlaufpraxis
> ▬ Aufbau einer Leitstelle für die Notfallversorgung
> ▬ Besuchsdienste für bettlegerische Patienten
> ▬ Patientenbegleitbriefe
> ▬ Qualitätszirkel
> ▬ Leitlinien als Instrumente einer intensivierten Qualitätssicherung

Die Netze und ihre Vertragspartner auf Kassenseite wollten mehr **Qualität** und **Wirtschaftlichkeit** durch Zusatzangebote und intensivierte Qualitätssicherung erreichen. Die Gestaltung praxis-, disziplinen- oder gar sektorübergreifender Versorgung stand bis auf wenige Ausnahmen (z. B. Netz in

Witten-Herdecke) nicht auf der Agenda (Westebbe 1999).

Einsparpotenziale im stationären Bereich

Der Fokus der Netze lag auf der Mobilisierung von Einsparpotenzialen im stationären Bereich. Die Idee war, durch eine verbesserte Notfallversorgung Krankenhauseinweisungen zu vermeiden und dadurch entstehende Einsparungen als finanziellen Erfolg zwischen Netz und Krankenkasse zu teilen. Aber sektorale Budgets und das damals gültige Krankenhausfinanzierungssystem mit Minder- und Mehrerlösen machten es ausgesprochen schwierig, um nicht zu sagen unmöglich, Einsparungen im stationären Bereich zu erzielen (Rüschmann et al. 2000). Verlagerungseffekte ließen sich größtenteils aus methodischen Gründen nicht nachweisen. Hinzu kam, dass Krankenhäuser über genügend strategisches Potenzial verfügten, um Patienten für leere Betten zu finden. Der ökonomische Erfolg dieser Netzstrategie fiel daher weitaus geringer aus, als ursprünglich angenommen.

Die Idee der Praxisnetze, Anlaufpraxen in Krankenhäusern einzurichten, machte allerdings Schule. In vielen KV-Bereichen wurden solche Anlaufpraxen mit Unterstützung der KVen ohne Gründung von Praxisnetzen eingeführt. Ziel war ein patientenorientierter, effektiv organisierter Bereitschaftsdienst. Schnell setzte sich bei Ärzten, Krankenkassen und KVen die Erkenntnis durch, dass für die Erreichung dieses Ziels kein Praxisnetz, sondern nur eine aktive KV notwendig ist.

Verbesserung der Qualität

Zweiter Schwerpunkt der Netzarbeit war eine **intensivierte Qualitätssicherung**. Qualitätszirkel, Patientenbücher und Informationsveranstaltungen für Patienten waren die gängigen Instrumente. Die Resonanz der Patienten auf diese Bemühungen war durchgängig positiv (Rüschmann et al. 2000). Aussagen zur Qualität der Versorgung in Netzen waren aber letztlich – abgesehen vom Aspekt der Zufriedenheit der Patienten – nicht möglich. In keinem Netz der ersten Generation wurden anhand verbindlicher Dokumentationen medizinische Parameter erhoben. In keinem dieser Netze kam es zur expliziten Vereinbarung von Qualitätszielen, deren Erreichen oder Verfehlen mit Rückmeldesystemen beobachtet wurde (Schoenbaum 1993).

Eine Ausnahme war die **ärztliche Qualitätsgemeinschaft (ÄQ)** Ried. In der ÄQ-Ried erhielten die Netzmitglieder ein **Feedback zum Verordnungsverhalten** auf der Basis der routinemäßig über die in Apothekenrechenzentren erhobenen Verordnungsdaten. Das quartalsweise Feedback war Basis der Qualitätszirkelarbeit. Daher ließen sich in der Qualitätsgemeinschaft Ried Wirtschaftlichkeits- und Qualitätsziele zumindest für die Pharmakotherapie vereinbaren und anschließend nachweislich erreichen.

Die Bilanz für die gemeinsamen Bemühungen der Krankenkassen, KVen und Netze um intensivierte Qualitätssicherung fällt, soweit es bei Qualitätszirkelarbeit blieb, bescheiden aus. Ein Erfolg ließ sich nicht messen und damit nicht belegen.

Zeitgleich mit der Praxisnetzbewegung und auch im Nachgang der Diskussion um Praxisnetze bemühten die KVen sich zunehmend um den Aufbau strukturierter und datenbasiert arbeitender **Qualitätszirkel**. Auch hier setzte sich die Erkenntnis durch, dass für eine effiziente Qualitätszirkelarbeit Praxisnetze keine notwendige Voraussetzung sind. Hierfür bedarf es wiederum nur einer aktiven KV (Tophoven 2002).

Übernahme ökonomischer Verantwortung

Das Praxisnetz Berlin war neben der medizinischen Qualitätsgemeinschaft München das einzige Netz der ersten Generation, das **Budgetverantwortung** übernehmen wollte. Ein kombiniertes Budget, kalkuliert auf der Basis der **Risikostrukturausgleich-Kostenprofile**, wurde um Hochkostenfälle bereinigt und als wirtschaftliches Ziel der Praxisnetze vereinbart. Das Netz hatte jedoch keinen Überblick darüber, wie die Morbiditätsstruktur der eingeschriebenen Versicherten war. Es gab keine verbindlichen Vereinbarungen dazu, wie die Patienten mit den häufigsten oder teuersten Diagnosen im Netz zu versorgen waren. Es fehlten verbindliche Dokumentationen und Rückmeldesysteme, mit denen die Umsetzung vereinbarter Versorgungsprozesse hätte beobachtet werden können. Somit fehlten Controllingdaten zu arzt- und versichertenbezogenen Ausgabenprofilen über alle Leistungssektoren hinweg. Die eingeschriebenen Netzversicherten orientierten sich wenig am Sinn und Zweck des Praxisnetzes. Sie konsultierten zu 60% Ärzte außerhalb des Netzes. Damit scheiterte die

Idee einer übergreifenden ökonomischen Verantwortung für die Versorgung einer definierten Versichertenklientel (Häussler und Bohm 2000).

Kassenärztliche Vereinigungen zwischen Irritation und Innovation

Arbeitsbuch und Handbuch für Netze

Die **Kassenärztliche Bundesvereinigung** (KBV) hatte bereits bei der Weichenstellung des Gesundheitsstrukturgesetzes (GSG) 1993 erkannt, dass die Zukunft der KVen auch davon abhängen würde, wie sie sich aktiv für neue Versorgungsformen engagieren. Sie wollte beweisen, dass Wettbewerb zwischen unterschiedlichen Versorgungsangeboten im ambulanten Bereich auch bei Wahrung der Vertragshoheit der KVen möglich ist. Ziel war es, die Gesundheitspolitik von weiteren Eingriffen in die Vertragshoheit der KVen abzuhalten. Einzelne Kassenärztliche Vereinigungen teilten diese Analyse und bemühten sich gemeinsam mit der KBV um die Förderung der Praxisnetze. Sie wollten sich als Dienstleister für Praxisnetze etablieren, um so einen Bruch des Vertragsmonopols der KVen zu verhindern (KBV 1998).

Aus diesen politischen Überlegungen heraus initiierte die KBV gemeinsam mit einigen KVen ein differenziertes **Beratungs- und Unterstützungsangebot** für Praxisnetze. Die KVen entwickelten gemeinsam mit der KBV ein **Arbeitsbuch** für Netze. Dieses Arbeitsbuch für Netze ging von der Überlegung aus, dass funktionsfähige Praxisnetze konsentierte Ziele, funktionsfähige Organisationsstrukturen und ausreichend Transparenz benötigten, um Qualität und Wirtschaftlichkeit der Versorgungsprozesse beobachten zu können. Gleichzeitig erarbeiteten die KVen gemeinsam mit der KBV ein Handbuch für Netzberater. Ungefähr 70 in Beratung und Projektmanagement ausgebildete KV-Netzberater bekamen mit diesem Handbuch das Wissen an die Hand, um Vertragsärzte bei der Entwicklung von Praxisnetzen fachlich und inhaltlich zu beraten. Das Themenspektrum der Verfahrensvorschläge des Handbuchs reichte von **Rechtsform**, **Gremienstrukturen**, **Leitlinien** und **Qualitätsmanagement** bis zu **netzspezifischen Budgets**. Die Verfahrensvorschläge passten zu den mit dem Arbeitsbuch vorgegebenen Projektphasen (KBV 2000).

Bottom-up-Strategie

Einzelne KVen haben sich also frühzeitig als qualifizierte Dienstleister für Vertragsärzte positioniert, allerdings immer im Sinne einer Bottom-up-Strategie. Die KVen warteten auf die Initiative der Vertragsärzte und verzichteten in der Regel darauf, die Entwicklung aktiv zu fördern. Vor allem erkannten die KVen nicht, dass die in den Verträgen vereinbarten Ziele entweder nicht erreichbar oder nicht darlegungsfähig umzusetzen waren. Mit dem Abschluss solcher Verträge war der Showdown der Praxisnetze kurz nach der Gesundheitsreform 2000 vorprogrammiert. Nicht nur die sektorspezifische Ausrichtung der Praxisnetze war Anlass für eine sich schnell verbreitende Skepsis. Insbesondere die bis auf wenige Ausnahmen nicht mögliche Überprüfung der Vertragsziele führte zu einer Relativierung des Netzgedankens. Dem hätten die KVen gegensteuern können, worauf sie in der Regel jedoch verzichteten (Tophoven 2002).

Heterogenes Bild der KVen

Die gesundheitspolitische Orientierung der KBV wurde nicht von allen KVen geteilt. Viele standen der Netzidee skeptisch gegenüber, da sie davon überzeugt waren, dass das, was die Praxisnetze taten, auch von einer aktiven und innovativen KV geleistet werden könne. »Die KV ist das Netz«. Diese KVen blieben bei ihren Routinen und rieten Vertragsärzten von Initiativen ab. Dennoch bemühten sich einzelne KVen um Strukturverträge und Modellvorhaben, da sie die Möglichkeit sahen, ergänzend zur gedeckelten Gesamtvergütung finanzielle Mittel für klassische KV-Aufgaben zu erhalten.

Teilweise strebten Vertragsärzte und KVen auch eine Verbesserung ärztlicher Verhandlungspositionen durch den Aufbau von **Parallelorganisationen** zur KV an. Aus dieser Überlegung heraus entstanden die Genossenschaften in Schleswig-Holstein und »Medi-Verbünde« in Baden-Württemberg. Beide Ansätze sollten durch wirtschaftliche Tätigkeit, z. B. einen eigenen Arzneimittelvertrieb oder Gruppenverträge für Praxisbedarf, zusätzliche Einkommensquellen für Vertragsärzte erschließen. In erster Linie verfolgten diese Organisationen das Ziel, parallel zu den KVen mit neuen gewerkschaftsähnlichen Zusammenschlüssen die Verhandlungsmacht der Ärzte gegenüber den Krankenkassen zu stärken. Die Idee war, ein **Verhandlungsmonopol** auf freiwilliger Basis parallel zur Kassenärztlichen Vereinigung aufzubauen, das den körperschaftlichen Funktionen der KV nicht verpflichtet wäre und insofern unter Androhung von Streik, Forderungen der Vertragsärzte besser durchsetzen könnte. Dies waren letztlich selbstzerstörerische Strategien, da KVen gezielt ein alternatives Dienstleistungsangebot zur eigenen Organisation aufbauten und sich damit selbst Konkurrenz machten.

Die KVen leisteten damit auch unter ihren Mitgliedern der Argumentation Vorschub, dass sie letztlich nicht dazu in der Lage seien, die Interessen der Vertragsärzte im Kontext neuer Vertrags- und Versorgungsformen adäquat zu vertreten. Mit Blick auf die Gesundheitspolitik konterkarierten KVen, die keine Beratungsangebote vorhielten, genauso wie die KVen, die auf Parallelstrukturen setzten, die gesundheitspolitische Strategie der KBV. Letztlich verließ dann auch die KBV ihren klaren Kurs und mäanderte an den unterschiedlichen KV-Positionen vorbei, ohne sich festzulegen. Im Gesamtbild präsentierte die KV-Landschaft sich so uneinheitlich, dass die Gesundheitspolitik im Vorfeld des GRG die Schlussfolgerung zog, dass sich neue Versorgungsformen am besten ohne KVen durch Direktverträge zwischen Leistungserbringern und Krankenkassen realisieren lassen.

Innovatoren gesucht – Gesundheitsreformgesetz und Einführung der Disease Management-Programme

Krankenhäuser ergreifen die Initiative

Bis Ende der 1990er Jahre waren insbesondere Vertragsärzte aktiv beim Aufbau neuer Versorgungsformen. Mit Verabschiedung des **GKV-Gesundheitsreformgesetzes 2000**, aber insbesondere durch die Einführung des neuen **pauschalierten DRG-Preissystems** im stationären Bereich, übernahmen die Krankenhäuser die Initiative.

Die Bereitschaft der Krankenhäuser, unternehmerische Entscheidungen in Richtung Integrierte Versorgung zu treffen, hängt von ihrer Marksituation und damit vom bestehenden Handlungsdruck, aber auch von den ihnen zur Verfügung stehenden Ressourcen ab.

Marktabhängige Strategien

Die »**Big Player**« im stationären Bereich waren und sind neben kapitalkräftigen privaten Krankenhausketten, große Krankenhäuser in Ballungszentren, aber auch Krankenhäuser in strukturschwachen Regionen, denen die Umstellung ihres Betriebes auf die **DRGs** gelungen ist. Obwohl diese Krankenhäuser vergleichsweise gut aufgestellt sind und mit einem für sie überschaubaren Aufwand in der Lage wären, neue Anbieterstrukturen und Vertragsformen zu realisieren, halten sie sich zurück. In der Frühphase der Entwicklung müssen sie noch nicht investieren, um ihr Überleben am Gesundheitsmarkt zu sichern. Ihnen ist gerade durch die **DRG-Umstellung** klar, was umfassende Verträge zur Integrierten Versorgung bedeuten. Sie wissen, dass ein Krankenhaus dafür innerhalb der eigenen Organisation oder mit Kooperationspartnern Voraussetzungen schaffen muss, Versorgungsprozesse fach- und sektorübergreifend zu beschreiben, sie zu implementieren, sie mit kalkulatorischen Kosten zu bewerten und entsprechend zu managen. Dabei stellen sich noch viele inhaltliche, organisatorische und technische Fragen, deren Lösung, insbesondere die dafür notwendigen Investitionen, anderen Akteuren überlassen werden.

Großen Krankenhäusern in Ballungsgebieten, aber insbesondere in strukturschwachen Gebieten, genauso wie privaten Krankenhausketten reicht es meist, sich die Option einer **Öffnung für hoch spezialisierte Leistungen** zu erarbeiten, Verträge an der Schnittstelle zum Rehabilitationsbereich zu schließen und den Aufbau von Facharztzentren für hochspezialisierte Leistungen und ambulante Operationen aktiv zu betreiben.

Kleine und mittlere Krankenhäuser, vor allem im Randgebiet von Ballungszentren oder in Ballungszentren selbst, standen und stehen unter einem erheblich stärkeren Handlungsdruck als große Häuser. Sie brauchen für Patienten und Krankenkassen attraktive Versorgungsangebote. Sie müssen sich positiv von der Bildung der Behandlungsschwerpunkte an größeren Häusern absetzen. Vermutlich sind sie daher im Prinzip eher bereit, sich auf Neuland zu wagen und über umfassende integrierte Versorgungsangebote nachzudenken.

Gerade an kleinen und mittleren Krankenhäusern entstehen zunehmend **Facharztzentren** mit:

- Vorrangig chirurgischer Ausrichtung

- Breitem fachärztlichen Angebot (Gesundheitszentren) oder
- Fach- oder indikationsspezifischer Ausrichtung (Gastroenterologie, Rheumatologie, Geriatrie)

Die Idee ist, das Krankenhaus langfristig zum Kern bzw. zum Träger einer Integrierten Versorgung zu machen. Zunächst geht es aber auch diesen Häusern um betriebswirtschaftliche Optimierung der Kostenstruktur und Steuerung der Patientenströme (KBV 2003).

Auch Krankenhäuser planen ihre unternehmerischen Strategien, ähnlich wie die Vertragsärzte bei den Praxisnetzen, aus ihrem Versorgungssegment heraus (KBV 2003).

DMP dominieren das Vertragsgeschehen im ambulanten Bereich

Den ambulanten Bereich dominierten um die Jahreswende 2001 die **Disease-Management-Programme (DMP)**. Für die Vertragsverhandlungen war die Kopplung zwischen DMP und Risikostrukturausgleich prägend. Die Strategie der Kassen musste sein, möglichst viele Patienten so schnell wie möglich für die einschlägigen DMP zu gewinnen. Es ging um »**Masse statt Klasse**«, denn nur für eingeschriebene Versicherte konnten die Kassen einen morbiditätsorientierten Ausgleich im RSA erhalten (Tophoven 2001).

Die auf eine große Breitenwirksamkeit ausgelegte Vertragspolitik der Krankenkassen führte zwangsläufig zu einer wenig differenzierten Strategie im Hinblick auf die unterschiedlichen Morbiditätsrisiken der Patienten. Für Hausärzte oder andere Leistungsanbieter gab es kaum ökonomische Anreize, Managementaufgaben in den DMP zu übernehmen. Die an dem DMP teilnehmenden Hausärzte erhielten Pauschalen für eine regelmäßige Dokumentation. Dies lag im Interesse der Kassen, da nur bei einer regelmäßigen und vollständig vorliegenden Dokumentation Patienten als in das DMP eingeschrieben galten und der Verteilungsmechanismus des RSA funktionierte.

Nur in den seltensten Fällen wurden **ökonomische Anreize** für die Umsetzung von Zielvereinbarungen oder die Einhaltung von prozessualen Standards vereinbart. Für ein übergreifendes Management der Versorgungsprozesse war in den Verträgen keine Vergütung vorgesehen. Jeder einzelne Anbieter, ob Hausarzt, Facharzt, Psychotherapeut, Pflegedienst oder Krankenhaus, wurde weiterhin einzeln für seine Leistungen honoriert. Damit entstand kein übergreifendes Interesse an einer effizienteren Gestaltung des gesamten Versorgungsprozesses. Zusammenfassend kann man festhalten, dass die Kopplung an den RSA dazu geführt hat, dass DMP flächendeckend strukturkonservativ über Kollektivverträge umgesetzt wurden.

Kassenärztliche Vereinigungen – Zwischen Selbsterhaltung und Demontage

Stärkung der Kollektivverträge durch DMP

Die Dissonanz zwischen den KVen und innerhalb der KBV verstärkte sich mit dem Gesundheitsreformgesetz 2000 und der DMP-Einführung. Die **DMP** verlangten im Prinzip eine **Strategie der Kollektivverträge** und damit eine Stärkung der Vertragshoheit der KVen. Dies und die Erfahrungen mit den Praxisnetzen führte bei einigen KVen zu der Schlussfolgerung, dass die KVen nicht mehr unter Handlungs- oder Anpassungsdruck stehen. Nicht wenige Kassenärztliche Vereinigungen beendeten ihr Engagement in der Netzberatung. Sie konzentrierten sich in der Folge, insbesondere bei der DMP-Umsetzung, darauf, ihre klassischen Funktionen und Strukturen zu stärken.

Andere KVen, in denen Parallelorganisationen aufgebaut wurden, versuchten das genaue Gegenteil. Sie wollten anhand der DMP-Verträge zeigen, dass die Zukunft den alternativen KV-Strukturen gehört. Beide Lager waren im KBV-Vorstand vertreten, der zusätzlich die innerärztliche Diskussion pro bzw. contra DMP in der Sache führen musste. Die Konfusion endete vorläufig mit einem Beschluss gegen die DMP auf der Vertreterversammlung der KBV im Vorfeld des 105. Ärztetages in Rostock 2002.

Maßgeblich für diesen Beschluss waren politische und ökonomische Interessen der Akteure einerseits, andererseits aber auch inhaltliche Bedenken. Diese waren jedoch nicht lange handlungsleitend, wie die weitere Entwicklung zeigte. Nach der Bundestagswahl 2002 schloss die Vertragsärzteschaft flächendeckend DMP-Verträge ab. Die RSA-typischen, regionalen Verteilungswirkungen hätten die regional organisierten Krankenkassen und damit auch direkt ihre Vertragspartner, die KVen, getroffen.

Gesundheitspolitiker und andere Akteure im Gesundheitswesen zogen die Schlussfolgerung, dass die Innovationsbereitschaft der KVen symbolische Politik war und die Vertragsärzte selbst an einer Demontage der KVen zumindest teilweise interessiert sind. Die politische Heterogenität der KVen und die Zielkonfusion innerhalb der ehrenamtlichen Vorstände auf Landes- und Bundesebene verhinderten, dass die KVen die DMP zur Stabilisierung ihrer Strukturen nutzen konnten.

Beunruhigung durch Initiativen des stationären Sektors

Die KVen konnten die Augen aber auch nicht davor verschließen, dass Krankenhäuser – zumindest theoretisch – an weitgehenden Veränderungen der Anbieterstrukturen arbeiteten, zumal immer mehr Fachärzte der Idee eines Gesundheitszentrums am Krankenhaus durchaus gewogen waren. Die klassischen Kooperationsinstrumente, wie Belegarztsystem oder Konsiliararztverträge, wurden immer weiter ausgedehnt, was in der Konsequenz dazu führen konnte, dass freiberuflich niedergelassene Vertragsärzte einer Nebenbeschäftigung im Krankenhaus nachgingen. Die Sektorengrenzen begannen sich im Facharztbereich zu verwischen. Über Krankenhäuser initiierte Anbieterstrukturen verändern in einem wichtigen Marktsegment die Versorgungslandschaft. Theoretisch schien es möglich, dass diese Entwicklung in der Etablierung von Gesundheitsunternehmen mündet, die für die KVen eine ernsthafte Konkurrenz bei der Interessenvertretung, insbesondere der hochspezialisierten Facharztgruppen und der operativen Umsetzung von Verträgen, wären.

KBV-Forum und KV-Consult

Einzelne Kassenärztliche Vereinigungen bauten deshalb gemeinsam mit der KBV eine Veranstaltungsreihe zum Thema **Integrierte Versorgung** (KBV-Forum) auf. Ziel war es, die KVen, die sich weiter um neue Versorgungsformen bemühten, zu unterstützen. Außerdem wollten sich die KVen gegenüber Politik und Vertragspartnern als Dienstleister auch für sektor- und disziplinenübergreifend konzipierte Versorgungskonzepte positionieren. Dieser Überlegung entsprang auch das Konzept

einer KV-Consult. Die KV-Consult als KV-Tochterunternehmen sollte neben dem KV-spezifischen Know-how insbesondere Kompetenzen zur Struktur und Funktionsweise neuer Anbietersysteme und Vertragskonzepte aufbauen.

Für das Organisationsmodell einer KV-Consult sprach, dass es bei Verträgen nach § 140 SGB V nicht mehr nur um Dienstleistungen für Vertragsärzte, sondern auch für weitere potenzielle Kooperationspartner, insbesondere Krankenhäuser, Pflegedienste und andere Gesundheitsberufe, ging. Krankenkassen, vermutete man, wären ebenfalls eher bereit, mit einer neuen »KV-Consult« Verträge zur Integrierten Versorgung zu schließen, als mit der traditionellen »KV-Classic«. Mit einem **breiteren Dienstleistungsspektrum** und einer **expliziten Unternehmensphilosophie** für innovative disziplinen- und sektorübergreifende Versorgungskonzepte sollte die Akzeptanz der neuen KV-Tochter – und indirekt ihrer Mutter – gesichert werden.

Um in jeder einzelnen KV ein qualifiziertes Dienstleistungsportfolio vorhalten zu können, sollte eine zentrale Entwicklungsabteilung bei der KBV entstehen (**KBV-Consult**). Aufgabe dieser zentralen Entwicklungsabteilung wäre zunächst die Entwicklung eines einheitlichen Organisationsmodells für die KV-Consult-Unternehmen gewesen. Außerdem sollte es darum gehen, die Inhalte für das **Dienstleistungsportfolio** zu erarbeiten. Dabei wäre es um fertige Vertragskonzepte auf der Basis strukturierter Behandlungsprogramme und spezifischer IT-Instrumente für Qualitätsmanagement, Abrechnung und Controlling gegangen. Die Idee war, durch eine gemeinsame Strategie der KVen und der KBV sich möglichst schnell als Dienstleister für neue, auch disziplinen- und sektorübergreifende Versorgungskonzepte am Markt zu etablieren. Das Konzept »KV-Consult« scheiterte 2003 aus zwei Gründen:

1. Die Etablierung einer KV-Consult hätte zur Gefährdung der KV-Classic führen können. Mit einer aktiven Förderung integrierter Versorgungskonzepte, die nicht mehr zwingend an die Rahmenvorgaben des bestehenden KV-Systems gebunden sind, da sie sich auch aktiv an neue Anbieterstrukturen wendet, wären die zentralen Funktionen der KVen in Frage gestellt worden. Die KVen selbst hätten sich zum Motor einer Entwicklung gemacht, die

auch zur Gefährdung ihrer Marktposition führen könnte. Das klassische KV-Geschäft wäre außerdem durch die Politik der KV-Consult komplexer und damit verwaltungsaufwändiger geworden. Dies hätte zwangsläufig zu höheren Umlagen in der KV-Classic führen müssen, was deren Akzeptanz bei den Vertragsärzten weiter gefährdet hätte.

2. Die KV-Consult war von der Idee her Konkurrenz zu den Konzepten der Berufsverbände, Ärztegenossenschaften und Medi-Verbünde. Sie sollte für die KVen das Geschäftsfeld besetzen, das die Genossenschaften und die Medi-Verbünde für sich reklamiert hatten.

Eine KV-Dienstleistungsgesellschaft, die für Vertragsärzte neue Marktsegmente und Einkommenschancen gezielt nutzt, war 2003 in der KBV und den Reihen der KVen daher nicht konsensfähig.

Innovatoren immer noch gesucht – Nach dem GKV-Modernisierungsgesetz 2004

Hausarztzentrierte Versorgung und Integrierte Versorgung »light«

Das GMG eröffnete 2004 noch einmal größere unternehmerische Spielräume für Vertragsärzte, Krankenhäuser und weitere Leistungserbringer. Die Bereitschaft, sich für Innovationen zu engagieren, blieb allerdings gering. Die Krankenkassen zeigten sich zurückhaltend. Bonusprogramme, um attraktive Versicherte zu halten, erfreuten sich im Jahr 2004 bei weitem größerer Beliebtheit als langfristige Investitionen in integrierte Anbieterstrukturen und Vertragsformen. Der Handlungsdruck, insbesondere auf die Krankenhäuser, hatte sich allerdings durch die Einrichtung des Innovationsfonds und des damit verbundenem einprozentigen Abzugs von den Krankenhausrechnungen noch einmal verstärkt.

Die Krankenhäuser mussten sich bemühen, den Abzug von Ressourcen über die Ein-Prozent-Regelung zu verhindern. Dafür waren Verträge vom Typ einfacher IV-Leistungskomplexe ausreichend. Mit relativ geringem Aufwand war dies durch Verträge an der Schnittstelle zwischen stationärem und rehabilitativem Bereich möglich. Dies waren Versorgungsansätze, die von den Krankenhäusern bereits vor 2004 realisiert wurden. Das GMG führte dazu, dass die seit längerem bestehenden sektorübergreifenden Kooperationen als Verträge nach § 140 SGB V geadelt wurden.

Hausarztzentrierte Versorgung

Die Akteure im ambulanten Bereich waren weiterhin mit den Disease-Management-Programmen befasst und mit der durch das GMG entstandenen Pflicht, Versicherten eine Hausarztzentrierte Versorgung nach § 73b SGB V anzubieten.

Die Erfahrungen mit Hausarztmodellen (Wasem et al. 2003) hatte die Krankenkassen gelehrt, dass mehr Qualität und Wirtschaftlichkeit von einer Hausarztzentrierten Versorgung nur zu erwarten ist, wenn sie innerhalb eines integrierten Versorgungssystems konzipiert ist. Voraussetzungen einer erfolgreichen Lotsentätigkeit des Hausarztes sind **implementierte Leitlinien** und **strukturierte Versorgungsprozesse**, eine **umfassende Dokumentation**, die ein aktuelles **Rückmeldesystem** möglich macht und ein **praxisübergreifendes Qualitätsmanagement** etabliert, sowie eine **pauschalierte Vergütung**, die alle beteiligten Leistungserbringer zu prozessorientiertem Handeln motiviert – ein kurzfristig kaum zu realisierendes Arbeitsprogramm.

Eine Analyse der Anfang 2005 abgeschlossenen Verträge zur Hausarztzentrierten Versorgung zeigt, dass sie folgerichtig wenig Innovatives beinhalten. Die meisten Verträge betonen die gesetzlich und vertraglich bereits bestehenden Verpflichtungen der Hausärzte zu Fortbildung und Qualitätsmanagement. Viele versuchen DMP für Hausärzte und Patienten durch Honorarzusagen und Boni attraktiver zu gestalten. Fast alle zielen darauf ab, die klassischen Anreizinstrumente für eine rationale Pharmakotherapie endlich wirksam zu machen. Und einige nutzen die Chance mit Hausarztverträgen, Angebote an gesunde bzw. gesundheitsbewusste Versicherte zu machen.

Da der Gesetzgeber die Option eröffnete, Verträge zur Hausarztzentrierten Versorgung auch als Integrationsverträge abzuschließen, können Honorarzusagen an Vertragsärzte oder Boni für Patienten über den Innovationsfond der Integrierten Versorgung finanziert werden. Diese Chance wurde insbesondere mit dem **Hausarztvertrag der Barmer Ersatzkasse** genutzt. Sehr zum Leidwesen der KVen, denn der Barmer-Vertrag wurde ohne sie abgeschlossen und ist damit ein Präzedenzfall für den ersten Flächenvertrag zur »integrierten« Versorgung, an dem die KVen nicht beteiligt sind. Um den Innovationsfond und insbesondere die Verwendung der einbehaltenen Mittel für Integrationsverträge beobachten zu können, hatte die gemeinsame Selbstverwaltung bei der Bundesgeschäftsstelle für Qualitätssicherung (BQS) eine zentrale Registrierstelle für Verträge zur Integrierten Versorgung eingerichtet. Daher ist bekannt, dass im Jahr 2004 insgesamt 354 Verträge zu einem Gesamtvolumen von € 157 Mio. vereinbart wurden. Zur Verfügung standen eigentlich ca. € 680 Mio. Diese Zahlen sind ein starkes Indiz für die sehr begrenzte Innovationskraft der Leistungserbringer aber auch der Krankenkassen im deutschen Gesundheitssystem.

Medizinische Versorgungszentren (MVZ)

Eine, wenn auch begrenzte Veränderungsdynamik im ambulanten Bereich haben die **Medizinischen Versorgungszentren** (MVZ) nach § 95 SGB V bewirkt. Vielfach wandeln sich Gemeinschaftspraxen in MVZ. Auch hochtechnisierte Facharztgruppen (Laborärzte, Radiologen, Kardiologen) nutzen die Chance MVZ zu gründen. Dies gilt auch für ambulante Operationszentren, die zum Teil in Kooperation mit Krankenhäusern entstehen. MVZ an und für sich sind aber noch keine neue Versorgungsform, sondern zunächst nur eine neue Anbieterstruktur, die den Beteiligten einen effizienteren Ressourceneinsatz ermöglicht.

Kassenärztliche Vereinigungen: Chancen durch Professionalisierung

In der mit dem GMG eingeleiteten dritten Phase dokumentiert die KBV »ihre Veränderungsbereitschaft und ihren Verbesserungswillen«. Sie wehrt sich gegen das Etikett der Blockierer-KV, indem sie in einer **modifizierten Wiederauflage** die Idee einer KBV-Consult nochmals aufgreift (Köhler 2005). Die Positionierung der KBV ist bundespolitisch motiviert und trifft auf KV-Ebene nicht auf einhellige Resonanz. Wie in der Vergangenheit setzen auch jetzt Kassenärztliche Vereinigungen auf die Bewahrung des Status quo. Ob es also im dritten Anlauf gelingt, die Zukunftsperspektive der KBV der KV-Ebene flächendeckend näher zu bringen, bleibt eine offene Frage.

Die Chancen stehen allerdings deutlich besser, als vor dem GMG. Die Professionalisierung der KV-Strukturen durch das GMG ist eine wichtige Voraussetzung für kürzere Entscheidungswege und insbesondere sach- und zielorientierte Entscheidungen. Der bis heute bestehende parteiübergreifende Konsens, **Wettbewerb als Steuerungsmechanismus** im Gesundheitssystem zu implementieren, macht es den KVen zunehmend schwerer, eine Anpassung ihrer Funktionen und Strukturen an neue Bedingungen zu verweigern. Innerärztlich haben sich Konzepte, die auf die Sicherung des Überlebens der KVen bauen, durchgesetzt. Ärztegenossenschaften und Medi-Verbünde, die letztlich auf eine gezielte Demontage der KVen als Körperschaften zielten, haben an Einfluss eingebüßt.

KBV und KVen sind sich in der dritten Phase zumindest in einem einig und hier besteht ein fundamentaler Unterschied zum KBV-Consult-Konzept aus dem Jahr 2003. Die **KBV-Consult 2005** soll innerhalb des **Kollektivvertragssystems** neue Versorgungsformen unterstützen. Wettbewerb findet aus KV-Perspektive im fachärztlichen Bereich, insbesondere zwischen Krankenhäusern und niedergelassenen Fachärzten, statt. Wettbewerb ist für KVen und KBV zwar auch zwischen Kollektiv- und Einzelverträgen denkbar allerdings mit der implizierten Unterstellung, dass es erfolgreiche einzelvertragliche Strukturen nicht geben wird. Der Fokus bei kollektivvertraglicher Integrationsversorgung soll auf sektorspezifischen Versorgungsverträgen und Regelungen liegen, die an einzelnen Punkten sektorübergreifende Kooperationsbeziehungen etablieren. Die Idee eines neuen § 73d SGB V, der kollektivvertragliche Regelungen zur Integrierten Versorgung ermöglicht, ist Ausdruck dieser Überlegungen. Die Versorgungssektoren bleiben für sich bestehen, neue Anbieterstrukturen sind nicht vorgesehen, aber durch Kooperationsbeziehungen zwischen ambulantem und stationärem Sektor werden Wege gesucht, den bestehenden Versorgungsbedarf zu befriedigen.

Die KVen finden damit zur Ausgangsthese des Jahres 1998 zurück. **Nicht der Wettbewerb zwischen unterschiedlichen Versorgungsangeboten bedroht die Existenz der KVen, sondern Direktverträge** ohne ihre Beteiligung. Wettbewerb zwischen unterschiedlichen Versorgungsangeboten unter dem KV-Dach erzwingt nur eine moderate Umstrukturierung der KVen. Dies gilt insbesondere dann, wenn der ambulante vertragsärztliche Sektor der Motor für neue Angebotsstrukturen ist und integrierte Vollversorgung, die zu neuen disziplinen- und sektorübergreifenden Playern am Gesundheitsmarkt führt, verhindert werden kann.

Diese Positionierung der KBV und einzelner KVen ist konsequent. Nach über zehn Jahren Geschichte neuer Vertrags- und Versorgungsformen hat sich gezeigt, dass die unterschiedlichen Leistungserbringergruppen neue Versorgungsformen nur in ihrem jeweiligen Versorgungssegment konzipieren und lediglich als Chance betrachten, ihre Markt- und Einkommensposition zu verbessern. Interesse an integrierter Vollversorgung und der damit verbundenen Übernahme einer Budgetverantwortung **ist kaum erkennbar**. Im deutschen Gesundheitssystem sind das dafür notwendige Wissen und die dafür notwendigen Instrumente, z. B. im IT-Bereich noch nicht verfügbar. Gleichzeitig werden sich schwerlich Investoren für neue Versorgungskonzepte finden, solange **erstens** personelle und finanzielle Ressourcen des Systems für DMP, Hausarztzentrierte Versorgung und andere gesundheitspolitische Konzepte gebunden werden und **zweitens** mit weniger investiven und innovativen Strategien ein Überleben am Gesundheitsmarkt möglich ist.

Der lange Atem der KVen

Einzelne KVen und – mit einigen Einbrüchen – die KBV, haben sich auf die gesundheitspolitische Herausforderung neuer Versorgungs- und Vertragsstrukturen von Beginn an eingelassen. Es gab und gibt die Bereitschaft, den Aufbau neuer Versorgungs- und Vertragsstrukturen zu unterstützen und den dafür notwendigen Aufbau an Know-how zu fördern. Bedingung dafür ist, dass die Existenz der KVen hierdurch nicht bedroht wird.

Sektorübergreifend integrierte Anbieterstrukturen, also eine **integrierte Vollversorgung**, würde die für das deutsche Gesundheitswesen typische Spaltung in einen ambulanten und stationären Versorgungssektor überwinden und damit die Funktionalität des kassenärztlichen Regelungswerks in fast allen Bereichen in Frage stellen. Außerdem entständen neue »**Player**« am Markt, die eine Interessenvertretung durch die KVen nicht benötigen. Die Vertragshoheit der KVen würde erodieren.

Dies gilt nicht für eine kassen- und indikationsspezifische Differenzierung der Vertragsstrukturen, die nicht zu neuen Anbietertypen führt. Eine Differenzierung ambulanter Vertragsstrukturen kompliziert zwar die Verwaltungsarbeit der KVen – sie verlangt andere Kompetenzen und Abläufe sowie eventuell auch mehr personelle Ressourcen. Solange die Vertragshoheit der KV faktisch gewahrt bleibt, wird die Existenz der KVen nicht gefährdet, auch wenn sie gesetzlich bereits durchbrochen wurde. KVen können den Wettbewerb um unterschiedliche Versorgungsangebote akzeptieren und im Interesse ihrer Mitglieder nutzen, solange sie die Entstehung neuer sektorübergreifender Anbieterstrukturen und Gesundheitsunternehmen verhindern. Erst solche neuen Player könnten faktisch und nicht nur theoretisch die Vertragshoheit der KVen gefährden, indem sie die Interessenvertretung der Vertragsärzte übernehmen.

Bisher hat sich kein Anbieter im deutschen Gesundheitssystem gefunden, der sich als **Innovationsmotor** erwiesen hätte. Weder Krankenkassen, noch Krankenhäuser oder einzelne niedergelassene Vertragsärzte zeigen das dynamische Unternehmertum, das notwendig wäre, um Anbieter- und Versorgungsstrukturen nachhaltig zu verändern.

Es könnte also sein, dass die langfristige Strategie der KBV und einiger KVen, sich als Dienstleister für neue Versorgungsformen innerhalb gegebener Strukturen zu positionieren, trotz vielfältiger Rückschläge in den eigenen Reihen, aufgeht. Im Ergebnis könnten sie notwendige Anpassungsprozesse im deutschen Gesundheitssystem durch die Dienstleistungen einer KBV/KV-Consult (Beratung, Vertragscoaching und Implementierung) fördern und gleichzeitig steuern, dass sich Struktur und Funktionen der KV-Classic zwar ändern, aber in der Substanz nicht gefährdet werden. Solange die Leistungserbringer und Krankenkassen nicht andere Akzente setzen, wird diese Strategie aufgehen.

Literatur

Bohm S, Häussler B, Reschke P (2001) Evaluationkonzept für das Praxisnetz Nürnberg Nord. In: Preuß KJ, Räbiger J, Sommer JH (Hrsg) Managed Care - Evaluation und Performance Measurement integrierter Versorgungsmodelle. Stand der Entwicklung in der EU, der Schweiz und den USA. Schattauer, Stuttgart New York

Häussler B, Bohm S (2000) Praxisnetze auf dem Weg zur integrierten Versorgung. Sozialer Fortschritt 6: 127–130

Kassenärztliche Bundesvereinigung (Hrsg) (1998) Neue Versorgungsstruktur – eine Chance für die Ärzteschaft

Kassenärztliche Bundesvereinigung (Hrsg) (2000) Internes Handbuch für Netzberater

Kassenärztliche Bundesvereinigung (Hrsg) (2003) Krankenhäuser – Positionierung am Gesundheitsmarkt – Manuale 1 und 2, Internes Arbeitspapier

Köhler A (2005) Bericht zur Lage, Vertreterversammlung der KBV

Rüschmann HH, Roth A, Krauss C (2000) Vernetzte Praxen auf dem Weg zu managed care: Aufbau – Ergebnisse – Zukunftsvisionen. Springer, Berlin

Schoenbaum SC (1993) Feedback of clinical performance information. HMO Practise 1

Schräder WF (2002) Integration von Strukturen und Prozessen als unternehmerische Ausgabe. Fachtagung aus Anlass des zehnjährigen Bestehens der Gesundheitszentren in Brandenburg

Schräder WF (2003) Sektorübergreifende Leistungskomplexe und Integrierte Versorgung – Trend zur Zentralisierung im neuen GKV-Vertragsgeschäft. In: Forum für Gesundheitspolitik, S 418–421

Shortell SM, Gillies RR, Anderson DA (2000) Remaking Health Care in America. Jossey-Bass, San Francisco

Tophoven C (2001) Disease Management und Integrierte Versorgung – zur Reichweite zweier gesundheitspolitischer Konzepte. Arbeit- und Sozialpolitik 55(11–12): 30–38

Tophoven C (2002) Der lange Weg zur integrierten Versorgung. Arbeits- und Sozialpolitik 56(9–10): 12–17

Wasem J, Greß S, Hessel F (2003) Hausarztmodelle in der GKV – Effekte und Perspektiven vor dem Hintergrund nationaler und internationaler Erfahrungen. Diskussionsbeiträge aus dem Fachbereich Wirtschaftswissenschaften Universität Duisburg-Essen Nr. 130. Essen

Westebbe PW (1999) Ärzte im Netz, Eine qualitative Untersuchung über die Entwicklung neuer Kooperations- und Organisationsformen in der ambulanten Medizin in Deutschland. Eigenverlag

Wigge P (2004) Medizinische Versorgungszentren nach dem GMG. Zulassung, Rechtsform, Trägerschaft. Medizinrecht 22(3): 123–134

7.5 Change Management in der Integrierten Versorgung

Bernhard Güntert

Formen der Vernetzung in der integrierten Gesundheitsversorgung

Vernetzungen verschiedenster rechtlich selbständiger Leistungsanbieter zu gemeinsamen Produktionsprozessen finden wir nicht nur in der integrierten Gesundheitsversorgung. Netzwerkorganisationen sind heute in der Wirtschaft immer mehr verbreitet. Der Wandel vom Verkäufer- zum Käufermarkt, neue Produkte und Dienstleistungen, die physische Desintegration von Produktionsprozessen aufgrund der Globalisierung und der Nutzung komparativer Kostenvorteile, die steigende Volatilität der Märkte, der Trend sich wieder auf die eigenen Kernprozesse zu konzentrieren bzw. sich zu spezialisieren und im eigenen Spezialgebiet strategische Erfolgspotentiale aufzubauen, Prozessinnovationen sowie Möglichkeiten der neuen Informationstechnologien erfordern und ermöglichen hybride Organisationsformen, Kooperationsgeflechte, virtuelle Organisationen und damit vernetzte unternehmerische Aktions- und Organisationsmuster (Fleisch 2001).

Traditionelle Unternehmensstrukturen und Unternehmensgrenzen lösen sich zunehmend in Richtung hybrider Verbindungen mit externen Partnern auf (Picot, Reichwald und Wiegand 2003). Unternehmen sind immer häufiger Teil der sog. »Networked Economy« (Shapiro und Varian 1999), die ihre Rolle oft in mehreren und unterschiedlichen Netzwerken aktiv gestalten. Dadurch entstehen gegenseitige Abhängigkeiten und Verbindungen und die traditionelle Konzeption von Unternehmung, Konkurrent, Zulieferer und Kunde löst sich auf, da gleichzeitig mehrere Rollen zum Nutzen aller Beteiligten kombiniert werden können und sollen (Brandenburger und Nalebuff 1996). Unternehmen gehen damit immer häufiger intensive Verbindungen mit anderen, rechtlich und wirtschaftlich selbständigen Unternehmen ein, indem sie diese direkt in die Leistungserstellungs- oder in die Vermarktungsprozesse mit einbeziehen. Damit entstehen Verbindungen, die sowohl negative (Abhängigkeiten) wie auch positive (Synergieeffekte) Auswirkungen haben können (Picot, Reichwald und Wiegand 2003). Kennzeichnend für solche vernetzte Kooperationen ist, dass die formal unabhängigen Unternehmen deutlich stärker miteinander kooperieren als dies für rein marktlich organisierte Austauschbeziehungen üblich ist, allerdings ohne dass gleich eine hierarchische Koordination entstehen würde (◘ Abb. 7.5-1).

Netzwerkorganisationen können sich grundsätzlich auf zwei Wegen bilden, einerseits durch Ausgliederung betrieblicher Funktionen aus der Hierarchie, andererseits durch Intensivierung der Zusammenarbeit bislang über den Markt koordinierter Austauschbeziehungen. Typisch für **den ersten Entwicklungspfad** ist etwa das **Outsourcing** verschiedener Unternehmensfunktionen, d. h. den Einbezug von Wertschichtenspezialisten in den eigenen Wertschöpfungsprozess (Güntert et al. 2001). Dabei bleibt in einer Outsourcing-Partnerschaft allerdings der Unternehmer meist Prozesseigner und bestimmt weitestgehend die Anforderungen (vgl. etwa die hierarchischen Verhältnisse zwischen Automobilhersteller und Zulieferer). Der Dienstleister übernimmt klar definierte Funktionen.

Die **zweite Entwicklungslinie** trifft häufig dann zu, wenn es sich um **komplexe Leistungen** oder Produkte handelt, für die Wissen und Fertigkeiten verschiedener Organisationen bzw. Professionen erforderlich sind. Hier sind die Verhältnisse nicht mehr so klar und die Verantwortung für den Prozess der Leistungserstellung oft auf verschiedene Netzwerkpartner verteilt (vgl. etwa Großprojekte).

In der Netzwerkforschung bezeichnet man derartige Zusammenschlüsse oft als **heterarchisch** und – trotz bestehenden, umfangreichen vertraglichen Bindungen – als **dynamisch** (vgl. Sydow 2003, Güntert 2005). Netzwerktypologien sind in ◘ Abb. 7.5-2 dargestellt.

Diese Typologie kann durchaus auch auf Gesundheitseinrichtungen und auf die Situation der integrierten Versorgungssysteme mit den verschiedenen, spezialisierten, rechtlich und wirtschaftlich selbständigen ambulanten und stationären Leistungsanbietern übertragen werden. Im Zentrum steht ein komplexer, nur teilweise strukturierbarer Produktionsprozess, die individuelle Patientenkarriere (Güntert 2005) – mit verschiedenen spezialisierten, oft ambulanten und stationären Leistungsanbietern sowie den Patientinnen und Patienten selbst als Co-Produzenten (Badura 2000). Typisch für die traditionellen Gesundheitsversorgungssysteme ist, dass keine Eigner für den ganzen Prozess vorgesehen sind, sondern jeder Leistungserbringer nur seine Behandlungs- und Betreuungsepisode optimiert. Die eigentlichen **Prozesseigner**, die Patienten, verfügen meist nicht über die notwendige Kompetenz, um den Prozess zu überwachen und zu steuern. Damit unterscheidet sich die Situation der Gesundheitsversorgung maßgeblich von der Situation in Netzwerken der Wirtschaft. Dort finden wir meist klare Kriterien zur Beurteilung von gemeinsamen Prozessen und damit eine viel einfachere Steuerungssituation.

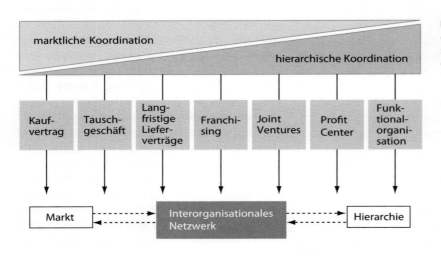

◘ **Abb. 7.5-1.** Organisationale Vernetzungen zwischen Markt und Hierarchie (Nach Sydow 1992)

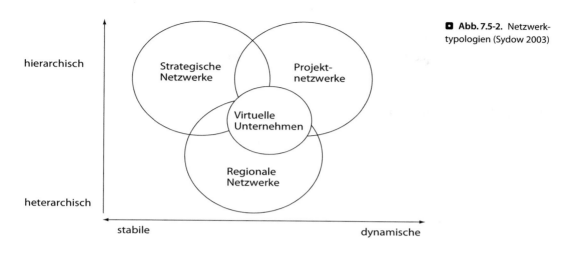

Die Ausrichtung auf eine gemeinsame und ganzheitliche Betreuung von Patienten, d. h. der Fokus der einzelnen Leistungsanbieter auf die **Patientenkarriere** als Ganzes und nicht wie bisher auf einzelne Behandlungsepisoden (wie z. B. stationäre oder ambulante Behandlung, Rehabilitation usw. (Güntert 2004) stellt die große organisatorische Herausforderung der Integrierten Versorgung dar. Diese Sichtweise widerspricht einerseits der traditionellen Kultur im Gesundheitsversorgungssystem, andererseits aber auch den in den letzten Jahren mittels unterschiedlicher Entschädigungs- und Steuerungssysteme (wie z. B. gedeckelten Budgets, DRG, Einführung von marktähnlichen Mechanismen) geförderten betriebswirtschaftlichen Denk-, Handlungs- und Optimierungsmustern im Management von Gesundheitseinrichtungen.

Unter den immer enger werdenden wirtschaftlichen Rahmenbedingungen und mit den prospektiven Vergütungssystemen wurden die verschiedenen Leistungsanbieter gezwungen, das **finanzielle Risiko** selbst zu tragen und zunehmend **wirtschaftliche Ziele zu verfolgen**, um eigenwirtschaftlich das Überleben sicherzustellen. Dabei wurden aus Patientensicht suboptimale Leistungsprozesse mit Doppeluntersuchungen und -behandlungen (bei fee-for-service-Modellen) bzw. mögliche Unterversorgungen, mangelhafte Informationstransfers und Wartezeiten (bei Fallpauschalen) in Kauf genommen. Die enge betriebliche Ausrichtung wird durch die Tatsache verstärkt, dass ohne Ärztenetze bzw. integrierte Versorgungsmodelle eine

vertragliche Basis für eine Kooperation der verschiedenen Leistungsanbieter untereinander kaum existierte und die Verpflichtung gegenüber der Krankenkasse nur vorsah, die eigene Behandlungsphase nach dem Stand der Wissenschaft zweckmäßig und wirtschaftlich zu gestalten. Eine Integration der Behandlungs- und Betreuungskette war im System nicht vorgesehen.

Allerdings haben im angelsächsischen Sprachraum und in Skandinavien die Gesundheitsversorgungssysteme eine andere Entwicklung durchgemacht und es entstanden zum Teil hierarchisch strukturierte **Managed Care** – oder andere integrative Modelle. Aber auch in Deutschland sind in den letzten Jahren neben den Ärztenetzen verschiedene eher heterarchische Modellansätze entwickelt und umgesetzt worden, die eine Integration der verschiedenen Leistungserbringer anstreben, ohne dass zwingend stabile Strukturen geschaffen werden müssen. Da sich – zumindest bisher – die Rahmenbedingungen und Anforderungen an integrierte Versorgungssysteme immer wieder kurzfristig verändert haben, ist das Bild von heterarchischen und dynamischen Systemen in diesem Bereich sicher auch angebracht (Sydow 2003, Güntert 2005). Ein Überblick über Netzwerktypologien im Gesundheitswesen ist in ☑ **Abb. 7.5-3** dargestellt.

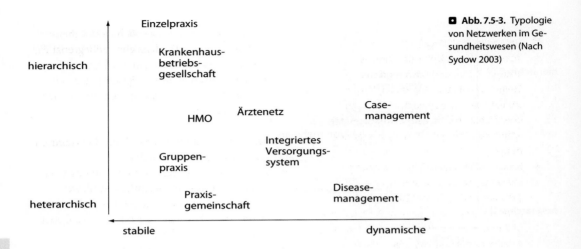

Abb. 7.5-3. Typologie von Netzwerken im Gesundheitswesen (Nach Sydow 2003)

7

Organisationsentwicklung in Gesundheitseinrichtungen

Unter dem Begriff Gesundheitseinrichtungen werden alle Organisationen subsumiert, die direkt (z. B. Arztpraxen, Pflegedienste, Krankenhäuser, Reha-Einrichtungen und Heime) oder auch indirekt (z. B. Labors) mit der Diagnose und Therapie, Pflege und Rehabilitation von Patienten beschäftigt sind.

Unter Organisationsentwicklung werden nicht mehr nur bewusst gestaltete Veränderungsprozesse in Organisationen verstanden (Beckhard 1969). Heute subsumiert man darunter Veränderungsprozesse im allgemeinen, ob geplant oder spontan (Selbstorganisation), ob laufend oder phasenweise, ob reaktiv oder strategisch (Staehle 1999; Rüegg-Stürm, Fleisch und Grand 2004; Heimerl 2005). In der theoretischen Auseinandersetzung geht es einerseits um den Inhalt des Wandels, das heißt um die Frage nach der Entwicklungsrichtung, andererseits aber auch um die Muster, denen organisatorischer Wandel folgt (Heimerl 2005, Weibler und Zieres 2004, Coghlan und McAuliffe 2003, Baumgartner et al. 1995).

Die Notwendigkeit für organisatorischen Wandel ergibt sich einerseits aus **externen Gründen** (veränderte rechtliche oder finanzielle Rahmenbedingungen, verändertes Nachfrageverhalten z. B. aufgrund demografischer und sozialer Entwicklungen, neuer Technologien, neuer Wettbewerbs- und Konkurrenzsituationen usw.), andererseits aber auch aus **internen Gründen** (Personalfluktuation, Opti-

mierung von Produktionsprozessen, neue Leistungen, neue Kunden, neue Technologien und Informationssysteme usw.).

Traditionelle Ansätze der Organisationsentwicklung stellen organisationsinterne Problemstellungen in den Vordergrund und sehen als Hauptziel die Steigerung der Leistungsfähigkeit und die Qualität des Arbeitslebens (Fatzer 1993). **Systemische Konzepte** der Organisationsentwicklung hingegen betonen die Notwendigkeit der organisationalen Anpassung an Umweltveränderungen zum Überleben (offene Systeme, s. Baumgartner et al. 1995, Heimerl 2005) bzw. zum dauernden Ausgleich zwischen Umwelt und interner Geschlossenheit mit Selbstreproduktion und Kulturbildung (selbstreferenzielle Systeme, s. Heimerl 2005). In der Theorie werden daher auch unterschiedliche Ziele (Optimierung oder Unternehmenserneuerung, s. Rüegg-Stürm, Fleisch und Grand 2004) sowie verschiedene Arten des Wandels unterschieden (Coghlan und McAuliffe 2003):

> ◘ **Arten des Wandels**
> - Reaktiver Wandel, d. h. Reaktion auf kleinere Krisen und unvorhergesehene Ereignisse, wie z. B. Anpassung von Ressourcen an Belastungsschwankungen oder Sicherstellung der notwendigen Mitarbeiterkompetenz bei Prozessveränderungen
> - Evolutionärer Wandel, d. h. Reaktionen auf langsame interne und externe Veränderungen, wie z. B. kontinuierliche Erhöhung des Angebotes an ambulanten Operationen in einem Krankenhaus aufgrund veränderter Patientenpräferenzen oder neuer medizin-technologischer Möglichkeiten usw.
> - Revolutionärer Wandel, d. h. radikale Veränderungen mit Folgen auf die Struktur, Kultur und Strategie aufgrund umfassender interner und externer Faktoren wie z. B. neue Finanzierungssysteme oder rechtliche Vorgaben, neue Konkurrenz- und Wettbewerbssituation, umfassende Veränderungen des Leistungsangebotes wie z. B. Umwandlung eines Allgemeinkrankenhauses in ein Spezialkrankenhaus usw.

Gegenüber Unternehmen und Organisationen in anderen Wirtschaftszweigen weisen Gesundheitseinrichtungen aus organisationstheoretischer Sicht einige **Besonderheiten** auf, die es im Rahmen der Organisationsentwicklung zu beachten gilt. Typisch für Gesundheitseinrichtungen ist etwa, dass:

- sie unabhängig von ihrer konkreten Rechtsform häufig Bestandteil der öffentlichen Gesundheitsversorgungsstruktur sind;
- sie einen öffentlichen Versorgungsauftrag erfüllen;
- sie häufig öffentliche Träger aufweisen, beispielsweise direkt von politischen Willensbildungsprozessen abhängig sind;
- sie in hohem Ausmaß von öffentlichen Geldern und gesellschaftlichen Finanzierungsmechanismen (wie z. B. gesetzlichen Krankenversicherungen) und nicht vom Markt abhängig sind;
- die subjektive Nachfrage nach Gesundheitsleistungen in der Tendenz eher unbegrenzt ist, damit die vorhandenen personellen und finanziellen Ressourcen übersteigt und oft zu einer Überforderung der Organisation und der Mitarbeiter führen kann.

Die internen Strukturen von Gesundheitseinrichtungen zeichnen sich dadurch aus, dass:

- zumindest Krankenhäuser stark von den einzelnen Professionen beeinflusst sind, welche eigene Strukturen bilden (**Parallelhierarchien**), die schon interne Kooperationen eher erschweren als fördern;
- sie eine hohe Professionalisierung und damit eine starke Orientierung nach außen – insbesondere in die »professional communities« der Medizin, aber zunehmend auch der Pflege – aufweisen;
- sie die typischen Eigenschaften **professioneller Bürokratien** aufweisen (Mintzberg 1983, Mühlbacher 2002, Heimerl 2005) und damit nur schwer eine gemeinsame Identität finden, sondern verschiedenste Subkulturen, Rationalitäten bzw. autopoietisch geschlossene Systemlogiken mit ihren eigenen Codes (Luhmann 1990, Luhmann 1992, Heimerl 2005) und der damit verbundenen »Mehrsprachigkeit« in sich vereinen;
- sie über **komplexe und heterogene Zielsysteme** mit großen Unbestimmtheiten verfügen, die dadurch verstärkt werden, dass Leistung und wirtschaftlicher Erfolg für die Messung des Organisationserfolges nur bedingt herangezogen werden können und dadurch bezüglich operationaler Ziele eine konzeptuelle Diffusität besteht (Heimerl 2005);
- Erfolg und Methoden schwierig zu definieren sind und angesichts der Komplexität und Widersprüchlichkeit des Zielsystems eindeutig bestimmbare Erfolgsmaßstäbe fehlen;
- das **Objekt der Arbeit Menschen** sind, die einerseits medizinisch-pflegerische Hilfe benötigen, andererseits den Prozess der Leistungserbringung und den Erfolg der Maßnahmen durch ihr Verhalten und ihre Kooperation weitgehend mit beeinflussen und damit als Co-Produzenten gesehen werden müssen (Badura 2000);

- sie in starkem Maße **abhängig von Politik, Staat, Gesetzgeber und Selbstverwaltungsorganen** sind und diese oft interne Organisations- und Führungsstrukturen vorschreiben;
- Sicherheit und Qualität in hohem Ausmaß kulturprägend sind und die hohe moralische Verantwortung **keine Fehlertoleranz** zulässt, wodurch die Gesundheitseinrichtungen leicht durch externe Einflüsse (Image, öffentliche Meinung, Medien usw.) verwundbar werden.

Klassische Ansätze der Organisationsentwicklung tun sich aufgrund dieser Besonderheiten bereits bei singulären Gesundheitseinrichtungen mit ausgeprägten Hierarchien schwer. Grund dafür ist die **starke Außenorientierung** vieler Organisationsmitglieder, d. h. die relativ schwach ausgeprägte Identifikation mit der eigenen Einrichtung. Dies hat zur Folge, dass bei vielen Organisationsmitgliedern die Bereitschaft fehlt, sich aktiv mit dem Organisationsalltag auseinanderzusetzen, bei der Beurteilung von Zukunftsszenarien und der gemeinsamen Zielfindung mitzuwirken, sich an Organisationsentwicklungsprozessen zu beteiligen sowie mit der Organisation zu lernen. Vielfach erfolgen Organisationsentwicklungsprozesse daher nur unter externem Zwang, wie z. B. neue rechtliche Rahmenbedingungen, neue Finanzierungsstrukturen, welche das Überleben der Gesundheitseinrichtung gefährden. Diese Beobachtung trifft häufig auf Gesundheitseinrichtungen zu, zeigen doch viele Beispiele, dass eine Bereitschaft für gemeinsame Veränderungen bei vielen **Health Professionals** erst bei existentiellen Gefährdungen manifest wird. Vorher dominiert die professionelle Tätigkeit am Patienten, organisationsbezogene Fragestellungen haben bei vielen Health Professionals erst zweite Priorität.

Anforderungen an die Organisationsentwicklung in der Integrierten Versorgung

Noch problematischer wird die Anwendung von Organisationsentwicklungskonzepten in **heterarchischen** integrierten Versorgungssystemen. Hier fehlen nicht nur gemeinsame hierarchische Strukturen, die wenigstens zu einem gewissen Maß an Kooperation zwingen. Viele der oben erwähnten Eigenschaften von Gesundheitssystemen, insbesondere die starke Außenorientierung, machen sich genauso oder noch stärker bemerkbar, da die gemeinsame rechtliche und wirtschaftliche Basis fehlt und die Systemrationalitäten einzelwirtschaftliche Suboptimierungen erforderlich machen. Die größte Herausforderung an die Organisationsentwicklung in integrierten Versorgungssystemen ergibt sich jedoch aus der Tatsache, dass sich die Optimierungen der Versorgungskette in der Regel auf **relativ kleine, klar definierte Patientengruppen** (diagnose- oder prozedurbezogen) und damit häufig nur auf einen kleinen Teil aller betreuten Patienten beziehen. Die einzelnen Leistungsanbieter können somit durchaus mehreren, unterschiedlichen integrierten Versorgungssystemen angehören. Deren Ziele können, müssen sich aber nicht decken. Daher ist die Vernetzung der Leistungsanbieter in den einzelnen integrierten Systemen aus organisatorischer Sicht eher lose.

Die häufig **lose Vernetzung** lässt sich auch aus der Entstehungsgeschichte der Integrierten Versorgung in Deutschland begründen. Nachdem über viele Jahrzehnte die Sektorisierung der Versorgung typisch für das deutsche Gesundheitssystem war, wurden erst in den letzten Jahren Vorstellungen einer Integrierten Versorgung propagiert, anfänglich (GKV-Gesundheitsreformgesetz 2000) allerdings ohne großes Interesse der Health Professionals und – mit Ausnahme einiger weniger Modellversuche – ohne konkrete Umsetzung. Erst mit dem **GKV-Modernisierungsgesetz 2004 (GMG)**, der Neufassung der ehem. §§ 140 a–h des SGB V und den damit verbundenen **finanziellen Anreizen** aus zurückbehaltenen Budgets der stationären und ambulanten Bereiche, wuchs das Interesse an konkreten integrierten Versorgungskonzepten. Heute findet man nicht zuletzt aufgrund dieser finanziellen Anreize eine rasch wachsende Anzahl an Modellen.

Weitere Gründe für das gestiegene Interesse an integrierten Versorgungsmodellen sind das gestiegene Bewusstsein, dass abgestimmte Versorgungsprozesse notwendig sind. Auch die technischen Möglichkeiten neuer **Informations- und Dokumentationssysteme** und die zunehmenden Erfahrungen mit Disease-Management-Programmen, Managed Care-Modellen und Vernetzungen tragen zu dieser Entwicklung bei (Tophoven 2004). Im Gegensatz zu **Health Maintenance Organisationen (HMO)** und vielen Managed Care – Modellen wird jedoch auf eine hierarchische Systemsteuerung weitgehend verzichtet. Die verschiedenen bisher selbständigen Leistungsanbieter würden wahrscheinlich auch wenig Bereitschaft zeigen, ihre Unabhängigkeit aufzugeben und in integrierten Versorgungsmodellen mitzuwirken.

Die Vernetzung erfolgt weniger über organisatorisch-strukturelle Maßnahmen, sondern mehr über professionell akzeptierte **Behandlungsleitlinien** (**»clinical guidelines«**), Informations- und Kommunikationsmöglichkeiten und finanzielle Anreize. Wie wenig tragfähig derartige Vernetzungen allerdings sein können, haben die Erfahrungen mit den Ärztenetzen gezeigt. Die meisten Ärztenetze sind nach dem Wegfall der Förderung durch die Krankenkassen wieder verschwunden. Geblieben sind jene, bei denen sich durch die Kooperation für die Beteiligten klare Mehrwerte ergeben haben (z. B. das Ärztenetz »Medizin Und Mehr« in Bünde (NRW), Kluger et al. 2002).

Aus diesen Erfahrungen lassen sich folgende inhaltliche Anforderungen an die Organisationsentwicklung in integrierten Versorgungssystemen ableiten:

◘ **Inhaltliche Anforderungen an die Organisationsentwicklung**

— Die Akzeptanz der integrierten Versorgungssysteme darf nicht nur auf finanziellen Anreizen beruhen, sondern muss dem professionellen Verständnis der Health Professionals entsprechen und darf deren Arbeit am und mit dem Patienten nur in einem gegenseitig akzeptierten Ausmaß einschränken. Grundlage für die übergreifende Kooperation sollten daher von Health Professionals entwickelte, evidenzbasierte klinische Leitlinien sein, die von den beteiligten Leistungsanbietern gemeinsam an die konkrete Situation im Modellgebiet (Bevölkerung, Versorgungsstrukturen, Verkehrswege usw.) adaptiert wurden. Eine gute Grundlage bilden erfahrungsgemäß auch prozessorientierte und von Professionals akzeptierte **Qualitätsmanagementansätze**.

— Die Mehrwerte für die beteiligten Health Professionals sollten sich idealerweise sowohl in der **Kerntätigkeit am Patienten** (z. B. verbesserte Diagnose- und Therapiesicherheit, Beschleunigung der Behandlung, verbesserte Wirtschaftlichkeit usw.) wie auch bei patientenfernen, **administrativen Tätigkeiten** (z. B. raschere, vollständigere und sicherere Informationen durch Standardisierung, Erleichterung bei administrativen Prozessen, verbessertes Retrieval-System durch elektronische Patientenakte und Archive usw.) auswirken. Ein zusätzlicher administrativer Aufwand durch die Integration ist auf jeden Fall zu vermeiden.

— Die erzielten Mehrwerte sind durch das **Netzmanagement** zu erheben und regelmäßig sowohl an die beteiligten Leistungsanbieter wie auch an die Patienten zu kommunizieren. Ein derartiges **Feedback** ist eine Voraussetzung für die notwendige Kulturveränderung bei den Beteiligten und für die Weiterentwicklung des Netzwerks.

— Es muss ein **Netzwerkmanagement** aufgebaut werden, welches den Ausgleich zwischen der Selbständigkeit der verschiedenen Leistungsanbieter und den gemeinsamen Prozessen schafft, insbesondere da die Leistungsanbieter auch eine Vielzahl von Patienten behandeln und betreuen, die nicht Teil des integrierten Versorgungssystems sind. Diese Aufgabe ist nicht leicht und erfordert subtiles Vorgehen. Darin unterscheidet sich das Management eines integrierten Versorgungsnetzes vom Management in Managed Care-Einrichtungen. Integrierte Versorgungsnetze weisen häufig basisdemokratische Strukturen auf. Es gibt kaum hierarchische Strukturen welche die Netzwerkführung unterstützen. Führungskompetenz und -verantwortung sind dezentralisiert. Stärker ausgeprägte Hierarchien dürften sich unter den gegebenen Rahmenbedingungen erst im Verlaufe der Zeit entwickeln, wenn der Mehrwert für die einzelnen spürbar wird und das Interesse an einer stärkeren Kooperation wächst. Mit einer rein virtuellen Integration von Versorgungsleistungen (Mühlbacher 2004), d. h. einem rein heterarchischen Netz dürften die Potenziale der Integration jedoch kaum ausgeschöpft werden.

▼

7

Angesichts der Tatsache, dass die einzelnen Leistungsanbieter schon in einem Netzwerk gleichzeitig mehrere Rollen wahrnehmen müssen, wird ein **neues Rollenverständnis** notwendig. Bei der Behandlung eines Patienten können sie als Behandler selbst tätig sein und damit – bei redundanten Netzangeboten – in Konkurrenz zu anderen Leistungsanbietern stehen. Sie selbst oder ihre Mitbewerber verfügen vielleicht über spezielle Kenntnisse und Technologien und können daher als Komplementäranbieter oder konsularärztlich für andere tätig sein. Möglich ist auch, dass sie Nachfrager nach solch speziellen Leistungen sind, oder aber Patienten zur weiteren Behandlung an andere Leistungsanbieter überweisen (◘ Abb. 7.5-4). Im Rahmen des Organisationsentwicklungsprozesses gilt es daher auch, diese Rollen kritisch zu überprüfen und ein neues Selbstverständnis zu vermitteln. Noch komplexer wird die Situation dadurch, dass die Leistungsanbieter gleichzeitig in mehreren integrierten Versorgungssystemen eingebunden sein können und mit den anderen Leistungsanbietern in neuen Rollen kooperieren müssen.

Aus methodischer und prozessualer Sicht lassen sich für integrierte Versorgungssysteme folgende Anforderungen an die Organisationsentwicklung ableiten:

◘ **Anforderungen an die Organisationsentwicklung**

1. Die verschiedenen Health Professionals und ihre Organisationen sind nicht nur bei der **Gründung** des Versorgungsmodells und der Vertragsunterzeichnung mit den Krankenkassen zu **beteiligen**, sondern auch bei seiner Weiterentwicklung. Das Netzwerk kann sein Potential nur entfalten, wenn die Behandlungspfade befolgt, die Informationen standardisiert aufbereitet und ausgetauscht sowie die Qualitätssicherung umgesetzt werden.

   Dafür gilt es, Informationen aufzubereiten, **Feedback**möglichkeiten zu gestalten, den Erfahrungsaustausch zuzulassen, gemeinsam Antworten und Lösungen zu entwickeln und die Beteiligten in die Mitverantwortung zu nehmen.

2. Eine **Schlüsselrolle** kommt dabei den jeweiligen **Führungskräften** der beteiligten Organisationen zu. Engagieren sie sich nicht sicht- und spürbar für das integrierte Versorgungsmodell, wird die Umsetzung und Weiterentwicklung schwierig.

3. **Ansatzpunkt für Veränderungen** sind zumindest zu Beginn eher konkrete Anlässe im Organisationsalltag (Baumgartner et al. 1995). Hat man allerdings Erfahrung mit **Prozessoptimierungen** und **reaktivem**

   ▼

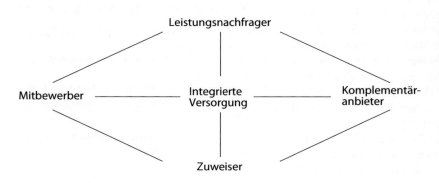

◘ **Abb. 7.5-4.** Rollenmodell in integrierten Versorgungssystemen (Nach Brandenburger und Nalebuff 1996)

Wandel und hat sich das Netzwerk verfestigt, so gilt es aber auch, sich mit **evolutionärem** und **revolutionärem** Wandel auseinanderzusetzen und gemeinsame langfristige Ziele und Strategien zu entwickeln.

4. Erfahrungsgemäß haben nicht alle Beteiligten ein Interesse an derartigen strategischen Aufgaben und es wird sich in den meisten Fällen eine **kleine Führungsgruppe** bilden, welche diese Aufgaben übernimmt und die Zukunft des Netzwerkes gestaltet. Eine schwierige Aufgabe wird es sein, für alle Beteiligten ein **Gleichgewicht** zwischen **Veränderung und Erstarrung** zu finden. Strukturen und Prozesse sind nur dann zu verändern, wenn es die Umwelt- und Rahmenbedingungen erfordern, bzw. wenn es zur besseren Patientenbetreuung beiträgt und möglichst auch zu einem Mehrwert für die Leistungserbringer führt.

5. Nutzung geeigneter Informations- und Kommunikationssysteme, um die Zusammenarbeit zu fördern. Dabei spielen **Informationstechnologien wie Telemedizin und E-Health, Grid-Technologien** usw. (vgl. u. a. Rienhoff, Sehrt und Hamer 2004) eine große Rolle. Allerdings genügt es nicht, Informationstechnologien aufzubauen, ohne auch die Mitarbeiterinnen und Mitarbeiter der beteiligten Institutionen in ihrer Nutzung zu schulen.

Grundsätzlich ist festzuhalten, dass die Integration der Leistungserbringung und damit der Nutzen für Patienten und Gesundheitssystem nur möglich ist, wenn es tatsächlich zu einer intensiven **Kooperation zwischen den verschiedenen Leistungsanbietern** kommt und die **Patientenkarriere als Ganzes** im Vordergrund der Bemühungen steht. Die formale Etablierung eines integrierten Netzwerkes, um von den ökonomischen Anreizen zu profitieren, wird nicht zu einer Verbesserung der Gesundheitsversorgung beitragen. Da die Integrierte Versorgung gegenüber dem heutigen System doch eine **tief einschneidende Kulturveränderung** ist, darf nicht

schon kurzfristig mit großen Erfolgen gerechnet werden. Es gilt zuerst, **Wertesysteme und Verhaltensweisen zu ändern**, neue **Akzeptanzen zu schaffen** und mittelfristig sicher auch **neue Steuerungsmodelle** zu etablieren. Organisationsentwicklung in integrierten Versorgungssystemen wird damit zu einem **langfristigen Lernprozess**. Organisationales Lernen in dieser Form muss sich im deutschen Gesundheitswesen aber erst noch entwickeln.

Literatur

Badura B (2000) Reform des Gesundheitswesens durch Aktivierung der Bürger, Versicherten und Patienten. In: Badura B, Schellschmidt H (Hrsg) Bürgerbeteiligung im Gesundheitswesen – eine länderübergreifende Herausforderung. Bundeszentrale für gesundheitliche Aufklärung, Köln

Baumgartner I, Häfele W, Schwarz M, Sohm K (1995) OE-Prozesse – Die Prinzipien systemischer Organisationsentwicklung. Verlag Paul Haupt, Bern

Beckhard R (1969) Organisation Developement – Strategies and Models, Addison-Wesley, Reading MA

Brandenburger A, Nalebuff B (1996) Co-opetition. Currency Doubleday, New York

Coghlan D, McAuliffe E (2003) Changing Healthcare Organisations. Blackhall Publishing, Dublin

Fatzer G (Hrsg) (1993) Organisationsentwicklung für die Zukunft – ein Handbuch. EHP, Köln

Fleisch E (2001) Das Netzwerkunternehmen. Springer, Berlin Heidelberg New York

Güntert BJ (2004) Integration und Kooperation im Gesundheitswesen – ein Plädoyer für patientenorientierte Strukturen und Verhaltensweisen. In: Holzer E, Hauke E (Hrsg) Gesundheitswesen – vom Heute ins Morgen. WUV Universitätsverlag, Wien, S 100–109

Güntert BJ (2005) Notwendigkeit von Vernetzungen im Gesundheitswesen. ÖKZ extra, Sonderpublikation 02/2005: 12–13

Güntert BJ, Pauli-Palermo D, Achermann R (2001) Pauschalvergütung in Wertschöpfungsketten und Wertschöpfungsebenen. Managed Care 1/2001: 26–28

Heimerl P (2005) Wandel und Intervention in Gesundheitsorganisationen. Linde, Wien

Kluger R, Ahrens D, Güntert B, Fischer R, Aubke W, Kriedel W (2002) Ärztenetz: Zukunftsträchtiges Modellprojekt. Dtsch Arztebl 99: A550–551

Luhmann N (1990) Der medizinische Code. Soziologische Aufklärung 5: 183–195

Luhmann N (1992) Die Wissenschaft der Gesellschaft. Suhrkamp, Frankfurt a. M.

Malik F (2003) Systemisches Management – Evolution – Selbstorganisation. Paul Haupt, Bern

Mintzberg H (1983) Structure in fives. Prentice Hall Inc., Englewood Cliffs N.J.

Mühlbacher A (2002) Integrierte Versorgung – Management und Organisation. Hans Huber, Bern

Mühlbacher A (2004) Die Organisation der »virtuellen« Integration von Versorgungsleistungen durch Unternehmensnetzwerke der Integrierten Versorgung. In: Henke KD et al. (Hrsg) Integrierte Versorgung und neue Vergütungsformen in Deutschland. Nomos-Verlagsgesellschaft, Baden-Baden, S 75–114

Picot A, Reichwald R, Wigand R (2003) Die grenzenlose Unternehmung. Gabler, München

Rienhoff O, Sehrt D, Hamer B (2004) Chancen für eine integrierte Infrastruktur – Grids, Kompetenznetze, Gesundheitstelematik. Deutsches Ärzteblatt 101(25): A1791–1797

Rüegg-Stürm J, Fleisch E, Grand S (2004) Erneuerung von Unternehmen. In: Dubs R et al. (Hrsg) Managementlehre Bd 4. Verlag Paul Haupt, Bern, S 257–285

Shapiro C, Varian HR (1999) Information Rules: a strategic guide to the network economy. Harvard Business School Press, Boston

Staehle W (1999) Management (8. Aufl.). Vahlen, München

Sydow J (1992) Strategische Netzwerke. Gabler, Wiesbaden

Sydow J (Hrsg) (2003) Management von Netzwerkorganisationen. Gabler, Wiesbaden

Tophoven C (2004) Integrierte Versorgung – Umsetzungsstrategien für Politik und Praxis. In: Henke KD et al. (Hrsg) Integrierte Versorgung und neue Vergütungsformen in Deutschland. Nomos-Verlagsgesellschaft, Baden-Baden, S 237–245

Weibler U, Zieres G (Hrsg) (2004) Change Management: Veränderungsprozesse in Unternehmen des Gesundheitswesens. IATROS, Nierstein

7.6   Change Management in der Arzneimittelindustrie

Judith Wallenstein, Ewald Kreid, Bernd Ziegler und Andreas Poensgen

Arzneimittelhersteller operieren in einem sich verschlechternden Marktumfeld, in Deutschland ebenso wie in fast allen anderen europäischen Ländern. Das wesentliche Versprechen der Pharmahersteller an den Markt ist seit jeher, konstante **Innovation in Form lebensrettender oder -verlängernder Medikamente** zu liefern. Doch die Produktivität von Forschung und Entwicklung (F&E) nimmt seit Jahren ab, bei gleichzeitig steigenden F&E-Kosten für die Arzneimittelhersteller (❑ Abb. 7.6-1).

In Deutschland wachsen die Gesundheitsausgaben trotz der Reforminitiativen der vergangenen Jahre weiterhin schneller als das Bruttoinlandsprodukt (❑ Abb. 7.6-2). **Steigende Gesundheitskosten** treffen auf eine alternde Gesellschaft mit gewachsenen Ansprüchen an ihre Gesundheitsversorgung, aber sinkenden Möglichkeiten für ein teurer werdendes System zu bezahlen. Zudem ist trotz höherer Ansprüche die Bereitschaft der Patienten nicht gestiegen, spezifische medizinische Leistungen selbst zu finanzieren.

Arzneimittelhersteller werden neue Modelle entwickeln müssen, um in einem schwieriger werdenden Markt weiterhin erfolgreich zu sein: Die aktuellen Trends, denen die Pharmaindustrie ausgesetzt ist, haben deutlich negative Auswirkungen auf die wirtschaftliche Situation der Arzneimittel-

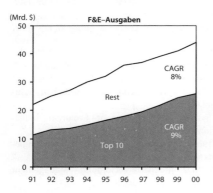

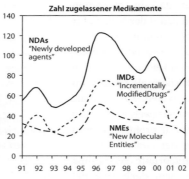

❑ **Abb. 7.6-1.** Sinkende Produktivität in Forschung und Entwicklung trotz höherer F&E Ausgaben

Quelle: IMS World Review, CMR International zitiert in Parexel2001, FDA, Parexel BCG-Analyse

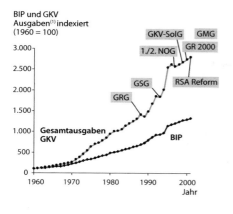

BIP und GKV
Ausgaben⁽¹⁾ indexiert
(1960 = 100)

Übersicht Gesundheitsreform-Maßnahmen	
1988	**Gesundheits-Reformgesetz:** Einführung Qualitätsmanagement, Medikamenten-Festpreise
1993	**Gesundheitsstrukturgesetz:** Wettbewerb gesetzlicher Kranken-versicherungen, Einführung RSA⁽²⁾; Ärztebudgets
1997	**1./2. GKV Neuordnungsgesetz:** Einführung Integrierte Versorgung, Anhebung der Selbstbeteiligung
1999	**Solidaritätsstärkungs-Gesetz:** Stärkung Budgetprinzip, Rücknahme ausgewählter Bestimmungen aus dem 1./2. NOG
2000	**Gesundheitsreform 2000:** Verbesserung Qualitätsmanagement, Abrechnung nach DRGs, Stärkung der Integrierten Versorgung
2001	**RSA-Reform:** Einführung von Disease-Management-Programmen
2003	**GMG:** Neues Gesundheitsgesetz, neue Preisregulierung für Medikamente

◘ Abb. 7.6-2. Steigende Gesundheitskosten trotz Gesundheitsreformen

⁽¹⁾ Vor 1995 nur Westdeutschland ⁽²⁾ **R**isiko**s**truktur**a**usgleich   Quelle: Statistisches Bundesamt

hersteller. Marktprognosen gehen von gleichblei-benden oder leicht sinkenden Umsätzen aus.

Im Folgenden skizzieren wir sechs wesentliche Trends im deutschen Pharmamarkt, zeigen jeweils deren Einfluss auf die Wertschöpfungskette der Arzneimittelindustrie auf und stellen potenzielle Auswirkungen auf die Organisationsentwicklung eines Pharmaunternehmens dar.

Schwieriges Marktumfeld für Arzneimittel-hersteller: Wichtigste Trends in der Pharmaindustrie
Anhaltender Kostendruck
Öffentlich finanzierte Gesundheitssysteme kämp-fen in fast allen Ländern Europas mit demselben Problem: Einer steigenden Nachfrage nach medizi-nischen Leistungen stehen stagnierende, teils sogar sinkende finanzielle Mittel gegenüber. Die Budgets der gesetzlichen Krankenkassen sind nicht zuletzt von gesamtwirtschaftlichen Faktoren wie Wirt-schaftswachstum und Arbeitslosenrate abhängig (◘ Abb. 7.6-3).

Angesichts dieser Situation ist entlang aller Stu-fen der Wertschöpfungskette mit einer Fortsetzung der **Maßnahmen zur Kostenbegrenzung** zu rechnen. Die Arzneimittelhersteller werden davon in vielfa-cher Hinsicht betroffen sein.

Im Bereich der **Kostenerstattung** werden Fest-beträge und der Ausschluss von nicht-verschrei-bungspflichtigen Medikamenten aus dem Leis-

tungskatalog der GKV die Umsätze der Pharmain-dustrie sinken lassen.

Zudem wird bei der Entscheidung sowohl über Zulassung als auch über Kostenerstattung neu-er Medikamente künftig voraussichtlich eine **Kos-ten-Nutzen-Beurteilung** erfolgen. Die Kategorisie-rung neuer Medikamente wird für Medikamente der **Kategorien A** (neue wirksame Substanz) und **B** (existierende wirksame Substanz, verbesserte Wirksamkeit) therapeutische Richtlinien festle-gen, während Präparate der **Kategorie C** (Medika-ment ohne verbesserte Wirksamkeit) dem entspre-chenden Festbetrag unterliegen werden.

Dieser Druck zur verstärkten Kosten-Nutzen-Beurteilung von Medikamenten hat neben dem unmittelbaren Risiko von Umsatzverlusten beson-ders bei Präparaten der Kategorie C auch indirekte Auswirkungen auf die Strategie in Forschung und Entwicklung, auf das Design klinischer Versuchs-reihen und auf die Produktmarketing-Strategien neuer Medikamente.

Negativlisten und **Arzneimittelrichtgrößen** für niedergelassene Ärzte werden sich auf deren **Ver-schreibungsverhalten** und damit auf die Arznei-mittelumsätze auswirken. Kostendruck kann auch durch die Koexistenz nationaler und europäischer Marktgrenzen entstehen. **Parallelimporte** innerhalb der EU werden zu einer langsamen Angleichung des Preisniveaus für Medikamente führen. Über-dies wird das Aufkommen europaweit agierender

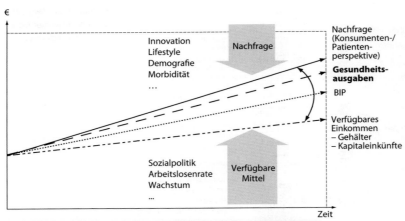

Abb. 7.6-3. Dilemma öffentlich finanzierter Gesundheitssysteme

Großhändler und **alternativer Vertriebskanäle** auf Dauer nicht nur die Apotheken betreffen, sondern auch Einfluss auf die Preisgestaltung der Arzneimittelhersteller haben.

Umbruch des konventionellen Pharma-Geschäftsmodells

In den vergangenen Jahren haben praktisch alle großen Pharmahersteller ihren Außendienst vergrößert, um Marktanteile zu gewinnen. Das heißt für die Praxis, dass eine größere Zahl von Pharmareferenten den einzelnen Arzt besucht. Dieses Vertriebsmodell scheint derzeit an seine Grenzen zu gelangen, denn die Effektivität des Pharmaaußendiensts sinkt. Ärzte limitieren immer häufiger den Zugang zu ihren Praxen, entweder durch beschränkte Besuchszeiten oder feste Besuchsfrequenzen je Pharmareferent (oft nur 1- bis 2-mal im Jahr) (s. auch Fallstudie in ▶ **Kap. 7.7**).

Zudem kommt mit dem Umbau traditioneller Versicherungs- und Versorgungsmodelle dem Arzt nicht mehr eine exklusive Rolle als alleiniger Entscheider über die Medikamentenvergabe zu. Durch Arzneimittelfestbeträge, Behandlungsrichtlinien, Ärztebudgets und restriktivere Kostenkontrolle, aber auch durch besser informierte und anspruchsvollere Patienten sind neben den Ärzten eine ganze Reihe »neuer« **Kundengruppen** entstanden. Diese Gruppen beeinflussen die Verschreibungspraxis von Medikamenten in zunehmendem Maße und müssen von den Arzneimittelherstellern verstärkt angesprochen werden.

Dieser Wandel des traditionellen Kundenmodells wird die interne Organisation des Arzneimittelunternehmens ebenso tiefgreifend verändern wie seine Marktpositionierung. Dabei sind eine alternative Verwendung der in Außendienstaktivitäten gebundenen Ressourcen, neue Ansätze des Managements von Meinungsbildungsprozessen und eine Anpassung der heutigen Marketingstrategien denkbar (❏ **Abb. 7.6-4**).

Sinkendes Vertrauen in die Pharmaindustrie

Die Arzneimittelhersteller haben im vergangenen Jahrzehnt stärker als andere Industrien das Vertrauen von Patienten, Versicherern und Regulierungsbehörden eingebüßt. Die jüngsten Skandale um Vioxx, Bextra und andere Schmerzpräparate haben das negative **Image** der Pharmaindustrie noch verstärkt. Die Arzneimittelindustrie wird dafür kritisiert, wesentliche Erwartungen der Gesellschaft nicht mehr zu erfüllen.

> ❏ **Die Erwartungen der Gesellschaft an die Arzneimittelindustrie**
> — Innovative, lebensrettende Produkte zu entwickeln und zu angemessenen Preisen zu verkaufen
> — Den Kostenanstieg im Gesundheitssystem zu verlangsamen
> — Medikamente für drängende Krankheiten der Entwicklungsländer bereitzustellen, z. B. Aids oder Malaria

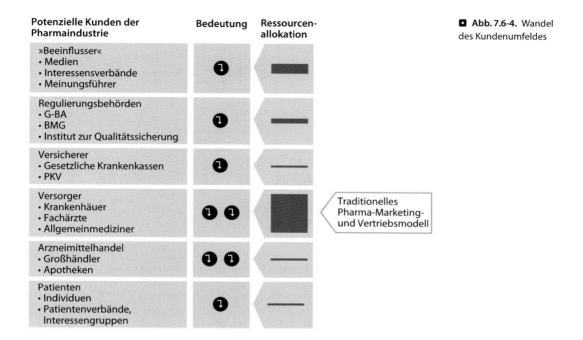

Abb. 7.6-4. Wandel des Kundenumfeldes

Steigendes Misstrauen in die Pharmaindustrie ist keineswegs nur ein Imageproblem. So kann das Vorgehen von Regierungen in einigen Entwicklungsländern gegen den **Patentschutz** für HIV-Medikamente als ein Vorläufer umfassenderer ökonomischer Bedrohung interpretiert werden. Ökonomische Schäden könnten der Arzneimittelindustrie etwa durch eine generelle Aushöhlung des weltweiten Patentschutzes für Medikamente oder durch verschärften Preisdruck erwachsen.

Angesichts ihrer umstrittenen Position in der Öffentlichkeit sinken die Möglichkeiten der Industrie, künftige Gesundheitsgesetzgebung und Reforminitiativen in ihrem Sinne günstig zu beeinflussen. Insofern sehen sich alle Pharmahersteller mit der Herausforderung konfrontiert, künftig durch ein stärkeres Eingehen auf gesellschaftliche Bedürfnisse das Vertrauen ihrer **Stakeholder** zurückzugewinnen (**Abb. 7.6-5**).

Folgen der Industriekonsolidierung

Fortgesetzter Preisdruck und evidente Skalenvorteile in Forschung und Entwicklung, aber auch in Marketing und Vertrieb, haben die **Konsolidierung der Industrie** vorangetrieben. Zudem erleben Anbieter von Generika ein starkes Wachstum – jährlich (von 2002 bis 2004) zwischen 10 und 19%

– und hatten im Jahr 2004 in Deutschland einen Anteil von 70,1% des Umsatzes im generikafähigen Markt erreicht, was einem Anteil von 48,9% des Umsatzes im GKV-Gesamtmarkt entspricht (Nink und Schröder 2005).

Ihr Erfolg verstärkt den Preisdruck auf die forschenden Arzneimittelhersteller, wird aber auch deren Wettbewerbs- und Portfoliostrategien beeinflussen: so haben viele Pharmafirmen ihr Engagement im Generikabereich verstärkt (beispielsweise durch Zukäufe, wie etwa im Juni 2005 der Novartis-Konzern den Generikaproduzenten Hexal), aber auch durch Investitionen in bereits bestehende Generika-Geschäftsbereiche.

Innovation: Verlagerung in »therapeutische Nischen«

Medikamente für den Massenmarkt unterliegen in der Regel höherem Konkurrenz- und somit auch höherem Preisdruck. Analysiert man die **Produktpipeline** weltweiter Pharmahersteller bis 2012, so wird deutlich, dass die Entwicklung von Medikamenten für sog. »**therapeutische Nischen**«, also Produkten für kleine Patientengruppen mit potenziell höheren Margen, zugenommen hat.

An erster Stelle stehen die Onkologiepräparate, die alleine in der präklinischen Phase 26%

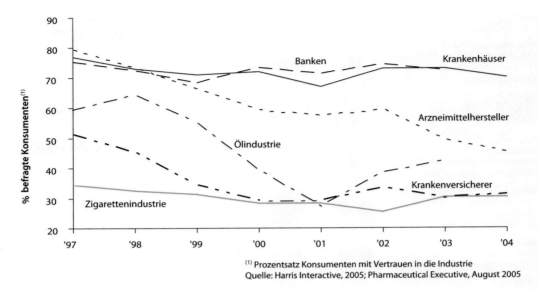

(1) Prozentsatz Konsumenten mit Vertrauen in die Industrie
Quelle: Harris Interactive, 2005; Pharmaceutical Executive, August 2005

◘ Abb. 7.6-5. Sinkendes Vertrauen in die Pharmaindustrie

der getesteten Komponenten und in der klinischen Phase III noch 22% der potentiellen neuen Arzneimittel ausmachen. Andere therapeutische Nischen mit hoher Aktivität von Forschung und Entwicklung sind Hormone, Anti-Infektiva und Medikamente zur Behandlung von Immunschwächeerkrankungen. Diese Verlagerung des Innovationsschwerpunktes wird zweifellos den Produkt- und Margenmix der betroffenen Arzneimittelhersteller verändern und langfristig auch die Rolle des Außendienstes und die Marketingaktivitäten der Industrie beeinflussen.

Auflösung von Industriegrenzen

Die Märkte für diagnostische Verfahren, Therapeutika (z. B. Medikamente) und Medizintechnik konvergieren zunehmend. Treiber dieses Trends ist nicht nur die potenziell höhere Profitabilität kombinierter Anwendungen, sondern auch die Möglichkeit, Behandlungserfolge zielsicherer beeinflussen und besser dokumentieren zu können.

In ◘ Abb. 7.6-6 werden ausgewählte Beispiele von Merger und Acquisition (M&A)-Aktivitäten, Joint Ventures und gemeinsamen Investitionen von Arzneimittelherstellern auf der einen Seite und Anbietern von Diagnostik und Medizintechnik auf der anderen Seite gezeigt.

Diese Verschiebung der Grenzen des traditionellen Geschäftsmodells mag mancher Arzneimittelhersteller als Bedrohung empfinden, sie eröffnet jedoch neue Möglichkeiten zu höherer Margenrealisierung, zu neuen Produktentwicklungen und zur Sicherung einer Marktposition. Denn die Bündelung von Services, Produkten und Erfolgskontrolle wird neue Wettbewerbssituation und neue Erfolgskriterien schaffen.

Ausblick: Die Krise als Chance

Zwei entgegen gesetzte grundsätzliche Entwicklungen bestimmen die Zukunft der Arzneimittelhersteller: Einerseits ein stetig **wachsender Bedarf an Gesundheitsleistungen** mit einem nach wie vor steigenden Finanzierungsvolumen, andererseits eine Reihe von **Herausforderungen**, die das konventionelle Geschäftsmodell in seiner Attraktivität signifikant reduzieren.

Um von den attraktiven Chancen zu profitieren, müssen die Arzneimittelhersteller daher diese Herausforderungen adressieren. Dies ist keineswegs trivial, da sie nicht im Rahmen von Feinjustierungen zu lösen sind, sondern grundlegende Fragen an den Anpassungsbedarf beziehungsweise die Fortführbarkeit des konventionellen Geschäftsmodells stellen. Wie bei allen Industrien im Umbruch wer-

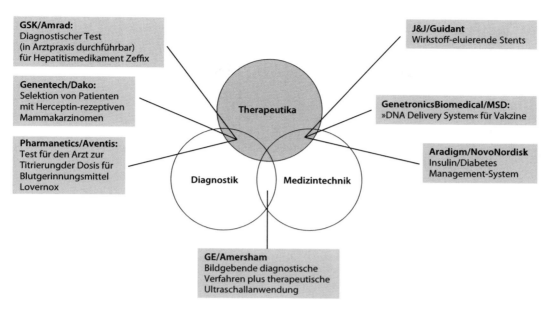

GSK/Amrad:
Diagnostischer Test
(in Arztpraxis durchführbar)
für Hepatitismedikament Zeffix

Genentech/Dako:
Selektion von Patienten
mit Herceptin-rezeptiven
Mammakarzinomen

Pharmanetics/Aventis:
Test für den Arzt zur
Titrierungder Dosis für
Blutgerinnungsmittel
Lovernox

Therapeutika

Diagnostik   Medizintechnik

J&J/Guidant
Wirkstoff-eluierende Stents

GenetronicsBiomedical/MSD:
»DNA Delivery System« für Vakzine

Aradigm/NovoNordisk
Insulin/Diabetes
Management-System

GE/Amersham
Bildgebende diagnostische
Verfahren plus therapeutische
Ultraschallanwendung

◻ **Abb. 7.6-6.** Beispiele von Konvergenz über Industriegrenzen hinweg

den jedoch auch hier diejenigen als Gewinner hervorgehen, die am schnellsten die besten Strategien zur Anpassung identifiziert und implementiert haben werden.

Literatur

Nink K, Schröder H (2005) Ökonomische Aspekte des deutschen Arzneimittelmarkts. In: Schwabe U, Paffrath D (Hrsg) Arzneiverordnungsreport 2005. Springer, Berlin Heidelberg New York

7.7 Fallstudie zum Change Management in der Arzneimittelindustrie: Pharmaaußendienst im Umbruch

Judith Wallenstein, Bernd Ziegler und Ewald Kreid

Angesichts erhöhten Kostendrucks und eines stagnierenden Gesamtmarktes in vielen europäischen Ländern können Pharmaunternehmen ihre Wachstumsziele oft nur durch Marktanteilsgewinne auf Kosten ihrer Wettbewerber erreichen. Einer der wesentlichen Hebel ist dabei der **Außendienst**, denn er bildet den direkten Kontakt zu den traditionellen »Kunden«, den Ärzten. Der Außendienst ist zudem ein erheblicher Kostenfaktor, denn die großen Pharmakonzerne unterhalten etwa in Deutschland Außendienstmannschaften von 800 bis 1.600 Mitarbeitern. In der gegenwärtigen Situation erhöht sich daher der Druck auf den Außendienst erheblich.

Zentral für den Erfolg einer Außendienstmannschaft ist die **effiziente und qualitativ hochwertige Betreuung der Ärzte**. In den vergangenen Jahren haben fast alle großen Pharmakonzerne die Zahl

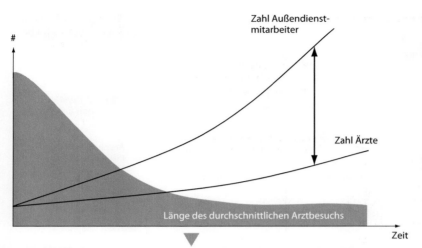

Zahl Außendienst-
mitarbeiter

#

Zahl Ärzte

Länge des durchschnittlichen Arztbesuchs

Zeit

Abb. 7.7-1. Marktumfeld des Pharma-Außendienstes: Weniger Zeit beim einzelnen Arzt (illustrative Daten)

Die Zahl der Ärzte ist langsamer gewachsen als die Zahl der Pharmareferenten: erhöhte Konkurrenz um die knapper werdende Zeit des Arztes

ihrer Außendienstmitarbeiter erheblich erhöht. Die Zahl der Ärzte ist hingegen in fast allen europäischen Staaten weitgehend konstant geblieben (**Abb. 7.7-1**). Dieses Missverhältnis führt dazu, dass Ärzte den Zugang von Pharmareferenten zu ihren Praxen limitieren oder dem einzelnen Außendienstmitarbeiter weniger Zeit einräumen.

In dieser Konkurrenzsituation muss der einzelne Pharmareferent seine Tätigkeit zunehmend professionalisieren: sein Gebiet genau analysieren, Ärzte mit besonders hohem Verschreibungspotenzial in einer therapeutischen Klasse zuverlässig identifizieren, seine Besuche bei diesen Ärzten sorgfältig planen und in möglichst kurzer Zeit im Gespräch maximalen Wert für den Arzt schaffen, um sich dauerhaften Zugang zu diesem Arzt zu sichern. Viele Außendienstleiter bringen diese Anforderung auf die einfache Formel: »Mit dem richtigen Referenten beim richtigen Arzt zur richtigen Zeit mit der richtigen Botschaft präsent sein.«

Je nach therapeutischer Klasse konzentrieren sich 80% der Verschreibungen auf 20–50% der Ärzte in einem Gebiet. Insofern scheint es selbstverständlich, dass Pharmareferenten in ihrer Berufspraxis einen besonderen Fokus auf diese **Ärzte mit hohem Verschreibungspotenzial** legen. In der Realität werden jedoch auch Ärztesegmente mit extrem niedrigem Verschreibungspotenzial besucht bzw. weicht die Besuchsfrequenz in Arztsegmenten

mit niedrigem Verschreibungspotenzial kaum von jener in Segmenten mit hohem Verschreibungspotenzial ab (**Abb. 7.7-2**).

In **Abb. 7.7-2** wird das Verschreibungspotenzial in einer ausgewählten therapeutischen Klasse gezeigt, verteilt auf 5 Ärztesegmente, die jeweils 20% der gesamten Ärztezahl repräsentieren. Diese Segmente sind nach Größe geordnet: in Segment S1 befinden sich die 20% der Ärzte, die in der ausgewählten therapeutischen Klasse am meisten verschreiben, in S5 dementsprechend die 20% der Ärzte, die am wenigsten verschreiben. Die Höhe der Balken zeigt an, dass über die Hälfte der Verschreibungen von den S1-Ärzten vorgenommen wird, also denjenigen Ärzten mit dem höchsten Potenzial in der ausgewählten therapeutischen Klasse. An der roten Linie wird dagegen erkennbar, dass die Außendienstmitarbeiter des hier untersuchten Pharmaherstellers ihre Besuche relativ gleichmäßig auf alle Arztsegmente verteilen und keineswegs nach dem Potenzial der Ärztegruppen priorisieren.

Warum setzen sich wirtschaftlich so offensichtlich sinnvolle Verhaltensweisen wie die Priorisierung von Ärzten mit hohem Verschreibungspotenzial bei den Außendienstmitarbeitern so schlecht durch? Wie können diese Hindernisse im Rahmen eines systematischen Change Managements überwunden werden?

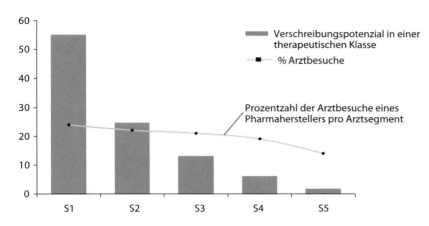

Prozentsatz von Arztbesuchen pro Arztsegment (S1–S5)

Verschreibungspotenzial in einer therapeutischen Klasse

■■ % Arztbesuche

Prozentzahl der Arztbesuche eines Pharmaherstellers pro Arztsegment

Quelle: IMS-Datenfür ein europäisches Land, Besuchs-Allokation des Außendienstes eines europäischen Pharmaherstellers

Die vorliegende Fallstudie basiert auf einem breit angelegten **Change Management-Programm** eines europäischen Pharmaherstellers, der durch langfristiges Training und Coaching der gesamten Außendienstmannschaft sowohl das **Targeting**, d. h. die Priorisierung der Ärzte, als auch die **Qualität des einzelnen Arztbesuches** zu erhöhen suchte. An dem Programm beteiligt waren europaweit mehrere tausend Pharmareferenten und ihre direkten Vorgesetzten. Kernbestandteile dieses erfolgreichen Change Managements waren dabei fünf Elemente, die nach der Analyse der Ausgangslage in einem systematischen Prozess umgesetzt wurden (◻ **Abb. 7.7-3**).

»Ausgangsbasis analysieren«: Zahlreiche Resistenzen gegen verbessertes Ärzte-Targeting

Am Beginn des Programms stand eine Bestandsaufnahme der gängigen Verhaltensweisen im Außendienst. In nahezu allen Außendienstteams, d. h. bei verschiedenen therapeutischen Klassen, zeigte sich nach der Analyse der Besuchsdaten ein ähnliches Bild wie in ◻ **Abb. 7.7-2**: Pharmareferenten verteilten ihre Besuche relativ gleichmäßig auf alle Arztsegmente, unabhängig vom Verschreibungspotenzial.

In Einzelinterviews mit ausgewählten Mitarbeitern zeigte sich, dass nur einem Teil der Pharmareferenten ihr Verhalten bewusst war, da sie

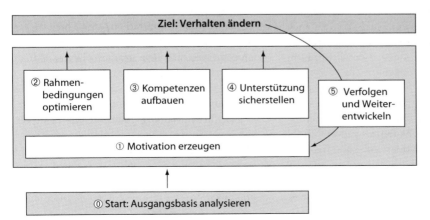

◻ **Abb. 7.7-3.** Fünf Schritte des Change Management-Programms

Ziel: Verhalten ändern

② Rahmenbedingungen optimieren

③ Kompetenzen aufbauen

④ Unterstützung sicherstellen

⑤ Verfolgen und Weiterentwickeln

① Motivation erzeugen

⓪ Start: Ausgangsbasis analysieren

Arztdaten entweder gar nicht sammelten und auswerteten, oder die Daten zwar vorlagen, den Mitarbeitern aber nicht bekannt waren. Viele lebten daher in dem Glauben, »ihr« Arzt besäße durchaus hohes Verschreibungspotenzial. Auch waren sie sich der allgemeinen Bedeutung des Verschreibungspotenzials von Ärzten für den Geschäftserfolg des Unternehmens und für ihre persönliche Zielerreichung vielmals gar nicht bewusst.

Zudem existierten **emotionale Barrieren** gegen eine gezielte Arztpriorisierung: die Befragten besuchten sehr viel lieber Ärzte, zu denen sie eine langjährige, gute Beziehung unterhielten, als sich durch systematische Vorbereitung und wiederholte, zunächst oft erfolglose Versuche den Zugang zu einem anspruchsvollen Arzt mit hohem Verschreibungspotenzial, potenziell gegen den Widerstand eines Wettbewerbers, zu »erkämpfen«.

1. Schritt: »Motivation erzeugen« – Aufzeigen der persönlichen Vorteile der Ärzte-Priorisierung für den Außendienstmitarbeiter

In einer ersten Trainingsphase für die Pharmareferenten standen die Vorteile eines verbesserten Ärzte-Targetings für die Mitarbeiter persönlich im Mittelpunkt. Ziel war es, zunächst die Wahrnehmungen und emotional geprägten Einstellungen der Mitarbeiter zu verändern. Da Verschreibungsdaten auf Arztebene in europäischen Ländern nur in sehr geringem Umfang vorliegen (im Gegensatz etwa zu Kanada), beginnt verbessertes Targeting mit einer systematischen Datensammlung und -auswertung durch die Mitarbeiter. Bei jedem Arztbesuch sollen sie gezielte Fragen stellen und folgende Informationen erfassen und auswerten über:

- Anzahl der Patienten
- Anzahl der Verschreibungen pro therapeutischer Klasse
- Anzahl der Verschreibungen für das Produkt des Herstellers selbst

Zu Beginn des Trainings äußerte ein Großteil der Außendienstmitarbeiter Bedenken, dass diese Datensammlung einen erhöhten Zeit- und Arbeitsaufwand bedeute. Durch Diskussionen in kleinen Gruppen (die nicht der gewohnten Teamzusammensetzung entsprachen) erarbeiteten sie selbst

potenzielle Vorteile einer verstärkten Arztpriorisierung:

> ◘ **Vorteile einer Arztpriorisierung**
> — Erreichung der Verkaufsziele mit weniger Arztbesuchen
> — Erschließen neuer Wachstumsmöglichkeiten durch Aufbau einer langfristigen Beziehung zu den Ärzten mit hohem Verschreibungspotenzial
> — Stärkere Kontrolle der eigenen Arbeitsbelastung und Work-Life-Balance
> — Qualitativ bessere Arztbesuche durch Möglichkeit gezielter Vorbereitung: Ärzte erhalten auf ihre individuelle Situation zugeschnittene Informationen und können so ihrerseits ihre Patienten besser betreuen.

Nach diesem ersten Training stellte sich allerdings **keine signifikante Verhaltensänderung** der Außendienstmitarbeiter ein. Besuche bei ausgewählten Mitarbeitern in ihrem Gebiet zeigten, dass viele zwar den Wert der neuen Verhaltensweisen erkannt hatten und davon überzeugt waren, sich aber praktisch nicht in der Lage sahen, diese auch umzusetzen. Zwei Hauptgründe für das Beharren der Mitarbeiter auf ihren alten Gewohnheiten wurden deutlich:

- **Fehlende Fähigkeiten:** Mitarbeiter konnten keine aussagekräftigen Informationen über das Verschreibungsverhalten ihrer Ärzte erfragen und systematisch sammeln.
- **Kontraproduktive Anreize:** Die Pharmareferenten wurden von ihren direkten Vorgesetzten, den Regionalleitern, weiterhin daran gemessen, wie viele Arztbesuche pro Monat sie durchführten. Für die Außendienstmitarbeiter selbst gab es demnach keine Anreize, die Zahl ihrer Besuche zugunsten von Ärzten mit hohem Verschreibungspotenzial zu reduzieren, dafür aber mehr Arbeitszeit in die sorgfältige Vorbereitung dieser Besuche zu investieren.

2. Schritt: »Rahmenbedingungen optimieren« – Veränderung der Anreizstrukturen und Entfernen »harter« Barrieren

Zunächst erarbeiteten alle Länder Vorschläge zur Verbesserung dieser Anreizstrukturen. Die Beurteilungskriterien für Außendienstmitarbeiter wurden ergänzt, neben das Kriterium der Besuchszahl pro Monat trat die prozentuale Verteilung der Besuche auf Arztsegmente. Regionalleiter wurden darin geschult, nicht mehr eine bestimmte Zahl von Arztbesuchen pro Monat einzufordern. Die Bonus- und Gehaltsstrukturen wurden daraufhin überprüft, keine Anreize mehr für die Durchführung einer hohen Zahl von Arztbesuchen ohne Berücksichtigung des Verschreibungspotenzials zu bieten.

Die Erarbeitung dieser neuen Kriterien lag primär in der Hand der Regionalleiter, die zunächst überzeugt werden mussten, die als richtig erkannten Verhaltensweisen konsequent bei ihren Mitarbeitern umzusetzen.

3. Schritt: »Kompetenzen schaffen« – Vermittlung der nötigen Fähigkeiten

In einer zweiten Trainingsphase erhielten alle Außendienstmitarbeiter eine ausführliche Schulung in den »neuen« Verhaltensweisen. In Übungen und Rollenspielen wurden die Fähigkeiten zur gezielten Informations- und Datensammlung während des Arztbesuches vermittelt. Neu eingeführte Software-Tools erlauben es den Pharmareferenten, die gewonnenen Informationen systematisch zu erfassen, zu speichern und mit Kollegen auszutauschen – ihr Gebrauch wurde im Rahmen des Trainings ausführlich geübt.

Neben dem abgeschlossenen Trainingsprogramm veranstalteten die Regionalleiter in ein- bis zweimonatlichen Abständen Follow-up-Trainings für ihre Teams. Diese fanden im Rahmen regelmäßiger Regionaltreffen statt und dauerten 1–2 h. Sie dienten dazu, die geänderten Verhaltensweisen nachhaltig zu sichern und aktuelle Problemstellungen und Fragen aufzunehmen. Oft standen Themen auf der Agenda, die Außendienstmitarbeiter selbst bei ihren Regionalleitern als schwierig angesprochen hatten, oder solche, die der Regionalleiter bei Besuchen im Feld selbst als Problem im Alltag der Mitarbeiter identifiziert hatte. Auch Übungen mit den neuen Software-Tools wurden in diese Kurztrainings integriert.

4. Schritt: »Unterstützung sicherstellen« – Einbindung des Managements

Das Überzeugen des Managements gehörte zu den Kernelementen des Change Management-Programms. Obwohl ursprünglich von den Landesvorständen initiiert, beteiligten sich Außendienstleiter und Regionalleiter wesentlich an der Erarbeitung der Inhalte und Trainings.

Bei allen Trainingsveranstaltungen waren Außendienstleiter und Regionalleiter persönlich anwesend. In der Regel wurden die Meetings durch eine kurze Videobotschaft des Landesvorstandes eröffnet, der die Bedeutung des Programms für den künftigen Geschäftserfolg des Unternehmens und für den einzelnen Mitarbeiter betonte.

Zudem durchliefen die Regionalleiter als direkte Vorgesetzte der Pharmareferenten ein eigenes Trainingsprogramm, das sie nicht nur mit den benötigten Fähigkeiten ihrer Mitarbeiter vertraut machte, sondern auch neue Aspekte ihres Mitarbeiter-Coachings vermittelte. Wesentliche Fragen dieses Programms waren:

> ◘ **Mitarbeitercoaching**
> - Wie kann ich selbst durch mein Verhalten, etwa durch die Priorisierung wichtiger Kunden, die ich persönlich besuche, ein Beispiel verbesserter Arzt-Priorisierung geben?
> - Wie kann ich positive Verhaltensweisen bei meinen Mitarbeitern verstärken?
> - Welche Verbesserungsvorschläge sind bei Mitarbeitern wirksam, die emotionale Barrieren gegen die neuen Verhaltensweisen aufbauen?

5. Schritt: »Umsetzen und Weiterentwickeln« – Lernen von Best Practices

Im vorliegenden Fallbeispiel durchliefen fast alle europäischen Länder gleichzeitig dasselbe Change Management-Programm, das mit einer gemeinsamen Veranstaltung begonnen hatte. Ein Projektbüro sammelte Erfahrungen und Verbesserungsvorschläge aus den Ländern und machte sie auf einer eigenen Intranetseite allen zugänglich. Zudem konnten sich Vertreter der einzelnen Länder in wöchentlichen, thematisch definierten Telefonkonferenzen über ihre Erfahrungen austauschen und Problemfälle diskutieren. Halbjährliche, europaweite Meetings halfen zudem, das Momentum des Programms zu erhalten und den Zusammenhalt des Managements im Außendienst zu stärken.

Ausblick: Gesamterfolg des Programms

Innerhalb eines Jahres begannen alle europäischen Länder mit dem Change Management-Programm und schulten so mehrere tausend Außendienstmitarbeiter. In den ersten Pilotländern konnten bereits messbare Unterschiede in Ärztepriorisierung und Besuchsfrequenz festgestellt werden – bis zu 75% aller Besuche entfallen nun im Durchschnitt auf die beiden Ärztesegmente mit dem höchsten Verschreibungspotenzial. Feldbesuche der Regionalleiter bestätigten, dass die Qualität des einzelnen Arztbesuchs sich spürbar verbesserte. Aus ersten Ländern liegen bereits Befragungen der Ärzte vor: besonders in der Kategorie »Pharmareferent bietet hohe Qualität und nutzt meine Zeit optimal« verbesserten sich die Außendienstmitarbeiter des Pharmaherstellers im Vergleich zum Vorjahreszeitraum deutlich und rückten auf Platz 1 vor allen Konkurrenten auf.

Stichwortverzeichnis

Druck: Krips bv, Meppel
Verarbeitung: Stürtz, Würzburg